BERND MANTZ

YEARBOOK
OF
AFRICAN FOOTBALL
2022

British Library Cataloguing in Publication Data
A catalogue record for this book is available from the British Library

ISBN: 978-1-86223-474-1

Copyright © 2022, SOCCER BOOKS LIMITED (01472 696226)
72 St. Peter's Avenue, Cleethorpes, N.E. Lincolnshire, DN35 8HU, England
Web site   www.soccer-books.co.uk
e-mail   info@soccer-books.co.uk

All rights are reserved. No part of this publication may be reproduced, stored in a retrieval system or transmitted, in any form or by any means, electronic, mechanical, photocopying, recording, or otherwise, without the prior written permission of Soccer Books Limited.

Printed in the UK by 4edge Ltd.

Dear Readers

A lot occurred in African football in 2021, especially during the second half of the year. As on all other continents, the effects of the ongoing COVID-19 pandemic caused chaos to the schedules at both international and club level and a number of events were cancelled or postponed.

At international level, the year began with the 2020 African Nations Championship Final Tournament, which was held in Cameroon between 16th January and 7th February 2021. This tournament had originally been scheduled to be played between 4th and 25th April 2020, but was obviously postponed due to the pandemic. The original tournament was due to be hosted by Ethiopia, but the Ethiopian Football Federation were forced to admit the facilities would not be ready for the start of play so Cameroon were awarded hosting rights. It should be noted that the regulations for this competition state that the teams must be composed entirely of players playing in each country's domestic league. Morocco, the defending champions from 2018 successfully defended their title, defeating Mali 2-0 in the final match played in Yaoundé.

The preliminary matches for the 33rd African Cup of Nations (the final tournament will be played in January and February 2022, being postponed from 2021 due to the pandemic) ended with the remaining matches of the 12 qualifying groups being played in March 2021. Some unexpected results must be mentioned, as a number of higher ranked teams were beaten to qualification by supposedly weaker opponents: Malawi eliminated Uganda (Group A), Sudan overtook South Africa (Group C), Gambia and Gabon eliminated D. R. Congo (Group D), the tiny nation of Comoros knocked out Kenya (Group G) and, last but not least, Zimbabwe eliminated Zambia (Group H). The results and other details of the Final Tournament will be presented in next year's yearbook.

After several changes to the schedules, the qualifiers for the 22nd FIFA World Cup (to be played in November and December 2022 in Qatar) eventually continued in the second round where 40 teams were divided into 10 groups of each 4 teams. Each group-winner qualified for the third round (scheduled to be played during March 2022), when the 10 teams will play home-and-away ties, the five winners earning a place in the Final Tournament in Qatar.

This time, all the favourites of the 10 groups qualified though it took until the last game in Group G (which finished Ghana 1-0 South Africa) for the group winner to be decided. South Africa were eliminated by this defeat and an appeal by the South African F.A. alleging that the match had been fixed was declared inadmissible by FIFA.

From 30th November to 18th December 2021, the 2021 FIFA Arab Cup took place in Qatar and this was the 10th edition of the Arab world's national team football tournament. Previously known as the Arab Cup (the last edition of which was played in 2012), it was the first edition to be held under FIFA's jurisdiction. All 23 teams competing were members of either the Asian Football Confederation (AFC) or the Confederation of African Football (CAF). The teams who qualified for the final tournament were Algeria, Egypt, Morocco, Sudan and Tunisia. The other five African teams were eliminated in the Preliminary Round which was held during June 2021. Algeria and Tunisia played the final match in Al Khor, Algeria emerging with a 2-0 win following extra-time. It was the first title for Algeria in this competition.

Two other regional competitions can also be briefly mentioned. The 2021 COSAFA Cup was the 20th edition of a competition played by the national teams of member nations of the Council of Southern Africa Football Associations (COSAFA). The tournament took place from 6th to 18th July 2021 in South Africa, all matches being played in Port Elizabeth. South Africa defeated Senegal (who were participating as invited guests) 5-4 on penalties following a game which finished goalless, obtaining their 5th title in the process.

The 2021 CECAFA U-23 Challenge Cup was 41st edition of an international football competition played by the national Under-23 teams of member nations of the Council for East and Central Africa Football Associations (CECAFA). This year's tournament was reserved for U-23 players but teams were allowed to field up to three overage players. The tournament was played in Ethiopia from 17th July to 30th July 2021. Tanzania were the winners, defeating Burundi 6-5 on penalties after the game remained goalless following extra-time.

At club level, Al-Ahly SC Cairo (Egypt) won the 2020 CAF Super Cup against Renaissance Sportive de Berkane (Morocco) in the final played in Doha, Qatar in May 2021 (2-0). Al-Ahly SC Cairo (Egypt) repeated the performance later in the year and won the 2021 CAF Super Cup against Raja Club Athletic Casablanca (Morocco) in the final played in Al Rayyan, Qatar in December 2021 (the Cup was won 6-5 on penalties and the game was 1-1 after 120 minutes). This was the 30th CAF Super Cup to be played and Al-Ahly SC Cairo have now won the competition on no fewer than 8 occasions.

Al-Ahly SC Cairo are also record winners of Africa's premier club football tournament, the CAF Champions League, with 10 titles. The 2020/2021 edition was won by the Egyptians who defeated Kaizer Chiefs FC Johannesburg (South Africa) by a 3-0 scoreline in the Final played in Casablanca (Morocco).

Raja Club Athletic Casablanca (Morocco) were the 2020/2021 winners of the second African club competition, the CAF Confederation Cup. Their opponents in the final game played in Cotonou (Benin) were Algerian side Jeunesse Sportive de Kabylie. The Moroccans won 2-1 to earn their second title in the competition.

After four years absence, the Yearbook of African Football is back with this 11th edition which covers all domestic and international top-level football activity in Africa during 2021 for the 54 nations affiliated to the Confederation of African Football.

At national level, all championships are presented for all countries, which were played in 2020/2021 or 2021. For Algeria, Egypt, Morocco, South Africa and Tunisia you will also find detailed club squad statistics with matches played and goals scored in the championships for each player to make at least one appearance. You will also find complete statistics for the CAF Champions League and the CAF Confederations Cup, with all line-ups of all participating teams, though unfortunately some player substitutes could not be found. Also included are complete statistics for all matches played by national teams in various competitions and also in friendly matches.

I hope you will enjoy the read and you will find all information you need!

The Author

ABBREVIATIONS

DOB	Date of birth		**(F)**	Friendly International
GK	Goalkeeper		**(AFC)**	2021 African Cup of Nations Final Tournament
DF	Defender		**(AFCQ)**	2021 African Cup of Nations Qualifiers
MF	Midfielder		**(WCQ)**	2022 World Cup Qualifiers
FW	Forward		**(COSAFA)**	2021 COSAFA Cup
			(ARC)	2021 FIFA Arab Cup

FIFA COUNTRY CODES – AFRICA

ALG	Algeria		**LBR**	Liberia
ANG	Angola		**LBY**	Libya
BEN	Benin		**MAD**	Madagascar
BOT	Botswana		**MWI**	Malawi
BFA	Burkina Faso		**MLI**	Mali
BDI	Burundi		**MTN**	Mauritania
CMR	Cameroon		**MRI**	Mauritius
CPV	Cape Verde Islands		**MAR**	Morocco
CTA	Central African Rep		**MOZ**	Mozambique
CHA	Chad		**NAM**	Namibia
COM	Comoros Islands		**NIG**	Niger
CGO	Congo		**NGA**	Nigeria
COD	D.R. Congo		**RWA**	Rwanda
DJI	Djibouti		**STP**	São Tome e Principe
EGY	Egypt		**SEN**	Senegal
EQG	Equatorial Guinea		**SEY**	Seychelles
ERI	Eritrea		**SLE**	Sierra Leone
SWZ	Eswatini		**SOM**	Somalia
ETH	Ethiopia		**RSA**	South Africa
GAB	Gabon		**SDN**	Sudan
GAM	Gambia		**SSD**	South Sudan
GHA	Ghana		**TAN**	Tanzania
GUI	Guinea		**TOG**	Togo
GNB	Guinea-Bissau		**TUN**	Tunisia
CIV	Ivory Coast		**UGA**	Uganda
KEN	Kenya		**ZAM**	Zambia
LES	Lesotho		**ZIM**	Zimbabwe

FIFA COUNTRY CODES – ASIA

AUS	Australia		**MAS**	Malaysia
CHN	China P.R.		**OMA**	Oman
IND	India		**PLE**	Palestine
IRQ	Iraq		**QAT**	Qatar
JPN	Japan		**KSA**	Saudi Arabia
KOR	Korea Republic		**UAE**	United Arab Emirates
KUW	Kuwait		**YEM**	Yemen

FIFA COUNTRY CODES – EUROPE

ALB	Albania		**LTU**	Lithuania
ARM	Armenia		**LUX**	Luxembourg
AUT	Austria		**MLT**	Malta
AZE	Azerbaijan		**MDA**	Moldova
BLR	Belarus		**NED**	Netherlands
BEL	Belgium		**MDK**	North Macedonia
BUL	Bulgaria		**NIR**	Northern Ireland
CRO	Croatia		**NOR**	Norway
CYP	Cyprus		**POL**	Poland
CZE	Czech Republic		**POR**	Portugal
DEN	Denmark		**IRL**	Republic of Ireland
ENG	England		**ROU**	Romania
FIN	Finland		**RUS**	Russia
FRA	France		**SCO**	Scotland
GEO	Georgia		**SRB**	Serbia
GER	Germany		**SVK**	Slovakia
GRE	Greece		**SLO**	Slovenia
HUN	Hungary		**ESP**	Spain
ISL	Iceland		**SWE**	Sweden
ISR	Israel		**SUI**	Switzerland
ITA	Italy		**TUR**	Turkey
KAZ	Kazakhstan		**UKR**	Ukraine
KVX	Kosovo		**WAL**	Wales
LVA	Latvia			

FIFA COUNTRY CODES – SOUTH AMERICA

BOL	Bolivia
BRA	Brazil
CHI	Chile
COL	Colombia
PAR	Paraguay
URU	Uruguay
VEN	Venezuela

FIFA COUNTRY CODES – NORTH & CENTRAL AMERICA

CAN	Canada
CRC	Costa Rica
USA	United States of America

FIFA COUNTRY CODES – OCEANIA

NZL	New Zealand

NON-FIFA COUNTRY CODES

REU	Réunion
ZAN	Zanzibar

SUMMARY

Editorial	3
Abbreviations, FIFA Country Codes	5
Summary	7

AFRICAN CONTINENTAL COMPETITIONS FOR NATIONAL TEAMS

FIFA World Cup 2022 - Qualifiers	8
Africa Cup of Nations 2021 - Qualifiers	15
Africa Cup of Nations 2021 - Finals	22
African Nations Championship 2020	24
COSAFA Cup 2021	27
CECAFA Cup	30
CECAFA Cup 2021	32
FIFA Arab Cup 2021	33

AFRICAN CONTINENTAL COMPETITIONS FOR CLUB TEAMS

CAF Champions League 2020/2021	35
CAF Confederations Cup 2020/2021	75
CAF Super Cup 2020	119
CAF Super Cup 2021	120

NATIONAL ASSOCIATIONS

Algeria	124
Angola	154
Benin	163
Botswana	173
Burkina Faso	179
Burundi	189
Cameroon	196
Cape Verde Islands	207
Central African Republic	215
Chad	223
Comoros	226
Congo	233
D.R. Congo	242
Djibouti	252
Egypt	259
Equatorial Guinea	288
Eritrea	295
Eswatini	298
Ethiopia	306
Gabon	316
Gambia	323
Ghana	330
Guinea	340
Guinea-Bissau	349
Ivory Coast	357
Kenya	367
Lesotho	377
Liberia	385
Libya	393
Madagascar	404
Malawi	411
Mali	421
Mauritania	430
Mauritius	440
Morocco	446
Mozambique	471
Namibia	482
Niger	489
Nigeria	499
Rwanda	509
São Tomé e Príncipe	518
Senegal	522
Seychelles	533
Sierra Leone	539
Somalia	545
South Africa	551
South Sudan	578
Sudan	583
Tanzania	595
Togo	605
Tunisia	614
Uganda	638
Zambia	647
Zimbabwe	659

FIFA WORLD CUP 2022 QUALIFIERS

FIFA WORLD CUP Qatar2022

The 22nd edition of the FIFA World Cup will be hosted by Qatar between 21 November and 18 December 2022. Five teams from Africa were directly qualified for the Final Tournament. The African section of the 2022 FIFA World Cup qualifiers started in September 2019, all 54 FIFA-affiliated African national teams started the qualifiers, and following format was used:

First Round: A total of 28 teams (teams ranked 27–54 in the CAF entrant list) played home-and-away over two legs. The 14 winners advanced to the second round;

Second round: 40 teams (ranked 1–26 and 14 first-round winners) were divided into ten groups of four teams to play home-and-away round-robin matches. The ten group winners advanced to the third round;

Third round: The ten second round group winners play home-and-away over two legs. The five winners qualify for the World Cup.

The FIFA World Rankings of July 2019 were used to determine which nations would compete in the first round. For seeding in the second and third round draws, the most recent FIFA Rankings prior to those draws were used.

Bye to the second round (Ranked 1st to 26th)
Senegal (20), Tunisia (29), Nigeria (33), Algeria (40), Morocco (41), Egypt (46), Ghana (50), Cameroon (53), D.R. Congo (56), Ivory Coast (57), Mali (59), Burkina Faso (61), South Africa (70), Guinea (75), Cape Verde (76), Uganda (80), Zambia (81), Benin (82), Gabon (90), Congo (91), Madagascar (96), Niger (104), Libya (105), Mauritania (106), Kenya (107), Central African Republic (111).

National teams competing in first round (Ranked 27th to 54th)
Zimbabwe (112), Sierra Leone (114), Mozambique (116), Namibia (121), Angola (122), Guinea-Bissau (123), Malawi (126), Togo (128), Sudan (129), Rwanda (133), Tanzania (137), Equatorial Guinea (139), Eswatini (139), Lesotho (144), Comoros (146), Botswana (147), Burundi (148), Ethiopia (150), Liberia (152), Mauritius (157), Gambia (161), South Sudan (169), Chad (175), São Tomé and Príncipe (185), Seychelles (192), Djibouti (195), Somalia (202), Eritrea (202).

First Round (04/05/06-08/10.09.2019)

Ethiopia - Lesotho	0-0	1-1(0-0)
Somalia - **Zimbabwe**	1-0(0-0)	1-3(0-0)
Eritrea - **Namibia**	1-2(0-0)	0-2(0-1)
Burundi - **Tanzania**	1-1(0-0)	1-1 aet; 0-3 pen
Djibouti - Eswatini	2-1(1-0)	0-0
Botswana - **Malawi**	0-0	0-1(0-0)
Gambia - **Angola**	0-1(0-1)	1-2(0-1)
Liberia - Sierra Leone	3-1(1-0)	0-1(0-0)
Mauritius - **Mozambique**	0-1(0-1)	0-2(0-1)
São Tomé and Príncipe - **Guinea-Bissau**	0-1(0-0)	1-2(1-0)
South Sudan - **Equatorial Guinea**	1-1(0-1)	0-1(0-0)
Comoros - **Togo**	1-1(0-1)	0-2(0-1)
Chad - **Sudan**	1-3(0-1)	0-0
Seychelles - **Rwanda**	0-3(0-2)	0-7(0-4)

Second Round

GROUP A

02.09.2021	Marrakech	Niger - Burkina Faso	0-2(0-0)
02.09.2021	Blida	Algeria - Djibouti	8-0(4-0)
06.09.2021	Rabat	Djibouti - Niger	2-4(1-0)
07.09.2021	Marrakech	Burkina Faso - Algeria	1-1(0-1)
08.10.2021	Blida	Algeria - Niger	6-1(1-0)
08.10.2021	Marrakech	Djibouti - Burkina Faso	0-4(0-1)
11.10.2021	Marrakech	Burkina Faso - Djibouti	2-0(1-0)
12.10.2021	Niamey	Niger - Algeria	0-4(0-2)
12.11.2021	Marrakech	Burkina Faso - Niger	1-1(0-1)
12.11.2021	Cairo	Djibouti - Algeria	0-4(0-3)
15.11.2021	Niamey	Niger - Djibouti	7-2(2-1)
16.11.2021	Blida	Algeria - Burkina Faso	2-2(1-1)

FINAL STANDINGS

1.	**Algeria**	6	4	2	0	25 - 4	14
2.	Burkina Faso	6	3	3	0	12 - 4	12
3.	Niger	6	2	1	3	13 - 17	7
4.	Djibouti	6	0	0	6	4 - 29	0

Algeria advance to third qualifying round.

GROUP B

03.09.2021	Nouakchott	Mauritania - Zambia	1-2(0-1)
03.09.2021	Tunia	Tunisia - Equatorial Guinea	3-0(0-0)
07.09.2021	Ndola	Zambia - Tunisia	0-2(0-1)
07.09.2021	Malabo	Equatorial Guinea - Mauritania	1-0(0-0)
07.10.2021	Malabo	Equatorial Guinea - Zambia	2-0(1-0)
07.10.2021	Tunis	Tunisia - Mauritania	3-0(2-0)
10.10.2021	Lusaka	Zambia - Equatorial Guinea	1-1(0-0)
10.10.2021	Nouakchott	Mauritania - Tunisia	0-0
13.11.2021	Lusaka	Zambia - Mauritania	4-0(3-0)
13.11.2021	Malabo	Equatorial Guinea - Tunisia	1-0(0-0)
16.11.2021	Tunis	Tunisia - Zambia	3-1(3-0)
16.11.2021	Nouakchott	Mauritania - Equatorial Guinea	1-1(1-0)

FINAL STANDINGS

1.	**Tunisia**	6	4	1	1	11	-	2	13
2.	Equatorial Guinea	6	3	2	1	6	-	5	11
3.	Zambia	6	2	1	3	8	-	9	7
4.	Mauritania	6	0	2	4	2	-	11	2

Tunisia advance to third qualifying round.

GROUP C

01.09.2021	Douala	Central Afrrican Republic - Cape Verde	1-1(0-1)
03.09.2021	Lagos	Nigeria - Liberia	2-0(2-0)
06.09.2021	Douala	Liberia - Central Afrrican Republic	1-0(0-0)
07.09.2021	Mindelo	Cape Verde - Nigeria	1-2(1-1)
07.10.2021	Accra	Liberia - Cape Verde	1-2(1-0)
07.10.2021	Lagos	Nigeria - Central Afrrican Republic	0-1(0-0)
10.10.2021	Douala	Central Afrrican Republic - Nigeria	0-2(0-2)
10.10.2021	Mindelo	Cape Verde - Liberia	1-0(0-0)
13.11.2021	Tanger	Liberia - Nigeria	0-2(0-1)
13.11.2021	Mindelo	Cape Verde - Central Afrrican Republic	2-1(0-1)
16.11.2021	Lagos	Nigeria - Cape Verde	1-1(1-1)
16.11.2021	Tanger	Central Afrrican Republic - Liberia	1-3(0-2)

FINAL STANDINGS

1.	**Nigeria**	6	4	1	1	9	-	3	13
2.	Cape Verde	6	3	2	1	8	-	6	11
3.	Liberia	6	2	0	4	5	-	8	6
4.	Central Afrrican Republic	6	1	1	4	4	-	9	4

Nigeria advance to third qualifying round.

GROUP D

03.09.2021	Maputo	Mozambique - Ivory Coast	0-0
03.09.2021	Yaoundé	Cameroon - Malawi	2-0(2-0)
06.09.2021	Abidjan	Ivory Coast - Cameroon	2-1(2-0)
07.09.2021	Johannesburg	Malawi - Mozambique	1-0(1-0)
08.10.2021	Johannesburg	Malawi - Ivory Coast	0-3(0-1)
08.10.2021	Douala	Cameroon - Mozambique	3-1(1-0)
11.10.2021	Tanger	Mozambique - Cameroon	0-1(0-0)
11.10.2021	Cotonou	Ivory Coast - Malawi	2-1(1-1)
13.11.2021	Johannesburg	Malawi - Cameroon	0-4(0-2)
13.11.2021	Cotonou	Ivory Coast - Mozambique	3-0(1-0)
16.11.2021	Cotonou	Mozambique - Malawi	1-0(0-0)
16.11.2021	Douala	Cameroon - Ivory Coast	1-0(1-0)

FINAL STANDINGS

1.	**Cameroon**	6	5	0	1	12	-	3	15
2.	Ivory Coast	6	4	1	1	10	-	3	13
3.	Mozambique	6	1	1	4	2	-	8	4
4.	Malawi	6	1	0	5	2	-	12	3

Cameroon advance to third qualifying round.

GROUP E

01.09.2021	Agadir	Mali - Rwanda	1-0(1-0)
02.09.2021	Nairobi	Kenya - Uganda	0-0
05.09.2021	Kigali	Rwanda - Kenya	1-1(1-1)
06.09.2021	Entebbe	Uganda - Mali	0-0
07.10.2021	Kigali	Rwanda - Uganda	0-1(0-1)
07.10.2021	Agadir	Mali - Kenya	5-0(4-0)
10.10.2021	Nairobi	Kenya - Mali	0-1(0-0)
10.10.2021	Entebbe	Uganda - Rwanda	1-0(1-0)
11.11.2021	Entebbe	Uganda - Kenya	1-1(0-0)
11.11.2021	Kigali	Rwanda - Mali	0-3(0-2)
14.11.2021	Agadir	Mali - Uganda	1-0(1-0)
15.11.2021	Nairobi	Kenya - Rwanda	2-1(2-0)

FINAL STANDINGS

1.	**Mali**	6	5	1	0	11	-	0	16
2.	Uganda	6	2	3	1	3	-	2	9
3.	Kenya	6	1	3	2	4	-	9	6
4.	Rwanda	6	0	1	5	2	-	9	1

Mali advance to third qualifying round.

GROUP F

01.09.2021	Cairo	Egypt - Angola		1-0(1-0)
01.09.2021	Benghazi	Libya - Gabon		2-1(1-1)
05.09.2021	Franceville	Gabon - Egypt		1-1(0-0)
07.09.2021	Luanda	Angola - Libya		0-1(0-1)
08.10.2021	Luanda	Angola - Gabon		3-1(1-0)
08.10.2021	Alexandria	Egypt - Libya		1-0(0-0)
11.10.2021	Franceville	Gabon - Angola		2-0(0-0)
11.10.2021	Benghazi	Libya - Egypt		0-3(0-2)
12.11.2021	Franceville	Gabon - Libya		1-0(0-0)
12.11.2021	Luanda	Angola - Egypt		2-2(2-1)
16.11.2021	Alexandria	Egypt - Gabon		2-1(1-0)
16.11.2021	Benghazi	Libya - Angola		1-1(0-0)

FINAL STANDINGS

1.	**Egypt**	6	4	2	0	10	-	4	14
2.	Gabon	6	2	1	3	7	-	8	7
3.	Lybia	6	2	1	3	4	-	7	7
4.	Angola	6	1	2	3	6	-	8	5

Egypt advance to third qualifying round.

GROUP G

03.09.2021	Harare	Zimbabwe - South Africa		0-0
03.09.2021	Cape Coast	Ghana - Ethiopia		1-0(1-0)
06.09.2021	Johannesburg	South Africa - Ghana		1-0(0-0)
07.09.2021	Bahir Dar	Ethiopia - Zimbabwe		1-0(0-0)
09.10.2021	Bahir Dar	Ethiopia - South Africa		1-3(0-1)
09.10.2021	Cape Coast	Ghana - Zimbabwe		3-1(1-0)
12.10.2021	Harare	Zimbabwe - Ghana		0-1(0-1)
12.10.2021	Johannesburg	South Africa - Ethiopia		1-0(1-0)
11.11.2021	Johannesburg	Ethiopia - Ghana		1-1(0-1)
11.11.2021	Johannesburg	South Africa - Zimbabwe		1-0(1-0)
14.11.2021	Harare	Zimbabwe - Ethiopia		1-1(1-0)
14.11.2021	Cape Coast	Ghana - South Africa		1-0(1-0)

FINAL STANDINGS

1.	**Ghana**	6	4	1	1	7	-	3	13
2.	South Africa	6	4	1	1	6	-	2	13
3.	Ethiopia	6	1	2	3	4	-	7	5
4.	Zimbabwe	6	0	2	4	2	-	7	2

Ghana advance to third qualifying round.

GROUP H

01.09.2021	Thiès	Senegal - Togo		2-0(0-0)
02.09.2021	Johannesburg	Namibia - Congo		1-1(1-0)
05.09.2021	Lomé	Togo - Namibia		0-1(0-0)
07.09.2021	Brazzaville	Congo - Senegal		1-3(1-1)
09.10.2021	Lomé	Togo - Congo		1-1(0-1)
09.10.2021	Thiès	Senegal - Namibia		4-1(2-0)
12.10.2021	Johannesburg	Namibia - Senegal		1-3(1-1)
12.10.2021	Brazzaville	Congo - Togo		1-2(0-1)
11.11.2021	Brazzaville	Congo - Namibia		1-1(0-1)
11.11.2021	Lomé	Togo - Senegal		1-1(1-0)
14.11.2021	Thiès	Senegal - Congo		2-0(2-0)
15.11.2021	Johannesburg	Namibia - Togo		0-1(0-0)

FINAL STANDINGS

1.	**Senegal**	6	5	1	0	15 - 4	16
2.	Togo	6	2	2	2	5 - 6	8
3.	Namibia	6	1	2	3	5 - 10	5
4.	Congo	6	0	3	3	5 - 10	3

Senegal advance to third qualifying round.

GROUP I

01.09.2021	Nouakchott	Guinea-Bissau - Guinea		1-1(0-1)
02.09.2021	Rabat	Morocco - Sudan		2-0(1-0)
07.09.2021	Omdurman	Sudan - Guinea-Bissau		2-4(0-3)
06.10.2021	Marrakech	Sudan - Guinea		1-1(0-0)
06.10.2021	Rabat	Morocco - Guinea-Bissau		5-0(2-0)
09.10.2021	Agadir	Guinea - Sudan		2-2(0-0)
09.10.2021	Casablanca	Guinea-Bissau - Morocco		0-3(0-2)
12.10.2021	Rabat	Guinea - Morocco		1-4(1-2)
12.11.2021	Conakry	Guinea - Guinea-Bissau		0-0
12.11.2021	Rabat	Sudan - Morocco		0-3(0-1)
15.11.2021	Marrakech	Guinea-Bissau - Sudan		0-0
16.11.2021	Casablanca	Morocco - Guinea		3-0(2-0)

FINAL STANDINGS

1.	**Morocco**	6	6	0	0	20 - 1	18
2.	Guinea-Bissau	6	1	3	2	5 - 11	6
3.	Guinea	6	0	4	2	5 - 11	4
4.	Sudan	6	0	3	3	5 - 12	3

Morocco advance to third qualifying round.

GROUP J

02.09.2021	Lubumbashi	D.R. Congo - Tanzania		1-1(1-1)
02.09.2021	Antananarivo	Madagascar - Benin		0-1(0-1)
06.09.2021	Cotonou	Benin - D.R. Congo		1-1(1-1)
07.09.2021	Dar es Salaam	Tanzania - Madagascar		3-2(2-2)
07.10.2021	Kinshasa	D.R. Congo - Madagascar		2-0(1-0)
07.10.2021	Dar es Salaam	Tanzania - Benin		0-1(0-0)
10.10.2021	Cotonou	Benin - Tanzania		0-1(0-1)
10.10.2021	Antananarivo	Madagascar - D.R. Congo		1-0(1-0)
11.11.2021	Dar es Salaam	Tanzania - D.R. Congo		0-3(0-1)
11.11.2021	Cotonou	Benin - Madagascar		2-0(1-0)
14.11.2021	Kinshasa	D.R. Congo - Benin		2-0(1-0)
14.11.2021	Antananarivo	Madagascar - Tanzania		1-1(0-1)

FINAL STANDINGS

1.	**D.R. Congo**	6	3	2	1	9	-	3	11
2.	Benin	6	3	1	2	5	-	4	10
3.	Tanzania	6	2	2	2	6	-	8	8
4.	Madagascar	6	1	1	4	4	-	9	4

D.R. Congo advance to third qualifying round.

Third Round

The draw was held on 22.01.2022.

Egypt - Senegal
Cameroon - Algeria
Ghana - Nigeria
D.R. Congo - Morocco
Mali - Tunisia

First leg is scheduled for 24-26.03.2022, while the second leg for 27-29.03.2022.

AFRICA CUP OF NATIONS 2021 QUALIFIERS

The 33rd edition of the Africa Cup of Nations will be organized in 2021 in Cameroon. Due to COVID-19 pandemic, the final tournament was postponed from January/February 2021 to January/February 2022. Also qualifying matches in the group stage were also postponed as result of epidemiological situation.

A total of 52 nations (including Cameroon, automatically qualified as hosts / Eritrea and Somalia did not participate) entered the competition and were seeded into five pots, upon their June 2019 FIFA World Rankings (as shown in brackets). Teams ranked 1-44 (Pots 1 to 4) directly entered the group stage, while teams ranked 45-52 (Pot 5) entered the preliminary round.

Pot 1:	Senegal (22), Tunisia (25), Nigeria (45), Morocco (47), D.R. Congo (49), Ghana (50), Cameroon (51), Egypt (58), Burkina Faso (59), Mali (62), Ivory Coast (62), Algeria (68)
Pot 2:	Guinea (71), South Africa (72), Cape Verde (76), Uganda (80), Zambia (81), Benin (88), Gabon (89), Congo (90), Mauritania (103), Niger (104), Kenya (105), Libya (105)
Pot 3:	Madagascar (108), Zimbabwe (109), Central African Republic (112), Namibia (113), Sierra Leone (115), Mozambique (117), Guinea-Bissau (118), Angola (123), Malawi (126), Togo (128), Sudan (130), Tanzania (131)
Pot 4:	Burundi (134), Rwanda (136), Equatorial Guinea (141), Eswatini (141), Lesotho (145), Botswana (147), Comoros (148), Ethiopia (150)
Pot 5:	Liberia (153), Mauritius (157), Gambia (161), South Sudan (168), Chad (176), São Tomé and Príncipe (185), Seychelles (194), Djibouti (195)

PRELIMINARY ROUND (09-13.10.2019)

Mauritius - **São Tomé and Príncipe**	1-3(1-1)	1-2(0-0)
South Sudan - Seychelles	2-1(2-1)	1-0(0-0)
Liberia - Chad	1-0(1-0)	1-1 aet; 4-5 pen
Djibouti - **Gambia**	1-1(0-0)	1-1 aet; 2-3 pen

GROUP STAGE

GROUP A

13.11.2019	Windhoek	Namibia - Chad	2-1(0-0)
14.11.2019	Bamako	Mali - Guinea	2-2(0-0)
17.11.2019	N'Djamena	Chad - Mali	0-2(0-2)
17.11.2019	Conakry	Guinea - Namibia	2-0(1-0)
11.11.2020	Conakry	Guinea - Chad	1-0(1-0)
13.11.2020	Bamako	Mali - Namibia	1-0(1-0)
15.11.2020	N'Djamena	Chad - Guinea	1-1(1-1)
17.11.2020	Windhoek	Namibia - Mali	1-2(1-2)
24.03.2021	-	Chad - Namibia	0-3 *awarded*
24.03.2021	Conakry	Guinea - Mali	1-0(0-0)
28.03.2021	-	Mali - Chad	3-0 *awarded*
28.03.2021	Windhoek	Namibia - Guinea	2-1(1-1)

FINAL STANDINGS

1.	**Mali**	6	4	1	1	10	-	4	13
2.	**Guinea**	6	3	2	1	8	-	5	11
3.	Namibia	6	3	0	3	8	-	7	9
4.	Chad*	6	0	1	5	2	-	12	1

Mali and Guinea were qualified for the final tournament.
*Chad were disqualified by CAF on 22.03.2021.

GROUP B

Date	Venue	Match	Result
13.11.2019	Blantyre	Malawi - South Sudan	1-0(0-0)
13.11.2019	Ouagadougou	Burkina Faso - Uganda	0-0
17.11.2019	Kira	Uganda - Malawi	2-0(1-0)
17.11.2019	Khartoum	South Sudan - Burkina Faso	1-2(0-2)
12.11.2020	Entebe	Uganda - South Sudan	1-0(0-0)
12.11.2020	Ouagadougou	Burkina Faso - Malawi	3-1(2-0)
16.11.2020	Blantyre	Malawi - Burkina Faso	0-0
16.11.2020	Nairobi	South Sudan - Uganda	1-0(1-0)
24.03.2021	Entebbe	Uganda - Burkina Faso	0-0
24.03.2021	Omdurman	South Sudan - Malawi	0-1(0-0)
29.03.2021	Lilongwe	Malawi - Uganda	1-0(1-0)
29.03.2021	Ouagadougou	Burkina Faso - South Sudan	1-0(0-0)

FINAL STANDINGS

1.	**Burkina Faso**	6	3	3	0	6	-	2	12
2.	**Malawi**	6	3	1	2	4	-	5	10
3.	Uganda	6	2	2	2	3	-	2	8
4.	South Sudan	6	1	0	5	2	-	6	3

Burkina Faso and Malawi were qualified for the final tournament.

GROUP C

Date	Venue	Match	Result
13.11.2019	Omdurman	Sudan - São Tomé and Príncipe	4-0(2-0)
14.11.2019	Cape Coast	Ghana - South Africa	2-0(1-0)
17.11.2019	Johannesburg	South Africa - Sudan	1-0(1-0)
18.11.2019	São Tomé	São Tomé and Príncipe - Ghana	0-1(0-0)
12.11.2020	Cape Coast	Ghana - Sudan	2-0(1-0)
13.11.2020	Durban	South Africa - São Tomé and Príncipe	2-0(0-0)
16.11.2020	Port Elizabeth	São Tomé and Príncipe - South Africa	2-4(1-1)
17.11.2020	Omdurman	Sudan - Ghana	1-0(0-0)
24.03.2021	São Tomé	São Tomé and Príncipe - Sudan	0-2(0-1)
25.03.2021	Johannesburg	South Africa - Ghana	1-1(0-0)
28.03.2021	Cape Coast	Ghana - São Tomé and Príncipe	3-1(2-0)
28.03.2021	Omdurman	Sudan - South Africa	2-0(2-0)

FINAL STANDINGS

1.	**Ghana**	6	4	1	1	9	-	3	13
2.	**Sudan**	6	4	0	2	9	-	3	12
3.	South Africa	6	3	1	2	8	-	7	10
4.	São Tomé and Príncipe	6	0	0	6	3	-	16	0

Ghana and Sudan were qualified for the final tournament.

GROUP D

13.11.2019	Luanda	Angola - Gambia		1-3(1-2)
14.11.2019	Kinshasa	D.R. Congo - Gabon		0-0
17.11.2019	Franceville	Gabon - Angola		2-1(2-0)
18.11.2019	Bakau	Gambia - D.R. Congo		2-2(0-1)
12.11.2020	Franceville	Gabon - Gambia		2-1(1-0)
14.11.2020	Kinshasa	D.R. Congo - Angola		0-0
16.11.2020	Bakau	Gambia - Gabon		2-1(0-0)
17.11.2020	Luanda	Angola - D.R. Congo		0-1(0-0)
25.03.2021	Franceville	Gabon - D.R. Congo		3-0(1-0)
25.03.2021	Bakau	Gambia - Angola		1-0(0-0)
29.03.2021	Kinshasa	D.R. Congo - Gambia		1-0(1-0)
29.03.2021	Luanda	Angola - Gabon		2-0(0-0)

FINAL STANDINGS

1.	**Gambia**	6	3	1	2	9	-	7	10
2.	**Gabon**	6	3	1	2	8	-	6	10
3.	D.R. Congo	6	2	3	1	4	-	5	9
4.	Angola	6	1	1	4	4	-	7	4

Gambia and Gabon were qualified for the final tournament.

GROUP E

13.11.2019	Bangui	Central African Republic - Burundi		2-0(1-0)
15.11.2019	Rabat	Morocco - Mauritania		0-0
19.11.2019	Bujumbura	Burundi - Morocco		0-3(0-2)
19.11.2019	Nouakchott	Mauritania - Central African Republic		2-0(1-0)
11.11.2020	Nouakchott	Mauritania - Burundi		1-1(1-0)
13.11.2020	Casablanca	Morocco - Central African Republic		4-1(3-1)
15.11.2020	Bujumbura	Burundi - Mauritania		3-1(1-1)
17.11.2020	Douala	Central African Republic - Morocco		0-2(0-1)
26.03.2021	Bujumbura	Burundi - Central African Republic		2-2(0-1)
26.03.2021	Nouakchott	Mauritania - Morocco		0-0
30.03.2021	Bangui	Central African Republic - Mauritania		0-1(0-1)
30.03.2021	Rabat	Morocco - Burundi		1-0(1-0)

FINAL STANDINGS

1.	**Morocco**	6	4	2	0	10	-	1	14
2.	**Mauritania**	6	2	3	1	5	-	4	9
3.	Burundi	6	1	2	3	6	-	10	5
4.	Central African Republic	6	1	1	4	5	-	11	4

Morocco and Mauritania were qualified for the final tournament.

GROUP F

13.11.2019	Yaoundé	Cameroon - Cape Verde		0-0
14.11.2019	Maputo	Mozambique - Rwanda		2-0(2-0)
17.11.2019	Kigali	Rwanda - Cameroon		0-1(0-0)
18.11.2019	Praia	Cape Verde - Mozambique		2-2(1-1)
12.11.2020	Douala	Cameroon - Mozambique		4-1(1-0)
12.11.2020	Praia	Cape Verde - Rwanda		0-0
16.11.2020	Maputo	Mozambique - Cameroon		0-2(0-1)
17.11.2020	Kigali	Rwanda - Cape Verde		0-0
24.03.2021	Kigali	Rwanda - Mozambique		1-0(0-0)
26.03.2021	Praia	Cape Verde - Cameroon		3-1(1-1)
30.03.2021	Douala	Cameroon - Rwanda		0-0
30.03.2021	Maputo	Mozambique - Cape Verde		0-1(0-0)

FINAL STANDINGS

1.	**Cameroon**	6	3	2	1	8	-	4	11
2.	**Cape Verde**	6	2	4	0	6	-	3	10
3.	Rwanda	6	1	3	2	1	-	3	6
4.	Mozambique	6	1	1	4	5	-	10	4

Cameroon and Cape Verde were qualified for the final tournament.

GROUP G

14.11.2019	Alexandria	Egypt - Kenya		1-1(1-0)
14.11.2019	Lomé	Togo - Comoros		0-1(0-0)
18.11.2019	Moroni	Comoros - Egypt		0-0
18.11.2019	Kasarani	Kenya - Togo		1-1(1-0)
11.11.2020	Kasarani	Kenya - Comoros		1-1(0-1)
14.11.2020	Cairo	Egypt - Togo		1-0(0-0)
15.11.2020	Moroni	Comoros - Kenya		2-1(1-1)
17.11.2020	Lomé	Togo - Egypt		1-3(0-2)
25.03.2021	Moroni	Comoros - Togo		0-0
25.03.2021	Nairobi	Kenya - Egypt		1-1(0-1)
29.03.2021	Cairo	Egypt - Comoros		4-0(4-0)
29.03.2021	Lomé	Togo - Kenya		1-2(0-1)

FINAL STANDINGS

1.	**Egypt**	6	3	3	0	10	-	3	12
2.	**Comoros**	6	2	3	1	4	-	6	9
3.	Kenya	6	1	4	1	7	-	7	7
4.	Togo	6	0	2	4	3	-	8	2

Egypt and Comoros were qualified for the final tournament.

GROUP H

14.11.2019	Blida	Algeria - Zambia		5-0(1-0)
15.11.2019	Harare	Zimbabwe - Botswana		0-0
18.11.2019	Gaborone	Botswana - Algeria		0-1(0-1)
19.11.2019	Lusaka	Zambia - Zimbabwe		1-2(1-1)
12.11.2020	Lusaka	Zambia - Botswana		2-1(1-1)
12.11.2020	Alger	Algeria - Zimbabwe		3-1(2-0)
16.11.2020	Harare	Zimbabwe - Algeria		2-2(1-2)
16.11.2020	Francistown	Botswana - Zambia		1-0(1-0)
25.03.2021	Francistown	Botswana - Zimbabwe		0-1(0-1)
25.03.2021	Lusaka	Zambia - Algeria		3-3(1-2)
29.03.2021	Blida	Algeria - Botswana		5-0(1-0)
29.03.2021	Harare	Zimbabwe - Zambia		0-2(0-1)

FINAL STANDINGS

1.	**Algeria**	6	4	2	0	19	-	6	14
2.	**Zimbabwe**	6	2	2	2	6	-	8	8
3.	Zambia	6	2	1	3	8	-	12	7
4.	Botswana	6	1	1	4	2	-	9	4

Algeria and Zimbabwe were qualified for the final tournament.

GROUP I

13.11.2019	Bissau	Guinea-Bissau - Eswatini		3-0(2-0)
13.11.2019	Thiès	Senegal - Congo		2-0(2-0)
17.11.2019	Manzini	Eswatini - Senegal		1-4(0-0)
17.11.2019	Brazzaville	Congo - Guinea-Bissau		3-0(1-0)
11.11.2020	Thiès	Senegal - Guinea-Bissau		2-0(1-0)
12.11.2020	Brazzaville	Congo - Eswatini		2-0(0-0)
15.11.2020	Bissau	Guinea-Bissau - Senegal		0-1(0-0)
16.11.2020	Manzini	Eswatini - Congo		0-0
26.03.2021	Manzini	Eswatini - Guinea-Bissau		1-3(1-2)
26.03.2021	Brazzaville	Congo - Senegal		0-0
30.03.2021	Thiès	Senegal - Eswatini		1-1(0-1)
30.03.2021	Bissau	Guinea-Bissau - Congo		3-0(1-0)

FINAL STANDINGS

1.	**Senegal**	6	4	2	0	10	-	2	14
2.	**Guinea-Bissau**	6	3	0	3	9	-	7	9
3.	Congo	6	2	2	2	5	-	5	8
4.	Eswatini	6	0	2	4	3	-	13	2

Senegal and Guinea-Bissau were qualified for the final tournament.

GROUP J

15.11.2019	Dar es Salaam	Tanzania - Equatorial Guinea	2-1(0-1)
15.11.2019	Tunis	Tunisia - Libya	4-1(2-1)
19.11.2019	Monastir	Libya - Tanzania	2-1(0-1)
19.11.2019	Malabo	Equatorial Guinea - Tunisia	0-1(0-0)
11.11.2020	Cairo	Libya - Equatorial Guinea	2-3(0-1)
13.11.2020	Tunis	Tunisia - Tanzania	1-0(1-0)
15.11.2020	Malabo	Equatorial Guinea - Libya	1-0(1-0)
17.11.2020	Dar es Salaam	Tanzania - Tunisia	1-1(0-1)
25.03.2021	Benghazi	Libya - Tunisia	2-5(1-1)
25.03.2021	Malabo	Equatorial Guinea - Tanzania	1-0(0-0)
28.03.2021	Tunis	Tunisia - Equatorial Guinea	2-1(1-0)
28.03.2021	Dar es Salaam	Tanzania - Libya	1-0(1-0)

FINAL STANDINGS

1.	**Tunisia**	6	5	1	0	14 - 5	16
2.	**Equatorial Guinea**	6	3	0	3	7 - 7	9
3.	Tanzania	6	2	1	3	5 - 6	7
4.	Libya	6	1	0	5	7 - 15	3

Tunisia and Equatorial Guinea were qualified for the final tournament.

GROUP K

16.11.2019	Antananarivo	Madagascar - Ethiopia	1-0(1-0)
16.11.2019	Abidjan	Ivory Coast - Niger	1-0(0-0)
19.11.2019	Bahir Dar	Ethiopia - Ivory Coast	2-1(2-1)
19.11.2019	Niamey	Niger - Madagascar	2-6(1-4)
12.11.2020	Abidjan	Ivory Coast - Madagascar	2-1(0-0)
13.11.2020	Niamey	Niger - Ethiopia	1-0(0-0)
17.11.2020	Toamasina	Madagascar - Ivory Coast	1-1(0-1)
17.11.2020	Bahir Dar	Ethiopia - Niger	3-0(2-0)
24.03.2021	Bahir Dar	Ethiopia - Madagascar	4-0(3-0)
26.03.2021	Niamey	Niger - Ivory Coast	0-3(0-2)
30.03.2021	Abidjan	Ivory Coast - Ethiopia	3-1(2-0)
30.03.2021	Toamasina	Madagascar - Niger	0-0

FINAL STANDINGS

1.	**Ivory Coast**	6	4	1	1	11 - 5	13
2.	**Ethiopia**	6	3	0	3	10 - 6	9
3.	Madagascar	6	2	2	2	9 - 9	8
4.	Niger	6	1	1	4	3 - 13	4

Ivory Coast and Ethiopia were qualified for the final tournament.

GROUP L

Date	Venue	Match	Result
13.11.2019	Uyo	Nigeria - Benin	2-1(1-1)
13.11.2019	Freetown	Sierra Leone - Lesotho	1-1(0-0)
17.11.2019	Porto-Novo	Benin - Sierra Leone	1-0(1-0)
17.11.2019	Maseru	Lesotho - Nigeria	2-4(1-2)
13.11.2020	Benin City	Nigeria - Sierra Leone	4-4(4-1)
14.11.2020	Porto-Novo	Benin - Lesotho	1-0(1-0)
17.11.2020	Freetown	Lesotho - Benin	0-0
17.11.2020	Maseru	Sierra Leone - Nigeria	0-0
27.03.2021	Maseru	Lesotho - Sierra Leone	0-0
27.03.2021	Porto-Novo	Benin - Nigeria	0-1(0-0)
30.03.2021	Lagos	Nigeria - Lesotho	3-0(1-0)
15.06.2021	Conakry	Sierra Leone - Benin	1-0(1-0)

FINAL STANDINGS

1.	**Nigeria**	6	4	2	0	14 - 7	14
2.	**Sierra Leone**	6	1	4	1	6 - 6	7
3.	Benin	6	2	1	3	3 - 4	7
4.	Lesotho	6	0	3	3	3 - 9	3

Nigeria and Sierra Leone were qualified for the final tournament.

AFRICA CUP OF NATIONS 2021 FINAL TOURNAMENT

The final tournament will be hosted by Cameroon between 9 January and 6 February 202. The matches were played in five cities: Bafoussam, Douala, Garoua, Limbé and Yaoundé.

The draw of the final tournament was held on 17 August 2021. The 24 teams were ranked into four pots:

Pot 1: Cameroon (hosts), Algeria (title holders), Senegal, Tunisia, Nigeria, Morocco
Pot 2: Egypt, Ghana, Mali, Ivory Coast, Guinea, Burkina Faso
Pot 3: Cape Verde, Gabon, Mauritania, Zimbabwe, Guinea-Bissau, Sierra Leone
Pot 4: Sudan, Malawi, Comoros, Equatorial Guinea, Ethiopia, Gambia

The six groups for the Final Tournament are as follows:

GROUP A	GROUP B	GROUP C
Cameroon	Senegal	Morocco
Burkina Faso	Zimbabwe	Ghana
Ethiopia	Guinea	Comoros
Cape Verde	Malawi	Gabon

GROUP D	GROUP E	GROUP F
Nigeria	Algeria	Tunisia
Egypt	Sierra Leone	Mali
Sudan	Equatorial Guinea	Mauritania
Guinea-Bissau	Ivory Coast	Gambia

The group stage schedule:

GROUP A	09.01.2022	Yaoundé	Cameroon - Burkina Faso
	09.01.2022	Yaoundé	Ethiopia - Cape Verde
	13.01.2022	Yaoundé	Cameroon - Ethiopia
	13.01.2022	Yaoundé	Cape Verde - Burkina Faso
	17.01.2022	Yaoundé	Cape Verde - Cameroon
	17.01.2022	Bafoussam	Burkina Faso - Ethiopia

GROUP B	10.01.2022	Bafoussam	Senegal - Zimbabwe
	10.01.2022	Bafoussam	Guinea - Malawi
	14.01.2022	Bafoussam	Senegal - Guinea
	14.01.2022	Bafoussam	Malawi - Zimbabwe
	18.01.2022	Bafoussam	Malawi - Senegal
	18.01.2022	Yaoundé	Zimbabwe - Guinea

GROUP C	10.01.2022	Yaoundé	Morocco - Ghana
	10.01.2022	Yaoundé	Comoros - Gabon
	14.01.2022	Yaoundé	Morocco - Comoros
	14.01.2022	Yaoundé	Gabon - Ghana
	18.01.2022	Yaoundé	Gabon - Morocco
	18.01.2022	Garoua	Ghana - Comoros

GROUP D	11.01.2022	Garoua	Nigeria - Egypt
	11.01.2022	Garoua	Sudan - Guinea-Bissau
	15.01.2022	Garoua	Nigeria - Sudan
	15.01.2022	Garoua	Guinea-Bissau - Egypt
	19.01.2022	Garoua	Guinea-Bissau - Nigeria
	19.01.2022	Yaoundé	Egypt - Sudan

GROUP E	11.01.2022	Douala	Algeria - Sierra Leone
	12.01.2022	Douala	Equatorial Guinea - Ivory Coast
	16.01.2022	Douala	Ivory Coast - Sierra Leone
	16.01.2022	Douala	Algeria - Equatorial Guinea
	20.01.2022	Douala	Ivory Coast - Algeria
	20.01.2022	Limbé	Sierra Leone - Equatorial Guinea

GROUP F	12.01.2022	Limbé	Tunisia - Mali
	12.01.2022	Limbé	Mauritania - Gambia
	16.01.2022	Limbé	Gambia - Mali
	16.01.2022	Limbé	Tunisia - Mauritania
	20.01.2022	Limbé	Gambia - Tunisia
	20.01.2022	Douala	Mali - Mauritania

2nd Round of 16: 23-26.01.2022
Quarter-Finals: 29-30.01.2022;
Semi-Finals: 02-03.02.2022;
Third place Play-off: 06.02.2022;
Final: 06.02.2022 in Yaoundé.

AFRICAN NATIONS CHAMPIONSHIP 2020

The 2020 African Nations Championship, known as the Total African Nations Championship (also referred to as CHAN 2020) was the 6th edition of the African Nations Championship, a biennial football tournament organized by the Confederation of African Football (CAF) exclusively featuring players from the respective national championships. The tournament was hosted by Cameroon between 16 January and 7 February 2021 (postponed from April 2020 due to COVID-19 pandemic). Morocco obtained its second title in row after defeating Mali 2-0 in the final game played in Yaoundé.

FINAL TOURNAMENT
(teams in bold are qualified for the Quarter-Finals)

GROUP A

16.01.2020	Yaoundé	Cameroon - Zimbabwe		1-0(0-0)
16.01.2020	Yaoundé	Mali - Burkina Faso		1-0(0-0)
20.01.2020	Yaoundé	Cameroon - Mali		1-1(1-1)
20.01.2020	Yaoundé	Burkina Faso - Zimbabwe		3-1(1-1)
24.01.2020	Yaoundé	Burkina Faso - Cameroon		0-0
24.01.2020	Douala	Zimbabwe - Mali		0-1(0-1)

FINAL STANDINGS

1.	**Mali**	3	2	1	0	3	-	1	7
2.	**Cameroon**	3	1	2	0	2	-	1	5
3.	Burkina Faso	3	1	1	1	3	-	2	4
4.	Zimbabwe	3	0	0	3	1	-	5	0

GROUP B

17.01.2020	Douala	Libya - Niger		0-0
17.01.2020	Douala	D.R. Congo - Congo		1-0(0-0)
21.01.2020	Douala	Libya - D.R. Congo		1-1(1-0)
21.01.2020	Douala	Congo - Niger		1-1(1-0)
25.01.2020	Douala	Congo - Libya		1-0(0-0)
25.01.2020	Yaoundé	Niger - D.R. Congo		1-2(0-1)

FINAL STANDINGS

1.	**D.R. Congo**	3	2	1	0	4	-	2	7
2.	**Congo**	3	1	1	1	2	-	2	4
3.	Niger	3	0	2	1	2	-	3	2
4.	Libya	3	0	2	1	1	-	2	2

GROUP C

18.01.2020	Douala	Morocco - Togo	1-0(1-0)
18.01.2020	Douala	Rwanda - Uganda	0-0
22.01.2020	Douala	Morocco - Rwanda	0-0
22.01.2020	Douala	Uganda - Togo	1-2(0-0)
26.01.2020	Douala	Uganda - Morocco	2-5(1-1)
26.01.2020	Limbé	Togo - Rwanda	2-3(1-1)

FINAL STANDINGS

1.	**Morocco**	3	2	1	0	6	-	2	7
2.	**Rwanda**	3	1	2	0	3	-	2	5
3.	Togo	3	1	0	2	4	-	5	3
4.	Uganda	3	0	1	2	3	-	7	1

GROUP D

19.01.2020	Limbé	Zambia - Tanzania	2-0(0-0)
19.01.2020	Limbé	Guinea - Namibia	3-0(2-0)
23.01.2020	Limbé	Zambia - Guinea	1-1(0-0)
23.01.2020	Limbé	Namibia - Tanzania	0-1(0-0)
27.01.2020	Limbé	Namibia - Zambia	0-0
27.01.2020	Douala	Tanzania - Guinea	2-2(1-1)

FINAL STANDINGS

1.	**Guinea**	3	1	2	0	6	-	3	5
2.	**Zambia**	3	1	2	0	3	-	1	5
3.	Tanzania	3	1	1	1	3	-	4	4
4.	Namibia	3	0	1	2	0	-	4	1

QUARTER-FINALS

30.01.2020	Yaoundé	Mali - Congo	0-0; 5-4 pen
30.01.2020	Douala	D.R. Congo - Cameroon	1-2(1-2)
31.01.2020	Douala	Morocco - Zambia	3-1(3-0)
31.01.2020	Limbé	Guinea - Rwanda	1-0(0-0)

SEMI-FINALS

01.02.2020	Douala	Mali - Guinea	0-0; 5-4 pen
02.02.2020	Limbé	Morocco - Cameroon	4-0(2-0)

3rd PLACE PLAY-OFF

06.02.2020	Douala	Guinea - Cameroon	2-0(2-0)

FINAL

07.02.2021, Stade "Ahmadou Ahidjo", Yaoundé; Attendance: 0
Referee: Peter Waweru (Kenya)
Mali - Morocco   **0-2(0-0)**
Mali: Djigui Diarra, Siaka Bagayoko, Issaka Samaké [*sent off 90*], Barou Sanogo, Yacouba Doumbia, Moussa Ballo (82.Zoumana Simpara), Makan Sambaly (79.Ousmane Kamissoko), Sadio Kanouté, Moussa Kyabou, Moussa Koné (78.Bassekou Diabaté), Demba Diallo. Trainer: Mohamed Magassouba.
Morocco: Anas Zniti, Abdelmounaim Boutouil, Hamza El Mousaoui, Soufiane Bouftini, Yahya Jabrane, Abdelilah Hafidi (90.Zakaria Hadraf), Mohammed Bemammer, Noah Saadaoui (90.Walid El Karti), Omar Namsaoui, Soufiane Rahimi, Ayoub El Kaabi. Trainer: Lhoussaine Ammouta.
Goals: 0-1 Soufiane Bouftini (68), 0-2 Ayoub El Kaabi (79).

Best goalscorers: Soufiane Rahimi (Morocco) – 5 goals

AFRICAN NATIONS CUP
TABLE OF HONOURS 2009-2020

Nr	Year	Host Country	Final matches
1	2009	Ivory Coast	D.R. CONGO – Ghana 2-0
2	2011	Sudan	TUNISIA – Angola 3-0
3	2014	South Africa	LIBYA – Ghana 0-0; 4-3 on penalties
4	2016	Rwanda	D.R. CONGO – Mali 3-0
5	2018	Morocco	MOROCCO – Nigeria 4-0
6	2020	Cameroon	MOROCCO – Mali 2-0

All Africa Cup of Nations winners:

Wins	Nation	Years
2	D.R. Congo	2009, 2016
2	Morocco	2018, 2020
1	Tunisia	2011
1	Libya	2014

COSAFA CUP 2021

The COSAFA Senior Challenge is an annual tournament inaugured in 1997 for teams from Southern Africa organized by COSAFA (Council of Southern Africa Football Associations). The member nations are: Angola, Botswana, Comoros, Lesotho, Madagascar, Malawi, Mauritius, Mayotte, Mozambique, Namibia, Réunion, Seychelles, South Africa, Swaziland, Zambia and Zimbabwe.

The 2021 COSAFA Cup was the 20th edition of the competition, hosted by South Africa between 6-18 July 2021. The matches were played in Port Elizabeth ("Nelson Mandela" Bay Stadium – Capacity: 42,486 and Wolfson Stadium - Capacity: 10,000). Ten teams entered the group stage, both group winners and runners-up advanced to the semi-finals.

GROUP STAGE

GROUP A

Date	Venue	Match	Result
06.07.2021	Port Elizabeth	Eswatini - Lesotho	3-1(1-1)
06.07.2021	Port Elizabeth	South Africa - Botswana	1-0(1-0)
08.07.2021	Port Elizabeth	Zambia - Lesotho	1-2(1-0)
08.07.2021	Port Elizabeth	South Africa - Eswatini	1-0(0-0)
10.07.2021	Port Elizabeth	Lesotho - Botswana	0-4(0-2)
10.07.2021	Port Elizabeth	Zambia - Eswatini	0-1(0-0)
13.07.2021	Port Elizabeth	Botswana - Zambia	1-2(0-1)
13.07.2021	Port Elizabeth	South Africa - Lesotho	4-0(3-0)
14.07.2021	Port Elizabeth	South Africa - Zambia	0-0
14.07.2021	Port Elizabeth	Eswatini - Botswana	1-1(1-1)

FINAL STANDINGS

1.	**South Africa**	4	3	1	0	6 - 0	10
2.	**Eswatini**	4	2	1	1	5 - 3	7
3.	Zambia	4	1	1	2	3 - 4	4
4.	Botswana	4	1	1	2	6 - 4	4
5.	Lesotho	4	1	0	3	3 - 12	3

GROUP B

07.07.2021	Port Elizabeth	Mozambique - Zimbabwe		0-0
07.07.2021	Port Elizabeth	Senegal - Namibia		1-2(1-1)
09.07.2021	Port Elizabeth	Malawi - Zimbabwe		2-2(1-0)
09.07.2021	Port Elizabeth	Senegal - Mozambique		1-0(0-0)
11.07.2021	Port Elizabeth	Namibia - Zimbabwe		2-0(0-0)
11.07.2021	Port Elizabeth	Mozambique - Malawi		2-0(0-0)
13.07.2021	Port Elizabeth	Senegal - Zimbabwe		2-1(1-1)
13.07.2021	Port Elizabeth	Malawi - Namibia		1-1(0-0)
14.07.2021	Port Elizabeth	Mozambique - Namibia		1-0(0-0)
14.07.2021	Port Elizabeth	Senegal - Malawi		2-1(1-1)

FINAL STANDINGS

1.	**Senegal**	4	3	0	1	6	-	4	9
2.	**Mozambique**	4	2	1	1	3	-	1	7
3.	Namibia	4	2	1	1	5	-	3	7
4.	Malawi	4	0	2	2	4	-	7	2
5.	Zimbabwe	4	0	2	2	3	-	6	2

SEMI-FINALS

16.07.2021	Port Elizabeth	Senegal - Eswatini	2-2(0-2,2-2,2-2); 3-0 pen
16.07.2021	Port Elizabeth	South Africa - Mozambique	3-0(1-0)

THIRD PLACE PLAY-OFF

18.07.2021	Port Elizabeth	Eswatini - Mozambique	1-1(0-1,1-1,1-1); 4-2 pen

FINAL

18.07.2021	Port Elizabeth	Senegal - South Africa	0-0; 4-5 pen

Best goalscorer of the tournament: Sepana Victor Letsoalo (South Africa) – 4 goals

Council of Southern Africa Football Associations (COSAFA) Cup
TABLE OF HONOURS 1997-2021

Nr	Year	Host Country	Final matches
1	1997	-	ZAMBIA (Group stage)
2	1998	-	ZAMBIA (Group stage)
3	1999	-	ANGOLA – Namibia 1-0 (Luanda), 1-1 (Windhoek)
4	2000	-	ZIMBABWE – Lesotho 3-0 (Maseru), 3-0 (Bulawayo)
5	2001	-	ANGOLA – Zimbabwe 0-0 (Luanda), 1-0 (Harare)
6	2002	-	SOUTH AFRICA – Malawi 3-1 (Blantyre), 1-0 (Durban)
7	2003	-	ZIMBABWE – Malawi 2-1 (Blantyre), 2-0 (Harare)
8	2004	-	ANGOLA – Zambia 0-0, 4-5 on penalties (Lusaka)
9	2005	-	ZIMBABWE – Zambia 1-0
10	2006	-	ZAMBIA – Angola 2-0 (Lusaka)
11	2007	-	SOUTH AFRICA – Zambia 0-0; 4-3 on penalties (Bloemfontain)
12	2008	South Africa	SOUTH AFRICA – Mozambique 2-1
13	2009	Zimbabwe	ZIMBABWE – Zambia 3-1
/	2010	Cancelled	
/	2011	Not held	
14	2013	Zambia	ZAMBIA – Zimbabwe 2-0
15	2015	South Africa	NAMIBIA – Mozambique 2-0
16	2016	Namibia	SOUTH AFRICA – Botswana 3-2
17	2017	South Africa	ZIMBABWE – Zambia 3-1
18	2018	South Africa	ZIMBABWE – Zambia 4-2 aet
19	2019	South Africa	ZAMBIA – Botswana 1-0
20	2021	South Africa	SOUTH AFRICA – Senegal 0-0 aet; 5-4 on penalties

All COSAFA Cup winners:

Wins	Nation	Years
6	Zimbabwe	2000, 2003, 2005, 2009, 2017, 2018
5	Zambia	1997, 1998, 2006, 2013, 2019
5	South Africa	2002, 2007, 2008, 2016, 2021
3	Angola	1999, 2001, 2004
1	Namibia	2015

CECAFA CUP

The CECAFA Challenge Cup is the oldest football tournament in Africa. It is the successor tournament of the Gossage Cup, held 37 times from 1926 until 1966, and the East and Central African Senior Challenge Cup, held 5 times between 1967 and 1971.

It is a tournament organized by the Council of East and Central Africa Football Associations (CECAFA), and includes national teams from Central and East Africa (Burundi, Djibouti, Eritrea, Ethiopia, Kenya, Rwanda, Seychelles, Somalia, Sudan, Tanzania, Uganda, Zambia, Zanzibar, Zimbabwe).

Gossage Cup Winners:
1926: Kenya; 1928: Uganda; 1929: Uganda; 1930: Uganda; 1931: Kenya; 1932: Uganda; 1935: Uganda; 1936: Uganda; 1937: Uganda; 1938: Uganda; 1939: Uganda; 1940: Uganda; 1941: Kenya; 1942: Kenya; 1943: Uganda; 1944: Kenya; 1945: Uganda; 1946: Kenya; 1947: Uganda; 1948: Uganda; 1949: Tanganyika; 1951: Tanganyika; 1952: Uganda; 1953: Kenya; 1954: Uganda; 1955: Uganda; 1956: Uganda; 1957: Uganda; 1958: Kenya; 1959: Kenya; 1960: Kenya; 1961: Kenya; 1962: Uganda; 1963: Uganda; 1964: Tanzania; 1965: Tanzania; 1966: Kenya.

Challenge Cup Winners:
1967: Kenya; 1968: Uganda; 1969: Uganda; 1970: Uganda; 1971: Kenya.

Council of East and Central Africa Football Associations (CECAFA) Cup TABLE OF HONOURS 1973-2021			
Nr	Year	Host Country	Final matches
1	1973	Uganda	UGANDA – Tanzania 2-1
2	1974	Tanzania	TANZANIA – Uganda 1-1; 5-3 on penalties
3	1975	Zambia	KENYA – Malawi 0-0; 5-4 on penalties
4	1976	Zanzibar	UGANDA – Zambia 2-0
5	1977	Somalia	UGANDA – Zambia 0-0; 5-3 on penalties
6	1978	Malawi	MALAWI – Zambia 3-2
7	1979	Kenya	MALAWI – Kenya 3-2
8	1980	Sudan	SUDAN – Tanzania 1-0
9	1981	Tanzania	KENYA – Tanzania 1-0
10	1982	Uganda	KENYA – Uganda 1-1; 5-3 on penalties
11	1983	Kenya	KENYA – Zimbabwe 1-0
12	1984	Uganda	ZAMBIA – Malawi 0-0; 3-0 on penalties
13	1985	Zimbabwe	ZIMBABWE – Kenya 2-0
14	1987	Ethiopia	ETHIOPIA – Zimbabwe 1-1; 5-4 on penalties
15	1988	Malawi	MALAWI – Zambia 3-1
16	1989	Kenya	UGANDA – Malawi 3-3; 2-1 on penalties
17	1990	Zanzibar	UGANDA – Sudan 2-0
18	1991	Uganda	ZAMBIA – Kenya 2-0
19	1992	Tanzania	UGANDA – Tanzania „B" 1-0
20	1994	Kenya	TANZANIA – Uganda 2-2; 4-3 on penalties
21	1995	Uganda	ZANZIBAR – Uganda „B" 1-0
22	1996	Sudan	UGANDA – Sudan „B" 1-0
23	1999	Rwanda	RWANDA „B" – Kenya 3-1
24	2000	Uganda	UGANDA – Uganda „B" 2-0
25	2001	Ethiopia	ETHIOPIA – Kenya 2-1
26	2002	Tanzania	KENYA – Tanzania 3-2

27	2003	Sudan	UGANDA – Rwanda 2-0
28	2004	Ethiopia	ETHIOPIA – Burundi 3-0
29	2005	Rwanda	ETHIOPIA – Rwanda 1-0
30	2006	Ethiopia	SUDAN – Zambia 2-2; 10-11 on penalties (awarded for Sudan because Zambia entered as guest team)
31	2007	Tanzania	SUDAN – Rwanda 2-2; 4-2 on penalties
32	2008	Uganda	UGANDA – Kenya 1-0
33	2009	Kenya	UGANDA – Rwanda 2-0
34	2010	Tanzania	TANZANIA – Côte d'Ivoire „B" 1-0
35	2011	Tanzania	UGANDA – Rwanda 2-2; 3-2 on penalties
36	2012	Uganda	UGANDA - Kenya 2-1
37	2013	Kenya	KENYA – Sudan 2-0
38	2015	Ethiopia	UGANDA – Rwanda 1-0
39	2017	Kenya	KENYA – Zanzibar 2-2; 3-2 on penalties
40	2019	Uganda	UGANDA – Eritrea 3-0
41	2021	Ethiopia	TANZANIA – Burundi 0-0; 6-5 on penalties

All CECAFA Cup winners:

Wins	Nation	Years
15	Uganda	1973, 1976, 1977, 1989, 1990, 1992, 1996, 2000, 2003, 2008, 2009, 2011, 2012, 2015, 2019
7	Kenya	1975, 1981, 1982, 1983, 2002, 2013, 2017
4	Ethiopia	1987, 2001, 2004, 2005
4	Tanzania	1974, 1994, 2010, 2021
3	Malawi	1978, 1979, 1988
3	Sudan	1980, 2006, 2007
2	Zambia	1984, 1991
1	Rwanda „B"	1999
1	Zanzibar	1995
1	Zimbabwe	1985

CECAFA U-23 CHALLENGE CUP 2021

The 41th edition was held between 17-30 July 2021 in Ethiopia. This tournament was reserved for U23 players, but teams were also allowed to fied up to three players over 23.

The matches were played in Bahir Dar (Bahir Dar International Stadium – Capacity: 60,000). D.R. Congo participated for the first time as invited team. Each group winner and the best runner-up advanced to the Semi-Finals.

GROUP A

18.07.2021	Bahir Dar	Uganda - D.R. Congo	0-0
21.07.2021	Bahir Dar	Tanzania - D.R. Congo	1-0(0-0)
24.07.2021	Bahir Dar	Uganda - Tanzania	1-1(1-1)

FINAL STANDINGS

1.	**Tanzania**	2	1	1	0	2 - 1	4
2.	Uganda	2	0	2	0	1 - 1	2
3.	D.R. Congo	2	0	1	1	0 - 1	1

GROUP B

17.07.2021	Bahir Dar	Ethiopia - Eritrea	3-3(2-1)
20.07.2021	Bahir Dar	Burundi - Eritrea	3-0(1-0)
23.07.2021	Bahir Dar	Ethiopia - Burundi	1-1(1-0)

FINAL STANDINGS

1.	**Burundi**	2	1	1	0	4 - 1	4
2.	Ethiopia	2	0	2	0	4 - 4	2
3.	Eritrea	2	0	1	1	3 - 6	1

GROUP C

18.07.2021	Bahir Dar	Djibouti - Kenya	0-3(0-1)
21.07.2021	Bahir Dar	South Sudan - Kenya	0-2(0-0)
24.07.2021	Bahir Dar	Djibouti - South Sudan	0-2(0-0)

FINAL STANDINGS

1.	**Kenya**	2	2	0	0	5 - 0	6
2.	**South Sudan**	2	1	0	1	2 - 2	3
3.	Djibouti	2	0	0	2	0 - 5	0

SEMI-FINALS

27.07.2021	Bahir Dar	Tanzania - South Sudan	1-0(0-0)
27.07.2021	Bahir Dar	Burundi - Kenya	0-0; 4-2 pen

3rd PLACE PLAY-OFF

29.07.2021	Bahir Dar	South Sudan - Kenya	1-0(0-0)

FINAL

30.07.2021	Bahir Dar	Tanzania - Burundi	0-0; 6-5 pen

Best goalscorer of the tournament: Ali Suleiman Ibrahim (Eritrea) – 3 goals

2021 FIFA ARAB CUP

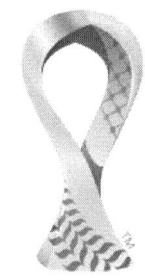

FIFA ARAB CUP
QATAR 2021

The 2021 FIFA Arab Cup was the 10th edition of the Arab world's national team football tournament and the first edition under FIFA's jurisdiction. It took place between 30 November and 18 December in Qatar and involved 23 teams (10 African and 13 Asian national teams), nine teams being qualified directly for the final tournament and 14 teams playing in the qualification to determine the remaining seven places. The final tournament matches were played in six venues, which will also be used for the 2022 FIFA World Cup.

Qualifiers

Date	Venue	Match	Result
19.06.2021	Doha	Libya - Sudan	0-1(0-1)
20.06.2021	Doha	Oman - Somalia	2-1(2-0)
21.06.2021	Doha	Jordan - South Sudan	3-0 (awarded)
22.06.2021	Doha	Mauritania - Yemen	2-0(1-0)
23.06.2021	Doha	Lebanon - Djibouti	1-0(0-0)
24.06.2021	Doha	Palestine - Comoros	5-1(2-0)
25.06.2021	Doha	Bahrain - Kuwait	2-0(0-0)

FINAL TOURNAMENT
(teams in bold are qualified for the Quarter-Finals)

GROUP A

Date	Venue	Match	Result
30.11.2021	Al Wakrah	Iraq - Oman	1-1(0-0)
30.11.2021	Al Khor	Qatar - Bahrain	1-0(0-0)
03.12.2021	Doha	Bahrain - Iraq	0-0
03.12.2021	Al Rayyan	Oman - Qatar	1-2(0-1)
06.12.2021	Al Rayyan	Oman - Bahrain	3-0(1-0)
06.12.2021	Al Khor	Qatar - Iraq	3-0(0-0)

FINAL STANDINGS

	Team	P	W	D	L	GF	-	GA	Pts
1.	**Qatar**	3	3	0	0	6	-	1	9
2.	**Oman**	3	1	1	1	5	-	3	4
3.	Iraq	3	0	2	1	1	-	4	2
4.	Bahrain	3	0	1	2	0	-	4	1

GROUP B

Date	Venue	Match	Result
30.11.2021	Al Rayyan	Tunisia - Mauritania	5-1(3-1)
30.11.2021	Doha	United Arab Emirates - Syria	2-1(2-0)
03.12.2021	Doha	Mauritania - United Arab Emirates	0-1(0-0)

03.12.2021	Al Khor	Syria - Tunisia	2-0(1-0)
06.12.2021	Al Wakrah	Syria - Mauritania	1-2(0-0)
06.12.2021	Doha	Tunisia - United Arab Emirates	1-0(1-0)

FINAL STANDINGS

1.	**Tunisia**	3	2	0	1	6	-	3	6
2.	**United Arab Emirates**	3	2	0	1	3	-	2	6
3.	Syria	3	1	0	2	4	-	4	3
4.	Mauritania	3	1	0	2	3	-	7	3

GROUP C

01.12.2021	Al Wakrah	Morocco - Palestine	4-0(1-0)
01.12.2021	Al Rayyan	Saudi Arabia - Jordan	0-1(0-0)
04.12.2021	Al Rayyan	Jordan - Morocco	0-4(0-3)
04.12.2021	Al Rayyan	Palestine - Saudi Arabia	1-1(1-0)
07.12.2021	Doha	Morocco - Saudi Arabia	1-0(1-0)
07.12.2021	Doha	Jordan - Palestine	5-1(2-1)

FINAL STANDINGS

1.	**Morocco**	3	3	0	0	9	-	0	9
2.	**Jordan**	3	2	0	1	6	-	5	6
3.	Saudi Arabia	3	0	1	2	1	-	3	1
4.	Palestine	3	0	1	2	2	-	10	1

GROUP D

01.12.2021	Al Rayyan	Algeria - Sudan	4-0(3-0)
01.12.2021	Doha	Egypt - Lebanon	1-0(0-0)
04.12.2021	Al Wakrah	Lebanon - Algeria	0-2(0-0)
04.12.2021	Doha	Sudan - Egypt	0-5(0-3)
07.12.2021	Al Wakrah	Algeria - Egypt	1-1(1-0)
07.12.2021	Al Rayyan	Lebanon - Sudan	1-0(0-0)

FINAL STANDINGS

1.	**Egypt**	3	2	1	0	7	-	1	7
2.	**Algeria**	3	2	1	0	7	-	1	7
3.	Lebanon	3	1	0	2	1	-	3	3
4.	Sudan	3	0	0	3	0	-	10	0

QUARTER-FINALS

10.12.2021	Al rayyan	Tunisia - Oman	2-1(1-0)
10.12.2021	Al Khor	Qatar - United Arab Emirates	5-0(5-0)
11.12.2021	Al Wakrah	Egypt - Jordan	3-1(1-1,1-1)
11.12.2021	Doha	Morocco - Algeria	2-2(0-0,1-1,2-2); 3-5 pen

SEMI-FINALS

| 15.12.2021 | Doha | Tunisia - Egypt | 1-0(0-0) |
| 15.12.2021 | Doha | Qatar - Algeria | 1-2(0-0) |

3rd PLACE PLAY-OFF

| 18.12.2021 | Doha | Egypt - Qatar | 0-0; 4-5 pen |

FINAL

| 18.12.2021 | Al Khor | Tunisia - Algeria | 0-2(0-0,0-0) |

Best goalscorer of the tournament: Seifeddine Jaziri (Tunisia) – 4 goals

AFRICAN CLUB COMPETITIONS 2020/2021

CAF CHAMPIONS LEAGUE 2020/2021

54 clubs from 42 African football associations entered the 2020/2021 edition of the CAF Champions League. According to their CAF „5-Year Ranking", 12 associations entered two clubs (champions and runners-up from the 2015-2016 or 2016 season), all other associations entered one club (champions 2019/2020 or 2020). Following associations did not enter a team: Cape Verde, Central African Republic, Eritrea, Guinea-Bissau, Liberia, Madagascar, Malawi, Mauritius, Namibia, Réunion, São Tomé and Príncipe, Seychelles, Sierra Leone and South Sudan.

Associations with two club teams:

CAF Ranking	Association	Clubs
1	Morocco	Raja Club Athletic Casablanca Wydad Athletic Club Casablanca
2	Egypt	Al-Ahly Sporting Club Cairo (*title holders*) Zamalek Sporting Club Cairo
3	Tunisia	Espérance Sportive de Tunis Club Sportif Sfaxien
4	D.R. Congo	Tout Puissant Mazembe Lubumbashi AS Vita Club Kinshasa
5	Algeria	Chabab Riadhi de Belouizdad Alger Mouloudia Club d'Alger
6	South Africa	Mamelodi Sundowns FC Kaizer Chiefs FC Johannesburg
7	Zambia	Nkana FC Kitwe Forest Rangers FC Ndola
8	Nigeria	Plateau United FC of Jos Enyimba International FC Aba
9	Guinea	Horoya Athlétique Club Conakry AS Ashanti Golden Boys Siguiri
10	Angola	Atlético Petróleos de Luanda CD Primeiro de Agosto Luanda

11	**Sudan**	Al Merrikh SC Omdurman
		Al Hilal EC Omdurman
12	**Libya**	Al Nasr Club Benghazi
		Al Ahli SCSC Benghazi

Associations with one club team:

Association	Clubs
Benin	Buffles du Borgou FC Parakou
Botswana	Jwaneng Galaxy FC
Burkina Faso	Rahimo FC Bobo-Dioulasso (*2018/2019 champions*)
Burundi	Le Messager Ngozi
Cameroon	PWD de Bamenda
Chad	Gazelle FC N'Djamena
Comoros	US Zilimadjou Moroni
Congo	AS Otôho d'Oyo
Djibouti	CF Garde Républicaine/SIAF
Equatorial Guinea	Akonangui FC Bata
Eswatini	Young Buffaloes FC Manzini
Ethiopia	Mekelle 70 Enderta FC (*2018/2019 champions*)
Gabon	Bouenguidi Sport Koulamoutou
Gambia	Gambia Armed Forces FC Banjul
Ghana	Asante Kotoko FC Kumasi
Ivory Coast	Racing Club Abidjan
Kenya	Gor Mahia FC Nairobi
Lesotho	Bantu FC Mafeteng
Mali	Stade Malien de Bamako
Mauritania	FC Nouadhibou ASJN
Mozambique	CD da Costa do Sol Maputo
Niger	AS SONIDEP Niamey (*2018/2019 champions*)
Rwanda	Armée Patriotique Rwandaise FC Kigali
Senegal	Teungueth FC Rufisque
Somalia	Mogadishu City Club
Tanzania	Simba SC Dar es Salaam
Togo	ASKO de Kara
Uganda	Vipers SC Kampala
Zanzibar	Mlandege FC
Zimbabwe	FC Platinum Zvishavane (*2018/2019 champions*)

Please note: as 2019/2020 some national championships were cancelled due to COVID-19 pandemic, some associations entered their 2018/2019 national champions.

PRELIMINARY ROUND

28.11.2020, Petro Sport Stadium, Cairo (Egypt)
Al Ahli SCSC Benghazi - Mekelle 70 Enderta FC   Cancelled

05.12.2020, Addis Ababa National Stadium, Addis Ababa
Mekelle 70 Enderta FC - Al Ahli SCSC Benghazi   Cancelled
[Al Ahli SCSC Benghazi won on walkover after Mekelle 70 Enderta FC were not able to presente themselves with 15 players including 1 goalkeeper]

28.11.2020, "Levy Mwanawasa" Stadium, Ndola; Referee: Brighton Chimene (Zimbabwe)
Forest Rangers FC Ndola - Bouenguidi Sport Koulamoutou   0-0
Forest Rangers: Mathias Kigonya, Masauso Zimba, Cédric Djeugoué, Mbelenge Ngulakwey, Shadrick Malambo, Quadri Aladeokun, Mpho Michael Mathekgane (82.Jonathan Munalula), Webster Muzaza (76.Amenu Moro), Laurent Muma (76.Lameck Silwaba), Taonga Bwembya, Zikiru Adams.
Bouenguidi Sport: Dallian Allogho, Christ Arnold Obama, Ulric Assoumou, Yannick Lariva Moussounda, Eddy Thérence Wombo Biteghe, Stecy Ndjengue, Yannick Bikaye, Vianney Roby N'Na Ango, Floriss Ndjave, Junhior Bayanho Aubiang, Djoe Dayan Boussougou (*Substitutes not known*).

05.12.2020, Stade "Augustin Monédan" de Sibang, Libreville; Referee: Pierre Kibingo (D.R. Congo)
Bouenguidi Sport Koulamoutou - Forest Rangers FC Ndola   2-0(0-0)
Bouenguidi Sport: Dallian Allogho, Christ Arnold Obama, Jean Luc Tchibinda (81.Xavier Roseny Mouandja), Ulric Assoumou, Jeff Vergace Batoubanene, Yannick Lariva Moussounda, Stecy Ndjengue, Vianney Roby N'Na Ango, Floriss Ndjave (88.Andi Martin Magnaga Libiyou), Junhior Bayanho Aubiang, Djoe Dayan Boussougou.
Forest Rangers: Mathias Kigonya, Masauso Zimba, Cédric Djeugoué, Yvan Echabe [*sent off 61*], Mbelenge Ngulakwey, Shadrick Malambo (73.Amenu Moro), Quadri Aladeokun, Mpho Michael Mathekgane, Lameck Silwaba (67.Webster Muzaza), Taonga Bwembya, Zikiru Adams (66.Jonathan Munalula).
Goals: Floriss Ndjave (47), Junhior Bayanho Aubiang (56).
[Bouenguidi Sport Koulamoutou won 2-0 on aggregate]

28.11.2020, Amaan Stadium, Zanzibar City; Referee: Davies Omweno (Kenya)
Mlandege FC - Club Sportif Sfaxien   0-5(0-2)
Mlandege: Ishaka Hakim Hassan, Aboubakar Ali Mwadini, Masoud Juma, Omar Haji Omar, Khais Abdalla Ali (44.Said Mwinyi Burhan), Abdalla Said Ali, Sabri Ramadhan Mzee (60.Salum Mjaka Ali), Abdul Nasir Asaa Mohammed, Abdul Hamid Juma Adam, Seif Salum Said, Simai Ali Simai (44.Fahad Mussa Hassan). Trainer: Abdul Haji.
CS Sfaxien: Aymen Dahmen, Mohamed Ali Jouini (86.Azmi Ghouma), Hani Amamou, Mohamed Ben Ali, Kingsley Sokari, Walid Karoui, Mohamed Ali Trabelsi, Alaa Ghram, Achref Habbassi (70.Houssem Ben Ali), Firas Chaouat, Kingsley Eduwo (70.Abdallah Amri). Trainer: Anis Boujelbene.
Goals: Kingsley Eduwo (30), Hani Amamou (41), Firas Chaouat (56, 78, 84).

05.12.2020, Stade „Taïeb Mhiri", Sfax; Referee: Muhammad El Mabrouk (Libya)
Club Sportif Sfaxien - Mlandege FC   3-1(0-0)
CS Sfaxien: Aymen Dahmen, Mohamed Ali Jouini (85.Azmi Ghouma), Houssem Dagdoug, Nour Zamen Zammouri, Walid Karoui, Jassem Hamdouni, Aymen Harzi (66.Mohamed Ali Trabelsi), Houssem Ben Ali, Ghaith Maaroufi, Firas Chaouat (Kingsley Eduwo), Chris Kouakou (71.Mohamed Ali Moncer). Trainer: Anis Boujelbene.
Mlandege: Ishaka Hakim Hassan, Aboubakar Ali Mwadini, Masoud Juma, Said Mwinyi Burhan, Omar Haji Omar, Khais Abdalla Ali (90.Fahad Mussa Hassan), Abdalla Said Ali (60.Shaaban Pandu Hassan), Mohammed Abdalla Abdalla, Sabri Ramadhan Mzee, Abdul Nasir Asaa Mohammed, Seif Salum Said (69.Abdul Hamid Juma Adam [*sent off 90*]). Trainer: Abdul Haji.
Goals: Chris Kouakou (48), Firas Chaouat (71), Kingsley Eduwo (90) / Sabri Ramadhan Mzee (68 penalty).

[Club Sportif Sfaxien won 8-1 on aggregate]

28.11.2020, Estádio do Zimpeto, Maputo; Referee: Keabetswe Dintwa (Botswana)
CD da Costa do Sol Maputo - FC Platinum Zvishavane   1-2(0-0)
Costa do Sol: Víctor Guambe, Francisco António Miocha "Chico Miocha", Danilo Muzé, Salomão Mondlane (81.Keyns Sully Amido Abdala), Agero José Jonasse "Manucho", José Francisco Cassimiro, Jorgé Augusto Muholove (53.Hermenegildo Mário Capena), Nelson Daniel Divrassone, Feliciano João Jone "Nené", Nilton Ernesto (64.Chelito Omar), Isac Tomé Filipe de Carvalho.
FC Platinum: Petros Mhari, Gift Bello, William Stima, Ralph Kawondera, Silas Songani, Kelvin Madzongwe, Perfect Chikwende, Tawana Chikore, Brian Banda (66.Rainsome Pavari), Gift Mbweti, Elie Kiyana Ilunga (75.Elias Maguri). Trainer: Hendrik Pieter de Jongh (Netherlands).
Goals: Hermenegildo Mário Capena (86) / Ralph Kawondera (71), Elias Maguri (89).

05.12.2020, National Sports Stadium, Harare; Referee: Derrick Kafuli (Zambia)
FC Platinum Zvishavane - CD da Costa do Sol Maputo   2-0(0-0)
FC Platinum: Petros Mhari, Gift Bello, William Stima, Ralph Kawondera, Silas Songani (46.Donald Ngonidzashe Dzvinyai), Kelvin Madzongwe, Perfect Chikwende, Tawana Chikore, Brian Banda, Gift Mbweti, Elie Kiyana Ilunga (Stanley Ngala). Trainer: Hendrik Pieter de Jongh (Netherlands).
Costa do Sol: Víctor Guambe, Francisco António Miocha "Chico Miocha", Danilo Muzé, Salomão Mondlane, Agero José Jonasse "Manucho", José Francisco Cassimiro, Nelson Daniel Divrassone (83.Fernando Alberto Nacoro), Feliciano João Jone "Nené", Nilton Ernesto (70.Chelito Omar), Stélio Marcelino Ernesto "Telinho" (60.Hermenegildo Mário Capena), Isac Tomé Filipe de Carvalho.
Goals: William Stima (79), Perfect Chikwende (90).
[FC Platinum Zvishavane won 4-1 on aggregate]

28.11.2020, Nyamirambo Regional Stadium, Kigali; Referee: Souleiman Ahmed Djama (Djibouti)
Armée Patriotique Rwandaise FC Kigali - Gor Mahia FC Nairobi   2-1(1-1)
APR FC: Umar Ndayisenga Rwabugiri, Fitina Omborenga, Thierry Manzi, Jimmy Ange Mutsinzi, Emmanuel Imanishimwe, Prince Buregeya (46.Lague Byiringiro), Djabel Manishimwe, Olivier Sefu Niyonzima, Christophe Bukuru (65.Jean-Bosco Ruboneka), Danny Usengimana (54.Jacques Tuyisenge), Yannick Bizimana.
Gor Mahia: Boniface Oluoch Otieno, Charles Saramu Momanyi, Philemon Omondi Otieno, Geoffrey Okoth Ochieng, Andrew Juma, Kenneth Mugambi Muguna, Samuel Onyango Ouma (78.Kelvin Musotsi Wesonga), Ernest Kisia Wendo, Bernard Ochieng Ondiek, Bertrand Ngafei Konfor (52.Clifton Miheso Ayisi), Okello Toto Odong Lazarus (67.Nicholas Kipkirui).
Goals: Olivier Sefu Niyonzima (9), Andrew Juma (61 own goal) / Kenneth Mugambi Muguna (27).

05.12.2020, Nyayo National Stadium, Nairobi; Referee: Mahmood Ismail (Sudan)
Gor Mahia FC Nairobi - Armée Patriotique Rwandaise FC Kigali   3-1(1-0)
Gor Mahia: Gad Mathews Ongota Otieno, Charles Saramu Momanyi, Philemon Omondi Otieno, Andrew Juma, Michael Sunday Apudo, Kenneth Mugambi Muguna (85.Nicholas Kipkirui), Samuel Onyango Ouma (79.Geoffrey Okoth Ochieng), Ernest Kisia Wendo, Bernard Ochieng Ondiek (55.Sydney Ochieng Wahongo), Okello Toto Odong Lazarus, Benson Ochieng Oluoch.
APR FC: Umar Ndayisenga Rwabugiri, Fitina Omborenga, Thierry Manzi, Jimmy Ange Mutsinzi, Emmanuel Imanishimwe, Claude Niyomugabo, Djabel Manishimwe (74.Dieudonne Ndayishimiye), Olivier Sefu Niyonzima, Lague Byiringiro (74.Keddy Nsanzimfura), Jean-Bosco Ruboneka, Jacques Tuyisenge (83.Mouhamed Mushimiyimana).
Goals: Samuel Onyango Ouma (17), Geoffrey Okoth Ochieng (90), Nicholas Kipkirui (90) / Keddy Nsanzimfura (82).
[Gor Mahia FC Nairobi won 4-3 on aggregate]

28.11.2020, Lobatse Stadium, Lobatse; Referee: Audrick Nkole (Zambia)
Jwaneng Galaxy FC - US Zilimadjou Moroni **4-0(2-0)**
Jwaneng Galaxy: Katlego Mbise, Thabo Leinanyane, Fortunate Thulare, Isaac Paeye, Moagi Sechele, Lebogang Ditsele, Gilbert Baruti (61.Thabang Sesinyi), Thero Setsile, Gape Mohutsiwa, Tebogo Sembowa (83.Olebogeng Malebye), Resaobaka Thatanyane (46.Lemogang Maswena). Trainer: Losikalame Keatlholetswe.
US Zilimadjou: Abdoul Fahad, Abdallah Allaoui, Zamir Mohamed, Salim Ali, Heritiana Randriamanantena (80.Maoulida Sadam), Raïdou Bacar (87.Mohamed Youssouf), Ahmed Fakira, Bacar Youssouf, Ali Nassim (63.Alpha Berte), Mohamed Chamoune, Youssouf Mohamed.
Goals: Resaobaka Thatanyane (28), Isaac Paeye (36), Thero Setsile (73), Lemogang Maswena (87).

06.12.2020, Stade de Moroni, Moroni; Referee: Njaka Raharimanantsoa (Madagascar)
US Zilimadjou Moroni - Jwaneng Galaxy FC **1-1(0-0)**
US Zilimadjou: Moussa Issihaka, Zamir Mohamed, Salim Ali, Heritiana Randriamanantena, Mohamed Youssouf (61.Ali Nassim), Raïdou Bacar (40.Ali Kalim), Ahmed Fakira, Bacar Youssouf (81.Abdallah Allaoui), Alpha Berte, Mohamed Chamoune, Hachim Abdou.
Jwaneng Galaxy: Katlego Mbise, Thabo Leinanyane (84.Gofaone Molapi), Fortunate Thulare, Isaac Paeye, Moagi Sechele, Lebogang Ditsele, Gilbert Baruti (84.Olebogeng Malebye), Thero Setsile, Gape Mohutsiwa, Tebogo Sembowa (46.Lemogang Maswena), Thabang Sesinyi. Trainer: Losikalame Keatlholetswe.
Goals: Mohamed Chamoune (78) / Gilbert Baruti (73).
[Jwaneng Galaxy FC won 5-1 on aggregate]

28.11.2020, St. Mary's Stadium, Entebbe; Referee: Hassan Mohammed Hagi (Somalia)
Vipers SC Kampala - Al Hilal EC Omdurman **0-1(0-1)**
Vipers SC: Fabien Mutombora, Bashir Asiku, Halid Lwaliwa, Geofrey Wasswa, Disan Galiwango (65.Paul Mucureezi), Siraje Ssentamu, Jamil Kalisa (58.David Bagoole), Karim Watambala, Milton Karisa (46.Ibrahim Orit), César Manzoki, Abraham Ndugwa. Trainer: Edward Golola.
Al Hilal EC: Ali Abdallah Abu-Eshrein Achrine, Faris Abdalla Mamoun Sawedy, Mohamed Ahmed Abuaagla Abdalla, Samawal Merghani Noureldin Elyas, Mohamed Ouattara, Eltayeb Abdelrazig Abaker Abdalla, Nasr Eldin Omer Ahmed Abdalla El Shigail, Nizar Hamid Nasir Koko, Eid Mugadam Abakar Mugadam, Waleed Bakhiet Hamid Adam, Vinny Bongonga Kombe (*Substitutes not known*). Trainer: Zoran Manojlović (Serbia).
Goal: Waleed Bakhiet Hamid Adam (26).

06.12.2020, Al Hilal Stadium, Omdurman; Referee: Thierry Nkurunziza (Burundi)
Al Hilal EC Omdurman - Vipers SC Kampala **1-0(0-0)**
Al Hilal EC: Ali Abdallah Abu-Eshrein Achrine, Faris Abdalla Mamoun Sawedy, Mohamed Ahmed Abuaagla Abdalla, Samawal Merghani Noureldin Elyas, Mohamed Ouattara, Eltayeb Abdelrazig Abaker Abdalla, Nizar Hamid Nasir Koko (90.Abdel Latif Saeed Osman Esmaeil), Salaheldin Adil Ahmed Alhassan (55.Walieldin Khidir Daiyeen Safour), Eid Mugadam Abakar Mugadam (75.Last Jesi), Waleed Bakhiet Hamid Adam (75.Mogahid Faroug Abdalla Hamid), Vinny Bongonga Kombe (55.Mohamed Musa Eldai). Trainer: Zoran Manojlović (Serbia).
Vipers SC: Fabien Mutombora, Bashir Asiku, Disan Galiwango (74.Paul Mucureezi), Rashid Toha, Azizi Kayondo, Siraje Ssentamu, Ibrahim Orit, Jamil Kalisa, David Bagoole, Dan Sserunkuma (63.Stephen Dhata), César Manzoki (70.Najib Yiga). Trainer: Edward Golola.
Goal: Mohamed Musa Eldai (63).
[Al Hilal EC Omdurman won 2-0 on aggregate]

28.11.2020, Stade "Charles de Gaulle", Porto-Novo; Referee: Patrick Tanguy Vlei (Ivory Coast)
Buffles du Borgou FC Parakou - Mouloudia Club d'Alger   1-1(0-1)
Buffles du Borgou: Chérif-dine Kakpo, Jeremiah Ndukwe, Olayinka Olawale Ajayi, Gilbert Adangnande, Muyiwa Adeola Fehintola, Kevin Idriss, Kokou Audrey Ganke, Emilien Soton (58.Saheed Opeyemi Isola), Abdoul Ouorou (44.Éric Mahougnon Akplogan), Youssouf Mama Bare, Abayomi Olorunshola Ayinl.
MC d'Alger: Ahmed Boutagga, Abderahmane Hachoud, Miloud Rebiai, Belkacem Brahimi, Mourad Haddad, Abdelmoumen Djabou, Mehdi Benaldjia, Toufik Addadi (69.Abderrahmane Bourdim), Mohamed Merouani, Abdenour Belkheir (82.Abdelhak Abdelhafid), Samy Frioui (69.Isla Daoudi Diomande). Trainer: Nabil Neghiz.
Goals: Muyiwa Adeola Fehintola (71) / Miloud Rebiai (25).

19.12.2020, Stade du 5 Juillet, Algiers; Referee: Referee: Mohamed Adel Hussein (Egypt)
Mouloudia Club d'Alger - Buffles du Borgou FC Parakou   5-1(2-1)
MC d'Alger: Abdelkader Salhi, Walid Allati (87.Mourad Haddad), Nabil Saâdou, Belkacem Brahimi, Abdelmoumen Djabou (65.Abderrahmane Bourdim), Mehdi Benaldjia (65.Billel Bensaha), Rachid Abdellah El Moudène (65.Samy Frioui), Mohamed Merouani, Isla Daoudi Diomande, Abdenour Belkheir (80.Abderrahmane Hachoud), Abdelhak Abdelhafid. Trainer: Nabil Neghiz.
Buffles du Borgou: Chérif-dine Kakpo, Patrick Sédjamè (76.Youssouf Mama Bare), Jeremiah Ndukwe, Olayinka Olawale Ajayi, Gilbert Adangnande, Éric Mahougnon Akplogan (65.Abdoul Ouorou), Muyiwa Adeola Fehintola, Kevin Idriss (72.Abdel Djalil Bawa), Kokou Audrey Ganke [*sent off 90+2*], Emilien Soton, Abayomi Olorunshola Ayinl.
Goals: Abdelmoumen Djabou (6), Abdelhak Abdelhafid (14, 72), Samy Frioui (82), Abderrahmane Bourdim (90+4) / Olayinka Olawale Ajayi (19).
[*Mouloudia Club d'Alger won 6-2 on aggregate*]

29.11.2020, Stade Omnisports "Idriss Mahamat Ouya", N'Djamena
Gazelle FC N'Djamena - CF Garde Républicaine/SIAF   Cancelled

04.12.2020, "El Hadj Hassan Gouled Aptidon" Stadium, Djibouti City
CF Garde Républicaine/SIAF - Gazelle FC N'Djamena   Cancelled
[*Gazelle FC N'Djamena won on walkover after CF Garde Républicaine/SIAF failed to appear for the first leg*].

29.11.2020, Stade Omnisport "Marien Ngouabi" d'Owando, Owando;
Referee: Antoine Essouma (Cameroon)
AS Otôho d'Oyo - Al Merrikh SC Omdurman   1-1(0-0)
AS Otôho: Wolfrigon Mongondza Ngobo, Dimitri Davy Magnoléké Bissiki, Varel Joviale Rozan, Landry Francis Fils Nsenda Bakima, Prince Mouandza Mapata, Mandala Konté, Fred Duval Ngoma, Chandrel Géraud Massanga Matondo, Bersyl Obassi Ngatsongo (73.Jaurès Maudsly Ngombe), Deldy Muriel N'Goyi (46.Bercy Langa-Lesse), Yann Hermès Mokombo (68.Wilfrid Nkaya). Trainer: Alou Badra.
Al Merrikh: Monged Elneel Abuzaid Salman, Salah Eldin Mahmood Nimer (46.Hamza Dawood Zakaria), El Samai Saadeldin Elsawi (84.Saif Eldin El Nour Baballa), Abdelrahman Isaac Karongo, Ahmed Adam Mohamed Mahmoud, Emad Eldin Salah El-Deen Ali Mirgani, Amier Kamal Suliman Mohammed (57.Ahmed Musa Mohamed), Saifeldin Malik Bakhit Maki, Ahmed Hamed Mahmoud, Dhiya Mahjoub Musa, Wagdi Awad Abd Alla Agefi.
Goals: Mandala Konté (90) / Ahmed Hamed Mahmoud (75).

04.12.2020, Al Hilal Stadium, Omdurman; Referee: Mashood Ssali (Uganda)
Al Merrikh SC Omdurman - AS Otôho d'Oyo   **2-0(0-0)**
Al Merrikh: Monged Elneel Abuzaid Salman, Hamza Dawood Zakaria, El Samai Saadeldin Elsawi, Abdelrahman Isaac Karongo, Ahmed Adam Mohamed Mahmoud, Emad Eldin Salah El-Deen Ali Mirgani (44.Wagdi Awad Abd Alla Agefi), Amier Kamal Suliman Mohammed (46.Ahmed Musa Mohamed), Mohamed Hashim Mohamed Idris (44.Tajeldin Yagoub Elnour Badawi), Saifeldin Malik Bakhit Maki, Ahmed Hamed Mahmoud, Dhiya Mahjoub Musa.
AS Otôho: Wolfrigon Mongondza Ngobo, Varel Joviale Rozan, Prince Mouandza Mapata, Ibrahim Ilboudo, Michel Mvondo Ndougsa, Alou Bagayoko, Mandala Konté, Chandrel Géraud Massanga Matondo (69.Ismaïla Diarra), Jaurès Maudsly Ngombe (83.Garcia Frisca Nkouka), Wilfrid Nkaya, Bercy Langa-Lesse (58.Love Raemma Bissila Mabiala). Trainer: Alou Badra.
Goals: Wagdi Awad Abd Alla Agefi (71), Saifeldin Malik Bakhit Maki (89).
[Al Merrikh SC Omdurman won 3-1 on aggregate]

29.11.2020, Stade du 28 Septembre, Conakry; Referee: Raymond Coker (Sierra Leone)
AS Ashanti Golden Boys Siguiri - Stade Malien de Bamako   **1-2(0-2)**
Ashanti Golden Boys: Nouahan Condé, Oumar Diakité, Mohamed Camara, Bourlaye Camara, Moussa Condé (58. Naby Haidara), Mahamad Diarra, Mamadou Bagayoko, Alpha Sow (65.Lancinet Keita), Amadou Fofana, Alhassane Bangoura, Ousmane Konate (58.Mamady Diawara). Trainer: Mory Fofana.
Stade Malien: Djigui Diarra, Issaka Samaké, Mamadou Doumbia, Samou Sidibé, Sadio Kanouté, Babou Fofana, Aly Sissoko, Mamadou Traoré (90.Yacouba Doumbia), Mamadou Coulibaly (87.Saouty Traoré), Moussa Traoré, Bakary Samake (87.Bourama Boire).
Goals: Mahamad Diarra (79 penalty) / Mamadou Coulibaly (22, 45).

04.12.2020, Stade du 26 Mars, Bamako; Referee: Alioune Sow Sandigui (Senegal)
Stade Malien de Bamako - AS Ashanti Golden Boys Siguiri   **2-0 (awarded)**
Please note: the second leg match could not be played after 4 of the 17 players from AS Ashanti Golden Boys Siguiri were tested positive for COVID-19. Thus, AS Ashanti Golden Boys Siguiri were not able to name the required 15 players for holding the match, and subsequently, Stade Malien de Bamako were awarded a technical 2-0 victory for the second leg by CAF (in accordance with the regulations related to COVID-19 pandemic).
[Stade Malien de Bamako won 4-1 on aggregate]

29.11.2020, Stade „Général Seyni Kountché", Niamey; Referee: Vincent Kabore (Burkina Faso)
AS SONIDEP Niamey - Mogadishu City Club   **2-0(0-0)**
AS SONIDEP: Carlos Djouram, Ismael Inoussa, Mouhamadou Ali, Khaido Assadeh, Mouhamed Kimba, Abdoul Mamane, Souleymane Lawali, Amadou Boubacar (71.Komlan Akomatsri), Ibrahim Mukhtar, Souleymane Issoufou (86.Abdoulnasser Nomaou), Mourtala Yahaya (86.Mahamadou Amadou Sabo).
Mogadishu City: Hussein Ali Hassan, Isse Abdulkadir Ibrahim, Ahmed Abdullahi Abdi, Destiny Uchechukwu Ogbonnaya, Issahaque Zakaria (82.Abdiwali Abdirahman Mohamed), Stéphane Hugues Adjimani Kouamé, Ali Omar Ali, Grah Alex Don Christ, Seydouba Camara, Hassan Aadan (89.Abdullahi Moalim), Abdirizak Mohamed (68.Bronson Nsubuga Sserumira).
Goals: Ismael Inoussa (51), Mourtala Yahaya (65).

05.12.2020, "El Hadj Hassan Gouled Aptidon" Stadium, Djibouti City (Djibouti)
Referee: James Alier Michael (South Sudan)
Mogadishu City Club - AS SONIDEP Niamey 0-2(0-2)
Mogadishu City: Hussein Ali Hassan, Abdiwali Abdirahman Mohamed, Isse Abdulkadir Ibrahim, Destiny Uchechukwu Ogbonnaya, Issahaque Zakaria, Stéphane Hugues Adjimani Kouamé, Bronson Nsubuga Sserumira, Grah Alex Don Christ, Seydouba Camara (59.Ahmed Abdullahi Abdi), Hassan Aadan (75.Abdullahi Moalim), Abdirizak Mohamed (60.Moyabi Koné).
AS SONIDEP: Carlos Djouram, Ismael Inoussa, Mouhamadou Ali, Khaido Assadeh, Mouhamed Kimba, Abdoul Mamane, Souleymane Lawali, Amadou Boubacar, Ibrahim Mukhtar (60.Mahamadou Amadou Sabo), Souleymane Issoufou (83.Komlan Akomatsri), Mourtala Yahaya (78.Sountalma Assoumane).
Goals: Mourtala Yahaya (5), Ibrahim Mukhtar (36).
[AS SONIDEP Niamey won 4-0 on aggregate]

29.11.2020, Stade de Limbe, Limbe; Referee: Gauthier Mbina (Gabon)
PWD de Bamenda - Kaizer Chiefs FC Johannesburg 0-1(0-0)
PWD Bamenda: Haschou Kerrido, Brian Ngwang, Lavier Burinyuy Derick, Mbouri A Basile Yamkam, Joel Ondoua Boung, Vincent Paul Ngondi Bomba, Yong Nchang Nchindo John Bosco, Louiz Enjoanei Mbah (52.Mohamed Aboubakar), Azhe Colins Ndeh, Brice Tchaoua Kammen (47.Mael Dindjeke), François Enyegue (46.Samin Billy).
Kaizer Chiefs: Itumeleng Khune, Ramahlwe Mphahlele, Eric Mathoho, Daniel Cardoso, Siyabonga Ngezana, Njabulo Blom, Khama Billiat, Siphelele Ntshangase (82.Willard Katsande), Teddy Akumu, Bernard Parker (90.Lazarus Kambole), David Leonardo Castro Cortés (75.Lebogang Manyama). Trainer: Gavin Hunt.
Goal: Eric Mathoho (83).

05.12.2020, FNB Stadium, Johannesburg; Referee: João Goma (Angola)
Kaizer Chiefs FC Johannesburg - PWD de Bamenda 0-0
Kaizer Chiefs: Itumeleng Khune, Eric Mathoho, Kgotso Moleko, Daniel Cardoso, Khama Billiat, Lebogang Manyama, Philani Zulu, Siphelele Ntshangase (46.David Leonardo Castro Cortés), Teddy Akumu, Nkosingiphile Ngcobo (90.Njabulo Blom), Bernard Parker. Trainer: Gavin Hunt.
PWD Bamenda: Haschou Kerrido, Brian Ngwang, Lavier Burinyuy Derick, Mbouri A Basile Yamkam, Joel Ondoua Boung, Emmanuel Samuel Onyekweni (55.Louiz Enjoanei Mbah), Samin Billy, François Xavier Fegue Omgba, Vincent Paul Ngondi Bomba (69.Azhe Colins Ndeh), Yong Nchang Nchindo John Bosco, Mohamed Aboubakar (61.Hamzat Onotu Ibrahim).
[Kaizer Chiefs FC Johannesburg won 1-0 on aggregate]

29.11.2020, Setsoto Stadium, Maseru; Referee: Ishmael Chizinga (Malawi)
Bantu FC Mafeteng - Nkana FC Kitwe 0-1(0-1)
Bantu: Lichaba Thabiso Ntsane, Tšoanelo Koetle, Motlomelo Mkhwanazi, Lekhooa Khoete, Itumeleng Falene, Litšepe Marabe (70.Mokone Marabe), Hlompho Kalake, Lehlohonolo Fothoane (60.Setho Moshoeshoe), Thabo Lesoaoana, Tau Masiu (46.Tsepang Sefali), Lazola Jokojokwana.
Nkana FC: Talbert Tanunurwa Shumba, Harun Shakava, Richard Ocran, Jimmy Denis Dzingai, Gift Zulu, Freddy Tshimenga, Duke Abuya, Stephen Chulu, Idris Ilunga Mbombo (78.Ackim Mumba), Harrison Musonda Chisala, Diamond Chikwekwe (90.Isaac Amoah).
Goal: Idris Ilunga Mbombo (13).

05.12.2020, Nkana Stadium, Kitwe; Referee: Luxolo Badi (South Africa)
Nkana FC Kitwe - Bantu FC Mafeteng **0-0**
Nkana FC: Talbert Tanunurwa Shumba, Harun Shakava, Richard Ocran, Jimmy Denis Dzingai, Gift Zulu, Freddy Tshimenga, Duke Abuya, Stephen Chulu, Ackim Mumba (46.Isaac Amoah; 87.Ronald Kampamba), Idris Ilunga Mbombo, Harrison Musonda Chisala (62.Diamond Chikwekwe).
Bantu: Lichaba Thabiso Ntsane, Tšoanelo Koetle, Motlomelo Mkhwanazi, Lekhooa Khoete, Itumeleng Falene, Litšepe Marabe (77.Mokone Marabe), Hlompho Kalake, Lehlohonolo Fothoane (46.Sunny Jane), Thabo Lesoaoana [*sent off 81*], Lazola Jokojokwana, Tsepang Sefali.
[Nkana FC Kitwe won 1-0 on aggregate]

29.11.2020, Estadio de Ebibeyin, Ebebiyin; Referee: Juste Kokolo (Congo)
Akonangui FC Bata - Atlético Petróleos de Luanda **0-1(0-1)**
Akonangui FC: Bertrand Tolo, Ismaël Sylla, Marcelo Nguema, Mohammad Shawna, Alain Edjo, Bourama Diallo (46.Ashade Nicholas), Julio Edú Esono Ansue, Mohamed Sangare, Glid Otanga, Waris Aboki (46.Emmanuel Mahop), Florent Mounoutouang (46.Wenceslao Afugu).
Atlético Petróleos: Jorge Mota Faial Delgado „Élber", Diógenes Capemba João, José-Junior Matuwila, Musah Inusah, Pedro Bondo Francisco (76.Augusto de Jesus Corte Real Carneiro „Tó Carneiro"), Ricardo Job Estêvão, Antonio Rosa Ribeiro „Toni" (72.Adriano Belmiro Duarte Nicolau „Yano"), Silas Daniel Satonho „Dany", Alberto Adão Campos Miguel „Além", Hermenegildo Domingos Sengue „Picas", Tiago Lima Leal „Tiago Azulão" (84.Santos Nkiambi Kiaku „Dos Santos"). Trainer: António Cosano „Toni Cosano".
Goal: Tiago Lima Leal „Tiago Azulão" (37).

05.12.2020, Estádio 11 de Novembro, Luanda; Referee: Retselisitsoe Molise (Lesotho)
Atlético Petróleos de Luanda - Akonangui FC Bata **2-2(1-0)**
Atlético Petróleos: Jorge Mota Faial Delgado „Élber", Mário Manuel de Oliveira „Ito", Diógenes Capemba João, Musah Inusah, Pedro Bondo Francisco, Ricardo Job Estêvão, Antonio Rosa Ribeiro „Toni" (67.Adriano Belmiro Duarte Nicolau „Yano"), Silas Daniel Satonho „Dany", Isaac Mensah (67.Hermenegildo Domingos Sengue „Picas"), Santos Nkiambi Kiaku „Dos Santos" (71.Pedro Pessoa Miguel), Tiago Lima Leal „Tiago Azulão". Trainer: António Cosano „Toni Cosano".
Akonangui FC: Bertrand Tolo, Ismaël Sylla, Marcelo Nguema, Mohammad Shawna, Alain Edjo, Mohamed Diakite, Camille Kouyekimina (30.Ashade Nicholas), Glid Otanga, Alejandro Nsue (69.Bourama Diallo), Waris Aboki (46.Wenceslao Afugu), Emmanuel Mahop.
Goals: Tiago Lima Leal „Tiago Azulão" (25), Adriano Belmiro Duarte Nicolau „Yano" (89) / Wenceslao Afugu (51 penalty, 70).
[Atlético Petróleos de Luanda won 3-2 on aggregate]

29.11.2020, New Jos Stadium, Jos; Referee: Gnama Aklesso (Togo)
Plateau United FC of Jos - Simba SC Dar es Salaam **0-1(0-0)**
Plateau United: Adamu Mohammed Abubakar, Denis Okon Nya, Gabriel Wassa, Andrew Evans Ikefe, Ibrahim Abubakar, Oche Ochowechi, Ali Isa, Uche Onwuansanya (63.Sunday Anthony), Sunday Damilare Adetunji, Umar Abba, Jibrin Saeed (46.Bernard Ovoke).
Simba SC: Aishi Salum Manula, Serges Pascal Wawa Sfondo, Erasto Edward Nyoni, Shomari Salum Kapombe, Mohamed Husseini Mohamed, Joash Achieng Onyango (46.Mzamira Yassin Selemba), Jonas Gerard Mkude, Clatous Choto Chama (90.Ibrahim Ame), Luís José Miquissone, John Raphael Bocco, Hassan Salehe Dilunga (78.Bernard Morrison).
Goal: Clatous Choto Chama (53).

05.12.2020, National Stadium, Dar es Salaam; Referee: Anthony Ogwayo (Kenya)
Simba SC Dar es Salaam - Plateau United FC of Jos 0-0
Simba SC: Aishi Salum Manula, Serges Pascal Wawa Sfondo, Erasto Edward Nyoni, Shomari Salum Kapombe, Mohamed Husseini Mohamed, Jonas Gerard Mkude, Clatous Choto Chama, Luís José Miquissone, Mzamira Yassin Selemba, John Raphael Bocco (90.Meddie Kagere), Hassan Salehe Dilunga (69.Bernard Morrison).
Plateau United: Adamu Mohammed Abubakar, Denis Okon Nya, Gabriel Wassa, Ibrahim Buhari, Andrew Evans Ikefe (77.Elisha Golbe), Charles Henlong, Oche Ochowechi, Ali Isa (88.Innocent Kingsley), Abdulrahaman Obolakale Bashir (67.Akila Jesse Jidima), Wasiu Jimoh, Umar Abba.
[Simba SC Dar es Salaam won 1-0 on aggregate]

29.11.2020, Independence Stadium, Bakau; Referee: Gilberto dos Santos (Guinea-Bissau)
Gambia Armed Forces FC Banjul - Teungueth FC Rufisque 1-1(1-0)
Armed Forces FC: Baka Ceesay, Saikou Sawo, Lasanna Jarjue, Ebrima Barrow, Saikou Jatta, Edrisa Sonko, Samsideen Badjie, Gabriel Sylva (72.Saikou Ceesay), Kabiro Joof (72.Emil Sambou), Ousman Ceesay, Ebrima Gibba (76.Lamin Sanneh).
Teungueth FC: Baye Cissé, Pape Ndiaye, Malickou Ndoye, El Hadji Diop (64.Sall Aboubakrine), El Hadji Baldé, Pape Sow, Faly Ndaw, Babacar Sarr [*sent off 80*], Ibrahima Mane (76.Baye Diop), Arona Sène (56.Papa Sakho), Serigne Niang.
Goals: Kabiro Joof (22) / Serigne Niang (90).

06.12.2020, Stade Lat-Dior, Thiès; Referee: George Rogers Jr. (Liberia)
Teungueth FC Rufisque - Gambia Armed Forces FC Banjul 2-0(0-0)
Teungueth FC: Moussa Sarr, Pape Ndiaye, Malickou Ndoye, El Hadji Baldé, Bass Dione (84.Papa Sakho), Faly Ndaw, Baye Diop, Ibrahima Mane, Mamadou Seck, Serigne Niang (70.Elhadji Fall), Paul Bassene (81.Malick Ndoye).
Armed Forces FC: Baka Ceesay, Saikou Sawo, Lasanna Jarjue, Ebrima Barrow, Saikou Jatta, Edrisa Sonko, Samsideen Badjie, Gabriel Sylva (68.Rasidou Bah), Ousman Ceesay (80.Lamin Badjie), Saikou Ceesay, Ebrima Gibba (68.Emil Sambou).
Goals: Paul Bassene (53), Elhadji Fall (81).
[Teungueth FC Rufisque won 3-1 on aggregate]

29.11.2020, Stade National de la Côte d'Ivoire, Abidjan; Referee: Moussa Alou (Niger)
Racing Club Abidjan - ASKO de Kara 1-0(1-0)
RC Abidjan: Charles Folly Ayayi, Mounan Osée Niegbo, Mohamed Ouattara, Christian Dimitri Legbo Ouguehi (89.Zoumana Sidibé), Kouadio Guy Ange Ahoussou, Jean Frederic Kouadio N'Guessan, Gnoleba Edmond Narcisse Sery, Oularé Hibrahime, Sidick Aboubacar Camara, Seydou Traoré (89.Zilé Kehemy Sosthène Tiehide), Kader Drissa Ballo (74.Abdul Rahmane Konaté). Trainer: Bassiriki Diabaté.
ASKO Kara: Vigninou Agbagla, Sadat Ouro-Akoriko, Claude Agbezudo, Abdoul-Halimou Sama, Kokou Dedjeh (74.Kossi Dowda), Lalawélé Atakora (82.Shedrack N'Zeo), Efoé Novon, Marouf Tchakei, Prince Ametokodo, Gnama Akaté, Abdou Moutalabou Ouattara (74.Nazif Ouro-Nimini).
Goal: Claude Agbezudo (45 own goal).

06.12.2020, Stade de Kégué, Lomé; Referee: Quadri Adebimpe (Nigeria)
ASKO de Kara - Racing Club Abidjan 2-1(0-1)
ASKO Kara: Vigninou Agbagla, Sadat Ouro-Akoriko, Claude Agbezudo, Abdoul-Halimou Sama, Kokou Dedjeh (46.Kossi Dowda), Lalawélé Atakora (73.Nazif Ouro-Nimini), Efoé Novon (77.Napo Sonhaye), Marouf Tchakei, Prince Ametokodo, Gnama Akaté, Abdou Moutalabou Ouattara.
RC Abidjan: Charles Folly Ayayi, Mounan Osée Niegbo, Christian Dimitri Legbo Ouguehi, Kouadio Guy Ange Ahoussou, Jean Frederic Kouadio N'Guessan, Brahima Ouattara (90.Abdul Rahmane Konaté), Gnoleba Edmond Narcisse Sery, Oularé Hibrahime, Sidick Aboubacar Camara, Seydou Traoré (67.Mamadou Koné), Kader Drissa Ballo. Trainer: Bassiriki Diabaté.
Goals: Gnama Akaté (54), Marouf Tchakei (90) / Jean Frederic Kouadio N'Guessan (4 penalty).
[Racing Club Abidjan won on away goals rule (2-2 on aggregate)]

29.11.2020, Mavuso Sports Centre, Manzini; Referee: Tshepo Gobagoba (Botswana)
Young Buffaloes FC Manzini - Le Messager Ngozi   **0-0**
Young Buffaloes: Nhlanhla Gwebu, Wandile Maseko, Sihlangu Mkhwanazi, Lindo Mkhonta, Siboniso Mamba Ntokozo, Siboniso Ngwenya, Mpendulo Dlamini (67.Wandile Shabangu), Sandile Gamedze, Fanelo Mamba, Bongwa Owa Matsebula (80.Dennis Matse), Phiwayinkhosi Dlamini (67.Ndoda Mthethwa).
Le Messager: Onésime Rukundo, Cédric Urasenga, Radjabu Mvuyekure, Franck Congera, Abdoul Amini [*sent off 88*], Hamza Nyanzira, Intelligent Fataki (75.Olivier Bayizere), Armel Eza (80.Ibrahim Karikera), Ismael Nizigiyimana, Artur Nibikora, Akbar Muderi.

06.12.2020, Urukundo Stadium, Ngozi; Referee: Omar Artan (Somalia)
Le Messager Ngozi - Young Buffaloes FC Manzini   **1-1(1-1)**
Le Messager: Cédric Urasenga (39 penalty) / Wandile Maseko (15).
Young Buffaloes: Onésime Rukundo (90.Bienvenue Nininahazwe), Cédric Urasenga, Radjabu Mvuyekure, Franck Congera, Olivier Dushime (53.Olivier Bayizere), Hamza Nyanzira, Intelligent Fataki, Armel Eza, Ismael Nizigiyimana, Artur Nibikora (33.Slim Saidi), Akbar Muderi.
Goals: Nhlanhla Gwebu, Wandile Maseko, Sihlangu Mkhwanazi, Lindo Mkhonta, Siboniso Mamba Ntokozo, Siboniso Ngwenya, Sandile Gamedze, Fanelo Mamba, Dumsani Mdluli (76.Mpendulo Dlamini), Ndoda Mthethwa (66.Phiwayinkhosi Dlamini), Dennis Matse (66.Sifiso Mazibuko).
[Young Buffaloes FC Manzini won on away goals rule (1-1 on aggregate)]

29.11.2020, Stade du 4 Août, Ouagadougou; Referee: Abdul Latif Qadiri (Ghana)
Rahimo FC Bobo-Dioulasso - Enyimba International FC Aba   **0-1(0-0)**
Rahimo FC: Sabere Soumaila Bicaba, Soumaila Ouattara, Valentin Nouma, Abdoul Karim Komi, Daouda Cheick Bamba, Adama Barro, Ibrahim Diakité, Issa Karambiri (46.Moussa Yedan), Hamed Belém, A. Sawadogo (46.Check Fadel Traoré), Boubacar Guira (73.Ousmane Konvolbo).
Enyimba: Olufemi Kayode, Abdel Nabil Yarou, Abubakar Hassan, Manyo Stephen Egbe, Imo Obot, Ojo Ekundayo Solomon (89.Cyril Chinedu Olisema), Austin Tunde Oladapo, Oluwadamilare Mathew Olatunji (59.Farouk Mohamed), Tosin Abraham Omoyele, Anayo Emmanuel Iwuala, Sadiq Abubakar Adamu (85.Orok Gabriel Ibitham). Trainer: Fatai Osho.
Goal: Tosin Abraham Omoyele (75).

06.12.2020, Enyimba International Stadium, Aba; Referee: Kouassi Biro (Ivory Coast)
Enyimba International FC Aba - Rahimo FC Bobo-Dioulasso   **1-1(0-0)**
Enyimba: Olufemi Kayode, Abdel Nabil Yarou, Abubakar Hassan, Manyo Stephen Egbe, Imo Obot [*sent off 90*], Ojo Ekundayo Solomon, Austin Tunde Oladapo (80.Cyril Chinedu Olisema), Oluwadamilare Mathew Olatunji (80.Farouk Mohamed), Tosin Abraham Omoyele, Anayo Emmanuel Iwuala, Sadiq Abubakar Adamu (90.Stanley Okorom). Trainer: Fatai Osho.
Rahimo FC: Moussa Traoré, Soumaila Ouattara, Valentin Nouma (90.Issa Karambiri), Abdoul Karim Komi, Daouda Cheick Bamba, Moussa Yedan, Adama Barro, Ibrahim Diakité, Check Fadel Traoré (80.Abu Bakr Senkoun Traoré), Hamed Belém (Pape Sibory Ware), Boubacar Guira (72.Aziz Siribé).
Goals: Austin Tunde Oladapo (60) / Pape Sibory Ware (75).
[Enyimba International FC Aba won 2-1 on aggregate]

29.11.2020, Stade "Cheikha Ould Boïdiya", Nouadhibou; Referee: Gaoussou Kané (Mali)
FC Nouadhibou ASJN - Asante Kotoko FC Kumasi   **1-1(1-1)**
FC Nouadhibou: Drissa Kouyaté, El Moustapha Diaw, Lemrabott El Hacen, Oumar Mamadou Mangane, Nouh Mohamed El Abd, Faouz Faidine Ali Attoumane (72.Hassen Boilil), El Hassen Teguedi (65.Sidi Abdoullah Touda), Mouhsine Bodda, Hemeya Tanjy, Ibroihim Youssouf Djoudja, Bekaye Wade. Trainer: Mauril Mesack Njoya (Cameroon).
Asante Kotoko: Kwame Baah, Kwame Frimpong, Ismail Abdul Ganiyu, Yussif Mubarik, Christopher Nettey, Ibrahim Imoro, Godfred Asiamah, Emmanuel Keyekeh (46.Sulley Muniru), Emmanuel Gyamfi, Kwame Opoku, Ibrahim Osman (46.Evans Adomako). Trainer: Charles Kwablan Akonnor.
Goals: Hemeya Tanjy (22 penalty) / Ibrahim Osman (6).

06.12.2020, Accra Sports Stadium, Accra; Referee: Komlanvi Aklassou (Togo)
Asante Kotoko FC Kumasi - FC Nouadhibou ASJN   **2-0 (awarded)**
Please note: the second leg match could not be played after 2 of the 16 players from FC Nouadhibou ASJN were tested positive for COVID-19. Thus, FC Nouadhibou ASJN were not able to name the required 15 players for holding the match, and subsequently, Asante Kotoko FC Kumasi were awarded a technical 2-0 victory for the second leg by CAF (in accordance with the regulations related to COVID-19 pandemic).
[Asante Kotoko FC Kumasi won 3-1 on aggregate]

29.11.2020, Stade du 5 Juillet, Algiers; Referee: Jalal Jayed (Morocco)
Chabab Riadhi de Belouizdad Alger - Al Nasr Club Benghazi   **2-0(1-0)**
CR Belouizdad: Gaya Merbah, Chemseddine Nessakh, Mokhtar Belkhiter, Mohamed Sofiane Bouchar, Chouaib Keddad, Amir Sayoud (80.Larbi Tabti), Zakaria Draoui, Housseyn Selmi (65.Samir Aiboud), Maecky Fred Ngombo Mansoni (60.Hamza Belahouel), Marcellin Koukpo, Khaled Bousseliou. Trainer: Franck Dumas (France).
Al Nasr: Fathi Saber Rashid Abdullah Al Talhy, Mahmoud Ramadan Benwali, Salaheddin Ahmed Fakroun, Adrees Abdulnasir Aldharrat, Fayiz Al Shaykhi, Mohammed Juma (61.Tibe Muhamed), Mohamed Dellahi Yali, Ahmed Al Haram, Ziad Abdullah Elwani, Ezuldeen Eisay (77.Islam El Ghannay), Abdalla Sherif (46.Ahmed Amhimmid Al Haasy). Trainer: Mohamed Al Kikly.
Goals: Marcellin Koukpo (14), Chemseddine Nessakh (60).

06.12.2020, Petro Sport Stadium, Cairo (Egypt); Referee: Naim Hosni (Tunisia)
Al Nasr Club Benghazi - Chabab Riadhi de Belouizdad Alger   **0-2(0-1)**
Al Nasr: Fathi Saber Rashid Abdullah Al Talhy (46.Islam Alharam), Salaheddin Ahmed Fakroun, Sadam El Werfalli, Fayiz Al Shaykhi [*sent off 36*], Ahmed Salim, Mohamed Dellahi Yali, Abdulsalam Mustafa (46.Mahmoud Ramadan Benwali), Ziad Abdullah Elwani, Ezuldeen Eisay, Abdalla Sherif, Islam El Ghannay (57.Samba Abdallahi Moussa). Trainer: Mohamed Al Kikly.
CR Belouizdad: Toufik Moussaoui, Chemseddine Nessakh, Zine El Abidine Boulakhoua, Mohamed Sofiane Bouchar (82.Zakaria Khali), Chouaib Keddad, Amir Sayoud, Samir Aiboud (77.Houssem Eddine Mrezigue), Larbi Tabti, Zakaria Draoui, Maecky Fred Ngombo Mansoni, Marcellin Koukpo (62.Hamza Belahouel). Trainer: Franck Dumas (France).
Goals: Chouaib Keddad (17), Salaheddin Ahmed Fakroun (90+3 own goal).
[Chabab Riadhi de Belouizdad Alger won 4-0 on aggregate]

FIRST ROUND

22.12.2020, Stade Lat-Dior, Thiès; Referee: Boubou Traoré (Mali)
Teungueth FC Rufisque - Raja Club Athletic Casablanca   0-0
Teungueth FC: Moussa Sarr, Pape Ndiaye, Malickou Ndoye, El Hadji Baldé, Pape Sow, Baye Diop, Ibrahima Mane, Serigne Niang (58.Elhadji Fall), Sall Aboubakrine, Gibril Sillah (74.Roger Gomis), Papa Sakho (84.Arona Sène).
Raja Casablanca: Anas Zniti, Ilias Haddad (69.Sanad Al Warfali), Abdeljalil Jbira, Marouane Hadhoudi, Abdelilah Madkour, Mohsine Moutaouali, Omar Arjoune, Mohamed Al Makaazi (58.Zakaria El Wardi), Mohamed Azrida, Noah Sadaoui (86.Mahmoud Benhalib), Ben Malango Ngita. Trainer: Jamal Sellami.

05.01.2021, Stade „Mohammed V", Casablanca; Referee: Lahlou Benbraham (Algeria)
Raja Club Athletic Casablanca - Teungueth FC Rufisque   0-0; 1-3 on penalties
Raja Casablanca: Anas Zniti, Ilias Haddad, Abdeljalil Jbira, Marouane Hadhoudi, Omar Boutayeb (46.Abdelilah Madkour), Omar Arjoune, Soufiane Rahimi, Mohamed Al Makaazi (60.Zakaria El Wardi), Mohamed Azrida (70.Abderrahim Achchakir), Noah Sadaoui, Mahmoud Benhalib. *Other substitutes*: Mohsine Moutaouali. Trainer: Jamal Sellami.
Teungueth FC: Moussa Sarr, Pape Ndiaye, Malickou Ndoye, El Hadji Baldé, Pape Sow, Baye Diop, Babacar Sarr, Ibrahima Mane (90.Sall Aboubakrine), Gibril Sillah (64.Paul Bassene), Elhadji Fall, Papa Sakho (85.El Hadji Diop).
Penalties: Sall Aboubakrine (saved); Mohsine Moutaouali (saved); Malickou Ndoye 0-1; Ilias Haddad (missed); Babacar Sarr 0-2; Noah Sadaoui (saved); Baye Diop (missed); Zakaria El Wardi 1-2; El Hadji Diop 1-3.
[Teungueth FC Rufisque won 3-1 on penalties (after 0-0 on aggregate)]

22.12.2020, Lobatse Stadium, Lobatse; Referee: Bernard Camille (Seychelles)
Jwaneng Galaxy FC - Mamelodi Sundowns FC   0-2(0-1)
Jwaneng Galaxy: Katlego Mbise, Thabo Leinanyane, Fortunate Thulare, Isaac Paeye, Moagi Sechele, Lebogang Ditsele, Thero Setsile (59.Thabang Sesinyi), Gape Mohutsiwa, Sede Dion, Resaobaka Thatanyane (46.Gilbert Baruti), Ricardo Lourenco (39.Tebogo Sembowa). Trainer: Losikalame Keatlholetswe.
Mamelodi Sundowns: Denis Onyango, Ricardo dos Santos do Nascimento, Brian Onyango, Bangaly Soumahoro (80.Siphesihle Mkhize), Andile Jali, Lyle Lakay, Thapelo Morena, Khuliso Mudau (67.Sibusiso Vilakazi), Mothobi Mvala, Peter Shalulile, Lebohang Maboe (38.Aubrey Modiba). Trainer: Manqoba Brilliant Ferrimant Mngqithi & Rulani Mokwena.
Goals: Mothobi Mvala (10), Peter Shalulile (46).

05.01.2021, Loftus Versfeld Stadium, Pretoria; Referee: Retselisitsoe Molise (Lesotho)
Mamelodi Sundowns FC - Jwaneng Galaxy FC   3-1(1-0)
Mamelodi Sundowns: Kennedy Mweene, Ricardo dos Santos do Nascimento, Brian Onyango, Andile Jali (74.Sphelele Mkhulise), Lyle Lakay, Thapelo Morena, Aubrey Modiba, Kermit Erasmus (64.Matlala Keletso Makgalwa), Mothobi Mvala, Peter Shalulile (74.Hlompho Kekana), Lebohang Maboe. Trainer: Manqoba Brilliant Ferrimant Mngqithi & Rulani Mokwena.
Jwaneng Galaxy: Katlego Mbise, Thabo Leinanyane, Gofaone Molapi, Fortunate Thulare, Moagi Sechele, Lebogang Ditsele (67.Olebogeng Malebye), Gape Mohutsiwa, Sede Dion, Gift Moyo, Thabang Sesinyi (67.Lemogang Maswena), Ricardo Lourenco (56.Tebogo Sembowa). Trainer: Losikalame Keatlholetswe.
Goals: Kermit Erasmus (38), Mothobi Mvala (67), Thapelo Morena (81) / Tebogo Sembowa (89).
[Mamelodi Sundowns FC won 5-1 on aggregate]

22.12.2020, Mavuso Sports Centre, Manzini; Referee: Osiase Koto (Lesotho)
Young Buffaloes FC Manzini - AS Vita Club Kinshasa   **2-2(1-0)**
Young Buffaloes: Nhlanhla Gwebu, Sihlangu Mkhwanazi, Lindo Mkhonta Siboniso Mamba Ntokozo, Siboniso Ngwenya (73.Mpendulo Dlamini), Sibonelo Sibandze, Sandile Gamedze, Fanelo Mamba, Bongwa Owa Matsebula (89.Sifiso Mazibuko), Ndoda Mthethwa (60.Manqoba Mavimbela), Phiwayinkhosi Dlamini.
Vita Club: Medjo Simon Loti Omossola, Djuma Shabani Wadol, Ernest Luzolo Sita, Amedé Masasi Obenza, Michael Mbabu Wango, Jérémie Mumbere Mbusa, Zemanga Sozé (67.Ricky Tulengi Sindani), Jésus Ducapel Moloko (46.Jérémie Mbuyi Kalenda), Merveille Kikasa Wamba, Fiston Kalala Mayele, Mohamed El Mustapha Abdala (46.Makabi Lilepo). Trainer: Jean-Florent Ikwange Ibengé.
Goals: Phiwayinkhosi Dlamini (44), Bongwa Owa Matsebula (46) / Fiston Kalala Mayele (86), Ricky Tulengi Sindani (89 penalty).

06.01.2021, Stade des Martyrs, Kinshasa; Referee: Pierre Atcho (Gabon)
AS Vita Club Kinshasa - Young Buffaloes FC Manzini   **4-1(1-0)**
Vita Club: Medjo Simon Loti Omossola, Patou Ebunga Simbi Saoulé, Vivien Assie Koua, Ousmane Adama Ouattara, Djuma Shabani Wadol, Amedé Masasi Obenza, Sidi Yacoub Ethmane (64.Michael Mbabu Wango), Ricky Tulengi Sindani (71.Jérémie Mbuyi Kalenda), Merveille Kikasa Wamba (71.Jérémie Mumbere Mbusa), Fiston Kalala Mayele, Makabi Lilepo. Trainer: Jean-Florent Ikwange Ibengé.
Young Buffaloes: Nhlanhla Gwebu, Wandile Maseko, Sihlangu Mkhwanazi, Lindo Mkhonta, Sibonelo Sibandze, Mpendulo Dlamini, Sandile Gamedze, Fanelo Mamba, Bongwa Owa Matsebula (80.Manqoba Mavimbela), Dumsani Mdluli (54.Phiwayinkhosi Dlamini), Ndoda Mthethwa (70.Sanele Ngcamphalala).
Goals: Fiston Kalala Mayele (18), Makabi Lilepo (75, 79), Jérémie Mbuyi Kalenda (88) / Phiwayinkhosi Dlamini (83).
[AS Vita Club Kinshasa won 6-3 on aggregate]

23.12.2020, Stade „Général Seyni Kountché", Niamey; Referee: Daniel Laryea (Ghana)
AS SONIDEP Niamey - Al-Ahly Sporting Club Cairo   **0-1(0-1)**
AS SONIDEP: Carlos Djouram, César Abaya, Ismael Inoussa, Mouhamadou Ali, Khaido Assadeh, Abdoul Mamane, Souleymane Lawali, Adamou Moussa Issa (73.Mahamadou Amadou Sabo), Amadou Boubacar (66.Komlan Akomatsri), Ibrahim Mukhtar, Mourtala Yahaya (66.Sountalma Assoumane).
Al-Ahly SC: Mohamed El Sayed Mohamed El Shenawy Gomaa, Mahmoud Wahid El Sayed Mohamed, Yasser Ibrahim Ahmed El Hanafi, Badr Banoun, Ahmed Ramadan Mohamed, Aliou Dieng, Hamdy Fathy Abdelhalim Abdelfattah, Akram Tawfik Mohamed Hassan El Hagrasi, Mahmoud Abdel Moneim Abdel Hamid Soliman „Kahraba" (64.Salah Mohsen Mohamed Shalaby), Taher Mohamed Ahmed Taher Mohamed Mahmoud (79.Paulo Bartolome Hermenegildo Da Costa „Geraldo"), Mohamed Sherif Mohamed Ragaei Bakr (79.Ahmed Yasser Mohamed Rayan). Trainer: Pitso John Hamilton Mosimane (South Africa).
Goal: Aliou Dieng (33).

05.01.2021, Al Salam Stadium, Cairo; Referee: Yousri Bouali (Tunisia)
Al-Ahly Sporting Club Cairo - AS SONIDEP Niamey 4-0(2-0)
Al-Ahly SC: Aly Lotfi Ibrahim Mostafa, Ali Maâloul (46.Akram Tawfik Mohamed Hassan El Hagrasi), Yasser Ibrahim Ahmed El Hanafi, Badr Banoun (68.Saad Eldin Samir), Ahmed Ramadan Mohamed, Walid Soliman Said Obaid, Aliou Dieng, Hamdy Fathy Abdelhalim Abdelfattah (46.Mahmoud Abdel Moneim Abdel Hamid Soliman „Kahraba"), Taher Mohamed Ahmed Taher Mohamed Mahmoud (60.Mohamed Magdy Mohamed Morsy „Afsha"), Mohamed Sherif Mohamed Ragaei Bakr (46.Ayman Ashraf Elsayed Elsembeskany), Ahmed Yasser Mohamed Rayan. Trainer: Pitso John Hamilton Mosimane (South Africa).
AS SONIDEP: Carlos Djouram [*sent off 17*], Mouhamadou Ali, Khaido Assadeh, Mouhamed Kimba (90.Garba Boureima Issifou), Abdoul Mamane, Souleymane Lawali, Abdoulnasser Nomaou (18.Moussa Idrissa), Komlan Akomatsri (75.Sountalma Assoumane), Ibrahim Mukhtar, Mahamadou Amadou Sabo, Mourtala Yahaya.
Goals: Taher Mohamed Ahmed Taher Mohamed Mahmoud (13), Walid Soliman Said Obaid (37), Badr Banoun (67 penalty), Mahmoud Abdel Moneim Abdel Hamid Soliman „Kahraba" (90+1).
[Al-Ahly Sporting Club Cairo won 5-0 on aggregate]

23.12.2020, FNB Stadium, Johannesburg; Referee: Ibrahim Ben Tsimanohitsy (Madagascar)
Kaizer Chiefs FC Johannesburg - CD Primeiro de Agosto Luanda 0-0
Kaizer Chiefs: Daniel Akpeyi, Ramahlwe Mphahlele, Eric Mathoho, Siyabonga Ngezana, Njabulo Blom (60.David Leonardo Castro Cortés), Khama Billiat, Lebogang Manyama, Willard Katsande, Philani Zulu (65.Daniel Cardoso), Nkosingiphile Ngcobo (81.Dumisani Zuma), Lazarus Kambole. Trainer: Gavin Hunt.
Primeiro de Agosto: Adilson Cipriano da Cruz "Neblú", Beaudrick Ungenda Muselenge, Natael Paulo Masuekama, Bonifácio Francisco Caetano, Isaac Correia da Costa, Herenílson Caifalo de Carmo, Mariano da Costa Vidal "Jó", Yazid Atouba Emane, Agostinho Cristóvão Paciência "Mabululo" (74.Ambrosini Antonio Cabaça Salvador "Zini"), Brayan Josué Velásquez Moya (90.Luís Manico Gonçalves), Kipe Mongo Lumpala Bokamba (74.Mário César Azevedo Alves Balbúrdia).

05.01.2021, Estádio 11 de Novembro, Luanda; Referee: Brighton Chimene (Zimbabwe)
CD Primeiro de Agosto Luanda - Kaizer Chiefs FC Johannesburg 0-1(0-1)
Primeiro de Agosto: Adão Joaquim Bango Cabaça „Tony", Beaudrick Ungenda Muselenge, Natael Paulo Masuekama, Bonifácio Francisco Caetano, Isaac Correia da Costa (85.Daniel João Zongo Macuenho "Mira"), Luvumbu Lourenço Pedro „Buá", José Macaia Ganga, Mário César Azevedo Alves Balbúrdia, Luís Manico Gonçalves (59.Elvia Giovanni Ipamy), Agostinho Cristóvão Paciência "Mabululo" (85.Kipe Mongo Lumpala Bokamba), Brayan Josué Velásquez Moya.
Kaizer Chiefs: Daniel Akpeyi, Ramahlwe Mphahlele, Eric Mathoho, Siyabonga Ngezana, Njabulo Blom, Darrel Matsheke (75.Daniel Cardoso), Khama Billiat (90.Kgotso Moleko), Philani Zulu, Bernard Parker (90.Dumisani Zuma), David Leonardo Castro Cortés, Lazarus Kambole. Trainer: Gavin Hunt.
Goal: David Leonardo Castro Cortés (41).
[Kaizer Chiefs FC Johannesburg won 1-0 on aggregate]

23.12.2020, Stade du 26 Mars, Bamako; Referee: Sekou Ahmed Touré (Guinea)
Stade Malien de Bamako - Wydad Athletic Club Casablanca 1-0(0-0)
Stade Malien: Djigui Diarra, Issaka Samaké, Mamadou Doumbia, Yacouba Doumbia, Samou Sidibé, Sadio Kanouté (72.Kalu Okechekwu), Moussakoye Diallo, Aly Sissoko, Mamadou Traoré, Mamadou Coulibaly (83.Saouty Traoré), Moussa Traoré (72.Adama Kizito).
Wydad AC: Ahmed Reda Tagnaouti, Ayoub El Amloud (51.Anas Serrhat), Amine Aboulfath Salaheddine Saidi, Walid El Karti (74.Muaid Ellafi), Badr Gaddarine, Achraf Dari, Badie Aouk (74.Michel Babatunde), Simon Happygod Msuva, Ayoub El Kaabi, Yahia Attiyat Allah. Trainer: Faouzi Benzarti (Tunisia).
Goal: Mamadou Coulibaly (58).

06.01.2021, Stade „Mohammed V", Casablanca; Referee: Amin Omar (Egypt)
Wydad Athletic Club Casablanca - Stade Malien de Bamako   3-0(1-0)
Wydad AC: Ahmed Reda Tagnaouti, Ayoub El Amloud (90.Mohamed Rahim), Amine Aboulfath, Salaheddine Saidi, Walid El Karti, Muaid Ellafi (77.Michel Babatunde), Achraf Dari, Yahya Jabrane, Simon Happygod Msuva (86.Zouhair El Moutaraji), Ayoub El Kaabi, Yahia Attiyat Allah. Trainer: Faouzi Benzarti (Tunisia).
Stade Malien: Djigui Diarra, Issaka Samaké, Mamadou Doumbia, Yacouba Doumbia, Moussakoye Diallo, Babou Fofana (55.Saouty Traoré), Aly Sissoko (20.Sadio Kanouté), Mamadou Traoré, Guy Tchonou, Mamadou Coulibaly, Demba Diallo (55.Moussa Traoré).
Goals: Ayoub El Kaabi (43), Muaid Ellafi (46, 64).
[Wydad Athletic Club Casablanca won 3-1 on aggregate]

23.12.2020, Stade National de la Côte d' Ivoire, Abidjan; Referee: Kouassi Attiogbe (Togo)
Racing Club Abidjan - Horoya Athlétique Club Conakry   1-1(0-1)
RC Abidjan: Charles Folly Ayayi, Mounan Osée Niegbo, Christian Dimitri Legbo Ouguehi, Kouadio Guy Ange Ahoussou, Jean Frederic Kouadio N'Guessan, Brahima Ouattara, Gnoleba Edmond Narcisse Sery, Oularé Hibrahime (90.Mamadou Koné), Sidick Aboubacar Camara, Seydou Traoré, Kader Drissa Ballo (71.Abdul Rahmane Konaté). Trainer: Bassiriki Diabaté.
Horoya: Moussa Camara, Ibrahima Aminata Condé, Godfred Asante, Abou Mangué Camara, Khadim Diaw, Mohamed Amadou Djibo Wonkoye (90.Salif Coulibaly), Morlaye Sylla, Abdoul Dramane Nikièma, Boniface Haba, Enock Atta Agyei (72.Ocansey Mandela), Bolaji Simeon Sakin (66.Yakhouba Gnagna Barry). Trainer: Lamine Mamadou N'Diaye (Senegal).
Goals: Kader Drissa Ballo (61) / Abdoul Dramane Nikièma (36 penalty).

06.01.2021, Stade du 28 Septembre, Conakry; Referee: Issa Sy (Senegal)
Horoya Athlétique Club Conakry - Racing Club Abidjan   1-0(0-0)
Horoya: Moussa Camara, Ibrahima Aminata Condé (70.Godfred Asante), Abou Mangué Camara, Boubacar Samassekou, Khadim Diaw, Mohamed Amadou Djibo Wonkoye, Morlaye Sylla, Abdoul Dramane Nikièma, Boniface Haba (68.Yakhouba Gnagna Barry), Enock Atta Agyei (59.Ocansey Mandela), Bolaji Simeon Sakin. Trainer: Lamine Mamadou N'Diaye (Senegal).
RC Abidjan: Charles Folly Ayayi, Mounan Osée Niegbo, Christian Dimitri Legbo Ouguehi, Kouadio Guy Ange Ahoussou, Jean Frederic Kouadio N'Guessan, Brahima Ouattara, Gnoleba Edmond Narcisse Sery (55.Mamadou Koné), Oularé Hibrahime (82.Amara Traoré), Sidick Aboubacar Camara, Seydou Traoré, Kader Drissa Ballo (63.Abdul Rahmane Konaté). Trainer: Bassiriki Diabaté.
Goal: Bolaji Simeon Sakin (52 penalty).
[Horoya Athlétique Club Conakry won 2-1 on aggregate]

23.12.2020, Petro Sport Stadium, Cairo (Egypt); Referee: Bamlak Tessema Weyesa (Ethiopia)
Al Ahli SCSC Benghazi - Espérance Sportive de Tunis   0-0
Al Ahli Benghazi: Murad Abubakr Mohamed Al Wuheeshi, Ahmed Mohamed Abdalla Ramadan Huwaydi, Hamed Abdulgader El Thalba, Abubakar Mohamed Abualileh Milad, Taher Abdulsalam Taher Ben Aamer, Mohamed Fathe, Shamikh Faraj Shamikh Hamed Al Obaidi, Sufyan Milad Ramadan Ben Omran (58.Mohammed Al Tawerghi), Abdallah Imhamed (46.Saed Al Naeli), Ibrahim Masoud Ibrahim Bodbous (85.Abdallah Abdallateef Al Shaafi), Mohamed Salim. Trainer: Dejan Arsov (Serbia).
Espérance: Moez Ben Chérifia, Mohamed Ali Yaakoubi, Hamdi Nagguez, Abdelkader Bedrane, Ilyes Chetti, Alaeddine Marzouki (62.Mohamed Ali Ben Hammouda), Fousseny Coulibaly, Abderrahmane Meziane, Ghaylène Chaalali, Yassine Khenissi, Hamdou Elhouni Al Masry. Trainer: Moïn Chaabani.

06.01.2021, Stade „Hammadi Agrebi", Tunis; Referee: Mahmoud Zakaria Mohamed El Banna (Egypt)
Espérance Sportive de Tunis - Al Ahli SCSC Benghazi 3-2(1-0)
Espérance: Moez Ben Chérifia, Mohamed Ali Yaakoubi, Hamdi Nagguez, Abdelkader Bedrane, Ilyes Chetti, Alaeddine Marzouki, Fousseny Coulibaly (78.Abdelraouf Benguit), Ghaylène Chaalali, Mohamed Ali Ben Romdhane, Yassine Khenissi (78.Abderrahmane Meziane), Hamdou Elhouni Al Masry (90.Mohamed Ali Ben Hammouda). Trainer: Moïn Chaabani.
Al Ahli Benghazi: Murad Abubakr Mohamed Al Wuheeshi, Ahmed Mohamed Abdalla Ramadan Huwaydi, Hamed Abdulgader El Thalba, Abubakar Mohamed Abualileh Milad, Taher Abdulsalam Taher Ben Aamer, Mohamed Fathe (61.Abdallah Imhamed), Shamikh Faraj Shamikh Hamed Al Obaidi, Sufyan Milad Ramadan Ben Omran (46.Mohammed Al Tawerghi), Ibrahim Masoud Ibrahim Bodbous, Jibreel Al Wadawi (72.Abdallah Abdallateef Al Shaafi), Saed Al Naeli (87.Ali Al Qmati). Trainer: Dejan Arsov (Serbia).
Goals: Ghaylène Chaalali (15 penalty), Mohamed Ali Ben Romdhane (63), Alaeddine Marzouki (86) / Saed Al Naeli (60), Abdallah Imhamed (76 penalty).
[Espérance Sportive de Tunis won 3-2 on aggregate]

23.12.2020, Cairo Military Academy Stadium, Cairo (Egypt)
Referee: Jean-Jacques Ndala Ngambo (D.R. Congo)
Gazelle FC N'Djamena - Zamalek Sporting Club Cairo   Cancelled

06.01.2021, Petro Sport Stadium, Cairo
Zamalek Sporting Club Cairo - Gazelle FC N'Djamena   Cancelled
[Zamalek Sporting Club Cairo won on walkover after Gazelle FC N'Djamena failed to appear for the first leg]

23.12.2020, Stade "Augustin Monédan" de Sibang, Libreville; Referee: Messie Nkounkou (Congo)
Bouenguidi Sport Koulamoutou - Tout Puissant Mazembe Lubumbashi 1-2(1-1)
Bouenguidi Sport: Dallian Allogho, Vivien Aubin Inounou (77.Emmanuel Romess Ovono Essogo), Ulric Assoumou, Jeff Vergace Batoubanene, Yannick Lariva Moussounda, Alex Moucketou-Moussounda, Stecy Ndjengue, Xavier Roseny Mouandja (61.Cruz Ndong Bitheghe), Floriss Ndjave, Junhior Bayanho Aubiang, Djoe Dayan Boussougou.
TP Mazembe: Guelassiognon Sylvain Gbohouo, Joseph Benson Ochaya, Djo Issama Mpeko, Arsène Zola Kiaku, Tandi Mwape, Christian Raoul Kouamé Koffi, Miché Mika (90.Martial Zemba Ikoung), Moustapha Kouyaté, Thomas Emanuel Ulimwengu (75.Trésor Mputu Mabi Kulila), Chico Ushindi Wa Kubanza (59.Sudi Gondry Bibonge), Phillippe Beni Kinzumbi. Trainer: Pamphile Mihayo Kazembe.
Goals: Junhior Bayanho Aubiang (17) / Thomas Emanuel Ulimwengu (28, 63).

06.01.2021, Stade TP Mazembe, Lubumbashi; Referee: Blaise Ngwa (Cameroon)
Tout Puissant Mazembe Lubumbashi - Bouenguidi Sport Koulamoutou 2-1(2-0)
TP Mazembe: Guelassiognon Sylvain Gbohouo, Djo Issama Mpeko, Kabaso Chongo, Arsène Zola Kiaku, Tandi Mwape, Christian Raoul Kouamé Koffi, Miché Mika, Moustapha Kouyaté (46.Joël Beya Tumetuka), Thomas Emanuel Ulimwengu (60.Sudi Gondry Bibonge), Etienne Mayombo (81.Trésor Mputu Mabi Kulila), Phillippe Beni Kinzumbi. Trainer: Pamphile Mihayo Kazembe.
Bouenguidi Sport: Dallian Allogho, Vivien Aubin Inounou, Ulric Assoumou, Yannick Lariva Moussounda, Alex Moucketou-Moussounda (46.Stoni Dita Ekomi), Stecy Ndjengue (58.Emmanuel Romess Ovono Essogo), Vianney Roby N'Na Ango, Floriss Ndjave (72.Christ Arnold Obama), Junhior Bayanho Aubiang, Djoe Dayan Boussougou, Cruz Ndong Bitheghe.
Goals: Thomas Emanuel Ulimwengu (14), Tandi Mwape (45) / Djoe Dayan Boussougou (79).
[Tout Puissant Mazembe Lubumbashi won 4-2 on aggregate]

23.12.2020, Al Hilal Stadium, Omdurman; Referee: Peter Waweru (Kenya)
Al Merrikh SC Omdurman - Enyimba International FC Aba 3-0(2-0)
Al Merrikh: Monged Elneel Abuzaid Salman, El Samai Saadeldin Elsawi, Abdelrahman Isaac Karongo, Ahmed Adam Mohamed Mahmoud, Ahmed Musa Mohamed, Emad Eldin Salah El-Deen Ali Mirgani, Amier Kamal Suliman Mohammed, Saifeldin Malik Bakhit Maki, Musab Kurdman Elsiddig Mohamed (46.Wagdi Awad Abd Alla Agefi), Dhiya Mahjoub Musa (85.Tajeldin Yagoub Elnour Badawi), Bakri Abdelgadir Babiker Mohamed (76.Mohamed Abbas Gumaa). Trainer: Didier Gomes Da Rosa (France).
Enyimba: Sabirou Bassa-Djeri, Daniel Darkwah, Abdel Nabil Yarou, Abubakar Hassan, Manyo Stephen Egbe, Ojo Ekundayo Solomon (90.Oluwadamilare Mathew Olatunji), Farouk Mohamed, Philip Felix Ozor, Samson Bossa Obi (49.Tosin Abraham Omoyele), Anayo Emmanuel Iwuala (82.Orok Gabriel Ibitham), Sadiq Abubakar Adamu. Trainer: Fatai Osho.
Goals: Saifeldin Malik Bakhit Maki (6, 44, 90).

06.01.2021, Enyimba International Stadium, Aba; Referee: Djindo Houngnandande (Benin)
Enyimba International FC Aba - Al Merrikh SC Omdurman 2-1(1-1)
Enyimba: Olufemi Kayode, Daniel Darkwah, Timothy Danladi (18.Abdel Nabil Yarou), Stanley Okorom, Abiodun Olalekan Adebayo, Farouk Mohamed, Cyril Chinedu Olisema, Oluwadamilare Mathew Olatunji (76.Anthony Chukwudi Omaka), Kadri Samod Timileyin, Victor Mbaoma, Sadiq Abubakar Adamu (76.Orok Gabriel Ibitham). Trainer: Fatai Osho.
Al Merrikh: Monged Elneel Abuzaid Salman, El Samai Saadeldin Elsawi (90.Mohamed Hashim Mohamed Idris), Abdelrahman Isaac Karongo, Ahmed Adam Mohamed Mahmoud (39.Ahmed Abdelmoneim Yousif Tabanja), Ahmed Musa Mohamed, Emad Eldin Salah El-Deen Ali Mirgani, Amier Kamal Suliman Mohammed, Saifeldin Malik Bakhit Maki, Dhiya Mahjoub Musa, Bakri Abdelgadir Babiker Mohamed, Wend-Panga Arnauld Bambara (46.Tajeldin Yagoub Elnour Badawi). Trainer: Didier Gomes Da Rosa (France).
Goals: Victor Mbaoma (15, 50 penalty) / Saifeldin Malik Bakhit Maki (8).
[Al Merrikh SC Omdurman won 4-2 on aggregate]

23.12.2020, Accra Sports Stadium, Accra; Referee: Bienvenu Sinko (Ivory Coast)
Asante Kotoko FC Kumasi - Al Hilal EC Omdurman 0-1(0-0)
Asante Kotoko: Razak Abalora, Kwame Frimpong, Ismail Abdul Ganiyu, Wahab Adams, Christopher Nettey, Ibrahim Imoro, Godfred Asiamah (68.Ibrahim Osman), Latif Anabila, Emmanuel Gyamfi (75.Sulley Muniru), William Mensah, Kwame Opoku (75.Naby Keita). Trainer: Charles Kwablan Akonnor.
Al Hilal EC: Ali Abdallah Abu-Eshrein Achrine, Faris Abdalla Mamoun Sawedy, Mohamed Ahmed Abuaagla Abdalla, Mohamed Ouattara, Mohamed Ahmed Saeed, Moaiad Abdeen Maki, Nasr Eldin Omer Ahmed Abdalla El Shigail, Nizar Hamid Nasir Koko (83.Walieldin Khidir Daiyeen Safour), Muhamed Abdelrahman Yousif Yagub (21.Mohamed Musa Eldai), Eid Mugadam Abakar Mugadam (71.Vinny Bongonga Kombe), Waleed Bakhiet Hamid Adam. Trainer: Zoran Manojlović (Serbia).
Goal: Vinny Bongonga Kombe (76).

06.01.2021, Al Hilal Stadium, Omdurman; Referee: Louis Hakizimana (Rwanda)
Al Hilal EC Omdurman - Asante Kotoko FC Kumasi 2-0 (awarded)
Please note: the second leg match could not be played after 7 of the 16 players from Asante Kotoko FC Kumasi were tested positive for COVID-19. Thus, Asante Kotoko FC Kumasi were not able to name the required 15 players for holding the match, and subsequently, Al Hilal EC Omdurman were awarded a technical 2-0 victory for the second leg by CAF (in accordance with the regulations related to COVID-19 pandemic).
[Al Hilal EC Omdurman won 3-0 on aggregate]

23.12.2020, Nkana Stadium, Kitwe; Referee: Artur Adriano Alfinar (Mozambique)
Nkana FC Kitwe - Atlético Petróleos de Luanda **1-1(0-0)**
Nkana FC: Talbert Tanunurwa Shumba, Harun Shakava, Richard Ocran, Gift Zulu, Laison Thole, Misheck Chaila, Freddy Tshimenga, Duke Abuya (74.Ronald Kampamba), Ackim Mumba (11.Diamond Chikwekwe), Idris Ilunga Mbombo (81.Patrick Gondwe), Harrison Musonda Chisala.
Atlético Petróleos: Signori Dominique Nymi António, Mário Manuel de Oliveira „Ito", Diógenes Capemba João, José-Junior Matuwila, Musah Inusah, Pedro Bondo Francisco, Ricardo Job Estêvão (63.Antonio Rosa Ribeiro „Toni"), Silas Daniel Satonho „Dany" (72.Adriano Belmiro Duarte Nicolau „Yano"), Alberto Adão Campos Miguel „Além" (63.Joaquim Adão Lungiek João), Hermenegildo Domingos Sengue „Picas", Tiago Lima Leal „Tiago Azulão". Trainer: António Cosano „Toni Cosano".
Goals: Harrison Musonda Chisala (58) / Adriano Belmiro Duarte Nicolau „Yano" (90).

06.01.2021, Estádio 11 de Novembro, Luanda; Referee: Eric Arnaud Otogo-Castane (Gabon)
Atlético Petróleos de Luanda - Nkana FC Kitwe **1-0(0-0)**
Atlético Petróleos: Signori Dominique Nymi António, José-Junior Matuwila, Eddie Marcos Melo Afonso, Musah Inusah, Pedro Bondo Francisco, Ricardo Job Estêvão, Joaquim Adão Lungiek João, Alberto Adão Campos Miguel „Além", Hermenegildo Domingos Sengue „Picas" (90.Mário Manuel de Oliveira „Ito"), Tiago Lima Leal „Tiago Azulão" (36.Pedro Pessoa Miguel), Adriano Belmiro Duarte Nicolau „Yano" (74.Antonio Rosa Ribeiro „Toni"). Trainer: António Cosano „Toni Cosano".
Nkana FC: Talbert Tanunurwa Shumba, Richard Ocran, Jimmy Denis Dzingai, Laison Thole, Justin Mwanza, Misheck Chaila (72.Ronald Kampamba), Freddy Tshimenga, Duke Abuya, Idris Ilunga Mbombo, Harrison Musonda Chisala (65.Patrick Gondwe), Obeddy Masumbuko (51.Diamond Chikwekwe).
Goal: Antonio Rosa Ribeiro „Toni" (77).
[Atlético Petróleos de Luanda won 2-1 on aggregate]

23.12.2020, National Sports Stadium, Harare; Referee: Keabetswe Dintwa (Botswana)
FC Platinum Zvishavane - Simba SC Dar es Salaam **1-0(1-0)**
FC Platinum: Petros Mhari, Lawrence Mhlanga, Gift Bello, William Stima (73.Tawana Chikore), Kelvin Madzongwe, Rahman Kutsanzira (90.Elie Kiyana Ilunga), Rainsome Pavari, Perfect Chikwende, Brian Banda, Gift Mbweti, Stanley Ngala (59.Ralph Kawondera). Trainer: Hendrik Pieter de Jongh (Netherlands).
Simba SC: Aishi Salum Manula, Serges Pascal Wawa Sfondo, Erasto Edward Nyoni (46.Mzamira Yassin Selemba), Shomari Salum Kapombe, Mohamed Husseini Mohamed, Joash Achieng Onyango, Jonas Gerard Mkude, Clatous Choto Chama, Luís José Miquissone, Meddie Kagere (46.Crispin Mugalu Mutshimba), Hassan Salehe Dilunga (77.Athumani Miraji Madenge).
Goal: Perfect Chikwende (17).

06.01.2021, National Stadium, Dar es Salaam; Referee: Georges Gatogato (Burundi)
Simba SC Dar es Salaam - FC Platinum Zvishavane **4-0(1-0)**
Simba SC: Aishi Salum Manula, Serges Pascal Wawa Sfondo, Erasto Edward Nyoni, Shomari Salum Kapombe, Mohamed Husseini Mohamed, Joash Achieng Onyango, Larry Bwalya, Clatous Choto Chama, Luís José Miquissone, Saidi Hamis Juma (60.Ibrahim Ame), Crispin Mugalu Mutshimba (76.Meddie Kagere; 86.John Raphael Bocco).
FC Platinum: Francis Tizayi, Gift Bello, Donald Ngonidzashe Dzvinyai, Ralph Kawondera, Kelvin Madzongwe, Rahman Kutsanzira, Perfect Chikwende, Tawana Chikore, Nomore Chinyerere, Denzel Khumalo (59.Raphael Muduviwa), Gift Mbweti. Trainer: Hendrik Pieter de Jongh (Netherlands).
Goals: Erasto Edward Nyoni (38 penalty), Shomari Salum Kapombe (61), John Raphael Bocco (90), Clatous Choto Chama (90 penalty).
[Simba SC Dar es Salaam won 4-1 on aggregate]

26.12.2020, Stade du 5 Juillet, Algiers; Referee: Sadok Selmi (Tunisia)
Chabab Riadhi de Belouizdad Alger - Gor Mahia FC Nairobi   6-0(4-0)
CR Belouizdad: Toufik Moussaoui, Zakaria Khali, Mokhtar Belkhiter (73.Zine El Abidine Boulakhoua), Mohamed Sofiane Bouchar, Rayen Hais Benderrouya, Amir Sayoud, Larbi Tabti, Zakaria Draoui, Marcellin Koukpo (66.Youcef Bechou), Hamza Belahouel (66.Maecky Fred Ngombo Mansoni), Houssem Eddine Mrezigue. Trainer: Franck Dumas (France).
Gor Mahia: Gad Mathews Ongota Otieno, Charles Saramu Momanyi, Joachim Oluoch Ochieng, Philemon Omondi Otieno, Geoffrey Okoth Ochieng (46.Clifton Miheso Ayisi), Michael Sunday Apudo, Samuel Onyango Ouma, Ernest Kisia Wendo, Sydney Ochieng Wahongo (46.Kelvin Musotsi Wesonga), Okello Toto Odong Lazarus, Benson Ochieng Oluoch (46.Jules Ulimwengu).
Goals: Amir Sayoud (6), Hamza Belahouel (12), Amir Sayoud (20), Larbi Tabti (43), Amir Sayoud (52), Maecky Fred Ngombo Mansoni (68).

06.01.2021, Nyayo National Stadium, Nairobi; Referee: Bernard Camille (Seychelles)
Gor Mahia FC Nairobi - Chabab Riadhi de Belouizdad Alger   1-2(1-0)
Gor Mahia: Gad Mathews Ongota Otieno, Charles Saramu Momanyi, Joachim Oluoch Ochieng, Philemon Omondi Otieno, Michael Sunday Apudo, Clifton Miheso Ayisi (59.Andrew Numero Malisero), Kenneth Mugambi Muguna, Samuel Onyango Ouma, Ernest Kisia Wendo, Bertrand Ngafei Konfor (71.John Macharia), Jules Ulimwengu (83.Nicholas Ochieng).
CR Belouizdad: Gaya Merbah, Chemseddine Nessakh, Zine El Abidine Boulakhoua (69.Mokhtar Belkhiter), Zakaria Khali, Mohamed Sofiane Bouchar (85.Haroune Benmenni), Amir Sayoud, Bilal Tarikat (69.Mohamed Islam Bakir), Larbi Tabti (55.Abdelkader Belharrane), Zakaria Draoui, Housseyn Selmi, Maecky Fred Ngombo Mansoni (55.Youcef Bechou). Trainer: Franck Dumas (France).
Goals: Jules Ulimwengu (22) / Amir Sayoud (78), Abdelkader Belharrane (83).
[Chabab Riadhi de Belouizdad Alger won 8-1 on aggregate]

28.12.2020, Stade du 5 Juillet, Algiers; Referee: Samir Guezzaz (Morocco)
Mouloudia Club d'Alger - Club Sportif Sfaxien   2-0(2-0)
MC d'Alger: Ahmed Boutagga, Walid Allati (89.Abderahmane Hachoud), Nabil Saâdou, Belkacem Brahimi, Mourad Haddad, Chamseddine Harrag, Abderrahmane Bourdim, Isla Daoudi Diomande, Abdenour Belkheir (75.Abdelhak Abdelhafid), Samy Frioui, Billel Bensaha (89.Mehdi Benaldjia). Trainer: Nabil Neghiz.
CS Sfaxien: Aymen Dahmen, Mohamed Ali Jouini, Sabri Cheraitia, Nour Zamen Zammouri, Naby Camara, Mohamed Ben Ali, Kingsley Sokari (57.Mohamed Ali Moncer), Walid Karoui, Mohammed Salih Ali Sola, Houssem Ben Ali (57.Aymen Harzi), Firas Chaouat (86.Kingsley Eduwo). Trainer: Anis Boujelbene.
Goals: Samy Frioui (28, 34).

06.01.2021, Stade „Taïeb Mhiri", Sfax; Referee: Bakary Papa Gassama (Gambia)
Club Sportif Sfaxien - Mouloudia Club d'Alger   1-0(1-0)
CS Sfaxien: Aymen Dahmen, Sabri Cheraitia (88.Mohamed Ali Jouini), Nour Zamen Zammouri, Mohamed Ben Ali, Walid Karoui, Zakaria Mansouri (56.Achref Habbassi), Mohammed Salih Ali Sola (75.Malick Evouna), Alaa Ghram, Firas Chaouat, Kingsley Eduwo, Chris Kouakou. Trainer: Anis Boujelbene.
MC d'Alger: Ahmed Boutagga, Abderahmane Hachoud, Nabil Saâdou, Belkacem Brahimi (15.Nabil Lamara), Toufik Addadi, Chamseddine Harrag, Abderrahmane Bourdim (60.Abdelhak Abdelhafid), Mohamed Merouani, Abdenour Belkheir, Samy Frioui (75.Miloud Rebiai), Billel Bensaha. Trainer: Nabil Neghiz.
Goal: Firas Chaouat (45 penalty).
[Mouloudia Club d'Alger won 2-1 on aggregate]

GROUP STAGE

GROUP A

12.02.2021, Stade des Martyrs, Kinshasa; Referee: Bakary Papa Gassama (Gambia)
AS Vita Club Kinshasa - Simba SC Dar es Salaam   0-1(0-0)
Vita Club: Medjo Simon Loti Omossola, Vivien Assie Koua, Ousmane Adama Ouattara, Djuma Shabani Wadol, Ernest Luzolo Sita, Amedé Masasi Obenza, Papy Kabamba Tshishimbi (57.Jérémie Mumbere Mbusa), Sidi Yacoub Ethmane (73.Jésus Ducapel Moloko), Fiston Kalala Mayele (57.Obed Mayamba Mukokiani), Jérémie Mbuyi Kalenda (73.Zemanga Sozé), Makabi Lilepo (64.Ricky Tulengi Sindani). Trainer: Jean-Florent Ikwange Ibengé.
Simba SC: Aishi Salum Manula, Serges Pascal Wawa Sfondo, Shomari Salum Kapombe, Mohamed Husseini Mohamed, Joash Achieng Onyango, Larry Bwalya (60.Francis Kahata Nyambura), Clatous Choto Chama (88.Kennedy Wilson Juma), Luís José Miquissone, Mzamira Yassin Selemba, Taddeo Lwanga, Crispin Mugalu Mutshimba (79.Meddie Kagere). Trainer: Didier Gomes Da Rosa (France).
Goal: Crispin Mugalu Mutshimba (61 penalty).

16.02.2021, Cairo International Stadium, Cairo; Referee: Janny Sikazwe (Zambia)
Al-Ahly Sporting Club Cairo - Al Merrikh SC Omdurman   3-0(0-0)
Al-Ahly SC: Mohamed El Sayed Mohamed El Shenawy Gomaa, Mahmoud Wahid El Sayed Mohamed, Yasser Ibrahim Ahmed El Hanafi, Mohamed Hany Gamal El Demerdash (84.Ahmed Ramadan Mohamed), Badr Banoun (77.Marwan Mohsen Fahmy Tharwat Gamaleldin Mahmoud Fahmy), Amr Mohamed Eid El Soleya, Mohamed Magdy Mohamed Morsy „Afsha" (77.Saad Eldin Samir), Aliou Dieng, Mahmoud Abdel Moneim Abdel Hamid Soliman „Kahraba" (77.Akram Tawfik Mohamed Hassan El Hagrasi), Junior Oluwafemi Ajayi, Walter Binene Sabwa Bwalya (84.Mohamed Sherif Mohamed Ragaei Bakr). Trainer: Pitso John Hamilton Mosimane (South Africa).
Al Merrikh: Monged Elneel Abuzaid Salman, Salah Eldin Mahmood Nimer (25.Ahmed Musa Mohamed), Abdelrahman Isaac Karongo, Ahmed Adam Mohamed Mahmoud, Amier Kamal Suliman Mohammed, Saidi Kyeyune (71.Wagdi Awad Abd Alla Agefi), Tajeldin Yagoub Elnour Badawi, Saifeldin Malik Bakhit Maki (71.Darren Dimitri Mattocks), Dhiya Mahjoub Musa, Bakri Abdelgadir Babiker Mohamed (71.Tony Edjomariegwe), Wend-Panga Arnauld Bambara (55.El Samai Saadeldin Elsawi). Trainer: Nasreddine Nabi.
Goals: Mohamed Magdy Mohamed Morsy „Afsha" (57), Mahmoud Abdel Moneim Abdel Hamid Soliman „Kahraba" (63), Walter Binene Sabwa Bwalya (71).

23.02.2021, Al Hilal Stadium, Omdurman; Referee: Mustapha Ghorbal (Algeria)
Al Merrikh SC Omdurman - AS Vita Club Kinshasa   1-4(1-2)
Al Merrikh: Monged Elneel Abuzaid Salman, El Samai Saadeldin Elsawi (75.Al Gazoli Hussein Nooh), Abdelrahman Isaac Karongo, Ahmed Adam Mohamed Mahmoud, Ahmed Musa Mohamed, Amier Kamal Suliman Mohammed, Saidi Kyeyune (46.Wagdi Awad Abd Alla Agefi), Tony Edjomariegwe (67.Wend-Panga Arnauld Bambara), Saifeldin Malik Bakhit Maki, Dhiya Mahjoub Musa, Darren Dimitri Mattocks (67.Bakri Abdelgadir Babiker Mohamed). Trainer: Nasreddine Nabi.
Vita Club: Medjo Simon Loti Omossola, Vivien Assie Koua, Ousmane Adama Ouattara, Djuma Shabani Wadol, Ernest Luzolo Sita, Amedé Masasi Obenza (86.Sidi Yacoub Ethmane), Michael Wango Ayitshela, Zemanga Sozé (71.Merveille Kikasa Wamba), Ricky Tulengi Sindani (87.Jérémie Mbuyi Kalenda), Jésus Ducapel Moloko (78.Mohamed El Mustapha Abdala), Obed Mayamba Mukokiani (87.Fiston Kalala Mayele). Trainer: Jean-Florent Ikwange Ibengé.
Goals: El Samai Saadeldin Elsawi (8) / Obed Mayamba Mukokiani (28), Djuma Shabani Wadol (37 penalty), Amedé Masasi Obenza (68), Obed Mayamba Mukokiani (83).

23.02.2021, National Stadium, Dar es Salaam; Referee: Sidi Alioum (Cameroon)
Simba SC Dar es Salaam - Al-Ahly Sporting Club Cairo   1-0(1-0)
Simba SC: Aishi Salum Manula, Serges Pascal Wawa Sfondo, Shomari Salum Kapombe, Mohamed Husseini Mohamed, Joash Achieng Onyango, Clatous Choto Chama (90+3.Kennedy Wilson Juma), Luís José Miquissone (87.Francis Kahata Nyambura), Mzamira Yassin Selemba, Taddeo Lwanga (71.Erasto Edward Nyoni), Hassan Salehe Dilunga (46.Larry Bwalya), Crispin Mugalu Mutshimba (88.Meddie Kagere). Trainer: Didier Gomes Da Rosa (France).
Al-Ahly SC: Mohamed El Sayed Mohamed El Shenawy Gomaa, Mahmoud Wahid El Sayed Mohamed (85.Ayman Ashraf Elsayed Elsembeskany), Yasser Ibrahim Ahmed El Hanafi, Mohamed Hany Gamal El Demerdash, Badr Banoun, Aliou Dieng, Hamdy Fathy Abdelhalim Abdelfattah, Akram Tawfik Mohamed Hassan El Hagrasi (78.Mohamed Sherif Mohamed Ragaei Bakr), Mahmoud Abdel Moneim Abdel Hamid Soliman „Kahraba" (60.Mohamed Magdy Mohamed Morsy „Afsha"), Junior Oluwafemi Ajayi (78.Marwan Mohsen Fahmy Tharwat Gamaleldin Mahmoud Fahmy), Walter Binene Sabwa Bwalya (60.Amr Mohamed Eid El Soleya). Trainer: Pitso John Hamilton Mosimane (South Africa).
Goal: Luís José Miquissone (31).

06.03.2021, Al Hilal Stadium, Omdurman; Referee: Bernard Camille (Seychelles)
Al Merrikh SC Omdurman - Simba SC Dar es Salaam   0-0
Al Merrikh: Monged Elneel Abuzaid Salman, Bakhit Khamis Mohamed, Hamza Dawood Zakaria (12.Ramadan Agab Sharif), Abdelrahman Isaac Karongo, Ahmed Adam Mohamed Mahmoud, Ahmed Musa Mohamed, Tony Edjomariegwe, Tajeldin Yagoub Elnour Badawi, Saifeldin Malik Bakhit Maki, Wagdi Awad Abd Alla Agefi, Darren Dimitri Mattocks (69.Al Gazoli Hussein Nooh). Trainer: Nasreddine Nabi.
Simba SC: Benno David Kakolanya, Serges Pascal Wawa Sfondo, Shomari Salum Kapombe, Mohamed Husseini Mohamed, Joash Achieng Onyango, Larry Bwalya (61.Hassan Salehe Dilunga), Clatous Choto Chama (77.Francis Kahata Nyambura), Luís José Miquissone, Mzamira Yassin Selemba (61.Erasto Edward Nyoni), Taddeo Lwanga, Crispin Mugalu Mutshimba (89.Meddie Kagere). Trainer: Didier Gomes Da Rosa (France).

06.03.2021, Cairo International Stadium, Cairo; Referee: Rédouane Jiyed (Morocco)
Al-Ahly Sporting Club Cairo - AS Vita Club Kinshasa   2-2(0-1)
Al-Ahly SC: Mohamed El Sayed Mohamed El Shenawy Gomaa, Ayman Ashraf Elsayed Elsembeskany, Mahmoud Wahid El Sayed Mohamed (9.Yasser Ibrahim Ahmed El Hanafi), Mohamed Hany Gamal El Demerdash, Badr Banoun, Amr Mohamed Eid El Soleya, Mohamed Magdy Mohamed Morsy „Afsha", Aliou Dieng (69.Marwan Mohsen Fahmy Tharwat Gamaleldin Mahmoud Fahmy), Hussein Ali El Shahat Ali Hassan (56.Mohamed Sherif Mohamed Ragaei Bakr), Junior Oluwafemi Ajayi, Walter Binene Sabwa Bwalya (56.Taher Mohamed Ahmed Taher Mohamed Mahmoud). Trainer: Pitso John Hamilton Mosimane (South Africa).
Vita Club: Medjo Simon Loti Omossola, Ousmane Adama Ouattara, Djuma Shabani Wadol, Ernest Luzolo Sita, Amedé Masasi Obenza, Michael Wango Ayitshela, Zemanga Sozé, Ricky Tulengi Sindani, Merveille Kikasa Wamba (83.Sidi Yacoub Ethmane), Makabi Lilepo (90+5.Jésus Ducapel Moloko), Obed Mayamba Mukokiani (75.Fiston Kalala Mayele). Trainer: Jean-Florent Ikwange Ibengé.
Goals: Mohamed Sherif Mohamed Ragaei Bakr (69), Marwan Mohsen Fahmy Tharwat Gamaleldin Mahmoud Fahmy (71) / Makabi Lilepo (41), Ricky Tulengi Sindani (80 penalty).

16.03.2021, Stade des Martyrs, Kinshasa; Referee: Joshua Bondo (Botswana)
AS Vita Club Kinshasa - Al-Ahly Sporting Club Cairo   0-3(0-2)
Vita Club: Medjo Simon Loti Omossola, Ousmane Adama Ouattara, Djuma Shabani Wadol, Ernest Luzolo Sita, Amedé Masasi Obenza, Michael Wango Ayitshela, Zemanga Sozé, Ricky Tulengi Sindani (46.Eric Wabantu Kabwe), Merveille Kikasa Wamba (46.Jérémie Mumbere Mbusa), Fiston Kalala Mayele, Makabi Lilepo (78.Jésus Ducapel Moloko). Trainer: Jean-Florent Ikwange Ibengé.
Al-Ahly SC: Mohamed El Sayed Mohamed El Shenawy Gomaa, Ayman Ashraf Elsayed Elsembeskany (69.Ahmed Ramadan Mohamed), Yasser Ibrahim Ahmed El Hanafi, Mohamed Hany Gamal El Demerdash, Badr Banoun, Amr Mohamed Eid El Soleya, Mohamed Magdy Mohamed Morsy „Afsha" (74.Hamdy Fathy Abdelhalim Abdelfattah), Aliou Dieng, Marwan Mohsen Fahmy Tharwat Gamaleldin Mahmoud Fahmy (62.Walter Binene Sabwa Bwalya), Junior Oluwafemi Ajayi (74.Hussein Ali El Shahat Ali Hassan), Mohamed Sherif Mohamed Ragaei Bakr (46.Taher Mohamed Ahmed Taher Mohamed Mahmoud). Trainer: Pitso John Hamilton Mosimane (South Africa).
Goals: Mohamed Sherif Mohamed Ragaei Bakr (6), Mohamed Magdy Mohamed Morsy „Afsha" (19), Taher Mohamed Ahmed Taher Mohamed Mahmoud (78).

16.03.2021, National Stadium, Dar es Salaam; Referee: Victor Miguel de Freitas Gomes (South Africa)
Simba SC Dar es Salaam - Al Merrikh SC Omdurman   3-0(2-0)
Simba SC: Aishi Salum Manula, Shomari Salum Kapombe, Mohamed Husseini Mohamed, Joash Achieng Onyango (45+1.Erasto Edward Nyoni), Kennedy Wilson Juma, Clatous Choto Chama, Luís José Miquissone (83.Francis Kahata Nyambura), Mzamira Yassin Selemba (46.Larry Bwalya), Taddeo Lwanga, Bernard Morrison (72.Jonas Gerard Mkude), Crispin Mugalu Mutshimba (72.Meddie Kagere). Trainer: Didier Gomes Da Rosa (France).
Al Merrikh: Monged Elneel Abuzaid Salman, Hamza Dawood Zakaria, Ahmed Adam Mohamed Mahmoud, Mohamed Alrashed Mahamoud Shambaly (46.Ahmed Abdelmoneim Yousif Tabanja), Saifeldin Malik Bakhit Maki, Ammar Kamaleldin Taifour (90+2.Mohamed Abbas Gumaa), Dhiya Mahjoub Musa, Wagdi Awad Abd Alla Agefi (79.Musab Kurdman Elsiddig Mohamed), Al Gazoli Hussein Nooh (79.Azam Aadil Osman), Darren Dimitri Mattocks, Wend-Panga Arnauld Bambara. Trainer: Lee Robert Clark (England).
Goals: Luís José Miquissone (18), Mohamed Husseini Mohamed (39), Crispin Mugalu Mutshimba (50).

03.04.2021, Al Hilal Stadium, Omdurman; Referee: Bamlak Tessema Weyesa (Ethiopia)
Al Merrikh SC Omdurman - Al-Ahly Sporting Club Cairo   2-2(2-0)
Al Merrikh: Mohamed Mustafa Mohamed, Bakhit Khamis Mohamed, Salah Eldin Mahmood Nimer, El Samai Saadeldin Elsawi (84.Bakri Abdelgadir Babiker Mohamed), Abdelrahman Isaac Karongo, Ahmed Musa Mohamed (37.Ammar Kamaleldin Taifour), Tony Edjomariegwe, Ramadan Agab Sharif, Mohamed Alrashed Mahamoud Shambaly, Saifeldin Malik Bakhit Maki, Dhiya Mahjoub Musa. Trainer: Lee Robert Clark (England).
Al-Ahly SC: Mohamed El Sayed Mohamed El Shenawy Gomaa, Ayman Ashraf Elsayed Elsembeskany, Yasser Ibrahim Ahmed El Hanafi, Mohamed Hany Gamal El Demerdash, Badr Banoun, Amr Mohamed Eid El Soleya, Mohamed Magdy Mohamed Morsy „Afsha", Aliou Dieng (68.Walid Soliman Said Obaid), Marwan Mohsen Fahmy Tharwat Gamaleldin Mahmoud Fahmy (46.Walter Binene Sabwa Bwalya), Junior Oluwafemi Ajayi (46.Taher Mohamed Ahmed Taher Mohamed Mahmoud), Mohamed Sherif Mohamed Ragaei Bakr (67.Hussein Ali El Shahat Ali Hassan). Trainer: Pitso John Hamilton Mosimane (South Africa).
Goals: Ramadan Agab Sharif (26), Saifeldin Malik Bakhit Maki (36) / Badr Banoun (81 penalty), Yasser Ibrahim Ahmed El Hanafi (90+4).

03.04.2021, National Stadium, Dar es Salaam; Referee: Haythem Guirat (Tunisia)
Simba SC Dar es Salaam - AS Vita Club Kinshasa   **4-1(2-1)**
Simba SC: Aishi Salum Manula, Serges Pascal Wawa Sfondo, Shomari Salum Kapombe, Mohamed Husseini Mohamed, Joash Achieng Onyango, Jonas Gerard Mkude (78.Erasto Edward Nyoni), Clatous Choto Chama (87.Hassan Salehe Dilunga), Luís José Miquissone (87.Francis Kahata Nyambura), Taddeo Lwanga, Bernard Morrison (61.Larry Bwalya), Crispin Mugalu Mutshimba (61.Meddie Kagere). Trainer: Didier Gomes Da Rosa (France).
Vita Club: Medjo Simon Loti Omossola, Patou Ebunga Simbi Saoulé, Ousmane Adama Ouattara, Amedé Masasi Obenza (62.Papy Kabamba Tshishimbi), Jacques Mangoba, Michael Wango Ayitshela, Zemanga Sozé (77.Jérémie Mumbere Mbusa), Jésus Ducapel Moloko, Merveille Kikasa Wamba, Fiston Kalala Mayele (46.Eric Wabantu Kabwe), Makabi Lilepo (46.Ricky Tulengi Sindani). Trainer: Jean-Florent Ikwange Ibengé.
Goals: Luís José Miquissone (30), Clatous Choto Chama (45+1), Larry Bwalya (66), Clatous Choto Chama (84) / Zemanga Sozé (32).

09.04.2021, Stade des Martyrs, Kinshasa; Referee: Abdel Aziz Mohamed Bouh (Mauritania)
AS Vita Club Kinshasa - Al Merrikh SC Omdurman   **3-1(1-1)**
Vita Club: Medjo Simon Loti Omossola, Patou Ebunga Simbi Saoulé, Vivien Assie Koua, Ousmane Adama Ouattara, Jacques Mangoba, Jérémie Mumbere Mbusa (81.Sidi Yacoub Ethmane), Michael Wango Ayitshela, Zemanga Sozé (69.Pascal Abega Mbarga), Jésus Ducapel Moloko (46.Jérémie Mbuyi Kalenda), Fiston Kalala Mayele (81.Obed Mayamba Mukokiani), Eric Wabantu Kabwe (69.Ricky Tulengi Sindani). Trainer: Jean-Florent Ikwange Ibengé.
Al Merrikh: Mohamed Mustafa Mohamed, Bakhit Khamis Mohamed, Salah Eldin Mahmood Nimer, El Samai Saadeldin Elsawi (64.Darren Dimitri Mattocks; 80.Al Gazoli Hussein Nooh), Amier Kamal Suliman Mohammed, Tony Edjomariegwe, Ramadan Agab Sharif, Mohamed Alrashed Mahamoud Shambaly (64.Wagdi Awad Abd Alla Agefi), Tajeldin Yagoub Elnour Badawi, Saifeldin Malik Bakhit Maki, Dhiya Mahjoub Musa (64.Ammar Kamaleldin Taifour). Trainer: Lee Robert Clark (England).
Goals: Jacques Mangoba (9), Fiston Kalala Mayele (52), Ricky Tulengi Sindani (80) / Tony Edjomariegwe (31).

09.04.2021, Al Salam Stadium, Cairo; Referee: Mustapha Ghorbal (Algeria)
Al-Ahly Sporting Club Cairo - Simba SC Dar es Salaam   **1-0(1-0)**
Al-Ahly SC: Mohamed El Sayed Mohamed El Shenawy Gomaa, Ayman Ashraf Elsayed Elsembeskany, Ramy Hisham Abdel Aziz Rabia, Badr Banoun, Ahmed Ramadan Mohamed, Amr Mohamed Eid El Soleya, Mohamed Magdy Mohamed Morsy „Afsha" (82.Walid Soliman Said Obaid), Aliou Dieng, Hussein Ali El Shahat Ali Hassan (74.Akram Tawfik Mohamed Hassan El Hagrasi), Junior Oluwafemi Ajayi (46.Taher Mohamed Ahmed Taher Mohamed Mahmoud), Mohamed Sherif Mohamed Ragaei Bakr (74.Salah Mohsen Mohamed Shalaby). Trainer: Pitso John Hamilton Mosimane (South Africa).
Simba SC: Aishi Salum Manula, Serges Pascal Wawa Sfondo, Erasto Edward Nyoni (82.Crispin Mugalu Mutshimba), Shomari Salum Kapombe, Mohamed Husseini Mohamed (90.Hassan Salehe Dilunga), Joash Achieng Onyango, Jonas Gerard Mkude (54.Mzamira Yassin Selemba), Larry Bwalya (46.Francis Kahata Nyambura), Clatous Choto Chama, Luís José Miquissone, Meddie Kagere. Trainer: Didier Gomes Da Rosa (France).
Goal: Mohamed Sherif Mohamed Ragaei Bakr (32).

FINAL STANDINGS

1.	**Simba SC Dar es Salaam**	6	4	1	1	9 - 2	13
2.	**Al-Ahly Sporting Club Cairo**	6	3	2	1	11 - 5	11
3.	AS Vita Club Kinshasa	6	2	1	3	10 - 12	7
4.	Al Merrikh SC Omdurman	6	0	2	4	4 - 15	2

GROUP B

13.02.2021, Stade TP Mazembe, Lubumbashi; Referee: Eric Arnaud Otogo-Castane (Gabon)
Tout Puissant Mazembe Lubumbashi - Chabab Riadhi de Belouizdad   0-0
TP Mazembe: Ibrahim Bosso Mounkoro, Joseph Benson Ochaya, Djo Issama Mpeko, Kabaso Chongo, Tandi Mwape, Christian Raoul Kouamé Koffi, Miché Mika (53.Boba Christ Kinsangala), Moustapha Kouyaté (71.Rainford Kalaba), Joël Freddy Djédjé Gahouidi (72.Joël Beya Tumetuka), Thomas Emanuel Ulimwengu (52.Etienne Mayombo), Isaac Tshibangu Tshikuna. Trainer: Pamphile Mihayo Kazembe.
CR Belouizdad: Gaya Merbah, Chemseddine Nessakh, Mokhtar Belkhiter, Mohamed Sofiane Bouchar, Chouaib Keddad, Rayen Hais Benderrouya, Amir Sayoud (90+6.Zakaria Khali), Bilal Tarikat, Maecky Fred Ngombo Mansoni (53.Youcef Bechou), Marcellin Koukpo (79.Mohamed Islam Bakir), Houssem Eddine Mrezigue (79.Samir Aiboud). Trainer: Franck Dumas (France).

13.02.2021, Loftus Versfeld Stadium, Pretoria; Referee: Gehad Zaglol Grisha (Egypt)
Mamelodi Sundowns FC - Al Hilal EC Omdurman   2-0(1-0)
Mamelodi Sundowns: Denis Onyango, Ricardo dos Santos do Nascimento, Mosa Lebusa, Rivaldo Coetzee, Lyle Lakay, Themba Zwane (65.Kermit Erasmus), Leandro Gastón Sirino Rodríguez (86.Thapelo Morena), Sphelele Mkhulise (65.Lesedi Kapinga), Mothobi Mvala, Peter Shalulile, Lebohang Maboe. Trainer: Manqoba Brilliant Ferrimant Mngqithi & Rulani Mokwena.
Al Hilal EC: Mohamed Alnour Adam Saeed, Faris Abdalla Mamoun Sawedy, Mohamed Ahmed Abuaagla Abdalla (75.Vinny Bongonga Kombe), Samawal Merghani Noureldin Elyas, Mohamed Ouattara, Mohamed Ahmed Saeed, Nasr Eldin Omer Ahmed Abdalla El Shigail, Nizar Hamid Nasir Koko (57.Last Jesi), Ibrahima Mame N'Diaye (75.Mogahid Faroug Abdalla Hamid), Muhamed Abdelrahman Yousif Yagub, Eid Mugadam Abakar Mugadam (57.Saleem Mohamed Bershawoi). Trainer: Zoran Manojlović (Serbia).
Goals: Mosa Lebusa (10), Kermit Erasmus (90).

24.02.2021, Al Hilal Stadium, Omdurman; Referee: Samir Guezzaz (Morocco)
Al Hilal EC Omdurman - Tout Puissant Mazembe Lubumbashi   0-0
Al Hilal EC: Ali Abdallah Abu-Eshrein Achrine, Alvas Elvis Powell (70.Samawal Merghani Noureldin Elyas), Faris Abdalla Mamoun Sawedy, Mohamed Ouattara, Mohamed Ahmed Saeed, Nasr Eldin Omer Ahmed Abdalla El Shigail, Last Jesi (81.Nizar Hamid Nasir Koko), Walieldin Khidir Daiyeen Safour (81.Mohamed Ahmed Abuaagla Abdalla), Ibrahima Mame N'Diaye (69.Waleed Bakhiet Hamid Adam), Muhamed Abdelrahman Yousif Yagub, Vinny Bongonga Kombe. Trainer: Zoran Manojlović (Serbia).
TP Mazembe: Ibrahim Bosso Mounkoro, Joseph Benson Ochaya, Djo Issama Mpeko, Kabaso Chongo, Tandi Mwape, Christian Raoul Kouamé Koffi, Moustapha Kouyaté (83.Jean Toria Baleke Othos), Martial Zemba Ikoung [*sent off 90*], Isaac Tshibangu Tshikuna, Adam Bossu Nzali (65.Joël Freddy Djédjé Gahouidi), Etienne Mayombo (64.Sudi Gondry Bibonge). Trainer: Pamphile Mihayo Kazembe.

28.02.2021, National Stadium, Dar es Salaam (Tanzania); Referee: Boubou Traoré (Mali)
Chabab Riadhi de Belouizdad Alger - Mamelodi Sundowns FC   1-5(1-2)
CR Belouizdad: Gaya Merbah, Chemseddine Nessakh, Mokhtar Belkhiter, Mohamed Sofiane Bouchar, Chouaib Keddad [*sent off 3*], Rayen Hais Benderrouya (80.Abdelkader Belharrane), Amir Sayoud, Bilal Tarikat, Zakaria Draoui, Housseyn Selmi (58.Houssem Eddine Mrezigue), Youcef Bechou (46.Samir Aiboud). Trainer: Franck Dumas (France).
Mamelodi Sundowns: Denis Onyango (46.Kennedy Mweene), Ricardo dos Santos do Nascimento, Mosa Lebusa (84.Rushine De Reuck), Rivaldo Coetzee (85.Lesedi Kapinga), Lyle Lakay, Themba Zwane, Leandro Gastón Sirino Rodríguez (67.Kermit Erasmus), Thapelo Morena, Sphelele Mkhulise, Peter Shalulile, Lebohang Maboe (85.Andile Jali). Trainer: Manqoba Brilliant Ferrimant Mngqithi & Rulani Mokwena.
Goals: Amir Sayoud (44) / Themba Zwane (5 penalty), Peter Shalulile (8), Themba Zwane (55), Lebohang Maboe (75), Kermit Erasmus (89).

05.03.2021, Stade du 5 Juillet, Algiers; Referee: Maguette N'Diaye (Senegal)
Chabab Riadhi de Belouizdad Alger - Al Hilal EC Omdurman 1-1(1-1)
CR Belouizdad: Toufik Moussaoui, Chemseddine Nessakh, Zine El Abidine Boulakhoua, Mohamed Sofiane Bouchar, Rayen Hais Benderrouya, Amir Sayoud (64.Mohamed Islam Belkhir), Bilal Tarikat, Samir Aiboud, Zakaria Draoui, Maecky Fred Ngombo Mansoni (73.Hamza Belahouel), Marcellin Koukpo. Trainer: Franck Dumas (France).
Al Hilal EC: Ali Abdallah Abu-Eshrein Achrine, Faris Abdalla Mamoun Sawedy (37.Abdel Latif Saeed Osman Esmaeil), Mohamed Ahmed Abuaagla Abdalla, Samawal Merghani Noureldin Elyas, Eltayeb Abdelrazig Abaker Abdalla, Mohamed Ahmed Saeed, Nasr Eldin Omer Ahmed Abdalla El Shigail, Nizar Hamid Nasir Koko (64.Mohamed Mokhtar Fadul Osman), Walieldin Khidir Daiyeen Safour (80.Mogahid Faroug Abdalla Hamid), Muhamed Abdelrahman Yousif Yagub, Eid Mugadam Abakar Mugadam (81.Vinny Bongonga Kombe). Trainer: Kamel Cheghil.
Goals: Marcellin Koukpo (43) / Muhamed Abdelrahman Yousif Yagub (3).

06.03.2021, Stade TP Mazembe, Lubumbashi; Referee: Sidi Alioum (Cameroon)
Tout Puissant Mazembe Lubumbashi - Mamelodi Sundowns FC 1-2(0-0)
TP Mazembe: Ibrahim Bosso Mounkoro, Joseph Benson Ochaya, Djo Issama Mpeko, Kabaso Chongo, Tandi Mwape, Christian Raoul Kouamé Koffi, Moustapha Kouyaté (46.Sudi Gondry Bibonge), Boba Christ Kinsangala (46.Miché Mika), Joël Freddy Djédjé Gahouidi (46.Jean Toria Baleke Othos), Rainford Kalaba (68.Joël Beya Tumetuka), Chico Ushindi Wa Kubanza (63.Trésor Mputu Mabi Kulila). Trainer: Pamphile Mihayo Kazembe.
Mamelodi Sundowns: Denis Onyango, Ricardo dos Santos do Nascimento [*sent off 73*], Mosa Lebusa, Rivaldo Coetzee, Lyle Lakay, Themba Zwane (77.Rushine De Reuck), Leandro Gastón Sirino Rodríguez (62.Kermit Erasmus), Thapelo Morena, Sphelele Mkhulise (85.Andile Jali), Peter Shalulile, Lebohang Maboe. Trainer: Manqoba Brilliant Ferrimant Mngqithi & Rulani Mokwena.
Goals: Trésor Mputu Mabi Kulila (82) / Peter Shalulile (67), Lyle Lakay (90).

16.03.2021, Al Hilal Stadium, Omdurman; Referee: Mohamed Maarouf (Egypt)
Al Hilal EC Omdurman - Chabab Riadhi de Belouizdad Alger 0-0
Al Hilal EC: Ali Abdallah Abu-Eshrein Achrine, Faris Abdalla Mamoun Sawedy, Samawal Merghani Noureldin Elyas, Mohamed Ouattara, Mohamed Ahmed Saeed, Nasr Eldin Omer Ahmed Abdalla El Shigail, Nizar Hamid Nasir Koko (46.Last Jesi), Walieldin Khidir Daiyeen Safour (88.Mogahid Faroug Abdalla Hamid), Muhamed Abdelrahman Yousif Yagub, Eid Mugadam Abakar Mugadam (81.Vinny Bongonga Kombe), Waleed Bakhiet Hamid Adam (46.Mohamed Musa Eldai). Trainer: Ricardo Manuel Nunes Formosinho (Portugal).
CR Belouizdad: Toufik Moussaoui, Chemseddine Nessakh, Zine El Abidine Boulakhoua, Mohamed Sofiane Bouchar, Chouaib Keddad, Rayen Hais Benderrouya (73.Mokhtar Belkhiter), Zakaria Draoui, Mohamed Islam Bakir (58.Mohamed Islam Belkhir), Marcellin Koukpo (46.Larbi Tabti), Hamza Belahouel (80.Ahmed Gasmi), Houssem Eddine Mrezigue. Trainer: Franck Dumas (France).

16.03.2021, Loftus Versfeld Stadium, Pretoria; Referee: Youssef Essrayri (Tunisia)
Mamelodi Sundowns FC - Tout Puissant Mazembe Lubumbashi 1-0(1-0)
Mamelodi Sundowns: Denis Onyango, Mosa Lebusa, Rivaldo Coetzee (69.Mauricio Affonso Prieto), Rushine De Reuck, Lyle Lakay, Themba Zwane (77.Aubrey Modiba), Leandro Gastón Sirino Rodríguez (68.Andile Jali), Thapelo Morena, Sphelele Mkhulise, Peter Shalulile, Lebohang Maboe (77.Haashim Domingo). Trainer: Manqoba Brilliant Ferrimant Mngqithi & Rulani Mokwena.
TP Mazembe: Ibrahim Bosso Mounkoro, Joseph Benson Ochaya, Djo Issama Mpeko, Kabaso Chongo, Arsène Zola Kiaku, Tandi Mwape, Christian Raoul Kouamé Koffi, Rainford Kalaba (46.Sudi Gondry Bibonge), Trésor Mputu Mabi Kulila (63.Etienne Mayombo), Joël Beya Tumetuka (77.Isaac Tshibangu Tshikuna), Phillippe Beni Kinzumbi (46.Lebeau Binemo Madi). Trainer: Pamphile Mihayo Kazembe.
Goal: Lebohang Maboe (28).

02.04.2021, Al Hilal Stadium, Omdurman; Referee: Janny Sikazwe (Zambia)
Al Hilal EC Omdurman - Mamelodi Sundowns FC **0-0**
Al Hilal EC: Ali Abdallah Abu-Eshrein Achrine, Faris Abdalla Mamoun Sawedy (58.Walieldin Khidir Daiyeen Safour), Mohamed Ahmed Abuaagla Abdalla, Samawal Merghani Noureldin Elyas, Mohamed Ouattara, Mohamed Ahmed Saeed, Moaiad Abdeen Maki, Nasr Eldin Omer Ahmed Abdalla El Shigail, Mogahid Faroug Abdalla Hamid (88.Vinny Bongonga Kombe), Muhamed Abdelrahman Yousif Yagub, Eid Mugadam Abakar Mugadam (74.Abdelrazig Omer). Trainer: Ricardo Manuel Nunes Formosinho (Portugal).
Mamelodi Sundowns: Ricardo Goss, Mosa Lebusa, Rushine De Reuck, Hlompho Kekana, Leandro Gastón Sirino Rodríguez (57.Haashim Domingo), Aubrey Modiba, Sphelele Mkhulise, Khuliso Mudau (76.George Maluleka), Promise Mkhuma (76.Lyle Lakay), Mauricio Affonso Prieto (65.Matlala Keletso Makgalwa), Mothobi Mvala. Trainer: Manqoba Brilliant Ferrimant Mngqithi & Rulani Mokwena.

02.04.2021, Stade du 5 Juillet, Algiers; Referee: Mahmoud Zakaria Mohamed El Banna (Egypt)
Chabab Riadhi de Belouizdad - Tout Puissant Mazembe Lubumbashi **2-0(0-0)**
CR Belouizdad: Toufik Moussaoui, Chemseddine Nessakh (90.Rayen Hais Benderrouya), Zine El Abidine Boulakhoua, Mohamed Sofiane Bouchar, Chouaib Keddad, Bilal Tarikat (58.Amir Sayoud), Zakaria Draoui, Mohamed Islam Bakir (58.Housseyn Selmi), Hamza Belahouel (73.Ahmed Gasmi), Houssem Eddine Mrezigue, Mohamed Islam Belkhir (73.Youcef Bechou). Trainer: Slimane Raho.
TP Mazembe: Ibrahim Bosso Mounkoro, Kabaso Chongo, Arsène Zola Kiaku, Godet Masengo, Tandi Mwape, Boba Christ Kinsangala (56.Nicolas Okito Kazadi), Martial Zemba Ikoung, Isaac Tshibangu Tshikuna (55.Sudi Gondry Bibonge), Joël Beya Tumetuka, Adam Bossu Nzali (79.Chico Ushindi Wa Kubanza), Phillippe Beni Kinzumbi. Trainer: Pamphile Mihayo Kazembe.
Goals: Amir Sayoud (84), Youcef Bechou (86).

09.04.2021, Stade TP Mazembe, Lubumbashi; Referee: Pacifique Ndabihawenimana (Burundi)
Tout Puissant Mazembe Lubumbashi - Al Hilal EC Omdurman **2-1(1-1)**
TP Mazembe: Guelassiognon Sylvain Gbohouo, Joseph Benson Ochaya, Djo Issama Mpeko, Kabaso Chongo, Arsène Zola Kiaku (87.Tandi Mwape), Fernando Dzekem Bongyang, Christian Raoul Kouamé Koffi (76.Miché Mika), Moustapha Kouyaté, Joël Beya Tumetuka (76.Isaac Tshibangu Tshikuna), Etienne Mayombo (78.Patou Kabangu Mulota), Phillippe Beni Kinzumbi (46.Sudi Gondry Bibonge). Trainer: Pamphile Mihayo Kazembe.
Al Hilal EC: Ali Abdallah Abu-Eshrein Achrine, Faris Abdalla Mamoun Sawedy (71.Vinny Bongonga Kombe), Mohamed Ahmed Abuaagla Abdalla, Samawal Merghani Noureldin Elyas, Mohamed Ouattara, Mohamed Ahmed Saeed (23.Eltayeb Abdelrazig Abaker Abdalla), Nasr Eldin Omer Ahmed Abdalla El Shigail, Nizar Hamid Nasir Koko, Mogahid Faroug Abdalla Hamid (39.Moaiad Abdeen Maki), Muhamed Abdelrahman Yousif Yagub, Eid Mugadam Abakar Mugadam (70.Abdelrazig Omer). Trainer: Ricardo Manuel Nunes Formosinho (Portugal).
Goals: Joël Beya Tumetuka (18), Isaac Tshibangu Tshikuna (76) / Eid Mugadam Abakar Mugadam (2).

09.04.2021, Loftus Versfeld Stadium, Pretoria; Referee: Joshua Bondo (Botswana)
Mamelodi Sundowns FC - Chabab Riadhi de Belouizdad Alger **0-2(0-2)**
Mamelodi Sundowns: Ricardo Goss, Ricardo dos Santos do Nascimento, Brian Onyango, Hlompho Kekana, George Maluleka (55.Lesedi Kapinga), Thapelo Morena, Aubrey Modiba (67.Lyle Lakay), Khuliso Mudau (55.Promise Mkhuma), Sibusiso Vilakazi (68.Lebohang Maboe), Mothobi Mvala (34.Gift Motupa), Peter Shalulile. Trainer: Manqoba Brilliant Ferrimant Mngqithi & Rulani Mokwena.
CR Belouizdad: Toufik Moussaoui, Zine El Abidine Boulakhoua, Mohamed Sofiane Bouchar, Chouaib Keddad, Rayen Hais Benderrouya, Amir Sayoud (73.Marcellin Koukpo), Zakaria Draoui, Housseyn Selmi (60.Bilal Tarikat), Ahmed Gasmi (60.Hamza Belahouel), Mohamed Islam Bakir (60.Mohamed Islam Belkhir), Houssem Eddine Mrezigue. Trainer: Slimane Raho.
Goals: Amir Sayoud (29), Ahmed Gasmi (45).

FINAL STANDINGS

1.	**Mamelodi Sundowns FC**	6	4	1	1	10	- 4	13
2.	**Chabab Riadhi de Belouizdad Alger**	6	2	3	1	6	- 6	9
3.	Tout Puissant Mazembe Lubumbashi	6	1	2	3	3	- 6	5
4.	Al Hilal EC Omdurman	6	0	4	2	2	- 5	4

GROUP C

13.02.2021, „General Lansana Conté" Stadium, Conakry; Referee: Beida Damane (Mauritania)
Horoya Athlétique Club Conakry - Atlético Petróleos de Luanda   2-0(1-0)
Horoya: Moussa Camara, Salif Coulibaly, Alsény Camara (46.Abou Mangué Camara), Ibrahima Aminata Condé, Khadim Diaw, Mohamed Amadou Djibo Wonkoye (63.Seyei Sebe Baffour), Morlaye Sylla, Ocansey Mandela (84.Daouda Camara), Abdoul Dramane Nikièma (90.Ibrahima Sory Doumbouya), Enock Atta Agyei (63.Alsény Soumah), Yakhouba Gnagna Barry. Trainer: Lamine Mamadou N'Diaye (Senegal).
Atlético Petróleos: Signori Dominique Nymi António, Mário Manuel de Oliveira „Ito", Diógenes Capemba João, José-Junior Matuwila, Augusto de Jesus Corte Real Carneiro „Tó Carneiro", Ricardo Job Estêvão (83.Pedro Bondo Francisco), Joaquim Adão Lungiek João [*sent off 44*], Antonio Rosa Ribeiro „Toni" (66.Tiago Lima Leal „Tiago Azulão"), Manguxi Ribeiro Quibeto, Alberto Adão Campos Miguel „Além", Hermenegildo Domingos Sengue „Picas" (86.Eddie Marcos Melo Afonso). Trainer: António Cosano „Toni Cosano".
Goals: Abdoul Dramane Nikièma (36 penalty), Yakhouba Gnagna Barry (85).

23.02.2021, Estádio 11 de Novembro, Luanda; Referee: Jean-Jacques Ndala Ngambo (D.R. Congo)
Atlético Petróleos de Luanda - Wydad Athletic Club Casablanca   0-1(0-0)
Atlético Petróleos: Signori Dominique Nymi António, Mário Manuel de Oliveira „Ito", Diógenes Capemba João, José-Junior Matuwila, Musah Inusah, Pedro Bondo Francisco, Ricardo Job Estêvão (81.Miguel Alexandre Manuel „Megue"), Manguxi Ribeiro Quibeto (68.Silas Daniel Satonho „Dany"), Alberto Adão Campos Miguel „Além" (75.Antonio Rosa Ribeiro „Toni"), Hermenegildo Domingos Sengue „Picas", Tiago Lima Leal „Tiago Azulão" (68.Adriano Belmiro Duarte Nicolau „Yano"). Trainer: António Cosano „Toni Cosano".
Wydad AC: Ahmed Reda Tagnaouti (12.Yanis Hénin), Ayoub El Amloud, Amine Aboulfath, Sofian El Moudane (68.Salaheddine Saidi), Walid El Karti (46.Aymane El Hassouni), Muaid Ellafi (90+1.Cheick Comara), Achraf Dari, Yahya Jabrane, Simon Happygod Msuva (46.Mohammad Ounnajem), Ayoub El Kaabi, Yahia Attiyat Allah. Trainer: Faouzi Benzarti (Tunisia).
Goal: Ayoub El Kaabi (71).

23.02.2021, FNB Stadium, Johannesburg; Referee: Joshua Bondo (Botswana)
Kaizer Chiefs FC Johannesburg - Horoya Athlétique Club Conakry   0-0
Kaizer Chiefs: Itumeleng Khune, Ramahlwe Mphahlele, Reeve Frosler, Siyabonga Ngezana, Willard Katsande (66.Njabulo Blom), Kearyn Baccus, Teddy Akumu, Nkosingiphile Ngcobo (66.Lebogang Manyama), Bernard Parker, David Leonardo Castro Cortés (80.Lazarus Kambole), Samir Nurković. Trainer: Gavin Hunt.
Horoya: Moussa Camara, Alsény Camara, Ibrahima Aminata Condé, Abou Mangué Camara, Ibrahima Sory Doumbouya, Mohamed Amadou Djibo Wonkoye, Morlaye Sylla (89.Alsény Soumah), Ocansey Mandela (52.Seyei Sebe Baffour), Abdoul Dramane Nikièma, Enock Atta Agyei (89.Daouda Camara), Yakhouba Gnagna Barry (80.Sékou Keita). Trainer: Lamine Mamadou N'Diaye (Senegal).

28.02.2021, Stade du 4 Août, Ouagadougou (Burkina Faso); Referee: Sadok Selmi (Tunisia)
Wydad Athletic Club Casablanca - Kaizer Chiefs FC Johannesburg   4-0(2-0)
Wydad AC: Ahmed Reda Tagnaouti, Ayoub El Amloud, Amine Aboulfath, Salaheddine Saidi (68.Simon Happygod Msuva), Walid El Karti, Muaid Ellafi (79.Zouhair El Moutaraji), Achraf Dari (78.Cheick Comara), Yahya Jabrane, Mohammad Ounnajem (68.Aymane El Hassouni), Ayoub El Kaabi, Yahia Attiyat Allah (88.Mohamed Rahim). Trainer: Faouzi Benzarti (Tunisia).
Kaizer Chiefs: Itumeleng Khune, Ramahlwe Mphahlele [*sent off 90+1*], Reeve Frosler, Siyabonga Ngezana, Njabulo Blom, Lebogang Manyama (65.Philani Zulu), Willard Katsande (65.Nkosingiphile Ngcobo), Kearyn Baccus (77.Lazarus Kambole), Teddy Akumu, David Leonardo Castro Cortés, Samir Nurković. Trainer: Gavin Hunt.
Goals: Mohammad Ounnajem (7), Ayoub El Kaabi (44), Simon Happygod Msuva (86), Yahya Jabrane (90+2 penalty).

06.03.2021, FNB Stadium, Johannesburg; Referee: Bamlak Tessema Weyesa (Ethiopia)
Kaizer Chiefs FC Johannesburg - Atlético Petróleos de Luanda   2-0(1-0)
Kaizer Chiefs: Daniel Akpeyi, Eric Mathoho (68.Siyabonga Ngezana), Daniel Cardoso, Reeve Frosler, Happy Mashiane (88.Darrel Matsheke), Lebogang Manyama, Willard Katsande (80.Njabulo Blom), Philani Zulu (88.Yagan Sasman), Nkosingiphile Ngcobo, Bernard Parker, Lazarus Kambole (80.Lebogang Lesako). Trainer: Gavin Hunt.
Atlético Petróleos: Signori Dominique Nymi António, Mário Manuel de Oliveira „Ito" (90.José Zengo „Messias"), Diógenes Capemba João, José-Junior Matuwila, Daniel José Kilola „Danilson", Pedro Bondo Francisco, Ricardo Job Estêvão (61.Antonio Rosa Ribeiro „Toni"), Manguxi Ribeiro Quibeto (46.Luis Venancio Direito „Lisandro"), Silas Daniel Satonho „Dany", Hermenegildo Domingos Sengue „Picas" (74.Manuel Zange Miguel), Tiago Lima Leal „Tiago Azulão" (74.Adriano Belmiro Duarte Nicolau „Yano"). Trainer: Mateus Manuel Agostino „Bodunha".
Goals: Eric Mathoho (30), Happy Mashiane (79).

06.03.2021, Stade „Mohammed V", Casablanca; Referee: Mehdi Abid Charef (Algeria)
Wydad Athletic Club Casablanca - Horoya Athlétique Club Conakry   2-0(1-0)
Wydad AC: Ahmed Reda Tagnaouti, Cheick Comara, Ayoub El Amloud, Amine Aboulfath, Walid El Karti (90+4.Sofian El Moudane), Aymane El Hassouni (48.Salaheddine Saidi), Muaid Ellafi (68.Simon Happygod Msuva), Yahya Jabrane, Mohammad Ounnajem (68.Zouhair El Moutaraji), Ayoub El Kaabi (90+4.Mohamed Rahim), Yahia Attiyat Allah. Trainer: Faouzi Benzarti (Tunisia).
Horoya: Moussa Camara, Alsény Camara, Ibrahima Aminata Condé, Abou Mangué Camara (46.Oula Abass Traoré), Ibrahima Sory Doumbouya, Mohamed Amadou Djibo Wonkoye, Alsény Soumah (46.Ocansey Mandela), Morlaye Sylla, Abdoul Dramane Nikièma, Enock Atta Agyei (71.Daouda Camara), Yakhouba Gnagna Barry (71.Sékou Keita). Trainer: Lamine Mamadou N'Diaye (Senegal).
Goals: Ayoub El Kaabi (19), Simon Happygod Msuva (90).

16.03.2021, „General Lansana Conté" Stadium, Conakry; Referee: Daniel Laryea (Ghana)
Horoya Athlétique Club Conakry - Wydad Athletic Club Casablanca   0-0
Horoya: Moussa Camara, Salif Coulibaly, Alsény Camara, Oula Abass Traoré, Khadim Diaw, Mohamed Amadou Djibo Wonkoye, Morlaye Sylla, Ocansey Mandela (65.Bolaji Simeon Sakin), Abdoul Dramane Nikièma, Boniface Haba (81.Mohamed Coumbassa), Yakhouba Gnagna Barry. Trainer: Lamine Mamadou N'Diaye (Senegal).
Wydad AC: Ahmed Reda Tagnaouti, Ayoub El Amloud, Amine Aboulfath, Salaheddine Saidi (69.Sofian El Moudane), Walid El Karti (90+2.Cheick Comara), Muaid Ellafi (64.Zouhair El Moutaraji), Achraf Dari, Yahya Jabrane, Mohammad Ounnajem (64.Simon Happygod Msuva), Ayoub El Kaabi, Yahia Attiyat Allah. Trainer: Faouzi Benzarti (Tunisia).

16.03.2021, Estádio 11 de Novembro, Luanda; Referee: Pacifique Ndabihawenimana (Burundi)
Atlético Petróleos de Luanda - Kaizer Chiefs FC Johannesburg   0-0
Atlético Petróleos: Signori Dominique Nymi António, Mário Manuel de Oliveira „Ito", Diógenes Capemba João, José-Junior Matuwila, Daniel José Kilola „Danilson", Pedro Bondo Francisco, Ricardo Job Estêvão, Silas Daniel Satonho „Dany", Hermenegildo Domingos Sengue „Picas" (78.Manuel Zange Miguel), Santos Nkiambi Kiaku „Dos Santos" (77.Luis Venancio Direito „Lisandro"), Tiago Lima Leal „Tiago Azulão" (83.Adriano Belmiro Duarte Nicolau „Yano"). Trainer: Mateus Manuel Agostino „Bodunha".
Kaizer Chiefs: Daniel Akpeyi, Ramahlwe Mphahlele (82.Daniel Cardoso), Eric Mathoho, Siyabonga Ngezana, Happy Mashiane (67.Samir Nurković), Njabulo Blom, Lebogang Manyama, Kearyn Baccus (86.Reeve Frosler), Philani Zulu, Bernard Parker, Lazarus Kambole (86.Nkosingiphile Ngcobo). Trainer: Gavin Hunt.

03.04.2021, Estádio 11 de Novembro, Luanda; Referee: Pierre Atcho (Gabon)
Atlético Petróleos de Luanda - Horoya Athlétique Club Conakry   0-1(0-1)
Atlético Petróleos: Signori Dominique Nymi António, Mário Manuel de Oliveira „Ito" (89.Manuel Zange Miguel), Diógenes Capemba João, Daniel José Kilola „Danilson", Pedro Bondo Francisco, Ricardo Job Estêvão, Adriano Belmiro Duarte Nicolau „Yano"), Silas Daniel Satonho „Dany" (46.Luis Venancio Direito „Lisandro"), Alberto Adão Campos Miguel „Além" (46.Manguxi Ribeiro Quibeto), Hermenegildo Domingos Sengue „Picas" (68.Isaac Mensah), Armindo Gonçalves Canji "Mindinho", Tiago Lima Leal „Tiago Azulão". Trainer: Mateus Manuel Agostino „Bodunha".
Horoya: Moussa Camara, Salif Coulibaly, Alsény Camara, Oula Abass Traoré, Khadim Diaw, Sékou Camara, Morlaye Sylla (74.Mohamed Coumbassa), Seyei Sebe Baffour, Ocansey Mandela (67.Bolaji Simeon Sakin), Boniface Haba (82.Naby Soumah), Yakhouba Gnagna Barry (83.Heritier Ma Olongi Makambo). Trainer: Lamine Mamadou N'Diaye (Senegal).
Goal: Sékou Camara (2).

03.04.2021, FNB Stadium, Johannesburg; Referee: Ibrahim Nour El Din (Egypt)
Kaizer Chiefs FC Johannesburg - Wydad Athletic Club Casablanca   1-0(0-0)
Kaizer Chiefs: Daniel Akpeyi [*sent off 40*], Daniel Cardoso, Reeve Frosler, Siyabonga Ngezana, Yagan Sasman, Happy Mashiane (67.Ramahlwe Mphahlele), Njabulo Blom, Lebogang Manyama (44.Itumeleng Khune), Nkosingiphile Ngcobo (87.Willard Katsande), Bernard Parker, Samir Nurković [*sent off 89*]. Trainer: Gavin Hunt.
Wydad AC: Aissa Sioudi, Cheick Comara, Anas Serrhat, Mohamed Rahim, Amine Farhane, Michel Babatunde (46.Hamza Asrir), Sofian El Moudane, Badr Gaddarine, Badie Aouk (52.Mounsef Chrachem), Hamza Ait Allal (84.Bilal Ziani Guennon), Zouhair El Moutaraji. Trainer: Faouzi Benzarti (Tunisia).
Goal: Bernard Parker (48).

10.04.2021, „General Lansana Conté" Stadium, Conakry; Referee: Bakary Papa Gassama (Gambia)
Horoya Athlétique Club Conakry - Kaizer Chiefs FC Johannesburg   2-2(1-0)
Horoya: Robert Odongkara, Salif Coulibaly, Alsény Camara, Oula Abass Traoré, Khadim Diaw, Morlaye Sylla, Seyei Sebe Baffour (82.Abdoul Dramane Nikièma), Sékou Camara, Ocansey Mandela (64.Bolaji Simeon Sakin), Boniface Haba (82.Mohamed Amadou Djibo Wonkoye), Yakhouba Gnagna Barry (82.Heritier Ma Olongi Makambo). Trainer: Lamine Mamadou N'Diaye (Senegal).
Kaizer Chiefs: Itumeleng Khune, Eric Mathoho, Daniel Cardoso, Reeve Frosler, Siyabonga Ngezana, Happy Mashiane (46.Lazarus Kambole), Njabulo Blom, Khama Billiat (87.Ramahlwe Mphahlele), Lebogang Manyama (65.Dumisani Zuma), Nkosingiphile Ngcobo (80.Willard Katsande), Bernard Parker. Trainer: Gavin Hunt.
Goals: Yakhouba Gnagna Barry (45+2), Sékou Camara (69) / Daniel Cardoso (67 penalty), Khama Billiat (76).

10.04.2021, Stade „Mohammed V", Casablanca; Referee: Mutaz Ibrahim (Libya)
Wydad Athletic Club Casablanca - Atlético Petróleos de Luanda   2-0(2-0)
Wydad AC: Ahmed Reda Tagnaouti, Ayoub El Amloud, Amine Aboulfath, Salaheddine Saidi (71.Sofian El Moudane), Walid El Karti (89.Anas Serrhat), Aymane El Hassouni (81.Mohamed Rahim), Muaid Ellafi (46.Zouhair El Moutaraji), Achraf Dari, Yahya Jabrane, Mohammad Ounnajem (70.Hamza Ait Allal), Yahia Attiyat Allah. Trainer: Faouzi Benzarti (Tunisia).
Atlético Petróleos: Signori Dominique Nymi António, Mário Manuel de Oliveira „Ito" (46.Alberto Adão Campos Miguel „Além"), Daniel José Kilola „Danilson", Pedro Bondo Francisco, Ricardo Job Estêvão, Manguxi Ribeiro Quibeto (60.Tiago Lima Leal „Tiago Azulão"), Hermenegildo Domingos Sengue „Picas" (74.Isaac Mensah), Armindo Gonçalves Canji "Mindinho", José Zengo „Messias", Luis Venancio Direito „Lisandro", Adriano Belmiro Duarte Nicolau „Yano" (85.Pedro Pessoa Miguel). Trainer: Mateus Manuel Agostino „Bodunha".
Goals: Walid El Karti (15), Mohammad Ounnajem (22).

FINAL STANDINGS
1.	**Wydad Athletic Club Casablanca**	6	4	1	1	9 - 1	13
2.	**Kaizer Chiefs FC Johannesburg**	6	2	3	1	5 - 6	9
3.	Horoya Athlétique Club Conakry	6	2	3	1	5 - 4	9
4.	Atlético Petróleos de Luanda	6	0	1	5	0 - 8	1

GROUP D

12.02.2021, Cairo International Stadium, Cairo; Referee: Bamlak Tessema Weyesa (Ethiopia)
Zamalek Sporting Club Cairo - Mouloudia Club d'Alger   0-0
Zamalek: Mohamed Abougabal, Hazem Mohamed Abdelhamid Emam (46.Hamid Ahadad), Mahmoud Alaa Eldin, Mahmoud Hamdi Attia El Wensh, Tarek Hamed Elsaid Hamed, Ferjani Sassi, Abdallah Gomaa (78.Ahmed Aboul-Fetouh), Ahmed Sayed „Zizo", Youssef Ibrahim Obama, Emam Ashour Metwally Abdelghany (70.Achraf Bencharki), Marwan Hamdi Abdelhamid (46.Mahmoud Abdelrazak Fadlallah „Shikabala"). Trainer: Jaime Moreira Pacheco Vítoria (Portugal).
MC d'Alger: Abdelkader Salhi, Abderahmane Hachoud, Miloud Rebiai, Nabil Saâdou, Nabil Lamara, Mourad Haddad, Mohamed Merouani, Isla Daoudi Diomande, Abdenour Belkheir (79.Abdelhak Abdelhafid), Samy Frioui, Billel Bensaha (68.Toufik Addadi). Trainer: Abdelkader Amrani.

13.02.2021, Stade Olympique de Radès, Tunis; Referee: Peter Waweru (Kenya)
Espérance Sportive de Tunis - Teungueth FC Rufisque   2-1(1-1)
Espérance: Farouk Ben Mustapha, Hamdi Nagguez, Abdelkader Bedrane, Ilyes Chetti (74.William Togui), Mohamed Amine Tougai, Alaeddine Marzouki (58.Raed Fadaa), Fousseny Coulibaly, Ghaylène Chaalali (37.Mohamed Ali Ben Romdhane), Abdelraouf Benguit, Anice Badri (74.Mohamed Amine Ben Hamida), Yassine Khenissi (58.Abdul Khalid Basit). Trainer: Moïn Chaabani.
Teungueth FC: Baye Cissé, Pape Ndiaye, Malickou Ndoye, El Hadji Baldé, Pape Sow, Ibrahima Mane, Mamadou Seck, Babacar Diop, Gibril Sillah (79.Faly Ndaw), Paul Bassene (73.Assane Diatta), Papa Sakho (79.Elhadji Fall). Trainer: Youssouph Dabo.
Goals: Yassine Khenissi (45 penalty), Abdul Khalid Basit (73) / Gibril Sillah (33).

23.02.2021, Stade Lat-Dior, Thiès; Referee: Daniel Laryea (Ghana)
Teungueth FC Rufisque - Zamalek Sporting Club Cairo   0-0
Teungueth FC: Baye Cissé, Pape Ndiaye, Malickou Ndoye, El Hadji Baldé, Pape Sow, Baye Diop (59.Cheikh Mbacké), Babacar Sarr, Mamadou Seck (46.Ibrahima Mane), Gibril Sillah (72.Assane Diatta), Paul Bassene (58.Elhadji Fall), Papa Sakho. Trainer: Youssouph Dabo.
Zamalek: Mahmoud Abdelrahim Genesh, Hamza Mathlouthi, Mahmoud Alaa Eldin, Ahmed Aboul-Fetouh (64.Abdallah Gomaa), Mohamed Abdelghani, Tarek Hamed Elsaid Hamed, Ferjani Sassi, Ahmed Sayed „Zizo" (64.Hossam Ashraf), Youssef Ibrahim Obama, Achraf Bencharki (71.Emam Ashour Metwally Abdelghany), Osama Faisal (71.Marwan Hamdi Abdelhamid). Trainer: Jaime Moreira Pacheco Vítoria (Portugal).

23.02.2021, Stade du 5 Juillet, Algiers; Referee: Rédouane Jiyed (Morocco)
Mouloudia Club d'Alger - Espérance Sportive de Tunis   1-1(1-0)
MC d'Alger: Abdelkader Salhi, Abderahmane Hachoud, Miloud Rebiai, Nabil Saâdou (81.Mohamed Merouani), Nabil Lamara (64.Belkacem Brahimi), Mourad Haddad, Chamseddine Harrag (82.Abderrahmane Bourdim), Isla Daoudi Diomande, Abdenour Belkheir, Samy Frioui, Billel Bensaha (75.Toufik Addadi). Trainer: Abdelkader Amrani.
Espérance: Farouk Ben Mustapha, Mohamed Ali Yaakoubi, Hamdi Nagguez, Abdelkader Bedrane, Ilyes Chetti, Fousseny Coulibaly, Abdelraouf Benguit, Mohamed Ali Ben Romdhane, Anice Badri (74.Hamdou Elhouni Al Masry), Abdul Khalid Basit (73.Yassine Khenissi), William Togui (87.Nassim Ben Khalifa). Trainer: Moïn Chaabani.
Goals: Billel Bensaha (27) / Abdelraouf Benguit (60).

06.03.2021, Stade Lat-Dior, Thiès; Referee: Beida Damane (Mauritania)
Teungueth FC Rufisque - Mouloudia Club d'Alger   0-1(0-1)
Teungueth FC: Ibrahima Niass, Pape Ndiaye, Malickou Ndoye, El Hadji Baldé, Pape Sow, Faly Ndaw (86.Malick Ndoye), Baye Diop, Babacar Sarr (53.Papa Sakho), Mamadou Seck, Gibril Sillah (78.Assane Diatta), Elhadji Fall. Trainer: Youssouph Dabo.
MC d'Alger: Farid Chaâl, Miloud Rebiai, Walid Allati (60.Abderahmane Hachoud), Nabil Saâdou, Belkacem Brahimi, Mourad Haddad, Toufik Addadi (76.Abderrahmane Bourdim), Chamseddine Harrag (60.Isla Daoudi Diomande), Abdenour Belkheir (84.Mehdi Benaldjia), Samy Frioui, Billel Bensaha (84.Abdelhak Abdelhafid). Trainer: Abdelkader Amrani.
Goals: Abdenour Belkheir (14).

06.03.2021, Stade Olympique de Radès, Tunis; Referee: Janny Sikazwe (Zambia)
Espérance Sportive de Tunis - Zamalek Sporting Club Cairo   3-1(2-1)
Espérance: Farouk Ben Mustapha, Mohamed Ali Yaakoubi, Hamdi Nagguez, Abdelkader Bedrane, Ilyes Chetti (86.Mohamed Amine Ben Hamida), Fousseny Coulibaly, Abdelraouf Benguit (71.Ghaylène Chaalali), Mohamed Ali Ben Romdhane (84.Cedrik Gbo), Hamdou Elhouni Al Masry, Abdul Khalid Basit (86.Yassine Khenissi), William Togui (71.Anice Badri). Trainer: Moïn Chaabani.
Zamalek: Mahmoud Abdelrahim Genesh, Hamza Mathlouthi (61.Abdallah Gomaa), Mahmoud Hamdi Attia El Wensh, Ahmed Aboul-Fetouh [*sent off* 57], Mohamed Abdelghani, Tarek Hamed Elsaid Hamed, Ferjani Sassi, Ahmed Sayed „Zizo", Youssef Ibrahim Obama, Achraf Bencharki (89.Osama Faisal), Hamid Ahadad (73.Emam Ashour Metwally Abdelghany). Trainer: Jaime Moreira Pacheco Vítoria (Portugal).
Goals: William Togui (26), Mohamed Ali Ben Romdhane (45 penalty, 53) / Ahmed Aboul-Fetouh (39).

16.03.2021, Stade du 5 Juillet, Algiers; Referee: Boubou Traoré (Mali)
Mouloudia Club d'Alger - Teungueth FC Rufisque   **1-0(1-0)**
MC d'Alger: Farid Chaâl, Abderahmane Hachoud, Miloud Rebiai, Nabil Lamara, Mourad Haddad, Mehdi Benaldjia (70.Billel Bensaha), Toufik Addadi, Isla Daoudi Diomande, Abdenour Belkheir, Samy Frioui, Abdelhak Abdelhafid 90.Chamseddine Harrag). Trainer: Abdelkader Amrani.
Teungueth FC: Ibrahima Niass, Pape Ndiaye, Malickou Ndoye, El Hadji Baldé, Baye Diop (46.Gibril Sillah), Babacar Sarr, Mamadou Seck (86.Ibrahima Mane), Assane Diatta (46.Serigne Niang), Babacar Diop, Elhadji Fall (74.Faly Ndaw), Papa Sakho (75.Malick Ndoye). Trainer: Youssouph Dabo.
Goal: Mehdi Benaldjia (25).

16.03.2021, Cairo International Stadium, Cairo; Referee: Jean-Jacques Ndala Ngambo (D.R. Congo)
Zamalek Sporting Club Cairo - Espérance Sportive de Tunis   **0-1(0-0)**
Zamalek: Mahmoud Abdelrahim Genesh, Mahmoud Alaa Eldin, Mahmoud Hamdi Attia El Wensh, Ahmed Eid (68.Mahmoud Abdelrazak Fadlallah „Shikabala"), Tarek Hamed Elsaid Hamed, Ferjani Sassi, Abdallah Gomaa, Ahmed Sayed „Zizo", Youssef Ibrahim Obama, Achraf Bencharki, Osama Faisal (46.Emam Ashour Metwally Abdelghany). Trainer: Patrice Carteron (France).
Espérance: Farouk Ben Mustapha, Mohamed Ali Yaakoubi, Hamdi Nagguez, Abdelkader Bedrane, Ilyes Chetti, Fousseny Coulibaly, Abdelraouf Benguit, Mohamed Ali Ben Romdhane, Hamdou Elhouni Al Masry (90+3.Mohamed Amine Ben Hamida), Abdul Khalid Basit (85.Yassine Khenissi), William Togui (79.Anice Badri). Trainer: Moïn Chaabani.
Goal: Hamdou Elhouni Al Masry (73).

03.04.2021, Stade Lat-Dior, Thiès; Referee: Blaise Yuven Ngwa (Cameroon)
Teungueth FC Rufisque - Espérance Sportive de Tunis   **2-1(1-1)**
Teungueth FC: Baye Cissé, Pape Ndiaye, Malickou Ndoye, El Hadji Baldé, Baye Diop, Ibrahima Mane, Mamadou Seck (60.Babacar Sarr), Serigne Niang (63.Gibril Sillah), Babacar Diop (85.Pape Sow), Papa Sakho (85.El Hadji Diop), Malick Ndoye (63.Faly Ndaw). Trainer: Youssouph Dabo.
Espérance: Farouk Ben Mustapha, Mohamed Ali Yaakoubi, Hamdi Nagguez, Abdelkader Bedrane, Mohamed Amine Ben Hamida, Fousseny Coulibaly, Abdelraouf Benguit (85.Raed Fadaa), Mohamed Ali Ben Romdhane, Hamdou Elhouni Al Masry, Abdul Khalid Basit (58.Anice Badri), William Togui (67.Yassine Khenissi). Trainer: Moïn Chaabani.
Goals: Serigne Niang (38), Baye Diop (72) / Mohamed Ali Ben Romdhane (28).

03.04.2021, Stade du 5 Juillet, Algiers; Referee: Noureddine El Jaafari (Morocco)
Mouloudia Club d'Alger - Zamalek Sporting Club Cairo   **0-2(0-2)**
MC d'Alger: Farid Chaâl, Abderahmane Hachoud, Miloud Rebiai (71.Isla Daoudi Diomande), Belkacem Brahimi, Mourad Haddad, Toufik Addadi (71.Abderrahmane Bourdim), Chamseddine Harrag, Mohamed Merouani, Abdenour Belkheir, Billel Bensaha, Abdelhak Abdelhafid (18.Aymene Rahmani; 46.Mehdi Benaldjia; 80.Walid Allati). Trainer: Abdelkader Amrani.
Zamalek: Mahmoud Abdelrahim Genesh, Hazem Mohamed Abdelhamid Emam, Mahmoud Alaa Eldin, Mahmoud Hamdi Attia El Wensh, Ahmed Aboul-Fetouh, Mahmoud Abdelrazak Fadlallah „Shikabala" (60.Abdallah Gomaa), Tarek Hamed Elsaid Hamed, Ferjani Sassi, Youssef Ibrahim Obama, Achraf Bencharki, Marwan Hamdi Abdelhamid (46.Hamid Ahadad). Trainer: Patrice Carteron (France).
Goals: Youssef Ibrahim Obama (7), Mahmoud Abdelrazak Fadlallah „Shikabala" (33).

10.04.2021, Stade Olympique de Radès, Tunis;
Referee: Victor Miguel de Freitas Gomes (South Africa)
Espérance Sportive de Tunis - Mouloudia Club d'Alger   1-1(1-0)
Espérance: Moez Ben Chérifia, Khalil Chemmam, Abdelkader Bedrane, Mohamed Amine Ben Hamida, Houcine Rabii (71.Fadi Ben Choug), Mohamed Amine Meskini, Abdelraouf Benguit, Nassim Ben Khalifa (71.Abdul Khalid Basit), Anice Badri (66.Raed Fadaa), Yassine Khenissi (66.Abderrahmane Meziane), Hamdou Elhouni Al Masry (89.Mohamed Ali Ben Romdhane). Trainer: Moïn Chaabani.
MC d'Alger: Abdelkader Salhi, Abderahmane Hachoud (63.Walid Allati), Miloud Rebiai, Belkacem Brahimi, Mourad Haddad, Chamseddine Harrag (63.Abderrahmane Bourdim), Mohamed Merouani (37.Toufik Addadi), Isla Daoudi Diomande, Abdenour Belkheir, Samy Frioui (82.Badreddine Dahlal), Billel Bensaha. Trainer: Abdelkader Amrani.
Goals: Nassim Ben Khalifa (31) / Abdenour Belkheir (68).

10.04.2021, Cairo International Stadium, Cairo; Referee: Mahamadou Keita (Mali)
Zamalek Sporting Club Cairo - Teungueth FC Rufisque   4-1(4-0)
Zamalek: Mahmoud Abdelrahim Genesh, Hazem Mohamed Abdelhamid Emam (56.Hamza Mathlouthi), Mahmoud Alaa Eldin, Mahmoud Hamdi Attia El Wensh, Ahmed Aboul-Fetouh (85.Mohamed Abdul Shafy), Mahmoud Abdelrazak Fadlallah „Shikabala" (70.Ahmed Sayed „Zizo"), Tarek Hamed Elsaid Hamed (85.Islam Mohamed Gaber Abdelmged), Ferjani Sassi, Youssef Ibrahim Obama, Achraf Bencharki, Marwan Hamdi Abdelhamid (56.Hamid Ahadad). Trainer: Patrice Carteron (France).
Teungueth FC: Baye Cissé, Pape Ndiaye, Malickou Ndoye, El Hadji Baldé, Pape Sow, Baye Diop (64.Faly Ndaw), Ibrahima Mane (78.Malick Ndoye), Mamadou Seck, Serigne Niang (70.Paul Bassene), Gibril Sillah, Papa Sakho. Trainer: Youssouph Dabo.
Goals: Mahmoud Hamdi Attia El Wensh (16), Marwan Hamdi Abdelhamid (25, 38), Mahmoud Hamdi Attia El Wensh (41) / Papa Sakho (48).

FINAL STANDINGS

1.	**Espérance Sportive de Tunis**	6	3	2	1	9 - 6	11
2.	**Mouloudia Club d'Alger**	6	2	3	1	4 - 4	9
3.	Zamalek Sporting Club Cairo	6	2	2	2	7 - 5	8
4.	Teungueth FC Rufisque	6	1	1	4	4 - 9	4

QUARTER-FINALS

14.05.2021, Stade du 5 Juillet, Algiers; Referee: Bamlak Tessema Weyesa (Ethiopia)
Mouloudia Club d'Alger - Wydad Athletic Club Casablanca   1-1(0-0)
MC d'Alger: Ahmed Boutagga, Miloud Rebiai, Walid Allati, Nabil Lamara, Mourad Haddad, Toufik Addadi, Chamseddine Harrag, Abderrahmane Bourdim (60.Mehdi Benaldjia), Isla Daoudi Diomande (76.Sofiane Abdellaoui), Abdenour Belkheir, Billel Bensaha. Trainer: Nabil Neghiz.
Wydad AC: Ahmed Reda Tagnaouti, Ayoub El Amloud, Amine Aboulfath, Walid El Karti, Aymane El Hassouni (87.Salaheddine Saidi), Muaid Ellafi (60.Mohammad Ounnajem), Achraf Dari, Yahya Jabrane, Simon Happygod Msuva (87.Badie Aouk), Ayoub El Kaabi, Yahia Attiyat Allah. Trainer: Faouzi Benzarti (Tunisia).
Goals: Miloud Rebiai (83) / Yahya Jabrane (66 penalty).

22.05.2021, Stade „Mohammed V", Casablanca; Referee: Joshua Bondo (Botswana)
Wydad Athletic Club Casablanca - Mouloudia Club d'Alger   1-0(0-0)
Wydad AC: Ahmed Reda Tagnaouti, Ayoub El Amloud, Amine Aboulfath, Walid El Karti, Aymane El Hassouni (87.Simon Happygod Msuva), Muaid Ellafi (87.Cheick Comara), Achraf Dari, Yahya Jabrane, Mohammad Ounnajem (90+4.Badr Gaddarine), Ayoub El Kaabi, Yahia Attiyat Allah. Trainer: Faouzi Benzarti (Tunisia).
MC d'Alger: Ahmed Boutagga [*sent off 90+4*], Abderahmane Hachoud, Miloud Rebiai, Nabil Lamara (90+1.Badreddine Dahlal), Mourad Haddad, Toufik Addadi (87.Sofiane Abdellaoui), Chamseddine Harrag, Isla Daoudi Diomande (66.Abderrahmane Bourdim), Abdenour Belkheir [*sent off 90+4*], Samy Frioui (66.Mehdi Benaldjia), Billel Bensaha. Trainer: Nabil Neghiz.
Goal: Walid El Karti (90+2).
[Wydad Athletic Club Casablanca won 2-1 on aggregate]

15.05.2021, Al Salam Stadium, Cairo; Referee: Maguette N'Diaye (Senegal)
Al-Ahly Sporting Club Cairo - Mamelodi Sundowns FC   2-0(1-0)
Al-Ahly SC: Mohamed El Sayed Mohamed El Shenawy Gomaa, Ayman Ashraf Elsayed Elsembeskany (83.Mahmoud Wahid El Sayed Mohamed), Ramy Hisham Abdel Aziz Rabia (46.Yasser Ibrahim Ahmed El Hanafi), Mohamed Hany Gamal El Demerdash, Badr Banoun, Amr Mohamed Eid El Soleya, Mohamed Magdy Mohamed Morsy „Afsha", Aliou Dieng, Hussein Ali El Shahat Ali Hassan (61.Salah Mohsen Mohamed Shalaby), Taher Mohamed Ahmed Taher Mohamed Mahmoud (75.Junior Oluwafemi Ajayi), Mohamed Sherif Mohamed Ragaei Bakr (83.Walter Binene Sabwa Bwalya). Trainer: Pitso John Hamilton Mosimane (South Africa).
Mamelodi Sundowns: Denis Onyango, Ricardo dos Santos do Nascimento, Mosa Lebusa, Rivaldo Coetzee, Leandro Gastón Sirino Rodríguez (68.Kermit Erasmus), Gift Motupa (79.Promise Mkhuma), Thapelo Morena, Aubrey Modiba (79.Lyle Lakay), Sphelele Mkhulise, Peter Shalulile, Lebohang Maboe. Trainer: Manqoba Brilliant Ferrimant Mngqithi & Rulani Mokwena.
Goals: Taher Mohamed Ahmed Taher Mohamed Mahmoud (23), Salah Mohsen Mohamed Shalaby (89).

22.05.2021, "Lucas Masterpieces Moripe" Stadium, Pretoria; Referee: Janny Sikazwe (Zambia)
Mamelodi Sundowns FC - Al-Ahly Sporting Club Cairo   1-1(1-1)
Mamelodi Sundowns: Denis Onyango, Ricardo dos Santos do Nascimento (65.Kermit Erasmus), Mosa Lebusa, Rivaldo Coetzee, Andile Jali, Themba Zwane (65.Gift Motupa), Leandro Gastón Sirino Rodríguez (54.Mauricio Affonso Prieto), Thapelo Morena (54.Khuliso Mudau), Aubrey Modiba (73.Lyle Lakay), Sphelele Mkhulise, Peter Shalulile. Trainer: Manqoba Brilliant Ferrimant Mngqithi & Rulani Mokwena.
Al-Ahly SC: Mohamed El Sayed Mohamed El Shenawy Gomaa, Ayman Ashraf Elsayed Elsembeskany, Ramy Hisham Abdel Aziz Rabia, Yasser Ibrahim Ahmed El Hanafi, Mohamed Hany Gamal El Demerdash, Badr Banoun, Amr Mohamed Eid El Soleya, Mohamed Magdy Mohamed Morsy „Afsha" (77.Hussein Ali El Shahat Ali Hassan), Aliou Dieng, Mohamed Sherif Mohamed Ragaei Bakr (71.Junior Oluwafemi Ajayi), Salah Mohsen Mohamed Shalaby (59.Taher Mohamed Ahmed Taher Mohamed Mahmoud). Trainer: Pitso John Hamilton Mosimane (South Africa).
Goals: Mosa Lebusa (30) / Yasser Ibrahim Ahmed El Hanafi (11).
[Al-Ahly Sporting Club Cairo won 3-1 on aggregate]

15.05.2021, Stade du 5 Juillet, Algiers; Referee: Jean-Jacques Ndala Ngambo (D.R. Congo)
Chabab Riadhi de Belouizdad Alger - Espérance Sportive de Tunis   2-0(1-0)
CR Belouizdad: Toufik Moussaoui, Chemseddine Nessakh, Mokhtar Belkhiter, Mohamed Sofiane Bouchar, Chouaib Keddad, Amir Sayoud, Bilal Tarikat (55.Adel Djerrar), Zakaria Draoui, Housseyn Selmi (86.Zakaria Khali), Marcellin Koukpo (64.Ahmed Gasmi), Houssem Eddine Mrezigue. Trainer: Zoran Manojlović (Serbia).
Espérance: Moez Ben Chérifia, Mohamed Ali Yaakoubi, Hamdi Nagguez, Abdelkader Bedrane, Ilyes Chetti (73.Mohamed Amine Ben Hamida), Fousseny Coulibaly (86.William Togui), Abdelraouf Benguit (54.Ghaylène Chaalali), Mohamed Ali Ben Romdhane, Anice Badri, Yassine Khenissi (54.Abdul Khalid Basit), Hamdou Elhouni Al Masry. Trainer: Moïn Chaabani.
Goals: Zakaria Draoui (35), Amir Sayoud (82).

22.05.2021, Stade „Hammadi Agrebi", Tunis; Referee: Bakary Papa Gassama (Gambia)
Espérance Sportive de Tunis - Chabab Riadhi de Belouizdad   2-0(0-0,2-0,2-0); 3-2 on penalties
Espérance: Moez Ben Chérifia (82.Farouk Ben Mustapha), Khalil Chemmam (68.Sameh Derbali), Hamdi Nagguez, Abdelkader Bedrane, Mohamed Amine Ben Hamida (53.Ilyes Chetti), Fousseny Coulibaly (53.Abdelraouf Benguit), Ghaylène Chaalali, Mohamed Ali Ben Romdhane, Anice Badri, Hamdou Elhouni Al Masry (82.William Togui), Abdul Khalid Basit. Trainer: Moïn Chaabani.
CR Belouizdad: Toufik Moussaoui, Chemseddine Nessakh, Mokhtar Belkhiter, Mohamed Sofiane Bouchar, Chouaib Keddad, Amir Sayoud, Bilal Tarikat (75.Zakaria Khali), Zakaria Draoui, Housseyn Selmi (90+2.Zine El Abidine Boulakhoua), Hamza Belahouel (62.Adel Djerrar), Houssem Eddine Mrezigue (90+2.Ahmed Gasmi). Trainer: Zoran Manojlović (Serbia).
Goals: Abdelraouf Benguit (68), Mohamed Ali Ben Romdhane (87).
Penalties: Amir Sayoud (missed); Mohamed Ali Ben Romdhane 1-0; Ahmed Gasmi 1-1; Anice Badri 2-1; Zakaria Draoui 2-2; Ghaylène Chaalali (missed); Adel Djerrar (saved); Abdelraouf Benguit 3-2; Chemseddine Nessakh (saved).
[Espérance Sportive de Tunis won 3-2 on penalties (after 2-2 on aggregate)]

15.05.2021, FNB Stadium, Johannesburg; Referee: Sidi Alioum (Cameroon)
Kaizer Chiefs FC Johannesburg - Simba SC Dar es Salaam   4-0(2-0)
Kaizer Chiefs: Bruce Bvuma, Eric Mathoho, Daniel Cardoso, Reeve Frosler, Siyabonga Ngezana, Njabulo Blom (86.Willard Katsande), Lebogang Manyama (76.Nkosingiphile Ngcobo), Philani Zulu, Dumisani Zuma (35.David Leonardo Castro Cortés), Bernard Parker, Samir Nurković (86.Lazarus Kambole). Trainer: Gavin Hunt.
Simba SC: Aishi Salum Manula, Serges Pascal Wawa Sfondo, Shomari Salum Kapombe, Mohamed Husseini Mohamed, Joash Achieng Onyango, Jonas Gerard Mkude (64.Meddie Kagere), Larry Bwalya (74.Hassan Salehe Dilunga), Clatous Choto Chama, Luís José Miquissone (84.John Raphael Bocco), Taddeo Lwanga, Crispin Mugalu Mutshimba. Trainer: Didier Gomes Da Rosa (France).
Goals: Eric Mathoho (6), Samir Nurković (34, 57), David Leonardo Castro Cortés (63).

22.05.2021, National Stadium, Dar es Salaam; Referee: Pacifique Ndabihawenimana (Burundi)
Simba SC Dar es Salaam - Kaizer Chiefs FC Johannesburg   3-0(1-0)
Simba SC: Aishi Salum Manula, Serges Pascal Wawa Sfondo, Shomari Salum Kapombe, Mohamed Husseini Mohamed, Joash Achieng Onyango (38.Kennedy Wilson Juma), Clatous Choto Chama, Luís José Miquissone, Mzamira Yassin Selemba (26.Bernard Morrison), Taddeo Lwanga (35.Erasto Edward Nyoni), John Raphael Bocco, Crispin Mugalu Mutshimba. Trainer: Didier Gomes Da Rosa (France).
Kaizer Chiefs: Bruce Bvuma, Eric Mathoho, Daniel Cardoso, Reeve Frosler, Siyabonga Ngezana, Njabulo Blom (72.Kearyn Baccus), Lebogang Manyama (60.Teddy Akumu), Philani Zulu (46.Yagan Sasman), Bernard Parker, David Leonardo Castro Cortés (88.Ramahlwe Mphahlele), Samir Nurković (59.Willard Katsande). Trainer: Gavin Hunt.
Goals: John Raphael Bocco (24, 56), Clatous Choto Chama (86).
[Kaizer Chiefs FC Johannesburg won 4-3 on aggregate]

SEMI-FINALS

19.06.2021, Stade „Mohammed V", Casablanca; Referee: Maguette N'Diaye (Senegal)
Wydad Athletic Club Casablanca - Kaizer Chiefs FC Johannesburg   0-1(0-1)
Wydad AC: Ahmed Reda Tagnaouti, Ayoub El Amloud, Amine Aboulfath, Walid El Karti, Aymane El Hassouni (90.Salaheddine Saidi), Muaid Ellafi (68.Simon Happygod Msuva), Achraf Dari, Yahya Jabrane, Mohammad Ounnajem, Ayoub El Kaabi, Yahia Attiyat Allah. Trainer: Faouzi Benzarti (Tunisia).
Kaizer Chiefs: Bruce Bvuma, Eric Mathoho, Daniel Cardoso, Reeve Frosler, Siyabonga Ngezana, Yagan Sasman (61.Philani Zulu), Njabulo Blom (73.Kearyn Baccus), Willard Katsande, Bernard Parker, David Leonardo Castro Cortés (80.Teddy Akumu), Samir Nurković. Trainer: Stuart William Baxter (Scotland).
Goal: Samir Nurković (34).

26.06.2021, FNB Stadium, Johannesburg; Referee: Jean-Jacques Ndala Ngambo (D.R. Congo)
Kaizer Chiefs FC Johannesburg - Wydad Athletic Club Casablanca   0-0
Kaizer Chiefs: Daniel Akpeyi, Eric Mathoho, Daniel Cardoso, Reeve Frosler (85.Kearyn Baccus), Siyabonga Ngezana, Yagan Sasman (78.Ramahlwe Mphahlele), Njabulo Blom, Willard Katsande, Nkosingiphile Ngcobo, Bernard Parker, Samir Nurković. Trainer: Stuart William Baxter (Scotland).
Wydad AC: Ahmed Reda Tagnaouti, Ayoub El Amloud, Amine Farhane, Walid El Karti, Aymane El Hassouni (70.Ayoub Skouma), Achraf Dari, Yahya Jabrane, Simon Happygod Msuva (46.Muaid Ellafi), Mohammad Ounnajem (90+2.Zouhair El Moutaraji), Ayoub El Kaabi, Yahia Attiyat Allah. Trainer: Faouzi Benzarti (Tunisia).
[Kaizer Chiefs FC Johannesburg won 1-0 on aggregate]

19.06.2021, Stade „Hammadi Agrebi", Tunis; Attendance: 5,000
Referee: Victor Miguel de Freitas Gomes (South Africa)
Espérance Sportive de Tunis - Al-Ahly Sporting Club Cairo   0-1(0-0)
Espérance: Moez Ben Chérifia, Mohamed Ali Yaakoubi, Hamdi Nagguez (81.Sameh Derbali), Abdelkader Bedrane, Ilyes Chetti, Fousseny Coulibaly, Abdelraouf Benguit (81.Nassim Ben Khalifa), Mohamed Ali Ben Romdhane, Hamdou Elhouni Al Masry, Abdul Khalid Basit (58.Anice Badri), William Togui. Trainer: Moïn Chaabani.
Al-Ahly SC: Mohamed El Sayed Mohamed El Shenawy Gomaa, Ayman Ashraf Elsayed Elsembeskany, Ali Maâloul, Badr Banoun, Amr Mohamed Eid El Soleya, Aliou Dieng, Hamdy Fathy Abdelhalim Abdelfattah, Akram Tawfik Mohamed Hassan El Hagrasi (84.Ramy Hisham Abdel Aziz Rabia), Taher Mohamed Ahmed Taher Mohamed Mahmoud (74.Hussein Ali El Shahat Ali Hassan), Mohamed Sherif Mohamed Ragaei Bakr (85.Walter Binene Sabwa Bwalya), Salah Mohsen Mohamed Shalaby (62.Mohamed Magdy Mohamed Morsy „Afsha"). Trainer: Pitso John Hamilton Mosimane (South Africa).
Goal: Mohamed Sherif Mohamed Ragaei Bakr (67).

26.06.2021, Al Salam Stadium, Cairo; Referee: Sidi Alioum (Cameroon)
Al-Ahly Sporting Club Cairo - Espérance Sportive de Tunis   3-0(1-0)
Al-Ahly SC: Mohamed El Sayed Mohamed El Shenawy Gomaa, Ayman Ashraf Elsayed Elsembeskany (67.Ramy Hisham Abdel Aziz Rabia), Ali Maâloul, Badr Banoun, Amr Mohamed Eid El Soleya, Mohamed Magdy Mohamed Morsy „Afsha" (68.Walid Soliman Said Obaid), Aliou Dieng (58.Junior Oluwafemi Ajayi), Hamdy Fathy Abdelhalim Abdelfattah, Akram Tawfik Mohamed Hassan El Hagrasi, Taher Mohamed Ahmed Taher Mohamed Mahmoud (46.Hussein Ali El Shahat Ali Hassan), Mohamed Sherif Mohamed Ragaei Bakr (67.Mahmoud Abdel Moneim Abdel Hamid Soliman „Kahraba"). Trainer: Pitso John Hamilton Mosimane (South Africa).
Espérance: Moez Ben Chérifia, Khalil Chemmam, Hamdi Nagguez, Abdelkader Bedrane, Ilyes Chetti [*sent off 36*], Fousseny Coulibaly, Abdelraouf Benguit, Mohamed Ali Ben Romdhane (61.Abdul Khalid Basit), Anice Badri (41.Mohamed Amine Ben Hamida), Hamdou Elhouni Al Masry (79.Mohamed Amine Tougai), William Togui. Trainer: Moïn Chaabani.
Goals: Ali Maâloul (38 penalty), Mohamed Sherif Mohamed Ragaei Bakr (56), Hussein Ali El Shahat Ali Hassan (60).
[Al-Ahly Sporting Club Cairo won 4-0 on aggregate]

FINAL

17.07.2021, Stade „Mohammed V", Casablanca
Referee: Pacifique Ndabihawenimana (Burundi)
Kaizer Chiefs FC Johannesburg - Al-Ahly Sporting Club Cairo   0-3(0-0)
Kaizer Chiefs: Daniel Akpeyi, Ramahlwe Mphahlele, Eric Mathoho, Daniel Cardoso, Reeve Frosler, Happy Mashiane [*sent off 45+3*], Njabulo Blom (59.Teddy Akumu), Willard Katsande (76.Philani Zulu), Nkosingiphile Ngcobo (46.Khama Billiat), Bernard Parker, Samir Nurković (90+2.Lazarus Kambole). Trainer: Stuart William Baxter (Scotland).
Al-Ahly SC: Mohamed El Sayed Mohamed El Shenawy Gomaa, Ayman Ashraf Elsayed Elsembeskany (46.Yasser Ibrahim Ahmed El Hanafi), Ali Maâloul, Badr Banoun (90.Mahmoud Abdel Moneim Abdel Hamid Soliman „Kahraba"), Amr Mohamed Eid El Soleya, Mohamed Magdy Mohamed Morsy „Afsha" (90.Salah Mohsen Mohamed Shalaby), Hussein Ali El Shahat Ali Hassan, Hamdy Fathy Abdelhalim Abdelfattah, Akram Tawfik Mohamed Hassan El Hagrasi, Taher Mohamed Ahmed Taher Mohamed Mahmoud (67.Aliou Dieng), Mohamed Sherif Mohamed Ragaei Bakr (90.Junior Oluwafemi Ajayi). Trainer: Pitso John Hamilton Mosimane (South Africa).
Goals: 0-1 Mohamed Sherif Mohamed Ragaei Bakr (53), 0-2 Mohamed Magdy Mohamed Morsy „Afsha" (64), 0-3 Amr Mohamed Eid El Soleya (74).

CAF Champions League Winner 2020/2021: **Al-Ahly Sporting Club Cairo** (Egypt)

Best Goalscorers:
Mohamed Sherif Mohamed Ragaei Bakr (Al-Ahly Sporting Club Cairo) – 6 goals

AFRICAN CUP OF CHAMPIONS CLUBS / CAF CHAMPIONS LEAGUE TABLE OF HONOURS

1964	Oryx de Douala	(CMR)
1966	Stade d'Abidjan	(CIV)
1967	TP Englebert Lubumbashi	(COD)
1968	TP Englebert Lubumbashi	(COD)
1969	Ismaily Sporting Club Ismaïlia	(EGY)
1970	Asante Kotoko FC Kumasi	(GHA)
1971	Canon Sportif de Yaoundé	(CMR)
1972	Hafia Football Club Conakry	(GUI)
1973	AS Vita Club Kinshasa	(COD)
1974	CARA de Brazzaville	(CGO)
1975	Hafia Football Club Conakry	(GUI)
1976	Mouloudia Club d'Alger	(ALG)
1977	Hafia Football Club Conakry	(GUI)
1978	Canon Sportif de Yaoundé	(CMR)
1979	Union Sportive Douala	(CMR)
1980	Canon Sportif de Yaoundé	(CMR)
1981	JE Tizi-Ouzou	(ALG)
1982	Al-Ahly Sporting Club Cairo	(EGY)
1983	Asante Kotoko FC Kumasi	(GHA)
1984	Zamalek Sporting Club Cairo	(EGY)
1985	Forces Armées Royales Rabat	(MAR)
1986	Zamalek Sporting Club Cairo	(EGY)
1987	Al-Ahly Sporting Club Cairo	(EGY)
1988	Entente Sportive de Sétif	(ALG)
1989	Raja Club Athletic Casablanca	(MAR)

1990	JS de Kabylie Tizi-Ouzou	(ALG)
1991	Club Africain Tunis	(TUN)
1992	Wydad Athletic Club Casablanca	(MAR)
1993	Zamalek Sporting Club Cairo	(EGY)
1994	Espérance Sportive de Tunis	(TUN)
1995	Orlando Pirates FC Johannesburg	(RSA)
1996	Zamalek Sporting Club Cairo	(EGY)
1997	Raja Club Athletic Casablanca	(MAR)
1998	ASEC Mimosas Abidjan	(CIV)
1999	Raja Club Athletic Casablanca	(MAR)
2000	Hearts of Oak SC Accra	(GHA)
2001	Al-Ahly Sporting Club Cairo	(EGY)
2002	Zamalek Sporting Club Cairo	(EGY)
2003	Enyimba International FC Aba	(NGA)
2004	Enyimba International FC Aba	(NGA)
2005	Al-Ahly Sporting Club Cairo	(EGY)
2006	Al-Ahly Sporting Club Cairo	(EGY)
2007	Étoile Sportive du Sahel	(TUN)
2008	Al-Ahly Sporting Club Cairo	(EGY)
2009	TP Mazembe Lubumbashi	(COD)
2010	TP Mazembe Lubumbashi	(COD)
2011	Espérance Sportive de Tunis	(TUN)
2012	Al-Ahly Sporting Club Cairo	(EGY)
2013	Al-Ahly Sporting Club Cairo	(EGY)
2014	Entente Sportive de Sétif	(ALG)
2015	TP Mazembe Lubumbashi	(COD)
2016	Mamelodi Sundowns FC	(RSA)
2017	Wydad Athletic Club Casablanca	(MAR)
2018	Espérance Sportive de Tunis	(TUN)
2018/2019	Espérance Sportive de Tunis	(TUN)
2019/2020	Al-Ahly Sporting Club Cairo	(EGY)
2020/2021	Al-Ahly Sporting Club Cairo	(EGY)

CAF CONFEDERATIONS CUP 2020/2021

51 clubs from 39 African football associations entered the 2020/2021 edition of the CAF Confederations Cup. According to their CAF „5-Year Ranking", 12 associations entered two clubs, all other associations entered one club. Following associations did not enter a team: Cape Verde, Central African Republic, Eritrea, Guinea-Bissau, Lesotho, Liberia, Madagascar, Malawi, Mauritius, Namibia, Réunion, São Tomé and Príncipe, Seychelles and Sierra Leone. Three associations did not entered initially a team, but had a team transferred from Champions League: Gabon, Kenya and Zimbabwe.

Associations with two club teams:

CAF Ranking	Association	Clubs
1	**Morocco**	Renaissance Sportive de Berkane Tihad Athlétique Sport de Casablanca *Raja Club Athletic Casablanca**
2	**Egypt**	Pyramids FC Cairo Al-Moqawloon al-Arab Nasr City
3	**Tunisia**	Union Sportive Monastirienne Étoile Sportive du Sahel Sousse *Club Sportif Sfaxien**
4	**Congo D.R.**	AS Maniema Union Kindu DC Motema Pembe Kinshasa
5	**Algeria**	Entente Sportive de Sétif Jeunesse Sportive de Kabylie Tizi-Ouzou
6	**South Africa**	Orlando Pirates FC Johannesburg Bloemfontein Celtic FC

7	Zambia	Green Eagles FC Choma NAPSA Stars FC Lusaka *Nkana FC Kitwe**	
8	Nigeria	Rivers United FC Port Harcourt Kano Pillars FC *Enyimba International FC Aba**	
9	Guinea	AS du Kaloum Star Conakry Club Industriel de Kamsar	
10	Angola	FC Bravos do Maquis Luena GD Sagrada Esperança Dundo *CD Primeiro de Agosto Luanda**	
11	Sudan	Al Hilal SC Al Ubayyid Al Amal SC Atbara	
12	Libya	Al Ahli SC Tripoli Al Ittihad SCSC Tripoli *Al Ahli SCSC Benghazi**	

Associations with one club team:

Association	Clubs
Benin	ESAE FC Sakété
Botswana	Orapa United FC; *Jwaneng Galaxy FC**
Burkina Faso	Salitas FC Ougadougou
Burundi	Musongati FC Gitega
Cameroon	Coton Sport FC de Garoua
Chad	Renaissance FC N'Djamena; *Gazelle FC N'Djamena**
Comoros	Ngazi Club de Mirontsy
Congo	Étoile du Congo Brazzaville
Djibouti	AS d'Arta/Solar 7 Djibouti
Equatorial Guinea	Futuro Kings FC Mongomo
Eswatini	Mbabane Swallows FC; *Young Buffaloes FC Manzini**
Ethiopia	Fasil Kenema SC Gondar
Gabon	*Bouenguidi Sport Koulamoutou**
Gambia	GAMTEL FC Banjul
Ghana	Ashanti Gold SC Obuasi; *Asante Kotoko FC Kumasi**
Ivory Coast	FC San Pédro; *Racing Club Abidjan**
Kenya	*Gor Mahia FC Nairobi**
Mali	Yeelen Olympique Bamako; *Stade Malien de Bamako**
Mauritania	FC Tevragh Zeïna Nouakchott
Mozambique	Clube União Desportiva de Songo
Niger	US Gendarmerie Nationale Niamey; *AS SONIDEP Niamey**
Rwanda	AS Kigali
Senegal	ASC Jaraaf de Dakar
Somalia	Horseed FC
South Sudan	Al-Rabita FC Juma
Tanzania	Namungo FC Lindi
Togo	Unisport de Sokodé
Uganda	Kampala Capital City Autorithy FC
Zanzibar	KVZ Sports Club
Zimbabwe	*FC Platinum Zvishavane**

*Teams transfered from CAF Champions League

PRELIMINARY ROUND

27.11.2020
GD Sagrada Esperança Dundo - Mbabane Swallows FC　　　Cancelled

04.12.2020
Mbabane Swallows FC - GD Sagrada Esperança Dundo　　　Cancelled
[GD Sagrada Esperança Dundo won on walkover after the Eswatini FA was not able to confirm the engagement of Mbabane Swallows FC in the competition by the CAF deadline]

27.11.2020, Al Hilal Stadium, Omdurman; Referee: Jean Claude Ishimwe (Rwanda)
Al Amal SC Atbara - KVZ Sports Club　　　1-0(1-0)
Al Amal: Akram El Hadi Salim, David Omot Sebit, Mustafa Aldhu Suleiman, Yasser Abdullah Adam, Abden Ismayl Toto Koko, Aluck Akech Mabior (81.Ibrahm Gaffer Ibrahim), Basheer Aldikhn, Abualgasim Abdelal Hassan, Gomaa Abbas Omer, Adil Mohamed El Tahir (52.Sideeg Alhaj Gamar), Bhaa Eldin Hussein.
KVZ: Yakub Juma Bakar, Makarani Miluchu Makarani, Ibrahim Mohammed Said, Mohamed Omar Mohamed, Mohammed Nassor Maulid (47.Seif Said Seif), Majid Khamis Baskar, Sleiman Abdi Juma, Othman Abdalla Ally (54.Hamid Salum Saleh), Maabad Maulid, Mohammed Masoud Dola, Said Salim Said (82.Feysal Liyambi Lucas).
Goal: Basheer Aldikhn (12).

05.12.2020, Amaan Stadium, Zanzibar City; Referee: Djaffari Nduwimana (Burundi)
KVZ Sports Club - Al Amal SC Atbara　　　0-3(0-2)
KVZ: Yakub Juma Bakar, Makarani Miluchu Makarani, Ibrahim Mohammed Said, Juma Abaalla Khamis, Mohamed Omar Mohamed (38.Feysal Liyambi Lucas), Majid Khamis Baskar, Sleiman Abdi Juma, Seif Said Seif, Maabad Maulid (54.Muhamadi Sudi Foum), Mohammed Masoud Dola, Said Salim Said.
Al Amal: Akram El Hadi Salim, David Omot Sebit (89.Ahmed Mahoud Ali Jebrel), Mustafa Aldhu Suleiman, Yasser Abdullah Adam, Abden Ismayl Toto Koko, Aluck Akech Mabior (89.Mohammed Ibrahim Hussein), Basheer Aldikhn, Abualgasim Abdelal Hassan, Gomaa Abbas Omer, Adil Mohamed El Tahir, Bhaa Eldin Hussein (82.Sideeg Alhaj Gamar).
Goals: Akram El Hadi Salim (27), Adil Mohamed El Tahir (30), Aluck Akech Mabior (58).
[Al Amal SC Atbara won 4-0 on aggregate]

27.11.2020, Stade du 28 Septembre, Conakry; Referee: El Hadji Amadou Sy (Senegal)
Club Industriel de Kamsar - Renaissance FC N'Djamena　　　0-0
CI Kamsar: Adama Keita, Abdoulaye Naby Camara, Seyo Yao, Mohamed Bangoura, Mohamed Traoré, Claude Leno, Moussa Condé, Sanan Soro (65.Lansana Sacko), Daniel Sosah, Koffi Leon Martial Kouassi (41.Amadou Oury Barry), Fortuna Boeny.
Renaissance: Eli Mathieu Tchaoussou Adoassou, Abderamane Ahmat, Abdelaziz Issa, Djimhoue Fabrice, Mahamat Abakar (68.Maytara Maxime), Ali Moustapha, Ismaiil Younous, Abbo Idriss, Youssouf Abanga (85.Tyonga Madiala), Mahamat Harouna, Adoum Oumar (90.Roussou Enos).

06.12.2020, Stade Omnisports „Idriss Mahamat Ouya", N'Djamena
Referee: Liberato Nve Esimi Avomo (Equatorial Guinea)
Renaissance FC N'Djamena - Club Industriel de Kamsar　　　1-0(1-0)
Renaissance: Eli Mathieu Tchaoussou Adoassou, Abderamane Ahmat, Abdelaziz Issa, Djimhoue Fabrice, Mahamat Abakar, Ali Moustapha, Abbo Idriss (88.Mahamat Idriss), Ramadan Chahad (65.Ismaiil Younous), Youssouf Abanga, Mahamat Harouna, Adoum Oumar (65.Maytara Maxime).
CI Kamsar: Adama Keita, Abdoulaye Naby Camara, Mohamed Bangoura, Mohamed Traoré, El Jireh Nsingani, Claude Leno, Moussa Condé, Sanan Soro (64.Elhadj Bah), Amadou Oury Barry, Daniel Sosah (86.Alhassane Soumah), Fortuna Boeny.
Goal: Mahamat Harouna (45 penalty).
[Renaissance FC N'Djamena won 1-0 on aggregate]

27.11.2020, Stade "Mustapha Ben Jannet", Monastir; Referee: Karim Sabry (Morocco)
Union Sportive Monastirienne - Fasil Kenema SC Gondar   2-0(1-0)
US Monastirienne: Bechir Ben Said, Fedi Arfaoui, Elyès Jelassi (82.Idriss M'hirsi), Mohamed Saghraoui, Fahmi Ben Romdhane, Mohamed Ali Amri, Zied Machmoum, Motasem Bellah Masaud Sabbou, Kouni Khalfa, Houssem Tka (90.Roger Aholou), Mumuni Shafiu (54.Youssef Abdelli). Trainer: Lassaad Chabbi (Austria).
Fasil Kenema: N'Tji Michel Samaké, Mujib Kassim, Yared Bayeh Belay, Kader Coulibaly, Samuel Yohanes Sheferaw, Seid Hassen Almehadi, Shemekit Gugesa (76.Alembrehane Azanawe), Surafel Dagnachew Mengistu, Habtamu Tekeste, Bereket Desta Dana (46.Bezabih Melayu Mekengo), Fikadu Alemu Gadissa. Trainer: Seyoum Kebede.
Goals: Abdallah Amri (2), Fahmi Ben Romdhane (56).

06.12.2020, Addis Ababa Stadium, Addis Ababa; Referee: Samuel Uwikunda (Rwanda)
Fasil Kenema SC Gondar - Union Sportive Monastirienne   2-1(1-0)
Fasil Kenema: N'Tji Michel Samaké (79.Tewodros Getenet Byedgo), Mujib Kassim, Yared Bayeh Belay, Amsalu Tilahun Mkunte, Kader Coulibaly, Seid Hassen Almehadi, Shemekit Gugesa, Surafel Dagnachew Mengistu, Habtamu Tekeste, Bezabih Melayu Mekengo, Bereket Desta Dana. Trainer: Seyoum Kebede.
US Monastirienne: Bechir Ben Said, Fedi Arfaoui, Elyès Jelassi, Mohamed Saghraoui, Fahmi Ben Romdhane (79.Mumuni Shafiu), Idriss M'hirsi (46.Youssef Abdelli), Mohamed Ali Amri, Zied Machmoum, Motasem Bellah Masaud Sabbou, Kouni Khalfa, Roger Aholou (56.Hedi Khalfa). Trainer: Lassaad Chabbi (Austria).
Goals: Surafel Dagnachew Mengistu (28), Mujib Kassim (50) / Fedi Arfaoui (85).
[Union Sportive Monastirienne won 3-2 on aggregate]

28.11.2020, "El Hadj Hassan Gouled Aptidon" Stadium, Djibouti City
Referee: Lemma Nigussie (Ethiopia)
AS d'Arta/Solar 7 Djibouti - Al-Moqawloon al-Arab Nasr City   0-1(0-1)
AS d'Arta/Solar 7: Sulait Luyima, Moussa Fahmi, ,Fouad Robleh Mohammed Omar Arab (84.Moussa Saad Salah), Yabe Siad, Sodiq Siraj, Alexandre Dimitri Song Billong, Ahmed Aden (71.Mourad Saleh), Doualeh Mahamoud Elabeh, Samuel Akinbinu, Gabriel Dadzie.
Al-Moqawloon: Mahmoud Aboul-Saoud, Farouck Kabore, Fady Mohamed Nagah, Hassan Ali Abdulrazek El Shamy, Amir Mohamed Ahmoud Abed, Ibrahim Salah Abdelfattah, Ahmed Osama Dawooda, Ahmed Mohamed El Sheimy (71.Wassim Naghmouchi), Mohamed Magli, Seifeddine Jaziri (83.Youssef Ahmed Hassan), Mohamed Essam (83.Youssef El Gohary).
Goal: Alexandre Dimitri Song Billong (19 own goal).

04.12.2020, „Osman Ahmed Osman" Stadium, Cairo; Referee: Abdulwahid Huraywidah (Libya)
Al-Moqawloon al-Arab Nasr City - AS d'Arta/Solar 7 Djibouti   9-1(5-0)
Al-Moqawloon: Mahmoud Aboul-Saoud, Farouck Kabore, Fady Mohamed Nagah, Hassan Ali Abdulrazek El Shamy, Amir Mohamed Ahmoud Abed, Ibrahim Salah Abdelfattah, Ahmed Osama Dawooda (57.Wassim Naghmouchi), Ahmed Mohamed El Sheimy, Mohamed Magli (64.Karim Mostafa Mohammed Abdelaleem), Seifeddine Jaziri (78.Youssef Ahmed Hassan), Mohamed Essam (64.Mohamed Salem Aly Abdelkhader). Trainer: Emad El Nahhas.
AS d'Arta/Solar 7: Sulait Luyima, Moussa Fahmi, Fouad Robleh, Mohammed Omar Arab, Yabe Siad, Sodiq Siraj, Alexandre Dimitri Song Billong (46.Ahmed Aden), Said Mohamed Hassan, Doualeh Mahamoud Elabeh (63.Mourad Saleh), Samuel Akinbinu, Gabriel Dadzie.
Goals: Ahmed Osama Dawooda (2), Seifeddine Jaziri (8, 10), Farouck Kabore (21), Ahmed Osama Dawooda (35), Mohamed Essam (51 penalty), Fady Mohamed Nagah (67), Ahmed Mohamed El Sheimy (72), Karim Mostafa Mohammed Abdelaleem (89) / Gabriel Dadzie (80).
[Al-Moqawloon al-Arab Nasr City won 10-1 on aggregate]

28.11.2020, Independence Stadium, Bakau; Referee: Babacar Sarr (Mauritania)
GAMTEL FC Banjul - Tihad Athlétique Sport de Casablanca   0-1(0-0)
GAMTEL FC: Musa Camara, Julius Jammeh, Omar Nyandou, Tijan Jarju, Mo Lamin Sax Jatta, Sanna Sonko (79.Alieu Mballow), Nuha Barrow, Hyachinthe Sene, Buba Jarju, Modou Conateh (61.Charles Jammeh), Modou Kujabi.
TAS Casablanca: Younes Ben Mbarek, Ayoub Bouzidi, Mahmoud Bentayg, Mehdi Ba-Sidi, Yassine Mabchour, Bouchaib Laziz, Younes Essadiki, Othman Fadiz (59.Ayoub Fadil), Abdoul Rayan Traoré, Ayyoub Ennebgui (59.Youssef Raiani), Anas Aqachmar. Trainer: Nicolas Filbert (France).
Goal: Youssef Raiani (82).

05.12.2020, Stade „Mohammed V", Casablanca
Tihad Athlétique Sport de Casablanca - GAMTEL FC Banjul   Cancelled
GAMTEL FC Banjul withdrew from the second leg.
[Tihad Athlétique Sport de Casablanca won 1-0 on aggregate]

28.11.2020, Stade Lat-Dior, Thiès; Referee: Bangaly Konate (Guinea)
ASC Jaraaf de Dakar - Kano Pillars FC   3-1(2-1)
ASC Jaraaf: Pape Seydou N'Diaye, Papa Amadou Touré, Mamadou Sylla, Jean Rémy Bocande, Sega Sissokho, Assane Mbodj, Alioune Tendeng, El Hadji Kane, Papa Youssou Paye (68.Ousmane Mbengue), Pape Abdou Ndiaye (68.Albert Diene), Bouly Sambou (75.Makhtar Ndiaye). Trainer: Malick Daf.
Kano Pillars: Surajudeen Ayeleso Olaiwola, Emmanuel Iyke Anyanwu, Christopher Madaki Maichibi, Abdullahi Tayo Musa, Victor Dennis, Rabiu Ali, Jamil Muhammad, Achibi Ewenike Chbuike (55.Abiodun Ayobami Junior), Auwalu Ali Malam, David Ekuba Odenigbo (75.Amia Kenneth Kumbur), Nyima Nekabari Nwagua.
Goals: Assane Mbodj (18), Bouly Sambou (38), Makhtar Ndiaye (76) / Jamil Muhammad (12).

05.12.2020, „Ahmadu Bello" Stadium, Kaduna; Referee: Hamidou Diero (Burkina Faso)
Kano Pillars FC - ASC Jaraaf de Dakar   0-0
Kano Pillars: Surajudeen Ayeleso Olaiwola, Christopher Madaki Maichibi, Abdullahi Tayo Musa, Mustapha Jibrin, Chinedu Sunday Chukwu, Rabiu Ali, Jamil Muhammad, Musa Mustapha Salisu (46.Amia Kenneth Kumbur), Auwalu Ali Malam (60.Abiodun Ayobami Junior), David Ekuba Odenigbo, Nyima Nekabari Nwagua (67.Adeseun Yusuf Adelani).
ASC Jaraaf: Pape Seydou N'Diaye, Mamadou Sylla, Jean Rémy Bocande, Babacar Seck, Sega Sissokho, Assane Mbodj, Alioune Tendeng (86.Cheikh Oumar Koné), El Hadji Kane, Albert Diene, Pape Abdou Ndiaye (70.Souleymane Diallo), Bouly Sambou (70.Makhtar Ndiaye). Trainer: Malick Daf.
[ASC Jaraaf de Dakar won 3-1 on aggregate]

28.11.2020, Stade du 28 Septembre, Conakry; Referee: Baboucarr Bass (Gambia)
AS du Kaloum Star Conakry - FC Tevragh Zeïna Nouakchott   1-1(1-1)
Kaloum Star: Sekouba Camara, Alsény Bangoura, Adama Ben Banh, Josue Mohy, Mamadou Barry, Mory Kante (82.Salifou Soumah), Ibrahima Camara, Amed Touré (62.Aboubacar Sylla), Aboubacar Iyanga Sylla, Aboubacar Sidiki (29.Mamadouba Bangoura), Aboubacar Fofana.
Tevragh Zeïna: Namori Diaw, Demba Trawre, Sidi N´Gara, Balla Bilal, Cheikhou Sallé Traoré (90.Abderrahmane Brahim), Brahim Mohamed, Sidi Mohamed Mahmoud, Hamady Ndiaye (62.Cheikh Hattab), Souty Daouda Mané (90.Malick Wade), Amara Bagayoko, Abderrahmane Sy.
Goals: Aboubacar Fofana (10) / Amara Bagayoko (5).

06.12.2020, Stade „Cheikha Ould Boïdiya", Nouakchott; Referee: Abdoulaye Sissoko (Mali)
FC Tevragh Zeïna Nouakchott - AS du Kaloum Star Conakry   **1-0(1-0)**
Tevragh Zeïna: Namori Diaw, Demba Trawre, Sidi N´Gara, Balla Bilal, Abderrahmane Brahim, Amadou Coulibaly (85.Ibrahima Traoré), Brahim Mohamed, Sidi Mohamed Mahmoud, Cheikh Hattab, Hamady Ndiaye, Mohamed M'khaili (80.Bardass El Abidin).
Kaloum Star: Abdoulaye Camara, Alsény Bangoura, Adama Ben Banh, Mohamed Soumah, Aboubacar Syiia, Mamadou Barry, Mohamed Lamine Soumah, Amed Touré (62.Salifou Soumah), Aboubacar Iyanga Sylla (62.Ibrahima Camara), Aboubacar Sidiki (46.Mamadouba Bangoura), Aboubacar Fofana.
Goal: Cheikh Hattab (38).
[FC Tevragh Zeïna Nouakchott won 2-1 on aggregate]

28.11.2020, Al Salam Stadium, Cairo (Egypt); Referee: Mehrez Melki (Tunisia)
Al Ittihad SCSC Tripoli - Horseed FC   **4-1(1-1)**
Al Ittihad Tripoli: Mohamed Saleh Abukhres, Suhib Sulaiman Shafshuf, Naji Dura, Abdelaziz Ali, Sanad Ali, Talal Taher Farhat, Rabia Ramadan Abdelsalam Al Shadi, Mohamed Noureddine Abdusalam Zubya, Ali Mohammed (78.Ali Mansor), Muad Eisay (54.Jihad Shaldun), Omar Alkhja (46.Emran Salih). Trainer: Osama Abu Baker.
Horseed: Suleyman Madey, Mahad Nur Farah, Ali Adde Ahmed, Omar Kale, Ibrahim Abdi, Hassan Gesey (83.Naif Hamid), Hanad Ibrahim (46.Mahad Abdulkadir), Mohamed Ibrahim, Farhan Ahmed, Adani Isse (54.Asad Bukur), Joshua Oyoo Ouko.
Goals: Ali Mohammed (44), Rabia Ramadan Abdelsalam Al Shadi (53), Emran Salih (64), Ali Mohammed (70) / Joshua Oyoo Ouko (18).

06.12.2020, Al Salam Stadium, Cairo (Egypt); Referee: Mfaume Ali Nassoro (Tanzania)
Horseed FC - Al Ittihad SCSC Tripoli   **0-3(0-1)**
Horseed: Suleyman Madey, Mahad Nur Farah (8.Ismail Mohamed), Ali Adde Ahmed, Omar Kale, Ibrahim Abdi, Hassan Gesey *[sent off 66]*, Hanad Ibrahim (88.Naif Hamid), Mohamed Ibrahim, Farhan Ahmed, Asad Bukur (88.Nor Omar Haydar), Joshua Oyoo Ouko.
Al Ittihad Tripoli: Mohamed Saleh Abukhres, Suhib Sulaiman Shafshuf, Naji Dura, Abdelaziz Ali, Abdulrahim Triki, Sanad Ali, Rabia Ramadan Abdelsalam Al Shadi (71.Jaefar Jaboudah), Moayed Yonis Al Gritli (55.Yousef Aijbali), Mohamed Noureddine Abdusalam Zubya, Ali Mohammed (76.Emran Salih), Omar Alkhja. Trainer: Osama Abu Baker.
Goals: Mohamed Noureddine Abdusalam Zubya (1), Yousef Aijbali (56), Emran Salih (83).
[Al Ittihad SCSC Tripoli won 7-1 on aggregate]

28.11.2020, Chamazi Stadium, Dar es Salaam; Referee: Alex Nsulumbi (Uganda)
Namungo FC Lindi - Al-Rabita FC Juma   **3-0(2-0)**
Namungo FC: Jonathan Nahimana, Miza Abdallah, Edward Charles Manyama, Kalos Kirenge, Steve Nzigamasabo, Lucas Kikoti, Hamisi Swalehe, Stephen Duah, Blaise Bigirimana (53.Shiza Kichuya), Stephen Sey, Sixtus Sabilo (74.Adam Salamba; 80.Fredy Tangalo).
Al-Rabita FC: Emmanuel John Augustino Gash, Abdu Awad Lemi, Henery Isaac Henry Ali, Emmanuel Thomas Subek Wani (81.Michael Thomas Sube Wali), Emmanuel Dario Raimond Wani (65.Emmanuel Wani Gworit Kenyi), Diing Tong, Sabir Lino Makana Bagazi, Emmanuel Fuli Faustino Odoriko, Barnaba Ijja Soroba Budia, Bobilo Rom Oteno Omon (57.Peter Michael Morris David), Munyang Joseph Karlo Ilemu. Trainer: Remzi Sebit.
Goals: Stephen Sey (20, 38), Shiza Kichuya (61).

06.12.2020, Chamazi Stadium, Dar es Salaam (Tanzania)
Al-Rabita FC Juma - Namungo FC Lindi   **Cancelled**
[Namungo FC Lindi won on walkover after Al-Rabita FC Juma were disqualified by CAF due to violation of regulations from the club and the South Sudan FA]

28.11.2020, Stade „Alphonse Massemba-Débat", Brazzaville
Referee: Tanguy Lopembe Tangi (D.R. Congo)
Étoile du Congo Brazzaville - FC Bravos do Maquis Luena   1-1(0-0)
Étoile du Congo: Chancel Massa Mohikola, Cervelie Ikouma Epoyo, Sagesse Babélé, Dorvel Dibékou, Julfin Ondongo, Willy Sagnol Degou, Cesair Dorlich Sydney Gandzé (52.Mignon Etou Mban), Joseph Mbangou, Moïse Justalain Nkounkou (84.Gedeon Madinga Kayala), Matheus Botamba (65.Gautrand Ngouonimba), Ferdinand Rochel Kivouri. Trainer: Barthélémy Ngatsono.
Bravos do Maquis: Agostinho José Júlio Calunga, Fabrício Mafuta, Gabriel Frederico Mussumari (Dieu Maquissossila David "Dié"), Manuel Jacinto Domingos „Lara", Bartolomeu Domingos da Costa „Tobias", Arão Manuel Loloǵe „Vivi", António da Silva Anato, Lourenço Cambiombo Sapalo Adriano, Felisberto Dala Sebastião „Dabanda" (66.Makusa Nzembele Mi José), Estevão Nassoma Ferreira, Mankoka Hegene Afonso „Benarfa" (67.Liliano Pedro).
Goals: Sagesse Babélé (63) / Felisberto Dala Sebastião „Dabanda" (53).

06.12.2020, Estádio dos Coqueiros, Luanda; Referee: Gift Chicco (Malawi)
FC Bravos do Maquis Luena - Étoile du Congo Brazzaville   0-0
Bravos do Maquis: Agostinho José Júlio Calunga, Fabrício Mafuta, Gabriel Frederico Mussumari (69.Sidnei dos Santos Reis Mariano), Joyce Lomalisa Mutambala, Manuel Jacinto Domingos „Lara", Arão Manuel Loloǵe „Vivi", António da Silva Anato, Lourenço Cambiombo Sapalo Adriano, Felisberto Dala Sebastião „Dabanda" (69.Liliano Pedro), Estevão Nassoma Ferreira, Mankoka Hegene Afonso „Benarfa" (55.Jacinto Bernardo Machado „Mayungo").
Étoile du Congo: Chancel Massa Mohikola, Cervelie Ikouma Epoyo, Sagesse Babélé, Dalvidi Ondzani, Dorvel Dibékou, Julfin Ondongo, Joseph Mbangou, Mignon Etou Mban (80.Christ Merveilles Kouvouama), Moïse Justalain Nkounkou (80.Van Feller Andzono), Gautrand Ngouonimba, Judea Mouandzibi (70.Saïra Issambet). Trainer: Barthélémy Ngatsono.
[FC Bravos do Maquis Luena won on away goals rule (1-1 on aggregate)]

28.11.2020, Intwari Stadium, Bujumbura; Referee: Elly Sasii (Tanzania)
Musongati FC Gitega - Green Eagles FC Choma   2-2(1-2)
Musongati FC: Ismail Wilonja, Emery Nimubona, Eric Ndizeye (74.Joseph Othieno), Moussa Muryango, Issa Nsabimana, Trésor Akimana (54.Selemani Halidi), Aaron Musore, Alberto Mushiga, Asmani Ntahobari (74.Amissi Irakoze), Sefu Ndizeye, Eddy Nibiibona.
Green Eagles: Allan Chibwe, Samson Manyepa, Alex Mwamba, Michael Mwenya, Warren Kunda, Joseph Kanema, Hosea Silwimba, Christopher Chola (66.Mathews Ngoma), Samson Chilupe, Lineker Mwikisa (84.Gozoon Mutale), Anos Tembo (66.Ronald Chibwe).
Goals: Eddy Nibiibona (24), Sefu Ndizeye (68) / Lineker Mwikisa (32), Hosea Silwimba (42).

06.12.2020, Nkoloma Stadium, Lusaka; Referee: Thulani Sibandze (Eswatini)
Green Eagles FC Choma - Musongati FC Gitega   2-1(1-1)
Green Eagles: Allan Chibwe, Andrew Kwiliko, Alex Mwamba, Michael Mwenya, Warren Kunda, Amity Shamende, Joseph Kanema (81.Jonathan Manongo), Hosea Silwimba, Samson Chilupe, Lineker Mwikisa (81.Ronald Chibwe), Shadreck Mulungwe (63.Anos Tembo).
Musongati FC: Laurent Sakubu, Emery Nimubona, Moussa Muryango, Joseph Othieno, Issa Nsabimana *[sent off 79]*, Aaron Musore, Alberto Mushiga, Yves Kireko (59.Trésor Akimana), Asmani Ntahobari, Sefu Ndizeye (59.Selemani Halidi), Eddy Nibiibona (78.Amissi Irakoze).
Goals: Lineker Mwikisa (39), Joseph Kanema (52) / Sefu Ndizeye (10).
[Green Eagles FC Choma won 4-3 on aggregate]

28.11.2020, Estadio de Mongomo, Mongomo; Referee: Esterline Género (São Tomé and Príncipe)
Futuro Kings FC Mongomo - Rivers United FC Port Harcourt   2-1(0-0)
Futuro Kings: delhbola Christophe Aïfimi, Igor Engonga Noval, Issa Hakizimana, Miguel Ángel Mayé Ngomo, Didac Ángel Devesa Albis (46.Pedro Oba Asu Mbegono; 90.Gerardo Dougan Esomba), Sibusiso Kumalo, Enrique Boula Senobua "Kike Seno" (79.Shasiri Nahimana), Nandji Zoumana Traore, Ibán Iyanga Travieso "Randy", José Nze Nsue, Grégoire Gael Nkama.
Rivers United: Ospina Egbe, Ifeanyi Anaemena, Enyinaya Kazie Godswill, Bamba Bakary, Austin Okechukwu Festus, Godwin Aguda, Nelson Esor-Bulunwo Okwa, Lookman Binuyo, Cletus Emotan Eba, Godwin Chika Okwara (85.Chigonum Beneth Ihunda), Abiodun Olalekan Adebayo (58.Malachi Ohawume). Trainer: Stanley Eguma.
Goals: Grégoire Gael Nkama (46, 65) / Godwin Aguda (88 penalty).

06.12.2020, „Adokiye Amiesimaka" Stadium, Port Harcourt; Referee: Charles Benle Bulu (Ghana)
Rivers United FC Port Harcourt - Futuro Kings FC   2-1(2-0,2-1,2-1); 2-0 on penalties
Rivers United: Ospina Egbe, Kunle Odunlami, Ifeanyi Anaemena, Enyinaya Kazie Godswill, Bamba Bakary, Godwin Aguda, Samson Kehinde Adedipe (58.Nelson Esor-Bulunwo Okwa), Lookman Binuyo, Cletus Emotan Eba, Micheal Gopey Stephen (90.Chigonum Beneth Ihunda), Malachi Ohawume (63.Bobby Clement). Trainer: Stanley Eguma.
Futuro Kings: Adelhbola Christophe Aïfimi, Igor Engonga Noval, Diosdado Mbele Mba Mangue (46.René Simon Mboundja Nanga), Issa Hakizimana, Miguel Ángel Mayé Ngomo, Miguel Ángel Nzang Nsue Ngui "Cristián", Didac Ángel Devesa Albis, Nandji Zoumana Traore (83.Shasiri Nahimana), Ibán Iyanga Travieso "Randy" (46.Pedro Oba Asu Mbegono), José Nze Nsue, Grégoire Gael Nkama.
Goals: Godwin Aguda (12), Samson Kehinde Adedipe (38) / Pedro Oba Asu Mbegono (52).
Penalties: Grégoire Gael Nkama (missed); Bamba Bakary 1-0; Shasiri Nahimana (saved); Chigonum Beneth Ihunda (saved); Miguel Ángel Mayé Ngomo (saved); Enyinaya Kazie Godswill (missed); Didac Ángel Devesa Albis (missed); Kunle Odunlami 2-0.
[Rivers United FC Port Harcourt won 2-0 on penalties (after 3-3 on aggregate)]

29.11.2020, Stade du 26 Mars, Bamako; Referee: Fabricio Duarte (Cape Verde)
Yeelen Olympique Bamako - US Gendarmerie Nationale Niamey   0-1(0-0)
Yeelen Olympique: Kalilou Traoré, Mahamadou Camara, Modibo Sissoko, Amadou Kone, Yaya Sangare, Oumar Maiga, Mohamed Sanogo, Joel Aka Ndri (72.Issa Djiguiba), Ismaeil Diabate, Bassekou Diabate (85.Youssouf Traoré), Kenan Glougbe (63.Nouhoum Cisse).
USGN: Oumarou Soumaila, Abdoul Razak Seyni, Idris Ahmed, Aboubacar Billo, Mohamed Karimou, Abdoul Moumouni Amadou Darankoum (83.Alio Maman Sani Daddy), Oumarou Chaibou Abdel Nasser, Hinsa Issoufou, Abdou Fataou Adjana (75.Wilfred Gbeuli), Ogadinma Saviour Ogbonna, Doe Domenyo (83.Ismael Mahamadou Moussa).
Goal: Hinsa Issoufou (48 penalty).

05.12.2020, Stade „Général Seyni Kountché", Niamey; Referee: Daniel Luc Kassa (Benin)
US Gendarmerie Nationale Niamey - Yeelen Olympique Bamako   1-1(1-1)
USGN: Oumarou Soumaila, Abdoul Razak Seyni (81.Ousmane Lalo Abdoul Wahab), Idris Ahmed, Aboubacar Billo, Mohamed Karimou, Abdoul Moumouni Amadou Darankoum, Oumarou Chaibou Abdel Nasser, Hinsa Issoufou, Abdou Fataou Adjana (63.Nwauku Enyinnaya Wisdom), Ogadinma Saviour Ogbonna, Doe Domenyo (58.Ismael Mahamadou Moussa).
Yeelen Olympique: Kalilou Traoré, Mahamadou Camara, Modibo Sissoko, Amadou Kone [*sent off 69*], Yaya Sangare, Oumar Maiga, Mohamed Sanogo, Issa Djiguiba (65.Sidy Diarra), Diadié Samadiaré, Bassekou Diabate (82.Ismaeil Diabate), Kenan Glougbe (79.Joel Aka Ndri).
Goals: Ogadinma Saviour Ogbonna (10) / Bassekou Diabate (33 penalty).
[US Gendarmerie Nationale Niamey won 2-1 on aggregate]

29.11.2020, Stade de Moroni, Moroni; Referee: Abdoul Ohabee Kanoso (Madagascar)
Ngazi Club de Mirontsy - NAPSA Stars FC Lusaka   **1-5(0-1)**
Ngazi Club: Mihissoini Anisse, Salif Djaloudi, Tamime Tarek, Oihilou Mohamed (46.Mamelontsoa Mamelontsoa), Ramanasoa Andriamanalina, Roger Malazamanana (36.Marianot Raharinjatovo), Kanoty Keba Tombo, Batomanga Corin, Antoisse Naimdine, Abderemane Faissoil, Mahmoud Soumaila (46.Mohamed Anzilene).
NAPSA Stars: Shaban Odhoji, Bornwell Silengo, Luka Banda, Luka Ng'uni, Aaron Kabwe, Jacob Ngulube, Dickson Chapa, Daniel Adoko, Simon Nkhata (41.Austine Banda), Laudit Mavugo (57.Emmanuel Mayuka), Timothy Otieno (57.Danny Silavwe). Trainer: Mohamed Fathi (Egypt).
Goals: Marianot Raharinjatovo (87) / Timothy Otieno (6), Danny Silavwe (61, 64), Emmanuel Mayuka (75), Jacob Ngulube (90+2).

05.12.2020, National Heroes Stadium, Lusaka; Referee: Brighton Chimene (Zimbabwe)
NAPSA Stars FC Lusaka - Ngazi Club de Mirontsy   **4-1(2-1)**
NAPSA Stars: Shaban Odhoji, Bornwell Silengo, Luka Banda, Luka Ng'uni, Aaron Kabwe (86.Amos Simwanza), Jacob Ngulube (78.Mumba Mwape), Danny Silavwe, Dickson Chapa, Daniel Adoko, Emmanuel Mayuka, Timothy Otieno (61.Chanda Mushili). Trainer: Mohamed Fathi (Egypt).
Ngazi Club: Mihissoini Anisse [*sent off 6*], Mamelontsoa Mamelontsoa, Tamime Tarek, Mohamed Rachidi, Kely Ranaivoson, Kanoty Keba Tombo (78.Ramanasoa Andriamanalina), Marianot Raharinjatovo (10.Ibrahim Soihifi), Batomanga Corin, Antoisse Naimdine, Mohamed Anzilene, Daxy Harimbola (67.Abderemane Faissoil).
Goals: Emmanuel Mayuka (29), Jacob Ngulube (45), Daniel Adoko (70), Chanda Mushili (72) / B. Corin (35 penalty).
[NAPSA Stars FC Lusaka won 9-2 on aggregate]

29.11.2020, "Len Clay" Stadium, Obuasi; Referee: Issa Mouhamed (Benin)
Ashanti Gold SC Obuasi - Salitas FC Ougadougou   **0-0**
Ashanti Gold: Robert Dabuo, Richard Osei Agyemang, Kwadwo Amoako, Dacosta Ampem, Hans Kwofie, Amos Addai (68.Mark Agyekum), Roland Amouzou (86.Abdul Bashiru), Maccarthy Appiah, David Sandan Abagna, Eric Esso, Yaw Annor (75.Amos Nkrumah). Trainer: Bashir Hayford.
Salitas FC: Rabin Sanon, Biassoum Coulibaly, Somgogma Nikièma, Polo Nartey Amanor, Pierre Kabore (50.Olivier Boissy), Michel Aouba, Daniel Ouedraogo ,Kalifa Nikièma, Omar Kaboré (66.Michel Batiebo), Halipha Sedogo (65.Cheick Traoré), Elliass Dianda. Trainer: Ladji Coulibaly.

05.12.2020, Stade du 4 Août, Ouagadougou; Referee: Abubakar Abdullahi (Nigeria)
Salitas FC Ougadougou - Ashanti Gold SC Obuasi   **2-1(2-1)**
Salitas FC: Rabin Sanon, Biassoum Coulibaly, Somgogma Nikièma, Polo Nartey Amanor, Michel Aouba, Daniel Ouedraogo, Kalifa Nikièma, Omar Kaboré, Elliass Dianda, Cheick Traoré (89.Aboubacar Sidiki Traoré), Olivier Boissy (83.Michel Batiebo). Trainer: Ladji Coulibaly.
Ashanti Gold: Mohamed Bailou, Richard Osei Agyemang, Abdul Bashiru (65.Roland Amouzou), Kwadwo Amoako, Kwame Moses, Hans Kwofie, Maccarthy Appiah, David Sandan Abagna, Eric Esso (89.Amos Nkrumah), Yaw Annor (75.Amos Addai), Mark Agyekum. Trainer: Bashir Hayford.
Goals: Olivier Boissy (12, 44) / David Sandan Abagna (45).
[Salitas FC Ougadougou won 2-1 on aggregate]

29.11.2020, Stade "Joseph-Kabila", Kindu; Referee: Justus Mbelle (Cameroon)
AS Maniema Union Kindu - Bloemfontein Celtic FC   0-2(0-2)
AS Maniema: Jackson Lunanga Kyalemaninwa, Atibu Radjabu, Sefu Masumbuko, Bonaventure Mbuka, Steve Ghebelo Ebuela, Mosengo Tansele (75.Heritier Lote Imana), Mercey Ngimbi Mvumbi, Nzengeli Mpia, Mbiyeye Bisamuna, Vuvu Pinoki (31.Likwela Yelemaya), Lofete Bahoso (53.Agee Basiala Amongo).
Bloemfontein Celtic: Mondli Mpoto, Mokone Mereko, Mpusana Tani, Aviwe Nyamende, Jabulani Nkosingiphile Ncobeni (80.Sera Motebang), Thato Lingwati, Sello Matjila, Menzi Ndwandwe, Shadrack Kobedi (80.Robert Smith), Harris Brandt Tchilimbou Mavoungou, Tumelo Njoti (69.Kgotso Mofokeng). Trainer: John Maduka (Malawi).
Goals: Harris Brandt Tchilimbou Mavoungou (6), Menzi Ndwandwe (8).

05.12.2020, „Dr. Petrus Molemela" Stadium, Bloemfontein; Referee: Simoes Guambe (Mozambique)
Bloemfontein Celtic FC - AS Maniema Union Kindu   0-2(0-1,0-2,0-2); 3-2 on penalties
Bloemfontein Celtic: Mondli Mpoto, Ryan De Jongh (46.Jabulani Nkosingiphile Ncobeni), Mokone Mereko, Mpusana Tani, Aviwe Nyamende, Siphelele Luthuli, Thato Lingwati, Menzi Ndwandwe, Shadrack Kobedi, Tumelo Mangweni (46.Sello Matjila), Harris Brandt Tchilimbou Mavoungou. Trainer: John Maduka (Malawi).
AS Maniema: Jackson Lunanga Kyalemaninwa, Atibu Radjabu, Moseli Monzale, Steve Ghebelo Ebuela, Abadi Masudi Mercey Ngimbi Mvumbi, Nzengeli Mpia (85.Vuvu Pinoki), Likwela Yelemaya (69.Moussa Aruna), Mbiyeye Bisamuna, Agee Basiala Amongo, Lema Sukama (85.Mosengo Tansele).
Goals: Agee Basiala Amongo (37), Likwela Yelemaya (48).
Penalties: Mosengo Tansele 0-1; Mokone Mereko 1-1; Agee Basiala Amongo (saved); Harris Brandt Tchilimbou Mavoungou (missed); Mercey Ngimbi Mvumbi (missed); Siphelele Luthuli 2-1; Moussa Aruna 2-2; Menzi Ndwandwe 3-2; Moseli Monzale (missed).
[Bloemfontein Celtic FC won 3-2 on penalties (after 2-2 on aggregate)]

29.11.2020, National Stadium, Gaborone; Referee: Thando Ndzandzeka (South Africa)
Orapa United FC - AS Kigali   2-1(2-0)
Orapa United: Lesenya Malapela, Oabile Makopo, Mooketsi Hlabano, Thato Seagateng (65.Thabang Lopang Mosige), Norman Mabaya, Gape Gaogangwe, Allen Ndodole (79.Lawrence Nduga), Wabuya Aebe (60.Omaatla Kebatho), Mpho Kgaswane, Onkabetse Makgantai, Elias Mbatshi.
AS Kigali: Jean-Luc Eric Bakame Ndayishimiye, Michel Rusheshangoga (74.Tumaine Ntamuhanga), Emery Bayisenge, Mossi Rurangwa, Hassan Rugirayabo, Hussein Shabani, Rachid Kalisa, Muhadjiri Hakizimana (83.Sudi Abdallah), Eric Nsabimana, Abeddy Biramahire (46.Pierre Kwizera), Abubakar Lawal. Trainer: Eric Nshimiyimana.
Goals: Norman Mabaya (13), Elias Mbatshi (20) / Abubakar Lawal (58).

06.12.2020, Nyamirambo Regional Stadium, Kigali; Referee: Haileyesus Bazezew (Ethiopia)
AS Kigali - Orapa United FC   1-0(0-0)
AS Kigali: Shamiru Batte, Emery Bayisenge, Hassan Rugirayabo, Christian Ishimwe (89.Jean-Luc Eric Bakame Ndayishimiye), Tumaine Ntamuhanga (46.Alex Orotomal), Hussein Shabani, Rachid Kalisa, Muhadjiri Hakizimana, Hassan Karera, Eric Nsabimana, Abubakar Lawal. Trainer: Eric Nshimiyimana.
Orapa United: Lesenya Malapela, Thabang Lopang Mosige, Oabile Makopo, Mooketsi Hlabano, Norman Mabaya, Gape Gaogangwe, Onkabetse Makgantai (82.Allen Ndodole), Omaatla Kebatho, Mpho Kgaswane, Elias Mbatshi, Tapiwa Nyamanjiva.
Goal: Abubakar Lawal (89).
[AS Kigali won on away goals rule (2-2 on aggregate)]

29.11.2020, Stade de Kégué, Lomé; Referee: Ali Mahaman (Niger)
Unisport de Sokodé - Coton Sport FC de Garoua   0-2(0-1)
Unisport: Nouridine Yakoubou, Said Yondou, Nabilou Ouro-Madeli, Ibrahima Ouroubou, Amoudane Ouro-Ayeva, Kayode Kpakpatrou, Fousséni Rafiou (64.Darou Ouro-Kefia), Fabrice Nenie Innocent Akpovo (64.Farouk Mamah), Abdou Tchabalandja (90.Mohamed Tchagbeleou), Yekini Maman-Zougou, Abdou-Bastou Madougou.
Coton Sport: Narcisse Junior Nlend, Salomon Charles Bienvenue Banga Bindjeme, Hervé Ngomo Takougoum, Hassana Abbo Mamoudou, Boubkari Dairou, Thierry Tchuenté (86.Ngoni Ali), Sibiri Arnaud Sanou, Félix Oukiné Tcheoude, Pierre Francis Baliang (62.Richard Fabrice Ebongue), Lambert Gueme Araina (74.Kamilou Daouda), Souaibou Marou. Trainer: Aboubakar Souleymanou.
Goals: Souaibou Marou (34), Lambert Gueme Araina (49).

06.12.2020, Stade „Roumdé Adjia", Garoua; Referee: Pousri Alfred (Chad)
Coton Sport FC de Garoua - Unisport de Sokodé   0-1(0-0)
Coton Sport: Narcisse Junior Nlend, Salomon Charles Bienvenue Banga Bindjeme, Hervé Ngomo Takougoum, Hassana Abbo Mamoudou, Boubkari Dairou, Thierry Tchuenté (63.Richard Fabrice Ebongue), Sibiri Arnaud Sanou, Félix Oukiné Tcheoude, Pierre Francis Baliang (89.Youssoufa Maikano Youssoufa), Lambert Gueme Araina (63.Ferdel Archange Ebandza Dzo), Souaibou Marou. Trainer: Aboubakar Souleymanou.
Unisport: Nouridine Yakoubou, Said Yondou, Ibrahima Ouroubou (52.Farouk Mamah), Amoudane Ouro-Ayeva, Kayode Kpakpatrou, Moutelebi Ouro-Wetchire, Abdou Tchabalandja, Seidou-Nour Nekere, Alhassan Ekililou, Abdou-Bastou Madougou (90.Darou Ouro-Kefia), Gafarou Yacoubou (52.Mohamed Tchagbeleou).
Goal: Amoudane Ouro-Ayeva (46).
[Coton Sport FC de Garoua won 2-1 on aggregate]

FIRST ROUND

22.12.2020, Stade „Général Seyni Kountché", Niamey; Referee: Quadri Adebimpe (Nigeria)
US Gendarmerie Nationale Niamey - Jeunesse Sportive de Kabylie Tizi-Ouzou   1-2(1-1)
USGN: Oumarou Soumaila, Abdoul Razak Seyni, Idris Ahmed, Mohamed Karimou (57.Hassan Seidou Boubacar), Abdulhamid Abdullahi (78.Aboubacar Billo), Abdoul Moumouni Amadou Darankoum, Oumarou Chaibou Abdel Nasser (47.Abdoul Aziz Nomao), Abdou Fataou Adjana, Wilfred Gbeuli, Ogadinma Saviour Ogbonna, Doe Domenyo.
JS Kabylie: Mohamed Idir Hadid, Mohamed Walid Bencherifa, Bilal Tizi Bouali, Ahmed Ait Abdessalem, Badreddine Souyad, Malik Raiah, Mohamed Benchaïra, Ammar El Orfi, Rezki Hamroune (46.Aziz Benabdi), Choukri Kaddour Chérif (65.Abdelmoumen Chikhi), Rédha Bensayah (77.Massinissa Nezla). Trainer: Youcef Bouzidi.
Goals: Abdoul Moumouni Amadou Darankoum (34 penalty) / Rédha Bensayah (25), Massinissa Nezla (88).

05.01.2021, Stade du 1er Novembre 1954, Tizi Ouzou; Referee: Mohamed Agha (Libya)
Jeunesse Sportive de Kabylie Tizi-Ouzou - US Gendarmerie Nationale Niamey   2-0(1-0)
JS Kabylie: Mohamed Idir Hadid, Mohamed Walid Bencherifa, Bilal Tizi Bouali, Ahmed Ait Abdessalem, Badreddine Souyad, Abdessamad Bounoua (46.Juba Oukaci), Malik Raiah (57.Hadj Habib Said Fellahi), Ammar El Orfi, Aziz Benabdi, Choukri Kaddour Chérif (57.Zakaría Boulahia), Rédha Bensayah. Trainer: Youcef Bouzidi.
USGN: Saidu Hamisu, Abdoul Razak Seyni, Idris Ahmed, Hassan Seidou Boubacar (61.Mohamed Karimou), Abdulhamid Abdullahi, Abdoul Moumouni Amadou Darankoum, Ismael Mahamadou Moussa (77.Abdoul Aziz Nomao), Hinsa Issoufou, Abdou Fataou Adjana (84.Moussa Kassa Moudou), Ogadinma Saviour Ogbonna, Doe Domenyo.
Goals: Rédha Bensayah (5), Juba Oukaci (64).
[Jeunesse Sportive de Kabylie Tizi-Ouzou won 4-1 on aggregate]

22.12.2020, Alexandria Stadium, Alexandria (Egypt); Referee: Rédouane Jiyed (Morocco)
Al Ittihad SCSC Tripoli - Pyramids FC Cairo   **0-1(0-0)**
Al Ittihad Tripoli: Muad Allafi, Suhib Sulaiman Shafshuf, Naji Dura, Abdelaziz Ali, Sanad Ali, Elmehdi Mohamed Elhouni, Rabia Ramadan Abdelsalam Al Shadi, Ali Mansor (57.Emran Salih), Ali Mohammed (76.Yousef Aijbali), Muad Eisay, Omar Alkhja (76.Abdelmalek Abid). Trainer: Osama Abu Baker.
Pyramids: Sherif Ekramy Ahmed, Ahmed Samy Saad, Ali Gabr Gabr Mossad, Omar Mahmoud Sayed Gaber, Tarek Taha Abdulhamid, Abdallah Mahmoud El Said Mohamed Bekhit, Ahmed Hassan Tawfik, Eric Traoré (46.Islam Issa Attia; 67.Mahmoud Manar Wadi), Ramadan Sobhi Ramadan Ahmed, Nabil Emad, John Antwi (77.Ahmed Fathi Abdelmonem). Trainer: Rodolfo Martín Arruabarrena (Argentina).
Goal: John Antwi (55).

05.01.2021, 30 June Stadium, Cairo; Referee: Haythem Guirat (Tunisia)
Pyramids FC Cairo - Al Ittihad SCSC Tripoli   **3-2(3-1)**
Pyramids: Sherif Ekramy Ahmed, Ahmed Fathi Abdelmonem (70.Ahmed Hassan Tawfik), Ali Gabr Gabr Mossad, Omar Mahmoud Sayed Gaber, Ahmed Ayman Mansour, Mohamed Hamdi Sharf Edin, Abdallah Mahmoud El Said Mohamed Bekhit (61.Ibrahim Adel Ali Mohamed Hassan), Eric Traoré, Ramadan Sobhi Ramadan Ahmed (73.Mahmoud Manar Wadi), Mohamed Essam El Gabbas, Islam Issa Attia. Trainer: Rodolfo Martín Arruabarrena (Argentina).
Al Ittihad Tripoli: Muad Allafi, Suhib Sulaiman Shafshuf, Naji Dura, Abdelaziz Ali, Abdulrahim Triki, Sanad Ali (46.Bashier Al Karami), Elmehdi Mohamed Elhouni (75.Talal Taher Farhat), Rabia Ramadan Abdelsalam Al Shadi, Ali Mohammed, Muad Eisay, Omar Alkhja (46.Yousef Aijbali). Trainer: Osama Abu Baker.
Goals: Abdallah Mahmoud El Said Mohamed Bekhit (23 penalty), Eric Traoré (27), Mohamed Essam El Gabbas (36) / Ali Mohammed (3), Emran Salih (90).
[Pyramids FC Cairo won 4-2 on aggregate]

22.12.2020, „Osman Ahmed Osman" Stadium, Cairo; Referee: Abdulrazig Ahmed (Libya)
Al-Moqawloon al-Arab Nasr City - Étoile Sportive du Sahel Sousse   **0-0**
Al-Moqawloon: Hassan Mahmoud Shahin, Farouck Kabore, Hassan Ali Abdulrazek El Shamy, Amir Mohamed Ahmoud Abed, Khaled El Husseini (73.Karim Mostafa Mohammed Abdelaleem), Ibrahim Salah Abdelfattah, Ahmed Shokry Abdelraouf Ali Khalifa (46.Luis Edward Hinestroza Córdoba), Youssef El Gohary (84.Wassim Naghmouchi), Mohamed Magli, Mohamed Essam, Mohamed Salem Aly Abdelkhader. Trainer: Emad El Nahhas.
ES Sahel: Aymen Mathlouthi, Saddam Ben Aziza, Salah Harrabi, Yacine Chikhaoui (64.Aymen Sfaxi), Mortadha Ben Ouanes, Salim Boukhenchouche, Mohamed Amine Ben Amor, Darwin Jesús González Mendoza (80.Fraj Kayramani), Wajdi Kechrida, Souleymane Coulibaly (88.Malek Baayou), Redouane Zerdoum. Trainer: Jorvan Vieira (Brazil).

06.01.2021, Stade "Mustapha Ben Jannet", Monastir; Referee: Noureddine El Jaafari (Morocco)
Étoile Sportive du Sahel Sousse - Al-Moqawloon al-Arab Nasr City   **2-1(1-0)**
ES Sahel: Rami Gabsi, Mohamed Konaté, Saddam Ben Aziza, Yacine Chikhaoui (46.Darwin Jesús González Mendoza; 90+3.Abdelrazek Bouazra), Hamza Lahmar (76.Fakhreddine Ouji), Mortadha Ben Ouanes, Salim Boukhenchouche, Wajdi Kechrida, Ayoub Ayed, Souleymane Coulibaly, Redouane Zerdoum. Trainer: Jorvan Vieira (Brazil).
Al-Moqawloon: Hassan Mahmoud Shahin, Mohamed Samir Thabet Abd Elrehem, Farouck Kabore, Hassan Ali Abdulrazek El Shamy, Amir Mohamed Ahmoud Abed, Wassim Naghmouchi (90+3.Ahmed Shokry Abdelraouf Ali Khalifa), Luis Edward Hinestroza Córdoba, Youssef El Gohary, Mohamed Magli, Seifeddine Jaziri (79.Haythem Jouini), Mohamed Essam (90+3.Ahmed Magdy Mohamed). Trainer: Emad El Nahhas. [*Please note: Ahmed Mohamed El Sheimy were sent off on the bench (90)*].
Goals: Souleymane Coulibaly (22, 87 penalty) / Seifeddine Jaziri (51).
[Étoile Sportive du Sahel Sousse won 2-1 on aggregate]

22.12.2020, Estádio dos Coqueiros, Luanda; Referee: Audrick Nkole (Zambia)
GD Sagrada Esperança Dundo - Orlando Pirates FC Johannesburg   0-1(0-0)
Sagrada Esperança: João Baptista Missenga de Nascimento "Jotabé Missenga", Kialonda Gaspar, Luís Bumba Tati, Marcos Pedro Júnior "Djó", Manuel Ngalula Salló Cunha "Lulas", Simone Eduardo Assa Miranda "Lépua", Gervásio Domingos Calela "Muenho", Beni Kimbi Fua (70.Savané Aly Touré), Mateus Gaspar Domingos (46.Jorge Mendes Corte Real Carneiro "Karanga"), Joaquim Cristóvão Paciência "Jó Paciência" (60.Pedro Henrique Cortes Oliveira Góis), Joseph Femi Olatubosun.
Orlando Pirates: Wayne Sandilands, Ntsikelelo Nyauza, Paseka Mako, Bongani Sam, Wayde Jooste (46.Thabiso Monyane), Linda Mntambo (46.Jean-Marc Makusu), Fortune Makaringe, Siphesihle Ndlovu, Thembinkosi Lorch, Patrick Hellings Gabadini Mhango, Terrence Dzvukamanja (72.Austin Muwowo). Trainer: Josef Zinnbauer (Germany).
Goal: Thembinkosi Lorch (73).

06.01.2021, Johannesburg Stadium, Johannesburg
Orlando Pirates FC Johannesburg - GD Sagrada Esperança Dundo   Cancelled
[Orlando Pirates FC Johannesburg won on walkover after GD Sagrada Esperança Dundo withdrew from the second leg in South Africa citing health concerns caused due to the new COVID-19 variant]

22.12.2020, National Heroes Stadium, Lusaka; Referee: Gift Chicco (Malawi)
NAPSA Stars FC Lusaka - Clube União Desportiva de Songo   0-0
NAPSA Stars: Rabson Muchelenganga, Lawrence Chungu, Luka Banda, Aaron Kabwe, Amos Simwanza, Jacob Ngulube, Austine Banda (71.Chanda Mushili), Dickson Chapa, Daniel Adoko, Laudit Mavugo (59.Emmanuel Mayuka), Timothy Otieno (41.Danny Silavwe). Trainer: Mohamed Fathi (Egypt).
UD Songo: Valério Roberto Macuacua, Thomas Nyirenda, Sidique Sataca Ismel Mussagi, Bheu António Januário, Carlos Pascoal Amorim, Infren da Conceição David Matola „Nanani", John Banda (56.Jimmy Julio Ukonde), Schumacher Kuwali (46.Elias Paulo Macamo), Amade Momade "Amadú", Daúdo Abacar Alufane (85.Agenor da Conceição Zeca Sande), Belito António. Trainer: Nacir Armando.

06.01.2021, Estádio do Ferroviário, Beira; Referee: Lebalang Mokete (Lesotho)
Clube União Desportiva de Songo - NAPSA Stars FC Lusaka   1-1(1-0)
UD Songo: Valério Roberto Macuacua, Thomas Nyirenda, Sidique Sataca Ismel Mussagi, Bheu António Januário, Carlos Pascoal Amorim, Infren da Conceição David Matola "Nanani" (83.Inácio Fernandes Dias Chitunco "Tico"), Schumacher Kuwali, Elias Paulo Macamo (46.Belito António), Amade Momade "Amadú", Daúdo Abacar Alufane, Pachoio Lau Há King (72.John Banda). Trainer: Nacir Armando.
NAPSA Stars: Shaban Odhoji, Bornwell Silengo (71.Lawrence Chungu), Luka Banda, Luka Ng'uni, Amos Simwanza, Jacob Ngulube, Danny Silavwe, Austine Banda, Dickson Chapa, Daniel Adoko (43.Chanda Mushili), Bornwell Mwape (71.Emmanuel Mayuka). Trainer: Mohamed Fathi (Egypt).
Goals: Pachoio Lau Há King (22) / Emmanuel Mayuka (75).
[NAPSA Stars FC Lusaka won on away goals rule (1-1 on aggregate)]

22.12.2020, Al Hilal Stadium, Omdurman; Referee: Souleiman Ahmed Djama (Djibouti)
Al Amal SC Atbara - Salitas FC Ougadougou   0-1(0-1)
Al Amal: Akram El Hadi Salim, David Omot Sebit, Mustafa Aldhu Suleiman, Yasser Abdullah Adam, Abden Ismayl Toto Koko, Aluck Akech Mabior, Ibrahm Gaffer Ibrahim, Abualgasim Abdelal Hassan (46.Sideeg Alhaj Gamar), Gomaa Abbas Omer, Adil Mohamed El Tahir, Bhaa Eldin Hussein (46.Ahmed Elsadeig Ali Hussein).
Salitas FC: Rabin Sanon, Biassoum Coulibaly, Somgogma Nikièma, Polo Nartey Amanor, Michel Aouba (54.Bagbema Barro), Daniel Ouedraogo, Aboubacar Sidiki Traoré (84.Aboubacar Barro), Sami Hien, Kalifa Nikièma, Elliass Dianda (84.Michel Batiebo), Olivier Boissy. Trainer: Ladji Coulibaly.
Goal: Olivier Boissy (11).

06.01.2021, Stade du 4 Août, Ouagadougou; Referee: Mohamed Ali Moussa (Niger)
Salitas FC Ougadougou - Al Amal SC Atbara   **2-0(2-0)**
Salitas FC: Rabin Sanon, Somgogma Nikièma, Polo Nartey Amanor, Michel Aouba, Daniel Ouedraogo, Aboubacar Sidiki Traoré (78.Pierre Kabore), Aboubacar Barro, Sami Hien, Kalifa Nikièma, Elliass Dianda (86.Dylann Kam), Olivier Boissy (63.Michel Batiebo). Trainer: Ladji Coulibaly.
Al Amal: Akram El Hadi Salim, David Omot Sebit, Mustafa Aldhu Suleiman, Yasser Abdullah Adam, Abden Ismayl Toto Koko, Ibrahm Gaffer Ibrahim, Abualgasim Abdelal Hassan, Elamin Sayed Hamid Ismail, Ahmed Elsadeig Ali Hussein (84.Aluck Akech Mabior), Sideeg Alhaj Gamar (65.Bhaa Eldin Hussein), Adil Mohamed El Tahir (46.Mugahid Abbas Akoia).
Goals: Michel Aouba (7), Kalifa Nikièma (45).
[Salitas FC Ougadougou won 3-0 on aggregate]

23.12.2020, Stade Omnisports „Idriss Mahamat Ouya", N'Djamena
Referee: André Kolissala (Central African Republic)
Renaissance FC N'Djamena - Entente Sportive de Sétif   **Cancelled**

05.01.2021, Stade 8 Mai 1945, Sétif
Entente Sportive de Sétif - Renaissance FC N'Djamena   **Cancelled**
[Entente Sportive de Sétif won on walkover after Renaissance FC N'Djamena were disqualified by CAF for failing to appear for the first leg]

23.12.2020, Chamazi Stadium, Dar es Salaam; Referee: Hassan Mohammed Hagi (Somalia)
Namungo FC Lindi - Al Hilal SC Al Ubayyid   **2-0(2-0)**
Namungo FC: Jonathan Nahimana, Miza Abdallah, Edward Charles Manyama, Kalos Kirenge, Steve Nzigamasabo (79.Fredy Tangalo), Lucas Kikoti, Hamisi Swalehe, Stephen Duah, Hashim Manyanya (34.Shiza Kichuya), Stephen Sey, Sixtus Sabilo (64.Blaise Bigirimana).
Al Hilal SC: Younis Eltayeb Ali, Muhamed Hagar Ali Tairab, Abdelftah Mohamed Zein, Saif Aldeen Bala Tabaldi Ibrahim (79.Shamseldin Ali Abdalla Khamis), Amr Mubarak Abdalla Ali, Amin Ibrahim Anklo El Mani (75.Musab Ahmed Alshareif Eisa), Hassan Koko Albasha Elzubair, Vitalise Fuh Bang, Ibrahim Mohamed Ali, Muhannad El Tahir Osman, Anwar Sadat (75.Mahir Osman Idriss Faid).
Goals: Sixtus Sabilo (13), Stephen Sey (31).

05.01.2021, Al Hilal Stadium, Omdurman; Referee: Ali Sabila Chelangat (Uganda)
Al Hilal SC Al Ubayyid - Namungo FC Lindi   **3-3(3-2)**
Al Hilal SC: Awad Elkarim Kafi Gaiddoum, Ahmed Abdallah Adam Dofr (74.Maaz Khames Beraima Akon), Yousif Ali Mohamed Ibrahim, Ali Khalaf Alla Omer, Saif Aldeen Bala Tabaldi Ibrahim, Shamseldin Ali Abdalla Khamis, Hassan Koko Albasha Elzubair, Ibrahim Mohamed Ali (55.Muhannad El Tahir Osman), Mahir Osman Idriss Faid (74.Amin Ibrahim Anklo El Mani), Musab Ahmed Al Shareif Eisa *[sent off 22]*, Anwar Sadat.
Namungo FC: Jonathan Nahimana, Haruna Shamte, Edward Charles Manyama, Kalos Kirenge, Lucas Kikoti, Hamisi Swalehe, Fredy Tangalo (75.Frank Magingi), Stephen Duah, Blaise Bigirimana (84.Shiza Kichuya), Stephen Sey, Sixtus Sabilo (67.Iddi Kipagwile). Trainer: Hemed Suleiman.
Goals: Musab Ahmed Al Shareif Eisa (12), Ibrahim Mohamed Ali (13), Musab Ahmed Al Shareif Eisa (19) / Stephen Sey (2), Blaise Bigirimana (38), Edward Charles Manyama (50).
[Namungo FC Lindi won 5-3 on aggregate]

23.12.2020, Estádio dos Coqueiros, Luanda; Referee: Eugene Mdluli (South Africa)
FC Bravos do Maquis Luena - DC Motema Pembe Kinshasa   **0-1(0-0)**
Bravos do Maquis: Agostinho José Júlio Calunga, Fabrício Mafuta, Joyce Lomalisa Mutambala, Manuel Jacinto Domingos „Lara", Bartolomeu Domingos da Costa „Tobias", Arão Manuel Loloģe „Vivi", Sidnei dos Santos Reis Mariano, António da Silva Anato (42.Estevão Nassoma Ferreira), Lourenço Cambiombo Sapalo Adriano, Felisberto Dala Sebastião „Dabanda" (87.José Belchior Nejó Maninita "Chole"), Mankoka Hegene Afonso „Benarfa" (87.Maurício Dembe Macosso "Zeca").
Motema Pembe: Barel Morial Mouko, Christian Ngimbi Mapangu, Dezy Mbomba (90.Godfrey Isaac Ogbonna), Christian Kayembe Ndotoni, Enoch Inonga Baka, Apianom Kasereka, Doxa Gikanji, Junior Abou Koné, Kadima Kabangu, Nkongo Bayindula (63.Seda Héritier Ngouelou), Kimvuidi Keikie Karim (90.Broulaye Seydou Sidibe). Trainer: Isaac N´Gata.
Goal: Christian Ngimbi Mapangu (90).

05.01.2021, Stade des Martyrs, Kinshasa; Referee: Ahmat Hassane (Chad)
DC Motema Pembe Kinshasa - FC Bravos do Maquis Luena   **2-1(0-0)**
Motema Pembe: Barel Morial Mouko, Christian Ngimbi Mapangu, Dezy Mbomba, Christian Kayembe Ndotoni, Enoch Inonga Baka, Apianom Kasereka, Doxa Gikanji, Junior Abou Koné (82.Nkongo Bayindula), William Likuta Luezi, Kadima Kabangu (69.Broulaye Seydou Sidibe), Kimvuidi Keikie Karim (82.Pumba Kaniki). Trainer: Isaac N´Gata.
Bravos do Maquis: Agostinho José Júlio Calunga, Fabrício Mafuta, Gabriel Frederico Mussumari (73.Messias Pires Neves), Joyce Lomalisa Mutambala, Manuel Jacinto Domingos „Lara" (57.Makusa Nzembele Mi José), Arão Manuel Loloģe „Vivi", António da Silva Anato (73.Maurício Dembe Macosso "Zeca"), Lourenço Cambiombo Sapalo Adriano, Felisberto Dala Sebastião „Dabanda", Estevão Nassoma Ferreira, Mankoka Hegene Afonso „Benarfa".
Goals: Kadima Kabangu (58), Pumba Kaniki (84) / Lourenço Cambiombo Sapalo Adriano (89 penalty).
[DC Motema Pembe Kinshasa won 3-1 on aggregate]

23.12.2020, Nkoloma Stadium, Lusaka; Referee: Thulani Sibandze (Eswatini)
Green Eagles FC Choma - Coton Sport FC de Garoua   **0-2(0-0)**
Green Eagles: Allan Chibwe, Boniface Sunzu, Alex Mwamba (70.George Chaloba), Michael Mwenya, Warren Kunda, Amity Shamende, Gozoon Mutale (56.Godwin Chipanama), Hosea Silwimba, Christopher Chola (56.Anos Tembo), Lineker Mwikisa, Shadreck Mulungwe.
Coton Sport: Narcisse Junior Nlend, Salomon Charles Bienvenue Banga Bindjeme, Houzaifi Youssoufa, Hassana Abbo Mamoudou, Pierre François Aurelien Etame Ngombe Matanda, Thierry Tchuenté, Sibiri Arnaud Sanou, Félix Oukiné Tcheoude, Lambert Gueme Araina (82.Kamilou Daouda), Souaibou Marou (82.Ngoni Ali), Lionel Abate Etoundi (54.Thomas Bawak Etta). Trainer: Aboubakar Souleymanou.
Goals: Félix Oukiné Tcheoude (46), Thierry Tchuenté (63 penalty).

05.01.2021, Stade „Roumdé Adjia", Garoua; Referee: Kabanga Malala (D.R. Congo)
Coton Sport FC de Garoua - Green Eagles FC Choma   **1-0(1-0)**
Coton Sport: Narcisse Junior Nlend, Thomas Bawak Etta, Ngoni Ali, Hassana Abbo Mamoudou, Pierre François Aurelien Etame Ngombe Matanda, Thierry Tchuenté, Sibiri Arnaud Sanou (72.Arnold Bong Mezui Mba), Félix Oukiné Tcheoude, Lambert Gueme Araina, Souaibou Marou, Lionel Abate Etoundi (63.Boubkari Dairou). Trainer: Aboubakar Souleymanou.
Green Eagles: Allan Chibwe, Bonston Muchindu, Boniface Sunzu, Alex Mwamba, Warren Kunda, Amity Shamende (77.Samson Chilupe), Gozoon Mutale (53.Andrew Kwiliko), Caesar Hakaluba, Hosea Silwimba, Christopher Chola, Ronald Chibwe (53.Shadreck Mulungwe).
Goal: Lambert Gueme Araina (4).
[Coton Sport FC de Garoua won 3-0 on aggregate]

23.12.2020, Stade „Cheikha Ould Boïdiya", Nouakchott; Referee: Lamin Jammeh (Gambia)
FC Tevragh Zeïna Nouakchott - Renaissance Sportive de Berkane   0-0
Tevragh Zeïna: Namori Diaw, Demba Trawre, Sidi N´Gara, Balla Bilal, Abderrahmane Brahim, Bardass El Abidin, Amadou Coulibaly, Brahim Mohamed, Cheikh Hattab, Hamady Ndiaye, Amara Bagayoko (*Substitutes not known*).
RS Berkane: Hamza Hamiani Akbi, Issoufou Dayo, Hamza Regragui, Abdelkarim Baadi, Alain Traoré (80.Youssef Zghoudi), Amine El Kass, Larbi Naji, Mohamed Farhane, Zakaria Hadraf, Brahim El Bahraoui (90.Djibril Ouattara), Hamdi Laachir. Trainer: Tarik Sektioui.

05.01.2021, Stade Municipal de Berkane, Berkane; Referee: Lyes Bekouassa (Algeria)
Renaissance Sportive de Berkane - FC Tevragh Zeïna Nouakchott   2-0(1-0)
RS Berkane: Hamza Hamiani Akbi, Issoufou Dayo, Hamza Regragui, Abdelkarim Baadi, Alain Traoré (78.Zaid Krouch), Amine El Kass, Larbi Naji, Mohamed Farhane (78.Omar Nemssaoui), Mouhssine Iajour, Zakaria Hadraf, Hamdi Laachir. Trainer: Tarik Sektioui.
Tevragh Zeïna: Namori Diaw, Demba Trawre, Sidi N´Gara (30.El Maaloum Bah), Balla Bilal, Abderrahmane Brahim, Bardass El Abidin, Amadou Coulibaly, Brahim Mohamed, Cheikh Hattab (88.Mohamed M'khaili), Hamady Ndiaye, Amara Bagayoko.
Goals: Mouhssine Iajour (30 penalty, 90).
[Renaissance Sportive de Berkane won 2-0 on aggregate]

23.12.2020, Stade „Mohammed V", Casablanca; Referee: Nabil Boukhalfa (Algeria)
Tihad Athlétique Sport de Casablanca - ESAE FC Sakété   4-0(2-0)
TAS Casablanca: Badreddine Benachour, Mouhcine Rabja, Ayoub Bouzidi, Mahmoud Bentayg, Mehdi Ba-Sidi, Achraf Bnidihya, Younes Essadiki (64.Achraf El Aadma), Abdoul Rayan Traoré, Ali Acha, Ayyoub Ennebgui (82.Rida El Mahdi), Anas Aqachmar (89.Bernard Yao Kouassi). Trainer: Nicolas Filbert (France).
ESAE: Marcel Dandjinou, Nouhuo Dossa, Kaled Dossa, David Chukwudi, Rodrigue Fassinou, Ismael Sabi, Solomon Okereke (57.Sèdjro Ahouangbo), Abdulwaheed Afolabi (84.Evrard Zehou), Farid Edou, Michael Dossou, Abiola Adetola (46.Jules Elegbede). Trainer: Richard Bio.
Goals: Mouhcine Rabja (15), Mahmoud Bentayg (34), Ali Acha (59), Ayyoub Ennebgui (68).

06.01.2021, Stade "Charles de Gaulle", Porto-Novo; Referee: Joseph Ogabor (Nigeria)
ESAE FC Sakété - Tihad Athlétique Sport de Casablanca   1-1(0-0)
ESAE: Coffi Hessou, Beugre Christian Legbe, Sam Mevi, Nouhuo Dossa (46.Jules Elegbede), Kaled Dossa, David Chukwudi, Rodrigue Fassinou, Ismael Sabi, Farid Edou (77.Sèdjro Ahouangbo), Emmanuel Kammonke, Abiola Adetola (46.Samiou Adechina). Trainer: Richard Bio.
TAS Casablanca: Badreddine Benachour, Mouhcine Rabja, Ayoub Bouzidi, Mahmoud Bentayg, Mehdi Ba-Sidi, Achraf Bnidihya (87.Achraf El Aadma), Younes Essadiki, Othman Fadiz, Abdoul Rayan Traoré (87.Rida El Mahdi), Ayyoub Ennebgui, Anas Aqachmar (87.Hassan Karimi). Trainer: Nicolas Filbert (France).
Goals: David Chukwudi (81) / Mouhcine Rabja (90).
[Tihad Athlétique Sport de Casablanca won 5-1 on aggregate]

23.12.2020, Stade Lat-Dior, Thiès; Referee: Beida Dahane (Mauritania)
ASC Jaraaf de Dakar - FC San Pédro   0-1(0-1)
ASC Jaraaf: Pape Seydou N'Diaye, Mamadou Sylla, Jean Rémy Bocande, Babacar Seck, Sega Sissokho, Assane Mbodj, Alioune Tendeng (36.Mamadou Diallo), El Hadji Kane, Albert Diene, Makhtar Ndiaye (81.Mohamed Daf), Pape Abdou Ndiaye (46.Ousmane Mbengue). Trainer: Malick Daf.
FC San Pédro: Eliezer Ira Tape, Pacome Alessa Gabriel Agboke (89.Jean Emmanuel Zongo), Gilles Privat N´Guessan, Abdoulaye Niakaté, Naude Fabrice Zeguei, Youssouf Alio Oumarou Balley, Mohammed Saaba Gariba, Richard Boro, Kevin Bosse Elie Beugré (72.Constant Wayou), Irié Roland Zan Bi, Cheick Ahmadou Bamba Soumaoro (83.Alassane Doumbia). Trainer: Amani Yao César.
Goal: Cheick Ahmadou Bamba Soumaoro (41).

06.01.2021, Stade „Félix Houphouët-Boigny", Abidjan; Referee: Raphiou Ligali (Benin)
FC San Pédro - ASC Jaraaf de Dakar   **1-2(0-1)**
FC San Pédro: Eliezer Ira Tape, Pacome Alessa Gabriel Agboke, Abdoulaye Niakaté, Naude Fabrice Zeguei, Mohammed Saaba Gariba, Richard Boro, Constant Wayou (59.Alassane Doumbia), Jean Emmanuel Zongo, Kevin Bosse Elie Beugré (75.Alphonse Kevin Assiga), Irié Roland Zan Bi (53.Richard Zuma), Cheick Ahmadou Bamba Soumaoro. Trainer: Amani Yao César.
ASC Jaraaf: Pape Seydou N'Diaye, Mamadou Sylla, Jean Rémy Bocande, Babacar Seck, Sega Sissokho, Alioune Tendeng, El Hadji Kane, Albert Diene, Papa Youssou Paye (77.Souleymane Diallo), Ousmane Mbengue (60.Pape Abdou Ndiaye), Bouly Sambou (60.Makhtar Ndiaye).
Goals: Richard Zuma (86) / Albert Diene (17), Makhtar Ndiaye (76).
[ASC Jaraaf de Dakar won on away goals rule (2-2 on aggregate)]

23.12.2020, Stade "Mustapha Ben Jannet", Monastir; Referee: Ibrahim Ali El Said Nour El Din (Egypt)
Union Sportive Monastirienne - Al Ahli SC Tripoli   **2-0(2-0)**
US Monastirienne: Bechir Ben Said, Elyès Jelassi, Hedi Khalfa, Mohamed Saghraoui, Fahmi Ben Romdhane, Idriss M'hirsi (56.Mohamed Ali Amri), Motasem Bellah Masaud Sabbou, Houssem Tka, Roger Aholou, Mumuni Shafiu (73.Hakim Teka), Zied Aloui (62.Kouni Khalfa). Trainer: Lassaad Chabbi (Austria).
Al Ahli: Mohamed Fathi Abdaula Nashnoush, Ali Maatouk, Rabiaa Abubaker, Mansour Makkari Rezk, Wissam Bousnina, Abdalla Fathi Mohamed Abdelrahman Belaem (55.Muetaz Husayn), Appolinaire Gabriel Kack, Ali Abu Arqoub (30.Amhimmid Miftah Mohamed), Mohamed Al Ghanodi (55.Ahmed Ekrawa), Zakaria Mohamed Al Mabrouk Al Harish, Khaled Magdi Moftah Al Maremi.
Goals: Mumuni Shafiu (33), Elyès Jelassi (45).

06.01.2021, Petro Sport Stadium, Cairo (Egypt); Referee: Sidi Alioum (Cameroon)
Al Ahli SC Tripoli - Union Sportive Monastirienne   **0-0**
Al Ahli: Mohamed Fathi Abdaula Nashnoush, Ali Maatouk, Mansour Makkari Rezk, Mahmoud Okashah, Wissam Bousnina, Appolinaire Gabriel Kack, Mohamed Ramadan Mohamed Makari, Amhimmid Miftah Mohamed (25.Abdalla Fathi Mohamed Abdelrahman Belaem), Khaled Magdi Moftah Al Maremi, Muetaz Husayn (57.Saleh Al Taher), Ahmed Ekrawa (72.Mohamed Al Ghanodi).
US Monastirienne: Bechir Ben Said, Elyès Jelassi, Hedi Khalfa, Mohamed Saghraoui, Fahmi Ben Romdhane, Zied Machmoum, Motasem Bellah Masaud Sabbou, Kouni Khalfa (84.Roger Aholou), Houssem Tka, Mumuni Shafiu (90.Hichem Baccar), Zied Aloui (54.Hakim Teka). Trainer: Lassaad Chabbi (Austria).
[Union Sportive Monastirienne won 2-0 on aggregate]

23.12.2020, Nyamirambo Regional Stadium, Kigali; Referee: Elsiddig Mohamed Eltreefe (Sudan)
AS Kigali - Kampala Capital City Autorithy FC   **2-0 (awarded)**
The first round first leg match could not be played after 2 of the 15 players from Kampala Capital City Autorithy FC tested positive for COVID-19. Thus, Kampala Capital City Autorithy FC were not able to name the required 15 players for holding the match, and subsequently, AS Kigali were awarded a technical 2-0 victory for the first leg by CAF in accordance with the regulations related to COVID-19.

06.01.2021, "Mandela" National Stadium, Kampala; Referee: Anthony Ogwayo (Kenya)
Kampala Capital City Autorithy FC - AS Kigali   **3-1(2-0)**
KCCA: Charles Lukwago, Dennis Iguma, Musa Ramathan, Herbert Achai, Keziron Kizito, Bright Anukani, Ashraf Mugume, Joseph Bukenya (64.Charles Lwanga), Joseph Kafumbe (46.Steven Sserwadda), Brian Aheebwa, Samuel Ssenyonjo (46.Sadat Anaku). Trainer: Mike Mutebi.
AS Kigali: Shamiru Batte, Emery Bayisenge, Hassan Rugirayabo, Christian Ishimwe, Tumaine Ntamuhanga (43.Alex Orotomal), Hussein Shabani, Rachid Kalisa (69.Janvier Benedata), Muhadjiri Hakizimana (64.Mossi Rurangwa), Hassan Karera, Eric Nsabimana, Abubakar Lawal. Trainer: Eric Nshimiyimana.
Goals: Brian Aheebwa (1, 38, 76) / Muhadjiri Hakizimana (49 penalty).
[AS Kigali won on away goals rule (3-3 on aggregate)]

23.12.2020, „Dr. Petrus Molemela" Stadium, Bloemfontein; Referee: Ali Mohamed Adelaid (Comoros)
Bloemfontein Celtic FC - Rivers United FC Port Harcourt   0-2(0-0)
Bloemfontein Celtic: Sipho Chaine, Ryan De Jongh, Ronald Pfumbidzai, Justice Chabalala, Mokone Mereko, Lucky Baloyi, Given Mashikinya (85.Shadrack Kobedi), Menzi Ndwandwe (70.Sera Motebang), Tumelo Mangweni, Harris Brandt Tchilimbou Mavoungou, Tumelo Njoti (70.Reagan Van der Ross). Trainer: John Maduka (Malawi).
Rivers United: Joel Theophilus Afelokhai, Ifeanyi Anaemena, Enyinaya Kazie Godswill (89.Lookman Binuyo), Bamba Bakary, Desmond Agbekpornu, Godwin Aguda, Samson Kehinde Adedipe, Cletus Emotan Eba (89.Joseph Onoja), Nworie Fabin Maduabuchi, Malachi Ohawume (64.Abiodun Olalekan Adebayo), Fortune Omoniwari. Trainer: Stanley Eguma.
Goals: Godwin Aguda (70), Fortune Omoniwari (81).

23.01.2021, Stade "Charles de Gaulle", Porto-Novo (Benin); Referee: Kalilou Traoré (Ivory Coast)
Rivers United FC Port Harcourt - Bloemfontein Celtic FC   3-0(2-0)
Rivers United: Joel Theophilus Afelokhai, Ifeanyi Anaemena (78.Austin Okechukwu Festus), Konan Ruffin N'gouan, Enyinaya Kazie Godswill, Bamba Bakary, Desmond Agbekpornu, Godwin Aguda, Samson Kehinde Adedipe (73.Destiny Ashadi), Nworie Fabin Maduabuchi, Micheal Gopey Stephen, Fortune Omoniwari (62.Malachi Ohawume). Trainer: Stanley Eguma.
Bloemfontein Celtic: Sipho Chaine, Mzwanele Mahashe, Tshepo Rikhotso, Ronald Pfumbidzai (46.Menzi Ndwandwe), Thato Lingwati (81.Tumelo Njoti), Andile Fikizolo, Given Mashikinya (71.Ryan De Jongh), Shadrack Kobedi, Tebogo Potsane, Harris Brandt Tchilimbou Mavoungou, Sera Motebang. Trainer: John Maduka (Malawi).
Goals: Godwin Aguda (1, 33 penalty), Fortune Omoniwari (59).
[Rivers United FC Port Harcourt won 5-0 on aggregate]

PLAY-OFF ROUND

The play-off round included 32 teams: the 16 winners of the Confederation Cup First Round and the 16 losers of the CAF Champions League First Round. The winners of each tie advanced to the group stage.
Renaissance Sportive de Berkane received a bye after Gazelle FC N'Djamena withdrew from the competition.

13.02.2021, Stade „Taïeb Mhiri", Sfax; Referee: Bernard Camille (Seychelles)
Club Sportif Sfaxien - AS Kigali   4-1(1-0)
CS Sfaxien: Aymen Dahmen, Ahmed Ammar, Mohamed Ali Jouini (90.Azmi Ghouma), Nour Zamen Zammouri, Chadi Hammami, Aymen Harzi (74.Zakaria Mansouri), Mohammed Salih Ali Soulah, Ghaith Maaroufi, Mohamed Ali Trabelsi (74.Mohamed Ali Moncer), Firas Chaouat, Kingsley Eduwo. Trainer: Anis Boujelbene.
AS Kigali: Jean-Luc Eric Bakame Ndayishimiye, Latif Bishira, Mossi Rurangwa, Hassan Rugirayabo, Christian Ishimwe, Pierre Kwizera, Hussein Shabani, Muhadjiri Hakizimana [*sent off 89*], Eric Nsabimana, Abubakar Lawal, Alex Orotomal (*Substitutes not known*). Trainer: Eric Nshimiyimana.
Goals: Firas Chaouat (7), Ahmed Ammar (54), Mohammed Salih Ali Soulah (71, 89) / Nour Zamen Zammouri (61 own goal).

20.02.2021, Nyamirambo Regional Stadium, Kigali; Referee: Godfrey Nkhakananga (Malawi)
AS Kigali - Club Sportif Sfaxien   **1-1(1-0)**
AS Kigali: Jean-Luc Eric Bakame Ndayishimiye, Latif Bishira, Mossi Rurangwa, Hassan Rugirayabo, Christian Ishimwe, Pierre Kwizera, Janvier Benedata (70.Félix Ndekwe), Hussein Shabani, Eric Nsabimana (78.Tumaine Ntamuhanga), Abubakar Lawal, Alex Orotomal (78.Abeddy Biramahire). Trainer: Eric Nshimiyimana.
CS Sfaxien: Aymen Dahmen (82.Mohamed Hedi Gaaloul), Ahmed Ammar, Mohamed Ali Jouini (78.Houssem Dagdoug), Nour Zamen Zammouri, Mohamed Ben Ali, Kingsley Sokari (68.Chadi Hammami), Walid Karoui, Aymen Harzi, Zakaria Mansouri, Mohamed Ali Trabelsi, Firas Chaouat. Trainer: Anis Boujelbene.
Goals: Abubakar Lawal (44) / Firas Chaouat (61).
[Club Sportif Sfaxien won 5-2 on aggregate]

14.02.2021, Enyimba International Stadium, Aba; Referee: Mehdi Abid Charef (Algeria)
Enyimba International FC Aba - Rivers United FC Port Harcourt   **1-0(0-0)**
Enyimba: John Noble Barinyima, Abdel Nabil Yarou, Nelson Ogbonnaya, Manyo Stephen Egbe, Imo Obot, Austin Tunde Oladapo, Cyril Chinedu Olisema (85.Oluwadamilare Mathew Olatunji), Anthony Chukwudi Omaka, Tosin Abraham Omoyele [*sent off 75*], Anayo Emmanuel Iwuala, Sadiq Abubakar Adamu (79.Orok Gabriel Ibitham). Trainer: Fatai Ojo.
Rivers United: Joel Theophilus Afelokhai, Ifeanyi Anaemena, Enyinaya Kazie Godswill, Bamba Bakary, Oshobe Samson Shuji, Godwin Aguda, Samson Kehinde Adedipe (67.Malachi Ohawume), Cletus Emotan Eba (83.Konan Ruffin N'gouan), Nworie Fabin Maduabuchi, Micheal Gopey Stephen (83.Godwin Chika Okwara), Fortune Omoniwari. Trainer: Stanley Eguma.
Goal: Cyril Chinedu Olisema (60).

21.02.2021, „Adokiye Amiesimaka" Stadium, Port Harcourt; Referee: Omar Sallah (Gambia)
Rivers United FC Port Harcourt - Enyimba International FC   **1-0(1-0,1-0,1-0); 4-5 on penalties**
Rivers United: Joel Theophilus Afelokhai, Kunle Odunlami, Ifeanyi Anaemena, Enyinaya Kazie Godswill, Bamba Bakary, Godwin Aguda, Nelson Esor-Bulunwo Okwa, Lookman Binuyo (75.Oshobe Samson Shuji), Cletus Emotan Eba (81.Konan Ruffin N'gouan), Malachi Ohawume (65.Israel Emmanuel), Fortune Omoniwari. Trainer: Stanley Eguma.
Enyimba: John Noble Barinyima, Abdel Nabil Yarou, Nelson Ogbonnaya, Manyo Stephen Egbe, Imo Obot, Austin Tunde Oladapo, Cyril Chinedu Olisema, Anthony Chukwudi Omaka, Kadri Samod Timileyin, Anayo Emmanuel Iwuala, Sadiq Abubakar Adamu (73.Orok Gabriel Ibitham). Trainer: Fatai Ojo.
Goal: Fortune Omoniwari (42).
Penalties: Bamba Bakary 1-0; Cyril Chinedu Olisema (saved); Ifeanyi Anaemena 2-0; Kadri Samod Timileyin 2-1; Kunle Odunlami (saved); Anayo Emmanuel Iwuala 2-2; Godwin Aguda 3-2; Orok Gabriel Ibitham 3-3; Joel Theophilus Afelokhai 4-3; Austin Tunde Oladapo 4-4; I. Emmanuel (saved); John Noble Barinyima 4-5.
[Enyimba International FC Aba won 5-4 on penalties (after 1-1 on aggregate)]

14.02.2021, National Sports Stadium, Harare; Referee: Victor Miguel de Freitas Gomes (South Africa)
FC Platinum Zvishavane - ASC Jaraaf de Dakar   **0-1(0-0)**
Platinum: Petros Mhari, Lawrence Mhlanga, Gift Bello, Silas Songani (46.Raphael Muduviwa), Kelvin Madzongwe, Rainsome Pavari (46.Innocent Muchaneka), Nomore Chinyerere, Brian Banda, Donald Teguru (74.Rodwell Chinyengetere), Donald Ngoma, Gift Mbweti. Trainer: Hendrik Pieter de Jongh (Netherlands).
ASC Jaraaf: Pape Seydou N'Diaye (63.Papa Youssou Paye), Mamadou Sylla, Jean Rémy Bocande, Babacar Seck, Sega Sissokho, Alioune Tendeng (46.Ousmane Mbengue), El Hadji Kane, Mamadou Diallo (80.Cheikh Oumar Koné), Albert Diene, Makhtar Ndiaye, Pape Abdou Ndiaye. Trainer: Mamadou Diatta.
Goal: Albert Diene (68).

21.02.2021, Stade Lat-Dior, Thiès; Referee: Younoussa Camara (Guinea)
ASC Jaraaf de Dakar - FC Platinum Zvishavane **1-0(1-0)**
ASC Jaraaf: Pape Seydou N'Diaye, Mamadou Sylla, Jean Rémy Bocande, Babacar Seck, Sega Sissokho, Alioune Tendeng (69.Ousmane Sagna), El Hadji Kane, Mamadou Diallo, Albert Diene, Papa Youssou Paye (64.Ousmane Mbengue), Makhtar Ndiaye (80.Pape Abdou Ndiaye). Trainer: Mamadou Diatta.
Platinum: Petros Mhari, Lawrence Mhlanga (18.Donald Ngonidzashe Dzvinyai), Gift Bello, Raphael Muduviwa, Ralph Kawondera (85.Gift Mbweti), Rodwell Chinyengetere, Rahman Kutsanzira, Rainsome Pavari, Tawana Chikore, Brian Banda, Donald Teguru (67.Silas Songani). Trainer: Hendrik Pieter de Jongh (Netherlands).
Goal: El Hadji Kane (12).
[ASC Jaraaf de Dakar won 2-0 on aggregate]

14.02.2021, Stade „Mohammed V", Casablanca; Referee: Daouda Gueye (Senegal)
Raja Club Athletic Casablanca - Union Sportive Monastirienne **1-0(1-0)**
Raja: Anas Zniti, Abdeljalil Jbira, Sanad Al Warfali, Marouane Hadhoudi, Omar Boutayeb, Abdelilah Hafidi, Omar Arjoune (60.Fabrice Luamba Ngoma), Zakaria El Wardi, Soufiane Rahimi (79.Mohamed Zrida), Ben Malango Ngita, Mahmoud Benhalib (90.Abdelilah Madkour). Trainer: Jamal Sellami.
US Monastirienne: Bechir Ben Said, Fedi Arfaoui, Elyès Jelassi (83.Haykeul Chikhaoui), Mohamed Saghraoui, Fahmi Ben Romdhane, Mohamed Ali Amri (70.Idriss M'hirsi), Zied Machmoum, Motasem Bellah Masaud Sabbou, Houssem Tka, Dago Tshibamba Samu, Roger Aholou. Trainer: Lassaad Chabbi (Austria).
Goal: Mahmoud Benhalib (35).

21.02.2021, Stade "Mustapha Ben Jannet", Monastir; Referee: Mehdi Abid Charef (Algeria)
Union Sp. Monastirienne - Raja Club Athletic Casablanca **1-0(1-0,1-0,1-0); 5-6 on penalties**
US Monastirienne: Bechir Ben Said, Fedi Arfaoui, Elyès Jelassi, Mohamed Saghraoui, Fahmi Ben Romdhane, Mohamed Ali Amri (68.Junior Mbele; 90.Haykeul Chikhaoui), Zied Machmoum, Motasem Bellah Masaud Sabbou, Houssem Tka (90.Idriss M'hirsi), Dago Tshibamba Samu, Roger Aholou. Trainer: Lassaad Chabbi (Austria).
Raja: Anas Zniti, Abdeljalil Jbira, Sanad Al Warfali, Marouane Hadhoudi, Omar Boutayeb, Abdelilah Hafidi, Omar Arjoune, Zakaria El Wardi, Soufiane Rahimi, Noah Sadaoui (66.Abdelilah Madkour), Ben Malango Ngita. Trainer: Jamal Sellami.
Goal: Elyès Jelassi (38).
Penalties: Fahmi Ben Romdhane (saved); Soufiane Rahimi 0-1; Haykeul Chikhaoui 1-1; Abdelilah Hafidi (missed); Idriss M'hirsi 2-1; Sanad Al Warfali 2-2; Fedi Arfaoui 3-2; Zakaria El Wardi 3-3; Elyès Jelassi 4-3; Omar Arjoune 4-4; Dago Tshibamba Samu 5-4; Abdelilah Madkour 5-5; Mohamed Saghraoui (saved); Ben Malango Ngita 5-6.
[Raja Club Athletic Casablanca won 6-5 on penalties (after 1-1 on aggregate)]

14.02.2021, Nkana Stadium, Kitwe; Referee: Anthony Ogwayo (Kenya)
Nkana FC Kitwe - Tihad Athlétique Sport de Casablanca **2-0(1-0)**
Nkana FC: Talbert Tanunurwa Shumba, Richard Ocran, Takudzwa Chimwemwe, Kevin Moyo, Laison Thole, Misheck Chaila, Freddy Tshimenga (57.Ackim Mumba), Duke Abuya, Simon Mulenga, Obeddy Masumbuko, Emmanuel Mwiinde (84.Ronald Kampamba). Trainer: Manfred Chabinga.
TAS Casablanca: Badreddine Benachour, Ennaama El Bellali, Mouhcine Rabja, Mahmoud Bentayg, Mehdi Ba-Sidi, Ayman Dairani, Youssef Raiani (72.Saïd Aït-Ouzdi), Abdoul Rayan Traoré, Ali Acha, Ayyoub Ennebgui (72.Anas Aqachmar), Rida El Mahdi (72.Achraf Bnidihya). Trainer: Nicolas Filbert (France).
Goals: Freddy Tshimenga (17), Obeddy Masumbuko (85).

21.02.2021, Stade „Mohammed V", Casablanca; Referee: Abdulwahid Huraywidah (Libya)
Tihad Athlétique Sport de Casablanca - Nkana FC Kitwe   2-1(2-0)
TAS Casablanca: Mohamed Bentoumi, Ennaama El Bellali, Mouhcine Rabja, Mahmoud Bentayg, Ayman Dairani, Youssef Raiani (78.Mohamed Ben Hssaine), Abdoul Rayan Traoré (67.Saïd Aït-Ouzdi), Ali Acha, Ayyoub Ennebgui, Anas Aqachmar (78.Achraf Bnidihya), Rida El Mahdi. Trainer: Nicolas Filbert (France).
Nkana FC: Talbert Tanunurwa Shumba, Richard Ocran [*sent off 90*], Takudzwa Chimwemwe, Kevin Moyo, Laison Thole, Misheck Chaila (55.Jimmy Denis Dzingai), Freddy Tshimenga (55.Ackim Mumba), Duke Abuya, Simon Mulenga, Obeddy Masumbuko, Emmanuel Mwiinde (68.Moses Nyondo). Trainer: Manfred Chabinga.
Goals: Mahmoud Bentayg (4), Ayman Dairani (37) / Simon Mulenga (57).
[Nkana FC Kitwe won 3-2 on aggregate]

14.02.2021, Nyayo National Stadium, Nairobi; Referee: William Oloya (Uganda)
Gor Mahia FC Nairobi - NAPSA Stars FC Lusaka   0-1(0-0)
Gor Mahia: Boniface Oluoch Otieno, Charles Saramu Momanyi, Philemon Omondi Otieno, Geoffrey Okoth Ochieng, Andrew Juma, Clifton Miheso Ayisi (89.Sydney Ochieng Wahongo), Kenneth Mugambi Muguna, Ernest Kisia Wendo, Alpha Chris Onyango (62.John Macharia), Jules Ulimwengu (62.Tito Okello), Nicholas Kipkirui. Trainer: Carlos Manuel Vaz Pinto (Portugal).
NAPSA Stars: Rabson Muchelenganga, David Owino, Bornwell Silengo, Luka Banda, Amos Simwanza, Jacob Ngulube, Danny Silavwe, Austine Banda (87.Aaron Kabwe), Dickson Chapa, Daniel Adoko, Laudit Mavugo (51.Jimmy Mukeya). Trainer: Mohamed Fathi (Egypt).
Goals: Daniel Adoko (85).

21.02.2021, National Heroes Stadium, Lusaka; Referee: Lebalang Mokete (Lesotho)
NAPSA Stars FC Lusaka - Gor Mahia FC Nairobi   2-2(1-2)
NAPSA Stars: Rabson Muchelenganga, David Owino, Bornwell Silengo, Luka Banda, Amos Simwanza, Jacob Ngulube, Danny Silavwe (63.Aaron Kabwe), Austine Banda, Dickson Chapa, Daniel Adoko (63.Jimmy Mukeya), Bornwell Mwape (40.Emmanuel Mayuka). Trainer: Mohamed Fathi (Egypt).
Gor Mahia: Boniface Oluoch Otieno, Charles Saramu Momanyi, Philemon Omondi Otieno, Geoffrey Okoth Ochieng, Andrew Juma, Clifton Miheso Ayisi (79.Sydney Ochieng Wahongo), Kenneth Mugambi Muguna, Samuel Onyango Ouma (79.Joachim Oluoch Ochieng), John Macharia, Ernest Kisia Wendo, Jules Ulimwengu (52.Tito Okello). Trainer: Carlos Manuel Vaz Pinto (Portugal).
Goals: Austine Banda (17), Emmanuel Mayuka (90 penalty) / Samuel Onyango Ouma (16), Clifton Miheso Ayisi (19).
[NAPSA Stars FC Lusaka won 3-2 on aggregate]

14.02.2021, Stade "Augustin Monédan de Sibang", Libreville; Referee: Bienvenu Sinko (Ivory Coast)
Bouenguidi Sport Koulamoutou - Salitas FC Ougadougou   1-0(0-0)
Bouenguidi: Dallian Allogho [*sent off 36*], Vivien Aubin Inounou, Ulric Assoumou, Jeff Vergace Batoubanene, Yannick Lariva Moussounda, Stecy Ndjengue, Vianney Roby N'Na Ango, Xavier Roseny Mouandja (46.Floriss Ndjave), Junhior Bayanho Aubiang (90.Christ Arnold Obama), Djoe Dayan Boussougou, Emmanuel Romess Ovono Essogo (36.Florent Ngouandzela). Trainer: Tenant Chilumba (Zambia).
Salitas FC: Rabin Sanon, Somgogma Nikièma, Polo Nartey Amanor, Michel Aouba, Daniel Ouedraogo, Aboubacar Barro [*sent off 90*], Bagbema Barro, Sami Hien, Kalifa Nikièma (51.Aboubacar Sidiki Traoré), Omar Kaboré (36.Michel Batiebo), Olivier Boissy (82.Ilasse Sawadogo). Trainer: Ladji Coulibaly.
Goal: Junhior Bayanho Aubiang (82 penalty).

21.02.2021, Stade du 4 Août, Ouagadougou; Referee: Djindo Houngnandande (Benin)
Salitas FC Ougadougou - Bouenguidi Sport Koulamoutou　　　　**3-1(2-1)**
Salitas FC: Rabin Sanon, Michailou Dramé (46.Michel Batiebo; 77.Kalifa Nikièma), Somgogma Nikièma, Polo Nartey Amanor, Michel Aouba, Daniel Ouedraogo, Aboubacar Sidiki Traoré (89.Ilasse Sawadogo), Bagbema Barro, Sami Hien, Omar Kaboré, Olivier Boissy (82.Biassoum Coulibaly). Trainer: Ladji Coulibaly.
Bouenguidi: Florent Ngouandzela (79.Luc Engone Asso), Christ Arnold Obama (64.Cruz Ndong Bitheghe), Ulric Assoumou, Yannick Lariva Moussounda, Eddy Thérence Wombo Biteghe, Stecy Ndjengue, Vianney Roby N'Na Ango, Glene Guibindi, Floriss Ndjave (64.Emmanuel Romess Ovono Essogo), Junhior Bayanho Aubiang, Djoe Dayan Boussougou [*sent off 90*]. Trainer: Tenant Chilumba (Zambia).
Goals: Omar Kaboré (10), Sami Hien (45), Olivier Boissy (54) / Junhior Bayanho Aubiang (12).
[Salitas FC Ougadougou won 3-2 on aggregate]

14.02.2021, Accra Sports Stadium, Accra; Referee: Antoine Effa Essouma (Cameroon)
Asante Kotoko FC Kumasi - Entente Sportive de Sétif　　　　**1-2(0-0)**
Asante Kotoko: Razak Abalora, Ismail Abdul Ganiyu, Yussif Mubarik, Christopher Nettey, Ibrahim Imoro, Latif Anabila, Emmanuel Sarkodie (78.Salifu Mudarisu), Fábio Gama dos Santos, Emmanuel Gyamfi, Naby Keita, Kwame Opoku. Trainer: Charles Kwablan Akonnor.
ES Sétif: Abdelwahab Sofiane Khedairia, Hocine Laribi, Abdelkrim Nemdil, Houari Ferhani (81.Monsef Bakrar), Abdellah Debbari, Amir Karaoui, Malick Touré (61.Mohammed El Amine Amoura), Youcef Amine Laouafi, Messala Merbah, Ahmed Kendouci, Houssameddine Ghacha (81.Halim Meddy Meddour). Trainer: Nabil Kouki (Tunisia).
Goals: Kwame Opoku (70) / Mohammed El Amine Amoura (74), Ahmed Kendouci (81).

21.02.2021, Stade 8 Mai 1945, Sétif; Referee: Haythem Guirat (Tunisia)
Entente Sportive de Sétif - Asante Kotoko FC Kumasi　　　　**0-0**
ES Sétif: Abdelwahab Sofiane Khedairia, Hocine Laribi, Abdelkrim Nemdil, Houari Ferhani (81.Ismaïl Saïdi), Abdellah Debbari, Amir Karaoui, Malick Touré (62.Mohammed El Amine Amoura), Youcef Amine Laouafi, Messala Merbah, Ahmed Kendouci, Houssameddine Ghacha (87.Abderrahim Deghmoum). Trainer: Nabil Kouki (Tunisia).
Asante Kotoko: Razak Abalora, Ismail Abdul Ganiyu, Yussif Mubarik, Christopher Nettey, Ibrahim Imoro, Latif Anabila, Emmanuel Sarkodie (77.Salifu Mudarisu), Fábio Gama dos Santos (72.Kwame Frimpong), Emmanuel Gyamfi, Naby Keita (77.Godfred Asiamah), Kwame Opoku. Trainer: Charles Kwablan Akonnor.
[Entente Sportive de Sétif won 2-1 on aggregate]

14.02.2021, Stade "Général Seyni Kountché", Niamey; Referee: Jean Claude Ishimwe (Rwanda)
AS SONIDEP Niamey - Coton Sport FC de Garoua　　　　**0-1(0-0)**
SONIDEP: Abednego Amoah, César Abaya, Ismael Inoussa, Khaido Assadeh, Abdoul Mamane, Souleymane Lawali, William Bondzie, Kossi Anika (69.Sountalma Assoumane), Issa Ya-Saliha (69.Ibrahim Mukhtar), Ezekiel Mbah (82.Mahamadou Amadou Sabo), Amadou Boubacar. Trainer: Ogba Mohammed Bashar (Ghana).
Coton Sport: Narcisse Junior Nlend, Thomas Bawak Etta, Salomon Charles Bienvenue Banga Bindjeme, Hassana Abbo Mamoudou, Pierre François Aurelien Etame Ngombe Matanda, Thierry Tchuenté, Sibiri Arnaud Sanou (90.Jean Eric Moursou), Félix Oukiné Tcheoude, Kamilou Daouda (46.Francis Joel Tombi Alemi), Lambert Gueme Araina, Souaibou Marou (80.Philemon Fabrice Beyene Essama). Trainer: Aboubakar Souleymanou.
Goal: Thierry Tchuenté (71).

21.02.2021, Stade „Roumdé Adjia", Garoua; Referee: Hassan Mohammed Hagi (Somalia)
Coton Sport FC de Garoua - AS SONIDEP Niamey　　　**1-0(0-0)**
Coton Sport: Narcisse Junior Nlend, Thomas Bawak Etta, Salomon Charles Bienvenue Banga Bindjeme, Hassana Abbo Mamoudou, Pierre François Aurelien Etame Ngombe Matanda, Thierry Tchuenté, Sibiri Arnaud Sanou, Félix Oukiné Tcheoude (63.Richard Fabrice Ebongue), Francis Joel Tombi Alemi (63.Abdouraman Daman Bouba), Lambert Gueme Araina, Souaibou Marou. Trainer: Aboubakar Souleymanou.
SONIDEP: Abednego Amoah, César Abaya, Ismael Inoussa, Khaido Assadeh, Abdoul Mamane, Souleymane Lawali, William Bondzie, Kossi Anika (59.Boubacar Bouha), Abdoulnasser Nomaou Malam (78.Mahamadou Amadou Sabo), Ezekiel Mbah (37.Sountalma Assoumane), Mourtala Yahaya. Trainer: Ogba Mohammed Bashar (Ghana).
Goal: Lambert Gueme Araina (73).
[Coton Sport FC de Garoua won 2-0 on aggregate]

14.02.2021, Petro Sport Stadium, Cairo (Egypt); Referee: Noureddine El Jaafari (Morocco)
Al Ahli SCSC Benghazi - DC Motema Pembe Kinshasa　　　**1-1(1-1)**
Al Ahli: Abdujwad Rizq Aboubaker, Muttasem Ballah El Taib, Aboubakr Meeld, Taher Abdulsalam Taher Ben Aamer, Shamikh Faraj Shamikh Hamed Al Obaidi, Sufyan Milad Ramadan Ben Omran, Abdallah Imhamed, Ibrahim Masoud Ibrahim Bodbous, Jibreel Al Wadawi (82.Ali Al Qmati), Taha Qadri Atiyah (63.Abdallah Abdallateef Al Shaafi), Saed Al Naeli (82.Muad Boushanaf). Trainer: Dejan Arsov (Serbia).
Motema Pembe: Barel Morial Mouko, Christian Ngimbi Mapangu, Ikoyo Iyembe, Dezy Mbomba (46.Tshifuaka Kanda; 90.Nkongo Bayindula), Christian Kayembe Ndotoni, Enoch Inonga Baka, Borel Tomandzoto Beliada, Apianom Kasereka, William Likuta Luezi, Kadima Kabangu, Pumba Kaniki (62.Justin Ikanga Kapela). Trainer: Isaac N´Gata.
Goals: Shamikh Faraj Shamikh Hamed Al Obaidi (10) / Kadima Kabangu (43).

21.02.2021, Stade des Martyrs, Kinshasa; Referee: Louis Hakizimana (Rwanda)
DC Motema Pembe Kinshasa - Al Ahli SCSC Benghazi　　　**1-1(1-0,1-1,1-1); 7-8 on penalties**
Motema Pembe: Barel Morial Mouko, Christian Ngimbi Mapangu, Ikoyo Iyembe (83.Tshifuaka Kanda), Christian Kayembe Ndotoni, Enoch Inonga Baka, Borel Tomandzoto Beliada, William Likuta Luezi, Nadeer Nkosi, Kadima Kabangu, Christian Nsundi (89.Junior Abou Koné), Broulaye Seydou Sidibe (69.Justin Ikanga Kapela). Trainer: Isaac N´Gata.
Al Ahli: Abdujwad Rizq Aboubaker, Ahmed Mohamed Abdalla Ramadan Huwaydi, Muttasem Ballah El Taib, Taher Abdulsalam Taher Ben Aamer, Mohammed Al Tawerghi, Mohamed Fathe (67.Sufyan Milad Ramadan Ben Omran), Shamikh Faraj Shamikh Hamed Al Obaidi (67.Ali Al Musrat), Abdallah Imhamed, Ibrahim Masoud Ibrahim Bodbous (71.Taha Qadri Atiyah), Jibreel Al Wadawi (59.Ali Al Qmati), Saed Al Naeli. Trainer: Dejan Arsov (Serbia).
Goals: Borel Tomandzoto Beliada (44) / Taha Qadri Atiyah (86).
Penalties: Kadima Kabangu 1-0; Abdallah Imhamed 1-1; Borel Tomandzoto Beliada 2-1; Taher Abdulsalam Taher Ben Aamer 2-2; Justin Ikanga Kapela (saved); Mohammed Al Tawerghi 2-3; William Likuta Luezi 3-3; Muttasem Ballah El Taib (saved); Enoch Inonga Baka 4-3; Sufyan Milad Ramadan Ben Omran 4-4; Tshifuaka Kanda 5-4; Taha Qadri Atiyah 5-5; Junior Abou Koné 6-5; Saed Al Naeli 6-6; Christian Ngimbi Mapangu 7-6; Ali Al Musrat 7-7; Christian Kayembe Ndotoni (saved); Abdujwad Rizq Aboubaker (saved); Nadeer Nkosi (saved); Ahmed Mohamed Abdalla Ramadan Huwaydi 7-8.
[Al Ahli SCSC Benghazi won 8-7 on penalties (after 2-2 on aggregate)]

14.02.2021, Stade du 26 Mars, Bamako; Referee: Fabricio Duarte (Cape Verde)
Stade Malien de Bamako - Jeunesse Sportive de Kabylie Tizi-Ouzou   2-1(1-0)
Stade Malien: Djigui Diarra, Issaka Samaké, Yacouba Doumbia, Moriba Diarra, Sadio Kanouté, Aboubacar Diarra (67.Mamadou Coulibaly), Babou Fofana, Aly Sissoko, Adama Kizito (72.Guy Tchonou), Agiri Ngoda (83.Moussa Traoré), Demba Diallo.
JS Kabylie: Oussama Benbout, Mohamed Walid Bencherifa, Ahmed Ait Abdessalem, Badreddine Souyad, Ahmed Mohamed Kerroum, Abdessamad Bounoua (46.Malik Raiah), Mohamed Benchaïra, Mohamed Abdullah Abdussalam Al Tubal (46.Rezki Hamroune), Aziz Benabdi, Zakaría Boulahia, Rédha Bensayah. Trainer: Denis Lavagne (France).
Goals: Agiri Ngoda (28), Mamadou Coulibaly (90 penalty) / Badreddine Souyad (53).

21.02.2021, Stade du 1er Novembre 1954, Tizi Ouzou; Referee: Sadok Selmi (Tunisia)
Jeunesse Sportive de Kabylie Tizi-Ouzou - Stade Malien de Bamako   1-0(1-0)
JS Kabylie: Oussama Benbout, Mohamed Walid Bencherifa, Ahmed Ait Abdessalem, Badreddine Souyad, Ahmed Mohamed Kerroum, Malik Raiah (89.Bilal Tizi Bouali), Mohamed Benchaïra (29.Ammar El Orfi), Aziz Benabdi, Rezki Hamroune, Zakaría Boulahia, Rédha Bensayah (65.Mohamed Abdullah Abdussalam Al Tubal). Trainer: Denis Lavagne (France).
Stade Malien: Djigui Diarra, Issaka Samaké, Yacouba Doumbia, Moriba Diarra, Sadio Kanouté, Babou Fofana, Aly Sissoko, Sekou Konate (46.Agiri Ngoda), Mamadou Coulibaly, Mamaye Coulibaly (46.Guy Tchonou), Demba Diallo (71.Moussa Traoré).
Goal: Badreddine Souyad (5).
[Jeunesse Sportive de Kabylie Tizi-Ouzou won on away goals rule (2-2 on aggregate)]

14.02.2021, Stade Olympique „Alassane Ouattara", Abidjan; Referee: Quadri Adebimpe (Nigeria)
Racing Club Abidjan - Pyramids FC Cairo   0-2(0-1)
RC Abidjan: Charles Folly Ayayi, Mounan Osée Niegbo, Christian Dimitri Legbo Ouguehi, Kouadio Guy Ange Ahoussou, Mamadou Koné, Jean Frederic Kouadio N'Guessan, Oularé Hibrahime, Sidick Aboubacar Camara, Abdul Rahmane Konaté (46.Djédjé Armand Dagrou), Aboubacar Sidiki Traoré, Kader Drissa Ballo (83.Amara Traoré). Trainer: Bassiriki Diabaté.
Pyramids: Sherif Ekramy Ahmed, Ahmed Samy Saad, Ali Gabr Gabr Mossad, Ahmed Ayman Mansour, Mohamed Hamdi Sharf Edin (80.Mohamed Farouk Salama), Ahmed Hassan Tawfik, Ramadan Sobhi Ramadan Ahmed, Mahmoud Hamada (87.Ibrahim Hassan), Nabil Emad, Mahmoud Manar Wadi (67.Eric Traoré), Islam Issa Attia. Trainer: Rodolfo Martín Arruabarrena (Argentina).
Goals: Islam Issa Attia (19, 82).

21.02.2021, 30 June Stadium, Cairo; Referee: Sabri Mohamed Fadul (Sudan)
Pyramids FC Cairo - Racing Club Abidjan   2-0(1-0)
Pyramids: Sherif Ekramy Ahmed, Ahmed Samy Saad, Ahmed Ayman Mansour, Mohamed Hamdi Sharf Edin (77.Ibrahim Hassan), Osama Galal Hamid Toeima, Ahmed Hassan Tawfik, Eric Traoré, Ramadan Sobhi Ramadan Ahmed, Nabil Emad (67.Mahmoud Hamada), Diego Alejandro Rolán Silva (67.Mahmoud Manar Wadi), Islam Issa Attia. Trainer: Rodolfo Martín Arruabarrena (Argentina).
RC Abidjan: Charles Folly Ayayi, Mounan Osée Niegbo, Thaula Théophile Oura, Christian Dimitri Legbo Ouguehi, Mamadou Koné, Ibrahima Dosso, Vianey Anorld Baltimez Bregui (52.Abdul Rahmane Konaté), Jean Frederic Kouadio N'Guessan, Oularé Hibrahime, Aboubacar Sidiki Traoré (88.Amara Traoré), Kader Drissa Ballo (71.Djédjé Armand Dagrou). Trainer: Bassiriki Diabaté.
Goals: Diego Alejandro Rolán Silva (3), Ramadan Sobhi Ramadan Ahmed (74).
[Pyramids FC Cairo won 4-0 on aggregate]

14.02.2021, Botswana National Stadium, Gaborone; Referee: Mathews Hamalila (Zambia)
Jwaneng Galaxy FC - Orlando Pirates FC Johannesburg 0-3(0-1)
Galaxy FC: Ezekiel Morake, Thabo Leinanyane, Gofaone Molapi (67.Anthony Gouws), Fortunate Thulare, Moagi Sechele, Lebogang Ditsele, Gilbert Baruti (75.Lemogang Maswena), Thero Setsile, Sede Dion, Tebogo Sembowa, Gift Moyo (62.Ricardo Lourenco). Trainer: Losikalame Keatlholetswe.
Orlando Pirates: Richard Ofori, Happy Jele, Thulani Hlatshwayo, Paseka Mako (83.Bongani Sam), Deon Hotto (65.Jean-Marc Makusu), Linda Mntambo, Ben Motshwari, Fortune Makaringe (80.Azola Tshobeni), Siphesihle Ndlovu, Maliele Vincent Pule (87.Austin Muwowo), Terrence Dzvukamanja (65.Kabelo Dlamini). Trainer: Josef Zinnbauer (Germany).
Goals: Thulani Hlatshwayo (32), Linda Mntambo (77), Jean-Marc Makusu (84).

21.02.2021, Orlando Stadium, Soweto; Referee: Norman Matemera (Zimbabwe)
Orlando Pirates FC Johannesburg - Jwaneng Galaxy FC 1-0(0-0)
Orlando Pirates: Siyabonga Mpotshane, Thulani Hlatshwayo, Ntsikelelo Nyauza, Innocent Maela, Bongani Sam, Thabang Monare, Linda Mntambo, Austin Muwowo (77.Collins Makgaka), Azola Tshobeni, Jean-Marc Makusu (85.Fortune Makaringe), Kabelo Dlamini (85.Siphesihle Ndlovu). Trainer: Josef Zinnbauer (Germany).
Galaxy FC: Ezekiel Morake, Thabo Leinanyane, Fortunate Thulare, Moagi Sechele (88.Thabang Mooketsi), Lebogang Ditsele, Gilbert Baruti (67.Lemogang Maswena), Thero Setsile, Gape Mohutsiwa, Yahi Sangaré (71.Isaac Paeye), Gift Moyo, Thabang Sesinyi. Trainer: Losikalame Keatlholetswe.
Goals: Linda Mntambo (55).
[Orlando Pirates FC Johannesburg won 4-0 on aggregate]

14.02.2021, Mavuso Sports Centre, Manzini; Referee: Ali Adelaid (Comoros)
Young Buffaloes FC Manzini - Étoile Sportive du Sahel Sousse 1-2(0-1)
Young Buffaloes: Sicelo Mkhwanazi, Sihlangu Mkhwanazi, Lindo Mkhonta, Siboniso Mamba Ntokozo, Siboniso Ngwenya, Sibonelo Sibandze, Mpendulo Dlamini (61.Fanelo Mamba; 74.Banele Mkhabela), Wandile Shabangu, Sandile Gamedze, Bongwa Owa Matsebula, Ndoda Mthethwa. Trainer: Frank Butcher.
ES Sahel: Walid Kridene, Mohamed Konaté, Saddam Ben Aziza, Ghofrane Naouali, Yacine Chikhaoui (86.Abdallah Dagou), Mohamed Amine Ben Amor, Wajdi Kechrida, Fraj Kayramani (61.Jacques Amour Taghnou Mbé), Ayoub Ayed, Souleymane Coulibaly, Aymen Sfaxi (86.Oussama Abid). Trainer: Lassad Dridi.
Goals: Bongwa Owa Matsebula (86) / Souleymane Coulibaly (6, 74).

23.02.2021, Stade „Taïeb Mhiri", Sfax; Referee: Ibrahim Ali El Said Nour El Din (Egypt)
Étoile Sportive du Sahel Sousse - Young Buffaloes FC Manzini 2-0(0-0)
ES Sahel: Aymen Mathlouthi, Saddam Ben Aziza, Ghofrane Naouali, Yacine Chikhaoui (84.Ayoub Ayed), Mortadha Ben Ouanes, Mohamed Amine Ben Amor (84.Malek Baayou), Wajdi Kechrida, Jacques Amour Taghnou Mbé (72.Aly Soumah), Fraj Kayramani, Souleymane Coulibaly (72.Mohamed Belhaj Mahmoud), Fakhreddine Ouji. Trainer: Lassad Dridi.
Young Buffaloes: Nhlanhla Bongani Gwebu, Wandile Maseko (90.Sanele Ngcamphalala), Sihlangu Mkhwanazi, Lindo Mkhonta, Siboniso Mamba Ntokozo, Siboniso Ngwenya, Wandile Shabangu, Fanelo Mamba, Ndoda Mthethwa, Sifiso Mazibuko (46.Dennis Ali Matse), Phiwayinkhosi Dlamini. Trainer: Frank Butcher.
Goals: Yacine Chikhaoui (79), Mohamed Belhaj Mahmoud (87).
[Étoile Sportive du Sahel Sousse won 4-1 on aggregate]

21.02.2021, Chamazi Stadium, Mbagala (Tanzania); Referee: Mohamed Adel (Egypt)
CD Primeiro de Agosto Luanda - Namungo FC Lindi 2-6(1-2)
Primeiro de Agosto: Adão Joaquim Bango Cabaça „Tony", Salomão Manuel Troco "Paízo" (58.Natael Paulo Masuekama), Isaac Correia da Costa, Luvumbu Lourenço Pedro „Buá", Herenílson Caifalo de Carmo, José Macaia Ganga, Ambrosini Antonio Cabaça Salvador "Zini", Mariano da Costa Vidal "Jó", Brayan Josué Velásquez Moya (82.Melono Muondo Dala), Kipe Mongo Lumpala Bokamba, António Dipoco Teodor "Edmilson" (66.Yazid Atouba Emane).
Namungo FC: Jonathan Nahimana, Haruna Shamte, Mohamed Jafari, Kalos Kirenge, Steve Nzigamasabo (62.Hamisi Swalehe), Abdulhalim Humoud Mohamed, Stephen Duah, Reliants Lusajo Mwakasugule (62.Eric Kirungo Kwizera), Hashim Manyanya, Stephen Sey, Sixtus Sabilo (68.Shiza Kichuya). Trainer: Hemed Suleiman.
Goals: Brayan Josué Velásquez Moya (15), Kipe Mongo Lumpala Bokamba (52) / Hashim Manyanya (35), Sixtus Sabilo (41), . Mwakasugule (56), Sixtus Sabilo (60), Eric Kirungo Kwizera (66), Stephen Sey (72).

25.02.2021, Chamazi Stadium, Mbagala; Referee: Andofetra Rakotojaona (Madagascar)
Namungo FC Lindi - CD Primeiro de Agosto Luanda 1-3(1-1)
Namungo FC: Jonathan Nahimana, Miza Abdallah, Mohamed Jafari, Kalos Kirenge, Steve Nzigamasabo (70.Eric Kirungo Kwizera), Hamisi Swalehe, Abdulhalim Humoud Mohamed, Stephen Duah, Hashim Manyanya, Stephen Sey (89.Iddi Kipagwile), Sixtus Sabilo (70.Reliants Lusajo Mwakasugule). Trainer: Hemed Suleiman.
Primeiro de Agosto: Adão Joaquim Bango Cabaça „Tony", Natael Paulo Masuekama, Daniel João Zongo Macuenho "Mira", Isaac Correia da Costa, Herenílson Caifalo de Carmo, Mariano da Costa Vidal "Jó", Luís Manico Gonçalves, Yazid Atouba Emane, Brayan Josué Velásquez Moya, Kipe Mongo Lumpala Bokamba (73.Luvumbu Lourenço Pedro „Buá"), António Dipoco Teodor "Edmilson".
Goals: Sixtus Sabilo (8) / Brayan Josué Velásquez Moya (28 penalty, 51), Mariano da Costa Vidal "Jó" (90).
[Namungo FC Lindi won 7-5 on aggregate]

GROUP STAGE

GROUP A

10.03.2021, Enyimba International Stadium, Aba; Referee: Jean Claude Ishimwe (Rwanda)
Enyimba International FC Aba - Al Ahli SCSC Benghazi   **2-1(2-1)**
Enyimba: John Noble Barinyima, Nelson Ogbonnaya, Stanley Okorom, Abubakar Hassan, Imo Obot, Ojo Ekundayo Solomon (74.Cyril Chinedu Olisema), Austin Tunde Oladapo, Anthony Chukwudi Omaka, Samson Bossa Obi (74.Orok Gabriel Ibitham), Anayo Emmanuel Iwuala, Victor Mbaoma. Trainer: Fatai Ojo.
Al Ahli: Abdujwad Rizq Aboubaker, Ahmed Mohamed Abdalla Ramadan Huwaydi (50.Saed Al Naeli), Muttasem Ballah El Taib (50.Ali Al Musrat), Hamed Abdulgader El Thalba, Taher Abdulsalam Taher Ben Aamer, Mohammed Al Tawerghi (79.Taha Qadri Atiyah), Mohamed Fathe, Shamikh Faraj Shamikh Hamed Al Obaidi, Sufyan Milad Ramadan Ben Omran (69.Abdallah Abdallateef Al Shaafi), Abdallah Imhamed (79.Abraheem Al Muntasr), Jibreel Al Wadawi. Trainer: Dejan Arsov (Serbia).
Goals: Austin Tunde Oladapo (10), Victor Mbaoma (43) / Abdallah Imhamed (18 penalty).

10.03.2021, Accra Sports Stadium, Accra (Ghana); Referee: Bakary Papa Gassama (Gambia)
Entente Sportive de Sétif - Orlando Pirates FC Johannesburg   **0-0**
ES Sétif: Abdelwahab Sofiane Khedairia, Hocine Laribi, Abdelkrim Nemdil, Abdellah Debbari, Amir Karaoui, Akram Djahnit (83.Abderrahim Deghmoum), Malick Touré (63.Mohammed El Amine Amoura), Youcef Amine Laouafi, Ahmed Kendouci, Youcef Dali (83.Halim Meddy Meddour), Houssameddine Ghacha (89.Ismaïl Saïdi). Trainer: Nabil Kouki (Tunisia).
Orlando Pirates: Richard Ofori (15.Siyabonga Mpotshane), Happy Jele (85.Innocent Maela), Thulani Hlatshwayo, Paseka Mako, Thabang Monare, Deon Hotto, Linda Mntambo (80.Tshegofatso Mabaso), Ben Motshwari, Fortune Makaringe (80.Ntsikelelo Nyauza), Siphesihle Ndlovu, Maliele Vincent Pule. Trainer: Josef Zinnbauer (Germany).

17.03.2021, Orlando Stadium, Johannesburg; Referee: Blaise Yuven Ngwa (Cameroon)
Orlando Pirates FC Johannesburg - Enyimba International FC Aba   **2-1(1-1)**
Orlando Pirates: Siyabonga Mpotshane, Thulani Hlatshwayo, Ntsikelelo Nyauza, Innocent Maela, Paseka Mako, Thabang Monare, Deon Hotto (90+3.Abel Ntuthuko Mabaso), Linda Mntambo (58.Tshegofatso Mabaso), Ben Motshwari (58.Kabelo Dlamini), Fortune Makaringe (74.Patrick Hellings Gabadini Mhango), Maliele Vincent Pule (74.Terrence Dzvukamanja). Trainer: Josef Zinnbauer (Germany).
Enyimba: John Noble Barinyima, Nelson Ogbonnaya, Stanley Okorom, Abubakar Hassan, Imo Obot, Austin Tunde Oladapo, Farouk Mohamed, Anthony Chukwudi Omaka (80.Cyril Chinedu Olisema), Samson Bossa Obi (68.Tosin Abraham Omoyele), Anayo Emmanuel Iwuala (88.Abdel Nabil Yarou), Victor Mbaoma. Trainer: Fatai Ojo.
Goals: Deon Hotto (27), Tshegofatso Mabaso (89) / Austin Tunde Oladapo (45+2 penalty).

17.03.2021, Petro Sport Stadium, Cairo (Egypt); Referee: Adil Zourak (Morocco)
Al Ahli SCSC Benghazi - Entente Sportive de Sétif   **1-0(1-0)**
Al Ahli: Murad Abubakr Mohamed Al Wuheeshi, Hamed Abdulgader El Thalba, Taher Abdulsalam Taher Ben Aamer, Mohammed Al Tawerghi, Shamikh Faraj Shamikh Hamed Al Obaidi, Sufyan Milad Ramadan Ben Omran (56.Ahmed Mohamed Abdalla Ramadan Huwaydi), Ali Al Qmati (56.Abdallah Imhamed [*sent off 76*]), Ali Al Musrat, Ibrahim Masoud Ibrahim Bodbous (79.Muad Boushanaf), Jibreel Al Wadawi (66.Taha Qadri Atiyah), Saed Al Naeli. Trainer: Dejan Arsov (Serbia).
ES Sétif: Abdelwahab Sofiane Khedairia, Hocine Laribi, Abdelkrim Nemdil, Abdellah Debbari (82.Abderrahim Deghmoum), Amir Karaoui, Akram Djahnit (82.Youcef Dali), Youcef Amine Laouafi, Messala Merbah (61.Malick Touré), Ahmed Kendouci, Mohammed El Amine Amoura (75.Ismaïl Saïdi), Houssameddine Ghacha [*sent off 69*]. Trainer: Nabil Kouki (Tunisia).
Goal: Jibreel Al Wadawi (3).

04.04.2021, Enyimba International Stadium, Aba; Referee: Souleiman Ahmed Djama (Djibouti)
Enyimba International FC Aba - Entente Sportive de Sétif   2-1(1-1)
Enyimba: John Noble Barinyima, Nelson Ogbonnaya, Stanley Okorom, Emmanuel Ampiah, Abiodun Olalekan Adebayo, Ojo Ekundayo Solomon (63.Cyril Chinedu Olisema), Austin Tunde Oladapo (90+2.Abdel Nabil Yarou), Farouk Mohamed (63.Oluwadamilare Mathew Olatunji), Samson Bossa Obi (77.Orok Gabriel Ibitham), Tosin Abraham Omoyele, Anayo Emmanuel Iwuala. Trainer: Fatai Ojo.
ES Sétif: Abdelwahab Sofiane Khedairia, Ibrahim Bekakchi, Abdelkrim Nemdil, Amir Laidouni, Amir Karaoui (83.Aymen Belbey), Akram Djahnit, Ibrahim Hachoud, Ahmed Kendouci, Mohammed El Amine Amoura (83.Yasser Berbache), Youcef Dali (60.Abderrahim Deghmoum), Monsef Bakrar (59.Youcef Amine Laouafi; 71.Ismaïl Saïdi). Trainer: Nabil Kouki (Tunisia).
Goals: Austin Tunde Oladapo (40), Tosin Abraham Omoyele (60) / Monsef Bakrar (13).

04.04.2021, Benina Martyrs Stadium, Benghazi; Referee: Mahmood Ismail (Sudan)
Al Ahli SCSC Benghazi - Orlando Pirates FC Johannesburg   0-0
Al Ahli: Murad Abubakr Mohamed Al Wuheeshi, Hamed Abdulgader El Thalba, Taher Abdulsalam Taher Ben Aamer, Mohammed Al Tawerghi, Shamikh Faraj Shamikh Hamed Al Obaidi, Sufyan Milad Ramadan Ben Omran (73.Mohamed Fathe), Ali Al Qmati (79.Ahmed Mohamed Abdalla Ramadan Huwaydi), Ali Al Musrat, Ibrahim Masoud Ibrahim Bodbous (73.Taha Qadri Atiyah), Jibreel Al Wadawi, Saed Al Naeli (84.Aboubakr Meeld). Trainer: Dejan Arsov (Serbia).
Orlando Pirates: Wayne Sandilands, Thulani Hlatshwayo, Ntsikelelo Nyauza, Paseka Mako, Linda Mntambo (83.Kabelo Dlamini), Ben Motshwari, Fortune Makaringe, Siphesihle Ndlovu, Maliele Vincent Pule, Patrick Hellings Gabadini Mhango, Terrence Dzvukamanja (66.Tshegofatso Mabaso). Trainer: Josef Zinnbauer (Germany).

11.04.2021, Orlando Stadium, Johannesburg; Referee: Kalilou Traoré (Ivory Coast)
Orlando Pirates FC Johannesburg - Al Ahli SCSC Benghazi   3-0(2-0)
Orlando Pirates: Wayne Sandilands, Happy Jele (82.Thulani Hlatshwayo), Ntsikelelo Nyauza, Paseka Mako, Deon Hotto (71.Abel Ntuthuko Mabaso), Ben Motshwari (82.Collins Makgaka), Fortune Makaringe, Siphesihle Ndlovu, Patrick Hellings Gabadini Mhango, Tshegofatso Mabaso (83.Wayde Jooste), Kabelo Dlamini (70.Maliele Vincent Pule). Trainer: Josef Zinnbauer (Germany).
Al Ahli: Zuber Ateya, Muttasem Ballah El Taib, Hamed Abdulgader El Thalba, Aboubakr Meeld, Mohamed Fathe, Shamikh Faraj Shamikh Hamed Al Obaidi, Sufyan Milad Ramadan Ben Omran (73.Jibreel Al Wadawi), Ali Al Qmati (41.Ahmed Mohamed Abdalla Ramadan Huwaydi), Ali Al Musrat, Taha Qadri Atiyah, Saed Al Naeli (73.Mohamed Said). Trainer: Dejan Arsov (Serbia).
Goals: Ntsikelelo Nyauza (26), Tshegofatso Mabaso (41), Kabelo Dlamini (69).

11.04.2021, Stade 8 Mai 1945, Sétif; Referee: Amin Omar (Egypt)
Entente Sportive de Sétif - Enyimba International FC Aba   3-0(2-0)
ES Sétif: Abdelwahab Sofiane Khedairia, Ibrahim Bekakchi, Abdelkrim Nemdil, Amir Laidouni (90.Abdellah Debbari), Amir Karaoui, Akram Djahnit, Ibrahim Hachoud, Ahmed Kendouci (77.Youcef Fellahi), Mohammed El Amine Amoura (70.Yasser Berbache), Ismaïl Saïdi (70.Daniel Lomotey), Abderrahim Deghmoum (77.Youcef Dali). Trainer: Nabil Kouki (Tunisia).
Enyimba: John Noble Barinyima, Abdel Nabil Yarou, Stanley Okorom, Emmanuel Ampiah, Abiodun Olalekan Adebayo, Austin Tunde Oladapo, Cyril Chinedu Olisema (62.Samson Bossa Obi), Oluwadamilare Mathew Olatunji (90.Ojo Ekundayo Solomon), Anthony Chukwudi Omaka, Tosin Abraham Omoyele (62.Victor Mbaoma), Anayo Emmanuel Iwuala. Trainer: Fatai Ojo.
Goals: Amir Karaoui (31), Mohammed El Amine Amoura (45+2), Akram Djahnit (65 penalty).

21.04.2021, Orlando Stadium, Johannesburg; Referee: Celso Alvação (Mozambique)
Orlando Pirates FC Johannesburg - Entente Sportive de Sétif   0-0
Orlando Pirates: Siyabonga Mpotshane (24.Wayne Sandilands), Thulani Hlatshwayo, Ntsikelelo Nyauza, Abel Ntuthuko Mabaso (80.Linda Mntambo), Paseka Mako, Deon Hotto (89.Kabelo Dlamini), Ben Motshwari, Fortune Makaringe, Siphesihle Ndlovu (89.Wayde Jooste), Maliele Vincent Pule, Tshegofatso Mabaso (80.Patrick Hellings Gabadini Mhango). Trainer: Josef Zinnbauer (Germany).
ES Sétif: Abdelwahab Sofiane Khedairia, Ibrahim Bekakchi, Abdelkrim Nemdil, Abdellah Debbari, Amir Karaoui, Akram Djahnit (90+1.Youcef Dali), Ibrahim Hachoud, Ahmed Kendouci, Daniel Lomotey (46.Messala Merbah), Mohammed El Amine Amoura (77.Monsef Bakrar), Abderrahim Deghmoum (66.Ismaïl Saïdi). Trainer: Nabil Kouki (Tunisia).

22.04.2021, Benina Martyrs Stadium, Benghazi; Referee: Adalbert Diouf (Senegal)
Al Ahli SCSC Benghazi - Enyimba International FC Aba   1-0(1-0)
Al Ahli: Murad Abubakr Mohamed Al Wuheeshi, Muttasem Ballah El Taib (59.Taher Abdulsalam Taher Ben Aamer), Hamed Abdulgader El Thalba, Aboubakr Meeld, Mohammed Al Tawerghi, Mohamed Fathe (59.Ibrahim Masoud Ibrahim Bodbous), Shamikh Faraj Shamikh Hamed Al Obaidi, Ali Al Qmati (67.Mohamed Salim), Ali Al Musrat, Jibreel Al Wadawi (90+1.Mohamed Said), Saed Al Naeli. Trainer: Dejan Arsov (Serbia).
Enyimba: John Noble Barinyima, Timothy Danladi [*sent off 74*], Stanley Okorom, Emmanuel Ampiah, Abiodun Olalekan Adebayo, Austin Tunde Oladapo (56.Anthony Chukwudi Omaka), Oluwadamilare Mathew Olatunji, Philip Felix Ozor (62.Cyril Chinedu Olisema), Samson Bossa Obi (78.Orok Gabriel Ibitham), Tosin Abraham Omoyele (77.Abdel Nabil Yarou), Anayo Emmanuel Iwuala. Trainer: Fatai Ojo.
Goal: Muttasem Ballah El Taib (40).

28.04.2021, Enyimba International Stadium, Aba; Referee: Helder Martins de Carvalho (Angola)
Enyimba International FC Aba - Orlando Pirates FC Johannesburg   1-0(0-0)
Enyimba: John Noble Barinyima, Daniel Darkwah, Abdel Nabil Yarou, Stanley Okorom, Abiodun Olalekan Adebayo, Farouk Mohamed, Cyril Chinedu Olisema, Oluwadamilare Mathew Olatunji (65.Philip Felix Ozor), Anayo Emmanuel Iwuala, Victor Mbaoma (55.Tosin Abraham Omoyele), Orok Gabriel Ibitham (55.Kadri Samod Timileyin). Trainer: Fatai Ojo.
Orlando Pirates: Wayne Sandilands, Ntsikelelo Nyauza, Abel Ntuthuko Mabaso (88.Thabiso Monyane), Innocent Maela, Paseka Mako, Linda Mntambo, Ben Motshwari, Fortune Makaringe, Siphesihle Ndlovu (81.Wayde Jooste), Maliele Vincent Pule (90+3.Austin Muwowo), Tshegofatso Mabaso (88.Thabiso Sesane). Trainer: Josef Zinnbauer (Germany).
Goal: Cyril Chinedu Olisema (90+5).

28.04.2021, Stade 8 Mai 1945, Sétif; Referee: Youssef Essrayri (Tunisia)
Entente Sportive de Sétif - Al Ahli SCSC Benghazi   1-0(1-0)
ES Sétif: Abdelwahab Sofiane Khedairia, Ibrahim Bekakchi, Abdelkrim Nemdil, Abdellah Debbari, Amir Karaoui, Akram Djahnit (90+2.Youcef Dali), Messala Merbah, Ibrahim Hachoud, Ahmed Kendouci (90+2.Amir Laidouni), Mohammed El Amine Amoura (79.Yasser Berbache), Ismaïl Saïdi (54.Abderrahim Deghmoum). Trainer: Nabil Kouki (Tunisia).
Al Ahli: Murad Abubakr Mohamed Al Wuheeshi, Muttasem Ballah El Taib (56.Mohamed Salim), Hamed Abdulgader El Thalba, Aboubakr Meeld, Taher Abdulsalam Taher Ben Aamer (80.Mohamed Fathe), Mohammed Al Tawerghi, Shamikh Faraj Shamikh Hamed Al Obaidi, Ali Al Qmati (46.Ibrahim Masoud Ibrahim Bodbous; 90+7.Saed Abrayik Abdullah Ajbarah), Ali Al Musrat, Jibreel Al Wadawi, Saed Al Naeli Trainer: Dejan Arsov (Serbia).
Goal: Ali Al Qmati (2 own goal).

	FINAL STANDINGS							
1.	Enyimba International FC Aba	6	3	0	3	6	- 8	9
2.	Orlando Pirates FC Johannesburg	6	2	3	1	5	- 2	9
3.	Entente Sportive de Sétif	6	2	2	2	5	- 3	8
4.	Al Ahli SCSC Benghazi	6	2	1	3	3	- 6	7

GROUP B

10.03.2021, Stade Municipal de Berkane, Berkane; Referee: Sekou Ahmed Touré (Guinea)
Renaissance Sportive de Berkane - NAPSA Stars FC Lusaka   2-0(2-0)
RS Berkane: Zouheir Laaroubi, Omar Nemssaoui (80.Mohamed Aziz), Issoufou Dayo, Hamza Regragui (75.Ismail Mokadem), Abdelkarim Baadi, Bakr El Helali, Larbi Naji, Mohamed Farhane (65.Hamdi Laachir), Mouhssine Iajour, Zakaria Hadraf (66.Youssef Zghoudi), Brahim El Bahraoui (65.Djibril Ouattara). Trainer: Tarik Sektioui.
NAPSA Stars: Rabson Muchelenganga, David Owino, Bornwell Silengo, Luka Banda, Amos Simwanza, Jacob Ngulube, Danny Silavwe (68.Enock Sabumukama), Austine Banda (48.Bornwell Mwape), Dickson Chapa, Jimmy Mukeya (85.Aaron Kabwe), Doisy Soko (48.Emmanuel Mayuka). Trainer: Mohamed Fathi (Egypt).
Goals: Hamza Regragui (12), Mouhssine Iajour (45).

10.03.2021, Stade du 1er Novembre 1954, Tizi Ouzou; Referee: Mutaz Ibrahim (Libya)
Jeunesse Sportive de Kabylie Tizi-Ouzou - Coton Sport FC de Garoua   1-0(0-0)
JS Kabylie: Oussama Benbout, Mohamed Walid Bencherifa, Ahmed Ait Abdessalem, Badreddine Souyad, Ahmed Mohamed Kerroum, Malik Raiah (58.Rédha Bensayah), Mohamed Abdullah Abdussalam Al Tubal (76.Glody Kilangalanga), Mohamed Benchaïra (76.Ammar El Orfi), Aziz Benabdi, Rezki Hamroune, Zakaría Boulahia. Trainer: Denis Lavagne (France).
Coton Sport: Narcisse Junior Nlend, Thomas Bawak Etta, Ngoni Ali [*sent off 73*], Hassana Abbo Mamoudou, Pierre François Aurelien Etame Ngombe Matanda, Sibiri Arnaud Sanou, Félix Oukiné Tcheoude, Richard Fabrice Ebongue, Lambert Gueme Araina, Lionel Abate Etoundi (49.Pierre Francis Baliang), Abdouraman Daman Bouba (71.Jean Rosis Okoumou Opimbat; 79.Hervé Ngomo Takougoum). Trainer: Aboubakar Souleymanou.
Goal: Badreddine Souyad (88).

17.03.2021, Stade „Roumdé Adjia", Garoua; Referee: Sadok Selmi (Tunisia)
Coton Sport FC de Garoua - Renaissance Sportive de Berkane   2-0(0-0)
Coton Sport: Narcisse Junior Nlend, Félix Djoubaïrou (53.Souaibou Marou), Thomas Bawak Etta, Salomon Charles Bienvenue Banga Bindjeme, Hassana Abbo Mamoudou, Pierre François Aurelien Etame Ngombe Matanda, Sibiri Arnaud Sanou, Félix Oukiné Tcheoude, Richard Fabrice Ebongue, Lambert Gueme Araina, Abdouraman Daman Bouba (75.Pierre Francis Baliang). Trainer: Aboubakar Souleymanou.
RS Berkane: Zouheir Laaroubi, Omar Nemssaoui (75.Mohamed Aziz), Issoufou Dayo, Hamza Regragui, Abdelkarim Baadi, Bakr El Helali (58.Hamdi Laachir), Larbi Naji (51.Ismail Mokadem), Mohamed Farhane (58.Alain Traoré), Mouhssine Iajour, Zakaria Hadraf, Brahim El Bahraoui (75.Djibril Ouattara). Trainer: Tarik Sektioui.
Goals: Souaibou Marou (54), Sibiri Arnaud Sanou (72).

17.03.2021, National Heroes Stadium, Lusaka; Referee: Kalilou Traoré (Ivory Coast)
NAPSA Stars FC Lusaka - Jeunesse Sportive de Kabylie Tizi-Ouzou 2-2(1-0)
NAPSA Stars: Rabson Muchelenganga, David Owino (18.Aaron Kabwe), Bornwell Silengo, Luka Banda, Amos Simwanza, Jacob Ngulube (90.Bornwell Mwape), Danny Silavwe, Austine Banda, Daniel Adoko, Jimmy Mukeya, Doisy Soko (89.Luka Ng'uni). Trainer: Mohamed Fathi (Egypt).
JS Kabylie: Oussama Benbout, Mohamed Walid Bencherifa (72.Abdelmoumen Chikhi), Ahmed Ait Abdessalem, Badreddine Souyad, Ahmed Mohamed Kerroum, Mohamed Abdullah Abdussalam Al Tubal (61.Glody Kilangalanga), Mohamed Benchaïra (80.Massinissa Nezla), Aziz Benabdi, Rezki Hamroune (72.Juba Oukaci), Zakaría Boulahia, Rédha Bensayah. Trainer: Denis Lavagne (France).
Goals: Jimmy Mukeya (12), Doisy Soko (63) / Amos Simwanza (82 own goal), Massinissa Nezla (90).

04.04.2021, National Heroes Stadium, Lusaka; Referee: Samuel Uwikunda (Rwanda)
NAPSA Stars FC Lusaka - Coton Sport FC de Garoua 0-1(0-1)
NAPSA Stars: Rabson Muchelenganga, Bornwell Silengo (44.David Owino), Luka Banda, Luka Ng'uni, Amos Simwanza, Jacob Ngulube (69.Enock Sabumukama), Danny Silavwe (38.Chanda Mushili), Austine Banda (69.Emmanuel Mayuka), Dickson Chapa, Jimmy Mukeya, Doisy Soko (38.Bornwell Mwape). Trainer: Mohamed Fathi (Egypt).
Coton Sport: Narcisse Junior Nlend, Félix Djoubaïrou, Thomas Bawak Etta, Salomon Charles Bienvenue Banga Bindjeme, Ngoni Ali, Hassana Abbo Mamoudou, Sibiri Arnaud Sanou, Félix Oukiné Tcheoude, Francis Joel Tombi Alemi (52.Jean Rosis Okoumou Opimbat), Lambert Gueme Araina, Abdouraman Daman Bouba (90.Hervé Ngomo Takougoum). Trainer: Aboubakar Souleymanou.
Goal: Abdouraman Daman Bouba (16).

04.04.2021, Stade Municipal de Berkane, Berkane; Referee: Issa Sy (Senegal)
Renaissance Sportive de Berkane - Jeunesse Sportive de Kabylie Tizi-Ouzou 0-0
RS Berkane: Zouheir Laaroubi, Omar Nemssaoui, Issoufou Dayo, Ismail Mokadem, Abdelkarim Baadi, Bakr El Helali (78.Amine El Kass), Larbi Naji, Zakaria Hadraf, Zaid Krouch (65.Alain Traoré), Brahim El Bahraoui, Hamdi Laachir (65.Youssef Zghoudi). Trainer: Juan Pedro Benali (Spain).
JS Kabylie: Oussama Benbout, Mohamed Walid Bencherifa, Ahmed Ait Abdessalem, Badreddine Souyad, Ahmed Mohamed Kerroum, Malik Raiah [sent off 77], Mohamed Benchaïra, Aziz Benabdi, Rezki Hamroune (76.Mohamed Abdullah Abdussalam Al Tubal), Zakaría Boulahia, Rédha Bensayah. Trainer: Denis Lavagne (France).

11.04.2021, Stade „Roumdé Adjia", Garoua; Referee: Peter Waweru (Kenya)
Coton Sport FC de Garoua - NAPSA Stars FC Lusaka 5-1(2-0)
Coton Sport: Narcisse Junior Nlend, Thomas Bawak Etta, Salomon Charles Bienvenue Banga Bindjeme, Ngoni Ali, Hassana Abbo Mamoudou, Sibiri Arnaud Sanou (77.Francis Joel Tombi Alemi), Félix Oukiné Tcheoude, Richard Fabrice Ebongue (62.Jean Rosis Okoumou Opimbat), Lambert Gueme Araina (77.Ferdel Archange Ebandza Dzo), Souaibou Marou, Abdouraman Daman Bouba (61.Félix Djoubaïrou). Trainer: Aboubakar Souleymanou.
NAPSA Stars: Rabson Muchelenganga, David Owino, Lawrence Chungu (75.Doisy Soko), Luka Banda, Luka Ng'uni, Jacob Ngulube, Enock Sabumukama (54.Danny Silavwe), Austine Banda, Dickson Chapa, Daniel Adoko (33.Jimmy Mukeya), Emmanuel Mayuka (54.Laudit Mavugo). Trainer: Mohamed Fathi (Egypt).
Goals: Lambert Gueme Araina (21), Souaibou Marou (35), Sibiri Arnaud Sanou (70), Ferdel Archange Ebandza Dzo (87), Francis Joel Tombi Alemi (90+1) / Doisy Soko (90+3).

12.04.2021, Stade du 1er Novembre 1954, Tizi Ouzou; Referee: Norman Matemera (Zimbabwe)
Jeunesse Sportive de Kabylie Tizi-Ouzou - Renaissance Sportive de Berkane   0-0
JS Kabylie: Oussama Benbout, Mohamed Walid Bencherifa, Ahmed Ait Abdessalem, Badreddine Souyad, Ahmed Mohamed Kerroum, Juba Oukaci, Mohamed Benchaïra (85.Glody Kilangalanga), Aziz Benabdi, Rezki Hamroune, Zakaría Boulahia (71.Massinissa Nezla), Rédha Bensayah (89.Mohamed Abdullah Abdussalam Al Tubal). Trainer: Denis Lavagne (France).
RS Berkane: Zouheir Laaroubi, Omar Nemssaoui, Hamza Regragui, Ismail Mokadem, Abdelkarim Baadi (62.Brahim El Bahraoui), Alain Traoré (80.Mohamed Farhane), Amine El Kass (79.Reda Hajji), Larbi Naji, Zakaria Hadraf, Djibril Ouattara (64.Mohamed Aziz), Youssef Zghoudi (80.Hamdi Laachir). Trainer: Juan Pedro Benali (Spain).

21.04.2021, Stade „Roumdé Adjia", Garoua; Referee: Mohamed Maarouf (Egypt)
Coton Sport FC de Garoua - Jeunesse Sportive de Kabylie Tizi-Ouzou   1-2(0-0)
Coton Sport: Narcisse Junior Nlend, Thomas Bawak Etta, Hervé Ngomo Takougoum, Ngoni Ali, Hassana Abbo Mamoudou (71.Boubkari Dairou), Thierry Tchuenté (71.Richard Fabrice Ebongue), Sibiri Arnaud Sanou [*sent off 57*], Félix Oukiné Tcheoude, Lambert Gueme Araina (81.Jean Rosis Okoumou Opimbat), Souaibou Marou, Abdouraman Daman Bouba (46.Francis Joel Tombi Alemi). Trainer: Aboubakar Souleymanou.
JS Kabylie: Oussama Benbout, Mohamed Walid Bencherifa (83.Abdelmoumen Chikhi), Ahmed Ait Abdessalem, Badreddine Souyad, Racim Mebarki (67.Fares Nechat Djabri), Ahmed Mohamed Kerroum, Juba Oukaci (83.Ammar El Orfi), Mohamed Benchaïra, Aziz Benabdi, Zakaría Boulahia (61.Rezki Hamroune), Rédha Bensayah (82.Glody Kilangalanga). Trainer: Denis Lavagne (France).
Goals: Francis Joel Tombi Alemi (89 penalty) / Rédha Bensayah (63), Mohamed Walid Bencherifa (68).

21.04.2021, National Heroes Stadium, Lusaka; Referee: Georges Gatogato (Burundi)
NAPSA Stars FC Lusaka - Renaissance Sportive de Berkane   1-0(0-0)
NAPSA Stars: Shaban Odhoji, Lawrence Chungu, Luka Banda, Luka Ng'uni, Amos Simwanza, Jacob Ngulube, Danny Silavwe (72.Enock Sabumukama), Austine Banda (89.Daniel Adoko), Dickson Chapa, Jimmy Mukeya, Doisy Soko (89.Bornwell Mwape). Trainer: Mohamed Fathi (Egypt).
RS Berkane: Hamza Hamiani Akbi, Omar Nemssaoui (80.Zaid Krouch), Issoufou Dayo, Mohamed Aziz, Ismail Mokadem, Alain Traoré, Amine El Kass, Larbi Naji, Zakaria Hadraf (54.Brahim El Bahraoui [*sent off 90+3*]), Djibril Ouattara (74.Hamdi Laachir), Youssef Zghoudi. Trainer: Juan Pedro Benali (Spain).
Goal: Doisy Soko (53).

28.04.2021, Stade Municipal de Berkane, Berkane; Referee: Daniel Laryea (Ghana)
Renaissance Sportive de Berkane - Coton Sport FC de Garoua   2-1(1-0)
RS Berkane: Amine El Ouaad, Omar Nemssaoui, Issoufou Dayo (63.Ismail Mokadem), Ayoub Er-Ramdany (46.Kadai Chihab-Eddine), Mohamed Bentarcha, Yahya Kelai (67.Mohamed Farhane), Zakaria Hadraf, Zaid Krouch, Djibril Ouattara, Hamdi Laachir (62.Marwan Oujedbouabdelli), Reda Hajji (77.Mehdi Malih). Trainer: Juan Pedro Benali (Spain).
Coton Sport: Narcisse Junior Nlend, Félix Djoubaïrou, Thomas Bawak Etta (13.Hassana Abbo Mamoudou), Salomon Charles Bienvenue Banga Bindjeme, Boubkari Dairou, Pierre François Aurelien Etame Ngombe Matanda, Félix Oukiné Tcheoude (73.Thierry Tchuenté), Richard Fabrice Ebongue (73.Jean Eric Moursou), Francis Joel Tombi Alemi (56.Abdouraman Daman Bouba), Lambert Gueme Araina, Souaibou Marou. Trainer: Aboubakar Souleymanou.
Goals: Omar Nemssaoui (9), Hamdi Laachir (52) / Lambert Gueme Araina (87).

28.04.2021, Stade du 1er Novembre 1954, Tizi Ouzou; Referee: Mohamed Ali Moussa (Niger)
Jeunesse Sportive de Kabylie Tizi-Ouzou - NAPSA Stars FC Lusaka   2-1(1-0)
JS Kabylie: Oussama Benbout, Mohamed Walid Bencherifa, Ahmed Ait Abdessalem, Badreddine Souyad (71.Bilal Tizi Bouali), Ahmed Mohamed Kerroum, Fares Nechat Djabri, Mohamed Benchaïra, Aziz Benabdi (71.Malik Raiah), Zakaría Boulahia (46.Rezki Hamroune [*sent off 80*]), Rédha Bensayah (46.Mohamed Abdullah Abdussalam Al Tubal), Kouceila Boualia (74.Juba Oukaci). Trainer: Denis Lavagne (France).
NAPSA Stars: Shaban Odhoji, David Owino, Lawrence Chungu (76.Bornwell Silengo), Luka Banda, Luka Ng'uni (84.Emmanuel Mayuka), Jacob Ngulube (76.Simon Nkhata), Danny Silavwe, Austine Banda, Dickson Chapa, Jimmy Mukeya, Doisy Soko (56.Laudit Mavugo). Trainer: Mohamed Fathi (Egypt).
Goals: Mohamed Walid Bencherifa (29), Kouceila Boualia (57) / Emmanuel Mayuka (90).

FINAL STANDINGS
1.	Jeunesse Sportive de Kabylie Tizi-Ouzou	6	3	3	0	7	-	4	12
2.	Coton Sport FC de Garoua	6	3	0	3	10	-	6	9
3.	Renaissance Sportive de Berkane	6	2	2	2	4	-	4	8
4.	NAPSA Stars FC Lusaka	6	1	1	4	5	-	12	4

GROUP C

10.03.2021, Stade „Taïeb Mhiri", Sfax; Referee: Sabri Mohamed Fadul (Sudan)
Club Sportif Sfaxien - Salitas FC Ougadougou   1-0(0-0)
CS Sfaxien: Aymen Dahmen, Ahmed Ammar, Mohamed Ali Jouini, Nour Zamen Zammouri, Chadi Hammami (89.Chris Kouakou), Mohamed Ben Ali, Kingsley Sokari, Aymen Harzi (89.Mohamed Ali Trabelsi), Zakaria Mansouri (68.Mohamed Ali Moncer), Mohammed Salih Ali Soulah (80.Walid Karoui), Kingsley Eduwo (79.Firas Chaouat). Trainer: José „Pepe" Murcia González (Spain).
Salitas FC: Rabin Sanon, Biassoum Coulibaly, Somgogma Nikièma, Polo Nartey Amanor, Michel Aouba, Daniel Ouedraogo, Aboubacar Sidiki Traoré, Bagbema Barro, Sami Hien, Elliass Dianda, Olivier Boissy (63.Omar Kaboré). Trainer: Ladji Coulibaly.
Goal: Aymen Harzi (77 penalty).

10.03.2021, Stade Olympique de Radès, Radès; Referee: Ahmed El Ghandour (Egypt)
Étoile Sportive du Sahel Sousse - ASC Jaraaf de Dakar   2-0(0-0)
ES Sahel: Aymen Mathlouthi, Jaouar Ben Hassen (80.Bahaeddine Sellami), Salah Harrabi, Mohamed Belhaj Mahmoud, Ghofrane Naouali, Iheb Msakni (89.Fradj Montasar), Mortadha Ben Ouanes (71.Saddam Ben Aziza), Salim Boukhenchouche (46.Hamza Lahmar), Jacques Amour Taghnou Mbé, Fraj Kayramani (88.Ayoub Ayed), Aymen Sfaxi. Trainer: Lassad Dridi.
ASC Jaraaf: Pape Seydou N'Diaye, Mamadou Sylla, Jean Rémy Bocande, Babacar Seck, Sega Sissokho, El Hadji Kane, Souleymane Diallo, Mamadou Diallo (46.Ousmane Mbengue), Albert Diene (89.Alioune Tendeng), Makhtar Ndiaye (70.Ousmane Sagna), Pape Abdou Ndiaye (71.Papa Youssou Paye). Trainer: Cheikh Matar Guèye.
Goals: Hamza Lahmar (65, 90+3 penalty).

17.03.2021, Stade du 4 Août, Ouagadougou; Referee: Messie Nkounkou (Congo)
Salitas FC Ougadougou - Étoile Sportive du Sahel Sousse   **1-0(0-0)**
Salitas FC: Rabin Sanon, Biassoum Coulibaly, Somgogma Nikièma, Polo Nartey Amanor, Michel Aouba, Daniel Ouedraogo, Aboubacar Sidiki Traoré, Bagbema Barro (72.Omar Kaboré), Sami Hien, Elliass Dianda (90+3.Kalifa Nikièma), Olivier Boissy (85.Aboubacar Barro). Trainer: Ladji Coulibaly.
ES Sahel: Rami Gabsi, Salah Harrabi, Ghofrane Naouali, Iheb Msakni (72.Mohamed Belhaj Mahmoud), Mortadha Ben Ouanes, Mohamed Amine Ben Amor (87.Fradj Montasar), Wajdi Kechrida, Jacques Amour Taghnou Mbé, Fraj Kayramani (81.Ayoub Ayed), Souleymane Coulibaly, Aymen Sfaxi. Trainer: Lassad Dridi.
Goal: Olivier Boissy (82).

17.03.2021, Stade Lat-Dior, Thiès; Referee: Al Hadi Mahamat (Chad)
ASC Jaraaf de Dakar - Club Sportif Sfaxien   **1-1(0-0)**
ASC Jaraaf: Pape Seydou N'Diaye, Mamadou Sylla, Jean Rémy Bocande, Babacar Seck, Sega Sissokho, El Hadji Kane (77.Papa Youssou Paye), Souleymane Diallo, Mamadou Diallo (62.Ousmane Sagna), Albert Diene, Makhtar Ndiaye (71.Amirou Kante), Pape Abdou Ndiaye (62.Alioune Tendeng). Trainer: Cheikh Matar Guèye.
CS Sfaxien: Aymen Dahmen, Ahmed Ammar, Houssem Dagdoug, Nour Zamen Zammouri, Chadi Hammami, Mohamed Ali Moncer (68.Abdallah Amri), Kingsley Sokari, Aymen Harzi (89.Houssem Ben Ali), Ghaith Maaroufi, Azmi Ghouma, Kingsley Eduwo (89.Firas Chaouat). Trainer: José „Pepe" Murcia González (Spain).
Goals: Mamadou Sylla (90+2) / Kingsley Sokari (70).

04.04.2021, Stade Lat-Dior, Thiès; Referee: Hassan Corneh (Liberia)
ASC Jaraaf de Dakar - Salitas FC Ougadougou   **2-0(2-0)**
ASC Jaraaf: Pape Seydou N'Diaye, Mamadou Sylla, Jean Rémy Bocande, Babacar Seck, Cheikh Oumar Koné, Alioune Tendeng (86.Souleymane Diallo), El Hadji Kane, Albert Diene (87.Mamadou Diallo), Papa Youssou Paye (74.Amirou Kante), Pape Abdou Ndiaye (69.Ousmane Sagna), Ousmane Mbengue (74.Makhtar Ndiaye). Trainer: Cheikh Matar Guèye.
Salitas FC: Rabin Sanon, Biassoum Coulibaly (85.Aboubacar Barro), Somgogma Nikièma, Polo Nartey Amanor, Michel Aouba, Daniel Ouedraogo, Aboubacar Sidiki Traoré (68.Michel Batiebo), Bagbema Barro (84.Ilasse Sawadogo), Sami Hien (84.Kalifa Nikièma), Elliass Dianda (47.Joffrey Bazié), Olivier Boissy. Trainer: Ladji Coulibaly.
Goals: Albert Diene (12), Papa Youssou Paye (44).

04.04.2021, Stade Olympique de Radès, Radès; Referee: Nabil Boukhalfa (Algeria)
Étoile Sportive du Sahel Sousse - Club Sportif Sfaxien   **0-0**
ES Sahel: Aymen Mathlouthi, Saddam Ben Aziza, Ghofrane Naouali (55.Salah Harrabi), Hamza Lahmar, Mortadha Ben Ouanes, Wajdi Kechrida, Jacques Amour Taghnou Mbé, Malek Baayou (10.Mohamed Belhaj Mahmoud), Fraj Kayramani (55.Bahaeddine Sellami), Souleymane Coulibaly (81.Fakhreddine Ouji), Aymen Sfaxi (81.Iheb Msakni). Trainer: Lassad Dridi.
CS Sfaxien: Aymen Dahmen, Ahmed Ammar, Houssem Dagdoug, Chadi Hammami, Mohamed Ali Moncer (69.Mohamed Ben Ali), Walid Karoui, Aymen Harzi, Mohammed Salih Ali Soulah (77.Mohamed Ali Jouini), Ghaith Maaroufi, Azmi Ghouma (88.Kingsley Eduwo), Firas Chaouat. Trainer: José „Pepe" Murcia González (Spain).

11.04.2021, Stade „Taïeb Mhiri", Sfax; Referee: Samir Guezzaz (Morocco)
Club Sportif Sfaxien - Étoile Sportive du Sahel Sousse **2-2(0-2)**
CS Sfaxien: Aymen Dahmen (31.Mohamed Hedi Gaaloul), Ahmed Ammar, Houssem Dagdoug, Chadi Hammami (20.Chris Kouakou), Mohamed Ben Ali (46.Achref Habbassi), Kingsley Sokari (73.Kingsley Eduwo), Aymen Harzi, Mohammed Salih Ali Soulah, Ghaith Maaroufi (73.Mohamed Ali Moncer), Azmi Ghouma, Firas Chaouat. Trainer: José „Pepe" Murcia González (Spain).
ES Sahel: Walid Kridene, Mohamed Konaté (46.Bahaeddine Sellami), Saddam Ben Aziza, Mohamed Belhaj Mahmoud, Baligh Jemmali, Yacine Chikhaoui, Iheb Msakni (84.Fakhreddine Ouji), Mortadha Ben Ouanes, Wajdi Kechrida, Jacques Amour Taghnou Mbé, Aymen Sfaxi (73.Ayoub Ayed). Trainer: Lassad Dridi.
Goals: Azmi Ghouma (68), Firas Chaouat (90+3 penalty) / Aymen Sfaxi (10), Wajdi Kechrida (32).

12.04.2021, Stade „Charles de Gaulle", Porto-Novo (Benin)
Referee: Djindo Louis Houngnandande (Benin)
Salitas FC Ougadougou - ASC Jaraaf de Dakar **0-1(0-1)**
Salitas FC: Rabin Sanon, Biassoum Coulibaly, Ernest Aboubakar Congo, Polo Nartey Amanor, Michel Aouba, Aboubacar Barro, Kalifa Nikièma (86.Bagbema Barro), Omar Kaboré (86.Michel Batiebo), Cheick Traoré, Olivier Boissy, Joffrey Bazié (86.Elliass Dianda). Trainer: Ladji Coulibaly.
ASC Jaraaf: Pape Seydou N'Diaye, Mamadou Sylla, Jean Rémy Bocande (87.Mamadou Diallo), Babacar Seck, Cheikh Oumar Koné, Alioune Tendeng (87.Souleymane Diallo), El Hadji Kane, Albert Diene, Papa Youssou Paye (65.Makhtar Ndiaye), Pape Abdou Ndiaye (81.Amirou Kante), Ousmane Mbengue (81.Matar Kanté). Trainer: Cheikh Matar Guèye.
Goal: Papa Youssou Paye (10).

21.04.2021, Stade Lat-Dior, Thiès; Referee: Fabricio Duarte (Cape Verde)
ASC Jaraaf de Dakar - Étoile Sportive du Sahel Sousse **1-0(1-0)**
ASC Jaraaf: Pape Seydou N'Diaye, Mamadou Sylla, Jean Rémy Bocande, Babacar Seck, Cheikh Oumar Koné, Alioune Tendeng (85.Mamadou Diallo), El Hadji Kane, Albert Diene, Papa Youssou Paye (75.Makhtar Ndiaye), Pape Abdou Ndiaye (74.Souleymane Diallo), Ousmane Mbengue (85.Ousmane Sagna). Trainer: Cheikh Matar Guèye.
ES Sahel: Rami Gabsi, Mohamed Konaté [sent off 66], Saddam Ben Aziza (65.Hamza Lahmar), Mohamed Belhaj Mahmoud (78.Aly Soumah), Ghofrane Naouali, Yacine Chikhaoui, Iheb Msakni (65.Souleymane Coulibaly), Mortadha Ben Ouanes, Jacques Amour Taghnou Mbé, Ayoub Ayed (89.Bahaeddine Sellami), Aymen Sfaxi. Trainer: Lassad Dridi.
Goal: Papa Youssou Paye (25).

21.04.2021, Stade „Charles de Gaulle", Porto-Novo (Benin)
Referee: Hassan Mohamed Hagi (Somalia)
Salitas FC Ougadougou - Club Sportif Sfaxien **0-2(0-1)**
Salitas FC: El Hadji Kane, Biassoum Coulibaly, Somgogma Nikièma, Polo Nartey Amanor, Michel Aouba, Daniel Ouedraogo, Aboubacar Sidiki Traoré (61.Pierre Kabore), Bagbema Barro (46.Omar Kaboré), Bachirou Yaméogo (61.Aboubacar Barro), Ilasse Sawadogo (61.Michel Batiebo), Joffrey Bazié (46.Cheick Traoré). Trainer: Ladji Coulibaly.
CS Sfaxien: Mohamed Hedi Gaaloul, Ahmed Ammar, Mohamed Ali Jouini, Houssem Dagdoug, Mohamed Ben Ali, Kingsley Sokari (88.Houssem Ben Ali), Aymen Harzi (68.Mohamed Ali Trabelsi), Ghaith Maaroufi (88.Nour Zamen Zammouri), Firas Chaouat (68.Mohamed Ali Moncer), Kingsley Eduwo (78.Achref Habbassi), Chris Kouakou. Trainer: José „Pepe" Murcia González (Spain).
Goals: Firas Chaouat (7 penalty), Kingsley Eduwo (51).

28.04.2021, Stade Olympique de Radès, Radès; Referee: Abdulrazig Ahmed (Libya)
Étoile Sportive du Sahel Sousse - Salitas FC Ougadougou   **2-1(1-0)**
ES Sahel: Aymen Mathlouthi, Saddam Ben Aziza, Ghofrane Naouali, Hamza Lahmar, Mortadha Ben Ouanes, Wajdi Kechrida, Jacques Amour Taghnou Mbé, Fraj Kayramani (46.Aly Soumah), Abdallah Dagou (60.Mohamed Belhaj Mahmoud), Souleymane Coulibaly, Aymen Sfaxi (83.Fakhreddine Ouji). Trainer: Lassad Dridi.
Salitas FC: El Hadji Kane, Ernest Aboubakar Congo, Somgogma Nikièma Polo Nartey Amanor, Pierre Kabore (46.Elliass Dianda), Aboubacar Barro, Haoufou Guira (46.Bagbema Barro), Bachirou Yaméogo, Cheick Traoré (64.Biassoum Coulibaly), Michel Batiebo (67.Ilasse Sawadogo), Dylann Kam (64.Michailou Dramé). Trainer: Ladji Coulibaly.
Goals: Hamza Lahmar (6), Souleymane Coulibaly (47) / Michailou Dramé (72).

28.04.2021, Stade „Taïeb Mhiri", Sfax; Referee: Samuel Uwikunda (Rwanda)
Club Sportif Sfaxien - ASC Jaraaf de Dakar   **0-0**
CS Sfaxien: Mohamed Hedi Gaaloul, Ahmed Ammar, Houssem Dagdoug, Nour Zamen Zammouri, Kingsley Sokari, Aymen Harzi, Mohammed Salih Ali Soulah (73.Ousmane Camara), Azmi Ghouma, Firas Chaouat, Kingsley Eduwo (87.Mohamed Ben Ali), Chris Kouakou. Trainer: José „Pepe" Murcia González (Spain).
ASC Jaraaf: Pape Seydou N'Diaye, Jean Rémy Bocande, Babacar Seck, Cheikh Oumar Koné, Sega Sissokho, Alioune Tendeng, Souleymane Diallo, Albert Diene, Papa Youssou Paye (82.Ousmane Sagna), Makhtar Ndiaye (71.Maurice Gomis), Pape Abdou Ndiaye. Trainer: Cheikh Matar Guèye.

FINAL STANDINGS

1.	ASC Jaraaf de Dakar	6	3	2	1	5	-	3	11
2.	Club Sportif Sfaxien	6	2	4	0	6	-	3	10
3.	Étoile Sportive du Sahel Sousse	6	2	2	2	6	-	5	8
4.	Salitas FC Ougadougou	6	1	0	5	2	-	8	3

GROUP D

10.03.2021, Stade „Mohammed V", Casablanca; Referee: Hassan Corneh (Liberia)
Raja Club Athletic Casablanca - Namungo FC Lindi   **1-0(0-0)**
Raja: Anas Zniti, Ilias Haddad, Marouane Hadhoudi, Abdelilah Madkour (50.Omar Boutayeb), Abdelilah Hafidi, Omar Arjoune, Zakaria El Wardi, Soufiane Rahimi, Mohamed Souboul, Ben Malango Ngita, Mahmoud Benhalib (76.Zakaria Habti). Trainer: Jamal Sellami.
Namungo FC: Jonathan Nahimana, Haruna Shamte [*sent off* 66], Mohamed Jafari, Kalos Kirenge, Lucas Kikoti, Hamisi Swalehe, Stephen Duah, Reliants Lusajo Mwakasugule (86.Iddi Kipagwile), Eric Kirungo Kwizera (71.Hashim Manyanya), Stephen Sey, Sixtus Sabilo (90+1.Adam Salamba). Trainer: Hemed Suleiman.
Goal: Soufiane Rahimi (54 penalty).

10.03.2021, 30 June Stadium, Cairo; Referee: Thierry Nkurunziza (Burundi)
Pyramids FC Cairo - Nkana FC Kitwe   **3-0(2-0)**
Pyramids: Sherif Ekramy Ahmed, Ahmed Fathi Abdelmonem, Ali Gabr Gabr Mossad, Omar Mahmoud Sayed Gaber, Ahmed Ayman Mansour, Mohamed Hamdi Sharf Edin (64.Mohamed Farouk Salama), Ramadan Sobhi Ramadan Ahmed (74.Mohamed Essam El Gabbas), Mahmoud Hamada, Nabil Emad (75.Ibrahim Adel Ali Mohamed Hassan), Mahmoud Manar Wadi (34.Diego Alejandro Rolán Silva), Islam Issa Attia (64.Eric Traoré). Trainer: Rodolfo Martín Arruabarrena (Argentina).
Nkana FC: Moses Mapulanga, Moses Nyondo, Takudzwa Chimwemwe, Kevin Moyo, Jimmy Denis Dzingai (71.Duke Abuya), Laison Thole, Freddy Tshimenga, Stephen Chulu, Ackim Mumba (71.Patrick Gondwe; 81.Emmanuel Mwiinde), Simon Mulenga, Obeddy Masumbuko. Trainer: Manfred Chabinga.
Goals: Mahmoud Manar Wadi (2), Islam Issa Attia (9), Mohamed Farouk Salama (90+1).

17.03.2021, National Stadium, Dar es Salaam; Referee: Mohamed Ali Moussa (Niger)
Namungo FC Lindi - Pyramids FC Cairo   0-2(0-0)
Namungo FC: Jonathan Nahimana, Miza Abdallah, Mohamed Jafari, Kalos Kirenge (89.Eric Kirungo Kwizera), Steve Nzigamasabo, Lucas Kikoti (86.Adam Salamba), Abdulhalim Humoud Mohamed, Stephen Duah, Shiza Kichuya, Stephen Sey, Sixtus Sabilo (86.Hamisi Swalehe). Trainer: Hemed Suleiman.
Pyramids: Sherif Ekramy Ahmed, Ali Gabr Gabr Mossad, Ahmed Ayman Mansour, Mohamed Hamdi Sharf Edin (88.Mohamed Essam El Gabbas), Osama Galal Hamid Toeima, Ahmed Hassan Tawfik (46.Mohamed Farouk Salama), Ramadan Sobhi Ramadan Ahmed, Mahmoud Hamada (64.Eric Traoré), Nabil Emad, John Antwi (64.Omar Mahmoud Sayed Gaber), Islam Issa Attia (77.Ahmed Fathi Abdelmonem). Trainer: Rodolfo Martín Arruabarrena (Argentina).
Goals: Ramadan Sobhi Ramadan Ahmed (71 penalty), Omar Mahmoud Sayed Gaber (84).

17.03.2021, „Levy Mwanawasa" Stadium, Ndola; Referee: Ali Mohamed Adelaide (Comoros)
Nkana FC Kitwe - Raja Club Athletic Casablanca   0-2(0-0)
Nkana FC: Moses Mapulanga, Richard Ocran, Moses Nyondo, Takudzwa Chimwemwe, Laison Thole, Misheck Chaila (54.Duke Abuya), Stephen Chulu, Simon Mulenga, Harrison Musonda Chisala (54.Ackim Mumba), Obeddy Masumbuko (71.Diamond Chikwekwe), Emmanuel Mwiinde (71.Ronald Kampamba). Trainer: Manfred Chabinga.
Raja: Anas Zniti, Sanad Al Warfali, Marouane Hadhoudi, Abdelilah Madkour, Abdelilah Hafidi, Omar Arjoune (90.Abderrahim Achchakir), Zakaria El Wardi (89.Mohamed Al Makaazi), Soufiane Rahimi (62.Fabrice Luamba Ngoma), Mohamed Souboul, Ben Malango Ngita (75.Mohsine Moutaouali), Mahmoud Benhalib (75.Noah Sadaoui). Trainer: Jamal Sellami.
Goals: Soufiane Rahimi (47 penalty), Noah Sadaoui (87).

04.04.2021, National Stadium, Dar es Salaam; Referee: Omar Abdulkadir Artan (Somalia)
Namungo FC Lindi - Nkana FC Kitwe   0-1(0-0)
Namungo FC: Jonathan Nahimana, Haruna Shamte, Frank Magingi, Mohamed Jafari (63.Miza Abdallah), Steve Nzigamasabo, Lucas Kikoti (63.Eric Kirungo Kwizera), Hamisi Swalehe (37.Fredy Tangalo), Stephen Duah, Shiza Kichuya (63.Hashim Manyanya), Stephen Sey, Sixtus Sabilo (76.Adam Salamba). Trainer: Hemed Suleiman.
Nkana FC: Talbert Tanunurwa Shumba, Richard Ocran, Takudzwa Chimwemwe, Jimmy Denis Dzingai, Laison Thole, Misheck Chaila, Stephen Chulu (90.Moses Nyondo), Ackim Mumba, Diamond Chikwekwe (71.Ronald Kampamba), Obeddy Masumbuko (78.Harrison Musonda Chisala), Emmanuel Mwiinde. Trainer: Manfred Chabinga.
Goal: Diamond Chikwekwe (69).

04.04.2021, Stade „Mohammed V", Casablanca; Referee: Sekou Ahmed Touré (Guinea)
Raja Club Athletic Casablanca - Pyramids FC Cairo   2-0(2-0)
Raja: Anas Zniti, Marouane Hadhoudi, Abdelilah Madkour, Mohsine Moutaouali (72.Mohamed Al Makaazi), Abderrahim Achchakir, Omar Arjoune (79.Noah Sadaoui), Fabrice Luamba Ngoma, Soufiane Rahimi (89.Ilias Haddad), Mohamed Zrida, Mohamed Souboul, Ben Malango Ngita. Trainer: Jamal Sellami.
Pyramids: Sherif Ekramy Ahmed, Ali Gabr Gabr Mossad, Omar Mahmoud Sayed Gaber (66.John Antwi), Ahmed Ayman Mansour, Mohamed Hamdi Sharf Edin, Osama Galal Hamid Toeima (57.Ahmed Fathi Abdelmonem), Ramadan Sobhi Ramadan Ahmed, Mahmoud Hamada (46.Abdallah Mahmoud El Said Mohamed Bekhit), Nabil Emad, Mohamed Farouk Salama, Islam Issa Attia. Trainer: Rodolfo Martín Arruabarrena (Argentina).
Goals: Sherif Ekramy Ahmed (15 own goal), Ben Malango Ngita (21).

11.04.2021, „Levy Mwanawasa" Stadium, Ndola; Referee: Brighton Chimene (Zimbabwe)
Nkana FC Kitwe - Namungo FC Lindi   1-0(0-0)
Nkana FC: Talbert Tanunurwa Shumba, Richard Ocran, Takudzwa Chimwemwe (80.Justin Mwanza), Jimmy Denis Dzingai, Laison Thole, Misheck Chaila, Stephen Chulu (35.Duke Abuya), Ackim Mumba (55.Freddy Tshimenga), Diamond Chikwekwe (55.Harrison Musonda Chisala), Obeddy Masumbuko, Emmanuel Mwiinde (79.Ronald Kampamba). Trainer: Manfred Chabinga.
Namungo FC: Jonathan Nahimana, Frank Magingi, Miza Abdallah, Mohamed Jafari (85.Stephen Duah), Kalos Kirenge, Lucas Kikoti (85.Adam Salamba), Hamisi Swalehe, Fredy Tangalo, Ibrahimu Ali (58.Sixtus Sabilo), Eric Kirungo Kwizera (85.Hashim Manyanya), Stephen Sey. Trainer: Hemed Suleiman.
Goal: Freddy Tshimenga (71).

11.04.2021, 30 June Stadium, Cairo; Referee: Helder Martins de Carvalho (Angola)
Pyramids FC Cairo - Raja Club Athletic Casablanca   0-3(0-2)
Pyramids: Sherif Ekramy Ahmed, Ahmed Fathi Abdelmonem, Ahmed Samy Saad, Ali Gabr Gabr Mossad, Mohamed Hamdi Sharf Edin, Abdallah Mahmoud El Said Mohamed Bekhit (71.Eric Traoré), Ramadan Sobhi Ramadan Ahmed (83.Ibrahim Hassan), Nabil Emad (71.Mahmoud Hamada), John Antwi (71.Mohamed Essam El Gabbas), Mohamed Farouk Salama, Islam Issa Attia. Trainer: Rodolfo Martín Arruabarrena (Argentina).
Raja: Anas Zniti, Sanad Al Warfali, Marouane Hadhoudi, Abdelilah Madkour, Omar Arjoune, Fabrice Luamba Ngoma (80.Noah Sadaoui), Soufiane Rahimi (80.Abdelilah Hafidi), Mohamed Zrida (86.Abdeljalil Jbira), Mohamed Souboul (86.Mohamed Al Makaazi), Ben Malango Ngita, Mahmoud Benhalib (70.Mohsine Moutaouali). Trainer: Mohamed Bekkari.
Goals: Fabrice Luamba Ngoma (15), Ben Malango Ngita (42), Soufiane Rahimi (77).

21.04.2021, „Levy Mwanawasa" Stadium, Ndola; Referee: Joseph Ogabor (Nigeria)
Nkana FC Kitwe - Pyramids FC Cairo   0-1(0-0)
Nkana FC: Moses Mapulanga, Richard Ocran, Moses Nyondo, Takudzwa Chimwemwe, Laison Thole, Misheck Chaila (84.Stephen Chulu), Duke Abuya, Ackim Mumba, Harrison Musonda Chisala, Diamond Chikwekwe (84.Ronald Kampamba), Emmanuel Mwiinde. Trainer: Manfred Chabinga.
Pyramids: Sherif Ekramy Ahmed, Ahmed Fathi Abdelmonem (64.Diego Alejandro Rolán Silva), Ahmed Samy Saad, Omar Mahmoud Sayed Gaber, Ahmed Ayman Mansour, Mohamed Hamdi Sharf Edin, Abdallah Mahmoud El Said Mohamed Bekhit, Eric Traoré (90+1.Mohamed Essam El Gabbas), Ramadan Sobhi Ramadan Ahmed (90+1.Ahmed Hassan Tawfik), Mahmoud Hamada, Mohamed Farouk Salama (64.Islam Issa Attia). Trainer: Rodolfo Martín Arruabarrena (Argentina).
Goal: Abdallah Mahmoud El Said Mohamed Bekhit (78).

22.04.2021, National Stadium, Dar es Salaam; Referee: Chelanget Sabila (Uganda)
Namungo FC Lindi - Raja Club Athletic Casablanca   0-3(0-3)
Namungo FC: Adjiguesena Nourdine Balora, Miza Abdallah, Mohamed Jafari, Kalos Kirenge (12.Hamis Mgunya), Lucas Kikoti, Hamisi Swalehe (43.Steve Nzigamasabo), Abdulhalim Humoud Mohamed, Stephen Duah, Reliants Lusajo Mwakasugule (64.Shiza Kichuya), Hashim Manyanya (43.Stephen Sey), Sixtus Sabilo (65.Eric Kirungo Kwizera). Trainer: Hemed Suleiman.
Raja: Anas Zniti, Ilias Haddad, Sanad Al Warfali, Omar Boutayeb, Fabrice Luamba Ngoma (61.Riad Idbouiguiguine), Mohamed Al Makaazi, Mohamed Zrida (77.Abdelilah Madkour), Mohamed Souboul (82.Abdeljalil Jbira), Noah Sadaoui, Ayoub Nanah (76.Oussama Soukhane), Zakaria Habti. Trainer: Lassaad Chabbi (Austria).
Goals: Ilias Haddad (8), Fabrice Luamba Ngoma (14), Zakaria Habti (36).

28.04.2021, 30 June Stadium, Cairo; Referee: Jean Ouattara (Burkina Faso)
Pyramids FC Cairo - Namungo FC Lindi　　　　　　　　　　**1-0(0-0)**
Pyramids: Ahmed Nasser Mahmoud Moawad El Shenawy, Ahmed Samy Saad (60.Ahmed Fathi Abdelmonem), Omar Mahmoud Sayed Gaber, Tarek Taha Abdulhamid, Abdallah Bakry Mohamed Ahmed, Omar Mahmoud Sayed Gaber (60.Ibrahim Adel Ali Mohamed Hassan), Ibrahim Hassan (75.John Antwi), Eric Traoré (46.Ahmed Hassan Tawfik), Mahmoud Hamada, Mohamed Essam El Gabbas (75.Diego Alejandro Rolán Silva), Islam Issa Attia. Trainer: Rodolfo Martín Arruabarrena (Argentina).
Namungo FC: Jonathan Nahimana, Frank Magingi, Mohamed Jafari, Steve Nzigamasabo, Lucas Kikoti, Hamisi Swalehe (46.Shiza Kichuya), Fredy Tangalo, Stephen Duah, Ibrahimu Ali (46.Sixtus Sabilo), Adam Salamba (74.Stephen Sey), Eric Kirungo Kwizera (63.Reliants Lusajo Mwakasugule). Trainer: Hemed Suleiman.
Goal: Ibrahim Adel Ali Mohamed Hassan (65).

28.04.2021, Stade „Mohammed V", Casablanca; Referee: Sabri Mohamed Fadul (Sudan)
Raja Club Athletic Casablanca - Nkana FC Kitwe　　　　　**2-0(2-0)**
Raja: Mohamed Bouamira, Ilias Haddad, Abdelilah Madkour (76.Omar Boutayeb), Abderrahim Achchakir, Mohamed Al Makaazi (72.Zakaria El Wardi), Mohamed Zrida, Riad Idbouiguiguine, Mohamed Souboul (68.Oussama Soukhane), Noah Sadaoui, Ayoub Nanah, Zakaria Habti. Trainer: Lassaad Chabbi (Austria).
Nkana FC: Moses Mapulanga, Richard Ocran, Moses Nyondo, Takudzwa Chimwemwe, Laison Thole, Duke Abuya, Stephen Chulu, Ronald Kampamba (62.Patrick Gondwe), Harrison Musonda Chisala (76.Obeddy Masumbuko), Diamond Chikwekwe (62.Ackim Mumba), Emmanuel Mwiinde. Trainer: Manfred Chabinga.
Goals: Riad Idbouiguiguine (18), Noah Sadaoui (42).

FINAL STANDINGS

1.	**Raja Club Athletic Casablanca**	6	6	0	0	13	-	0	18
2.	**Pyramids FC Cairo**	6	4	0	2	7	-	5	12
3.	Nkana FC Kitwe	6	2	0	4	2	-	8	6
4.	Namungo FC Lindi	6	0	0	6	0	-	9	0

QUARTER-FINALS

16.05.2021, Stade „Taïeb Mhiri", Sfax; Referee: Mahmoud El Banna (Egypt)
Club Sportif Sfaxien - Jeunesse Sportive de Kabylie Tizi-Ouzou　　　**0-1(0-0)**
CS Sfaxien: Mohamed Hedi Gaaloul, Ahmed Ammar, Houssem Dagdoug, Chadi Hammami (67.Mohamed Ali Moncer), Mohamed Ben Ali, Kingsley Sokari (46.Walid Karoui), Aymen Harzi (56.Achref Habbassi), Mohammed Salih Ali Soulah, Azmi Ghouma, Firas Chaouat (67.Kingsley Eduwo), Chris Kouakou (77.Mohamed Ali Trabelsi). Trainer: Hammadi Daou.
JS Kabylie: Oussama Benbout, Mohamed Walid Bencherifa, Ahmed Ait Abdessalem, Badreddine Souyad, Ahmed Mohamed Kerroum, Malik Raiah (67.Fares Nechat Djabri), Juba Oukaci (90+4.Abdelmoumen Chikhi), Mohamed Benchaïra, Aziz Benabdi, Zakaría Boulahia (46.Kouceila Boualia), Rédha Bensayah (89.Mohamed Abdullah Abdussalam Al Tubal). Trainer: Denis Lavagne (France).
Goal: Rédha Bensayah (61 penalty).

23.05.2021, Stade du 1er Novembre 1954, Tizi Ouzou; Referee: Rédouane Jiyed (Morocco)
Jeunesse Sportive de Kabylie Tizi-Ouzou - Club Sportif Sfaxien   1-1(1-0)
JS Kabylie: Oussama Benbout, Mohamed Walid Bencherifa, Ahmed Ait Abdessalem, Badreddine Souyad, Ahmed Mohamed Kerroum, Malik Raiah, Juba Oukaci (75.Fares Nechat Djabri), Mohamed Benchaïra, Aziz Benabdi, Zakaría Boulahia (56.Kouceila Boualia), Rédha Bensayah. Trainer: Denis Lavagne (France).
CS Sfaxien: Mohamed Hedi Gaaloul, Ahmed Ammar, Mohamed Ali Jouini (46.Azmi Ghouma), Houssem Dagdoug, Naby Camara (46.Kingsley Sokari), Mohamed Ben Ali, Walid Karoui (60.Mohammed Salih Ali Soulah), Aymen Harzi, Kingsley Eduwo, Chris Kouakou (75.Chadi Hammami), Ousmane Camara (70.Firas Chaouat). Trainer: Hammadi Daou.
Goals: Rédha Bensayah (39 penalty) / Aymen Harzi (82 penalty).
[Jeunesse Sportive de Kabylie Tizi-Ouzou won 2-1 on aggregate]

16.05.2021, Orlando Stadium, Johannesburg; Referee: Peter Waweru (Kenya)
Orlando Pirates FC Johannesburg - Raja Club Athletic Casablanca   1-1(1-0)
Orlando Pirates: Wayne Sandilands, Thulani Hlatshwayo, ,Ntsikelelo Nyauza Abel Ntuthuko Mabaso, Bongani Sam (76.Paseka Mako), Deon Hotto (84.Patrick Hellings Gabadini Mhango), Wayde Jooste, Ben Motshwari (76.Thabang Monare), Fortune Makaringe (77.Thembinkosi Lorch), Siphesihle Ndlovu (84.Kabelo Dlamini), Maliele Vincent Pule. Trainer: Josef Zinnbauer (Germany).
Raja: Anas Zniti, Ilias Haddad, Abdeljalil Jbira, Marouane Hadhoudi, Abdelilah Madkour, Omar Arjoune (65.Mohamed Zrida), Zakaria El Wardi, Fabrice Luamba Ngoma (90+2.Mohamed Al Makaazi), Soufiane Rahimi (80.Noah Sadaoui), Ben Malango Ngita, Mahmoud Benhalib (65.Zakaria Habti). Trainer: Lassaad Chabbi (Austria).
Goals: Maliele Vincent Pule (39) / Ben Malango Ngita (60).

23.05.2021, Stade „Mohammed V", Casablanca; Referee: Mustapha Ghorbal (Algeria)
Raja Club Athletic Casablanca - Orlando Pirates FC Johannesburg   4-0(4-0)
Raja: Anas Zniti, Ilias Haddad, Abdeljalil Jbira (75.Omar Boutayeb), Marouane Hadhoudi, Abdelilah Madkour, Omar Arjoune, Zakaria El Wardi (75.Oussama Soukhane), Fabrice Luamba Ngoma (60.Mohamed Zrida), Soufiane Rahimi (69.Zakaria Habti), Ben Malango Ngita, Mahmoud Benhalib (69.Mohsine Moutaouali). Trainer: Lassaad Chabbi (Austria).
Orlando Pirates: Wayne Sandilands, Thulani Hlatshwayo, Paseka Mako, Tshegofatso Mabaso (46.Nkanyiso Zungu), Innocent Maela, Paseka Mako, Thabang Monare (82.Ben Motshwari), Deon Hotto, Wayde Jooste, Siphesihle Ndlovu (46.Patrick Hellings Gabadini Mhango), Maliele Vincent Pule (59.Fortune Makaringe), Thembinkosi Lorch (82.Kabelo Dlamini). Trainer: Josef Zinnbauer (Germany).
Goals: Ben Malango Ngita (6), Mahmoud Benhalib (22), Soufiane Rahimi (31), Ben Malango Ngita (36).
[Raja Club Athletic Casablanca won 5-1 on aggregate]

16.05.2021, 30 June Stadium, Cairo; Referee: Victor Miguel de Freitas Gomes (South Africa)
Pyramids FC Cairo - Enyimba International FC Aba   4-1(1-1)
Pyramids: Sherif Ekramy Ahmed, Ahmed Fathi Abdelmonem, Ahmed Samy Saad, Ali Gabr Gabr Mossad (67.Ahmed Ayman Mansour), Mohamed Hamdi Sharf Edin, Abdallah Mahmoud El Said Mohamed Bekhit (87.Islam Issa Attia), Eric Traoré (87.Mahmoud Hamada), Ramadan Sobhi Ramadan Ahmed, Nabil Emad, John Antwi (46.Ibrahim Adel Ali Mohamed Hassan), Mohamed Farouk Salama (24.Ahmed Hassan Tawfik). Trainer: Rodolfo Martín Arruabarrena (Argentina).
Enyimba: John Noble Barinyima, Daniel Darkwah, Nelson Ogbonnaya, Abubakar Hassan (70.Abiodun Olalekan Adebayo), Manyo Stephen Egbe, Austin Tunde Oladapo, Farouk Mohamed, Oluwadamilare Mathew Olatunji (71.Ojo Ekundayo Solomon), Tosin Abraham Omoyele (71.Cyril Chinedu Olisema), Victor Mbaoma, Orok Gabriel Ibitham (58.Kadri Samod Timileyin). Trainer: Fatai Ojo.
Goals: Ramadan Sobhi Ramadan Ahmed (15), Abdallah Mahmoud El Said Mohamed Bekhit (49), Ibrahim Adel Ali Mohamed Hassan (58, 67) / Victor Mbaoma (1).

23.05.2021, Enyimba International Stadium, Aba; Referee: Sadok Selmi (Tunisia)
Enyimba International FC Aba - Pyramids FC Cairo **1-1(1-1)**
Enyimba: John Noble Barinyima, Daniel Darkwah, Nelson Ogbonnaya (53.Abdel Nabil Yarou), Abiodun Olalekan Adebayo, Manyo Stephen Egbe, Farouk Mohamed, Cyril Chinedu Olisema (81.Anthony Chukwudi Omaka), Philip Felix Ozor (51.Austin Tunde Oladapo), Tosin Abraham Omoyele (81.Kadri Samod Timileyin), Anayo Emmanuel Iwuala, Victor Mbaoma (52.Orok Gabriel Ibitham). Trainer: Fatai Ojo.
Pyramids: Ahmed Nasser Mahmoud Moawad El Shenawy (37.Sherif Ekramy Ahmed), Ahmed Fathi Abdelmonem, Ahmed Samy Saad, Ali Gabr Gabr Mossad, Mohamed Hamdi Sharf Edin, Eric Traoré, Ramadan Sobhi Ramadan Ahmed (66.Abdallah Mahmoud El Said Mohamed Bekhit), Mahmoud Hamada (76.Ahmed Hassan Tawfik), Nabil Emad, Ibrahim Adel Ali Mohamed Hassan (76.Mohamed Essam El Gabbas), Islam Issa Attia. Trainer: Rodolfo Martín Arruabarrena (Argentina).
Goals: Anayo Emmanuel Iwuala (40) / Ibrahim Adel Ali Mohamed Hassan (32).
[Pyramids FC Cairo won 5-2 on aggregate]

16.05.2021, Stade „Roumdé Adjia", Garoua; Referee: Eric Otogo-Castane (Gabon)
Coton Sport FC de Garoua - ASC Jaraaf de Dakar **1-0(0-0)**
Coton Sport: Narcisse Junior Nlend, Thomas Bawak Etta, Salomon Charles Bienvenue Banga Bindjeme, Hassana Abbo Mamoudou, Pierre François Aurelien Etame Ngombe Matanda, Thierry Tchuenté, Sibiri Arnaud Sanou (76.Kamilou Daouda), Félix Oukiné Tcheoude (60.Richard Fabrice Ebongue), Francis Joel Tombi Alemi (82.Jean Rosis Okoumou Opimbat), Lambert Gueme Araina, Souaibou Marou (82.Jean Eric Moursou). Trainer: Aboubakar Souleymanou.
ASC Jaraaf: Pape Seydou N'Diaye, Mamadou Sylla, Jean Rémy Bocande, Babacar Seck, Cheikh Oumar Koné *[sent off 37]*, El Hadji Kane, Souleymane Diallo (55.Alioune Tendeng), Albert Diene (79.Mamadou Diallo), Makhtar Ndiaye (46.Sega Sissokho), Pape Abdou Ndiaye (63.Ousmane Sagna), Bouly Sambou (55.Ousmane Mbengue). Trainer: Cheikh Matar Guèye.
Goal: Lambert Gueme Araina (89).

23.05.2021, Stade Lat-Dior, Thiès; Referee: Boubou Traoré (Mali)
ASC Jaraaf de Dakar - Coton Sport FC de Garoua **2-1(1-1)**
ASC Jaraaf: Pape Seydou N'Diaye, Mamadou Sylla, Jean Rémy Bocande, Babacar Seck, Sega Sissokho, Alioune Tendeng (85.Mamadou Diallo), El Hadji Kane, Albert Diene, Pape Abdou Ndiaye (75.Makhtar Ndiaye), Ousmane Mbengue (59.Papa Youssou Paye), Bouly Sambou (84.Ousmane Sagna). Trainer: Cheikh Matar Guèye.
Coton Sport: Narcisse Junior Nlend, Félix Djoubaïrou (46.Richard Fabrice Ebongue), Thomas Bawak Etta, Salomon Charles Bienvenue Banga Bindjeme, Hassana Abbo Mamoudou, Pierre François Aurelien Etame Ngombe Matanda, Thierry Tchuenté, Sibiri Arnaud Sanou (77.Jean Eric Moursou), Lambert Gueme Araina, Souaibou Marou (73.Francis Joel Tombi Alemi), Abdouraman Daman Bouba (46.Félix Oukiné Tcheoude). Trainer: Aboubakar Souleymanou.
Goals: Albert Diene (34), Pape Abdou Ndiaye (55) / Sibiri Arnaud Sanou (21).
[Coton Sport FC de Garoua won on away goals rule (2-2 on aggregate)]

SEMI-FINALS

20.06.2021, 30 June Stadium, Cairo; Referee: Pacifique Ndabihawenimana (Burundi)
Pyramids FC Cairo - Raja Club Athletic Casablanca   0-0
Pyramids: Ahmed Nasser Mahmoud Moawad El Shenawy, Ahmed Fathi Abdelmonem, Ahmed Samy Saad, Omar Mahmoud Sayed Gaber (87.Ahmed Hassan Tawfik), Mohamed Hamdi Sharf Edin, Osama Galal Hamid Toeima (63.Ali Gabr Gabr Mossad), Abdallah Mahmoud El Said Mohamed Bekhit, Eric Traoré (70.Mohamed Farouk Salama), Ramadan Sobhi Ramadan Ahmed, Nabil Emad, Ibrahim Adel Ali Mohamed Hassan (70.Mahmoud Manar Wadi). Trainer: Rodolfo Martín Arruabarrena (Argentina).
Raja: Anas Zniti, Ilias Haddad, Marouane Hadhoudi, Omar Boutayeb, Omar Arjoune (80.Mohamed Zrida), Zakaria El Wardi, Fabrice Luamba Ngoma (60.Abdelilah Hafidi), Soufiane Rahimi, Mohamed Souboul, Ben Malango Ngita, Mahmoud Benhalib (60.Mohsine Moutaouali). Trainer: Lassaad Chabbi (Austria).

27.06.2021, Stade „Mohammed V", Casablanca; Referee: Janny Sikazwe (Zambia)
Raja Club Athletic Casablanca - Pyramids FC Cairo   0-0; 5-4 on penalties
Raja: Anas Zniti, Ilias Haddad (46.Sanad Al Warfali), Marouane Hadhoudi, Abdelilah Madkour, Oussama Soukhane, Abdelilah Hafidi (82.Fabrice Luamba Ngoma), Zakaria El Wardi, Soufiane Rahimi, Mohamed Zrida, Ben Malango Ngita, Zakaria Habti (63.Mahmoud Benhalib). Trainer: Lassaad Chabbi (Austria).
Pyramids: Ahmed Nasser Mahmoud Moawad El Shenawy, Ahmed Fathi Abdelmonem, Ahmed Samy Saad, Omar Mahmoud Sayed Gaber (80.Ahmed Hassan Tawfik), Mohamed Hamdi Sharf Edin, Osama Galal Hamid Toeima, Abdallah Mahmoud El Said Mohamed Bekhit, Eric Traoré (88.Mohamed Farouk Salama), Ramadan Sobhi Ramadan Ahmed, Nabil Emad, Ibrahim Adel Ali Mohamed Hassan (73.Mahmoud Manar Wadi). Trainer: Rodolfo Martín Arruabarrena (Argentina).
Penalties: Soufiane Rahimi 1-0; Abdallah Mahmoud El Said Mohamed Bekhit 1-1; Ben Malango Ngita (saved); Ramadan Sobhi Ramadan Ahmed (saved); Sanad Al Warfali (missed); Mahmoud Manar Wadi 1-2; Zakaria El Wardi 2-2; Ahmed Samy Saad 2-3; Mahmoud Benhalib 3-3; Mohamed Farouk Salama (missed); Mohamed Zrida 4-3; Osama Galal Hamid Toeima 4-4; Fabrice Luamba Ngoma (saved); Ahmed Hassan Tawfik (missed); Abdelilah Madkour 5-4; Mohamed Hamdi Sharf Edin (saved).
[Raja Club Athletic Casablanca won 5-4 on penalties (after 0-0 on aggregate)]

20.06.2021, Stade „Roumdé Adjia", Garoua; Referee: Amin Omar (Egypt)
Coton Sport FC de Garoua - Jeunesse Sportive de Kabylie Tizi-Ouzou   1-2(1-1)
Coton Sport: Narcisse Junior Nlend, Thomas Bawak Etta, Salomon Charles Bienvenue Banga Bindjeme, Hassana Abbo Mamoudou, Pierre François Aurelien Etame Ngombe Matanda, Thierry Tchuenté, Sibiri Arnaud Sanou (65.Jean Eric Moursou), Félix Oukiné Tcheoude, Francis Joel Tombi Alemi (88.Kamilou Daouda), Lambert Gueme Araina, Souaibou Marou (80.Boubkari Dairou). Trainer: Aboubakar Souleymanou.
JS Kabylie: Oussama Benbout, Mohamed Walid Bencherifa, Ahmed Ait Abdessalem, Badreddine Souyad, Ahmed Mohamed Kerroum, Malik Raiah, Juba Oukaci, Mohamed Benchaïra, Aziz Benabdi, Zakaría Boulahia (46.Kouceila Boualia), Rédha Bensayah (90.Bilal Tizi Bouali). Trainer: Denis Lavagne (France).
Goals: Lambert Gueme Araina (29) / Ahmed Mohamed Kerroum (45+2), Pierre François Aurelien Etame Ngombe Matanda (62 own goal).

27.06.2021, Stade du 5 Juillet, Algiers; Referee: Sadok Selmi (Tunisia)
Jeunesse Sportive de Kabylie Tizi-Ouzou - Coton Sport FC de Garoua   3-0(3-0)
JS Kabylie: Oussama Benbout, Mohamed Walid Bencherifa, Ahmed Ait Abdessalem, Badreddine Souyad, Ahmed Mohamed Kerroum, Malik Raiah (90.Fares Nechat Djabri), Juba Oukaci (69.Ammar El Orfi), Mohamed Benchaïra (90.Kouceila Boualia), Aziz Benabdi, Zakaría Boulahia (69.Mohamed Abdullah Abdussalam Al Tubal), Rédha Bensayah (81.Rezki Hamroune). Trainer: Denis Lavagne (France).
Coton Sport: Narcisse Junior Nlend, Félix Djoubaïrou (46.Richard Fabrice Ebongue), Salomon Charles Bienvenue Banga Bindjeme, Houzaifi Youssoufa, Hassana Abbo Mamoudou, Pierre François Aurelien Etame Ngombe Matanda (46.Hervé Ngomo Takougoum), Thierry Tchuenté (80.Pierre Francis Baliang), Sibiri Arnaud Sanou (46.Souaibou Marou), Félix Oukiné Tcheoude, Francis Joel Tombi Alemi (67.Kamilou Daouda), Lambert Gueme Araina. Trainer: Aboubakar Souleymanou.
Goals: Zakaría Boulahia (6), Badreddine Souyad (37 penalty), Zakaría Boulahia (45+1).
[Jeunesse Sportive de Kabylie Tizi-Ouzou won 5-1 on aggregate]

FINAL

10.07.2021, Stade de l'Amitié, Cotonou
Referee: Victor Miguel de Freitas Gomes (South Africa)
Raja Club Athletic Casablanca - Jeunesse Sportive de Kabylie Tizi-Ouzou   2-1(2-0)
Raja: Anas Zniti, Ilias Haddad, Marouane Hadhoudi, Abdelilah Madkour, Oussama Soukhane, Abdelilah Hafidi (71.Fabrice Luamba Ngoma), Omar Arjoune, Zakaria El Wardi, Soufiane Rahimi (90+1.Mohamed Al Makaazi), Ben Malango Ngita (90+1.Ayoub Nanah), Mahmoud Benhalib (58.Mohamed Zrida). Trainer: Lassaad Chabbi (Austria).
JS Kabylie: Oussama Benbout, Mohamed Walid Bencherifa, Ahmed Ait Abdessalem, Badreddine Souyad, Ahmed Mohamed Kerroum, Malik Raiah (46.Rezki Hamroune), Juba Oukaci (69.Kouceila Boualia), Mohamed Benchaïra, Aziz Benabdi, Zakaría Boulahia (76.Massinissa Nezla), Rédha Bensayah (76.Mohamed Abdullah Abdussalam Al Tubal). Trainer: Denis Lavagne (France).
Goals: 1-0 Soufiane Rahimi (5), 2-0 Ben Malango Ngita (14), 2-1 Zakaría Boulahia (46).

Winner 2020/2021: **Raja Club Athletic Casablanca** (Morocco)

Best goalscorers: Ben Malango Ngita (COD, Raja Club Athletic Casablanca) - 6 goals

	CAF CUP (1992-2003)/ CAF CONFEDERATIONS CUP (since 2004) TABLE OF HONOURS	
1992	Shooting Stars FC Ibadan	(NGA)
1993	Stella Club d'Adjamé Abidjan	(CIV)
1994	Bendel Insurance FC Benin City	(NGA)
1995	Étoile Sportive du Sahel Sousse	(TUN)
1996	Kawkab Athletic Club Marrakech	(MAR)
1997	Espérance Sportive de Tunis	(TUN)
1998	Club Sportif Sfaxien	(TUN)
1999	Étoile Sportive du Sahel Sousse	(TUN)
2000	JS de Kabylie Tizi-Ouzou	(ALG)
2001	JS de Kabylie Tizi-Ouzou	(ALG)
2002	JS de Kabylie Tizi-Ouzou	(ALG)
2003	Raja Club Athletic Casablanca	(MAR)
2004	Hearts of Oak SC Accra	(GHA)
2005	Forces Armées Royales Rabat	(MAR)
2006	Étoile Sportive du Sahel Sousse	(TUN)
2007	Club Sportif Sfaxien	(TUN)
2008	Club Sportif Sfaxien	(TUN)
2009	Stade Malien de Bamako	(MLI)
2010	Fath Union Sport de Rabat	(MAR)
2011	Maghreb Association Sportive de Fès	(MAR)
2012	AC Léopards de Dolisie	(CGO)
2013	Club Sportif Sfaxien	(TUN)
2014	Al-Ahly Sporting Club Cairo	(EGY)
2015	Étoile Sportive du Sahel Sousse	(TUN)
2016	Tout Puissant Mazembe Lubumbashi	(COD)
2017	Tout Puissant Mazembe Lubumbashi	(COD)
2018	Raja Club Athletic Casablanca	(MAR)
2018/2019	Zamalek Sporting Club Cairo	(EGY)
2019/2020	Renaissance Sportive de Berkane	(MAR)
2020/2021	Raja Club Athletic Casablanca	(MAR)

CAF SUPER CUP

The CAF Super Cup is an annual competition disputed between the winners of the previous season's CAF Champions League and CAF Confederation Cup competitions. During 2021 two finals were played: CAF Super Cup 2020 (2) on 28.05.2021, originally scheduled in August 2020, but postponed due to COVID-19 pandemic and CAF Super Cup 2021 on 22.12.2021.

CAF SUPER CUP 2020 (2)

The 29th edition was played on 28 May 2021 between Al-Ahly Sporting Club Cairo (Egypt, 2019/2020 CAF Champions League winners) and Renaissance Sportive de Berkane (Morocco, 2019/2020 CAF Confederation Cup winners).

28.05.2021, "Jassim bin Hamad" Stadium, Doha (Qatar); Attendance: 2,900
Referee: Mustapha Ghorbal (Algeria)
Al-Ahly Sporting Club Cairo - Renaissance Sportive de Berkane   2-0(0-0)
Al-Ahly SC: Mohamed El Sayed Mohamed El Shenawy Gomaa (Cap), Ayman Ashraf Elsayed Elsembeskany (46.Ramy Hisham Abdel Aziz Rabia), Yasser Ibrahim Ahmed El Hanafi (46.Ali Maâloul), Badr Banoun, Mohamed Hany Gamal El Demerdash, Aliou Dieng, Amr Mohamed Eid El Soleya, Mohamed Magdy Mohamed Morsy „Afsha", Taher Mohamed Ahmed Taher Mohamed Mahmoud (84.Mahmoud Abdel Moneim Abdel Hamid Soliman „Kahraba"), Hussein Ali El Shahat Ali Hassan (67.Salah Mohsen Mohamed Shalaby), Mohamed Sherif Mohamed Ragaei Bakr (85.Hamdy Fathy Abdelhalim Abdelfattah). Trainer: Pitso John Hamilton Mosimane (South Africa).
RS Berkane: Zouheir Laâroubi, Omar Nemssaoui, Issoufou Dayo, Ismail Mokadem, Mohamed Aziz (Cap) (66.Abdelkarim Baadi), Larbi Naji (86.Brahim El Bahraoui), Bakr El Helali (65.Zakaria Hadraf), Mohamed Farhane (78.Amine El Kass), Zaid Krouch (77.Alain Traoré), Hamdi Laachir, Mouhssine Iajour. Trainer: Juan Pedro Benali (Spain).
Goals: 1-0 Mohamed Sherif Mohamed Ragaei Bakr (57), 2-0 Salah Mohsen Mohamed Shalaby (82).

CAF SUPER CUP 2021

The 30th edition was played on 22 December 2021 between Al-Ahly Sporting Club Cairo (Egypt, 2020/2021 CAF Champions League winners) and Raja Club Athletic Casablanca (Morocco, 2020/2021 CAF Confederation Cup winners).

22.12.2021, "Ahmed bin Ali" Stadium, Al Rayyan (Qatar); Attendance: 0
Referee: Jean-Jacques Ndala Ngambo (D.R. Congo)
Al-Ahly Sporting Club Cairo - Raja Club Athletic Casablanca   1-1(0-1); 6-5 on penalties
Al-Ahly SC: Mohamed El Sayed Mohamed El Shenawy Gomaa (Cap), Yasser Ibrahim Ahmed El Hanafi (77.Taher Mohamed Ahmed Taher Mohamed Mahmoud), Badr Banoun, Ayman Ashraf Elsayed Elsembeskany (46.Mohamed Sherif Mohamed Ragaei Bakr), Akram Tawfik Mohamed Hassan El Hagrasi, Ali Maâloul, Hamdy Fathy Abdelhalim Abdelfattah, Aliou Dieng, Hussein Ali El Shahat Ali Hassan (61.Ahmed Mohamed Abdel Kader Radwan), Percy Muzi Tau, Mohamed Magdy Mohamed Morsy „Afsha". Trainer: Pitso John Hamilton Mosimane (South Africa).
Raja Club: Anas Zniti, Abdelilah Madkour, Marouane Hadhoudi, Jamal Harkass, Abdeljalil Jbira, Zakaria El Wardi, Fabrice Luamba Ngoma, Mahmoud Benhalib, Abdelilah Hafidi (78.Mohamed Zrida), Mohsine Moutaouali (Cap), Hamid Ahadad (84.Soufiane Benjdida). Trainer: Marc Robert Wilmots (Belgium).
Goals: 0-1 Yasser Ibrahim Ahmed El Hanafi (13 own goal), 1-1 Taher Mohamed Ahmed Taher Mohamed Mahmoud (90).
Penalties: Ali Maâloul 1-0; Mohamed Zrida 1-1; Badr Banoun 2-1; Zakaria El Wardi 2-2; Percy Muzi Tau 3-2; Marouane Hadhoudi 3-3; Ahmed Mohamed Abdel Kader Radwan 4-3; Mahmoud Benhalib 4-4; Taher Mohamed Ahmed Taher Mohamed Mahmoud 5-4; Mohsine Moutaouali 5-5; Akram Tawfik Mohamed Hassan El Hagrasi 6-5; Abdelilah Madkour (missed).

Please note: no extra time were played.

CAF SUPER CUP
TABLE OF HONORS (1993-2021)

1993	Africa Sports National Abidjan	(CIV)
1994	Zamalek Sporting Club Cairo	(EGY)
1995	Espérance Sportive de Tunis	(TUN)
1996	Orlando Pirates FC Johannesburg	(RSA)
1997	Zamalek Sporting Club Cairo	(EGY)
1998	Étoile Sportive du Sahel Sousse	(TUN)
1999	ASEC Mimosas Abidjan	(CIV)
2000	Raja Club Athletic Casablanca	(MAR)
2001	Hearts of Oak SC Accra	(GHA)
2002	Al-Ahly Sporting Club Cairo	(EGY)
2003	Zamalek Sporting Club Cairo	(EGY)
2004	Enyimba International FC Aba	(NGA)
2005	Enyimba International FC Aba	(NGA)
2006	Al-Ahly Sporting Club Cairo	(EGY)
2007	Al-Ahly Sporting Club Cairo	(EGY)
2008	Étoile Sportive du Sahel Sousse	(TUN)
2009	Al-Ahly Sporting Club Cairo	(EGY)
2010	Tout Puissant Mazembe Lubumbashi	(COD)
2011	Tout Puissant Mazembe Lubumbashi	(COD)
2012	Maghreb Association Sportive de Fez	(MAR)
2013	Al-Ahly Sporting Club Cairo	(EGY)
2014	Al-Ahly Sporting Club Cairo	(EGY)
2015	Entente Sportive de Sétif	(ALG)
2016	Tout Puissant Mazembe Lubumbashi	(COD)
2017	Mamelodi Sundowns FC Pretoria	(RSA)
2018	Wydad Athletic Club Casablanca	(MAR)
2019	Raja Club Athletic Casablanca	(MAR)
2020	Zamalek Sporting Club Cairo	(EGY)
2020 (2)	Al-Ahly Sporting Club Cairo	(EGY)
2021	Al-Ahly Sporting Club Cairo	(EGY)

NATIONAL ASSOCIATIONS

The national football associations of Africa are represented by CAF (Confederation of African Football), the administrative and controlling body for African football competitions at club and national teams level. CAF was founded on 8 February 1957 in Khartoum (Sudan) by the Football Associations of Egypt, Ethiopia, South Africa and Sudan. Currently there are 56 national associations, 54 full members belonging to five regional federations beside Zanzibar and Réunion Island as associates.

Regional Federations:

Union of North African Football Federations **(UNAF, founded 2005; 5 members)**	
	Algeria
	Egypt
	Libya
	Morocco
	Tunisia

West Africa Football Union **(WAFU, founded 1975; 16 members)**	
Benin	Liberia
Burkina Faso	Mali
Cape Verde	Mauritania
Gambia	Niger
Ghana	Nigeria
Guinea	Senegal
Guinea-Bissau	Sierra Leone
Ivory Coast	Togo

Council for East and Central Africa Football Associations **(CECAFA, founded 1973; 12 members)**	
Burundi	Somalia
Djibouti	South Sudan
Eritrea	Sudan
Ethiopia	Tanzania
Kenya	Uganda
Rwanda	Zanzibar*

Associate member of CAF

| **Central African Football Federations' Union** |
| **(UNIFFAC, founded 1978; 8 members)** |
| Cameroon
Central African Republic
Chad
Congo
D.R. Congo
Equatorial Guinea
Gabon
São Tomé and Príncipe |

Council of Southern Africa Football Associations	
(COSAFA, founded 1997; 14 members)	
Angola	Mozambique
Botswana	Namibia
Comoros	Seychelles
Lesotho	South Africa
Madagascar	Swaziland
Malawi	Zambia
Mauritius	Zimbabwe

| **Non-regional member:** |
| Réunion |

ALGERIA

Fédération Algérienne de Football
Chemin Ahmed Ouaked
Boîte postale 39,
Dely-Ibrahim, Alger
Year of Formation: 1962
Member of FIFA since: 1963
Member of CAF since: 1964
www.faf.dz

First international match:
01.06.1957, Tunis:
Tunisia – Algeria 1-2
Most international caps:
Lakhdar Belloumi
100 caps (1978-1989)
Most international goals:
Abdelhafid Tasfaout
36 goals / 80 caps (1990-2002)

AFRICAN CUP OF NATIONS	
1957	Did not enter
1959	Did not enter
1962	Did not enter
1963	Did not enter
1965	Did not enter
1968	Final Tournament (Group Stage)
1970	Qualifiers
1972	Qualifiers
1974	Qualifiers
1976	Qualifiers
1978	Qualifiers
1980	Final Tournament (Runners-up)
1982	Final Tournament (4th place)
1984	Final Tournament (3rd place)
1986	Final Tournament (Group Stage)
1988	Final Tournament (3rd place)
1990	**Final Tournament (Winners)**
1992	Final Tournament (Group Stage)
1994	Qualifiers (Disqualified)
1996	Final Tournament (Quarter-Finals)
1998	Final Tournament (Group Stage)
2000	Final Tournament (Quarter-Finals)
2002	Final Tournament (Group Stage)
2004	Final Tournament (Quarter-Finals)
2006	Qualifiers
2008	Qualifiers
2010	Final Tournament (4th Place)
2012	Qualifiers
2013	Final Tournament (Group Stage)
2015	Final Tournament (Quarter-Finals)
2017	Final Tournament (Group Stage)
2019	**Final Tournament (Winners)**
2021	*Final Tournament (Qualified)*

FIFA WORLD CUP	
1930	Did not enter
1934	Did not enter
1938	Did not enter
1950	Did not enter
1954	Did not enter
1958	Did not enter
1962	Did not enter
1966	*Withdrew*
1970	Qualifiers
1974	Qualifiers
1978	Qualifiers
1982	Final Tournament (Group Stage)
1986	Final Tournament (Group Stage)
1990	Qualifiers
1994	Qualifiers
1998	Qualifiers
2002	Qualifiers
2006	Qualifiers
2010	Final Tournament (Group Stage)
2014	Final Tournament (2nd Round)
2018	Qualifiers

OLYMPIC FOOTBALL TOURNAMENTS 1908-2020							
1908	-	1952	-	1976	Qualifiers	2000	Qualifiers
1912	-	1956	-	1980	Quarter-Finals	2004	Qualifiers
1920	-	1960	-	1984	Qualifiers	2008	Qualifiers
1924	-	1964	-	1988	Qualifiers	2012	Qualifiers
1928	-	1968	Qualifiers	1992	Qualifiers	2016	Group Stage
1936	-	1972	Qualifiers	1996	Qualifiers	2020	Qualifiers
1948	-						

F.I.F.A. CONFEDERATIONS CUP 1992-2017
None

AFRICAN GAMES 1965-2019
1965, 1973, **1978 (Winners)**, 1995, 1999, 2003, 2007

AFRICAN NATIONS CHAMPIONSHIP 2009-2020
2009 (Qualifiers), 2011 (4th Place), 2014 (*withdrew*), 2016 (*disqualified*), 2018 (Qualifiers), 2020 (Qualifiers)

ARAB NATIONS CUP 1963-2021
1988 (Group Stage), 1998 (Group Stage), **2021 (Winners)**

ALGERIAN CLUB HONOURS IN ASIAN CLUB COMPETITIONS:
CAF Champions League 1964-2021
Mouloudia Club d'Alger (1976)
Jeunesse Sportive de Kabylie Tizi-Ouzou (1981, 1990)
Entente Sportive de Sétif (1988, 2014)

CAF Confederation Cup 2004-2021
None

CAF Super Cup 1993-2021
Entente Sportive de Sétif (2015)

*African Cup Winners' Cup 1975-2003**
Jeunesse Sportive de Kabylie Tizi-Ouzou (1995)

*CAF Cup 1992-2003**
Jeunesse Sportive de Kabylie Tizi-Ouzou (2000, 2001, 2002)

Arab Champions Cup / Arab Champions League 1982-2009 / UAFA Club Cup 2012-2013 / Arab Club Championship 2017 / Arab Club Champions Cup 2018-2020
Entente Sportive de Sétif (2006/2007, 2007/2008)
Union Sportive de la Médina d'Alger (2012/2013)

*Arab Cup Winners Cup 1989-2002**
Mouloudia Club d'Oran (1997/1998, 1998/1999)

*Arab Super Cup 1992-2002**
Mouloudia Club d'Oran (1999/2000)

*Afro-Asian Club Championship 1986–1998**
Entente Sportive de Sétif (1989)

defunct competitions

NATIONAL COMPETITIONS
TABLE OF HONOURS

	CHAMPIONS	CUP WINNERS
1962/1963	Union Sportive de la Médina d'Alger	Entente Sportive de Sétif
1963/1964	Union Sportive de la Médina Annaba	Entente Sportive de Sétif
1964/1965	Chabab Riadhi Belcourt Alger	Mouloudia Club Saïda
1965/1966	Chabab Riadhi Belcourt Alger	Chabab Riadhi Belcourt Alger
1966/1967	Nasr Athlétique de Hussein Dey Alger	Entente Sportive de Sétif
1967/1968	Entente Sportive de Sétif	Entente Sportive de Sétif
1968/1969	Chabab Riadhi Belcourt Alger	Chabab Riadhi Belcourt Alger
1969/1970	Chabab Riadhi Belcourt Alger	Chabab Riadhi Belcourt Alger
1970/1971	Mouloudia Club d'Oran	Mouloudia Club d'Alger
1971/1972	Mouloudia Club d'Alger	HAMR Annaba
1972/1973	Jeunesse Sportive de Kabylie Tizi-Ouzou	Mouloudia Club d'Alger
1973/1974	Jeunesse Sportive de Kabylie Tizi-Ouzou	Union Sportive de la Médina Maison Carée
1974/1975	Mouloudia Club d'Alger	Mouloudia Club d'Oran
1975/1976	Mouloudia Club d'Alger	Mouloudia Club d'Alger
1976/1977	Jeunesse Sportive Kawkabi Tizi-Ouzou	Jeunesse Sportive Kawkabi Tizi-Ouzou
1977/1978	Mouloudia Club d'Alger	Chabab Riadhi Belcourt Alger
1978/1979	Mouloudia Club d'Alger	MA de Hussein Dey Alger
1979/1980	Jeunesse Sportive de Kabylie Tizi-Ouzou	Entente Sportive de Sétif
1980/1981	Raed Chabab Kouba Alger	Union Sportive d'Alger
1981/1982	Jeunesse Sportive de Kabylie Tizi-Ouzou	DNC Alger
1982/1983	Jeunesse Sportive de Kabylie Tizi-Ouzou	Mouloudia Club d'Alger
1983/1984	GCR Mascara	Mouloudia Club d'Oran
1984/1985	Jeunesse Sportive de Kabylie Tizi-Ouzou	Mouloudia Club d'Oran
1985/1986	Jeunesse Sportive de Kabylie Tizi-Ouzou	Jeunesse Sportive Tizi-Ouzou
1986/1987	Entente Sportive de Sétif	Union Sportive de la Médina d'El Harrach
1987/1988	Mouloudia Club d'Oran	Union Sportive d'Alger
1988/1989	Jeunesse Sportive de Kabylie Tizi-Ouzou	*No competition*
1989/1990	Jeunesse Sportive de Kabylie Tizi-Ouzou	Entente Sportive de Sétif
1990/1991	Mouloudia Olympic of Constantine	Union Sportive de la Médina Bel Abbes
1991/1992	Mouloudia Club d'Oran	Jeunesse Sportive de Kabylie Tizi-Ouzou
1992/1993	Mouloudia Club d'Oran	*No competition*
1993/1994	Union Sportive des Chaouia Oum El Bouaghi	Jeunesse Sportive de Kabylie Tizi-Ouzou
1994/1995	Jeunesse Sportive de Kabylie Tizi-Ouzou	Chabab Riadhi de Belouizdad Alger
1995/1996	Union Sportive de la Médina d'Alger	Mouloudia Club d'Oran
1996/1997	Chabab Sportif de Constantine	Union Sportive de la Médina d'Alger
1997/1998	Union Sportive de la Médina d'El Harrach	Widad Athlétique de Tlemcen
1998/1999	Mouloudia Club d'Alger	Widad Athlétique de Tlemcen
1999/2000	Chabab Riadhi de Belouizdad Alger	Chabab Riadhi Beni-Thour
2000/2001	Chabab Riadhi de Belouizdad Alger	Union Sportive de la Médina d'Alger
2001/2002	Union Sportive de la Médina d'Alger	Widad Athlétique de Tlemcen
2002/2003	Union Sportive de la Médina d'Alger	Union Sportive de la Médina d'Alger
2003/2004	Jeunesse Sportive de Kabylie Tizi-Ouzou	Union Sportive de la Médina d'Alger
2004/2005	Union Sportive de la Médina d'Alger	Association Sportive Olympique de Chlef
2005/2006	Jeunesse Sportive de Kabylie Tizi-Ouzou	Mouloudia Club d'Alger
2006/2007	Entente Sportive de Sétif	Mouloudia Club d'Alger
2007/2008	Jeunesse Sportive de Kabylie Tizi-Ouzou	Jeunesse Sportive Madinet de Béjaïa

2008/2009	Entente Sportive de Sétif	Chabab Riadhi de Belouizdad Alger
2009/2010	Mouloudia Club d'Alger	Entente Sportive de Sétif
2010/2011	Association Sportive Olympique de Chlef	Jeunesse Sportive de Kabylie Tizi-Ouzou
2011/2012	Entente Sportive de Sétif	Entente Sportive de Sétif
2012/2013	Entente Sportive de Sétif	Union Sportive de la Médina d'Alger
2013/2014	Union Sportive de la Médina d'Alger	Union Sportive de la Médina d'Alger
2014/2015	Entente Sportive de Sétif	Mouloudia Olympique de Béjaïa
2015/2016	Union Sportive de la Médina d'Alger	Mouloudia Club d'Alger
2016/2017	Entente Sportive de Sétif	Chabab Riadhi de Belouizdad Alger
2017/2018	Club Sportif Constantinois	Union Sportive Medinat de Bel-Abbès
2018/2019	Union Sportive de la Médina d'Alger	Chabab Riadhi de Belouizdad Alger
2019/2020	Chabab Riadhi de Belouizdad Alger	*Competition abandoned*
2020/2021	Chabab Riadhi de Belouizdad Alger	*No competition*

NATIONAL CHAMPIONSHIP
Ligue Professionnelle 1 2020/2021

1.	**Chabab Riadhi de Belouizdad Alger**	38	22	13	3	69 - 27		79
2.	Entente Sportive de Sétif	38	21	9	8	69 - 32		71
3.	Jeunesse Sportive de la Saoura Méridja	38	20	9	9	60 - 30		69
4.	Union Sportive de la Médina d'Alger	38	19	8	11	62 - 39		65
5.	Jeunesse Sportive de Kabylie Tizi-Ouzou	38	17	10	11	44 - 33		61
6.	Mouloudia Club d'Oran	38	15	15	8	51 - 37		60
7.	Mouloudia Club d'Alger	38	15	12	11	59 - 43		57
8.	Club Sportif Constantinois	38	15	12	11	43 - 31		57
9.	Nedjm Chabab Magra	38	14	10	14	38 - 44		52
10.	Olympique de Médéa	38	13	12	13	40 - 43		51
11.	Paradou AC Alger	38	13	11	14	53 - 53		50
12.	Nasr Athlétique de Hussein Dey	38	11	14	13	46 - 45		47
13.	Rapide Club de Relizane	38	13	12	13	35 - 49		47
14.	Union Sportive de Biskra	38	11	13	14	32 - 46		46
15.	Widad Athlétique de Tlemcen	38	12	9	17	40 - 47		45
16.	Association Sportive Olympique de Chlef	38	12	9	17	39 - 53		45
17.	Association Sportive Aïn M'lila (*Relegated*)	38	13	8	17	38 - 53		44
18.	Union Sportive Medinat de Bel-Abbès (*Relegated*)	38	9	11	18	32 - 58		38
19.	Chabab Ahly Bordj Bou Arréridj (*Relegated*)	38	4	10	24	29 - 67		22
20.	Jeunesse Sportive Madinet Skikda (*Relegated*)	38	5	3	30	17 - 73		18

Best goalscorer 2020/2021:
Amir Sayoud (Chabab Riadhi de Belouizdad Alger) – 20 goals

Promoted for the 2021/2022 season:
Hilal Baladiat Chelghoum Laïd, Raed Club Arbaâ (next season will be played with 18 clubs)

NATIONAL CUP
Coupe d'Algerie Final 2020/2021

Please note: Coupe d'Algerie was not held in 2020/2021, being replaced by Coupe de la Ligue d'Algerie.

Coupe de la Ligue d'Algerie Final 2020/2021

10.08.2021, Stade du 5 Juillet, Alger; Attendance: 0
Referee: Mustapha Ghorbal
Nedjm Chabab Magra - Jeunesse Sportive de Kabylie Tizi-Ouzou 2-2(1-1,1-1,2-2);
1-4 on penalties
Nedjm Chabab: Zakaria Boukhalfaya, Rachid Meghazi, Mohamed Achref Aib, Kheireddine Ali Haimoud, Hamida Salah, Mohamed El Said Bourahla, Ayeche Ziouache (64.Mohamed Benkablia), Aziz Fegaâs, Hadji Bouguèche (58.Walid Belhamri), Abdesslem Bouchouareb (88.Nadhir Korichi), Akrem Demane (Cap) (107.Brahim Salaheddine Bernou). Trainer: Aziz Abbès.
JS de Kabylie: Oussama Benbout, Ahmed Mohamed Kerroum (110.Abdelmoumen Chikhi), Ahmed Ait Abdessalem, Badreddine Souyad, Mohamed Walid Bencherifa (Cap), Aziz Benabdi, Malik Raiah (83.Ali Haroun), Mohamed Benchaïra, Mohamed Abdullah Abdussalam Al Tubal (80.Juba Oukaci), Kouceila Boualia, Rédha Bensayah (80.Fouad Ghanem). Trainer: Denis Lavagne (France).
Goals: 1-0 Akrem Demane (11), 1-1 Kouceila Boualia (37), 2-1 Nadhir Korichi (93), 2-2 Ali Haroun (120).
Penalties: Badreddine Souyad 0-1; Aziz Fegaâs (missed); Fouad Ghanem 0-2; Nadhir Korichi (saved); Mohamed Benchaïra 0-3; Walid Belhamri 1-3; Kouceila Boualia 1-4.

THE CLUBS 2020/2021

ASSOCIATION SPORTIVE AÏN M'LILA
Year of Formation: 1933
Stadium: Stade „Touhami Zoubir Khelifi", Aïn M'lila (8,000)

	THE SQUAD	DOB	M	(s)	G
Goalkeepers:	Abderrahmane Boultif	28.02.1987	22	(1)	
	Kheireddine Boussouf	07.12.1987	9		
	Tadjeddine Gharbi	23.05.1989	7	(1)	
Defenders:	Amir Belaïli	10.02.1991	35	(1)	
	Zakaria Bencherifa	08.09.1991	7	(11)	
	Abderrezak Bitam	18.04.1989	33		1
	Khaled Bouhakak	18.09.1993	26	(1)	
	Abdelghani Bouzidi	23.01.1997	4	(4)	
	Mohammed Karim Zalegh	18.05.1995	2	(1)	
	Rabah Ziad	20.12.1987	33		1
Midfielders:	Imed Eddine Bououden	19.10.2000		(2)	
	Bilel Bouzitoune	13.07.2000		(1)	
	Chouaib Debbih	01.01.1993	34	(2)	2
	Adil Djabout	31.12.1992	25	(6)	9
	Younes Guermache	07.08.1998		(6)	
	Mohamed Heriat	25.08.1989	27		
	Aderzak Iratni	21.06.1997	15	(8)	
	Mouad Redjem	24.04.1998		(4)	
	Hamza Ziad	29.02.1988	22	(2)	
Forwards:	Merouane Dahar	25.12.1992	25	(3)	2
	Hamza Demane	23.02.1989	27	(3)	4
	Billel El Mammeri	18.01.1991	16	(10)	4
	Mohamed Amine Hamia	05.10.1989	19	(3)	8
	Dhia Khouni	17.01.1998	1	(2)	
	Billal Ouali	16.05.1987	12	(6)	

	Amir Soltane	19.11.1993	6	(24)	1
	Oussama Tebbi	23.09.1991	2	(4)	
	Mohamed Tiaiba	26.07.1988	9	(7)	5
Trainer:	Abdelkader Yaïche	07.09.1953	19		
[15.04.2021]	Fouad Chiha	12.03.1970	7		
[20.06.2021]	Nadhir Leknaoui	19.05.1972	12		

ASSOCIATION SPORTIVE OLYMPIQUE DE CHLEF

Year of Formation: 1947
Stadium: Stade "Mohamed Boumezrag", Chlef (18,000)

	THE SQUAD	DOB	M	(s)	G
Goalkeepers:	Sofiane Alaouchiche	11.04.1993	6		
	Youssouf Benhemada	26.07.1999	9	(2)	
	Maâmar Nadjib Meddah	17.08.1989	12	(1)	
	Mohamed Medjaji	30.03.2002	1		
	Mohamed Amine Sahnoun	06.06.1994	10		
Defenders:	Mohamed Roufid Arab	24.07.1990	25		1
	Khalfallah Belhaoua	08.11.1988	18	(1)	
	Mohamed Sabri Benbrahim	19.10.1998		(2)	
	Farouk Benmaarouf	01.01.1997	16	(1)	
	Abdelkadir Bensalah	04.09.1993	16	(3)	
	Islam Chahrour	20.03.1990	16		
	Abdellah Meddah	08.03.1999	6	(2)	1
	Houssem Meharzi	26.01.1997	24	(2)	4
	Abderrahmene Nehari	09.04.1994	10	(6)	
	Youssouf Zahzouh	05.10.1989	17	(1)	
Midfielders:	Mustapha Alili	30.11.1996	6	(17)	2
	Khathir Baaziz	17.01.1995	29	(5)	
	Kaddour Beldjilali	28.11.1988	26	(4)	7
	Mustapha Bengrina	24.03.1996	17	(2)	3
	Fawzi Benhamla	19.01.1989	3	(1)	
	Brahim Benzaza	08.04.1997	27	(3)	3
	Aladdine Chaachoua Sameut	06.04.2000	2	(13)	
	Khalid Dahmani	25.11.1999		(9)	1
	Abdelaziz Litt	12.01.1993	6	(8)	
	Islam Merili	27.06.1998	25	(5)	2
	Mustapha Zeghnoun	30.06.1991	19	(9)	
Forwards:	Ameur Bouguettaya	21.07.1995	17	(7)	8
	Mohamed El Hadi Boulaouidet	02.05.1990	8	(9)	1
	Nour El Islam Fettouhi	28.08.1999	5	(5)	
	Ayoub Kerssani	10.04.2001	1	(3)	
	Tayeb Lakour	09.02.1999	7	(9)	2
	Mohamed Amine Ouis	06.12.1992	19	(5)	3
	Féthi-Allah Tahar	22.01.1994	15	(4)	2
Trainer:	Fodil Moussi	07.08.1967	9		
[24.01.2021]	Nadhir Leknaoui	19.05.1972	3		
[26.02.2021]	Fodil Moussi	07.08.1967	2		
[09.03.3021]	Meziane Ighil	12.01.1954	6		
[11.05.2021]	Samir Zaoui	03.06.1976	18		

CHABAB AHLY BORDJ BOU ARRÉRIDJ

Year of Formation: 1931
Stadium: Stade "20 Août 1955", Bordj Bou Arréridj (25,000)

THE SQUAD		DOB	M	(s)	G
Goalkeepers:	Islam Loucif	23.09.2000	3		
	Oussama Methazem	16.12.1993	14	(1)	
	Cédric Si Mohamed	09.01.1985	21		
Defenders:	Ramzi Adala	06.11.1993	5	(8)	
	Islam Benaini	02.10.2001	6	(1)	
	Haroun Bordji	15.06.2000		(2)	
	Oussama Guettal	14.05.1997	15		2
	Mohamed El Amine Hammouche	21.04.1995	16	(4)	1
	Nasser Maddour	06.08.1990	30		2
	Takfarinas Ouchène	28.10.1993	9	(3)	
	Noureddine Saidi	30.01.2001	2	(1)	
	Touhami Sebie	03.05.1988	20	(3)	
	Toufik Zeghdane	17.09.1992	25		1
Midfielders:	Anis Abid	11.07.2001		(2)	
	Mohamed Ouled Amer		1	(1)	
	Ali Amriche	08.12.1998	18	(5)	2
	Adem Belferkous	27.09.2001	3	(4)	1
	Youcef Bentouati		2		
	Nabil Bousmaha	02.12.1990	20		
	Akrem Djellouli	02.01.2000	2	(1)	
	Ahmed Gaâgaâ	15.01.1994	20	(1)	1
	Houssem Eddine Khermaza	26.12.2000	3		
	Salaheddine Rahba	10.04.1998	17	(11)	3
	Houd Rahmani	08.03.1998	15	(6)	1
	Hmida Zeghnoun	15.08.2001	7	(4)	
Forwards:	Akram Barrouche	21.01.1995	13	(12)	
	Younes Belferoum	25.03.1999	18	(7)	1
	Mansour Benothmane	07.08.1997	10	(3)	1
	Ismail Boukhelifa	12.05.2000	4	(6)	
	Abdelhalim Djelloul Daouadji	09.07.1995	30	(2)	1
	Iheb Guessas	20.05.1997	9	(8)	2
	Sofiane Fouad Lachahab	12.07.1999	14	(13)	2
	Noufel Lalaoui	25.03.2000	13	(5)	4
	Laid Saidi	26.04.2000	14	(14)	1
	Billal Ziani	23.06.1988	19	(5)	3
Trainer:	Billel Dziri	21.01.1972	7		
[13.01.2021]	Abdenour Bousbia	17.04.1971	10		
[04.04.2021]	Moufdi Cherdoud	18.08.1989	8		
[19.06.2021]	Mosbah Eddine Guemache	19.08.1991	7		
[01.07.2021]	Moufdi Cherdoud	18.08.1989	6		

CHABAB RIADHI DE BELOUIZDAD ALGER

Year of Formation: 1962 (*as Chabab Riadhi de Belcourt*)
Stadium: Stade „20 Août 1955 Mohamed Belouizdad", Alger (20,000)

THE SQUAD		DOB	M	(s)	G
Goalkeepers:	Ahmed Abdelkader (FRA)	19.02.1999	3		
	Gaya Merbah	22.07.1994	12		
	Toufik Moussaoui	20.04.1991	23		
Defenders:	Mohamed Azzi	11.05.2002		(1)	
	Aymen Belaribi	21.10.2000		(4)	
	Abdelkader Belharrane	11.08.2000	1	(3)	
	Mokhtar Belkhiter	15.01.1992	25	(5)	
	Haroune Benmenni	24.01.2000		(1)	
	Sofiane Bouchar	21.05.1994	30		1
	Zine El Abidine Boulakhoua	15.04.1990	17	(4)	
	Rayen Hais Benderrouya	23.08.1997	20	(8)	
	Chouaib Keddad	25.07.1994	22		3
	Zakaria Khali	10.05.1990	13	(1)	
	Chemseddine Nessakh	04.01.1988	26	(1)	4
Midfielders:	Samir Aiboud	11.12.1993	3	(3)	
	Mounir Belhaidja	28.11.2001		(1)	
	Akram Bouras	23.02.2002	4	(8)	
	Adel Djerrar	03.03.1990		(4)	
	Zakaria Draoui	20.02.1994	33	(1)	3
	Houssem Eddine Mrezigue	23.03.2000	31	(4)	1
	Amir Sayoud	31.08.1990	29	(2)	20
	Housseyn Selmi	11.02.1993	19	(3)	2
	Larbi Tabti	23.04.1993	11	(8)	2
	Bilal Tarikat	12.06.1991	12	(6)	
Forwards:	Mohamed Islam Bakir	13.07.1996	7	(8)	
	Youcef Bechou	01.03.1997	4	(12)	1
	Hamza Belahouel	06.08.1993	11	(3)	10
	Mohamed Islam Belkhir	16.03.2001	18	(8)	4
	Khaled Bousseliou	03.10.1997	4	(6)	2
	Ahmed Gasmi	22.11.1984	6	(14)	
	Hichem Khalfallah	02.10.1991	13	(3)	8
	Marcellin Koukpo (BEN)	06.04.1995	12	(7)	2
	Kheiredine Merzougui	16.10.1992	8	(8)	7
	Maecky Fred Ngombo Mansoni (BEL)	31.03.1995	1	(5)	
	Mohamed Souibaa	25.12.1991		(2)	1
Trainer:	Franck Dumas (FRA)	09.01.1968	15		
[31.03.2021]	Slimane Raho	20.10.1975	4		
[01.05.2021]	Zoran Manojlović (SRB)	21.07.1962	19		

CLUB SPORTIF CONSTANTINOIS

Year of Formation: 1950
Stadium: Stade "Mohamed Hamlaoui", Constantine (40,000)

	THE SQUAD	DOB	M	(s)	G
Goalkeepers:	Hatem Becheikh el Fegoun	03.11.1999	3		
	Mohamed Ousmani	27.06.1996	4		
	Chamseddine Rahmani	15.09.1990	31		
Defenders:	Oussama Barkat	29.01.2001	2		
	Ouail Bensahli	17.02.2000	1		1
	Zinedine Benyahia	20.02.1990	2		
	Brahim Boudebouda	28.08.1990	6	(2)	
	Chamseddine Derradji	15.04.1992	14	(5)	
	Mohamed Guemroud	28.08.1994	34	(1)	
	Ahmed Mammeri	25.06.1997	4	(5)	
	Zidane Mebarakou	03.01.1989	34		1
	Ali Abdeladim Mehazem	10.01.2000		(2)	
	Idir Mokadem	05.06.1994	12	(5)	
	Yacine Salhi	19.12.1993	20	(7)	
	Nasreddine Zaalani	26.07.1992	16	(1)	
Midfielders:	Mohamed Amine Baghdaoui	20.03.2000	1	(6)	
	Aymen Bendaoud	18.06.2001	3	(2)	1
	Kamel Benmessaoud	28.11.1990	21	(5)	2
	Belhadj Chekal Affari	05.03.2003	5		
	Sid Ali El Amri	03.04.1991	30	(1)	2
	Foued Hadded	01.11.1990	14	(6)	2
	Sharaf Eldin Shaiboub Ali (SDN)	07.06.1994	10	(7)	1
	Nassim Yettou	27.03.1992	27	(3)	2
	Islam Zermane	10.10.2001		(1)	
Forwards:	Mohamed Lamine Abid	04.07.1991	5	(1)	
	Abdelhakim Amokrane	10.05.1994	23	(3)	8
	Faik Amrane	26.11.1997	15	(13)	2
	Mohamed Bentahar (FRA)	17.02.1994	10	(14)	4
	Nasreddine Bouldjedri	29.02.2000	4	(2)	2
	Brahim Dib	06.07.1993	19	(12)	4
	Youcef Djahnit	11.01.1997	3	(11)	1
	Zakaria Haddouche	19.08.1993	9	(4)	1
	Issad Lakdja	11.08.1997	16	(7)	5
	Mounder Temine	15.09.2001	1	(4)	1
	Ilyes Yaiche	27.10.1997	19	(9)	1
Trainer:	Abdelkader Amrani	03.01.1956	6		
[10.01.2021]	Mohamed Boutadjine	14.10.1967	5		
[05.02.2021]	Miloud Hamdi (FRA)	01.06.1971	27		

ENTENTE SPORTIVE DE SÉTIF

Year of Formation: 1958
Stadium: Stade „8 Mai 1945", Sétif (30,000)

THE SQUAD		DOB	M	(s)	G
Goalkeepers:	Khairi Barki	12.12.1990	4		
	Abdelwahab Sofiane Khedairia	01.04.1989	34		
Defenders:	Ibrahim Bekakchi	10.01.1992	32		1
	Laid Bellaouel	27.12.2000	1		
	Amine Biaz	22.03.1999		(1)	
	Abdellah Debbari	06.01.1993	35	(1)	2
	Houari Ferhani	11.02.1993	8	(4)	1
	Ibrahim Hachoud	05.03.2000	12	(2)	
	Amir Laidouni	20.09.1999	6	(10)	
	Youcef Amine Laouafi	01.03.1996	22	(1)	4
	Hocine Laribi	17.11.1991	13	(2)	1
	Moncef Merouani	19.10.2000	1		
	Halim Meddy Meddour (FRA)	11.02.1997	1	(11)	
	Abderrazak Mohra	05.01.2004		(2)	
	Karim Nemdil	03.10.1989	33	(4)	
Midfielders:	Aymen Belbey	30.06.2000	1	(3)	
	Youcef Dali	26.02.1999	15	(11)	
	Abderrahim Deghmoum	02.12.1998	16	(12)	3
	Akram Djahnit	03.04.1991	15	(3)	5
	Amir Karaoui	03.08.1987	30	(1)	
	Ahmed Kendouci	22.06.1999	34		10
	Messala Merbah	22.07.1994	23	(3)	1
	Chems Eddine Oudira	23.03.2000		(1)	
	Anis Talhi	31.05.2000		(1)	
Forwards:	Mohammed El Amine Amoura	09.05.2000	23	(12)	15
	Monsef Bakrar	13.01.2001	3	(14)	3
	Yasser Berbache	08.02.1996	7	(12)	4
	Khalil Darfalou	21.06.2001		(5)	
	Abdelmoumen Djabou	31.01.1987	8	(5)	4
	Youcef Fellahi	11.04.2002	2	(11)	
	Houssameddine Ghacha	25.10.1995	23	(2)	10
	Daniel Lomotey (GHA)	16.08.1999	3	(6)	2
	Abdelbasset Mahada	18.06.2000		(1)	
	Ismaïl Saïdi	04.04.1997	8	(10)	3
	Malick Touré (MLI)	22.09.1995	5	(3)	2
Trainer:	Nabil Kouki (TUN)	09.03.1970	38		

JEUNESSE SPORTIVE DE KABYLIE TIZI-OUZOU
Year of Formation: 1928 (*as Rapide Club de Tizi-Ouzou*)
Stadium: Stade „1 Novembre 1954", Tizi Ouzou (15,000)

	THE SQUAD	DOB	M	(s)	G
Goalkeepers:	Oussama Benbout	11.10.1994	23		
	Idir Hadid	26.04.2002	11		
	Abdelaftif Ramdane	20.05.2001	4		
Defenders:	Kamel Abdoune	21.10.2000	1	(2)	
	Ahmed Ait Abdessalem	30.08.1997	23	(3)	1
	Mohamed Iheb Benbelabbas	28.01.2001	2	(2)	
	Mohamed Walid Bencherifa	06.11.1988	23	(7)	2
	Koussila Bouaziz	03.01.2000	1	(1)	
	Abdelmoumen Chikhi	29.02.1996	14	(9)	1
	Ilyes Faical Haddouche	01.07.1998	6	(2)	
	Ahmed Mohamed Kerroum	27.06.2000	29	(3)	1
	Racim Mebarki	10.04.1998	15	(2)	
	Nassim Mekidèche	30.04.2000		(3)	
	Badreddine Souyad	03.05.1995	26		
	Bilal Tizi Bouali	14.12.1997	17	(5)	2
Midfielders:	Juba Aguieb	28.11.1996		(2)	
	Mohamed Abdullah Abdussalam Al Tubal (LBY)	23.06.1993	13	(13)	7
	Hodeifa Arfi	29.07.2001	3	(4)	
	Aziz Benabdi	09.08.1993	23	(4)	2
	Mohamed Benchaïra	10.01.1992	19	(7)	1
	Massinissa Benchelouche	11.10.2001	2	(2)	
	Kouceila Boualia	14.03.2001	10	(13)	1
	Abdessamed Bounoua	24.04.1991	7	(2)	1
	Toufik Cherifi	19.10.2001	1	(1)	
	Oussama Darragi Aouat (TUN)	03.04.1987	1		
	Fares Nechat Djabri	25.05.2001	6	(5)	
	Ammar El Orfi	03.11.1998	11	(7)	
	Yacine Medane	28.02.1993	3	(2)	
	Juba Oukaci	08.07.1996	16	(4)	
	Malik Raiah	20.09.1992	24	(4)	1
Forwards:	Rédha Bensayah	22.08.1994	18	(11)	5
	Mohammed Boulahia	01.06.1997	16	(5)	3
	Amine Boussahla	04.04.2000	1	(1)	
	Oussama Daibeche	28.01.1999	1		
	Hadj Habib Saïd Fellahi	20.08.1997	2	(3)	
	Fouad Ghanem	16.11.1997	4	(2)	1
	Rezki Hamroune	10.03.1996	23	(2)	7
	Ali Haroun	01.02.1997	4	(2)	
	Ahmed Sid Houari	13.07.2001	2	(2)	2
	Choukri Kaddour Chérif	08.02.1997	4	(2)	
	Glody Kilangalanga (COD)	08.08.1999	2	(1)	
	Massinissa Nait Salem	30.04.2001	2	(3)	
	Massinissa Nezla	12.09.1998	5	(8)	3
	Fayçal Sadoudi	09.01.2000		(2)	
Trainer:	Yamen Zelfani (TUN)	04.09.1979	1		
[28.11.2020]	Youcef Bouzidi	19.07.1957	5		
[07.01.2021]	Denis Lavagne (FRA)	09.07.1964	28		
[15.08.2021]	Karim Kaced	01.11.1970	4		

JEUNESSE SPORTIVE DE LA SAOURA MÉRIDJA
Year of Formation: 2008
Stadium: Stade du "20 août 1955", Béchar (20,000)

THE SQUAD		DOB	M	(s)	G
Goalkeepers:	Mohamed Haouli	28.04.1997	3		
	Aymen Mouyet	17.05.1999	4		
	Zakaria Saidi	05.08.1996	31		
Defenders:	Riyane Akacem	13.02.1999	15	(5)	
	Abdelkrim Allaoui	15.09.1999		(1)	
	Mohamed Amrane	27.01.1994	15	(5)	4
	Abdelkadir Bensalah	04.09.1993	4	(3)	
	Imadeddine Boubekeur	10.07.1995	32	(2)	1
	Oussama Kaddour	12.05.1997	10	(5)	
	Marwane Khelif	08.02.2000	20		
	Faycal Mebarki	31.08.2000	1		
	Ousama Meddahi	14.02.1991	34		1
	Fateh Talah	30.03.1993	16		
Midfielders:	Walid Belhamri	19.11.1990		(6)	
	Adel Bouchiba	10.11.1987	35	(1)	
	Mohamed Daoud	27.12.1991	28	(6)	2
	Belaid Hamidi	07.05.1996	30	(4)	9
	Mohamed El Amine Hammia	21.12.1991	2	(22)	1
	Abderrazak Khelifi	01.04.1999	12	(9)	
	Abdeljalil Saâd	12.03.1992	20	(5)	10
	Farouk Slimani	01.07.1999	10	(6)	
Forwards:	Islam Benyezli	16.07.2003		(3)	
	Mohammed Lamine Boutouala	27.11.1999	3	(1)	
	Abdelmehdi Droueche	20.05.1995	12	(6)	1
	Islam Eddine Kaidi	03.08.2000	7	(5)	1
	Aimen Lahmri	28.05.1996	21	(1)	7
	Billal Messaoudi	21.12.1997	21	(2)	19
	Imad Moussaoui	26.11.2000		(1)	
	Sid Yahia-Chérif	04.01.1985	13	(14)	3
	Hamza Zaidi	09.11.1990	19	(7)	4
Trainer:	Meziane Ighil	12.01.1954	12		
[16.02.2021]	Moustapha Djallit	21.09.1983	26		

JEUNESSE SPORTIVE MADINET SKIKDA
Year of Formation: 1936 (*as Jeunesse Sportive Musulmane de Philippeville*)
Stadium: Stade du "20 août 1955", Skikda (25,000)

THE SQUAD		DOB	M	(s)	G
Goalkeepers:	Abdebassit Bouchareb	27.02.1998	10	(1)	
	Abderraouf Chebira	08.07.2000	6		
	Sofiane Kacem	11.01.1993	15		
	Aymen Khodja	12.05.1998	6		
	Abdelkrim Laouar	15.03.2000	1		

Defenders:
Houssam Bahraoui	23.05.1993	10	(2)	
Yassine Beddakh	05.04.2001	4		
Youcef Belamine	24.07.1997	19	(3)	
Zineddine Belhadri	30.09.2001	9		
Aymen Bendjama	07.10.2000	3	(2)	
Oussama Boultouak	29.10.1993	13		
Oussama Ali Guechi	17.05.2000	11		
Haythem Hadded	03.08.2000	8	(1)	
Mourad Khalil Khennab	17.04.1989	17	(1)	2
Adam Larit	23.12.1998	1		
Messaouad Mekkiou	29.04.2000	5	(3)	
Lyes Oukal	05.11.1991	21		
Sohaib Talbi	11.03.1994	15	(2)	
Youssouf Zahzouh	05.10.1989	13		
Ayeche Ziouache	20.01.1995	6	(3)	1

Midfielders:
Zakaria Benhocine	19.05.1986	17	(3)	
Rafik Bienierbah	22.04.2000	5		
Abdelkader Boussaïd	19.03.1992	15		
Rami Hamza Daikra	18.01.2001	3	(3)	
Khaled Kadid	24.03.2000	1	(3)	
Mohamed Ladaouri	29.09.1990	5	(8)	
Charif Nasseri	06.10.1990	15	(6)	
Akram Ouadah		3	(2)	
Moncef Remita	20.08.2000	12	(2)	
Massinisa Tafni	02.04.1995	7	(8)	
Soufiane Touta	22.01.2000	10	(1)	

Forwards:
Wafi Amar Benhamrouche		3		1
Ishak Bouda	03.01.1993	17	(8)	1
Islam Bougarouche	28.05.2000	11		
Heythem Boumediene	26.10.2000	10		
Lotfi Dif	06.01.1994	1	(3)	
Walid Djaballah Boudjebiba	26.01.1999	15	(11)	1
Amine Aissa El Bey	19.02.1995	10	(5)	
Walid Hamidi	16.10.1996	21	(2)	1
Abdelkader Kaïbou	12.09.1997	19	(2)	3
Ahmed Amine Lahadek	27.08.2000		(6)	
Islam Lekhchine	24.09.2001		(1)	
Nasreddine Louati			(2)	
Hamza Loucif	30.06.1998	10	(11)	
Kheiredine Merzougui	16.10.1992	15	(2)	7

Trainer:
[30.01.2021]	Younès Ifticène	27.04.1957	10
[01.02.2021]	Fayçal Bentalâa	17.05.1972	1
[11.04.2021]	Fouad Bouali	08.02.1960	6
[11.04.2021]	Amir Medjbouri		1
[17.04.2021]	Chérif Hadjar	20.02.1965	20

MOULOUDIA CLUB D'ALGER

Year of Formation: 1921
Stadium: Stade 5 Juillet 1962, Alger (64,000)

	THE SQUAD	DOB	M	(s)	G
Goalkeepers:	Ahmed Boutagga	18.12.1997	8		
	Farid Chaâl	03.07.1994	16		
	Abdelkader Salhi	19.03.1993	11	(1)	
	Yacine Sidi Aissa	29.06.2000	1		
	Mohamed-Elamine Yacoubi	02.11.2002	2		
Defenders:	Walid Allati	01.08.1991	8	(7)	
	Hamza Nacerallah Benmami	15.07.2001	2		
	Djelloul Boukerma	05.02.2011	7	(1)	
	Belkacem Brahimi	20.01.1994	19	(7)	2
	Kamel Charchour	24.01.2003	3		
	Abderahmane Hachoud	02.07.1988	21	(7)	4
	Mourad Haddad	22.02.1997	31	(2)	2
	Nabil Lamara	15.08.1993	27	(2)	8
	Nabil Saâdou	07.03.1990	21		1
Midfielders:	Sofiane Abdellaoui	20.03.1999		(3)	
	Toufik Addadi	07.10.1990	15	(5)	1
	Mohamed Souhil Bassa	17.04.2001		(5)	
	Chakib Benyahia	09.08.2000	4	(7)	
	Abdelkrim Boukambouche	12.06.2011	3	(4)	
	Abderrahmane Bourdim	14.06.1994	14	(3)	4
	Isla Daoudi Diomande (SEN)	28.04.1998	18	(5)	2
	Rachid Abdellah El Moudène	11.02.1994		(4)	
	Adel Ghanem	20.01.2003		(3)	
	Chamseddine Harrag	10.08.1992	20	(5)	
	Mohamed Merouani	29.03.1997	12	(9)	
	Abderrahim Merrad	03.04.2000	1	(1)	
	Miloud Rebiai	12.12.1993	25	(2)	
Forwards:	Abdelhak Abdelhafid	14.12.1991	14	(8)	7
	Mehdi Benaldjia	14.05.1991	9	(6)	
	Abdenour Belkheir	21.02.1989	27	(4)	5
	Billel Bensaha	18.02.1994	18	(6)	2
	Oualaa Moundhir Bouzekri	16.12.2001	2	(5)	1
	Badreddine Dahlal	01.09.1999		(3)	
	Abdelmoumen Djabou	31.01.1987	3	(3)	
	Joseph Esso (GHA)	10.12.1996	16	(2)	7
	Samy Frioui	07.09.1991	19	(1)	11
	Mohamed Ramzi Haif	25.06.2001	5	(8)	1
	Aymene Rahmani	02.01.2002	3	(13)	
	Féthi Tahar	22.01.1994	13	(6)	1
Trainer:	Nabil Neghiz	25.09.1967	11		
[07.02.2021]	Abdelkader Amrani	03.01.1956	5		
[11.04.2021]	Réda Babouche	03.07.1979	3		
[01.05.2021]	Nabil Neghiz	25.09.1967	16		
[14.08.2021]	Saber Bensmain	21.04.1976	3		

MOULOUDIA CLUB D'ORAN

Year of Formation: 1946
Stadium: Stade „Ahmed Zabana", Oran (40,000)

THE SQUAD		DOB	M	(s)	G
Goalkeepers:	Zakaria Khaldi	09.08.2001		(1)	
	Houssam Limane	18.01.1990	3	(1)	
	Oussama Litim	03.06.1990	30		
	Athmane Toual	17.07.1984	5		
Defenders:	Hicham Belkaroui	24.08.1990	13		1
	Benali Benammar	12.01.1995	22	(6)	1
	Mohamed Amine Ezzemani	27.11.1994	35	(1)	2
	Senoussi Fourloul	15.03.1991	18	(4)	
	Kamel Hamidi	01.05.1996	35	(1)	4
	Boualem Masmoudi	15.04.1994	18	(1)	3
	Zineddine Mekkaoui	10.01.1987	3	(3)	
	Mohamed Namani	21.09.1990	17		1
	Mohamed Imad Reguieg	02.06.2002		(2)	1
Midfielders:	Mehdi Belhadj	28.03.2000		(2)	
	Abdelhafid Benamara	01.10.1995	4	(14)	
	Mohamed Bentiba	21.10.1989	2	(6)	1
	Abdessamed Bounoua	24.04.1991	12	(1)	
	Abdelkader Boutiche	26.10.1996	28	(6)	2
	Bassem Chaouati	21.05.1991	12	(5)	1
	Walid Derrardja	18.09.1990	5	(1)	
	Boumediene Friefer	15.11.1998	6	(6)	2
	Adel Ghrib	11.11.2000	1	(3)	
	Mohamed Lagraâ	07.11.1986	29	(4)	
	Benamar Mellal	09.08.1993	20	(10)	5
Forwards:	Mohamed Bachir Belloumi	01.06.2002	9	(19)	3
	Mahi Benhamou	12.11.1995	11	(2)	3
	Hakim Berezoug	14.05.1998		(1)	
	Sofiane Yacine Guenina	15.02.1995	16	(6)	4
	Youcef Guertil	11.03.1997	2	(18)	
	Adel Khettab	18.02.1993	5	(8)	3
	Zoubir Motrani	24.07.1995	28	(2)	7
	Mohamed El Amine Nabi	03.11.2000		(1)	
	Hichem Nekkache	07.03.1991	14	(8)	6
	Chérif Siam	01.05.1995	15	(8)	
	Ilyes Toumi	26.02.2001		(2)	
Trainer:	Bernard Casoni (FRA)	04.09.1961	7		
[14.01.2021]	Omar Belatoui	04.09.1969	6		
[15.02.2021]	Kheïreddine Madoui	27.03.1977	11		
[29.04.2021]	Abdelatif Bouazza	29.04.1992	14		

NASR ATHLÉTIQUE DE HUSSEIN DEY

Year of Formation: 1947
Stadium: Stade "20 Août 1955", Alger (20,000)

THE SQUAD		DOB	M	(s)	G
Goalkeepers:	Imad Benchlef	12.10.1993	36		
	Wassim Mimnoune	30.08.1999	1		
	Mohamed Mokrani	10.02.1990	1		
Defenders:	Farès Aggoune	07.05.1990	28	(5)	
	Imad Azzi	21.06.1998	24	(3)	
	Amine Boucheriha	30.07.1998	20	(2)	
	Merouane Boussalem	11.02.1996	20	(10)	4
	Mehdi Ferrahi	22.01.1997	11	(8)	
	Ishak Guebli	25.04.1987	17	(1)	
	Mohamed Rabie Meftah	05.05.1985	28		10
	Mohamed Sebbah	22.03.1987	12	(3)	2
	Kousseila Temericht	24.06.1998	7	(2)	
Midfielders:	Mounir Ait El Hadi	18.08.1994	4	(2)	1
	Salim Bennai	25.03.1991	17	(9)	
	Adel Benyamina	01.01.2001	1	(2)	
	Rédha Betrouni	19.08.1991	5	(8)	2
	Islam Bouloudène	31.05.1995	18	(1)	
	Hocine El Orfi	27.01.1987	14	(6)	
	Abdallah Nacef	17.10.1999	1	(3)	
	Laid Ouadji	17.04.1998	9	(9)	
	Chakib Raissi	14.07.2001		(1)	
	Ibrahim Si Ammar	29.11.1987	18	(9)	1
	Ilyes Sidhoum	10.08.1989	23	(2)	
	Moncef Chakib Taguemount	28.01.1999	1		
	Faouzi Yaya	21.09.1989	18	(5)	4
Forwards:	Mohamed Aimen Akziz	10.02.2000	3	(2)	
	Walid Ardji	07.09.1995	5	(3)	1
	Hamza Banouh	01.05.1990	11	(11)	3
	Mourad Benayad	25.09.1990	13	(12)	5
	Hamza Benseghier	23.02.2002		(4)	
	Mohamed Amine Bouziane	05.02.1996	15	(11)	1
	Raouf Chouiter	08.06.1991	13	(9)	2
	Rachid Nadji	15.04.1988	24	(4)	9
	Naoufel Saoudi	29.12.2001		(1)	
Trainer:	Nadir Leknaoui	19.05.1972	6		
[03.01.2021]	Samir Alliche	13.05.1974	3		
[24.01.2021]	Billel Dziri	21.01.1972	12		
[29.05.2021]	Abdelkader Yaïche	07.09.1953	17		

NEDJM CHABAB MAGRA

Year of Formation: 1998
Stadium: "Boucheligue Brothers" Stadium, Magra (8,000)

THE SQUAD		DOB	M	(s)	G
Goalkeepers:	Zakaria Boukhalfaya	11.08.1997	29		
	Mohamed Tayeb Cherif	12.07.1999	2		
	Abdelmalek Necir	06.09.1991	7	(1)	
Defenders:	Mohamed Achref Aib	24.05.1990	36	(1)	4
	Kheireddine Ali Haimoud	12.06.1999	30	(1)	1
	Brahim Salaheddine Bernou	01.08.1994	11	(6)	
	Khaled Derbal	07.08.1995	3	(2)	
	Abdelhamid Driss	12.02.2002	3	(1)	
	Sofiane Khelili	09.12.1989	19	(3)	1
	Mohamed Amine Madani	20.03.1992	4		
	Rachid Meghazi	18.01.1998	19	(6)	
	Hamida Salah	23.05.1992	7	(4)	
	Noureddine Zaidi	21.07.1990	4		
	Ayeche Ziouache	20.01.1995	11	(5)	1
Midfielders:	Walid Belhamri	19.11.1990	9	(3)	2
	Karim Benkouider	31.03.1999	21	(4)	
	Oussama Benouis	05.05.1995	8	(4)	
	Mohamed Abderrahmane Chiboub	10.09.1999		(2)	
	Aziz Fegaâs	27.02.1993	33	(1)	5
	Hani Gasmi	06.11.1999		(1)	
	Boubacar Haïnikoye (NIG)	07.10.1989	17	(7)	3
	Merouane Mehdaoui	10.01.1998	3	(4)	
	Billal Mekdour	10.04.2000		(1)	
Forwards:	Mohamed Benkablia	02.02.1993	11	(5)	1
	Mounib Benmerzoug	06.06.1995	7	(10)	
	Abdelhamid Bey	31.01.1999	2	(2)	
	Abdesslem Bouchouareb	10.12.1997	31	(2)	1
	Hadji Bouguèche	07.12.1983	17	(6)	5
	Mohamed El Said Bourahla	24.05.1990	31	(1)	2
	Akrem Demane	01.01.1990	19	(8)	7
	Sid Ali Kabri	06.12.1998	2	(2)	
	Nadhir Korichi	14.07.1992	7	(10)	2
	Naoufel Righi	01.10.1992	11	(13)	1
	Tarik Slimani	17.12.2000	4	(4)	
Trainer:	Mohamed Bacha	24.03.1967	4		
[05.01.2021]	Abdelkrim Latrèche	02.09.1957	11		
[10.04.2021]	Aziz Abbès	07.10.1963	23		

OLYMPIQUE DE MÉDÉA

Year of Formation: 1945
Stadium: Stade "Imam Lyes", Médéa (12,000)

THE SQUAD		DOB	M	(s)	G
Goalkeepers:	Fethheddine Alaoui	06.08.1990	19		
	Sid Hammou	31.01.2000	1		
	Abderrahmane Medjadel	01.07.1998	18		
Defenders:	Abdelhak Belkacemi	27.07.1992	20	(1)	
	Mohamed Benahmed	04.12.1995	17	(7)	
	Mohamed Mahmoud Boukhatem	28.11.2000	5	(1)	
	Tarek Cheurfaoui	28.06.1986	22	(2)	1
	Ryad Keniche	30.04.1993	11		1
	Abdennour Khedim	19.01.2001	1		
	Adnene Ladjabi	11.11.1999	17	(9)	
	Mehdi Messaoudène	01.02.1993	14	(5)	
	Mohamed Naâs Laraba	14.04.1991	22	(5)	1
	Hamza Rebiai	11.01.1994	35		1
Midfielders:	Fouad Bichr Arroudj	28.06.2000		(1)	
	Tarek Belouchat	16.04.1997	17	(5)	
	Ibrahim Benallal	06.03.1995	5	(15)	
	Omar Boudoumi	22.04.1990	26	(3)	1
	Riad Gharrich	17.11.1990	20	(7)	
	Zakaria Kemoukh	06.03.1992	25	(1)	6
	Yacine Medane	28.02.1993	15	(3)	1
	Loanes Mokrani	14.07.1998	3	(6)	1
	Mohamed Taib	20.04.1994	11	(3)	2
Forwards:	Abdelaziz Amachi	15.03.1996	6	(7)	
	Mohamed El Seddik Baâli	22.01.1995	17	(11)	4
	Mohamed Bouaicha	27.02.2001	3	(2)	
	Allaaeddine Boumarouf	08.08.2000		(3)	
	Belkacem Bourorga	01.07.2000	5	(10)	
	Bouzid Dadeche	27.09.1993	28	(4)	8
	Toufik Elghoumari	26.05.1993	12	(9)	3
	Hichem Houssem Eddine Khalfallah	02.10.1991	15		7
	Sid Ali Lakroum	06.10.1987	3	(2)	
	Walid Lakroum	19.09.1994	3	(2)	1
	Mohamed Sahmadi	10.10.2000	2	(4)	
Trainer:	Chérif Hadjar	20.02.1965	19		
[12.04.2021]	Aissa Bekli	08.07.1969	2		
[03.05.2021]	Noureddine Marouk	06.10.1977	17		

PARADOU ATHLETIC CLUB ALGER

Year of Formation: 1994
Stadium: Stade "Omar Hamadi", Bologhine (10,000)

THE SQUAD		DOB	M	(s)	G
Goalkeepers:	Tarek Bousseder	28.11.2000	2		
	Kheireddine Boussouf	07.12.1987	10	(1)	
	Mokhtar Ferrahi	24.01.1996	8		
	Omar Hadji	09.11.1991	18		
Defenders:	Islam Arous	06.08.1996	1	(1)	
	Tarek Bouabta	21.07.1991	21		1
	Aimen Bougerra	10.01.1997	30	(1)	2
	Islem Chebbour	22.03.1996	17	(3)	
	Hocine Dehiri	16.09.2000	17	(3)	
	Youcef Douar	15.09.1997	22	(2)	
	Abdelhak El Ardja	04.09.1998	1		
	Mohamed Réda Hamidi	08.06.2001	6		
	Sid Ali Zine Eddine Houssam Kherbouche	09.04.2000	1		
	Hamza Mouali	16.01.1998	32	(1)	5
Midfielders:	Abdelhak Naserellah Belmaaziz	12.07.2001		(1)	
	Abderrahmane Berkoune	13.03.2000	3	(7)	
	Mohamed Boukerma	05.08.2001		(1)	
	Juba Chirani	04.01.1998	2		
	Mohamed Fenniri	20.01.1998	1		
	Tayeb Hamoudi	10.02.1995	2	(2)	
	Abdelkahar Kadri	24.06.2000	25	(4)	3
	Abderrezak Kibboua	02.12.1999	3	(7)	
	Nour El Islam Melikchi	23.07.1996	1	(1)	
	Zakaria Messibah	16.10.1995	25		4
	Abdeljalil Tahri	15.10.1998	1	(1)	
	Yacine Titraoui	26.07.2003	3	(1)	1
	Adem Zorgane	06.01.2000	25	(2)	3
Forwards:	Yassine Beldjilali (FRA)	17.09.1992	1		
	Riad Benayad	02.11.1996	11	(2)	2
	Ahmed Nadhir Benbouali	17.04.2000	25	(9)	9
	Zerroug Boucif	20.09.2000	16	(8)	7
	Adil Boulbina	02.05.2003	1	(1)	1
	Yousri Bouzok	18.08.1996	19	(4)	5
	Abdelkader Ghorab	28.02.1998	6	(12)	
	Ghiles Guenaoui	02.08.1998	5		2
	Djaber Kassis	03.05.1999	11	(2)	
	Oussama Kismoun	19.02.1996	2	(3)	1
	Ali Mebarki	13.07.1998	1	(5)	
	Hicham Messiad	21.04.1999	6	(9)	1
	Allan Okello (UGA)	04.07.2000	10	(6)	2
	Adem Redjem	01.01.1997	18	(5)	
	Aymen Zakarya Sais	12.03.2001	2	(4)	
	Merouane Zerrouki	25.01.2001	8	(8)	4
Trainer:	Hakim Malek (FRA)	04.04.1972	8		
[19.01.2021]	Pierrick Le Bert (FRA)	30.03.1970	21		
[06.07.2021]	Tahar Chérif El-Ouazzani	07.10.1966	9		

RAPIDE CLUB DE RELIZANE

Year of Formation: 1934
Stadium: Stade „Tahar Zoughari", Alger (30,000)

THE SQUAD		DOB	M	(s)	G
Goalkeepers:	Hamza Bousseder	17.02.1991	20	(1)	
	Omar Hamou	20.05.1999	1		
	Mustapha Zaidi	20.05.1985	17	(1)	
Defenders:	Rabah Aich	18.07.1992	23		
	Mohamed El Amine Barka	20.03.1993	20	(7)	1
	Billel Bouzid	18.12.1996	34	(1)	
	Bouabdellah Chadouli	22.03.1998	7	(5)	
	Seifeddine Chettih	28.05.1991	31		1
	Chakib Mazari	06.01.1989	25	(2)	3
	Abdelkader Meguenine	26.01.2000	8	(8)	
	Amar Khaled Nèche	27.07.1994	28	(5)	
	Mohamed Amine Zidane	05.10.1983	5	(2)	
Midfielders:	Houcine Aoued	21.04.1999	16	(3)	5
	Aymen Chadli	03.09.1999	24	(6)	5
	Abdelmalek Elmenaouer	16.01.1997	5	(6)	2
	Bouazza Feham	11.04.1986	15	(6)	3
	Sabri Gharbi	26.05.1987	20	(7)	2
	Walid Hellal	01.08.1994	3	(4)	2
	Mehdi Kadri	14.03.1995	6	(8)	
	Younes Koulkheir	01.06.1996	24		
	Mohamed Réda Nekrouf	27.04.1994	6	(6)	1
	Noufel Ould Hamou	16.02.1999	4	(4)	
Forwards:	Abousoufiane Sofiane Balegh	17.08.1988	24	(7)	3
	Abdelillah Barkat	08.08.1996	18	(11)	2
	Ahmed Belalia	09.06.2000	1	(6)	1
	Ramdane Hitala	08.02.1995	17	(6)	3
	Mohamed Seguer	07.09.1985	16	(9)	5
Trainer:	Tahar Chérif El-Ouazzani	07.10.1966	26		
[25.06.2021]	Mohamed Mamoune	07.06.1965	2		
[05.07.2021]	Lyamine Bougherara	01.12.1971	6		
[02.08.2021]	Farid Zeghdoudi	22.08.1981	4		

UNION SPORTIVE DE BISKRA

Year of Formation: 1934
Stadium: Stade du 18 Février, Biskra (24,000)

THE SQUAD		DOB	M	(s)	G
Goalkeepers:	Nafaâ Aloui	17.03.1991	22		
	Ali Bencherif	26.09.1988	15	(2)	
	Abderrahmane Bouchareb	02.10.1999	1		
Defenders:	Abdeldjalil Abdi	22.08.1993	9	(3)	
	Tarek Adouane	25.02.1997	11	(3)	1
	Mohamed Ikbal Boufligha	28.09.1993	10	(1)	
	Billal Boukarroum	19.12.1993	21		4
	Sofiane El Bah	20.09.2000	1		
	Ahmed Redha Houhou	15.01.2000	4	(1)	
	Nacereddine Khoualed	16.04.1986	29	(1)	1
	Adel Lakhdari	12.08.1989	24	(1)	
	Hamza Salem	10.01.1998	27	(1)	2
	Mohamed Assil Sioued	13.10.1998	5	(3)	
Midfielders:	Mohamed Yacine Athmani	13.05.1991	17	(4)	3
	Hachem Bouafia	05.05.1989	20	(4)	
	Aleddine Boufligha	05.05.2001	1	(3)	
	Hatem Dakhia	28.03.1991	17	(4)	
	Salah Eddine Djabou	15.10.1999	7	(10)	
	Noufel Ghassiri	12.01.1988	27	(3)	1
	Mohamed Raid Ghoul	14.09.2000	1	(7)	
	Amar Chemseddine Haddad	13.04.1994	11	(12)	
	Hamza Heriat	06.09.1987	5		1
	Amine Khaldi	11.08.2000		(1)	
	Anis Renaï	02.02.1997	6	(12)	1
	Nizar Thamer	31.07.2001		(2)	
	Hamza Yadroudj	03.12.1992	29	(5)	2
Forwards:	Abdelmadjid Chellali	03.12.2000	2	(1)	
	Youcef Chibane	23.09.1988	28	(6)	6
	Aymen Djebbar	14.05.1999	3	(18)	
	Ziri Hammar	25.07.1992	11	(5)	
	Salaheddine Herrari	09.06.1998	23	(5)	3
	Adem Hedagha	28.02.2001		(1)	
	Abdelouahab Merri	04.03.2000	1	(7)	
	Hichem Mokhtar	24.10.1991	18	(2)	5
	Mohamed Toumi	07.09.1994	12	(15)	2
Trainer:	Moez Bouakaz (TUN)	02.12.1966	7		
[13.01.2021]	Samir Houhou	07.09.1968	4		
[01.02.2021]	Azzedine Aït Djoudi	24.02.1967	27		

UNION SPORTIVE DE LA MÉDINA D'ALGER

Year of Formation: 1937
Stadium: Stade „Omar Hamadi", Alger (17,000)

THE SQUAD		DOB	M	(s)	G
Goalkeepers:	Alexis Guendouz (FRA)	26.01.1996	12	(1)	
	Abdelmoumene Sifour	03.03.1998	8		
	Mohamed Zemmamouche	19.03.1985	18		
Defenders:	Fateh Achour	15.08.1994	15	(1)	
	Adem Alilet	17.01.1999	9	(4)	1
	Houari Baouche	24.12.1995	2	(2)	
	Zineddine Belaid	20.03.1999	29	(4)	1
	Mehdi Beneddine (FRA)	26.02.1996	30		
	Mustapha Bouchina	10.08.1991	30	(1)	1
	Abderrahim Hamra	21.07.1997	25	(6)	2
	Anis Khemaissa	27.01.1999	4		
	Haithem Loucif	08.07.1996	4	(2)	
	Saâdi Redouani	18.03.1995	12	(5)	1
Midfielders:	Kamel Belarbi	11.04.1997	4	(3)	
	Taher Ben Khelifa	10.06.1994	24	(9)	1
	Billel Benhammouda	28.08.1997	22	(10)	2
	Réda Boumechra	03.06.1997	7	(12)	
	Oussama Chita	31.10.1996	14	(4)	
	Hamza Koudri	15.12.1987	27		7
	Mazire Soula (FRA)	06.06.1998	15	(9)	2
Forwards:	Oussama Abdeldjelil	23.06.1993	2	(1)	
	Yacine Aliane	21.01.1999	1	(20)	2
	Hamed Belém (BFA)	24.09.1999	3	(4)	1
	Ismail Belkacemi	24.06.1993	36	(1)	16
	Zakaria Benchaâ	11.01.1997	7	(8)	3
	Abdelkarim Louanchi	02.12.2000		(3)	
	Aymen Mahious	15.09.1997	10	(1)	3
	Zakaria Naidji	19.01.1995	6	(10)	4
	Kwame Opoku (GHA)	27.02.1997	15	(1)	4
	Abderraouf Othmani	14.06.2001	1	(2)	1
	Abdelkrim Zouari	14.07.1989	26	(2)	7
Trainer:	Bouziane Benaraïbi	02.03.1969	3		
[17.12.2020]	Thierry Froger (FRA)	21.03.1963	12		
[10.03.2021]	Mounir Zeghdoud	18.11.1970	23		

UNION SPORTIVE MEDINAT BEL ABBÈS
Year of Formation: 1933
Stadium: Stade 24 Février 1956, Sidi Bel Abbès (45,000)

THE SQUAD		DOB	M	(s)	G
Goalkeepers:	Abdenasser Djoudar	11.03.2001		(1)	
	Abdelkader Morsli	07.09.1995	15	(1)	
	Abdelkader Zarat Belmokretar	28.08.1995	23		
Defenders:	Anes Abbas	07.10.1996	21	(2)	1
	Abderrahim Abdelli	09.08.1996	17	(2)	
	Houari Baouche	24.12.1995	6	(2)	
	Abdellah Bendouma	07.10.2001	20		1
	Nasreddine Benlebna	09.05.1995	13	(1)	
	Noureddine Haddou	11.07.1999		(1)	
	Mohamed Hamza	01.01.1995	23	(2)	4
	Sofiane Khadir	03.08.1994	20		
	Mustapha Kheiraoui	07.10.1995	10	(2)	
	Abdelhak Sailaa	01.07.1996	16	(1)	
Midfielders:	Ahmed Ait Kaci	18.04.2000	1	(1)	
	Nabil Bekar	22.05.2000	1	(2)	
	Ishak Ben Hassaini	29.05.1999	5	(3)	
	Mohammed Yassine Bounoua	02.05.1999	3	(4)	
	Redouane Bounoua	01.11.1998	14	(11)	2
	Zakaria Abdelhadi Boutahra	21.05.2000	4	(4)	
	Mohamed Faycal El Badaoui	20.02.2001	8	(4)	
	Yahia Miloud Koufi	05.07.1998	19	(6)	1
	Abdelaziz Litt	12.01.1993	12	(1)	1
	Abdelkader Menezla	06.01.2001	18	(4)	
	Hamza Ounnas	18.12.1988	15	(4)	4
	Mehdi Ouertani (TUN)	11.02.1989	12	(7)	1
	Khalil Seemahi	22.01.1995	13	(7)	
Forwards:	Abdelwahid Belgherbi	03.02.1990	9	(7)	1
	Mohamed El Amine Belmokhtar	16.04.1994	18	(3)	2
	Amine Seif El Islam Bensenada	14.10.2000		(2)	
	Mouad Dahmani	25.01.2001		(3)	
	Mohamed Gherbi	26.07.2000	2	(2)	
	Moussa Habis	25.06.2000	4	(3)	
	Ali Haroun	01.02.1997	6	(2)	2
	Mohamed Itim	10.01.1997	19	(7)	1
	Mouloud Nabil Metref	29.07.1996	19	(11)	3
	Youcef Mezouar	13.05.2001	1	(1)	
	Dadi Mouaki	11.09.1996	19	(4)	6
	Kamel Soltani	01.04.1991	12	(9)	1
Trainer:	Lyamine Bougherara	01.12.1971	1		
[07.12.2020]	Hachemi Benkhadda		11		
[08.02.2021]	Moez Bouakaz (TUN)	02.12.1966	12		
[29.05.2021]	Sid Ahmed Slimani	04.11.1958	14		

WIDAD ATHLETIC TLEMCEN

Year of Formation: 1962
Stadium: Stade "Akid Lotfi", Tlemcen (18,000)

THE SQUAD		DOB	M	(s)	G
Goalkeepers:	Adel Chellali	14.08.1986	8		
	Kamel Soufi	05.06.1996	30		
Defenders:	Aymen Attou	08.10.1997	23	(2)	
	Kheireddine Benamrane	08.07.1994	23	(1)	
	Abderrazak Benamraoui	09.03.2000	8	(3)	
	Nassim Chérif	15.08.2001	6	(5)	
	Djamel Ibouzidène	20.01.1994	23	(3)	3
	Chamseddine Lakehal	29.02.2000	8	(12)	
	Soufyane Mebarki	13.05.1986	10	(1)	
	Youcef Kamel Messaoudi	20.02.1994	25	(1)	2
	Mohamed Oukrif	14.08.1988	31		
	Ahmida Zenassni	10.07.1993	31	(3)	
Midfielders:	Mounir Aichi	07.03.1992	26	(5)	5
	Ali Amiri	23.10.1987	19	(12)	4
	Zineddine Asli	15.04.1997	11	(10)	1
	Djamel Belalem	12.08.1993	22	(3)	
	Amine Benbelaid	25.03.1992	26	(5)	
	Bilal Bezzeghoud	23.01.1998		(5)	
	Mortada Khir Eddine Keniche	24.04.2000	1	(7)	
	Houssem Ouassini	24.10.1999	10	(13)	
Forwards:	Yasser Belaribi	22.01.1999	7	(18)	1
	Oussama Belatrèche	03.07.1995	12	(6)	2
	Brahim Benachour	05.11.1986	1	(7)	1
	Abdelhalim Nezouani	25.01.1985	12	(6)	2
	Mohamed Amine Semahi	22.06.1999	7	(10)	5
	Lahouari Touil	30.07.1991	21	(9)	10
	Ishak Yahi	12.09.2000		(2)	
	Djamel Eddine Zermane	25.08.1991	17	(6)	4
Trainer:	Abdelaziz Abbès	07.10.1963	7		
[14.01.2021]	Djaoued Yadel	17.08.1969	2		
[24.01.2021]	Djamel Benchadli	31.01.1963	10		
[24.04.2021]	Djaoued Yadel	17.08.1969	2		
[20.05.2021]	Abdelkader Amrani	03.01.1956	17		

NATIONAL TEAM
INTERNATIONAL MATCHES 2021

25.03.2021	Lusaka	Zambia - Algeria	3-3(1-2)	(ACNQ)
29.03.2021	Blida	Algeria - Botswana	5-0(1-0)	(ACNQ)
03.06.2021	Blida	Algeria - Mauritania	4-1(1-0)	(F)
06.06.2021	Blida	Algeria - Mali	1-0(0-0)	(F)
11.06.2021	Radès	Tunisia - Algeria	0-2(0-2)	(F)
02.09.2021	Blida	Algeria - Djibouti	8-0(4-0)	(WCQ)
07.09.2021	Marrakech	Burkina Faso - Algeria	1-1(0-1)	(WCQ)
08.10.2021	Blida	Algeria - Niger	6-1(1-0)	(WCQ)
12.10.2021	Niamey	Niger - Algeria	0-4(0-2)	(WCQ)
12.11.2021	Cairo	Djibouti - Algeria	0-4(0-3)	(WCQ)
16.11.2021	Blida	Algeria - Burkina Faso	2-2(1-1)	(WCQ)
01.12.2021	Al Rayyan	Algeria - Sudan	4-0(3-0)	(ARC)
04.12.2021	Al Wakrah	Lebanon - Algeria	0-2(0-0)	(ARC)
07.12.2021	Al Wakrah	Algeria - Egypt	1-1(1-0)	(ARC)
11.12.2021	Doha	Morocco - Algeria	2-2 aet; 3-5 pen	(ARC)
15.12.2021	Doha	Qatar - Algeria	1-2(0-0)	(ARC)
18.12.2021	Al Khor	Tunisia - Algeria	0-2(0-0,0-0)	(ARC)

25.03.2021, 33rd African Cup of Nations, Qualifiers
National Heroes Stadium, Lusaka
Referee: Ali Mohamed Adelaid (Comoros)
ZAMBIA - ALGERIA   **3-3(1-2)**
ALG: Adi Raïs Cobos Adrien M'Bolhi Ouhab, Ayoub Abdellaoui, Mehdi Jean Tahrat, Djamel Eddine Benlamri, Houcine Benayada, Adlène Guédioura (61.Ramiz Larbi Zerrouki), Mehdi Abeid (61.Haris Belkebla), Rachid Ghezzal (46.El Arbi Hillel Soudani), Islam Slimani (90.Oussama Darfalou), Baghdad Bounedjah (68.Farid Boulaya), Mohamed Youcef Belaïli. Trainer: Djamel Belmadi.
Goals: Rachid Ghezzal (19), Islam Slimani (25, 55).

29.03.2021, 33rd African Cup of Nations, Qualifiers
Stade "Mustapha Chaker", Blida; Attendance: n/a
Referee: Jean Ouattara (Burkina Faso)
ALGERIA - BOTSWANA   **5-0(1-0)**
ALG: Alexandre Roger Oukidja, Mehdi Embareck Zeffane, Aïssa Mandi (71.Abdelkader Bedrane), Amir Selmane Ramy Bensebaini, Djamel Eddine Benlamri (78.Mohamed Naoufel Khacef), Ramiz Larbi Zerrouki, Riyad Mahrez, Sofiane Feghouli, Ismaël Bennacer (61.Farid Boulaya), Islam Slimani (61.Baghdad Bounedjah), Mohamed Saïd Benrahma (61.Mohamed Youcef Belaïli). Trainer: Djamel Belmadi.
Goals: Mehdi Embareck Zeffane (24), Sofiane Feghouli (58), Riyad Mahrez (64 penalty), Baghdad Bounedjah (72), Farid Boulaya (88).

03.06.2021, Friendly International
Stade "Mustapha Chaker", Blida; Attendance: 0
Referee: Ibrahim Nour El Din (Egypt)
ALGERIA - MAURITANIA   **4-1(1-0)**
ALG: Alexandre Roger Oukidja, Ayoub Abdellaoui (76.Amir Selmane Ramy Bensebaini), Abdelkader Bedrane, Youcef Atal, Ahmed Touba (76.Djamel Eddine Benlamri), Sofiane Feghouli, Rachid Ghezzal (68.Mohamed Saïd Benrahma), Zinedine Ferhat (68.Mohamed Youcef Belaïli), Farid Boulaya (59.Adam Mohamed Ounas), Haris Belkebla, Islam Slimani (59.Baghdad Bounedjah). Trainer: Djamel Belmadi.
Goals: Sofiane Feghouli (40, 57), Adam Mohamed Ounas (60), Baghdad Bounedjah (70).

06.06.2021, Friendly International
Stade "Mustapha Chaker", Blida; Attendance: 0
Referee: Ahmed El Ghandour (Egypt)
ALGERIA - MALI **1-0(0-0)**
ALG: Adi Raïs Cobos Adrien M'Bolhi Ouhab, Djamel Eddine Benlamri, Aïssa Mandi, Mehdi Embareck Zeffane, Amir Selmane Ramy Bensebaini, Adlène Guédioura (69.Haris Belkebla), Hicham Boudaoui (46.Islam Slimani), Ramiz Larbi Zerrouki (85.Mehdi Abeid), Mohamed Youcef Belaïli (69.Adam Mohamed Ounas; 81.Zinedine Ferhat), Riyad Mahrez (85.Mohamed Saïd Benrahma), Baghdad Bounedjah. Trainer: Djamel Belmadi.
Goal: Riyad Mahrez (56).

11.06.2021, Friendly International
Stade Olympique "Hammadi Agrebi", Radès; Attendance: 0
Referee: Samir Gamal Saad (Egypt)
TUNISIA - ALGERIA **0-2(0-2)**
ALG: Adi Raïs Cobos Adrien M'Bolhi Ouhab, Djamel Eddine Benlamri, Aïssa Mandi, Amir Selmane Ramy Bensebaini, Youcef Atal, Sofiane Feghouli (90.Mehdi Abeid), Haris Belkebla, Ramiz Larbi Zerrouki (82.Adlène Guédioura [*sent off 88*]), Mohamed Youcef Belaïli (82.Adam Mohamed Ounas), Riyad Mahrez (90+1.Rachid Ghezzal), Baghdad Bounedjah (60.Islam Slimani). Trainer: Djamel Belmadi.
Goals: Baghdad Bounedjah (19), Riyad Mahrez (28).

02.09.2021, 22nd FIFA World Cup Qualifiers, Second Round
Stade "Mustapha Chaker", Blida; Attendance: 0
Referee: Blaise Yuven Ngwa (Cameroon)
ALGERIA - DJIBOUTI **8-0(4-0)**
ALG: Adi Raïs Cobos Adrien M'Bolhi Ouhab, Djamel Eddine Benlamri (61.Ahmed Touba), Aïssa Mandi, Mehdi Embareck Zeffane, Amir Selmane Ramy Bensebaini, Ismaël Bennacer (46.Hicham Boudaoui), Ramiz Larbi Zerrouki (70.Adem Zorgane), Islam Slimani, Mohamed Youcef Belaïli (60.Mohamed Saïd Benrahma), Riyad Mahrez, Baghdad Bounedjah (61.Andy Delort). Trainer: Djamel Belmadi.
Goals: Islam Slimani (5, 25 penalty), Amir Selmane Ramy Bensebaini (26), Baghdad Bounedjah (40 penalty), Islam Slimani (46, 53), Riyad Mahrez (67), Ramiz Larbi Zerrouki (69).

07.09.2021, 22nd FIFA World Cup Qualifiers, Second Round
Stade de Marrakech, Marrakech (Morocco); Attendance: 0
Referee: Joshua Bondo (Botswana)
BURKINA FASO - ALGERIA **1-1(0-1)**
ALG: Adi Raïs Cobos Adrien M'Bolhi Ouhab, Djamel Eddine Benlamri, Aïssa Mandi, Mehdi Embareck Zeffane, Amir Selmane Ramy Bensebaini (59.Mohamed Naoufel Khacef), Sofiane Feghouli (59.Haris Belkebla), Ismaël Bennacer, Ramiz Larbi Zerrouki, Islam Slimani (67.Baghdad Bounedjah), Mohamed Youcef Belaïli (67.Mohamed Saïd Benrahma), Riyad Mahrez. Trainer: Djamel Belmadi.
Goal: Sofiane Feghouli (18).

08.10.2021, 22nd FIFA World Cup Qualifiers, Second Round
Stade "Mustapha Chaker", Blida; Attendance: 0
Referee: Daniel Nii Ayi Laryea (Ghana)
ALGERIA - NIGER   **6-1(1-0)**
ALG: Adi Raïs Cobos Adrien M'Bolhi Ouhab, Aïssa Mandi, Abdelkader Bedrane, Youcef Atal, Sofiane Feghouli (62.Mohamed Youcef Belaïli), Mohamed Salim Farès, Ismaël Bennacer (78.Hicham Boudaoui), Ramiz Larbi Zerrouki (78.Adem Zorgane), Riyad Mahrez (78.Mohamed El Amine Amoura), Baghdad Bounedjah (67.Islam Slimani), Mohamed Saïd Benrahma. Trainer: Djamel Belmadi.
Goals: Riyad Mahrez (27), Youssouf Oumarou Alio (47 own goal), Riyad Mahrez (60 penalty), Zakaryia Souleymane (70 own goal), Islam Slimani (76, 88).

12.10.2021, 22nd FIFA World Cup Qualifiers, Second Round
Stade „Général Seyni Kountché", Niamey; Attendance: 2,000
Referee: Issa Sy (Senegal)
NIGER - ALGERIA   **0-4(0-2)**
ALG: Adi Raïs Cobos Adrien M'Bolhi Ouhab, Aïssa Mandi, Abdelkader Bedrane, Youcef Atal (46.Houcine Benayada), Mohamed Salim Farès, Ismaël Bennacer (67.Adem Zorgane), Ramiz Larbi Zerrouki (68.Hicham Boudaoui), Islam Slimani (46.Sofiane Feghouli), Mohamed Youcef Belaïli, Riyad Mahrez, Baghdad Bounedjah (59.Mohamed El Amine Amoura). Trainer: Djamel Belmadi.
Goals: Riyad Mahrez (20), Aïssa Mandi (33), Ismaël Bennacer (48), Baghdad Bounedjah (54).

12.11.2021, 22nd FIFA World Cup Qualifiers, Second Round
Cairo International Stadium, Cairo (Egypt); Attendance: 0
Referee: Djindo Louis Houngnandande (Benin)
DJIBOUTI - ALGERIA   **0-4(0-3)**
ALG: Alexandre Roger Oukidja, Aïssa Mandi, Ayoub Abdellaoui, Mohamed Réda Halaïmia (46.Houcine Benayada), Abdelkader Bedrane (62.Djamel Eddine Benlamri), Sofiane Feghouli, Ismaël Bennacer (46.Riyad Mahrez), Adem Zorgane, Mohamed Youcef Belaïli (63.Adam Mohamed Ounas), Baghdad Bounedjah (46.Islam Slimani), Mohamed Saïd Benrahma. Trainer: Djamel Belmadi.
Goals: Mohamed Youcef Belaïli (29), Mohamed Saïd Benrahma (40), Sofiane Feghouli (42), Islam Slimani (86).

16.11.2021, 22nd FIFA World Cup Qualifiers, Second Round
Stade "Mustapha Chaker", Blida; Attendance: 17,000
Referee: Victor Miguel de Freitas Gomes (South Africa)
ALGERIA - BURKINA FASO   **2-2(1-1)**
ALG: Adi Raïs Cobos Adrien M'Bolhi Ouhab, Djamel Eddine Benlamri, Aïssa Mandi, Amir Selmane Ramy Bensebaini, Houcine Benayada, Ismaël Bennacer (89.Abdelkader Bedrane), Ramiz Larbi Zerrouki, Islam Slimani, Mohamed Youcef Belaïli (69.Mohamed Saïd Benrahma), Riyad Mahrez, Baghdad Bounedjah (46.Sofiane Feghouli). Trainer: Djamel Belmadi.
Goals: Riyad Mahrez (21), Sofiane Feghouli (68).

01.12.2021, 10th FIFA Arab Cup, Final Tournament, Group Stage
„Ahmed bin Ali" Stadium, Al Rayyan (Qatar); Attendance: 2,203
Referee: Ryuji Sato (Japan)
ALGERIA - SUDAN   **4-0(3-0)**
ALG: Adi Raïs Cobos Adrien M'Bolhi Ouhab, Houcine Benayada, Abdelkader Bedrane, Djamel Eddine Benlamri, Ilyes Chetti, Sofiane Bendebka (64.Zakaria Draoui), Houssem Eddine Mrezigue, Amir Sayoud (64.Tayeb Meziani), El Arbi Hillel Soudani (87.Yacine Titraoui), Yacine Nasr Eddine Brahimi (86.Merouane Zerrouki), Baghdad Bounedjah (79.Zinedine Boutmène). Trainer: Madjid Bougherra.
Goals: Baghdad Bounedjah (11, 37), Djamel Eddine Benlamri (43), El Arbi Hillel Soudani (46).

04.12.2021, 10th FIFA Arab Cup, Final Tournament, Group Stage
Janoub Stadium, Al Wakrah (Qatar); Attendance: 9,405
Referee: Szymon Marciniak (Poland)
LEBANON - ALGERIA **0-2(0-0)**
ALG: Moustapha Zeghba, Houcine Benayada, Mohamed Amine Tougai, Mehdi Jean Tahrat, Ilyes Chetti, Sofiane Bendebka, Houssem Eddine Mrezigue [*sent off 78*], Mohamed Youcef Belaïli (87.Zinedine Boutmène), El Arbi Hillel Soudani (66.Tayeb Meziani), Yacine Nasr Eddine Brahimi (80.Zakaria Draoui), Baghdad Bounedjah. Trainer: Madjid Bougherra.
Goals: Yacine Nasr Eddine Brahimi (69 penalty), Tayeb Meziani (90+3).

07.12.2021, 10th FIFA Arab Cup, Final Tournament, Group Stage
Al Janoub Stadium, Al Wakrah (Qatar); Attendance: 32,418
Referee: Facundo Raúl Tello Figueroa (Argentina)
ALGERIA - EGYPT **1-1(1-0)**
ALG: Adi Raïs Cobos Adrien M'Bolhi Ouhab, Houcine Benayada, Abdelkader Bedrane, Mohamed Amine Tougai, Ilyes Chetti, Zakaria Draoui (90+1.Yacine Titraoui [*sent off 90+6*]), Sofiane Bendebka, Yacine Nasr Eddine Brahimi, Mohamed Youcef Belaïli, Tayeb Meziani (75.Zinedine Boutmène), Baghdad Bounedjah (46.El Arbi Hillel Soudani). Trainer: Madjid Bougherra.
Goal: Mohamed Amine Tougai (19).

11.12.2021, 10th FIFA Arab Cup, Final Tournament, Quarter-Finals
Al Thumama Stadium, Doha (Qatar); Attendance: 24,823
Referee: Wilton Pareira Sampaio (Brazil)
MOROCCO - ALGERIA **2-2(0-0,1-1,2-2); 3-5 on penalties**
ALG: Adi Raïs Cobos Adrien M'Bolhi Ouhab, Houcine Benayada, Abdelkader Bedrane, Mohamed Amine Tougai, Ilyes Chetti, Sofiane Bendebka, Houssem Eddine Mrezigue, Yacine Nasr Eddine Brahimi (114.Mehdi Jean Tahrat), Tayeb Meziani (73.Zinedine Boutmène), Mohamed Youcef Belaïli, Merouane Zerrouki (46.Zakaria Draoui). Trainer: Madjid Bougherra.
Goals: Yacine Nasr Eddine Brahimi (62 penalty), Mohamed Youcef Belaïli (102).
Penalties: Mohamed Youcef Belaïli, Sofiane Bendebka, Abdelkader Bedrane, Houcine Benayada, Mohamed Amine Tougai.

15.12.2021, 10th FIFA Arab Cup, Final Tournament, Semi-Finals
Al Thumama Stadium, Doha (Qatar); Attendance: 42,405
Referee: Szymon Marciniak (Poland)
QATAR - ALGERIA **1-2(0-0)**
ALG: Adi Raïs Cobos Adrien M'Bolhi Ouhab, Houcine Benayada, Abdelkader Bedrane, Djamel Eddine Benlamri, Ilyes Chetti, Zakaria Draoui, Sofiane Bendebka, Yacine Nasr Eddine Brahimi, Tayeb Meziani (76.El Arbi Hillel Soudani), Mohamed Youcef Belaïli, Baghdad Bounedjah (68.Mehdi Jean Tahrat). Trainer: Madjid Bougherra.
Goals: Djamel Eddine Benlamri (59), Mohamed Youcef Belaïli (90+17).

18.12.2021, 10th FIFA Arab Cup, Final Tournament, Final
Al Bayt Stadium, Al Khor (Qatar); Attendance: 60,456
Referee: Daniel Siebert (Germany)
TUNISIA - ALGERIA **0-2(0-0,0-0)**
ALG: Adi Raïs Cobos Adrien M'Bolhi Ouhab, Houcine Benayada (120+3.Mohamed Amine Tougai), Abdelkader Bedrane, Djamel Eddine Benlamri, Ilyes Chetti, Sofiane Bendebka (118.Mehdi Jean Tahrat), Houssem Eddine Mrezigue (90.Zakaria Draoui), Yacine Nasr Eddine Brahimi, Mohamed Youcef Belaïli, Tayeb Meziani (66.Amir Sayoud), Baghdad Bounedjah. Trainer: Madjid Bougherra.
Goals: Amir Sayoud (99), Yacine Nasr Eddine Brahimi (120+5).

NATIONAL TEAM PLAYERS 2021		
Name	**DOB**	**Club**
Goalkeepers		
Adi Raïs Cobos Adrien M'BOLHI Ouhab	25.04.1986	*Al-Ettifaq FC Dammam (KSA)*
Alexandre Roger OUKIDJA	19.07.1988	*FC Metz (FRA)*
Moustapha ZEGHBA	21.11.1990	*Damac FC Khamis Mushait (KSA)*
Defenders		
Ayoub ABDELLAOUI	16.02.1993	*FC Sion (SUI); 29.08.2021-> Al-Ettifaq FC Dammam (KSA)*
Youcef ATAL	17.05.1996	*OGC Nice (FRA)*
Abdelkader BEDRANE	02.04.1992	*Espérance Sportive de Tunis (TUN)*
Houcine BENAYADA	08.05.1992	*Étoile Sportive du Sahel Sousse (TUN)*
Djamel Eddine BENLAMRI	25.12.1989	*Olympique Lyonnais (FRA); 13.07.2021-> Qatar SC Doha (QAT)*
Amir Selmane Ramy BENSEBAINI	16.04.1995	*Borussia VfL Mönchengladbach (GER)*
Ilyes CHETTI	22.01.1995	*Espérance Sportive de Tunis (TUN)*
Mohamed Salim FARÈS	15.02.1996	*Genoa C&FC (ITA)*
Mohamed Réda HALAÏMIA	28.08.1996	*K Beerschot VA (BEL)*
Mohamed Naoufel KHACEF	27.10.1997	*CD Tondela (POR)*
Aïssa MANDI	22.10.1991	*Real Betis Balompié Sevilla (ESP) 01.07.2021-> Villarreal CF (ESP)*
Mehdi Jean TAHRAT	24.01.1990	*Abha FC (KSA); 15.08.2021-> Al-Gharafa Sports Club Doha (QAT)*
Ahmed TOUBA	13.03.1998	*RKC Waalwijk (NED)*
Mohamed Amine TOUGAI	22.01.2000	*Espérance Sportive de Tunis (TUN)*
Mehdi Embareck ZEFFANE	19.05.1992	*PFK Krylia Sovetov Samara (RUS)*
Midfielders		
Mehdi ABEID	06.08.1992	*Al-Nasr Sports Club Dubai (UAE)*
Mohamed El Amine AMOURA	09.05.2000	*FC Lugano (SUI)*
Haris BELKEBLA	28.01.1994	*Stade Brestois 29 (FRA)*
Sofiane BENDEBKA	09.08.1992	*Al Fateh Sports Club Al-Hasa (KSA)*
Ismaël BENNACER	01.12.1997	*Milan AC (ITA)*
Hicham BOUDAOUI	23.09.1999	*OGC Nice (FRA)*
Farid BOULAYA	25.02.1993	*FC Metz (FRA)*
Zakaria DRAOUI	20.02.1994	*Chabab Riadhi de Belouizdad Alger*
Sofiane FEGHOULI	26.12.1989	*Galarasaray SK İstanbul(TUR)*
Zinedine FERHAT	01.03.1993	*Nîmes Olympique (FRA)*
Adlène GUÉDIOURA	12.11.1985	*Al-Gharafa Sports Club Doha (QAT)*
Houssem Eddine MREZIGUE	23.03.2000	*Chabab Riadhi de Belouizdad Alger*
Amir SAYOUD	30.09.1990	*Al-Tai FC Ha'il (KSA)*
Yacine TITRAOUI	26.07.2003	*Paradou AC Alger*
Ramiz Larbi ZERROUKI	26.05.1998	*FC Twente Enschede (NED)*
Adem ZORGANE	06.01.2000	*R Charleroi SC (BEL)*

	Forwards	
Mohamed Youcef BELAÏLI	14.03.1992	*Qatar SC Doha (QAT)*
Mohamed Saïd BENRAHMA	10.08.1995	*West Ham United FC London (ENG)*
Baghdad BOUNEDJAH	30.11.1991	*Al Sadd SC Doha (QAT)*
Zinedine BOUTMÈNE	21.10.2000	*Étoile Sportive du Sahel Sousse*
Yacine Nasr Eddine BRAHIMI	08.02.1990	*Al-Rayyan Sports Club (QAT)*
Oussama DARFALOU	23.09.1993	*SBV Vitesse Arnhem (NED)*
Andy DELORT	09.10.1991	*OGC Nice (FRA)*
Rachid GHEZZAL	09.05.1992	*Beşiktaş JK İstanbul (TUR)*
Tayeb MEZIANI	27.02.1996	*Abha FC (KSA)*
Riyad MAHREZ	21.02.1991	*Manchester City FC (ENG)*
Adam Mohamed OUNAS	11.11.1996	*FC Crotone (ITA); 30.06.2021-> SSC Napoli (ITA)*
Islam SLIMANI	18.06.1988	*Olympique Lyonnais (FRA)*
El Arbi Hillel SOUDANI	25.11.1987	*Al Fateh Sports Club Al-Hasa (KSA); 19.07.2021-> Damac FC Khamis Mushait (KSA)*
Merouane ZERROUKI	25.01.2001	*Paradou AC Alger*

	National coaches	
Djamel BELMADI [from 02.08.2018]		25.03.1976
Madjid BOUGHERRA [only FIFA Arab Cup Final Tournament]		07.10.1982

ANGOLA

Federação Angolana de Futebol
Senado da Camara Compl. da
Cidadela Desportiva, 3449
Luanda
Year of Formation: 1979
Member of FIFA since: 1980
Member of CAF since: 1980
www.faf.co.ao

First international match:
01.06.1977: Angola – Cuba 1-0
Most international caps:
Flávio da Silva Amado
91 caps (2000-2012)
Most international goals:
Fabrice Alcebiades Maieco
„Akwá"
39 goals / 78 caps (1995-2006)

AFRICAN CUP OF NATIONS	
1957	Did not enter
1959	Did not enter
1962	Did not enter
1963	Did not enter
1965	Did not enter
1968	Did not enter
1970	Did not enter
1972	Did not enter
1974	Did not enter
1976	Did not enter
1978	Did not enter
1980	Did not enter
1982	Qualifiers
1984	Qualifiers
1986	Did not enter
1988	Qualifiers
1990	Qualifiers
1992	Qualifiers
1994	Did not enter
1996	Final Tournament (Group Stage)
1998	Final Tournament (Group Stage)
2000	Qualifiers
2002	Qualifiers
2004	Qualifiers
2006	Final Tournament (Group Stage)
2008	Final Tournament (Quarter-Finals)
2010	Final Tournament (Quarter-Finals)
2012	Final Tournament (Group Stage)
2013	Final Tournament (Group Stage)
2015	Qualifiers
2017	Qualifiers
2019	Final Tournament (Group Stage)
2021	Qualifiers

FIFA WORLD CUP	
1930	Did not enter
1934	Did not enter
1938	Did not enter
1950	Did not enter
1954	Did not enter
1958	Did not enter
1962	Did not enter
1966	Did not enter
1970	Did not enter
1974	Did not enter
1978	Did not enter
1982	Did not enter
1986	Qualifiers
1990	Qualifiers
1994	Qualifiers
1998	Qualifiers
2002	Qualifiers
2006	Final Tournament (Group Stage)
2010	Qualifiers
2014	Qualifiers
2018	Qualifiers

OLYMPIC FOOTBALL TOURNAMENTS 1908-2020							
1908	-	1952	-	1976	-	2000	Qualifiers
1912	-	1956	-	1980	-	2004	Qualifiers
1920	-	1960	-	1984	Qualifiers	2008	Qualifiers
1924	-	1964	-	1988	-	2012	Qualifiers
1928	-	1968	-	1992	Withdrew	2016	Did not enter
1936	-	1972	-	1996	Qualifiers	2020	Qualifiers
1948	-						

F.I.F.A. CONFEDERATIONS CUP 1992-2017
None

AFRICAN GAMES 1965-2019
1981, 1987 (Runners-up)
COSAFA (Confederation of Southern African Football Associations) CUP 1997-2021
1998, **1999 (Winners)**, 2000, **2001 (Winners)**, 2002, 2003, **2004 (Winners)**, 2005, 2006 (Runners-up), 2007, 2008 (participated with U-20 Team), 2009, 2013, 2016, 2017, 2018, 2019 (withdrew)
AFRICAN NATIONS CHAMPIONSHIP 2009-2020
2009 (Qualifiers), 2011 (Runners-up), 2014 (Qualifiers), 2016 (Group Stage), 2018 (Quarter-Finals), 2020 (Qualifiers)

ANGOLAN CLUB HONOURS IN ASIAN CLUB COMPETITIONS:
CAF Champions League 1964-2021
None
CAF Confederation Cup 2004-2021
None
CAF Super Cup 1993-2021
None
African Cup Winners' Cup 1975-2003*
None
CAF Cup 1992-2003*
None

*defunct competitions

NATIONAL COMPETITIONS
TABLE OF HONOURS

	CHAMPIONS	CUP WINNERS
1979	CD Primeiro de Agosto Luanda	-
1980	CD Primeiro de Agosto Luanda	-
1981	CD Primeiro de Agosto Luanda	-
1982	Atlético Petróleos de Luanda	Estrela Clube Primeiro de Maio Benguela
1983	Estrela Clube Primeiro de Maio Benguela	Estrela Clube Primeiro de Maio Benguela
1984	Atlético Petróleos de Luanda	CD Primeiro de Agosto Luanda
1985	Estrela Clube Primeiro de Maio Benguela	Ferroviário Huíla
1986	Atlético Petróleos de Luanda	GD Interclube Luanda
1987	Atlético Petróleos de Luanda	Atlético Petróleos de Luanda
1988	Atlético Petróleos de Luanda	GD Sagrada Esperança Dundo
1989	Atlético Petróleos de Luanda	Ferroviário Huíla
1990	Atlético Petróleos de Luanda	CD Primeiro de Agosto Luanda
1991	CD Primeiro de Agosto Luanda	CD Primeiro de Agosto Luanda
1992	Atlético Petróleos de Luanda	Atlético Petróleos de Luanda
1993	CD Primeiro de Agosto Luanda	Atlético Petróleos de Luanda
1994	Atlético Petróleos de Luanda	Atlético Petróleos de Luanda
1995	Atlético Petróleos de Luanda	Atlético Sport Aviação Luanda
1996	CD Primeiro de Agosto Luanda	Progresso Associação do Sambizanga
1997	Atlético Petróleos de Luanda	Atlético Petróleos de Luanda
1998	CD Primeiro de Agosto Luanda	Atlético Petróleos de Luanda
1999	CD Primeiro de Agosto Luanda	GD Sagrada Esperança Dundo
2000	Atlético Petróleos de Luanda	Atlético Petróleos de Luanda
2001	Atlético Petróleos de Luanda	Atlético Petróleos do Namibe
2002	Atlético Sport Aviação Luanda	Atlético Petróleos de Luanda
2003	Atlético Sport Aviação Luanda	GD Interclube Luanda
2004	Atlético Sport Aviação Luanda	Atlético Petróleos do Namibe
2005	GD Sagrada Esperança Dundo	Atlético Sport Aviação Luanda
2006	CD Primeiro de Agosto Luanda	CD Primeiro de Agosto Luanda
2007	GD Interclube Luanda	Estrela Clube Primeiro de Maio Benguela
2008	Atlético Petróleos de Luanda	Santos FC de Angola Viana
2009	Atlético Petróleos de Luanda	CD Primeiro de Agosto Luanda
2010	GD Interclube Luanda	Atlético Sport Aviação Luanda
2011	Clube Recreativo Desportivo do Libolo	GD Interclube Luanda
2012	Clube Recreativo Desportivo do Libolo	Atlético Petróleos de Luanda
2013	Kabuscorp SC do Palanca Luanda	Atlético Petróleos de Luanda
2014	Clube Recreativo Desportivo do Libolo	Sport Luanda e Benfica
2015	Clube Recreativo Desportivo do Libolo	FC Onze Bravos do Maquis Luena
2016	CD Primeiro de Agosto Luanda	Clube Recreativo Desportivo do Libolo
2017	CD Primeiro de Agosto Luanda	Atlético Petróleos de Luanda
2018	CD Primeiro de Agosto Luanda	*Not played*
2019	CD Primeiro de Agosto Luanda	CD Primeiro de Agosto Luanda
2019/2020	*Championship abandoned*	*Competition abandoned*
2020/2021	GD Sagrada Esperança Dundo	Atlético Petróleos de Luanda

NATIONAL CHAMPIONSHIP
Girabola 2020/2021

1.	**GD Sagrada Esperança Dundo**	30	21	7	2	42	-	10	70
2.	Atlético Petróleos de Luanda	30	21	4	5	47	-	17	67
3.	CD Primeiro de Agosto Luanda	30	19	7	4	54	-	23	64
4.	FC Bravos do Maquis Luena	30	15	10	5	43	-	23	55
5.	GD Interclube Luanda	30	11	11	8	35	-	22	44
6.	Clube Recreativo da Caála	30	11	13	6	30	-	19	46
7.	Wiliete Sport Clube Benguela	30	10	11	9	38	-	33	41
8.	Académica Petróleos do Lobito	30	10	8	12	30	-	31	38
9.	Progresso Associação do Sambizanga Luanda	30	9	7	14	29	-	37	34
10.	Clube Recreativo Desportivo do Libolo	30	8	10	12	21	-	32	34
11.	Clube Desportivo da Huíla	30	9	7	14	25	-	30	34
12.	Cuando Cubango FC Menongue	30	6	15	9	31	-	31	33
13.	Sporting Clube Petróleos de Cabinda	30	10	3	17	25	-	40	33
14.	GD Baixa de Cassanje Malanje (*Relegated*)	30	8	8	14	28	-	43	32
15.	Santa Rita de Cássia FC Uíge (*Relegated*)	30	7	8	15	18	-	29	29
16.	Clube Desportivo Ferroviário do Huambo (*Relegated*)	30	0	1	29	5	-	81	1

Best goalscorer 2020/2021:
Tiago Lima Leal "Tiago Azulão" (BRA, Atlético Petróleos de Luanda) – 16 goals

Promoted for the 2021/2022 season:
Kabuscorp SC do Palanca Luanda, Sporting Clube de Benguela, Clube Desportivo da Lunda Sul

NATIONAL CUP
Taça de Angola Final 2020/2021

15.07.2021, Estádio 11 de Novembro, Luanda; Attendance: 0
Referees: n/a
Atlético Petróleos de Luanda - GD Interclube Luanda **2-0(1-0)**
Goals: Pirulito (10 own goal), Figueira (88).

THE CLUBS

ACADÉMICA PETRÓLEOS DO LOBITO
Year of Formation: 1970
Stadium: Estádio de Buraco, Lobito (3,000)

ATLÉTICO PETRÓLEOS DE LUANDA (Petro Atlético Luanda)
Year of Formation: 1980
Stadium: Estádio 11 de Novembro, Luanda (48,500)

FUTEBOL CLUBE BRAVOS DO MAQUIS LUENA
Year of Formation: 1983
Stadium: Estádio Mundunduleno, Luena (4,300)

CLUBE DESPORTIVO PRIMEIRO DE AGOSTO LUANDA
Year of Formation: 1977
Stadium: Estádio "França Nadalu", Luanda (20,000)

CLUBE DESPORTIVO DA HUILA
Year of Formation: 1955
Stadium: Estádio do Ferroviário da Huíla, Lubango (15,000)

CLUBE DESPORTIVO FERROVIÁRIO DO HUAMBO
Year of Formation: 1930
Stadium: Estádio do Ferroviá, Huambo (10,000)

CLUBE RECREATIVO DA CAÁLA
Year of Formation: 1944
Stadium: Estádio Mártires de Canhala, Caála (11,000)

CLUBE RECREATIVO DESPORTIVO DO LIBOLO
Year of Formation: 1942
Stadium: Estádio Municiapl de Calulo, Calulo (10,000)

CUANDO CUBANGO FOOTBALL CLUB MENONGUE
Year of Formation: 2009
Stadium: Estádio dos Eucaliptos, Cuíto (4,000)

GRUPO DESPORTIVO HERÓIS BAIXA DE CASSANJE MALANJE
Year of Formation: n/a
Stadium: Estádio 1º de Maio, Malanje (3,500)

GRUPO DESPORTIVO INTERCLUBE LUANDA
Year of Formation: 1976
Stadium: Estádio 22 de Junho, Luanda (8,000)

GRUPO DESPORTIVO SAGRADA ESPERANÇA DUNDO
Year of Formation: 1976
Stadium: Estádio Sagrada Esperança, Dundo (8,000)

PROGRESSO ASSOCIAÇÃO DO SAMBIZANGA LUANDA
Year of Formation: 1975
Stadium: Estádio da Cidadela, Luanda (4,000)

SANTA RITA DE CÁSSIA FOOTBALL CLUB UÍGE
Year of Formation: 2015
Stadium: Estádio 4 de Janeiro, Uíge (12,000)

SPORTING CLUBE PETRÓLEOS DE CABINDA
Year of Formation: n/a
Stadium: Estádio do Tafe, Cabinda (9,000)

WILIETE SPORT CLUBE BENGUELA
Year of Formation: 2018
Stadium: Estádio de Ombaka, Benguela (35,000)

NATIONAL TEAM
INTERNATIONAL MATCHES 2021

25.03.2021	Bakau	Gambia - Angola	1-0(0-0)	(ACNQ)
29.03.2021	Luanda	Angola - Gabon	2-0(0-0)	(ACNQ)
01.09.2021	Cairo	Egypt - Angola	1-0(1-0)	(WCQ)
07.09.2021	Luanda	Angola - Libya	0-1(0-1)	(WCQ)
08.10.2021	Luanda	Angola - Gabon	3-1(1-0)	(WCQ)
11.10.2021	Franceville	Gabon - Angola	2-0(0-0)	(WCQ)
12.11.2021	Luanda	Angola - Egypt	2-2(2-1)	(WCQ)
16.11.2021	Benghazi	Libya - Angola	1-1(0-0)	(WCQ)

25.03.2021, 33rd African Cup of Nations, Qualifiers
Independence Stadium, Bakau; Attendance: 0
Referee: Adissa Abdul Ligali (Benin)
GAMBIA - ANGOLA **1-0(0-0)**
ANG: Hugo Miguel Barreto Henriques Marques, Diógenes Capemba João, Kialonda Gaspar, José Junior Matuwila Ndonga (73.Herenilson Caifalo do Carmo), Manuel Luís da Silva Cafumana „Show", Salomão Manuel Troco „Paízo", Manuel David Afonso "Ary Papel" (61.Vladimiro Félix Vá), Valdomiro Tualungo Paulo Lameira „Estrela" (73.Loide António Augusto), Jonathan Buatu Mananga, M'Bala Nzola, Alfredo Kulembe Ribeiro „Fredy". Trainer: Pedro Valdemar Soares Gonçalves (Portugal).

29.03.2021, 33rd African Cup of Nations, Qualifiers
Estádio 11 de Novembro, Luanda; Attendance: 0
Referee: Gehad Zaglol Grisha (Egypt)
ANGOLA - GABON **2-0(0-0)**
ANG: Hugo Miguel Barreto Henriques Marques, Diógenes Capemba João, Manuel Luís da Silva Cafumana „Show" (90.Valdomiro Tualungo Paulo Lameira „Estrela"), Núrio Domingos Matias Fortuna, Bartolomeu Jacinto Quissanga „Bastos", Manuel David Afonso "Ary Papel", Jonathan Buatu Mananga, Anderson Emanuel Castelo Branco Cruz (65. Loide António Augusto), Vladimiro Félix Vá (90.Melono Muondo Dala „Melo"), M'Bala Nzola (84.Kialonda Gaspar), Alfredo Kulembe Ribeiro „Fredy". Trainer: Pedro Valdemar Soares Gonçalves (Portugal).
Goals: Manuel Luís da Silva Cafumana „Show" (63), Loide António Augusto (69).

01.09.2021, 22nd FIFA World Cup Qualifiers, Second Round
30 June Stadium, Cairo; Attendance: 0
Referee: Boubou Traoré (Mali)
EGYPT - ANGOLA **1-0(1-0)**
ANG: Hugo Miguel Barreto Henriques Marques, Jonathan Buatu Mananga, Bartolomeu Jacinto Quissanga „Bastos", Núrio Domingos Matias Fortuna (77.Herenilson Caifalo do Carmo), Inácio Miguel Ferreira Santos (89.Simone Eduardo Assa Miranda „Lépua"), Alfredo Kulembe Ribeiro „Fredy", Valdomiro Tualungo Paulo Lameira „Estrela", Mário César Azevedo Alves Balbúrdia, Fábio Gonçalves Abreu, Vladimiro Félix Vá (77.Zito André Sebastião Luvumbo), João Pedro Fortes Bachiessa „Batxi" (61.Manuel David Afonso "Ary Papel"). Trainer: Pedro Valdemar Soares Gonçalves (Portugal).

07.09.2021, 22nd FIFA World Cup Qualifiers, Second Round
Estádio 11 de Novembro, Luanda; Attendance: 10,000
Referee: Messie Nkounkou (Congo)
ANGOLA - LIBYA   **0-1(0-1)**
ANG: Aldo Geraldo Manuel Monteiro „Kadú", Jonathan Buatu Mananga, Bartolomeu Jacinto Quissanga „Bastos", Núrio Domingos Matias Fortuna, Inácio Miguel Ferreira Santos (46.João Pedro Fortes Bachiessa „Batxi"), Alfredo Kulembe Ribeiro „Fredy", Manuel David Afonso "Ary Papel" (85.Simone Eduardo Assa Miranda „Lépua"), Valdomiro Tualungo Paulo Lameira „Estrela", Mário César Azevedo Alves Balbúrdia (46.Ambrosini António Cabaça Salvador „Zini"), Fábio Gonçalves Abreu, Vladimiro Félix Vá (46.Zito André Sebastião Luvumbo). Trainer: Pedro Valdemar Soares Gonçalves (Portugal).

08.10.2021, 22nd FIFA World Cup Qualifiers, Second Round
Estádio 11 de Novembro, Luanda; Attendance: 5,000
Referee: Souleiman Ahmed Djama (Djibouti)
ANGOLA - GABON   **3-1(1-0)**
ANG: Hugo Miguel Barreto Henriques Marques, Jonathan Buatu Mananga, Inácio Miguel Ferreira Santos, Augusto Real Carneiro „Tó Carneiro", Kialonda Gaspar, Simone Eduardo Assa Miranda „Lépua" (90+3.Eddie Marcos Melo Afonso), Alfredo Kulembe Ribeiro „Fredy" (90+4.Herenilson Caifalo do Carmo), Manuel David Afonso "Ary Papel" (66.Zito André Sebastião Luvumbo), Manuel Luís da Silva Cafumana „Show", Mário César Azevedo Alves Balbúrdia, Ambrosini António Cabaça Salvador „Zini" (82.Érico Roberto Mendes Alves Castro). Trainer: Pedro Valdemar Soares Gonçalves (Portugal).
Goals: Ambrosini António Cabaça Salvador „Zini" (25), Manuel David Afonso "Ary Papel" (56), Jonathan Buatu Mananga (90+1).

11.10.2021, 22nd FIFA World Cup Qualifiers, Second Round
Stade de Franceville, Franceville; Attendance: 0
Referee: Maguette N'Diaye (Senegal)
GABON - ANGOLA   **2-0(0-0)**
ANG: Hugo Miguel Barreto Henriques Marques, Jonathan Buatu Mananga, Eddie Marcos Melo Afonso (86.Inácio Miguel Ferreira Santos), Augusto Real Carneiro „Tó Carneiro", Kialonda Gaspar, Simone Eduardo Assa Miranda „Lépua" (70.Érico Roberto Mendes Alves Castro), Manuel David Afonso "Ary Papel" (70.Carlos Sténio Fernandes Guimarães do Carmo „Carlinhos"), Herenilson Caifalo do Carmo (61.César Sousa), Manuel Luís da Silva Cafumana „Show", Mário César Azevedo Alves Balbúrdia (86.Zito André Sebastião Luvumbo), Ambrosini António Cabaça Salvador „Zini". Trainer: Pedro Valdemar Soares Gonçalves (Portugal).

12.11.2021, 22nd FIFA World Cup Qualifiers, Second Round
Estádio 11 de Novembro, Luanda; Attendance: 15,000
Referee: Jean Jacques Ndala Ngambo (D.R. Congo)
ANGOLA - EGYPT   **2-2(2-1)**
ANG: Hugo Miguel Barreto Henriques Marques, Jonathan Buatu Mananga, Eddie Marcos Melo Afonso, Augusto Real Carneiro „Tó Carneiro", Kialonda Gaspar, Valdomiro Tualungo Paulo Lameira „Estrela", Manuel Luís da Silva Cafumana „Show" (89.Mário César Azevedo Alves Balbúrdia), Mateus Galiano da Costa (9.Ambrosini António Cabaça Salvador „Zini"), Hélder Wander Sousa de Azevedo e Costa (89.Osvaldo Pedro Capemba "Capita"), M'Bala Nzola, Jérémie Bela (66.Simone Eduardo Assa Miranda „Lépua"). Trainer: Pedro Valdemar Soares Gonçalves (Portugal).
Goals: Hélder Wander Sousa de Azevedo e Costa (25), M'Bala Nzola (35 penalty).

16.11.2021, 22nd FIFA World Cup Qualifiers, Second Round
28 March Stadium, Benghazi; Attendance: n/a
Referee: Beida Dahane (Mauritania)
LIBYA - ANGOLA **1-1(0-0)**
ANG: Hugo Miguel Barreto Henriques Marques, Jonathan Buatu Mananga, Eddie Marcos Melo Afonso (75.Osvaldo Pedro Capemba "Capita"), Augusto Real Carneiro „Tó Carneiro", Kialonda Gaspar, Manuel David Afonso "Ary Papel" (75.Joaquim Marcos Cunga Belanga "Kinito"), Valdomiro Tualungo Paulo Lameira „Estrela" (75.Daniel e Cruz Liberal), Mário César Azevedo Alves Balbúrdia (90+2.Domingos Paulo Andrade), Ambrosini António Cabaça Salvador „Zini", Pedro Pessoa Miguel (62.Laurindo Dilson Aurélio „Depú"), Hélder Wander Sousa de Azevedo e Costa. Trainer: Pedro Valdemar Soares Gonçalves (Portugal).
Goal: Ambrosini António Cabaça Salvador „Zini" (81).

NATIONAL TEAM PLAYERS 2021		
Name	DOB	Club
Goalkeepers		
HUGO Miguel Barreto Henriques MARQUES	15.01.1986	*SC Farense (POR); 12.08.2021-> Cape Town City FC (RSA)*
Aldo Geraldo Manuel Monteiro "KADÚ"	30.11.1994	*UD Oliveirense (POR)*
Defenders		
Bartolomeu Jacinto Quissanga „BASTOS"	23.11.1991	*Al Ain Saudi FC Al Qara (KSA); 05.08.2021-> FK Rostov-na-Donu (RUS)*
DANIEL e Cruz LIBERAL	22.04.2000	*CD Trofense (POR)*
DIÓGENES Capemba João	01.01.1997	*Atlético Petróleos de Luanda*
EDDIE Marcos Melo AFONSO	07.03.1994	*Atlético Petróleos de Luanda*
Alfredo Kulembe Ribeiro "FREDY"	27.03.1990	*Antalyaspor Kulübü (TUR)*
INÁCIO MIGUEL Ferreira Santos	12.12.1995	*CD Mafra (POR)*
JONATHAN Buatu MANANGA	27.09.1993	*Sint-Truidense VV (BEL)*
KIALONDA GASPAR	27.09.1997	*GD Sagrada Esperança Dundo*
Joaquim Marcos Cunga Belanga "KINITO"	13.03.1998	*Atlético Petróleos de Luanda*
José Junior MATUWILA Ndonga	20.09.1991	*Atlético Petróleos de Luanda*
NÚRIO Domingos Matias FORTUNA	24.03.1995	*KAA Gent (BEL)*
Augusto Real Carneiro „TÓ CARNEIRO"	11.05.1995	*Atlético Petróleos de Luanda*

	Midfielders	
Manuel David Afonso "ARY PAPEL"	03.03.1994	*Ismaily Sporting Club Ismaïlia (EGY); 18.10.2021-> Al Akhdar Al Bayda (LBY)*
Carlos Sténio Fernandes Guimarães do Carmo "CARLINHOS"	19.03.1993	*Young Africans FC Dar es Salaam (TAN)*
DOMINGOS Paulo ANDRADE	07.05.2003	*Sporting Clube de Portugal Lisboa (POR)*
Valdomiro Tualungo Paulo Lameira "ESTRELA"	22.09.1995	*National Bank of Egypt SC Cairo (EGY); 10.08.2021-> Büyükşehir Belediye Erzurumspor (TUR)*
HERENILSON Caifalo do Carmo	27.08.1996	*Atlético Petróleos de Luanda*
Simone Eduardo Assa Miranda "LÉPUA"	23.12.1999	*GD Sagrada Esperança Dundo*
MÁRIO César Azevedo Alves BALBÚRDIA	19.08.1997	*CD Primeiro de Agosto Luanda*
Salomão Manuel Troco „PAÍZO"	10.05.1992	*CD Primeiro de Agosto Luanda*
PEDRO PESSOA Miguel	02.12.1996	*Atlético Petróleos de Luanda*
Manuel Luís da Silva Cafumana "SHOW"	06.03.1999	*Boavista FC Porto (POR); 28.08.2021-> PFC Ludogorets Razgrad (BUL)*

	Forwards	
ANDERSON Emanuel Castelo Branco CRUZ	09.04.1996	*Rio Ave FC Vila do Conde (POR)*
João Pedro Fortes Bachiessa "BATXI"	01.05.1998	*GD Chaves (POR)*
Jérémie BELA	08.04.1993	*Birmingham City FC (ENG)*
Osvaldo Pedro Capemba "CAPITA"	10.01.2002	*Lille OSC (FRA)*
Laurindo Dilson Aurélio "DEPÚ"	08.01.2000	*GD Sagrada Esperança Dundo*
ÉRICO Roberto Mendes Alves CASTRO	21.09.1992	*Atlético Petróleos de Luanda*
FÁBIO Gonçalves ABREU	29.01.1993	*Al-Batin FC Hafar Al Batin (KSA)*
HÉLDER Wander Sousa de Azevedo e COSTA	12.01.1994	*Valencia CF (ESP)*
LOIDE António AUGUSTO	26.02.2000	*Sporting Clube de Portugal Lisboa (POR)*
MATEUS Galiano da Costa	19.06.1984	*SCU Torreense (POR)*
Melono Muondo Dala "MELO"	25.08.2001	*CD Primeiro de Agosto Luanda*
M'Bala NZOLA	18.08.1996	*Spezia Calcio La Spezia (ITA)*
Vladimiro Félix VÁ	24.04.1998	*Pafos FC Paphos (CYP)*
Ambrosini António Cabaça Salvador "ZINI"	03.07.2002	*CD Primeiro de Agosto Luanda*
ZITO André Sebastião LUVUMBO	09.03.2002	*Como 1907 (ITA)*

	National coaches	
PEDRO Valdemar Soares GONÇALVES (Portugal) [from 02.09.2019]		07.02.1976

BENIN

Fédération Béninoise de Football
Boulevard Djassain 01, Boîte postale 112,3ème Arrondissement, Porto-Novo 01
Year of Formation: 1962
Member of FIFA since: 1962
Member of CAF since: 1963
www.febefoot.org

First international match:
08.11.1959:
Dahomey - Nigeria 0-1
Most international caps:
Stéphane Sessègnon
83 caps (since 2004)
Most international goals:
Stéphane Sessègnon
24 goals / 83 caps (since 2004)

AFRICAN CUP OF NATIONS	
1957	Did not enter
1959	Did not enter
1962	Did not enter
1963	Did not enter
1965	Did not enter
1968	Did not enter
1970	Did not enter
1972	Qualifiers
1974	*Withdrew*
1976	*Withdrew*
1978	Did not enter
1980	Qualifiers
1982	Did not enter
1984	Qualifiers
1986	Qualifiers
1988	Did not enter
1990	Did not enter
1992	Qualifiers
1994	Qualifiers
1996	*Withdrew*
1998	Qualifiers
2000	Qualifiers
2002	Qualifiers
2004	Final Tournament (Group Stage)
2006	Qualifiers
2008	Final Tournament (Group Stage)
2010	Final Tournament (Group Stage)
2012	Qualifiers
2013	Qualifiers
2015	Qualifiers
2017	Qualifiers
2019	Final Tournament (Quarter-Finals)
2021	Qualifiers

FIFA WORLD CUP	
1930	Did not enter
1934	Did not enter
1938	Did not enter
1950	Did not enter
1954	Did not enter
1958	Did not enter
1962	Did not enter
1966	Did not enter
1970	Did not enter
1974	Qualifiers
1978	Did not enter
1982	Did not enter
1986	Qualifiers
1990	Did not enter
1994	Qualifiers
1998	Did not enter
2002	Qualifiers
2006	Qualifiers
2010	Qualifiers
2014	Qualifiers
2018	Qualifiers

OLYMPIC FOOTBALL TOURNAMENTS 1908-2020							
1908	-	1952	-	1976	-	2000	-
1912	-	1956	-	1980	-	2004	*Withdrew*
1920	-	1960	-	1984	Qualifiers	2008	*Withdrew*
1924	-	1964	Qualifiers*-	1988	-	2012	Qualifiers
1928	-	1968	-	1992	-	2016	Did not enter
1936	-	1972	-	1996	-	2020	Did not enter
1948	-						

*as Dahomey

F.I.F.A. CONFEDERATIONS CUP 1992-2017
None

AFRICAN GAMES 1965-2019
None
COPA „AMILCAR CABRAL" 1979-2007
2001
CSSA CUP 1982-1987/UEMOA TOURNAMENT 2007-2016
1982 (Group Stage), 1984 (Group Stage), 1987 (Group Stage), 2007 (Group Stage), 2008 (Group Stage), 2009 (Group Stage), 2010 (Runners-up), 2011 (Group Stage), 2013 (Runners-up), 2016 (Group Stage)
WEST AFRICAN NATIONS CUP 2010-2019
2010, 2013 (4th Place), 2017 (4th Place), 2019 (Quarter-Finals)
CEDEAO (Communauté Economique Des Etats de l'Afrique de l'Ouest) CUP 1977-1991
1983
CENTRAL AFRICAN GAMES 1976-1987
1965, 1978
AFRICAN NATIONS CHAMPIONSHIP 2009-2020
2009 (*withdrew*), 2014 (Qualifiers), 2018 (Qualifiers), 2020 (Qualifiers)

BENINESE CLUB HONOURS IN ASIAN CLUB COMPETITIONS:
CAF Champions League 1964-2021
None
CAF Confederation Cup 2004-2021
None
CAF Super Cup 1993-2021
None
African Cup Winners' Cup 1975-2003*
None
CAF Cup 1992-2003*
None

*defunct competitions

NATIONAL COMPETITIONS
TABLE OF HONOURS

	CHAMPIONS	CUP WINNERS
1969	FAD Cotonou	-
1970	AS Porto Novo	-
1971	AS Cotonou	-
1972	AS Porto Novo	-
1973	AS Porto Novo	-
1974	Etoile Sportive Porto Novo	Etoile Sportive Porto Novo
1975	*No competition*	*No competition*
1976	*No competition*	*No competition*
1977	*No competition*	*No competition*
1978	AS Dragons FC de l'Ouémé Porto Novo	Requins de l'Atlantique FC Cotonou
1979	AS Dragons FC de l'Ouémé Porto Novo	Buffles du Borgou FC Parakou
1980	Buffles de Borgou FC Parakou	no competition
1981	Ajijas Cotonou	Requins de l'Atlantique FC Cotonou
1982	Dragons de l'Ouémé Porto Novo	Buffles du Borgou Parakou
1983	Dragons de l'Ouémé Porto Novo	Requins de l'Atlantique FC Cotonou
1984	Lions de l'Atakory Cotonou	AS Dragons FC de l'Ouémé Porto Novo
1985	Requins de l'Atlantique FC Cotonou	AS Dragons FC de l'Ouémé Porto Novo
1986	AS Dragons FC de l'Ouémé Porto Novo	AS Dragons FC de l'Ouémé Porto Novo
1987	Requins de l'Atlantique FC Cotonou	*No competition*
1988	*No competition*	Requins de l'Atlantique FC Cotonou
1989	AS Dragons FC de l'Ouémé Porto Novo	Requins de l'Atlantique FC Cotonou
1990	Requins de l'Atlantique FC Cotonou	AS Dragons FC de l'Ouémé Porto Novo
1991	Postel Sport FC Porto Novo	Mogas 90 FC Porto Novo
1992	Buffles de Borgou FC Parakou	Mogas 90 FC Porto Novo
1993	AS Dragons FC de l'Ouémé Porto Novo	Locomotive Cotonou
1994	AS Dragons FC de l'Ouémé Porto Novo	Mogas 90 FC Porto Novo
1995	Toffa Cotonou	Mogas 90 FC Porto Novo
1996	Mogas 90 FC Porto Novo	Université Nationale du Bénin Porto Novo
1997	Mogas 90 FC Porto Novo	Energie Sport FC Cotonou
1998	AS Dragons FC de l'Ouémé Porto Novo	Mogas 90 FC Porto Novo
1999	AS Dragons FC de l'Ouémé Porto Novo	Mogas 90 FC Porto Novo
2000	*No competition*	Mogas 90 FC Porto Novo
2001	*No competition*	Buffles du Borgou FC Parakou
2002	AS Dragons FC de l'Ouémé Porto Novo	Jeunesse Sportive Pobé FC
2003	AS Dragons FC de l'Ouémé Porto Novo	Mogas 90 FC Porto Novo
2004	Championship abandoned	Mogas 90 FC Porto Novo
2005	*No competition*	*Winner not known(!?)*
2006	Mogas 90 FC Porto Novo	AS Dragons FC de l'Ouémé Porto Novo
2007	Tonnerre d'Abomey FC	Université Nationale du Bénin Porto Novo
2008	*Transitional championship*	ASPAC FC Cotonou
2009	*No competition*	*No competition*
2009/2010	ASPAC FC Cotonou	*No competition*
2010/2011	*No competition*	*No competition*
2011/2012	ASPAC FC Cotonou	Mogas 90 FC Porto Novo
2012/2013	Jeunesse Athlétique du Plateau Pobè	*No competition*
2013/2014	Buffles du Borgou FC Parakou	AS Police Porto Novo
2014/2015	*League suspended*	*No competition*

2016	Championship abandoned	No competition
2017	Buffles du Borgou FC Parakou	No competition
2018/2019	Buffles du Borgou FC Parakou	ESAE FC Sakété
2019/2020	Championship abandoned	No competition
2021	Loto FC Sakété	No competition

NATIONAL CHAMPIONSHIP
Ligue de Football Pro du Bénin 2021

Regular Season

Zone A (Nord)

1. Buffles du Borgou FC Parakou	16	11	3	2	21 - 8	36
2. Béké FC Bembereke	16	7	7	2	21 - 10	28
3. Dynamo FC Parakou	16	6	6	4	24 - 17	24
4. Réal Sports de Parakou FC	16	6	6	4	14 - 14	24
5. Panthères FC de Djougou	16	4	7	5	10 - 11	19
6. AS Takunin de Kandi[1]	16	5	3	8	15 - 19	18
7. Tanéka FC	16	4	3	9	9 - 15	15
8. Dynamique FC Djougou	16	3	6	7	13 - 27	15
9. AS Cavaliers Nikki	16	3	5	8	12 - 18	14

[1] called earlier Entente FC Kandi

Zone B (Centre et Sud-Ouest)

1. Hodio FC Comè	14	6	6	2	13 - 7	24
2. Loto FC Sakété[2]	14	6	5	3	17 - 12	23
3. Damissa FC Dogbo[3]	14	5	6	3	17 - 13	21
4. Énergie FC Cotonou	14	6	3	5	17 - 14	21
5. AS Tonnerre d'Abomey FC	14	4	5	5	14 - 15	17
6. Dynamo FC d'Abomey	14	4	4	6	14 - 20	16
7. Dadjè FC	14	4	2	8	12 - 19	14
8. Espoir FC Savalou	14	2	7	5	12 - 16	13

[2] called earlier ESAE FC Sakété
[3] called earlier AS Tado Sakété

Zone C (Atlantique-Litoral)

1. Requins de l'Atlantique FC Cotonou	16	12	1	3	26 - 11	37
2. AS Cotonou	16	9	6	1	27 - 16	33
3. Eternel FC Cotonou	16	9	3	4	19 - 8	30
4. Adjidja FC Cotonou	16	8	5	3	24 - 14	29
5. AS Police Porto Novo	16	5	6	5	17 - 19	21
6. ASPAC FC Cotonou	16	5	5	6	14 - 15	20
7. Soleil FC Cotonou	16	3	3	10	17 - 29	12
8. Jeunesse Athlétique du Cotonou	16	2	3	11	9 - 25	9
9. UPI-ONM FC Cotonou	16	2	2	12	10 - 26	8

Zone D (Sud-Est)								
1. AS Dragons FC de l'Ouémé Porto Novo	14	7	7	0	17	-	6	28
2. Ayéma d'Adjarra FC	14	7	6	1	21	-	10	27
3. AS Oussou Saka Porto Novo	14	7	4	3	23	-	15	25
4. ASVO FC Adjohoun	14	4	7	3	10	-	8	19
5. Djeffa FC Parakou[4]	14	5	3	6	9	-	12	18
6. AS Sobemap Porto-Novo[5]	14	3	3	8	9	-	16	12
7. Jeunesse Sportive De Pobè FC	14	3	3	8	8	-	21	12
8. Avrankou Omnisport FC	14	1	5	8	9	-	18	8

[4] called earlier Zazira FC Parakou
[5] called earlier Union Sportive de Sèmè Kraké

Please note: Top-3 of each group were qualified for the Championship Play-offs (Super Ligue Pro), while teams ranked 4-8/9 were qualfied for the Relegatuion Play-offs (Super Ligue Suite). Clubs from same zone do not meet again in the Play-offs Stage.

Relegation Play-offs – Super Ligue Suite

Zone A/B
1. Dynamo FC d'Abomey
2. AS Tonnerre d'Abomey FC
3. Espoir FC Savalou
4. Dadjè FC
5. Panthères FC de Djougou
6. Tanéka FC
7. Énergie FC Cotonou
8. AS Cavaliers Nikki
9. AS Takunin de Kandi
10. Réal Sports de Parakou FC
11. Dynamique FC Djougou

Zone C/D
1. Jeunesse Sportive De Pobè FC
2. AS Sobemap Porto-Novo
3. ASVO FC Adjohoun
4. Avrankou Omnisport FC
5. ASPAC FC Cotonou
6. Djeffa FC Parakou
7. AS Police Porto Novo
8. UPI-ONM FC Cotonou
9. Adjidja FC Cotonou
10. Soleil FC Cotonou
11. Jeunesse Athlétique du Cotonou

Both Zone winners were qualified for the Final.

Super Ligue Suite - Final [26.06.2021]

Dynamo FC d'Abomey - Jeunesse Sportive De Pobè FC   2-2 aet; 5-4 pen

Championship Play-offs - Super Ligue Pro

1. Loto FC Sakété	18	12	3	3	34	-	15	39
2. Buffles du Borgou FC Parakou	18	10	3	5	24	-	13	33
3. AS Dragons FC de l'Ouémé Porto Novo	18	8	7	3	21	-	14	31
4. Ayéma d'Adjarra FC	18	8	7	3	15	-	9	31
5. Béké FC Bembereke	18	7	5	6	21	-	18	26
6. Damissa FC Dogbo	18	6	6	6	21	-	19	24
7. Requins de l'Atlantique FC Cotonou	18	6	5	7	19	-	21	23
8. Eternel FC Cotonou	18	6	3	9	15	-	19	21
9. AS Cotonou	18	3	10	5	15	-	22	19
10. Dynamo FC Parakou	18	4	6	8	16	-	21	18
11. Hodio FC Comè	18	4	4	10	19	-	27	16
12. AS Oussou Saka Porto Novo	18	1	7	10	12	-	34	10

NATIONAL CUP
Coupe du Benin Final 2020/2021

No competition was played due to COVID-19 pandemic.

THE CLUBS

ASSOCIATION SPORTIVE DRAGONS FOOTBALL CLUB DE L'OUÉMÉ
Stadium: Stade „Charles de Gaulle", Porto-Novo (16,872)

ASSOCIATION SPORTIVE OUSSOU SAKA FOOTBALL CLUB PORTO-NOVO
Stadium: Centre d'excellence de football de Missérété, Akpro-Missérété (1,000)

ASSOCIATION SPORTIVE POLICE PORTO NOVO
Stadium: Stade Cotonou II, Porto-Novo (5,000)

ASSOCIATION SPORTIVE TONERRE D'ABOMEY FOOTBALL CLUB
Stadium: Stade Municipal de Bohicon, Abomey (10,000)

ASPAC [ASSOCIATION SPORTIVE DU PORT AUTONOME DE COTONOU] FOOTBALL CLUB
Stadium: Stade de l'Amitié "Mathieu Kérékou", Cotonou (5,000)

ASVO [ASSOCIATION SPORTIVE DE LA VALLÉE DE L'QUÉMÉ] FOOTBALL CLUB
Stadium: Stade de Dangbo, Dangbo (1,000)

AVRANKOU OMNISPORT FOOTBALL CLUB
Stadium: Stade Municipal, Avrankou (5,000)

AYÉMA D'ADJARRA FOOTBALL CLUB
Stadium: Stade „Saint-Louis", Seme-Kpodji (3,000)

BÉKÈ FOOTBALL CLUB DE BEMBÈRÈKÈ
Stadium: Stade Municipal, Bembèrèkè (1,000)

BUFFLES DU BORGOU FOOTBALL CLUB PARAKOU
Stadium: Stade Municipal, Parakou (8,000)

DYNAMO FOOTBALL CLUB D'ABOMEY
Stadium: Stade Municipal de Goho, Abomey (7,500)

JEUNESSE ATHLÉTIQUE DU COTONOU
Stadium: Stade "Jean-Pierre Gascon", Cotonou (5,000)

LOTO FOOTBALL CLUB SAKÉTÉ
Stadium: Stade de Sakété, Sakété (2,000)

PANTHÈRES FOOTBALL CLUB DJOUGOU
Stadium: Stade Municipal, Djougou (3,400)

REQUINS DE L'ATLANTIQUE FOOTBALL CLUB COTONOU
Stadium: Stade „René Pleven d'Akpakpa", Cotonou (10,000)

SOLEIL FOOTBALL CLUB COTONOU
Stadium: Stade "René Pleven d'Akpakpa", Cotonou (10,000)

NATIONAL TEAM INTERNATIONAL MATCHES 2021

Date	Venue	Match	Score	Type
27.03.2021	Porto-Novo	Benin - Nigeria	0-1(0-0)	(ACNQ)
08.06.2021	Cotonou	Benin - Zambia	2-2(1-2)	(F)
15.06.2021	Conakry	Sierra Leone - Benin	1-0(1-0)	(ACNQ)
02.09.2021	Antanarivo	Madagascar - Benin	0-1(0-1)	(WCQ)
06.09.2021	Cotonou	Benin - D.R. Congo	1-1(1-1)	(WCQ)
07.10.2021	Dar es Salaam	Tanzania - Benin	0-1(0-0)	(WCQ)
10.10.2021	Cotonou	Benin - Tanzania	0-1(0-1)	(WCQ)
11.11.2021	Cotonou	Benin - Madagascar	2-0(1-0)	(WCQ)
14.11.2021	Kinshasa	D.R. Congo - Benin	2-0(1-0)	(WCQ)

27.03.2021, 33rd African Cup of Nations, Qualifiers
Stade "Charles de Gaulle", Porto-Novo; Attendance: 0
Referee: Rédouane Jiyed (Morocco)
BENIN - NIGERIA   **0-1(0-0)**
BEN: Saturnin Allagbé Kassifa Franck Owolabi, Abdul Khaled Akiola Adénon, Yohan Cédric Benjamin Roche (46.Moïse Wilfrid Maoussé Adilehou), David Enagnon Kiki, Cédric Hountondji, Youssouf Amouda Assogba, Cebio Soukou (74.Mickaël Franck Poté), Jodel Harold Oluwafemi Dossou (80.Marcellin Dègnon Koukpo), Sessi Octave Émile D'Almeida, Jordan Souleiman Adéoti, Steve Michel Mounié. Trainer: Michel Dussuyer (France).

08.06.2021, Friendly International
Stade de l'Amitié "Mathieu Kérékou", Cotonou; Attendance: 0
Referee: Haythem Guirat (Tunisia)
BENIN - ZAMBIA **2-2(1-2)**
BEN: Saturnin Allagbé Kassifa Franck Owolabi (46.Fabien Ceddy Farnolle), Abdul Khaled Akiola Adénon, Moïse Wilfrid Maoussé Adilehou (65.Yohan Cédric Benjamin Roche), Youssouf Amouda Assogba, Tchagnirou Abdoul Djalilou Ouorou, Jordan Souleiman Adéoti, Cebio Soukou (89.Tidjani Anaane), Jodel Harold Oluwafemi Dossou (65.Marcellin Dègnon Koukpo), Rodrigue Kossi Fiogbé (65.Codjo Charbel Gomez), Mickaël Franck Poté (65.Djiman Waïdi Koukou), Steve Michel Mounié. Trainer: Michel Dussuyer (France).
Goals: Cebio Soukou (12), Yohan Cédric Benjamin Roche (80).

15.06.2021, 33rd African Cup of Nations, Qualifiers
Stade du 28 Septembre, Conakry (Guinea); Attendance: 0
Referee: Haythem Guirat (Tunisia)
SIERRA LEONE - BENIN **1-0(1-0)**
BEN: Saturnin Allagbé Kassifa Franck Owolabi, Abdul Khaled Akiola Adénon, Abdou Samadou Bourou (89.Tidjani Anaane), Olivier Jacques Verdon, Youssouf Amouda Assogba, Djiman Waïdi Koukou (65.Jérôme Agossa Bonou), Cebio Soukou (73.Mickaël Franck Poté), Jodel Harold Oluwafemi Dossou (88.Désiré Segbé Azankpo), Jordan Souleymane Adéoti, Steve Michel Mounié, Marcellin Dègnon Koukpo (65.Codjo Charbel Gomez). Trainer: Michel Dussuyer (France).

02.09.2021, 22nd FIFA World Cup Qualifiers, Second Round
Mahamasina Municipal Stadium, Antananarivo; Attendance: 10,000
Referee: Brighton Chimene (Zimbabwe)
MADAGASCAR - BENIN **0-1(0-1)**
BEN: Saturnin Allagbé Kassifa Franck Owolabi, Abdul Khaled Akiola Adénon, Cédric Hountondji, Youssouf Amouda Assogba, Jordan Souleymane Adéoti, Cebio Soukou (89.Mickaël Franck Poté), Melvyn Doremus, Mattéo Ahlinvi (84.Junior Olaitan Ishola), Rodrigue Kossi Fiogbé (71.Moïse Wilfrid Maoussé Adilehou), Steve Michel Mounié, Désiré Segbé Azankpo (85.Codjo Charbel Gomez). Trainer: Michel Dussuyer (France).
Goal: Steve Michel Mounié (22).

06.09.2021, 22nd FIFA World Cup Qualifiers, Second Round
Stade de l'Amitié "Mathieu Kérékou", Cotonou; Attendance: 5,000
Referee: Jean Ouattara (Burkina Faso)
BENIN - D.R. CONGO **1-1(1-1)**
BEN: Saturnin Allagbé Kassifa Franck Owolabi, Abdul Khaled Akiola Adénon, Cédric Hountondji, Youssouf Amouda Assogba, Jordan Souleymane Adéoti, Cebio Soukou (78.Codjo Charbel Gomez), Melvyn Doremus, Mattéo Ahlinvi (86.Junior Olaitan Ishola), Rodrigue Kossi Fiogbé (86.Moïse Wilfrid Maoussé Adilehou), Steve Michel Mounié, Désiré Segbé Azankpo (50.Jodel Harold Oluwafemi Dossou). Trainer: Michel Dussuyer (France).
Goal: Jordan Souleymane Adéoti (33).

07.10.2021, 22nd FIFA World Cup Qualifiers, Second Round
National Stadium, Dar es Salaam; Attendance: 500
Referee: Celso Alvação (Mozambique)
TANZANIA - BENIN **0-1(0-0)**
BEN: Saturnin Allagbé Kassifa Franck Owolabi, Abdul Khaled Akiola Adénon, Cédric Hountondji, David Enagnon Kiki, Olivier Jacques Verdon, Youssouf Amouda Assogba (74.Melvyn Doremus), Jordan Souleymane Adéoti, Jodel Harold Oluwafemi Dossou (89.Tidjani Anaane), Mattéo Ahlinvi (83.Rodrigue Kossi Fiogbé), Steve Michel Mounié, Désiré Segbé Azankpo (74.Mickaël Franck Poté). Trainer: Michel Dussuyer (France).
Goal: Steve Michel Mounié (72).

10.10.2021, 22nd FIFA World Cup Qualifiers, Second Round
Stade de l'Amitié "Mathieu Kérékou", Cotonou; Attendance: 15,000
Referee: Omar Abdulkadir Artan (Somalia)
BENIN - TANZANIA **0-1(0-1)**
BEN: Saturnin Allagbé Kassifa Franck Owolabi, Abdul Khaled Akiola Adénon, Cédric Hountondji, David Enagnon Kiki (68.Rodrigue Kossi Fiogbé), Olivier Jacques Verdon (57.Junior Olaitan Ishola), Jordan Souleymane Adéoti, Melvyn Doremus (57.Youssouf Amouda Assogba), Mattéo Ahlinvi (86.Désiré Segbé Azankpo), Mickaël Franck Poté, Steve Michel Mounié, Codjo Charbel Gomez (86.Tidjani Anaane). Trainer: Michel Dussuyer (France).

11.11.2021, 22nd FIFA World Cup Qualifiers, Second Round
Stade de l'Amitié "Mathieu Kérékou", Cotonou; Attendance: 15,000
Referee: Bakary Papa Gassama (Gambia)
BENIN - MADAGASCAR **2-0(1-0)**
BEN: Saturnin Allagbé Kassifa Franck Owolabi, Abdul Khaled Akiola Adénon, David Enagnon Kiki, Olivier Jacques Verdon, Jordan Souleymane Adéoti (68.Rodrigue Kossi Fiogbé), Jodel Harold Oluwafemi Dossou (81.Mickaël Franck Poté), Sessi Octave Émile D'Almeida, Melvyn Doremus, Mattéo Ahlinvi (68.Junior Olaitan Ishola), Steve Michel Mounié (86.Désiré Segbé Azankpo), Codjo Charbel Gomez (81.Yannick Aguemon). Trainer: Michel Dussuyer (France).
Goals: Jodel Harold Oluwafemi Dossou (44), Steve Michel Mounié (79).

14.11.2021, 22nd FIFA World Cup Qualifiers, Second Round
Stade des Martyrs, Kinshasa; Attendance: 500
Referee: Eric Arnaud Otogo-Castane (Gabon)
D.R. CONGO - BENIN **2-0(1-0)**
BEN: Saturnin Allagbé Kassifa Franck Owolabi, Abdul Khaled Akiola Adénon, Moïse Wilfrid Maoussé Adilehou, David Enagnon Kiki, Yohan Cédric Benjamin Roche, Jordan Souleymane Adéoti, Sessi Octave Émile D'Almeida (74.Junior Olaitan Ishola), Melvyn Doremus, Roland Junior Beakou, Steve Michel Mounié, Codjo Charbel Gomez (74.Mickaël Franck Poté). Trainer: Michel Dussuyer (France).

NATIONAL TEAM PLAYERS 2021

Name	DOB	Club
Goalkeepers		
Saturnin ALLAGBÉ Kassifa Franck Owolabi	22.11.1993	*Dijon FCO (FRA);* *22.07.2021-> Valenciennes FC (FRA)*
Fabien Ceddy FARNOLLE	21.09.1984	*Ethiopian Coffee SC Addis Ababa (ETH)*
Defenders		
Abdul Khaled Akiola ADÉNON	28.07.1985	*US Avranches (FRA);* *14.08.2021-> Doxa Katokopias FC (CYP)*
Moïse Wilfrid Maoussé ADILEHOU	01.11.1995	*NAC Breda (NED)*
Youssouf Amouda ASSOGBA	21.08.2001	*Amiens SC (FRA);11.09.2021->* *US Boulogne-sur-Mer Côte d'Opale (FRA)*
Abdou Samadou BOUROU	13.10.2000	*ASKO de Kara (TOG)*
Melvyn DOREMUS	29.10.1996	*FC Chambly (FRA)*
Cédric HOUNTONDJI	19.01.1994	*Clermont Foot 63 (FRA)*
Tchagnirou Abdoul Djalilou OUOROU	18.07.1997	*Buffles du Borgou FC Parakou*

Yohan Cédric Benjamin ROCHE	07.07.1997	Rodez Aveyron Football (FRA); 20.07.2021-> Adanaspor AŞ (TUR)
Olivier Jacques VERDON	05.10.1995	PFC Ludogorets Razgrad (BUL)

Midfielders

Jordan Souleymane ADÉOTI	12.03.1989	FC D'Annecy (FRA); 05.07.2017-> Stade Lavallois Mayenne FC (FRA)
Mattéo AHLINVI	02.07.1999	Dijon FCO (FRA)
Roland Junior BEAKOU		Buffles du Borgou FC Parakou
Jérôme Agossa BONOU	27.01.1994	Djoliba Athletic Club Bamako (MLI)
Sessi Octave Émile D'ALMEIDA	20.11.1995	Valenciennes FC (FRA)
Jodel Harold Oluwafemi DOSSOU	17.03.1992	Clermont Foot 63 (FRA)
David Enagnon KIKI	25.11.1993	FC Montana (BUL); 10.09.2021-> FC Arda 1924 Kardzhali (BUL)
Rodrigue KOSSI Fiogbé	31.12.1999	Club Africain Tunis (TUN)
Djiman Waïdi KOUKOU	14.11.1980	Red Star FC Paris (FRA)
Junior OLAITAN Ishola	09.05.2002	Ayéma d'Adjarra FC
Cebio SOUKOU	02.10.1992	DSC Arminia Bielefeld (GER); 01.07.2021-> SV Sandhausen (GER)

Forwards

Yannick AGUEMON	11.02.1992	Oud-Heverle Leuven (BEL)
Tidjani ANAANE	29.03.1997	Unattached; 14.08.2021-> Doxa Katokopias FC (CYP)
Codjo Charbel GOMEZ	27.01.2001	Amiens SC (FRA)
Marcellin Dègnon KOUKPO	06.04.1995	Chabab Riadhi de Belouizdad Alger (ALG)
Steve Michel MOUNIÉ	29.09.1994	Stade Brestois 29 (FRA)
Mickaël Franck POTÉ	24.09.1984	Bandırmaspor (TUR)
Désiré SEGBÉ Azankpo	06.05.1993	FC Villefranche Beaujolais (FRA); 01.07.2021-> USL Dunkerque (FRA)

National coaches

Michel DUSSUYER (France) [from 26.06.2018]	28.05.1959

BOTSWANA

Botswana Football Association
P.O. Box 1396, Gaborone
Year of Formation: 1970
Member of FIFA since: 1978
Member of CAF since: 1976
www.bfa.co.bw

First international match:
13.07.1968:
Malawi - Botswana 8-1
Most international caps:
Mompati Thuma
84 caps (2004-2013)
Most international goals:
Jerome Ramatlhakwana
24 goals / 57 caps (since 2006)

AFRICAN CUP OF NATIONS	
1957	Did not enter
1959	Did not enter
1962	Did not enter
1963	Did not enter
1965	Did not enter
1968	Did not enter
1970	Did not enter
1972	Did not enter
1974	Did not enter
1976	Did not enter
1978	Did not enter
1980	Did not enter
1982	Did not enter
1984	Did not enter
1986	Did not enter
1988	Did not enter
1990	Did not enter
1992	Did not enter
1994	Qualifiers
1996	Qualifiers
1998	Qualifiers
2000	Qualifiers
2002	Qualifiers
2004	Qualifiers
2006	Qualifiers
2008	Qualifiers
2010	Qualifiers
2012	Final Tournament (Group Stage)
2013	Qualifiers
2015	Qualifiers
2017	Qualifiers
2019	Qualifiers
2021	Qualifiers

FIFA WORLD CUP	
1930	Did not enter
1934	Did not enter
1938	Did not enter
1950	Did not enter
1954	Did not enter
1958	Did not enter
1962	Did not enter
1966	Did not enter
1970	Did not enter
1974	Did not enter
1978	Did not enter
1982	Did not enter
1986	Did not enter
1990	Did not enter
1994	Qualifiers
1998	Did not enter
2002	Qualifiers
2006	Qualifiers
2010	Qualifiers
2014	Qualifiers
2018	Qualifiers

OLYMPIC FOOTBALL TOURNAMENTS 1908-2020

1908	-	1952	-	1976	-	2000	Qualifiers
1912	-	1956	-	1980	-	2004	Qualifiers
1920	-	1960	-	1984	-	2008	Qualifiers
1924	-	1964	-	1988	Qualifiers	2012	Qualifiers
1928	-	1968	-	1992	Qualifiers	2016	Qualifiers
1936	-	1972	-	1996	Qualifiers	2020	Qualifiers
1948	-						

F.I.F.A. CONFEDERATIONS CUP 1992-2017
None

AFRICAN GAMES 1965-2019
1991, 1999, 2003, 2007

COSAFA (Confederation of Southern African Football Associations) CUP 1997-2021
1997, 1998, 1999, 2000, 2001, 2002, 2003, 2004, 2005, 2006, 2007, 2008, 2009, 2013, 2015, 2016 (Runners-up), 2017 (Quarter-Finals), 2018 (Quarter-Finals), 2019 (Runners-up), 2021

AFRICAN NATIONS CHAMPIONSHIP 2009-2020
2009 (Qualifiers), 2011 (Qualifiers), 2014 (Qualifiers), 2016 (Qualifiers), 2018 (Qualifiers), 2020 (Qualifiers)

BOTSWANIAN CLUB HONOURS IN ASIAN CLUB COMPETITIONS:

CAF Champions League 1964-2021
None

CAF Confederation Cup 2004-2021
None

CAF Super Cup 1993-2021
None

*African Cup Winners' Cup 1975-2003**
None

*CAF Cup 1992-2003**
None

*defunct competitions

NATIONAL COMPETITIONS
TABLE OF HONOURS

	CHAMPIONS	CUP WINNERS
1966	*not known*	-
1967	Gaborone United SC	-
1968	*not known*	Gaborone United SC
1969	Gaborone United SC	*not known*
1970	Gaborone United SC	Gaborone United SC
1971	*not known*	*not known*
1972	*not known*	*not known*
1973	*not known*	*not known*
1974	*not known*	*not known*
1975	*not known*	*not known*
1976	*not known*	*not known*

1977	*not known*	*not known*
1978	Notwane FC Gaborone	Notwane FC Gaborone
1979	Township Rollers FC Gaborone	Township Rollers FC Gaborone
1980	Township Rollers FC Gaborone	*not known*
1981	Botswana Defence Force XI Gaborone	*not known*
1982	Township Rollers FC Gaborone	*not known*
1983	Township Rollers FC Gaborone	Police XI Gaborone
1984	Township Rollers FC Gaborone	Gaborone United SC
1985	Township Rollers FC Gaborone	Gaborone United SC
1986	Gaborone United SC	Nico United FC Selibe-Pikwe
1987	Township Rollers FC Gaborone	*not known*
1988	Botswana Defence Force XI Gaborone	CS Extension Gunners Lobatse
1989	Botswana Defence Force XI Gaborone	Botswana Defence Force XI Gaborone
1990	Gaborone United SC	Gaborone United SC
1991	Botswana Defence Force XI Gaborone	TASC FC Francistown Mochudi Centre Chiefs SC (two competitions)
1992	CS Extension Gunners Lobatse	CS Extension Gunners Lobatse
1993	CS Extension Gunners Lobatse	Township Rollers FC Gaborone
1994	CS Extension Gunners Lobatse	Township Rollers FC Gaborone
1995	Township Rollers FC Gaborone	Notwane FC Gaborone
1996	Notwane FC Gaborone	Township Rollers FC Gaborone
1997	Botswana Defence Force XI Gaborone	Notwane FC Gaborone
1998	Notwane FC Gaborone	Botswana Defence Force XI Gaborone
1999	Mogoditshane Fighters	Mogoditshane Fighters
1999/2000	Mogoditshane Fighters	Mogoditshane Fighters
2000/2001	Mogoditshane Fighters	TASC FC Francistown
2001/2002	Botswana Defence Force XI Gaborone	TAFIC FC Francistown
2003	Mogoditshane Fighters	Mogoditshane Fighters
2003/2004	Botswana Defence Force XI Gaborone	Botswana Defence Force XI Gaborone
2004/2005	Township Rollers FC Gaborone	Township Rollers FC Gaborone
2005/2006	Police XI Otse	Notwane FC Gaborone
2006/2007	ECCO City Green FC Francistown	Botswana Meat Commission FC Lobatse
2007/2008	Mochudi Centre Chiefs SC	Mochudi Centre Chiefs SC
2008/2009	Gaborone United SC	Uniao Flamengo Santos FC Gaborone
2009/2010	Township Rollers FC Gaborone	Township Rollers FC Gaborone
2010/2011	Township Rollers FC Gaborone	CS Extension Gunners Lobatse
2011/2012	Mochudi Centre Chiefs SC	Gaborone United SC
2012/2013	Mochudi Centre Chiefs SC	Gaborone United SC
2013/2014	Township Rollers FC Gaborone	*No competition*
2014/2015	Mochudi Centre Chiefs SC	*No competition*
2015/2016	Township Rollers FC Gaborone	*No competition*
2016/2017	Township Rollers FC Gaborone	*No competition*
2017/2018	Township Rollers FC Gaborone	*No competition*
2018/2019	Township Rollers FC Gaborone	Orapa United FC
2019/2020	Jwaneng Galaxy FC	*Competition abandoned*
2020/2021	*No competition*	*No competition*

NATIONAL CHAMPIONSHIP
Premier League 2020/2021

No championship was played due to COVID-19 pandemic.

NATIONAL CUP
FA Cup Final 2020/2021

The competition was not held due to COVID-19 pandemic.

NATIONAL TEAM
INTERNATIONAL MATCHES 2021

25.03.2021	Francistown	Botswana - Zimbabwe	0-1(0-1)	(ACNQ)
29.03.2021	Blida	Algeria - Botswana	5-0(1-0)	(ACNQ)
06.07.2021	Port Elizabeth	South Africa - Botswana	1-0(1-0)	(COSAFA)
10.07.2021	Port Elizabeth	Lesotho - Botswana	0-4(0-2)	(COSAFA)
13.07.2021	Port Elizabeth	Botswana - Zambia	1-2(0-1)	(COSAFA)
14.07.2021	Port Elizabeth	Eswatini - Botswana	1-1(1-0)	(COSAFA)

25.03.2021, 33rd African Cup of Nations, Qualifiers
Francistown Stadium, Francistown; Attendance: 0
Referee: Georges Gatogato (Burundi)
BOTSWANA - ZIMBABWE   **0-1(0-1)**
BOT: Kabelo Dambe, Onkarabile Ratanang, Simisani Mathumo, Moshe Gaolaolwe, Thatayaone Galejewe Ditlhokwe, Francis Thero Setsile, Tlhalefo Molebatsi (65.Tapiwa Gadibolae), Thatayaone Witness Kgamanyane, Gape Gagoangwe, Onkabetse Makgantai, Kobamelo Kebaikanye. Trainer: Adel Amrouche (Algeria).

29.03.2021, 33rd African Cup of Nations, Qualifiers
Stade "Mustapha Chaker", Blida; Attendance: n/a
Referee: Jean Ouattara (Burkina Faso)
ALGERIA - BOTSWANA   **5-0(1-0)**
BOT: Kabelo Dambe, Onkarabile Ratanang, Simisani Mathumo, Tshepo Maikano, Thatayaone Galejewe Ditlhokwe, Mothusi Cooper, Francis Thero Setsile, Kutlwelo William Mpolokang (55.Thatayaone Witness Kgamanyane), Gape Gagoangwe, Onkabetse Makgantai (55.Mogakolodi Ngele), Kobamelo Kebaikanye. Trainer: Adel Amrouche (Algeria).

06.07.2021, 20th COSAFA Cup, Group Stage
"Nelson Mandela Bay" Stadium, Port Elizabeth; Attendance: 0
Referee: Brighton Chimene (Zimbabwe)
SOUTH AFRICA - BOTSWANA   **1-0(1-0)**
BOT: Ezekiel Morake, Thabo Kebonyemodisa Leinanyane, Moshe Gaolaolwe, Thatayaone Galejewe Ditlhokwe, Mothusi Johnson, Segolame Boy (79.Mpho Kgomo), Francis Thero Setsile, Thatayaone Witness Kgamanyane, Gape Edwin Mohutsiwa, Kutlwelo William Mpolokang, Mbatshi Chida Elias. Trainer: Adel Amrouche (Algeria).

10.07.2021, 20th COSAFA Cup, Group Stage
Wolfson Stadium, Port Elizabeth (South Africa); Attendance: 0
Referee: Thulani Sibandze (Eswatini)
LESOTHO - BOTSWANA **0-4(0-2)**
BOT: Ezekiel Morake, Thabo Kebonyemodisa Leinanyane, Moshe Gaolaolwe, Thato Kebue, Mothusi Johnson, Francis Thero Setsile, Thatayaone Witness Kgamanyane, Gape Edwin Mohutsiwa (78.Gape Gaogangwe), Kutlwelo William Mpolokang, Tumisang Orebonye (74.Segolame Boy), Mbatshi Chida Elias (83.Mpho Kgomo). Trainer: Adel Amrouche (Algeria).
Goals: Tumisang Orebonye (28, 45+4, 69), Thatayaone Witness Kgamanyane (73).

13.07.2021, 20th COSAFA Cup, Group Stage
Wolfson Stadium, Port Elizabeth (South Africa); Attendance: 0
Referee: Thulani Sibandze (Eswatini)
BOTSWANA - ZAMBIA **1-2(0-1)**
BOT: Ezekiel Morake, Thabo Kebonyemodisa Leinanyane, Moshe Gaolaolwe, Thato Kebue, Mothusi Johnson, Francis Thero Setsile (79.Mpho Kgomo), Thatayaone Witness Kgamanyane, Godiraone Modingwane, Kutlwelo William Mpolokang, Tumisang Orebonye, Mbatshi Chida Elias (66.Segolame Boy). Trainer: Adel Amrouche (Algeria).
Goal: Thatayaone Witness Kgamanyane (62).

14.07.2021, 20th COSAFA Cup, Group Stage
Wolfson Stadium, Port Elizabeth (South Africa); Attendance: 0
Referee: Audrick Nkole (Zambia)
ESWATINI - BOTSWANA **1-1(1-0)**
BOT: Ezekiel Morake, Thabo Kebonyemodisa Leinanyane, Moshe Gaolaolwe, Thato Kebue, Mothusi Johnson, Francis Thero Setsile (79.Mbatshi Chida Elias), Thatayaone Witness Kgamanyane, Gape Edwin Mohutsiwa, Godiraone Modingwane (87.Segolame Boy), Kutlwelo William Mpolokang, Tumisang Orebonye. Trainer: Adel Amrouche (Algeria).
Goal: Thatayaone Witness Kgamanyane (65).

NATIONAL TEAM PLAYERS 2021

Name	DOB	Club
Goalkeepers		
Kabelo DAMBE	10.05.1990	*Township Rollers FC Gaborone*
Ezekiel MORAKE	21.03.1996	*Jwaneng Galaxy FC*
Defenders		
Thatayaone Galejewe DITLHOKWE	21.09.1998	*SuperSport United FC Pretoria (RSA)*
Moshe GAOLAOLWE	25.12.1993	*Township Rollers FC Gaborone*
Mothusi JOHNSON	28.07.1997	*Orapa United FC*
Thato KEBUE	29.05.1997	*Gaborone United SC*
Thabo Kebonyemodisa LEINANYANE	27.07.1993	*Jwaneng Galaxy FC*
Tshepo MAIKANO	11.07.1988	*Gaborone United SC*
Simisani MATHUMO	11.11.1991	*Olympique Khouribga (MAR)*
Onkarabile RATANANG	16.03.1998	*Township Rollers FC Gaborone*
Midfielders		
Segolame BOY	07.11.1992	*Township Rollers FC Gaborone*
Mothusi COOPER	19.07.1997	*Township Rollers FC Gaborone*
Tapiwa GADIBOLAE	26.02.1993	*Botswana Police XI Sporting Club Otse*
Gape GAGOANGWE	15.09.1998	*Orapa United FC*
Thatayaone Witness KGAMANYANE	30.01.1996	*Gaborone United SC*
Mpho KGOMO	25.05.1998	*Botswana Police XI Sporting Club Otse*
Godiraone MODINGWANE	26.06.1996	*Botswana Defence Force XI Gaborone*
Gape Edwin MOHUTSIWA	20.03.1997	*Jwaneng Galaxy FC*
Kutlwelo William MPOLOKANG	09.02.1996	*Township Rollers FC Gaborone*
Francis Thero SETSILE	08.10.1995	*Jwaneng Galaxy FC*
Forwards		
Mbatshi Chida ELIAS	10.07.1995	*Orapa United FC*
Kobamelo KEBAIKANYE	27.08.1991	*Orapa United FC*
Onkabetse MAKGANTAI	01.07.1995	*Orapa United FC*
Tlhalefo MOLEBATSI	22.10.1994	*Township Rollers FC Gaborone*
Mogakolodi NGELE	06.10.1990	*Tshakhuma Tsha Madzivhandila FC Thohoyandou (RSA)*
Tumisang OREBONYE	26.03.1996	*Olympique Khouribga (MAR)*
National coaches		
Adel AMROUCHE (Algeria) [from 27.08.2019]		07.03.1968

BURKINA FASO

Fédération Burkinabé de Foot-Ball
Centre Technique National,
Ouaga 2000,Case postale 57,
Ouagadougou 01
Year of Formation: 1960
Member of FIFA since: 1964
Member of CAF since: 1964
www.fbf.bf

First international match:
13.04.1960, Madagascar:
Upper Volta – Gabon 5-4
Most international caps:
Charles Kaboré
99 caps (since 2006)
Most international goals:
Beli Moumouni Dagano
34 goals / 83 caps (1998-2013)

AFRICAN CUP OF NATIONS	
1957	Did not enter
1959	Did not enter
1962	Did not enter
1963	Did not enter
1965	Did not enter
1968	Qualifiers
1970	Withdrew
1972	Withdrew
1974	Qualifiers
1976	Did not enter
1978	Final Tournament (Group Stage)
1980	Did not enter
1982	Qualifiers
1984	Did not enter
1986	Did not enter
1988	Did not enter
1990	Qualifiers
1992	Qualifiers
1994	Withdrew
1996	Final Tournament (Group Stage)
1998	Final Tournament (4th place)
2000	Final Tournament (Group Stage)
2002	Final Tournament (Group Stage)
2004	Final Tournament (Group Stage)
2006	Qualifiers
2008	Qualifiers
2010	Final Tournament (Group Stage)
2012	Final Tournament (Group Stage)
2013	Final Tournament (Runners-up)
2015	Final Tournament (Group Stage)
2017	Final Tournament (3rd Place)
2019	Qualifiers
2021	*Final Tournament (Qualified)*

FIFA WORLD CUP	
1930	Did not enter
1934	Did not enter
1938	Did not enter
1950	Did not enter
1954	Did not enter
1958	Did not enter
1962	Did not enter
1966	Did not enter
1970	Did not enter
1974	Did not enter
1978	Qualifiers
1982	Did not enter
1986	Did not enter
1990	Qualifiers
1994	Withdrew
1998	Qualifiers
2002	Qualifiers
2006	Qualifiers
2010	Qualifiers
2014	Qualifiers
2018	Qualifiers

OLYMPIC FOOTBALL TOURNAMENTS 1908-2020								
1908	-	1952	-	1976	Qualifiers*	2000	Did not enter
1912	-	1956	-	1980	-	2004	Withdrew
1920	-	1960	-	1984	-	2008	Qualifiers
1924	-	1964	-	1988	-	2012	Qualifiers
1928	-	1968	-	1992	Qualifiers	2016	Did not enter
1936	-	1972	-	1996	Qualifiers	2020	Qualifiers
1948	-						

*as Upper Volta

F.I.F.A. CONFEDERATIONS CUP 1992-2017
None

AFRICAN GAMES 1965-2019
2015 (Runners-up), **2019 (Winners)**
CENTRAL AFRICAN GAMES 1976-1987
1965, 1973, 1999
WEST AFRICAN NATIONS CUP 2010-2019
2010 (4th Place), 2013 (Group Stage), 2017 (1st Round), 2019 (Quarter-Finals)
CSSA CUP 1982-1987/UEMOA TOURNAMENT 2007-2016
1982 (3rd Place, as Upper Volta), 1984 (4th Place), 1986 (4th Place), 1987 (Group Stage), 2007 (Group Stage), 2008 (Group Stage), 2009 (Group Stage), 2010 (Group Stage), 2011 (Group Stage), **2013 (Winners)**, 2016 (Group Stage)
AFRICAN NATIONS CHAMPIONSHIP 2009-2020
2009 (Qualifiers), 2011 (Qualifiers), 2014 (Group Stage), 2016 (Qualifiers), 2018 (Group Stage), 2020 (Group Stage)

BURKINABÉ CLUB HONOURS IN ASIAN CLUB COMPETITIONS:
CAF Champions League 1964-2021
None
CAF Confederation Cup 2004-2021
None
CAF Super Cup 1993-2021
None
African Cup Winners' Cup 1975-2003*
None
CAF Cup 1992-2003*
None

*defunct competitions

NATIONAL COMPETITIONS
TABLE OF HONOURS

	CHAMPIONS	CUP WINNERS
1961	Association Sportive des Fonctionnaires de Bobo	Racing Club de Bobo-Dioulasso
1962	Étoile Filante Ouagadougou	Racing Club de Bobo-Dioulasso
1963	Union Sportive du Foyer de la Régie Abidjan-Niger Bobo-Dioulasso	Étoile Filante Ouagadougou
1964	Union Sportive du Foyer de la Régie Abidjan-Niger Bobo-Dioulasso	Étoile Filante Ouagadougou
1965	Étoile Filante Ouagadougou	Étoile Filante Ouagadougou
1966	Association Sportive des Fonctionnaires de Bobo	Union Sportive du Foyer de la Régie Abidjan-Niger Bobo-Dioulasso
1967	Union Sportive de Ouagadougou	Union Sportive du Foyer de la Régie Abidjan-Niger Bobo-Dioulasso
1968	Union Sportive du Foyer de la Régie Abidjan-Niger Bobo-Dioulasso	Union Sportive des Forces Armées (ASFAN) Ougadougou
1969	Union Sportive des Forces Armées (ASFAN) Ougadougou	Union Sportive du Foyer de la Régie Abidjan-Niger Bobo-Dioulasso
1970	Union Sportive des Forces Armées (ASFAN) Ougadougou	Étoile Filante Ouagadougou
1971	Union Sportive des Forces Armées (ASFAN) Ougadougou	Union Sportive du Foyer de la Régie Abidjan-Niger Bobo-Dioulasso
1972	Racing Club de Bobo-Dioulasso	Étoile Filante Ouagadougou
1973	Jeanne d'Arc Faso-Yennenga	
1974	Silures Bobo-Dioulasso	Union Sportive du Foyer de la Régie Abidjan-Niger Bobo-Dioulasso
1975	Silures Bobo-Dioulasso	Étoile Filante Ouagadougou
1976	Silures Bobo-Dioulasso	Étoile Filante Ouagadougou
1977	Silures Bobo-Dioulasso	*No competiton*
1978	Silures Bobo-Dioulasso	*No competiton*
1979	Silures Bobo-Dioulasso	*No competiton*
1980	Silures Bobo-Dioulasso	*No competiton*
1981	*No competiton*	Silures Bobo-Dioulasso
1982	*No competiton*	*No competiton*
1983	Union Sportive de Ouagadougou	*No competiton*
1984	Union Sportive des Forces Armées (ASFAN) Ougadougou	Racing Club de Bobo-Dioulasso
1985	Étoile Filante Ouagadougou	Étoile Filante Ouagadougou
1986	Étoile Filante Ouagadougou	Association Sportive des Fonctionnaires de Bobo
1987	Union Sportive des Forces Armées (USFAN) Ougadougou	Racing Club de Bobo-Dioulasso
1988	Étoile Filante Ouagadougou	Étoile Filante Ouagadougou
1989	Association Sportive du Faso-Yennenga	Association Sportive des Fonctionnaires de Bobo
1989/1990	Étoile Filante Ouagadougou	Étoile Filante Ouagadougou
1990/1991	Étoile Filante Ouagadougou	Association Sportive du Faso-Yennenga
1991/1992	Étoile Filante Ouagadougou	Étoile Filante Ouagadougou
1992/1993	Étoile Filante Ouagadougou	Étoile Filante Ouagadougou
1993/1994	Étoile Filante Ouagadougou	Rail Club du Kadiogo

1994/1995	Association Sportive du Faso-Yennenga	Racing Club de Bobo-Dioulasso
1995/1996	Racing Club de Bobo-Dioulasso	Étoile Filante Ouagadougou
1996/1997	Racing Club de Bobo-Dioulasso	Association Sportive des Fonctionnaires de Bobo
1997/1998	Union Sportive des Forces Armées Ougadougou	Association Sportive des Fonctionnaires de Bobo
1998/1999	Association Sportive du Faso-Yennenga	Étoile Filante Ouagadougou
2000	Union Sportive des Forces Armées Ougadougou	Étoile Filante Ouagadougou
2001	Étoile Filante Ouagadougou	Étoile Filante Ouagadougou
2002	Association Sportive du Faso-Yennenga	Union Sportive des Forces Armées Ougadougou
2002/2003	Association Sportive du Faso-Yennenga	Étoile Filante Ouagadougou
2003/2004	Association Sportive du Faso-Yennenga	Association Sportive des Fonctionnaires de Bobo
2004/2005	Rail Club du Kadiogo	Union Sportive de Ouagadougou
2004/2006	Association Sportive du Faso-Yennenga	Étoile Filante Ouagadougou
2007	Commune FC Ouagadougou	Racing Club de Bobo-Dioulasso
2007/2008	Étoile Filante Ouagadougou	Étoile Filante Ouagadougou
2008/2009	Association Sportive du Faso-Yennenga	Association Sportive du Faso-Yennenga
2009/2010	Association Sportive du Faso-Yennenga	US des Forces Armées Ouagadougou
2010/2011	Association Sportive du Faso-Yennenga	Étoile Filante Ouagadougou
2011/2012	Association Sportive du Faso-Yennenga	Rail Club du Kadiogo
2012/2013	Association Sportive du Faso-Yennenga	Association Sportive du Faso-Yennenga
2013/2014	Étoile Filante Ouagadougou	Racing Club de Bobo-Dioulasso
2014/2015	Racing Club de Bobo-Dioulasso	US des Forces Armées Ouagadougou
2015/2016	Rail Club du Kadiogo	Rail Club du Kadiogo
2016/2017	Rail Club du Kadiogo	Étoile Filante de Ouagadougou
2017/2018	ASF de Bobo-Dioulasso	Salitas FC Ouagadougou
2018/2019	Rahimo FC Bobo-Dioulasso	Rahimo FC Bobo-Dioulasso
2019/2020	*Championship abandoned*	*Competition abandoned*
2020/2021	AS SONABEL Ouagadougou	Association Sportive du Faso-Yennenga

NATIONAL CHAMPIONSHIP
Championnat National Première Division 2020/2021

1.	**AS SONABEL Ouagadougou**	34	17	16	1	50 - 24	67
2.	AS Douanes Ouagadougou	34	18	10	6	55 - 32	64
3.	Salitas FC Ougadougou	34	17	9	8	48 - 33	60
4.	US des Forces Armées Ougadougou	34	15	12	7	35 - 23	57
5.	Racing Club de Bobo-Dioulasso	34	10	19	5	36 - 21	49
6.	Association Sportive du Faso-Yennenga	34	11	14	9	32 - 33	47
7.	Étoile Filante de Ouagadougou	34	11	10	13	27 - 27	43
8.	Royal FC Bobo-Dioulasso	34	11	10	13	36 - 37	43
9.	Majestic SC de Saponé	34	10	12	12	32 - 38	42
10.	ASECK Koudougou	34	11	8	15	27 - 29	41
11.	Rail Club du Kadiogo	34	11	8	15	23 - 38	41
12.	AS Fonctionnaires de Bobo-Dioulasso	34	9	13	12	31 - 40	40
13.	AS Police Ouagadougou	34	8	15	11	30 - 31	39
14.	Vitesse FC Bobo-Dioulasso	34	9	12	13	31 - 37	39
15.	Rahimo FC Bobo-Dioulasso (*Relegated*)	34	9	10	15	27 - 35	37
16.	Union Sportive de Ouagadougou (*Relegated*)	34	7	14	13	26 - 38	35
17.	Léopards Saint-Camille Ouagadougou (*Relegated*)	34	9	8	17	22 - 40	35
18.	Kassoum Ouédraogo Zico Académie de Football (*Relegated*)	34	6	12	16	27 - 45	30

Best goalscorer 2020/2021:
Assami Sansan Dah (AS Douanes Ouagadougou) – 22 goals

Promoted for the 2021/2022 season:
AS Koupéla du Kouritenga, Kiko FC

NATIONAL CUP
Coupe du Faso Final 2020/2021

05.08.2021, Stade Municipal "Dr. Issoufou Joseph Conombo", Banfora
Association Sportive du Faso-Yennenga - AS Fonctionnaires de Bobo-Dioulasso   1-0(1-0)
Goal: Saidou Sawadogo (22).

THE CLUBS

ASSOCIATION SPORTIVE DES DOUANES OUAGADOUGOU
Stadium: Stade "Dr. Issoufou Joseph Conombo", Ouagadougou (15,000)

ASSOCIATION SPORTIVE DES EMPLOYÉS DE COMMERCE DE KOUDOUGOU
Stadium: Stade "Balibié Batiebo", Koudougou (5,000)

ASSOCIATION SPORTIVE POLICE OUAGADOUGOU
Stadium: Stade "Dr. Issoufou Joseph Conombo", Ouagadougou (15,000)

ASSOCIATION SPORTIVE SONABEL OUAGADOUGOU
Year of Formation: 1990
Stadium: Stade de la SONABEL, Ouagadougou (5,000)

ASSOCIATION SPORTIVE DES FONCTIONNAIRES (ASF) DE BOBO-DIOULASSO
Year of Formation: 1948
Stadium: Stade Municipal, Bobo-Dioulasso (30,000)

ASSOCIATION SPORTIVE DU FASO-YENNENGA
Year of Formation: 1947
Stadium: Stade du 4-Août, Ouagadougou (35,000)

ÉTOILE FILANTE DE OUAGADOUGOU
Year of Formation: 1955
Stadium: Stade du 4-Août, Ouagadougou (35,000)

KASSOUM OUÉDRAOGO ZICO ACADÉMIE DE FOOTBALL
Stadium: Stade Municipal, Ouagadougou (15,000)

LÉOPARDS SAINT-CAMILLE OUAGADOUGOU
Stadium: Stade "Dr. Issoufou Joseph Conombo", Ouagadougou (15,000)

MAJESTIC SPORT CLUB DE SAPONÉ
Stadium: Stade Municipal, Ouagadougou (15,000)

RACING CLUB DE BOBO-DIOULASSO
Year of Formation: 1949
Stadium: Stade Municipal, Bobo-Dioulasso (30,000)

RAHIMO FOOTBALL CLUB BOBO-DIOULASSO
Year of Formation: 2004
Stadium: Stade Wobi, Bobo-Dioulasso (10,000)

RAIL CLUB DE KADIOGO
Year of Formation: 1967
Stadium: Stade de Kadiogo, Kadiogo (8,000)

ROYAL FOOTBALL CLUB BOBO-DIOULASSO
Stadium: Stade Wobi, Bobo-Dioulasso (10,000)

SALIMATA ET TASÉRÉ FOOTBALL CLUB OUAGADOUGOU
Stadium: Stade du 4-Août, Ouagadougou (35,000)

UNION SPORTIVE DES FORCES ARMÉES OUGADOUGOU
Year of Formation: 1962
Stadium: Stade de l'USFA, Ouagadougou (9,000)

UNION SPORTIVE DE OUAGADOUGOU
Year of Formation: 1961
Stadium: Stade Municipal, Ouagadougou (15,000)

VITESSE FOOTBALL CLUB BOBO-DIOULASSO
Stadium: Stade Wobi, Bobo-Dioulasso (10,000)

NATIONAL TEAM
INTERNATIONAL MATCHES 2021

24.03.2021	Entebbe	Uganda - Burkina Faso	0-0	(ACNQ)
29.03.2021	Ouagadougou	Burkina Faso - South Sudan	1-0(0-0)	(ACNQ)
05.06.2021	Abidjan	Ivory Coast - Burkina Faso	2-1(0-1)	(F)
12.06.2021	Rabat	Morocco - Burkina Faso	1-0(0-0)	(F)
02.09.2021	Marrakech	Niger - Burkina Faso	0-2(0-0)	(WCQ)
07.09.2021	Marrakech	Burkina Faso - Algeria	1-1(0-1)	(WCQ)
08.10.2021	Marrakech	Djibouti - Burkina Faso	0-4(0-1)	(WCQ)
11.10.2021	Marrakech	Burkina Faso - Djibouti	2-0(1-0)	(WCQ)
12.11.2021	Marrakech	Burkina Faso - Niger	1-1(0-1)	(WCQ)
16.11.2021	Blida	Algeria - Burkina Faso	2-2(1-1)	(WCQ)
30.12.2021	Abu Dhabi	Burkina Faso - Mauritania	0-0	(F)

24.03.2021, 33rd African Cup of Nations, Qualifiers
"St. Mary's Stadium"-Kitende, Entebbe; Attendance: 0
Referee: Bakary Papa Gassama (Gambia)
UGANDA - BURKINA FASO 0-0
BFA: Hervé Kouakou Koffi, Steeve Farid Yago, Edmond Fayçal Tapsoba, Issa Kaboré, Issoufou Sellsavon Dayo, Abdou Razack Traoré (74.Adama Guira), Charles Kaboré, Bryan Boulaye Kevin Dabo (72.Boureima Hassane Bandé), Cyrille Barros Bayala (87.Zakaria Sanogo), Bertrand Isidore Traoré, Mohamed Konaté (72.Lassina Chamste Soudine Franck Traoré). Trainer: Kamou Malo.

29.03.2021, 33rd African Cup of Nations, Qualifiers
Stade du 4 Août, Ouagadougou; Attendance: 0
Referee: George Rogers (Liberia)
BURKINA FASO - SOUTH SUDAN 1-0(0-0)
BFA: Hervé Kouakou Koffi, Edmond Fayçal Tapsoba, Issa Kaboré, Issoufou Sellsavon Dayo, Yacouba Coulibaly, Issiaka Ouédraogo, Alain Sibiri Traoré (70.Abdou Razack Traoré), Charles Kaboré [*sent off 80*], Lassina Chamste Soudine Franck Traoré (80.Abdoul Fessal Tapsoba), Bertrand Isidore Traoré, Zakaria Sanogo (83.Adama Guira). Trainer: Kamou Malo.
Goal: Bertrand Isidore Traoré (49).

05.06.2021, Friendly International
Stade Olympique "Alassane Ouattara", Abidjan; Attendance: 0
Referee: Mawabwe Bodjona (Togo)
IVORY COAST - BURKINA FASO 2-1(0-1)
BFA: Hervé Kouakou Koffi (44.Soufiane Farid Ouédraogo), Issoufou Sellsavon Dayo, Yacouba Coulibaly, Edmond Fayçal Tapsoba, Issa Kaboré, Soufiane Farid Ouédraogo (78.Charles Kaboré), Boureima Hassane Bandé (65.Alain Sibiri Traoré), Issiaka Ouédraogo, Bertrand Isidore Traoré (89.Abdoul Fessal Tapsoba), Zakaria Sanogo (78.Eric Traoré), Lassina Chamste Soudine Franck Traoré. Trainer: Kamou Malo.
Goal: Lassina Chamste Soudine Franck Traoré (16).

12.06.2021, Friendly International
Stade "Prince Moulay Abdallah", Rabat; Attendance: 0
Referee: Mohamed Abdoulaziz Bouh (Mauritania)
MOROCCO - BURKINA FASO 1-0(0-0)
BFA: Hervé Kouakou Koffi, Patrick Bihetoué Arnaud Malo (46.Issa Kaboré), Issoufou Sellsavon Dayo, Edmond Fayçal Tapsoba, Somgogma Hermann Nikièma, Saïdou Simporé (86.Boureima Hassane Bandé), Eric Traoré (82.Zakaria Sanogo), Gustavo Fabrice Sangaré, Abdoul Dramane Nikièma (66.Dramane Salou), Mohamed Konaté (66.Mohamed Lamine Ouattara), Abdoul Fessal Tapsoba (66.Sibiri Arnaud Sanou). Trainer: Kamou Malo.

02.09.2021, 22nd FIFA World Cup Qualifiers, Second Round
Stade de Marrakech, Marrakech (Morocco); Attendance: 0
Referee: Samuel Uwikunda (Rwanda)
NIGER - BURKINA FASO **0-2(0-0)**
BFA: Hervé Kouakou Koffi, Steeve Farid Yago, Issoufou Sellsavon Dayo, Somgogma Hermann Nikièma, Issa Kaboré, Adama Guira, Eric Traoré, Ibrahim Touré (46.Bryan Boulaye Kevin Dabo), Boureima Hassane Bandé (46.Zakaria Sanogo), Gustavo Fabrice Sangaré (88.Saïdou Simporé), Lassina Chamste Soudine Franck Traoré (79.Mohamed Konaté). Trainer: Kamou Malo.
Goals: Lassina Chamste Soudine Franck Traoré (76 penalty), Mohamed Konaté (79).

07.09.2021, 22nd FIFA World Cup Qualifiers, Second Round
Stade de Marrakech, Marrakech (Morocco); Attendance: 0
Referee: Joshua Bondo (Botswana)
BURKINA FASO - ALGERIA **1-1(0-1)**
BFA: Hervé Kouakou Koffi, Steeve Farid Yago, Issoufou Sellsavon Dayo, Oula Abbas Traoré, Issa Kaboré, Bryan Boulaye Kevin Dabo (86.Issiaka Ouédraogo), Adama Guira, Gustavo Fabrice Sangaré, Zakaria Sanogo (70.Boureima Hassane Bandé), Lassina Chamste Soudine, Franck Traoré (81.Mohamed Konaté), Abdoul Fessal Tapsoba (81.Kouamé Jean Fiacre Botué). Trainer: Kamou Malo.
Goal: Abdoul Fessal Tapsoba (64).

08.10.2021, 22nd FIFA World Cup Qualifiers, Second Round
Stade de Marrakech, Marrakech (Morocco); Attendance: 0
Referee: Ali Sabilla (Uganda)
DJIBOUTI - BURKINA FASO **0-4(0-1)**
BFA: Hervé Kouakou Koffi, Steeve Farid Yago, Issoufou Sellsavon Dayo, Oula Abbas Traoré, Issa Kaboré (90+1.Saïdou Simporé), Bryan Boulaye Kevin Dabo (81.Abdoul Dramane Nikièma), Adama Guira, Issiaka Ouédraogo, Zakaria Sanogo (63.Yacouba Songné), Mohamed Konaté (81.Mohamed Lamine Ouattara), Abdoul Fessal Tapsoba (64.Kouamé Jean Fiacre Botué). Trainer: Kamou Malo.
Goals: Abdoul Fessal Tapsoba (45+2, 48), Issa Kaboré (51), Mohamed Konaté (60).

11.10.2021, 22nd FIFA World Cup Qualifiers, Second Round
Stade de Marrakech, Marrakech (Morocco); Attendance: 0
Referee: Hassen Corneh (Liberia)
BURKINA FASO - DJIBOUTI **2-0(1-0)**
BFA: Hervé Kouakou Koffi, Steeve Farid Yago, Issoufou Sellsavon Dayo, Oula Abbas Traoré, Issa Kaboré, Bryan Boulaye Kevin Dabo (46.Ibrahim Touré), Adama Guira (89.Issiaka Ouédraogo), Gustavo Fabrice Sangaré, Zakaria Sanogo (72.Eric Traoré), Mohamed Konaté (72.Yacouba Songné), Abdoul Fessal Tapsoba (89.Kouamé Jean Fiacre Botué). Trainer: Kamou Malo.
Goals: Issoufou Sellsavon Dayo (30), Abdoul Fessal Tapsoba (63).

12.11.2021, 22nd FIFA World Cup Qualifiers, Second Round
Stade de Marrakech, Marrakech (Morocco); Attendance: 0
Referee: Samir Guezzaz (Morocco)
BURKINA FASO - NIGER **1-1(0-1)**
BFA: Soufiane Farid Ouédraogo, Steeve Farid Yago, Issoufou Sellsavon Dayo, Edmond Fayçal Tapsoba, Issa Kaboré, Bryan Boulaye Kevin Dabo (62.Ibrahim Touré), Adama Guira, Boureima Hassane Bandé (62.Zakaria Sanogo), Gustavo Fabrice Sangaré, Cyrille Barros Bayala, Mohamed Konaté (75.Cheick Djibril Ouattara). Trainer: Kamou Malo.
Goal: Issoufou Sellsavon Dayo (55 penalty).

16.11.2021, 22nd FIFA World Cup Qualifiers, Second Round
Stade "Mustapha Chaker", Blida; Attendance: 17,000
Referee: Victor Miguel de Freitas Gomes (South Africa)
ALGERIA - BURKINA FASO **2-2(1-1)**
BFA: Hervé Kouakou Koffi, Steeve Farid Yago, Issoufou Sellsavon Dayo, Edmond Fayçal Tapsoba, Issa Kaboré, Adama Guira, Ibrahim Touré, Gustavo Fabrice Sangaré, Cyrille Barros Bayala (78.Eric Traoré), Zakaria Sanogo (78.Mohamed Lamine Ouattara), Cheick Djibril Ouattara (61.Boureima Hassane Bandé). Trainer: Kamou Malo.
Goals: Zakaria Sanogo (37), Issoufou Sellsavon Dayo (84 penalty).

30.12.2021, Friendly International
Al Nahyan Stadium, Abu Dhabi (United Arab Emirates); Attendance: n/a
Referee: n/a
BURKINA FASO - MAURITANIA **0-0**
BFA: Hervé Kouakou Koffi, Steeve Farid Yago (74.Oula Abass Traoré), Issoufou Sellsavon Dayo (62.Soumaïla Ouattara), Issa Kaboré (74.Patrick Bihetoué Arnaud Malo), Saïdou Simporé, Edmond Fayçal Tapsoba, Adama Guira, Gustavo Fabrice Sangaré, Cyrille Barros Bayala, Zakaria Sanogo (46.Boureima Hassane Bandé), Cheick Djibril Ouattara (46.Dango Aboubacar Faissal Ouattara). Trainer: Kamou Malo.

NATIONAL TEAM PLAYERS 2021

Name	DOB	Club
Goalkeepers		
Hervé Kouakou KOFFI	16.10.1996	*Royal Excel Mouscron (BEL); 06.07.2021-> R Charleroi SC (BEL)*
Soufiane Farid OUÉDRAOGO	26.12.1996	*US des Forces Armées Ougadougou*
Defenders		
Yacouba COULIBALY	02.10.1994	*FC Cartagena (ESP)*
Issoufou Sellsavon DAYO	06.08.1991	*Renaissance Sportive de Berkane (MAR)*
Issa KABORÉ	12.05.2001	*KV Mechelen (BEL); 01.07.2021-> ES Troyes AC (FRA)*
Patrick Bihetoué Arnaud MALO	18.02.1992	*Hassania Union Sport Agadir (MAR)*
Somgogma Hermann NIKIÈMA	30.11.1988	*Salitas FC Ougadougou*
Soumaïla OUATTARA	04.07.1995	*Le Fath Union Sport de Rabat (MAR)*
Issiaka OUÉDRAOGO	10.06.2000	*AS SONABEL Ouagadougou*
Saïdou SIMPORÉ	31.08.1992	*Al Masry SC Port Said (EGY); 29.08.2021-> El-Ittihad El-Iskandary Alexandria (EGY)*
Edmond Fayçal TAPSOBA	02.02.1999	*TSV Bayer 04 Leverkusen (GER)*
Oula Abbas TRAORÉ	29.09.1995	*Horoya AC Conakry (GUI)*
Steeve Farid YAGO	16.12.1992	*Stade Malherbe Caen (FRA); 01.07.2021-> Aris Limassol FC (CYP)*

Midfielders

Bryan Boulaye Kevin DABO	18.02.1992	*Benevento Calcio (ITA); 19.07.2021-> Çaykur Rizespor Kulübü (TUR)*
Adama GUIRA	24.04.1988	*Sonderjysk Elitesport (DEN); 10.08.2021-> Racing Rioja CF Logroño (ESP)*
Charles KABORÉ	09.02.1988	*FK Dinamo Moskva (RUS)*
Abdoul Dramane NIKIÈMA	17.10.1988	*Horoya AC Conakry (GUI)*
Dramane SALOU	22.05.1998	*FC Pyunik Yerevan (ARM)*
Gustavo Fabrice SANGARÉ	08.11.1996	*US Quevilly-Rouen Métropole (FRA)*
Sibiri Arnaud SANOU	05.06.1998	*Coton Sport FC de Garoua (CMR)*
Yacouba SONGNÉ	10.01.1992	*Young Africans FC Dar es Salaam (TAN)*
Ibrahim TOURÉ	22.11.1999	*AS SONABEL Ouagadougou*
Abdou Razack TRAORÉ	28.12.1988	*Giresunspor Kulübü (TUR)*
Alain Sibiri TRAORÉ	31.12.1988	*Renaissance Sportive de Berkane (MAR)*
Oula Abass TRAORÉ	29.09.1995	*Horoya AC Conakry (GUI)*

Forwards

Boureima Hassane BANDÉ	30.10.1998	*NK Istra 1961 Pula (CRO)*
Cyrille Barros BAYALA	24.05.1996	*AC Ajaccio (FRA)*
Kouamé Jean Fiacre BOTUÉ	07.08.2002	*AC Ajaccio (FRA)*
Mohamed KONATÉ	12.12.1997	*FK Khimki (RUS); 01.07.2021-> RFK Akhmat Grozny (RUS)*
Cheick Djibril OUATTARA	19.09.1999	*Olympique Club Safi (MAR)*
Dango Aboubacar Faissal OUATTARA	11.02.2002	*FC Lorient-Bretagne Sud (FRA)*
Mohamed Lamine OUATTARA	14.06.1998	*AS SONABEL Ouagadougou*
Zakaria SANOGO	11.12.1996	*FC Ararat -Armenia Yerevan (ARM)*
Abdoul Fessal TAPSOBA	23.08.2001	*R Standard Liège (BEL)*
Bertrand Isidore TRAORÉ	06.09.1995	*Aston Villa FC Birmingham (ENG)*
Eric TRAORÉ	21.05.1996	*Pyramids FC Cairo (EGY)*
Lassina Chamste Soudine Franck TRAORÉ	12.01.2001	*AFC Ajax Amsterdam (NED); 01.07.2021-> FK Shakhtar Donetsk (UKR)*

National coaches

Kamou MALO [from 24.07.2019]		1963

BURUNDI

Fédération de football du Burundi
Avenue Muyinga,
Boîte Postale 3426, Bujumbura
Year of Formation: 1948
Member of FIFA since: 1972
Member of CAF since: 1972
www.ffb.bi

First international match:
09.10.1964:
Uganda - Burundi 7-5
Most international caps:
Abdul Karim Nizigiyimana
Makenzi 54 caps (since 2006)
Most international goals:
Fiston Abdul Razak
19 goals / 45 caps (since 2009)

AFRICAN CUP OF NATIONS	
1957	Did not enter
1959	Did not enter
1962	Did not enter
1963	Did not enter
1965	Did not enter
1968	Did not enter
1970	Did not enter
1972	Did not enter
1974	Did not enter
1976	Qualifiers
1978	Did not enter
1980	Withdrew
1982	Did not enter
1984	Did not enter
1986	Did not enter
1988	Did not enter
1990	Did not enter
1992	Did not enter
1994	Qualifiers
1996	Did not enter
1998	Withdrew
2000	Qualifiers
2002	Qualifiers
2004	Qualifiers
2006	Qualifiers
2008	Qualifiers
2010	Qualifiers
2012	Qualifiers
2013	Qualifiers
2015	Qualifiers
2017	Qualifiers
2019	Final Tournament (Group Stage)
2021	Qualifiers

FIFA WORLD CUP	
1930	Did not enter
1934	Did not enter
1938	Did not enter
1950	Did not enter
1954	Did not enter
1958	Did not enter
1962	Did not enter
1966	Did not enter
1970	Did not enter
1974	Did not enter
1978	Did not enter
1982	Did not enter
1986	Did not enter
1990	Did not enter
1994	Qualifiers
1998	Withdrew
2002	Withdrew
2006	Qualifiers
2010	Qualifiers
2014	Qualifiers
2018	Qualifiers

OLYMPIC FOOTBALL TOURNAMENTS 1908-2020

1908	-	1952	-	1976	-	2000	Did not enter
1912	-	1956	-	1980	-	2004	Did not enter
1920	-	1960	-	1984	-	2008	Did not enter
1924	-	1964	-	1988	-	2012	Did not enter
1928	-	1968	-	1992	-	2016	Did not enter
1936	-	1972	-	1996	Qualifiers	2020	Qualifiers
1948	-						

F.I.F.A. CONFEDERATIONS CUP 1992-2017
None

AFRICAN GAMES 1965-2019
2015, 2019 (Group Stage)

CENTRAL AFRICAN GAMES 1976-1987
1976

CECAFA CUP (East and Central African Championship) 1973-2021
1999 (4th Place), 2000 (Group Stage), 2001 (Quarter-Finals), 2002 (Group Stage), 2004 (Runners-up), 2005 (Group Stage), 2006 (Quarter-Finals), 2007 (4th Place), 2008 (4th Place), 2009 (Group Stage), 2010 (Group Stage), 2011 (Quarter-Finals), 2012 (Quarter-Finals), 2013 (Quarter-Finals), 2015 (Group Stage), 2017 (4th Place), 2019 (Group Stage), 2021 (Runners-up)

AFRICAN NATIONS CHAMPIONSHIP 2009-2020
2009 (Qualifiers), 2011 (Qualifiers), 2014 (Group Stage), 2016 (Qualifiers), 2018 (Qualifiers), 2020 (Qualifiers)

BURUNDIAN CLUB HONOURS IN ASIAN CLUB COMPETITIONS:

CAF Champions League 1964-2021
None

CAF Confederation Cup 2004-2021
None

CAF Super Cup 1993-2021
None

*African Cup Winners' Cup 1975-2003**
None

*CAF Cup 1992-2003**
None

*defunct competitions

NATIONAL COMPETITIONS
TABLE OF HONOURS

	CHAMPIONS	CUP WINNERS
1963	Stella Matutina	-
1964	Stella Matutina	-
1965	Maniema Fantastique FC Bujumbura	-
1966	Maniema Fantastique FC Bujumbura	-
1967	Maniema Fantastique FC Bujumbura	-
1968	Maniema Fantastique FC Bujumbura	-
1969	Espoir FC Bujumbura	-
1970	Inter FC Bujumbura	-

1971	TP Bata Bujumbura*	-
1972	Burundi Sports Dynamic Bujumbura	-
1973	Not held	-
1974	Inter FC Bujumbura	-
1975	Inter FC Bujumbura	-
1976	Prince Louis FC Bujumbura	-
1977	Inter FC Bujumbura	-
1978	Inter FC Bujumbura	-
1979	Vital'Ô FC Bujumbura	-
1980	Prince Louis FC Bujumbura	-
1981	Prince Louis FC Bujumbura	-
1982	Fantastique Bujumbura	Vital'Ô FC Bujumbura
1983	Vital'Ô FC Bujumbura	Inter FC Bujumbura
1984	Vital'Ô FC Bujumbura	Inter FC Bujumbura
1985	Inter FC Bujumbura	Vital'Ô FC Bujumbura
1986	Inter FC Bujumbura	Vital'Ô FC Bujumbura
1987	Inter FC Bujumbura	Muzinga FC Bujumbura
1988	Inter FC Bujumbura	Vital'Ô FC Bujumbura
1989	Inter FC Bujumbura	Vital'Ô FC Bujumbura
1990	AS Inter Star Bujumbura	AS Inter Star Bujumbura
1991	Vital'Ô FC Bujumbura	Vital'Ô FC Bujumbura
1992	AS Inter Star Bujumbura	Prince Louis FC Bujumbura
1993	Vital'Ô FC Bujumbura	Vital'Ô FC Bujumbura
1994	Vital'Ô FC Bujumbura	Vital'Ô FC Bujumbura
1995	Fantastique Bujumbura	Vital'Ô FC Bujumbura
1996	Fantastique Bujumbura	Vital'Ô FC Bujumbura
1997	Maniema FC	Vital'Ô FC Bujumbura
1998	Vital'Ô FC Bujumbura	Elite FC
1999	Vital'Ô FC Bujumbura	Vital'Ô FC Bujumbura
2000	Vital'Ô FC Bujumbura	Atlético Olympic Bujumbura
2001	Prince Louis FC Bujumbura	*Winner not known*
2002	Muzinga FC Bujumbura	*Winner not known*
2003	*Championship not finished*	*Winner not known*
2004	Atlético Olympic Bujumbura	*Winner not known*
2005	AS Inter Star Bujumbura	-
2006	Vital'Ô FC Bujumbura	-
2007	Vital'Ô FC Bujumbura	-
2008	AS Inter Star Bujumbura	-
2009	Vital'Ô FC Bujumbura	-
2010	Vital'Ô FC Bujumbura	-
2011	Atlético Olympic Bujumbura	Lydia Ludic Burundi Académic Bujumbura
2012	Vital'Ô FC Bujumbura	Lydia Ludic Burundi Académic Bujumbura
2012/2013	Flambeau de l'Est Ruyigi	Académie Tchité FC Bujumbura
2013/2014	Flambeau de l'Est Ruyigi	Lydia Ludic Burundi Académic Bujumbura
2014/2015	Vital'Ô FC Bujumbura	Vital'Ô FC Bujumbura
2015/2016	Vital'Ô FC Bujumbura	Le Messager Ngozi
2016/2017	Lydia Ludic Burundi Académic Bujumbura	Olympique Star de Muyinga
2017/2018	Le Messager Ngozi	Vital'Ô FC Bujumbura
2018/2019	Aigle Noir FC Makamba	Aigle Noir FC Makamba
2019/2020	Le Messager Ngozi	Musongati FC Gitega
2020/2021	Le Messager Ngozi	Bumamuru Standard FC Cibitoke

called later Vital'Ô FC Bujumbura

	NATIONAL CHAMPIONSHIP Ligue A 2020/2021								

1.	**Le Messager Ngozi**	30	15	10	5	42	-	26	55
2.	Kayanza United FC	30	16	7	7	50	-	35	55
3.	Flambeau du Centre FC Gitega	30	16	6	8	43	-	26	54
4.	Aigle Noir FC Makamba	30	15	8	7	49	-	33	53
5.	Musongati FC Gitega	30	14	8	8	48	-	30	50
6.	Rukinzo FC Bujumbura	30	14	8	8	41	-	35	50
7.	Vital'Ô FC Bujumbura	30	13	5	12	34	-	33	44
8.	Olympique Star de Muyinga	30	12	6	12	35	-	30	42
9.	Royal FC Muramvya	30	11	9	10	36	-	32	42
10.	BS Dynamik Bujumbura	30	12	5	13	24	-	27	41
11.	Bumamuru Standard FC Cibitoke	30	11	6	13	33	-	39	39
12.	Atlético Olympic FC Bujumbura	30	10	7	13	35	-	42	37
13.	Bujumbura City FC	30	10	6	14	38	-	45	36
14.	AS Inter Star Bujumbura (*Relegated*)	30	9	4	17	31	-	42	31
15.	Les Éléphants FC Bubanza (*Relegated*)	30	6	7	17	30	-	58	25
16.	Muzinga FC Bujumbura (*Relegated*)	30	2	6	22	15	-	51	12

Promoted for the 2021/2022 season:

Flambeau de l'Est Ruyigi, Top Junior FC Kayanza, Les Crocos FC Rumonge

NATIONAL CUP Coupe du Président de la République Final 2020/2021

05.06.2021, Stade Gatwaro, Kayanza
Flambeau du Centre FC Gitega - Bumamuru Standard FC Cibitoke   1-3

THE CLUBS

AIGLE NOIR FOOTBALL CLUB MAKAMBA
Stadium: Stade Makamba, Makamba (1,000)

ASSOCIACION SPORTIF INTER STAR BUJUMBURA
Year of Formation: 1977
Stadium: Stade du „Prince Louis Rwagasore", Bujumbura (22,000)

ATLÉTICO OLYMPIC FOOTBALL CLUB BUJUMBURA
Stadium: Stade du „Prince Louis Rwagasore", Bujumbura (22,000)

BUMAMURU STANDARD FOOTBALL CLUB CIBITOKE
Stadium: Stade Urunani, Buganda (7,000)

BURUNDI SPORT DYNAMIK BUJUMBURA
Stadium: Stade du „Prince Louis Rwagasore", Bujumbura (22,000)

BUJUMBURA CITY FOOTBALL CLUB
Stadium: Stade Makamba, Makamba (1,000)

FLAMBEAU DE CENTRE FOOTBALL CLUB GITEGA
Stadium: Stade Ingoma, Gitega (10,000)

KAYANZA UNITED FOOTBALL CLUB
Stadium: Stade Gatwaro, Kayanza (2,000)

LE MESSAGER NGOZI
Year of Formation: 2005
Stadium: Stade Omnisports Ivyzigiro, Rumonge (5,418)

LES ÉLÉPHANTS FOOTBALL CLUB BUBANZA
Stadium: Stade Municipal, Bubanza (1,000)

MUSONGATI FOOTBALL CLUB GITEGA
Stadium: Stade de Gitega, Gitega (1,000)

MUZINGA FOOTBALL CLUB BUJUMBURA
Stadium: Stade du „Prince Louis Rwagasore", Bujumbura (22,000)

OLYMPIQUE STAR DE MUYINGA
Stadium: Stade Municipal, Muyinga (1,000)

ROYAL FOOTBALL CLUB MURAMVYA
Stadium: Stade Municipal, Muramvya (2,000)

RUKINZO FOOTBALL CLUB BUJUMBURA
Stadium: Stade Intwari, Bujumbura (22,000)

VITAL'Ô FOOTBALL CLUB BUJUMBURA
Stadium: Stade du „Prince Louis Rwagasore", Bujumbura (22,000)

NATIONAL TEAM INTERNATIONAL MATCHES 2021				
26.03.2021	*Bujumbura*	*Burundi - Central African Republic*	*2-2(0-1)*	*(ACNQ)*
30.03.2021	*Rabat*	*Morocco - Burundi*	*1-0(1-0)*	*(ACNQ)*
04.09.2021	*Moroni*	*Burundi - Seychelles*	*8-1(4-0)*	*(F)*
07.09.2021	*Moroni*	*Comoros - Burundi*	*1-0(0-0)*	*(F)*
13.11.2021	*Manavgat*	*Burundi - Myanmar*	*2-1(0-1)*	*(F)*

26.03.2021, 33rd African Cup of Nations, Qualifiers
Intwari Stadium, Bujumbura; Attendance: 0
Referee: Abdulwahid Huraywidah (Libya)
BURUNDI - CENTRAL AFRICAN REPUBLIC   **2-2(0-1)**
BDI: Onésime Rukundo, Philip Nzeyimana Oslev, Frédéric Nsabiyumva, Marco Weymans, Steve Nzigamasabo, Christophe Lucio Nduwarugira, Youssouf Nyange Ndayishimiye, Cédric Amissi, Saïdi Ntibazonkiza, Bonfils-Caleb Bimenyimana, Mohamed Amissi (*Substitutes not known*). Trainer: Jimmy Ndayizeye.
Goals: Saïdi Ntibazonkiza (59), Christophe Lucio Nduwarugira (80).

30.03.2021, 33rd African Cup of Nations, Qualifiers
"Prince Moulay Abdellah" Stadium, Rabat; Attendance: 0
Referee: Blaise Yuven Ngwa (Cameroon)
MOROCCO - BURUNDI **1-0(1-0)**
BDI: Jonathan Nahimana, Philip Nzeyimana Oslev, Frédéric Nsabiyumva, Marco Weymans, Steve Nzigamasabo (58.Bienvenue Kanakimana), Christophe Lucio Nduwarugira, Youssouf Nyange Ndayishimiye, Gaël Bigirimana, Mohamed Amissi (75.Amissi Bizimana), Saïdi Ntibazonkiza, Bonfils-Caleb Bimenyimana (74.Bienvenue Shaka). Trainer: Jimmy Ndayizeye.

04.09.2021, Friendly International
Stade Omnisports de Malouzini, Moroni (Comoros); Attendance: n/a
Referee: Soulaimane Ansudane (Comoros)
BURUNDI - SEYCHELLES **8-1(4-0)**
BDI: Justin Ndikumana Kabengele, Emery Nimubona Kadogo (57.Asman Ndikumana), Blanchard Ngabonziza (75.Faustin Ndikumana), Issa Hakizimana, Dieu Merci Musombwa Ndikumana, Shabani Moussa Muryango Mabano, Ismail Nshimirimana (74.Josué Alberto Mugisha), Steve Nzigamasabo (63.Amissi Bizimana), Blaise Bigirimana (52.Jules Ulimwengu), Bienvenue Shaka (46.Landry Ndikumana), Saïdi Ntibazonkiza (63.Eric Kwizera). Trainer: Jimmy Ndayizeye.
Goals: Issa Hakizimana (6), Blaise Bigirimana (8), Bienvenue Shaka (16), Steve Nzigamasabo (35), Blaise Bigirimana (49), Jules Ulimwengu (66), Landry Ndikumana (83), Dean Mothé (89 own goal).

07.09.2021, Friendly International
Stade Omnisports de Malouzini, Moroni; Attendance: n/a
Referee: Elly Sasi (Tunisia)
COMOROS - BURUNDI **1-0(0-0)**
BDI: Jonathan Nahimana, David Shukuru Nshimirimana, Emery Nimubona Kadogo, Asman Ndikumana (81.Amissi Bizimana), Blanchard Ngabonziza, Issa Hakizimana, Steve Nzigamasabo (74.Jules Ulimwengu), Ismail Nshimirimana, Shabani Moussa Muryango Mabano (81.Josué Alberto Mugisha), Blaise Bigirimana (74.Eric Kwizera), Bienvenue Shaka (67.Landry Ndikumana). Trainer: Jimmy Ndayizeye.

13.11.2021, Friendly International
"Arslan Zeki Demirci" Spor Kompleksi, Manavgat (Turkey); Attendance: n/a
Referee: Meliz Özçiğdem (Turkey)
BURUNDI - MYANMAR **2-1(0-1)**
BDI: Jonathan Nahimana, Philip Nzeyimana Oslev, Eric Ndizeye, Marco Weymans, Jospin Nshimirimana, Christophe Lucio Nduwarugira, Youssouf Nyange Ndayishimiye, Gaël Bigirimana, Bonfils-Caleb Bimenyimana, Mohamed Amissi, Saïdi Ntibazonkiza. *Substitute*: Blaise Bigirimana. Trainer: Jimmy Ndayizeye.
Goals: Blaise Bigirimana (78), Saïdi Ntibazonkiza (81 penalty).

NATIONAL TEAM PLAYERS 2021

Name	DOB	Club
Goalkeepers		
Justin NDIKUMANA Kabengele	01.03.1993	*Bandari FC Mombasa (KEN)*
Jonathan NAHIMANA	12.12.1999	*Namungo FC Lindi (TAN)*
Onésime RUKUNDO	09.04.1999	*Le Messager Ngozi*
Defenders		
Issa HAKIZIMANA	28.08.1994	*Estrellas del Futuro Mongomo (EQG)*
Emery Nimubona KADOGO	01.02.1992	*Musongati FC Gitega*
Asman NDIKUMANA	10.06.1999	*Aigle Noir FC Makamba*
Dieu Merci Musombwa NDIKUMANA	10.10.1997	*Aigle Noir FC Makamba*
Faustin NDIKUMANA	2001	*Rukinzo FC Bujumbura*
Eric NDIZEYE	22.08.1999	*Yeni Malatya Spor Kulübü (TUR)*
Blanchard NGABONZIZA	25.11.2000	*Aigle Noir FC Makamba*
Frédéric NSABIYUMVA	26.04.1995	*Chippa United FC Port Elizabeth (RSA)*
David Shukuru NSHIMIRIMANA	02.01.1993	*Sofapaka FC Machakos (KEN)*
Marco WEYMANS	09.07.1997	*Östersunds FK (SWE)*
Midfielders		
Cédric AMISSI	20.03.1990	*Al-Taawon FC Buraidah (KSA)*
Gaël BIGIRIMANA	22.10.1993	*Glentoran FC Belfast (NIR)*
Amissi BIZIMANA	03.02.1999	*Rukinzo FC Bujumbura*
Shabani Moussa Muryango MABANO	15.12.1999	*Kayanza United FC*
Josué Alberto MUGISHA	22.02.1999	*Musongati FC Gitega*
Youssouf Nyange NDAYISHIMIYE	27.10.1998	*İstanbul Başakşehir FK (TUR)*
Christophe Lucio NDUWARUGIRA	22.06.1994	*Leixões SC Porto (POR)*
Ismail NSHIMIRIMANA	2000	*Rukinzo FC Bujumbura*
Jospin NSHIMIRIMANA	12.12.2001	*Yeni Malatya Spor Kulübü (TUR)*
Saïdi NTIBAZONKIZA	01.05.1987	*Vital'Ô FC Bujumbura*
Steve NZIGAMASABO	10.12.1990	*Namungo FC Lindi (TAN)*
Forwards		
Mohamed AMISSI	03.08.2000	*Heracles Almelo (NED)*
Blaise BIGIRIMANA	04.11.1998	*Namungo FC Lindi (TAN)*
Bonfils-Caleb BIMENYIMANA	21.11.1997	*FK Rīgas Futbola Skola (LVA); 27.08.2021-> FC Kaysar Kyzylorda (KAZ)*
Bienvenue KANAKIMANA	28.12.1999	*MFK Vyškov (CZE)*
Eric KWIZERA	12.12.1999	*Namungo FC Lindi (TAN)*
Landry NDIKUMANA	05.10.1992	*Kayanza United FC*
Bienvenue SHAKA	29.12.1999	*AFC Leopards SC Nairobi (KEN)*
Jules ULIMWENGU	21.04.1999	*Gor Mahia FC Nairobi (KEN)*
National coaches		
Jimmy NDAYIZEYE [from 01.08.2020]		23.12.1981

CAMEROON

Fédération Camerounaise de Football
Avenue du 27 août 1940,
Tsinga-Yaoundé,
Boîte Postale 1116, Yaoundé
Year of Formation: 1959
Member of FIFA since: 1962
Member of CAF since: 1963
www.fecafoot-officiel.com

First international match:
09.1956:
Belgian Congo - Cameroon 3-2
Most international caps:
Rigobert Song Bahanag
137 caps (1993-2010)
Most international goals:
Samuel Eto'o Fils
56 goals / 118 caps (1997-2014)

AFRICAN CUP OF NATIONS	
1957	Did not enter
1959	Did not enter
1962	Did not enter
1963	Did not enter
1965	Did not enter
1968	Qualifiers
1970	Final Tournament (Group Stage)
1972	Final Tournament (3rd place)
1974	Qualifiers
1976	Qualifiers
1978	Qualifiers
1980	Qualifiers
1982	Final Tournament (Group Stage)
1984	**Final Tournament (Winners)**
1986	Final Tournament (Runners-up)
1988	**Final Tournament (Winners)**
1990	Final Tournament (Group Stage)
1992	Final Tournament (4th place)
1994	Qualifiers
1996	Final Tournament (Group Stage)
1998	Final Tournament (Quarter-Finals)
2000	**Final Tournament (Winners)**
2002	**Final Tournament (Winners)**
2004	Final Tournament (Quarter-Finals)
2006	Final Tournament (Quarter-Finals)
2008	Final Tournament (Runners up)
2010	Final Tournament (Quarter-Finals)
2012	Qualifiers
2013	Qualifiers
2015	Final Tournament (Group Stage)
2017	**Final Tournament (Winners)**
2019	Final Tournament (2nd Round of 16)
2021	*Final Tournament (Qualified)*

FIFA WORLD CUP	
1930	Did not enter
1934	Did not enter
1938	Did not enter
1950	Did not enter
1954	Did not enter
1958	Did not enter
1962	Did not enter
1966	Withdrew
1970	Qualifiers
1974	Qualifiers
1978	Qualifiers
1982	Final Tournament (Group Stage)
1986	Qualifiers
1990	Final Tournament (Quarter-Finals)
1994	Final Tournament (Group Stage)
1998	Final Tournament (Group Stage)
2002	Final Tournament (Group Stage)
2006	Qualifiers
2010	Final Tournament (Group Stage)
2014	Final Tournament (Group Stage)
2018	Qualifiers

OLYMPIC FOOTBALL TOURNAMENTS 1908-2020

1908	-	1952	-	1976	Withdrew	2000	Winners
1912	-	1956	-	1980	-	2004	Qualifiers
1920	-	1960	-	1984	1st Round	2008	Quarter-Finals
1924	-	1964	-	1988	Qualifiers	2012	Qualifiers
1928	-	1968	Qualifiers	1992	Qualifiers	2016	Qualifiers
1936	-	1972	Qualifiers	1996	Qualifiers	2020	Qualifiers
1948	-						

F.I.F.A. CONFEDERATIONS CUP 1992-2017
2001, 2003 (Runners-up), 2017 (Group Stage)

AFRICAN GAMES 1965-2019
1965, 1978, 1987, **1991 (Winners)**, 1995, **1999 (Winners)**, **2003 (Winners)**, **2007 (Winners)**, 2011 (3rd Place), 2015

CENTRAL AFRICAN GAMES 1976-1987
1976 (Winners), 1981, **1987 (Winners)**

AFRICAN NATIONS CHAMPIONSHIP 2009-2020
2009 (Qualifiers), 2011 (Quarter-Finals), 2014 (Qualifiers), 2016 (Quarter-Finals), 2018 (Group Stage), 2020 (4th Place)

UDEAC (Union Douanière et Economique des Etats de l'Afrique Centrale) CUP 1984-1990
CEMAC (Communauté Economique et Monétaire de l'Afrique Centrale) CUP 2003-2014
1984 (Winners), 1985 (3rd place), **1986 (Winners)**, **1987 (Winners)**, 1988 (Runners-up), **1989 (Winners)**, 1990 (Runners-up), **2003 (Winners)**, **2005 (Winners)**, 2006 (Runners-up), 2007, **2008 (Winners)**, 2010 (Runners-up), 2013, 2014 (3rd Place) [*played all CEMAC Tournaments with its Amateur team].

CAMEROONIAN CLUB HONOURS IN ASIAN CLUB COMPETITIONS:
CAF Champions League 1964-2021
Oryx de Douala (1964)
Union Sportive Douala (1979)
Canon Sportif de Yaoundé (1971, 1978, 1980)

CAF Confederation Cup 2004-2021
None

CAF Super Cup 1993-2021
None

*African Cup Winners' Cup 1975-2003**
Tonnerre Kalara Club de Yaoundé (1975)
Canon Sportif de Yaoundé (1979)
Union Sportive Douala (1981)

*CAF Cup 1992-2003**
None

*defunct competitions

NATIONAL COMPETITIONS
TABLE OF HONOURS

	CHAMPIONS	CUP WINNERS
1959/1960	-	Lion Yaoundé
1960/1961	Oryx de Douala	Union Sportive Douala
1961/1962	Caïman de Douala	Lion Yaoundé
1962/1963	Oryx de Douala	Oryx de Douala
1963/1964	Oryx de Douala	Diamant de Yaoundé
1964/1965	Oryx de Douala	Lion Yaoundé
1965/1966	Diamant de Yaoundé	Lion Yaoundé
1966/1967	Oryx de Douala	Canon Sportif de Yaoundé
1967/1968	Caïman de Douala	Oryx de Douala
1968/1969	Union Sportive Douala	Union Sportive Douala
1969/1970	Canon Sportif de Yaoundé	Oryx de Douala
1970/1971	Aigle de Alain Mosely Nkongsamba	Diamant de Yaoundé
1971/1972	Léopard FC de Douala	Diamant de Yaoundé
1972/1973	Léopard FC de Douala	Canon Sportif de Yaoundé
1973/1974	Canon Sportif de Yaoundé	Tonnerre Kalara Club de Yaoundé
1974/1975	Caïman de Douala	Canon Sportif de Yaoundé
1975/1976	Union Sportive Douala	Canon Sportif de Yaoundé
1976/1977	Canon Sportif de Yaoundé	Canon Sportif de Yaoundé
1977/1978	Union Sportive Douala	Canon Sportif de Yaoundé
1978/1979	Canon Sportif de Yaoundé	Dynamo Douala
1979/1980	Canon Sportif de Yaoundé	Union Sportive Douala
1981	Tonnerre Kalara Club de Yaoundé	Dynamo Douala
1981/1982	Canon Sportif de Yaoundé	Dragon Yaoundé
1982/1983	Tonnerre Kalara Club de Yaoundé	Canon Sportif de Yaoundé
1983/1984	Tonnerre Kalara Club de Yaoundé	Dihep Nkam Yabassi
1984/1985	Canon Sportif de Yaoundé	Union Sportive Douala
1985/1986	Canon Sportif de Yaoundé	Canon Sportif de Yaoundé
1986/1987	Tonnerre Kalara Club de Yaoundé	Tonnerre Kalara Club de Yaoundé
1988	Tonnerre Kalara Club de Yaoundé	Panthère Sportive de Bangangté
1989	Racing de Bafoussam	Tonnerre Kalara Club de Yaoundé
1990	Union Sportive Douala	Prévoyance Yaoundé
1991	Canon Sportif de Yaoundé	Tonnerre Kalara Club de Yaoundé
1992	Racing de Bafoussam	Olympique Mvolyé
1993	Racing de Bafoussam	Canon Sportif de Yaoundé
1994	Canon Sportif de Yaoundé	Olympique Mvolyé
1995	Aigle de Alain Mosely Nkongsamba	Canon Sportif de Yaoundé
1996	Unisport FC de Bafang	Racing de Bafoussam
1997	Coton Sport FC de Garoua	Union Sportive Douala
1998	Coton Sport FC de Garoua	Dynamo Douala
1999	Sable FC de Batié	Canon Sportif de Yaoundé
2000	Fovu Baham	Kumbo Strikers
2001	Coton Sport FC de Garoua	Fovu Baham
2002	Canon Sportif de Yaoundé	Mount Cameroon FC Buéa
2003	Coton Sport FC de Garoua	Coton Sport FC de Garoua
2004	Coton Sport FC de Garoua	Coton Sport FC de Garoua
2005	Coton Sport FC de Garoua	Impôts FC Yaoundé
2006	Coton Sport FC de Garoua	Union Sportive Douala

2007	Coton Sport FC de Garoua	Coton Sport FC de Garoua
2007/2008	Coton Sport FC de Garoua	Coton Sport FC de Garoua
2008/2009	Tiko United	Panthère du Ndé Bangangté FC
2009/2010	Coton Sport FC de Garoua	Fovu Club de Baham
2010/2011	Coton Sport FC de Garoua	Coton Sport FC de Garoua
2012	Union Sportive Douala	Unisport FC de Haut Nkam Bafang
2013	Coton Sport FC de Garoua	Young Sports Academy Bamenda
2014	Coton Sport FC de Garoua	Coton Sport FC de Garoua
2015	Coton Sport FC de Garoua	UMS de Loum
2016	UMS de Loum	APEJES Academy Yaoundé
2017	Eding Sport FC de la Lékié	New Star FC de Douala
2018	Coton Sport FC de Garoua	Eding Sport FC de la Lékié
2019	UMS de Loum	Stade Renard de Melong
2019/2020	PWD de Bamenda	*Competition abandoned*
2021	Coton Sport FC de Garoua	*Final not yet played*

NATIONAL CHAMPIONSHIP
MTN Elite One 2021

Regular Stage

Winners and runners-up were qualified for the Play-off Stage.

Groupe A

1. AS Fortuna Mfou	20	11	6	3	29	-	17	39
2. Fovu Club de Baham	20	10	6	4	32	-	21	36
3. Bamboutos FC Mbouda	20	9	8	3	28	-	18	35
4. PWD de Bamenda	20	8	9	3	22	-	14	33
5. Stade Renard de Melong	20	9	6	5	20	-	13	33
6. Djiko FC de Diko-Bandjoun*	20	5	9	6	23	-	23	24
7. Avion Academy FC Douala	20	6	5	9	19	-	21	23
8. Dragon FC de Yaoundé	20	5	6	9	25	-	31	21
9. Eding Sport FC de la Lékié Mfou (*Relegation Play-off*)	20	4	9	7	20	-	27	21
10. Union Sportive Douala (*Relegated*)	20	4	6	10	11	-	22	18
11. Yafoot FC Yaoundé (*Relegated*)	20	2	4	14	12	-	34	10

Feutcheu FC de Diko-Bandjoun changed ist name to Djiko FC de Diko-Bandjoun

Groupe B

1. Coton Sport FC de Garoua	18	9	5	4	32	-	13	32
2. APEJES Academy Yaoundé	18	7	6	5	18	-	17	27
3. Canon Sportif de Yaoundé	18	7	6	5	18	-	15	27
4. Young Sports Academy Bamenda	18	7	6	5	24	-	13	27
5. UMS de Loum	18	5	10	3	13	-	11	25
6. Colombe Sportive de Dja et Lobo	18	5	8	5	21	-	20	23
7. Les Astres FC Douala	18	5	6	7	13	-	19	21
8. Tonnerre Kalara Club de Yaoundé (*Relegation Play-off*)	18	5	6	7	15	-	20	21
9. Panthère Sportive du Ndé FC Bangangté (*Relegated*)	18	6	3	9	18	-	25	21
10. New Star FC de Douala (*Relegated*)	18	4	4	10	11	-	30	13

**3 points deducted.*

Play-offs

Semi-Finals [19-23.09.2021]

AS Fortuna Mfou - APEJES Academy Yaoundé   1-2
Coton Sport FC de Garoua - Fovu Club de Baham   0-0 aet; 5-4 pen

Third Place Play-off [29.09.2021]

AS Fortuna Mfou - Fovu Club de Baham   5-0

Final [29.09.2021]

Coton Sport FC de Garoua - APEJES Academy Yaoundé   3-1(1-0)
Goals: Francis Balliang (30), Marou Souaibou (51), Tombi Alemi (59) / Leonard Gweth (90+2).

2021 MTN Elite One Champions: **Coton Sport FC de Garoua**

Relegation Play-off [19.09.2021]

Eding Sport FC de la Lékié Mfou - Tonnerre Kalara Club de Yaoundé   3-2

Promoted for the 2022 season:

Ofta de Kribi, Racing de Bafoussam, Fauve Azur Elite de Yaoundé

NATIONAL CUP
Coupe de Cameroun Final 2021

The final match between PWD de Bamenda and Les Astres FC Douala was not played until end of January 2022.

THE CLUBS

APEJES ACADEMY YAOUNDÉ
Stadium: Stade Omnisports „Ahmadou-Ahidjo", Yaoundé (38,720)

ASSOCIATION SPORTIVE FORTUNA MFOU
Year of Formation: n/a
Stadium: Centre sportif académique de Mbankomo, Mbankomo (1,000)

AVION ACADEMY FOOTBALL CLUB DOUALA
Year of Formation: 2012
Stadium: Stade Cité-Cicam, Douala (n/a)

BAMBOUTOS FOOTBALL CLUB DE MBOUDA
Year of Formation: 1966
Stadium: Stade de Mbouda, Mbouda (12,000)

CANON SPORTIF DE YAOUNDÉ
Year of Formation: 1930
Stadium: Stade Omnisports „Ahmadou-Ahidjo", Yaoundé (38,720)

COLOMBE SPORTIVE DU DJA ET LOBO
Stadium: Stade Municipal, Dja et Lobo (2,000)

COTON SPORT FC DE GAROUA
Year of Formation: 1986
Stadium: Stade Omnisports Roumdé-Adjia, Garoua (35,000)

DJIKO FOOTBALL CLUB DE DIKO-BANDJOUN
Year of Formation: 2011
Stadium: Arena de Mbouda, Diko-Bandjoun (2,500)

DRAGON CLUB DE YAOUNDÉ
Stadium: Stade Municipal de Mbalmayo, Mbalmayo (1,000)

EDING SPORT FOOTBALL CLUB DE LA LÉKIÉ MFOU
Year of Formation: 2012
Stadium: Stade Municipal de Mfou, Mfou (1,000)

FOVU CLUB DE BAHAM
Year of Formation: 1978
Stadium: Stade de Baham, Baham (12,000)

LES ASTRES FOOTBALL CLUB DE DOUALA
Year of Formation: 2002
Stadium: Stade de la Réunification, Douala (30,000)

NEW STAR FOOTBALL CLUB DOUALA
Stadium: Stade de la Réunification, Douala (30,000)

PANTHÈRE SPORTIVE DU NDÉ FOOTBALL CLUB BANGANGTÉ
Year of Formation: 1952
Stadium: Stade Municipal, Bangangté (20,000)

PUBLIC WORKS DEPARTMEND DE BAMENDA
Year of Formation: 1962
Stadium: Stade Mankon Municipal, Bamenda (5,000)

STADE RENARD DE MELONG
Stadium: Stade Municipal, Melong (1,000)

TONERRE KALARA CLUB DE YAOUNDÉ
Stadium: Stade Omnisports „Ahmadou-Ahidjo", Yaoundé (38,720)

UNION DES MOUVEMENTS SPORTIFS (UMS) DE LOUM
Year of Formation: 2011
Stadium: Stade de Njombé, Njombé (1,000)

UNION SPORTIVE DE DOUALA
Year of Formation: 1957
Stadium: Stade de la Réunification, Douala (30,000)

YOUNG SPORTS ACADEMY BAMENDA
Year of Formation: 2004
Stadium: Stade de Bamenda, Bamenda (5,000)

NATIONAL TEAM
INTERNATIONAL MATCHES 2021

26.03.2021	Praia	Cape Verde - Cameroon	3-1(1-1)	(ACNQ)
30.03.2021	Douala	Cameroon - Rwanda	0-0	(ACNQ)
04.06.2021	Wiener Neustadt	Nigeria - Cameroon	0-1(0-1)	(F)
08.06.2021	Wiener Neustadt	Cameroon - Nigeria	0-0	(F)
03.09.2021	Yaoundé	Cameroon - Malawi	2-0(2-0)	(WCQ)
06.09.2021	Abidjan	Ivory Coast - Cameroon	2-1(2-0)	(WCQ)
08.10.2021	Douala	Cameroon - Mozambique	3-1(1-0)	(WCQ)
11.10.2021	Tanger	Mozambique - Cameroon	0-1(0-0)	(WCQ)
13.11.2021	Johannesburg	Malawi - Cameroon	0-4(0-2)	(WCQ)
16.11.2021	Douala	Cameroon - Ivory Coast	1-0(1-0)	(WCQ)

26.03.2021, 33rd African Cup of Nations, Qualifiers
Estádio Nacional de Cabo Verde, Praia; Attendance: 0
Referee: Maguette Ndiaye (Senegal)
CAPE VERDE - CAMEROON   **3-1(1-1)**
CMR: Joseph Fabrice Ondoa Ebogo, Jérôme Junior Onguéné, Fabrice Gael Ngah, Olivier Mbaissidara Mbaizo, Macky Frank Bagnack Mouegni, Jean Emile Junior Onana Onana, Pierre Kunde Malong, Arnaud Gilles Sutchuin Djoum (67.Martin Hongla Yma II), Serge William Tabekou Ouambé (64.Clinton Mua N'Jie), Vincent Paté Aboubakar, Moumi Nicolas Brice Ngamaleu (85.Martin Loïc Ako Assomo). Trainer: António Conceição da Silva Oliveira "Toni Conceição" (Portugal).
Goal: Patrick Bihetoué Arnaud Malong (14).

30.03.2021, 33rd African Cup of Nations, Qualifiers
Stade Japoma, Douala; Attendance: 0
Referee: Mohamed Ali Moussa (Niger)
CAMEROON - RWANDA   **0-0**
CMR: Medjo Simon Loti Omossola, Joseph Jonathan Ngwem, Michael Ngadeu-Ngadjui, Blondon Belanof Meyapya Fongain (70.Samuel Yves Oum Gouet), Collins Ngoran Suiru Fai, André-Frank Zambo Anguissa (83.Serge William Tabekou Ouambé), Pierre Kunde Malong (83.Yan Brice Eteki), Martin Hongla Yma II, Vincent Paté Aboubakar, Moumi Nicolas Brice Ngamaleu (83.Ngnowa Hapmo Man-Ykre Dangmo), Clinton Mua N'Jie (66.Martin Loïc Ako Assomo). Trainer: António Conceição da Silva Oliveira "Toni Conceição" (Portugal).

04.06.2021, Friendly International
Stadion Wiener Neustadt, Wiener Neustadt (Austria); Attendance: 0
Referee: Harald Lechner (Austria)
NIGERIA - CAMEROON   **0-1(0-1)**
CMR: Medjo Simon Loti Omossola, Michael Ngadeu-Ngadjui (84.Joyskim Aurélien Dawa Tchakonte), Collins Ngoran Suiru Fai, Jean-Claude Billong, Duplexe Tchamba Bangou, Moumi Nicolas Brice Ngamaleu (66.Ignatius Kpene Ganago), André-Frank Zambo Anguissa (74.Patrick Bihetoué Arnaud Malong), Samuel Yves Oum Gouet, Martin Hongla Yma II (74.Yvan Neyou Noupa), Karl Brillant Toko Ekambi (83.James Edward Léa Siliki), Stéphane Bahoken (66.Jean-Eric Maxim Choupo-Moting). Trainer: António Conceição da Silva Oliveira "Toni Conceição" (Portugal).
Goal: André-Frank Zambo Anguissa (37).

08.06.2021, Friendly International
Stadion Wiener Neustadt, Wiener Neustadt (Austria); Attendance: 0
Referee: Manuel Schüttengruber (Austria)
CAMEROON - NIGERIA　　　　　　　　　　　　　　　　　　**0-0**
CMR: Devis Rogers Epassy Mboka, Jean-Charles Castelletto (73.Samuel Yves Oum Gouet), Jean-Claude Billong (59.Michael Ngadeu-Ngadjui), Nouhou Tolo (43.Duplexe Tchamba Bangou), Joyskim Aurélien Dawa Tchakonte (59.Martin Hongla Yma II), Arnaud Gilles Sutchuin Djoum, Moumi Nicolas Brice Ngamaleu (46.Karl Brillant Toko Ekambi), Patrick Bihetoué Arnaud Malong (59.André-Frank Zambo Anguissa), James Edward Léa Siliki (81.Martin Loïc Ako Assomo), Jean-Eric Maxim Choupo-Moting (46.Stéphane Bahoken), Ignatius Kpene Ganago. Trainer: António Conceição da Silva Oliveira "Toni Conceição" (Portugal).

03.09.2021, 22nd FIFA World Cup Qualifiers, Second Round
Stade "Paul Biya", Yaoundé; Attendance: 250
Referee: Jean Jacques Ndala Ngambo (D. R. Congo)
CAMEROON - MALAWI　　　　　　　　　　　　　　　　　　**2-0(2-0)**
CMR: Devis Rogers Epassy Mboka, Michael Ngadeu-Ngadjui, Collins Ngoran Suiru Fai, Harold Moukoudi, Olivier Mbaissidara Mbaizo, Moumi Nicolas Brice Ngamaleu (74.Christian Mouang Bassogog), Patrick Bihetoué Arnaud Malong (83.André-Frank Zambo Anguissa), Martin Hongla Yma II, Jean-Eric Maxim Choupo-Moting (65.Yvan Neyou Noupa), Vincent Paté Aboubakar (74.Stéphane Bahoken), Karl Brillant Toko Ekambi (64.Ignatius Kpene Ganago). Trainer: António Conceição da Silva Oliveira "Toni Conceição" (Portugal).
Goals: Vincent Paté Aboubakar (9), Michael Ngadeu-Ngadjui (22).

06.09.2021, 22nd FIFA World Cup Qualifiers, Second Round
Stade Olympique "Alassane Ouattara", Abidjan; Attendance: 10,000
Referee: Mehdi Abid Charef (Algeria)
IVORY COAST - CAMEROON　　　　　　　　　　　　　　　　　　**2-1(2-0)**
CMR: Devis Rogers Epassy Mboka, Michael Ngadeu-Ngadjui, Harold Moukoudi, Duplexe Tchamba Bangou, Joyskim Aurélien Dawa Tchakonte, Moumi Nicolas Brice Ngamaleu (62.John Mary Honi Uzuegbunam), Patrick Bihetoué Arnaud Malong (46.Karl Brillant Toko Ekambi), André-Frank Zambo Anguissa, Martin Hongla Yma II, Vincent Paté Aboubakar (46.Stéphane Bahoken), Christian Mouang Bassogog (77.James Edward Léa Siliki). Trainer: António Conceição da Silva Oliveira "Toni Conceição" (Portugal).
Goal: Moumi Nicolas Brice Ngamaleu (61 penalty).

08.10.2021, 22nd FIFA World Cup Qualifiers, Second Round
Stade Japoma, Douala; Attendance: 10,000
Referee: Mohamed Marouf (Egypt)
CAMEROON - MOZAMBIQUE　　　　　　　　　　　　　　　　　　**3-1(1-0)**
CMR: Devis Rogers Epassy Mboka, Michael Ngadeu-Ngadjui, Harold Moukoudi, Nouhou Tolo, Olivier Mbaissidara Mbaizo (65.Christian Mouang Bassogog), Moumi Nicolas Brice Ngamaleu (80.Patrick Bihetoué Arnaud Malong), André-Frank Zambo Anguissa, Martin Hongla Yma II, Jean-Eric Maxim Choupo-Moting (71.James Edward Léa Siliki), Vincent Paté Aboubakar (71.Stéphane Bahoken), Karl Brillant Toko Ekambi (65.Collins Ngoran Suiru Fai). Trainer: António Conceição da Silva Oliveira "Toni Conceição" (Portugal).
Goals: Jean-Eric Maxim Choupo-Moting (28, 51), Karl Brillant Toko Ekambi (63).

11.10.2021, 22nd FIFA World Cup Qualifiers, Second Round
Stade Ibn Batouta, Tangier (Morocco); Attendance: 0
Referee: Sabri Mohamed Fadul (Sudan)
MOZAMBIQUE - CAMEROON **0-1(0-0)**
CMR: Devis Rogers Epassy Mboka, Michael Ngadeu-Ngadjui, Collins Ngoran Suiru Fai, Harold Moukoudi, Nouhou Tolo, Moumi Nicolas Brice Ngamaleu (79.Patrick Bihetoué Arnaud Malong), André-Frank Zambo Anguissa, Martin Hongla Yma II (46.Christian Mougang Bassogog), Jean-Eric Maxim Choupo-Moting (46.Yvan Neyou Noupa), Vincent Paté Aboubakar (57.Stéphane Bahoken), Karl Brillant Toko Ekambi (46.James Edward Léa Siliki). Trainer: António Conceição da Silva Oliveira "Toni Conceição" (Portugal).
Goal: Michael Ngadeu-Ngadjui (68).

13.11.2021, 22nd FIFA World Cup Qualifiers, Second Round
Orlando Stadium, Johannesburg (South Africa); Attendance: 0
Referee: Issa Sy (Senegal)
MALAWI - CAMEROON **0-4(0-2)**
CMR: André Onana Onana, Michael Ngadeu-Ngadjui, Jean-Claude Billong, Nouhou Tolo, Olivier Mbaissidara Mbaizo, Moumi Nicolas Brice Ngamaleu (68.Christian Mougang Bassogog), André-Frank Zambo Anguissa (63.Stéphane Bahoken), Samuel Yves Oum Gouet, Martin Hongla Yma II (74.Léandre Gaël Tawamba Kana), Vincent Paté Aboubakar (63.James Edward Léa Siliki), Karl Brillant Toko Ekambi (68.Ignatius Kpene Ganago). Trainer: António Conceição da Silva Oliveira "Toni Conceição" (Portugal).
Goals: Vincent Paté Aboubakar (22 penalty), André-Frank Zambo Anguissa (42), Christian Mougang Bassogog (85, 87).

16.11.2021, 22nd FIFA World Cup Qualifiers, Second Round
Stade Japoma, Douala; Attendance: 0
Referee: Janny Sikazwe (Zambia)
CAMEROON - IVORY COAST **1-0(1-0)**
CMR: André Onana Onana, Michael Ngadeu-Ngadjui, Collins Ngoran Suiru Fai, Jérôme Junior Onguéné, Nouhou Tolo (6.Olivier Mbaissidara Mbaizo), Moumi Nicolas Brice Ngamaleu (72.Léandre Gaël Tawamba Kana), André-Frank Zambo Anguissa, Samuel Yves Oum Gouet, Martin Hongla Yma II (53.Jean Emile Junior Onana Onana), Vincent Paté Aboubakar (73.James Edward Léa Siliki), Karl Brillant Toko Ekambi (72.Jean-Eric Maxim Choupo-Moting). Trainer: António Conceição da Silva Oliveira "Toni Conceição" (Portugal).
Goal: Karl Brillant Toko Ekambi (21).

NATIONAL TEAM PLAYERS 2021

Name	DOB	Club
Goalkeepers		
Devis Rogers EPASSY Mboka	02.02.1993	*PAS Lamia (GRE); 18.07.2021-> OFI Heraklion (GRE)*
Medjo Simon Loti OMOSSOLA	05.05.1998	*AS Vita Club Kinshasa (COD)*
André ONANA Onana	02.04.1996	*AFC Ajax Amsterdam (NED)*
Joseph Fabrice ONDOA Ebogo	24.12.1995	*NK Istra 1961 Pula (CRO)*
Defenders		
Macky Frank BAGNACK Mouegni	07.06.1995	*FK Partizan Beograd (SRB)*
Duplexe Tchamba BANGOU	10.07.1998	*Strømsgodset IF Drammen (NOR); 01.07.2021-> Sønderjysk Elitesport (DEN)*
Jean-Claude BILLONG	28.12.1993	*Benevento Calcio (ITA); 17.08.2021-> Clermont Foot 63 (FRA)*
Jean-Charles CASTELLETTO	26.01.1995	*FC Nantes (FRA)*
Joyskim Aurélien DAWA Tchakonte	09.04.1996	*Valmiera FC (LVA); 01.08.2021-> FC Botoşani (ROU)*
Collins Ngoran Suiru FAI	13.08.1992	*R Standard Liège (BEL)*
Olivier Mbaissidara MBAIZO	15.08.1997	*Philadelphia Union (USA)*
Blondon Belanof MEYAPYA Fongain	10.02.2001	*Fauve Azur Elite FC*
Harold MOUKOUDI	27.11.1997	*AS Saint-Étienne (FRA)*
Michael NGADEU-NGADJUI	23.11.1990	*KAA Gent (BEL)*
Fabrice Gael NGAH	16.10.1997	*Ceramica Cleopatra FC Giza (EGY)*
Joseph Jonathan NGWEM	20.07.1991	*El Gouna FC (EGY)*
Jérôme Junior ONGUÉNÉ	22.12.1997	*Genua C&FC (ITA); 30.06.2021-> FC Red Bull Salzburg (AUT)*
Nouhou TOLO	23.06.1997	*Seattle Sounders FC (USA)*
Midfielders		
Arnaud Gilles Sutchuin DJOUM	02.05.1989	*Al-Raed FC Buraidah (KSA)*
Yan Brice ETEKI	26.08.1997	*Granada CF (ESP)*
Samuel Yves Oum GOUET	14.12.1997	*SCR Altach (AUT); 01.07.2021-> KV Mechelen (BEL)*
Martin HONGLA Yma II	16.03.1998	*Royal Antwerpen FC (BEL); 09.07.2021-> Hellas Verona FC (ITA)*
Pierre KUNDE Malong	26.07.1995	*1.FSV Mainz 05 (GER)*
James Edward LÉA Siliki	12.06.1996	*Stade Rennais FC (FRA); 31.08.2021-> Middlesbrough FC (ENG)*
Yvan NEYOU Noupa	03.01.1997	*AS Saint-Étienne (FRA)*
Jean Emile Junior ONANA Onana	08.01.2000	*Royal Excel Mouscron (BEL)*
André-Frank ZAMBO Anguissa	16.11.1995	*Fulham FC London (ENG); 31.08.2021-> SSC Napoli (ITA)*

	Forwards	
Vincent Paté ABOUBAKAR	22.01.1992	*Beşiktaş JK Istanbul (TUR); 01.07.2021-> Al-Nassr FC Riyadh (KSA)*
Martin Loïc AKO Assomo	21.12.1999	*AS Fortuna Mfou*
Stéphane BAHOKEN	28.05.1992	*Angers SCO (FRA)*
Christian Mougang BASSOGOG	18.10.1995	*Shanghai Shenhua FC (CHN)*
Jean-Eric Maxim CHOUPO-MOTING	23.03.1989	*FC Bayern München (GER)*
Ngnowa Hapmo Man-Ykre DANGMO	29.09.1997	*Colombe Sportive de Dja et Lobo*
Karl Brillant TOKO Ekambi	14.09.1992	*Olympique Lyonnais (FRA)*
Ignatius Kpene GANAGO	16.02.1999	*Racing Club de Lens (FRA)*
John MARY Honi Uzuegbunam	09.03.1993	*Avispa Fukuoka (JPN)*
Clinton Mua N'JIE	15.08.1993	*FK Dinamo Moskva (RUS)*
Moumi Nicolas Brice NGAMALEU	09.07.1994	*BSC Young Boys Bern (SUI)*
Serge William TABEKOU Ouambé	15.10.1996	*Royal Excel Mouscron (BEL); 30.08.2021-> FC Girondins de Bordeaux (FRA)*
Léandre Gaël TAWAMBA Kana	20.12.1998	*Al-Taawon FC Buraidah (KSA)*

	National coaches	
António Conceição da Silva Oliveira "TONI CONCEIÇÃO" (Portugal) [from 21.09.2019]		06.12.1961

CAPE VERDE

Federação Caboverdiana de Futebol
Praia Cabo Verde FCF CX,
Case postale 234, Praia
Year of Formation: 1982
Member of FIFA since: 1986
Member of CAF since: 1986
www.fcf.cv

First international match:
1978: Cape Verde – Angola 0-1
Most international caps:
*Elvis Manuel Monteiro Macedo
"Babanco"
61 caps (since 2007)*
Most international goals:
*Héldon Augusto Almeida Ramos
15 goals / 51 caps (since 2008)*

AFRICAN CUP OF NATIONS	
1957	Did not enter
1959	Did not enter
1962	Did not enter
1963	Did not enter
1965	Did not enter
1968	Did not enter
1970	Did not enter
1972	Did not enter
1974	Did not enter
1976	Did not enter
1978	Did not enter
1980	Did not enter
1982	Did not enter
1984	Did not enter
1986	Did not enter
1988	Did not enter
1990	Did not enter
1992	Did not enter
1994	Qualifiers
1996	Withdrew
1998	Did not enter
2000	Qualifiers
2002	Qualifiers
2004	Qualifiers
2006	Qualifiers
2008	Qualifiers
2010	Qualifiers
2012	Qualifiers
2013	Final Tournament (Quarter-Finals)
2015	Final Tournament (Group Stage)
2017	Qualifiers
2019	Qualifiers
2021	*Final Tournament (Qualified)*

FIFA WORLD CUP	
1930	Did not enter
1934	Did not enter
1938	Did not enter
1950	Did not enter
1954	Did not enter
1958	Did not enter
1962	Did not enter
1966	Did not enter
1970	Did not enter
1974	Did not enter
1978	Did not enter
1982	Did not enter
1986	Did not enter
1990	Did not enter
1994	Did not enter
1998	Did not enter
2002	Qualifiers
2006	Qualifiers
2010	Qualifiers
2014	Qualifiers
2018	Qualifiers

OLYMPIC FOOTBALL TOURNAMENTS 1900-2020	
2004 (Withdrew)	

F.I.F.A. CONFEDERATIONS CUP 1992-2017	
None	

AFRICAN GAMES 1965-2019	
None	
COPA „AMILCAR CABRAL" 1979-2007	
1979, 1981, 1982, 1983, 1984, 1985, 1987, 1988, 1989 (3rd place), 1991 (Runners-up), 1995 (3rd place), 1997, **2000 (Winners)**, 2001, 2007 (Runners-up)	
WEST AFRICAN NATIONS CUP 2010-2019	
2017 (1st Round), 2019 (1st Round)	
AFRICAN NATIONS CHAMPIONSHIP 2009-2020	
2020 (Qualifiers)	

CAPE VERDIAN CLUB HONOURS IN ASIAN CLUB COMPETITIONS: CAF Champions League 1964-2021	
None	
CAF Confederation Cup 2004-2021	
None	
CAF Super Cup 1993-2021	
None	
African Cup Winners' Cup 1975-2003*	
None	
CAF Cup 1992-2003*	
None	

*defunct competitions

NATIONAL COMPETITIONS
TABLE OF HONOURS

	CHAMPIONS	CUP WINNERS
1953	Associação Académica do Mindelo São Vicente	-
1954	*No competition*	-
1955	*No competition*	-
1956	Clube Sportivo Mindelense São Vicente	-
1957	*No competition*	-
1958	*No competition*	-
1959	*No competition*	-
1960	Clube Sportivo Mindelense São Vicente	-
1961	Sporting Clube da Praia	-
1962	Clube Sportivo Mindelense São Vicente	-
1963	Boavista FC Praia	-
1964	*No competition*	-
1965	Associação Académica da Praia	-
1966	Clube Sportivo Mindelense São Vicente	-
1967	Associação Académica do Mindelo São	-

		Vicente	
	1968	Clube Sportivo Mindelense São Vicente	-
	1969	Sporting Clube da Praia	-
	1970	*No competition*	-
	1971	Clube Sportivo Mindelense São Vicente	-
	1972	CD Travadores Praia Santiago	-
	1973	GS Castilho Mindelo São Vicente	-
	1974	Sporting Clube da Praia	-
	1975	*No competition*	-
	1976	Clube Sportivo Mindelense São Vicente	-
	1977	Clube Sportivo Mindelense São Vicente	-
	1978	*No competition*	-
	1979	*No competition*	-
	1980	Botafogo Futebol Clube São Filipe	-
	1981	Clube Sportivo Mindelense São Vicente	-
	1982	*No competition*	-
	1983	Académico Sal Rei Boa Vista	-
	1984	Derby FC Mindelo São Vicente	-
	1985	Sporting Clube da Praia	-
	1986	*No competition*	-
	1987	Boavista FC Praia	-
	1988	Clube Sportivo Mindelense São Vicente	-
	1989	Associação Académica do Mindelo São Vicente	-
	1990	Clube Sportivo Mindelense São Vicente	-
	1991	Sporting Clube da Praia	-
	1992	Clube Sportivo Mindelense São Vicente	-
	1993	Académica Espargos Sal	-
	1994	CD Travadores Praia Santiago	-
	1995	Boavista FC Praia	-
	1996	CD Travadores Praia Santiago	-
	1997	Sporting Clube da Praia	-
	1998	Clube Sportivo Mindelense São Vicente	-
	1999	GD Amarante Mindelo São Vicente	-
	2000	Derby FC Mindelo São Vicente	-
	2001	GRC Onze Unidos Vila de Maio	-
	2001/2002	Sporting Clube da Praia	-
	2002/2003	Académico do Sal	-
	2003/2004	Sal-Rei FC Boa Vista	-
	2004/2005	Derby FC Mindelo São Vicente	-
	2005/2006	Sporting Clube da Praia	-
	2006/2007	Sporting Clube da Praia	Associação Académica da Praia
	2007/2008	Sporting Clube da Praia	*No competition*
	2008/2009	Sporting Clube da Praia	Boavista FC Praia
	2009/2010	Boavista FC Praia	Boavista FC Praia
	2010/2011	Clube Sportivo Mindelense São Vicente	*No competition*
	2011/2012	Sporting Clube da Praia	GRC Onze Unidos Vila de Maio
	2012/2013	Clube Sportivo Mindelense São Vicente	*No competition*
	2013/2014	Clube Sportivo Mindelense São Vicente	*No competition*
	2014/2015	Clube Sportivo Mindelense São Vicente	*No competition*
	2015/2016	Clube Sportivo Mindelense São Vicente	*No competition*
	2016/2017	Sporting Clube da Praia	*No competition*

2017/2018	Associação Académica da Praia	Sporting Clube da Praia
2018/2019	Clube Sportivo Mindelense São Vicente	União Desportiva Santo Crucifixo
2019/2020	*Championship cancelled*	*Competition cancelled*
2020/2021	*Championship cancelled*	*Competition cancelled*

NATIONAL CHAMPIONSHIP
Campeonato Caboverdiano de Futebol 2020/2021

Island Championships

Regional championship were suspended and later cancelled due to COVID-19 pandemic.

National Championship Finals

The National Championship is played out in a tournament between the nine island champions which are inhabited also the title holders from the previous season. The 2020/2021 edition was cancelled due to COVID-19 pandemic.

NATIONAL TEAM
INTERNATIONAL MATCHES 2021

26.03.2021	*Praia*	*Cape Verde - Cameroon*	*3-1(1-1)*	*(ACNQ)*
30.03.2021	*Maputo*	*Mozambique - Cape Verde*	*0-1(0-0)*	*(ACNQ)*
08.06.2021	*Thiès*	*Senegal - Cape Verde*	*2-0(0-0)*	*(F)*
01.09.2021	*Douala*	*Central African Republic - Cape Verde*	*1-1(0-1)*	*(WCQ)*
07.09.2021	*Mindelo*	*Cape Verde - Nigeria*	*1-2(1-1)*	*(WCQ)*
07.10.2021	*Accra*	*Liberia - Cape Verde*	*1-2(1-0)*	*(WCQ)*
10.10.2021	*Mindelo*	*Cape Verde - Liberia*	*1-0(0-0)*	*(WCQ)*
13.11.2021	*Mindelo*	*Cape Verde - Central African Republic*	*2-1(0-1)*	*(WCQ)*
16.11.2021	*Lagos*	*Nigeria - Cape Verde*	*1-1(1-1)*	*(WCQ)*

26.03.2021, 33rd African Cup of Nations, Qualifiers
Estádio Nacional de Cabo Verde, Praia; Attendance: 0
Referee: Maguette Ndiaye (Senegal)
CAPE VERDE - CAMEROON **3-1(1-1)**
CPV: Josimar Évora Dias Silva "Vózinha", Steven Fernandes Pereira, Dylan Tavares dos Santos, Ianique dos Santos Tavares „Stopira" (90.Edilson Alberto Monteiro Sanches Borges „Diney"), Steeve José Furtado Pereira, Roberto Lopes, Erickson Patrick Correia Andrade (71.Hélder Luís Lopes Vieira Tavares), Jaílton Alves Miranda „Kuca", Marco Paulo da Silva Soares (90.Gilson Benchimol Tavares), Ryan Isaac Mendes da Graça (90.Vasco Rafael Fortes Lopes), Lisandro Pedro Varela Semedo (80.Fábio Patrick dos Reis dos Santos Fernandes). Trainer: Pedro Leitão Brito "Bubista".
Goals: Jaílton Alves Miranda „Kuca" (25), Macky Frank Bagnack Mouegni (59 own goal), Ryan Isaac Mendes da Graça (69).

30.03.2021, 33rd African Cup of Nations, Qualifiers
Estádio Nacional do Zimpeto, Maputo; Attendance: 0
Referee: Messie Jessie Oved Nkounkou Mvoutou (Congo)
MOZAMBIQUE - CAPE VERDE **0-1(0-0)**
CPV: Josimar Évora Dias Silva "Vózinha", Dylan Tavares dos Santos, Steven Fortès, Jeffry Fortes, Ianique dos Santos Tavares „Stopira", Carlos dos Santos Rodrigues „Ponck", Jamiro Gregory Monteiro Alvarenga (57.Luis Willis Alves Furtado; 90.Tiago Miguel Monteiro de Almeida), Erickson Patrick Correia Andrade (66.Fábio Patrick dos Reis dos Santos Fernandes), Marco Paulo da Silva Soares (90.Ericson Jorge Silva Rodrigues), Jaílton Alves Miranda „Kuca", Lisandro Pedro Varela Semedo (67.Hélder Luís Lopes Vieira Tavares). Trainer: Pedro Leitão Brito "Bubista".
Goal: Faisal Abdul Amide Bangal (58 own goal).

08.06.2021, Friendly International
Stade Lat-Dior, Thiès; Attendance: 0
Referee: Maudo Jallaow (Gambia)
SENEGAL - CAPE VERDE **2-0(0-0)**
CPV: Sixten Joaquim Mohlin, Ianique dos Santos Tavares „Stopira", Steven Fernandes Pereira, Dylan Tavares dos Santos (86.João Paulo Moreira Fernandes), Edilson Alberto Monteiro Sanches Borges „Diney", Nuno Miguel Oliveira Borges (64.Telmo Emanuel Gomes Arcanjo), Kenny Rocha Santos (64.Bruno Miguel Santos Leite), Júlio Tavarès (70.Alexis Gonçalves Pereira), Lisandro Pedro Varela Semedo (64.Carlos Miguel Pereira Fernandes "Cuca"), Vagner José Dias Gonçalves (57.Raly Selson Cabral de Barros), Willy Johnson Semedo Afonso. Trainer: Pedro Leitão Brito "Bubista".

01.09.2021, 22nd FIFA World Cup Qualifiers, Second Round
Stade Japoma, Douala (Cameroon); Attendance: 0
Referee: Peter Waweru (Kenya)
CENTRAL AFRICAN REPUBLIC - CAPE VERDE **1-1(0-1)**
CPV: Josimar Évora Dias Silva "Vózinha", Ianique dos Santos Tavares „Stopira", Roberto Lopes, Steeve José Furtado Pereira (75.Cláudio Rafael de Veiga Tavares), Carlos dos Santos Rodrigues „Ponck", Dylan Tavares dos Santos, Erickson Patrick Correia Andrade, Luis Willis Alves Furtado (67.Garry Mendes Rodrigues), Kenny Rocha Santos (75.Jamiro Gregory Monteiro Alvarenga), Ryan Isaac Mendes da Graça, Júlio Tavarès (88.Vagner José Dias Gonçalves). Trainer: Pedro Leitão Brito "Bubista".
Goal: Júlio Tavarès (36).

07.09.2021, 22nd FIFA World Cup Qualifiers, Second Round
Estádio Municipal Adérito Sena, Mindelo; Attendance: 500
Referee: Samir Guezzaz (Morocco)
CAPE VERDE - NIGERIA **1-2(1-1)**
CPV: Josimar Évora Dias Silva "Vózinha", Roberto Lopes, Steeve José Furtado Pereira, Carlos dos Santos Rodrigues „Ponck", Dylan Tavares dos Santos, Kelvin Pires (83.Vasco Rafael Fortes Lopes), Erickson Patrick Correia Andrade (77.Marco Paulo da Silva Soares), Jamiro Gregory Monteiro Alvarenga (77.Júlio Tavarès), Kenny Rocha Santos, Ryan Isaac Mendes da Graça (83.Luis Willis Alves Furtado), Garry Mendes Rodrigues (59.Vagner José Dias Gonçalves). Trainer: Pedro Leitão Brito "Bubista".
Goal: Dylan Tavares dos Santos (19).

07.10.2021, 22nd FIFA World Cup Qualifiers, Second Round
Accra Sports Stadium, Accra (Ghana); Attendance: 0
Referee: Jean Ouattara (Burkina Faso)
LIBERIA - CAPE VERDE **1-2(1-0)**
CPV: Josimar Évora Dias Silva "Vózinha", Ianique dos Santos Tavares „Stopira", Roberto Lopes, Steeve José Furtado Pereira (74.Jeffry Fortes), Carlos dos Santos Rodrigues „Ponck" (46.Jamiro Gregory Monteiro Alvarenga), Erickson Patrick Correia Andrade (63.Erikson Spinola Lima "Nenass"), Kenny Rocha Santos, João Paulo Moreira Fernandes, Ryan Isaac Mendes da Graça, Júlio Tavarès (72.Vagner José Dias Gonçalves), Willy Johnson Semedo Afonso (63.Garry Mendes Rodrigues). Trainer: Pedro Leitão Brito "Bubista".
Goals: Jamiro Gregory Monteiro Alvarenga (52), Garry Mendes Rodrigues (90+2).

10.10.2021, 22nd FIFA World Cup Qualifiers, Second Round
Estádio Municipal "Adérito Sena", Mindelo; Attendance: 2,000
Referee: Mohamed Ali Moussa (Niger)
CAPE VERDE - LIBERIA **1-0(0-0)**
CPV: Josimar Évora Dias Silva "Vózinha", Jeffry Fortes (84.Willy Johnson Semedo Afonso), Ianique dos Santos Tavares „Stopira", Roberto Lopes, Nuno Miguel Oliveira Borges, Jamiro Gregory Monteiro Alvarenga (69.Gilson Benchimol Tavares), Erikson Spinola Lima "Nenass" (60.Kenny Rocha Santos), João Paulo Moreira Fernandes (69.Erickson Patrick Correia Andrade), Ryan Isaac Mendes da Graça, Júlio Tavarès, Vagner José Dias Gonçalves (60.Garry Mendes Rodrigues). Trainer: Pedro Leitão Brito "Bubista".
Goal: Ryan Isaac Mendes da Graça (90).

13.11.2021, 22nd FIFA World Cup Qualifiers, Second Round
Estádio Municipal "Adérito Sena", Mindelo; Attendance: 3,000
Referee: Daniel Nii Ayi Laryea (Ghana)
CAPE VERDE - CENTRAL AFRICAN REPUBLIC **2-1(0-1)**
CPV: Márcio Salomão Brazão Rosa, Ianique dos Santos Tavares „Stopira", Roberto Lopes, Steeve José Furtado Pereira (68.Gilson Benchimol Tavares), Steven Fortès, Dylan Tavares dos Santos (46.Willy Johnson Semedo Afonso), Nuno Miguel Oliveira Borges (68.Erickson Patrick Correia Andrade), Jamiro Gregory Monteiro Alvarenga (84.Marco Paulo da Silva Soares), Kenny Rocha Santos, Ryan Isaac Mendes da Graça, Júlio Tavarès. Trainer: Pedro Leitão Brito "Bubista".
Goals: Júlio Tavarès (51), Ianique dos Santos Tavares „Stopira" (75).

16.11.2021, 22nd FIFA World Cup Qualifiers, Second Round
„Teslim Balogun" Stadium, Lagos; Attendance: 0
Referee: Mustapha Ghorbal (Algeria)
NIGERIA - CAPE VERDE **1-1(1-1)**
CPV: Josimar Évora Dias Silva "Vózinha", Jeffry Fortes (60.Willy Johnson Semedo Afonso), Ianique dos Santos Tavares „Stopira", Roberto Lopes, Steven Fortès, Erickson Patrick Correia Andrade (66.Gilson Benchimol Tavares), Jamiro Gregory Monteiro Alvarenga (60.Nuno Miguel Oliveira Borges), Kenny Rocha Santos (66.Erikson Spinola Lima "Nenass"), João Paulo Moreira Fernandes (76.Vagner José Dias Gonçalves), Ryan Isaac Mendes da Graça, Júlio Tavarès. Trainer: Pedro Leitão Brito "Bubista".
Goal: Ianique dos Santos Tavares „Stopira" (5).

NATIONAL TEAM PLAYERS 2021

Name	DOB	Club
Goalkeepers		
MÁRCIO Salomão Brazão ROSA	23.02.1997	CD Cultural de Montalegre (POR)
Sixten Joaquim MOHLIN	17.01.1996	Östersunds FK (SWE)
Josimar Évora Dias Silva "VÓZINHA"	03.06.1986	AEL Limassol (CYP)
Defenders		
CLÁUDIO Rafael de Veiga TAVARES	23.03.1997	UD Santarém (POR)
Carlos Miguel Pereira Fernandes "CUCA"	09.01.1991	CD Mafra (POR)
Edilson Alberto Monteiro Sanches Borges „DINEY"	17.01.1995	AS Forces Armées Royales Rabat (MAR)
Jeffry FORTES	22.03.1989	Sparta Rotterdam (NED); 12.08.2021-> VBV De Graafschap Doetinchem (NED)
Steven FORTÈS	17.04.1992	Racing Club de Lens (FRA); 31.08.2021-> KV Oostende (BEL)
Steeve José FURTADO Pereira	22.11.1994	PFC Beroe Stara Zagora (BUL)
Steven Fernandes PEREIRA	13.04.1994	UD Oliveirense (POR)
Kelvin PIRES	05.06.2000	AS Trenčín (SVK)
Carlos dos Santos Rodrigues „PONCK"	13.01.1995	İstanbul Başakşehir FK (TUR)
Ianique dos Santos Tavares „STOPIRA"	20.05.1988	Videoton FC Székesfehérvár (HUN)
Dylan TAVARES dos Santos	30.08.1996	FC Stade Lausanne Ouchy (SUI); 23.07.2021-> Neuchâtel Xamax FCS (SUI)
TIAGO Miguel Monteiro de ALMEIDA	13.09.1990	Varzim SC (POR); 01.07.2017->unattached
Midfielders		
Nuno Miguel Oliveira BORGES	31.03.1988	CD Nacional Funchal (POR); 01.07.2021-> Casa Pia Atlético Clube Lisboa (POR)
BRUNO Miguel Santos LEITE	21.03.1995	FK Haugesund (NOR)
ERICSON Jorge Silva Rodrigues	25.11.1987	FC de Vizela (POR)
João Paulo Moreira FERNANDES	26.05.1998	Leça FC (POR); 09.07.2021-> CD Feirense Santa Maria da Feira (POR)
HÉLDER Luís Lopes Vieira TAVARES	26.12.1989	FC Voluntari (ROU)
Jaílton Alves Miranda "KUCA"	02.08.1989	UD Leiria (POR); 01.07.2021-> unattached
Roberto LOPES	17.06.1992	Shamrock Rovers FC Dublin (IRL)
Jamiro Gregory MONTEIRO Alvarenga	28.11.1993	Philadelphia Union (USA)
Erikson Spinola Lima "NENASS"	05.07.1995	Ålesunds FK (NOR)
Erickson PATRICK Correia ANDRADE	09.04.1993	Qarabağ FK Bakı (AZE)
Kenny ROCHA SANTOS	03.01.2000	AS Nancy-Lorraine (FRA); 01.07.2021-> KV Oostende (BEL)
Marco Paulo da Silva SOARES	16.06.1984	FC Arouca (POR)
TELMO Emanuel Gomes ARCANJO	21.06.2001	CD Tondela (POR)

	Forwards	
Luis Willis Alves FURTADO	04.09.1997	*FK Jerv Grimstad (NOR)*
GARRY Mendes RODRIGUES	27.11.1990	*Unattached; 18.09.2021-> Olympiacos SFP Peiraiás (GRE)*
GILSON Benchimol TAVARES	29.12.2001	*GD Estoril Praia (POR)*
Alexis GONÇALVES Pereira	04.04.1997	*La Berrichonne de Châteauroux (FRA)*
Ryan Isaac MENDES da Graça	08.01.1990	*Al-Nasr Sports Club Dubai (UAE)*
Fábio PATRICK dos Reis dos Santos Fernandes	13.12.1993	*Varzim SC (POR)*
RALY Selson CABRAL de Barros	06.05.1997	*SD Leioa (POR)*
Lisandro Pedro Varela SEMEDO	12.03.1996	*Fortuna Sittard (NED)*
Willy Johnson SEMEDO Afonso	27.04.1994	*Grenoble Foot 38 (FRA); 01.07.2021-> Pafos FC Paphos (CYP)*
Júlio TAVARÈS	19.11.1988	*Al-Faisaly FC Harmah (KSA)*
VAGNER José Dias Gonçalves	10.01.1996	*FC Metz (FRA); 30.08.2021-> FC Sion (SUI)*
VASCO Rafael Fortes LOPES	02.09.1999	*UD Santarém (POR); 01.07.2021-> SC Farense Faro (POR)*

	National coaches	
Pedro Leitão Brito "BUBISTA" [from 29.01.2020]		06.01.1970

CENTRAL AFRICAN REPUBLIC

Fédération Centrafricaine de Football
Avenue des Martyrs,
Boîte postale 344, Bangui
Year of Formation: 1961
Member of FIFA since: 1964
Member of CAF since: 1968

First international match:
1956: Ubangi-Shari – French Cameroon 5-1
Most international caps:
Foxi Kéthévoama
47 caps (since 2010)
Most international goals:
Hilaire Roméo Verdi Momi
10 goals / 31 caps (since 2007)

AFRICAN CUP OF NATIONS	
1957	Did not enter
1959	Did not enter
1962	Did not enter
1963	Did not enter
1965	Did not enter
1968	Did not enter
1970	Did not enter
1972	Did not enter
1974	Qualifiers (Disqualified)
1976	Withdrew
1978	Did not enter
1980	Did not enter
1982	Did not enter
1984	Did not enter
1986	Did not enter
1988	Qualifiers (Disqualified)
1990	Did not enter
1992	Did not enter
1994	Did not enter
1996	Withdrew
1998	Qualifiers (Disqualified)
2000	Withdrew
2002	Qualifiers
2004	Qualifiers
2006	Withdrew
2008	Did not enter
2010	Withdrew
2012	Qualifiers
2013	Qualifiers
2015	Qualifiers
2017	Qualifiers
2019	Qualifiers
2021	Qualifiers

FIFA WORLD CUP	
1930	Did not enter
1934	Did not enter
1938	Did not enter
1950	Did not enter
1954	Did not enter
1958	Did not enter
1962	Did not enter
1966	Did not enter
1970	Did not enter
1974	Did not enter
1978	Withdrew
1982	Qualifiers (Disqualified)
1986	Did not enter
1990	Did not enter
1994	Did not enter
1998	Did not enter
2002	Qualifiers
2006	Withdrew
2010	Withdrew
2014	Qualifiers
2018	Qualifiers

OLYMPIC FOOTBALL TOURNAMENTS 1900-2020
2004 (*Withdrew*), 2008 (*Withdrew*)

F.I.F.A. CONFEDERATIONS CUP 1992-2017
None

AFRICAN GAMES 1965-2019
None

CENTRAL AFRICAN GAMES 1976-1987
1976

UDEAC (Union Douanière et Economique des Etats de l'Afrique Centrale) CUP 1984-1990 CEMAC (Communauté Economique et Monétaire de l'Afrique Centrale) CUP 2003-2014
1984, 1985, 1986, 1987, 1988, 1989 (Runners-up), 2003 (Runners-up), 2007, 2008, 2010 (3rd Place) (only Amateur XI), 2013 (Runners-up), 2014

UNIFAC CUP 1999
1999 (Runners-up)

AFRICAN NATIONS CHAMPIONSHIP 2009-2020
2009 (Qualifiers), 2014 (Qualifiers), 2016 (Qualifiers), 2020 (Qualifiers)

CENTRAL AFRICAN CLUB HONOURS IN ASIAN CLUB COMPETITIONS:
CAF Champions League 1964-2021
None
CAF Confederation Cup 2004-2021
None
CAF Super Cup 1993-2021
None
African Cup Winners' Cup 1975-2003*
None
CAF Cup 1992-2003*
None

defunct competitions

NATIONAL COMPETITIONS
TABLE OF HONOURS

	CHAMPIONS	CUP WINNERS
1968	US Cattin	-
1969	*No competition*	-
1970	*No competition*	-
1971	Réal Olympique Castel	-
1972	*No competition*	-
1973	Réal Olympique Castel	-
1974	AS Diables Rouges Fatima de Bangui	AS Tempête Mocaf
1975	Réal Olympique Castel	*No competition*
1976	AS Tempête Mocaf	Red Star Bangui
1977	Stade Centrafricaine AF Tocages	Sodiam Sports Bangui
1978	AS Diables Rouges Fatima de Bangui	Union Sport CA Bangui
1979	Réal Olympique Castel	Sodiam Sports Bangui
1980	Union Sport CA Bangui	AS Diables Rouges Fatima de Bangui
1981	Publique Sportive Mouara	AS Diables Rouges Fatima de Bangui
1982	Réal Olympique Castel	AS Tempête Mocaf
1983	AS Diables Rouges Fatima de Bangui	Avia Sports Bangui
1984	AS Tempête Mocaf	Stade Centrafricaine AF Tocages
1985	Stade Centrafricaine AF Tocages	AS Tempête Mocaf
1986	Publique Sportive Mouara	*No competition*
1987	*Not known*	*No competition*
1988	AS Diables Rouges Fatima de Bangui	Union Sport CA Bangui
1989	Stade Centrafricaine AF Tocages	Réal Olympique Castel
1990	AS Tempête Mocaf	Forces Armées CA Bangui
1991	Forces Armées CA Bangui	AS Diables Rouges Fatima de Bangui
1992	Union Sport CA Bangui	AS Tempête Mocaf
1993	AS Tempête Mocaf	AS Diables Rouges Fatima de Bangui
1994	AS Tempête Mocaf	Forces Armées CA Bangui
1995	Forces Armées CA Bangui	*No competition*
1996	AS Tempête Mocaf	*No competition*
1997	AS Tempête Mocaf	Union Sport CA Bangui
1998	*Championship annulled*	AS Diables Rouges Fatima de Bangui
1999	AS Tempête Mocaf	Réal Olympique Castel
2000	Olympic Real de Bangui	AS Diables Rouges Fatima de Bangui
2001	Olympic Real de Bangui	Stade Centrafricaine AF Tocages
2002	*Championship annulled*	*Not known*
2003	AS Tempête Mocaf	AS Tempête Mocaf
2004	Olympic Real de Bangui	Union Sport CA Bangui
2005	Anges de Fatima Bangui	Union Sport CA Bangui
2006	*Not known*	*Not known*
2007	*Not known*	*Not known*
2008	Stade Centrafricaine AF Tocages	Anges de Fatima Bangui
2009	AS Tempête Mocaf	Anges de Fatima Bangui
2010	Olympic Real de Bangui	Diplomates FC du 8ème Arrondissment
2011	Diplomates FC du 8ème Arrondissment	AS Tempête Mocaf
2012	Olympic Real de Bangui	*Not known*
2013/2014	AS Tempête Mocaf	*Not known*
2015	*No competition*	*Not known*

2015/2016	Diplomates FC du 8ème Arrondissment	Not known
2016	Olympic Real de Bangui	ASDR Anges de Fatima Bangui
2016/2017	Olympic Real de Bangui	ASDR Anges de Fatima Bangui
2017/2018	Stade Centrafricain Bangui	ASDR Anges de Fatima Bangui
2019	AS Tempête Mocaf	Stade Centrafricain Bangui
2019/2020	*Championship abandoned*	AS Tempête Mocaf
2020/2021	Diplomates FC du 8ème Arrondissement	*No competition*

Please note: The National Cup is called since 2009 „Coupe Barthélémy Boganda".

NATIONAL CHAMPIONSHIP
Première Division 2020/2021

Regular Stage

Both Poule A and B winners were qualified for the Championship Play-offs.

Poule A

1. Red Star Bangui	18	16	2	0	45	-	11	50
2. Stade Centrafricain Tocages	18	13	1	4	45	-	14	40
3. ASDR Anges de Fatima Bangui	18	11	2	5	41	-	19	35
4. Tout Pouissant US Centrafricaine Bangui	18	10	3	5	27	-	19	33
5. AS Tempête Mocaf	18	9	3	6	40	-	25	30
6. AS Gbangré	18	6	5	7	23	-	34	23
7. Sica Sport Bangui (*Relegated*)	18	5	3	10	19	-	40	18
8. Réal Comboni Bangui (*Relegated*)	18	5	1	12	19	-	40	16
9. Racing Club du 3ème Arrondissement (*Relegated*)	18	3	2	13	23	-	49	11
10. AS Kpètènè Star (*Relegated*)	18	1	0	17	10	-	41	3

Poule B

1. Diplomates FC du 8ème Arrondissement de Bangui	18	12	1	5	50	-	25	37
2. Olympic Real de Bangui	18	12	0	6	45	-	16	36
3. AS des Postes Telecommunications	18	11	2	5	26	-	15	35
4. Castel Foot Bangui	18	9	3	6	28	-	22	30
5. Espérance Club Bégoua	18	9	2	7	33	-	34	29
6. Université Football Club Bangui	18	7	5	6	31	-	29	26
7. FC de la Défense et Sécurité Bangui (*Relegated*)	18	7	4	7	20	-	18	25
8. Jeunesse Sportive de Boeing (*Relegated*)	18	6	0	12	27	-	48	18
9. Espérance FC du 5ème Arrondissement de Bangui (*Relegated*)	18	5	2	11	32	-	45	17
10. Club Athlétique Bangui (*Relegated*)	18	2	1	15	15	-	55	7

Championship Finals

Red Star Bangui - Diplomates FC du 8ème Arrondissement de Bangui	1-1
Diplomates FC du 8ème Arrondissement de Bangui - Red Star Bangui	0-0
Diplomates FC du 8ème Arrondissement de Bangui - Red Star Bangui	1-0

2020/2021 Champions: **Diplomates FC du 8ème Arrondissement de Bangui**

NATIONAL TEAM
INTERNATIONAL MATCHES 2021

26.03.2021	*Bujumbura*	*Burundi - Central African Republic*	*2-2(0-1)*	*(ACNQ)*
30.03.2021	*Bangui*	*Central African Republic - Mauritania*	*0-1(0-1)*	*(ACNQ)*
04.06.2021	*Kigali*	*Rwanda - Central African Republic*	*2-0(1-0)*	*(F)*
07.06.2021	*Kigali*	*Rwanda - Central African Republic*	*5-0(2-0)*	*(F)*
01.09.2021	*Douala*	*Central African Republic - Cape Verde*	*1-1(0-1)*	*(WCQ)*
06.09.2021	*Douala*	*Liberia - Central African Republic*	*1-0(0-0)*	*(WCQ)*
07.10.2021	*Lagos*	*Nigeria - Central African Republic*	*0-1(0-0)*	*(WCQ)*
10.10.2021	*Limbe*	*Central African Republic - Nigeria*	*0-2(0-2)*	*(WCQ)*
13.11.2021	*Mindelo*	*Cape Verde - Central African Republic*	*2-1(0-1)*	*(WCQ)*
16.11.2021	*Tanger*	*Central African Republic - Liberia*	*1-3(0-2)*	*(WCQ)*

26.03.2021, 33rd African Cup of Nations, Qualifiers
Intwari Stadium, Bujumbura; Attendance: 0
Referee: Abdulwahid Huraywidah (Libya)
BURUNDI - CENTRAL AFRICAN REPUBLIC 2-2(0-1)
CTA: Prince Junior Samolah, Sadock Stéphane Ndobé, Raphaël Marc Yapéndé, Flory Jean Michaël Yangao, Cédric Yambéré, Saint-Cyr Ngam Ngam, Geoffrey Kondogbia, Junior Gourrier, Saint-Fort Flavien Dimokoyen, Foxi Kéthévoama, Louis Mafouta (*Substitutes not known*). Trainer: François Zahoui (Ivory Coast).
Goals: Louis Mafouta (40, 53).

30.03.2021, 33rd African Cup of Nations, Qualifiers
Stade „Barthélemy Boganda", Bangui; Attendance: 0
Referee: Alhadi Allaou Mahamat (Chad)
CENTRAL AFRICAN REPUBLIC - MAURITANIA 0-1(0-1)
CTA: Prince Junior Samolah, Raphaël Marc Yapéndé, Flory Jean Michaël Yangao (57.Melky-Jerede Ndokomandji), Cédric Yambéré, Sadock Stéphane Ndobé, Salif Kéïta (46.Steve Freeman Niamathé), Geoffrey Kondogbia, Junior Gourrier (57.Trésor Toropité), Saint-Fort Flavien Dimokoyen, Foxi Kéthévoama (36.Alfred Toussaint Gombéféi), Louis Mafouta. Trainer: François Zahoui (Ivory Coast).

04.06.2021, Friendly International
Stade Amahoro, Kigali; Attendance: 0
Referee: Anthony Ogwayo (Kenya)
RWANDA - CENTRAL AFRICAN REPUBLIC 2-0(1-0)
CTA: Symphor Elvis Samolah Nkali, Raphaël Marc Yapéndé, Flory Jean Michaël Yangao (67.Saint-Fort Flavien Dimokoyen), Cédric Yambéré, Sadock Stéphane Ndobé, Dylan Mboumbouni (35.Saint-Cyr Ngam Ngam), Geoffrey Kondogbia, Wilfried Aimeric Zahibo, Ralph Kottoy Yapande (48.Delphin Mokonou), Trésor Toropité, Georgine M'Vondo Zé (48.Christian-Theodor Yawanendji-Malipangou). Trainer: François Zahoui (Ivory Coast).

07.06.2021, Friendly International
Stade Amahoro, Kigali; Attendance: 0
Referee: Anthony Ogwayo (Kenya)
RWANDA - CENTRAL AFRICAN REPUBLIC 5-0(2-0)
CTA: Symphor Elvis Samolah Nkali, Flory Jean Michaël Yangao, Cédric Yambéré (46.Khamis Digol Ndozangue), Saint-Cyr Ngam Ngam (74.Salif Kéïta), Sadock Stéphane Ndobé, Wilfried Aimeric Zahibo (46.Jospin Gaopandia), Geoffrey Kondogbia, Amorese Ralph Dertin (83.Isaac Ngoma), Christian-Theodor Yawanendji-Malipangou (46.Arnaud Tattevin), Trésor Toropité (74.Saint-Fort Flavien Dimokoyen), Georgine M'Vondo Zé (74.Calvin Fidèle Christophe Bombo). Trainer: François Zahoui (Ivory Coast).

01.09.2021, 22nd FIFA World Cup Qualifiers, Second Round
Stade Japoma, Douala (Cameroon); Attendance: 0
Referee: Peter Waweru (Kenya)
CENTRAL AFRICAN REPUBLIC - CAPE VERDE   1-1(0-1)
CTA: Prince Junior Samolah, Saint-Cyr Ngam Ngam, Sadock Stéphane Ndobé, Melky-Jerede Ndokomandji, Flory Jean Michaël Yangao, Peter Abraham Guinari, Trésor Toropité (81.Gisbert Tristan Zarambaud), Axel Paul Urie (63.Jospin Gaopandia), Steve Freeman Niamathé, Henoc Kpéko Damona (46.Arnaud Tattevin), Georgine M'Vondo Zé (70.Delphin Mokonou). Trainer: Raoul Savoy (Switzerland).
Goal: Trésor Toropité (53).

06.09.2021, 22nd FIFA World Cup Qualifiers, Second Round
Stade Japoma, Douala (Cameroon); Attendance: 0
Referee: Sekou Ahmed Touré (Guinea)
LIBERIA - CENTRAL AFRICAN REPUBLIC   1-0(0-0)
CTA: Prince Junior Samolah, Saint-Cyr Ngam Ngam, Sadock Stéphane Ndobé, Melky-Jerede Ndokomandji (73.Jospin Gaopandia), Flory Jean Michaël Yangao, Peter Abraham Guinari, Trésor Toropité, Axel Paul Urie (83.Sidney Ndambakizi), Steve Freeman Niamathé, Georgine M'Vondo Zé, Karl Maxence Namnganda (53.Delphin Mokonou). Trainer: Raoul Savoy (Switzerland).

07.10.2021, 22nd FIFA World Cup Qualifiers, Second Round
„Teslim Balogun" Stadium, Lagos; Attendance: 5,000
Referee: Abdelaziz Bouh (Mauritania)
NIGERIA - CENTRAL AFRICAN REPUBLIC   0-1(0-0)
CTA: Prince Junior Samolah, Saint-Cyr Ngam Ngam, Sadock Stéphane Ndobé, Thibault Ban, Melky-Jerede Ndokomandji (68.Jospin Gaopandia), Flory Jean Michaël Yangao, Peter Abraham Guinari, Trésor Toropité (81.Isaac Ngoma), Steve Freeman Niamathé, Georgine M'Vondo Zé (81.Henoc Kpéko Damona), Cyrus Stéphane Grengou (55.Karl Maxence Namnganda). Trainer: Raoul Savoy (Switzerland).
Goal: Karl Maxence Namnganda (90+1).

10.10.2021, 22nd FIFA World Cup Qualifiers, Second Round
Stade Japoma, Douala (Cameroon); Attendance: 450
Referee: Louis Hakizimana (Rwanda)
CENTRAL AFRICAN REPUBLIC - NIGERIA   0-2(0-2)
CTA: Prince Junior Samolah, Saint-Cyr Ngam Ngam, Sadock Stéphane Ndobé, Thibault Ban (54.Sidney Ndambakizi), Flory Jean Michaël Yangao, Peter Abraham Guinari, Trésor Toropité (79.Cyrus Stéphane Grengou), Axel Paul Urie (54.Karl Maxence Namnganda), Steve Freeman Niamathé, Jospin Gaopandia (79.Henoc Kpéko Damona), Georgine M'Vondo Zé (36.Isaac Ngoma). Trainer: Raoul Savoy (Switzerland).

13.11.2021, 22nd FIFA World Cup Qualifiers, Second Round
Estádio Municipal "Adérito Sena", Mindelo; Attendance: 3,000
Referee: Daniel Nii Ayi Laryea (Ghana)
CAPE VERDE - CENTRAL AFRICAN REPUBLIC   2-1(0-1)
CTA: Prince Junior Samolah, Saint-Cyr Ngam Ngam, Sadock Stéphane Ndobé, Thibault Ban, Melky-Jerede Ndokomandji (83.Sylvester Kokassa-Koleono), Flory Jean Michaël Yangao, Peter Abraham Guinari, Trésor Toropité, Jospin Gaopandia (47.Junior Gourrier), Karl Maxence Namnganda, Isaac Ngoma (69.Georgine M'Vondo Zé). Trainer: Raoul Savoy (Switzerland).
Goal: Isaac Ngoma (11).

16.11.2021, 22nd FIFA World Cup Qualifiers, Second Round
Stade Ibn Batouta, Tangier (Morocco); Attendance: 0
Referee: Kalilou Ibrahim Traoré (Ivory Coast)
CENTRAL AFRICAN REPUBLIC - LIBERIA   **1-3(0-2)**
CTA: Emmanuel Pennel Takolingba Takos, Saint-Cyr Ngam Ngam (29.Kenny Renaud Liki Mbiafolo; 83.Sylvester Kokassa-Koleoko), Sadock Stéphane Ndobé, Thibault Ban, Melky-Jerede Ndokomandji (29.Karl Maxence Namnganda), Flory Jean Michaël Yangao, Peter Abraham Guinari, Trésor Toropité (56.Isaac Ngoma), Brad Thomas Pirioua, Steve Freeman Niamathé, Georgine M'Vondo Zé. Trainer: Raoul Savoy (Switzerland).
Goal: Isaac Ngoma (61).

NATIONAL TEAM PLAYERS 2021

Name	DOB	Club
Goalkeepers		
Symphor Elvis SAMOLAH Nkali	13.05.1994	*ASDR Anges de Fatima Bangui*
Prince Junior SAMOLAH	05.09.1985	*Espérance FC du 5ème Arrondissement de Bangui*
Emmanuel Pennel TAKOLINGBA Takos	24.10.2001	*AS Tempête Mocaf*
Defenders		
Thibault BAN	13.08.1996	*ASDR Anges de Fatima Bangui*
Khamis DIGOL Ndozangue	28.09.1998	*ES Troyes AC "B" (FRA)*
Cyrus Stéphane GRENGOU	25.10.1993	*Stade Centrafricain Tocages*
Peter Abraham GUINARI	02.06.2001	*FC Pipinsried (GER)*
Salif KEÏTA	10.04.1990	*Stade Centrafricain Tocages*
Dylan MBOUMBOUNI	20.02.1996	*Stade Olympique Choletais (FRA)*
Sidney NDAMBAKIZI	07.03.1996	*ASDR Anges de Fatima Bangui*
Sadock Stéphane NDOBÉ	09.09.1998	*AS Tempête Mocaf*
Melky-Jerede NDOKOMANDJI	04.09.1997	*Olympic Real de Bangui*
Saint-Cyr NGAM NGAM	27.01.1993	*Diplomates FC du 8ème Arrondissement de Bangui*
Cédric YAMBÉRÉ	06.11.1990	*RWD Molenbeek (BEL)*
Flory Jean Michaël YANGAO	13.01.2002	*Olympic Real de Bangui*
Raphaël Marc YAPÉNDÉ	20.08.2002	*Olympic Real de Bangui*
Gisbert Tristan ZARAMBAUD	08.07.1997	*Jura Sud Football (FRA)*

	Midfielders	
Calvin Fidèle Christophe BOMBO	18.01.1999	*ES Troyes AC "B" (FRA)*
Amorese Ralph DERTIN	29.01.1991	*AS Pélican Lambaréné (GAB)*
Saint-Fort Flavien DIMOKOYEN	07.08.1992	*ASDR Anges de Fatima Bangui*
Jospin GAOPANDIA	19.04.1999	*ASDR Anges de Fatima Bangui*
Junior GOURRIER	23.04.1992	*Diplomates FC du 8ème Arrondissement de Bangui*
Geoffrey KONDOGBIA	15.02.1993	*Club Atlético de Madrid (ESP)*
Ralph KOTTOY Yapande	09.02.1992	*US Granville (FRA)*
Kenny Renaud LIKI Mbiafolo	12.03.2000	*Olympic Real de Bangui*
Steve Freeman NIAMATHÉ	12.03.1995	*Red Star Bangui*
Brad Thomas PIRIOUA	06.03.2000	*Atlético de Porcuna CF (ESP)*
Trésor TOROPITÉ	31.07.1994	*Diplomates FC du 8ème Arrondissement de Bangui*
Wilfried Aimeric ZAHIBO	21.08.1993	*Dundalk FC (IRL)*
	Forwards	
Alfred Toussaint GOMBÉFÉI	01.11.2001	*Red Star Bangui*
Foxi KÉTHÉVOAMA	30.05.1986	*Balıkesirspor Kulübü Derneği (TUR)*
Sylvester KOKASSA-KOLEONO	10.11.1995	*Olympic Real de Bangui*
Henoc KPÉKO Damona	11.12.2002	*Olympic Real de Bangui*
Louis MAFOUTA	02.07.1994	*Neuchâtel Xamax FCS (SUI)*
Delphin MOKONOU	28.10.2000	*Diplomates FC du 8ème Arrondissement de Bangui*
Georgine M'VONDO Zé	12.08.1997	*FC Gueugnon (FRA)*
Karl Maxence NAMNGANDA	08.02.1996	*Les Herbiers Vendée Football (FRA)*
Isaac NGOMA	09.12.2002	*Jeunesse Sportive de Boeing*
Arnaud TATTEVIN	26.02.2000	*Paris FC (FRA)*
Axel Paul URIE	14.04.1999	*US Créteil (FRA)*
Christian-Theodor YAWANENDJI-MALIPANGOU	16.05.2002	*Stade Centrafricain Tocages*
	National coaches	
François ZAHOUI (Ivory Coast) [20.09.2019 – 14.07.2021]		21.08.1962
Raoul SAVOY (Switzerland) [from 21.08.2021]		18.05.1973

CHAD

Fédération Tchadienne de Football
Boîte postale 886, N'Djamena
Year of Formation: 1962
Member of FIFA since: 1964
Member of CAF since: 1964

First international match:
25.12.1961, Abidjan (CIV):
Niger - Chad 2-2
Most international caps:
Ezechiel N'Douassel
45 caps (since 2005)
Most international goals:
Ezechiel N'Douassel
14 goals / 45 caps (since 2005)

AFRICAN CUP OF NATIONS	
1957	Did not enter
1959	Did not enter
1962	Did not enter
1963	Did not enter
1965	Did not enter
1968	Did not enter
1970	Did not enter
1972	Did not enter
1974	Did not enter
1976	Did not enter
1978	Did not enter
1980	Did not enter
1982	Did not enter
1984	Did not enter
1986	Did not enter
1988	Did not enter
1990	Did not enter
1992	Qualifiers
1994	Qualifiers (Withdrew)
1996	Did not enter
1998	Did not enter
2000	Qualifiers
2002	Did not enter
2004	Qualifiers
2006	Qualifiers
2008	Qualifiers
2010	Disqualified
2012	Qualifiers
2013	Qualifiers
2015	Qualifiers
2017	Qualifiers (Withdrew)
2019	Banned
2021	Qualifiers (Disqualified)

FIFA WORLD CUP	
1930	Did not enter
1934	Did not enter
1938	Did not enter
1950	Did not enter
1954	Did not enter
1958	Did not enter
1962	Did not enter
1966	Did not enter
1970	Did not enter
1974	Did not enter
1978	Did not enter
1982	Did not enter
1986	Did not enter
1990	Did not enter
1994	Did not enter
1998	Did not enter
2002	Qualifiers
2006	Qualifiers
2010	Qualifiers
2014	Qualifiers
2018	Qualifiers

OLYMPIC FOOTBALL TOURNAMENTS 1900-2020
2004 (Withdrew during qualifiers), 2008 (Withdrew), 2012 (Withdrew), 2020 (Qualifiers)

F.I.F.A. CONFEDERATIONS CUP 1992-2017
None

AFRICAN GAMES 1965-2019
1978

CENTRAL AFRICAN GAMES 1976-1987
1976, 1987

UDEAC (Union Douanière et Economique des Etats de l'Afrique Centrale) CUP 1984-1990 CEMAC (Communauté Economique et Monétaire de l'Afrique Centrale) CUP 2003-2014
1984, 1985, 1986 (Runners-up), 1987 (Runners-up), 1988, 1989, 1990 (3rd place), 2005 (Runners-up), 2006, 2007 (3rd place), 2008, 2010 (Amateur XI), 2013, **2014 (Winners)**

AFRICAN NATIONS CHAMPIONSHIP 2009-2020
2009 (*Withdrew*), 2016 (Qualifiers), 2020(Qualifiers)

CHADIAN CLUB HONOURS IN ASIAN CLUB COMPETITIONS: CAF Champions League 1964-2021
None
CAF Confederation Cup 2004-2021
None
CAF Super Cup 1993-2021
None
African Cup Winners' Cup 1975-2003*
None
CAF Cup 1992-2003*
None

**defunct competitions*

NATIONAL COMPETITIONS
TABLE OF HONOURS

	CHAMPIONS	CUP WINNERS
1973		Gazelle FC N'Djamena
1974		Gazelle FC N'Djamena
No competitions between 1975 and 1987		
1988	Tout Puissant Elect Sports N'Djamena	-
1989	Renaissance FC N'Djamena	Tourbillon FC N'Djamena
1990	Tout Puissant Elect Sports N'Djamena	Renaissance FC N'Djamena
1991	Tourbillon FC N'Djamena	Postel 2000 N'Djamena
1992	Tout Puissant Elect Sports N'Djamena	Massinya Massénya
1993	Postel 2000 N'Djamena	Renaissance Abéché
1994	Renaissance Abéché	-
1995	Postel 2000 N'Djamena	AS Coton Chad N'Djamena
1996	AS Coton Chad N'Djamena	Renaissance FC N'Djamena
1997	Tourbillon FC N'Djamena	Gazelle FC N'Djamena
1998	AS Coton Chad N'Djamena	-
1999	Renaissance FC N'Djamena	AS Coton Chad N'Djamena
2000	Tourbillon FC N'Djamena	Gazelle FC N'Djamena

2001	Tourbillon FC N'Djamena	Gazelle FC N'Djamena
2002	*Not known*	*No competition from 2002 to 2007*
2003	*Not known*	
2004	Renaissance FC N'Djamena	
2005	Renaissance FC N'Djamena	
2006	Renaissance FC N'Djamena	
2007	Renaissance FC N'Djamena	
2008	Elect Sport N'Djamena	FC Tourbillon N'Djamena
2009	Gazelle FC N'Djamena	AS Coton Chad N'Djamena
2010	*No competition*	*No competition*
2011	Foullah Edifice FC N'Djamena	*No competition*
2012	Gazelle FC N'Djamena	*No competition*
2013	Foullah Edifice FC N'Djamena	ASLAD de Moundou
2014	Foullah Edifice FC N'Djamena	*Not known*
2015	Gazelle FC N'Djamena	Renaissance FC N'Djamena
2016	Gazelle FC N'Djamena	*No competition*
2017	*Championship abandoned*	*No competition*
2018	Tout Puissant Elect Sports N'Djamena	*No competition*
2019	Tout Puissant Elect Sports N'Djamena	*No competition*
2020	Gazelle FC N'Djamena	*No competition*
2020/2021	*No competition*	*No competition*

NATIONAL CHAMPIONSHIP
LINAFOOT Championnat National 2021

Apparently no championship was played in 2021.

NATIONAL CUP
Coupe du Tchad de Football Final 2021

No informations available.

NATIONAL TEAM
INTERNATIONAL MATCHES 2021

24.03.2021	*Chad - Namibia*	*0-3*	*(ACNQ)*
28.03.2021	*Mali - Chad*	*3-0*	*(ACNQ)*

22.03.2021, 33rd African Cup of Nations, Qualifiers
CHAD - NAMIBIA   **0-3 (awarded)**

30.03.2021, 33rd African Cup of Nations, Qualifiers
MALI - CHAD   **3-0 (awarded)**

Please note: In March 2021, the Chadian government dissolved the Chadian Football Federation, Due to this decision, CAF disqualified Chad on 22.03.3021 from its participation in the 2021 African Cup of Nations qualifiers.

COMOROS

Fédération Comorienne de Football
Route d' Itsandra,
Boîte postale 798, Moroni
Year of Formation: 1979
Member of FIFA since: 2005
Member of CAF since: 2003
www.fedcomfoot.com

First international match:
26.08.1979, Réunion:
Mauritius - Comoros 3-0

Most international caps:
Youssouf Yacoub M'Changama
40 caps (since 2010)

Most international goals:
El Fardou Nabouhane
13 goals / 25 caps (since 2014)

AFRICAN CUP OF NATIONS	
1957	Did not enter
1959	Did not enter
1962	Did not enter
1963	Did not enter
1965	Did not enter
1968	Did not enter
1970	Did not enter
1972	Did not enter
1974	Did not enter
1976	Did not enter
1978	Did not enter
1980	Did not enter
1982	Did not enter
1984	Did not enter
1986	Did not enter
1988	Did not enter
1990	Did not enter
1992	Did not enter
1994	Did not enter
1996	Did not enter
1998	Did not enter
2000	Did not enter
2002	Did not enter
2004	Did not enter
2006	Did not enter
2008	Did not enter
2010	Qualifiers
2012	Qualifiers
2013	Qualifiers
2015	Qualifiers
2017	Qualifiers
2019	Qualifiers
2021	Final Tournament (Qualified)

FIFA WORLD CUP	
1930	Did not enter
1934	Did not enter
1938	Did not enter
1950	Did not enter
1954	Did not enter
1958	Did not enter
1962	Did not enter
1966	Did not enter
1970	Did not enter
1974	Did not enter
1978	Did not enter
1982	Did not enter
1986	Did not enter
1990	Did not enter
1994	Did not enter
1998	Did not enter
2002	Did not enter
2006	Did not enter
2010	Qualifiers
2014	Qualifiers
2018	Qualifiers

OLYMPIC FOOTBALL TOURNAMENTS 1900-2020
2008 (Withdrew)

F.I.F.A. CONFEDERATIONS CUP 1992-2017
None

AFRICAN GAMES 1965-2019
None
COSAFA (Confederation of Southern African Football Associations) CUP 1997-2021
2008 (Group Stage), 2009 (Group Stage), 2018 (Group Stage), 2019 (Quarter-Finals), 2021 (withdrew)
INDIAN OCEAN GAMES 1947-2019
1979, 1985 (3rd Place), 1990, 1993, 1998, 2003, 2007, 2011, 2015, 2019
AFRICAN NATIONS CHAMPIONSHIP 2009-2020
2014 (Qualifiers), 2016 (Qualifiers), 2018 (Qualifiers), 2020 (Qualifiers)
ARAB NATIONS CUP 1963-2021
1998 (Withdrew), 2009 (Qualifiers), 2021 (Qualifiers)

COMORIAN CLUB HONOURS IN ASIAN CLUB COMPETITIONS:
CAF Champions League 1964-2021
None
CAF Confederation Cup 2004-2021
None
CAF Super Cup 1993-2021
None
Arab Champions Cup / Arab Champions League 1982-2009 / UAFA Club Cup 2012-2013 / Arab Club Championship 2017 / Arab Club Champions Cup 2018-2020
None
African Cup Winners' Cup 1975-2003
None
CAF Cup 1992-2003
None

*defunct competitions

NATIONAL COMPETITIONS
TABLE OF HONOURS

	CHAMPIONS	CUP WINNERS
1979/1980	Coin Nord Mitsamiouli	-
1980/1981	Not known	-
1981/1982	Not known	-
1982/1983	Not known	Coin Nord Mitsamiouli
1983/1984	Not known	Not known
1984/1985	Not known	Not known
1985/1986	Coin Nord Mitsamiouli	Not known
1986/1987	Not known	Coin Nord Mitsamiouli
1987/1988	Not known	Coin Nord Mitsamiouli
1988/1989	Not known	Not known
1989/1990	Coin Nord Mitsamiouli	Not known
1990/1991	Étoile du Sud Foumboni	Gombessa Sports Mutsamudu
1991/1992	Étoile du Sud Foumboni	Papillon Bleu

1992/1993	Not known	Not known
1993/1994	Not known	Not known
1994/1995	Not known	US Zilimadjou
1995/1996	Not known	Not known
1996/1997	Not known	Not known
1997/1998	US Zilimadjou	Not known
1998/1999	Not known	Not known
1999/2000	Not known	Not known
2000/2001	Coin Nord Mitsamiouli	Not known
2001/2002	Not known	Not known
2002/2003	Not known	Coin Nord Mitsamiouli
2003/2004	Not known	Papillon Bleu
2004/2005	Coin Nord Mitsamiouli	Elan Club Mitsudjé
2005/2006	AJSM Mutsamudu	Volcan Club Moroni
2006/2007	Coin Nord Mitsamiouli	Chirazienne Club Domoni
2007/2008	Étoile d'Or Mirontsy	No competition
2009	Apache Club Mitsamiouli	Apache Club Mitsamiouli
2010	Elan Club Mitsudjé	No competition
2011	Coin Nord Mitsamiouli	Coin Nord Mitsamiouli
2012	Djabal Club Ikoni	Style Nouvel de Sima
2013	AS Komorozine de Domoni	Enfants des Comores Vouvouni Bamabao
2014	Fomboni FC Mwali	Volcan Club Moroni
2015	Volcan Club Moroni	Fomboni FC Mwali
2016	Ngaya Club de Mdé	Volcan Club Moroni
2017	Ngaya Club de Mdé	Ngazi Club de Mirontsy
2018	Volcan Club Moroni	Miracle Maoueni
2019	Fomboni FC Mwali	Yakélé Sport Mutsamudu
2020	US Zilimadjou Moroni	US Zilimadjou Moroni
2021	US Zilimadjou Moroni	Olympique de Missiri

NATIONAL CHAMPIONSHIP
Championnat des Comores 2021

The national championship were played in Regional Leagues, whose winners were qualified for the Final Phase (Phase Nationale).

Regional Leagues:

Ndzuani/Anjouan League:

1.	**Ngazi Club de Mirontsy**	18	12	4	2	37	-	17	40
2.	JS Bazimini	18	8	6	4	26	-	21	30
3.	Étoile d'Or Mirontsy	18	7	9	2	22	-	17	30
4.	Gombessa Mutsamudu	18	8	4	6	25	-	14	28
5.	Chirazienne FC Domoni	18	7	4	7	25	-	25	25
6.	Yakélé Sport	18	6	6	6	21	-	20	24
7.	FC Ouani (*Relegated*)	18	6	4	8	25	-	24	22
8.	Ziarra Club Sima (*Relegated*)	18	4	6	8	13	-	26	18
9.	Mrango Club (*Relegated*)	18	3	7	8	9	-	23	16
10.	Olympique de Missiri (*Relegated*)	18	2	4	12	11	-	27	10

Mohéli/Mwali League:

1.	**FCN Espoir Nioumachoua**	14	8	2	4	23	-	10	26
2.	FC Chihouzi	14	7	4	3	23	-	17	25
3.	Ouragan Sport Club Mboingoma	14	5	5	4	25	-	17	20
4.	Fomboni FC Mwali	14	5	5	4	20	-	17	20
5.	Belle Lumière de Djwaezi	14	5	5	4	15	-	14	20
6.	Etoile du Centre Salamani	14	5	4	5	21	-	19	19
7.	Juno Club Hoani (*Relegated*)	14	4	5	5	18	-	19	17
8.	Chikabwe Hagnamwada (*Relegated*)	14	1	2	11	6	-	38	5

Ngazidja/Grand Comore League:

1.	**US Zilimadjou Moroni**	20	15	4	1	34	-	7	49
2.	FC Hantsindzi	20	10	4	6	18	-	13	34
3.	Ngaya Club de Mdé	20	9	6	5	27	-	17	33
4.	Volcan Club Moroni	20	10	3	7	30	-	21	33
5.	Elan Club Mitsoudjé	20	9	3	8	22	-	22	30
6.	Etoile des Comores Nioumadzaha	20	8	5	7	25	-	21	29
7.	FC Malé	20	8	5	7	24	-	24	29
8.	JACM Mitsoudjé	20	8	3	9	19	-	22	27
9.	Petit Harlem Ouroveni (*Relegated*)	20	5	3	12	16	-	30	18
10.	US Mbéni (*Relegated*)	20	5	2	13	21	-	39	17
11.	Twamaya FC (*Relegated*)	20	3	2	15	25	-	45	11
12.	Amical Club Chezani (*Relegated*)	(*withdrew*)							

Phase Nationale

1.	**US Zilimadjou Moroni**	2	1	1	0	4	-	1	4
2.	Ngazi Club de Mirontsy	2	1	1	0	4	-	3	4
3.	FCN Espoir Nioumachoua	2	0	0	2	2	-	6	0

2021 Champions: **US Zilimadjou Moroni**

NATIONAL CUP
Coupe des Comores 2021

13.06.2021
Olympique de Missiri - FC Ouani   **3-1(1-1)**
Goals: Djaoidou Abdou (45), Andrianjafiarinoro Manda Wanya Rakotoniaina (57, 88) / Ali Latuf (45+2).

NATIONAL TEAM INTERNATIONAL MATCHES 2021					

25.03.2021	Moroni	Comoros - Togo	0-0	(ACNQ)
29.03.2021	Cairo	Egypt - Comoros	4-0(4-0)	(ACNQ)
24.06.2021	Doha	Palestine - Comoros	5-1(2-1)	(ARCQ)
01.09.2021	Moroni	Comoros - Seychelles	7-1(3-0)	(F)
07.09.2021	Moroni	Comoros - Burundi	1-0(0-0)	(F)
13.11.2021	Sapanca	Sierra Leone - Comoros	0-2(0-1)	(F)
31.12.2021	Jeddah	Comoros - Malawi	1-2(1-2)	(F)

25.03.2021, 33rd African Cup of Nations, Qualifiers
Stade Omnisports de Malouzini, Moroni; Attendance: 0
Referee: Mashood Ssali (Uganda)
COMOROS - TOGO   0-0
COM: Ali Nadhoim Ahamada, Ben Djaloud Youssouf, Younn Zahary (41.Nadjim Conge Abdou), Kassim M'Dahoma, Saïd Bakari, Youssouf Yacoub M'Changama, Rafidine Abdullah, Faiz Mattoir (85.Mohamed Youssouf), Ahmed Mogni (58.Fouad Bachirou), El Fardou Mohamed Ben Nabouhane (86.Ibroihim Youssouf Djoudja), Faïz Selemani. Trainer: Amir Abdou.

29.03.2021, 33rd African Cup of Nations, Qualifiers
Cairo International Stadium, Cairo; Attendance: 0
Referee: Boubou Traoré (Mali)
EGYPT - COMOROS   4-0(4-0)
COM: Ali Nadhoim Ahamada, Ben Djaloud Youssouf (46.Kassim Ahamada), Nadjim Conge Abdou, Kassim M'Dahoma, Saïd Bakari, Rafidine Abdullah (84.Ahmed Mogni), Youssouf Yacoub M'Changama (46.Faiz Mattoir), Fouad Bachirou (63.Yacine Bourhane), Nasser Chamed (46.Ibroihim Youssouf Djoudja), Mohamed M'Changama, Faïz Selemani. Trainer: Amir Abdou.

24.06.2021, 10th FIFA Arab Cup Qualifiers
"Jassim Bin Hamad" Stadium, Doha (Qatar); Attendance: 0
Referee: Daniele Doveri (Italy)
PALESTINE - COMOROS   5-1(2-1)
COM: Moyadh Ousseni, Akim Djaha (86.Ahmed Hassani Fakira), Kassim Ahamada, El-Omar Farouk Mohamedi Fardi, Faouz Faidine Ali Attoumane, Ancoub Ankili Mze Ali, Abdourahim Moina Afia Alidi, Djamalidine Atoiyi, Ibroihim Youssouf Djoudja (65.Haym Ibrahim Papa), Djoumoi Moussa (86.Mohamed Anoir Chamoune), Mohamed M'Changama (73.Loutfi Daoudou). Trainer: Amir Abdou.
Goal: Djoumoi Moussa (5).

01.09.2021, Friendly International
Stade Omnisports de Malouzini, Moroni; Attendance: 0
Referee: Elly Sasii (Tanzania)
COMOROS - SEYCHELLES   7-1(3-0)
COM: Salim Ben Boina, Kassim Abdallah Mfoihaia (65.Ben Djaloud Youssouf), Younn Zahary (57.Safwan Mbaé), Kassim M'Dahoma, Saïd Bakari, Yacine Bourhane (67.Iyad Mohamed), Nakibou Aboubakari (56.Fouad Bachirou), Mohamed Youssouf (46.Djoumoi Moussa), Ali M'Madi (65.Youssouf Yacoub M'Changama), Ahmed Mogni (56.El Fardou Mohamed Ben Nabouhane), Faïz Selemani (77.Ibtoihi Hadhari). Trainer: Amir Abdou.
Goals: Faïz Selemani (31), Mohamed Youssouf (34), Ahmed Mogni (39, 49), El Fardou Mohamed Ben Nabouhane (63, 75, 83).

07.09.2021, Friendly International
Stade Omnisports de Malouzini, Moroni; Attendance: n/a
Referee: Elly Sasi (Tunisia)
COMOROS - BURUNDI **1-0(0-0)**
COM: Salim Ben Boina, Ben Djaloud Youssouf, Nadjim Conge Abdou, Kassim M'Dahoma, Saïd Bakari (79.Kassim Ahamada), Yacine Bourhane (73.Nakibou Aboubakari), Fouad Bachirou (89.Iyad Mohamed), Youssouf Yacoub M'Changama (57.Ahmed Mogni), Mohamed Youssouf (77.Faiz Mattoir), El Fardou Mohamed Ben Nabouhane, Faïz Selemani. Trainer: Amir Abdou.
Goal: Youssouf Yacoub M'Changama (47).

13.11.2021, Friendly International
Atatürk Stadyumu, Sapanca (Turkey); Attendance: 0
Referee: n/a
SIERRA LEONE - COMOROS **0-2(0-1)**
COM: Salim Ben Boina (47.Ali Nadhoim Ahamada), Kassim Abdallah Mfoihaia (62.Chaker Alhadhur), Kassim M'Dahoma, Younn Zahary, Ben Djaloud Youssouf, Saïd Bakari (74.Nasser Chamed), Yacine Bourhane (74.Iyad Mohamed), Fouad Bachirou (40.Ahmed Mogni), Youssouf Yacoub M'Changama, El Fardou Mohamed Ben Nabouhane, Faïz Selemani. Trainer: Amir Abdou.
Goals: El Fardou Mohamed Ben Nabouhane (34, 89).

31.12.2021, Friendly International
"Prince Abdullah Al Faisal" Stadium, Jeddah (Saudi Arabia)
Referee: n/a
COMOROS - MALAWI **1-2(1-2)**
COM: Ali Nadhoim Ahamada (46.Salim Ben Boina), Abdallah Ali Mohamed, Younn Zahary, Kassim Abdallah Mfoihaia, Nadjim Conge Abdou (57.Alexis Souahy), Rafidine Abdullah, Yacine Bourhane (56.Djoumoi Moussa), Faiz Mattoir (56.Ali M'Madi), Faïz Selemani, Ahmed Mogni (80.Nasser Chamed), Youssouf Yacoub M'Changama. Trainer: Amir Abdou.
Goal: Faïz Selemani (45).

NATIONAL TEAM PLAYERS 2021		
Name	DOB	Club
Goalkeepers		
Ali Nadhoim AHAMADA	19.08.1991	*Unattached*
Salim Ben BOINA	19.07.1991	*US Marseille Endoume (FRA)*
Moyadh OUSSENI	02.04.1993	*ÉFC Fréjus Saint-Raphaël (FRA)*
Defenders		
Kassim ABDALLAH Mfoihaia	09.04.1987	*Marignane Gignac FC (FRA)*
Kassim AHAMADA	18.04.1992	*US Créteil-Lusitanos (FRA); 01.07.2021-> Unattached*
Chaker ALHADHUR	04.12.1991	*AC Ajaccio (FRA)*
Saïd BAKARI	22.09.1994	*RKC Waalwijk (NED)*
Mohamed Anoir CHAMOUNE	06.11.1994	*Volcan Club Moroni*
Akim DJAHA	14.09.1989	*Vannes OC (FRA)*
El-Omar Farouk Mohamedi FARDI	22.04.2002	*Olympique de Marseille "B" (FRA)*
Haym IBRAHIM Papa	04.06.1998	*Thono Evian Grand Genève FC (FRA)*
Safwan MBAÉ	20.04.1997	*Grand Ouest Association Lyonnaise FC (FRA)*

Kassim M'DAHOMA	26.01.1997	Lyon-La Duchère (FRA); 02.08.2021-> US Avranches Mont Saint Michel (FRA)
Abdallah Ali MOHAMED	11.04.1999	FC Stade Lausanne Ouchy (SUI)
Alexis SOUAHY	13.01.1995	Louisville City (USA)
Ben Djaloud YOUSSOUF	11.02.1994	Le Mans FC (FRA); 01.07.2021-> La Berrichonne de Châteauroux (FRA)
Younn ZAHARY	08.10.1998	Stade Malherbe Caen (FRA); 01.07.2021-> Stade Olympique Choletais (FRA)

Midfielders

Nadjim Conge ABDOU	13.07.1984	FC Martigues (FRA)
Rafidine ABDULLAH	15.01.1994	FC Stade Lausanne Ouchy (SUI)
Nakibou ABOUBAKARI	10.03.1993	FC Sète 34 (FRA)
Djamalidine ATOIYI	05.08.1997	FC Martigues (FRA)
Faouz Faidine Ali ATTOUMANE	04.01.1994	FC Nouadhibou ASJN Nouakchott (MRT)
Fouad BACHIROU	15.04.1990	Nottingham Forest FC (ENG); 16.08.2021-> AC Omonia Nicosia (CYP)
Yacine BOURHANE	30.09.1998	Chamois Niortais FC (FRA); 20.07.2021-> Go Ahead Eagles Deventer (NED)
Faiz MATTOIR	12.07.2000	AC Ajaccio (FRA); 01.07.2021-> Stade Olympique Choletais (FRA)
Youssouf Yacoub M'CHANGAMA	29.08.1990	En Avant de Guingamp (FRA)
Iyad MOHAMED	05.03.2001	AJ Auxerre (FRA)
Abdourahim MOINA Afia Alidi	17.12.2000	US Concarneau (FRA)
Ancoub Ankili MZE Ali	11.02.1996	Villefranche Saint-Jean Beaulieu FC (FRA)
Mohamed YOUSSOUF	26.03.1988	AC Ajaccio (FRA)

Forwards

El Fardou Mohamed BEN NABOUHANE	10.06.1989	FK Crvena Zvezda Beograd (SRB)
Nasser CHAMED	04.10.1993	CS Gaz Metan Mediaș (ROU)
Loutfi DAOUDOU	28.09.1997	AS Furiani-Agliani (FRA)
Ibroihim Youssouf DJOUDJA	06.05.1994	FC Nouadhibou ASJN Nouakchott (MRT)
Ahmed Hassani FAKIRA	31.12.1987	Volcan Club Moroni
Ibtoihi HADHARI	03.10.2003	Olympique de Marseille "B" (FRA)
Mohamed M'CHANGAMA	09.06.1987	Racing Besançon (FRA)
Ali M'MADI	21.04.1990	SAS Epinal (FRA)
Ahmed MOGNI	10.10.1991	FC d'Annecy (FRA)
Djoumoi MOUSSA	16.07.1999	AS Saint-Priest (FRA)
Faïz SELEMANI	14.11.1993	KV Kortrijk (BEL)

National coaches

Amir ABDOU [from 01.07.2020]		08.07.1972

CONGO

Fédération Congolaise de Football
80 Rue Eugène Etienne,
Centre Ville
Brazzaville, BP 11
Year of Formation: 1962
Member of FIFA since: 1963
Member of CAF since: 1964
www.febefoot.org

First international match:
02.1960, Abidjan:
Ivory Coast - Congo 4-2
Most international caps:
Jonas Bahamboula Mbemba
56 caps (1969-1982)
Most international goals:
Thievy Bifouma Koulossa
15 goals / 31 caps (since 2014)

AFRICAN CUP OF NATIONS	
1957	Did not enter
1959	Did not enter
1962	Did not enter
1963	Did not enter
1965	Did not enter
1968	Final Tournament (Group Stage)
1970	Did not enter
1972	**Final Tournament (Winners)**
1974	Final Tournament (4th place)
1976	Qualifiers
1978	Final Tournament (Group Stage)
1980	Qualifiers
1982	Qualifiers
1984	Qualifiers
1986	Qualifiers
1988	Qualifiers
1990	Did not enter
1992	Final Tournament (Quarter-Finals)
1994	Qualifiers
1996	Qualifiers
1998	Qualifiers
2000	Final Tournament (Group Stage)
2002	Qualifiers
2004	Qualifiers
2006	Qualifiers
2008	Qualifiers
2010	Qualifiers
2012	Qualifiers
2013	Qualifiers
2015	Final Tournament (Quarter-Finals)
2017	Qualifiers
2019	Qualifiers
2021	Qualifiers

FIFA WORLD CUP	
1930	Did not enter
1934	Did not enter
1938	Did not enter
1950	Did not enter
1954	Did not enter
1958	Did not enter
1962	Did not enter
1966	Entry not accepted by FIFA
1970	Did not enter
1974	Qualifiers
1978	Qualifiers
1982	Did not enter
1986	Did not enter
1990	Did not enter
1994	Qualifiers
1998	Qualifiers
2002	Qualifiers
2006	Qualifiers
2010	Qualifiers
2014	Qualifiers
2018	Qualifiers

OLYMPIC FOOTBALL TOURNAMENTS 1908-2020							
1908	-	1952	-	1976	-	2000	Qualifiers
1912	-	1956	-	1980	-	2004	Qualifiers
1920	-	1960	-	1984	Withdrew	2008	Did not enter
1924	-	1964	-	1988	-	2012	Qualifiers
1928	-	1968	-	1992	Withdrew	2016	Qualifiers
1936	-	1972	-	1996	-	2020	Qualifiers
1948	-						

F.I.F.A. CONFEDERATIONS CUP 1992-2017
None

AFRICAN GAMES 1965-2019
1965 (Winners), 1973, 1995, 1999, 2015
CENTRAL AFRICAN GAMES 1976-1987
1976 (Runners-up), 1981 (Runners-up), 1987 (3rd place)
UDEAC (Union Douanière et Economique des Etats de l'Afrique Centrale) CUP 1984-1990   **CEMAC (Communauté Economique et Monétaire de l'Afrique Centrale) CUP 2003-2014**
1984 (Runners-up), 1985 (Runners-up), 1986 (3rd place), 1988 (3rd place), 1989, **1990 (Winners)**, 2003 (3rd place), 2005, 2006, **2007 (Winners)**, 2008 (Runners-up), **2010 (Winners)**, 2013 (3rd Place), 2014 (Runners-up)
AFRICAN NATIONS CHAMPIONSHIP 2009-2020
2009 (Qualifiers), 2011 (Qualifiers), 2014 (Group Stage), 2016 (Qualifiers), 2018 (Quarter-Finals), 2020 (Quarter-Finals)

CONGOLESE CLUB HONOURS IN ASIAN CLUB COMPETITIONS:
CAF Champions League 1964-2021
CARA de Brazzaville (1974)
CAF Confederation Cup 2004-2021
AC Léopards de Dolisie (2012)
CAF Super Cup 1993-2021
None
African Cup Winners' Cup 1975-2003*
None
CAF Cup 1992-2003*
None

defunct competitions

NATIONAL COMPETITIONS
TABLE OF HONOURS

	CHAMPIONS	CUP WINNERS
1961	Diables Noirs Brazzaville	-
1962	*No competition*	-
1963	*No competition*	-
1964	*No competition*	-
1965	*No competition*	-
1966	Diables Noirs Brazzaville	-
1967	Abeilles FC Pointe-Noire	-
1968	Étoile du Congo Brazzaville	-
1969	Patronage Sainte-Anne Brazzaville	-
1970	CARA de Brazzaville	-
1971	Victoria Club Mokanda Pointe-Noire	-
1972	CARA de Brazzaville	-
1973	CARA de Brazzaville	-
1974	CARA de Brazzaville	Vita Club Mokanda Pointe-Noire
1975	CARA de Brazzaville	*Not known*
1976	CARA de Brazzaville	*Not known*
1977	Diables Noirs Brazzaville	Vita Club Mokanda Pointe-Noire
1978	Étoile du Congo Brazzaville	Inter Club de Brazzaville
1979	Étoile du Congo Brazzaville	*Not known*
1980	Étoile du Congo Brazzaville	*Not known*
1981	CARA de Brazzaville	CARA de Brazzaville
1982	CARA de Brazzaville	AS Cheminots Pointe-Noire
1983	Kotoko MFOA Brazzaville	Étoile du Congo Brazzaville
1984	CARA de Brazzaville	AS Cheminots Pointe-Noire
1985	Étoile du Congo Brazzaville	Inter Club de Brazzaville
1986	Patronage Sainte-Anne Brazzaville	CARA de Brazzaville
1987	Étoile du Congo Brazzaville	Inter Club de Brazzaville
1988	Inter Club de Brazzaville	Patronage Sainte-Anne Brazzaville
1989	Étoile du Congo Brazzaville	Diables Noirs Brazzaville
1990	Inter Club de Brazzaville	Diables Noirs Brazzaville
1991	*No competition*	Elecsport Bouansa
1992	Diables Noirs Brazzaville	CARA de Brazzaville
1993	Étoile du Congo Brazzaville	*No competition*
1994	Étoile du Congo Brazzaville	EPB Pointe-Noire
1995	AS Cheminots Pointe-Noire	Étoile du Congo Brazzaville
1996	Munisport Pointe-Noire	Vita Club Mokanda Pointe-Noire
1997	Munisport Pointe-Noire	*No competition*
1998	Vita Club Mokanda Pointe-Noire	*No competition*
1999	Vita Club Mokanda Pointe-Noire	*No competition*
2000	Étoile du Congo Brazzaville	Étoile du Congo Brazzaville
2001	Étoile du Congo Brazzaville	AS Police Brazzaville
2002	AS Police Brazzaville	Étoile du Congo Brazzaville
2003	Saint Michel d'Ouenzé Brazzaville	Diables Noirs Brazzaville
2004	Diables Noirs Brazzaville	Munisport Pointe-Noire
2005	*Title not given*	Diables Noirs Brazzaville
2006	Étoile du Congo Brazzaville	Étoile du Congo Brazzaville
2007	Diables Noirs Brazzaville	JS de Talangaï Brazzaville

2008	CARA de Brazzaville	Club 57 Brazzaville
2009	Diables Noirs Brazzaville	AC Léopards de Dolisie
2010	Saint Michel d'Ouenzé Brazzaville	*No competition*
2011	Diables Noirs Brazzaville	AC Léopards de Dolisie
2012	AC Léopards de Dolisie	Diables Noirs Brazzaville
2013	AC Léopards de Dolisie	AC Léopards de Dolisie
2014	*Competition abandoned*	CSM Diables Noirs Brazzaville
2015	*Competition abandoned*	CSM Diables Noirs Brazzaville
2016	AC Léopards de Dolisie	AC Léopards de Dolisie
2017	AC Léopards de Dolisie	AC Léopards de Dolisie
2018	AS Otôho d'Oyo	CSM Diables Noirs Brazzaville
2018/2019	AS Otôho d'Oyo	Étoile du Congo Brazzaville (2019)
2019/2020	AS Otôho d'Oyo	*No competition*
2021	AS Otôho d'Oyo	*No competition*

NATIONAL CHAMPIONSHIP
Championnat National MTN Ligue 1 2021

1.	**AS Otôho d'Oyo**	26	21	3	2	48 - 9	66
2.	CSM Diables Noirs Brazzaville	26	15	6	5	42 - 21	51
3.	Jeunesse Sportive de Talangaï Brazzaville	26	11	7	8	28 - 26	40
4.	AC Léopards de Dolisie	26	10	9	7	37 - 32	39
5.	CARA de Brazzaville	26	10	8	8	26 - 20	38
6.	Étoile du Congo Brazzaville	26	9	10	7	23 - 22	37
7.	FC Kondzo	26	8	11	7	25 - 26	35
8.	Patronage Sainte-Anne Brazzaville	26	8	9	9	17 - 23	33
9.	Inter Club de Brazzaville	26	6	10	10	23 - 23	28
10.	FC Nathaly's de Pointe Noire	26	7	6	13	22 - 42	27
11.	Nico-Nicoyé Pointe Noire	26	6	8	12	23 - 28	26
12.	Vita Club Mokanda Pointe-Noire	26	6	7	13	15 - 30	25
13.	AS Cheminots Pointe-Noire (*Relegation Play-offs*)	26	6	6	14	25 - 31	24
14.	Racing Club de Brazzaville (*Relegated*)	26	6	6	14	28 - 49	24

Relegation Play-offs: Munisport de Pointe-Noire - AS Cheminots Pointe-Noire 0-0; 0-1

Promoted for the 2022 season:

AS Ponténégrine

THE CLUBS

ATHLÉTIC CLUB LÉOPARDS DE DOLISIE
Year of Formation: 1953
Stadium: Stade "Denis Sassou Nguesso", Dolisie (20,000)

ASSOCIATION SPORTIVE CHÉMINOTS POINTE-NOIRE
Stadium: Stade Municipal, Pointe-Noire (13,500)

ASSOCIATION SPORTIVE OTÔHO D'OYO
Year of Formation: 2014
Stadium: Stade "Marien Ngouabi", Owando (13,037)

CARA (CLUB ATHLÉTIQUE RENAISSANCE AIGLON) DE BRAZZAVILLE
Year of Formation: 1935
Stadium: Stade „Alphonse Massamba-Débat", Brazzaville (27,000)

CLUB SPORTIF MULTIDISCIPLINAIRE (CSM) DIABLES NOIRS BRAZZAVILLE
Year of Formation: 1950
Stadium: Stade „Alphonse Massamba-Débat", Brazzaville (27,000)

ÉTOILE DU CONGO BRAZZAVILLE
Year of Formation: 1926
Stadium: Stade „Alphonse Massamba-Débat", Brazzaville (27,000)

FOOTBALL CLUB KONDZO
Stadium: Stade „Alphonse Massamba-Débat", Brazzaville (27,000)

INTER CLUB DE BRAZZAVILLE
Year of Formation: 1967
Stadium: Stade D'Ornano, Brazzaville (27,000)

JEUNESSE SPORTIVE DE TALANGAÏ BRAZZAVILLE
Stadium: Stade „Alphonse Massamba-Débat", Brazzaville (27,000)

NICO-NICOYÉ POINTE NOIRE
Stadium: Stade Municipal, Pointe-Noire (13,500)

PATRONAGE SAINTE-ANNE BRAZZAVILLE
Stadium: Stade „Alphonse Massamba-Débat", Brazzaville (27,000)

RACING CLUB DE BRAZZAVILLE
Year of Formation: 2002
Stadium: Stade „Alphonse Massamba-Débat", Brazzaville (27,000)

VICTORIA CLUB MOKANDA POINTE-NOIRE
Year of Formation: 1952
Stadium: Stade Municipal, Pointe-Noire (13,500)

NATIONAL TEAM
INTERNATIONAL MATCHES 2021

26.03.2021	Brazzaville	Congo - Senegal	0-0	(ACNQ)
30.03.2021	Bissau	Guinea-Bissau - Congo	3-0(1-0)	(ACNQ)
09.06.2021	Manavgat	Niger - Congo	0-1(0-1)	(F)
02.09.2021	Johannesburg	Namibia - Congo	1-1(1-0)	(WCQ)
07.09.2021	Brazzaville	Congo - Senegal	1-3(1-1)	(WCQ)
09.10.2021	Lomé	Togo - Congo	1-1(0-1)	(WCQ)
12.10.2021	Brazzaville	Congo - Togo	1-2(0-1)	(WCQ)
11.11.2021	Brazzaville	Congo - Namibia	1-1(0-1)	(WCQ)
14.11.2021	Thiès	Senegal - Congo	2-0(2-0)	(WCQ)

26.03.2021, 33rd African Cup of Nations, Qualifiers
Stade "Alphonse Massemba-Débat", Brazzaville; Attendance: 0
Referee: Mahmoud El Banna (Egypt)
CONGO - SENEGAL　　　　　　　　　　　　　　　　　　　　　　　　　　　　**0-0**
CGO: Christoffer Henri Mafoumbi, Ravy Tsouka Dozi, Fernand Mayembo (46.Varel Joviale Rozan), Béranger Richy Itoua, Raddy Machel Hokemba Ovouka, Delvin Chanel N'Dinga, Christopher Gaël Missilou (76.Mick Harvy Itali Ossété), Harris Brandt Tchilimbou Mavoungou (84.Dylan Bahamboula), Thievy Guivane Bifouma Koulossa, Prince Vinny Ibara Doniama (76.Guy Carel Mbenza Kamboleke), Gaïus Makouta (66.Junior Makiesse Mouzita). Trainer: Barthélémy Ngatsono.

30.03.2021, 33rd African Cup of Nations, Qualifiers
Estádio 24 de Setembro, Bissau; Attendance: 0
Referee: Kouassi Attiogbe (Togo)
GUINEA-BISSAU - CONGO　　　　　　　　　　　　　　　　　　　　　　　　**3-0(1-0)**
CGO: Christoffer Henri Mafoumbi, Varel Joviale Rozan, Ravy Tsouka Dozi, Béranger Richy Itoua, Raddy Machel Hokemba Ovouka, Christopher Gaël Missilou (46.Delvin Chanel N'Dinga), Mick Harvy Itali Ossété, Harris Brandt Tchilimbou Mavoungou (61.Guy Carel Mbenza Kamboleke), Thievy Guivane Bifouma Koulossa (75.Silvère Ganvoula M'Boussy), Bevic Selad Moussiti-Oko (46.Prince Vinny Ibara Doniama), Junior Makiesse Mouzita (61.Dylan Bahamboula). Trainer: Valdo Cândido de Oliveira Filho (Brazil).

09.06.2021, Friendly International
„Arslan Zeki Demirci" Sports Complex, Manavgat (Turkey); Attendance: 0
Referee: n/a
NIGER - CONGO　　　　　　　　　　　　　　　　　　　　　　　　　　　　　**0-1(0-1)**
CGO: Christoffer Henri Mafoumbi, Romeni Scott Bitsindou, Raddy Machel Hokemba Ovouka, Francoeur Baron De Sylvain Kibamba, Bel Durel Avounou, Christopher Gaël Missilou, Gaïus Makouta, Béranger Richy Itoua, Mavis Tchibota Dufounou, Guy Carel Mbenza Kamboleke, Kévin Koubemba (*Substitutes not known*). Trainer: Paul Put (Belgium).
Goal: Guy Carel Mbenza Kamboleke (32).

02.09.2021, 22nd FIFA World Cup Qualifiers, Second Round
Orlando Stadium, Johannesburg (South Africa); Attendance: 0
Referee: Andofetra Rakotojaona (Madagascar)
NAMIBIA - CONGO　　　　　　　　　　　　　　　　　　　　　　　　　　　　**1-1(1-0)**
CGO: Christoffer Henri Mafoumbi, Ravy Tsouka Dozi, Romeni Scott Bitsindou, Varel Joviale Rozan, Bradley Mazikou, Nolan Mbemba, Gaïus Makouta (46.Guy Carel Mbenza Kamboleke), Antoine Makoumbou (62.Mick Harvy Itali Ossété), Yann Mabella (46.Vieljeux Prestige Mboungou), Silvère Ganvoula M'Boussy, Mavis Tchibota Dufounou (55.Béni Makouana). Trainer: Paul Put (Belgium).
Goal: Vetunuavi Charles Hambira (57 own goal).

07.09.2021, 22nd FIFA World Cup Qualifiers, Second Round
Stade "Alphonse Massemba-Débat", Brazzaville; Attendance: 0
Referee: Mohamed Ali Moussa (Niger)
CONGO - SENEGAL **1-3(1-1)**
CGO: Christoffer Henri Mafoumbi, Ravy Tsouka Dozi, Varel Joviale Rozan, Francoeur Baron De Sylvain Kibamba, Bradley Mazikou, Bel Durel Avounou, Gaïus Makouta, Dylan Saint-Louis (88.Dylan Bahamboula), Vieljeux Prestige Mboungou, Silvère Ganvoula M'Boussy (88.Guy Carel Mbenza Kamboleke), Merveil Valthy Streeker Ndockyt (75.Mavis Tchibota Dufounou). Trainer: Paul Put (Belgium).
Goal: Silvère Ganvoula M'Boussy (45+2 penalty).

09.10.2021, 22nd FIFA World Cup Qualifiers, Second Round
Stade de Kégué, Lomé; Attendance: 0
Referee: Sekou Ahmed Touré (Guinea)
TOGO - CONGO **1-1(0-1)**
CGO: Christoffer Henri Mafoumbi [*sent off 90*], Varel Joviale Rozan, Ravy Tsouka Dozi, Fernand Mayembo, Morgan Paul Poaty (34.Randi Goteni), Nolan Mbemba (64.Antoine Makoumbou), Gaïus Makouta, Warren Tchimbembé (55.Bel Durel Avounou), Vieljeux Prestige Mboungou, Yhoan Andzouana (54.Béni Makouana), Silvère Ganvoula M'Boussy (65.Guy Carel Mbenza Kamboleke). Trainer: Paul Put (Belgium).
Goal: Jacques-Alaixys Romao (21 own goal).

12.10.2021, 22nd FIFA World Cup Qualifiers, Second Round
Stade "Alphonse Massemba-Débat", Brazzaville; Attendance: 0
Referee: Djindo Louis Houngnandande (Benin)
CONGO - TOGO **1-2(0-1)**
CGO: Christoffer Henri Mafoumbi, Prince Mouandza Mapata, Randi Goteni (81.Antoine Makoumbou), Varel Joviale Rozan, Bradley Mazikou, Bel Durel Avounou, Mick Harvy Itali Ossété (66.Yann Mabella), Yhoan Andzouana (46.Mavis Tchibota Dufounou), Vieljeux Prestige Mboungou (46.Warren Tchimbembé), Silvère Ganvoula M'Boussy (46.Béni Makouana), Guy Carel Mbenza Kamboleke. Trainer: Paul Put (Belgium).
Goal: Guy Carel Mbenza Kamboleke (71).

11.11.2021, 22nd FIFA World Cup Qualifiers, Second Round
Stade "Alphonse Massemba-Débat", Brazzaville; Attendance: 0
Referee: Samuel Uwikunda (Rwanda)
CONGO - NAMIBIA **1-1(0-1)**
CGO: Christoffer Henri Mafoumbi, Varel Joviale Rozan, Ravy Tsouka Dozi (54.Raddy Machel Hokemba Ovouka), Carof Bakoua, Prince Mouandza Mapata, Nolan Mbemba, Antoine Makoumbou, Gaïus Makouta (86.Mick Harvy Itali Ossété), Vieljeux Prestige Mboungou (46.Wilfrid Nkaya), Guy Carel Mbenza Kamboleke, Mavis Tchibota Dufounou (46.Béni Makouana). Trainer: Paul Put (Belgium).
Goal: Guy Carel Mbenza Kamboleke (54).

14.11.2021, 22nd FIFA World Cup Qualifiers, Second Round
Stade Lat-Dior, Thiès; Attendance: 5,000
Referee: Fabricio Duarte (Cape Verde)
SENEGAL - CONGO **2-0(2-0)**
CGO: Christoffer Henri Mafoumbi, Ravy Tsouka Dozi (71.Prince Mouandza Mapata), Varel Joviale Rozan, Carof Bakoua, Raddy Machel Hokemba Ovouka (89.Hernest Malonga), Nolan Mbemba, Gaïus Makouta, Antoine Makoumbou (78.Mick Harvy Itali Ossété), Béni Makouana (71.Yann Mabella), Guy Carel Mbenza Kamboleke, Yhoan Andzouana (46.Wilfrid Nkaya). Trainer: Paul Put (Belgium).

NATIONAL TEAM PLAYERS 2021

Name	DOB	Club
Goalkeepers		
Christoffer Henri MAFOUMBI	03.03.1994	Mosta FC (MLT)
Defenders		
Carof BAKOUA	09.09.1993	CSM Diables Noirs Brazzaville
Romeni Scott BITSINDOU	11.05.1996	Lierse Kempenzonen (BEL)
Raddy Machel HOKEMBA Ovouka	07.12.1999	Hearts of Oak SC Accra (GHA)
Béranger Richy ITOUA	09.05.1992	Sohar Sports Club (OMA)
Francoeur Baron De Sylvain KIBAMBA	23.03.1998	Sevilla Atlético FC (ESP)
Hernest MALONGA	03.10.2002	CSM Diables Noirs Brazzaville
Fernand MAYEMBO	09.01.1996	Le Havre AC (FRA)
Bradley MAZIKOU	02.06.1996	PFC CSKA Sofia (BUL)
Prince MOUANDZA Mapata	23.10.2001	AS Otôho d'Oyo
Morgan Paul POATY	15.07.1997	RFC Seraing (BEL)
Varel Joviale ROZAN	09.09.1994	AS Otôho d'Oyo; 01.08.2021-> AS Vita Club Kinshasa (COD)
Ravy TSOUKA Dozi	23.12.1994	Helsingborgs IF (SWE)
Midfielders		
Bel Durel AVOUNOU	25.09.1997	Le Mans FC (FRA)
Dylan BAHAMBOULA	22.05.1995	Oldham Athletic AFC (ENG)
Randi GOTENI	07.05.1995	Stade Laval (FRA)
Antoine MAKOUMBOU	18.07.1998	NK Maribor (SVN)
Gaïus MAKOUTA	25.07.1997	PFC Beroe Stara Zagora (BUL); 27.07.2021-> Boavista FC Porto (POR)
Nolan MBEMBA	19.02.1995	Le Havre AC (FRA)
Christopher Gaël MISSILOU	18.07.1992	Swin don Town FC (ENG)
Delvin Chanel N'DINGA	14.03.1988	Panetolikos GPS Agrinio (GRE)
Mick Harvy Itali OSSÉTÉ	18.08.1999	CSM Diables Noirs Brazzaville
Harris Brandt TCHILIMBOU Mavoungou	11.11.1988	Bloemfontein Celtic FC (RSA)
Warren TCHIMBEMBÉ	21.04.1998	FC Metz (FRA)

	Forwards	
Yhoan ANDZOUANA	13.12.1996	*FK DAC Dunajská Streda (SVK)*
Thievy Guivane BIFOUMA Koulossa	13.05.1992	*Shenzhen FC (CHN)*
Silvère GANVOULA M'Boussy	29.06.1996	*VfL Bochum (GER)*
Prince Vinny IBARA Doniama	07.02.1996	*K Beerschot VA (BEL)*
Kévin KOUBEMBA	23.03.1993	*Sabah FC Bakı (AZE)*
Yann MABELLA	22.02.1996	*Racing FC Union Lëtzebuerg (LUX)*
Junior MAKIESSE Mouzita	12.06.1993	*Unattached*
Béni MAKOUANA	28.09.2002	*Montpellier Hérault SC (FRA)*
Guy Carel MBENZA Kamboleke	01.04.2000	*FC Stade Lausanne Ouchy (SUI); 30.06.21 -> RSC Anderlecht Bruxelles(BEL); 09.09.2021-> Wydad AC Casablanca (MAR)*
Vieljeux Prestige MBOUNGOU	10.07.2000	*Abha FC (KSA)*
Bevic Selad MOUSSITI-OKO	28.01.1995	*AC Ajaccio (FRA)*
Merveil Valthy Streeker NDOCKYT	20.07.1998	*NK Osijek (CRO)*
Wilfrid NKAYA	17.09.1999	*AS Otôho d'Oyo*
Dylan SAINT-LOUIS	26.04.1995	*Hatayspor Antakya (TUR)*
Mavis TCHIBOTA Dufounou	07.05.1996	*PFC Ludogorets Razgrad (BUL)*

	National coaches	
VALDO Cândido de Oliveira Filho (Brazil) [from 31.05.2018]		12.01.1964
Barthélémy NGATSONO [18.03.2021-27.03.2021; Caretaker]		
Paul PUT (Belgium) [from 31.05.2021]		26.05.1956

DEMOCRATIC REPUBLIC OF CONGO

Fédération Congolaise de Football-Association
31, avenue de la Justice /Gombé,
Case postale 1284,
Kinshasa 1
Year of Formation: 1919
Member of FIFA since: 1964
Member of CAF since: 1964
www.fecofa-rdc.com

First international match:
1948: Belgian Congo - Northern Rhodesia 3-2
Most international caps:
Djo Issama Mpeko
75 caps (since 2001)
Most international goals:
Dieudonné Mbokani Bezua
18 goals / 41 caps (since 2005)

AFRICAN CUP OF NATIONS	
1957	Did not enter
1959	Did not enter
1962	Did not enter
1963	Did not enter
1965	Final Tournament (Group Stage)
1968	**Final Tournament (Winners)**
1970	Final Tournament (Group Stage)
1972	Final Tournament (4th place)
1974	**Final Tournament (Winners)**
1976	Final Tournament (Group Stage)
1978	Did not enter
1980	Qualifiers
1982	Qualifiers
1984	Withdrew
1986	Qualifiers
1988	Final Tournament (Group Stage)
1990	Qualifiers
1992	Final Tournament (Quarter-Finals)
1994	Final Tournament (Quarter-Finals)
1996	Final Tournament (Quarter-Finals)
1998	Final Tournament (3rd place)
2000	Final Tournament (Group Stage)
2002	Final Tournament (Quarter-Finals)
2004	Final Tournament (Group Stage)
2006	Final Tournament (Quarter-Finals)
2008	Qualifiers
2010	Qualifiers
2012	Qualifiers
2013	Final Tournament (Group Stage)
2015	Final Tournament (3rd place)
2017	Final Tournament (Quarter-Finals)
2019	Final Tournament (2nd Round of 16)
2021	Qualifiers

FIFA WORLD CUP	
1930	Did not enter
1934	Did not enter
1938	Did not enter
1950	Did not enter
1954	Did not enter
1958	Did not enter
1962	Did not enter
1966	Did not enter
1970	Entry not accepted by FIFA
1974	Final Tournament (Group Stage)[Zaire]
1978	Withdrew
1982	Qualifiers
1986	Did not enter
1990	Qualifiers
1994	Qualifiers
1998	Qualifiers
2002	Qualifiers
2006	Qualifiers
2010	Qualifiers
2014	Qualifiers
2018	Qualifiers

OLYMPIC FOOTBALL TOURNAMENTS 1908-2020						
1908	-	1952	-	1976	Qualifiers*	2000	WDQ[1]
1912	-	1956	-	1980	-	2004	Qualifiers
1920	-	1960	-	1984	-	2008	Qualifiers
1924	-	1964	-	1988	-	2012	Qualifiers
1928	-	1968	-	1992	Withdrew*	2016	Did not enter
1936	-	1972	-	1996	Did not enter	2020	Qualifiers
1948	-						

*as Zaire; [1]Withdrew during qualifiers

F.I.F.A. CONFEDERATIONS CUP 1992-2017
None

AFRICAN GAMES 1965-2019
1965, 1995, 2015

CENTRAL AFRICAN GAMES 1976-1987
1981 (Winners), 1987

CECAFA CUP (East and Central African Championship) 1973-2021
2021 (as guest, Group Stage)

COSAFA (Confederation of Southern African Football Associations) CUP 1997-2021
2016

AFRICAN NATIONS CHAMPIONSHIP 2009-2020
2009 (Winners), 2011 (Quarter-Finals), 2014 (Quarter-Finals), **2016 (Winners)**, 2018 (Qualifiers), 2020 (Quarter-Finals)

D.R. CONGO CLUB HONOURS IN ASIAN CLUB COMPETITIONS:
CAF Champions League 1964-2021
Tout Puissant Englebert Lubumbashi (1967, 1968)
AS Vita Club Kinshasa (1973)
Tout Puissant Mazembe Lubumbashi (2009, 2010, 2015)
CAF Confederation Cup 2004-2021
Tout Puissant Mazembe Lubumbashi (2016, 2017)
CAF Super Cup 1993-2021
Tout Puissant Mazembe Lubumbashi (2010, 2011, 2016)
*African Cup Winners' Cup 1975-2003**
Tout Puissant Mazembe Lubumbashi (1980)
Daring Club Motema Pembe Kinshasa (1994)
*CAF Cup 1992-2003**
None

*defunct competitions

NATIONAL COMPETITIONS
TABLE OF HONOURS

	CHAMPIONS	CUP WINNERS
1958	FC Saint Éloi Lupopo Lubumbashi	-
1961	*No competition*	FC Saint Éloi Lupopo Lubumbashi
1963	CS Imana Kinshasa	*No competition*
1964	CS Imana Kinshasa	CS Imana Kinshasa
1965	Amicale Sportive Dragons Kinshasa	Amicale Sportive Dragons Kinshasa
1966	Tout Puissant Englebert Lubumbashi	Tout Puissant Englebert Lubumbashi
1967	Tout Puissant Englebert Lubumbashi	Tout Puissant Englebert Lubumbashi
1968	FC Saint Éloi Lupopo Lubumbashi	FC Saint Éloi Lupopo Lubumbashi
1969	Tout Puissant Englebert Lubumbashi	*No competition*
1970	AS Vita Club Kinshasa	*No competition*
1971	AS Vita Club Kinshasa	AS Vita Club Kinshasa
1972	AS Vita Club Kinshasa	AS Vita Club Kinshasa
1973	AS Vita Club Kinshasa	AS Vita Club Kinshasa
1974	CS Imana Kinshasa	CS Imana Kinshasa
1975	AS Vita Club Kinshasa	AS Vita Club Kinshasa
1976	Tout Puissant Mazembe Lubumbashi	Tout Puissant Mazembe Lubumbashi
1977	AS Vita Club Kinshasa	AS Vita Club Kinshasa
1978	CS Imana Kinshasa	CS Imana Kinshasa
1979	Amicale Sportive Bilima Kinshasa	Tout Puissant Mazembe Lubumbashi
1980	AS Vita Club Kinshasa	Lubumbashi Sport
1981	FC Saint Éloi Lupopo Lubumbashi	AS Vita Club Kinshasa
1982	Amicale Sportive Bilima Kinshasa	AS Vita Club Kinshasa
1983	SM Sanga Balende Mbuji-Mayi	AS Vita Club Kinshasa
1984	Amicale Sportive Bilima Kinshasa	CS Imana Kinshasa
1985	US Tshinkunku Kananga	Daring Club Motema Pembe Kinshasa
1986	FC Saint Éloi Lupopo Lubumbashi	AS Kalamu Kinshasa
1987	Tout Puissant Mazembe Lubumbashi	AS Kalamu Kinshasa
1988	AS Vita Club Kinshasa	AS Kalamu Kinshasa
1989	Daring Club Motema Pembe Kinshasa	AS Kalamu Kinshasa
1990	FC Saint Éloi Lupopo Lubumbashi	Daring Club Motema Pembe Kinshasa
1991	SCOM Mikishi Lubumbashi	Daring Club Motema Pembe Kinshasa
1992	Union Sportive Bilombe	Union Sportive Bilombe
1993	AS Vita Club Kinshasa	Daring Club Motema Pembe Kinshasa
1994	Daring Club Motema Pembe Kinshasa	Daring Club Motema Pembe Kinshasa
1995	AS Bantous Mbuji Mayi	Athletic Club Sodigraf Kinshasa
1996	Daring Club Motema Pembe Kinshasa	Amicale Sportive Dragons Kinshasa
1997	AS Vita Club Kinshasa	Amicale Sportive Dragons Kinshasa
1998	Daring Club Motema Pembe Kinshasa	Amicale Sportive Dragons Kinshasa
1999	Daring Club Motema Pembe Kinshasa	Amicale Sportive Dragons Kinshasa
2000	Tout Puissant Mazembe Lubumbashi	Tout Puissant Mazembe Lubumbashi
2001	Tout Puissant Mazembe Lubumbashi	AS Vita Club Kinshasa
2002	FC Saint Éloi Lupopo Lubumbashi	Union Sportive Kenya Lubumbashi
2003	AS Vita Club Kinshasa	Daring Club Motema Pembe Kinshasa
2004	Daring Club Motema Pembe Kinshasa	SC Cilu Lukala
2005	Daring Club Motema Pembe Kinshasa	AS Vita Kabasha
2005/2006	Tout Puissant Mazembe Lubumbashi	Daring Club Motema Pembe Kinshasa
2006/2007	Tout Puissant Mazembe Lubumbashi	AS Maniema Union Kindu

2007/2008	Daring Club Motema Pembe Kinshasa	OC Bukavu Dawa
2009	Tout Puissant Mazembe Lubumbashi	Daring Club Motema Pembe Kinshasa
2010	AS Vita Club Kinshasa	Daring Club Motema Pembe Kinshasa
2011	Tout Puissant Mazembe Lubumbashi	US Tshinkunku Kananga
2012	Tout Puissant Mazembe Lubumbashi	CS Don Bosco Lubumbashi
2013	Tout Puissant Mazembe Lubumbashi	FC MK Etanchéité Kinshasa
2014	Tout Puissant Mazembe Lubumbashi	FC MK Etanchéité Kinshasa
2014/2015	AS Vita Club Kinshasa	FC St. Eloi Lupopo Lubumbashi
2015/2016	Tout Puissant Mazembe Lubumbashi	FC Renaissance Kinshasa
2016/2017	Tout Puissant Mazembe Lubumbashi	AS Maniema Union Kindu
2017/2018	AS Vita Club Kinshasa	AS Nyuki Butembo
2018/2019	Tout Puissant Mazembe Lubumbashi	AS Maniema Union Kindu
2019/2020	Tout Puissant Mazembe Lubumbashi	*Competition abandoned*
2020/2021	AS Vita Club Kinshasa	DC Motema Pembe Kinshasa

Please note: CS Imana Kinshasa is today known as Daring Club Motema Pembe Kinshasa; Amicale Sportive Bilima Kinshasa is today known as Amicale Sportive Dragons Kinshasa.

NATIONAL CHAMPIONSHIP
Linafoot 2020/2021

1.	Tout Puissant Mazembe Lubumbashi	30	20	9	1	55 - 14	69
2.	AS Maniema Union Kindu	30	20	6	4	43 - 17	66
3.	AS Vita Club Kinshasa	30	19	8	3	43 - 21	65
4.	FC St. Eloi Lupopo Lubumbashi	30	14	10	6	31 - 19	52
5.	SM Sanga Balende Mbuji-Mayi	30	15	5	10	30 - 24	50
6.	DC Motema Pembe Kinshasa	30	13	7	10	31 - 24	46
7.	Blessing FC Kolwezi	30	10	9	11	25 - 27	39
8.	CS Don Bosco Lubumbashi	30	10	6	14	31 - 31	36
9.	FC Renaissance du Congo Kinshasa	30	8	10	12	30 - 40	34
10.	Académic Club Rangers Kinshasa	30	10	4	16	25 - 44	34
11.	Jeunesse Sportive de Kinshasa	30	7	11	12	25 - 29	32
12.	AS Dauphins Noirs de Goma	30	9	5	16	29 - 36	32
13.	FC Simba Kolwezi	30	8	7	15	29 - 45	31
14.	JS Groupe Bazano Lubumbashi	30	6	11	13	22 - 28	29
15.	Racing Club de Kinshasa	30	5	9	16	25 - 45	24
16.	FC Lubumbashi Sport	30	5	5	20	18 - 48	20

Promoted for the 2021/2022 season:

Etoile du Kivu Bukavu, AC Kuya Sport Kinshasa, US Panda B52 Likasi, US Tshinkunku Kananga (next season will be played with 20 clubs)

Please note: AS Vita Club Kinshasa were innitially awarded three games as lost. CAS overturned the decision on 08.10.2021.
As a result, the final table will change as follows:

1.	**AS Vita Club Kinshasa**	30	22	8	0	47	-	12	74
2.	Tout Puissant Mazembe Lubumbashi	30	20	9	1	55	-	14	69
3.	AS Maniema Union Kindu	30	20	6	4	43	-	17	66
4.	FC St. Eloi Lupopo Lubumbashi	30	14	10	6	31	-	19	52
5.	SM Sanga Balende Mbuji-Mayi	30	15	5	10	30	-	24	50
6.	DC Motema Pembe Kinshasa	30	13	7	10	31	-	24	46
7.	Blessing FC Kolwezi	30	10	9	11	25	-	27	39
8.	Académic Club Rangers Kinshasa	30	10	4	16	25	-	44	34
9.	CS Don Bosco Lubumbashi	30	9	6	15	28	-	32	33
10.	Jeunesse Sportive de Kinshasa	30	7	11	12	25	-	29	32
11.	FC Renaissance du Congo Kinshasa	30	7	10	13	27	-	42	31
12.	FC Simba Kolwezi	30	8	7	15	29	-	45	31
13.	JS Groupe Bazano Lubumbashi	30	6	11	13	22	-	28	29
14.	AS Dauphins Noirs de Goma	30	8	5	17	26	-	37	29
15.	Racing Club de Kinshasa	30	5	9	16	25	-	45	24
16.	FC Lubumbashi Sport	30	5	5	20	18	-	48	20

NATIONAL CUP
Coupe du Congo Final 2020/2021

30.06.2021, Stade des Martyrs, Kinshasa
DC Motema Pembe Kinshasa - SM Sanga Balende Mbuji-Mayi   1-0(0-0)
Goal: Dezy Mbomba Motu (86).

THE CLUBS

ACADÉMIC CLUB RANGERS KINSHASA
Year of Formation: 2000
Stadium: Stade des Martyrs, Kinshasa (80,000)

ASSOCIATION SPORTIVE DAUPHINS NOIRS DE GOMA
Stadium: Stade de l'Unité, Goma (10,000)

ASSOCIATION SPORTIVE MANIEMA UNION KINDU
Year of Formation: 2005
Stadium: Stade "Joseph Kabila Kabange", Kindu (10,000)

ASSOCIATION SPORTIVE VITA CLUB KINSHASA
Year of Formation: 1935
Stadium: Stade des Martyrs, Kinshasa (80,000)

BLESSING FOOTBALL CLUB KOLWEZI
Year of Formation: 2006
Stadium: Stade Manika, Kolwezi (3,000)

CERCLE SPORTIF DON BOSCO LUBUMBASHI
Year of Formation: 1948
Stadium: Stade TP Mazembe, Lubumbashi (18,500)

DARING CLUB MOTEMBA PEMBE KINSHASA
Year of Formation: 1936
Stadium: Stade "Tata Raphaël", Kinshasa (80,000)

FOOTBALL CLUB LUBUMBASHI SPORT
Year of Formation: 1929
Stadium: Stade "Frédéric Kibassa Maliba", Lubumbashi (35,000)

FOOTBALL CLUB RENAISSANCE DU CONGO KINSHASA
Year of Formation: 2015
Stadium: Stade "Tata Raphaël", Kinshasa (80,000)

FOOTBALL CLUB SAINT ELOI LUPOPO LUBUMBASHI
Year of Formation: 1939
Stadium: Stade "Frédéric Kibassa Maliba", Lubumbashi (35,000)

FOOTBALL CLUB SIMBA KOLWEZI
Year of Formation: 2002
Stadium: Stade Manika, Kolwezi (3,000)

JEUNESSE SPORTIVE GROUPE BAZANO
Year of Formation: 2013
Stadium: Stade "Frédéric Kibassa Maliba", Lubumbashi (35,000)

JEUNESSE SPORTIVE DE KINSHASA
Year of Formation: 2006
Stadium: Stade des Martyrs, Kinshasa (80,000)

RACING CLUB DE KINSHASA
Year of Formation: 2002
Stadium: Stade des Martyrs, Kinshasa (80,000)

SA MAJESTÉ SANGA BALENDE MBUJI-MAYI
Year of Formation: 1961
Stadium: Stade „Kashala Bonzola", Mbujiu-Mayi (20,000)

TOUT PUISSANT MAZEMBE LUBUMBASHI
Year of Formation: 1939
Stadium: Stade TP Mazembe, Lubumbashi (18,500)

NATIONAL TEAM INTERNATIONAL MATCHES 2021

25.03.2021	Franceville	Gabon - D.R. Congo	3-0(1-0)	(ACNQ)
29.03.2021	Kinshasa	D.R. Congo - Gambia	1-0(1-0)	(ACNQ)
05.06.2021	Radès	Tunisia - D.R. Congo	1-0(1-0)	(F)
11.06.2021	Tunis	D.R. Congo - Mali	1-1(0-1)	(F)
02.09.2021	Lubumbashi	D.R. Congo - Tanzania	1-1(1-1)	(WCQ)
06.09.2021	Cotonou	Benin - D.R. Congo	1-1(1-1)	(WCQ)
07.10.2021	Kinshasa	D.R. Congo - Madagascar	2-0(1-0)	(WCQ)
10.10.2021	Antananarivo	Madagascar - D.R. Congo	1-0(1-0)	(WCQ)
11.11.2021	Dar es Salaam	Tanzania - D.R. Congo	0-3(0-1)	(WCQ)
14.11.2021	Kinshasa	D.R. Congo - Benin	2-0(1-0)	(WCQ)

25.03.2021, 33rd African Cup of Nations, Qualifiers
Stade de Franceville, Franceville; Attendance: 0
Referee: Janny Sikazwe (Zambia)
GABON - D.R. CONGO   **3-0(1-0)**
COD: Joël Kiassumbua, Djo Issama Mpeko, Marcel Jany Emile Tisserand, Merveille Bopé Bokadi (46.Serge Mukoko Tonombe), Mayele Fabrice N'Sakala, Chancel Mbemba Mangulu, Yannick Bangala Litombo, Jordan Rolly Botaka (65.Dark Johns Kabangu Kadima), Trésor Mputu Mabi (46.Ben Malango Ngita), Jackson Muleka Kyanvubu (73.Glody Makabi Lilepo), Francis Kazadi Kasengu. Trainer: Christian Nsengi-Biembe.

29.03.2021, 33rd African Cup of Nations, Qualifiers
Stade des Martyrs, Kinshasa; Attendance: 0
Referee: Amin Mohamed Omar (Egypt)
D.R. CONGO - GAMBIA   **1-0(1-0)**
COD: Baggio Siadi Ngusia, Wadol Djuma Shabani, Chancel Mbemba Mangulu (67.Henoc Inonga Baka), Arsène Zola Kiaku, Ernest Luzolo Sita (24.Mayele Fabrice N'Sakala), Serge Mukoko Tonombe, Edo Kayembe Kayembe, Fabrice Luamba Ngoma (63.Jackson Muleka Kyanvubu), Glody Makabi Lilepo (62.Jordan Rolly Botaka), Ben Malango Ngita, Francis Kazadi Kasengu (68.Trésor Mputu Mabi). Trainer: Christian Nsengi-Biembe.
Goal: Francis Kazadi Kasengu (45+2).

05.06.2021, Friendly International
Stade Olympique "Hammadi Agrebi", Radès, Radès; Attendance: 0
Referee: Ibrahim Mutaz (Libya)
TUNISIA - D.R. CONGO   **1-0(1-0)**
COD: Baggio Siadi Ngusia, Dieumerci Mukoko Amale, Marcel Jany Emile Tisserand, Chris Mavinga, Mayele Fabrice N'Sakala, Pelly Ruddock Mpanzu, Serge Mukoko Tonombe (64.Paul-José M'Poku Ebunge), Samuel Moutoussamy (72.Jonathan Bolingi Mpangi Merikani), Chadrac Akolo Ababa (68.Joel Ngandu Kayamba), Cédric Bakambu (79.Ben Malango Ngita), Gaël Romeo Kakuta Mambenga (55.Fabrice Luamba Ngoma). Trainer: Héctor Raúl Cúper (Argentina).

11.06.2021, Friendly International
Stade Olympique d'El Menzah, Tunis (Tunisia); Attendance: 0
Referee: n/a
D.R. CONGO - MALI **1-1(0-1)**
COD: Joël Kiassumbua, Gédéon Kalulu Kyatengwa (64.Dieumerci Mukoko Amale), Marcel Jany Emile Tisserand, Henoc Inonga Baka, Mayele Fabrice N'Sakala, Pelly-Ruddock Mpanzu (46.Samuel Moutoussamy), Paul-José M'Poku Ebunge (46.Fabrice Luamba Ngoma), Miché Mika, Glody Makabi Lilepo (61.Joel Ngandu Kayamba), Walter Binene Sabwa Bwalya (46.Chadrac Akolo Ababa), Jonathan Bolingi Mpangi Merikani (79.Ben Malango Ngita). Trainer: Héctor Raúl Cúper (Argentina).
Goal: Ben Malango Ngita (85).

02.09.2021, 22nd FIFA World Cup Qualifiers, Second Round
Stade TP Mazembe, Lubumbashi; Attendance: 0
Referee: Kalilou Ibrahim Traore (Ivory Coast)
D.R. CONGO - TANZANIA **1-1(1-1)**
COD: Joël Kiassumbua, Dieumerci Mukoko Amale, Marcel Jany Emile Tisserand, Christian Luyindama Nekadio, Glody Ngonda Muzinga, Samuel Moutoussamy (83.Joel Ngandu Kayamba), Chancel Mbemba Mangulu, Chadrac Akolo Ababa (69.Fabrice Luamba Ngoma), Cédric Bakambu, Dieudonné Mbokani Bezua (74.Ben Malango Ngita), Yannick Bolasie (46.Britoli Curtis Assombalonga). Trainer: Héctor Raúl Cúper (Argentina).
Goal: Dieudonné Mbokani Bezua (23).

06.09.2021, 22nd FIFA World Cup Qualifiers, Second Round
Stade de l'Amitié "Mathieu Kérékou", Cotonou; Attendance: 5,000
Referee: Jean Ouattara (Burkina Faso)
BENIN - D.R. CONGO **1-1(1-1)**
COD: Joël Kiassumbua, Dieumerci Mukoko Amale, Marcel Jany Emile Tisserand, Christian Luyindama Nekadio, Glody Ngonda Muzinga (48.Ernest Luzolo Sita), Samuel Moutoussamy, Chancel Mbemba Mangulu, Chadrac Akolo Ababa (79.Edo Kayembe Kayembe), Cédric Bakambu (79.Jonathan Bolingi Mpangi Merikani), Dieudonné Mbokani Bezua (58.Neeskens Kebano), Yannick Bolasie (58.Britoli Curtis Assombalonga). Trainer: Héctor Raúl Cúper (Argentina).
Goal: Dieudonné Mbokani Bezua (11).

07.10.2021, 22nd FIFA World Cup Qualifiers, Second Round
Stade des Martyrs, Kinshasa; Attendance: 0
Referee: Antonio Caluassi Dungula (Angola)
D.R. CONGO - MADAGASCAR **2-0(1-0)**
COD: Joël Kiassumbua, Dieumerci Mukoko Amale, Chancel Mbemba Mangulu, Christian Luyindama Nekadio, Mayele Fabrice N'Sakala (46.Glody Ngonda Muzinga), Edo Kayembe Kayembe (88.Fabrice Luamba Ngoma), Samuel Christopher Bastien, Samuel Moutoussamy, Chadrac Akolo Ababa (65.Joel Ngandu Kayamba), Cédric Bakambu (59.Ben Malango Ngita), Dieudonné Mbokani Bezua (88.Jackson Muleka Kyanvubu). Trainer: Héctor Raúl Cúper (Argentina).
Goals: Chadrac Akolo Ababa (35), Dieudonné Mbokani Bezua (78 penalty).

10.10.2021, 22nd FIFA World Cup Qualifiers, Second Round
Mahamasina Municipal Stadium, Antananarivo; Attendance: 1,500
Referee: Patrice Milazare (Mauritius)
MADAGASCAR - D.R. CONGO **1-0(1-0)**
COD: Joël Kiassumbua, Dieumerci Mukoko Amale, Chancel Mbemba Mangulu (16.Nathan Idumba Fasika), Christian Luyindama Nekadio, Glody Ngonda Muzinga, Samuel Christopher Bastien (46.Jonathan Yula Okita), Samuel Moutoussamy (78.Fabrice Luamba Ngoma), Chadrac Akolo Ababa (78.Jackson Muleka Kyanvubu), Edo Kayembe Kayembe, Dieudonné Mbokani Bezua (61.Ben Malango Ngita), Cédric Bakambu. Trainer: Héctor Raúl Cúper (Argentina).

11.11.2021, 22nd FIFA World Cup Qualifiers, Second Round
National Stadium, Dar es Salaam; Attendance: 10,000
Referee: Bernard Camille (Seychelles)
TANZANIA - D.R. CONGO **0-3(0-1)**
COD: Joël Kiassumbua, Dieumerci Mukoko Amale, Chancel Mbemba Mangulu, Christian Luyindama Nekadio, Glody Ngonda Muzinga (40.Fuka-Arthur Masuaku Kawela), Nathan Idumba Fasika, Gaël Romeo Kakuta Mambenga (62.Yannick Bolasie), Chadrac Akolo Ababa (46.Neeskens Kebano), Samuel Christopher Bastien, Dieudonné Mbokani Bezua (46.Edo Kayembe Kayembe), Cédric Bakambu (75.Ben Malango Ngita). Trainer: Héctor Raúl Cúper (Argentina).
Goals: Gaël Romeo Kakuta Mambenga (6), Nathan Idumba Fasika (66), Ben Malango Ngita (85).

14.11.2021, 22nd FIFA World Cup Qualifiers, Second Round
Stade des Martyrs, Kinshasa; Attendance: 500
Referee: Eric Arnaud Otogo-Castane (Gabon)
D.R. CONGO - BENIN **2-0(1-0)**
COD: Joël Kiassumbua, Dieumerci Mukoko Amale, Chancel Mbemba Mangulu, Fuka-Arthur Masuaku Kawela, Christian Luyindama Nekadio, Gaël Romeo Kakuta Mambenga, Samuel Moutoussamy (63.Edo Kayembe Kayembe), Samuel Christopher Bastien, Dieudonné Mbokani Bezua (84.Jackson Muleka Kyanvubu), Yannick Bolasie (77.Cédric Bakambu), Ben Malango Ngita (90.Joel Ngandu Kayamba). Trainer: Héctor Raúl Cúper (Argentina).
Goals: Dieudonné Mbokani Bezua (10 penalty), Ben Malango Ngita (74).

NATIONAL TEAM PLAYERS 2021		
Name	DOB	Club
Goalkeepers		
Joël KIASSUMBUA	06.04.1992	*Servette FC Genève (SUI); 01.07.2021-> Unattached*
Baggio SIADI Ngusia	21.07.1997	*JS Groupe Bazano Lubumbashi*
Defenders		
Dieumerci Mukoko AMALE	17.10.1998	*Difaâ Hassani El Jadidi (MAR)*
Henoc Inonga BAKA	01.11.1993	*DC Motema Pembe Kinshasa*
Merveille Bopé BOKADI	21.05.1996	*R Standard Liège (BEL)*
Nathan IDUMBA Fasika	28.02.1999	*Cape Town City FC (RSA)*
Gédéon KALULU Kyatengwa	29.08.1997	*AC Ajaccio (FRA)*
Christian LUYINDAMA Nekadio	08.01.1994	*Galatasaray SK İstanbul (TUR)*
Ernest LUZOLO Sita	04.01.1997	*AS Vita Club Kinshasa; 07.08.2021-> Tout Puissant Mazembe Lubumbashi*
Fuka-Arthur MASUAKU Kawela	07.11.1993	*West Ham United FC London (ENG)*
Chris MAVINGA	26.05.1991	*Toronto FC (CAN)*
Djo Issama MPEKO	03.03.1986	*Tout Puissant Mazembe Lubumbashi*
Glody NGONDA Muzinga	31.12.1994	*Rīga FC (LVA)*
Mayele Fabrice N'SAKALA	21.07.1990	*Beşiktaş JK İstanbul (TUR)*
Wadol Djuma SHABANI	16.03.1993	*AS Vita Club Kinshasa*
Marcel Jany Emile TISSERAND	10.01.1993	*Fenerbahçe SK İstanbul (TUR)*
Arsène ZOLA Kiaku	23.02.1996	*Tout Puissant Mazembe Lubumbashi*

Midfielders

Yannick BANGALA Litombo	12.04.1994	*AS FAR Rabat (MAR)*
Samuel Christopher BASTIEN	26.09.1996	*R Standard Liège (BEL)*
Gaël Romeo KAKUTA Mambenga	21.06.1991	*Amiens SC (FRA); 01.07.2021-> Racing Club de Lens (FRA)*
Edo KAYEMBE Kayembe	03.06.1998	*KAS Eupen (BEL)*
Fabrice LUAMBA Ngoma	22.01.1994	*Raja Club Athletic Casablanca (MAR)*
Ben MALANGO Ngita	10.11.1993	*Raja Club Athletic Casablanca (MAR); 27.07.2021-> Sharjah FC (UAE)*
Chancel MBEMBA Mangulu	08.08.1994	*FC do Porto (POR)*
Miché MIKA	11.09.1996	*Tout Puissant Mazembe Lubumbashi*
Samuel MOUTOUSSAMY	12.08.1996	*Fortuna Sittard (NED); 30.06.2021-> FC Nantes (FRA)*
Pelly Ruddock MPANZU	22.03.1994	*Luton Town FC (ENG)*
Paul-José M'POKU Ebunge	19.04.1992	*Al Wahda FC Abu Dhabi (UAE)*
Serge MUKOKO Tonombe	16.01.1996	*Young Africans SC Dar es Salaam (TAN)*

Forwards

Chadrac AKOLO Ababa	01.04.1995	*SC Paderborn (GER); 30.06.2021-> Amiens SC (FRA)*
Britoli Curtis ASSOMBALONGA	06.12.1992	*Adana Demirspor Kulübü (TUR)*
Cédric BAKAMBU	11.04.1991	*Beijing Sinobo Guoan (CHN)*
Yannick BOLASIE	24.05.1989	*Çaykur Rizespor Kulübü (TUR)*
Jonathan BOLINGI Mpangi Merikani	30.06.1994	*FC Lausanne-Sport (SUI); 30.06.2021; Royal Antwerpen FC (BEL)*
Jordan Rolly BOTAKA	24.06.1993	*R Charleroi SC (BEL)*
Walter Binene Sabwa BWALYA	05.05.1995	*Al-Ahly SC Cairo (EGY)*
Dark Johns KABANGU Kadima	15.06.1993	*DC Motema Pembe Kinshasa*
Joel Ngandu KAYAMBA	17.04.1992	*FC Viktoria Plzeň (CZE)*
Francis KAZADI Kasengu	20.07.1992	*Al Masry SC Port Said (EGY)*
Neeskens KEBANO	10.03.1992	*Fulham FC London (ENG)*
Glody MAKABI Lilepo	27.07.1997	*AS Vita Club Kinshasa*
Dieudonné "Dieumerci" Mbokani Bezua	22.11.1985	*Al Kuwait SC Kaifan (KUW)*
Trésor MPUTU Mabi	10.12.1985	*Tout Puissant Mazembe Lubumbashi*
Jackson MULEKA Kyanvubu	04.10.1997	*R Standard Liège (BEL)*
Jonathan Yula OKITA	05.10.1996	*NEC Nijmegen (NED)*

National coaches

Christian NSENGI-BIEMBE [08.08.2019 – 11.05.2021]	26.02.1963
Héctor Raúl CÚPER (Argentina) [from 12.05.2021]	16.11.1955

DJIBOUTI

Fédération Djiboutienne de Football
Centre Technique National,
Boîte postale 2694, Djibouti
Year of Formation: 1979
Member of FIFA since: 1994
Member of CAF since: 1994
www.fdf.dj

First international match:
05.12.1947: Ethiopia - French Somaliland 5-0
Most international caps:
Daher Mohamed Kadar
33 caps (2006-2017)
Most international goals:
Mahdi Houssein Mahabeh
6 goals / 14 caps (since 2016)

AFRICAN CUP OF NATIONS	
1957	Did not enter
1959	Did not enter
1962	Did not enter
1963	Did not enter
1965	Did not enter
1968	Did not enter
1970	Did not enter
1972	Did not enter
1974	Did not enter
1976	Did not enter
1978	Did not enter
1980	Did not enter
1982	Did not enter
1984	Did not enter
1986	Did not enter
1988	Did not enter
1990	Did not enter
1992	Did not enter
1994	Did not enter
1996	Did not enter
1998	Did not enter
2000	Qualifiers
2002	Qualifiers
2004	Withdrew
2006	Did not enter
2008	Withdrew
2010	Qualifiers
2012	Did not enter
2013	Did not enter
2015	Did not enter
2017	Qualifiers
2019	Qualifiers
2021	Qualifiers

FIFA WORLD CUP	
1930	Did not enter
1934	Did not enter
1938	Did not enter
1950	Did not enter
1954	Did not enter
1958	Did not enter
1962	Did not enter
1966	Did not enter
1970	Did not enter
1974	Did not enter
1978	Did not enter
1982	Did not enter
1986	Did not enter
1990	Did not enter
1994	Did not enter
1998	Did not enter
2002	Qualifiers
2006	Did not enter
2010	Qualifiers
2014	Qualifiers
2018	Qualifiers

OLYMPIC FOOTBALL TOURNAMENTS 1900-2020
1996 (Withdrew), 2008 (Qualifiers), 2012 (Withdrew)

F.I.F.A. CONFEDERATIONS CUP 1992-2017
None

AFRICAN GAMES 1965-2019
None
CECAFA CUP (East and Central African Championship) 1973-2021
1994, 1999, 2000, 2001, 2005, 2006, 2007, 2008, 2009, 2011, 2015, 2019, 2021 (Group Stage)
ARAB NATIONS CUP 1963-2021
2009 (Qualifiers), 2021 (Qualifiers)
AFRICAN NATIONS CHAMPIONSHIP 2009-2020
2011 (Qualifiers), 2016 (Qualifiers), 2018 (Qualifiers), 2020 (Qualifiers)

DJIBOUTIAN CLUB HONOURS IN ASIAN CLUB COMPETITIONS:
CAF Champions League 1964-2021
None
CAF Confederation Cup 2004-2021
None
CAF Super Cup 1993-2021
None
Arab Champions Cup / Arab Champions League 1982-2009 / UAFA Club Cup 2012-2013 / Arab Club Championship 2017 / Arab Club Champions Cup 2018-2020
None
African Cup Winners' Cup 1975-2003*
None
CAF Cup 1992-2003*
None

*defunct competitions

NATIONAL COMPETITIONS
TABLE OF HONOURS

	CHAMPIONS	CUP WINNERS
1987	AS Etablissements Merill Djibouti	-
1988	AS Compagnie Djibouti-Ethiopie	AS Port Djibouti
1989	*Not played*	AS Port Djibouti
1990	*Not played*	*Not played*
1991	Aéroport Djibouti	Aéroport Djibouti
1992	*Not played*	AS Compagnie Djibouti-Ethiopie
1993	*Not played*	Force Nationale Securité Djibouti
1994	Force Nationale Securité Djibouti	Balbala Djibouti
1995	Force Nationale Securité Djibouti	Balbala Djibouti
1996	Force Nationale Securité Djibouti	Balbala Djibouti
1997	Force Nationale Securité Djibouti	Force Nationale de Police Djibouti
1998	Force Nationale Securité Djibouti	Force Nationale de Police Djibouti
1999	Force Nationale de Police Djibouti	Balbala Djibouti
2000	AS Compagnie Djibouti-Ethiopie	*Not known*
2001	Force Nationale de Police Djibouti	Chemin de Fer Djibouto-Ethiopien
2001/2002	AS Boreh	Jeunesse Espoir
2002/2003	Gendarmerie Nationale	AS Boreh
2003/2004	Gendarmerie Nationale	Chemin de Fer Djibouto-Ethiopien
2004/2005	AS Compagnie Djibouti-Ethiopie	Poste de Djibouti
2005/2006	FC Société Immobilière de Djibouti Kartileh	AS Ali Sabieh
2006/2007	AS Compagnie Djibouti-Ethiopie	FC Société Immobilière de Djibouti
2007/2008	FC Société Immobilière de Djibouti Kartileh	AS Compagnie Djibouti-Ethiopie/Colas
2008/2009	AS Ali Sabieh Djibouti Telecom	Guelleh Batal de la Garde Républicaine
2009/2010	AS Port Djibouti	AS Port
2010/2011	AS Port Djibouti	AS Port Djibouti
2011/2012	AS Port Djibouti	Guelleh Batal de la Garde Républicaine
2012/2013	AS Ali Sabieh Djibouti Télécom	AS Port Djibouti
2013/2014	AS Ali Sabieh Djibouti Télécom	Guelleh Batal de la Garde Républicaine
2014/2015	AS Ali Sabieh Djibouti Télécom	Guelleh Batal de la Garde Républicaine
2015/2016	AS Ali Sabieh Djibouti Télécom	AS Ali Sabieh Djibouti Télécom
2016/2017	AS Ali Sabieh Djibouti Télécom	Gendarmerie Nationale FC
2017/2018	AS Ali Sabieh Djibouti Télécom	AS Ali Sabieh Djibouti Télécom
2018/2019	AS Port Djibouti	AS d'Arta/Solar 7 Djibouti
2019/2020	CF Garde Républicaine/SIAF	AS d'Arta/Solar 7 Djibouti
2020/2021	AS d'Arta/Solar 7 Djibouti	AS d'Arta/Solar 7 Djibouti

NATIONAL CHAMPIONSHIP
Championnat national de la 1ére division 2020/2021

1.	AS d'Arta/Solar 7 Djibouti	18	15	1	2	67	-	20	46
2.	Police Nationale FC	18	11	2	5	38	-	21	35
3.	CF Garde Républicaine/SIAF	18	9	6	3	43	-	21	33
4.	AS Port Djibouti	18	9	6	3	36	-	19	33
5.	CF Gendarmerie Nationale	18	8	4	6	34	-	23	28
6.	AS Ali Sabieh Djibouti Télécom	18	7	4	7	29	-	22	25
7.	ACS Hayableh/CNSS	18	5	7	6	21	-	24	22
8.	FC Dikhil/SGDT	18	5	4	9	33	-	35	19
9.	AS Barwago/CCO (*Relegated*)	18	2	0	16	11	-	58	6
10.	QS/Nourie Transit (*Relegated*)	18	1	2	15	16	-	85	5

Promoted for the 2021/2022 season:
Arhiba FC, EAD/PK12 Djibouti

NATIONAL CUP
Coupe de Djibouti (Coupe du 27 Juin) Final 2020/2021

29.05.2021, Stade "El Hadj Hassan Gouled", Djibouti
AS d'Arta/Solar 7 Djibouti - FC Dikhil/SGDT　　　　　　　　　0-0 aet; 4-3 pen

THE CLUBS

ASSOCIATION SPORTIVE ALI SABIEH DJIBOUTI TÉLÉCOM
Year of Formation: n/a
Stadium: Stade du Ville, Djibouti (10,000)

ASSOCIATION SPORTIVE DU PORT DJIBOUTI
Year of Formation: n/a
Stadium: Stade "El Hadj Hassan Gouled", Djibouti (40,000)

GENDARMERIE NATIONALE FOOTBALL CLUB
Year of Formation: 2002
Stadium: Stade du Ville, Djibouti (10,000)

NATIONAL TEAM
INTERNATIONAL MATCHES 2021

15.06.2021	Djibouti	Djibouti - Somalia	1-0(1-0)	(F)
26.06.2021	Doha	Lebanon - Djibouti	1-0(0-0)	(ARCQ)
02.09.2021	Blida	Algeria - Djibouti	8-0(4-0)	(WCQ)
06.09.2021	Rabat	Djibouti - Niger	2-4(1-0)	(WCQ)
08.10.2021	Marrakech	Djibouti - Burkina Faso	0-4(0-1)	(WCQ)
11.10.2021	Marrakech	Burkina Faso - Djibouti	2-0(1-0)	(WCQ)
12.11.2021	Cairo	Djibouti - Algeria	0-4(0-3)	(WCQ)
15.11.2021	Niamey	Niger - Djibouti	7-2(2-1)	(WCQ)

15.06.2021, Friendly International
Stade National "El Hadj Hassan Gouled Aptidon", Djibouti; Attendance: 0
Referee: n/a
DJIBOUTI - SOMALIA   **1-0(1-0)**
DJI: Innocent Madede Mbonihankuye, Fouad Moussa Robleh, Youssouf Batio Mohamed, Mohamed Bourhan Mohamed, Daoud Wais Ali (75.Yabe Siad Isman), Ali Youssouf Farada (86.Abass Fouad Abdourahman), Saleh Bourhan Hassan (59.Omar Elmi Aboubaker), Abdi Idleh Hamza, Doualeh Mahamoud Elabeh (75.Mourad Abdulkader), Samuel Temidayo Feargod Akinbinu (57.Radwan Ahad Daher), Mahdi Houssein Mahabeh (86.Sabri Ali Mohamed). Trainer: Julien Mette (France).
Goals: Samuel Temidayo Feargod Akinbinu (32).

26.06.2021, Friendly International
Khalifa International Stadium, Doha (Qatar); Attendance: 0
Referee: Benoît Bastien (France)
LEBANON - DJIBOUTI   **1-0(0-0)**
DJI: Innocent Madede Mbonihankuye, Daoud Wais Ali, Fouad Moussa Robleh (68.Abass Fouad Abdourahman), Youssouf Batio Mohamed (79.Yabe Siad Isman), Mohamed Bourhan Mohamed, Ali Youssouf Farada, Doualeh Mahamoud Elabeh (86.Radwan Ahad Daher), Saleh Bourhan Hassan, Samuel Temidayo Feargod Akinbinu (79.Sabri Ali Mohamed), Hamza Abdi Idleh, Mahdi Houssein Mahabeh (68.Mourad Abdoulkader). Trainer: Julien Mette (France).

02.09.2021, 22nd FIFA World Cup Qualifiers, Second Round
Stade "Mustapha Chaker", Blida; Attendance: 0
Referee: Blaise Yuven Ngwa (Cameroon)
ALGERIA - DJIBOUTI   **8-0(4-0)**
DJI: Innocent Madede Mbonihankuye, Daoud Wais Ali, Youssouf Batio Mohamed [*sent off 23*], Mohamed Bourhan Mohamed, Ali Youssouf Farada, Fouad Moussa Robleh, Hamza Abdi Idleh (72.Haroun Kadamy Youssouf), Warsama Hassan Houssein (82.Omar Elmi Aboubaker), Mahdi Houssein Mahabeh (82.Sabri Ali Mohamed), Doualeh Mahamoud Elabeh (72.Kenedid Abdoulaziz Mohamed), Samuel Temidayo Feargod Akinbinu (29.Yabe Siad Isman). Trainer: Julien Mette (France).

06.09.2021, 22nd FIFA World Cup Qualifiers, Second Round
"Prince Moulay Abdellah" Stadium, Rabat (Morocco); Attendance: 0
Referee: Celso Alvação (Mozambique)
DJIBOUTI - NIGER   **2-4(1-0)**
DJI: Innocent Madede Mbonihankuye, Daoud Wais Ali, Mohamed Bourhan Mohamed, Ali Youssouf Farada (75.Abass Fouad Abdourahman), Fouad Moussa Robleh, Yabe Siad Isman (75.Moussa Araita Hamadou), Warsama Hassan Houssein, Haroun Kadamy Youssouf (46.Hamza Abdi Idleh), Anas Farah Ali (58.Kenedid Abdoulaziz Mohamed), Mahdi Houssein Mahabeh (58.Samuel Temidayo Feargod Akinbinu), Doualeh Mahamoud Elabeh. Trainer: Julien Mette (France).
Goals: Anas Farah Ali (32), Warsama Hassan Houssein (90).

08.10.2021, 22nd FIFA World Cup Qualifiers, Second Round
Stade de Marrakech, Marrakech (Morocco); Attendance: 0
Referee: Ali Sabilla (Uganda)
DJIBOUTI - BURKINA FASO **0-4(0-1)**
DJI: Innocent Madede Mbonihankuye, Daoud Wais Ali (44.Yabe Siad Isman), Youssouf Batio Mohamed, Mohamed Bourhan Mohamed, Ali Youssouf Farada, Fouad Moussa Robleh (75.Abass Fouad Abdourahman), Hamza Abdi Idleh (60.Ahmed Mohamed Aden), Warsama Hassan Houssein, Anas Farah Ali (60.Omar Abdallah Mohamed), Mohamed Fouad Mohamed, Kenedid Abdoulaziz Mohamed (75.Sabri Ali Mohamed). Trainer: Julien Mette (France).

11.10.2021, 22nd FIFA World Cup Qualifiers, Second Round
Stade de Marrakech, Marrakech (Morocco); Attendance: 0
Referee: Hassen Corneh (Liberia)
BURKINA FASO - DJIBOUTI **2-0(1-0)**
DJI: Innocent Madede Mbonihankuye, Youssouf Batio Mohamed, Mohamed Bourhan Mohamed (22.Moussa Araita Hamadou), Ali Youssouf Farada, Yabe Siad Isman, Aptidon Sahad Daher [*sent off 67*], Hamza Abdi Idleh (46.Radwan Ahad Daher; 82.Abass Fouad Abdourahman), Warsama Hassan Houssein, Anas Farah Ali (82.Sabri Ali Mohamed), Mohamed Fouad Mohamed (46.Ahmed Mohamed Aden), Samuel Temidayo Feargod Akinbinu. Trainer: Julien Mette (France).

12.11.2021, 22nd FIFA World Cup Qualifiers, Second Round
Cairo International Stadium, Cairo (Egypt); Attendance: 0
Referee: Djindo Louis Houngnandande (Benin)
DJIBOUTI - ALGERIA **0-4(0-3)**
DJI: Innocent Madede Mbonihankuye, Youssouf Batio Mohamed, Ibrahim Aden Warsama, Abdoulkader Djama Dabar (68.Moussa Araita Hamadou), Ali Youssouf Farada, Yabe Siad Isman, Warsama Hassan Houssein, Saleh Bourhan Hassan, Mahdi Houssein Mahabeh, Doualeh Mahamoud Elabeh (89.Youssouf Abdi Ahmed), Samuel Temidayo Feargod Akinbinu (90+2.Sabri Ali Mohamed). Trainer: Julien Mette (France).

15.11.2021, 22nd FIFA World Cup Qualifiers, Second Round
Stade "Général Seyni Kountché", Niamey; Attendance: 3,000
Referee: Mohamed Youssouf Athoumani (Comoros)
NIGER - DJIBOUTI **7-2(2-1)**
DJI: Innocent Madede Mbonihankuye, Youssouf Batio Mohamed, Ibrahim Aden Warsama, Yabe Siad Isman, Moussa Araita Hamadou, Youssouf Abdi Ahmed (81.Ibrahim Ali Mohamed), Saleh Bourhan Hassan, Mahdi Houssein Mahabeh, Doualeh Mahamoud Elabeh (90+3.Sabri Ali Mohamed), Mohamed Fouad Mohamed (70.Ali Youssouf Farada), Samuel Temidayo Feargod Akinbinu (81.Kenedid Abdoulaziz Mohamed). Trainer: Julien Mette (France).
Goals: Youssouf Abdi Ahmed (33), Yabe Siad Isman (84).

NATIONAL TEAM PLAYERS 2021

Name	DOB	Club
Goalkeepers		
Innocent Madede MBONIHANKUYE	05.11.1996	AS Port Djibouti
Defenders		
Abass Fouad ABDOURAHMAN	01.11.1999	AS Ali Sabieh Djibouti Télécom
Mohamed BOURHAN Mohamed	18.05.1998	AS Port Djibouti
Abdoulkader Djama DABAR	05.01.1994	FC Dikhil/SGDT
Ali Youssouf FARADA	25.08.1995	AS Port Djibouti
Moussa Araita HAMADOU	24.04.1997	Guelleh Batal Djibouti
Ibrahim Ali MOHAMED	14.10.1996	AS d'Arta/Solar 7 Djibouti
Youssouf Batio MOHAMED	28.11.1998	Guelleh Batal Djibouti
Fouad Moussa ROBLEH	28.04.1993	AS d'Arta/Solar 7 Djibouti
Yabe SIAD Isman	12.03.1998	AS d'Arta/Solar 7 Djibouti
Daoud WAIS Ali	06.12.1986	AS d'Arta/Solar 7 Djibouti
Ibrahim Aden WARSAMA	12.05.1998	AS Port Djibouti
Midfielders		
Omar Elmi ABOUBAKER	27.10.1991	Guelleh Batal Djibouti
Ahmed Mohamed ADEN	04.12.1990	AS d'Arta/Solar 7 Djibouti
Youssouf Abdi AHMED	11.10.1997	AS Ali Sabieh Djibouti Télécom
Anas Farah ALI	03.03.2000	Egersunds IK (NOR)
Aptidon Sahad DAHER	1999	ACS Hayableh/CNSS
Doualeh Mahamoud ELABEH	11.11.1991	AS d'Arta/Solar 7 Djibouti
Saleh Bourhan HASSAN	19.12.1996	AS Port Djibouti
Warsama Hassan HOUSSEIN	17.03.1999	Sliema Wanderers FC (MLT)
Hamza Abdi IDLEH	16.12.1991	AS Port Djibouti
Haroun KADAMY Youssouf	11.04.1998	UR La Louvière Centre (BEL)
Forwards		
Omar ABDALLAH Mohamed	30.10.2002	Guelleh Batal Djibouti
Mourad ABDULKADER	13.06.1996	AS d'Arta/Solar 7 Djibouti
Samuel Temidayo Feargod AKINBINU	06.06.1995	AS d'Arta/Solar 7 Djibouti
Radwan Ahad DAHER	04.10.1997	AS Ali Sabieh Djibouti Télécom
Mohamed FOUAD Mohamed	25.02.2000	AS Port Djibouti
Mahdi Houssein MAHABEH	20.12.1995	AS Ali Sabieh Djibouti Télécom
Kenedid Abdoulaziz MOHAMED	26.11.2002	FC Dikhil/SGDT
Sabri Ali MOHAMED	20.09.2000	FC Dikhil/SGDT
National coaches		
Julien METTE (France) [from 19.03.2019]		28.12.1981

EGYPT

Egyptian Football Association
5 Gabalaya Street Gezira,
El Borg Post Office, Cairo
Year of Formation: 19621
Member of FIFA since: 1923
Member of CAF since: 1957
www.efa.com.eg

First international match:
28.08.1920, Gent (BEL):
Italy - Egypt 2-1
Most international caps:
Ahmed Hassan Kamel Hussein
184 caps (1995-2012)
Most international goals:
Hossam Hassan Hussein
68 goals / 176 caps (1985-2006)

AFRICAN CUP OF NATIONS	
1957	**Final Tournament (Winners)**
1959	**Final Tournament (Winners)**
1962	Final Tournament (Runners-up)
1963	Final Tournament (3rd place)
1965	Final Tournament (Withdrew)
1968	Withdrew
1970	Final Tournament (3rd place)
1972	Qualifiers
1974	Final Tournament (3rd place)
1976	Final Tournament (Semi-Finals)
1978	Qualifiers
1980	Final Tournament (Semi-Finals)
1982	*Withdrew*
1984	Final Tournament (Semi-Finals)
1986	**Final Tournament (Winners)**
1988	Final Tournament (Group Stage)
1990	Final Tournament (Group Stage)
1992	Final Tournament (Group Stage)
1994	Final Tournament (Quarter-Finals)
1996	Final Tournament (Quarter-Finals)
1998	**Final Tournament (Winners)**
2000	Final Tournament (Quarter-Finals)
2002	Final Tournament (Quarter-Finals)
2004	Final Tournament (Group Stage)
2006	**Final Tournament (Winners)**
2008	**Final Tournament (Winners)**
2010	**Final Tournament (Winners)**
2012	Qualifiers
2013	Qualifiers
2015	Qualifiers
2017	Final Tournament (Runners-up)
2019	Final Tournament (2nd Round of 16)
2021	*Final Tournament (Qualified)*

FIFA WORLD CUP	
1930	Did not enter
1934	Final Tournament (Group Stage)
1938	Withdrew
1950	Did not enter
1954	Qualifiers
1958	Withdrew
1962	Withdrew
1966	Withdrew
1970	Did not enter
1974	Qualifiers
1978	Qualifiers
1982	Qualifiers
1986	Qualifiers
1990	Final Tournament (Group Stage)
1994	Qualifiers
1998	Qualifiers
2002	Qualifiers
2006	Qualifiers
2010	Qualifiers
2014	Qualifiers
2018	Final Tournament (Group Stage)

OLYMPIC FOOTBALL TOURNAMENTS 1908-2020

1908	-	1952	1st Round	1976	Qualifiers	2000	Qualifiers
1912	-	1956	*Withdrew*	1980	Qualifiers	2004	Qualifiers
1920	1st Round	1960	1st Round	1984	Quarter-Finals	2008	Qualifiers
1924	Quarter-Finals	1964	4th Place	1988	Qualifiers	2012	Quarter-Finals
1928	4th Place	1968	-	1992	Group Stage	2016	Qualifiers
1936	1st Round	1972	Qualifiers	1996	Qualifiers	2020	Quarter-Finals
1948	1st Round						

F.I.F.A. CONFEDERATIONS CUP 1992-2017
1999 (1st Round), 2009 (1st Round)

AFRICAN GAMES 1965-2019
1973 (3rd place), 1978, **1987 (Winners)**, 1991, **1995 (Winners)**, 1999 (Qualifiers), 2003, 2007, 2015 (*Withdrew*)

PAN ARAB GAMES 1953-2011
1953 (Winners), 1965, 2007

ARAB CUP OF NATIONS 1963-2021
1988 (Semi-Finals), **1992 (Winners)**, 1998 (Group Stage), 2012 (Group Stage), 2021 (4th Place)

AFRICAN NATIONS CHAMPIONSHIP 2009-2020
2009 (with U-20 team, *withdrew*), 2018 (Qualifiers)

EGYPTIAN CLUB HONOURS IN ASIAN CLUB COMPETITIONS:

CAF Champions League 1964-2021
Ismaily SC Ismaïlia (1969)
Al-Ahly SC Cairo (1982, 1987, 2001, 2005, 2006, 2008, 2012, 2013, 2019/2020, 2020/2021)
Zamalek SC Cairo (1984, 1986, 1993, 1996, 2002)

CAF Confederation Cup 2004-2021
Al-Ahly SC Cairo (2014)
Zamalek SC Cairo (2018/2019)

CAF Super Cup 1993-2021
Zamalek SC Cairo (1993/1994; 1996/1997; 2002/2003, 2020)
Al-Ahly SC Cairo (2001/2002; 2005/2006; 2006/2007; 2009; 2013; 2014, 2020, 2021)

*African Cup Winners' Cup 1975-2003**
Al-Moqawloon al-Arab Nasr City (1982, 1983, 1996)
Al-Ahly SC Cairo (1984, 1985, 1986, 1993)
Zamalek SC Cairo (2000)

*CAF Cup 1992-2003**
None

Arab Champions Cup / Arab Champions League 1982-2009 / UAFA Club Cup 2012-2013 / Arab Club Championship 2017 / Arab Club Champions Cup 2018-2020
Al-Ahly SC Cairo (1996)
Zamalek SC Cairo (2003)

*Arab Cup Winners Cup 1989-2002**
Al-Ahly SC Cairo (1994/1995)

*Arab Super Cup 1992-2002**
Al-Ahly SC Cairo (1997/1998; 1998/1999)

*Afro-Asian Club Championship 1986–1998**
Zamalek SC Cairo (1987, 1997)
Al-Ahly SC Cairo (1988)

defunct competitions

NATIONAL COMPETITIONS
TABLE OF HONOURS

	CHAMPIONS	CUP WINNERS
1921/1922	-	Zamalek SC Cairo
1922/1923	-	Tersana SC Giza
1923/1924	-	Al-Ahly SC Cairo
1924/1925	-	Al-Ahly SC Cairo
1925/1926	-	El-Itthad El-Iskandary Alexandria
1926/1927	-	Al-Ahly SC Cairo
1927/1928	-	Al-Ahly SC Cairo
1928/1929	-	Tersana SC Giza
1929/1930	-	Al-Ahly SC Cairo
1930/1931	-	Al-Ahly SC Cairo
1931/1932	-	Zamalek SC Cairo
1932/1933	-	Al-Olympi Alexandria
1933/1934	-	Al-Olympi Alexandria
1934/1935	-	Zamalek SC Cairo
1935/1936	-	El-Itthad El-Iskandary Alexandria
1936/1937	-	Al-Ahly SC Cairo
1937/1938	-	Zamalek SC Cairo
1938/1939	-	Teram
1939/1940	-	Al-Ahly SC Cairo
1940/1941	-	Zamalek SC Cairo
1941/1942	-	Al-Ahly SC Cairo
1942/1943	-	Al-Ahly SC Cairo Zamalek SC Cairo
1943/1944	-	Zamalek SC Cairo
1944/1945	-	Al-Ahly SC Cairo
1945/1946	-	Al-Ahly SC Cairo
1946/1947	-	Al-Ahly SC Cairo
1947/1948	-	El-Itthad El-Iskandary Alexandria
1948/1949	Al-Ahly SC Cairo	Al-Ahly SC Cairo
1949/1950	Al-Ahly SC Cairo	Al-Ahly SC Cairo
1950/1951	Al-Ahly SC Cairo	Al-Ahly SC Cairo
1951/1952	*Not Held*	Zamalek SC Cairo
1952/1953	Al-Ahly SC Cairo	Al-Ahly SC Cairo
1953/1954	Al-Ahly SC Cairo	Tersana SC Giza
1954/1955	*Not Finished*	Zamalek SC Cairo
1955/1956	Al-Ahly SC Cairo	Al-Ahly SC Cairo
1956/1957	Al-Ahly SC Cairo	Zamalek SC Cairo
1957/1958	Al-Ahly SC Cairo	Al-Ahly SC Cairo Zamalek SC Cairo
1958/1959	Al-Ahly SC Cairo	Zamalek SC Cairo
1959/1960	Zamalek SC Cairo	Zamalek SC Cairo
1960/1961	Al-Ahly SC Cairo	Al-Ahly SC Cairo
1961/1962	Al-Ahly SC Cairo	Zamalek SC Cairo
1962/1963	Tersana SC Giza	El-Itthad El-Iskandary Alexandria
1963/1964	Zamalek SC Cairo	Quanah
1964/1965	Zamalek SC Cairo	Tersana SC Giza
1965/1966	Al-Olympi Alexandria	Al-Ahly SC Cairo
1966/1967	Ismaily SC Ismaïlia	Tersana SC Giza

1967/1968	No competition	No competition
1968/1969	No competition	No competition
1969/1970	No competition	No competition
1970/1971	Not Finished	No competition
1971/1972	No competition	No competition
1972/1973	Ghazl El-Mehalla El-Kubra	El-Itthad El-Iskandary Alexandria
1973/1974	Not Finished	No competition
1974/1975	Al-Ahly SC Cairo	Zamalek SC Cairo
1975/1976	Al-Ahly SC Cairo	El-Itthad El-Iskandary Alexandria
1976/1977	Al-Ahly SC Cairo	Zamalek SC Cairo
1977/1978	Zamalek SC Cairo	Al-Ahly SC Cairo
1978/1979	Al-Ahly SC Cairo	Zamalek SC Cairo
1979/1980	Al-Ahly SC Cairo	No competition
1980/1981	Al-Ahly SC Cairo	Al-Ahly SC Cairo
1981/1982	Al-Ahly SC Cairo	-
1982/1983	Al-Moqawloon al-Arab Nasr City	Al-Ahly SC Cairo
1983/1984	Zamalek SC Cairo	Al-Ahly SC Cairo
1984/1985	Al-Ahly SC Cairo	Al-Ahly SC Cairo
1985/1986	Al-Ahly SC Cairo	Tersana SC Giza
1986/1987	Al-Ahly SC Cairo	No competition
1987/1988	Zamalek SC Cairo	Zamalek SC Cairo
1988/1989	Al-Ahly SC Cairo	Al-Ahly SC Cairo
1989/1990	Not Finished	Al-Moqawloon al-Arab Nasr City
1990/1991	Ismaily SC Ismaïlia	Al-Ahly SC Cairo
1991/1992	Zamalek SC Cairo	Al-Ahly SC Cairo
1992/1993	Zamalek SC Cairo	Al-Ahly SC Cairo
1993/1994	Al-Ahly SC Cairo	No competition
1994/1995	Al-Ahly SC Cairo	Al-Moqawloon al-Arab Nasr City
1995/1996	Al-Ahly SC Cairo	Al-Ahly SC Cairo
1996/1997	Al-Ahly SC Cairo	Ismaily SC Ismaïlia
1997/1998	Al-Ahly SC Cairo	Al-Masry Port Said
1998/1999	Al-Ahly SC Cairo	Zamalek SC Cairo
1999/2000	Al-Ahly SC Cairo	Ismaily SC Ismaïlia
2000/2001	Zamalek SC Cairo	Al-Ahly SC Cairo
2001/2002	Ismaily SC Ismaïlia	Zamalek SC Cairo
2002/2003	Zamalek SC Cairo	Al-Ahly SC Cairo
2003/2004	Zamalek SC Cairo	Al-Moqawloon al-Arab Nasr City
2004/2005	Al-Ahly SC Cairo	Egineering for the Petroleum and Process Industries (ENPPI) Cairo
2005/2006	Al-Ahly SC Cairo	Al-Ahly SC Cairo
2006/2007	Al-Ahly SC Cairo	Al-Ahly SC Cairo
2007/2008	Al-Ahly SC Cairo	Zamalek SC Cairo
2008/2009	Al-Ahly SC Cairo	Haras El Hodood Alexandria
2009/2010	Al-Ahly SC Cairo	Haras El Hodood Alexandria
2010/2011	Al-Ahly SC Cairo	Egineering for the Petroleum and Process Industries (ENPPI) Cairo
2011/2012	Not Finished	Cancelled
2012/2013	Cancelled	Zamalek SC Cairo
2013/2014	Al-Ahly SC Cairo	Zamalek SC Cairo
2014/2015	Zamalek SC Cairo	Zamalek SC Cairo
2015/2016	Al-Ahly SC Cairo	Zamalek SC Cairo
2016/2017	Al-Ahly SC Cairo	Al-Ahly SC Cairo

2017/2018	Al-Ahly SC Cairo	Zamalek SC Cairo
2018/2019	Al-Ahly SC Cairo	Zamalek SC Cairo
2019/2020	Al-Ahly SC Cairo	Al-Ahly SC Cairo
2020/2021	Zamalek SC Cairo	*Not played to end*

NATIONAL CHAMPIONSHIP
Egyptian Premier League 2020/2021

#	Team	P	W	D	L	GF	-	GA	Pts
1.	**Zamalek SC Cairo**	34	24	8	2	61	-	21	80
2.	Al-Ahly SC Cairo	34	22	10	2	72	-	29	76
3.	Pyramids FC Cairo	34	13	16	5	51	-	37	55
4.	Smouha SC Alexandria	34	12	18	4	54	-	41	54
5.	Al Masry SC Port Said	34	13	11	10	44	-	38	50
6.	Engineering for the Petroleum and Process Industries Cairo	34	12	13	9	37	-	35	49
7.	El-Ittihad El-Iskandary Alexandria	34	12	12	10	35	-	35	48
8.	Tala'ea El-Gaish Cairo	34	10	12	12	41	-	37	42
9.	Al-Moqawloon al-Arab Nasr City	34	11	8	15	37	-	45	41
10.	Ceramica Cleopatra FC Giza	34	8	15	11	41	-	46	39
11.	Ismaily SC Ismaïlia*	34	10	11	13	42	-	44	38
12.	El Gouna FC	34	8	14	12	36	-	41	38
13.	Misr Lel Makkasa SC Fayoum	34	10	8	16	36	-	54	38
14.	National Bank of Egypt SC Cairo	34	6	17	11	39	-	44	35
15.	Ghazl El Mahalla SC	34	7	14	13	28	-	41	35
16.	Wadi Degla SC Cairo (*Relegated*)	34	5	15	14	29	-	38	30
17.	El-Entag El-Harby SC Cairo (*Relegated*)	34	5	13	16	35	-	60	28
18.	Aswan SC (*Relegated*)	34	6	9	19	29	-	61	27

*3 points deducted

Best goalscorer 2020/2021:
Mohamed Sherif Mohamed Ragaei Bakr (Al-Ahly SC Cairo) – 21 goals

Promoted for the 2021/2022 season:
Eastern Company SC Cairo, Future FC Cairo, Pharco FC Alexandria

NATIONAL CUP
Egypt Cup Final 2020/2021

Please note: the semi-finals, scheduled for 02-03.10.2021 were not played, there are no informations if the competition will be played to end.

THE CLUBS 2020/2021

AL-AHLY SC CAIRO
Year of Formation: 1907
Stadium: Al Salam Stadium, Cairo (30,000)

	THE SQUAD	DOB	M	(s)	G
Goalkeepers:	Mohamed El Sayed Mohamed El Shenawy Gomaa	18.12.1988	26		
	Aly Lotfi Ibrahim Mostafa	14.10.1989	7	(1)	
	Mostafa Ahmed Shobeir	17.03.2000	1		
Defenders:	Ayman Ashraf Elsayed Elsembeskany	09.04.1991	24	(1)	
	Badr Banoun (MAR)	30.09.1993	19	(1)	2
	Mohamed Hany Gamal El Demerdash	25.01.1996	16	(6)	
	Yasser Ibrahim Ahmed El Hanafi	10.02.1993	15	(3)	1
	Ali Maâloul (TUN)	01.01.1990	23		5
	Mahmoud El Metwalli Mohamed Mansour	04.01.1993		(1)	
	Ramy Hisham Abdel Aziz Rabia	20.05.1993	12	(4)	
	Ahmed Ramadan Mohamed	23.03.1997	8	(3)	
	Saad Eldin Samir	01.04.1989	3	(3)	
	Mohamed Shokry	06.07.1999		(1)	
	Akram Tawfik Mohamed Hassan El Hagrasi	08.11.1997	15	(6)	1
	Mahmoud Wahid El Sayed Mohamed	19.06.1994	3	(7)	
Midfielders:	Mohamed Magdy Mohamed Morsy „Afsha"	06.03.1996	29	(2)	6
	Aliou Dieng (MLI)	16.10.1997	23	(10)	
	Amr Mohamed Eid El Soleya	02.04.1990	22	(3)	2
	Hamdy Fathy Abdelhalim Abdelfattah	01.01.1994	20	(1)	
	Ahmed Nabil Koka	04.07.2001	4	(1)	
	Nasser Maher Abdelhamid	08.02.1997	1	(4)	
	Karim Walid „Karim Nedved"	08.08.1997		(1)	
	Walid Soliman Said Obaid	01.12.1984	2	(9)	3
Forwards:	Junior Oluwafemi Ajayi (NGA)	29.01.1996	6	(4)	2
	Walter Binene Sabwa Bwalya (COD)	05.05.1995	5	(15)	3
	Hussein Ali El Shahat Ali Hassan	21.06.1992	27	(3)	9
	Paulo Bartolome Hermenegildo Da Costa „Geraldo" (ANG)	23.11.1991	1	(1)	
	Mahmoud Abdel Moneim Abdel Hamid Soliman „Kahraba"	13.04.1994	17	(9)	8
	Taher Mohamed Ahmed Taher Mohamed Mahmoud	31.12.1997	13	(11)	3
	Marwan Mohsen Fahmy Tharwat Gamaleldin Mahmoud Fahmy	26.02.1989	3	(13)	
	Salah Mohsen Mohamed Shalaby	01.09.1998	5	(18)	5
	Ahmed Yasser Mohamed Rayan	24.01.1998		(2)	
	Mohamed Sherif Mohamed Ragaei Bakr	04.02.1996	24	(7)	20
Trainer:	Pitso John Hamilton Mosimane (RSA)	26.07.1964	34		

AL MASRY SC PORT SAID

Year of Formation: 1920
Stadium: Al Mahry Club Stadium, Port Said (18,000)

THE SQUAD		DOB	M	(s)	G
Goalkeepers:	Ahmed Ali Ahmed Daador	10.02.1995	6		
	Ahmed Masoud Abdelwahab	15.12.1991	20		
	Essam Tharwat	06.08.1986	8		
Defenders:	Hassan Ali	15.05.1998	16	(16)	2
	Alaa Atta	14.06.1990	6	(1)	
	Karim Hesham El Eraki	29.11.1997	24	(2)	
	Islam Mohamed Salah	01.07.1991	12	(4)	1
	Amr Abdallah Mohamed Moussa	17.11.1988	31	(1)	
	Mohammed Nuaman Abdelfatah Saleh (PLE)	18.07.1993	1	(1)	
	Ahmed Shedid Kenawi	1986	24	(5)	1
	Ahmed Hamed Shousha	01.10.1993	24	(1)	1
Midfielders:	Islam Ateya	03.12.1998	5	(6)	1
	Emeka Christian Eze (NGA)	22.12.1992	14	(5)	2
	Ziad Farag	08.02.2002		(5)	
	Haggag Oweis	05.09.1995	8	(9)	
	Farid Shawky El Marghany	19.12.1989	31		
	Saïdou Simporé (BFA)	31.12.1992	21	(3)	2
	Mostafa Soltan	02.02.1992	5	(10)	
Forwards:	Mohamed Antar	1993	20	(12)	1
	Mohamed Gaber Khalefa	22.02.1991		(3)	
	Ahmed Gomaa	19.05.1988	12	(13)	3
	Mohamed Abdul-Latif Grindo	07.08.1991	12	(12)	2
	Amamchi Augustine Iwuji (NGA)	20.02.1993	13	(11)	5
	Omar Kamal Abdelwahed	29.09.1993	28	(4)	13
	Francis Kazadi Kasengu (COD)	20.07.1992	8	(15)	2
	Hussein Ragab Abdelmohsen Al Elkelfat	12.01.1994		(1)	
	Ahmed Elsayed Refaat	20.06.1993	25	(5)	8
Trainer:	Ali Maher	03.12.1973	34		

AL-MOQAWLOON AL-ARAB SC NASR CITY

Year of Formation: 1973
Stadium: "Osman Ahmed Osman" Stadium, Nasr City (35,000)

THE SQUAD		DOB	M	(s)	G
Goalkeepers:	Mahmoud Aboul-Saoud	30.11.1987	20		
	Ahmed Said Arabi El Arabi	25.08.1992	4		
	Hassan Mahmoud Shahin	10.03.1993	10		
Defenders:	Ahmed Mohamed Abdelaziz	01.03.1982	8	(3)	
	Amir Mohamed Ahmoud Abed	12.07.1989	19	(2)	1
	Basem Ali Mahmoud Abdulnabi	27.10.1988	16	(4)	1
	Khaled El Husseini	05.05.1992	9	(6)	
	Hassan Ali Abdulrazek El Shamy	01.11.1983	26		
	Abdelrahman Farouk	09.06.1984	1	(2)	
	Farouck Kabore (BFA)	23.11.1993	27		2
	Fady Mohamed Nagah	09.05.1990	3	(1)	
	Mohamed Samir Thabet Abd Elrehem	05.11.1987	29		4
Midfielders:	Youssef El Gohary	06.11.1997	13	(8)	1
	Ahmed Mohamed El Sheimy	28.06.1995	12	(5)	1
	Ahmed Mohamed Mousa „Kaboria"	17.01.1988	3	(4)	
	Abdulrahman Khaled Emam Hamouda	06.06.1993	2	(3)	
	Omar Fathy	17.03.1994	9	(11)	4
	Ahmed Magdy Mohamed	09.12.1989	1	(6)	
	Mohamed Magli	24.06.1996	23	(5)	
	Karim Mostafa Mohammed Abdelaleem	10.06.1990	13	(15)	
	Wassim Naghmouchi (TUN)	17.04.1996	14	(5)	
	Mohamed Rizk Lotfi	10.02.1991	12	(2)	
	Ibrahim Salah Abdelfattah	01.04.1987	8	(3)	
	Ahmed Shokry Abdelraouf Ali Khalifa	21.07.1989	2	(10)	
	Abdallah Yaisien	23.04.1994	14	(9)	1
Forwards:	Ahmed Osama Dawooda	25.06.1989	18	(8)	4
	Mohamed Essam	29.10.1994	2	(3)	
	Mohamed Hamdi Zaki Ali	13.12.1991	13	(11)	6
	Youssef Ahmed Hassan	20.06.2003	1	(3)	
	Luis Edward Hinestroza Córdoba (COL)	16.08.1992	26	(4)	6
	Seifeddine Jaziri (TUN)	12.02.1992	7	(1)	3
	Haythem Jouini (TUN)	07.05.1993	3	(8)	2
	Ahmed Hassan Mekki	20.04.1987	6	(2)	1
	Moses Odo Tochukwu (NGA)	11.12.1993		(8)	
	Mohamed Salem Aly Abdelkhader	1994	1	(9)	
Trainer:	Emad El Nahhas	15.02.1976	34		

ASWAN SC

Year of Formation: 1930
Stadium: Aswan Stadium, Aswan (20,000)

	THE SQUAD	DOB	M	(s)	G
Goalkeepers:	Talaat Abdel Wahab El Gabalawy	13.09.1987	2		
	Omar Wael Radwan	31.07.1997	25		
	Khaled Waleed Mohamed Hassan	01.02.1995	7		
Defenders:	Ahmed Ayman Ahmed	01.07.1994	5		
	Ahmed Sayed Dahroug	1996	2		
	Mohamed El Ashri	22.06.1991	5	(7)	1
	Amr Mohamed Hassan El Halawany	15.03.1985	29	(4)	4
	Farid El Sayed	11.05.1987	3	(1)	
	Abdallah El Sanghawy	17.09.1991	2		
	Mohamed Gaber „Mido"	1994	30		3
	Abdelwahab Ismail Naeem	14.05.1997	1	(1)	
	Ahmed Salem Safy Abdel Salam	13.07.1987	28	(3)	1
	Islam Mohamed Serry	16.01.1992	2	(2)	
	Mahmoud Mohamed Taher Shabana	06.04.1995	30		4
	Ahmed Yousef Sobhy	04.03.1991	1	(2)	
Midfielders:	Omar Abdullah Ali Abdullah Al Dahi (YEM)	15.12.1999	2	(8)	
	Ahmed Mohamed Eid Belya	28.03.1999	5	(6)	
	Haytham Mostafa Mohamed El Fil	20.12.1984	21	(9)	2
	Ahmed Abdelaziz Ibrahim El Saghiri	10.06.1998	30	(3)	2
	Ahmed Mohamed Fathi	28.09.1993	2		
	Mohamed Gamal Fahim	27.10.1993	1	(10)	
	Emmanuel Ofoe Karbogi (NGA)	31.03.1991	12	(9)	1
	Ahmed Khaled	17.10.1998	12	(12)	
	Mohamed Khalifa Ibrahim Hamad	07.07.1995	4	(4)	
	Solomon Mensah (GHA)	06.05.1992	21	(3)	
	Youssef Osama Nabih	07.09.2000		(3)	
	Abdelaziz Mousa Ramadan	08.07.1989	21		2
	Amr Reda El Sayed	18.01.1999		(7)	
	Islam Mohamed Ahmed Saleh	06.01.1995		(2)	
	El Husseiny Samir	1994	1	(1)	
	Mohamed Ibrahim Mohamed Ismail „Sosta"	13.09.1988	5	(1)	
	Fady Talaat	20.09.1997		(2)	
Forwards:	Ahmed Saied Abdelaal „Ouka"	23.10.1994	2	(1)	
	Ahmed Abdelzaher Abdelgawad	15.01.1985	3	(4)	1
	John Avire (KEN)	12.03.1997	6	(3)	
	Mohamed Gamal „Bebo"	24.05.1997	2	(1)	
	Ahmed El Alfy	12.11.1995	9	(12)	
	Ashraf Magdy	26.07.1997	15	(4)	5
	Hamza Magdi	1999	1	(8)	1
	Amr Nasser	08.03.1999	4	(7)	
	Mohamed Osama Hassan	01.07.1995	17	(6)	2
	Hany Roshdi	13.08.1999	4	(2)	
	Mahmoud Salah Abdulnasir	10.10.1994	2	(1)	
	Yehia Salah El Deen	1999		(5)	
Trainer:	Sami El Sheshini	23.01.1972	7		
[10.01.2021]	Alaa Abdelaal		19		
[27.06.2021]	Ahmed Mostafa	02.06.1977	8		

CERAMICA CLEOPATRA FOOTBALL CLUB GIZA

Year of Formation: 2007
Stadium: Suez Stadium, Suez (27,000)

THE SQUAD		DOB	M	(s)	G
Goalkeepers:	Amer Mohamed Amer	14.02.1987	33		
	Hamza Moawad	1999	1	(1)	
Defenders:	Walid Abdelmonem	18.03.1989	2	(1)	
	Ragab Abdelhalim Mohamed Bakar	05.04.1989	25	(2)	
	Mohamed Gamal	22.03.1997		(1)	
	Abdallah Mahmoud Mohamed	25.12.1997	16	(2)	
	Ahmed Mohsen	20.05.1988	22	(6)	
	Fabrice Gael Ngah (CMR)	16.10.1997	10	(1)	
	Mahmoud Sakr	04.08.1994	4		
	Tarek Ahmed Samy	21.08.1993	13	(2)	
	Khaled Sobhy Ahmed	04.05.1995	25		
	Seif Teka (TUN)	20.04.1991	14	(1)	
Midfielders:	Mohammed Ashour Al Adham	11.06.1985	1	(5)	
	Mahmoud Bolbol Nabil	12.01.1998	17	(7)	2
	Kwame Bonsu (GHA)	25.09.1994	22	(1)	
	Winful Cobbina (GHA)	06.09.1991	6	(11)	
	Saleh Gomaa Ouda	01.08.1993	14	(5)	1
	Mohamed Hassan	03.10.1993	2	(2)	
	Mohamed Ibrahim Abu El Yazeed	01.03.1992	30	(1)	1
	Diyaa Mohamed Kandil	01.03.1990	2	(6)	
	Mohamed Ibrahim Tony	10.09.1996	23	(4)	
Forwards:	Ahmed Amin „Oufa"	06.10.1996		(3)	
	Maxwell Baakoh (GHA)	08.10.1995		(2)	
	Sherif Adel Mohamed Dabo	28.01.1994	14	(11)	6
	Ahmed Ghoneim	30.05.1990	2	(12)	
	Shady Hussein	1990	22	(8)	6
	Mohamed Gaber Tawfik Hussein „Mido Gaber"	09.05.1992	20	(5)	4
	Mohamed Mosaad	20.02.1989	5	(13)	
	Ragab Khaled Omran	01.02.1994	5	(13)	
	Ahmed Yasser Mohamed Rayan	24.01.1998	22	(1)	15
	Mostafa Saad	22.08.2001	2	(5)	1
Trainer:	Haitham Shaaban	11.10.1979	18		
[22.04.2021]	Diyaa El Sayed		9		
[29.07.2021]	Haitham Shaaban	11.10.1979	7		

EL-ENTAG EL-HARBY SC CAIRO

Year of Formation: 2004
Stadium: Al Salam Stadium, Cairo (30,000)

THE SQUAD		DOB	M	(s)	G
Goalkeepers:	Ahmed Mahmoud Abdelhalim Busca	20.09.1986	6	(1)	
	Mohamed Essam Mostafa El Ghandour	01.08.1997	5		
	Ahmed Yehia Abdelghani	16.06.1988	23		
Defenders:	Ahmed Ali Abdelaziz	08.08.1988	13	(6)	1
	Mohamed Abdelfattah Taha	17.04.1991	11	(2)	
	Abdulwahab Ahadzi Annan (GHA)	04.06.1998	5		1
	Mohamed Abdelrazak „Bazooka"	01.09.1993	18	(8)	
	Moaz Mohamed El Sayed Gabr El Henawy	29.01.1990	15	(6)	1
	Mohamed El Shebiny	1993	19	(1)	1
	Ali Fathy Omar Ali	02.01.1992	14	(3)	
	Islam Gaber	08.08.1995	10		1
	Ahmed Saber	21.05.1993	4	(1)	
	Alaa Salama	03.02.1991	20	(6)	
	Mohamed Tarek Aboulezz	05.05.1990	13	(3)	2
Midfielders:	Ibrahim Abdel Khaleq	20.04.1986	6	(16)	
	Mostafa Abdelrahim			(2)	
	Mahmoud Adel	05.06.1993	1		
	Mostafa Mohamed Hesham El Gamel	01.10.1988	9	(11)	1
	Mohamed Essam	2001		(1)	
	Himid Mao Mkami (TAN)	15.11.1992	18	(4)	1
	Ghanam Mohamed	12.03.1997	16	(7)	
	Mohamed Ramadan	01.11.1990	8	(4)	1
	Abdelrahman Rizk	1999	3	(1)	
	Said Shabrawy	01.04.1993	8	(3)	
	Mohamed Ibrahim Mohamed Ismail Sosta	13.09.1988	19	(1)	
	Hassan Yassin	1996	7	(3)	2
Forwards:	Wagih Abdelhakim	01.03.1998		(1)	
	Mohamed Ahmed Abdelmaguid	30.12.1993	6	(17)	4
	Ahmed Afifi	24.05.1993	6	(10)	
	Mostafa El Badry	21.05.1997	21	(6)	11
	Ahmed Hassan Mekki	20.04.1987		(1)	
	Basem Morsy Elkotb Abdalla	1992	7	(1)	2
	Mamadou Ndioko Niass (MTN)	04.06.1994	20	(7)	3
	Mahmoud Ragab	02.03.2000	4	(9)	1
	Mohamed Sanogo Vieira (CIV)	30.07.1993	17	(5)	1
	Fadel Sherif	2001		(2)	
	Abdelrahman Osama Shika	1999	15	(9)	
	Mohamed Talaat	14.05.1989	7	(3)	2
Trainer:	Mokhtar Mokhtar	17.08.1952	8		
[19.01.2021]	Hamada Sedki	25.08.1961	7		
[01.03.2021]	Ahmed Ibrahim Ahmed Abdel Moneim "Koshari"	08.01.1973	19		

EL GOUNA FOOTBALL CLUB

Year of Formation: 2003
Stadium: "Khaled Bichara" Stadium, El Gouna (12,000)

	THE SQUAD	DOB	M	(s)	G
Goalkeepers:	Ahmed Adel Abdelmonem	10.04.1987	8	(1)	
	Mahmoud El Gharabawy	15.10.1987	3	(1)	
	Islam Kassem Tarek	02.12.1988	23		
Defenders:	Mohamed Naguib Mohamed El Ghareeb	31.01.1983	28	(2)	2
	Mahmoud Saber El Gazzar	11.02.1998	22	(3)	
	Zeyad El Geushy	09.12.1999	2	(2)	
	Amr El Saadawy	12.02.1997	13	(8)	1
	Mostafa El Safty	03.11.1992	2		
	Allan Kyambadde (UGA)	15.01.1996	4	(10)	
	Joseph Joseph Ngwem II (CMR)	20.07.1991	22	(10)	1
	Louay Wael Mohamed Badr	01.06.1992	25	(1)	2
	Mohamed Lahbib Yeken (TUN)	09.03.1994	26	(5)	
Midfielders:	Islam Abdelnaim Abdelkader	08.09.1992	16	(8)	
	Serge Arnaud Aka (CIV)	16.11.1994	26		
	Ahmed Amer	07.11.1993	14	(2)	
	Arabi Badr Mokhtar	2001	8	(13)	
	Amr Barakat El Bolasy	01.10.1991	11	(3)	1
	Nour El Sayed Mohamed Mosehy	09.01.1984	31		5
	Ahmed Hamdi Hussein Hafez	10.02.1998	4	(1)	2
	Islam Hassan Roshdy	26.07.1989	7	(4)	1
	Ali Zaazaa	23.06.2001		(2)	
Forwards:	Mohamed Abdelgawad	05.10.1992	3	(7)	
	Karim Al Tayeb	13.01.1999	10	(15)	3
	Walter Binene Sabwa Bwalya (COD)	05.05.1995	5		3
	Amr Ahmed Abd El Fattah	08.11.1996	16	(13)	
	Omar El Said Abdel Monsef	23.06.1990	17	(3)	11
	Mahmoud El Shabrawy	1997	15	(13)	3
	Idris Ilunga Mbombo (COD)	01.06.1996	6	(6)	
	Naser Mohamed Naser	1996	6	(15)	
	Mohamed Ragab	19.06.1990	1	(14)	1
Trainer:	Reda Shehata El Sayed Abou El Naga	24.01.1981	34		

EL-ITTIHAD EL-ISKANDARY ALEXANDRIA

Year of Formation: 1914
Stadium: Alexandria Stadium, Alexandria (19,676)

THE SQUAD		DOB	M	(s)	G
Goalkeepers:	Emad El Sayed	06.04.1986	1		
	Mohamed Sobhy	15.07.1999	33		
Defenders:	Omar Al Midani (SYR)	26.01.1994	2	(1)	
	Mohamed Ahmed Atwa	15.07.1990	1	(1)	
	Marwan El Nagar	1997	1	(9)	
	Mohammed Ragab El Safi	20.04.1999		(1)	
	Mostafa Ibrahim	20.04.2000	3	(3)	1
	Damion Onandi Lowe (JAM)	05.05.1993	27		1
	Sabri El Sayed Abdel Muttalib Mayhoub Rahil	02.10.1987	15	(1)	
	Mahmoud Ahmed Rizk	1990	19	(2)	1
	Hesham Salah	10.06.1997	13	(3)	
	Elsayed Salem	07.01.1987	29	(1)	
	Mahmoud Shaban El Said	16.03.1995		(1)	
	Karim Yehia	18.09.1999	5	(2)	
Midfielders:	Belal Al Sayed	23.11.2000		(1)	
	Hossam Mohamed Ashour Sanad Attia	09.03.1986	3	(5)	
	Marwan Ateya	01.08.1998	23	(6)	
	Karim Ibrahim Ahmed El Deeb	10.06.1995	6	(4)	2
	Khaled Metwali Abdelhamid El Ghandour	15.05.1991	30	(2)	3
	Amar Hamdi	07.03.1999	25	(5)	1
	Ahmed Nabil Marzouk Aly „Manga"	03.10.1991	25	(2)	
	Abdelghani Mohamed	02.02.2002	16	(8)	2
Forwards:	Adel Badr	2001		(4)	1
	Razak Cissé (CIV)	30.12.1998	16	(3)	7
	Fawzy El Henawy	29.09.1998	20	(9)	1
	Mohamed El Sabahi	14.06.1994	8	(7)	3
	Ahmed Hamdeen	2001		(2)	
	Ahmed Heggy	01.08.1997	4	(9)	
	Khaled Farag Mohamed Kamar	02.02.1988	14	(8)	5
	Karim Mamdouh Khaled	12.01.1993	3	(1)	
	Emmanuel Arnold Okwi (UGA)	25.12.1992	11	(6)	3
	Ahmed Rashed	30.09.1995	2	(16)	
	Abdelsamia Ibrahim „Semo"	01.12.1998	4	(18)	2
	Romario Garfield Williams (JAM)	15.08.1994	15	(8)	5
Trainer:	Hossam Hassan Hussein	10.08.1966	34		

ENGINEERING FOR THE PETROLEUM AND PROCESS INDUSTRIES CAIRO
Year of Formation: 1985
Stadium: Petro Sport Stadium, Cairo (16,000)

THE SQUAD		DOB	M	(s)	G
Goalkeepers:	Abdulaziz El Balouty	08.01.1994	5	(1)	
	Mahmoud Gaad	22.05.1997	29		
Defenders:	Hesham Adel	07.11.1996	4	(4)	
	Zied Boughattas (TUN)	05.12.1990	13	(1)	
	Mostafa Adel Dowidar	07.02.1999	30		
	Ibrahim El Qadi	06.02.1990	12	(1)	
	Ali Fawzi	17.03.1992	25	(2)	1
	Karim Fouad	18.02.1999	23	(3)	
	Osama Galal Hamid Toeima	17.09.1997	2		
	Mohamed Ismael	01.08.1999	1	(4)	
	Mahmoud Naim	09.04.1994		(1)	
	Ahmed Saber	21.05.1993		(1)	
	Rami Mohamed Sabri Mansour	03.05.1987	27		10
	Ehab Samir	02.07.1993	1	(3)	
	Ibrahim Yahia Zakrya Gad	17.10.1987	10		1
Midfielders:	Abdulrahman Amer Hussien Ahmed	17.11.1991	11	(10)	
	Ahmed Sobhi Amin El Agouz	14.12.1988	19	(5)	2
	Abdelrahman Emad	10.04.1999	2	(4)	
	Mahmoud Ghaly	22.07.1992	1	(1)	
	Zeyad Kamal	2001	6	(2)	1
	Ahmed Kassim		3	(2)	
	Mohamed Rizk Lotfi	10.02.1991	1		
	Girgis Magdy Saleh Tadros	07.01.1996	1	(3)	
	Mohamed Morsi	15.03.1993	12	(10)	2
	Hamed Ismaël Sawadogo (BFA)	28.02.1996	4		
	Mostafa Yasser Mohamed Shakshak	06.04.2000	16	(3)	
	Salaheldin Atef Salaheldin Taha Abdalla	06.02.1991	14	(2)	1
	Mohab Yasser	05.07.1996	6	(14)	
	Ahmed Youssef	02.05.1999	5	(1)	
Forwards:	Dinopeter Jude Airâodion (NGA)	24.11.1992	25	(5)	5
	Omar Bassam Mohamed	17.12.1993		(3)	
	John Okoye Ebuka (NGA)	12.11.1996	29	(4)	10
	Ibrahim Galal	14.02.1994	2	(13)	
	Mohamed Ali Sedik	1996	2	(3)	
	Mostafa Shalaby	1995	20	(6)	1
	Mohamed Sherif Mohamed	1999	3	(23)	2
	Karim Tarek Mohamed Safwat	23.01.1992	10	(15)	3
	Mohamed Tawakol	02.12.1990		(3)	
Trainer:	Helmy Ezzat Toulan	30.11.1949	34		

GHAZL EL MAHALLA SC

Year of Formation: 1936
Stadium: Ghazl El Mahalla Stadium, El Mahalla El Kubra (14,564)

THE SQUAD		DOB	M	(s)	G
Goalkeepers:	Mohamed Osama El Beshbeshi	04.01.1993	2		
	Mahmoud Reda	02.04.1989	6		
	Amr Shaaban	10.10.1993	26		
Defenders:	Mohamed Abdelkader	2001	2	(2)	
	Hany Adel	15.02.1992	10	(2)	
	Ahmed Eid	19.11.1992	25		1
	Mahmoud Alaa El Katamy	21.02.1998	9	(4)	1
	Galal El Okdah	22.12.1988	1	(2)	
	Mohamed Fathallah	15.06.1993	33		
	Yehia Hamed	27.09.1990	19	(4)	
	Fathi Mabrouk	01.09.1987	24	(1)	2
	Moataz Moheb	1998	7	(15)	
	Mohamed Sami	01.10.1991	9	(4)	1
Midfielders:	Ahmed Adel Rashwan	1995	15	(6)	
	Khaled El Akhmimi	02.01.1995	5	(21)	2
	Ahmed El Nadry	05.06.1999	27	(1)	1
	Ashraf Mohamed El Sayed Khalil	02.03.1995	12	(7)	2
	Mohamed Hamdan	1997	1	(8)	
	Emmanuel Ofoe Karbogi (NGA)	31.03.1991	3	(1)	
	Khaled Lotfi Mahmoud	04.05.1994	4		
	Bassam Maher	15.01.1997	12	(4)	
Forwards:	Francis Afriyie (GHA)	18.01.1995		(3)	
	Abdelrahman Atef	04.06.2001	6	(1)	2
	Hesham Adel Nabawy „Balaha"	21.05.1996	25	(2)	4
	Ahmed Hassan El Genawy	09.12.1995	5	(5)	
	Ahmed El Sheikh	12.06.1990	21	(10)	6
	Islam Fouad	06.01.1991	20	(4)	2
	Mohamed Mahmoud Ghalwesh	1999		(5)	
	Hossam Hassan	2001		(1)	
	Mohamed Karim	26.01.1999	1	(1)	
	Khaled Kassab Toba	08.07.1993	2	(17)	1
	Bader Yousef Mohammed Moussa (PLE)	11.04.1999	2	(8)	
	Moses Odo Tochukwu (NGA)	11.12.1993	4		
	Khaled Raslan	23.03.1996	8	(12)	
	Mahmoud Salah	1997	4	(7)	
	Abdel Kader Yehia	06.03.1999	24	(1)	3
Trainer:	Khaled Eid	29.03.1964	34		

ISMAILY SC ISMAÏLIA

Year of Formation: 1924
Stadium: Ismailia Stadium, Ismaïlia (18,525)

THE SQUAD		DOB	M	(s)	G
Goalkeepers:	Mohamed Fawzi	10.07.1993	20		
	Mohamed Magdy Abdelfattah	1995	4		
	Mohamed Yasser Mansour Sobhy Eliwa	30.08.1981	10		
Defenders:	Mohamed Adel Ammar	01.09.1999	10	(1)	
	Abdullah Gomaa Awad	26.02.1993	9	(5)	
	Ahmed Ayman	01.09.1997	1		
	Mohamed Bayoumi	07.04.2000	9	(2)	
	Ahmed Fathy Castelo	1999	5	(4)	
	Radouane Cherifi (ALG)	22.02.1993	5		
	Mahmoud El Badry	24.03.1999	7		
	Baher El Mohamady	01.11.1996	8	(5)	
	Hussein El Sayed	18.09.1991	12	(1)	1
	Mostafa El Zenary	1995	6		
	Mohamed Hashem	1996	18	(4)	
	Marouane Sahraoui (TUN)	09.01.1996	30		
Midfielders:	Mahmoud Abdelaati	02.12.1992	16	(2)	
	Mohamed Abdelsamia	13.05.1999	2		
	Mohamed Adel El Sayed	05.06.1993	29	(2)	1
	Omar Tarek El Wahsh	03.04.1995	3	(14)	
	Mohamed Khaled Youssef Eldarf	02.07.1999	1	(1)	
	Mostafa Fares	24.09.1997	6	(4)	
	Emad Hamdi Abu Fotouh	14.01.1993	13	(14)	1
	Mohamed Hassan	03.10.1993	18	(1)	
	Medhat Ibrahim	30.11.1999	1	(1)	
	Mohamed Sayed Makhlouf	03.06.1998		(1)	
	Nader Ramadan	01.12.1990	2	(8)	
	Mohamed Abdulmeniem Sadek Mohamed	06.07.1997	15	(8)	3
	Ziad Tarek	2000		(3)	
Forwards:	Manuel David Afonso „Ary Papel" (ANG)	03.03.1994	13	(9)	6
	Fakhreddine Ben Youssef (TUN)	21.06.1991	26	(4)	11
	Mohamed El Shami	30.09.1993	14	(10)	1
	Ahmed Ali Abdel Rahman Madbouli	20.11.1994	19	(9)	
	Abdelrahman Magdy Abdelfattah	12.09.1997	1	(3)	1
	Ahmed Mostafa Taher	21.10.1997	8	(8)	
	Shokry Naguib	01.05.1994	23	(9)	10
	Benson Jambeinge Hanghome Shilongo (NAM)	18.05.1992	10	(13)	6
Trainer:	Heron Ricardo Ferreira (BRA)	28.01.1958	3		
	Saafan El Sagheer	1969	4		
[23.01.2021]	Khaled El Kamash	01.08.1961	1		
[29.01.2021]	Dragan Jović (BIH)	19.07.1963	8		
[21.03.2021]	Ehab Galal	14.08.1967	18		

MISR LEL MAKKASA SC FAYOUM

Year of Formation: 1937
Stadium: Fayoum Stadium, Fayoum (10,000)

	THE SQUAD	DOB	M	(s)	G
Goalkeepers:	Mohamed Ahmed Ateya	11.04.1991	7		
	Mahmoud Hamdy Ahmed Aly Baky	01.11.1993	27		
Defenders:	Osama Azab	27.06.1986	21	(5)	
	Mohamed Ahmed El Desouki	18.12.1997	21	(1)	
	Mahmoud El Ghazali	27.08.1996		(3)	
	Taha Gomaa	07.06.1998	1		
	Hesham Hafez	14.05.2001	2	(1)	
	Hosny Fathi Hamed	19.03.1989	6	(5)	
	Bassam Howiedy	25.05.1999	2	(1)	
	Ahmed Abdelaziz „Mody"	07.10.1987	20	(3)	2
	Khaled Mostafa	1999	1	(1)	
	Ahmed Abdelfattah Sabeha	21.08.1999	24		
	Asem Said Abdelmonsef Youssef	09.09.1989	5	(6)	
	Essam Sobhy	26.09.1985	15	(2)	2
	Fares Mohamed Tarek	14.01.2000	11	(2)	
Midfielders:	Mohamed Adel Amo	1999	1	(3)	
	Salah Ashour	08.09.1987	11	(8)	1
	Khalid Aucho (UGA)	08.08.1993	12	(1)	
	Shimelis Bekele (ETH)	02.01.1990	20	(6)	10
	Ahmed Abdel Naby El Sudany	14.01.1999		(1)	
	Saeed Mohamed El Wensh	2001	11	(6)	
	Ahmed Adel Elkalamawy	25.09.1997	6	(11)	1
	Emad Fathi	06.01.1993	6	(11)	1
	Mohamed Kamal	03.03.2001	3	(1)	
	Mohamed Sayed Makhlouf	03.06.1998	12	(3)	
	Ahmed Marchuh (MAR)	11.11.1999	1		
	Hesham Mohamed Hussein Mohamed	03.01.1990	22	(1)	1
	Islam Mohamed Ahmed Saleh	06.01.1995	2	(2)	1
	Mostafa Shebeita	10.05.1986	9	(15)	
	Ali Mohamed Ali Wezza	20.04.1995	1	(1)	
Forwards:	Ahmed Amin	06.10.1996	1	(3)	
	Ziad Ashraf	09.09.1999	3	(4)	2
	Mahmoud Fahmi	23.12.1999	2	(2)	
	Marwan Hamdi Abdelhamid	15.11.1996	5	(2)	4
	Abdallah Magdy	1997	19	(5)	1
	Ahmed Meteb	01.10.1996	7	(3)	
	Basem Morsy Elkotb Abdalla	1992	23	(1)	10
	Ragab Khaled Omran	01.02.1994	5	(4)	
	Ahmed Reafat	01.04.2001	2	(2)	
	Muftah Khalifa Hamed Taktak (LBY)	05.05.1996	8	(3)	
	Paulin Voavy (MAD)	10.11.1987	19	(5)	1
Trainer:	Ehab Galal	14.08.1967	1		
[18.12.2020]	Ali Ashour	06.12.1971	7		
[28.01.2021]	Ehab Galal	14.08.1967	7		
[25.03.2021]	Mohamed Azima	17.10.1968	12		
[01.07.2021]	Mohamed Abdel-Galil	02.10.1968	7		

NATIONAL BANK OF EGYPT SC CAIRO

Year of Formation: 1951
Stadium: National Bank of Egypt Stadium, Cairo (1,000)

	THE SQUAD	DOB	M	(s)	G
Goalkeepers:	Ahmed Mahmoud Abdulwadood El Saadani	24.02.1992	11		
	Mahmoud El Zanfuly	28.04.1992	23		
Defenders:	Mohamed Ahmed Mohamed Dabash	25.11.1990	22	(1)	
	Osama Ibrahim Morsy	01.04.1993	29	(1)	
	Mohamed Koffi (BFA)	30.12.1986	11	(5)	
	Bahaa Magdy Hassan	24.06.1987	8	(6)	
	Mohamed Magdy El Gamal	07.07.1993	8	(2)	1
	Amir Medhat	07.07.1991	12	(2)	
	Asem Salah	27.03.1990	26	(1)	3
	Ahmed Yassin	07.08.1997	18	(2)	
Midfielders:	Hossam Sayed El Sanaa	1994	7	(5)	
	Valdomiro Tualungo Paulo Lameira „Estrela" (ANG)	22.09.1995	15	(2)	
	Mohamed Fakhri	04.03.1999	3	(3)	
	Mohamed Fathi Mahmoud	02.02.1994	13	(2)	
	Mohamed Hamed	06.01.1996	17	(6)	
	Mohamed Ahmed Abdel Rahman Laaba	07.07.1993		(1)	
	Mohamed Methnani (TUN)	03.03.1992	8	(12)	
	Mido Mostafa	30.11.1993	3	(2)	
	Mahmoud Ahmed Sayed	1988	3	(18)	
	Maarouf Yussuf (NGA)	20.12.1992	27	(3)	
Forwards:	Karim Ahmed Said „Bambo"	13.05.1995	6	(16)	12
	Mohamed Bassiouny	08.08.1989	26	(2)	2
	Moussa Diawara (GUI)	15.10.1994	13	(6)	1
	Mohamed Essam	29.10.1994	1	(7)	
	Fady Farid	12.08.1997	26	(5)	6
	Ahmed Ali Kamel	21.05.1986	19	(7)	11
	Mahmoud Mohamed Hassan Ibrahim Kaoud	27.08.1988	7	(18)	1
	Shady Radwan	01.09.2001		(3)	
	Ali Saber Hussein	1990		(6)	
	Ahmed Abdelbaset Ali Mohamed Sherwyda	21.10.1990	3	(5)	
	Ahmed Yasser Gharib	27.11.1991	9	(10)	1
Trainer:	Mohamed Youssef	09.10.1970	17		
[20.02.2021]	Khaled Ghalal	12.04.1967	17		

PYRAMIDS FOOTBALL CLUB CAIRO

Year of Formation: 2008 (*as Al Assiouty Sport Cairo*)
Stadium: 30 June Stadium, Cairo (30,000)

	THE SQUAD	DOB	M	(s)	G
Goalkeepers:	Sherif Ekramy Ahmed	10.07.1983	27	(1)	
	Ahmed Nasser Mahmoud Moawad El Shenawy	14.05.1991	2		
	El Mahdy Mohamed Soliman	08.06.1987	5	(2)	
Defenders:	Abdallah Bakry Mohamed Ahmed	01.07.1994	3	(3)	
	Ahmed Fathi Abdelmonem	10.11.1984	23	(3)	
	Ali Gabr Gabr Mossad	10.01.1989	20		2
	Osama Galal Hamid Toeima	17.09.1997	5	(3)	1
	Mohamed Hamdi Sharf Edin	15.03.1995	23	(1)	1
	Ahmed Ayman Mansour	13.04.1994	14	(4)	
	Ahmed Samy Saad	31.03.1992	29	(1)	2
	Tarek Taha Abdulhamid	25.06.1988	9	(3)	
	Ahmed Hassan Tawfik	01.10.1991	14	(9)	
Midfielders:	Nabil Emad Ali El Mahdi	06.04.1996	28	(1)	
	Abdallah Mahmoud El Said Mohamed Bekhit	13.07.1985	25	(1)	6
	Omar Mahmoud Sayed Gaber	30.01.1992	17	(11)	1
	Mahmoud Hamada	01.11.1993	13	(11)	1
	Mahmoud Saber Abdelmohsen	07.03.2002	5	(1)	2
	Eric Traoré (BFA)	21.05.1996	23	(7)	3
Forwards:	Ibrahim Adel Ali Mohamed Hassan	24.04.2001	15	(4)	10
	John Antwi (GHA)	06.08.1992	10	(6)	
	Mohamed Essam El Gabbas	21.07.1987	6	(17)	4
	Ahmed Mohamed Sayed El Sheikh	11.09.1992	2	(4)	1
	Mohamed Farouk Salama	14.09.1989	5	(9)	2
	Ahmed Mohamed Bekhit Abdelgaber Hamoudi	21.07.1990		(1)	
	Ibrahim Hassan I	25.07.1990	4	(10)	1
	Islam Issa Attia	01.02.1996	16	(11)	6
	Diego Alejandro Rolán Silva (URU)	24.03.1993	5	(3)	3
	Ramadan Sobhi Ramadan Ahmed	23.01.1997	19	(3)	7
	Mahmoud Manar Wadi (PLE)	19.12.1994	7	(9)	3
Trainer:	Rodolfo Martín Arruabarrena (ARG)	20.07.1975	22		
[29.06.2021]	Takis Gonias (GRE)	06.10.1971	12		

SMOUHA SC ALEXANDRIA

Year of Formation: 1949
Stadium: Alexandria Stadium, Alexandria (19,676)

	THE SQUAD	DOB	M	(s)	G
Goalkeepers:	Omar Mohamed Salah	10.01.1998		(1)	
	El Hany Soliman	07.08.1984	34		
Defenders:	Khaled Abdelfattah	22.01.1999	1		
	Mohamed Abdelmoneim	01.02.1999	22	(2)	1
	Atahir El Tahir Babiker Mohamed (SDN)	24.10.1996	22	(3)	2
	Mahmoud El Badry	03.07.1991	16	(2)	1
	Mahmoud Ezzat Korany Hussein	05.05.1992	5	(4)	
	Ahmed Gamal Kamel	03.01.1994	11	(1)	
	Mahmoud Moaaz Gaafar Abdalla	22.09.1992	1		
	Ragab Nabil Deebes Abdelnabi	18.10.1993	31		3
	Mohamed Nadi	20.05.1991	8	(6)	4
	Ahmed Rifai Mohamed	1994		(1)	
	Mohamed Shokry	06.07.1999	1	(3)	
Midfielders:	Ahmed Mohamed Abdelkader Radwan	23.05.1999	25	(2)	9
	Aly Ahmed Aly Mohamed Ghazal	01.02.1992	5	(3)	
	Mohamed Metwaly „Canaria"	25.01.1999	23	(7)	
	Mahmoud Abdelhalim „Halimo"	1995	26	(4)	1
	Ahmed Abdelsattar Sayed „Homos"	24.05.1991	19	(9)	
	Omar Ahmed Farouk „Mira"	27.02.1999		(1)	
	Mohamed Mohsen Ismail Ali	24.01.1995	2	(8)	
	Mohamed Rizk Badr	25.01.1988	1	(8)	
	Ali Zaki	17.04.2003	1	(3)	
Forwards:	Mohamed Aleyat Al Tarhouni (LBY)	10.07.1991	9	(1)	
	Abdelkabir El Ouadi (MAR)	20.02.1993	25	(5)	4
	Arafa El Sayed	23.10.1988	3	(9)	
	Mostafa Mohamed Fathi Abdelhamid Mohamed	12.05.1994	27		17
	Islam Gamal Mohamed Soliman	10.05.1994	7	(15)	1
	Hossam Hassan	02.09.1993	15		9
	Rafik Kabou (TUN)	28.10.1992	8	(20)	2
	Derrick Paul Nsibambi (UGA)	19.06.1994	10	(8)	
	Shrief Reda	04.03.1997	15	(7)	
	Mohamed Talaat	14.05.1989	1	(2)	
Trainer:	Ahmed Samy Saad Abou El Einain	31.03.1992	34		

TALA'EA EL-GAISH CAIRO

Year of Formation: 1997
Stadium: Gehaz El Reyada Stadium, Cairo (20,000)

	THE SQUAD	DOB	M	(s)	G
Goalkeepers:	Mohamed Bassam	25.12.1990	33		
	Mohamed Shaaban Mahmoud	1996	1		
Defenders:	Ahmed Alaa Eldin	1994	20	(5)	
	Ali Ahmed Mohab El Fil	11.11.1990	23		
	Hussein El Sayed	18.09.1991	2	(2)	
	Mostafa El Zenary	1995	5	(1)	
	Mohamed Gamal	22.03.1997		(1)	
	Islam Gamal Fouad Hamed	01.03.1989	13	(3)	
	Ahmed Hany Husseini Ibrahim Moussa	19.05.1997	7	(4)	
	Hassan Magdy Hassan	30.04.1990	20	(1)	
	Mohamed Nasef Sayed Abdel Rahman	30.01.1987	26	(1)	
	Mohamed Samir	2001	1	(1)	
	Khaled Stouhi	01.05.1989	14	(5)	
	Ahmed Abdelrahman Zola	07.06.1993	9	(13)	
Midfielders:	Khaled Mohamed Awad	2001		(1)	
	Vasilios Bouzas (GRE)	30.06.1993		(3)	
	Amr Emad El Sisi	18.05.1994	29	(2)	
	Ali Mohamed El Zahdi	01.05.1996		(7)	
	Franck Engonga Obame (GAB)	26.07.1993	7	(9)	
	Mostafa Gamal	22.07.1990	14	(9)	1
	Ibrahim Kone (CIV)	30.01.1995	11	(12)	2
	Mohanad Mostafa Lasheen	29.05.1996	28		1
	Mohamed Shehata	2001	2	(10)	
Forwards:	Amr Gamal Sayed	03.08.1991	31	(1)	10
	Hossam Ghanem	29.01.1999		(3)	
	Nasser Mansi	22.07.1997	27	(4)	9
	Amr Marey	01.04.1992	3	(20)	2
	Islam El Saied Mohareb	1992	15	(7)	3
	Ahmed Samir Mohamed	25.08.1994	33		11
	Toni Correia Gomes (POR)	16.11.1998		(3)	
Trainer:	Tarek El Ashry	24.11.1964	6		
[05.01.2021]	Abdel Hamid Bassiouny	12.03.1972	28		

WADI DEGLA SC CAIRO

Year of Formation: 2002
Stadium: Petro Sport Stadium, Cairo (16,000)

THE SQUAD		DOB	M	(s)	G
Goalkeepers:	Mohamed Abdel Monsef Mohamed „Oussa"	06.02.1977	34		
Defenders:	Mohamed Gamal	30.09.1992	3	(8)	
	Ahmed Magdy El Husseiny	23.03.1989	22	(6)	
	Mahmoud Marei Abdelfadil Sharafeldin	24.04.1998	23	(1)	
	Iheb Mbarki (TUN)	14.02.1992	13	(7)	
	Ibrahim Ragab	24.10.1991	8	(6)	
	Ahmed Reda	2003	3	(2)	
	Khaled Reda	19.08.1989	23	(2)	
	Bassam Walid	06.01.1998	10	(2)	
	Issahaku Yakubu (GHA)	17.06.1994	33		1
Midfielders:	Reda Mohamed Abdelaal	21.12.1994		(2)	
	Mohamed Abdelatti	05.09.1995	17	(10)	
	Ibrahim Ayesh	16.11.1998	2	(12)	
	Mohamed Helal	08.10.1995	19	(3)	5
	Saleh Nasr	07.12.1999		(7)	
	Mohamed Reda	10.11.2000	19	(7)	2
	Ahmed Said	03.01.1997	32	(1)	6
	Amr Saleh	16.12.1995	7	(4)	
Forwards:	Salah Mohamed Amin Ibrahim	18.09.1981	19	(12)	4
	Rodney Antwi (NED)	03.11.1995	5	(8)	
	Hossam Arafat Hassan	18.01.1990	20	(10)	2
	Ahmed Atef	21.03.1998	12	(6)	6
	Diego Fernando Calderón Caicedo (COL)	13.12.1989	7	(8)	1
	Karim Mohamed El Dibais	03.06.2003	11	(11)	1
	Hossam Aymaqn El Rayally	12.03.2001		(1)	
	Alexander Amir Adel Jakobsen	18.03.1994	7	(6)	1
	Jorge Fernando Barbosa Intima „Jorghinho" (GNB)	21.09.1995	19	(5)	
	Wassef Ramez Medhat	10.08.1999		(4)	
	Ahmed Sherif Kamal	08.02.2003	6	(5)	2
Trainer:	Nikodimos Papavasiliou (CYP)	31.08.1970	8		
[22.01.2021]	Abdelbaki Gamal	26.10.1980	1		
[01.02.2021]	Mario Alfredo Salas Saieg (CHI)	11.10.1967	13		
[27.05.2021]	Abdelbaki Gamal	26.10.1980	3		
[04.06.2021]	Mohamed Abdel Monsef Mohamed „Oussa"	06.02.1977	9		

ZAMALEK SC CAIRO

Year of Formation: 1911
Stadium: Cairo International Stadium, Cairo (74,100)

THE SQUAD		DOB	M	(s)	G
Goalkeepers:	Mohamed Abougabal	29.01.1989	18		
	Mohamed Hussein Awad Moussa	06.07.1992	7		
	Mahmoud Abdelrahim Genesh	10.07.1987	9		
Defenders:	Mohamed Abdelghani	13.07.1993	24		1
	Mohamed Abdelsalam Abdelhamid	01.10.1997		(4)	
	Mohamed Abdelshafi	01.07.1985	10	(2)	1
	Ahmed Aboul-Fetouh	22.03.1998	21	(5)	1
	Mahmoud Alaa Eldin	28.01.1991	17	(2)	1
	Ahmed Eid	2001	3		
	Abdallah Gomaa	10.01.1996	6	(6)	
	Mahmoud Hamdi Attia El Wensh	01.06.1995	27	(3)	
	Hazem Mohamed Abdelhamid Emam	09.07.1988	15	(6)	
	Hamza Mathlouthi (TUN)	25.07.1992	16	(3)	
Midfielders:	Mahmoud Abdelaziz Hussein	27.07.1990	3	(6)	
	Emam Ashour Metwally Abdelghany	20.02.1998	20	(1)	5
	Mohamed Ashraf Tawfiq	10.07.1993	3	(2)	
	Seif Farouk Gaafar	05.12.1999		(2)	
	Islam Mohamed Gaber Abdelmged	01.05.1996	3	(19)	
	Tarek Hamed Elsaid Hamed	24.10.1988	30	(2)	1
	Ayman Abdallah Hefny	31.12.1985		(2)	1
	Youssef Ibrahim Obama	26.05.1995	23	(5)	10
	Ferjani Sassi (TUN)	18.03.1992	16	(3)	3
	Mahmoud Abdelrazak Fadlallah „Shikabala"	05.03.1986	14	(13)	1
Forwards:	Hamid Ahadad (MAR)	30.11.1994	9	(5)	3
	Achraf Bencharki (MAR)	24.09.1994	27	(3)	15
	Omar El Said Abdel Monsef	23.06.1990	2	(1)	
	Hussien Faisal	04.03.1999		(6)	
	Osama Faisal	2001		(11)	1
	Marwan Hamdi Abdelhamid	15.11.1996	4	(14)	1
	Seifeddine Jaziri (TUN)	12.02.1992	13	(6)	4
	Mostafa Mohamed Ahmed Abdalla	28.11.1997	3	(1)	2
	Mohamed Ounnajem (MAR)	04.01.1992	1	(1)	
	Ahmed Sayed „Zizo"	10.01.1996	30	(3)	9
Trainer:	Jaime Moreira Pacheco Vítoria (POR)	22.02.1958	14		
[12.03.1971]	Patrice Carteron (FRA)	30.07.1970	20		

NATIONAL TEAM
INTERNATIONAL MATCHES 2021

25.03.2021	Nairobi	Kenya - Egypt	1-1(0-1)	(ACNQ)
29.03.2021	Cairo	Egypt - Comoros	4-0(4-0)	(ACNQ)
01.09.2021	Cairo	Egypt - Angola	1-0(1-0)	(WCQ)
05.09.2021	Franceville	Gabon - Egypt	1-1(0-0)	(WCQ)
30.09.2021	Alexandria	Egypt - Liberia	2-0(0-0)	(F)
08.10.2021	Alexandria	Egypt - Libya	1-0(0-0)	(WCQ)
11.10.2021	Benghazi	Libya - Egypt	0-3(0-2)	(WCQ)
12.11.2021	Luanda	Angola - Egypt	2-2(2-1)	(WCQ)
16.11.2021	Alexandria	Egypt - Gabon	2-1(1-0)	(WCQ)
01.12.2021	Doha	Egypt - Lebanon	1-0(0-0)	(ARC)
04.12.2021	Doha	Sudan - Egypt	0-5(0-3)	(ARC)
07.12.2021	Al Wakrah	Algeria - Egypt	1-1(1-0)	(ARC)
11.12.2021	Al Wakrah	Egypt - Jordan	3-1(1-1,1-1)	(ARC)
15.12.2021	Doha	Tunisia - Egypt	1-0(0-0)	(ARC)
18.12.2021	Doha	Egypt - Qatar	0-0 aet; 4-5 pen	(ARC)

25.03.2021, 33rd African Cup of Nations, Qualifiers
Nyayo National Stadium, Nairobi; Attendance: 0
Referee: Thando Ndzandzeka (South Africa)
KENYA - EGYPT   **1-1(0-1)**
EGY: Mohamed El Sayed Mohamed El Shenawy Gomaa, Mohamed Hany Gamal el-Demerdash, Mahmoud Hamdy Mahmoud Hamouda Attia, Ahmed Elsayed Ali Elsayed Hegazy, Ahmed Ayman Mohamed Mansour, Hamdy Fathy Abdelhalim Abdelfattah (72.Omar Mahmoud Sayed Gaber), Tarek Hamed El Said (62.Mohamed Sherif Mohamed Ragaei Bakr), Mohamed Magdy Mohamed Morsy „Afsha" (88.Hossam Hassan Abdel Badie Mohamed), Mohamed Salah Ghaly, Mostafa Mohamed Ahmed Abdallah (88.Mohamed Farouk Salama), Mahmoud Ahmed Ibrahim Hassan "Trezeguet" (62.Amr Mohamed Eid El Soleya). Trainer: Hossam Mohamed El Badry.
Goal: Mohamed Magdy Mohamed Morsy „Afsha" (2).

29.03.2021, 33rd African Cup of Nations, Qualifiers
Cairo International Stadium, Cairo; Attendance: 0
Referee: Boubou Traoré (Mali)
EGYPT - COMOROS   **4-0(4-0)**
EGY: Mohamed El Sayed Mohamed El Shenawy Gomaa (46.Mahmoud Abdel Rahim „Genish"), Omar Mahmoud Sayed Gaber, Mahmoud Hamdy Mahmoud Hamouda Attia, Ali Gabr Mossad, Abdallah Gomaa, Amr Mohamed Eid El Soleya (71.Tarek Hamed El Said), Mohamed Naser Elsayed Elneny, Mohamed Magdy Mohamed Morsy „Afsha" (78.Mostafa Mohamed Fathi Abdel-Hameid), Mahmoud Ahmed Ibrahim Hassan "Trezeguet" (60.Ahmed Yasser Anwar Mohamed Rayyan), Mohamed Salah Ghaly, Mohamed Sherif Mohamed Ragaei Bakr (60.Mohamed Farouk Salama). Trainer: Hossam Mohamed El Badry.
Goals: Mohamed Naser Elsayed Elneny (15), Mohamed Sherif Mohamed Ragaei Bakr (17), Mohamed Salah Ghaly (21, 25).

01.09.2021, 22nd FIFA World Cup Qualifiers, Second Round
30 June Stadium, Cairo; Attendance: 0
Referee: Boubou Traoré (Mali)
EGYPT - ANGOLA **1-0(1-0)**
EGY: Mohamed El Sayed Mohamed El Shenawy Gomaa, Baher Morsy El Mohamady, Mahmoud Hamdy Mahmoud Hamouda Attia, Ahmed Elsayed Ali Elsayed Hegazy, Ahmed Mohamed Abou El Fotouh Mohamed (78.Ayman Ashraf Elsayed Elsembeskany), Amr Mohamed Eid El Soleya, Tarek Hamed El Said, Mohamed Magdy Mohamed Morsy „Afsha" (90+1.Hamdy Fathy Abdelhalim Abdelfattah), Hussein Ali El Shahat Ali Hassan (68.Ramadan Sobhi Ahmed), Mohamed Sherif Mohamed Ragaei Bakr, Ahmed Sayed „Zizo" (68.Abdallah Mahmoud El Said Bekhit). Trainer: Hossam Mohamed El Badry.
Goal: Mohamed Magdy Mohamed Morsy „Afsha" (5 penalty).

05.09.2021, 22nd FIFA World Cup Qualifiers, Second Round
Stade de Franceville, Franceville; Attendance: 0
Referee: Bakary Papa Gassama (Gambia)
GABON - EGYPT **1-1(0-0)**
EGY: Mohamed El Sayed Mohamed El Shenawy Gomaa, Ahmed Tawfik Mohamed Hassan (73.Baher Morsy El Mohamady), Mahmoud Hamdy Mahmoud Hamouda Attia, Ahmed Elsayed Ali Elsayed Hegazy, Ayman Ashraf Elsayed Elsembeskany (83.Salah Mohsen Mohamed Shalaby), Omar Mahmoud Sayed Gaber [*sent off 71*], Amr Mohamed Eid El Soleya, Hamdy Fathy Abdelhalim Abdelfattah (77.Abdallah Mahmoud El Said Bekhit), Mohamed Magdy Mohamed Morsy „Afsha" (77.Mostafa Mohamed Ahmed Abdallah), Mohamed Salah Ghaly, Mohamed Sherif Mohamed Ragaei Bakr. Trainer: Hossam Mohamed El Badry.
Goal: Mostafa Mohamed Ahmed Abdallah (90).

30.09.2021, Friendly International
Borg El Arab Stadium, Alexandria; Attendance: 0
Referee: Youssef Sraïri (Tunisia).
EGYPT - LIBERIA **2-0(0-0)**
EGY: Mohamed El Sayed Mohamed El Shenawy Gomaa (68.Mohamed Abou Gabal), Akram Tawfik Mohamed Hassan Elhagrasi (77.Ahmed Tawfik Mohamed Hassan), Mahmoud Hamdy Mahmoud Hamouda Attia (77.Ali Gabr Mossad), Ayman Ashraf Elsayed Elsembeskany (77.Mohanad Mostafa Lasheen), Mohamed Hamdy Sharaf (52.Baher Morsy El Mohamady), Amr Mohamed Eid El Soleya, Tarek Hamed El Said (77.Hamdy Fathy Abdelhalim Abdelfattah), Abdallah Mahmoud El Said Bekhit (68.Ahmed Samir Mohamed), Mostafa Mohamed Fathi Abdel-Hameid (46.Ramadan Sobhi Ahmed), Ahmed Sayed „Zizo" (68. Ibrahim Adel Ali Mohamed), Mohamed Sherif Mohamed Ragaei Bakr (68.Mohamed Magdy Mohamed Morsy „Afsha"). Trainer: Hossam Mohamed El Badry.
Goals: Mohamed Sherif Mohamed Ragaei Bakr (58, 67).

08.10.2021, 22nd FIFA World Cup Qualifiers, Second Round
Borg El Arab Stadium, Alexandria; Attendance: 0
Referee: Pacifique Ndabihawenimana (Burundi)
EGYPT - LIBYA **1-0(0-0)**
EGY: Mohamed El Sayed Mohamed El Shenawy Gomaa, Akram Tawfik Mohamed Hassan Elhagrasi (90+2.Ahmed Fathi Abdelmonem Ahmed Ibrahim), Mahmoud Hamdy Mahmoud Hamouda Attia, Ahmed Elsayed Ali Elsayed Hegazy, Ahmed Mohamed Abou El Fotouh Mohamed, Abdallah Mahmoud El Said Bekhit (69.Tarek Hamed El Said), Amr Mohamed Eid El Soleya (90+2.Hamdy Fathy Abdelhalim Abdelfattah), Mohamed Naser Elsayed Elneny, Mohamed Salah Ghaly, Mostafa Mohamed Ahmed Abdallah (90+2.Ahmed Hassan Mahgoub „Koka"), Omar Khaled Mohamed Marmoush (77.Ramadan Sobhi Ahmed). Trainer: Carlos Manuel Brito Leal Queiroz (Portugal).
Goal: Omar Khaled Mohamed Marmoush (49).

11.10.2021, 22nd FIFA World Cup Qualifiers, Second Round
Benina Martyrs Stadium, Benghazi; Attendance: 0
Referee: Victor Miguel de Freitas Gomes (South Africa)
LIBYA - EGYPT **0-3(0-2)**
EGY: Mohamed El Sayed Mohamed El Shenawy Gomaa (26.Mohamed Abou Gabal), Ahmed Elsayed Ali Elsayed Hegazy, Mahmoud Hamdy Mahmoud Hamouda Attia, Ahmed Mohamed Abou El Fotouh Mohamed, Abdallah Mahmoud El Said Bekhit (75.Tarek Hamed El Said), Amr Mohamed Eid El Soleya (64.Hamdy Fathy Abdelhalim Abdelfattah), Mohamed Naser Elsayed Elneny, Akram Tawfik Mohamed Hassan Elhagrasi (75.Baher Morsy El Mohamady), Mohamed Salah Ghaly, Mostafa Mohamed Ahmed Abdallah, Omar Khaled Mohamed Marmoush (64.Ramadan Sobhi Ahmed). Trainer: Carlos Manuel Brito Leal Queiroz (Portugal).
Goals: Ahmed Mohamed Abou El Fotouh Mohamed (39), Mostafa Mohamed Ahmed Abdallah (45+4), Ramadan Sobhi Ahmed (72).

12.11.2021, 22nd FIFA World Cup Qualifiers, Second Round
Estádio 11 de Novembro, Luanda; Attendance: 15,000
Referee: Jean Jacques Ndala Ngambo (D.R. Congo)
ANGOLA - EGYPT **2-2(2-1)**
EGY: Mohamed El Sayed Mohamed El Shenawy Gomaa, Akram Tawfik Mohamed Hassan Elhagrasi, Ahmed Elsayed Ali Elsayed Hegazy, Ayman Ashraf Elsayed Elsembeskany, Ahmed Mohamed Abou El Fotouh Mohamed (90+3.Mahmoud Alaa Eldin Mahmoud Ibrahim), Abdallah Mahmoud El Said Bekhit (46.Hamdy Fathy Abdelhalim Abdelfattah), Amr Mohamed Eid El Soleya, Mohamed Naser Elsayed Elneny, Mohamed Salah Ghaly, Mohamed Sherif Mohamed Ragaei Bakr (82.Ahmed Yasser Rayan), Mostafa Mohamed Ahmed Abdallah (46.Marwan Hamdy Abdelhamid). Trainer: Carlos Manuel Brito Leal Queiroz (Portugal).
Goals: Mohamed Naser Elsayed Elneny (45+1), Akram Tawfik Mohamed Hassan Elhagrasi (59).

16.11.2021, 22nd FIFA World Cup Qualifiers, Second Round
Borg El Arab Stadium, Alexandria; Attendance: 0
Referee: Georges Gatogato (Burundi)
EGYPT - GABON **2-1(1-0)**
EGY: Mohamed El Sayed Mohamed El Shenawy Gomaa, Ahmed Fathi Abdelmonem Ahmed Ibrahim, Mahmoud Hamdy Mahmoud Hamouda Attia, Ahmed Elsayed Ali Elsayed Hegazy (81.Ahmed Ibrahim Yassin Mahmoud), Mohamed Hamdy Sharaf, Amr Mohamed Eid El Soleya (59.Mostafa Mohamed Fathi Abdel-Hameid), Mohamed Magdy Mohamed Morsy „Afsha" (90+4.Mahmoud Alaa Eldin Mahmoud Ibrahim), Hamdy Fathy Abdelhalim Abdelfattah, Mohamed Sherif Mohamed Ragaei Bakr (59.Mohamed Salah Ghaly), Ahmed Yasser Rayan (60.Emam Ashour), Marwan Hamdy Abdelhamid. Trainer: Carlos Manuel Brito Leal Queiroz (Portugal).
Goals: Mohamed Magdy Mohamed Morsy „Afsha" (4 penalty), Johann Serge Obiang (75 own goal).

01.12.2021, 10th FIFA Arab Cup, Final Tournament, Group Stage
Al Thumama Stadium, Doha (Qatar); Attendance: 11,757
Referee: Daniel Siebert (Germany)
EGYPT - LEBANON **1-0(0-0)**
EGY: Mohamed El Sayed Mohamed El Shenawy Gomaa, Akram Tawfik Mohamed Hassan Elhagrasi (84.Omar Kamal Abdel Wahed), Mahmoud Hamdy Mahmoud Hamouda Attia, Ahmed Elsayed Ali Elsayed Hegazy, Ahmed Mohamed Abou El Fotouh Mohamed, Amr Mohamed Eid El Soleya, Mostafa Mohamed Fathi Abdel-Hameid (46.Ahmed Elysayed Refaat), Mohamed Magdy Mohamed Morsy „Afsha" (90+5.Ayman Ashraf Elsayed Elsembeskany), Hamdy Fathy Abdelhalim Abdelfattah (38.Mohanad Mostafa Lasheen), Mohamed Sherif Mohamed Ragaei Bakr (84.Osama Faisal Ahmed), Marwan Hamdy Abdelhamid (66.Ahmed Sayed „Zizo"). Trainer: Carlos Manuel Brito Leal Queiroz (Portugal).
Goal: Mohamed Magdy Mohamed Morsy „Afsha" (71 penalty).

04.12.2021, 10th FIFA Arab Cup, Final Tournament, Group Stage
Stadium 974, Doha (Qatar); Attendance: 14,464
Referee: Matthew Conger (New Zealand)
SUDAN - EGYPT   **0-5(0-3)**
EGY: Mohamed El Sayed Mohamed El Shenawy Gomaa, Ahmed Elsayed Ali Elsayed Hegazy, Ayman Ashraf Elsayed Elsembeskany, Omar Kamal Abdel Wahed, Mahmoud Hamdy Mahmoud Hamouda Attia (60.Mohamed Magdy Mohamed Morsy „Afsha"), Ahmed Mohamed Abou El Fotouh Mohamed (73.Marwan Mohamed Moustafa Dawoud Soliman), Amr Mohamed Eid El Soleya, Ahmed Sayed „Zizo" (60.Mostafa Mohamed Fathi Abdel-Hameid), Hussein Faisal, Ahmed Elysayed Refaat (73.Mohamed Sherif Mohamed Ragaei Bakr), Marwan Hamdy Abdelhamid (72.Osama Faisal Ahmed).
Trainer: Carlos Manuel Brito Leal Queiroz (Portugal).
Goals: Ahmed Elysayed Refaat (4), Ahmed Sayed „Zizo" (13 penalty), Mahmoud Hamdy Mahmoud Hamouda Attia (31), Hussein Faisal (57), Mohamed Sherif Mohamed Ragaei Bakr (80).

07.12.2021, 10th FIFA Arab Cup, Final Tournament, Group Stage
Al Janoub Stadium, Al Wakrah (Qatar); Attendance: 32,418
Referee: Facundo Raúl Tello Figueroa (Argentina)
ALGERIA - EGYPT   **1-1(1-0)**
EGY: Mohamed El Sayed Mohamed El Shenawy Gomaa, Akram Tawfik Mohamed Hassan Elhagrasi, Ahmed Elsayed Ali Elsayed Hegazy (31.Ahmed Ibrahim Yassin Mahmoud), Ayman Ashraf Elsayed Elsembeskany (9.Mostafa Mohamed Fathi Abdel-Hameid), Mahmoud Hamdy Mahmoud Hamouda Attia, Ahmed Mohamed Abou El Fotouh Mohamed, Amr Mohamed Eid El Soleya (83.Omar Kamal Abdel Wahed), Hamdy Fathy Abdelhalim Abdelfattah, Hussein Faisal, Mohamed Sherif Mohamed Ragaei Bakr (83.Ahmed Sayed „Zizo"), Marwan Hamdy Abdelhamid (46.Mohanad Mostafa Lasheen).
Trainer: Carlos Manuel Brito Leal Queiroz (Portugal).
Goal: Amr Mohamed Eid El Soleya (60 penalty).

11.12.2021, 10th FIFA Arab Cup, Final Tournament, Quarter-Finals
Al Janoub Stadium, Al Wakrah (Qatar); Attendance: 28,306
Referee: Héctor Said Martínez Sorto (Honduras)
EGYPT - JORDAN   **3-1(1-1,1-1)**
EGY: Mohamed El Sayed Mohamed El Shenawy Gomaa, Omar Kamal Abdel Wahed (105.Marwan Mohamed Moustafa Dawoud Soliman), Mahmoud Hamdy Mahmoud Hamouda Attia, Ahmed Mohamed Abou El Fotouh Mohamed, Ahmed Ibrahim Yassin Mahmoud, Amr Mohamed Eid El Soleya, Mostafa Mohamed Fathi Abdel-Hameid (72.Mohamed Magdy Mohamed Morsy „Afsha"), Ahmed Sayed „Zizo" (105.Mohamed Abdel Monem), Hamdy Fathy Abdelhalim Abdelfattah (72.Mohanad Mostafa Lasheen), Hussein Faisal (58.Mohamed Sherif Mohamed Ragaei Bakr), Marwan Hamdy Abdelhamid (90.Ahmed Elysayed Refaat). Trainer: Carlos Manuel Brito Leal Queiroz (Portugal).
Goals: Marwan Hamdy Abdelhamid (45+1), Ahmed Elysayed Refaat (100), Marwan Mohamed Moustafa Dawoud Soliman (119).

15.12.2021, 10th FIFA Arab Cup, Final Tournament, Semi-Finals
Stadium 974, Doha (Qatar); Attendance: 36,427
Referee: Alireza Faghani (Iran)
TUNISIA - EGYPT   **1-0(0-0)**
EGY: Mohamed El Sayed Mohamed El Shenawy Gomaa, Akram Tawfik Mohamed Hassan Elhagrasi, Ahmed Elsayed Ali Elsayed Hegazy, Mahmoud Hamdy Mahmoud Hamouda Attia, Ahmed Mohamed Abou El Fotouh Mohamed, Amr Mohamed Eid El Soleya, Ahmed Sayed „Zizo", Mohamed Magdy Mohamed Morsy „Afsha" (46.Mohamed Sherif Mohamed Ragaei Bakr), Hamdy Fathy Abdelhalim Abdelfattah, Hussein Faisal (69.Mostafa Mohamed Fathi Abdel-Hameid), Marwan Hamdy Abdelhamid (89.Osama Faisal Ahmed). Trainer: Carlos Manuel Brito Leal Queiroz (Portugal).

18.12.2021, 10th FIFA Arab Cup, Final Tournament, Third Place Play-off
Stadium 974, Doha; Attendance: 30,978
Referee: Facundo Raúl Tello Figueroa (Argentina)

EGYPT - QATAR　　　　　　　　　　　　　　　　　　　　　　**0-0; 4-5 on penalties**

EGY: Mohamed El Sayed Mohamed El Shenawy Gomaa, Omar Kamal Abdel Wahed (119.Mohamed Magdy Mohamed Morsy „Afsha"), Mahmoud Hamdy Mahmoud Hamouda Attia (90.Ahmed Elsayed Ali Elsayed Hegazy), Ahmed Mohamed Abou El Fotouh Mohamed, Mohamed Abdel Monem, Amr Mohamed Eid El Soleya, Ahmed Sayed „Zizo" (90.Mostafa Mohamed Fathi Abdel-Hameid), Hamdy Fathy Abdelhalim Abdelfattah (90.Akram Tawfik Mohamed Hassan Elhagrasi), Mohanad Mostafa Lasheen, Ahmed Elysayed Refaat (85.Marwan Hamdy Abdelhamid), Mohamed Sherif Mohamed Ragaei Bakr. Trainer: Carlos Manuel Brito Leal Queiroz (Portugal).

Penalties: Mohamed Magdy Mohamed Morsy „Afsha", Amr Mohamed Eid El Soleya, Ahmed Elsayed Ali Elsayed Hegazy (missed), Ahmed Mohamed Abou El Fotouh Mohamed, Akram Tawfik Mohamed Hassan Elhagrasi, Mohamed Sherif Mohamed Ragaei Bakr (saved).

NATIONAL TEAM PLAYERS 2021		
Name	DOB	Club
Goalkeepers		
Mohamed ABOU GABAL	29.01.1989	*Zamalek SC Cairo*
Mohamed El Sayed Mohamed EL SHENAWY Gomaa	18.12.1988	*Al-Ahly SC Cairo*
Mahmoud Abdel Rahim "GENISH"	25.05.1987	*Zamalek SC Cairo*
Defenders		
Mahmoud ALAA Eldin Mahmoud Ibrahim	28.01.1991	*Zamalek SC Cairo*
Ayman ASHRAF Elsayed Elsembeskany	09.04.1991	*Al-Ahly SC Cairo*
Marwan Mohamed Moustafa DAWOUD Soliman	27.08.1997	*ENPPI Cairo*
Ahmed Mohamed Abou EL FOTOUH Mohamed	22.03.1998	*Zamalek SC Cairo*
Baher Morsy EL MOHAMADY	01.11.1996	*Ismaily SC Ismaïlia*
Ahmed FATHI Abdelmonem Ahmed Ibrahim	10.11.1984	*Pyramids FC Cairo*
Omar Mahmoud Sayed GABER	30.01.1992	*Pyramids FC Cairo*
Ali GABR Mossad	10.01.1989	*Pyramids FC Cairo*
Abdallah GOMAA	10.01.1996	*Zamalek SC Cairo*
Mahmoud HAMDY Mahmoud Hamouda Attia	01.06.1995	*Zamalek SC Cairo*
Mohamed HAMDY Sharaf	15.03.1995	*Pyramids FC Cairo*
Mohamed HANY Gamal el-Demerdash	25.01.1996	*Al-Ahly SC Cairo*
Ahmed Elsayed Ali Elsayed HEGAZY	25.01.1991	*Al-Ittihad Club Jeddah (KSA)*
Ahmed Ayman Mohamed MANSOUR	13.04.1994	*Pyramids FC Cairo*
Mohamed Abdel MONEM	01.02.1999	*Future FC Cairo*
Ahmed TAWFIK Mohamed Hassan	01.10.1991	*Pyramids FC Cairo*
Akram TAWFIK Mohamed Hassan Elhagrasi	08.11.1997	*Al-Ahly SC Cairo*
Ahmed Ibrahim YASSIN Mahmoud	07.08.1997	*National Bank of Egypt SC Cairo*

Midfielders		
Mohamed Magdy Mohamed Morsy „AFSHA"	06.03.1996	*Al-Ahly SC Cairo*
Emam ASHOUR	20.02.1998	*Zamalek SC Cairo*
Mohamed Naser Elsayed ELNENY	11.07.1992	*Arsenal FC London (ENG)*
Abdallah Mahmoud EL SAID Bekhit	13.07.1985	*Pyramids FC Cairo*
Amr Mohamed Eid EL SOLEYA	02.04.1990	*Al-Ahly SC Cairo*
Mohamed FAROUK Salama	14.09.1989	*Pyramids FC Cairo*
Mostafa Mohamed FATHI Abdel-Hameid	12.05.1994	*Smouha SC Alexandria; 31.08.2021-> Zamalek SC Cairo*
Hamdy FATHY Abdelhalim Abdelfattah	29.09.1994	*Al-Ahly SC Cairo*
Tarek HAMED El Said	24.10.1988	*Zamalek SC Cairo*
Mohanad Mostafa LASHEEN	29.05.1996	*Tala'ea El-Gaish Cairo*
Ahmed SAMIR Mohamed	25.08.1994	*Tala'ea El-Gaish Cairo*
Ahmed SAYED "Zizo"	10.01.1996	*Zamalek SC Cairo*
Ramadan SOBHI Ahmed	23.01.1997	*Stoke City FC (ENG)*
Mahmoud Ahmed Ibrahim Hassan "TREZEGUET"	01.10.1994	*Aston Villa FC Birmingham (ENG)*

Forwards		
Ibrahim ADEL Ali Mohamed	23.04.2001	*Pyramids FC Cairo*
Hussein Ali EL SHAHAT Ali Hassan	21.06.1992	*Al-Ahly SC Cairo*
Hussein FAISAL	04.03.1999	*Smouha SC Alexandria*
Osama FAISAL Ahmed	01.01.2001	*National Bank of Egypt SC Cairo*
Marwan HAMDY Abdelhamid	15.11.1996	*Smouha SC Alexandria*
Hossam HASSAN Abdel Badie Mohamed	02.09.1993	*Smouha SC Alexandria*
Omar KAMAL Abdel Wahed	29.09.1993	*Future FC Cairo*
Ahmed Hassan Mahgoub „KOKA"	05.03.1993	*Konyaspor Kulübü (TUR)*
Omar Khaled Mohamed MARMOUSH	07.02.1999	*VfB Stuttgart (GER)*
Mostafa MOHAMED Ahmed Abdallah	28.11.1997	*Galatasaray SK İstanbul (TUR)*
Salah MOHSEN Mohamed Shalaby	01.09.1998	*Al-Ahly SC Cairo*
Ahmed Yasser Anwar Mohamed RAYYAN	24.01.1998	*Ceramica Cleopatra FC Giza*
Ahmed Elysayed REFAAT	22.06.1993	*Future FC Cairo*
Mohamed SALAH Ghaly	15.06.1992	*Liverpool FC (ENG)*
Mohamed SHERIF Mohamed Ragaei Bakr	04.02.1996	*Al-Ahly SC Cairo*

National coaches	
Hossam Mohamed EL BADRY [20.09.2019 – 06.09.2021]	23.03.1960
CARLOS Manuel Brito Leal QUEIROZ (Portugal) [from 08.09.2021]	01.03.1953

EQUATORIAL GUINEA

Federación Ecuatoguineana de Fútbol
Avenida de Hassan II, numero 1300, Malabo
Year of Formation: 1957
Member of FIFA since: 1986
Member of CAF since: 1986
www.feguifut.org

First international match:
23.05.1975: China P.R. - Equatorial Guinea 6-2
Most international caps:
Iván Zarandona Esono
41 caps (2003-2017)
Most international goals:
Emilio Nsue López
12 goals / 24 caps (since 2013)

AFRICAN CUP OF NATIONS	
1957	Did not enter
1959	Did not enter
1962	Did not enter
1963	Did not enter
1965	Did not enter
1968	Did not enter
1970	Did not enter
1972	Did not enter
1974	Did not enter
1976	Did not enter
1978	Did not enter
1980	Did not enter
1982	Did not enter
1984	Did not enter
1986	Did not enter
1988	Withdrew
1990	Qualifiers
1992	Did not enter
1994	Did not enter
1996	Withdrew
1998	Did not enter
2000	Did not enter
2002	Qualifiers
2004	Qualifiers
2006	Qualifiers
2008	Qualifiers
2010	Qualifiers
2012	Final Tournament (Quarter-Finals)
2013	Qualifiers
2015	Final Tournament (4th Place)
2017	Qualifiers
2019	Qualifiers
2021	*Final Tournament (Qualified)*

FIFA WORLD CUP	
1930	Did not enter
1934	Did not enter
1938	Did not enter
1950	Did not enter
1954	Did not enter
1958	Did not enter
1962	Did not enter
1966	Did not enter
1970	Did not enter
1974	Did not enter
1978	Did not enter
1982	Did not enter
1986	Did not enter
1990	Did not enter
1994	Did not enter
1998	Did not enter
2002	Qualifiers
2006	Qualifiers
2010	Qualifiers
2014	Qualifiers
2018	Qualifiers

OLYMPIC FOOTBALL TOURNAMENTS 1908-2020							
1908	-	1952	-	1976	-	2000	Qualifiers
1912	-	1956	-	1980	-	2004	Withdrew
1920	-	1960	-	1984	-	2008	Qualifiers
1924	-	1964	-	1988	-	2012	Qualifiers
1928	-	1968	-	1992	-	2016	Did not enter
1936	-	1972	-	1996	-	2020	Qualifiers
1948	-						

F.I.F.A. CONFEDERATIONS CUP 1992-2017
None

AFRICAN GAMES 1965-2019
None
UDEAC (Union Douanière et Economique des Etats de l'Afrique Centrale) CUP 1984-1990   **CEMAC (Communauté Economique et Monétaire de l'Afrique Centrale) CUP 2003-2014**
1984, 1985, 1986, 1987, 1988, 1990, 2005, **2006 (Winners)**, 2007, 2008, 2010, 2013, 2014 (4th Place)
AFRICAN NATIONS CHAMPIONSHIP 2009-2020
2011 (*Withdrew*), 2018 (Group Stage), 2020 (Qualifiers)

EQUATOGUINEAN CLUB HONOURS IN ASIAN CLUB COMPETITIONS:
CAF Champions League 1964-2021
None
CAF Confederation Cup 2004-2021
None
CAF Super Cup 1993-2021
None
*African Cup Winners' Cup 1975-2003**
None
*CAF Cup 1992-2003**
None

defunct competitions

NATIONAL COMPETITIONS
TABLE OF HONOURS

	CHAMPIONS	CUP WINNERS
1978	-	Union Mongomo
1979	Real Rebola	Akonangui Fútbol Club Bata
1980	Deportivo Mongomo	CD de Elá Nguema Malabo
1981	Atlético de Malabo	CD de Elá Nguema Malabo
1982	Club Atlético de Malabo	CD de Elá Nguema Malabo
1983	Dragóns Club Fútbol Bata	CD de Elá Nguema Malabo
1984	CD de Elá Nguema Malabo	GD Lage Malabo
1985	CD de Elá Nguema Malabo	Club Atlético de Malabo
1986	CD de Elá Nguema Malabo	Junevil Reyes Bata
1987	CD de Elá Nguema Malabo	Club Atlético de Malabo
1988	CD de Elá Nguema Malabo	Club Atlético de Malabo
1989	CD de Elá Nguema Malabo	Union Vesper Bata
1990	CD de Elá Nguema Malabo	Club Atlético de Malabo
1991	CD de Elá Nguema Malabo	Club Atlético de Malabo
1992	Akonangui Fútbol Club Bata	CD de Elá Nguema Malabo
1993	*Not known*	*Not known*
1994	*Not known*	*Not known*
1995	*Not known*	*Not known*
1996	Café Bank Sportif Malabo	Akonangui Fútbol Club Bata
1997	Deportivo Mongomo	CD de Elá Nguema Malabo
1998	CD de Elá Nguema Malabo	Union Vesper Bata
1999	Akonangui Fútbol Club Bata	CD Atlético Unidad Malabo
2000	CD de Elá Nguema Malabo	CD Atlético Unidad Malabo
2001	Akonangui Fútbol Club Bata	Club Atlético de Malabo
2002	CD de Elá Nguema Malabo	Akonangui Fútbol Club Bata
2003	Club Atlético de Malabo	*Not known*
2004	Renacimiento Fútbol Club Malabo	CD Sony CF de Elá Nguema Malabo
2005	Renacimiento Fútbol Club Malabo	*Not known*
2006	Renacimiento Fútbol Club Malabo	*Not known*
2007	Renacimiento Fútbol Club Malabo	Akonangui Fútbol Club Bata
2008	Renacimiento Fútbol Club Malabo	*Not known*
2009	CD Sony CF de Elá Nguema Malabo	Dragóns Club Fútbol Bata
2010	Deportivo Mongomo	*Not known*
2011	CD Sony CF de Elá Nguema Malabo	Atlético Semu Malabo
2012	CD Sony CF de Elá Nguema Malabo	The Phanters Club Fútbol Malabo
2013	Akonangui Fútbol Club Bata	The Phanters Club Fútbol Malabo
2014	CD Sony CF de Elá Nguema Malabo	Leones Vegetarianos FC Malabo
2015	Racing de Micomeseng	Club Deportivo Mongomo
2016	CD Sony CF de Elá Nguema Malabo	Racing de Micomeseng
2017	Leones Vegetarianos FC Malabo	Club Deportivo Niefang
2017/2018	Leones Vegetarianos FC Malabo	*No competition*
2018/2019	Cano Sport Academy Malabo	Akonangui FC
2019/2020	*Championship cancelled*	*No competition*
2020/2021	*Championship cancelled*	*No competition*

NATIONAL CHAMPIONSHIP
Liga Nacional de Fútbol SEGESA 2020/2021

First Stage

The championship was cancelled due to COVID-19 pandemic.

NATIONAL TEAM
INTERNATIONAL MATCHES 2021

25.03.2021	Malabo	Equatorial Guinea - Tanzania	1-0(0-0)	(ACNQ)
28.03.2021	Radès	Tunisia - Equatorial Guinea	2-1(1-0)	(ACNQ)
03.09.2021	Radès	Tunisia - Equatorial Guinea	3-0(0-0)	(WCQ)
07.09.2021	Malabo	Equatorial Guinea - Mauritania	1-0(0-0)	(WCQ)
07.10.2021	Malabo	Equatorial Guinea – Zambia	2-0(1-0)	(WCQ)
10.10.2021	Lusaka	Zambia - Equatorial Guinea	1-1(0-0)	(WCQ)
13.11.2021	Malabo	Equatorial Guinea - Tunisia	1-0(0-0)	(WCQ)
16.11.2021	Nouakchott	Mauritania - Equatorial Guinea	1-1(1-0)	(WCQ)

25.03.2021, 33rd African Cup of Nations, Qualifiers
Estadio de Malabo, Malabo; Attendance: 0
Referee: Bernard Camille (Seychelles)
EQUATORIAL GUINEA - TANZANIA   **1-0(0-0)**
EQG: Jesús Lázaro Owono Ngua Akeng, Esteban Orozco Fernández, Luis Alberto Meseguer Villanueva, Marvin José Aniehob Pallaruelo, Basilio Ndong Owono Nchama, Frédéric Bikoro Akieme Nchama, Pedro Mba Obiang Avomo, José Ndong Machín Dicombo „Pepín", Emilio Nsue López, Salomón Asumu Obama Ondo (86.Rubén Belima Rodríguez), José Antonio Miranda Boacho (90.Jordan Gutiérrez Nsang). Trainer: Juan Micha Obiang Bicogo.
Goal: Emilio Nsue López (90).

28.03.2021, 33rd African Cup of Nations, Qualifiers
Stade Olympique "Hammadi Agrebi", Radès, Radès; Attendance: 0
Referee: Jean-Jacques Ndala (D.R. Congo)
TUNISIA - EQUATORIAL GUINEA   **2-1(1-0)**
EQG: Aitor Embela Gil, Carlos Akapo Martínez (74.Miguel Ángel Mayé Ngomo), Esteban Orozco Fernández, Marvin José Aniehob Pallaruelo, Basilio Ndong Owono Nchama, Frédéric Bikoro Akieme Nchama (60.Jannick Buyla Sam), Pedro Mba Obiang Avomo, José Ndong Machín Dicombo „Pepín" (60.Luis Alberto Meseguer Villanueva), Jordan Gutiérrez Nsang (86.Pablo Ganet Cómitre), Rubén Belima Rodríguez, Salomón Asumu Obama Ondo (86.Joan López Elo). Trainer: Juan Micha Obiang Bicogo.
Goal: Firas Chaouat (88 own goal).

03.09.2021, 22nd FIFA World Cup Qualifiers, Second Round
Stade Olympique "Hammadi Agrebi", Radès; Attendance: 0
Referee: Daniel Laryea Nii Ayi (Ghana)
TUNISIA - EQUATORIAL GUINEA   **3-0(0-0)**
EQG: Jesús Lázaro Owono Ngua Akeng, Carlos Akapo Martínez (63.Rui Fernando da Gracia Gomes), Marvin José Aniehob Pallaruelo, Basilio Ndong Owono Nchama, Luis Alberto Meseguer Villanueva (79.Néstor Senra Pérez), Pablo Ganet Cómitre (84.Miguel Ekua Iala Mangue), José Antonio Miranda Boacho, Frédéric Bikoro Akieme Nchama (63.Santiago Eneme Bocari), Jannick Buyla Sam, Iván Salvador Edú, Salomón Asumu Obama Ondo (79.Joan López Elo). Trainer: Juan Micha Obiang Bicogo.

07.09.2021, 22nd FIFA World Cup Qualifiers, Second Round
Estadio de Malabo, Malabo; Attendance: 0
Referee: Hélder Martins de Carvalho (Angola)
EQUATORIAL GUINEA - MAURITANIA **1-0(0-0)**
EQG: Jesús Lázaro Owono Ngua Akeng, Miguel Ángel Mayé Ngomo, Rui Fernando da Gracia Gomes, Marvin José Anieboh Pallaruelo, Basilio Ndong Owono Nchama, Jannick Buyla Sam (84.Alejandro Balboa Bandeira „Álex Balboa"), Frédéric Bikoro Akieme Nchama, Pablo Ganet Cómitre, Iván Salvador Edú, Juan José Óscar Siafa Etoha (70.Salomón Asumu Obama Ondo), José Antonio Miranda Boacho (84.Luis Miguel Nlavo Asue). Trainer: Juan Micha Obiang Bicogo.
Goal: Iván Salvador Edú (59 penalty).

07.10.2021, 22nd FIFA World Cup Qualifiers, Second Round
Estadio de Malabo, Malabo; Attendance: 0
Referee: Noureddine El Jaafari (Morocco)
EQUATORIAL GUINEA – ZAMBIA **2-0(1-0)**
EQG: Jesús Lázaro Owono Ngua Akeng, Saúl Basilio Coco-Bassey Oubiña, Marvin José Anieboh Pallaruelo, Basilio Ndong Owono Nchama (46.Luis Alberto Meseguer Villanueva), Frédéric Bikoro Akieme Nchama, Javier Akapo Martínez, Jannick Buyla Sam (69.Pablo Ganet Cómitre), José Ndong Machín Dicombo „Pepín" (69.Luis Miguel Nlavo Asue), Emilio Nsue López, José Antonio Miranda Boacho (85.Rubén Belima Rodríguez), Juan José Óscar Siafa Etoha (85.Salomón Asumu Obama Ondo). Trainer: Juan Micha Obiang Bicogo.
Goals: Saúl Basilio Coco-Bassey Oubiña (35), Emilio Nsue López (88).

10.10.2021, 22nd FIFA World Cup Qualifiers, Second Round
National Heroes Stadium, Lusaka; Attendance: 45,000
Referee: Bakary Papa Gassama (Gambia)
ZAMBIA - EQUATORIAL GUINEA **1-1(0-0)**
EQG: Jesús Lázaro Owono Ngua Akeng, Emilio Nsue López (89.Luis Miguel Nlavo Asue), Carlos Akapo Martínez, Marvin José Anieboh Pallaruelo, Saúl Basilio Coco-Bassey Oubiña, Luis Alberto Meseguer Villanueva, Pablo Ganet Cómitre (88.Alejandro Balboa Bandeira „Álex Balboa"), José Antonio Miranda Boacho (78.Rubén Belima Rodríguez), José Ndong Machín Dicombo „Pepín" (78.Jannick Buyla Sam), Frédéric Bikoro Akieme Nchama, Juan José Óscar Siafa Etoha (81.Salomón Asumu Obama Ondo). Trainer: Juan Micha Obiang Bicogo.
Goal: Frédéric Bikoro Akieme Nchama (82).

13.11.2021, 22nd FIFA World Cup Qualifiers, Second Round
Estadio de Malabo, Malabo; Attendance: 500
Referee: Boubou Traoré (Mali)
EQUATORIAL GUINEA - TUNISIA **1-0(0-0)**
EQG: Jesús Lázaro Owono Ngua Akeng, Carlos Akapo Martínez, Esteban Orozco Fernández, Basilio Ndong Owono Nchama (11.Miguel Ángel Mayé Ngomo), Saúl Basilio Coco-Bassey Oubiña, Rubén Belima Rodríguez (81.Luis Miguel Nlavo Asue), Pablo Ganet Cómitre, José Ndong Machín Dicombo „Pepín" (89.Alejandro Balboa Bandeira „Álex Balboa"), Frédéric Bikoro Akieme Nchama, Iván Salvador Edú, Juan José Óscar Siafa Etoha (80.Emilio Nsue López). Trainer: Juan Micha Obiang Bicogo.
Goal: Pablo Ganet Cómitre (84).

16.11.2021, 22nd FIFA World Cup Qualifiers, Second Round
Stade Olympique de Nouakchott, Nouakchott; Attendance: 500
Referee: Ahmad Imtehaz Heeralall (Mauritius)
MAURITANIA - EQUATORIAL GUINEA   1-1(1-0)
EQG: Jesús Lázaro Owono Ngua Akeng, Carlos Akapo Martínez, Esteban Orozco Fernández, Saúl Basilio Coco-Bassey Oubiña, Miguel Ángel Mayé Ngomo (90.Cosme Anvene Ebang Ela), Pablo Ganet Cómitre, Alejandro Balboa Bandeira „Álex Balboa" (46.Dorian Junior Hanza Meha), José Antonio Miranda Boacho (82.Emilio Nsue López), Frédéric Bikoro Akieme Nchama (90.Javier Akapo Martínez), Iván Salvador Edú, Juan José Óscar Siafa Etoha (46.Luis Miguel Nlavo Asue). Trainer: Juan Micha Obiang Bicogo.
Goal: Saúl Basilio Coco-Bassey Oubiña (59).

NATIONAL TEAM PLAYERS 2021		
Name	DOB	Club
Goalkeepers		
Aitor EMBELA Gil	17.04.1996	*Lorca FC (ESP)*
Jesús Lázaro OWONO Ngua Akeng	01.03.2001	*Club San Ignacio Vitoria-Gasteiz (ESP); 01.07.2021-> Deportivo Alavés"B" Vitoria-Gasteiz (ESP)*
Defenders		
Carlos AKAPO Martínez	12.03.1993	*Cádiz CF (ESP)*
Cosme ANVENE Ebang Ela	03.03.1990	*CD Unidad Malabo*
Saúl Basilio COCO-BASSEY Oubiña	09.02.1999	*UD Las Palmas "B" (ESP)*
Rui Fernando DA GRACIA Gomes	28.05.1985	*Gimnástica Segoviana CF*
ESTEBAN Orozco Fernández (Esteban Obiang Obono)	07.05.1998	*CF Sant Rafel (ESP); 30.07.2021-> UD Ibiza-Eivissa (ESP)*
MARVIN José Anieboh Pallaruelo Anieboh	26.08.1997	*CP Cacereño (ESP)*
Luis Alberto MESEGUER Villanueva	07.09.1999	*Zamora CF (ESP); 23.07.2021-> CDA Navalcarnero (ESP)*
Basilio NDONG Owono Nchama	17.01.1999	*KVC Westerlo (BEL); 01.09.2021-> IK Start Kristiansand (NOR)*
Néstor SENRA Pérez	04.01.2002	*Sevilla FC "C" (ESP)*

Midfielders

Javier AKAPO Martínez	03.09.1996	*CD Ibiza Islas Pitiusas (ESP)*
Alejandro "ÁLEX" BALBOA Bandeira	06.03.2001	*Deportivo Alavés"B" Vitoria-Gasteiz (ESP)*
Frédéric BIKORO Akieme Nchama	17.03.1996	*CF Badalona (ESP); 26.07.2021-> Hércules Alicante CF (ESP)*
Jannick BUYLA Sam	06.10.1998	*UCAM Murcia CF (ESP); 05.07.2021-> Club Gimnàstic de Tarragona (ESP)*
Miguel EKUA Iala Mangue	21.11.1999	*CD Rabo de Peixe (POR)*
Santiago ENEME Bocari	29.09.2000	*FC Nantes „B" (FRA)*
Pablo GANET Cómitre	04.11.1994	*Saham Club (OMA); 08.07.2021-> Real Murcia CF (ESP)*
Miguel Ángel MAYÉ Ngomo	08.12.1995	*Futuro Kings FC Mongomo*
Emilio NSUE López	30.09.1989	*APOEL FC Nicosia (CYP); 01.07.2021-> Unattached*
Pedro Mba OBIANG Avomo	27.03.1992	*US Sassuolo Calcio (ITA)*
José Ndong Machín Dicombo "PEPÍN"	14.08.1996	*Delfino Pescara 1936 (ITA); 30.06.2021-> AC Monza (ITA)*

Forwards

Rubén BELIMA Rodríguez	11.02.1992	*SD Logroñés (ESP); 05.07.2021-> Hércules Alicante CF (ESP)*
Jordan GUTIÉRREZ Nsang	08.07.1998	*CD Leganés "B" (ESP)*
Dorian Junior HANZA Meha	12.05.2001	*Unión Popular de Langreo (ESP)*
Joan LÓPEZ Elo	01.03.1999	*Club Lleida Esportiu (ESP)*
José Antonio MIRANDA Boacho	22.07.1998	*Getafe CF (ESP); 13.09.2021-> PAE Niki Vólos (GRE)*
Luis Miguel NLAVO Asue	09.07.2001	*SC Braga "U23" (POR)*
Salomón Asumu OBAMA Ondo	04.02.2000	*FC Sevan (ARM); 20.07.2021-> CD Móstoles URJC (ESP)*
Iván SALVADOR Edú	11.12.1995	*CF Fuenlabrada (ESP)*
Juan José Óscar SIAFA Etoha	12.09.1997	*CD Laredo (ESP); 19.09.2021-> PAEOlympiacos Vólos (GRE)*

National coaches

Juan Micha OBIANG Bicogo [from 23.03.2021]	28.07.1975

ERITREA

Eritrean National Football Federation
Sematat Avenue 29-31,
P.O. Box 3665, Asmara
Year of Formation: 1996
Member of FIFA since: 1998
Member of CAF since: 1996
www.enffonline.com

First international match:
26.06.1992, Khartoum:
Sudan - Eritrea 1-1
Most international caps:
Yidnekachew Shimangus
22 caps (1998-2007)
Most international goals:
Not known

AFRICAN CUP OF NATIONS	
1957	Did not enter
1959	Did not enter
1962	Did not enter
1963	Did not enter
1965	Did not enter
1968	Did not enter
1970	Did not enter
1972	Did not enter
1974	Did not enter
1976	Did not enter
1978	Did not enter
1980	Did not enter
1982	Did not enter
1984	Did not enter
1986	Did not enter
1988	Did not enter
1990	Did not enter
1992	Did not enter
1994	Qualifiers
1996	Qualifiers
1998	Qualifiers
2000	Qualifiers
2002	Qualifiers
2004	Qualifiers
2006	Qualifiers
2008	Qualifiers
2010	Withdrew
2012	Did not enter
2013	Did not enter
2015	Withdrew
2017	Did not enter
2019	Did not enter
2021	Did not enter

FIFA WORLD CUP	
1930	Did not enter
1934	Did not enter
1938	Did not enter
1950	Did not enter
1954	Did not enter
1958	Did not enter
1962	Did not enter
1966	Did not enter
1970	Did not enter
1974	Did not enter
1978	Did not enter
1982	Did not enter
1986	Did not enter
1990	Did not enter
1994	Did not enter
1998	Did not enter
2002	Qualifiers
2006	Qualifiers
2010	Withdrew
2014	Qualifiers
2018	Qualifiers

OLYMPIC FOOTBALL TOURNAMENTS 1900-2020
None

F.I.F.A. CONFEDERATIONS CUP 1992-2017
None

AFRICAN GAMES 1965-2015
1999
CECAFA CUP (East and Central African Championship) 1973-2021
1994, 1999, 2000, 2001, 2002, 2003, 2005, 2007, 2009, 2012, 2013, 2019 (Runners-up), 2021 (Group Stage)
COMESA CUP (Eastern African Championship) 2000
2000
AFRICAN NATIONS CHAMPIONSHIP 2009-2020
2009 (Qualifiers), 2011 (*Withdrew*), 2014 (Qualifiers)

ERITREAN CLUB HONOURS IN ASIAN CLUB COMPETITIONS:
CAF Champions League 1964-2021
None
CAF Confederation Cup 2004-2021
None
CAF Super Cup 1993-2021
None
African Cup Winners' Cup 1975-2003*
None
CAF Cup 1992-2003*
None

*defunct competitions

NATIONAL COMPETITIONS
TABLE OF HONOURS

	CHAMPIONS
1994	*Not known*
1995	Red Sea FC Asmara
1996	*Not known*
1997	Mdlaw Megbi Asmara
1998	Red Sea FC Asmara
1999	Red Sea FC Asmara
2000	Red Sea FC Asmara
2001	Hintsa Asmara
2002	Red Sea FC Asmara
2003	Anseba SC Asmara
2004	Adulis Club Asmara
2005	Red Sea FC Asmara
2006	Adulis Club Asmara
2007	FC Al Tahrir Asmara
2008	Asmara Berra Brewery
2009	Red Sea FC Asmara

2010	Red Sea FC Asmara
2011	Red Sea FC Asmara
2012	Red Sea FC Asmara
2013	Red Sea FC Asmara
2014	Red Sea FC Asmara
2015	*Not known*
2016	*Not known*
2017	*Not known*
2018	*Not known*
2019	Red Sea FC Asmara
2020	*Not known*
2021	*Not known*

NATIONAL CHAMPIONSHIP
Premier League 2021

No results and final table available.

THE CLUBS

RED SEA FOOTBALL CLUB ASMARA
Stadium: Cicero Stadium, Asmara - 20,000

DENDEN FOOTBALL CLUB ASMARA
Stadium: Denden Stadium, Asmara - 10,000

ADULIS CLUB ASMARA
Stadium: Cicero Stadium, Asmara - 20,000

NATIONAL TEAM
INTERNATIONAL MATCHES 2021

No international activities for the Eritrean national team in 2021.

ESWATINI

Eswatini Football Association
Sigwaca House, Plot 582,
Sheffield Road, PO Box 641,
Mbabane H100
Year of Formation: 1968
Member of FIFA since: 1978
Member of CAF since: 1976
www.nfas.org.sz

First international match:
01.05.1968:
Swaziland - Malawi 2-0

Most international caps:
Tony Thulani Tsabedze
71 caps (2003-2018)

Most international goals:
Felix Gerson Badenhorst
13 goals / 34 caps (since 2008)

AFRICAN CUP OF NATIONS	
1957	Did not enter
1959	Did not enter
1962	Did not enter
1963	Did not enter
1965	Did not enter
1968	Did not enter
1970	Did not enter
1972	Did not enter
1974	Did not enter
1976	Did not enter
1978	Did not enter
1980	Did not enter
1982	Did not enter
1984	Withdrew
1986	Qualifiers
1988	Did not enter
1990	Qualifiers
1992	Qualifiers
1994	Did not enter
1996	Withdrew
1998	Did not enter
2000	Qualifiers
2002	Qualifiers
2004	Qualifiers
2006	Qualifiers
2008	Qualifiers
2010	Qualifiers
2012	Qualifiers
2013	Withdrew
2015	Qualifiers
2017	Qualifiers
2019	Qualifiers
2021	Qualifiers

FIFA WORLD CUP	
1930	Did not enter
1934	Did not enter
1938	Did not enter
1950	Did not enter
1954	Did not enter
1958	Did not enter
1962	Did not enter
1966	Did not enter
1970	Did not enter
1974	Did not enter
1978	Did not enter
1982	Did not enter
1986	Did not enter
1990	Did not enter
1994	Qualifiers
1998	Qualifiers
2002	Qualifiers
2006	Qualifiers
2010	Qualifiers
2014	Qualifiers
2018	Qualifiers

OLYMPIC FOOTBALL TOURNAMENTS 1908-2020

1908	-	1952	-	1976	-	2000	Qualifiers
1912	-	1956	-	1980	-	2004	Qualifiers
1920	-	1960	-	1984	-	2008	Qualifiers
1924	-	1964	-	1988	Qualifiers	2012	Did not enter
1928	-	1968	-	1992	Qualifiers	2016	Qualifiers
1936	-	1972	-	1996	Did not enter	2020	Qualifiers
1948	-						

F.I.F.A. CONFEDERATIONS CUP 1992-2017
None

AFRICAN GAMES 1965-2019
1987, 1999, 2003, 2015 (*withdrew*)

COSAFA (Confederation of Southern African Football Associations) CUP 1997-2021
1997 (Qualifying Round), 1998 (Qualifying Round), 1999 (Semi-Finals), 2000 (Quarter-Finals), 2001 (Quarter-Finals), 2002 (Semi-Finals), 2003 (Semi-Finals), 2004 (Quarter-Finals), 2005 (Group Stage), 2006 (Group Stage), 2007 (Group Stage), 2008 (Group Stage), 2009 (Group Stage), 2013 (Group Stage), 2015 (Group Stage), 2016 (3rd Place), 2017 (Quarter-Finals), 2018 (Quarter-Finals), 2019 (Group Stage), 2021 (3rd Place)

AFRICAN NATIONS CHAMPIONSHIP 2009-2020
2009 (Qualifiers), 2011 (Qualifiers), 2014 (Qualifiers), 2016 (Qualifiers), 2018 (Qualifiers), 2020 (Qualifiers)

SWAZI CLUB HONOURS IN ASIAN CLUB COMPETITIONS:

CAF Champions League 1964-2021
None

CAF Confederation Cup 2004-2021
None

CAF Super Cup 1993-2021
None

*African Cup Winners' Cup 1975-2003**
None

*CAF Cup 1992-2003**
None

defunct competitions

NATIONAL COMPETITIONS
TABLE OF HONOURS

	CHAMPIONS	CUP WINNERS
1976	Mbabane Highlanders FC	-
1977	*No competition*	-
1978	*No competition*	-
1979	*No competition*	-
1980	Mbabane Highlanders FC	Bulembu Young Aces
1981	Peacemakers Mhlume	*No competition*
1982	Mbabane Highlanders FC	Bulembu Young Aces
1983	Manzini Wanderers FC	Mbabane Highlanders FC
1984	Mbabane Highlanders FC	Manzini Wanderers FC
1985	Manzini Wanderers FC	Mbabane Highlanders FC
1986	Mbabane Highlanders FC	Mbabane Swallows FC
1987	Manzini Wanderers FC	*No competition*
1988	Mbabane Highlanders FC	Denver Sundowns Manzini
1989	Denver Sundowns Manzini	Moneni Pirates Manzini
1990	Denver Sundowns Manzini	Mbabane Highlanders FC
1991	Mbabane Highlanders FC	Denver Sundowns Manzini
1992	Mbabane Highlanders FC	Denver Sundowns Manzini
1993	Mbabane Swallows FC	Eleven Men in Flight Siteki
1994	Eleven Men in Flight Siteki	*No competition*
1995	Mbabane Highlanders FC	Mhlambanyatsi Rovers FC
1996	Eleven Men in Flight Siteki	*No competition*
1997	Mbabane Highlanders FC	Mbabane Highlanders FC
1998	*No competition*	*No competition*
1998/1999	Manzini Wanderers FC	Mbabane Highlanders FC
1999/2000	Mbabane Highlanders FC	Mhlume United
2000/2001	Mbabane Highlanders FC	Eleven Men in Flight Siteki
2001/2002	Manzini Wanderers FC	*No competition*
2002/2003	Manzini Wanderers FC	*No competition*
2003/2004	Mhlambanyatsi Rovers	Green Mamba Matsapha
2004/2005	Mbabane Swallows FC	Hub Sundowns
2005/2006	Royal Leopards FC Simunye	Mbabane Swallows FC
2006/2007	Royal Leopards FC Simunye	Royal Leopards FC Simunye
2007/2008	Royal Leopards FC Simunye	Malanti Chiefs FC Pigg's Peak
2008/2009	Mbabane Swallows FC	Mbabane Highlanders FC
2009/2010	Young Buffaloes FC Manzini	Mbabane Highlanders FC
2010/2011	Green Mamba FC Simunye	Royal Leopards FC Simunye
2011/2012	Mbabane Swallows FC	Green Mamba FC Simunye
2012/2013	Mbabane Swallows FC	Mbabane Swallows FC
2013/2014	Royal Leopards FC Simunye	Royal Leopards FC Simunye
2014/2015	Royal Leopards FC Simunye	Moneni Pirates FC Manzini
2015/2016	Royal Leopards FC Simunye	Mbabane Swallows FC
2016/2017	Mbabane Swallows FC	Young Buffaloes FC Manzini
2017/2018	Mbabane Swallows FC	Young Buffaloes FC Manzini
2018/2019	Green Mamba FC Simunye	Young Buffaloes FC Manzini
2019/2020	Young Buffaloes FC Manzini	*Competition abandoned*
2020/2021	Royal Leopards FC Simunye	*No competition*

OTHER CUP COMPETITIONS

Swazi Charity Cup 1992: Manzini Denver Sundowns; **Swazi Paper Mills Champion of Champions** 1993: Mbabane Swallows FC; **Charity Cup** 1996: Eleven Men in Flight; 1998: Mbabane Highlanders FC; 1999: Mbabane Swallows FC; 2000: Manzini Denver Sundowns; **Baphalali Charity Cup** 2001: Nkomazi Sundowns; **Swazi Telecom Charity Cup** 2002: Manzini Wanderers FC; 2003: Manzini Wanderers FC; 2004: Mbabane Swallows FC; 2005: Manzini Wanderers FC; 2006: Royal Leopards FC Simunye; 2007: Mbabane Highlanders FC; 2008: Mbabane Highlanders FC; 2009: Moneni Pirates Manzini; 2010: Mbabane Highlanders FC;

NATIONAL CHAMPIONSHIP
MTN Premier League 2020/2021

1.	**Royal Leopards FC Simunye**	30	24	5	1	62	-	18	77
2.	Young Buffaloes FC Manzini	30	22	6	2	58	-	14	72
3.	Mbabane Swallows FC	30	21	6	3	54	-	19	69
4.	Green Mamba FC Simunye	30	14	8	8	34	-	26	50
5.	Mbabane Highlanders FC	30	13	11	6	41	-	24	50
6.	Manzini Wanderers FC	30	12	11	7	31	-	25	47
7.	Milling Hotspurs FC Manzini	30	10	7	13	33	-	42	37
8.	Manzini Sea Birds FC	30	8	11	11	31	-	36	35
9.	Tinyosi FC Lobamba	30	8	7	15	29	-	41	31
10.	Tambuti FC Lobamba	30	6	12	12	30	-	41	30
11.	Denver Sundowns FC Manzini	30	7	8	15	33	-	41	29
12.	Tambankulu Callies FC	30	7	7	16	29	-	37	28
13.	Moneni Pirates FC Manzini	30	7	7	16	25	-	43	28
14.	Malanti Chiefs FC Pigg's Peak	30	7	7	16	25	-	42	28
15.	Black Swallows FC Pigg's Peak (*Relegated*)	30	6	7	17	31	-	58	25
16.	Mhlume Peacemakers FC (*Relegated*)	30	5	6	19	22	-	61	21

Promoted for the 2021/2022 season:
Vovovo FC Motshane, Rangers FC Shiselweni

THE CLUBS

DENVER SUNDOWNS FOOTBALL CLUB MANZINI
Year of Formation: 1985
Stadium: Trade Fair Sports Ground, Manzini (5,000)

GREEN MAMBA FOOTBALL CLUB SIMUNYE
Year of Formation: 1987
Stadium: Trade Fair Stadium, Manzini (5,000)

MALANTI CHIEFS FOOTBALL CLUB PIGG'S PEAK
Stadium: Rocklands Stadium, Pigg's Peak (n/a)

MANZINI SEA BIRDS FOOTBALL CLUB
Year of Formation: 1987
Stadium: Mavuso Sports Center, Manzini (5,000)

MANZINI WANDERERS FOOTBALL CLUB
Year of Formation: 1957
Stadium: Trade Fair Sports Ground, Manzini (5,000)

MBABANE HIGHLANDERS FOOTBALL CLUB
Year of Formation: 1952
Stadium: Prince of Wales Stadium, Mbabane (1,000)

MBABANE SWALLOWS FOOTBALL CLUB
Year of Formation: 1948
Stadium: Prince of Wales Stadium, Mbabane (1,000)

MHLUME PEACEMAKERS FOOTBALL CLUB
Year of Formation: 2005
Stadium: Mhlume Stadium, Mhlume (10,000)

MONENI PIRATES FOOTBALL CLUB MANZINI
Year of Formation: 1967
Stadium: Mavuso Sports Center, Manzini (5,000)

ROYAL LEOPARDS FOOTBALL CLUB SIMUNYE
Year of Formation: 1979
Stadium: Simunye Park Stadium, Simunye (30,000)

TAMBUTI FOOTBALL CLUB LOBAMBA
Stadium: Somholo National Stadium, Lobamba (20,000)

YOUNG BUFFALOES FOOTBALL CLUB MANZINI
Year of Formation: 1982
Stadium: Trade Fair Stadium, Manzini (5,000)

NATIONAL TEAM INTERNATIONAL MATCHES 2021

Date	Venue	Match	Score	
26.03.2021	Manzini	Eswatini - Guinea-Bissau	1-3(1-2)	(ACNQ)
30.03.2021	Thiès	Senegal - Eswatini	1-1(0-1)	(ACNQ)
05.06.2021	Maputo	Lesotho - Eswatini	0-1(0-0)	(F)
08.06.2021	Maputo	Mozambique - Eswatini	1-1(0-0)	(F)
06.07.2021	Port Elizabeth	Eswatini - Lesotho	3-1(1-1)	(COSAFA)
08.07.2021	Port Elizabeth	South Africa - Eswatini	1-0(0-0)	(COSAFA)
10.07.2021	Port Elizabeth	Zambia - Eswatini	0-1(0-0)	(COSAFA)
14.07.2021	Port Elizabeth	Eswatini - Botswana	1-1(1-0)	(COSAFA)
16.07.2021	Port Elizabeth	Senegal - Eswatini	2-2 aet; 3-0 pen	(COSAFA)
18.07.2021	Port Elizabeth	Eswatini - Mozambique	1-1 aet; 4-2 pen	(COSAFA)

26.03.2021, 33rd African Cup of Nations, Qualifiers
Mavuso Sports Centre, Manzini; Attendance: 0
Referee: Jean-Claude Ishimwe (Rwanda)
ESWATINI - GUINEA-BISSAU **1-3(1-2)**
SWZ: Ncamiso Dlamini, Sihlangu Bonginkosi Mkhwanazi, Lindo Thembinkosi Mkhonta, Siboniso Mamba Ntokozo, Sikhumbuzo Nathan Magagula, Felix Gerson Badenhorst, Njabulo Thwala (64.Sandile Gamedze), Mzwandile Mabelesa, Justice Johnpaul Figuareido (64.Phiwayinkhosi Promise Dlamini), Wandile Sylvester Shabangu (64.Sifiso Matse), Sabelo Wilson Ndzinisa (78.Sabelo Gamedze). Trainer: Dominic Kunene.
Goal: Felix Gerson Badenhorst (21).

30.03.2021, 33rd African Cup of Nations, Qualifiers
Stade Lat-Dior, Thiès; Attendance: 0
Referee: Sekou Ahmed Touré (Guinea)
SENEGAL - ESWATINI **1-1(0-1)**
SWZ: Mathabela Dlamini Sandanzwe, Sikhumbuzo Nathan Magagula, Siboniso Mamba Ntokozo, Sihlangu Bonginkosi Mkhwanazi, Lindo Thembinkosi Mkhonta [*sent off 90*], Felix Gerson Badenhorst, Sabelo Gamedze (67.Sandile Gamedze), Siboniso Ngwenya, Khethokuhle Mkhontfo (85.Wandile Sylvester Shabangu), Sifiso Matse (53.Justice Johnpaul Figuareido), Mzwandile Mabelesa. Trainer: Dominic Kunene.
Goal: Sabelo Gamedze (9).

05.06.2021, Friendly International
Estádio Nacional do Zimpeto, Maputo (Mozambique); Attendance: 0
Referee: n/a
LESOTHO - ESWATINI **0-1(0-0)**
SWZ: Ncamiso Dlamini, Sihlangu Bonginkosi Mkhwanazi, Lindo Thembinkosi Mkhonta, Siboniso Mamba Ntokozo, Sikhumbuzo Nathan Magagula, Felix Gerson Badenhorst (58.Njabulo Thwala), Bonginkosi Dlamini (58.Sandile Gamedze), Mzwandile Mabelesa, Sabelo Wilson Ndzinisa (79.Phiwayinkhosi Promise Dlamini), Sifiso Matse, Fanelo Order Mamba. Trainer: Dominic Kunene.
Goal: Sifiso Matse (67).

08.06.2021, Friendly International
Estádio Nacional do Zimpeto, Maputo; Attendance: 0
Referee: n/a
MOZAMBIQUE - ESWATINI **1-1(0-0)**
SWZ: Mathabela Dlamini Sandanzwe, Sihlangu Bonginkosi Mkhwanazi, Siboniso Mamba Ntokozo, Lindo Thembinkosi Mkhonta, Sikhumbuzo Nathan Magagula, Khethokuhle Mkhontfo (56.Felix Gerson Badenhorst), Sabelo Gamedze (65.Njabulo Thwala), Sifiso Matse (78.Sandile Gamedze), Mzwandile Mabelesa, Sabelo Wilson Ndzinisa (87.Phiwayinkhosi Promise Dlamini), Fanelo Order Mamba. Trainer: Dominic Kunene.
Goal: Sandile Gamedze (85).

06.07.2021, 20th COSAFA Cup, Group Stage
"Nelson Mandela" Bay Stadium, Port Elizabeth (South Africa); Attendance: 0
Referee: Abongile Tom (South Africa)
ESWATINI - LESOTHO **3-1(1-1)**
SWZ: Ncamiso Dlamini, Sihlangu Bonginkosi Mkhwanazi, Lindo Thembinkosi Mkhonta (10.Mlamuli Msibi), Siboniso Mamba Ntokozo, Sikhumbuzo Nathan Magagula, Felix Gerson Badenhorst (87.Wandile Sylvester Shabangu), Fanelo Order Mamba, Mzwandile Mabelesa, Khethokuhle Mkhontfo (60.Njabulo Thwala), Sabelo Wilson Ndzinisa (86.Phiwayinkhosi Promise Dlamini), Justice Johnpaul Figuareido (59.Sandile Gamedze). Trainer: Dominic Kunene.
Goals: Felix Gerson Badenhorst (42), Khethokuhle Mkhontfo (57), Fanelo Order Mamba (78).

08.07.2021, 20th COSAFA Cup, Group Stage
Wolfson Stadium, Port Elizabeth; Attendance: 0
Referee: Wilson Julio Muianga (Mozambique)
SOUTH AFRICA - ESWATINI **1-0(0-0)**
SWZ: Ncamiso Dlamini, Sihlangu Bonginkosi Mkhwanazi, Siboniso Mamba Ntokozo, Mlamuli Msibi, Sikhumbuzo Nathan Magagula, Felix Gerson Badenhorst [*sent off 45+1*], Fanelo Order Mamba, Mzwandile Mabelesa, Khethokuhle Mkhontfo (80.Sandile Gamedze), Sabelo Wilson Ndzinisa (80.Phiwayinkhosi Promise Dlamini), Justice Johnpaul Figuareido (63.Njabulo Thwala). Trainer: Dominic Kunene.

10.07.2021, 20th COSAFA Cup, Group Stage
Wolfson Stadium, Port Elizabeth (South Africa); Attendance: 0
Referee: Abongile Tom (South Africa)
ZAMBIA - ESWATINI **0-1(0-0)**
SWZ: Mathabela Dlamini Sandanzwe, Sihlangu Bonginkosi Mkhwanazi, Lindo Thembinkosi Mkhonta, Siboniso Mamba Ntokozo, Sikhumbuzo Nathan Magagula, Sabelo Gamedze (70.Njabulo Thwala), Sandile Gamedze (90+1.Thabo Mngometulu), Fanelo Order Mamba, Mzwandile Mabelesa, Khethokuhle Mkhontfo, Sabelo Wilson Ndzinisa. Trainer: Dominic Kunene.
Goal: Sandile Gamedze (53).

14.07.2021, 20th COSAFA Cup, Group Stage
Wolfson Stadium, Port Elizabeth (South Africa); Attendance: 0
Referee: Audrick Nkole (Zambia)
ESWATINI - BOTSWANA **1-1(1-0)**
SWZ: Mathabela Dlamini Sandanzwe, Sihlangu Bonginkosi Mkhwanazi, Lindo Thembinkosi Mkhonta, Siboniso Mamba Ntokozo, Sikhumbuzo Nathan Magagula, Felix Gerson Badenhorst (89.Thabo Mngometulu), Sifiso Matse, Sandile Gamedze, Khethokuhle Mkhontfo, Sabelo Wilson Ndzinisa, Justice Johnpaul Figuareido (69.Mlamuli Msibi). Trainer: Dominic Kunene.
Goal: Sabelo Wilson Ndzinisa (19).

16.07.2017, 20th COSAFA Cup, Semi-Finals
"Nelson Mandela" Bay Stadium, Port Elizabeth (South Africa); Attendance: 0
Referee: Osiase Koto (Lesotho)
SENEGAL - ESWATINI **2-2(0-2,2-2,2-2); 3-0 on penalties**
SWZ: Mathabela Dlamini Sandanzwe (90+4.Ncamiso Dlamini), Sihlangu Bonginkosi Mkhwanazi, Siboniso Mamba Ntokozo, Mlamuli Msibi, Sikhumbuzo Nathan Magagula, Felix Gerson Badenhorst (65.Sandile Gamedze), Sifiso Matse, Fanelo Order Mamba [*sent off 67*], Mzwandile Mabelesa, Khethokuhle Mkhontfo, Sabelo Wilson Ndzinisa. Trainer: Dominic Kunene.
Goals: Sifiso Matse (15), Sabelo Wilson Ndzinisa (20).
Penalties: Sandile Gamedze (saved), Sabelo Wilson Ndzinisa (saved), Siboniso Mamba Ntokozo (missed).

18.07.2017, 20th COSAFA Cup, Third Place Play-off
"Nelson Mandela" Bay Stadium, Port Elizabeth (South Africa); Attendance: 0
Referee: Abongile Tom (South Africa)
ESWATINI - MOZAMBIQUE **1-1(0-1,1-1,1-1); 4-2 on penalties**
SWZ: Mathabela Dlamini Sandanzwe, Sihlangu Bonginkosi Mkhwanazi, Lindo Thembinkosi Mkhonta, Siboniso Mamba Ntokozo, Sikhumbuzo Nathan Magagula, Sabelo Gamedze (57.Phiwayinkhosi Promise Dlamini), Sifiso Matse, Sandile Gamedze (75.Khethokuhle Mkhontfo), Mzwandile Mabelesa (84.Njabulo Thwala), Sabelo Wilson Ndzinisa, Justice Johnpaul Figuareido (75.Wandile Sylvester Shabangu). Trainer: Dominic Kunene.
Goals: Khethokuhle Mkhontfo (89).
Penalties: Phiwayinkhosi Promise Dlamini, Lindo Thembinkosi Mkhonta, Sihlangu Bonginkosi Mkhwanazi, Mathabela Dlamini Sandanzwe.

NATIONAL TEAM PLAYERS 2021

Name	DOB	Club
Goalkeepers		
Ncamiso DLAMINI	09.09.1989	Royal Leopards FC Simunye
Mathabela Dlamini SANDANZWE	09.09.1989	Mbabane Swallows FC
Defenders		
Sikhumbuzo Nathan MAGAGULA	30.05.1995	Royal Leopards FC Simunye
Siboniso MAMBA Ntokozo	24.02.1991	Young Buffaloes FC Manzini
Lindo Thembinkosi MKHONTA	10.04.1991	Young Buffaloes FC Manzini
Sihlangu Bonginkosi MKHWANAZI	28.09.1989	Young Buffaloes FC Manzini
Thabo MNGOMETULU	22.10.1987	Green Mamba FC Simunye
Mlamuli MSIBI	19.08.1997	Royal Leopards FC Simunye
Midfielders		
Felix Gerson BADENHORST	12.06.1989	TS Galaxy FC Kameelrivier (RSA)
Sabelo GAMEDZE	26.12.1993	Mbabane Highlanders FC
Sandile GAMEDZE	03.12.1994	Young Buffaloes FC Manzini
Mzwandile MABELESA	21.04.1993	Royal Leopards FC Simunye
Sifiso MATSE	14.05.1993	Royal Leopards FC Simunye
Khethokuhle MKHONTFO	28.03.1993	Green Mamba FC Simunye
Siboniso NGWENYA	03.05.1994	Young Buffaloes FC Manzini
Wandile Sylvester SHABANGU	18.11.1991	Young Buffaloes FC Manzini
Njabulo THWALA	02.02.1990	Green Mamba FC Simunye
Forwards		
Bonginkosi DLAMINI	20.11.1990	Royal Leopards FC Simunye
Phiwayinkhosi Promise DLAMINI	20.01.1991	Young Buffaloes FC Manzini
Justice Johnpaul FIGUAREIDO	28.07.1998	TS Galaxy FC Kameelrivier (RSA)
Fanelo Order MAMBA	29.10.2001	Young Buffaloes FC Manzini
Sabelo Wilson NDZINISA	31.07.1991	Mbabane Highlanders FC
National coaches		
Dominic KUNENE [from 18.01.2020]		

ETHIOPIA

Ethiopian Football Federation
Addis Ababa Stadium
P.O. Box 1080,
Addis Ababa
Year of Formation: 1943
Member of FIFA since: 1952
Member of CAF since: 1957
www.theeff.org

First international match:
05.12.1947: Ethiopia - French Somaliland 5-0
Most international caps:
Shimelis Bekele
68 caps (since 2010)
Most international goals:
Getaneh Kebede Gebedo
32 goals / 61 caps (since 2010)

AFRICAN CUP OF NATIONS	
1957	Final Tournament (Runners-up)
1959	Final Tournament (3rd place)
1962	**Final Tournament (Winners)**
1963	Final Tournament (Semi-Finals)
1965	Final Tournament (Group Stage)
1968	Final Tournament (Semi-Finals)
1970	Final Tournament (Group Stage)
1972	Qualifiers
1974	Qualifiers
1976	Final Tournament (Group Stage)
1978	Qualifiers
1980	Qualifiers
1982	Final Tournament (Group Stage)
1984	Qualifiers
1986	Withdrew
1988	Withdrew
1990	Qualifiers
1992	Withdrew
1994	Qualifiers
1996	Qualifiers
1998	Qualifiers
2000	Withdrew
2002	Qualifiers
2004	Qualifiers
2006	Qualifiers
2008	Qualifiers
2010	Disqualified
2012	Qualifiers
2013	Final Tournament (Group Stage)
2015	Qualifiers
2017	Qualifiers
2019	Qualifiers
2021	Final Tournament (Qualified)

FIFA WORLD CUP	
1930	Did not enter
1934	Did not enter
1938	Did not enter
1950	Did not enter
1954	Did not enter
1958	Entry not accepted by the FIFA
1962	Qualifiers
1966	Did not enter
1970	Qualifiers
1974	Qualifiers
1978	Qualifiers
1982	Qualifiers
1986	Qualifiers
1990	Did not enter
1994	Qualifiers
1998	Qualifiers
2002	Qualifiers
2006	Qualifiers
2010	Disqualified by FIFA
2014	Qualifiers
2018	Qualifiers

OLYMPIC FOOTBALL TOURNAMENTS 1908-2020							
1908	-	1952	-	1976	Qualifiers	2000	-
1912	-	1956	Qualifiers	1980	Qualifiers	2004	Qualifiers
1920	-	1960	Qualifiers	1984	Qualifiers	2008	WDQ[1]
1924	-	1964	Qualifiers	1988	Withdrew	2012	Withdrew
1928	-	1968	Qualifiers	1992	Qualifiers	2016	Qualifiers
1936	-	1972	Qualifiers	1996	-	2020	Qualifiers
1948	-						

[1]*Withdrew during qualifiers*

F.I.F.A. CONFEDERATIONS CUP 1992-2017
None

AFRICAN GAMES 1965-2019
1999, 2007, 2015 (Qualifiers)
CECAFA CUP (East and Central African Championship) 1973-2021
1983 (Group Stage), **1987 (Winners)**, 1988 (Group Stage), 1992 (Group Stage), 1995 (4th Place), 1999 (Quarter-Finals), 2000 (3rd place), **2001 (Winners)**, 2002 (Group Stage), 2003 (*withdrew*), **2004 (Winners)**, **2005 (Winners)**, 2006 (Quarter-Finals), 2007 (Group Stage), 2009 (Group Stage), 2010 (4th Place), 2011 (Group Stage), 2012 (Quarter-Finals), 2013 (Quarter-Finals), 2015 (3rd Place), 2017 (Group Stage), 2021 (Group Stage)
AFRICAN NATIONS CHAMPIONSHIP 2009-2020
2011 (*Withdrew*), 2014 (Group Stage), 2016 (Group Stage), 2018 (Group Stage), 2020 (Group Stage)

ETHIOPIAN CLUB HONOURS IN ASIAN CLUB COMPETITIONS:
CAF Champions League 1964-2021
None
CAF Confederation Cup 2004-2021
None
CAF Super Cup 1993-2021
None
African Cup Winners' Cup 1975-2003*
None
CAF Cup 1992-2003*
None

*defunct competitions

NATIONAL COMPETITIONS
TABLE OF HONOURS

	CHAMPIONS	CUP WINNERS
1944	British Military Mission-BMME Addis Ababa	-
1945	No competition	British Military Mission-BMME Addis Ababa
1946	No competition	Army Addis Ababa
1947	No competition	Polisportiva Addis Ababa
1948	Key Baher Addis Ababa	Body Guard Addis Ababa
1949	Army Addis Ababa	Army Addis Ababa
1950	Saint-George SA Addis Ababa	Army Addis Ababa
1951	Army Addis Ababa	Army Addis Ababa
1952	Army Addis Ababa	Saint-George SA Addis Ababa
1953	Army Addis Ababa	Saint-George SA Addis Ababa
1954	Army Addis Ababa	Army Addis Ababa
1955	Hamassien Asmara	Mechal Addis Ababa
1956	Mechal Addis Ababa	Mechal Addis Ababa
1957	Hamassien Asmara	Saint-George SA Addis Ababa
1958	Akale Guzay Eritrea	Mekuria Addis Ababa
1959	Tele SC Asmara	Omedla Addis Ababa
1960	Cotton Dire Dawa	Nib Debre Zeit
1961	Ethio-Cement Dire Dawa	No competition
1962	Cotton Dire Dawa	No competition
1963	Cotton Dire Dawa	No competition
1964	Ethio-Cement Dire Dawa	No competition
1965	Cotton Dire Dawa	No competition
1966	Saint-George SA Addis Ababa	No competition
1967	Saint-George SA Addis Ababa	No competition
1968	Saint-George SA Addis Ababa	No competition
1969	Tele SC Asmara	No competition
1970	Tele SC Asmara	Asmara FC
1971	Saint-George SA Addis Ababa	Electric Addis Ababa
1972	Asmara FC	Electric Addis Ababa
1973	Asmara FC	Saint-George SA Addis Ababa
1974	Embassoyra Eritrea	Saint-George SA Addis Ababa
1975	Saint-George SA Addis Ababa	Mechal Addis Ababa
1976	Mechal Addis Ababa	Electric Addis Ababa
1977	Medr Babur Dire Dawa	Saint-George SA Addis Ababa
1978	Ogaden Anbassa Harar	Omedla Addis Ababa
1979	Omedla Addis Ababa	No competition
1980	Tegl Fre Addis Ababa	Ermejachen Addis Ababa
1981	Ermejachen Addis Ababa	Key Bahr „Red Sea" Eritrea
1982	Mechal Addis Ababa	Mechal Addis Ababa
1983	Cotton Dire Dawa	Key Bahr „Red Sea" Eritrea
1984	Mechal Addis Ababa	Eritrea Shoes
1985	Brewery Addis Ababa	Eritrea Shoes
1986	Brewery Addis Ababa	Building Construction Addis Ababa
1987	Saint-George SA Addis Ababa	Eritrea Shoes
1988	Mechal Addis Ababa	Bunna Gebeya Addis Ababa

Year		
1989	Mechal Addis Ababa	*No competition*
1990	Brewery Addis Ababa	Mechal Addis Ababa
1991	Saint-George SA Addis Ababa	*No competition*
1992	Saint-George SA Addis Ababa	*No competition*
1993	EEPCO FC (Ethiopian Electric Power Corporation Football Club) Addis Ababa	Saint-George SA Addis Ababa
1994	Saint-George SA Addis Ababa	Muger Cement Oromiya
1995	Saint-George SA Addis Ababa	Medhin Addis Ababa
1996	Saint-George SA Addis Ababa	Awassa Flour Mill
1997	Ethio-Bunna Addis Ababa	Wolaita Tussa Awassa
1997/1998	EEPCO Addis Ababa	Ethiopian Coffee Addis Ababa
1998/1999	Saint-George SA Addis Ababa	Saint-George SA Addis Ababa
1999/2000	Saint-George SA Addis Ababa	Ethiopian Coffee Addis Ababa
2000/2001	EEPCO Addis Ababa	EEPCO Addis Ababa
2001/2002	Saint-George SA Addis Ababa	Medhin Addis Ababa
2002/2003	Saint-George SA Addis Ababa	Ethiopian Coffee Addis Ababa
2003/2004	Hawassa City SC	Banks SC Addis Ababa
2004/2005	Saint-George SA Addis Ababa	Hawassa City SC
2005/2006	Saint-George SA Addis Ababa	Mekelakeya SC Addis Ababa
2006/2007	Hawassa City SC	Harrar Beer Bottling FC
2007/2008	Saint-George SA Addis Ababa	Ethiopian Bunna Addis Ababa
2008/2009	Saint-George SA Addis Ababa	*No competition*
2009/2010	Saint-George SA Addis Ababa	Dedebit FC Addis Ababa
2010/2011	Ethiopian Coffee Addis Ababa	Saint-George SA Addis Ababa
2011/2012	Saint-George SA Addis Ababa	*No competition*
2012/2013	Dedebit FC Addis Ababa	Mekelakeya SC Addis Ababa
2013/2014	Saint-George SA Addis Ababa	Dedebit FC Addis Ababa
2014/2015	Saint-George SA Addis Ababa	Mekelakeya SC Addis Ababa
2015/2016	Saint-George SA Addis Ababa	Saint-George SA Addis Ababa
2016/2017	Saint-George SA Addis Ababa	Welayta Dichta FC Docho
2017/2018	Jimma Aba Jibar FC	Mekelakeya SC Addis Ababa
2018/2019	Mekelle 70 Enderta FC	Fasil Kenema FC Gondar
2019/2020	*Championship cancelled*	*Competition cancelled*
2020/2021	Fasil Kenema SC Gondar	*No competition*

Please note: the Ethiopian Cup was renamed „Mengistu Worku" Cup in 2011.

NATIONAL CHAMPIONSHIP
Ethiopian Premier League 2020/2021

1.	**Fasil Kenema SC Gondar**	24	16	6	2	38 - 17	54
2.	Ethiopian Coffee SC Addis Ababa	24	11	8	5	44 - 29	41
3.	Saint-George SA Addis Ababa	24	11	7	6	37 - 26	40
4.	Hadiya Hossana FC Hosaena	24	10	8	6	26 - 19	38
5.	Sebeta City FC	24	9	10	5	28 - 26	37
6.	Hawassa City SC	24	9	8	7	31 - 27	35
7.	Bahir Dar Kenema FC	24	8	9	7	27 - 23	33
8.	Wolaitta Dicha SC Sodo	24	9	6	9	31 - 29	33
9.	Sidama Coffee SC Hawassa	24	9	4	11	27 - 31	31
10.	Dire Dawa City SC	24	7	7	10	24 - 31	28
11.	Wolkite City FC (*Relegation Play-offs*)	24	5	7	12	21 - 29	22
12.	Jimma Aba Jibar FC (*Relegation Play-offs*)	24	2	9	13	19 - 42	15
13.	Adama City FC (*Relegation Play-offs*)	24	3	5	16	18 - 42	14

<u>Please note</u>: Mekelle 70 Enderta FC, Shira Endaselassie FC and Welwalo Adigrat University FC – no matches were fixtured for this clubs.

Relegation Play-offs

1.	Adama City FC	5	4	1	0	8 - 1	13
2.	Wolkite City FC	5	3	2	0	10 - 0	11
3.	Jimma Aba Jibar FC	5	2	1	2	5 - 2	7
4.	Ethio Electric SC (EEPCO) Addis Ababa	5	2	0	3	4 - 7	6
5.	Kolfe Keranio	5	2	0	3	3 - 11	6
6.	Harembecho Durame	5	0	0	5	2 - 11	0

Top-3 teams will play in next year's Ethiopian Premier League.

Promoted for the 2021/2022 season:
Defence Force FC Addis Ababa, Addis Abeba City, Arba Minch City

THE CLUBS

ADAMA CITY FOOTBALL CLUB
Year of Formation: 1991
Stadium: Adama Stadium, Adama (4,000)

BAHIR DAR KENEMA FOOTBALL CLUB
Stadium: Bahir Dar Stadium, Bahir Dar (60,000)

DIRE DAWA CITY SPORT CLUB
Year of Formation: 1982
Stadium: Dire Dawa Stadium, Dire Dawa (18,000)

ETHIOPIAN COFFEE SPORT CLUB ADDIS ABABA
Year of Formation: 1976
Stadium: Addis Ababa Stadium, Addis Ababa (35,000)

FASIL KENEMA SPORT CLUB GONDAR
Year of Formation: 1968
Stadium: Fasiledes Stadium, Fasil (20,000)

HADIYA HOSSANA FOOTBALL CLUB HOSAENA
Year of Formation: 2006
Stadium: "Abiy Hersamo" Stadium, Hosaena (5,000)

HAWASSA CITY SPORT CLUB
Year of Formation: 1977
Stadium: Awassa Kenema Stadium, Awassa (25,000)

JIMMA ABA JIBAR FOOTBALL CLUB
Stadium: Jimma Stadium, Jimma (15,000)

MEKELLE 70 ENDERTA FOOTBALL CLUB
Year of Formation: 2007
Stadium: Tigray Stadium, Mekelle (60,000)

SAINT-GEORGE SA ADDIS ABABA
Year of Formation: 1935
Stadium: Addis Ababa Stadium, Addis Ababa (35,000)

SEBETA FOOTBALL CLUB
Stadium: Sebeta Stadium, Sebeta (5,000)

SHIRE ENDASELASSIE FOOTBALL CLUB
Year of Formation: 2012
Stadium: Tigray Stadium, Shire (60,000)

SIDAMA COFFEE SPORT CLUB HAWASSA
Year of Formation: 2006
Stadium: Metropolitan Stadium, Hawassa (25,000)

WELWALO ADIGRAT UNIVERSITY FOOTBALL CLUB
Year of Formation: 2011
Stadium: Adigrat Stadium, Adigrat (10,000)

WOLAITTA DICHA SPORT CLUB SODO
Year of Formation: 2009
Stadium: Wolaitta Stadium, Sodo (1,000)

WOLKITE CITY FOOTBALL CLUB
Year of Formation: 2010
Stadium: Welkite Stadium, Welkite (1,000)

NATIONAL TEAM
INTERNATIONAL MATCHES 2021

17.03.2021	Bahir Dar	Ethiopia - Malawi	4-0(2-0)	(F)
24.03.2021	Bahir Dar	Ethiopia - Madagascar	4-0(3-0)	(ACNQ)
30.03.2021	Abidjan	Ivory Coast - Ethiopia	3-1(2-0)	(ACNQ)
26.08.2021	Bahir Dar	Ethiopia - Sierra Leone	0-0	(F)
29.08.2021	Bahir Dar	Ethiopia - Uganda	2-1(1-0)	(F)
03.09.2021	Cape Coast	Ghana - Ethiopia	1-0(1-0)	(WCQ)
07.09.2021	Bahir Dar	Ethiopia - Zimbabwe	1-0(0-0)	(WCQ)
09.10.2021	Bahir Dar	Ethiopia - South Africa	1-3(0-1)	(WCQ)
12.10.2021	Johannesburg	South Africa - Ethiopia	1-0(1-0)	(WCQ)
11.11.2021	Johannesburg	Ethiopia - Ghana	1-1(0-1)	(WCQ)
14.11.2021	Harare	Zimbabwe - Ethiopia	1-1(1-0)	(WCQ)
30.12.2021	Limbé	Ethiopia - Sudan	3-2(2-1)	(F)

17.03.2021, Friendly International
Bahir Dar Stadium, Bahir Dar; Attendance: 200
Referee: Biruk Yemanabran (Ethiopia)
ETHIOPIA - MALAWI   **4-0(2-0)**
ETH: Teklemariam Shanko Balcha, Asrat Tonjo Toylo, Aschalew Tamene Seyoum, Yared Baye Belay, Ramadan Yesuf Mohammed, Mesud Mohammed Musa (46.Yehun Endeshaw Zewide), Habtamu Tekeste (46.Mujib Kassim Hamza), Shimelis Bekele Godo (63.Fitsum Alemu), Shimekit Gugesa Beshah (46.Surafel Dagnachew Mengistu), Amanuel Gebremichael Aregwai (66.Gadissa Mebrate Baleme), Getaneh Kebede Gebeto (46.Abubeker Nasir Ahmed). Trainer: Wubetu Abate.
Goals: Mesud Mohammed Musa (16), Getaneh Kebede Gebeto (45), Surafel Dagnachew Mengistu (56), Abubeker Nasir Ahmed (71).

24.03.2021, 33rd African Cup of Nations, Qualifiers
Bahir Dar Stadium, Bahir Dar; Attendance: 0
Referee: Sidi Alioum (Cameroon)
ETHIOPIA - MADAGASCAR   **4-0(3-0)**
ETH: Teklemariam Shanko Balcha, Asrat Tonjo Toylo (89.Yehun Endeshaw Zewide), Aschalew Tamene Seyoum, Yared Baye Belay, Ramadan Yesuf Mohammed, Habtamu Tekeste (89.Suleman Hamid Suleman), Shimelis Bekele Godo (88.Fitsum Alemu), Surafel Dagnachew Mengistu (76.Mesud Mohammed Musa), Amanuel Gebremichael Aregwai (74.Shimekit Gugesa Beshah), Getaneh Kebede Gebeto, Abubeker Nasir Ahmed. Trainer: Wubetu Abate.
Goals: Amanuel Gebremichael Aregwai (19), Getaneh Kebede Gebeto (34), Abubeker Nasir Ahmed (41), Shimelis Bekele Godo (86).

30.03.2021, 33rd African Cup of Nations, Qualifiers
Stade Olympique "Alassane Ouattara", Abidjan; Attendance: 0
Referee: Charles Bulu (Ghana)
IVORY COAST - ETHIOPIA   **3-1(2-0)**
ETH: Teklemariam Shanko Balcha, Asrat Tonjo Toylo, Aschalew Tamene Seyoum, Yared Baye Belay, Ramadan Yesuf Mohammed, Habtamu Tekeste, Shimelis Bekele Godo (70.Mesud Mohammed Musa), Surafel Dagnachew Mengistu, Amanuel Gebremichael Aregwai (70.Shimekit Gugesa Beshah), Getaneh Kebede Gebeto, Abubeker Nasir Ahmed. Trainer: Wubetu Abate.
Goal: Getaneh Kebede Gebeto (74).

26.08.2021, Friendly International
Bahir Dar Stadium, Bahir Dar; Attendance: 0
Referee: n/a
ETHIOPIA - SIERRA LEONE   **0-0**
ETH: Teklemariam Shanko Balcha, Suleman Hamid Suleman, Aschalew Tamene Seyoum (65.Mignot Debebe), Yared Baye Belay, Ramadan Yesuf Mohammed (76.Desta Yohannes Egeta), Mesud Mohammed Musa, Yehun Endeshaw Zewide, Tafesse Solomon Shewamene (76.Bezabeh Meleyo Mekengo), Surafel Dagnachew Mengistu (65.Abel Yalew Tilahun), Shimekit Gugesa Beshah (65.Fitsum Alemu), Amanuel Gebremichael Aregwai (84.Chernet Gugesa Beshah). Trainer: Wubetu Abate.

29.08.2021, Friendly International
Bahir Dar Stadium, Bahir Dar; Attendance: 0
Referee: n/a
ETHIOPIA - UGANDA   **2-1(1-0)**
ETH: Fasil Gebremichael, Asrat Tonjo Toylo, Mignot Debebe, Yared Baye Belay, Desta Yohannes Egeta, Gatoch Panom Yiech, Shimelis Bekele Godo, Bezabeh Meleyo Mekengo, Amanuel Gebremichael Aregwai, Abel Yalew Tilahun, Abubeker Nasir Ahmed (*Substitutes not known*). Trainer: Wubetu Abate.
Goals: Abubeker Nasir Ahmed (11), Abel Yalew Tilahun (54).

03.09.2021, 22nd FIFA World Cup Qualifiers, Second Round
Cape Coast Sports Stadium, Cape Coast; Attendance: 2,250
Referee: Redouane Jiyed (Morocco)
GHANA - ETHIOPIA   **1-0(1-0)**
ETH: Teklemariam Shanko Balcha (46.Fasil Gebremichael), Asrat Tonjo Toylo, Aschalew Tamene Seyoum, Yared Baye Belay, Ramadan Yesuf Mohammed, Yehun Endeshaw Zewide, Tafesse Solomon Shewamene (46.Mesud Mohammed Musa), Shimelis Bekele Godo (85.Gatoch Panom Yiech), Amanuel Gebremichael Aregwai (72.Abel Yalew Tilahun), Getaneh Kebede Gebeto (72.Shimekit Gugesa Beshah), Abubeker Nasir Ahmed. Trainer: Wubetu Abate.

07.09.2021, 22nd FIFA World Cup Qualifiers, Second Round
Bahir Dar Stadium, Bahir Dar; Attendance: 0
Referee: Bernard Camille (Seychelles)
ETHIOPIA - ZIMBABWE   **1-0(0-0)**
ETH: Fasil Gebremichael, Asrat Tonjo Toylo (75.Amanuel Yohannes Gamo), Aschalew Tamene Seyoum, Yared Baye Belay, Ramadan Yesuf Mohammed, Yehun Endeshaw Zewide, Mesud Mohammed Musa (75.Suleman Hamid Suleman), Shimelis Bekele Godo (33.Tafesse Solomon Shewamene), Amanuel Gebremichael Aregwai, Getaneh Kebede Gebeto (75.Abel Yalew Tilahun), Abubeker Nasir Ahmed. Trainer: Wubetu Abate.
Goal: Aschalew Tamene Seyoum (90+4 penalty).

09.10.2021, 22nd FIFA World Cup Qualifiers, Second Round
Bahir Dar Stadium, Bahir Dar; Attendance: 0
Referee: Shuhoub Abdulbasit (Libya)
ETHIOPIA - SOUTH AFRICA   **1-3(0-1)**
ETH: Fasil Gebremichael, Asrat Tonjo Toylo, Aschalew Tamene Seyoum, Yared Baye Belay, Ramadan Yesuf Mohammed (68.Desta Yohannes Egeta), Yehun Endeshaw Zewide (68.Amanuel Yohannes Gamo), Shimelis Bekele Godo (75.Mesfin Tafesse), Surafel Dagnachew Mengistu (87.Mesud Mohammed Musa), Amanuel Gebremichael Aregwai (75.Abel Yalew Tilahun), Getaneh Kebede Gebeto, Abubeker Nasir Ahmed. Trainer: Wubetu Abate.
Goal: Getaneh Kebede Gebeto (67).

12.10.2021, 22nd FIFA World Cup Qualifiers, Second Round
FNB Stadium, Johannesburg; Attendance: 0
Referee: Georges Gatogato (Burundi)
SOUTH AFRICA - ETHIOPIA   **1-0(1-0)**
ETH: Fasil Gebremichael, Suleman Hamid Suleman (61.Asrat Tonjo Toylo), Aschalew Tamene Seyoum, Yared Baye Belay, Ramadan Yesuf Mohammed, Amanuel Yohannes Gamo, Mesud Mohammed Musa (78.Gatoch Panom Yiech), Surafel Dagnachew Mengistu (61.Shimelis Bekele Godo), Amanuel Gebremichael Aregwai (38.Abel Yalew Tilahun), Getaneh Kebede Gebeto (78.Chernet Gugesa Beshah), Abubeker Nasir Ahmed. Trainer: Wubetu Abate.

11.11.2021, 22nd FIFA World Cup Qualifiers, Second Round
Orlando Stadium, Johannesburg (South Africa); Attendance: 0
Referee: Blaise Yuven Ngwa (Cameroon)
ETHIOPIA - GHANA   **1-1(0-1)**
ETH: Teklemariam Shanko Balcha, Asrat Tonjo Toylo, Aschalew Tamene Seyoum, Mignot Debebe, Ramadan Yesuf Mohammed, Amanuel Yohannes Gamo, Mesud Mohammed Musa (83.Haider Sherifa Juber), Shimelis Bekele Godo (75.Firew Solomon Ayele), Dawa Hotessa Dukele, Getaneh Kebede Gebeto (75.Bezabeh Meleyo Mekengo), Abubeker Nasir Ahmed. Trainer: Wubetu Abate.
Goal: Getaneh Kebede Gebeto (72).

14.11.2021, 22nd FIFA World Cup Qualifiers, Second Round
National Sports Stadium, Harare; Attendance: 0
Referee: Mohamed Ali Moussa (Niger))
ZIMBABWE - ETHIOPIA   **1-1(1-0)**
ETH: Teklemariam Shanko Balcha, Asrat Tonjo Toylo (46.Aschalew Tamene Seyoum), Ahmed Reshid Habib, Mignot Debebe, Ramadan Yesuf Mohammed, Amanuel Yohannes Gamo, Haider Sherifa Juber (68. Bezabeh Meleyo Mekengo), Shimelis Bekele Godo (80.Firew Solomon Ayele), Dawa Hotessa Dukele (80.Mesfin Tafesse), Getaneh Kebede Gebeto (68.Abel Yalew Tilahun), Abubeker Nasir Ahmed. Trainer: Wubetu Abate.
Goal: Abubeker Nasir Ahmed (86).

30.12.2021, Friendly International
Stade de Limbé, Limbé (Cameroon); Attendance: 0
Referee: n/a
ETHIOPIA - SUDAN   **3-2(2-1)**
ETH: Fasil Gebremichael, Yared Bayeh Belay, Suleman Hamid Suleman, Aschalew Tamene Seyoum, Desta Yohannes Egeta, Fitsum Alemu, Mesud Mohammed Musa, Amanuel Yohannes Gamo (46.Shimelis Bekele Godo), Amanuael Gebremichael Aregwai, Dawa Hotessa Dukele, Getaneh Kebede Gebeto. Trainer: Wubetu Abate.
Goals: Amanuael Gebremichael Aregwai (2, 37), Shimelis Bekele Godo (50).

NATIONAL TEAM PLAYERS 2021		
Name	**DOB**	**Club**
Goalkeepers		
Fasil GEBREMICHAEL	17.10.2000	*Sebeta City FC*
Teklemariam SHANKO Balcha	02.01.1998	*Ethiopian Coffee SC Addis Ababa; 12.07.2021-> Sidama Coffee SC Hawassa*

Defenders

Yared BAYE Belay	22.01.1995	*Fasil Kenema SC Gondar*
Mignot DEBEBE	02.09.1995	*Hawassa City SC;* *16.09.2021-> Saint-George SA Addis Ababa*
Desta Yohannes EGETA	17.04.1998	*Hawassa City SC;* *10.10.2021-> Adama City FC*
Suleman HAMID Suleman	20.10.1997	*Hadiya Hossana FC Hosaena;* *01.07.2021-> Saint-George SA Addis Ababa*
Ahmed RESHID Habib	11.12.1998	*Bahir Dar Kenema FC*
Aschalew TAMENE Seyoum	22.11.1991	*Saint-George SA Addis Ababa;* *14.07.2021-> Fasil Kenema SC Gondar*
Asrat TONJO Toylo	29.11.1996	*Ethiopian Coffee SC Addis Ababa*
Ramadan YESUF Mohammed	12.02.2001	*Wolkite City FC*

Midfielders

Fitsum ALEMU	15.07.1995	*Bahir Dar Kenema FC*
Shimelis BEKELE Godo	17.10.1990	*Misr Lel Makkasa SC Fayoum (EGY);* *03.09.2021-> El Gouna FC (EGY)*
Surafel DAGNACHEW Mengistu	11.09.1997	*Fasil Kenema SC Gondar*
Yehun ENDESHAW Zewide	05.11.1992	*Fasil Kenema SC Gondar*
Amanuel Yohannes GAMO	14.03.1999	*Ethiopian Coffee SC Addis Ababa*
Shimekit GUGESA Beshah	01.01.1995	*Fasil Kenema SC Gondar*
Mujib KASSIM Hamza	19.10.1995	*Fasil Kenema SC Gondar*
Bezabeh MELEYO Mekengo	26.06.1995	*Fasil Kenema SC Gondar*
Mesud MOHAMMED Musa	18.02.1990	*Sebeta City FC;* *29.07.2021-> Jimma Aba Jibar FC*
Gatoch PANOM Yiech	12.06.1994	*Saint-George SA Addis Ababa*
Haider SHERIFA Juber	11.01.1994	*Saint-George SA Addis Ababa*
Tafesse SOLOMON Shewamene	04.05.1993	*Ethiopian Coffee SC Addis Ababa*
Habtamu TEKESTE	11.09.1998	*Fasil Kenema SC Gondar*

Forwards

Amanuel GEBREMICHAEL Aregwai	05.02.1999	*Saint-George SA Addis Ababa*
Chernet GUGESA Beshah	13.09.1999	*Saint-George SA Addis Ababa*
Dawa HOTESSA Dukele	09.03.1996	*Hadiya Hossana FC Hosaena*
Getaneh KEBEDE Gebeto	02.04.1992	*Saint-George SA Addis Ababa;* *29.09.2021-> Wolkite City FC*
Gadissa MEBRATE Baleme	06.04.1997	*Saint-George SA Addis Ababa*
Abubeker NASIR Ahmed	23.02.2000	*Ethiopian Coffee SC Addis Ababa*
Firew SOLOMON Ayele	18.09.1992	*Sidama Coffee SC Hawassa*
Mesfin TAFESSE	26.11.2001	*Hawassa City SC*
Abel YALEW Tilahun	23.03.1996	*Saint-George SA Addis Ababa*

National coaches

Wubetu ABATE [from 28.09.2020]	

GABON

FEGAFOOT
FEDERATION GABONAISE DE FOOTBALL

Fédération Gabonaise de Football
Boîte postale 181, Libreville
Year of Formation: 1962
Member of FIFA since: 1966
Member of CAF since: 1968
www.fegafoot.ca

First international match:
13.04.1960, Madagascar:
Upper Volta - Gabon 5-4

Most international caps:
Didier Janvier Ovono Ebang – 112 caps (2003-2019)

Most international goals:
Pierre-Emerick Aubameyang – 29 goals / 71 caps (since 2009)

AFRICAN CUP OF NATIONS	
1957	Did not enter
1959	Did not enter
1962	Did not enter
1963	Did not enter
1965	Did not enter
1968	Did not enter
1970	Did not enter
1972	Qualifiers
1974	Withdrew
1976	Did not enter
1978	Qualifiers
1980	Did not enter
1982	Withdrew
1984	Qualifiers
1986	Qualifiers
1988	Qualifiers
1990	Qualifiers
1992	Qualifiers
1994	Final Tournament (Group Stage)
1996	Final Tournament (Quarter-Finals)
1998	Qualifiers
2000	Final Tournament (Group Stage)
2002	Qualifiers
2004	Qualifiers
2006	Qualifiers
2008	Qualifiers
2010	Final Tournament (Group Stage)
2012	Final Tournament (Quarter-Finals)
2013	Qualifiers
2015	Final Tournament (Group Stage)
2017	Final Tournament (Group Stage)
2019	Qualifiers
2021	*Final Tournament (Qualified)*

FIFA WORLD CUP	
1930	Did not enter
1934	Did not enter
1938	Did not enter
1950	Did not enter
1954	Did not enter
1958	Did not enter
1962	Did not enter
1966	Withdrew
1970	Did not enter
1974	Withdrew
1978	Did not enter
1982	Did not enter
1986	Did not enter
1990	Qualifiers
1994	Qualifiers
1998	Qualifiers
2002	Qualifiers
2006	Qualifiers
2010	Qualifiers
2014	Qualifiers
2018	Qualifiers

OLYMPIC FOOTBALL TOURNAMENTS 1908-2020						
1908	-	1952	-	1976	-	2000	Qualifiers
1912	-	1956	-	1980	-	2004	-
1920	-	1960	-	1984	Qualifiers	2008	-
1924	-	1964	-	1988	-	2012	Group Stage
1928	-	1968	Qualifiers	1992	WDQ[1]	2016	Qualifiers
1936	-	1972	Qualifiers	1996	Qualifiers	2020	Qualifiers
1948	-						

F.I.F.A. CONFEDERATIONS CUP 1992-2017
None

AFRICAN GAMES 1965-2019
1999, 2007, 2015 (Qualifiers)

CENTRAL AFRICAN GAMES 1976-1987
1976 (3rd place), 1981 (3rd place), 1987

UDEAC (Union Douanière et Economique des Etats de l'Afrique Centrale) CUP 1984-1990 CEMAC (Communauté Economique et Monétaire de l'Afrique Centrale) CUP 2003-2014
1984 (3rd place), **1985 (Winners)**, 1986, 1987 (3rd place), **1988 (Winners)**, 1989 (3rd place), 1990, 2003, 2005 (3rd place), 2007 (Runners-up), 2008, 2010, **2013 (Winners)**, 2014

UNIFAC CUP 1999
1999 (Winners)

AFRICAN NATIONS CHAMPIONSHIP 2009-2020
2009 (Qualifiers), 2011 (Group Stage), 2014 (Quarter-Finals), 2016 (Group Stage), 2018 (withdrew), 2020 (banned)

GABONESE CLUB HONOURS IN ASIAN CLUB COMPETITIONS:
CAF Champions League 1964-2021
None
CAF Confederation Cup 2004-2021
None
CAF Super Cup 1993-2021
None
African Cup Winners' Cup 1975-2003*
None
CAF Cup 1992-2003*
None

*defunct competitions

NATIONAL COMPETITIONS
TABLE OF HONOURS

	CHAMPIONS	CUP WINNERS
1964	-	AS Mangasport Moanda
1965	-	*Not known*
1966	-	*Not known*
1967	-	*Not known*
1968	Olympique Sportif Libreville	*Not known*
1969	Aigle Royal Libreville	*Not known*
1970/1971	Aigle Royal Libreville	*Not known*
1971/1972	AS Solidarité Libreville	*Not known*
1972/1973	Olympique Sportif Libreville	*Not known*
1973/1974	AS Police Libreville	*Not known*
1974/1975	Zalang COC Libreville	*Not known*
1975/1976	Pétrosport Port Gentil	*Not known*
1976/1977	Vautour Mangoungou Libreville	*Not known*
1977/1978	Vautour Mangoungou Libreville	AS Stade Mandji Ogooué-Maritime
1978/1979	ASMO/FC 105 Libreville	AS Stade Mandji Ogooué-Maritime
1979	Anges ABC Libreville	-
1980	US O'Mbila Nziami Libreville	*Not known*
1981	US O'Mbila Nziami Libreville	*Not known*
1982	ASMO/FC 105 Libreville	*Not known*
1983	ASMO/FC 105 Libreville	*Not known*
1983/1984	AS Sogara Port Gentil	ASMO/FC 105 Libreville
1985	ASMO/FC 105 Libreville	AS Sogara Port Gentil
1986	ASMO/FC 105 Libreville	ASMO/FC 105 Libreville
1986/1987	ASMO/FC 105 Libreville	US O'Mbila Nziami Libreville
1987/1988	US O'Mbila Nziami Libreville	Vautour Mangoungou Libreville
1988/1989	AS Sogara Port Gentil	Pétrosport Port Gentil
1989/1990	JAC Libreville	Shellsport Port-Gentil
1990/1991	AS Sogara Port Gentil	US O'Mbila Nziami Libreville
1991/1992	AS Sogara Port Gentil	Delta Sports Libreville
1993	AS Sogara Port Gentil	Mbilinga FC Port Gentil
1994	AS Sogara Port Gentil	AS Mangasport Moanda
1995	AS Mangasport Moanda	Mbilinga FC Port Gentil
1996	Mbilinga FC Port Gentil	ASMO/FC 105 Libreville
1997	*No competition*	Mbilinga FC Port Gentil
1998	FC 105 Libreville	Mbilinga FC Port Gentil
1999	FC 105 Libreville	US Bitam
2000	AS Mangasport Moanda	AO Evizo Lambarèné
2001	FC 105 Libreville	AS Mangasport Moanda
2002	US O'Mbila Nziami Libreville	US O'Mbila Nziami Libreville
2003	US Bitam	US Bitam
2004	AS Mangasport Moanda	FC 105 Libreville
2005	AS Mangasport Moanda	AS Mangasport Moanda
2006	AS Mangasport Moanda	Delta Téléstar Gabon Télécom FC Libreville
2006/2007	FC 105 Libreville	AS Mangasport Moanda
2007/2008	AS Mangasport Moanda	US O'Mbila Nziami Libreville
2008/2009	AS Stade Mandji Port-Gentil	FC 105 Libreville

2009/2010	Union Sportive Bitam	Union Sportive Bitam
2010/2011	Missile FC Libreville	AS Mangasport Moanda
2011/2012	CF Mounana Libreville	*Not held*
2012/2013	Union Sportive Bitam	CF Mounana Libreville
2013/2014	AS Mangasport Moanda	*Not held*
2015	AS Mangasport Moanda	CF Mounana Libreville
2015/2016	CF Mounana Libreville	CF Mounana Libreville
2016/2017	CF Mounana Libreville	*Not held*
2018	AS Mangasport Moanda	*Not held*
2019	AO Cercle Mbéri Sportif Libreville	*Not held*
2020	*Championship cancelled*	*Competition cancelled*
2021	*No competition*	*No competition*

NATIONAL CHAMPIONSHIP
Championnat National Division 1 2021

No championship was played due to COVID-19 pandemic.

NATIONAL CUP
Coupe du Gabon Interclubs Final 2021

No competition was played due to COVID-19 pandemic.

NATIONAL TEAM
INTERNATIONAL MATCHES 2021

25.03.2021	*Franceville*	*Gabon - D.R. Congo*	*3-0(1-0)*	*(ACNQ)*
29.03.2021	*Luanda*	*Angola - Gabon*	*2-0(0-0)*	*(ACNQ)*
01.09.2021	*Benghazi*	*Libya - Gabon*	*2-1(1-1)*	*(WCQ)*
05.09.2021	*Franceville*	*Gabon - Egypt*	*1-1(0-0)*	*(WCQ)*
08.10.2021	*Luanda*	*Angola - Gabon*	*3-1(1-0)*	*(WCQ)*
11.10.2021	*Franceville*	*Gabon - Angola*	*2-0(0-0)*	*(WCQ)*
12.11.2021	*Franceville*	*Gabon - Libya*	*1-0(0-0)*	*(WCQ)*
16.11.2021	*Alexandria*	*Egypt - Gabon*	*2-1(1-0)*	*(WCQ)*

25.03.2021, 33rd African Cup of Nations, Qualifiers
Stade de Franceville, Franceville; Attendance: 0
Referee: Janny Sikazwe (Zambia)
GABON - D.R. CONGO   **3-0(1-0)**
GAM: Jean-Noël Amonome, Lloyd Palun, Gilchrist Nguema, Bruno Ecuélé Manga, Johann Serge Obiang, Mario René Junior Lemina, Didier Ibrahim Ndong, Guélor Kaku Kanga, Denis Athanase Bouanga (75.André Ivan Biyogo Poko), Pierre-Emerick Emiliano François Aubameyang, Aaron Salem Boupendza Pozzi (89.Ulrich Kévin Selom Mayi). Trainer: Patrice Neveu (France).
Goals: Aaron Boupendza (44), Denis Athanase Bouanga (72), Pierre-Emerick Emiliano François Aubameyang (86).

29.03.2021, 33rd African Cup of Nations, Qualifiers
Estádio 11 de Novembro, Luanda; Attendance: 0
Referee: Gehad Zaglol Grisha (Egypt)
ANGOLA - GABON **2-0(0-0)**
GAM: Donald Nzé, Lloyd Palun, Gilchrist Nguema, Bruno Ecuélé Manga, Johann Serge Obiang, Junior Assoumou Akué, Anthony Henri Zue Oyono Omva Torque (67.Serge-Junior Bertil Nicolas Martinsson Ngouali), Guélor Kaku Kanga, Fahd Richard Ndzengue Moubeti (85.Nathanael Bongo Mbourou), Ulrich Kévin Selom Mayi (59.Gaëtan Missi Mezu), Jim Émilien Ngowet Allevinah. Trainer: Patrice Neveu (France).

01.09.2021, 22nd FIFA World Cup Qualifiers, Second Round
Benina Martyrs Stadium, Benghazi; Attendance: 0
Referee: Bamlak Tessema Weyesa (Ethiopia)
LIBYA - GABON **2-1(1-1)**
GAM: Anthony Léandre Mfa Mezui, Johann Serge Obiang, Junior Assoumou Akué, Bruno Ecuélé Manga, Lloyd Palun (87.Anthony Henri Zue Oyono Omva Torque), Guélor Kaku Kanga, Mario René Junior Lemina, André Ivan Biyogo Poko, Denis Athanase Bouanga, Pierre-Emerick Emiliano François Aubameyang, Jim Émilien Ngowet Allevinah (55.Aaron Salem Boupendza Pozzi). Trainer: Patrice Neveu (France).
Goal: André Ivan Biyogo Poko (11).

05.09.2021, 22nd FIFA World Cup Qualifiers, Second Round
Stade de Franceville, Franceville; Attendance: 0
Referee: Bakary Papa Gassama (Gambia)
GABON - EGYPT **1-1(0-0)**
GAM: Anthony Léandre Mfa Mezui, Anthony Henri Zue Oyono Omva Torque, Didier Ibrahim Ndong, Bruno Ecuélé Manga, Johann Serge Obiang, Mario René Junior Lemina, André Ivan Biyogo Poko, Guélor Kaku Kanga (66.Jim Émilien Ngowet Allevinah), Denis Athanase Bouanga, Pierre-Emerick Emiliano François Aubameyang, Aaron Salem Boupendza Pozzi (81.Serge-Junior Bertil Nicolas Martinsson Ngouali). Trainer: Patrice Neveu (France).
Goal: Jim Émilien Ngowet Allevinah (73).

08.10.2021, 22nd FIFA World Cup Qualifiers, Second Round
Estádio 11 de Novembro, Luanda; Attendance: 5,000
Referee: Souleiman Ahmed Djama (Djibouti)
ANGOLA - GABON **3-1(1-0)**
GAM: Anthony Léandre Mfa Mezui, Lloyd Palun, Didier Ibrahim Ndong, Johann Serge Obiang, Mario René Junior Lemina, Lévy Clément Madinda (77.Louis Ameka Autchanga), André Ivan Biyogo Poko, Guélor Kaku Kanga, Aaron Salem Boupendza Pozzi (67.Axel Méyé Me Ndong), Pierre-Emerick Emiliano François Aubameyang, Denis Athanase Bouanga. Trainer: Patrice Neveu (France).
Goal: Axel Méyé Me Ndong (83).

10.10.2021, 22nd FIFA World Cup Qualifiers, Second Round
Stade de Franceville, Franceville; Attendance: 0
Referee: Maguette N'Diaye (Senegal)
GABON - ANGOLA **2-0(0-0)**
GAM: Jean-Noël Amonome, Lloyd Palun, Didier Ibrahim Ndong, Sidney Evrard Viérin Obissa, Johann Serge Obiang, Guélor Kaku Kanga, André Ivan Biyogo Poko, David Sambissa (59.Alex Yowan Kevin Moucketou-Moussounda), Aaron Salem Boupendza Pozzi (46.Louis Ameka Autchanga), Pierre-Emerick Emiliano François Aubameyang, Axel Méyé Me Ndong (46.Lévy Clément Madinda). Trainer: Patrice Neveu (France).
Goals: Pierre-Emerick Emiliano François Aubameyang (74), Alex Yowan Kevin Moucketou-Moussounda (84).

12.11.2021, 22nd FIFA World Cup Qualifiers, Second Round
Stade de Franceville, Franceville; Attendance: 0
Referee: Mashood Ssali (Uganda)
GABON - LIBYA **1-0(0-0)**
GAM: Jean-Noël Amonome, Lloyd Palun, Bruno Ecuélé Manga, Sidney Evrard Viérin Obissa (77.Anthony Henri Zue Oyono Omva Torque), Johann Serge Obiang, David Sambissa (46.Mario René Junior Lemina), Alex Yowan Kevin Moucketou-Moussounda (68.André Ivan Biyogo Poko), Guélor Kaku Kanga, Jim Émilien Ngowet Allevinah (83.Louis Ameka Autchanga), Pierre-Emerick Emiliano François Aubameyang, Denis Athanase Bouanga (83.Aaron Salem Boupendza Pozzi). Trainer: Patrice Neveu (France).
Goal: Pierre-Emerick Emiliano François Aubameyang (54 penalty).

16.11.2021, 22nd FIFA World Cup Qualifiers, Second Round
Borg El Arab Stadium, Alexandria; Attendance: 0
Referee: Georges Gatogato (Burundi)
EGYPT - GABON **2-1(1-0)**
GAM: Jean-Noël Amonome, Lloyd Palun, Anthony Henri Zue Oyono Omva Torque, Bruno Ecuélé Manga, Johann Serge Obiang, Alex Yowan Kevin Moucketou-Moussounda, Louis Ameka Autchanga, Lévy Clément Madinda, Denis Athanase Bouanga [*sent off 86*], Jim Émilien Ngowet Allevinah (84.Ulrick Brad Eneme-Ella), Aaron Salem Boupendza Pozzi (73.Ulrich Kévin Selom Mayi). Trainer: Patrice Neveu (France).
Goal: Jim Émilien Ngowet Allevinah (54).

NATIONAL TEAM PLAYERS 2021		
Name	**DOB**	**Club**
Goalkeepers		
Jean-Noël AMONOME	24.12.1997	*Uthongathi FC (RSA); 30.06.2021-> AmaZulu FC Durban (RSA)*
Anthony Léandre MFA MEZUI	07.03.1991	*FC Rodange 91 (LUX)*
Donald NZÉ	05.04.1992	*AS Maniema Union Kindu (COD)*
Defenders		
Bruno ECUÉLÉ MANGA	16.07.1988	*Dijon FCO (FRA)*
Alex Yowan Kevin MOUCKETOU-MOUSSOUNDA	10.10.2000	*Aris Limassol FC (CYP)*
Gilchrist NGUEMA	07.08.1996	*Maccabi Ahi Nazareth FC (ISR)*
Johann Serge OBIANG	05.07.1993	*Rodez Aveyron Football (FRA)*
Sidney Evrard Viérin OBISSA	04.05.2000	*Olympic Club Charleroi Farciennes (BEL)*
Anthony Henri Zue OYONO Omva Torque	12.04.2001	*US Boulogne-sur-Mer Côte d'Opale (FRA)*
Lloyd PALUN	28.11.1988	*En Avant de Guingamp (FRA); 01.07.2021-> SC Bastia (FRA)*
David SAMBISSA	11.01.1996	*SC Cambuur Leeuwarden (NED)*

		Midfielders	
Louis AMEKA Autchanga		03.10.1996	*Maghreb Association Sportive de Fès (MAR)*
Junior ASSOUMOU Akué		22.07.1995	*Bourges 18 (FRA);* *01.07.2021-> Aubagne FC (FRA)*
André Ivan BIYOGO POKO		07.03.1993	*Altay SK İzmir (TUR)*
Denis Athanase BOUANGA		11.11.1994	*AS Saint-Étienne (FRA)*
Guélor Kaku KANGA		01.09.1990	*FK Crvena Zvezda Beograd (SRB)*
Mario René Junior LEMINA		01.09.1993	*Fulham FC London (ENG);* *24.07.2021-> OGC Nice (FRA)*
Lévy Clément MADINDA		11.06.1992	*Kelab Bola Sepak Sabah (MAS)*
Serge-Junior Bertil Nicolas MARTINSSON NGOUALI		23.01.1992	*HNK Gorica (CRO)*
Didier Ibrahim NDONG		17.06.1994	*Dijon FCO (FRA); 25.08.2021->* *Yeni Malatya Spor Kulübü (TUR)*

		Forwards	
Jim Émilien Ngowet ALLEVINAH		27.02.1995	*Clermont Foot 63 (FRA)*
Pierre-Emerick Emiliano François AUBAMEYANG		18.06.1989	*Arsenal FC London (ENG)*
Aaron Salem BOUPENDZA Pozzi		07.08.1996	*Hatayspor Antakya (TUR);* *26.08.2021-> Al-Arabi SC Doha (QAT)*
Ulrick Brad ENEME-ELLA		22.05.2001	*Brighton & Hove Albion FC "U23" (ENG)*
Ulrich Kévin Selom MAYI		14.01.1993	*Ümraniyespor Kulübü (TUR);* *08.09.2021-> Denizlispor Kulübü (TUR)*
Axel MÉYÉ ME NDONG		06.06.1995	*Ittihad Riadi Tanger (MAR)*
Fahd Richard NDZENGUE Moubeti		07.07.2000	*NK Tabor Sežana (SVN)*

		National coaches	
Patrice NEVEU (France) [from 24.05.2019]			29.03.1954

GAMBIA

Gambia Football Association
Kanifing Layout Bakau,
P.O. Box 523,
Banjul
Year of Formation: 1952
Member of FIFA since: 1968
Member of CAF since: 1966
www.gambiaff.org

First international match:
01.06.1957, Tunis:
Tunisia – Algeria 1-2
Most international caps:
Pa Modou Jagne
39 caps (since 2006)
Most international goals:
Assan Ceesay
11 goals / 20 caps (since 2013)

AFRICAN CUP OF NATIONS	
1957	Did not enter
1959	Did not enter
1962	Did not enter
1963	Did not enter
1965	Did not enter
1968	Did not enter
1970	Did not enter
1972	Did not enter
1974	Did not enter
1976	Qualifiers
1978	Did not enter
1980	Qualifiers
1982	Qualifiers
1984	Qualifiers
1986	Qualifiers
1988	Qualifiers
1990	Withdrew
1992	Qualifiers
1994	Did not enter
1996	Qualifiers (Withdrew)
1998	Banned
2000	Withdrew
2002	Qualifiers
2004	Qualifiers
2006	Qualifiers
2008	Qualifiers
2010	Qualifiers
2012	Qualifiers
2013	Qualifiers
2015	Banned
2017	Qualifiers
2019	Qualifiers
2021	Final Tournament (Qualified)

FIFA WORLD CUP	
1930	Did not enter
1934	Did not enter
1938	Did not enter
1950	Did not enter
1954	Did not enter
1958	Did not enter
1962	Did not enter
1966	Did not enter
1970	Did not enter
1974	Did not enter
1978	Did not enter
1982	Qualifiers
1986	Qualifiers
1990	Did not enter
1994	Withdrew
1998	Qualifiers
2002	Qualifiers
2006	Qualifiers
2010	Qualifiers
2014	Qualifiers
2018	Qualifiers

OLYMPIC FOOTBALL TOURNAMENTS 1908-2020

1908	-	1952	-	1976	Qualifiers	2000	Did not enter
1912	-	1956	-	1980	Did not enter	2004	Qualifiers
1920	-	1960	-	1984	Qualifiers	2008	Qualifiers
1924	-	1964	-	1988	Withdrew	2012	Withdrew
1928	-	1968	-	1992	Withdrew	2016	Did not enter
1936	-	1972	-	1996	Did not enter	2020	Withdrew
1948	-						

F.I.F.A. CONFEDERATIONS CUP 1992-2017
None

AFRICAN GAMES 1965-2019
1973

COPA „AMILCAR CABRAL" 1979-2007
1979, 1980 (Runners-up), 1981, 1982, 1983, 1984, 1985 (Runners-up), 1986, 1988, 1991, 1993 (3rd place), 1995, 1997, 2000, 2001 (Runners-up), 2005, 2007

CEDEAO (Communauté Economique Des Etats de l'Afrique de l'Ouest) CUP 1977-1991
1983

AFRICAN NATIONS CHAMPIONSHIP 2009-2020
2009 (Qualifiers), 2016 (Qualifiers), 2018 (Qualifiers), 2020 (Did not enter)

WEST AFRICAN NATIONS CUP 2010-2019
2017 (1st Round), 2019

GAMBIAN CLUB HONOURS IN ASIAN CLUB COMPETITIONS:

CAF Champions League 1964-2021
None

CAF Confederation Cup 2004-2021
None

CAF Super Cup 1993-2021
None

*African Cup Winners' Cup 1975-2003**
None

*CAF Cup 1992-2003**
None

*defunct competitions

NATIONAL COMPETITIONS
TABLE OF HONOURS

	CHAMPIONS	CUP WINNERS
1968/1969	-	Real de Banjul FC
1969/1970	Wallidan FC Banjul	*Not known*
1970/1971	Wallidan FC Banjul	*Not known*
1971/1972	*Not known*	*Not known*
1972/1973	Gambia Ports Authority FC Banjul	*Not known*
1973/1974	Wallidan FC Banjul	*Not known*
1974/1975	Real de Banjul FC	Gambia Ports Authority FC Banjul
1975/1976	Wallidan FC Banjul	Wallidan FC Banjul
1976/1977	Wallidan FC Banjul	*No competition*
1977/1978	Real de Banjul FC	Wallidan FC Banjul
1978/1979	Wallidan FC Banjul	Dingareh
1979/1980	Starlight Banjul	*No competition*
1980/1981	Starlight Banjul	Wallidan FC Banjul
1981/1982	Gambia Ports Authority FC Banjul	Starlight Banjul
1982/1983	Real de Banjul FC	Banjul Hawks FC
1983/1984	Gambia Ports Authority FC Banjul	Wallidan FC Banjul
1984/1985	Wallidan FC Banjul	Starlight Banjul
1985/1986	*Not known*	Wallidan FC Banjul
1986/1987	*Not known*	Wallidan FC Banjul
1987/1988	Wallidan FC Banjul	*No competition*
1988/1989	*Not finished*	*No competition*
1989/1990	*Not known*	*No competition*
1990/1991	*No competition*	Wallidan FC Banjul
1991/1992	Wallidan FC Banjul	*No competition*
1992/1993	Banjul Hawks FC	Wallidan FC Banjul
1993/1994	Real de Banjul FC	*No competition*
1994/1995	Wallidan FC Banjul	Mass Sosseh
1995/1996	Banjul Hawks FC	Wallidan FC Banjul
1996/1997	Real de Banjul FC	Real de Banjul FC
1997/1998	Real de Banjul FC	Wallidan FC Banjul
1998/1999	Gambia Ports Authority FC Banjul	Wallidan FC Banjul
1999/2000	Real de Banjul FC	Steve Biko Bakau
2000/2001	Wallidan FC Banjul	Wallidan FC Banjul
2001/2002	Wallidan FC Banjul	Wallidan FC Banjul
2002/2003	Armed Forces FC Banjul	Wallidan FC Banjul
2003/2004	Wallidan FC Banjul	Wallidan FC Banjul
2005	Wallidan FC Banjul	Bakau United
2006	Gambia Ports Authority FC Banjul	Banjul Hawks FC
2007	Real de Banjul FC	Gambia Ports Authority FC Banjul
2008	Wallidan FC Banjul	Wallidan FC Banjul
2009	Armed Forces FC Banjul	Young Africans Banjul
2010	Gambia Ports Authority FC Banjul	GAMTEL FC Banjul
2011	Brikama United FC	GAMTEL FC Banjul
2012	Real de Banjul FC	GAMTEL FC Banjul
2013	Steve Biko FC Bakau	GAMTEL FC Banjul
2014	Real de Banjul FC	Banjul United FC
2014/2015	GAMTEL FC Banjul	Wallidan FC Banjul

2015/2016	Gambia Ports Authority FC Banjul	Brikama United FC
2016/2017	Armed Forces FC Banjul	Banjul Hawks FC
2017/2018	GAMTEL FC Banjul	Armed Forces FC Banjul
2018/2019	Brikama United FC	Real de Banjul FC
2019/2020	*Championship cancelled*	*Competition cancelled*
2021	Fortune Farato FC	*No competition*

NATIONAL CHAMPIONSHIP
GFA League First Division 2021

1. **Fortune Farato FC**	26	12	11	3	25	-	13	47
2. Elite United FC Banjul	26	10	12	4	33	-	23	42
3. Real de Banjul FC	26	11	9	6	25	-	19	42
4. Wallidan FC Bakau	26	10	11	5	36	-	27	41
5. Waa Banjul FC	26	9	11	6	14	-	11	38
6. Gambia Ports Authority FC Banjul	26	8	12	6	33	-	24	36
7. Gambia Armed Forces FC Banjul	26	9	7	10	36	-	40	34
8. Brikama United FC	26	8	9	9	30	-	31	33
9. Marimoo FC Manjai	26	8	7	11	25	-	28	31
10. GAMTEL FC Banjul	26	8	7	11	23	-	29	31
11. Banjul United FC	26	5	13	8	16	-	23	28
12. Banjul Hawks FC	26	5	11	10	25	-	29	26
13. Bakau Katchikally Milan FC (*Relegated*)	26	6	8	12	21	-	32	26
14. Tallinding United FC (*Relegated*)	26	3	12	11	16	-	29	21

Promoted for the 2022 season:

Falcons FC Abuko, Samger FC Kanifing, Steve Biko FC Bakau, Team Rhino FC Manjai (next season will be played with 16 teams).

THE CLUBS

BRIKAMA UNITED FOOTBALL CLUB
Stadium: Box Bar Mini Stadium, Brikama (10,000)

BANJUL HAWKS FOOTBALL CLUB
Year of Formation: 1974
Stadium: Serrekunda East Stadium, Banjul (10,000)

GAMBIA PORTS AUTHORITY FOOTBALL CLUB BANJUL
Year of Formation: 1973
Stadium: Serrekunda East Stadium, Banjul (10,000)

GAMTEL FOOTBALL CLUB BANJUL
Stadium: Serrekunda East Stadium, Banjul (10,000)

REAL DE BANJUL FOOTBALL CLUB
Year of Formation: 1966
Stadium: Serrekunda East Stadium, Banjul (10,000)

NATIONAL TEAM
INTERNATIONAL MATCHES 2021

25.03.2021	Bakau	Gambia - Angola	1-0(0-0)	(ACNQ)
29.03.2021	Kinshasa	D.R. Congo - Gambia	1-0(1-0)	(ACNQ)
05.06.2021	Manavgat	Niger - Gambia	0-2(0-1)	(F)
08.06.2021	Manavgat	Gambia - Togo	1-0(0-0)	(F)
11.06.2021	Manavgat	Kosovo - Gambia	1-0(0-0)	(F)
09.10.2021	El Jadida	Gambia - Sierra Leone	1-2(1-2)	(F)
12.10.2021	El Jadida	Gambia - South Sudan	2-1(2-0)	(F)
16.11.2021	Abu Dhabi	New Zealand - Gambia	2-0(1-0)	(F)

25.03.2021, 33rd African Cup of Nations, Qualifiers
Independence Stadium, Bakau; Attendance: 0
Referee: Adissa Abdul Ligali (Benin)
GAMBIA - ANGOLA **1-0(0-0)**
GAM: Alagie Modou Jobe, Noah Sonko Sundberg (84.Dawda Ngum), Bubacarr Sanneh, Mohammed Jallow Mbye, Sulayman Marreh (74.Maudo Lamine Jarjué), Pa Modou Jagne, Omar Colley, Alasana Manneh (46.Bubacarr Steve Trawally), Abdoulie Jallow, Assan Ceesay, Musa Barrow (81.Abdoulie Sanyang). Trainer: Tom Saintfliet (Belgium).
Goal: Assan Ceesay (62).

29.03.2021, 33rd African Cup of Nations, Qualifiers
Stade des Martyrs, Kinshasa; Attendance: 0
Referee: Amin Mohamed Omar (Egypt)
D.R. CONGO - GAMBIA **1-0(1-0)**
GAM: Sheikh Sibi, Bubacarr Sanneh, Mohammed Jallow Mbye, Maudo Lamine Jarjué, Omar Colley, Yusupha Bobb (61.Bubacarr Jobe), Bubacarr Steve Trawally (61.Musa Barrow), Dawda Ngum, Lamin Jallow (46.Alasana Manneh), Abdoulie Sanyang (46.Assan Ceesay), Nuha Marong Krubally (73.Muhammed Badamosi). Trainer: Tom Saintfliet (Belgium).

05.06.2021, Friendly International
„Arslan Zeki Demirci" Spor Kompleksi, Manavgat (Turkey); Attendance: 0
Referee: Abdulkadir Bitigen (Turkey)
NIGER - GAMBIA **0-2(0-1)**
GAM: Baboucarr Gaye, Bubacarr Sanneh, Robin Utseth Bjørnholm-Jatta, Sulayman Marreh (81.Mohammed Jallow Mbye), Leon Guwara, Omar Colley, Ebrima Darboe (71.Yusupha Bobb), Ebrima Colley (71.Musa Juwara), Musa Barrow (89.Omar Gaye), Abdoulie Jallow (89.Yusupha Njie), Assan Ceesay (81.Muhammed Badamosi). Trainer: Tom Saintfliet (Belgium).
Goals: Abdoulie Jallow (27), Muhammed Badamosi (90).

08.06.2021, Friendly International
„Arslan Zeki Demirci" Spor Kompleksi, Manavgat (Turkey); Attendance: 0
Referee: n/a
GAMBIA - TOGO **1-0(0-0)**
GAM: Baboucarr Gaye, Muhammed Sanneh, Bubacarr Sanneh, Mohammed Jallow Mbye, James Gomez, Omar Gaye (78.Leon Guwara), Yusupha Bobb, Nuha Marong Krubally (57.Musa Barrow), Yusupha Njie (78.Ebrima Darboe), Aboubakary Kanté (57.Assan Ceesay), Musa Juwara (57.Muhammed Badamosi). Trainer: Tom Saintfliet (Belgium).
Goal: James Gomez (74).

11.06.2021, Friendly International
„Arslan Zeki Demirci" Spor Kompleksi, Manavgat (Turkey); Attendance: 0
Referee: Arda Kardeşler (Turkey)
KOSOVO - GAMBIA **1-0(0-0)**
GAM: Sheikh Sibi, Robin Utseth Bjørnholm-Jatta (84.Muhammed Sanneh), Omar Colley, Bubacarr Sanneh (75.James Gomez), Omar Gaye, Sulayman Marreh, Yusupha Bobb (84.Yusupha Njie), Aboubakary Kanté (46.Ebrima Darboe), Musa Juwara (46.Abdoulie Jallow), Assan Ceesay (66.Muhammed Badamosi), Musa Barrow. Trainer: Tom Saintfliet (Belgium).

09.10.2021, Friendly International
Stade El Abdi, El Jadida (Morocco); Attendance: 0
Referee: n/a
GAMBIA - SIERRA LEONE **1-2(1-2)**
GAM: Baboucarr Gaye, Saidy Janko, Noah Sonko Sundberg, Omar Colley, Ibou Touray (69.Leon Guwara), Ebrima Darboe, Sulayman Marreh [*sent off 90+2 on the bench*] (82.Yusupha Bobb), Abdoulie Jallow (62.Modou Secka Barrow), Assan Ceesay (69.Dembo Darboe), Lamin Jallow (62.Musa Barrow), Bubacarr Steve Trawally (77.Bubacarr Jobe). Trainer: Tom Saintfliet (Belgium).
Goal: Assan Ceesay (22 penalty).

12.10.2021, Friendly International
Stade El Abdi, El Jadida (Morocco); Attendance: 0
Referee: n/a
GAMBIA - SOUTH SUDAN **2-1(2-0)**
GAM: Sibi Sheikh, Saidy Janko, Omar Colley, James Gomez, Leon Guwara, Ebrima Darboe (68.Dawda Ngum), Yusupha Bobb, Ebou Adams, Abdoulie Jallow (60.Lamin Jallow), Modou Secka Barrow (60.Bubacarr Steve Trawally), Assan Ceesay (77.Muhammed Badammosi). Trainer: Tom Saintfliet (Belgium).
Goals: Assan Ceesay (24 penalty, 33 penalty).

16.11.2021, Friendly International
Zayed Sports City Stadium, Abu Dhabi (United Arab Emirates); Attendance: 0
Referee: Sultan Mohamed Saleh Yousif Al Hammadi (United Arab Emirates)
NEW ZEALAND - GAMBIA **2-0(1-0)**
GAM: Baboucarr Gaye, Saidy Janko, James Gomez, Omar Colley, Noah Sonko Sundberg (74.Lamin Jallow), Ibou Touray (89.Leon Guwara), Ebrima Darboe (46.Mohammed Jallow Mbye), Yusupha Bobb (74.Bubacarr Steve Trawally), Dembo Darboe, Abdoulie Jallow, Musa Barrow. Trainer: Tom Saintfliet (Belgium).

NATIONAL TEAM PLAYERS 2021		
Name	DOB	Club
Goalkeepers		
Baboucarr GAYE	24.02.1998	*FC Rot-Weiß Koblenz (GER)*
Alagie Modou JOBE	27.10.1988	*ASEC Ndiambour Louga (SEN)*
Sheikh SIBI	21.02.1998	*Virtus Verona (ITA)*

Defenders

Robin Utseth BJØRNHOLM-JATTA	27.01.1994	*IL Stjørdals Blink (NOR)*
Omar COLLEY	24.10.1992	*Sampdoria UC Genova (ITA)*
Omar GAYE	18.09.1998	*FC Milsami Orhei (MDA)*
James GOMEZ	14.11.2001	*AC Horsens (DEN)*
Leon GUWARA	28.06.1996	*VVV-Venlo (NED); 01.07.2021-> SSV Jahn Regensburg (GER)*
Saidy JANKO	22.10.1995	*Real Valladolid CF (ESP)*
Maudo Lamine JARJUÉ	30.09.1997	*IF Elfsborg Borås (SWE)*
Mohammed Jallow MBYE	18.06.1989	*Sölvesborgs GoIF (SWE)*
Bubacarr SANNEH	14.11.1994	*AGF Aarhus (DEN)*
Muhammed SANNEH	19.02.2000	*FC Baník Ostrava (CZE)*
Noah Sonko SUNDBERG	06.06.1996	*Östersunds FK (SWE)*
Ibou TOURAY	24.12.1994	*Salford City FC (ENG)*

Midfielders

Ebou ADAMS	15.01.1996	*Forest Green Rovers FC (ENG)*
Modou Secka BARROW	13.10.1992	*Jeonbuk Hyundai Motors FC (KOR)*
Yusupha BOBB	22.06.1996	*US Livorno 1915 (ITA); 23.07.2021-> Piacenza Calcio 1919 (ITA)*
Ebrima COLLEY	01.02.2000	*Hellas Verona FC (ITA)*
Ebrima DARBOE	06.06.2001	*AS Roma (ITA)*
Pa Modou JAGNE	26.12.1989	*FC Dietikon (SUI)*
Bubacarr JOBE	21.11.1994	*Norrby IF (SWE)*
Alasana MANNEH	08.04.1998	*KS Górnik Zabrze (POL)*
Sulayman MARREH	15.01.1996	*KAA Gent (BEL)*
Dawda NGUM	02.09.1990	*Brønshøj BK (DEN)*
Yusupha NJIE	03.01.1994	*Boavista FC Porto (POR)*
Bubacarr Steve TRAWALLY	10.11.1994	*Ajman Club (UAE)*

Forwards

Muhammed BADAMOSI	27.12.1998	*KV Kortrijk (BEL)*
Musa BARROW	14.11.1998	*Bologna FC 1909 (ITA)*
Assan CEESAY	17.03.1994	*FC Zürich (SUI)*
Abdoulie JALLOW	14.11.1998	*RFC Seraing (BEL)*
Lamin JALLOW	18.12.1995	*LR Vicenza (ITA); 12.08.2021-> Fehérvár FC Székesfehérvár (HUN)*
Musa JUWARA	26.12.2001	*Bologna FC 1909 (ITA)*
Aboubakary KANTÉ	11.08.1994	*CF Fuenlabrada (ESP)*
Nuha MARONG Krubally	16.06.1993	*Club Recreativo Granada (ESP)*
Abdoulie SANYANG	08.05.1999	*K Beerschot VA (BEL)*

National coaches

Tom SAINTFLIET (Belgium) [from 18.07.2018]		29.03.1973

GHANA

Ghana Football Association
General Secretariat,
South East Ridge,
PO Box AN 19338, Accra
Year of Formation: 1957
Member of FIFA since: 1958
Member of CAF since: 1960
www.ghanafa.org

First international match:
28.05.1950, Accra:
Gold Coast - Nigeria 1-0

Most international caps:
Asamoah Gyan
109 caps (since 2003)

Most international goals:
Asamoah Gyan
51 goals / 109 caps (since 2003)

AFRICAN CUP OF NATIONS	
1957	Did not enter
1959	Did not enter
1962	Qualifiers
1963	**Final Tournament (Winners)**
1965	**Final Tournament (Winners)**
1968	Final Tournament (Runners-up)
1970	Final Tournament (Runners-up)
1972	Qualifiers
1974	Qualifiers
1976	Qualifiers
1978	**Final Tournament (Winners)**
1980	Final Tournament (Group Stage)
1982	**Final Tournament (Winners)**
1984	Final Tournament (Group Stage)
1986	Qualifiers
1988	Qualifiers
1990	Qualifiers
1992	Final Tournament (Runners-up)
1994	Final Tournament (Quarter-Finals)
1996	Final Tournament (4th place)
1998	Final Tournament (Group Stage)
2000	Final Tournament (Quarter-Finals)
2002	Final Tournament (Quarter-Finals)
2004	Qualifiers
2006	Final Tournament (Group Stage)
2008	Final Tournament (3rd place)
2010	Final Tournament (Runners-up)
2012	Final Tournament (4th place)
2013	Final Tournament (4th place)
2015	Final Tournament (Runners-up)
2017	Final Tournament (4th place)
2019	Final Tournament (2nd Round of 16)
2021	*Final Tournament (Qualified)*

FIFA WORLD CUP	
1930	Did not enter
1934	Did not enter
1938	Did not enter
1950	Did not enter
1954	Did not enter
1958	Did not enter
1962	Qualifiers
1966	Withdrew
1970	Qualifiers
1974	Qualifiers
1978	Qualifiers
1982	Withdrew
1986	Qualifiers
1990	Qualifiers
1994	Qualifiers
1998	Qualifiers
2002	Qualifiers
2006	Final Tournament (2nd Round of 16)
2010	Final Tournament (Quarter-Finals)
2014	Final Tournament (Group Stage)
2018	Qualifiers

OLYMPIC FOOTBALL TOURNAMENTS 1908-2020							
1908	-	1952	-	1976	FT/Withdrew	2000	Qualifiers
1912	-	1956	-	1980	Qualifiers	2004	Group Stage
1920	-	1960	Qualifiers-	1984	Qualifiers	2008	Qualifiers
1924	-	1964	Quarter-Finals	1988	Qualifiers	2012	Qualifiers
1928	-	1968	Group Stage	1992	3rd place	2016	Qualifiers
1936	-	1972	Group Stage	1996	Quarter-Finals	2020	Qualifiers
1948	-						

F.I.F.A. CONFEDERATIONS CUP 1992-2017
None

AFRICAN GAMES 1965-2019
1965, 1973, 1978 (3rd place), 1987, 1995, 1999, 2003 (3rd place), 2007, **2011 (Winners)**, 2015, 2019 (Group Stage)
COPA „AMILCAR CABRAL" 1979-2007
1993 (hors concours)
CSSA 1982-1987/WAFU 2005/UEMOA 2007-2009
1982 (Winners), 1983 (Winners), 1984 (Winners), 1986 (Winners), 1987 (Winners)
CEDEAO (Communauté Economique Des Etats de l'Afrique de l'Ouest) CUP 1977-1991
1990, 1991 (3rd place)
COSAFA (Confederation of Southern African Football Associations) CUP 1997-2021
2015 (invited, Quarter-Finals)
CSSA CUP 1982-1987/UEMOA TOURNAMENT 2007-2016
1982 (Winners), 1983 (Winners), 1984 (Winners), 1986 (Winners), 1987 (Winners)
AFRICAN NATIONS CHAMPIONSHIP 2009-2020
2009 (Runners-up), 2011 (Group Stage), 2014 (Runners-up), 2016 (Qualifiers), 2018 (Qualifiers), 2020 (Qualifiers)
WEST AFRICAN NATIONS CUP 2010-2019
2010 (3rd Place), 2011 (4th Place), **2013 (Winners)**, **2017 (Winners)**, 2019 (Runners-up)

GHANAIAN CLUB HONOURS IN ASIAN CLUB COMPETITIONS:
CAF Champions League 1964-2021
Asante Kotoko FC Kumasi (1970, 1983)
Hearts of Oak SC Accra (2000)
CAF Confederation Cup 2004-2021
Hearts of Oak SC Accra (2004)
CAF Super Cup 1993-2021
Hearts of Oak SC Accra (2000/2001)
African Cup Winners' Cup 1975-2003*
None
CAF Cup 1992-2003*
None

*defunct competitions

NATIONAL COMPETITIONS
TABLE OF HONOURS

	CHAMPIONS	CUP WINNERS
1956	Hearts of Oak SC Accra	-
1957	*No competition*	-
1958	Hearts of Oak SC Accra	Asante Kotoko FC Kumasi
1959	Asante Kotoko FC Kumasi	Cornerstones Kumasi
1960	Eleven Wise Sekondi-Takoradi	Asante Kotoko FC Kumasi
1961/1962	Hearts of Oak SC Accra	Real Republicans FC Accra
1962/1963	Real Republicans FC Accra	Real Republicans FC Accra
1963/1964	Asante Kotoko FC Kumasi	Real Republicans FC Accra
1964/1965	Asante Kotoko FC Kumasi	Real Republicans FC Accra
1966	Mysterious Dwarfs Cape Coast	*No competition*
1967	Asante Kotoko FC Kumasi	*No competition*
1968	Asante Kotoko FC Kumasi	Mysterious Dwarfs Cape Coast
1969	Asante Kotoko FC Kumasi	*No competition*
1970	Great Olympics Accra	*No competition*
1971	Hearts of Oak SC Accra	*No competition*
1972	Asante Kotoko FC Kumasi	*No competition*
1973	Hearts of Oak SC Accra	Hearts of Oak SC Accra
1974	Great Olympics Accra	Hearts of Oak SC Accra
1975	Asante Kotoko FC Kumasi	Great Olympics Accra
1976	Hearts of Oak SC Accra	Asante Kotoko FC Kumasi
1977	Sekondi Hasaacas FC Sekondi-Takoradi	*No competition*
1978	Hearts of Oak SC Accra	Asante Kotoko FC Kumasi
1979	Hearts of Oak SC Accra	Hearts of Oak SC Accra
1980	Asante Kotoko FC Kumasi	*No competition*
1981	Asante Kotoko FC Kumasi	Hearts of Oak SC Accra
1982	Asante Kotoko FC Kumasi	Eleven Wise FC Sekondi-Takoradi
1983	Asante Kotoko FC Kumasi	Great Olympics Accra
1984	Hearts of Oak SC Accra	Asante Kotoko FC Kumasi
1985	Hearts of Oak SC Accra	Sekondi Hasaacas FC Sekondi-Takoradi
1986	Asante Kotoko FC Kumasi	Okwahu United Nkawkaw
1987	Asante Kotoko FC Kumasi	*No competition*
1988/1989	Asante Kotoko FC Kumasi	Hearts of Oak SC Accra
1989/1990	Hearts of Oak SC Accra	Asante Kotoko FC Kumasi
1990/1991	Asante Kotoko FC Kumasi	*No competition*
1991/1992	Asante Kotoko FC Kumasi	Voradep Ho
1992/1993	Asante Kotoko FC Kumasi	Ashanti Gold SC Obuasi
1993/1994	Goldfields SC Obuasi	Hearts of Oak SC Accra
1994/1995	Goldfields SC Obuasi	Great Olympics Accra
1995/1996	Goldfields SC Obuasi	Hearts of Oak SC Accra
1996/1997	Hearts of Oak SC Accra	Ghapoha Tema
1997/1998	Hearts of Oak SC Accra	Asante Kotoko FC Kumasi
1999	Hearts of Oak SC Accra	Hearts of Oak SC Accra
2000	Hearts of Oak SC Accra	Hearts of Oak SC Accra
2001	Hearts of Oak SC Accra	Asante Kotoko FC Kumasi
2002	Hearts of Oak SC Accra	-
2003	Asante Kotoko FC Kumasi	-
2004/2005	Hearts of Oak SC Accra	-

2005/2006	Hearts of Oak SC Accra	-
2006/2007	Hearts of Oak SC Accra	-
2007/2008	Asante Kotoko FC Kumasi	-
2008/2009	Hearts of Oak SC Accra	-
2009/2010	Aduana Stars FC Dormaa Ahenkro	-
2010/2011	Berekum Chelsea FC	Nania FC Accra
2011/2012	Asante Kotoko FC Kumasi	New Edubiase United FC
2012/2013	Asante Kotoko FC Kumasi	Medeama Sporting Club Tarkwa
2013/2014	Asante Kotoko FC Kumasi	Asante Kotoko FC Kumasi
2015	Ashanti Gold SC Obuasi	Medeama Sporting Club Tarkwa
2016	All Stars FC Wa	Bechem United FC
2017	Aduana Stars FC Dormaa Ahenkro	Asante Kotoko FC Kumasi
2018	*Championship abandoned*	*Competition abandoned*
2019	Asante Kotoko FC Kumasi	*Not held*
2019/2020	*Championship cancelled*	*Competition cancelled*
2020/2021	Hearts of Oak SC Accra	Hearts of Oak SC Accra

OTHER GHANAIAN CUP COMPETITIONS WINNERS:

SWAG (Sportswriters Association of Ghana) Cup
1972: Mysterious Dwarfs Cape Coast; 1973: Hearts of Oak SC Accra; 1974: Hearts of Oak SC Accra & Tano Bafoakwa Sunyani; 1975: Tano Bafoakwa Sunyani; 1976: Dumfrom GTP Tema; 1977: Hearts of Oak SC Accra & Dumfrom GTP Tema; 1978: Hearts of Oak SC Accra; 1979: Hearts of Oak SC Accra; 1980: Eleven Wise FC Sekondi-Takoradi; 1981: Asante Kotoko FC Kumasi; 1982: Sekondi Hasaacas FC Sekondi-Takoradi; 1983: Sekondi Hasaacas FC Sekondi-Takoradi; 1984: Hearts of Oak SC Accra; 1985: Hearts of Oak SC Accra; 1986: Asante Kotoko FC Kumasi; 1987: Okwahu United Nkawkaw; 1988: Asante Kotoko FC Kumasi; 1989: Asante Kotoko FC Kumasi; 1990: Asante Kotoko FC Kumasi; 1991: Asante Kotoko FC Kumasi; 1992: Asante Kotoko FC Kumasi; 1993: Asante Kotoko FC Kumasi; 1994/95: Goldfields SC Obuasi; 1995/96: Goldfields SC Obuasi; 1996/97: *No competition;* 1997/98: All Blacks Swedru; 1998: Asante Kotoko FC Kumasi & All Blacks Swedru; 1999: *No competition*; 2000: *No competition;* 2001: Asante Kotoko FC Kumasi; 2002: *No competition;* 2003: Asante Kotoko FC Kumasi; 2004: *Not known;* 2005: Asante Kotoko FC Kumasi; 2006: Ashanti Gold SC Obuasi; 2007: Liberty Professionals FC Accra; 2008: Asante Kotoko FC Kumasi; 2009: Heart of Lions FC Kpandu; 2010: Ashanti Gold SC Obuasi.

GHALCA President's Republic Day Cup
2004: Real Tamale United; 2009: Hearts of Oak SC Accra.

Coca Cola Top Four Cup
2002: Hearts of Oak SC Accra; 2003: Asante Kotoko FC Kumasi; 2004: King Faisal Babes Kumasi; 2005: Heart of Lions FC Kpandu; 2006: Hearts of Oak SC Accra; 2007: Asante Kotoko FC Kumasi; 2008: Liberty Professionals FC Accra; 2009: Heart of Lions FC Kpandu.

NATIONAL CHAMPIONSHIP
First Capital Plus Bank Premier League 2020/2021

#	Club	P	W	D	L	GF	-	GA	Pts
1.	Hearts of Oak SC Accra	34	17	10	7	45	-	23	61
2.	Asante Kotoko FC Kumasi	34	15	12	7	37	-	22	57
3.	West Africa Football Academy SC Sogakope	34	16	8	10	46	-	38	56
4.	Aduana Stars FC Dormaa Ahenkro	34	16	7	11	44	-	42	55
5.	Medeama Sporting Club Tarkwa	34	15	9	10	38	-	34	54
6.	Accra Great Olympics FC	34	15	7	12	37	-	33	52
7.	Dreams FC Dawu	34	13	10	11	45	-	35	49
8.	Karela United FC Aiyinase	34	12	10	12	42	-	41	46
9.	Ashanti Gold SC Obuasi	34	11	12	11	50	-	36	45
10.	Berekum Chelsea FC	34	12	7	15	38	-	46	43
11.	Bechem United FC	34	11	9	14	38	-	47	42
12.	Techiman Eleven Wonders FC	34	11	9	14	33	-	38	42
13.	Legon Cities FC Accra	34	11	9	14	34	-	35	42
14.	King Faisal Babes FC Kumasi	34	10	11	13	32	-	45	41
15.	Elmina Sharks FC	34	10	11	13	34	-	45	41
16.	Cape Coast Mysterious Ebusua Dwarfs FC (*Relegated*)	34	12	8	14	40	-	44	41
17.	Liberty Professionals FC Accra (*Relegated*)	34	10	10	14	33	-	45	40
18.	International Allies FC Accra (*Relegated*)	34	7	5	22	28	-	45	26

Best goalscorer 2020/2021:
Diawisie Taylor (Karela United FC Aiyinase) – 18 goals

Promoted for the 2021/2022 season:
Bibiani Gold Stars FC, Accra Lions FC, Real Tamale United

NATIONAL CUP
Final 2020/2021

08.08.2021, Accra Sports Stadium, Accra; Attendance: 0
Referee: Daniel Laryeah
Hearts of Oak SC Accra - Ashanti Gold SC Obuasi   0-0 aet; 8-7 pen
Penalties: Abdul Fatawu Mohammed, Emmanuel Nettey, Caleb Amankwah (missed), Robert Addo Sowah, Daniel Afriyie Barnieh (missed), Mohammed Alhassan, Victor Kweku Aidoo, Raddy Ovouka Machel, Salifu Ibrahim, Benjamin Afutu Kotey (missed), Richard Attah / Amos Addai (missed), Empem Dacosta, David Sandan Abagna (missed), Stephen Owusu Banahene, Frank Akoto, Yaw Annor, Isaac Opoku Agyemang, Amos Kofi Nkrumah, Richard Osei Agyemang, Seth Osei (missed), Kofi Mensah (missed).

THE CLUBS

ADUANA STARS FOOTBALL CLUB DORMAA AHENKRO
Year of Formation: 1985
Stadium: „Agyeman Badu" Stadium, Dormaa Ahenkro (5,000)

ASANTE KOTOKO FOOTBALL CLUB KUMASI)
Year of Formation: 1935
Stadium: „Baba Yara" Stadium, Kumasi (40,528)

ASHANTI GOLD SPORT CLUB OBUASI
Year of Formation: 1978
Stadium: „Len Clay" Stadium, Obuasi, Accra (20,000)

BECHEM UNITED FOOTBALL CLUB
Year of Formation: 1966
Stadium: "Nana Gyeabourg's" Park, Bechem (5,000)

BEREKUM CHELSEA FOOTBALL CLUB
Year of Formation: 2000
Stadium: Berekum Sports Stadium, Berekum (5,000)

DREAMS FOOTBALL CLUB DAWU
Year of Formation: 2009
Stadium: Theatre of Dreams Sports Stadium, Accra (5,000)

CAPE COAST MYSTERIOUS EBUSUA DWARFS FOOTBALL CLUB
Year of Formation: 1932
Stadium: New Cape Coast Sports Stadium, Cape Coast (15,000)

ELMINA SHARKS FOOTBALL CLUB
Year of Formation: 1999
Stadium: Paa Kwesi Nduom Sports Stadium, Elmina (25,000)

ACCRA GREAT OLYMPICS FOOTBALL CLUB
Year of Formation: 1954
Stadium: Accra Sports Stadium, Accra (40,000)

HEARTS OF OAK SPORTING CLUB ACCRA
Year of Formation: 1911
Stadium: Accra Sports Stadium, Accra (40,000)

INTERNATIONAL ALLIES FOOTBALL CLUB ACCRA
Year of Formation: 1996
Stadium: El Wak Stadium, Accra (7,000)

KARELA UNITED FOOTBALL CLUB AIYINASE
Year of Formation: 2013
Stadium: Crosby Awuah Memorial Park, Aiyinase (5,000)

KING FAISAL BABES FOOTBALL CLUB KUMASI
Year of Formation: n/a
Stadium: „Baba Yara" Stadium, Kumasi (40,528)

LEGON CITIES FOOTBALL CLUB ACCRA
Year of Formation: 2006
Stadium: Accra Sports Stadium, Accra (40,000)

LIBERTY PROFESSIONALS FOOTBALL CLUB ACCRA
Year of Formation: 1996
Stadium: "Carl Reindorf" Park, Accra (2,000)

MEDEAMA SPORTING CLUB TARKWA
Year of Formation: 2002
Stadium: TNA Park, Tarkwa (12,000)

TECHIMAN ELEVEN WONDERS FOOTBALL CLUB
Year of Formation: n/a
Stadium: Ohene Ameyaw Park, Techiman (2,000)

WEST AFRICA FOOTBALL ACADEMY SPORTING CLUB SOGAKOPE
Year of Formation: 1999
Stadium: Red Bull Stadium, Sogakope (1,000)

NATIONAL TEAM INTERNATIONAL MATCHES 2021

25.03.2021	Johannesburg	South Africa - Ghana	1-1(0-0)	(ACNQ)
28.03.2021	Cape Coast	Ghana - São Tomé and Príncipe	3-1(2-0)	(ACNQ)
08.06.2021	Rabat	Morocco - Ghana	1-0(0-0)	(F)
12.06.2021	Cape Coast	Ghana - Ivory Coast	0-0	(F)
03.09.2021	Cape Coast	Ghana - Ethiopia	1-0(1-0)	(WCQ)
06.09.2021	Johannesburg	South Africa - Ghana	1-0(0-0)	(WCQ)
09.10.2021	Cape Coast	Ghana - Zimbabwe	3-1(1-0)	(WCQ)
12.10.2021	Harare	Zimbabwe - Ghana	0-1(0-1)	(WCQ)
11.11.2021	Johannesburg	Ethiopia - Ghana	1-1(0-1)	(WCQ)
14.11.2021	Cape Coast	Ghana - South Africa	1-0(1-0)	(WCQ)

25.03.2021, 33rd African Cup of Nations, Qualifiers
FNB Stadium, Johannesburg; Attendance: 0
Referee: Bamlak Tessema Weyesa (Ethiopia)
SOUTH AFRICA - GHANA **1-1(0-0)**
GHA: Razak Abalora, Benson Anang, Ismail-Abdul Ganiyu, Nicholas Opoku, Baba Abdul Rahman, Mubarak Wakaso, Ebenezer Afriyie Acquah, Caleb Ansah Ekuban (73.Emmanuel Addoquaye Lomotey), Mohammed Kudus, Emanuel Quartsin Gyasi (90.Emmanuel Okyere Boateng), Kwame Opoku (46.Osman Bukari). Trainer: Charles Kwabla Akonnor.
Goal: Mohammed Kudus (49).

28.03.2021, 33rd African Cup of Nations, Qualifiers
Cape Coast Sports Stadium, Cape Coast; Attendance: 0
Referee: Souleiman Ahmed Djama (Djibouti)
GHANA - SÃO TOMÉ AND PRÍNCIPE **3-1(2-0)**
GHA: Razak Abalora, Benson Anang, Nicholas Opoku, Ismail-Abdul Ganiyu, Baba Abdul Rahman (70.Ibrahim Imoro), Mubarak Wakaso (79.Justice Blay), Thomas Teye Partey, Osman Bukari (46.Gladson Awako), Mohammed Kudus (79.Kwame Afriyie Adubofour Poku), André Morgan Rami Ayew, Jordan Pierre Ayew (70.Kwasi Wriedt). Trainer: Charles Kwabla Akonnor.
Goals: Nicholas Opoku (12), Jordan Pierre Ayew (31 penalty), Baba Abdul Rahman (60).

08.06.2021, Friendly International
Stade "Prince Moulay Abdellah", Rabat; Attendance: 0
Referee: Adalbert Diouf (Senegal)
MOROCCO - GHANA **1-0(0-0)**
GHA: Razak Abalora, Andrew Kyere Yiadom, Daniel Amartey, Nicholas Opoku (46.Alexander Djiku), Gideon Mensah, Iddrisu Baba Mohamed, Emmanuel Addoquaye Lomotey (90+1.Rashid Nortey), Samuel Kwame Owusu (85.Emanuel Quartsin Gyasi), Mohammed Kudus, Jordan Pierre Ayew, Joel Fameyeh (80.André Morgan Rami Ayew). Trainer: Charles Kwabla Akonnor.

12.06.2021, Friendly International
Cape Coast Sports Stadium, Cape Coast; Attendance: 0
Referee: Daouda Guèye (Senegal)
GHANA - IVORY COAST **0-0**
GHA: Lawrence Ati-Zigi, Andrew Kyere Yiadom, Daniel Amartey, Alexander Djiku (73.Ismail-Abdul Ganiyu), Baba Abdul Rahman, Iddrisu Baba Mohamed, Thomas Teye Partey, Mohammed Kudus, André Morgan Rami Ayew (73.Kwame Afriyie Adubofour Poku), Emanuel Quartsin Gyasi (62.Joel Fameyeh), Jordan Pierre Ayew. Trainer: Charles Kwabla Akonnor.

03.09.2021, 22nd FIFA World Cup Qualifiers, Second Round
Cape Coast Sports Stadium, Cape Coast; Attendance: 2,250
Referee: Redouane Jiyed (Morocco)
GHANA - ETHIOPIA **1-0(1-0)**
GHA: Richard Ofori Antwi, Andrew Kyere Yiadom, Daniel Amartey, Alexander Djiku, Baba Abdul Rahman, Mubarak Wakaso (70.Emmanuel Addoquaye Lomotey), Iddrisu Baba Mohamed, André Morgan Rami Ayew, Jeffrey Schlupp (28.Daniel-Kofi Kyereh), Kamaldeen Sulemana (70.Yaw Yeboah), Jordan Pierre Ayew (90.Joel Fameyeh). Trainer: Charles Kwabla Akonnor.
Goal: Mubarak Wakaso (35).

06.09.2021, 22nd FIFA World Cup Qualifiers, Second Round
FNB Stadium, Johannesburg; Attendance: 0
Referee: Derrick Kasokota Kafuli (Zambia)
SOUTH AFRICA - GHANA **1-0(0-0)**
GHA: Richard Ofori Antwi (78.Lawrence Ati-Zigi), Abdul Fatawu Mohammed, Jonathan Mensah, Alexander Djiku, Gideon Mensah, Mubarak Wakaso, Emmanuel Addoquaye Lomotey, Majeed Ashimeru (79.Iddrisu Baba Mohamed), Yaw Yeboah, André Morgan Rami Ayew (71.Samuel Kwame Owusu), Joel Fameyeh (60.Kwame Opoku). Trainer: Charles Kwabla Akonnor.

09.10.2021, 22nd FIFA World Cup Qualifiers, Second Round
Cape Coast Sports Stadium, Cape Coast; Attendance: 0
Referee: Pierre Atcho (Gabon)
GHANA - ZIMBABWE **3-1(1-0)**
GHA: Joseph Luke Wollacott, Daniel Amartey, Jonathan Mensah, Alexander Djiku, Baba Abdul Rahman, Abdul Fatawu Issahaku (60.Iddrisu Baba Mohamed), Thomas Teye Partey, Mohammed Kudus (90+2.Yaw Yeboah), Kamaldeen Sulemana (79.Daniel-Kofi Kyereh), André Morgan Rami Ayew (90+2.Samuel Kwame Owusu), Jordan Pierre Ayew (60.Benjamin Tetteh). Trainer: Milovan Rajevac (Serbia).
Goals: Mohammed Kudus (5), Thomas Teye Partey (66), André Morgan Rami Ayew (87).

12.10.2021, 22nd FIFA World Cup Qualifiers, Second Round
National Sports Stadium, Harare; Attendance: 0
Referee: Amin Mohamed Omar (Egypt)
ZIMBABWE - GHANA   **0-1(0-1)**
GHA: Joseph Luke Wollacott, Jonathan Mensah, Alexander Djiku (74.Joseph Aidoo), Daniel Amartey, Baba Abdul Rahman, Thomas Teye Partey, Iddrisu Baba Mohamed, Mohammed Kudus (86.André Morgan Rami Ayew), Kamaldeen Sulemana (60.Daniel-Kofi Kyereh), Jordan Pierre Ayew (86.Samuel Kwame Owusu), Benjamin Tetteh (87.Caleb Ansah Ekuban). Trainer: Milovan Rajevac (Serbia).
Goal: Thomas Teye Partey (31).

11.11.2021, 22nd FIFA World Cup Qualifiers, Second Round
Orlando Stadium, Johannesburg (South Africa); Attendance: 0
Referee: Blaise Yuven Ngwa (Cameroon)
ETHIOPIA - GHANA   **1-1(0-1)**
GHA: Joseph Luke Wollacott, Andrew Kyere Yiadom, Daniel Amartey, Joseph Aidoo, Baba Abdul Rahman, Mohammed Kudus, Iddrisu Baba Mohamed (82.Edmund Addo), André Morgan Rami Ayew (77.Abdul Fatawu Issahaku), Kamaldeen Sulemana (77.Daniel-Kofi Kyereh), Jordan Pierre Ayew (82.Caleb Ansah Ekuban), Richmond Yiadom Boakye (61.Mubarak Wakaso). Trainer: Milovan Rajevac (Serbia).
Goal: André Morgan Rami Ayew (22).

14.11.2021, 22nd FIFA World Cup Qualifiers, Second Round
Cape Coast Sports Stadium, Cape Coast; Attendance: 0
Referee: Maguette N'Diaye (Senegal)
GHANA - SOUTH AFRICA   **1-0(1-0)**
GHA: Joseph Luke Wollacott, Andrew Kyere Yiadom, Daniel Amartey, Alexander Djiku, Baba Abdul Rahman, Iddrisu Baba Mohamed, Mubarak Wakaso, Mohammed Kudus (12.Daniel-Kofi Kyereh), Kamaldeen Sulemana (87.Richmond Yiadom Boakye), André Morgan Rami Ayew, Jordan Pierre Ayew. Trainer: Milovan Rajevac (Serbia).
Goal: André Morgan Rami Ayew (33 penalty).

NATIONAL TEAM PLAYERS 2021		
Name	DOB	Club

Goalkeepers		
Razak ABALORA	04.09.1996	*Asante Kotoko FC Kumasi*
Lawrence ATI-ZIGI	29.11.1996	*FC St. Gallen (SUI)*
Richard OFORI Antwi	01.11.1993	*Orlando Pirates FC Johannesburg (RSA)*
Joseph Luke WOLLACOTT	08.09.1996	*Swindon Town FC (ENG)*

Defenders		
Joseph AIDOO	29.09.1995	*RC Celta de Vigo (ESP)*
Daniel AMARTEY	21.12.1994	*Leicester City FC (ENG)*
Benson ANANG	01.05.2000	*MŠK Žilina (SVK)*
Alexander DJIKU	09.08.1994	*Racing Club de Strasbourg (FRA)*
Ismail-Abdul GANIYU	12.06.1996	*Asante Kotoko FC Kumasi*
Ibrahim IMORO	02.10.1999	*Asante Kotoko FC Kumasi*
Gideon MENSAH	18.07.1998	*Vitória SC Guimarães (POR); 03.08.2021-> FC Girondins de Bordeaux (FRA)*
Jonathan MENSAH	13.07.1990	*Columbus Crew (USA)*

Abdul Fatawu MOHAMMED	06.06.1992	*Hearts of Oak SC Accra*
Nicholas OPOKU	11.08.1997	*Udinese Calcio (ITA)*
Baba Abdul RAHMAN	02.07.1994	*PAOK Thessaloníki (GRE); 27.08.2021-> Reading FC (ENG)*
Andrew Kyere YIADOM	02.12.1991	*Reading FC (ENG)*

Midfielders

Ebenezer Afriyie ACQUAH	05.01.1992	*Yeni Malatya Spor Kulübü (TUR)*
Edmund ADDO	17.05.2000	*FC Sheriff Tiraspol (MDA)*
Majeed ASHIMERU	10.10.1997	*RSC Anderlecht Bruxelles (BEL)*
Gladson AWAKO	31.12.1990	*Accra Great Olympics FC*
Iddrisu BABA Mohamed	22.01.1996	*RCD Mallorca (ESP)*
Justice BLAY	05.03.1992	*Medeama Sporting Club Tarkwa*
Caleb Ansah EKUBAN	23.03.1994	*Trabzonspor Kulübü (TUR); 10.08.2021-> Genua C&FC (ITA)*
Abdul Fatawu ISSAHAKU	08.03.2004	*Steadfast FC Tamale; 24.10.2021-> Dreams FC Dawu*
Mohammed KUDUS	02.08.2000	*AFC Ajax Amsterdam (NED)*
Daniel-Kofi KYEREH	08.03.1996	*FC St. Pauli Hamburg (GER)*
Emmanuel Addoquaye LOMOTEY	19.12.1997	*Amiens SC (FRA)*
Rashid NORTEY	21.11.1995	*Medeama Sporting Club Tarkwa*
Thomas Teye PARTEY	13.06.1993	*Arsenal FC London (ENG)*
Kwame Afriyie Adubofour POKU	11.08.2001	*Colchester United FC (ENG)*
Jeffrey SCHLUPP	23.12.1992	*Crytal Palace FC London (ENG)*
Mubarak WAKASO	25.07.1990	*Jiangsu Suning FC (CHN); 12.04.2021-> Shenzhen FC (CHN)*

Forwards

André Morgan Rami AYEW	17.12.1989	*Swansea City AFC (WAL); 22.07.2021-> Al-Sadd SC Doha (QAT)*
Jordan Pierre AYEW	11.09.1991	*Crystal Palace FC London (ENG)*
Richmond Yiadom BOAKYE	28.01.1993	*Beitar Jerusalem FC (ISR)*
Emmanuel Okyere BOATENG	23.05.1996	*Dalian Yifang (CHN)*
Osman BUKARI	13.12.1998	*KAA Gent (BEL)*
Joel FAMEYEH	14.05.1997	*FK Orenburg (RUS)*
Emanuel Quartsin GYASI	11.01.1994	*Spezia Calcio La Spezia (ITA)*
Samuel Kwame OWUSU	28.03.1996	*Al-Fayha FC Al Majma'ah (KSA)*
Kwame OPOKU	08.05.1999	*Asante Kotoko FC Kumasi; 10.04.2021-> Union Sportive de la Médina d'Alger (ALG)*
Kamaldeen SULEMANA	15.02.2002	*Stade Rennais FC (FRA)*
Benjamin TETTEH	10.07.1997	*Yeni Malatya Spor Kulübü (TUR)*
Yaw YEBOAH	28.03.1997	*Wisła Kraków (POL)*

National coaches

Charles Kwabla AKONNOR [15.01.2020 – 13.09.2021]	12.03.1974
Milovan RAJEVAC (Serbia) [from 24.09.2021]	02.01.1954

GUINEA

Fédération Guinéenne de Football
Annexe 1 du Palais du Peuple,
P.O. Box 3645,
Conakry
Year of Formation: 1960
Member of FIFA since: 1962
Member of CAF since: 1962
www.feguifoot.com

First international match:
02.10.1960, Lagos:
Nigeria - Guinea 4-1
Most international caps:
Pascal Feindouno
85 caps (1998-2012)
Most international goals:
Ibrahima Kandia Diallo
33 goals / 56 caps (1960-1973)

AFRICAN CUP OF NATIONS	
1957	Did not enter
1959	Did not enter
1962	Did not enter
1963	Disqualified
1965	Qualifiers
1968	Qualifiers
1970	Final Tournament (Group Stage)
1972	Qualifiers
1974	Final Tournament (Group Stage)
1976	Final Tournament (Runners-up)
1978	Qualifiers
1980	Final Tournament (Group Stage)
1982	Qualifiers
1984	Qualifiers
1986	Qualifiers
1988	Qualifiers
1990	Qualifiers
1992	Qualifiers
1994	Final Tournament (Group Stage)
1996	Qualifiers
1998	Final Tournament (Group Stage)
2000	Qualifiers
2002	Disqualified
2004	Final Tournament (Quarter-Finals)
2006	Final Tournament (Quarter-Finals)
2008	Final Tournament (Quarter-Finals)
2010	Qualifiers
2012	Final Tournament (Group Stage)
2013	Qualifiers
2015	Final Tournament (Quarter-Finals)
2017	Qualifiers
2019	Final Tournament (2nd Round of 16)
2021	*Final Tournament (Qualified)*

FIFA WORLD CUP	
1930	Did not enter
1934	Did not enter
1938	Did not enter
1950	Did not enter
1954	Did not enter
1958	Did not enter
1962	Did not enter
1966	Withdrew
1970	Entry not accepted by FIFA
1974	Qualifiers
1978	Qualifiers
1982	Qualifiers
1986	Qualifiers
1990	Qualifiers
1994	Qualifiers
1998	Qualifiers
2002	Disqualified by FIFA during qualifiers
2006	Qualifiers
2010	Qualifiers
2014	Qualifiers
2018	Qualifiers

OLYMPIC FOOTBALL TOURNAMENTS 1908-2020

1908	-	1952	-	1976	Qualifiers	2000	Qualifiers
1912	-	1956	-	1980	Withdrew	2004	Qualifiers
1920	-	1960	-	1984	Qualifiers	2008	Qualifiers
1924	-	1964	-	1988	Withdrew	2012	Qualifiers
1928	-	1968	Group Stage	1992	Withdrew	2016	Did not enter
1936	-	1972	Qualifiers	1996	Qualifiers	2020	Qualifiers
1948	-						

F.I.F.A. CONFEDERATIONS CUP 1992-2017
None

AFRICAN GAMES 1965-2019
1965, 1973 (Runners-up), 1995, 2003, 2007 (Runners-up)

COPA „AMILCAR CABRAL" 1979-2007
1979 (3rd place), 1980 (3rd place), **1981&1982 (Winners)**, 1983, 1984, 1985, 1986, **1987&1988 (Winners)**, 1989 (Runners-up), 1991, 1993, 1995, 1997 (3rd place), 2000 (3rd place), **2005 (Winners)**, 2007

CEDEAO (Communauté Economique Des Etats de l'Afrique de l'Ouest) CUP 1977-1991
1983, 1985, 1990

AFRICAN NATIONS CHAMPIONSHIP 2009-2020
2009 (Qualifiers), 2011 (Qualifiers), 2014 (Qualifiers), 2016 (4th Place), 2018 (Group Stage), 2020 (3rd Place)

UEMOA TOURNAMENT 2007-2016
2009 (Group Stage)

WEST AFRICAN NATIONS CUP 2010-2019
2010 (Group Stage), 2017 (Group Stage), 2019

GUINEAN CLUB HONOURS IN ASIAN CLUB COMPETITIONS:

CAF Champions League 1964-2021
Hafia FC Conakry (1972, 1975, 1977)

CAF Confederation Cup 2004-2021
None

CAF Super Cup 1993-2021
None

*African Cup Winners' Cup 1975-2003**
Horoya Athlétique Club Conakry (1978)

*CAF Cup 1992-2003**
None

*defunct competitions

NATIONAL COMPETITIONS
TABLE OF HONOURS

	CHAMPIONS	CUP WINNERS
1965	Conakry I*	-
1966	Conakry II**	-
1967	Conakry II	-
1968	Conakry II	-
1969	Conakry I	-
1970	Conakry I	-
1971	Hafia Football Club Conakry	-
1972	Hafia Football Club Conakry	-
1973	Hafia Football Club Conakry	-
1974	Hafia Football Club Conakry	-
1975	Hafia Football Club Conakry	-
1976	Hafia Football Club Conakry	-
1977	Hafia Football Club Conakry	-
1978	Hafia Football Club Conakry	-
1979	Hafia Football Club Conakry	-
1980	AS du Kaloum Star Conakry	-
1981	AS du Kaloum Star Conakry	-
1982	Hafia Football Club Conakry	-
1983	Hafia Football Club Conakry	-
1984	AS du Kaloum Star Conakry	-
1985	Hafia Football Club Conakry	AS du Kaloum Star Conakry
1986	Horoya Athlétique Club Conakry	Club Olympique de Kankandé Boké
1987	AS du Kaloum Star Conakry	Association des Forces Armées de Guinée Conakry
1988	Horoya Athlétique Club Conakry	Club Olympique de Kankandé Boké
1989	Horoya Athlétique Club Conakry	Horoya Athlétique Club Conakry
1990	Horoya Athlétique Club Conakry	Mankona Guéckédou
1991	Horoya Athlétique Club Conakry	Association des Forces Armées de Guinée Conakry
1992	Horoya Athlétique Club Conakry	Hafia Football Club Conakry
1993	AS du Kaloum Star Conakry	Hafia Football Club Conakry
1994	Horoya Athlétique Club Conakry	Horoya Athlétique Club Conakry
1995	AS du Kaloum Star Conakry	Horoya Athlétique Club Conakry
1996	AS du Kaloum Star Conakry	Association des Forces Armées de Guinée Conakry
1997	*Championship cancelled*	AS du Kaloum Star Conakry
1998	AS du Kaloum Star Conakry	AS du Kaloum Star Conakry
1999	*No competition*	Horoya Athlétique Club Conakry
2000	Horoya Athlétique Club Conakry	Fello Star de Labé
2001	Horoya Athlétique Club Conakry	AS du Kaloum Star Conakry
2002	Satellite Football Club Conakry	Hafia Football Club Conakry
2003	Association des Forces Armées de Guinée Conakry	Étoile de Guinée
2004	Fello Star de Labé	Fello Star de Labé
2005	Satellite Football Club Conakry	AS du Kaloum Star Conakry
2006	Fello Star de Labé	Satellite Football Club Conakry
2007	AS du Kaloum Star Conakry	AS du Kaloum Star Conakry

2008	Fello Star de Labé	Satellite Football Club Conakry
2009	Fello Star de Labé	AS Baraka Djoma Conakry
2010	Fello Star de Labé	FC Séquence de Dixinn
2011	Horoya Athlétique Club Conakry	FC Séquence de Dixinn
2012	Horoya Athlétique Club Conakry	FC Séquence de Dixinn
2013	Horoya Athlétique Club Conakry	Horoya Athlétique Club Conakry
2013/2014	AS du Kaloum Star Conakry	Horoya Athlétique Club Conakry
2014/2015	Horoya Athlétique Club Conakry	AS du Kaloum Star Conakry
2015/2016	Horoya Athlétique Club Conakry	Horoya Athlétique Club Conakry
2016/2017	Horoya Athlétique Club Conakry	Hafia FC Conakry
2017/2018	Horoya Athlétique Club Conakry	Horoya Athlétique Club Conakry
2018/2019	Horoya Athlétique Club Conakry	Horoya Athlétique Club Conakry
2019/2020	*Championship cancelled*	*Competition cancelled*
2020/2021	Horoya Athlétique Club Conakry	*No competition*

* Conakry I is the old name of Association Sportive du Kaloum Star Conakry.
** Conakry II is the old name of Hafia Football Club Conakry.

NATIONAL CHAMPIONSHIP
Championnat National de Ligue 1 2020/2021

1.	**Horoya Athlétique Club Conakry**	26	18	4	4	48	-	13	58
2.	Club Industriel de Kamsar	26	12	10	4	33	-	17	46
3.	Wakriya Athletic Club Boké	26	13	6	7	47	-	31	45
4.	AS Ashanti Golden Boys Siguiri	26	12	7	7	24	-	24	43
5.	Hafia FC Conakry	26	11	9	6	33	-	21	42
6.	Académie SOAR Conakry	26	11	6	9	31	-	31	39
7.	AS du Kaloum Star Conakry	26	11	5	10	34	-	28	38
8.	Fello Star de Labé	26	10	3	13	28	-	34	33
9.	Satellite FC Conakry	26	8	7	11	25	-	33	31
10.	Flamme Olympique FC Conakry	26	7	10	9	24	-	35	31
11.	Loubha FC de Télimélé	26	4	11	11	21	-	28	23
12.	Eléphant Coléah FC Coyah	26	5	8	13	25	-	36	23
13.	Santoba FC Conakry (*Relegated*)	26	5	8	13	26	-	45	23
14.	ASFAG Conakry (*Relegated*)	26	6	4	16	27	-	50	22

Promoted for the 2021/2022 season:
Milo FC Kankan, Karfamoriah FC

THE CLUBS

ASSOCIATION SPORTIVE DES FORCES ARMÉES DE GUINÉE (ASFAG) CONAKRY
Stadium: Stade du 28 Septembre, Conakry (25,000)

ASSOCIATION SPORTIVE ASHANTI GOLDEN BOYS GOLDFIELD SIGUIRI
Year of Formation: 1999
Stadium: Stade de Coléah, Conakry (5,000)

ASSOCIATION SPORTIVE DU KALOUM STAR CONAKRY
Stadium: Stade du 28 Septembre, Conakry (25,000)

CLUB INDUSTRIEL DE KAMSAR
Year of Formation: 1993
Stadium: Stade de l'Amitié, Kamsar (2,000)

FELLO STAR DE LABÉ
Year of Formation: 1988
Stadium: Stade „Saïfoulaye Diallo", Labé (5,000)

HAFIA FOOTBALL CLUB CONAKRY
Year of Formation: 1951
Stadium: Stade du 28 Septembre, Conakry (25,000)

HOROYA ATHLÉTIQUE CLUB CONAKRY
Year of Formation: 1975
Stadium: Stade du 28 Septembre, Conakry (25,000)

LOUBHA FOOTBALL CLUB DE TÉLIMÉLÉ
Year of Formation: 2007
Stadium: Stade "Fode Fissa", Kindia (n/a)

SANTOBA FOOTBALL CLUB CONAKRY
Stadium: Stade de Coléah, Conakry (5,000)

SATELLITE FOOTBALL CLUB CONAKRY
Year of Formation: 2000
Stadium: Stade du 28 Septembre, Conakry (25,000)

NATIONAL TEAM
INTERNATIONAL MATCHES 2021

24.03.2021	Conakry	Guinea - Mali	1-0(0-0)	(ACNQ)
28.03.2021	Windhoek	Namibia - Guinea	2-1(1-1)	(ACNQ)
31.05.2021	Antalya	Turkey - Guinea	0-0	(F)
05.06.2021	Manavgat	Togo - Guinea	2-0(1-0)	(F)
08.06.2021	Manavgat	Kosovo - Guinea	1-2(0-0)	(F)
11.06.2021	Manavgat	Guinea - Niger	2-1(0-1)	(F)
01.09.2021	Nouakchott	Guinea-Bissau - Guinea	1-1(0-1)	(WCQ)
06.10.2021	Marrakech	Sudan - Guinea	1-1(0-0)	(WCQ)
09.10.2021	Agadir	Guinea - Sudan	2-2(0-0)	(WCQ)
12.10.2021	Agadir	Guinea - Morocco	1-4(1-2)	(WCQ)
12.11.2021	Conakry	Guinea - Guinea-Bissau	0-0	(WCQ)
16.11.2021	Casablanca	Morocco - Guinea	3-0(2-0)	(WCQ)

24.03.2021, 33rd African Cup of Nations, Qualifiers
Stade "General Lansana Conté", Conakry; Attendance: 0
Referee: Youssef Essrayri (Tunisia)
GUINEA - MALI 1-0(0-0)
GUI: Aly Keita, Naby Camara, Mohamed Ali Camara, Ibrahima Sory Conté, Issiaga Sylla, Amadou Diawara (71.Morlaye Sylla), Ibrahima Sory Conté I, Mohamed Mady Camara (71.Mamadou Kané), Naby Laye Keïta, Sory Kaba (89.Moustapha Kouyaté), Mohamed Lamine Bayo (46.Seydouba Guinéenne Soumah). Trainer: Didier Six (France).
Goal: Seydouba Guinéenne Soumah (76).

28.03.2021, 33rd African Cup of Nations, Qualifiers
"Sam Nujoma" Stadium, Windhoek; Attendance: 0
Referee: Norman Matemera (Zimbabwe)
NAMIBIA - GUINEA 2-1(1-1)
GUI: Moussa Camara, Naby Camara, Mohamed Kalil Traoré, Sory Doumbouya, Mohamed Bangoura, Ibrahima Camará (86.Elhadj Abdourahamane Bah), Mamadou Kané, Morlaye Sylla, Moustapha Kouyaté, Yadi Bangoura (55.Alpha Oumar Sow), Youssouf Kamso Mara (86.Ismaël Camara). Trainer: Didier Six (France).
Goal: Mamadou Kané (17).

31.05.2021, Friendly International
Antalya Stadyumu, Antalya; Attendance: 0
Referee: Əliyar Ağayev (Azerbaijan)
TURKEY - GUINEA 0-0
GUI: Aly Keita, Mohamed Mady Camara, Abdoulaye Cissé, Saïdou Sow, Pa Momodou Konate (65.Youssouf Kamso Mara), Florentin Peilé Pogba (83.Ousmane Kanté), Mamadou Kané, Morlaye Sylla (72.Aguibou Camara), Ibrahima Sory Conté I, José Kanté Martínez (72.Aboubacar Demba Camara), Yakhouba Gnagna Barry (65.Ahmad Mendes Moreira). Trainer: Didier Six (France).

05.06.2021, Friendly International
„Arslan Zeki Demirci" Sports Complex, Manavgat (Turkey); Attendance: 0
Referee: Yaşar Kemal Uğurlu (Turkey)
TOGO - GUINEA 2-0(1-0)
GUI: Moussa Camara, Abdoulaye Sylla (46.Abdoulayé Cissé), Pa Momodou Konaté, Ousmane Kanté, Ibrahima Sory Conté, Youssouf Kamso Mara (46.Florentin Peilé Pogba), Ibrahima Camará (46.Mamadou Kané), Aguibou Camara (73.Morlaye Sylla), Moustapha Kouyaté, Ahmad Mendes Moreira (67.Ibrahima Sory Conté I), Aboubacar Demba Camara (46.Yakhouba Gnagna Barry). Trainer: Didier Six (France).

08.06.2021, Friendly International
"Arslan Zeki Demirci" Sports Complex, Manavgat (Turkey); Attendance: 0
Referee: Sarper Barış Saka (Turkey)
KOSOVO - GUINEA **1-2(0-0)**
GUI: Aly Keita, Abdoulaye Cissé (73.Abdoulaye Sylla), Saïdou Sow, Mohamed Ali Camara, Pa Momodou Konate, Florentin Peilé Pogba, Mamadou Kané, Ibrahima Sory Conté I (83.Ahmad Mendes Moreira), Moustapha Kouyaté (61.Yakhouba Gnagna Barry), Morlaye Sylla, José Kanté Martínez (82.Youssouf Kamso Mara). Trainer: Didier Six (France).
Goals: Moustapha Kouyaté (60), José Kanté Martínez (65 penalty).

11.06.2021, Friendly International
Emirhan Sports Complex, Side (Turkey); Attendance: 0
Referee: n/a
GUINEA - NIGER **2-1(0-1)**
GUI: Moussa Camara, Abdoulaye Sylla, Ibrahima Sory Conté (46.Saïdou Sow), Ousmane Kanté, Mamadou Kané, Youssouf Kamso Mara, Ibrahima Camará (46.Florentin Peilé Pogba), Ibrahima Sory Conté I (83.Abdoulaye Cissé), Aguibou Camara, Ahmad Mendes Moreira, Aboubacar Demba Camara (46.José Kanté Martínez). Trainer: Didier Six (France).
Goals: Aguibou Camara (56), Ibrahima Sory Conté I (72).

01.09.2021, 22nd FIFA World Cup Qualifiers, Second Round
Stade Olympique, Nouakchott (Mauritania); Attendance: 500
Referee: Mutaz Ibrahim (Libya)
GUINEA-BISSAU - GUINEA **1-1(0-1)**
GUI: Moussa Camara, Abdoulaye Cissé, Mohamed Ali Camara, Florentin Peilé Pogba, Issiaga Sylla, Mohamed Mady Camara (83.Seydouba Guinéenne Soumah), Mamadou Kané, Amadou Diawara (74.Ibrahima Sory Conté), Naby Laye Keïta, François Kamano, Mohamed Lamine Bayo (82.Moustapha Kouyaté). Trainer: Didier Six (France).
Goal: François Kamano (7).

06.10.2021, 22nd FIFA World Cup Qualifiers, Second Round
Stade de Marrakech, Marrakech (Morocco); Attendance: 0
Referee: Janny Sikazwe (Zambia)
SUDAN - GUINEA **1-1(0-0)**
GUI: Moussa Camara, Abdoulaye Cissé, Mohamed Ali Camara, Simon Augustin Falette, Pa Momodou Konate, Mamadou Kané, Mohamed Mady Camara (46.José Kanté Martínez), Morlaye Sylla (68.Naby Laye Keïta), Ibrahima Sory Conté I (46.Amadou Diawara), Aguibou Camara (86.Ahmad Mendes Moreira), Mohamed Lamine Bayo (75.Momo Yansané). Trainer: Didier Six (France).
Goal: Mohamed Lamine Bayo (56).

09.10.2021, 22nd FIFA World Cup Qualifiers, Second Round
Stade Adrar, Agadir (Morocco); Attendance: 0
Referee: Mustapha Ghorbal (Algeria)
GUINEA - SUDAN **2-2(0-0)**
GUI: Moussa Camara, Ibrahima Cissé (62.Abdoulaye Cissé), Saïdou Sow, Mohamed Ali Camara, Issiaga Sylla, Aguibou Camara (76.François Kamano), Florentin Peilé Pogba, Amadou Diawara, Naby Laye Keïta (76.Morlaye Sylla), José Kanté Martínez (84.Mohamed Mady Camara), Mohamed Lamine Bayo. Trainer: Didier Six (France).
Goals: José Kanté Martínez (48), Mohamed Lamine Bayo (67).

12.10.2021, 22nd FIFA World Cup Qualifiers, Second Round
Stade "Prince Moulay Abdellah", Rabat; Attendance: 0
Referee: Sidi Alioum (Cameroon)
GUINEA - MOROCCO **1-4(1-2)**
GUI: Aly Keita, Morlaye Sylla (74.José Kanté Martínez), Mohamed Ali Camara, Simon Augustin Falette, Issiaga Sylla, Mohamed Mady Camara, Mamadou Kané, Amadou Diawara (84.Ibrahima Sory Conté I), Naby Laye Keïta, François Kamano (58.Aguibou Camara), Mohamed Lamine Bayo. Trainer: Didier Six (France).
Goal: Mamadou Kané (31).

12.11.2021, 22nd FIFA World Cup Qualifiers, Second Round
Stade "General Lansana Conté", Conakry; Attendance: 0
Referee: Mohamed Marouf (Egypt)
GUINEA - GUINEA-BISSAU **0-0**
GUI: Aly Keita, Mamadou Kané, Saïdou Sow, Ibrahima Sory Conté, Issiaga Sylla, Seydouba Guinéenne Soumah (70.Morgan Guilavogui), Ibrahima Sory Conté I, Amadou Diawara (82.Ibrahima Cissé), Morlaye Sylla (70.José Kanté Martínez), Aguibou Camara (86.Moustapha Kouyaté), Sory Kaba. Trainer: Kaba Diawara.

16.11.2021, 22nd FIFA World Cup Qualifiers, Second Round
Stade "Mohamed V", Casablanca; Attendance: 0
Referee: Joshua Bondo (Botswana)
MOROCCO - GUINEA **3-0(2-0)**
GUI: Moussa Camara, Ousmane Kanté, Ibrahima Sory Conté, Issiaga Sylla, Amadou Diawara, Ibrahima Cissé (85.Moustapha Kouyaté), Mamadou Kané, Morlaye Sylla, Aguibou Camara (85.Youssouf Kamso Mara), Morgan Guilavogui (63.Seydouba Guinéenne Soumah), José Kanté Martínez. Trainer: Kaba Diawara.

NATIONAL TEAM PLAYERS 2021		
Name	DOB	Club
Goalkeepers		
Moussa CAMARA	27.11.1998	*Horoya Athlétique Club Conakry*
Aly KEITA	08.12.1986	*Östersunds FK (SWE)*
Defenders		
Mohamed BANGOURA	14.03.1996	*Club Industriel de Kamsar*
Mohamed Ali CAMARA	28.08.1997	*BSC Young Boys Bern (SUI)*
Naby CAMARA	10.05.1996	*Hafia FC Conakry*
Abdoulaye CISSÉ	13.02.1996	*FK Novi Pazar (SRB); 01.07.2021-> Kocaelispor Kulübü İzmit (TUR)*
Ibrahima Sory CONTÉ	03.04.1996	*Chamois Niortais FC (FRA)*
Sory DOUMBOUYA	25.03.1996	*Horoya Athlétique Club Conakry*
Simon Augustin FALETTE	19.02.1992	*Hatayspor Antakya (TUR)*
Ousmane KANTÉ	21.09.1989	*Paris FC (FRA)*
Pa Momodou KONATE	25.04.1994	*PFC Botev Plovdiv (BUL)*
Florentin Peilé POGBA	19.08.1990	*FC Sochaux-Montbéliard (FRA)*
Saïdou SOW	04.07.2002	*ASS Saint-Étienne (FRA)*

Abdoulaye SYLLA	10.04.2000	FC Nantes (FRA)
Issiaga SYLLA	01.01.1994	Racing Club de Lens (FRA); 30.06.2021-> Toulouse FC (FRA)
Mohamed Kalil TRAORÉ	09.07.2000	Club Industriel de Kamsar

Midfielders

Aguibou CAMARA	20.05.2001	Lille OSC "B" (FRA)
Ibrahima CAMARA	25.01.1999	SC Braga (POR)
Ismaël CAMARA	05.03.1998	Wakriya Athletic Club Boké
Mohamed Mady CAMARA	28.02.1997	SFP Olympiacos Peiraiás (GRE)
Ibrahima CISSÉ	28.02.1994	RFC Seraing (BEL)
Ibrahima Sory CONTÉ (I)	03.04.1991	PFC Beroe Stara Zagora (BUL); 24.07.2021-> Bnei Sakhnin FC (ISR)
Amadou DIAWARA	17.07.1997	AS Roma (ITA)
Mamadou KANÉ	22.01.1997	SFP Olympiacos Peiraiás (GRE); 28.08.2021-> Neftçi PFK Bakı (AZE)
Naby Laye KEÏTA	10.02.1995	Liverpool FC (ENG)
Youssouf Kamso MARA	24.12.1994	FC Slovan Liberec (CZE)
Alpha Oumar SOW	15.08.1997	AS Ashanti Golden Boys Siguiri
Morlaye SYLLA	27.07.1998	Horoya Athlétique Club Conakry

Forwards

Elhadj Abdourahamane BAH	22.08.2001	Club Industriel de Kamsar
Yadi BANGOURA	30.06.1996	Patro Eisden Maamechelen (BEL)
Yakhouba Gnagna BARRY	17.04.1998	Horoya Athlétique Club Conakry
Mohamed Lamine BAYO	04.06.1998	Clermont Foot 63 (FRA)
Aboubacar Demba CAMARA	07.11.1994	Mouloudia Club d'Oujda (MAR)
Morgan GUILAVOGUI	10.03.1998	Paris FC (FRA)
Sory KABA	28.07.1995	FC Midtjylland Herning (DEN); 31.08.2021-> Oud-Heverle Leuven (BEL)
François KAMANO	02.05.1996	FK Lokomotiv Moskva (RUS)
José KANTÉ Martínez	27.09.1990	FC Kairat Almaty (KAZ)
Moustapha KOUYATÉ	03.03.1994	TP Mazembe Lubumbashi (COD); 19.08.21 -> Raja Club Athletic Casablanca (MAR)
Ahmad MENDES Moreira	27.06.1995	Excelsior Rotterdam (NED); 06.08.2021-> PAS Giannina (GRE)
Seydouba Guinéenne SOUMAH	11.06.1991	FK Partizan Beograd (SRB); 06.10.2021-> Al Kuwait SC Kaifan (KUW)
Momo YANSANÉ	29.07.1997	FC Sheriff Tiraspol (MDA)

National coaches

Didier SIX (France) [13.09.2019 – 28.10.2021]	21.08.1954
Kaba DIAWARA [from 29.10.2021]	16.12.1975

GUINEA-BISSAU

Federação de Futebol da Guiné-Bissau
Alto Bandim (Nova Sede),
Case postale 375,
Bissau 1035
Year of Formation: 1974
Member of FIFA since: 1986
Member of CAF since: 1986

First international match:
02.06.1952: Gambia - Portuguese Guinea 1-3
Most international caps:
Jonas Asvedo Mendes
50 caps (since 2010)
Most international goals:
Fernando „Nando" Có
9 goals / 6 caps (1996-2001)

AFRICAN CUP OF NATIONS	
1957	Did not enter
1959	Did not enter
1962	Did not enter
1963	Did not enter
1965	Did not enter
1968	Did not enter
1970	Did not enter
1972	Did not enter
1974	Did not enter
1976	Did not enter
1978	Did not enter
1980	Did not enter
1982	Did not enter
1984	Did not enter
1986	Did not enter
1988	Did not enter
1990	Did not enter
1992	Did not enter
1994	Qualifiers
1996	Qualifiers (Withdew)
1998	Banned after withdrewing previous edition
2000	Did not enter
2002	Withdew
2004	Withdew
2006	Qualifiers
2008	Did not enter
2010	Qualifiers
2012	Qualifiers
2013	Qualifiers
2015	Qualifiers
2017	Final Tournament (Group Stage)
2019	Final Tournament (Group Stage)
2021	Final Tournament (Qualified)

FIFA WORLD CUP	
1930	Did not enter
1934	Did not enter
1938	Did not enter
1950	Did not enter
1954	Did not enter
1958	Did not enter
1962	Did not enter
1966	Did not enter
1970	Did not enter
1974	Did not enter
1978	Did not enter
1982	Did not enter
1986	Did not enter
1990	Did not enter
1994	Did not enter
1998	Qualifiers
2002	Qualifiers
2006	Qualifiers
2010	Qualifiers
2014	Qualifiers
2018	Qualifiers

OLYMPIC FOOTBALL TOURNAMENTS 1908-2020						
1908	-	1952	-	1976	-	2000	Withdrew
1912	-	1956	-	1980	-	2004	Withdrew
1920	-	1960	-	1984	-	2008	Qualifiers
1924	-	1964	-	1988	-	2012	Qualifiers
1928	-	1968	-	1992	-	2016	Withdrew
1936	-	1972	-	1996	Withdrew	2020	Did not enter
1948	-						

F.I.F.A. CONFEDERATIONS CUP 1992-2017
None

AFRICAN GAMES 1965-2019
None
COPA „AMILCAR CABRAL" 1979-2007
1979, 1980, 1981, 1982, 1983 (Runners-up), 1984, 1985, 1986, 1987, 1988, 1989, 1991, 1993, 1995, 1997, 2000, 2001, 2005, 2007
CEDEAO (Communauté Economique Des Etats de l'Afrique de l'Ouest) CUP 1977-1991
1983
AFRICAN NATIONS CHAMPIONSHIP 2009-2020
2016 (Qualifiers), 2018 (Qualifiers), 2020 (Qualifiers)
UEMOA TOURNAMENT 2007-2016
2007 (Group Stage), 2008 (Group Stage), 2010 (Group Stage), 2011 (Group Stage), 2013 (Group Stage), 2016 (Group Stage)
WEST AFRICAN NATIONS CUP 2010-2019
2010 (4th Place), 2011, 2013 (Group Stage), 2017 (1st Round), 2019

GUINEA-BISSAUAN CLUB HONOURS IN ASIAN CLUB COMPETITIONS:
CAF Champions League 1964-2021
None
CAF Confederation Cup 2004-2021
None
CAF Super Cup 1993-2021
None
African Cup Winners' Cup 1975-2003*
None
CAF Cup 1992-2003*
None

defunct competitions

NATIONAL COMPETITIONS
TABLE OF HONOURS

	CHAMPIONS	CUP WINNERS
1974/1975	Clube de Futebol „Os Balantas" Mansôa	-
1975/1976	União Desportiva Internacional de Bissau	-
1976/1977	Sport Bissau e Benfica	União Desportiva Internacional de Bissau
1977/1978	Sport Bissau e Benfica	Bula Futebol Clube
1978/1979	*No competition*	Estrela Negra de Bolama

1979/1980	Sport Bissau e Benfica	Sport Bissau e Benfica
1980/1981	Sport Bissau e Benfica	Ajuda Sport de Bissau
1981/1982	Sport Bissau e Benfica	Sporting Clube de Bissau
1982/1983	Sporting Clube de Bissau	União Desportiva Internacional de Bissau
1983/1984	Sporting Clube de Bissau	União Desportiva Internacional de Bissau
1984/1985	União Desportiva Internacional de Bissau	União Desportiva Internacional de Bissau
1985/1986	Sporting Clube de Bissau	Sporting Clube de Bissau
1986/1987	Sporting Clube de Bafatá	Sporting Clube de Bissau
1987/1988	Sport Bissau e Benfica	União Desportiva Internacional de Bissau
1988/1989	Sport Bissau e Benfica	Sport Bissau e Benfica
1989/1990	Sport Bissau e Benfica	Desportivo Recreativo Cultural de Farim
1990/1991	Sporting Clube de Bissau	Sporting Clube de Bissau
1991/1992	Sporting Clube de Bissau	Sport Bissau e Benfica
1992/1993	Sport Portos de Bissau	Sport Portos de Bissau
1993/1994	Sporting Clube de Bissau	Ténis Clube de Bissau
1994/1995	*No competition*	*No competition*
1995/1996	Associação Desportiva e Recreativa Mansabá	União Desportiva Internacional de Bissau
1996/1997	Sporting Clube de Bissau	*No competition*
1997/1998	Sporting Clube de Bissau	Sport Portos de Bissau
1998/1999	*No competition*	*No competition*
1999/2000	Sporting Clube de Bissau	*No competition*
2000/2001	*No competition*	ADR Desportivo de Mansabá
2001/2002	Sporting Clube de Bissau	Mavegro Futebol Clube Bissau
2002/2003	União Desportiva Internacional de Bissau	*Competition annuled*
2003/2004	Sporting Clube de Bissau	Mavegro Futebol Clube Bissau
2004/2005	Sporting Clube de Bissau	Sporting Clube de Bissau
2005/2006	Clube de Futebol „Os Balantas" Mansôa	Sport Portos de Bissau
2006/2007	Sporting Clube de Bissau	*Not known*
2007/2008	Sporting Clube de Bafatá	Sport Bissau e Benfica
2008/2009	Clube de Futebol „Os Balantas" Mansôa	Sport Bissau e Benfica
2009/2010	Sporting Clube de Bissau	Sport Bissau e Benfica
2010/2011	Atlético Clube de Bissorã	ADR Desportivo de Mansabá
2011/2012	*No competition*	*No competition*
2013	Clube de Futebol „Os Balantas" Mansôa	Estrela de Cantanhez FC
2014	Nuno Tristão FC de Bula	FC Canchungo
2015	Sport Bissau e Benfica	Sport Bissau e Benfica
2016	*Championship cancelled*	*No competition*
2016/2017	Sport Bissau e Benfica	Futebol Clube de Canchungo
2017/2018	Sport Bissau e Benfica	Sport Bissau e Benfica
2018/2019	União Desportiva Internacional de Bissau	Sporting Clube de Bissau
2019/2020	*Championship cancelled*	*Competition cancelled*
2020/2021	Sporting Clube de Bissau	Sport Bissau e Benfica

NATIONAL CHAMPIONSHIP
Campeonato Nacional da Guiné-Bissau - I Divisão 2020/2021

Regular Stage

Série A

1. Sporting Clube de Bissau	12	11	0	1	29	-	4	33
2. Sporting Clube de Bafatá	12	6	2	4	18	-	17	20
3. Clube de Futebol „Os Balantas" Mansôa	12	6	2	4	14	-	12	20
4. Sport Clube dos Portos de Bissau	12	5	2	5	11	-	13	17
5. Cuntum Futebol Clube	12	4	2	6	6	-	11	14
6. Futebol Clube de Sonaco	12	2	5	5	3	-	7	11
7. Clube Desportivo e Recreativo de Gabú (*Relegated*)	12	0	3	9	5	-	22	3

Série B

1. Sport Bissau e Benfica	12	8	4	0	22	-	7	28
2. Futebol Clube de Canchungo	12	4	4	4	11	-	13	16
3. União Desportiva Internacional de Bissau	12	3	5	4	10	-	12	14
4. Futebol Clube de Pelundo	12	3	4	5	11	-	13	13
5. Atlético Clube de Bissorã	12	2	7	3	6	-	10	13
6. Flamengo FC de Pefine	12	2	7	3	9	-	8	13
7. Nuno Tristão FC de Bula (*Relegated*)	12	2	5	5	4	-	10	11

Group winners were qualified for the Championship Play-off.

Championship Play-off

10.07.2021, Estádio Nacional 24 de Setembro, Bissau
Sporting Clube de Bissau - Sport Bissau e Benfica　　　　　　　　　**1-0(1-0)**
Goal: Dinis Djadjo (42).

2021 Champions: **Sporting Clube de Bissau**

Best goalscorer 2020/2021:

Dinis Djadjo (Sporting Clube de Bissau) – 15 goals

Promoted for the 2021/2022 season:

Binar FC, AF Cupelum de Cima, Massaf SC Cacine, Os Arados FC Nhacra

NATIONAL CUP
Taça de Guiné-Bissau Final 2020/2021

18.07.2021, Estádio Nacional 24 de Setembro, Bissau
Sport Bissau e Benfica - Futebol Clube de Canchungo　　　　　　　　　**2-0(2-0)**
Goals: Malam Mané (7 penalty), Salifo Camará (38).

THE CLUBS

CLUBE DE FUTEBOL "OS BALANTAS" MANSÔA
Year of Formation: 1974
Stadium: Estádio de Mansôa, Mansôa (3,000)

CUNTUM FUTEBOL CLUBE
Stadium: Cuntum Area de Futebol, Cuntum (5,000)

FUTEBOL CLUBE DE CANCHUNGO
Stadium: Estádio "Saco Vaz", Canchungo (n/a)

NUNO TRISTÃO FUTEBOL CLUBE DA BULA
Stadium: Estádio "José Ansumane Queta", Bula (2,000)

SPORT CLUBE DOS PORTOS DE BISSAU
Stadium: Estádio "Lino Coreia", Bissau (12,000)

SPORT BISSAU E BENFICA
Year of Formation: 1944
Stadium: Estádio Nacional 24 de Setembro, Bissau (20,000)

SPORTING CLUBE DE BAFATÁ
Stadium: Estádio Rocha, Bafatá (5,000)

SPORTING CLUBE DE BISSAU
Year of Formation: 1936
Stadium: Estádio Nacional 24 de Setembro, Bissau (20,000)

UNIÃO DESPORTIVA INTERNACIONAL DE BISSAU
Stadium: Poadro de Rurtes, União (5,000)

NATIONAL TEAM
INTERNATIONAL MATCHES 2021

26.03.2021	Manzini	Eswatini - Guinea-Bissau	1-3(1-2)	(ACNQ)
30.03.2021	Bissau	Guinea-Bissau - Congo	3-0(1-0)	(ACNQ)
01.09.2021	Nouakchott	Guinea-Bissau - Guinea	1-1(0-1)	(WCQ)
07.09.2021	Omdurman	Sudan - Guinea-Bissau	2-4(0-3)	(WCQ)
06.10.2021	Rabat	Morocco - Guinea-Bissau	5-0(2-0)	(WCQ)
09.10.2021	Casablanca	Guinea-Bissau - Morocco	0-3(0-2)	(WCQ)
12.11.2021	Conakry	Guinea - Guinea-Bissau	0-0	(WCQ)
15.11.2021	Marrakech	Guinea-Bissau - Sudan	0-0	(WCQ)

26.03.2021, 33rd African Cup of Nations, Qualifiers
Mavuso Sports Centre, Manzini; Attendance: 0
Referee: Jean-Claude Ishimwe (Rwanda)
ESWATINI - GUINEA-BISSAU   **1-3(1-2)**
GNB: Jonas Asvedo Mendes, Eulânio Ângelo Chipela Gomes "Nanú", Edigeison Funny Almeida Gomes „Eddi Gomes", Marcelo Amado Djaló Taritolay (61.Aurísio Saliu Fernandes Embalo Júnior "Simão Júnior"), Fali Candé, Alfa Semedo Esteves, João Lamine Jaquité, Judilson Mamadú Tuncará Gomes "Pelé" (75.Ladislau Leonel Ucha Alves), Piqueti Djassi Brito Silva (75.Jefferson Anilson Silva Encada), João Mário Nunes Fernandes (82.Frédéric Mendy), Jorge Fernando Barbosa Intima "Jorginho". Trainer: Baciro Candé.
Goals: Marcelo Amado Djaló Taritolay (15), Alfa Semedo Esteves (24), Judilson Mamadú Tuncará Gomes "Pelé" (50).

30.03.2021, 33rd African Cup of Nations, Qualifiers
Estádio 24 de Setembro, Bissau; Attendance: 0
Referee: Kouassi Attiogbe (Togo)
GUINEA-BISSAU - CONGO   **3-0(1-0)**
GNB: Jonas Asvedo Mendes, Eulânio Ângelo Chipela Gomes "Nanú", Edigeison Funny Almeida Gomes „Eddi Gomes", Marcelo Amado Djaló Taritolay, Fali Candé, Alfa Semedo Esteves, Jorge Braíma Candé Nogueira „Burá", Judilson Mamadú Tuncará Gomes "Pelé" (68.João Lamine Jaquité), Piqueti Djassi Brito Silva (84.Ladislau Leonel Ucha Alves), Frédéric Mendy (90.Jefferson Anilson Silva Encada), Jorge Fernando Barbosa Intima "Jorginho" (90.Mauro Daniel Rodrigues Teixeira). Trainer: Baciro Candé.
Goals: Piqueti Djassi Brito Silva (45), Frédéric Mendy (74), Jorge Fernando Barbosa Intima "Jorginho" (80).

01.09.2021, 22nd FIFA World Cup Qualifiers, Second Round
Stade Olympique, Nouakchott (Mauritania); Attendance: 500
Referee: Mutaz Ibrahim (Libya)
GUINEA-BISSAU - GUINEA   **1-1(0-1)**
GNB: Jonas Asvedo Mendes, Eulânio Ângelo Chipela Gomes "Nanú", Rudinilson Gomes Brito Silva, Opa Sanganté, Fali Candé, Jorge Braíma Candé Nogueira „Burá", Alfa Semedo Esteves, Moreto Moro Cassamá (84.Frédéric Mendy), Piqueti Djassi Brito Silva (90+2.Manconi Soriano Mané „Sori Mané"), Joseph Mendes (77.Jorge Fernando Barbosa Intima "Jorginho"), Mama Samba Baldé (85.João Lamine Jaquité). Trainer: Baciro Candé.
Goal: Joseph Mendes (46).

07.09.2021, 22nd FIFA World Cup Qualifiers, Second Round
Al Hilal Stadium, Omdurman; Attendance: 0
Referee: Victor Miguel de Freitas Gomes (South Africa)
SUDAN - GUINEA-BISSAU **2-4(0-3)**
GNB: Jonas Asvedo Mendes, Eulânio Ângelo Chipela Gomes "Nanú", Rudinilson Gomes Brito Silva, Opa Sanganté, Fali Candé (76.Jefferson Anilson Silva Encada), Jorge Braíma Candé Nogueira „Burá", Alfa Semedo Esteves, Moreto Moro Cassamá (66.João Lamine Jaquité), Piqueti Djassi Brito Silva (66.Mama Samba Baldé), Frédéric Mendy (66.Alexandre Mendy), Jorge Fernando Barbosa Intima "Jorginho" (90+3.David Cafimipon Gomis). Trainer: Baciro Candé.
Goals: Piqueti Djassi Brito Silva (8), Frédéric Mendy (11), Piqueti Djassi Brito Silva (39), Mama Samba Baldé (82).

06.10.2021, 22nd FIFA World Cup Qualifiers, Second Round
Stade "Prince Moulay Abdellah", Rabat; Attendance: 0
Referee: Boubou Traoré (Mali)
MOROCCO - GUINEA-BISSAU **5-0(2-0)**
GNB: Jonas Asvedo Mendes, Eulânio Ângelo Chipela Gomes "Nanú", Marcelo Amado Djaló Taritolay (78.Aurísio Saliu Fernandes Embalo Júnior "Simão Júnior"), Opa Sangaté (30.Rudinilson Gomes Brito Silva), Fali Candé, Alfa Semedo Esteves, Jorge Braíma Candé Nogueira „Burá", Moreto Moro Cassamá (70.João Lamine Jaquité), Mama Samba Baldé (70.Piqueti Djassi Brito Silva), Alexandre Mendy (70.Joseph Mendes), Jorge Fernando Barbosa Intima "Jorginho". Trainer: Baciro Candé.

09.10.2021, 22nd FIFA World Cup Qualifiers, Second Round
Stade "Mohamed V", Casablanca (Morocco); Attendance: 0
Referee: Jean Jacques Ndala Ngambo (D.R. Congo)
GUINEA-BISSAU - MOROCCO **0-3(0-2)**
GNB: Jonas Asvedo Mendes, Eulânio Ângelo Chipela Gomes "Nanú", Marcelo Amado Djaló Taritolay, Opa Sangaté, Manconi Soriano Mané „Sori Mané" (74.Moreto Moro Cassamá), Fali Candé, Alfa Semedo Esteves, Jorge Braíma Candé Nogueira „Burá", Piqueti Djassi Brito Silva (84.David Cafimipon Gomis), Frédéric Mendy (74.Joseph Mendes), Jorge Fernando Barbosa Intima "Jorginho" (90+3.Alexandre Mendy). Trainer: Baciro Candé.

12.11.2021, 22nd FIFA World Cup Qualifiers, Second Round
Stade "General Lansana Conté", Conakry; Attendance: 0
Referee: Mohamed Marouf (Egypt)
GUINEA - GUINEA-BISSAU **0-0**
GNB: Jonas Asvedo Mendes, Eulânio Ângelo Chipela Gomes "Nanú", Opa Sangaté, Edigeison Funny Almeida Gomes „Eddi Gomes", Marcelo Amado Djaló Taritolay, Fali Candé, Manconi Soriano Mané „Sori Mané" (73.João Lamine Jaquité), Steve Brahim Joshep Omar Ambri (77.Mauro Daniel Rodrigues Teixeira), Alfa Semedo Esteves (90+2.Judilson Mamadú Tuncará Gomes "Pelé"), Joseph Mendes (78.Alexandre Mendy), Jorge Fernando Barbosa Intima "Jorginho" (90+2.Frédéric Mendy). Trainer: Baciro Candé.

15.11.2021, 22nd FIFA World Cup Qualifiers, Second Round
Stade de Marrakech, Marrakech (Morocco); Attendance: 0
Referee: Jean Ouattara (Burkina Faso)
GUINEA-BISSAU - SUDAN **0-0**
GNB: Jonas Asvedo Mendes, Eulânio Ângelo Chipela Gomes "Nanú", Marcelo Amado Djaló Taritolay, Opa Sangaté, Fali Candé, Jorge Braíma Candé Nogueira „Burá", João Lamine Jaquité (84.Moreto Moro Cassamá), Alfa Semedo Esteves, Steve Brahim Joshep Omar Ambri (46.Jefferson Anilson Silva Encada), Alexandre Mendy (81.Frédéric Mendy), Jorge Fernando Barbosa Intima "Jorginho" (90+2.Iano Simão da Silva Imbeni). Trainer: Baciro Candé.

NATIONAL TEAM PLAYERS 2021

Name	DOB	Club
Goalkeepers		
JONAS Asvedo MENDES	20.11.1989	Black Leopards FC Thohoyandou (RSA); 01.07.2021-> Unattached
Defenders		
Fali CANDÉ	24.01.1998	Portimonense SC (POR)
MARCELO Amado DJALÓ Taritolay	08.10.1993	CD Lugo (ESP); 31.08.2021-> Boavista FC Porto (POR)
Edigeison Funny Almeida Gomes "EDDI GOMES"	17.11.1988	HB Køge (DEN)
Eulânio Ângelo Chipela Gomes "NANÚ"	17.05.1994	FC do Porto (POR)
RUDINILSON Gomes Brito SILVA	20.08.1994	FK Kauno Žalgiris Kaunas (LTU)
Opa SANGANTÉ	01.02.1991	La Berrichonne de Châteauroux (FRA)
Aurísio Saliu Fernandes Embalo Júnior "SIMÃO JÚNIOR"	29.08.1998	CD Cova da Piedade (POR); 25.07.2021-> UD Vilafranquense (POR)
Midfielders		
ALFA SEMEDO Esteves	30.08.1997	Reading FC (ENG); 29.07.2021-> Vitória SC Guimarães (POR)
Steve Brahim Joshep Omar AMBRI	12.08.1997	FC Sochaux-Montbéliard (FRA)
Jorge Braíma Candé Nogueira "BURÁ"	22.12.1995	SC Farense Faro (POR)
JEFFERSON Anilson Silva ENCADA	17.04.1998	Leixões SC Porto (POR)
JOÃO Lamine JAQUITÉ	22.02.1996	CD Tondela (POR); 20.08.2021-> UD Vilafranquense (POR)
MAURO Daniel RODRIGUES Teixeira	15.04.2001	FC Sion (SUI)
MORETO Moro CASSAMÁ	16.02.1998	Stade de Reims (FRA)
Judilson Mamadú Tuncará Gomes "PELÉ"	29.09.1991	Rio Ave FC Vila do Conde (POR); 30.06.2021-> AS Monaco FC (FRA)
PIQUETI Djassi Brito Silva	12.02.1993	Al-Shoulla FC Al Kharj (KSA)
Manconi Soriano Mané "SORI MANÉ"	03.04.1996	Moreirense FC (POR)
Forwards		
Mama Samba BALDÉ	06.11.1995	ES Troyes AC (FRA)
David Cafimipon GOMIS	21.12.1992	Pau FC (FRA)
Iano Simão da Silva IMBENI	02.02.1999	RC Deportivo Fabril (ESP)
JOÃO MÁRIO Nunes Fernandes	11.10.1993	Associação Académica de Coimbra (POR)
Jorge Fernando Barbosa Intima "JORGINHO"	21.09.1995	Wadi Degla SC Cairo (EGY); 30.08.2021-> Wisła Płock (POL)
Ladislau LEONEL Ucha ALVES	09.05.1988	AC Marinhense (POR)
Joseph MENDES	30.03.1991	Chamois Niortais FC (FRA)
Alexandre MENDY	20.03.1994	Stade Malherbe Caen (FRA)
Frédéric MENDY	18.09.1988	Vitória FC Setúbal (POR)
National coaches		
Baciro CANDÉ [from 01.01.2017]		06.04.1967

IVORY COAST

Fédération Ivoirienne de Football
Treichville Avenue 1 - 01 –
Boîte postale 1202,
Abidjan 01
Year of Formation: 1960
Member of FIFA since: 1964
Member of CAF since: 1965
www.fif-ci.com

First international match:
13.04.1960, Madagascar:
Ivory Coast - Dahomey 3-2
Most international caps:
Alain Didier Zokora-Déguy
123 caps (2000-2014)
Most international goals:
Didier Yves Drogba Tébily
65 goals / 105 caps (2002-2014)

AFRICAN CUP OF NATIONS	
1957	Did not enter
1959	Did not enter
1962	Did not enter
1963	Did not enter
1965	Final Tournament (3rd place)
1968	Final Tournament (3rd place)
1970	Final Tournament (4th place)
1972	Qualifiers
1974	Final Tournament (Group Stage)
1976	Qualifiers
1978	Disqualified
1980	Final Tournament (Group Stage)
1982	Did not enter
1984	Final Tournament (Group Stage)
1986	Final Tournament (3rd place)
1988	Final Tournament (Group Stage)
1990	Final Tournament (Group Stage)
1992	**Final Tournament (Winners)**
1994	Final Tournament (3rd place)
1996	Final Tournament (Group Stage)
1998	Final Tournament (Quarter-Finals)
2000	Final Tournament (Group Stage)
2002	Final Tournament (Group Stage)
2004	Qualifiers
2006	Final Tournament (Runners-up)
2008	Final Tournament (4th place)
2010	Final Tournament (Quarter-Finals)
2012	Final Tournament (Runners-up)
2013	Final Tournament (Quarter-Finals)
2015	**Final Tournament (Winners)**
2017	Final Tournament (Qualified)
2019	Final Tournament (Quarter-Finals)
2021	*Final Tournament (Qualified)*

FIFA WORLD CUP	
1930	Did not enter
1934	Did not enter
1938	Did not enter
1950	Did not enter
1954	Did not enter
1958	Did not enter
1962	Did not enter
1966	Did not enter
1970	Did not enter
1974	Qualifiers
1978	Qualifiers
1982	Did not enter
1986	Qualifiers
1990	Qualifiers
1994	Qualifiers
1998	Qualifiers
2002	Qualifiers
2006	Final Tournament (Group Stage)
2010	Final Tournament (Group Stage)
2014	Final Tournament (Group Stage)
2018	Qualifiers

OLYMPIC FOOTBALL TOURNAMENTS 1908-2020							
1908	-	1952	-	1976	-	2000	Qualifiers
1912	-	1956	-	1980	Withdrew	2004	Qualifiers
1920	-	1960	-	1984	-	2008	Quarter-Finals
1924	-	1964	-	1988	Qualifiers	2012	Qualifiers
1928	-	1968	-	1992	WDQ[1]	2016	Qualifiers
1936	-	1972	-	1996	-	2020	Quarter-Finals
1948	-						

[1] *Withdrew during qualifiers*

F.I.F.A. CONFEDERATIONS CUP 1992-2017
1992 (4th place)

AFRICAN GAMES 1965-2019
1965 (3rd place), 1973, 1987, 1991, 1995, 1999, 2007, 2015 (Qualifiers)
CSSA 1982-1987/WAFU 2005/UEMOA 2007-2009
1982, 1983, 1984 (3rd place), 1987, **2007 (Winners)**, **2008 (Winners)**, 2009
WAFU „Laurent Gbagbo" WEST AFRICAN UNITY CUP
2005
AFRICAN NATIONS CHAMPIONSHIP 2009-2020
2009 (Group Stage), 2011 (Group Stage), 2014 (Qualifiers), 2016 (3rd Place), 2018 (Group Stage), 2020 (Qualifiers)
CSSA CUP 1982-1987/UEMOA TOURNAMENT 2007-2016
1982 (4th Place), 1983 (3rd place), 1984 (3rd Place), 1987 (Group Stage), **2007 (Winners)**, **2008 (Winners)**, 2009 (Group Stage), 2010 (Group Stage), 2011 (Group Stage), 2013 (Group Stage), 2016 (Group Stage)
WEST AFRICAN NATIONS CUP 2010-2019
2010, 2017 (Group Stage), 2019 (Semi-Finals)

IVORIAN CLUB HONOURS IN ASIAN CLUB COMPETITIONS:
CAF Champions League 1964-2021
Stade d'Abidjan (1966)
ASEC Mimosas Abidjan (1998)
CAF Confederation Cup 2004-2021
None
CAF Super Cup 1993-2021
Africa Sports National Abidjan (1992/1993)
ASEC Mimosas Abidjan (1998/1999)
African Cup Winners' Cup 1975-2003*
Africa Sports National Abidjan (1992, 1999)
CAF Cup 1992-2003*
Stella Club d'Adjamé Abidjan (1993)

**defunct competitions*

NATIONAL COMPETITIONS
TABLE OF HONOURS

	CHAMPIONS	CUP WINNERS
1960	Onze Frères de Bassam	ASC Espoir de Man
1961	Onze Frères de Bassam	Africa Sports National Abidjan
1962	Stade d'Abidjan	ASEC Mimosas Abidjan
1963	ASEC Mimosas Abidjan	Jeunesse Club d'Abidjan
1964	Stade d'Abidjan	Africa Sports National Abidjan
1965	Stade d'Abidjan	*No competition*
1966	Stade d'Abidjan	*No competition*
1967	Africa Sports National Abidjan	ASEC Mimosas Abidjan
1968	Africa Sports National Abidjan	ASEC Mimosas Abidjan
1969	Stade d'Abidjan	ASEC Mimosas Abidjan
1970	ASEC Mimosas Abidjan	ASEC Mimosas Abidjan
1971	Africa Sports National Abidjan	Stade d'Abidjan
1972	ASEC Mimosas Abidjan	ASEC Mimosas Abidjan
1973	ASEC Mimosas Abidjan	ASEC Mimosas Abidjan
1974	ASEC Mimosas Abidjan	Stella Club d'Adjamé Abidjan
1975	ASEC Mimosas Abidjan	Stella Club d'Adjamé Abidjan
1976	Sporting Club de Gagnoa	Stade d'Abidjan
1977	Africa Sports National Abidjan	Africa Sports National Abidjan
1978	Africa Sports National Abidjan	Africa Sports National Abidjan
1979	Stella Club d'Adjamé Abidjan	Africa Sports National Abidjan
1980	ASEC Mimosas Abidjan	Réveil Club de Daloa
1981	Stella Club d'Adjamé Abidjan	Africa Sports National Abidjan
1982	Africa Sports National Abidjan	Africa Sports National Abidjan
1983	Africa Sports National Abidjan	ASEC Mimosas Abidjan
1984	Stella Club d'Adjamé Abidjan	Stade d'Abidjan
1985	Africa Sports National Abidjan	Africa Sports National Abidjan
1986	Africa Sports National Abidjan	Africa Sports National Abidjan
1987	Africa Sports National Abidjan	ASC Bouaké
1988	Africa Sports National Abidjan	ASI Abengourou
1989	Africa Sports National Abidjan	Africa Sports National Abidjan
1990	ASEC Mimosas Abidjan	ASEC Mimosas Abidjan
1991	ASEC Mimosas Abidjan	*No final was played*
1992	ASEC Mimosas Abidjan	*No final was played*
1993	ASEC Mimosas Abidjan	Africa Sports National Abidjan
1994	ASEC Mimosas Abidjan	Stade d'Abidjan
1995	ASEC Mimosas Abidjan	ASEC Mimosas Abidjan
1996	Africa Sports National Abidjan	Société Omnisports de l'Armée Yamoussoukro
1997	ASEC Mimosas Abidjan	ASEC Mimosas Abidjan
1998	ASEC Mimosas Abidjan	Africa Sports National Abidjan
1999	Africa Sports National Abidjan	ASEC Mimosas Abidjan
2000	ASEC Mimosas Abidjan	Stade d'Abidjan
2001	ASEC Mimosas Abidjan	Alliance Bouaké
2002	ASEC Mimosas Abidjan	Africa Sports National Abidjan
2003	ASEC Mimosas Abidjan	ASEC Mimosas Abidjan
2004	ASEC Mimosas Abidjan	CO Bouaflé
2005	ASEC Mimosas Abidjan	ASEC Mimosas Abidjan

2006	ASEC Mimosas Abidjan	Issia Wazi FC
2007	Africa Sports National Abidjan	ASEC Mimosas Abidjan
2008	Africa Sports National Abidjan	ASEC Mimosas Abidjan
2009	ASEC Mimosas Abidjan	Africa Sports National Abidjan
2010	ASEC Mimosas Abidjan	Africa Sports National Abidjan
2011	Africa Sports National Abidjan	ASEC Mimosas Abidjan
2012	Séwé Sports de San Pédro	Stella Club d'Adjamé Abidjan
2012/2013	Séwé Sports de San Pédro	ASEC Mimosas Abidjan
2013/2014	Séwé Sports de San Pédro	ASEC Mimosas Abidjan
2014/2015	AS Tanda	Africa Sports National Abidjan
2015/2016	AS Tanda	Séwé Sports de San Pédro
2016/2017	ASEC Mimosas Abidjan	Africa Sports National Abidjan
2017/2018	ASEC Mimosas Abidjan	ASEC Mimosas Abidjan
2018/2019	Société Omnisports de l'Armée Yamoussoukro	FC San Pédro
2019/2020	Racing Club Abidjan	*Competition cancelled*
2020/2021	ASEC Mimosas Abidjan	*No competition*

Super Cup (Coupe „Félix Houphouët-Boigny") Winners:
1975: ASEC Mimosas Abidjan; 1976: Sporting Club de Gagnoa; 1977: Stella Club d'Adjamé Abidjan; 1978: Sporting Club de Gagnoa; 1979: Africa Sports National Abidjan; 1980: ASEC Mimosas Abidjan; 1981: Africa Sports National Abidjan; 1982: Africa Sports National Abidjan; 1983: ASEC Mimosas Abidjan; 1984: Stella Club d'Adjamé Abidjan; 1985: Stade d'Abidjan; 1986: Africa Sports National Abidjan; 1987: Africa Sports National Abidjan; 1988: Africa Sports National Abidjan; 1989: Africa Sports National Abidjan; 1990: ASEC Mimosas Abidjan; 1991: Africa Sports National Abidjan; 1992: *No competiton;* 1993: Africa Sports National Abidjan; 1994: ASEC Mimosas Abidjan; 1995: ASEC Mimosas Abidjan; 1996: Société Omnisports de l'Armée Yamoussoukro; 1997: ASEC Mimosas Abidjan; 1998: ASEC Mimosas Abidjan; 1999: ASEC Mimosas Abidjan; 2000-02: *No competition*; 2003: Africa Sports National Abidjan; 2004: ASEC Mimosas Abidjan; 2005: Séwé Sports de San Pedro; 2006: ASEC Mimosas Abidjan; 2007: ASEC Mimosas Abidjan; 2008: ASEC Mimosas Abidjan; 2009: ASEC Mimosas Abidjan; 2010: Jeunesse Club d'Abidjan-Treichville; 2011: ASEC Mimosas Abidjan; 2012: Séwé Sports de San Pédro; 2013: Séwé Sports de San Pédro; 2014: Séwé Sports de San Pédro; 2015-2016: *No competition*; 2017: ASEC Mimosas Abidjan; 2018: Stade d'Abidjan; 2019: Société Omnisports de l'Armée Yamoussoukro.

NATIONAL CHAMPIONSHIP
Ligue 1 MTN 2020/2021

Regular Stage

Groupe A

1.	Académie de Foot „Amadou Diallo" de Djékanou	12	8	2	2	14 - 7	26
2.	FC San Pédro	12	5	5	2	17 - 13	20
3.	ES Bafing	12	3	5	4	8 - 11	14
4.	Sporting Club de Gagnoa	12	3	4	5	12 - 13	13
5.	USC Bassam	12	2	6	4	12 - 14	12
6.	AS Indenié Abengourou	12	2	6	4	8 - 10	12
7.	Africa Sports d'Abidjan (*Relegated*)	12	2	6	4	10 - 13	11

Groupe B

1.	Société Omnisports de l'Armée Yamoussoukro	12	7	3	2	16 - 7	24
2.	ASEC Mimosas Abidjan	12	6	4	2	16 - 9	22
3.	Racing Club Abidjan	12	4	6	2	13 - 12	18
4.	Bouaké FC	12	3	5	4	8 - 8	14
5.	Stars Olympic Club Abobo Abidjan	12	3	4	5	10 - 11	13
6.	Stella Club d'Adjamé Abidjan	12	4	1	7	11 - 20	13
7.	AS Tanda (*Relegated*)	12	3	1	8	8 - 15	10

Winners and runners-up were qualified for the Championship Play-offs.

Championship Play-offs

1.	**ASEC Mimosas Abidjan**	6	2	4	0	7 - 3	10
2.	FC San Pédro	6	2	2	2	6 - 3	8
3.	Société Omnisports de l'Armée Yamoussoukro	6	2	1	3	2 - 6	7
4.	Académie de Foot „Amadou Diallo" de Djékanou	6	1	3	2	3 - 6	6

Promoted for the 2021/2022 season:

Mouna FC Agbaou, Limane Yacouba Sylla FC Sassandra

THE CLUBS

ACADÉMIE DE FOOT „AMADOU DIALLO" DE DJÉKANOU
Year of Formation: 2005
Stadium: Stade Municipal, Abidjan (20,000)

AFRICA SPORTS D'ABIDJAN
Year of Formation: 1947
Stadium: Stade „Robert Champroux", Abidjan (10,000)

ASSOCIATION SPORTIVE INDENIÉ ABENGOUROU
Year of Formation: 1951
Stadium: Stade "Henri Konan Bédié", Abengourou (3,000)

ASSOCIATION SPORTIVE TANDA
Year of Formation: n/a
Stadium: Stade "Henri Konan Bédié", Abengorou (3,000)

ACADÉMIE SPORTIVE DES EMPLOYÉS DE COMMERCE (ASEC) MIMOSAS
Year of Formation: 1948
Stadium: Stade „Félix Houphouët-Boigny", Abidjan (35,000)

BOUAKÉ FOOTBALL CLUB
Year of Formation: 2007
Stadium: Stade Bouaké, Bouaké (35,000)

ENTENTE SPORTIVE DU BAFING
Year of Formation: 2000

RACING CLUB ABIDJAN
Year of Formation: 2006
Stadium: Stade „Félix Houphouët-Boigny", Abidjan (35,000)

FOOTBALL CLUB SAN PÉDRO
Year of Formation: 2004
Stadium: Stade „Auguste Denise", San Pédro (8,000)

SOCIÉTÉ OMNISPORTS DE L'ARMÉE YAMOUSSOUKRO
Year of Formation: 1932
Stadium: Stade de Yamoussoukro, Yamoussoukro (6,000)

SPORTING CLUB DE GAGNOA
Year of Formation: 1960
Stadium: Stade "Victor Biaka Boda", Gagnoa (20,000)

STARS OLYMPIC CLUB ABOBO ABIDJAN
Year of Formation: n/a
Stadium: Stade „Robert Champroux", Abidjan (10,000)

STELLA CLUB D'ADJAMÉ ABIDJAN
Year of Formation: 1953
Stadium: Stade „Robert Champroux", Abidjan (10,000)

UNION SPORTIVE DES CLUBS DE BASSAM
Year of Formation: 1947
Stadium: Stade Municipal de Bassam, Bassam (5,000)

NATIONAL TEAM
INTERNATIONAL MATCHES 2021

26.03.2021	Niamey	Niger - Ivory Coast	0-3(0-2)	(ACNQ)
30.03.2021	Abidjan	Ivory Coast - Ethiopia	3-1(2-0)	(ACNQ)
05.06.2021	Abidjan	Ivory Coast - Burkina Faso	2-1(0-1)	(F)
12.06.2021	Cape Coast	Ghana - Ivory Coast	0-0	(F)
03.09.2021	Maputo	Mozambique - Ivory Coast	0-0	(WCQ)
06.09.2021	Abidjan	Ivory Coast - Cameroon	2-1(2-0)	(WCQ)
08.10.2021	Johannesburg	Malawi - Ivory Coast	0-3(0-1)	(WCQ)
11.10.2021	Cotonou	Ivory Coast - Malawi	2-1(1-1)	(WCQ)
13.11.2021	Cotonou	Ivory Coast - Mozambique	3-0(1-0)	(WCQ)
16.11.2021	Douala	Cameroon - Ivory Coast	1-0(1-0)	(WCQ)

26.03.2021, 33rd African Cup of Nations, Qualifiers
Stade "Général Seyni Kountché", Niamey; Attendance: 0
Referee: Beida Dahane (Mauritania)
NIGER - IVORY COAST   **0-3(0-2)**
CIV: Guelassiognon Sylvain Gbohouo, Serge Alain Stéphane Aurier, Willy-Arnaud Zobo Boly, Éric Bertrand Bailly (66.Simon Désiré Sylvanus Deli), Serge Wilfried Kanon, Ibrahim Sangaré, Fousseny Coulibaly (58.Christian Michael Kouamé Kouakou), Franck Yannick Kessié, Nicolas Pépé (85.Amad Diallo Traoré), Max-Alain Gradel (66.Dazet Wilfried Armel Zaha), Jonathan Kodjia (58.Yohan Alexandre Mady Boli). Trainer: Patrice Beaumelle (France).
Goals: Serge Alain Stéphane Aurier (25), Max Gradel (34), Serge Wilfried Kanon (60).

30.03.2021, 33rd African Cup of Nations, Qualifiers
Stade Olympique "Alassane Ouattara", Abidjan; Attendance: 0
Referee: Charles Bulu (Ghana)
IVORY COAST - ETHIOPIA   **3-1(2-0)**
CIV: Guelassiognon Sylvain Gbohouo, Serge Alain Stéphane Aurier, Willy-Arnaud Zobo Boly, Simon Désiré Sylvanus Deli, Serge Wilfried Kanon (75.Junior Wakalible Lago), Ibrahim Sangaré, Jean-Daniel Akpa Akpro (69.Sereso Geoffroy Gonzaroua Dié), Franck Yannick Kessié, Yohan Alexandre Mady Boli (75.Jonathan Kodjia), Dazet Wilfried Armel Zaha (69.Max-Alain Gradel), Jean Evrard Kouassi. Trainer: Patrice Beaumelle (France).
Goals: Willy-Arnaud Zobo Boly (3), Franck Yannick Kessié (19 penalty), Jean Evrard Kouassi (76).

05.06.2021, Friendly International
Stade Olympique "Alassane Ouattara", Abidjan; Attendance: 0
Referee: Mawabwe Bodjona (Togo)
IVORY COAST - BURKINA FASO   **2-1(0-1)**
CIV: Badra Ali Sangaré, Wilfried Stephane Singo, Sinaly Diomandé, Willy-Arnaud Zobo Boly, Hassane Kamara, Kouakou Odilon Dorgeless Kossounou (46.Jérémie Boga), Ibrahim Sangaré, Franck Yannick Kessié, Junior Wakalible Lago (63.Amad Diallo Traoré), Sébastien Romain Teddy Haller, Max-Alain Gradel (82.Christian Raoul Kouamé Koffi). Trainer: Patrice Beaumelle (France).
Goals: Ibrahim Sangaré (72), Amad Diallo Traoré (90+7).

12.06.2021, Friendly International
Cape Coast Sports Stadium, Cape Coast; Attendance: 0
Referee: Daouda Guèye (Senegal)
GHANA - IVORY COAST **0-0**
CIV: Guelassiognon Sylvain Gbohouo, Serge Alain Stéphane Aurier, Kouakou Odilon Dorgeless Kossounou, Éric Bertrand Bailly, Willy-Arnaud Zobo Boly (90+2.Sinaly Diomandé), Serge Wilfried Kanon (58.Hassane Kamara), Ibrahim Sangaré (90+2.Ismaila Wafougossani Soro), Franck Yannick Kessié, Wilfried Stephane Singo (73.Max-Alain Gradel), Sébastien Romain Teddy Haller (73.Christian Michael Kouamé Kouakou), Jérémie Boga (58.Amad Diallo Traoré). Trainer: Patrice Beaumelle (France).

03.09.2021, 22nd FIFA World Cup Qualifiers, Second Round
Estádio Nacional do Zimpeto, Maputo; Attendance: 0
Referee: Pacifique Ndabihawenimana (Burundi)
MOZAMBIQUE - IVORY COAST **0-0**
CIV: Guelassiognon Sylvain Gbohouo, Ghislain Niclomande Konan, Kouakou Odilon Dorgeless Kossounou, Sinaly Diomandé, Hassane Kamara, Sereso Geoffroy Gonzaroua Dié, Habib Digbo G'nampa Maïga (62.Jérémie Boga), Ibrahim Sangaré, Jean Evrard Kouassi (62.Bi Sylvestre Franck Fortune Boli), Sébastien Romain Teddy Haller (84.Karim Konaté), Max-Alain Gradel. Trainer: Patrice Beaumelle (France).

06.09.2021, 22nd FIFA World Cup Qualifiers, Second Round
Stade Olympique "Alassane Ouattara", Abidjan; Attendance: 10,000
Referee: Mehdi Abid Charef (Algeria)
IVORY COAST - CAMEROON **2-1(2-0)**
CIV: Guelassiognon Sylvain Gbohouo, Serge Alain Stéphane Aurier, Willy-Arnaud Zobo Boly (69.Sinaly Diomandé), Kouakou Odilon Dorgeless Kossounou, Éric Bertrand Bailly, Ibrahim Sangaré, Jean Michaël Seri (90+3.Habib Digbo G'nampa Maïga), Gnaly Maxwel Cornet, Jean Evrard Kouassi (83.Jean-Daniel Akpa Akpro), Sébastien Romain Teddy Haller (69.Christian Michael Kouamé Kouakou), Jérémie Boga (69.Karim Konaté). Trainer: Patrice Beaumelle (France).
Goals: Sébastien Romain Teddy Haller (20 penalty, 29).

08.10.2021, 22nd FIFA World Cup Qualifiers, Second Round
Orlando Stadium, Johannesburg (South Africa); Attendance: 0
Referee: Peter Waweru (Kenya)
MALAWI - IVORY COAST **0-3(0-1)**
CIV: Guelassiognon Sylvain Gbohouo, Serge Alain Stéphane Aurier, Kouakou Odilon Dorgeless Kossounou, Willy-Arnaud Zobo Boly, Sinaly Diomandé, Ibrahim Sangaré, Franck Yannick Kessié, Hassane Kamara, Jean Evrard Kouassi (72.Jérémie Boga), Christian Michael Kouamé Kouakou (72.Karim Konaté), Max-Alain Gradel (72.Gervais Lombe Yao Kouassi „Gervinho"). Trainer: Patrice Beaumelle (France).
Goals: Max-Alain Gradel (36), Ibrahim Sangaré (85), Jérémie Boga (90+5).

11.10.2021, 22nd FIFA World Cup Qualifiers, Second Round
Stade de l'Amitié, Cotonou (Benin); Attendance: 1,000
Referee: Bernard Camille (Seychelles)
IVORY COAST - MALAWI **2-1(1-1)**
CIV: Guelassiognon Sylvain Gbohouo, Serge Alain Stéphane Aurier (46.Habib Digbo G'nampa Maïga), Willy-Arnaud Zobo Boly, Éric Bertrand Bailly, Ghislain Niclomande Konan, Jean Michaël Seri (75.Jérémie Boga), Ibrahim Sangaré, Franck Yannick Kessié, Nicolas Pépé, Dazet Wilfried Armel Zaha (74.Max-Alain Gradel), Gervais Lombe Yao Kouassi „Gervinho" (74.Christian Michael Kouamé Kouakou). Trainer: Patrice Beaumelle (France).
Goals: Nicolas Pépé (2), Franck Yannick Kessié (66 penalty).

13.11.2021, 22nd FIFA World Cup Qualifiers, Second Round
Stade de l'Amitié, Cotonou (Benin); Attendance: 0
Referee: Ahmed El Ghandour (Egypt)
IVORY COAST - MOZAMBIQUE **3-0(1-0)**
CIV: Guelassiognon Sylvain Gbohouo, Serge Alain Stéphane Aurier (86.Habib Digbo G'nampa Maïga), Kouakou Odilon Dorgeless Kossounou, Willy-Arnaud Zobo Boly, Hassane Kamara, Franck Yannick Kessié (77.Sereso Geoffroy Gonzaroua Dié), Hamed Junior Traorè, Jean Michaël Seri, Max-Alain Gradel (70.Jean Evrard Kouassi), Sébastien Romain Teddy Haller (85.Yohan Alexandre Mady Boli), Gnaly Maxwel Cornet (70.Nicolas Pépé). Trainer: Patrice Beaumelle (France).
Goals: Max-Alain Gradel (10), Gnaly Maxwel Cornet (61), Jean Michaël Seri (90).

16.11.2021, 22nd FIFA World Cup Qualifiers, Second Round
Stade Japoma, Douala; Attendance: 0
Referee: Janny Sikazwe (Zambia)
CAMEROON - IVORY COAST **1-0(1-0)**
CIV: Guelassiognon Sylvain Gbohouo, Serge Alain Stéphane Aurier, Kouakou Odilon Dorgeless Kossounou (46.Ibrahim Sangaré), Willy-Arnaud Zobo Boly, Éric Bertrand Bailly, Franck Yannick Kessié, Jean Michaël Seri (69.Hamed Junior Traorè), Max-Alain Gradel (83.Christian Michael Kouamé Kouakou), Jean Evrard Kouassi (69.Nicolas Pépé), Sébastien Romain Teddy Haller, Gnaly Maxwel Cornet. Trainer: Patrice Beaumelle (France).

NATIONAL TEAM PLAYERS 2021		
Name	DOB	Club
Goalkeepers		
Guelassiognon Sylvain GBOHOUO	29.10.1988	*TP Mazembe Lubumbashi (COD); 02.09.2021-> Wolkite City FC (ETH)*
Badra Ali SANGARÉ	30.05.1986	*JDR Stars Pretoria (RSA)*
Defenders		
Serge Alain Stéphane AURIER	24.12.1992	*Tottenham Hotspur FC London (ENG); 31.08.2021-> Unattached; 04.10.2021-> Villarreal CF (ESP)*
Éric Bertrand BAILLY	12.04.1994	*Manchester United FC (ENG)*
Willy-Arnaud Zobo BOLY	03.02.1991	*Wolverhampton Wanderers FC (ENG)*
Simon Désiré Sylvanus DELI	27.10.1991	*SK Slavia Praha (CZE)*
Sinaly DIOMANDÉ	09.04.2001	*Olympique Lyonnais (FRA)*
Hassane KAMARA	05.03.1994	*OGC Nice (FRA)*
Serge Wilfried KANON	06.07.1993	*Al-Gharafa SC Doha (QAT)*
Ghislain Niclomande KONAN	27.12.1995	*Stade de Reims (FRA)*
Kouakou Odilon Dorgeless KOSSOUNOU	04.01.2001	*Club Brugge KV (BEL); 22.07.2021-> TSV Bayer 04 Leverkusen (GER)*
Wilfried Stephane SINGO	25.12.2000	*Torino FC (ITA)*

Midfielders

Jean-Daniel AKPA AKPRO	11.10.1992	*SS Lazio Roma (ITA)*
Jérémie BOGA	03.01.1997	*US Sassuolo Calcio (ITA)*
Fousseny COULIBALY	12.12.1992	*Espérance Sportive de Tunis (TUN)*
Sereso Geoffroy Gonzaroua DIÉ „Serey Dié"	07.11.1984	*FC Sion (SUI)*
Franck Yannick KESSIÉ	19.12.1996	*AC Milan (ITA)*
Christian Raoul Kouamé KOFFI	21.12.1990	*TP Mazembe Lubumbashi (COD)*
Habib Digbo G'nampa MAÏGA	01.01.1996	*FC Metz (FRA)*
Ibrahim SANGARÉ	02.12.1997	*PSV Eindhoven (NED)*
Jean Michaël SERI	19.07.1991	*Fulham FC London (ENG)*
Ismaila Wafougossani SORO	07.05.1998	*Celtic FC Glasgow (SCO)*
Hamed Junior TRAORÈ	16.02.2000	*US Sassuolo Calcio (ITA)*

Forwards

Bi Sylvestre Franck Fortune BOLI	07.12.1993	*Ferencvárosi TC (HUN)*
Yohan Alexandre Mady BOLI	17.11.1993	*Al-Rayyan SC (QAT)*
Gnaly Maxwel CORNET	27.09.1996	*Burnley FC (ENG)*
Amad DIALLO Traoré	11.07.2002	*Manchester United FC (ENG)*
Gervais Lombe Yao Kouassi „GERVINHO"	27.05.1987	*Trabzonspor Kulübü (TUR)*
Max-Alain GRADEL	30.11.1987	*Sivasspor Kulübü (TUR)*
Sébastien Romain Teddy HALLER	22.06.1994	*AFC Ajax Amsterdam (NED)*
Jonathan KODJIA	22.10.1989	*Al-Gharafa SC Doha (QAT)*
Karim KONATÉ	21.03.2004	*ASEC Mimosas Abidjan*
Christian Michael KOUAMÉ Kouakou	06.12.1997	*ACF Fiorentina (ITA); 21.08.2021-> RSC Anderlecht Bruxelles (BEL)*
Jean Evrard KOUASSI	25.09.1994	*Wuhan FC (CHN)*
Junior Wakalible LAGO	31.12.1990	*RCD Mallorca (ESP)*
Nicolas PÉPÉ	29.05.1995	*Arsenal FC London (ENG)*
Dazet Wilfried Armel ZAHA	10.11.1992	*Crystal Palace FC London (ENG)*

National coaches

Patrice BEAUMELLE (France) [from 04.03.2020]	24.04.1978

KENYA

Kenya Football Federation
Willmary Garden Estate
PO Box 12705-00400,
NRB - Nairobi
Year of Formation: 1946
Member of FIFA since: 1960
Member of CAF since: 1961
www.footballkenya.org

First international match:
01.05.1926, Nairobi:
Kenya - Uganda 1-1
Most international caps:
Musa Otieno Ongao
90 caps (1993-2009)
Most international goals:
William Ouma
35 goals / 66 caps (1965-1977)

AFRICAN CUP OF NATIONS	
1957	Did not enter
1959	Did not enter
1962	Qualifiers
1963	Withdrew
1965	Qualifiers
1968	Qualifiers
1970	Qualifiers
1972	Final Tournament (Group Stage)
1974	Qualifiers
1976	Qualifiers
1978	Qualifiers
1980	Qualifiers
1982	Qualifiers
1984	Did not enter
1986	Qualifiers
1988	Final Tournament (Group Stage)
1990	Final Tournament (Group Stage)
1992	Final Tournament (Group Stage)
1994	Qualifiers
1996	Withdrew
1998	Qualifiers
2000	Qualifiers
2002	Qualifiers
2004	Final Tournament (Group Stage)
2006	Qualifiers
2008	Qualifiers
2010	Qualifiers
2012	Qualifiers
2013	Qualifiers
2015	Qualifiers
2017	Qualifiers
2019	Final Tournament (Group Stage)
2021	Qualifiers

FIFA WORLD CUP	
1930	Did not enter
1934	Did not enter
1938	Did not enter
1950	Did not enter
1954	Did not enter
1958	Did not enter
1962	Did not enter
1966	Did not enter
1970	Did not enter
1974	Qualifiers
1978	Qualifiers
1982	Qualifiers
1986	Qualifiers
1990	Qualifiers
1994	Qualifiers
1998	Qualifiers
2002	Qualifiers
2006	Qualifiers
2010	Qualifiers
2014	Qualifiers
2018	Qualifiers

OLYMPIC FOOTBALL TOURNAMENTS 1908-2020

1908	-	1952	-	1976	-	2000	Qualifiers
1912	-	1956	-	1980	Qualifiers	2004	Qualifiers
1920	-	1960	-	1984	Qualifiers	2008	Did not enter
1924	-	1964	Qualifiers	1988	Qualifiers	2012	Did not enter
1928	-	1968	-	1992	-	2016	Qualifiers
1936	-	1972	-	1996	Qualifiers	2020	Qualifiers
1948	-						

F.I.F.A. CONFEDERATIONS CUP 1992-2017
None

AFRICAN GAMES 1965-2019
1987 (Runners-up), 1991, 1999, 2003, 2015 (Qualifiers)

CECAFA CUP (East and Central African Championship) 1973-2021
1973 (Group Stage), 1974 (Group Stage), **1975 (Winners)**, 1976 (Semi-Finals), 1977 (4th Place), 1978 (3rd place), 1979 (Runners-up), **1980, 1981 & 1982 & 1983 (Winners)**, 1984 (4th Place), 1985 (Runners-up), 1987 (Group Stage), 1988 (3rd place), 1989 (3rd place), 1990 (Group Stage), 1991 (Runners-up), 1992 (Group Stage), 1994 (3rd place), 1995 (3rd place), 1996 (4th Place), 1999 (Runners-up), 2000 (Group Stage), 2001 (Runners-up), **2002 (Winners)**, 2003 (3rd place), 2004 (4th Place), 2007 (Quarter-Finals), 2008 (Runners-up), 2009 (Quarter-Finals), 2010 (Group Stage), 2011 (Group Stage), 2012 (Runners-up), **2013 (Winners)**, 2015 (Quarter-Finals), **2017 (Winners)**, 2019 (3rd Place); 2021 (4th Place)

AFRICAN NATIONS CHAMPIONSHIP 2009-2020
2009 (Qualifiers), 2011 (Qualifiers), 2014 (Qualifiers), 2016 (Qualifiers), 2020 (Qualifiers)

KENYAN CLUB HONOURS IN ASIAN CLUB COMPETITIONS:

CAF Champions League 1964-2021
None

CAF Confederation Cup 2004-2021
None

CAF Super Cup 1993-2021
None

*African Cup Winners' Cup 1975-2003**
Gor Mahia FC Nairobi (1987)

*CAF Cup 1992-2003**
None

*defunct competitions

NATIONAL COMPETITIONS
TABLE OF HONOURS

	CHAMPIONS	CUP WINNERS[1]
1956	-	Mombasa Liverpool
1957	-	*Not known*
1958	-	*Not known*
1959	-	*Not known*
1960	-	*Not known*
1961	-	*Not known*
1962	-	Mombasa Liverpool
1963	Nakuru All-Stars	*Not known*
1964	Luo Union Mombasa	Luo Union Mombasa
1965	Feisal FC Mombasa	Luo Union Mombasa
1966	Abaluhya FC Nairobi[2]	Luo Union Mombasa
1967	Abaluhya FC Nairobi	Abaluhya FC Nairobi
1968	Gor Mahia FC Nairobi	Abaluhya FC Nairobi
1969	Nakuru All-Stars	*Not known*
1970	Abaluhya FC Nairobi	*Not known*
1971	*Not known*	*Not known*
1972	Kenya Breweries[3]	*Not known*
1973	Abaluhya FC Nairobi	*Not known*
1974	Gor Mahia FC Nairobi	*Not known*
1975	Luo Union Mombasa	Kenya Breweries
1976	Gor Mahia FC Nairobi	Gor Mahia FC Nairobi
1977	Kenya Breweries	*Not known*
1978	Kenya Breweries	*Not known*
1979	Gor Mahia FC Nairobi	*Not known*
1980	AFC Leopards Nairobi	*No competition*
1981	AFC Leopards Nairobi	Gor Mahia FC Nairobi
1982	AFC Leopards Nairobi	*Not known*
1983	Gor Mahia FC Nairobi	Gor Mahia FC Nairobi
1984	Gor Mahia FC Nairobi	*Not known*
1985	Gor Mahia FC Nairobi	AFC Leopards Nairobi
1986	AFC Leopards Nairobi	Gor Mahia FC Nairobi
1987	Gor Mahia FC Nairobi	Gor Mahia FC Nairobi
1988	AFC Leopards Nairobi	Gor Mahia FC Nairobi
1989	AFC Leopards Nairobi	Kenya Breweries
1990	Gor Mahia FC Nairobi	Rivatex Eldoret
1991	Gor Mahia FC Nairobi	AFC Leopards Nairobi
1992	AFC Leopards Nairobi	Gor Mahia FC Nairobi
1993	Gor Mahia FC Nairobi	Kenya Breweries
1994	Kenya Breweries	AFC Leopards Nairobi
1995	Gor Mahia FC Nairobi	Rivatex Eldoret
1996	Kenya Breweries	Mumias Sugar
1997	Utalii	Eldoret KCC
1998	AFC Leopards Nairobi	Mathare United Nairobi
1999	Tusker FC Nairobi	Mumias Sugar
2000	Tusker FC Nairobi	Mathare United Nairobi
2001	Oserian Fastac FC	AFC Leopards Nairobi
2002	Oserian Fastac FC	Kenya Pipeline

2002/2003	Ulinzi Stars FC Nakuru	Chemelil Sugar Nyando
2003/2004	Ulinzi Stars FC Nakuru	World Hope FC Nairobi
2004/2005	Ulinzi Stars FC Nakuru	*No competition*
2005/2006	SoNy Sugar Awendo	Sofapaka FC Nairobi
2006/2007	Tusker FC Nairobi	*No competition*
2008	Mathare United Nairobi	Gor Mahia FC Nairobi
2009	Sofapaka FC Nairobi	AFC Leopards Nairobi
2010	Ulinzi Stars FC Nakuru	Sofapaka FC Nairobi
2011	Tusker FC Nairobi	Gor Mahia FC Nairobi
2012	Tusker FC Nairobi	Gor Mahia FC Nairobi
2013	Gor Mahia FC Nairobi	AFC Leopards SC Nairobi
2014	Gor Mahia FC Nairobi	Sofapaka FC Nairobi
2015	Gor Mahia FC Nairobi	Bandari FC Mombasa
2016	Tusker FC Nairobi	Tusker FC Nairobi
2017	Gor Mahia FC Nairobi	AFC Leopards SC Nairobi
2018	Gor Mahia FC Nairobi	Kariobangi Sharks FC Nairobi
2018/2019	Gor Mahia FC Nairobi	Bandari FC Mombasa
2019/2020	Gor Mahia FC Nairobi	*Competition cancelled*
2020/2021	Tusker FC Nairobi	Gor Mahia FC Nairobi

[1] The Cup competition was called FA Cup of Kenya (1956-1975), Kenya Challenge Cup (1976-1985), Moi Golden Cup (1986-2002), President's Cup Cup (2003-2007), KFF Cup (2008), FKL Cup (Football Kenya Limited, 2009-2011), FKF Cup (2012), GoTV Shield Cup (2013-2017), SportPesa Shield Cup (2018-2019), Betway Cup (since 2020).
[2] Abaluhya FC Nairobi is the old name of AFC Leopards Nairobi
[3] Kenya Breweries is the old name of Tusker FC Nairobi

NATIONAL CHAMPIONSHIP
FKF Premier League 2020/2021

1.	**Tusker FC Nairobi**	32	19	8	5	52 - 26	65
2.	Kenya Commercial Bank SC Nairobi	32	18	8	6	44 - 23	62
3.	Bandari FC Mombasa	32	14	11	7	47 - 37	53
4.	AFC Leopards SC Nairobi*	32	15	6	11	37 - 31	48
5.	Kariobangi Sharks FC Nairobi	32	14	6	12	45 - 42	48
6.	Kakamega Homeboyz FC	32	14	4	14	45 - 39	46
7.	Nairobi City Stars	32	12	9	11	34 - 30	45
8.	Gor Mahia FC Nairobi*	32	14	6	12	32 - 39	45
9.	Wazito FC Nairobi	32	12	9	11	30 - 33	45
10.	Ulinzi Stars FC Nakuru	32	11	11	10	29 - 29	44
11.	Bidco United FC Thika	32	10	14	8	28 - 28	44
12.	Sofapaka FC Machakos	32	9	11	12	34 - 37	38
13.	Posta Rangers FC Nairobi	32	7	15	10	25 - 33	36
14.	Nzoia Sugar FC Bungoma	32	7	12	13	33 - 38	33
15.	Mathare United FC Nairobi	32	8	6	18	32 - 47	30
16.	Vihiga United FC Kakamega (*Relegation Play-offs*)	32	6	8	18	20 - 43	26
17.	Western Stima FC Kakamega (*Relegated*)	32	4	10	18	31 - 57	22
18.	Zoo Kericho FC (*Relegated*)	0	0	0	0	0 - 0	0

*3 points deducted

Please note: Zoo Kericho FC were excluded after 14 Rounds for match manipulation, all results being annulled.

| Relegation Play-offs [12-19.09.2021] |||
Vihiga United FC Kakamega – Kenya Police FC   1-1   0-1

| Best goalscorer 2020/2021: |
Erick Kapaito (Kariobangi Sharks FC Nairobi) – 24 goals

| Promoted for the 2021/2022 season: |
Talanta FC, Vihiga Bullets FC, Kenya Police FC

NATIONAL CUP
Betway Cup Final 2020/2021

04.07.2021, Nyayo National Stadium, Nairobi
AFC Leopards SC Nairobi - Gor Mahia FC Nairobi   0-0; 1-4 on penalties

THE CLUBS

ABALUHYA FOOTBALL CLUB LEOPARDS SPORTS CLUB NAIROBI
Year of Formation: 1964
Stadium: Nyayo National Stadium, Nairobi (30,000)

BANDARI FOOTBALL CLUB MOMBASA
Year of Formation: 1985
Stadium: Mombasa Municipal Stadium, Mombasa (10,000)

BIDCO UNITED FOOTBALL CLUB THIKA
Year of Formation: n/a
Stadium: Del Monte Grounds, Thika (20,000)

GOR MAHIA FOOTBALL CLUB NAIROBI
Year of Formation: 1968
Stadium: Nairobi City Stadium, Nairobi (15,000)

KAKAMEGA HOMEBOYZ FOOTBALL CLUB
Year of Formation: 2010
Stadium: Bukhungu Stadium, Kakamega (5,000)

KARIOBANGI SHARKS FOOTBALL CLUB NAIROBI
Year of Formation: 2000
Stadium: Kenyatta Stadium, Machakos (10,000)

KENYA COMMERCIAL BANK SPORTS CLUB NAIROBI
Year of Formation: 1993
Stadium: Nairobi City Stadium, Nairobi (15,000)

MATHARE UNITED FOOTBALL CLUB NAIROBI
Year of Formation: 1994
Stadium: Moi International Sports Centre/Kasarani Stadium, Nairobi (60,000)

NAIROBI CITY STARS
Year of Formation: 2001
Stadium: Hope Centre, Kawangware (5,000)

NZOIA SUGAR FOOTBALL CLUB BUNGOMA
Year of Formation: 1982
Stadium: Mumias Sports Complex, Mumias (5,000)

POSTA RANGERS FOOTBALL CLUB NAIROBI
Year of Formation: 1980
Stadium: "Kipchoge Keino" Stadium, Nairobi (10,000)

SOFAPAKA FOOTBALL CLUB MACHAKOS
(**SO**TE **FA**MILIA **PA**MOJA **KU**AFIKIA **A**ZIMIO)
Year of Formation: 2004
Stadium: Kenyatta Stadium, Machakos (10,000)

TUSKER FOOTBALL CLUB NAIROBI
Year of Formation: 1969 [*known as Kenya Breweries until 1999*]
Stadium: Kinoru Stadium, Nairobi (10,000)

ULINZI STARS FOOTBALL CLUB NAKURU
Year of Formation: 1995
Stadium: Afraha Stadium, Nakuru (8,200)

VIHIGA UNITED FOOTBALL CLUB KAKAMEGA
Year of Formation: n/a
Stadium: Bukhungu Sports Complex, Kakamega (5,000)

WAZITO FOOTBALL CLUB NAIROBI
Year of Formation: 2011
Stadium: Kenyatta Stadium, Machakos (10,000)

WESTERN STIMA FOOTBALL CLUB KAKAMEGA
Year of Formation: 1997
Stadium: Bukhungu Sports Complex, Kakamega (5,000)

ZOO KERICHO FOOTBALL CLUB
Year of Formation: 2009
Stadium: Green Stadium, Kericho (3,000)

NATIONAL TEAM
INTERNATIONAL MATCHES 2021

13.03.2021	Nairobi	Kenya - South Sudan	1-0(0-0)	(F)
15.03.2021	Nairobi	Kenya - Tanzania	2-1(1-1)	(F)
25.03.2021	Nairobi	Kenya - Egypt	1-1(0-1)	(ACNQ)
29.03.2021	Lomé	Togo - Kenya	1-2(0-1)	(ACNQ)
02.09.2021	Nairobi	Kenya - Uganda	0-0	(WCQ)
05.09.2021	Kigali	Rwanda - Kenya	1-1(1-1)	(WCQ)
07.10.2021	Agadir	Mali - Kenya	5-0(4-0)	(WCQ)
10.10.2021	Nairobi	Kenya - Mali	0-1(0-0)	(WCQ)
11.11.2021	Entebbe	Uganda - Kenya	1-1(0-0)	(WCQ)
15.11.2021	Nairobi	Kenya - Rwanda	2-1(2-0)	(WCQ)

13.03.2021, Friendly International
Nyayo National Stadium, Nairobi; Attendance: 0
Referee: Dickens Mimisa (Kenya)
KENYA - SOUTH SUDAN   **1-0(0-0)**
KEN: Adisa Omar Zamu, Baraka Edage Badi (70.Daniel Sakari Macheso), Nahashon Alembi Nanyendo, Johnstone Omurwa, Boniface Onyango Opiyo (46.Kevin Kiruthi-Kimani), Danson Namasaka Chetambe, Collins Sichenje (46. Kenneth Mugambi Muguna), John Macharia (70.Musa Masika Wanyama), Davis Ambulu Owino, Hassan Abdallah Hassan (70.James Ogachi Mazembe), Elvis Baranga Rupia (78.Henry Atola Meja). Trainer: Jacob Mulee.
Goal: Elvis Baranga Rupia (77).

15.03.2021, Friendly International
Nyayo National Stadium, Nairobi; Attendance: 0
Referee: Andrew Onyango (Kenya)
KENYA - TANZANIA   **2-1(1-1)**
KEN: James Saruni, Daniel Sakari Macheso, Michael Evans Kibwage, Johnstone Omurwa, Harun Mwale, Michael Mutinda Kyalo (31.Danson Namasaka Chetambe), Kenneth Mugambi Muguna, Kevin Kiruthi-Kimani (65.Elvis Baranga Rupia), Lawrence Ochieng Juma (70.Henry Atola Meja), Eric Kapaito Muugi, James Ogachi Mazembe (46.Hassan Abdallah Hassan). Trainer: Jacob Mulee.
Goals: Eric Kapaito Muugi (21), Hassan Abdallah Hassan (58).

25.03.2021, 33rd African Cup of Nations, Qualifiers
Nyayo National Stadium, Nairobi; Attendance: 0
Referee: Thando Ndzandzeka (South Africa)
KENYA - EGYPT   **1-1(0-1)**
KEN: Ian Aubrey Otieno, Daniel Sakari Macheso, Joash Abong'o Onyango, Johnstone Omurwa [*sent off 75*], Erick Ouma Otieno, Lawrence Ochieng Juma (68.Cliff Mandere Nyakeya; 80.Nahashon Alembi Nanyendo), Anthony Akumu Agai (56.Duke Ooga Abuya), Kenneth Mugambi Muguna, Hassan Abdallah Hassan (68.Clifton Miheso Ayisi), Michael Ogada Olunga, Masoud Juma Choka. Trainer: Jacob Mulee.
Goal: Hassan Abdallah Hassan (65).

29.03.2021, 33rd African Cup of Nations, Qualifiers
Stade de Kégué, Lomé; Attendance: 0
Referee: Raymond Coker (Sierra Leone)
TOGO - KENYA   **1-2(0-1)**
KEN: James Saruni, Daniel Sakari Macheso, Clyde Senaji Navade, Nahashon Alembi Nanyendo (63.Harun Mwale), Erick Ouma Otieno, Duke Ooga Abuya, Duncan Martin Otieno, Hassan Abdallah Hassan, Kevin Kiruthi-Kimani (53.Cliff Mandere Nyakeya), Clifton Miheso Ayisi (75.Kevin Simiyu), Masoud Juma Choka. Trainer: Jacob Mulee.
Goals: Hassan Abdallah Hassan (32), Masoud Juma Choka (66 penalty).

02.09.2021, 22nd FIFA World Cup Qualifiers, Second Round
Nyayo National Stadium, Nairobi; Attendance: 560
Referee: Mahmood Ali Mahmood Ismail (Sudan)
KENYA - UGANDA   **0-0**
KEN: Ian Aubrey Otieno, Daniel Sakari Macheso, Eugene Ambuchi Asike, Joseph Stanley Okumu, Erick Ouma Otieno, Kenneth Mugambi Muguna (71.Duke Ooga Abuya), Richard Odada, Lawrence Ochieng Juma (31.Eric Johanna Omondi; 76.John Macharia), Hassan Abdallah Hassan (71.Boniface Muchiri), Michael Ogada Olunga, Masoud Juma Choka. Trainer: Jacob Mulee.

05.09.2021, 22nd FIFA World Cup Qualifiers, Second Round
Nyamirambo Regional Stadium, Kigali; Attendance: 0
Referee: Joseph Odey Ogabor (Nigeria)
RWANDA - KENYA   **1-1(1-1)**
KEN: Ian Aubrey Otieno, Daniel Sakari Macheso, Joseph Stanley Okumu, Eugene Ambuchi Asike, Erick Ouma Otieno, Lawrence Ochieng Juma (50.Hassan Abdallah Hassan), Richard Odada, Kenneth Mugambi Muguna, Masoud Juma Choka (88.Henry Atola Meja), Michael Ogada Olunga, Eric Johanna Omondi (67.Boniface Muchiri). Trainer: Jacob Mulee.
Goal: Michael Ogada Olunga (10).

07.10.2021, 22nd FIFA World Cup Qualifiers, Second Round
Stade Adrar, Agadir (Morocco); Attendance: 0
Referee: Youssef Essrayri (Tunisia)
MALI - KENYA   **5-0(4-0)**
KEN: Ian Aubrey Otieno (46.Faruk Shikhalo), Joash Abong'o Onyango (35.Hassan Abdallah Hassan), Johnstone Omurwa, Joseph Stanley Okumu, Erick Ouma Otieno (77.Duke Ooga Abuya), Kenneth Mugambi Muguna, Richard Odada, Lawrence Ochieng Juma (34.Erick Zakayo Ngava), Henry Atola Meja (59.Boniface Muchiri), Michael Ogada Olunga, Aboud Omar Khamis. Trainer: Engin Fırat (Turkey).

10.10.2021, 22nd FIFA World Cup Qualifiers, Second Round
Nyayo National Stadium, Nairobi; Attendance: 0
Referee: Blaise Yuven Ngwa (Cameroon)
KENYA - MALI   **0-1(0-0)**
KEN: Brian Okoth Bwire, Aboud Omar Khamis, Johnstone Omurwa, Joseph Stanley Okumu, Erick Ouma Otieno, Duke Ooga Abuya (72.Eric Kapaito Muugi), Richard Odada, Kenneth Mugambi Muguna, Hassan Abdallah Hassan, Michael Ogada Olunga, Boniface Muchiri (78.Henry Atola Meja). Trainer: Engin Fırat (Turkey).

11.11.2021, 22nd FIFA World Cup Qualifiers, Second Round
St. Mary's Stadium-Kitende, Entebbe; Attendance: 500
Referee: Souleiman Ahmed Djama (Djibouti)
UGANDA - KENYA **1-1(0-0)**
KEN: Brian Okoth Bwire, Amos Nondi Obiero, David Ochieng, Joseph Stanley Okumu, Aboud Omar Khamis, Anthony Akumu Agai, Kenneth Mugambi Muguna, Anthony Wambani Atieno (63.Alwyn Luheni Tera; 90+2.Mesud Mohammed Musa), Hassan Abdallah Hassan, Michael Ogada Olunga, Samuel Onyango Ouma (73.Timothy Noor Ouma). Trainer: Engin Fırat (Turkey).
Goal: Michael Ogada Olunga (62).

15.11.2021, 22nd FIFA World Cup Qualifiers, Second Round
Nyayo National Stadium, Nairobi; Attendance: 0
Referee: Celso Alvação (Mozambique)
KENYA - RWANDA **2-1(2-0)**
KEN: James Saruni, Amos Nondi Obiero, David Ochieng, Joseph Stanley Okumu, Aboud Omar Khamis, Anthony Akumu Agai (62.Anthony Wambani Atieno), Kenneth Mugambi Muguna, Richard Odada (80.Duke Ooga Abuya), Hassan Abdallah Hassan, Michael Ogada Olunga, Erick Ouma Otieno (46.Samuel Onyango Ouma; 80.Timothy Noor Ouma). Trainer: Engin Fırat (Turkey).
Goals: Michael Ogada Olunga (2), Richard Odada (15 penalty).

NATIONAL TEAM PLAYERS 2021

Name	DOB	Club
Goalkeepers		
Brian Okoth BWIRE	19.06.2000	*Tusker FC Nairobi*
Ian Aubrey OTIENO	09.08.1993	*ZESCO United FC Ndola (ZAM)*
James SARUNI	24.11.1985	*Ulinzi Stars FC Nakuru*
Faruk SHIKHALO	12.10.1996	*KMC FC Dar es Salaam (TAN)*
Adisa Omar ZAMU	03.06.1994	*Bidco United FC Thika*
Defenders		
Nahashon ALEMBI Nanyendo	13.06.1995	*Kenya Commercial Bank SC Nairobi*
Eugene Ambuchi ASIKE	30.11.1993	*Tusker FC Nairobi*
Baraka Edage BADI	25.10.1998	*Kenya Commercial Bank SC Nairobi*
Michael Evans KIBWAGE	01.10.1997	*Sofapaka FC Machakos*
Harun MWALE	10.02.1995	*Ulinzi Stars FC Nakuru*
Amos NONDI Obiero	10.02.1999	*FC Dila Gori (GEO)*
David OCHIENG	07.10.1992	*Mathare United FC Nairobi*
Joseph Stanley OKUMU	26.05.1997	*KAA Gent (BEL)*
Aboud OMAR Khamis	09.09.1992	*AE Lárissa (GRE)*
Johnstone OMURWA	08.08.1998	*Wazito FC Nairobi*
Boniface ONYANGO Opiyo	23.12.2000	*Kariobangi Sharks FC Nairobi*
Joash Abong'o ONYANGO	31.01.1993	*Simba SC Dar es Salaam (TAN)*
Erick Ouma OTIENO	27.09.1996	*AIK Stockholm (SWE)*
Davis Ambulu OWINO	20.07.1998	*Kenya Commercial Bank SC Nairobi*
Daniel SAKARI Macheso	23.05.1999	*Kariobangi Sharks FC Nairobi*
Clyde SENAJI Navade	10.07.1996	*AFC Leopards SC Nairobi*

Midfielders		
Hassan ABDALLAH Hassan	06.07.1996	*Bandari FC Mombasa*
Duke Ooga ABUYA	23.03.1994	*Nkana FC Kitwe (ZAM); 30.10.2021-> Kenya Police FC*
Anthony AKUMU Agai	20.10.1992	*Kaizer Chiefs FC Johannesburg (RSA)*
Eric JOHANNA OMONDI	18.08.1994	*Jönköpings Södra IF (SWE)*
Lawrence Ochieng JUMA	17.11.1992	*Sofapaka FC Nairobi*
Kevin KIRUTHI-KIMANI	12.06.1989	*Wazito FC Nairobi*
John MACHARIA	10.01.1999	*Gor Mahia FC Nairobi*
Clifton MIHESO Ayisi	05.02.1993	*Gor Mahia FC Nairobi*
Boniface MUCHIRI	28.08.1996	*Tusker FC Nairobi*
Kenneth Mugambi MUGUNA	06.01.1996	*Gor Mahia FC Nairobi*
Michael MUTINDA Kyalo	27.12.1995	*Kenya Commercial Bank SC Nairobi*
Danson NAMASAKA Chetambe	25.08.1995	*Bandari FC Mombasa*
Cliff Mandere NYAKEYA	11.01.1995	*Unattached*
Richard ODADA	25.11.2000	*FK Metalac Gornji Milanovac (SRB)*
Duncan Martin OTIENO	26.05.1994	*Lusaka Dynamos FC (ZAM)*
Timothy Noor OUMA	10.06.2004	*Nairobi City Stars*
Collins SICHENJE	1997	*AFC Leopards SC Nairobi*
Kevin SIMIYU	08.09.1995	*Nzoia Sugar FC Bungoma*
Alwyn Luheni TERA	18.01.1997	*FC Ararat -Armenia Yerevan (ARM)*
Anthony WAMBANI Atieno	07.08.1999	*Vasalunds IF (SWE)*
Erick ZAKAYO Ngava	17.08.1998	*Tusker FC Nairobi*

Forwards		
Masoud JUMA Choka	03.02.1996	*Difaâ Hassani El Jadidi (MAR)*
Eric KAPAITO Muugi	25.12.1995	*Kariobangi Sharks FC Nairobi; 23.09.2021-> Arba Minch City (ETH)*
Musa MASIKA Wanyama	03.06.2000	*Wazito FC Nairobi*
James Ogachi MAZEMBE	02.05.1998	*Kariobangi Sharks FC Nairobi*
Henry Atola MEJA	12.06.2001	*Tusker FC Nairobi*
Michael Ogada OLUNGA	26.03.1994	*Al-Duhail SC Doha (QAT)*
Samuel ONYANGO Ouma	30.11.1992	*Gor Mahia FC Nairobi*
Elvis Baranga RUPIA	12.04.1995	*AFC Leopards SC Nairobi*

National coaches	
Jacob MULEE [15.10.2020 – 15.09.2021]	1968
Engin FIRAT (Turkey) [from 19.09.2021]	11.06.1970

LESOTHO

Lesotho Football Association
Bambatha Tsita Sports Arena
Old Polo Ground P.O. Box 1879,
Maseru 100
Year of Formation: 1932
Member of FIFA since: 1964
Member of CAF since: 1963
www.lesothofootball.com

First international match:
08.08.1970:
Malawi - Lesotho 1-2
Most international caps:
Nkau Lerotholi
66 caps (since 2008)
Most international goals:
Refiloe Potse / Sera Motebang
9 goals & 23 caps / 40 caps

AFRICAN CUP OF NATIONS	
1957	Did not enter
1959	Did not enter
1962	Did not enter
1963	Did not enter
1965	Did not enter
1968	Did not enter
1970	Did not enter
1972	Did not enter
1974	Qualifiers
1976	Withdrew
1978	Did not enter
1980	Qualifiers
1982	Qualifiers
1984	Withdrew
1986	Did not enter
1988	Withdrew
1990	Did not enter
1992	Did not enter
1994	Qualifiers
1996	Qualifiers (Withdrew)
1998	Banned
2000	Qualifiers
2002	Qualifiers
2004	Qualifiers
2006	Qualifiers
2008	Qualifiers
2010	Qualifiers
2012	Did not enter
2013	Qualifiers
2015	Qualifiers
2017	Qualifiers
2019	Qualifiers
2021	Qualifiers

FIFA WORLD CUP	
1930	Did not enter
1934	Did not enter
1938	Did not enter
1950	Did not enter
1954	Did not enter
1958	Did not enter
1962	Did not enter
1966	Did not enter
1970	Did not enter
1974	Qualifiers
1978	Did not enter
1982	Qualifiers
1986	Withdrew
1990	Withdrew
1994	Did not enter
1998	Did not enter
2002	Qualifiers
2006	Qualifiers
2010	Qualifiers
2014	Qualifiers
2018	Qualifiers

OLYMPIC FOOTBALL TOURNAMENTS 1908-2020						
1908	-	1952	-	1976	-	2000	Did not enter
1912	-	1956	-	1980	Qualifiers	2004	Qualifiers
1920	-	1960	-	1984	Qualifiers	2008	Withdrew
1924	-	1964	-	1988	Did not enter	2012	Did not enter
1928	-	1968	-	1992	Did not enter	2016	Did not enter
1936	-	1972	-	1996	Qualifiers	2020	Did not enter
1948	-						

F.I.F.A. CONFEDERATIONS CUP 1992-2017
None

AFRICAN GAMES 1965-2019
1995, 1999, 2003

COSAFA (Confederation of Southern African Football Associations) CUP 1997-2021
1999, 2000 (Runners-up), 2001, 2002, 2003, 2004, 2005, 2006, 2007, 2008, 2009, 2013 (4th Place), 2015, 2016, 2017 (4th Place), 2018 (3rd Place), 2019 (4th Place), 2021

AFRICAN NATIONS CHAMPIONSHIP 2009-2020
2016 (Qualifiers), 2018 (Qualifiers), 2020 (Qualifiers)

LESOTHAN CLUB HONOURS IN ASIAN CLUB COMPETITIONS:

CAF Champions League 1964-2021
None

CAF Confederation Cup 2004-2021
None

CAF Super Cup 1993-2021
None

*African Cup Winners' Cup 1975-2003**
None

*CAF Cup 1992-2003**
None

*defunct competitions

NATIONAL COMPETITIONS
TABLE OF HONOURS

	CHAMPIONS	CUP WINNERS[1]
1963	-	Bantu Matefeng
1970	Maseru United	
1971	Majanja Mohale's Hoek	
1972	Police Maseru	
1973	Linare FC Leribe	
1974	Matlama FC Maseru	
1975	Maseru FC	
1976	Maseru United	Matlama FC Maseru
1977	Matlama FC Maseru	*No competition*
1978	Matlama FC Maseru	Maseru United
1979	Linare FC Leribe	Matlama FC Maseru
1980	Linare FC Leribe	Matlama FC Maseru
1981	Maseru Brothers	Maseru Rovers
1982	Matlama FC Maseru	Maseru Rovers
1983	Lesotho Paramilitary Forces Maseru	Linare Leribe
1984	Lesotho Paramilitary Forces Maseru	Lioli FC Teyateyaneng
1985	Lioli FC Teyateyaneng	Lesotho Paramilitary Forces Maseru
1986	Matlama FC Maseru	RLDF Maseru
1987	Lesotho Paramilitary Forces Maseru	Matlama FC Maseru
1988	Matlama FC Maseru	RLDF Maseru
1989	Arsenal FC Maseru	Arsenal FC Maseru
1990	Lesotho Paramilitary Forces Maseru	RLDF Maseru
1991	Arsenal FC Maseru	Arsenal FC Maseru
1992	Matlama FC Maseru	Matlama FC Maseru
1993	Arsenal FC Maseru	Bantu Mafeteng
1994	Lesotho Paramilitary Forces Maseru	Matlama FC Maseru
1995	Majanja Mohale's Hoek	Maseru Rovers
1996	Roma Rovers Maseru	Lerotholi Polytechnic Maseru
1997	Lesotho Paramilitary Forces Maseru	Bantu Mafeteng
1998	Lesotho Paramilitary Forces Maseru	Arsenal FC Maseru
1999	Lesotho Paramilitary Forces Maseru	Linare FC Leribe
2000	Lesotho Prisons Service Maseru	RLDF Maseru
2000/2001	Royal Lesotho Defense Force Maseru	-
2001/2002	Lesotho Prisons Service Maseru	-
2002/2003	Matlama FC Maseru	-
2003/2004	Royal Lesotho Defense Force Maseru	-
2004/2005	Likhopo Maseru	Lesotho Correctional Services Maseru
2005/2006	Likhopo Maseru	Likhopo FC Maseru
2006/2007	Lesotho Correctional Services Maseru	Lioli FC Teyateyaneng
2007/2008	Lesotho Correctional Services Maseru	LMPS FC Maseru
2008/2009	Lioli FC Teyateyaneng	LMPS FC Maseru
2009/2010	Matlama FC Maseru	Lioli FC Teyateyaneng
2010/2011	Lesotho Correctional Services Maseru	Bantu FC Mafeteng
2011/2012	Lesotho Correctional Services Maseru	Bantu FC Mafeteng
2012/2013	Lioli FC Teyateyaneng	Bantu FC Mafeteng
2013/2014	Bantu FC Mafeteng	Lioli FC Teyateyaneng
2014/2015	Lioli FC Teyateyaneng	Bantu FC Mafeteng

2015/2016	Lioli FC Teyateyaneng	Lioli FC Teyateyaneng
2016/2017	Bantu FC Mafeteng	*No competition*
2017/2018	Bantu FC Mafeteng	Lioli FC Teyateyaneng
2018/2019	Matlama FC Maseru	Matlama FC Maseru
2019/2020	Bantu FC Mafeteng	*Competition cancelled*
2020/2021	*Championship not finished*	*No competition*

[1]The Cup competition was called Sturrock Cup (1963-1984), Independence Cup (1985-2000; since 2011)

NATIONAL CHAMPIONSHIP
Lesotho Premier League 2020/2021

The league was suspended in July 2021 until November 2021 due to COVID-19 pandemic.

Table at 22.01.2022:

1.	Matlama FC Maseru	18	14	2	2	27	-	7	44
2.	Bantu FC Mafeteng	17	12	2	3	27	-	7	38
3.	Lesotho Defense Force FC Maseru	17	11	3	3	26	-	9	36
4.	Lesotho Correctional Services Maseru FC	17	9	3	5	30	-	12	30
5.	Lioli FC Teyateyaneng	18	8	6	4	22	-	9	30
6.	Linare FC Hlotse	18	8	4	6	18	-	14	28
7.	Lijabatho FC Morija	18	7	6	5	24	-	18	27
8.	Lesotho Mounted Police Service FC Maseru	17	8	3	6	16	-	14	27
9.	Kick4Life FC Maseru	18	8	3	7	13	-	16	27
10.	Liphakoe FC Moyeni	18	5	5	8	14	-	17	20
11.	Manonyane FC	18	5	5	8	19	-	30	20
12.	CCX FC Hlotse	18	4	7	7	15	-	21	19
13.	Likhopo FC Maseru	18	3	6	9	12	-	35	15
14.	Lifofane FC Botha Bothe	18	2	7	9	14	-	22	13
15.	Swallows FC Mazenod	18	2	4	12	13	-	34	10
16.	Sefothafotha FC Maseru	18	0	6	12	7	-	32	6

THE CLUBS

BANTU FOOTBALL CLUB MAFETENG
Year of Formation: 1927
Stadium: Leshoboro Seeiso Sports Complex, Mafeteng (7,000)

KICK4LIFE FOOTBALL CLUB MASERU
Stadium: Old Europa Ground, Maseru (1,000)

LESOTHO CORRECTIONAL SERVICES MASERU FOOTBALL CLUB
Stadium: LCS Field, Maseru (3,000)

LESOTHO DEFENCE FORCE FOOTBALL CLUB MASERU
Stadium: Ratjomose Stadium, Maseru (1,000)

LESOTHO MOUNTED POLICE SERVICE FOOTBALL CLUB MASERU
Stadium: PTC Ground Europa, Maseru (1,000)

LIKHOPO FOOTBALL CLUB MASERU
Year of Formation: 1995
Stadium: LCS Field, Maseru (3,000)

LINARE FOOTBALL CLUB HLOTSE
Year of Formation: 1931
Stadium: Hlotse Stadium, Hlotse (1,000)

LIOLI FOOTBALL CLUB TEYATEYANENG
Year of Formation: 1934
Stadium: Lioli Ground, Teyateyaneng (3,000)

LIPHAKOE FOOTBALL CLUB MOYENI
Stadium: Setsoto Stadium, Moyeni (15,000)

MATLAMA FOOTBALL CLUB MASERU
Year of Formation: 1932
Stadium: Setsoto Stadium, Maseru (20,000)

NATIONAL TEAM					
INTERNATIONAL MATCHES 2021					

27.03.2021	Maseru	Lesotho - Sierra Leone	0-0	(ACNQ)
30.03.2021	Lagos	Nigeria - Lesotho	3-0(1-0)	(ACNQ)
02.06.2021	Maputo	Mozambique - Lesotho	5-0(3-0)	(F)
05.06.2021	Maputo	Lesotho - Eswatini	0-1(0-0)	(F)
06.07.2021	Port Elizabeth	Eswatini - Lesotho	3-1(1-1)	(COSAFA)
08.07.2021	Port Elizabeth	Zambia - Lesotho	1-2(1-0)	(COSAFA)
10.07.2021	Port Elizabeth	Lesotho - Botswana	0-4(0-2)	(COSAFA)
13.07.2021	Port Elizabeth	South Africa - Lesotho	4-0(3-0)	(COSAFA)

27.03.2021, 33rd African Cup of Nations, Qualifiers
Setsoto Stadium, Maseru; Attendance: 0
Referee: Andofetra Rakotojaona (Madagascar)
LESOTHO - SIERRA LEONE   **0-0**
LES: Sekhoane Moerane, Nkau Joseph Lerotholi, Motlomelo Mkhwanazi, Thabo Matšoele, Thabang Malane, Hlompho Kalake, Lehlohonolo Fothoane (57.Litšepe Leonty Marabe), Tau Masiu, Thumelo Ngatane (46.Synous Nkoto Masoabi), Neo Mokhachane (57.Tšepo Toloane), Sera Motebang (57.Tumelo Khutlang). Trainer: Thabo Senong (South Africa).

30.03.2021, 33rd African Cup of Nations, Qualifiers
"Teslim Balogun" Stadium, Lagos; Attendance: 0
Referee: Fabricio Duarte (Cape Verde)
NIGERIA - LESOTHO   **3-0(1-0)**
LES: Sekhoane Moerane, Nkau Joseph Lerotholi, Motlomelo Mkhwanazi, Basia Kenneth Makepe, Thabang Malane, Tšepo Toloane, Bokang Sello (85.Tau Masiu), Litšepe Leonty Marabe, Thabo Lesoaoana (60.Lehlohonolo Fothoane), Synous Nkoto Masoabi, Tumelo Khutlang (85.Mokoteli Mohapi). Trainer: Thabo Senong (South Africa).

02.06.2021, Friendly International
Estádio Nacional do Zimpeto, Maputo; Attendance: 0
Referee: n/a
MOZAMBIQUE - LESOTHO   **5-0(3-0)**
LES: Monaheng Ramalefane, Motlomelo Mkhwanazi, Thabo Matšoele (68.Jane Thabantšo), Thabang Malane, Tšoanelo Koetle (46.Basia Kenneth Makepe), Hlompho Kalake, Litšepe Leonty Marabe (46.Lisema Richard Lebokollane), Tau Masiu (46.Thumelo Ngatane), Paul Jane Tšotleho (46. Synous Nkoto Masoabi), Thabo Seakhoa (68.Mokoteli Mohapi), Tšepo Toloane. Trainer: Thabo Senong (South Africa).

05.06.2021, Friendly International
Estádio Nacional do Zimpeto, Maputo (Mozambique); Attendance: 0
Referee: n/a
LESOTHO - ESWATINI   **0-1(0-0)**
LES: Sekhoane Moerane, Motlomelo Mkhwanazi, Thabang Malane, Basia Kenneth Makepe, Tumelo Makha (59.Hlompho Kalake), Luciano Matsoso (59.Thabo Seakhoa), Thumelo Ngatane, Lisema Richard Lebokollane, Synous Nkoto Masoabi, Tšepo Toloane, Jane Thabantšo (71. Litšepe Leonty Marabe). Trainer: Thabo Senong (South Africa).

06.07.2021, 20th COSAFA Cup, Group Stage
"Nelson Mandela" Bay Stadium, Port Elizabeth (South Africa); Attendance: 0
Referee: Abongile Tom (South Africa)
ESWATINI - LESOTHO **3-1(1-1)**
LES: Sekhoane Moerane, Nkau Joseph Lerotholi, Basia Kenneth Makepe, Bokang Sello (73.Sera Motebang), Thabang Malane, Lisema Richard Lebokollane, Tšoarelo Mattwes Bereng (85.Thabiso Nelson Brown), Jane Thabantšo [*sent off 7*], Lehlohonolo Fothoane, Tumelo Khutlang, Synous Nkoto Masoabi (85.Tumelo Makha). Trainer: Thabo Senong (South Africa).
Goal: Tumelo Khutlang (45+4).

08.07.2021, 20th COSAFA Cup, Group Stage
Wolfson Stadium, Port Elizabeth (South Africa); Attendance: 0
Referee: Akhona Makalima (South Africa)
ZAMBIA - LESOTHO **1-2(1-0)**
LES: Sekhoane Moerane, Nkau Joseph Lerotholi, Basia Kenneth Makepe, Rethabile Rasethuntša, Thabang Malane, Lisema Richard Lebokollane, Tšoarelo Mattwes Bereng, Lehlohonolo Fothoane (79.Tšepo Toloane), Thabiso Nelson Brown (73.Tumelo Makha), Tumelo Khutlang, Synous Nkoto Masoabi (67.Sera Motebang). Trainer: Thabo Senong (South Africa).
Goals: Sera Motebang (70, 88).

10.07.2021, 20th COSAFA Cup, Group Stage
Wolfson Stadium, Port Elizabeth (South Africa); Attendance: 0
Referee: Thulani Sibandze (Eswatini)
LESOTHO - BOTSWANA **0-4(0-2)**
LES: Sekhoane Moerane (43.Likano Mphuthi), Nkau Joseph Lerotholi, Basia Kenneth Makepe, Bokang Sello, Thabang Malane, Lisema Richard Lebokollane (46.Tšepo Toloane), Tšoarelo Mattwes Bereng, Jane Thabantšo (46.Thabiso Nelson Brown), Lehlohonolo Fothoane (70.Tumelo Makha), Tumelo Khutlang, Synous Nkoto Masoabi (46.Sera Motebang). Trainer: Thabo Senong (South Africa).

13.07.2021, 20th COSAFA Cup, Group Stage
"Nelson Mandela" Bay Stadium, Port Elizabeth (South Africa); Attendance: 0
Referee: Audrick Nkole (Zambia)
SOUTH AFRICA - LESOTHO **4-0(3-0)**
LES: Jessy Matsie, Basia Kenneth Makepe, Rethabile Rasethuntša, Thabang Malane, Lisema Richard Lebokollane, Lehlohonolo Fothoane (84.Koetle Mohloai), Tumelo Makha (73.Thabiso Nelson Brown), Tumelo Khutlang (84.Jane Thabantšo), Sera Motebang, Tšepo Toloane, Thabiso Mari (46.Synous Nkoto Masoabi). Trainer: Thabo Senong (South Africa).

NATIONAL TEAM PLAYERS 2021		
Name	DOB	Club
Goalkeepers		
Jessy MATSIE	01.12.2000	*Lioli FC Teyateyaneng*
Sekhoane MOERANE	18.09.1997	*Lesotho Mounted Police Service FC Maseru*
Likano MPHUTHI	24.04.1989	*Royal Lesotho Defense Force FC Maseru*
Monaheng RAMALEFANE	22.12.1998	*Matlama FC Maseru*

Defenders

Tšoanelo KOETLE	22.11.1992	*Lioli FC Teyateyaneng*
Lisema Richard LEBOKOLLANE	24.02.1993	*Matlama FC Maseru*
Nkau Joseph LEROTHOLI	27.09.1990	*Lesotho Mounted Police Service FC Maseru*
Basia Kenneth MAKEPE	04.03.1991	*Lesotho Mounted Police Service FC Maseru*
Thabang MALANE	10.06.1997	*Lesotho Correctional Services Maseru FC*
Thabo MATŠOELE	23.05.1993	*Matlama FC Maseru*
Motlomelo MKHWANAZI	05.11.1994	*Bantu FC Mafeteng*
Rethabile RASETHUNTŠA	22.11.1994	*Linare FC Hlotse*
Bokang SELLO	08.08.1994	*Bantu FC Mafeteng*

Midfielders

Tšoarelo Mattwes BERENG	30.10.1990	*Marumo Gallants FC Thohoyandou (RSA)*
Lehlohonolo FOTHOANE	23.02.1997	*Bantu FC Mafeteng*
Hlompho KALAKE	02.09.1994	*Bantu FC Mafeteng*
Thabo LESOAOANA	22.07.1999	*Bantu FC Mafeteng*
Tumelo MAKHA	22.10.1999	*Lioli FC Teyateyaneng*
Litšepe Leonty MARABE	20.02.1992	*Bantu FC Mafeteng*
Tau MASIU	20.07.1994	*Bantu FC Mafeteng*
Luciano MATSOSO	31.07.1994	*Lioli FC Teyateyaneng*
Mokoteli MOHAPI	21.04.1998	*Kick4Life FC Maseru*
Koetle MOHLOAI	06.08.1989	*Royal Lesotho Defense Force FC Maseru*
Neo MOKHACHANE	22.09.1996	*Bantu FC Mafeteng*
Thumelo NGATANE	20.07.1994	*Manonyane FC*
Paul Jane TŠOTLEHO	17.07.1991	*Bantu FC Mafeteng*

Forwards

Thabiso Nelson BROWN	03.10.1995	*Club Empresa Minera Huanuni (BOL)*
Tumelo KHUTLANG	23.10.1995	*Black Leopards FC Thohoyandou (RSA)*
Thabiso MARI	14.09.1996	*Likhopo FC Maseru*
Synous Nkoto MASOABI	14.01.1992	*Al Swihli SC Misurata (LBY)*
Sera MOTEBANG	01.05.1995	*Bloemfontein Celtic FC (RSA)*
Thabo SEAKHOA	15.09.1996	*Lesotho Correctional Services Maseru FC*
Jane THABANTŠO	05.03.1994	*Matlama FC Maseru*
Tšepo TOLOANE	15.07.1997	*Lesotho Defense Force FC Maseru*

National coaches

Thabo SENONG (South Africa) [from 28.08.2019]	15.09.1980

LIBERIA

Liberia Football Association
Professional Building
Benson Street P.O. Box 10-1066
Monrovia 1000
Year of Formation: 1936
Member of FIFA since: 1964
Member of CAF since: 1962
www.lfa-lr.com

First international match:
1964, Abidjan:
Ivory Coast - Liberia 0-2
Most international caps:
Joe Thunder Armstrong Nagbe
77 caps (1986-2011)
Most international goals:
George Manneh Oppong Weah
18 goals / 75 caps (1986-2018)

AFRICAN CUP OF NATIONS	
1957	Did not enter
1959	Did not enter
1962	Did not enter
1963	Did not enter
1965	Did not enter
1968	Qualifiers
1970	Did not enter
1972	Did not enter
1974	Did not enter
1976	Qualifiers
1978	Did not enter
1980	Did not enter
1982	Qualifiers
1984	Withdrew
1986	Qualifiers
1988	Qualifiers
1990	Qualifiers
1992	Withdrew
1994	Qualifiers
1996	Final Tournament (Group Stage)
1998	Qualifiers
2000	Qualifiers
2002	Final Tournament (Group Stage)
2004	Qualifiers
2006	Qualifiers
2008	Qualifiers
2010	Qualifiers
2012	Qualifiers
2013	Qualifiers
2015	Qualifiers
2017	Qualifiers
2019	Qualifiers
2021	Qualifiers

FIFA WORLD CUP	
1930	Did not enter
1934	Did not enter
1938	Did not enter
1950	Did not enter
1954	Did not enter
1958	Did not enter
1962	Did not enter
1966	Withdrew
1970	Did not enter
1974	Did not enter
1978	Did not enter
1982	Qualifiers
1986	Qualifiers
1990	Qualifiers
1994	Qualifiers (Withdrew)
1998	Qualifiers
2002	Qualifiers
2006	Qualifiers
2010	Qualifiers
2014	Qualifiers
2018	Qualifiers

OLYMPIC FOOTBALL TOURNAMENTS 1908-2020

1908	-	1952	-	1976	Qualifiers	2000	Did not enter
1912	-	1956	-	1980	Qualifiers	2004	Qualifiers
1920	-	1960	-	1984	Did not enter	2008	Withdrew
1924	-	1964	Qualifiers	1988	Qualifiers	2012	Qualifiers
1928	-	1968	Did not enter	1992	Withdrew	2016	Qualifiers
1936	-	1972	Qualifiers	1996	Did not enter	2020	Did not enter
1948	-						

F.I.F.A. CONFEDERATIONS CUP 1992-2017
None

AFRICAN GAMES 1965-2019
1965, 1973, 1987

CEDEAO (Communauté Economique Des Etats de l'Afrique de l'Ouest) CUP 1977-1991
1987 (Runners-up), 1990

AFRICAN NATIONS CHAMPIONSHIP 2009-2020
2014 (Qualifiers), 2016 (Qualifiers), 2018 (Qualifiers), 2020 (Qualifiers)

CSSA CUP 1982-1987
1982 (Group Stage), 1983 (4th Place), 1986 (Group Stage), 1987 (Runners-up)

WEST AFRICAN NATIONS CUP 2010-2019
2010 (Group Stage), 2011 (3rd Place), 2013 (Group Stage), 2017 (1st Round), 2019

LIBERIAN CLUB HONOURS IN ASIAN CLUB COMPETITIONS:
CAF Champions League 1964-2021
None
CAF Confederation Cup 2004-2021
None
CAF Super Cup 1993-2021
None
*African Cup Winners' Cup 1975-2003**
None
*CAF Cup 1992-2003**
None

*defunct competitions

NATIONAL COMPETITIONS
TABLE OF HONOURS

	CHAMPIONS	CUP WINNERS
1963	Invincible Eleven Monrovia	-
1964	Invincible Eleven Monrovia	-
1965	Invincible Eleven Monrovia	-
1966	Invincible Eleven Monrovia	-
1967	Mighty Barolle SA Monrovia	-
1968	*No competition*	-
1969	*No competition*	-
1970	*No competition*	-
1971	*No competition*	-

1972	Mighty Barolle SA Monrovia	-
1973	Mighty Barolle SA Monrovia	-
1974	Mighty Barolle SA Monrovia	Mighty Barolle SA Monrovia
1975	*No competition*	*No competition*
1976	Saint Joseph Warriors Monrovia	Cedar United Monrovia
1977	*No competition*	Cedar United Monrovia
1978	Saint Joseph Warriors Monrovia	Mighty Barolle SA Monrovia
1979	Saint Joseph Warriors Monrovia	*No competition*
1980	Invincible Eleven Monrovia	*No competition*
1981	Invincible Eleven Monrovia	Mighty Barolle SA Monrovia
1982	*No competition*	Saint Joseph Warriors Monrovia
1983	Invincible Eleven Monrovia	Mighty Barolle SA Monrovia
1984	Invincible Eleven Monrovia	Mighty Barolle SA Monrovia
1985	Invincible Eleven Monrovia	Mighty Barolle SA Monrovia
1986	Mighty Barolle SA Monrovia	Mighty Barolle SA Monrovia
1987	Invincible Eleven Monrovia	Invincible Eleven Monrovia
1988	Mighty Barolle SA Monrovia	LPRC Oilers Monrovia
1989	Mighty Barolle SA Monrovia	LPRC Oilers Monrovia
1990	*No competition*	*No competition*
1991	LPRC Oilers Monrovia	Invincible Eleven Monrovia
1992	LPRC Oilers Monrovia	National Port Authority Anchors Monrovia
1993	Mighty Barolle SA Monrovia	LPRC Oilers Monrovia
1994	National Port Authority Anchors Monrovia	National Port Authority Anchors Monrovia
1995	Mighty Barolle SA Monrovia	Mighty Barolle SA Monrovia
1996	Junior Professional Monrovia	Junior Professional Monrovia
1997	Invincible Eleven Monrovia	Invincible Eleven Monrovia
1998	Invincible Eleven Monrovia	Invincible Eleven Monrovia
1999	LPRC Oilers Monrovia	LPRC Oilers Monrovia
2000	Mighty Barolle SA Monrovia	LPRC Oilers Monrovia
2001	Mighty Barolle SA Monrovia	*Not known*
2002	LPRC Oilers Monrovia	Mighty Blue Angels FC Monrovia
2003	*Championship not finished*	LISCR FC Monrovia
2004	Mighty Barolle SA Monrovia	LISCR FC Monrovia
2005	LPRC Oilers Monrovia	LPRC Oilers Monrovia
2006	Mighty Barolle SA Monrovia	National Port Authority Anchors Monrovia
2007	Invincible Eleven Monrovia	Saint Joseph Warriors Monrovia
2008	Monrovia Black Star FC	Monrovia Black Star FC
2009	Mighty Barolle SA Monrovia	Barrack Young Controllers Monrovia
2010	*No competition*	*No competition*
2010/2011	LISCR FC Monrovia	Invincible Eleven Monrovia
2012	LISCR FC Monrovia	Barrack Young Controllers Monrovia II
2013	Barrack Young Controllers Monrovia	Barrack Young Controllers Monrovia
2013/2014	Barrack Young Controllers Monrovia	FC Fassell Sanniquellie
2015	Nimba United FC Sanniquellie	Barrack Young Controllers Monrovia II
2016	Barrack Young Controllers Monrovia	MC Breweries Monrovia
2016/2017	LISCR FC Monrovia	LISCR FC Monrovia
2018	Barrack Young Controllers Monrovia	Barrack Young Controllers Monrovia
2019	LPRC Oilers Monrovia	LISCR FC Monrovia
2019/2020	*Championship cancelled*	*Competition cancelled*
2020/2021	LPRC Oilers Monrovia	MC Breweries Monrovia

NATIONAL CHAMPIONSHIP
Liberian LFA-Cellcom First Division League 2020/2021

1.	**LPRC Oilers Monrovia**	22	13	7	2	54 - 20	46
2.	LISCR FC Monrovia	22	13	6	3	44 - 20	45
3.	Nimba Kwado FC Sanniquellie	22	12	7	3	25 - 14	43
4.	Watanga FC Harbel	22	11	5	6	41 - 29	38
5.	Bea Mountain FC Kinjor Town	22	10	6	6	28 - 19	36
6.	Mighty Barolle SA Monrovia	22	8	7	7	26 - 25	31
7.	Freeport FC	22	8	6	8	31 - 27	30
8.	MC Breweries Monrovia	22	8	5	9	23 - 27	29
9.	Nimba United FC Sanniquellie	22	5	10	7	21 - 23	25
10.	NPA Anchors FC Monrovia (*Relegated*)	22	6	5	11	26 - 38	23
11.	Nimba FC Ganta (*Relegated*)	22	1	5	16	15 - 49	8
12.	Small Town FC Logan Town (*Relegated*)	22	2	1	19	18 - 61	7

Best goalscorer 2020/2021:
Augustine Otu (Watanga FC Harbel) – 22 goals

Promoted for the 2021/2022 season:
Heaven Eleven FC Yekepa, Barrack Young Controllers Monrovia II, Sandi FC

NATIONAL CUP
Liberian FA Cup Final 2020/2021

23.05.2021
MC Breweries Monrovia - Watanga FC Harbel   2-1(1-1)
Goals: Festus Blapoh , Sidiki Kromah / Augustine Otu.

THE CLUBS

BEA MOUNTAIN FOOTBALL CLUB KINJOR TOWN
Stadium: Kinjor Field, Kinjor Town (1,000)

FREEPORT FOOTBALL CLUB
Year of Formation: 2011
Stadium: „Antoinette Tubman" Stadium, Monrovia (20,000)

LIBERIAN INTERNATIONAL SHIPPING & CORPORATE REGISTRY (LISCR) FOOTBALL CLUB MONROVIA
Year of Formation: 1995
Stadium: „Antoinette Tubman" Stadium, Monrovia (20,000)

LIBERIAN PETROLEUM REFINING COMPANY OILERS (LPRC) OILERS MONROVIA
Year of Formation: 1969
Stadium: „Antoinette Tubman" Stadium, Monrovia (20,000)

MIGHTY BAROLLE SPORTS ASSOCIATION MONROVIA
Year of Formation: 1964
Stadium: „Doris Williams" Stadium, Buchanan (3,000)

MONROVIA CLUB BREWERIES MONROVIA
Stadium: „Antoinette Tubman" Stadium, Monrovia (20,000)

NATIONAL PORT AUTHORITIES FOOTBALL CLUB MONROVIA
Stadium: „Antoinette Tubman" Stadium, Monrovia (20,000)

NIMBA FOOTBALL CLUB GANTA
Year of Formation: 2005
Stadium: Ganta Sports Ground, Ganta (10,500)

NIMBA KWADO FOOTBALL CLUB SANNIQUELLIE
Stadium: Sanniquellie Stadium, Sanniquellie (3,500)

NIMBA UNITED FOOTBALL CLUB SANNIQUELLIE
Year of Formation: 2011
Stadium: NorthStar Sports Stadium, Mount Barclay (1,000)

WATANGA FOOTBALL CLUB HARBEL
Year of Formation: 1997
Stadium: Harbel Sports Stadium, Harbel (1,000)

NATIONAL TEAM INTERNATIONAL MATCHES 2021

11.06.2021	*Tunis*	*Mauritania - Liberia*	*1-0(0-0)*	*(F)*
14.06.2021	*Tunis*	*Libya - Liberia*	*0-1(0-1)*	*(F)*
03.09.2021	*Lagos*	*Nigeria - Liberia*	*2-0(2-0)*	*(WCQ)*
06.09.2021	*Douala*	*Liberia - Central African Republic*	*1-0(0-0)*	*(WCQ)*
30.09.2021	*Alexandria*	*Egypt - Liberia*	*2-0(0-0)*	*(F)*
07.10.2021	*Accra*	*Liberia - Cape Verde*	*1-2(1-0)*	*(WCQ)*
10.10.2021	*Mindelo*	*Cape Verde - Liberia*	*1-0(0-0)*	*(WCQ)*
13.11.2021	*Tanger*	*Liberia - Nigeria*	*0-2(0-1)*	*(WCQ)*
16.11.2021	*Tanger*	*Central African Republic - Liberia*	*1-3(0-2)*	*(WCQ)*

11.06.2021, Friendly International
Stade "Chedly Zouiten", Tunis (Tunisia); Attendance: 0
Referee: n/a
MAURITANIA - LIBERIA **1-0(0-0)**
LBR: Ashley Williams, Prince Balde, Daniel Paye, Allison Dweh, Jeremy Gift Saygbe, David Teklo Tweh, Allen Njie, Marcus Macaulay, Bengt Seth Kanteh Hellberg, Oscar Murphy Dorley, Peter Wilson (*substitutes not known*). Trainer: Peter James Butler (England).

14.06.2021, Friendly International
Stade "Chedly Zouiten", Tunis (Tunisia); Attendance: 0
Referee: Youssef Essrayri (Tunisia)
LIBYA - LIBERIA **0-1(0-1)**
LBR: Ashley Williams (46.Tommy Gbaye Songo), Daniel Paye, Sampson Dweh [*sent off 9*], Jeremy Gift Saygbe, Siryee Bah, Allen Njie, Oscar Murphy Dorley, Marcus Macaulay (85.Festus Blapoh), Peter Wilson, Ketu Pastore Jerbo (80.Bengt Seth Kanteh Hellberg), Kpah Sean Sherman. Trainer: Peter James Butler (England).
Goal: Oscar Murphy Dorley (45 penalty).

03.09.2021, 22nd FIFA World Cup Qualifiers, Second Round
„Teslim Balogun" Stadium, Lagos; Attendance: 5,000
Referee: Kouassi Attisso Attiogbe (Togo)
NIGERIA - LIBERIA   **2-0(2-0)**
LBR: Ashley Williams, Jeremy Gift Saygbe, Sampson Dweh, Prince Balde, Oscar Murphy Dorley, Abraham Mohamed Soumaoro, Allen Njie, Marcus Macaulay (82.David Teklo Tweh), Terrence Leonard Tisdell (81.Abu Kamara), Kpah Sean Sherman (81.Peter Wilson), Ayoube Kosiah. Trainer: Peter James Butler (England).

06.09.2021, 22nd FIFA World Cup Qualifiers, Second Round
Stade Japoma, Douala (Cameroon); Attendance: 0
Referee: Sekou Ahmed Touré (Guinea)
LIBERIA - CENTRAL AFRICAN REPUBLIC   **1-0(0-0)**
LBR: Ashley Williams, Abraham Mohamed Soumaoro, Prince Balde, Sampson Dweh, Oscar Murphy Dorley, Marcus Macaulay, Justin Salmon (46.Terrence Leonard Tisdell), David Teklo Tweh (46.Jeremy Gift Saygbe), Abu Kamara (68.Peter Wilson), Kpah Sean Sherman, Ayoube Kosiah (68.Van-Dave Gbowea Harmon). Trainer: Peter James Butler (England).
Goal: Kpah Sean Sherman (86).

30.09.2021, Friendly International
Borg El Arab Stadium, Alexandria; Attendance: 0
Referee: Youssef Sraïri (Tunisia).
EGYPT - LIBERIA   **2-0(0-0)**
LBR: Alpha Eshaka Jalloh (72.Morlik Keita), Ben David Benaiah, Sampson Dweh (73.Dennis Baysah Teah), Alvin Maccornel, Carlos Williams, Frederick Dennis, Fred Brooks (48.Julius Echo Quellie), Kelvin Barclay, Sam Jackson, Edward Ledlum, Terry Sackor (63.Joseph Melto Quiah). Trainer: Peter James Butler (England).

07.10.2021, 22nd FIFA World Cup Qualifiers, Second Round
Accra Sports Stadium, Accra (Ghana); Attendance: 0
Referee: Jean Ouattara (Burkina Faso)
LIBERIA - CAPE VERDE   **1-2(1-0)**
LBR: Ashley Williams, Jeremy Gift Saygbe (66.Ben David Benaiah), Sampson Dweh, Prince Balde, Oscar Murphy Dorley, Allen Njie, Marcus Macaulay, Bengt Seth Kanteh Hellberg (61.Abraham Mohamed Soumaoro), Moussa Sanoh (66.Terrence Leonard Tisdell), Van-Dave Gbowea Harmon (61.Ayoube Kosiah), Kpah Sean Sherman. Trainer: Peter James Butler (England).
Goal: Van-Dave Gbowea Harmon (45+3).

10.10.2021, 22nd FIFA World Cup Qualifiers, Second Round
Estádio Municipal "Adérito Sena", Mindelo; Attendance: 2,000
Referee: Mohamed Ali Moussa (Niger)
CAPE VERDE - LIBERIA   **1-0(0-0)**
LBR: Tommy Gbaye Songo, Prince Balde, Sampson Dweh, Alvin Maccornel (84.Carlos Williams), Oscar Murphy Dorley, Allen Njie, Abraham Mohamed Soumaoro, Marcus Macaulay, Moussa Sanoh (85.Ben David Benaiah), Kpah Sean Sherman, Abu Kamara (68.Terrence Leonard Tisdell). Trainer: Peter James Butler (England).

13.11.2021, 22nd FIFA World Cup Qualifiers, Second Round
Stade Ibn Batouta, Tangier (Morocco); Attendance: 0
Referee: Youssef Essrayri (Tunisia)
LIBERIA - NIGERIA **0-2(0-1)**
LBR: Boison Wynney de Souza, Mark Pabai, Prince Balde, Sampson Dweh, Jamal Arago, Marcus Macaulay (82.Van-Dave Gbowea Harmon), Oscar Murphy Dorley, Abraham Mohamed Soumaoro, Bengt Seth Kanteh Hellberg (65.Allen Njie), Peter Wilson (82.Sylvanus Solarie Nimely), Abu Kamara (65.Moussa Sanoh). Trainer: Peter James Butler (England).

16.11.2021, 22nd FIFA World Cup Qualifiers, Second Round
Stade Ibn Batouta, Tangier (Morocco); Attendance: 0
Referee: Kalilou Ibrahim Traoré (Ivory Coast)
CENTRAL AFRICAN REPUBLIC - LIBERIA **1-3(0-2)**
LBR: Tommy Gbaye Songo, Mark Pabai, Prince Balde, Alvin Maccornel (68.Sampson Dweh), Jamal Arago, Oscar Murphy Dorley, Abraham Mohamed Soumaoro, Bengt Seth Kanteh Hellberg (68.Abu Kamara), Justin Salmon (21.Allen Njie), Marcus Macaulay, Peter Wilson. Trainer: Peter James Butler (England).
Goals: Marcus Macaulay (2), Peter Wilson (8, 74).

NATIONAL TEAM PLAYERS 2021		
Name	DOB	Club
Goalkeepers		
Alpha Eshaka JALLOH	06.05.1995	*LPRC Oilers Monrovia*
Morlik KEITA	03.09.1994	*Mighty Barolle SA Monrovia*
Tommy Gbaye SONGO	20.04.1995	*LISCR FC Monrovia*
Ashley WILLIAMS	30.10.2000	*Real Balompédica Linense (ESP)*
Boison WYNNEY de Souza	27.12.1996	*FC Someşul Dej (ROU)*
Defenders		
Jamal ARAGO	28.08.1993	*Səbail FK Bakı (AZE)*
Siryee BAH	27.04.1995	*Miami FC (USA)*
Prince BALDE	23.03.1998	*KF Feronikeli Glogovac (KVX)*
Ben David BENAIAH	06.12.1992	*LPRC Oilers Monrovia*
Sampson DWEH	10.10.2001	*LPRC Oilers Monrovia*
Alvin MACCORNEL	13.01.1993	*Watanga FC Harbel*
Mark PABAI	30.09.2000	*PEC Zwolle (NED)*
Daniel PAYE	10.07.2000	*Bea Mountain FC Kinjor Town*
Jeremy Gift SAYGBE	01.06.2001	*LISCR FC Monrovia; 18.07.2021-> Real Balompédica Linense (ESP)*
Abrahim Mohamed SOUMAORO	08.08.1996	*PAEEK Kyrenia (CYP)*
Dennis Baysah TEAH	07.05.1992	*Unattached*
Carlos WILLIAMS	26.06.1990	*Watanga FC Harbel*

Midfielders

Kelvin BARCLAY		*Watanga FC Harbel*
Festus BLAPOH	08.10.2001	*MC Breweries Monrovia*
Fred BROOKS	26.11.1998	*LPRC Oilers Monrovia*
Frederick DENNIS		*FC Fassell Monrovia*
Oscar Murphy DORLEY	19.07.1998	*SK Slavia Praha (CZE)*
Bengt Seth Kanteh HELLBERG	19.08.1995	*IK Brage Borlänge (SWE)*
Sam JACKSON	13.10.1998	*LISCR FC Monrovia*
Abu KAMARA	01.04.1997	*FK Makedonija Gjorče Petrov Skopje(MKD)*
Marcus MACAULAY	27.10.1991	*Al-Jeel Club Al-Hasa (KSA)*
Allen NJIE	26.07.1999	*NK Slaven Belupo Koprivnica (CRO); 01.07.2021-> FC Aarau (SUI)*
Julius Echo QUELLIE		*Tony FC Harbel*
Justin SALMON	25.01.1999	*Degerfors IF (SWE)*
Terrence Leonard TISDELL	16.03.1996	*Kocaeli Spor Kulübü (TUR)*
David Teklo TWEH	25.12.1998	*FC Rukh Brest (BLR)*

Forwards

Van-Dave Gbowea HARMON	22.09.1995	*KF Laçi (ALB)*
Ketu Pastore JERBO	20.06.1998	*Bea Mountain FC Kinjor Town*
Ayoube KOSIAH	22.07.2001	*NAC Breda "U21" (NED)*
Edward LEDLUM	15.06.1999	*Bea Mountain FC Kinjor Town*
Sylvanus Solarie NIMELY	04.09.1998	*FC Ilves Tampere (FIN)*
Joseph Melto QUIAH	29.10.2005	*LISCR FC Monrovia*
Terry SACKOR	01.04.1993	*ASKO Kara (TOG)*
Moussa SANOH	20.07.1995	*CS Mioveni (ROU)*
Kpah Sean SHERMAN	03.02.1992	*Kelab Bola Sepak Kedah Darul Aman (MAS)*
Peter WILSON	09.10.1996	*TS Podbeskidzie Bielsko-Biala (POL); 10.07.2021-> Olympiakos Nicosia FC (CYP)*

National coaches

Peter James BUTLER (England) [from 22.08.2019]	27.08.1966

LIBYA

Libyan Football Federation
General Sports Federations Building, Sports City, Gorji P.O. Box 5137, Tripoli
Year of Formation: 1962
Member of FIFA since: 1964
Member of CAF since: 1965

First international match:
29.07.1953:
Egypt - Libya 10-2

Most international caps:
Ahmed Saad Suleiman Osman
72 caps (2001-2013)

Most international goals:
Mohammed Ali Al Dibiski
35 goals / 44 caps (1961-1970)

AFRICAN CUP OF NATIONS	
1957	Did not enter
1959	Did not enter
1962	Did not enter
1963	Did not enter
1965	Did not enter
1968	Qualifiers
1970	Did not enter
1972	Qualifiers
1974	Withdrew
1976	Qualifiers
1978	Qualifiers
1980	Qualifiers
1982	Final Tournament (Runners-up)
1984	Qualifiers
1986	Qualifiers
1988	Withdrew
1990	Withdrew
1992	Did not enter
1994	Did not enter
1996	Did not enter
1998	Did not enter
2000	Qualifiers
2002	Qualifiers
2004	Qualifiers
2006	Final Tournament (Group Stage)
2008	Qualifiers
2010	Qualifiers
2012	Final Tournament (Group Stage)
2013	Qualifiers
2015	Qualifiers
2017	Qualifiers
2019	Qualifiers
2021	Qualifiers

FIFA WORLD CUP	
1930	Did not enter
1934	Did not enter
1938	Did not enter
1950	Did not enter
1954	Did not enter
1958	Did not enter
1962	Did not enter
1966	Withdrew
1970	Qualifiers
1974	Did not enter
1978	Qualifiers
1982	Qualifiers (Withdrew)
1986	Qualifiers
1990	Qualifiers (Withdrew)
1994	Disqualified
1998	Did not enter
2002	Qualifiers
2006	Qualifiers
2010	Qualifiers
2014	Qualifiers
2018	Qualifiers

OLYMPIC FOOTBALL TOURNAMENTS 1908-2020

1908	-	1952	-	1976	Qualifiers	2000	Withdrew
1912	-	1956	-	1980	Qualifiers	2004	Qualifiers
1920	-	1960	-	1984	Qualifiers	2008	Qualifiers
1924	-	1964	-	1988	Qualifiers	2012	Qualifiers
1928	-	1968	Qualifiers	1992	Withdrew	2016	Withdrew
1936	-	1972	Did not enter	1996	Did not enter	2020	Qualifiers
1948	-						

F.I.F.A. CONFEDERATIONS CUP 1992-2017
None

AFRICAN GAMES 1965-2019
1978, 2003, 2007

ARAB NATIONS CUP 1963-2021
1964 (Runners-up), 1966 (3rd Place), 1998, 2012 (Runners-up), 2021 (Qualifiers)

CECAFA CUP (East and Central African Championship) 1973-2021
2017 (as guest, Group Stage)

AFRICAN NATIONS CHAMPIONSHIP 2009-2020
2009 (Group Stage), 2011 (Qualifiers), **2014 (Winners)**, 2016 (Qualifiers), 2018 (4th Place), 2020 (Group Stage)

LIBYAN CLUB HONOURS IN ASIAN CLUB COMPETITIONS:

CAF Champions League 1964-2021
None

CAF Confederation Cup 2004-2021
None

CAF Super Cup 1993-2021
None

Arab Champions Cup / Arab Champions League 1982-2009 / UAFA Club Cup 2012-2013 / Arab Club Championship 2017 / Arab Club Champions Cup 2018-2020
None

*African Cup Winners' Cup 1975-2003**
None

*CAF Cup 1992-2003**
None

*defunct competitions

NATIONAL COMPETITIONS
TABLE OF HONOURS

	CHAMPIONS	CUP WINNERS
1963/1964	Al Ahly Sporting Club Tripoli	-
1964/1965	Al Ittihad Gymnast Cultural Social Club	-
1965/1966	Al Ittihad Gymnast Cultural Social Club	-
1966/1967	Al Tahaddy Benghazi	-
1967/1968	*No competition*	-
1968/1969	Al Ittihad Gymnast Cultural Social Club	-
1969/1970	Al Ahly Benghazi	-

1970/1971	Al Ahly Sporting Club Tripoli	-
1971/1972	Al Ahly Benghazi	-
1972/1973	Al Ahly Sporting Club Tripoli	-
1973/1974	Al Ahly Sporting Club Tripoli	-
1974/1975	Al Ahly Benghazi	Al Ahly Sporting Club Tripoli
1975/1976	Al Madina Tripoli	Al Ahly Sporting Club Tripoli
1976/1977	Al Tahaddy Benghazi	Al Madina Tripoli
1977/1978	Al Ahly Sporting Club Tripoli	Al Nasr SCC Benghazi
1978/1979	*Championship not finished*	*No competition*
1979/1980	*No competition*	Al Ahly Benghazi
1980/1981	*No competition*	Al Ahly Benghazi
1981/1982	*No competition*	Al Nasr SCC Benghazi
1982/1983	Al Madina Tripoli	Al Ahly Sporting Club Tripoli
1983/1984	Al Ahly Sporting Club Tripoli	Al Nasr SCC Benghazi
1984/1985	Al Dhahra Tripoli	Al Ahly Sporting Club Tripoli
1985/1986	Al Ittihad Gymnast Cultural Social Club	Al Ittihad Gymnast Cultural Social Club
1986/1987	Al Nasr SCC Benghazi	Libya FC Tripoli
1987/1988	Al Ittihad Gymnast Cultural Social Club	Al Ahly Benghazi
1988/1989	Al Ittihad Gymnast Cultural Social Club	Al Soukour Tobruk
1989/1990	Al Ittihad Gymnast Cultural Social Club	Al Madina Tripoli
1990/1991	Al Ittihad Gymnast Cultural Social Club	Al Ahly Benghazi
1991/1992	Al Ahly Benghazi	Al Ittihad Gymnast Cultural Social Club
1992/1993	Al Ahly Sporting Club Tripoli	Al Wahda SC Tripoli
1993/1994	Al Ahly Sporting Club Tripoli	Al Ahly Sporting Club Tripoli
1994/1995	Al Ahly Sporting Club Tripoli	Al Ahly Sporting Club Tripoli
1995/1996	Al Shat Tripoli	Al Ahly Benghazi
1996/1997	Al Tahaddy Benghazi	Al Nasr SCC Benghazi
1997/1998	Al Mahalah Tripoli	Al Shat Tripoli
1998/1999	Al Mahalah Tripoli	Al Ittihad Gymnast Cultural Social Club
1999/2000	Al Ahly Sporting Club Tripoli	Al Ahly Sporting Club Tripoli
2000/2001	Al Madina Tripoli	Al Ahly Sporting Club Tripoli
2001/2002	Al Ittihad Gymnast Cultural Social Club	Al Hilal SC Benghazi
2002/2003	Al Ittihad Gymnast Cultural Social Club	Al Nasr SCC Benghazi
2003/2004	Al-Olympique Az-Zwiyah	Al Ittihad Gymnast Cultural Social Club
2004/2005	Al Ittihad Gymnast Cultural Social Club	Al Ittihad Gymnast Cultural Social Club
2005/2006	Al Ittihad Gymnast Cultural Social Club	Al Ahly Sporting Club Tripoli
2006/2007	Al Ittihad Gymnast Cultural Social Club	Al Ittihad Gymnast Cultural Social Club
2007/2008	Al Ittihad Gymnast Cultural Social Club	Khaleej Sirte SC
2008/2009	Al Ittihad Gymnast Cultural Social Club	Al Ittihad Gymnast Cultural Social Club
2009/2010	Al Ittihad Gymnast Cultural Social Club	Al Nasr SCC Benghazi
2010/2011	*Championship abandoned*	*No competition*
2011/2012	*No competition*	*No competition*
2012/2013	*No competition*	*No competition*
2013/2014	Al Ahly Sporting Club Tripoli	*No competition*
2014/2015	*No competition*	*No competition*
2015/2016	Al Ahly SC Tripoli	Al Ahly SC Tripoli
2016/2017	*No competition*	*No competition*
2017/2018	Al Nasr SCC Benghazi	Al Ittihad SCSC Tripoli
2018/2019	*Championship not finished*	*No competition*
2019/2020	*No competition*	*Competition cancelled*
2021	Al Ittihad SCSC Tripoli	*No competition*

NATIONAL CHAMPIONSHIP
Libyan Premier League 2021

Relegation Play-offs – Super Ligue Suite

Group 1

1.	Al-Akhdar SC Al Bayda	22	18	0	4	40	-	12	54
2.	Al Ahli SCSC Benghazi	22	17	2	3	38	-	13	53
3.	Al Hilal SC Benghazi	22	16	4	2	36	-	13	52
4.	Al Nasr Club Benghazi	22	15	4	3	31	-	13	49
5.	Khaleej Sirte SC	22	10	5	7	22	-	19	35
6.	Al Sadaqa FC Shahhat	22	6	5	11	20	-	26	23
7.	Al Tahaddy SC Benghazi	22	6	4	12	14	-	21	22
8.	Darnes SC Derna	22	4	9	9	20	-	28	21
9.	Shabaab Al Jabal Shahhat	22	3	9	10	23	-	33	18
10.	Al Taawon Ajdabiya SC	22	4	4	14	20	-	35	16
11.	Al-Anwar SC Al-Abya (*Relegated*)	22	2	7	13	22	-	49	13
12.	Nojom Ajdabiya SC (*Relegated*)	22	2	5	15	12	-	36	11

Group 2

1.	Al Ittihad SCSC Tripoli	22	15	6	1	26	-	6	51
2.	Al Ahli SC Tripoli	22	14	7	1	29	-	7	49
3.	Al-Olympique Az-Zwiyah SC	22	9	6	7	22	-	19	33
4.	Al Ittihad Misurata	22	9	5	8	26	-	25	32
5.	Abu Salem SC Tripoli	22	9	3	10	23	-	26	30
6.	Al Swihli SC Misurata*	22	7	9	6	15	-	15	28
7.	Al Mahalla SC Tripoli	23	5	11	7	21	-	24	26
8.	Al Madina SCSC Tripoli	21	6	7	8	21	-	16	25
9.	Al Khums SCSC	22	5	8	9	21	-	28	23
10.	Al Shat SCSC Tripoli	22	6	4	12	17	-	25	22
11.	Rafik Sorman (*Relegated*)	22	5	6	11	21	-	34	21
12.	Al Wahda SC Tripoli (*Relegated*)	22	4	4	14	14	-	31	16

*2 points deducted

Please note: both group winners and runners-up were qualified for the Championship Play-offs.

Play-offs

Semi-Finals [01.08.2021]

Al-Akhdar SC Al Bayda - Al Ahli SC Tripoli	1-2
Al Ittihad SCSC Tripoli - Al Ahli SCSC Benghazi	1-0

Final [06.08.2021]

Al Ittihad SCSC Tripoli - Al Ahli SC Tripoli	0-0; 6-5 pen

2021 Lybian Premier League Champions: **Al Ittihad SCSC Tripoli**

THE CLUBS

ABU SALEM SPORTS CLUB TRIPOLI
Year of Formation: 1976
Stadium: Tripoli International Stadium, Tripoli (67,000)

AL AHLI SPORTS CULTURAL & SOCIAL CLUB BENGHAZI
Year of Formation: 1947
Stadium: Martyrs of February Stadium, Benghazi (10,550)

AL AHLI SPORTS CLUB TRIPOLI
Year of Formation: 1951
Stadium: Tripoli International Stadium, Tripoli (67,000)

AL-AKHDAR SPORTS CLUB AL BAYDA
Year of Formation: 1958
Stadium: Al Bayda Stadium, Al Bayda (7,000)

AL-ANWAR SPORTS CLUB AL-ABYA
Year of Formation: 1960

AL HILAL SPORTS CLUB BENGHAZI
Year of Formation: 1952
Stadium: First Statement Stadium, Benghazi (9,000)

AL ITTIHAD MISURATA SPORTS CLUB
Year of Formation: 1965
Stadium: Misurata Stadium, Misurata (16,000)

AL ITTIHAD SPORT, CULTURAL & SOCIAL CLUB TRIPOLI
Year of Formation: 1944
Stadium: 11 June Stadium, Tripoli (67,000)

AL KHUMS SPORTS CULTURAL SOCIAL CLUB
Year of Formation: 1958
Stadium: Al Khums Stadium, Al Khums (10,000)

AL MADINA SPORTS CULTURAL & SOCIAL CLUB TRIPOLI
Year of Formation: 1953
Stadium: 11 June Stadium, Tripoli (67,000)

AL MAHALLA SPORTS CLUB TRIPOLI
Year of Formation: 1977
Stadium: Great Manmade River Stadium, Tripoli (20,000)

AL NASR CLUB BENGHAZI
Year of Formation: 1954
Stadium: 28 March Stadium, Benghazi (55,000)

AL-OLYMPIQUE AZ-ZWIYAH SPORTS CLUB
Year of Formation: 1947
Stadium: Al-Olympic Stadium, Az Zawiyah (8,000)

AL SADAQA FOOTBALL CLUB SHAHHAT
Stadium: Shahhat Stadium, Shahhat (10,000)

AL SHAT SOCIAL, SPORTING & CULTURAL CLUB TRIPOLI
Year of Formation: 1982
Stadium: Great Manmade River Stadium, Tripoli (20,000)

AL SWIHLI SPORTS CLUB MISURATA
Year of Formation: 1944
Stadium: Misurata Stadium, Misurata (16,000)

AL TAAWON AJDABIYA SPORTS CLUB
Year of Formation: 1960
Stadium: Martyrs of February Stadium, Benghazi (10,550)

AL TAHADDY SPORTS CLUB BENGHAZI
Year of Formation: 1954
Stadium: 28 March Stadium, Benghazi (55,000)

AL WAHDA SPORTS CLUB TRIPOLI
Year of Formation: 1954
Stadium: "Ali Aisgozy" Stadium, Tripoli (3,000)

DARNES SPORTS CLUB DERNA
Year of Formation: 1958
Stadium: Derna Stadium, Derna (10,000)

KHALEEJ SIRTE SPORTS CLUB
Year of Formation: 1963
Stadium: 2 March Stadium, Sirte (2,000)

NOJOM AJDABIYA SPORTS CLUB
Year of Formation: 1984
Stadium: 10 March Stadium, Ajdabiya (2,000)

RAFIK SORMAN
Year of Formation: 1959
Stadium: Om Al Rabi Stadium, Sorman (8,000)

SHABAAB AL JABAL SHAHHAT
Stadium: Shahhat Stadium, Shahhat (10,000)

NATIONAL TEAM
INTERNATIONAL MATCHES 2021

25.03.2021	Benghazi	Lybia - Tunisia	2-5(1-1)	(ACNQ)
28.03.2021	Dar es Salaam	Tanzania - Lybia	1-0(1-0)	(ACNQ)
14.06.2021	Tunis	Lybia - Liberia	0-1(0-1)	(F)
19.06.2021	Doha	Lybia - Sudan	0-1(0-1)	(ARCQ)
01.09.2021	Benghazi	Lybia - Gabon	2-1(1-1)	(WCQ)
07.09.2021	Luanda	Angola - Lybia	0-1(0-1)	(WCQ)
08.10.2021	Alexandria	Egypt - Lybia	1-0(0-0)	(WCQ)
11.10.2021	Benghazi	Lybia - Egypt	0-3(0-2)	(WCQ)
12.11.2021	Franceville	Gabon - Lybia	1-0(0-0)	(WCQ)
16.11.2021	Benghazi	Lybia - Angola	1-1(0-0)	(WCQ)

25.03.2021, 33rd African Cup of Nations, Qualifiers
Martyrs of February Stadium, Benghazi; Attendance: 0
Referee: Daouda Guèye (Senegal)
LYBIA - TUNISIA   **2-5(1-1)**
LBY: Ahmed Abdulsalam Ahmed Azzaqa, Ahmed Mohamed Al Maghasi, Motasem Bellah Masaud Sabbou, Sanad Masoud Mohammed Masoud Al Werfaly, Mohammed Ibrahim Mahfud Eamin Al Ayadh Al Tarhouni, Faisal Mansour Ali Saleh Al Badri, Al Moatasem Bellah Ali Mohamed Al Musrati, Moayed Salem Ali Al Lafi (89.Moataz Mahde Fadel Houssein), Mohammed Salih Ali Soulah, Hamdou Mohamed El Houni, Anes Mohamed Jumaa Salto (59.Ahmed Mohamed Ahmed Ahmiyah Al Qadiri). Trainer: Zoran Filipović (Montenegro).
Goals: Moayed Salem Ali Al Lafi (21, 54).

28.03.2021, 33rd African Cup of Nations, Qualifiers
National Stadium, Dar es Salaam; Attendance: 0
Referee: Hassan Mohamed Hagi (Somalia)
TANZANIA - LYBIA   **1-0(1-0)**
LBY: Murad Abubakr Mohamed Al Wuheeshi, Rabea Mabrouk Mokhtar Abubaker Al Lafi (81.Ahmed Mohamed Al Maghasi), Sanad Masoud Mohammed Masoud Al Werfaly, Salaheddin Ahmed Farag Fakroun, Motasem Bellah Masaud Sabbou, Mohammed Al Tohami Moftah Al Hedaj (46.Abdullah Fathi Mohamed Abdulrahman Belaem), Rabia Ramadan Abdelsalam Al Shadi (46.Faisal Mansour Ali Saleh Al Badri), Salem Ahmed M'Hamed Aballo, Ibrahim Masoud Ibrahim Bodbous (65.Muad Abdulbasit Salem Eisa), Mohammed Salih Ali Soulah, Moataz Mahde Fadel Houssein. Trainer: Zoran Filipović (Montenegro).

14.06.2021, Friendly International
Stade "Chedly Zouiten", Tunis (Tunisia); Attendance: 0
Referee: Youssef Essrayri (Tunisia)
LYBIA - LIBERIA   **0-1(0-1)**
LBY: Muhammad Fathi Abdulla Nashnoush, Abdalla Ahmida Mukhtar Sherif, Motasem Bellah Masaud Sabbou, Ahmed Kamal Omar Al Trbi, Asnosi Alhadi Mohamed Ammar, Mohammed Ibrahim Mahfud Eamin Al Ayadh Al Tarhouni, Abdullah Fathi Mohamed Abdulrahman Belaem, Nour al-Din Ahmed Mohammed Al Qulaib, Faisal Mansour Ali Saleh Al Badri, Mohammad Noureddin Abdusalam Zubya, Ahmed Mohamed Ahmed Ahmiyah Al Qadiri *(substitutes not known)*. Trainer: Javier Clemente Lázaro (Spain).

19.06.2021, 10th FIFA Arab Cup, Qualifiers
Khalifa International Stadium, Doha (Qatar); Attendance: 0
Referee: Saoud Al Athbah (Qatar)
LYBIA - SUDAN   **0-1(0-1)**
LBY: Muhammad Fathi Abdulla Nashnoush, Ali Ramdan Ali Al Amami, Motasem Bellah Masaud Sabbou, Ahmed Kamal Omar Al Trbi, Taher Abdulsalam Taher Ben Aamer, Mohamed Mounir Abdussalam (60.Muftah Khalifa Hamed Taktak), Asnosi Alhadi Mohamed Ammar (60.Muad Abdulbasit Salem Eisa), Mohammed Al Tohami Moftah Al Hedaj (70.Shamikh Faraj Shamikh Hamed Al Obaidi), Nour al-Din Ahmed Mohammed Al Qulaib (81.Khaled Majdi Moftah Al Maremi), Faisal Mansour Ali Saleh Al Badri, Mohammad Noureddin Abdusalam Zubya. Trainer: Javier Clemente Lázaro (Spain).

01.09.2021, 22nd FIFA World Cup Qualifiers, Second Round
Benina Martyrs Stadium, Benghazi; Attendance: 0
Referee: Bamlak Tessema Weyesa (Ethiopia)
LYBIA - GABON   **2-1(1-1)**
LBY: Muhammad Fathi Abdulla Nashnoush, Abdalla Ahmida Mukhtar Sherif, Sanad Masoud Mohammed Masoud Al Werfaly, Ali Ramdan Ali Al Amami, Motasem Bellah Masaud Sabbou, Faisal Mansour Ali Saleh Al Badri (84.Omar Yousef Nouri Al Khouja), Mohammed Al Tohami Moftah Al Hedaj, Moayed Salem Ali Al Lafi, Mohamed Abdullah Abdussalam Al Tubal (63.Muad Abdulbasit Salem Eisa), Mohammad Noureddin Abdusalam Zubya (85.Anes Mohamed Jumaa Salto), Hamdou Mohamed El Houni (64.Asnosi Alhadi Mohamed Ammar). Trainer: Javier Clemente Lázaro (Spain).
Goals: Ali Ramdan Ali Al Amami (28), Sanad Masoud Mohammed Masoud Al Werfaly (89).

07.09.2021, 22nd FIFA World Cup Qualifiers, Second Round
Estádio 11 de Novembro, Luanda; Attendance: 10,000
Referee: Messie Nkounkou (Congo)
ANGOLA - LYBIA   **0-1(0-1)**
LBY: Muhammad Fathi Abdulla Nashnoush, Abdalla Ahmida Mukhtar Sherif, Sanad Masoud Mohammed Masoud Al Werfaly, Ali Ramdan Ali Al Amami, Motasem Bellah Masaud Sabbou, Mohammed Al Tohami Moftah Al Hedaj (80. Mohamed Mounir Abdussalam), Faisal Mansour Ali Saleh Al Badri, Omar Yousef Nouri Al Khouja (69.Taher Abdulsalam Taher Ben Aamer), Hamdou Mohamed El Houni (61.Mohammed Salih Ali Soulah), Moayed Salem Ali Al Lafi, Mohammad Noureddin Abdusalam Zubya (69.Mohamed Abdullah Abdussalam Al Tubal). Trainer: Javier Clemente Lázaro (Spain).
Goal: Omar Yousef Nouri Al Khouja (43).

08.10.2021, 22nd FIFA World Cup Qualifiers, Second Round
Borg El Arab Stadium, Alexandria; Attendance: 0
Referee: Pacifique Ndabihawenimana (Burundi)
EGYPT - LYBIA   **1-0(0-0)**
LBY: Muhammad Fathi Abdulla Nashnoush, Abdalla Ahmida Mukhtar Sherif, Sanad Masoud Mohammed Masoud Al Werfaly, Ahmed Kamal Omar Al Trbi (53.Faisal Mansour Ali Saleh Al Badri), Motasem Bellah Masaud Sabbou, Mohammed Salih Ali Soulah (52.Asnosi Alhadi Mohamed Ammar), Mohamed Mounir Abdussalam, Al Moatasem Bellah Ali Mohamed Al Musrati, Omar Yousef Nouri Al Khouja (60.Muad Abdulbasit Salem Eisa), Moayed Salem Ali Al Lafi (72.Mohammed Ibrahim Mahfud Eamin Al Ayadh Al Tarhouni), Mohammad Noureddin Abdusalam Zubya (59.Hamdou Mohamed El Houni). Trainer: Javier Clemente Lázaro (Spain).

11.10.2021, 22nd FIFA World Cup Qualifiers, Second Round
Benina Martyrs Stadium, Benghazi; Attendance: 0
Referee: Victor Miguel de Freitas Gomes (South Africa)
LYBIA - EGYPT **0-3(0-2)**
LBY: Muhammad Fathi Abdulla Nashnoush, Abdalla Ahmida Mukhtar Sherif (54.Mohamed Mounir Abdussalam), Sanad Masoud Mohammed Masoud Al Werfaly, Ali Ramdan Ali Al Amami, Motasem Bellah Masaud Sabbou, Al Moatasem Bellah Ali Mohamed Al Musrati, Faisal Mansour Ali Saleh Al Badri (85.Omar Yousef Nouri Al Khouja), Mohamed Abdullah Abdussalam Al Tubal (46.Asnosi Alhadi Mohamed Ammar), Hamdou Mohamed El Houni (67.Muad Abdulbasit Salem Eisa), Moayed Salem Ali Al Lafi, Mohammad Noureddin Abdusalam Zubya. Trainer: Javier Clemente Lázaro (Spain).

12.11.2021, 22nd FIFA World Cup Qualifiers, Second Round
Stade de Franceville, Franceville; Attendance: 0
Referee: Mashood Ssali (Uganda)
GABON - LYBIA **1-0(0-0)**
LBY: Muad Allafi, Abdalla Ahmida Mukhtar Sherif (57.Shamikh Faraj Shamikh Hamed Al Obaidi), Sanad Masoud Mohammed Masoud Al Werfaly (77.Mohamed Mounir Abdussalam), Naji Mohamed Dura, Motasem Bellah Masaud Sabbou, Mansour Ramadhan Mohamed Makkari Rezk, Mohammed Al Tohami Moftah Al Hedaj (71.Mohanad Mustafa Mabrouk Madyen), Omar Yousef Nouri Al Khouja, Hamdou Mohamed El Houni, Moayed Salem Ali Al Lafi (71.Muad Abdulbasit Salem Eisa), Mohammad Noureddin Abdusalam Zubya (71.Anis Fawzi Omran Hamad Al Musrati). Trainer: Javier Clemente Lázaro (Spain).

16.11.2021, 22nd FIFA World Cup Qualifiers, Second Round
28 March Stadium, Benghazi; Attendance: n/a
Referee: Beida Dahane (Mauritania)
LYBIA - ANGOLA **1-1(0-0)**
LBY: Muad Allafi, Sanad Masoud Mohammed Masoud Al Werfaly, Naji Mohamed Dura (69.Mohamed Mounir Abdussalam), Mansour Ramadhan Mohamed Makkari Rezk, Motasem Bellah Masaud Sabbou, Mohammed Al Tohami Moftah Al Hedaj, Shamikh Faraj Shamikh Hamed Al Obaidi, Omar Yousef Nouri Al Khouja (63.Moayed Salem Ali Al Lafi), Mohammed Salih Ali Soulah (70.Mohanad Mustafa Mabrouk Madyen), Yousef Ramadan M'Hamed Karah (54.Hamdou Mohamed El Houni), Anis Fawzi Omran Hamad Al Musrati. Trainer: Javier Clemente Lázaro (Spain).
Goal: Sanad Masoud Mohammed Masoud Al Werfaly (49 penalty).

NATIONAL TEAM PLAYERS 2021		
Name	DOB	Club
Goalkeepers		
Muad ALLAFI	15.05.2000	*Al Ittihad SCSC Tripoli*
Murad Abubakr Mohamed AL WUHEESHI	28.02.1997	*Al Ahli SCSC Benghazi*
Ahmed Abdulsalam Ahmed AZZAQA	09.08.1988	*Al Madina SC Tripoli*
Muhammad Fathi Abdulla NASHNOUSH	14.06.1988	*Al Ahli SC Tripoli*

Defenders

Name	DOB	Club
Ali Ramdan Ali AL AMAMI	18.09.1987	*Al Madina SC Tripoli*
Rabea Mabrouk Mokhtar Abubaker AL LAFI	24.07.1991	*Al Nasr Club Benghazi*
Ahmed Mohamed AL MAGHASI	10.02.1993	*Stade Tunisien (TUN)*
Mohammed Ibrahim Mahfud Eamin Al Ayadh AL TARHOUNI	10.07.1991	*Smouha SC Alexandria (EGY); 07.10.2021-> Ismaily SC Ismaïlia (EGY)*
Ahmed Kamal Omar AL TRBI	06.06.1992	*Al Ittihad SCSC Tripoli*
Sanad Masoud Mohammed Masoud AL WERFALY	17.05.1992	*Raja Club Athletic Casablanca (MAR); 09.09.2021-> Al Ittihad SCSC Tripoli*
Taher Abdulsalam Taher BEN AAMER	16.04.2000	*Al Ahli SCSC Benghazi*
Naji Mohamed DURA	05.05.1988	*Al Ittihad SCSC Tripoli*
Salaheddin Ahmed Farag FAKROUN	08.02.1999	*Al Nasr Club Benghazi*
Mansour Ramadhan Mohamed MAKKARI Rezk	19.10.1992	*Al Ahli SC Tripoli*
Motasem Bellah Masaud SABBOU	20.08.1993	*Union Sportive Monastirienne (TUN); 18.04.2021-> Al Ittihad SCSC Tripoli*
Abdalla Ahmida Mukhtar SHERIF	18.07.1996	*Al Nasr Club Benghazi*

Midfielders

Name	DOB	Club
Salem Ahmed M'Hamed ABALLO	20.04.1991	*Unattached*
Faisal Mansour Ali Saleh AL BADRI	04.06.1990	*Al Hilal SCSC Benghazi*
Omar Yousef Nouri AL KHOUJA	01.03.2000	*Ittihad SCSC Tripoli*
Moayed Salem Ali AL LAFI	07.03.1996	*Wydad AC Casablanca (MAR)*
Al Moatasem Bellah Ali Mohamed AL MUSRATI	06.04.1996	*Sporting Clube de Braga (POR)*
Shamikh Faraj Shamikh Hamed AL OBAIDI	27.05.1994	*Al Ahli SCSC Benghazi; 15.08.2021-> Mouloudia Club d'Oujda (MAR)*
Nour al-Din Ahmed Mohammed AL QULAIB	22.03.2001	*Al Swihli SC Misurata*
Rabia Ramadan Abdelsalam AL SHADI	06.03.1994	*Ittihad SCSC Tripoli*
Mohammed AL TOHAMI Moftah Al Hedaj	31.05.1992	*Al Madina SCSC Tripoli*
Mohamed Abdullah Abdussalam AL TUBAL	23.06.1993	*JS Kabylie Tizi-Ouzou (ALG); 18.09.2021-> Al Ahly SC Tripoli*
Asnosi Alhadi Mohamed AMMAR	26.02.1994	*Al Arabi SC Kuwait City (KUW)*
Abdullah Fathi Mohamed Abdulrahman BELAEM	22.01.1997	*Al Ahli SC Tripoli*
Mohanad Mustafa MABROUK Madyen	25.03.1994	*Naft Al-Basra SC (IRQ)*
Mohamed MOUNIR Abdussalam	08.04.1992	*Al Ittihad SCSC Tripoli*
Mohammed Salih Ali SOULAH	29.06.1993	*CS Sfaxien (TUN)*
Muftah Khalifa Hamed TAKTAK	05.05.1996	*Al Nasr Club Benghazi*

Forwards

Khaled Majdi Moftah AL MAREMI	15.01.1996	*Al Ahli SC Tripoli*
Anis Fawzi Omran Hamad AL MUSRATI	19.10.1994	*CR de Belouizdad Alger (ALG)*
Ahmed Mohamed Ahmed Ahmiyah AL QADIRI	26.03.1996	*Al Ittihad Misurata*
Ibrahim Masoud Ibrahim BODBOUS	03.08.1996	*Al Ahli SCSC Benghazi*
Muad Abdulbasit Salem EISA	08.05.1999	*Al Ittihad SCSC Tripoli*
Hamdou Mohamed EL HOUNI	12.02.1994	*Espérance Sportive de Tunis (TUN)*
Yousef Ramadan M'Hamed KARAH	26.04.2000	*Al Ittihad SCSC Tripoli*
Moataz MAHDE Fadel Houssein	09.08.1990	*Al Ahli SC Tripoli*
Anes Mohamed Jumaa SALTO	01.04.1992	*Le Fath Union Sport de Rabat (MAR)*
Mohammad Noureddin Abdusalam ZUBYA	20.03.1989	*Al Ittihad SCSC Tripoli*

National coaches

Zoran FILIPOVIĆ (Montenegro) [12.2020 - 04.2021]	06.02.1953
Javier CLEMENTE Lázaro (Spain) [from 25.05.2021]	12.03.1950

MADAGASCAR

Fédération Malagasy de Football
29 Rue de Russie, Isoraka,
BP 4409,
Antananarivo 101
Year of Formation: 1961
Member of FIFA since: 1964
Member of CAF since: 1963
www.fmf.mg

First international match:
1947: Madagascar-Mauritius 1-2

Most international caps:
Mamisoa Razafindrakoto
61 caps (1998-2011)

Most international goals:
Faneva Imà Andriatsima 14 goals / Paulin Voavy 14 goals (2005-2019) / (since 2003)

AFRICAN CUP OF NATIONS	
1957	Did not enter
1959	Did not enter
1962	Did not enter
1963	Did not enter
1965	Did not enter
1968	Did not enter
1970	Did not enter
1972	Qualifiers
1974	Qualifiers
1976	Withdrew
1978	Did not enter
1980	Qualifiers
1982	Qualifiers
1984	Qualifiers
1986	Qualifiers
1988	Qualifiers
1990	Withdrew
1992	Qualifiers
1994	Did not enter
1996	Qualifiers (Withdrew)
1998	Banned
2000	Qualifiers
2002	Qualifiers
2004	Qualifiers
2006	Qualifiers
2008	Qualifiers
2010	Qualifiers
2012	Qualifiers
2013	Qualifiers
2015	Qualifiers
2017	Qualifiers
2019	Final Tournament (Quarter-Finals)
2021	Qualifiers

FIFA WORLD CUP	
1930	Did not enter
1934	Did not enter
1938	Did not enter
1950	Did not enter
1954	Did not enter
1958	Did not enter
1962	Did not enter
1966	Did not enter
1970	Did not enter
1974	Withdrew
1978	Did not enter
1982	Qualifiers
1986	Qualifiers
1990	Did not enter
1994	Qualifiers
1998	Qualifiers
2002	Qualifiers
2006	Qualifiers
2010	Qualifiers
2014	Qualifiers
2018	Qualifiers

OLYMPIC FOOTBALL TOURNAMENTS 1908-2020

1908	-	1952	-	1976	Withdrew	2000	Did not enter
1912	-	1956	-	1980	Qualifiers	2004	Did not enter
1920	-	1960	-	1984	Withdrew	2008	Did not enter
1924	-	1964	-	1988	Withdrew	2012	Qualifiers
1928	-	1968	Qualifiers	1992	Did not enter	2016	Did not enter
1936	-	1972	Qualifiers	1996	Did not enter	2020	Did not enter
1948	-						

F.I.F.A. CONFEDERATIONS CUP 1992-2017
None

AFRICAN GAMES 1965-2019
1965, 1987

COSAFA (Confederation of Southern African Football Associations) CUP 1997-2021
2002 (Quarter-Finals), 2003 (Quarter-Finals), 2004 (First Round), 2005 (Group Stage), 2006 (Group Stage), 2007 (Group Stage), 2008 (4th Place), 2015 (3rd Place), 2016 (Group Stage), 2017 (Group Stage), 2018 (4th Place), 2021 (Withdrew)

INDIAN OCEAN GAMES 1947-2019
1985, **1990 & 1993 (Winners),** 1998 (Runnes-up), 2003, 2007 (Runners-up), 2011, 2015 (4th Place), 2019 (Group Stage)

AFRICAN NATIONS CHAMPIONSHIP 2009-2020
2011 (Qualifiers), 2018 (Qualifiers), 2020 (Qualifiers)

MALAGASY CLUB HONOURS IN ASIAN CLUB COMPETITIONS:

CAF Champions League 1964-2021
None

CAF Confederation Cup 2004-2021
None

CAF Super Cup 1993-2021
None

*African Cup Winners' Cup 1975-2003**
None

*CAF Cup 1992-2003**
None

*defunct competitions

NATIONAL COMPETITIONS
TABLE OF HONOURS

	CHAMPIONS	CUP WINNERS
1962	AS Fortior Toamasina	-
1963	AS Fortior Toamasina	-
1964	*Not known*	-
1965	*Not known*	-
1966	*Not known*	-
1967	*Not known*	-
1968	Fitarikandro Fianarantsoa	-
1969	US Fonctionnaires	-

Year	Winner	Runner-up
1970	MMM Toamasina	-
1971	AS St. Michel	-
1972	Fortior Club de la Côte Ouest Mahajanga	-
1973	JS Antalaha	-
1974	AS Corps Enseignement Toliara	Fortior Club de la Côte Ouest Mahajanga
1975	AS Corps Enseignement Toliara	Fortior Club de la Côte Ouest Mahajanga
1976	*No competition*	Fortior Club de la Côte Ouest Mahajanga
1977	AS Corps Enseignement Toliara	Fortior Club de la Côte Ouest Mahajanga
1978	AS St. Michel	Association Sportive Sotema Mahajanga
1979	Fortior Club de la Côte Ouest Mahajanga	Association Sportive Sotema Mahajanga
1980	MMM Toamasina	AS St. Michel
1981	AS Somasud Toliara	Dinamo Fima Antananarivo
1982	Dinamo Fima Antananarivo	Association Sportive Sotema Mahajanga
1983	Dinamo Fima Antananarivo	Dinamo Fima Antananarivo
1984	*No competition*	*Not known*
1985	Association Sportive Sotema Mahajanga	Fortior Club de la Côte Ouest Mahajanga
1986	BTM Antananarivo	HTMF Mahajanga
1987	JOS Nosy-Bé Hell-Ville	BTM Antananarivo
1988	COSFAP Antananarivo	BFV Mahajanga
1989	Association Sportive Sotema Mahajanga	BTM Antananarivo
1990	ASF Fianarantsoa	BFV Mahajanga
1991	Association Sportive Sotema Mahajanga	BTM Antananarivo
1992	Association Sportive Sotema Mahajanga	COSFAP Antananarivo
1993	BTM Antananarivo	AS Cimelta Antananarivo
1994	FC Rainizafy	*Not known*
1995	FC Fobar Toliara	*Not known*
1996	FC BVF Antananarivo	Club S Namakia
1997	DSA Antananarivo	*Not known*
1998	DSA Antananarivo	FC Djivan Farafangana
1999	AS Fortior Toamasina	FC Djivan Farafangana
2000	AS Fortior Toamasina	FC Djivan Farafangana
2001	Stade Olympique de l'Emyrne (SOE) Antananarivo	US Transfoot Toamasina
2002	AS ADEMA Analamanga Antananarivo	AS Fortior Toamasina
2003	Ecoredipharm Tamatave	Léopards de Transfoot
2004	Union Sportive des Jeunes Foot-balleurs Ravinala (USJF) Antananarivo	Union Sportive des Jeunes Foot-balleurs Ravinala (USJF) Antananarivo
2005	Union Sportive de la Commune Urbaine d'Antananarivo – Football(USCA)	Union Sportive de la Commune Urbaine d'Antananarivo – Football (USCA)
2006	AS ADEMA Analamanga Antananarivo	AJESAIA Antananarivo
2007	Association des Jeunes Sportifs de l'Avenir Inter-Arrondissements (AJESAIA) Antananarivo	AS ADEMA Analamanga Antananarivo
2008	Académie Ny Antsika Vakinankaratra	AS ADEMA Analamanga Antananarivo
2009	AJESAIA Antananarivo	AS ADEMA Analamanga Antananarivo
2010	CNaPS Sport Itasy	AS ADEMA Analamanga Antananarivo
2011	Japan Actuel's FC Analamanga	CNaPS Sport Itasy
2012	AS ADEMA Analamanga Antananarivo	Terrible de la Côte Ouest Boeny
2013	CNaPS Sport Itasy	AS Saint Michel Anamalanga
2014	CNaPS Sport Itasy	AS Saint Michel Anamalanga
2015	CNaPS Sport Itasy	CNaPS Sport Itasy
2016	CNaPS Sport Itasy	CNaPS Sport Itasy

2017	CNaPS Sport Itasy	Fosa Juniors FC Boeny
2018	CNaPS Sport Itasy	AS St.-Michel Elgeco Plus Analamanga
2019	Fosa Juniors FC Boeny	Fosa Juniors FC Boeny
2019/2020	*Championship cancelled*	*Competition cancelled*
2021	AS ADEMA Analamanga Antananarivo	CFFA Analamanga

NATIONAL CHAMPIONSHIP
THB Champions League 2021

First Phase
(10.01.-18.04.2021)
(Top-2 of each group qualified for the Championship Play-offs)

Conference Nord

1.	Five FC Analamanga	9	5	3	1	17	-	7	18
2.	COSFA Analamanga	9	4	4	1	14	-	8	16
3.	AS JET-Kintana FC Itasy	9	2	4	3	9	-	9	10
4.	AS St.-Michel Elgeco Plus Analamanga	8	2	3	3	7	-	9	9
5.	Fosa Juniors Elite FC Boeny	7	2	2	3	5	-	7	8
6.	Tia Kitra Atsinanana	8	1	2	5	6	-	18	5

Conference Sud

1.	AS ADEMA Analamanga Antananarivo	10	8	1	1	19	-	6	25
2.	Ajesaia Bongolava	11	7	3	1	23	-	8	24
3.	USCA Foot Analamanga	11	5	1	5	21	-	16	16
4.	Zanak'Ala FC Haute Matsiatra	12	5	1	6	23	-	20	16
5.	FCA Ilakaka Ihorombe	10	5	0	5	19	-	20	15
6.	CS-DFC Itasy*	11	4	2	5	22	-	23	14
7.	3FB Toliara Atsimo Andrefana	11	0	0	11	7	-	41	0

Please note: apparently a lot of matches in both Conferences were cancelled.
* CNaPS Sport Itasy merged with Disciples FC to CS-DFC Itasy.

Championship Play-offs
(matches played in Antananarivo, 14.05.-24.06.2021)

1.	**AS ADEMA Analamanga Antananarivo**	6	4	0	2	9	-	4	12
2.	COSFA Analamanga	6	3	2	1	10	-	8	11
3.	Ajesaia Bongolava	6	2	2	2	6	-	7	8
4.	Five FC Analamanga	6	1	0	5	6	-	12	3

NATIONAL CUP
Telma Coupe de Madagascar Final 2021

08.08.2021, Toamasina
CFFA Analamanga - CS-DFC Itasy   **3-1**

NATIONAL TEAM INTERNATIONAL MATCHES 2021				

24.03.2021	Bahir Dar	Ethiopia - Madagascar	4-0(3-0)	(ACNQ)
30.03.2021	Toamasina	Madagascar - Niger	0-0	(ACNQ)
02.09.2021	Antananarivo	Madagascar - Benin	0-1(0-1)	(WCQ)
07.09.2021	Dar es Salaam	Tanzania - Madagascar	3-2(2-2)	(WCQ)
07.10.2021	Kinshasa	D.R. Congo - Madagascar	2-0(1-0)	(WCQ)
10.10.2021	Antananarivo	Madagascar - D.R. Congo	1-0(1-0)	(WCQ)
11.11.2021	Cotonou	Benin - Madagascar	2-0(1-0)	(WCQ)
14.11.2021	Antananarivo	Madagascar - Tanzania	1-1(0-1)	(WCQ)

24.03.2021, 33rd African Cup of Nations, Qualifiers
Bahir Dar Stadium, Bahir Dar; Attendance: 0
Referee: Sidi Alioum (Cameroon)
ETHIOPIA - MADAGASCAR   **4-0(3-0)**
MAD: Melvin Adrien, Romain Métanire, Mamy Gervais Nirina Randrianarisoa (78.Andoniaina Rakotondrazaka Andrianavalona), Pascal Razakanantenaina, Jérôme Mombris, Zotsara Randriambololona (71.Andriamirado Aro Hasina Andrianarimanana), Ibrahim Samuel Amada, Lalaïna Henintsoa Nomenjanahary (46.Jean Sylvio Ouassiero), Carolus Charles Andriamahitsinoro, Faneva Ima Andriatsima (70.Alexandre Ramalingom), Paulin Voavy (46.Hakim Djamel Abdallah). Trainer: Nicolas Dupuis (France).

30.03.2021, 33rd African Cup of Nations, Qualifiers
Stade Municipal de Toamasina, Toamasina; Attendance: 0
Referee: Eric Arnaud Otogo-Castane (Gabon)
MADAGASCAR - NIGER   **0-0**
MAD: Melvin Adrien, Romain Métanire, Pascal Razakanantenaina, Harimihanta Rajonirina Razafindrabe, Jérôme Mombris, Ibrahim Samuel Amada, Rayan Ny Aina Arnaldo Raveloson, Zotsara Randriambololona (46.Loïc Lapoussin ; 62.Tsito Miravo Nasandratra Razafindrasata), Carolus Charles Andriamahitsinoro (62.Njiva Tsilavina Martin Rakotoharimalala), Faneva Ima Andriatsima (46.Alexandre Ramalingom), Paulin Voavy. Trainer: Nicolas Dupuis (France).

02.09.2021, 22nd FIFA World Cup Qualifiers, Second Round
Mahamasina Municipal Stadium, Antananarivo; Attendance: 10,000
Referee: Brighton Chimene (Zimbabwe)
MADAGASCAR - BENIN   **0-1(0-1)**
MAD: Melvin Adrien, Romain Métanire, Pascal Razakanantenaina, Thomas Fontaine, Jérôme Mombris (90+3.Tafitatiana Angio Fabrice Rakotondraibe), Ibrahim Samuel Amada (75.Carolus Charles Andriamahitsinoro), Rayan Ny Aina Arnaldo Raveloson, Anicet Abel Andrianantenaina, Loïc Lapoussin, Hakim Djamel Abdallah, Paulin Voavy (59.Alexandre Ramalingom). Trainer: Éric Rabésandratana.

07.09.2021, 22nd FIFA World Cup Qualifiers, Second Round
National Stadium, Dar es Salaam; Attendance: 0
Referee: Mashood Ssali (Uganda)
TANZANIA - MADAGASCAR   **3-2(2-2)**
MAD: Melvin Adrien, Romain Métanire, Pascal Razakanantenaina, Thomas Fontaine, Jérôme Mombris (77.Carolus Charles Andriamahitsinoro), Lalaina Jacquot Manampisoa (30.Njiva Tsilavina Martin Rakotoharimalala), Anicet Abel Andrianantenaina (77.Alexandre Ramalingom), Rayan Ny Aina Arnaldo Raveloson, Bastien Charles Patrick Héry (64.Ibrahim Samuel Amada), Loïc Lapoussin (64.Paulin Voavy), Hakim Djamel Abdallah. Trainer: Éric Rabésandratana.
Goals: Njiva Tsilavina Martin Rakotoharimalala (36), Thomas Fontaine (45+2).

07.10.2021, 22nd FIFA World Cup Qualifiers, Second Round
Stade des Martyrs, Kinshasa; Attendance: 0
Referee: Antonio Caluassi Dungula (Angola)
D.R. CONGO - MADAGASCAR **2-0(1-0)**
MAD: Melvin Adrien, Romain Métanire, Mamy Gervais Nirina Randrianarisoa, Pascal Razakanantenaina (80.Lalaina Jacquot Manampisoa), Ibrahim Samuel Amada, Marco Ilaimaharitra, Rayan Ny Aina Arnaldo Raveloson, Loïc Lapoussin, Njiva Tsilavina Martin Rakotoharimalala (69.Bastien Charles Patrick Héry), Hakim Djamel Abdallah (61.Tafitatiana Angio Fabrice Rakotondraibe), Paulin Voavy (61.Arnaud Randrianantenaina). Trainer: Éric Rabésandratana.

10.10.2021, 22nd FIFA World Cup Qualifiers, Second Round
Mahamasina Municipal Stadium, Antananarivo; Attendance: 1,500
Referee: Patrice Milazare (Mauritius)
MADAGASCAR - D.R. CONGO **1-0(1-0)**
MAD: Mathyas Todisoa François Randriamamy, Romain Métanire, Fabien Boyer (90+2.Hakim Djamel Abdallah), Mamy Gervais Nirina Randrianarisoa, Pascal Razakanantenaina, Loïc Lapoussin, Marco Ilaimaharitra, Rayan Ny Aina Arnaldo Raveloson, Njiva Tsilavina Martin Rakotoharimalala (80.Ibrahim Samuel Amada), Tafitatiana Angio Fabrice Rakotondraibe (90+3.Bastien Charles Patrick Héry), Paulin Voavy (46.Carolus Charles Andriamahitsinoro). Trainer: Éric Rabésandratana.
Goal: Njiva Tsilavina Martin Rakotoharimalala (1).

11.11.2021, 22nd FIFA World Cup Qualifiers, Second Round
Stade de l'Amitié "Mathieu Kérékou", Cotonou; Attendance: 15,000
Referee: Bakary Papa Gassama (Gambia)
BENIN - MADAGASCAR **2-0(1-0)**
MAD: Melvin Adrien, Romain Métanire (83.Henri Charles Gladyson), Mamy Gervais Nirina Randrianarisoa (74.Ibrahim Samuel Amada), Jérémy Morel, Pascal Razakanantenaina, Loïc Lapoussin, Marco Ilaimaharitra, Rayan Ny Aina Arnaldo Raveloson, Tafitatiana Angio Fabrice Rakotondraibe (46.Hakim Djamel Abdallah), Njiva Tsilavina Martin Rakotoharimalala (66.Arnaud Randrianantenaina), Paulin Voavy (46.Dorian Bertrand). Trainer: Éric Rabésandratana.

14.11.2021, 22nd FIFA World Cup Qualifiers, Second Round
Stade Municipal de Mahamasina, Antananarivo; Attendance: 30,000
Referee: Messie Nkounkou (Congo)
MADAGASCAR - TANZANIA **1-1(0-1)**
MAD: Melvin Adrien, Romain Métanire, Jérémy Morel (69.Tafitatiana Angio Fabrice Rakotondraibe), Pascal Razakanantenaina [*sent off 83*], Loïc Lapoussin, Ibrahim Samuel Amada, Marco Ilaimaharitra (46.Bastien Charles Patrick Héry), Njiva Tsilavina Martin Rakotoharimalala (69.Paulin Voavy), Rayan Ny Aina Arnaldo Raveloson, Hakim Djamel Abdallah, Dorian Bertrand. Trainer: Éric Rabésandratana.
Goal: Hakim Djamel Abdallah (74).

	NATIONAL TEAM PLAYERS 2021	
Name	DOB	Club
	Goalkeepers	
Melvin ADRIEN	30.08.1993	*FC Martigues (FRA);* *01.07.2021-> Louhans-Cuiseaux FC (FRA)*
Mathyas Todisoa François RANDRIAMAMY	23.04.2003	*Paris St. Germain FC "U19" (FRA)*

	Defenders	
Fabien BOYER	12.04.1991	AS Excelsior de St. Joseph (REU)
Thomas FONTAINE	08.05.1991	FC Lorient-Bretagne Sud (FRA)
Lalaina Jacquot MANAMPISOA	05.04.1996	CS-DFC Itasy
Romain MÉTANIRE	28.03.1990	Minnesota United FC (USA)
Jérôme MOMBRIS	27.11.1987	Grenoble Foot 38 (FRA); 19.08.2021-> En Avant de Guingamp (FRA)
Jérémy MOREL	02.04.1984	FC Lorient-Bretagne Sud (FRA)
Jean Sylvio OUASSIERO	07.05.1994	CS Fola Esch (LUX)
Harimihanta Rajonirina RAZAFINDRABE	23.03.1997	Zanak'Ala FC Haute Matsiatra
Pascal RAZAKANANTENAINA	19.04.1987	JS Saint-Pierroise (REU)
Andoniaina RAKOTONDRAZAKA Andrianavalona	25.09.1987	CS-DFC Itasy
Mamy Gervais Nirina RANDRIANARISOA	07.11.1984	US Stade Tamponnaise (FRA)
	Midfielders	
Ibrahim Samuel AMADA	28.02.1990	Al-Markhiya SC (QAT)
Anicet Abel ANDRIANANTENAINA	13.03.1990	Unattached
Andriamirado Aro Hasina ANDRIANARIMANANA	21.04.1991	JS Saint-Pierroise (REU)
Bastien Charles Patrick HÉRY	23.03.1992	Derry City FC (IRL)
Marco ILAIMAHARITRA	26.07.1995	R Charleroi SC (BEL)
Loïc LAPOUSSIN	27.03.1996	Royale Union Saint-Gilloise (BEL)
Lalaïna Henintsoa NOMENJANAHARY	16.01.1986	Paris FC (FRA)
Tafitatiana Angio Fabrice RAKOTONDRAIBE	17.08.1993	Saint-Denis FC (REU)
Zotsara RANDRIAMBOLOLONA "Zout"	22.04.1994	FC Fleury 91 (FRA)
Rayan Ny Aina Arnaldo RAVELOSON	16.01.1997	ES Troyes AC (FRA); 20.05.2021-> Los Angeles Galaxy (USA)
Tsito Miravo Nasandratra RAZAFINDRASATA	02.10.1996	AS JET-Kintana FC Itasy
	Forwards	
Hakim Djamel ABDALLAH	09.01.1998	FC Swift Hesperingen (LUX); 01.07.2021-> KSK Lierse Kempenzonen (BEL)
Carolus Charles ANDRIAMAHITSINORO	06.07.1989	Al-Qadisia FC Khobar (KSA); 09.08.2021-> Ohod Club Medina (KSA)
Faneva Ima ANDRIATSIMA	03.07.1984	Al Hamriyah Club (UAE)
Dorian BERTRAND	21.05.1993	AS Nancy-Lorraine (FRA)
Henri Charles GLADYSON	26.04.1989	AS Excelsior de St. Joseph (REU)
Njiva Tsilavina Martin RAKOTOHARIMALALA	06.08.1992	Unattached; 01.07.2021-> Suphanburi FC (THA)
Alexandre RAMALINGOM	17.03.1993	CS Sedan-Ardennes (FRA)
Arnaud RANDRIANANTENAINA	03.01.2001	JS Saint-Pierroise (REU)
Paulin VOAVY	10.11.1987	Misr Lel-Makkasa SC Fayoum (EGY); 30.09.2021-> Ghazl El Mahalla SC (EGY)
	National coaches	
Nicolas DUPUIS (France) [11.04.2016-30.03.2021; Sacked]		06.01.1968
Éric RABÉSANDRATANA [from 30.04.2021]		18.09.1972

MALAWI

Football Association of Malawi
Chiwembe Technical Centre,
Chiwembe Limbe,
P.O. Box 51657, Blantyre
Year of Formation: 1966
Member of FIFA since: 1968
Member of CAF since: 1974
www.fam.mw

First international match:
1957: Nyasaland – Northern Rhodesia 0-5
Most international caps:
Young Chimodzi
159 caps (1979-1995)
Most international goals:
Kinnah Phiri
71 goals / 117 caps (1973-1981)

AFRICAN CUP OF NATIONS	
1957	Did not enter
1959	Did not enter
1962	Did not enter
1963	Did not enter
1965	Did not enter
1968	Did not enter
1970	Did not enter
1972	Did not enter
1974	Did not enter
1976	Qualifiers
1978	Qualifiers
1980	Qualifiers
1982	Qualifiers
1984	Final Tournament (Group Stage)
1986	Qualifiers
1988	Did not enter
1990	Qualifiers
1992	Qualifiers
1994	Qualifiers
1996	Qualifiers
1998	Qualifiers
2000	Qualifiers
2002	Qualifiers
2004	Qualifiers
2006	Qualifiers
2008	Qualifiers
2010	Final Tournament (Group Stage)
2012	Qualifiers
2013	Qualifiers
2015	Qualifiers
2017	Qualifiers
2019	Qualifiers
2021	*Final Tournament (Qualified)*

FIFA WORLD CUP	
1930	Did not enter
1934	Did not enter
1938	Did not enter
1950	Did not enter
1954	Did not enter
1958	Did not enter
1962	Did not enter
1966	Did not enter
1970	Did not enter
1974	Did not enter
1978	Qualifiers
1982	Qualifiers
1986	Qualifiers
1990	Qualifiers
1994	Qualifiers (Withdrew)
1998	Qualifiers
2002	Qualifiers
2006	Qualifiers
2010	Qualifiers
2014	Qualifiers
2018	Qualifiers

OLYMPIC FOOTBALL TOURNAMENTS 1908-2020							
1908	-	1952	-	1976	Qualifiers	2000	Did not enter
1912	-	1956	-	1980	Did not enter	2004	Qualifiers
1920	-	1960	-	1984	Did not enter	2008	Qualifiers
1924	-	1964	-	1988	Qualifiers	2012	Qualifiers
1928	-	1968	-	1992	Qualifiers	2016	Qualifiers
1936	-	1972	Qualifiers	1996	Qualifiers	2020	Qualifiers
1948	-						

F.I.F.A. CONFEDERATIONS CUP 1992-2017
None

AFRICAN GAMES 1965-2019
1978, 1987 (3rd place), 1991, 1995, 1999, 2003
CECAFA CUP (East and Central African Championship) 1973-2021
1975 (Runners-up), 1976 (Semi-Finals), 1977 (3rd place), **1978 & 1979 (Winners)**, 1980 (3rd place), 1981 (Group Stage), 1982 (Group Stage), 1983 (4th Place), 1984 (Runners-up), 1985 (3rd place), 1987 (*withdrew*), **1988 (Winners)**, 1989 (Runners-up), 1990 (Group Stage), 1991 (Group Stage), 1992 (4th Place), 2006 (Quarter-Finals), 2010 (Quarter-Finals), 2011 (Quarter-Finals), 2012 (Quarter-Finals), 2015 (Quarter-Finals)
COSAFA (Confederation of Southern African Football Associations) CUP 1997-2021
1997 (5th Place), 1998 (Qualifiers), 1999 (Qualifiers), 2000 (Quarter-Finals), 2001 (Semi-Finals), 2002 (Eunners-up), 2003 (Runners-up), 2004 (Quarter-Finals), 2005 (Group Stage), 2006 (Group Stage), 2007 (Group Stage), 2008 (Group Stage), 2009 (Group Stage), 2013 (Quarter-Finals), 2015 (Quarter-Finals), 2016 (Group Stage), 2017 (Group Stage), 2018 (Group Stage), 2019 (Quarter-Finals), 2021 (Group Stage)
AFRICAN NATIONS CHAMPIONSHIP 2009-2020
2009 (Qualifiers), 2011 (Qualifiers), 2018 (Qualifiers), 2020 (Qualifiers)

MALAWI CLUB HONOURS IN ASIAN CLUB COMPETITIONS: CAF Champions League 1964-2021
None
CAF Confederation Cup 2004-2021
None
CAF Super Cup 1993-2021
None
African Cup Winners' Cup 1975-2003*
None
CAF Cup 1992-2003*
None

*defunct competitions

NATIONAL COMPETITIONS
TABLE OF HONOURS

	CHAMPIONS	CUP WINNERS
1986	Bata Bullets FC Blantyre	-
1987	CIVO United FC Lilongwe	-
1988	MDC United Lilongwe	-
1989	ADMARC Tigers Blantyre	-
1990	Limbe Leaf Wanderers Blantyre	-
1991	Bata Bullets FC Blantyre	-
1992	Bata Bullets FC Blantyre	-
1993	Bata Bullets FC Blantyre	-
1994	*No competition*	-
1995	*No competition*	-
1996	Silver Strikers FC Lilongwe	-
1997	Telecom Wanderers FC Blantyre	-
1998	Telecom Wanderers FC Blantyre	-
1999	Bata Bullets FC Blantyre	-
2000	Bata Bullets FC Blantyre	-
2001	Total Big Bullets FC Blantyre	-
2002	Total Big Bullets FC Blantyre	-
2003	Bakili Bullets FC Blantyre	-
2004	Bakili Bullets FC Blantyre	-
2005/2006	Big Bullets FC Blantyre	MTL Wanderers FC Blantyre
2006	MTL Wanderers FC Blantyre	*No competition*
2007	Super ESCOM United Blantyre	Silver Strikers FC Lilongwe
2008	Silver Strikers FC Lilongwe	Moyale Barracks FC Mzuzu
2009	*No competition*	Tigers FC Blantyre
2009/2010	Silver Strikers FC Lilongwe	Moyale Barracks FC Mzuzu
2010/2011	ESCOM United Blantyre	Blue Eagles FC Lilongwe
2011/2012	Silver Strikers FC Lilongwe	Mighty Wanderers FC Blantyre
2012/2013	Silver Strikers FC Lilongwe	Mighty Wanderers FC Blantyre
2013/2014	Silver Strikers FC Lilongwe	-
2014	Big Bullets FC Blantyre	Silver Strikers FC Lilongwe
2015	Big Bullets FC Blantyre	CIVO United FC Lilongwe
2016	Kamuzu Barracks FC Blantyre	Mighty Wanderers FC Blantyre
2017	Be Forward Wanderers FC Blantyre	Kamuzu Barracks FC Blantyre
2018	Nyasa Big Bullets FC Blantyre	Be Forward Wanderers FC Blantyre
2019	Nyasa Big Bullets FC Blantyre	Blue Eagles FC Lilongwe
2020	*Championship cancelled*	*Competition cancelled*
2020/2021	Nyasa Big Bullets FC Blantyre	Silver Strikers FC Lilongwe

THER MALAWI CUP COMPETITIONS WINNERS:

Castle Cup (called Press Cup between 1976-1992 and 1994-2001)
1967: Chichiri Athletics Blantyre; 1968: Malawi University Blantyre; 1969: Bata Bullets FC Blantyre; 1970: Bata Bullets FC Blantyre; 1971: Limbe Leaf Wanderers Blantyre; 1972: Limbe Leaf Wanderers Blantyre; 1973: Bata Bullets FC Blantyre; 1974: Limbe Leaf Wanderers Blantyre; 1975: Bata Bullets FC Blantyre; 1977: Hardware Stars Blantyre; 1978: Bata Bullets FC Blantyre; 1979: Bata Bullets FC Blantyre; 1980: Bata Bullets FC Blantyre; 1981: Bata Bullets FC Blantyre; 1982: Sucoma Chikwawa; 1983: CIVO United FC Lilongwe; 1984: Berec Power Pack Lilongwe; 1985: Bata Bullets FC Blantyre;

1986: MDC United Lilongwe; 1987: Silver Strikers FC Lilongwe; 1988: Silver Strikers FC Lilongwe; 1989: Limbe Leaf Wanderers Blantyre; 1990: Silver Strikers FC Lilongwe; 1991: Silver Strikers FC Lilongwe; 1993: Bata Bullets FC Blantyre; 1994: MDC United Lilongwe; 1995 & 1996: *Not known*; 1997: Silver Strikers FC Lilongwe; 1998: Silver Strikers FC Lilongwe; 1999: Bata Bullets FC Blantyre; 2000: MDC United Lilongwe.

Chibuku Cup
1969: Limbe Leaf Wanderers Blantyre; 1970: Bata Bullets FC Blantyre; 1971: Bata Bullets FC Blantyre; 1972: Limbe Leaf Wanderers Blantyre; 1973: Limbe Leaf Wanderers Blantyre; 1974: Bata Bullets FC Blantyre; 1975: Bata Bullets FC Blantyre; 1976: Yamaha Wanderers; 1977: Bata Bullets FC Blantyre; 1978: Bata Bullets FC Blantyre; 1979: Limbe Leaf Wanderers Blantyre; 1980: Berec Power Pack Lilongwe; 1981: CIVO United FC Lilongwe; 1982: CIVO UNITED FC LILONGWE; 1983: Sucoma Chikwawa; 1984: Red Lions Zomba; 1985: ADMARC Tigers Blantyre; 1986: Bata Bullets FC Blantyre; 1987: Silver Strikers FC Lilongwe; 1988: ADMARC Tigers Blantyre; 1989: MITCO Lilongwe; 1990: Sucoma Chikwawa; 1991: Bata Bullets FC Blantyre; 1992: Silver Strikers FC Lilongwe; 1993: MDC United Lilongwe; 1994: *Not known*; 1995: Super ESCOM United Blantyre; 1996 & 1997 & 1998: *Not known*; Moyale Barracks; 2000: *Not known*; 2001: MDC United Lilongwe.

Kamuzu Cup
1974: Bata Bullets FC Blantyre; 1975: Bata Bullets FC Blantyre; 1976: Yamaha Wanderers; 1977: Sucoma Chikwawa; 1978: Hardware Stars Blantyre; 1979: Bata Bullets FC Blantyre; 1980: Bata Bullets FC Blantyre; 1981: Bata Bullets FC Blantyre; 1982: Limbe Leaf Wanderers Blantyre; 1983: Bata Bullets FC Blantyre; 1984: Berec Power Pack Lilongwe; 1985: Limbe Leaf Wanderers Blantyre; 1986: Bata Bullets FC Blantyre; 1987: Silver Strikers FC Lilongwe; 1988: ADMARC Tigers Blantyre; 1989: MITCO Lilongwe; 1990: ADMARC Tigers Blantyre; 1991: Silver Strikers FC Lilongwe; 1992 & 1993 & 1994: *Not known*; 1995: Hardware Stars; 1996: Limbe Leaf Wanderers Blantyre; 1997 & 1998: *Not known*; 1999: Final not played; 2000-2005: *No competition*; 2006: Kasungu Police.

NATIONAL CHAMPIONSHIP
tnm Super League 2020/2021

1.	**Nyasa Big Bullets FC Blantyre**	30	18	8	4	51 - 18	62
2.	Silver Strikers FC Lilongwe	30	18	4	8	55 - 20	58
3.	Mighty Wanderers FC Blantyre	30	15	10	5	38 - 20	55
4.	Civil Service United FC Lilongwe	30	12	12	6	37 - 26	48
5.	Karonga United FC	30	12	10	8	34 - 26	46
6.	Moyale Barracks FC Mzuzu	30	12	10	8	30 - 32	46
7.	Thomas Nyirenda Stars FC Kasungu	30	12	7	11	28 - 41	43
8.	MAFCO FC Salima	30	10	12	8	31 - 29	42
9.	Ekwendi Hammers FC	30	11	8	11	32 - 31	41
10.	Kamuzu Barracks FC Blantyre	30	10	11	9	29 - 31	41
11.	Red Lions FC Zomba	30	9	8	13	27 - 31	35
12.	Blue Eagles FC Lilongwe	30	7	11	12	29 - 29	32
13.	Mighty Tigers FC Blantyre	30	8	8	14	24 - 32	32
14.	Chitipa United FC (*Relegated*)	30	9	5	16	23 - 41	32
15.	Ntopwa FC Bangwe (*Relegated*)	30	5	6	19	28 - 55	21
16.	Mzuzu Warriors FC (*Relegated*)	30	4	6	20	18 - 52	18

Please note: Mzuni University FC Mzuzu were renamed Mzuzu Warriors FC before the start of the season, while Be Forward Wanderers FC Blantyre changed its name to Mighty Wanderers FC Blantyre during the season.

Best goalscorer 2020/2021:
Hassan Kajoke (Nyasa Big Bullets FC Blantyre) – 15 goals

NATIONAL CUP
FISD Challenge Cup Final 2020/2021

15.10.2021, Bingu National Stadium, Lilongwe
Silver Strikers FC Lilongwe - Ekwendi Hammers FC   **2-0(1-0)**
Goals: Frank Banda (38), Stain Davie (53).

THE CLUBS

NYASA BIG BULLETS FOOTBALL CLUB BLANTYRE
Year of Formation: 1967
Stadium: Kamuzu Stadium, Blantyre (50,000)

BLUE EAGLES FOOTBALL CLUB LILONGWE
Year of Formation: 1988
Stadium: Nankhaka Stadium, Lilongwe (5,000)

CHITIPA UNITED FOOTBALL CLUB
Stadium: Karonga Stadium, Karonga (20,000)

CIVIL SERVICE UNITED FOOTBALL CLUB LILONGWE
Stadium: CIVO Stadium, Lilongwe (10,000)

KAMUZU BARRACKS FOOTBALL CLUB BLANTYRE
Stadium: CIVO Stadium, Lilongwe (10,000)

KARONGA UNITED FOOTBALL CLUB
Year of Formation: 1995
Stadium: Karonga Stadium, Karonga (20,000)

MALAWI ARMED FORCES COLLEGGE (MAFCO) FOOTBALL CLUB SALIMA
Stadium: Chitowe Stadium, Nkhotakota (1,000)

MIGHTY WANDERERS FOOTBALL CLUB BLANTYRE
Year of Formation: 1984
Stadium: Kalulu Stadium, Nchalo (3,000)

MOYALE BARRACKS FOOTBALL CLUB MZUZU
Year of Formation: 1967
Stadium: Mzuzu Stadium, Mzuzu (10,000)

MZUZU WARRIORS FOOTBALL CLUB
Stadium: Mzuzu Stadium, Mzuzu (10,000)

RED LIONS FOOTBALL CLUB ZOMBA
Year of Formation: 2076
Stadium: Balaka Stadium, Balaka (3,000)

SILVER STRIKERS FOOTBALL CLUB LILONGWE
Stadium: Silver Stadium, Lilongwe (25,000)

THOMAS NYIRENDA STARS FOOTBALL CLUB KASUNGU
Stadium: Kasungu Stadium, Kasungu (6,000)

NATIONAL TEAM INTERNATIONAL MATCHES 2021

17.03.2021	Bahir Dar	Ethiopia - Malawi	4-0(2-0)	(F)
24.03.2021	Omdurman	South Sudan - Malawi	0-1(0-0)	(ACNQ)
29.03.2021	Lilongwe	Malawi - Uganda	1-0(1-0)	(ACNQ)
13.06.2021	Dar es Salaam	Tanzania - Malawi	2-0(0-0)	(F)
09.07.2021	Port Elizabeth	Malawi - Zimbabwe	2-2(1-0)	(COSAFA)
11.07.2021	Port Elizabeth	Mozambique - Malawi	2-0(0-0)	(COSAFA)
13.07.2021	Port Elizabeth	Malawi - Namibia	1-1(0-0)	(COSAFA)
14.07.2021	Port Elizabeth	Senegal - Malawi	2-1(1-1)	(COSAFA)
03.09.2021	Yaoundé	Cameroon - Malawi	2-0(2-0)	(WCQ)
07.09.2021	Johannesburg	Malawi - Mozambique	1-0(1-0)	(WCQ)
08.10.2021	Johannesburg	Malawi - Ivory Coast	0-3(0-1)	(WCQ)
11.10.2021	Cotonou	Ivory Coast - Malawi	2-1(1-1)	(WCQ)
13.11.2021	Johannesburg	Malawi - Cameroon	0-4(0-2)	(WCQ)
16.11.2021	Cotonou	Mozambique - Malawi	1-0(0-0)	(WCQ)

17.03.2021, Friendly International
Bahir Dar Stadium, Bahir Dar; Attendance: 200
Referee: Biruk Yemanabran (Ethiopia)
ETHIOPIA - MALAWI   **4-0(2-0)**
MWI: Ernest Kakhobwe (46.William Thole), Stanley Sanudi, Nickson Nyasulu, Peter Cholopi (46.Paul Ndhlovu), Precious Mavuto Sambani, Chimango Kayira (41.Schumacher Kuwali), Chimwemwe Idana (46.John Banda), Rafiq Namwera, Micium Mhone (82.Patrick Banda), Vincent Nyangulu, Duncan Nyoni (46.Robin Ngalande Junior). Trainer: Meke Mwase.

24.03.2021, 33rd African Cup of Nations, Qualifiers
Al Hilal Stadium, Omdurman (Sudan); Attendance: 0
Referee: Anthony Ogwayo (Kenya)
SOUTH SUDAN - MALAWI   **0-1(0-0)**
MWI: Ernest Kakhobwe, Stanley Sanudi, John Charles Petro, Limbikani Mzava, Precious Mavuto Sambani (86.Dennis Chembezi), John Banda, Peter Banda (90.Robin Ngalande Junior), Gerald Keith Phiri Jr., Hellings Frank Mhango, Khuda Ike Muyaba (83.Rafiq Namwera), Richard Mbulu (83.Francisco Madinga). Trainer: Meke Mwase.
Goal: Gerald Keith Phiri Jr. (47).

29.03.2021, 33rd African Cup of Nations, Qualifiers
Bingu National Stadium, Lilongwe; Attendance: 0
Referee: Celso Alvação (Mozambique)
MALAWI - UGANDA   **1-0(1-0)**
MWI: Ernest Kakhobwe, Stanley Sanudi, John Charles Petro, Limbikani Mzava, Precious Mavuto Sambani, John Banda, Peter Banda (75.Dennis Chembezi), Gerald Keith Phiri Jr., Robin Ngalande Junior (33.Francisco Madinga), Khuda Ike Muyaba (67.Rafiq Namwera), Richard Mbulu. Trainer: Meke Mwase.
Goal: Richard Mbulu (15).

13.06.2021, Friendly International
"Benjamin Mkapa" National Stadium, Dar es Salaam; Attendance: 0
Referee: Ramadhani Kayoko (Tanzania)
TANZANIA - MALAWI **2-0(0-0)**
MWI: Brighton Munthali (88.Ernest Kakhobwe), Stanley Sanudi, John Charles Petro, Dennis Chembezi, Kieran Ngwenya, Chimwemwe Idana (88.Vitumbiko Kumwenda), Peter Banda, Rafiq Namwera (85.Vincent Nyangulu), Hellings Frank Mhango (85.Tawonga Chimodzi), Khuda Ike Muyaba (55.Yamikani Chester), Richard Mbulu. Trainer: Meke Mwase.

09.07.2021, 20th COSAFA Cup, Group Stage
Wolfson Bay Stadium, Port Elizabeth (South Africa); Attendance: 0
Referee: Keabetswe Dintwa (Botswana)
MALAWI - ZIMBABWE **2-2(1-0)**
MWI: Ernest Kakhobwe, Stanley Sanudi, Dennis Chembezi, Mark Fodyah, Nickson Nyasulu, Chikoti Chirwa, Schumacher Kuwali (74.Micium Mhone), Chimwemwe Idana (74.Mike Mkwate), Vitumbiko Kumwenda, Khuda Ike Muyaba (81.Zicco Lovemore Mkanda), Muhammad Sulumba (74.Ndaziona Chatsalira). Trainer: Meke Mwase.
Goals: Khuda Ike Muyaba (27), Schumacher Kuwali (50).

11.07.2021, 20th COSAFA Cup, Group Stage
"Nelson Mandela" Bay Stadium, Port Elizabeth (South Africa); Attendance: 0
Referee: Brighton Chimene (Zimbabwe)
MOZAMBIQUE - MALAWI **2-0(0-0)**
MWI: Ernest Kakhobwe, Stanley Sanudi, Dennis Chembezi, Mark Fodyah, Nickson Nyasulu, Chikoti Chirwa (46.Tawonga Chimodzi), Schumacher Kuwali (63.Micium Mhone), Rafiq Namwera (67.Ndaziona Chatsalira), Chimwemwe Idana, Vitumbiko Kumwenda (46.Muhammad Sulumba), Khuda Ike Muyaba. Trainer: Meke Mwase.

13.07.2021, 20th COSAFA Cup, Group Stage
Wolfson Bay Stadium, Port Elizabeth (South Africa); Attendance: 0
Referee: Akhona Makalima (South Africa)
MALAWI - NAMIBIA **1-1(0-0)**
MWI: William Thole, Stanley Sanudi, Dennis Chembezi, Mark Fodyah, Nickson John Mwase, Tawonga Chimodzi, Ndaziona Chatsalira (40.Micium Mhone), Schumacher Kuwali (66.Vitumbiko Kumwenda), Chimwemwe Idana (66.Mike Mkwate), Khuda Ike Muyaba (65.Muhammad Sulumba), Maxwell Phodo (40.Zicco Lovemore Mkanda). Trainer: Meke Mwase.
Goal: Micium Mhone (73).

14.07.2021, 20th COSAFA Cup, Group Stage
"Nelson Mandela" Bay Stadium, Port Elizabeth (South Africa); Attendance: 0
Referee: Keabetswe Dintwa (Bostswana)
SENEGAL - MALAWI **2-1(1-1)**
MWI: Richard Chimbamba, Stanley Sanudi, Dennis Chembezi, Eric Kaonga, Nickson John Mwase, Tawonga Chimodzi, Micium Mhone, Mike Mkwate (75.Chimwemwe Idana), Vitumbiko Kumwenda (30.Misheck Selemani), Zicco Lovemore Mkanda (32.Khuda Ike Muyaba), Maxwell Phodo. Trainer: Meke Mwase.
Goal: Khuda Ike Muyaba (35).

03.09.2021, 22nd FIFA World Cup Qualifiers, Second Round
Stade "Paul Biya", Yaoundé; Attendance: 250
Referee: Jean Jacques Ndala Ngambo (D. R. Congo)
CAMEROON - MALAWI **2-0(2-0)**
MWI: Ernest Kakhobwe, Stanley Sanudi, John Charles Petro, Limbikani Mzava, Dennis Chembezi, Tawonga Chimodzi (51.Chikoti Chirwa), Peter Banda, Gerald Keith Phiri Jr. (51.Hellings Frank Mhango), John Banda, Yamikani Chester, Richard Mbulu (76.Khuda Ike Muyaba). Trainer: Meke Mwase.

07.09.2021, 22nd FIFA World Cup Qualifiers, Second Round
Orlando Stadium, Johannesburg (South Africa); Attendance: 0
Referee: Souleiman Ahmed Djama (Djibouti)
MALAWI - MOZAMBIQUE **1-0(1-0)**
MWI: Richard Chipuwa, Stanley Sanudi, John Charles Petro, Limbikani Mzava, Dennis Chembezi, John Banda, Gerald Keith Phiri Jr. (77.Chikoti Chirwa), Peter Banda (87.Chimwemwe Idana), Hellings Frank Mhango (86.Francisco Madinga), Khuda Ike Muyaba, Richard Mbulu (62.Yamikani Chester). Trainer: Meke Mwase.
Goal: Richard Mbulu (10).

08.10.2021, 22nd FIFA World Cup Qualifiers, Second Round
Orlando Stadium, Johannesburg (South Africa); Attendance: 0
Referee: Peter Waweru (Kenya)
MALAWI - IVORY COAST **0-3(0-1)**
MWI: Richard Chipuwa, Stanley Sanudi, John Charles Petro, Limbikani Mzava (62.Peter Cholopi), Dennis Chembezi, John Banda, Gerald Keith Phiri Jr., Peter Banda (90+2.Yamikani Chester), Duncan Nyoni (53.Richard Mbulu), Hellings Frank Mhango, Khuda Ike Muyaba. Trainer: Meke Mwase.

11.10.2021, 22nd FIFA World Cup Qualifiers, Second Round
Stade de l'Amitié, Cotonou (Benin); Attendance: 1,000
Referee: Bernard Camille (Seychelles)
IVORY COAST - MALAWI **2-1(1-1)**
MWI: Brighton Munthali, Stanley Sanudi, John Charles Petro, Peter Cholopi, Dennis Chembezi, Chikoti Chirwa, Chimwemwe Idana (66.Gerald Keith Phiri Jr.), Peter Banda, Francisco Madinga (69.Duncan Nyoni), Hellings Frank Mhango (31.Yamikani Chester), Khuda Ike Muyaba. Trainer: Meke Mwase.
Goal: Khuda Ike Muyaba (20).

13.11.2021, 22nd FIFA World Cup Qualifiers, Second Round
Orlando Stadium, Johannesburg (South Africa); Attendance: 0
Referee: Issa Sy (Senegal)
MALAWI - CAMEROON **0-4(0-2)**
MWI: Brighton Munthali, Stanley Sanudi, John Charles Petro, Limbikani Mzava, Francis Mulimbika, John Banda [*sent off 21*], Gerald Keith Phiri Jr. (62.Chimwemwe Idana), Francisco Madinga (26.Chikoti Chirwa), Yamikani Chester (62.Peter Banda; 80.Lloyd Njaliwa), Khuda Ike Muyaba, Richard Mbulu. Trainer: Meke Mwase.

16.11.2021, 22nd FIFA World Cup Qualifiers, Second Round
Stade de l'Amitié, Cotonou (Benin); Attendance: 0
Referee: Hassan Mohamed Hagi (Somalia)
MOZAMBIQUE - MALAWI **1-0(0-0)**
MWI: Ernest Kakhobwe, Stanley Sanudi, John Charles Petro, Limbikani Mzava, Gomezgani Chirwa, Tawonga Chimodzi, Chimwemwe Idana, Mike Mkwate (60.Richard Mbulu), Peter Banda (82.Lloyd Njaliwa), Francisco Madinga (60.Yamikani Chester), Khuda Ike Muyaba. Trainer: Meke Mwase.

31.12.2021, Friendly International
"Prince Abdullah Al Faisal" Stadium, Jeddah (Saudi Arabia)
Referee: n/a
COMOROS - MALAWI **1-2(1-2)**
MWI: Ernest Kakhobwe (80.William Thole), Mark Fodyah, Lawrence Chaziya (46.Peter Cholopi; 70.Chikoti Chirwa), Denis Chembezi, Stanley Sanudi, John Banda (46.John Charles Petro), Zebron Kalima (46.Francisco Madinga), Robin Ngalande Junior, Yamikani Chester (80.Micium Mhone), Khuda Ike Muyaba, Hellings Frank Mhango. Trainer: Mario Marinică (Romania).
Goals: Hellings Frank Mhango (25), Khuda Ike Muyaba (38).

\multicolumn{3}{c}{**NATIONAL TEAM PLAYERS 2021**}		
Name	**DOB**	**Club**
\multicolumn{3}{c}{**Goalkeepers**}		
Richard CHIMBAMBA	23.06.1998	*Nyasa Big Bullets FC Blantyre*
Richard CHIPUWA	21.10.1992	*Mighty Wanderers FC Blantyre*
Ernest KAKHOBWE	26.06.1993	*Nyasa Big Bullets FC Blantyre*
Brighton MUNTHALI	11.12.1997	*Silver Strikers FC Lilongwe*
William THOLE	02.10.1998	*Mighty Wanderers FC Blantyre*
\multicolumn{3}{c}{**Defenders**}		
Lawrence CHAYIZA	19.08.1998	*Civil Service United FC Lilongwe*
Dennis CHEMBEZI	15.01.1997	*Polokwane City FC (RSA)*
Gomezgani CHIRWA	25.09.1996	*Nyasa Big Bullets FC Blantyre*
Peter CHOLOPI	19.08.1996	*Mighty Wanderers FC Blantyre*
Mark FODYAH	22.12.1997	*Silver Strikers FC Lilongwe*
Eric KAONGA	06.06.1996	*Nyasa Big Bullets FC Blantyre*
Francis MULIMBIKA	27.03.1993	*Mighty Wanderers FC Blantyre*
Nickson John MWASE	20.02.1997	*Civil Service United FC Lilongwe*
Limbikani MZAVA	12.11.1993	*AmaZulu FC Durban (RSA)*
Paul NDHLOVU	18.02.1992	*MAFCO FC Salima*
Kieran NGWENYA	25.09.2002	*Aberdeen FC (SCO)*
Nickson NYASULU	03.03.1998	*Nyasa Big Bullets FC Blantyre*
John Charles PETRO	08.02.2001	*FC Sheriff Tiraspol (MDA)*
Precious Mavuto SAMBANI	21.05.1998	*Nyasa Big Bullets FC Blantyre*
Stanley SANUDI	02.02.1995	*Mighty Wanderers FC Blantyre*

	Midfielders	
John BANDA	20.08.1993	*Clube União Desportiva de Songo (MOZ)*
Patrick BANDA	01.06.1996	*Ekwendi Hammers FC*
Ndaziona CHATSALIRA	08.11.1992	*Clube Ferroviário de Nacala Velha (MOZ)*
Yamikani CHESTER	20.12.1994	*Mighty Wanderers FC Blantyre*
Tawonga CHIMODZI	26.08.1988	*Omonia Aradippou FC (CYP)*
Chikoti CHIRWA	09.03.1992	*Red Lions FC Zomba*
Chimwemwe IDANA	07.09.1998	*Nyasa Big Bullets FC Blantyre*
Zebron KALIMA	13.05.2002	*Silver Strikers FC Lilongwe*
Chimango KAYIRA	28.09.1993	*Nyasa Big Bullets FC Blantyre*
Vitumbiko KUMWENDA	23.09.1998	*Blue Eagles FC Lilongwe*
Schumacher KUWALI	27.06.1996	*Clube União Desportiva de Songo (MOZ)*
Francisco MADINGA	11.02.2000	*FC Dila Gori (GEO)*
Micium MHONE	19.05.1995	*Blue Eagles FC Lilongwe*
Mike MKWATE	12.05.1998	*Nyasa Big Bullets FC Blantyre*
Rafiq NAMWERA	30.10.1991	*Mighty Wanderers FC Blantyre*
Misheck SELEMANI	02.11.1998	*Nyasa Big Bullets FC Blantyre*
	Forwards	
Peter BANDA	22.09.2000	*Nyasa Big Bullets FC Blantyre; 03.08.21-> Simba SC Dar es Salaam (TAN)*
Richard MBULU	25.01.1994	*Baroka FC Polokwane (RSA)*
Hellings Frank MHANGO „Gabadinho"	27.09.1992	*Orlando Pirates FC Johannesburg (RSA)*
Zicco Lovemore MKANDA	17.12.1990	*Mighty Wanderers FC Blantyre*
Khuda Ike MUYABA	26.12.1993	*Polokwane City FC (RSA)*
Robin NGALANDE Junior	02.11.1992	*Saint-George SA Addis Ababa (ETH)*
Lloyd NJALIWA	24.05.1998	*Moyale Barracks FC Mzuzu*
Vincent NYANGULU	04.07.1995	*Mighty Wanderers FC Blantyre*
Duncan NYONI	18.05.1998	*Silver Strikers FC Lilongwe; 13.08.2021-> Simba SC Dar es Salaam (TAN)*
Gerald Keith PHIRI Jr.	08.06.1993	*Baroka FC Polokwane (RSA); 07.11.2021-> Al Hilal EC Omdurman (SDN)*
Maxwell PHODO	01.03.1999	*Silver Strikers FC Lilongwe*
Muhammad SULUMBA	18.12.1994	*Civil Service United FC Lilongwe*
	National coaches	
Meke MWASE [16.06.2019 – 16.11.2021]		06.07.1972
Mario MARINICĂ (Romania) [from 01.12.2021]		13.12.1964

MALI

Fédération Malienne de Football
Avenue du Mali, Hamdallaye ACI 2000, Boîte Postale 1020, Bamako 12582
Year of Formation: 1960
Member of FIFA since: 1964
Member of CAF since: 1963
www.femafoot.ml

First international match:
13.04.1960: Mali - Central African Republic 4-3
Most international caps:
Seydou Keïta
102 caps (1998-2005)
Most international goals:
Seydou Keïta
25 goals / 102 caps (1998-2005)

AFRICAN CUP OF NATIONS	
1957	Did not enter
1959	Did not enter
1962	Did not enter
1963	Did not enter
1965	Qualifiers
1968	Qualifiers
1970	Qualifiers
1972	Final Tournament (Runners-up)
1974	Qualifiers
1976	Qualifiers
1978	Disqualified
1980	Did not enter
1982	Qualifiers
1984	Qualifiers
1986	Qualifiers
1988	Withdrew
1990	Qualifiers
1992	Qualifiers
1994	Final Tournament (4th place)
1996	Qualifiers
1998	Qualifiers
2000	Qualifiers
2002	Final Tournament (4th place)
2004	Final Tournament (4th place)
2006	Qualifiers
2008	Final Tournament (Group Stage)
2010	Final Tournament (Group Stage)
2012	Final Tournament (3rd place)
2013	Final Tournament (3rd place)
2015	Final Tournament (Group Stage)
2017	Final Tournament (Group Stage)
2019	Final Tournament (2nd Round of 16)
2021	*Final Tournament (Qualified)*

FIFA WORLD CUP	
1930	Did not enter
1934	Did not enter
1938	Did not enter
1950	Did not enter
1954	Did not enter
1958	Did not enter
1962	Did not enter
1966	Withdrew
1970	Did not enter
1974	Did not enter
1978	Did not enter
1982	Did not enter
1986	Did not enter
1990	Did not enter
1994	Withdrew
1998	Withdrew
2002	Qualifiers
2006	Qualifiers
2010	Qualifiers
2014	Qualifiers
2018	Qualifiers

OLYMPIC FOOTBALL TOURNAMENTS 1908-2020

1908	-	1952	-	1976	Qualifiers	2000	Qualifiers
1912	-	1956	-	1980	Qualifiers	2004	Quarter-Finals
1920	-	1960	-	1984	Did not enter	2008	Qualifiers
1924	-	1964	-	1988	Did not enter	2012	Qualifiers
1928	-	1968	-	1992	Withdrew	2016	Qualifiers
1936	-	1972	Qualifiers	1996	Qualifiers	2020	Qualifiers
1948	-						

F.I.F.A. CONFEDERATIONS CUP 1992-2017
None

AFRICAN GAMES 1965-2019
1965 (Runners-up), 1973, 1978, 1991, 1995, 1999, 2003, 2007, 2015 (Qualifiers), 2019 (4th Place)

COPA „AMILCAR CABRAL" 1979-2007
1979 (Runners-up), 1980, 1981 (Runners-up), 1982 & 1983 & 1984 & 1985 (3rd place), 1986, 1987 & 1988 (Runners-up), **1989 (Winners)**, 1991, 1993, 1995, **1997 (Winners)**, 2000, 2001 (3rd place), 2005, 2007 (Winner with B-Team)

AFRICAN NATIONS CHAMPIONSHIP 2009-2020
2009 (Qualifiers), 2011 (Group Stage), 2014 (Quarter-Finals), 2016 (Runners-up), 2018 (Qualifiers), 2020 (Runners-up)

UEMOA TOURNAMENT 2007-2016
2007 (Group Stage), 2008 (Runners-up), 2009 (Group Stage), 2010 (Group Stage), 2011 (Runners-up), 2013 (Group Stage), 2016 (Runners-up)

WEST AFRICAN NATIONS CUP 2010-2019
2017 (Group Stage), 2019 (Semi-Finals)

MALIAN CLUB HONOURS IN ASIAN CLUB COMPETITIONS:

CAF Champions League 1964-2021
None

CAF Confederation Cup 2004-2021
Stade Malien de Bamako (2009)

CAF Super Cup 1993-2021
None

*African Cup Winners' Cup 1975-2003**
None

*CAF Cup 1992-2003**
None

*defunct competitions

NATIONAL COMPETITIONS
TABLE OF HONOURS

	CHAMPIONS	CUP WINNERS
1961	-	Stade Malien de Bamako
1962	-	AS Real Bamako Bamako
1963	-	Stade Malien de Bamako
1964	-	AS Real Bamako Bamako
1965	-	Djoliba Athletic Club Bamako
1965/1966	Djoliba Athletic Club Bamako	AS Real Bamako Bamako
1966/1967	Djoliba Athletic Club Bamako	AS Real Bamako Bamako
1967/1968	Djoliba Athletic Club Bamako	AS Real Bamako Bamako
1968/1969	AS Real Bamako Bamako	AS Real Bamako Bamako
1969/1970	Stade Malien de Bamako	Stade Malien de Bamako
1970/1971	Djoliba Athletic Club Bamako	Djoliba Athletic Club Bamako
1971/1972	Stade Malien de Bamako	Stade Malien de Bamako
1972/1973	Djoliba Athletic Club Bamako	Djoliba Athletic Club Bamako
1973/1974	Djoliba Athletic Club Bamako	Djoliba Athletic Club Bamako
1974/1975	Djoliba Athletic Club Bamako	Djoliba Athletic Club Bamako
1975/1976	Djoliba Athletic Club Bamako	Djoliba Athletic Club Bamako
1976/1977	*No competition*	Djoliba Athletic Club Bamako
1977/1978	*No competition*	Djoliba Athletic Club Bamako
1978/1979	Djoliba Athletic Club Bamako	Djoliba Athletic Club Bamako
1979/1980	AS Real Bamako Bamako	AS Real Bamako Bamako
1980/1981	AS Real Bamako Bamako	Djoliba Athletic Club Bamako
1981/1982	Djoliba Athletic Club Bamako	Stade Malien de Bamako
1982/1983	AS Real Bamako Bamako	Djoliba Athletic Club Bamako
1983/1984	Stade Malien de Bamako	Stade Malien de Bamako
1984/1985	Djoliba Athletic Club Bamako	Stade Malien de Bamako
1985/1986	AS Real Bamako Bamako	Stade Malien de Bamako
1986/1987	Stade Malien de Bamako	AS Sigui Kayès
1987/1988	Djoliba Athletic Club Bamako	Stade Malien de Bamako
1988/1989	Stade Malien de Bamako	AS Real Bamako Bamako
1989/1990	Djoliba Athletic Club Bamako	Stade Malien de Bamako
1990/1991	AS Real Bamako Bamako	AS Real Bamako Bamako
1991/1992	Djoliba Athletic Club Bamako	Stade Malien de Bamako
1992/1993	Stade Malien de Bamako	Djoliba Athletic Club Bamako
1993/1994	Stade Malien de Bamako	Stade Malien de Bamako
1994/1995	Stade Malien de Bamako	Union Sportive des Forces Armées et Sécurité (USFAS) de Bamako
1995/1996	Djoliba Athletic Club Bamako	Djoliba Athletic Club Bamako
1996/1997	Djoliba Athletic Club Bamako	Stade Malien de Bamako
1997/1998	Djoliba Athletic Club Bamako	Djoliba Athletic Club Bamako
1998/1999	Djoliba Athletic Club Bamako	Stade Malien de Bamako
1999/2000	Stade Malien de Bamako	Cercle Olympique de Bamako
2000/2001	Stade Malien de Bamako	Stade Malien de Bamako
2001/2002	Stade Malien de Bamako	Cercle Olympique de Bamako
2002/2003	Stade Malien de Bamako	Djoliba Athletic Club Bamako
2003/2004	Djoliba Athletic Club Bamako	Djoliba Athletic Club Bamako
2004/2005	Stade Malien de Bamako	Association Sportive de Bamako
2005/2006	Stade Malien de Bamako	Stade Malien de Bamako

2006/2007	Stade Malien de Bamako	Djoliba Athletic Club Bamako
2007/2008	Djoliba Athletic Club Bamako	Djoliba Athletic Club Bamako
2008/2009	Djoliba Athletic Club Bamako	Djoliba Athletic Club Bamako
2009/2010	Stade Malien de Bamako	Association Sportive Réal Bamako
2010/2011	Stade Malien de Bamako	Cercle Olympique de Bamako
2011/2012	Djoliba Athletic Club Bamako	US Bougouni
2012/2013	Stade Malien de Bamako	Stade Malien de Bamako
2013/2014	Stade Malien de Bamako	AS Onze Créateurs de Niaréla Bamako
2014/2015	Stade Malien de Bamako	Stade Malien de Bamako
2015/2016	Stade Malien de Bamako	AS Onze Créateurs de Niaréla Bamako
2017	*Championship abandoned*	*No competition*
2018	*No competition*	Stade Malien de Bamako
2019	*No competition*	*No competition*
2019/2020	Stade Malien de Bamako	*Competition cancelled*
2020/2021	Stade Malien de Bamako	Stade Malien de Bamako

NATIONAL CHAMPIONSHIP
Championnat National Première Division 2020/2021

Groupe Stage

Groupe A

1. Stade Malien de Bamako	18	9	8	1	28	-	12	35
2. AS Réal de Bamako	18	9	5	4	27	-	12	32
3. CS Duguwolofila de Koulikoro	18	6	8	4	21	-	17	26
4. Lafia Club de Bamako	18	6	7	5	29	-	21	25
5. USC Kita	18	6	7	5	16	-	15	25
6. AS Douanes de Sikasso	18	6	6	6	16	-	19	24
7. AS Olympique de Messira Bamako	18	6	5	7	19	-	23	23
8. AS Police de Bamako	18	4	8	6	19	-	23	20
9. US Bougouni (*Relegated*)	18	5	4	9	14	-	27	19
10. CAS de Sévaré (*Relegated*)	18	0	8	10	14	-	34	8

Groupe B

1. Djoliba Athletic Club Bamako	18	10	7	1	29	-	7	37
2. AS Onze Créateurs de Niaréla Bamako	18	10	3	5	32	-	13	33
3. AS Korofina Bamako	18	9	5	4	18	-	9	32
4. Yeelen Olympique Bamako	18	9	4	5	25	-	17	31
5. AS Bakaridjan de Barouéli Ségou	18	7	5	6	14	-	14	26
6. AS Black Stars de Badalabougou Bamako	18	5	7	6	20	-	21	22
7. Cercle Olympique de Bamako	18	6	4	8	19	-	21	22
8. US des Forces Armées et Sécurité de Bamako	18	4	5	9	12	-	24	17
9. AS Nianan de Koulikoro (*Relegated*)	18	2	7	9	11	-	28	13
10. Sonni AC Gao (*Relegated*)	18	2	5	11	11	-	37	11

Top-2 of each group were qualified for the Championship Play-offs.

	Championship Play-offs							
1.	**Stade Malien de Bamako**	6	3	3	0	8 - 2	12
2.	AS Onze Créateurs de Niaréla Bamako	6	2	2	2	7 - 7	8
3.	Djoliba Athletic Club Bamako	6	1	3	2	3 - 4	6
4.	AS Réal de Bamako	6	1	2	3	2 - 7	5

Promoted for the 2021/2022 season:
Afrique Football Elite Bamako, US Bougouba

NATIONAL CUP
Coupe du Mali Final 2020/2021

27.06.2021, Stade „Modibo Keïta", Bamako
Stade Malien de Bamako – Binga FC **3-2(0-2)**
Goals: 0-1 Issoufi Maïga (8), 0-2 Kassoum Coulibaly (29), 1-2 Issiaka Samaké (88 penalty), 2-2 Issiaka Samaké (90 penalty), 3-2 Issiaka Samaké (90+3).

THE CLUBS

ASSOCIATION SPORTIVE BAKARIDJAN DE BAROUÉLI
Year of Formation: 1989
Stadium: Stade "Amary Daou", Ségou (15,000)

ASSOCIATION SPORTIVE KOROFINA BAMAKO
Year of Formation: 2006
Stadium: Stade „Modibo Keïta", Bamako (35,000)

ASSOCIATION SPORTIVE NIANAN DE KOULIKORO
Year of Formation: 1979
Stadium: Stade Municipal de Koulikoro, Koulikoro (8,000)

ASSOCIATION SPORTIVE OLYMPIQUE DE MESSIRA BAMAKO
Year of Formation: 1998
Stadium: Stade „Modibo Keïta", Bamako (35,000)

ASSOCIATION SPORTIVE ONZE CRÉATEURS DE NIARÉLA BAMAKO
Year of Formation: 1963
Stadium: Stade „Modibo Keïta", Bamako (35,000)

ASSOCIATION SPORTIVE POLICE DE BAMAKO
Stadium: Stade 26 mars, Bamako (50,000)

ASSOCIATION SPORTIVE RÉAL BAMAKO
Year of Formation: 1960
Stadium: Stade „Modibo Keïta", Bamako (35,000)

CERCLE OLYMPIQUE DE BAMAKO
Year of Formation: 1960
Stadium: Stade 26 mars, Bamako (50,000)

CLUB SPORTIVE DUGUWOLOFILA DE KOULIKORO
Stadium: Stade Municipal de Koulikoro, Koulikoro (8,000)

DJOLIBA ATHLETIC CLUB BAMAKO
Year of Formation: 1960
Stadium: Stade 26 mars, Bamako (50,000)

LAFIA CLUB DE BAMAKO
Stadium: Stade „Modibo Keïta", Bamako (35,000)

SONI ATHLETIC CLUB GAO
Stadium: Stade "Kassé Keïta", Gao (5,000)

STADE MALIEN DE BAMAKO
Year of Formation: 1960
Stadium: Stade 26 mars, Bamako (50,000)

UNION SPORTIVE BOUGOUNI
Stadium: Stade Omnisports de Bougouni, Bougouni (4,500)

UNION SPORTIVE DES FORCES ARMÉES ET SÉCURITÉ DE BAMAKO
Year of Formation: 1965
Stadium: Stade Municipal de USFAS, Bamako (5,000)

YELEEN OLYMPIQUE BAMAKO
Year of Formation: 2003
Stadium: Stade 26 mars, Bamako (50,000)

NATIONAL TEAM INTERNATIONAL MATCHES 2021				
24.03.2021	Conakry	Guinea - Mali	1-0(0-0)	(ACNQ)
28.03.2021	-	Mali - Chad	3-0	(ACNQ)
06.06.2021	Blida	Algeria - Mali	1-0(0-0)	(F)
11.06.2021	Tunis	D.R. Congo - Mali	1-1(0-1)	(F)
15.06.2021	Radès	Tunisia - Mali	1-0(0-0)	(F)
01.09.2021	Agadir	Mali - Rwanda	1-0(1-0)	(WCQ)
06.09.2021	Entebbe	Uganda - Mali	0-0	(WCQ)
07.10.2021	Agadir	Mali - Kenya	5-0(4-0)	(WCQ)
10.10.2021	Nairobi	Kenya - Mali	0-1(0-0)	(WCQ)
11.11.2021	Kigali	Rwanda - Mali	0-3(0-2)	(WCQ)
14.11.2021	Agadir	Mali - Uganda	1-0(1-0)	(WCQ)

24.03.2021, 33rd African Cup of Nations, Qualifiers
Stade "General Lansana Conté", Conakry; Attendance: 0
Referee: Youssef Essrayri (Tunisia)
GUINEA - MALI   **1-0(0-0)**
MLI: Djigui Diarra, Falaye Sacko, Samba Camara, Ichaka Diarra (71.Mamadou Sekou Traoré), Siaka Bagayoko, Diadie Samassékou, Adama Traoré (77.Demba Diallo), Aliou Dieng, Adama Noss Traoré (28.Souleymane Diarra), Zoumana Simpara, Moussa Djenepo. Trainer: Mohamed Magassouba.

28.03.2021, 33rd African Cup of Nations, Qualifiers
MALI - CHAD   **3-0 (awarded)**
Please note: On 22.03.2021, CAF decided that the match scheduled for 28.03.2021 would be awarded as a 3-0 win for Mali due to the disqualification of Chad.

06.06.2021, Friendly International
Stade "Mustapha Chaker", Blida; Attendance: 0
Referee: Ahmed El Ghandour (Egypt)
ALGERIA - MALI **1-0(0-0)**
MLI: Djigui Diarra, Hamari Traoré (76.Falaye Sacko), Boubacar Kouyaté, Mamadou Fofana I, Charles Traoré, Aliou Dieng, Amadou Haïdara (80.Adama Traoré), Lassana Coulibaly (85.Mohamed Camara), Moussa Djenepo (81.Moussa Doumbia), El Bilal Touré (85.Kalifa Coulibaly), Sékou Koïta (76.Adama Noss Traoré). Trainer: Mohamed Magassouba.

11.06.2021, Friendly International
Stade Olympique d'El Menzah, Tunis (Tunisia); Attendance: 0
Referee: n/a
D.R. CONGO - MALI **1-1(0-1)**
MLI: Ibrahim Bosso Mounkoro, Falaye Sacko, Senou Coulibaly, Mamadou Fofana, Siaka Bagayoko, Aliou Dieng (64.Souleymane Diarra), Amadou Haïdara (46.Mohamed Camara), Moussa Doumbia, Adama Traoré (71.Ibrahim Kane), Adama Noss Traoré (64.Moussa Kyabou), Kalifa Coulibaly (71.Sékou Koïta). Trainer: Mohamed Magassouba.
Goal: Kalifa Coulibaly (4).

15.06.2021, Friendly International
Stade "Hammadi Agarbi", Radès; Attendance: 0
Referee: Ibrahim Nour El Din (Egypt)
TUNISIA - MALI **1-0(0-0)**
MLI: Mohamed Niaré, Hamari Traoré, Falaye Sacko, Boubacar Kouyaté [*sent off 90+3*], Siaka Bagayoko, Aliou Dieng (61.Mohamed Camara), Amadou Haïdara (67.Moussa Kyabou), Lassana Coulibaly, Adama Noss Traoré (61.Sékou Koïta), Ibrahima Kane (46.Adama Traoré), El Bilal Touré [*sent off 32*]. Trainer: Mohamed Magassouba.

01.09.2021, 22nd FIFA World Cup Qualifiers, Second Round
Stade Adrar, Agadir (Morocco); Attendance: 0
Referee: Beida Dahane (Mauritania)
MALI - RWANDA **1-0(1-0)**
MLI: Ibrahim Bosso Mounkoro, Hamari Traoré, Falaye Sacko, Boubacar Kouyaté, Charles Traoré, Aliou Dieng (55.Cheick Oumar Doucouré), Lassana Coulibaly, Adama Traoré, Amadou Haïdara (83.Adama Noss Traoré), Moussa Djenepo (65.Moussa Doumbia), Ibrahima Koné (65.Mahamadou Doucouré). Trainer: Mohamed Magassouba.
Goal: Adama Traoré (19).

06.09.2021, 22nd FIFA World Cup Qualifiers, Second Round
St. Mary's Stadium-Kitende, Entebbe; Attendance: 0
Referee: Ahmad Imtehaz Heeralall (Mauritius)
UGANDA - MALI **0-0**
MLI: Ibrahim Bosso Mounkoro, Hamari Traoré, Falaye Sacko, Boubacar Kouyaté, Charles Traoré, Mohamed Camara (61.Adama Noss Traoré), Amadou Haïdara (90+3.Rominigue Kouamé N'Guessan), Diadie Samassékou, Adama Traoré, Moussa Doumbia (86.Lassine Sinayoko), Ibrahima Koné (86.Hamidou Sinayoko). Trainer: Mohamed Magassouba.

07.10.2021, 22nd FIFA World Cup Qualifiers, Second Round
Stade Adrar, Agadir (Morocco); Attendance: 0
Referee: Youssef Essrayri (Tunisia)
MALI - KENYA   **5-0(4-0)**
MLI: Ibrahim Bosso Mounkoro, Hamari Traoré, Falaye Sacko (62.Moussa Sissako), Boubacar Kouyaté (16.Mamadou Fofana I), Charles Traoré, Mohamed Camara, Amadou Haïdara, Adama Traoré, Adama Noss Traoré (74.Lassine Sinayoko), Ibrahima Koné (62.El Bilal Touré), Moussa Djenepo (74.Moussa Doumbia). Trainer: Mohamed Magassouba.
Goals: Adama Traoré (8), Ibrahima Koné (23, 36, 45 penalty), Moussa Doumbia (85).

10.10.2021, 22nd FIFA World Cup Qualifiers, Second Round
Nyayo National Stadium, Nairobi; Attendance: 0
Referee: Blaise Yuven Ngwa (Cameroon)
KENYA - MALI   **0-1(0-0)**
MLI: Ibrahim Bosso Mounkoro, Hamari Traoré, Falaye Sacko, Mamadou Fofana, Charles Traoré, Rominigue Kouamé N'Guessan (69.Amadou Haïdara), Diadie Samassékou, Adama Traoré (86.Senou Coulibaly), Adama Noss Traoré, Moussa Djenepo (87.Moussa Doumbia), Ibrahima Koné (68.El Bilal Touré). Trainer: Mohamed Magassouba.
Goal: Ibrahima Koné (55).

11.11.2021, 22nd FIFA World Cup Qualifiers, Second Round
Nyamirambo Regional Stadium, Kigali; Attendance: 0
Referee: Hélder Martins de Carvalho (Angola)
RWANDA - MALI   **0-3(0-2)**
MLI: Ibrahim Bosso Mounkoro, Hamari Traoré, Falaye Sacko, Boubacar Kouyaté, Charles Traoré, Mohamed Camara (81.Diadie Samassékou), Aliou Dieng, Adama Traoré (61.El Bilal Touré), Adama Noss Traoré (81.Lassine Sinayoko), Moussa Djenepo (46.Moussa Doumbia), Ibrahima Koné (62.Kalifa Coulibaly). Trainer: Mohamed Magassouba.
Goals: Moussa Djenepo (19), Ibrahima Koné (21), Kalifa Coulibaly (87).

14.11.2021, 22nd FIFA World Cup Qualifiers, Second Round
Stade Adrar, Agadir (Morocco); Attendance: 0
Referee: Bamlak Tessema Weyesa (Ethiopia)
MALI - UGANDA   **1-0(1-0)**
MLI: Ismael Diarra Diawara, Falaye Sacko, Moussa Sissako, Senou Coulibaly, Charles Traoré (73.Hamari Traoré), Rominigue Kouamé N'Guessan (67.Aliou Dieng), Diadie Samassékou (90+1.Mamadou Fofana), Moussa Doumbia (67.Adama Traoré), Kalifa Coulibaly, El Bilal Touré, Lassine Sinayoko (67.Adama Noss Traoré). Trainer: Mohamed Magassouba.
Goal: Kalifa Coulibaly (19).

NATIONAL TFAM PLAYERS 2021		
Name	DOB	Club
Goalkeepers		
Djigui DIARRA	27.02.1995	*Stade Malien de Bamako*
Ismael Diarra DIAWARA	11.11.1994	*Malmö FF (SWE)*
Ibrahim Bosso MOUNKORO	23.02.1990	*TP Mazembe Lubumbashi (COD)*
Mohamed NIARÉ	01.10.1995	*AS Génération Foot Dakar (SEN)*

Defenders		
Siaka BAGAYOKO	24.07.1998	*FK Mynai Uzhgorod (UKR)*
Samba CAMARA	14.11.1992	*Sivasspor Kulübü (TUR)*
Senou COULIBALY	04.09.1994	*Dijon FCO (FRA)*
Ichaka DIARRA	18.01.1995	*Al-Arabi SC Unaizah (KSA)*
Mamadou FOFANA	21.01.1998	*Amiens SC (FRA)*
Boubacar KOUYATÉ	15.04.1997	*FC Metz (FRA)*
Falaye SACKO	01.05.1995	*Vitória SC Guimarães (POR)*
Charles TRAORÉ	01.01.1992	*FC Nantes (FRA)*
Hamari TRAORÉ	27.01.1992	*Stade Rennais FC (FRA)*
Mamadou Sekou TRAORÉ	03.10.1994	*SC União Torreense (POR)*

Midfielders		
Mohamed CAMARA	06.01.2000	*FC Red Bull Salzburg (AUT)*
Lassana COULIBALY	10.04.1996	*Angers SCO (FRA); 31.07.2021-> US Salernitana 1919 (ITA)*
Souleymane DIARRA	30.01.1995	*Pau FC (FRA)*
Aliou DIENG	16.10.1997	*Al-Ahly SC Cairo (EGY)*
Cheick Oumar DOUCOURÉ	08.01.2000	*Racing Club de Lens (FRA)*
Amadou HAÏDARA	31.01.1998	*RasenBallsport Leipzig (GER)*
Ibrahima KANE	23.06.2000	*FK Vorskla Poltava (UKR)*
Rominigue KOUAMÉ N'Guessan	17.12.1996	*ES Troyes AC (FRA)*
Moussa KYABOU	18.04.1998	*FC Sheriff Tiraspol (MDA)*
Diadie SAMASSÉKOU	11.01.1996	*TSG 1899 Hoffenheim (GER)*
Zoumana SIMPARA	22.02.1998	*Djoliba AC Bamako*
Moussa SISSAKO	10.11.2000	*R Standard Liège (BEL)*
Adama TRAORÉ	05.06.1995	*FC Sheriff Tiraspol (MDA)*
Adama Noss TRAORÉ	28.06.1995	*Hatayspor Antakya (TUR)*

Forwards		
Kalifa COULIBALY	21.08.1991	*FC Nantes (FRA)*
Demba DIALLO	13.10.2000	*Stade Malien de Bamako*
Moussa DJENEPO	15.06.1998	*Southampton FC (ENG)*
Mahamadou DOUCOURÉ	22.05.2000	*Nîmes Olympique (FRA)*
Moussa DOUMBIA	15.08.1994	*Stade de Reims (FRA)*
Sékou KOÏTA	28.11.1999	*FC Red Bull Salzburg (AUT)*
Ibrahima KONÉ	16.06.1999	*Sarpsborg 08 FF (NOR)*
Hamidou SINAYOKO	11.03.1986	*Djoliba AC Bamako*
Lassine SINAYOKO	08.12.1999	*AJ Auxerre (FRA)*
El Bilal TOURÉ	03.10.2001	*Stade de Reims (FRA)*

National coaches		
Mohamed MAGASSOUBA [from 08.09.2017]		1958

MAURITANIA

Fédération de Foot-Ball de la Républic Islamique de Mauritanie
Route de l'Espoire,
Boîte postale 566, Nouakchott
Year of Formation: 1961
Member of FIFA since: 1970
Member of CAF since: 1974
www.ffrim.org

First international match:
25.12.1961, Abidjan (CIV):
Malagasy Rep - Mauritania 5-1
Most international caps:
Ismaël Diakité
63 caps (since 2008)
Most international goals:
Cheikh El Khalil Moulaye Ahmed - 12 goals / 59 caps

AFRICAN CUP OF NATIONS	
1957	Did not enter
1959	Did not enter
1962	Did not enter
1963	Did not enter
1965	Did not enter
1968	Did not enter
1970	Did not enter
1972	Did not enter
1974	Did not enter
1976	Did not enter
1978	Did not enter
1980	Qualifiers
1982	Qualifiers
1984	Did not enter
1986	Qualifiers
1988	Did not enter
1990	Withdrew
1992	Qualifiers
1994	Withdrew
1996	Qualifiers
1998	Qualifiers
2000	Withdrew
2002	Qualifiers
2004	Qualifiers
2006	Qualifiers
2008	Qualifiers
2010	Qualifiers
2012	Withdrew
2013	Did not enter
2015	Qualifiers
2017	Qualifiers
2019	Final Tournament (Group Stage)
2021	*Final Tournament (Qualified)*

FIFA WORLD CUP	
1930	Did not enter
1934	Did not enter
1938	Did not enter
1950	Did not enter
1954	Did not enter
1958	Did not enter
1962	Did not enter
1966	Did not enter
1970	Did not enter
1974	Did not enter
1978	Qualifiers
1982	Did not enter
1986	Did not enter
1990	Did not enter
1994	Did not enter
1998	Qualifiers
2002	Qualifiers
2006	Qualifiers
2010	Qualifiers
2014	Did not enter
2018	Qualifiers

OLYMPIC FOOTBALL TOURNAMENTS 1908-2020

1908	-	1952	-	1976	Qualifiers	2000	Did not enter
1912	-	1956	-	1980	Did not enter	2004	Qualifiers
1920	-	1960	-	1984	Qualifiers	2008	Withdrew
1924	-	1964	-	1988	Did not enter	2012	Did not enter
1928	-	1968	-	1992	Qualifiers	2016	Qualifiers
1936	-	1972	-	1996	Did not enter	2020	Qualifiers
1948	-						

F.I.F.A. CONFEDERATIONS CUP 1992-2017
None

AFRICAN GAMES 1965-2019
1973

COPA „AMILCAR CABRAL" 1979-2007
1979, 1980, 1981, 1982, 1983, 1984, 1985, 1986, 1987, 1988, 1989, 1993, 1995 (Runners-up), 1997, 2000, 2001

CEDEAO (Communauté Economique Des Etats de l'Afrique de l'Ouest) CUP 1977-1991
1983

INDIAN OCEAN GAMES 1947-2019
1985, **1990 (Winners)**, **1993 (Winners)**, 1998 (Runners-up), 2003 (Group Stage), 2007 (Runners-up), 2011 (Group Stage), 2015 (4th Place), 2019 (Group Stage)

AFRICAN NATIONS CHAMPIONSHIP 2009-2020
2009 (Qualifiers), 2011 (*Withdrew*), 2014 (Group Stage), 2016 (Qualifiers), 2018 (Group Stage), 2020 (Qualifiers)

WEST AFRICAN NATIONS CUP 2010-2019
2017 (1st Round), 2019

ARAB NATIONS CUP 1963-2021
1985 (Group Stage), 1992 (Withdrew), 2021 (Group Stage)

MAURETANIAN CLUB HONOURS IN ASIAN CLUB COMPETITIONS:

CAF Champions League 1964-2021
None

CAF Confederation Cup 2004-2021
None

CAF Super Cup 1993-2021
None

*African Cup Winners' Cup 1975-2003**
None

*CAF Cup 1992-2003**
None

*defunct competitions

NATIONAL COMPETITIONS
TABLE OF HONOURS

	CHAMPIONS	CUP WINNERS
1976	ASC Garde Nationale Nouakchott	Equipe Esport
1977	ASC Garde Nationale Nouakchott	Equipe Espoirs Nouakchott
1978	ASC Garde Nationale Nouakchott	Equipe Espoirs Nouakchott
1979	ASC Garde Nationale Nouakchott	ASC Ksar Nouakchott
1980	*No competition*	*No competition*
1981	ASC Police Nouakchott	ASC Garde Nationale Nouakchott
1982	ASC Police Nouakchott	ASC Trarza Rosso
1983	ASC Ksar Nouakchott	Equipe Espoirs Nouakchott
1984	ASC Garde Nationale Nouakchott	ASC Trarza Rosso
1985	ASC Ksar Nouakchott	ASC Police Nouakchott
1986	ASC Police Nouakchott	ASC Garde Nationale Nouakchott
1987	ASC Police Nouakchott	AS Amical Douane Nouakchott
1988	ASC Police Nouakchott	ASC Air Mauritanie Nouakchott
1989	*No competition*	ASC Garde Nationale Nouakchott
1990	ASC Police Nouakchott	ASC Air Mauritanie Nouakchott
1991	ASC Police Nouakchott	AS Amical Douane Nouakchott
1992	ASC Sonader Ksar Nouakchott	ASC SNIM Nouadhibou
1993	ASC Sonader Ksar Nouakchott	ASC Sonader Ksar Nouakchott
1994	ASC Garde Nationale Nouakchott	ASC Sonader Ksar Nouakchott
1995	ASC Sonalec Nouakchott	ASC Air Mauritanie Nouakchott
1996	*No competition*	ASC Imarguens Nouadhibou
1997	*No competition*	ASC Sonalec Nouakchott
1998	ASC Garde Nationale Nouakchott	ASC Sonalec Nouakchott
1999	SDPA Rosso	ASC Police Nouakchott
2000	ASC Mauritel Mobile FC Nouakchott	ASC Air Mauritanie Nouakchott
2001	FC Nouadhibou	ASC Garde Nationale Nouakchott
2002	FC Nouadhibou	*No competition*
2003	ASC Nasr de Sebkha Nouakchott	ASC Entente FC Sebkha
2004	ASC Ksar Nouakchott	FC Nouadhibou
2005	ASC Nasr de Sebkha Nouakchott	ASC Entente FC Sebkha
2005/2006	ASC Mauritel Mobile FC Nouakchott	ASC Nasr de Sebkha Nouakchott
2006/2007	ASC Nasr de Sebkha Nouakchott	ASC Mauritel Mobile FC Nouakchott
2007/2008	ASAC Concorde Nouakchott	FC Nouadhibou
2009	ASC SNIM FC Nouadhibou	ASAC Concorde Nouakchott
2010	CF Cansado Nouadhibou*	FC Tevragh Zeïna Nouakchott
2010/2011	FC Nouadhibou ASJN	FC Tevragh Zeïna Nouakchott
2011/2012	FC Tevragh Zeïna Nouakchott	FC Tevragh Zeïna Nouakchott
2012/2013	FC Nouadhibou ASJN	ASC Nasr Zem Zem Nouakchott
2013/2014	FC Nouadhibou ASJN	ASC Ksar Nouakchott
2014/2015	FC Tevragh Zeïna Nouakchott	ASC Ksar Nouakchott
2015/2016	FC Tevragh Zeïna Nouakchott	FC Tevragh Zeïna Nouakchott
2016/2017	ASAC Concorde Nouakchott	FC Nouadhibou Nouakchott
2017/2018	FC Nouadhibou ASJN	FC Nouadhibou Nouakchott
2018/2019	FC Nouadhibou ASJN	CF ASC SNIM Cansado Nouadhibou
2019/2020	FC Nouadhibou ASJN	FC Tevragh Zeïna Nouakchott
2020/2021	FC Nouadhibou ASJN	ASAC Concorde Nouakchott

*called earlier ASC SNIM FC Nouadhibou

NATIONAL CHAMPIONSHIP
Championnat national de 1ère Division 2020/2021

First Stage

Poule A

1.	FC Nouadhibou ASJN	14	12	1	1	32 - 8	37
2.	ASAC Concorde Nouakchott	14	7	3	4	17 - 9	24
3.	ASC Nouakchott King's	14	6	3	5	19 - 15	21
4.	ASC Tidjikja Nouakchott	14	5	6	3	14 - 10	21
5.	Trarza AC Médine de Rosso	14	4	6	4	14 - 12	18
6.	AS de la Garde Nationale Nouakchott	14	4	3	7	14 - 18	15
7.	FC Inter Nouakchott	14	2	4	8	15 - 26	10
8.	Jeunesse A l'Heure El Mina	14	2	2	10	11 - 38	8

Poule B

1.	FC Tevragh Zeïna Nouakchott	14	9	2	3	22 - 8	29
2.	ACS Ksar Nouakchott	14	7	2	5	13 - 16	23
3.	Kaédi FC	14	5	6	3	14 - 13	21
4.	FC Sahel	14	5	4	5	8 - 12	19
5.	ASC Police Nouakchott	14	5	3	6	18 - 15	18
6.	ASC Kédia Zouérate	14	3	6	5	12 - 13	15
7.	CF ASC SNIM Cansado Nouadhibou	14	3	6	5	9 - 13	15
8.	AS Armée Nationale Tidjikja	14	2	5	7	11 - 17	11

Top-4 teams of each group were qualified for the Championship Play-offs, while teams ranked 5-8 were qualified for the Relegation Play-offs.

Relegation Play-offs

9.	CF ASC SNIM Cansado Nouadhibou	14	6	6	2	16 - 7	24
10.	Trarza AC Médine de Rosso	14	6	5	3	17 - 13	23
11.	ASC Police Nouakchott	14	6	3	5	23 - 14	21
12.	AS Armée Nationale Tidjikja	14	4	8	2	18 - 15	20
13.	AS de la Garde Nationale Nouakchott*	14	5	5	4	12 - 11	20
14.	ASC Kédia Zouérate (*Relegated*)	14	4	7	3	15 - 11	19
15.	Jeunesse A l'Heure El Mina (*Relegated*)	14	3	3	8	17 - 32	12
16.	FC Inter Nouakchott (*Relegated*)	14	1	5	8	10 - 25	8

*Please note: AS de la Garde Nationale Nouakchott were apparently not relegated after the withdrawal (or expulsion?) of FC Sahel for the next season.

Championship Play-offs

1.	**FC Nouadhibou ASJN**	14	11	2	1	24 - 3	35
2.	FC Tevragh Zeïna Nouakchott	14	7	1	6	20 - 13	22
3.	ACS Ksar Nouakchott	14	5	5	4	18 - 20	20
4.	ASC Nouakchott King's	14	5	3	6	15 - 15	18
5.	ASC Tidjikja Nouakchott	14	5	3	6	14 - 19	18
6.	ASAC Concorde Nouakchott	14	4	4	6	11 - 15	16
7.	Kaédi FC	14	3	5	6	10 - 17	14
8.	FC Sahel	14	3	3	8	6 - 16	12

Promoted for the 2021/2022 season:
FC Gourel Sangué, AS Douanes Nouakchott

| NATIONAL CUP |
| Coupe du Président de la République Final 2020/2021 |

24.07.2021, Stade "Cheïkha Ould Boïdiya", Nouakchott
ASAC Concorde Nouakchott - FC Tevragh Zeïna Nouakchott   0-0 aet; 6-5 pen

| THE CLUBS |

ASSOCIATION CULTURELLE ET SPORTIVE DU KSAR NOUAKCHOTT
Year of Formation: 1978 (*as ASC Sonader Ksar*)
Stadium: Stade Olympique, Nouakchott (10,000)

ASSOCIATION SPORTIVE DE L'ARMÉE NATIONALE MAURITANIENNE TIDJIKJA
Year of Formation: 1960
Stadium: Stade Olympique, Nouakchott (10,000)

ASSOCIATION SPORTIVE DE LA GARDE NATIONALE NOUAKCHOTT
Year of Formation: 1960
Stadium: Stade Olympique, Nouakchott (10,000)

ASSOCIATION SPORTIVE ET CULTURELLE NOUAKCHOTT KING'S
Year of Formation: 1980 (*as ASC Nasr Teyarett*)
Stadium: Stade "Cheikha Boidiya", Teyareth, Nouakchott (3,000)

ASSOCIATION SPORTIVE ARTISTIQUE ET CULTURELLE DE LA CONCORDE NOUAKCHOTT
Year of Formation: 1979
Stadium: Stade Olympique, Nouakchott (10,000)

ASSOCIATION SPORTIVE ET CULTURELLE KÉDIA ZOUÉRATE
Stadium: Stade Municipal, Zouérate (1,000)

ASSOCIATION SPORTIVE ET CULTURELLE DE LA POLICE NOUAKCHOTT
Year of Formation: 1973
Stadium: Stade Olympique, Nouakchott (10,000)

ASSOCIATION SPORTIVE ET CULTURELLE TIDJIKJA NOUAKCHOTT
Stadium: Stade Olympique, Nouakchott (10,000)

CLUB FOOTBALL ASSOCIATION SPORTIVE ET CULTURELLE DE LA SNIM NOUADHIBOU
Year of Formation: 1976
Stadium: Stade Municipal, Nouadhibou (5,000)

FOOTBALL CLUB NOUADHIBOU A.S.J.N.
Year of Formation: 1999
Stadium: Stade Municipal, Nouadhibou (5,000)

FOOTBALL CLUB TEVRAGH ZEÏNA NOUAKCHOTT
Year of Formation: 1999 (*as FC Khairy Nouakchott*)
Stadium: Stade Olympique, Nouakchott (10,000)

NATIONAL TEAM
INTERNATIONAL MATCHES 2021

26.03.2021	Nouakchott	Mauritania - Morocco	0-0	(ACNQ)
30.03.2021	Bangui	Central African Republic - Mauritania	0-1(0-1)	(ACNQ)
03.06.2021	Blida	Algeria - Mauritania	4-1(1-0)	(F)
11.06.2021	Tunis	Mauritania - Liberia	1-0(0-0)	(F)
22.06.2021	Doha	Mauritania - Yemen	2-0(1-0)	(ARCQ)
03.09.2021	Nouakchott	Mauritania - Zambia	1-2(0-1)	(WCQ)
07.09.2021	Malabo	Equatorial Guinea - Mauritania	1-0(0-0)	(WCQ)
07.10.2021	Radès	Tunisia - Mauritania	3-0(2-0)	(WCQ)
10.10.2021	Nouakchott	Mauritania - Tunisia	0-0	(WCQ)
13.11.2021	Lusaka	Zambia - Mauritania	4-0(3-0)	(WCQ)
16.11.2021	Nouakchott	Mauritania - Equatorial Guinea	1-1(1-0)	(WCQ)
30.11.2021	Al Rayyan	Tunisia - Mauritania	5-1(3-1)	(ARC)
03.12.2021	Doha	Mauritania - United Arab Emirates	0-1(0-0)	(ARC)
06.12.2021	Al Wakrah	Syria - Mauritania	1-2(0-0)	(ARC)
30.12.2021	Abu Dhabi	Burkina Faso - Mauritania	0-0	(F)

26.03.2021, 33rd African Cup of Nations, Qualifiers
Stade "Cheikha Ould Boïdiya", Nouakchott; Attendance: 0
Referee: Joshua Bondo (Botswana)
MAURITANIA - MOROCCO   **0-0**
MTN: Namori Diaw, El Moustapha Diaw, Bakary Moussa N'Diaye (82.Abdoulaye Ousmane), Diadié Sounkhasso Diarra, Yacoub Aly Abeid, Khassa Camara, Yali Mohamed Dellahi, Abdallahi Mahmoud (90.Alassane Diop), Cheikh El Khalil Moulaye Ahmed (69.Ismail Diakithé), Moctar Sidi El Hacen El Ide (90.Ibréhima Coulibaly), Aboubakar Kamara (69.Hemeya Tanjy). Trainer: Corentin Martins da Silva (France).

30.03.2021, 33rd African Cup of Nations, Qualifiers
Stade „Barthélemy Boganda", Bangui; Attendance: 0
Referee: Alhadi Allaou Mahamat (Chad)
CENTRAL AFRICAN REPUBLIC - MAURITANIA   **0-1(0-1)**
MTN: Namori Diaw, Harouna Abou Demba Sy (63.Ibréhima Coulibaly), Bakary Moussa N'Diaye, Diadié Sounkhasso Diarra, Yacoub Aly Abeid (76.Houssen Abderrahmane), Khassa Camara, Yali Mohamed Dellahi, Abdallahi Mahmoud (63.El Moustapha Diaw), Moctar Sidi El Hacen El Ide, Aboubakar Kamara (76.Mamadou Ndioko Niass), Ismail Diakhité (86.Hemeya Tanjy). Trainer: Corentin Martins da Silva (France).
Goal: Aboubakar Kamara (45).

03.06.2021, Friendly International
Stade "Mustapha Chaker", Blida; Attendance: 0
Referee: Ibrahim Nour El Din (Egypt)
ALGERIA - MAURITANIA   **4-1(1-0)**
MTN: Namori Diaw, El Moustapha Diaw (46.Harouna Abou Demba Sy; 61.Adama Bâ), Bakary Moussa N'Diaye, Diadié Sounkhasso Diarra (46.Abdoul Bâ), Houssen Abderrahmane, El Hassan Salem Houbeib, Sidi Yacoub Ethmane, Ibréhima Coulibaly (46.Khassa Camara), Moctar Sidi El Hacen El Ide (66.Almike Moussa N'Diaye), Aboubakar Kamara (82.Mamadou Ndioko Niass), Hemeya Tanjy. Trainer: Corentin Martins da Silva (France).
Goal: Sidi Yacoub Ethmane (55).

11.06.2021, Friendly International
Stade "Chedly Zouiten", Tunis (Tunisia); Attendance: 0
Referee: n/a
MAURITANIA - LIBERIA **1-0(0-0)**
MTN: Babacar Diop, Bakary Moussa N'Diaye, Houssen Abderrahmane, El Moustapha Diaw (62.Sid Ahmed Rachid), Abdoul Bâ, Khassa Camara (62.Almike Moussa N'Diaye), Yali Mohamed Dellahi, Ibréhima Coulibaly (81.Alassane Diop), Aboubakar Kamara, Ismail Diakithé (62.Mamadou Ndioko Niass), Oumar Camara (46.Adama Bâ). Trainer: Corentin Martins da Silva (France).
Goal: Almike Moussa N'Diaye (64).

22.06.2021, 10th FIFA Arab Cup, Qualifiers
"Jassim bin Hamad" Stadium, Doha (Qatar); Attendance: 0
Referee: Maurizio Mariani (Italy)
MAURITANIA - YEMEN **2-0(1-0)**
MTN: Namori Diaw, Bakary Moussa N'Diaye, Houssen Abderrahmane, Sid Ahmed Rachid, Abdallahi Mahmoud, Abdoul Bâ, Alassane Diop (79.Mouhamed Soueid), Yali Mohamed Dellahi (90.Sidi Yacoub Ethmane), Ismail Diakithé (89.El Moustapha Diaw), Adama Bâ (79.Hemeya Tanjy), Cheikh El Khalil Moulaye Ahmed (69.Oumar Camara). Trainer: Corentin Martins da Silva (France).
Goals: Ismail Diakithé (18), Hemeya Tanjy (85).

03.09.2021, 22nd FIFA World Cup Qualifiers, Second Round
Stade Olympique de Nouakchott, Nouakchott; Attendance: 0
Referee: Ibrahim Nour El Din (Egypt)
MAURITANIA - ZAMBIA **1-2(0-1)**
MTN: Namori Diaw, Mohamedhen Beibou, Bakary Moussa N'Diaye, Abdoul Bâ, Sid Ahmed Rachid, Yali Mohamed Dellahi, Ibréhima Coulibaly (58.Almike Moussa N'Diaye), Abdallahi Mahmoud (67.Mouhamed Soueid), Adama Bâ, Cheikh El Khalil Moulaye Ahmed (58.Hemeya Tanjy), Ismail Diakithé (67.Mamadou Ndioko Niass). Trainer: Corentin Martins da Silva (France).
Goal: Mamadou Ndioko Niass (69).

07.09.2021, 22nd FIFA World Cup Qualifiers, Second Round
Estadio de Malabo, Malabo; Attendance: 0
Referee: Hélder Martins de Carvalho (Angola)
EQUATORIAL GUINEA - MAURITANIA **1-0(0-0)**
MTN: Namori Diaw, Harouna Abou Demba Sy (89.Sid Ahmed Rachid), Bakary Moussa N'Diaye, Abdoul Bâ, Yacoub Aly Abeid, Yali Mohamed Dellahi, Almike Moussa N'Diaye (62.Khassa Camara), Abdallahi Mahmoud (76.Mouhamed Soueid), Adama Bâ, Mamadou Ndioko Niass (62.Ismail Diakithé), Hemeya Tanjy (76.Oumar Camara). Trainer: Corentin Martins da Silva (France).

07.10.2021, 22nd FIFA World Cup Qualifiers, Second Round
Stade Olympique "Hammadi Agrebi", Radès; Attendance: 0
Referee: Bamlak Tessema Weyesa (Ethiopia)
TUNISIA - MAURITANIA **3-0(2-0)**
MTN: Namori Diaw (46.Babacar Diop), El Moustapha Diaw, Bakary Moussa N'Diaye, Yacoub Aly Abeid, Abdoulkader Thiam (46.Abdoul Bâ), Yali Mohamed Dellahi, Abdallahi Mahmoud (87.Hemeya Tanjy), Sidi Yacoub Ethmane (46.Mouhamed Soueid), Adama Bâ, Ismail Diakithé, Aboubakar Kamara (60.Oumar Camara). Trainer: Corentin Martins da Silva (France).

10.10.2021, 22nd FIFA World Cup Qualifiers, Second Round
Stade Olympique de Nouakchott, Nouakchott; Attendance: 500
Referee: Mehdi Abid Charef (Algeria)
MAURITANIA - TUNISIA　　　　　　　　　　　　　　　　　　　　　　　　　**0-0**
MTN: Babacar Diop, El Moustapha Diaw (82.Houssen Abderrahmane), Bakary Moussa N'Diaye (60.El Hassan Salem Houbeib), Abdoul Bâ, Yacoub Aly Abeid, Almike Moussa N'Diaye (90+4.Abdallahi Mahmoud), Yali Mohamed Dellahi, Mouhamed Soueid, Adama Bâ, Oumar Camara, Ismail Diakithé (82.Mamadou Ndioko Niass). Trainer: Corentin Martins da Silva (France).

13.11.2021, 22nd FIFA World Cup Qualifiers, Second Round
National Heroes Stadium, Lusaka; Attendance: 5,000
Referee: Mahmood Ali Mahmood Ismail (Sudan)
ZAMBIA - MAURITANIA　　　　　　　　　　　　　　　　　　　　　　　　　**4-0(3-0)**
MTN: Babacar Diop, El Moustapha Diaw (46.El Hacen Lemrabott), Bakary Moussa N'Diaye (83.Houssen Abderrahmane), Oumar Mamadou Mangane (46.El Hassan Salem Houbeib), Yacoub Aly Abeid, Yali Mohamed Dellahi, Bodda Mouhsine (58.Mamadou Ndioko Niass), Mouhamed Soueid, Idrissa Thiam, Adama Bâ (70.Cheikh El Khalil Moulaye Ahmed), Aboubakar Kamara. Trainer: Gérard Buscher (France).

16.11.2021, 22nd FIFA World Cup Qualifiers, Second Round
Stade Olympique de Nouakchott, Nouakchott; Attendance: 500
Referee: Ahmad Imtehaz Heeralall (Mauritius)
MAURITANIA - EQUATORIAL GUINEA　　　　　　　　　　　　　　　　　　**1-1(1-0)**
MTN: Babacar Diop, El Hacen Lemrabott, El Hassan Salem Houbeib, Diadié Sounkhasso Diarra, Houssen Abderrahmane, Abdallahi Mahmoud (66.Yali Mohamed Dellahi), Almike Moussa N'Diaye (76.Guessouma Fofana), Yassin Cheikh El Welly, Aboubakar Kamara (87.Idrissa Thiam), Mamadou Ndioko Niass (66.Adama Bâ), Hemeya Tanjy (66.Bodda Mouhsine). Trainer: Gérard Buscher (France).
Goal: Aboubakar Kamara (23).

30.11.2021, 10th FIFA Arab Cup, Final Tournament, Group Stage
„Ahmed bin Ali" Stadium, Al Rayyan (Qatar); Attendance: 2,494
Referee: Alireza Faghani (Iran)
TUNISIA - MAURITANIA　　　　　　　　　　　　　　　　　　　　　　　　**5-1(3-1)**
MTN: Babacar Diop (21.Namori Diaw), Harouna Abou Demba Sy, Bakary Moussa N'Diaye, Adama Bâ, Mohamedhen Beibou, Yali Mohamed Dellahi, Alassane Diop (46.Guessouma Fofana), Cheikh El Khalil Moulaye Ahmed (88.Idrissa Thiam), Abdoul Bâ (46.Mouhamed Soueid), Mamadou Ndioko Niass (46.Ablaye Sy), Hemeya Tanjy (64.Mohamed Salem Mohamed Dianos). Trainer: Ahmed Moussa Sidibé.
Goal: Cheikh El Khalil Moulaye Ahmed (45+12 penalty).

03.12.2021, 10th FIFA Arab Cup, Final Tournament, Group Stage
Stadium 974, Doha (Qatar); Attendance: 3,316
Referee: Andrés Matias Matonte Cabrera (Uruguay)
MAURITANIA - UNITED ARAB EMIRATES　　　　　　　　　　　　　　　　**0-1(0-0)**
MTN: Mbacké Ndiaye, Harouna Abou Demba Sy (48.Ablaye Sy), El Moustapha Diaw (57.Mamadou Ndioko Niass), Bodda Mouhsine, Bakary Moussa N'Diaye, Mohamedhen Beibou, Yali Mohamed Dellahi, Guessouma Fofana, Idrissa Thiam, Adama Bâ (78.Cheikh El Khalil Moulaye Ahmed), Hemeya Tanjy (78.Oumar M'Bareck). Trainer: Ahmed Moussa Sidibé.

06.12.2021, 10th FIFA Arab Cup, Final Tournament, Group Stage
Al Janoub Stadium, Al Wakrah (Qatar); Attendance: 8,539
Referee: Wilton Pereira Sampaio (Brazil)
SYRIA - MAURITANIA   **1-2(0-0)**
MTN: Mbacké Ndiaye, Harouna Abou Demba Sy, El Moustapha Diaw, Demba Trawré (85.Mohamedhen Beibou), Ablaye Sy, Guessouma Fofana, Yali Mohamed Dellahi, Mouhamed Soueid (69.Adama Bâ), Idrissa Thiam, Bodda Mouhsine (85.Alassane Diop), Mamadou Ndioko Niass (59.Hemeya Tanjy). Trainer: Ahmed Moussa Sidibé.
Goals: Mouhamed Soueid (50), Hemeya Tanjy (90+5).

30.12.2021, Friendly International
Al Nahyan Stadium, Abu Dhabi (United Arab Emirates); Attendance: n/a
Referee: n/a
BURKINA FASO - MAURITANIA   **0-0**
MTN: Babacar Diop, Yacoub Aly Abeid (62.Abdoul Bâ [*sent off 77*]), Harouna Abou Demba Sy (46.Souleymane Karamoko), Abdoulkader Thiam, El Hassan Salem Houbeib (74.Bodda Mouhsine), Abdallahi Mahmoud (62.Ibréhima Coulibaly), Almike Moussa N'Diaye, Idrissa Thiam (62.Adama Bâ), Yali Mohamed Dellahi, Souleymane Doukara, Pape Ibnou Bâ (74.Oumar Camara). Trainer: Didier Gomes Da Rosa (France).

NATIONAL TEAM PLAYERS 2021		
Name	**DOB**	**Club**
Goalkeepers		
Namori DIAW	30.12.1994	*ASC Kédia Zouérate;*
		01.07.2021-> FC Tevragh Zeïna Nouakchott
Babacar DIOP	17.09.1995	*ASC Police Nouakchott*
Mbacké NDIAYE	19.12.1994	*ASC Nouakchott King's*
Defenders		
Houssen ABDERRAHMANE	03.02.1995	*RWD Molenbeek (BEL);*
		29.08.2021-> Royal Francs Borains (BEL)
Yacoub Aly ABEID	11.12.1997	*Valenciennes FC (FRA)*
Abdoul BÂ	08.02.1994	*Unattached;*
		14.10.2021-> Al Ahli SC Tripoli (LBY)
Mohamedhen BEIBOU	05.12.1995	*FC Nouadhibou ASJN*
Diadié Sounkhasso DIARRA	23.01.1993	*Canet Roussillon FC (FRA)*
El Moustapha DIAW	31.12.1996	*FC Nouadhibou ASJN;*
		10.09.2021-> Manama Club (BHR)
El Hassen Salem HOUBEIB	31.10.1993	*Al-Zawra'a SC Baghdad (IRQ)*
Souleymane KARAMOKO	29.07.1992	*AS Nancy-Lorraine (FRA)*
El Hacen LEMRABOTT	24.03.1997	*FC Nouadhibou ASJN*
Oumar Mamadou MANGANE	1992	*FC Nouadhibou ASJN*
Bakary Moussa N'DIAYE	26.11.1998	*CD Lugo (ESP);*
		30.08.2021-> PAE Ródos (GRE)
Abdoulaye OUSMANE	22.02.2000	*Racing Club de Strasbourg (FRA)*
Sid Ahmed RACHID	31.12.1998	*ASC Nouakchott King's*
Ablaye SY	21.08.1994	*Al-Ansar FC Medina (KSA)*

Abdoulkader THIAM	03.10.1998	US Boulogne-sur-Mer (FRA)
Demba TRAWRÉ	30.09.1993	FC Tevragh Zeïna Nouakchott

	Midfielders	
Harouna ABOU DEMBA Sy	1991	Grenoble Foot 38 (FRA); 01.07.2021-> Unattached
Khassa CAMARA	22.10.1992	NorthEast United FC Guwahati (IND)
Ibréhima COULIBALY	30.08.1989	Le Mans FC (FRA)
Yali Mohamed DELLAHI	01.11.1997	Al Nasr Club Benghazi (LBY)
Alassane DIOP	22.09.1997	Al Oruba Sur (OMA); 01.07.2021-> Isa Town FC (BHR)
Moctar Sidi EL HACEN El Ide	31.12.1997	CD Lugo (ESP);
Sidi Yacoub ETHMANE	10.12.1995	AS Vita Club Kinshasa (COD)
Guessouma FOFANA	17.12.1992	FC CFR 1907 Cluj-Napoca (ROU)
Abdallahi MAHMOUD	04.05.2000	Deportivo Alavés Vitoria-Gasteiz (ESP); 20.08.2021-> NK Istra 1961 Pula (CRO)
Oumar M'BARECK	15.03.1992	ASAC Concorde Nouakchott
Bodda MOUHSINE	18.07.1994	FC Nouadhibou ASJN
Almike Moussa N'DIAYE	26.10.1996	FC Vaulx-en-Velin (FRA); 19.07.2021-> Grand Ouest Association Lyonnaise FC (FRA)
Idrissa THIAM	02.09.2000	ASAC Concorde Nouakchott

	Forwards	
Adama BÂ	27.08.1993	PAS Lamia (GRE); 30.08.2021->Unattached
Pape Ibnou BÂ	05.01.1993	Le Havre AC (FRA)
Oumar CAMARA	19.08.1992	FC Sète (FRA); 04.07.2021-> PFC Beroe Stara Zagora (BUL)
Ismail DIAKITHÉ	13.12.1991	Al-Shamal SC Madinat ash Shamal (QAT)
Souleymane DOUKARA	29.09.1991	Giresunspor Kulübü (TUR)
Cheikh EL KHALIL Moulaye Ahmed „Bessam"	04.12.1987	FC Nouadhibou ASJN
Yassin Cheikh EL WELLY	10.10.1998	US Tataouine (TUN)
Aboubakar KAMARA	07.03.1995	Dijon FCO (FRA)
Mohamed Salem MOHAMED Dianos	23.05.1999	Al-Kholood Club Ar Rass (KSA)
Mamadou Ndioko NIASS	04.06.1994	Salam Zgharta (LIB)
Mouhamed SOUEID	1991	FC Nouadhibou ASJN
Hemeya TANJY	01.05.1998	FC Nouadhibou ASJN

	National coaches	
Corentin MARTINS da Silva (France) [01.10.2014 – 11.10.2021]		11.07.1969
Gérard BUSCHER (France) [24.10.-17.11.2021]		11.05.1970
Didier Gomes DA ROSA (France) [from 18.11.2021]		10.10.1969
Ahmed Moussa SIDIBÉ		25.12.1974

MAURITIUS

Mauritius Football Association
„Sepp Blatter" House, Trianon
Year of Formation: 1952
Member of FIFA since: 1964
Member of CAF since: 1965
www.mfa.mu

First international match:
1947, Madagascar:
Mauritius - Réunion 2-1
Most international caps:
Henri Speville
72 caps (1995-2007)
Most international goals:
Daniel Imbert
17 goals / 53 caps (1972-1983)

AFRICAN CUP OF NATIONS	
1957	Did not enter
1959	Did not enter
1962	Did not enter
1963	Did not enter
1965	Did not enter
1968	Qualifiers
1970	Qualifiers
1972	Qualifiers
1974	Final Tournament (Group Stage)
1976	Qualifiers
1978	Qualifiers
1980	Qualifiers
1982	Qualifiers
1984	Qualifiers
1986	Qualifiers
1988	Withdrew
1990	Qualifiers
1992	Withdrew
1994	Qualifiers
1996	Qualifiers
1998	Qualifiers
2000	Qualifiers
2002	Qualifiers
2004	Qualifiers
2006	Qualifiers
2008	Qualifiers
2010	Qualifiers
2012	Qualifiers
2013	Did not enter
2015	Qualifiers
2017	Qualifiers
2019	Qualifiers
2021	Qualifiers

FIFA WORLD CUP	
1930	Did not enter
1934	Did not enter
1938	Did not enter
1950	Did not enter
1954	Did not enter
1958	Did not enter
1962	Did not enter
1966	Did not enter
1970	Did not enter
1974	Qualifiers
1978	Did not enter
1982	Did not enter
1986	Qualifiers
1990	Entry rejected by the FIFA
1994	Qualifiers
1998	Qualifiers
2002	Qualifiers
2006	Qualifiers
2010	Qualifiers
2014	Withdrew
2018	Qualifiers

OLYMPIC FOOTBALL TOURNAMENTS 1908-2020							
1908	-	1952	-	1976	Qualifiers	2000	Qualifiers
1912	-	1956	-	1980	Qualifiers	2004	WDQ[1]
1920	-	1960	-	1984	Qualifiers	2008	Withdrew
1924	-	1964	-	1988	Withdrew	2012	Withdrew
1928	-	1968	-	1992	Qualifiers	2016	Did not enter
1936	-	1972	-	1996	Qualifiers	2020	Qualifiers
1948	-						

[1]*Withdrew during qualifiers*

F.I.F.A. CONFEDERATIONS CUP 1992-2019
None

AFRICAN GAMES 1965-2019
1973, 1978, 1987, 1991, 1995, 1999
COSAFA (Confederation of Southern African Football Associations) CUP 1997-2021
2000 (First Round), 2001 (First Round), 2002 (First Round), 2003 (First Round), 2004 (Quarter-Finals), 2005 (Group Stage), 2006 (Group Stage), 2007 (Group Stage), 2008 (Group Stage), 2009 (Group Stage), 2013 (Group Stage), 2015 (Group Stage), 2016 (Group Stage), 2017 (Group Stage), 2018 (Group Stage), 2019 (Group Stage)
INDIAN OCEAN GAMES 1947-2019
1979, **1985 (Winners)**, 1990 (Runners-up), 1993 (3rd place), 1998, **2003 (Winners)**, 2007 (4th Place), 2011 (Runners-up), 2015 (3rd Place), 2019 (Runners-up)
AFRICAN NATIONS CHAMPIONSHIP 2009-2020
2009 (Qualifiers), 2014 (Qualifiers), 2016 (Qualifiers), 2018 (Qualifiers), 2020 (Qualifiers)

MAURITIAN CLUB HONOURS IN ASIAN CLUB COMPETITIONS:
CAF Champions League 1964-2021
None
CAF Confederation Cup 2004-2021
None
CAF Super Cup 1993-2021
None
Arab Champions Cup / Arab Champions League 1982-2009 / UAFA Club Cup 2012-2013 / Arab Club Championship 2017 / Arab Club Champions Cup 2018-2020
None
African Cup Winners' Cup 1975-2003*
None
CAF Cup 1992-2003*
None

defunct competitions

NATIONAL COMPETITIONS
TABLE OF HONOURS

	CHAMPIONS	CUP WINNERS
1935	Curepipe SC	-
1936	Garrison	-
1937	Garrison	-
1938	FC Dodo Curepipe	-
1939	FC Dodo Curepipe	-
1940	*No competition*	-
1941	*No competition*	-
1942	Fire Brigade SC Beau Bassin-Rose Hill	-
1943	*No competition*	-
1944	FC Dodo Curepipe	-
1945	FC Dodo Curepipe	-
1946	FC Dodo Curepipe	-
1947	Collège St. Esprit	-
1948	FC Dodo Curepipe	-
1949	Faucon Flacq SC	-
1950	Fire Brigade SC Beau Bassin-Rose Hill	-
1951	FC Dodo Curepipe	-
1952	*No competition*	-
1953	FC Dodo Curepipe	-
1954	Faucon Flacq SC	-
1955	Faucon Flacq SC	-
1956	*No competition*	-
1957	FC Dodo Curepipe	FC Dodo Curepipe
1958	Faucon Flacq SC	*No competition*
1959	FC Dodo Curepipe	Faucon Flacq SC
1960	*No competition*	FC Dodo Curepipe
1961	Fire Brigade SC Beau Bassin-Rose Hill	FC Dodo Curepipe
1962	Police Club Port Louis	Police Club Port Louis
1963	Racing Club Quatre Bornes	Police Club Port Louis
1964	FC Dodo Curepipe	*No competition*
1965	Police Club Port Louis	Police Club Port Louis
1966	FC Dodo Curepipe	FC Dodo Curepipe
1967	Police Club Port Louis	Faucon Flacq SC
1968	FC Dodo Curepipe	Police Club Port Louis
1969	*No competition*	Hindu Cadets Quatre Bornes
1970	*No competition*	*No competition*
1971	Police Club Port Louis	*No competition*
1972	Police Club Port Louis	*No competition*
1973	Fire Brigade SC Beau Bassin-Rose Hill	*No competition*
1974	Fire Brigade SC Beau Bassin-Rose Hill	*No competition*
1975	Hindu Cadets Quatre Bornes	*No competition*
1976	Muslim Scouts Club Port Louis	*No competition*
1976/1977	Hindu Cadets Quatre Bornes	Hindu Cadets Quatre Bornes
1977/1978	Racing Club Quatre Bornes	*No competition*
1978/1979	Hindu Cadets Quatre Bornes	*No competition*
1979/1980	Fire Brigade SC Beau Bassin-Rose Hill	Fire Brigade SC Beau Bassin-Rose Hill
1980/1981	Police Club Port Louis	Fire Brigade SC Beau Bassin-Rose Hill

1981/1982	Police Club Port Louis	Fire Brigade SC Beau Bassin-Rose Hill
1982/1983	Fire Brigade SC Beau Bassin-Rose Hill	Fire Brigade SC Beau Bassin-Rose Hill
1983/1984	Fire Brigade SC Beau Bassin-Rose Hill	Police Club Port Louis
1984/1985	Fire Brigade SC Beau Bassin-Rose Hill	Sunrise Flacq United
1985/1986	Tamil Cadets United Port Louis	Fire Brigade SC Beau Bassin-Rose Hill
1986/1987	Sunrise Flacq United	Sunrise Flacq United
1987/1988	Fire Brigade SC Beau Bassin-Rose Hill	Hindu Cadets Quatre Bornes
1988/1989	Sunrise Flacq United	Fire Brigade SC Beau Bassin-Rose Hill
1989/1990	Sunrise Flacq United	Fire Brigade SC Beau Bassin-Rose Hill
1990/1991	Sunrise Flacq United	Fire Brigade SC Beau Bassin-Rose Hill
1991/1992	Sunrise Flacq United	Sunrise Flacq United
1992/1993	Fire Brigade SC Beau Bassin-Rose Hill	Sunrise Flacq United
1993/1994	Fire Brigade SC Beau Bassin-Rose Hill	Fire Brigade SC Beau Bassin-Rose Hill
1994/1995	Sunrise Flacq United	Fire Brigade SC Beau Bassin-Rose Hill
1995/1996	Sunrise Flacq United	Sunrise Flacq United
1996/1997	Sunrise Flacq United	Fire Brigade SC Beau Bassin-Rose Hill
1997/1998	Hindu Scouts Club Port Louis	Fire Brigade SC Beau Bassin-Rose Hill
1998/1999	Fire Brigade SC Beau Bassin-Rose Hill	*Competition abandoned*
2000	*No competition*	*No competition*
2001	Olympique de Moka	US Beau Bassin-Rose Hill
2002	Association Sportive Port Louis 2000	Association Sportive Port Louis 2000
2003	Association Sportive Port Louis 2000	Savanne SC Souillac
2003/2004	Association Sportive Port Louis 2000	Savanne SC Souillac
2004/2005	Association Sportive Port Louis 2000	Association Sportive Port Louis 2000
2005/2006	Pamplemousses SC Belle Vue	Curepipe Starlight SC
2006/2007	Curepipe Starlight SC	Petite Rivière Noire SC Tamarin
2007/2008	Curepipe Starlight SC	Curepipe Starlight SC
2008/2009	Curepipe Starlight SC	Pamplemousses SC Belle Vue
2010	Pamplemousses SC Belle Vue	AS de Vacoas-Phoenix Curepipe
2011	Association Sportive Port Louis 2000	*No competition*
2011/2012	Pamplemousses SC Belle Vue	*No competition*
2012/2013	Curepipe Starlight SC	Curepipe Starlight SC
2013/2014	Cercle de Joachim SC Curepipe	Petite Rivière Noire SC Tamarin
2014/2015	Cercle de Joachim SC Curepipe	Petite Rivière Noire SC Tamarin
2015/2016	Association Sportive Port Louis 2000	Pamplemousses SC Belle Vue
2016/2017	Pamplemousses SC Belle Vue	Association Sportive Port Louis 2000
2017/2018	Pamplemousses SC Belle Vue	Pamplemousses SC Belle Vue
2018/2019	Pamplemousses SC Belle Vue	Bolton City Youth Club Port Louis
2019/2020	*Championship cancelled*	*Competition cancelled*
2020/2021	*Championship cancelled*	*Competition cancelled*

OTHER MAURITIAN CUP COMPETITION WINNERS:

Mauritian Republic Cup:
1990: Sunrise Flacq United; 1991: Fire Brigade SC Beau Bassin-Rose Hill; 1992: Sunrise Flacq United; 1993: Sunrise Flacq United; 1994: Sunrise Flacq United; 1995: Fire Brigade SC Beau Bassin-Rose Hill; 1996: Sunrise Flacq United; 1997: Sunrise Flacq United; 1998: Sunrise Flacq United; 1999: Fire Brigade SC Beau Bassin-Rose Hill; 2000: *No competition*; 2001: Association Sportive Port Louis 2000; 2002: US Beau Bassin-Rose Hill; 2003: Faucon Flacq SC; 2004: Association Sportive Port Louis 2000; 2005: Association Sportive Port Louis 2000; 2006: AS de Vacoas-Phoenix Curepipe; 2007: Curepipe Starlight SC; 2008: Curepipe Starlight SC; 2009: Savanne SC Souillac; 2010: Pamplemousses SC Belle Vue; 2011: Pamplemousses SC Belle Vue; 2012: Savanne SC Souillac; 2013: Pamplemousses SC Belle

Vue; 2014: Association Sportive Port Louis 2000; 2015: La Cure Sylvester SC; 2016: Cercle de Joachim SC Curepipe; 2017: Pamplemousses SC Belle Vue.

NATIONAL CHAMPIONSHIP
Premier League 2020/2021

Please note: the championship was suspended on 08.03.2021 due to COVID-19 pandemic and eventually cancelled and declared void. No title was awarded and no clubs were relegated or promoted.

Table at abandonment:

1. Grande Rivière Sud Est Wanderers SC	13	12	1	0	25	-	4	37
2. Association Sportive Port Louis 2000	13	5	7	1	19	-	11	22
3. Pamplemousses SC Belle Vue	13	5	4	4	20	-	19	19
4. Entente Boulet Rouge-Riche Mare Rovers Central Flaq	12	4	5	3	13	-	11	17
5. AS de Vacoas-Phoenix	13	4	5	4	30	-	23	17
6. Petite Rivière Noire SC Tamarin	13	4	4	5	19	-	22	16
7. Bolton City Youth Club Port Louis	13	3	4	6	14	-	17	13
8. Savanne SC Souillac	13	3	3	7	16	-	25	12
9. Cercle de Joachim SC Curepipe	13	3	3	7	16	-	27	12
10. La Cure Sylvester SC Port Louis	12	2	2	8	7	-	20	8

NATIONAL CUP
Coupe de Maurice de football Final 2020/2021

The competition was cancelled on 15.07.2021 due to COVID-19 pandemic.

THE CLUBS

ASSOCIATION SPORTIVE PORT LOUIS 2000
Year of Formation: 2000
Stadium: Stade „St. François Xavier", Port Louis (2,500)

ASSOCIATION SPORTIVE VACOAS-PHOENIX
Year of Formation: 2000
Stadium: Stade "Georges V", Curepipe (6,200)

BOLTON CITY YOUTH CLUB PORT LOUIS
Year of Formation: 1978
Stadium: Stade "Auguste Vollaire", Central Flacq (4,000)

CERCLE DE JOACHIM SPORTS CLUB CUREPIPE
Year of Formation: 2004
Stadium: Stade „George V", Curepipe (6,200)

ENTENTE BOULET ROUGE-RICHE MARE ROVERS CENTRAL FLAQ
Stadium: Stade "Auguste Vollaire", Central Flacq (4,000)

GRANDE RIVIÈRE SUD EST WANDERERS SPORTS CLUB
Stadium: Stade "Auguste Vollaire", Central Flacq (4,000)

LA CURE SYLVESTER SPORTS CLUB PORT LOUIS
Stadium: Stade „St. François Xavier", Port Louis (2,500)

PAMPLEMOUSSES SC BELLE VUE
Year of Formation: 2000
Stadium: Stade Anjalay, Belle Vue (15,000)

PETITE RIVIÈRE NOIRE SPORT CLUB
Year of Formation: 2000
Stadium: Stade „Germain Comarmond", Bambous (5,000)

SAVANNE SPORTING CLUB SOUILLAC
Year of Formation: 2000
Stadium: Stade "Harry Latour", Mahébourg (2,000)

NATIONAL TEAM
INTERNATIONAL MATCHES 2021

No international activities for the Mauritian national team in 2021.

MOROCCO

Fédération royale marocaine de football
Secteur 11,
Angle rue Arroz et rue Arram
Hay Ryad, Rabat
Year of Formation: 1956
Member of FIFA since: 1960
Member of CAF since: 1960
www.frmf.ma

First international match:
19.10.1957, Beirut (LIB):
Morocco - Iraq 3-3
Most international caps:
Noureddine Naybet
115 caps (1990-2006)
Most international goals:
Ahmed Faras
36 goals / 94 caps (1966-1979)

AFRICAN CUP OF NATIONS	
1957	Did not enter
1959	Did not enter
1962	Withdrew
1963	Qualifiers
1965	Did not enter
1968	Qualifiers
1970	Qualifiers
1972	Final Tournament (Group Stage)
1974	Qualifiers
1976	**Final Tournament (Winners)**
1978	Final Tournament (Group Stage)
1980	Final Tournament (3rd place)
1982	Qualifiers
1984	Qualifiers
1986	Final Tournament (4th place)
1988	Final Tournament (4th place)
1990	Qualifiers
1992	Final Tournament (Group Stage)
1994	Qualifiers
1996	Qualifiers
1998	Final Tournament (Quarter-Finals)
2000	Final Tournament (Group Stage)
2002	Final Tournament (Group Stage)
2004	Final Tournament (Runners-up)
2006	Final Tournament (Group Stage)
2008	Final Tournament (Group Stage)
2010	Qualifiers
2012	Final Tournament (Group Stage)
2013	Final Tournament (Group Stage)
2015	Disqualified
2017	Final Tournament (Quarter-Finals)
2019	Final Tournament (2nd Round of 16)
2021	*Final Tournament (Qualified)*

FIFA WORLD CUP	
1930	Did not enter
1934	Did not enter
1938	Did not enter
1950	Did not enter
1954	Did not enter
1958	Did not enter
1962	Qualifiers
1966	Withdrew
1970	Final Tournament (Group Stage)
1974	Qualifiers
1978	Qualifiers
1982	Qualifiers
1986	Final Tournament (2nd Round of 16)
1990	Qualifiers
1994	Final Tournament (Group Stage)
1998	Final Tournament (Group Stage)
2002	Qualifiers
2006	Qualifiers
2010	Qualifiers
2014	Qualifiers
2018	Final Tournament (Qualified)

OLYMPIC FOOTBALL TOURNAMENTS 1908-2020

1908	-	1952	-	1976	Qualifiers	2000	Group Stage
1912	-	1956	-	1980	Qualifiers	2004	Group Stage
1920	-	1960	Qualifiers	1984	Group Stage	2008	Qualifiers
1924	-	1964	Group Stage	1988	Qualifiers	2012	Group Stage
1928	-	1968	Qualifiers	1992	Group Stage	2016	Qualifiers
1936	-	1972	2nd Round	1996	Qualifiers	2020	Qualifiers
1948	-						

F.I.F.A. CONFEDERATIONS CUP 1992-2017
None

AFRICAN GAMES 1965-2019
2019 (Group Stage)

ARAB NATIONS CUP 1963-2021
1998 (Group Stage), 2002 (Semi-Finals), **2012 (Winners)**, 2021 (Group Stage)

AFRICAN NATIONS CHAMPIONSHIP 2009-2020
2009 (Qualifiers), 2011 (Qualifiers), 2014 (Quarter-Finals), 2016 (Group Stage), **2018 (Winners)**, **2020 (Winners)**

MOROCCAN CLUB HONOURS IN ASIAN CLUB COMPETITIONS:

CAF Champions League 1964-2021
Forces Armées Royales Rabat (1985)
Raja Club Athletic Casablanca (1989, 1997, 1999)
Wydad Athletic Club Casablanca (1992, 2017)

CAF Confederation Cup 2004-2021
Forces Armées Royales Rabat (2005)
Le Fath Union Sport de Rabat (2010)
Maghreb Association Sportive de Fès (2011)
Raja Club Athletic Casablanca (2018, 2020/2021)
Renaissance Sportive de Berkane (2019/2020)

CAF Super Cup 1993-2021
Raja Club Athletic Casablanca (1999/2000, 2019)
Wydad Athletic Club Casablanca (2018)

*African Cup Winners' Cup 1975-2003**
Wydad Athletic Club Casablanca (2002)

*CAF Cup 1992-2003**
Kawkab Athletic Club Marrakech (1996)
Raja Club Athletic Casablanca (2003)

Arab Champions Cup / Arab Champions League 1982-2009 / UAFA Club Cup 2012-2013 / Arab Club Championship 2017 / Arab Club Champions Cup 2018-2020
Raja Club Athletic Casablanca (2005/2006)

*Arab Cup Winners Cup 1989-2002**
Olympique Casablanca (1991/1992, 1992/1993, 1993/1994)

*Arab Super Cup 1992-2002**
Wydad Athletic Club Casablanca (1992/1993)

*Afro-Asian Club Championship 1986–1998**
None

*defunct competitions

NATIONAL COMPETITIONS
TABLE OF HONOURS

	CHAMPIONS	CUP WINNERS
1956/1957	Wydad Athletic Club Casablanca	Mouloudia Club Oujda
1957/1958	Kawkab Athletic Club Marrakech	Mouloudia Club Oujda
1958/1959	Étoile de Casablanca	Forces Armées Royales Rabat
1959/1960	Kénitra Athletic Club	Mouloudia Club Oujda
1960/1961	Forces Armées Royales (FAR) Rabat	Kénitra Athletic Club
1961/1962	Forces Armées Royales Rabat	Mouloudia Club Oujda
1962/1963	Forces Armées Royales Rabat	Kawkab Athletic Club Marrakech
1963/1964	Forces Armées Royales Rabat	Kawkab Athletic Club Marrakech
1964/1965	Maghreb Association Sportive de Fès	Kawkab Athletic Club Marrakech
1965/1966	Wydad Athletic Club Casablanca	Club Omnisport de Meknès
1966/1967	Forces Armées Royales Rabat	Le Fath Union Sport (FUS) de Rabat
1967/1968	Forces Armées Royales Rabat	Racing Athletic Club de Casablanca
1968/1969	Wydad Athletic Club Casablanca	Renaissance Sportif de Settat
1969/1970	Forces Armées Royales Rabat	Wydad Athletic Club Casablanca
1970/1971	Renaissance Sportif de Settat	Forces Armées Royales Rabat
1971/1972	Racing Athletic Club de Casablanca	*Trophy not awarded*
1972/1973	Kénitra Athletic Club	Le Fath Union Sport de Rabat
1973/1974	Raja de Beni Mellal	Raja Club Athletic Casablanca
1974/1975	Mouloudia Club Oujda	Sporting Club Chabab Mohammédia
1975/1976	Wydad Athletic Club Casablanca	Le Fath Union Sport de Rabat
1976/1977	Wydad Athletic Club Casablanca	Raja Club Athletic Casablanca
1977/1978	Wydad Athletic Club Casablanca	Wydad Athletic Club Casablanca
1978/1979	Maghreb Association Sportive de Fès	Wydad Athletic Club Casablanca
1979/1980	Sporting Club Chabab Mohammédia	Maghreb Association Sportive de Fès
1980/1981	Kénitra Athletic Club	Wydad Athletic Club Casablanca
1981/1982	Kénitra Athletic Club	Raja Club Athletic Casablanca
1982/1983	Maghreb Association Sportive de Fès	Maghreb Association Sportive de Fès
1983/1984	Forces Armées Royales Rabat	Forces Armées Royales Rabat
1984/1985	Maghreb Association Sportive de Fès	Forces Armées Royales Rabat
1985/1986	Wydad Athletic Club Casablanca	Forces Armées Royales Rabat
1986/1987	Forces Armées Royales Rabat	Kawkab Athletic Club Marrakech
1987/1988	Raja Club Athletic Casablanca	Olympique de Casablanca
1988/1989	Forces Armées Royales Rabat	Wydad Athletic Club Casablanca
1989/1990	Wydad Athletic Club Casablanca	Olympique de Casablanca
1990/1991	Wydad Athletic Club Casablanca	Kawkab Athletic Club Marrakech
1991/1992	Kawkab Athletic Club Marrakech	Olympique de Casablanca
1992/1993	Wydad Athletic Club Casablanca	Kawkab Athletic Club Marrakech
1993/1994	Olympique de Casablanca	Wydad Athletic Club Casablanca
1994/1995	Club Omnisport de Meknès	Le Fath Union Sport de Rabat
1995/1996	Raja Club Athletic Casablanca	Raja Club Athletic Casablanca
1996/1997	Raja Club Athletic Casablanca	Wydad Athletic Club Casablanca
1997/1998	Raja Club Athletic Casablanca	Wydad Athletic Club Casablanca
1998/1999	Raja Club Athletic Casablanca	Forces Armées Royales Rabat
1999/2000	Raja Club Athletic Casablanca	Majd Casablanca
2000/2001	Raja Club Athletic Casablanca	Wydad Athletic Club Casablanca
2001/2002	Hassania Union Sport Agadir	Raja Club Athletic Casablanca
2002/2003	Hassania Union Sport Agadir	Forces Armées Royales Rabat
2003/2004	Raja Club Athletic Casablanca	Forces Armées Royales Rabat

2004/2005	Forces Armées Royales Rabat	Raja Club Athletic Casablanca
2005/2006	Wydad Athletic Club Casablanca	Olympique Khouribga
2006/2007	Olympique Khouribga	Forces Armées Royales Rabat
2007/2008	Forces Armées Royales Rabat	Forces Armées Royales Rabat
2008/2009	Raja Club Athletic Casablanca	Forces Armées Royales Rabat
2009/2010	Wydad Athletic Club Casablanca	Le Fath Union Sport de Rabat
2010/2011	Raja Club Athletic Casablanca	Maghreb Association Sportive de Fès
2011/2012	Maghreb Athletic Association Tétouan	Raja Club Athletic Casablanca
2012/2013	Raja Club Athletic Casablanca	Difaâ Hassani El Jadidi
2013/2014	Maghreb Athlétique Association Tétouan	Le Fath Union Sport de Rabat
2014/2015	Wydad Athletic Club Casablanca	Olympique Khouribga
2015/2016	Le Fath Union Sport de Rabat	Maghreb Association de Fès
2016/2017	Wydad Athletic Club Casablanca	Raja Club Athletic Casablanca
2017/2018	Ittihad Riadi Tanger	Renaissance Sportive de Berkane
2018/2019	Wydad Athletic Club Casablanca	Tihad Athlétique Sport de Casablanca
2019/2020	Raja Club Athletic Casablanca	*Competition cancelled*
2020/2021	Wydad Athletic Club Casablanca	*Final not played*

NATIONAL CHAMPIONSHIP
Botola 2020/2021

1.	**Wydad Athletic Club Casablanca**	30	20	7	3	58 - 26	67
2.	Raja Club Athletic Casablanca	30	17	8	5	48 - 26	59
3.	AS Forces Armées Royales Rabat	30	14	9	7	39 - 29	51
4.	Renaissance Sportive de Berkane	30	13	6	11	37 - 36	45
5.	Mouloudia Club d'Oujda	30	12	6	12	38 - 35	42
6.	Hassania Union Sport Agadir	30	9	10	11	23 - 24	37
7.	Maghreb Association Sportive de Fès	30	7	15	8	30 - 34	36
8.	Ittihad Riadi Tanger	30	10	6	14	29 - 36	36
9.	SC Chabab Mohammédia	30	7	14	9	26 - 25	35
10.	Le Fath Union Sport de Rabat	30	8	11	11	32 - 36	35
11.	Difaâ Hassani El Jadidi	30	9	8	13	32 - 40	35
12.	Olympique Club Safi	30	8	11	11	30 - 41	35
13.	Rapide Club Oued Zem	30	7	12	11	28 - 36	33
14.	CA Youssoufia Berrechid	30	7	12	11	23 - 33	33
15.	Moghreb Athlétique de Tétouan (*Relegated*)	30	6	14	10	36 - 43	32
16.	Renaissance CA Zemamra (*Relegated*)	30	7	9	14	31 - 40	30

Best goalscorer 2020/2021:
Ayoub El Kaabi (Wydad Athletic Club Casablanca) – 18 goals

Promoted for the 2021/2022 season:
Olympique Club Khouribga, Jeunesse Sportive Soualem

NATIONAL CUP
Coupe du Trône Final 2020/2021

The final between **Moghreb Athlétique de Tétouan** and **AS Forces Armées Royales Rabat** was not played.

THE CLUBS 2020/2021

SPORTING CLUB CHABAB MOHAMMÉDIA
Year of Formation: 1948 (*as Fedala Sport Mohammédia*)
Stadium: Stade Bachir, Mohammédia (11,000)

	THE SQUAD	DOB	M	(s)	G
Goalkeepers:	Youssef El Motie	16.12.1994	15		
	Mehdi Harrar	30.11.2000	15		
Defenders:	Abdelhak Assal	08.06.1998	23	(1)	1
	Ayoub Boucheta	03.12.1993	14	(7)	
	Abdelmounaim Boutouil	01.09.1998	24	(1)	
	Zakaria Drouich	11.01.2001	5	(1)	
	Imrane Fiddi	10.10.1998		(1)	
	Abdallah Ghouraf	15.06.1994	1	(1)	
	Zakaria Nassik	1997	15		
	Ayoub Tine	1994	21	(3)	
	Issouf Traoré (MLI)	22.01.1998	12		
Midfielders:	Ayoub Adila	19.03.1996	19	(1)	
	Faical El Haddadi	24.04.1996	1	(11)	
	Mohamed El Morabit	11.09.1998	13	(3)	
	Hervé Guy (CIV)	17.09.1991	23	(5)	1
	Aymane Mourid	07.05.2000	7	(2)	
	Ismail Moutaraji	01.02.2000	26	(3)	6
	Walid Rhailouf	13.11.1998	6	(7)	
	Oussama Zemraoui	01.03.2002	3	(1)	
Forwards:	Ahmed Al Sarori (YEM)	09.08.1998	2	(1)	
	Saifeddine Bouhra	05.03.2000	10	(11)	1
	Mohamed Boulacsout	23.09.1998	9	(7)	
	Kamal El Keraa	03.10.1994	12	(3)	4
	Hamza Elowasti	1995	17	(8)	
	Abderrazak Ennakouss		3	(9)	2
	Achraf Gharib	11.01.2001	1	(2)	
	Khalid Hachadi	03.05.1998	8	(14)	
	Salaheddine Icharane	21.06.1997	1	(13)	2
	Oussama Lamlioui	02.01.1996	16	(5)	8
	Marouane Zila	13.06.1997	8	(4)	
Trainer:	Amine Benhachem	20.06.1975	17		
[17.05.2021]	Rachid Rokki	08.11.1974	4		
[08.06.2021]	Mohamed Fakhir	27.07.1953	9		

DIFAÂ HASSANI EL JADIDI

Year of Formation: 1956
Stadium: Stade El Abdi, El Jadida (8,000)

THE SQUAD		DOB	M	(s)	G
Goalkeepers:	Soufiane Barrouhou	18.01.1994	29		
	Mohamed El Yousfi	18.01.1991	1		
Defenders:	Dieumerci Amale (COD)	17.10.1998	25	(1)	
	Samir Benamar	23.08.1992	4		
	Et-Tayeb Boukhriss	03.09.1999	18	(1)	1
	Mouad Chougag	01.03.1995	20		1
	Soulaiman El Amrani	1997	6	(8)	
	Khalid El Ghafouli	08.04.1994	10	(5)	1
	Abdelhamid Ferras	09.09.1994	21	(2)	
	Jawad Khalouk	05.03.1998	3	(4)	
	Meke Meyenga (CMR)	23.08.2000	1	(1)	
	Ibrahim Najm Eddine	05.01.1993	19	(3)	1
	Hamza Tourabi	26.03.1999		(2)	
Midfielders:	Dua Stanislas Ankira (CGO)	04.12.1994	14	(5)	
	Mohcine Benkhaled		5	(4)	
	Moustapha Chichane	11.09.1991	16	(7)	
	Mohamed El Jaaouani	23.08.1994	18	(3)	2
	Abdelfettah Hadraf	22.03.1998	26	(1)	4
	Mehdi Karnass	12.03.1990	17	(1)	5
	Reda Lakhmidi	19.02.2000		(8)	
Forwards:	Othmane Bachkou	03.01.1999	1	(3)	
	Yassine Dahbi	26.11.1991	26		5
	Hamza Darai	21.05.2001	1	(14)	1
	Faissal El Bakhtaoui (FRA)	08.11.1992		(5)	
	Chouaib El Maftoul	01.09.1994	22	(4)	4
	Hamza Hannouri	22.01.1998	3	(8)	
	Jonathan Ifunga Ifasso (COD)	10.03.1999	1	(14)	
	Masoud Juma (KEN)	03.02.1996	23		7
Trainer:	Abdelhak Benchikha (ALG)	22.11.1963	30		

ASSOCIATION SPORTIVE DES FORCES ARMÉES ROYALES RABAT

Year of Formation: 1958
Stadium: Complexe Sportif „Prince Moulay Abdellah", Rabat (52,000)

THE SQUAD		DOB	M	(s)	G
Goalkeepers:	Mohamed Baayou	11.01.1993	2		
	Hassan Doughmi	10.05.2000		(1)	
	Ayoub Lakred	21.06.1995	28		
Defenders:	Jad Assouab	20.01.1995	2	(4)	
	Ayman Chabani	01.07.1998	6	(1)	1
	Brahim Dahmoun (FRA)	05.05.1996	10	(4)	2
	Edilson Alberto Monteiro Sanches Borges (CPV)	17.01.1995	26	(1)	1
	Mohamed El Mahdi Barkaoui	28.09.2001	1		
	Omar Jerrari	14.11.1994	25		1
	Reda Mhannaoui	03.01.1999	3	(4)	
	Mohamed Moufid	12.01.2000	23	(3)	
	Anouar Tarkhatt	05.09.1997	21	(1)	
Midfielders:	Khalid Ait Ouarkhane	22.04.2000	2	(6)	
	Abdelilah Amimi	19.01.1991	13	(7)	4
	Aymane Arhihou	16.04.2000	1		
	Yannick Bangala (COD)	12.04.1994	17	(2)	1
	Jalal Daoudi	17.08.1988	16	(1)	4
	Ayoub El Malyani	01.11.2001		(1)	1
	Hatim Essaoubi			(1)	
	Mohamed Rabie Hrimat	07.08.1994	23	(2)	1
	Hamza Moujahid	01.02.1995	8	(5)	3
	Aboubacar Toungara (MLI)	15.11.1994	17	(3)	2
Forwards:	Mohamed El Khaloui	01.05.1997	17	(8)	5
	El Kouri Cheikhi			(1)	
	Imad Errahouli	1994	1	(5)	
	Zakaria Fati	06.09.1992	12	(13)	1
	Mohammed Fikri	20.10.1993	5	(18)	1
	Joseph Guédé Gnadou (CIV)	28.08.1994	23	(5)	3
	Hamza Goudali	07.07.1997	2	(3)	
	Hamza Igamane	21.05.2001	2	(5)	
	Reda Slim	25.10.1999	24	(1)	6
	Youssef Sraidi	2003		(1)	
Trainer:	Abderrahim Talib	10.09.1963	5		
[29.12.2020]	Mouhcine Bouhlal	22.04.1970	-		
[08.01.2021]	Sven Vandenbroeck (BEL)	22.09.1979	25		

LE FATH UNION SPORT DE RABAT
Year of Formation: 1946
Stadium: Stade BelvßedÈre, Rabat (15,000)

THE SQUAD		DOB	M	(s)	G
Goalkeepers:	Mohamed Amsif	07.02.1989	13		
	El Mehdi Benabid	24.01.1998	17	(2)	
Defenders:	Anas Bach	10.02.1998	25		
	Mouad Bahsain	29.03.1999	17		
	El Mehdi El Bassil	14.12.1987	25	(4)	9
	Oussama El Gareh	03.06.1999	9		
	Yasser Jarici	25.04.1989	12	(2)	
	Saad Ait Khorsa	03.01.1994	8		1
	Youssef Limouri	20.02.1999	25	(1)	2
	Achraf Ramzi	04.02.2002	1	(1)	
	Oussama Raoui	13.11.2002	17		
Midfielders:	Zakaria Azoud	07.06.1998	1	(9)	
	Youssef Belammari	20.09.1998	11	(14)	2
	Karim Benarif	20.01.1993	13	(6)	
	Abdellah Cherrad		1	(3)	
	Oussama Dahr		1		
	Zaid Dkioukien		1	(3)	
	Reda Jaadi	14.02.1995	12	(5)	1
	Cedric Elysée Kodjo (CIV)	25.02.1993		(7)	
	Amine Louani	10.01.1995	19	(4)	
	El Mehdi Moubarik	22.01.2001	21		
	Soufiane Saadane	19.03.1994	6	(8)	
	Azzedine Sellak		6		
	Naoufel Zerhouni	14.09.1995	26		7
Forwards:	Rachid Assaraga			(2)	
	Reda Hajhouj	02.07.1994	8	(8)	3
	Jean-Joseph Kombous (CMR)	30.04.1993	4	(14)	
	Montasser Lahtimi	01.04.2001	15	(6)	1
	El Mehdi Maouhoub	05.06.2003	6	(7)	2
	Mohamed Anis Saltou (LBY)	01.04.1992	10	(2)	3
	Ayoub Mouloua	30.09.2002		(2)	
Trainer:	Mustapha El Khalfi	1985	13		
[27.04.2021]	Demba Mbaye (SEN)		17		

HASSANIA UNION SPORT AGADIR

Year of Formation: 1946
Stadium: Stade Adrar, Agadir (45,480)

THE SQUAD		DOB	M	(s)	G
Goalkeepers:	Abderahmane El Houasli	20.12.1984	20		
	Ismail Qamoum	29.06.1996	10		
Defenders:	Karim Abouchououb	16.10.1998	2	(11)	
	Zakaria Al Ayoud	05.08.1995	1		
	Abdelhakim Bassaine	20.08.1994	10		
	Soufiane Bouftini	03.05.1994	18		2
	Ayman El Hadry			(1)	
	Ilyas El Qaada		1		
	Abdelkarim Ialioune		3	(5)	
	Patrick Malo (BFA)	18.02.1992	20	(4)	
	Bakary Mané (SEN)	26.07.1994	17	(1)	
	Yassine Rami	26.03.1987	21		
	Amine Sadiki	17.07.1986	22		1
Midfielders:	Rachid Abouzhar	08.04.1991	12	(7)	
	Karim Ait Mohamed	27.01.2000	19	(4)	
	Zouhair Chaouch	14.01.1989	14	(10)	1
	Jamal Ech-Chamakh	22.03.2000	23	(3)	1
	Abdelali El Khanboubi	20.02.1991	4	(9)	1
	Karim Essikal	08.02.1996	3	(1)	
	Imad Kimaoui	11.08.1993	3	(3)	
	Abdelhafid Lirki	1990	19	(5)	
	Badreddine Octobre		1	(1)	1
	Mehdi Oubila	17.08.1992	19	(1)	
Forwards:	Youssef El Fahli	27.04.1997	27	(2)	8
	Malick Cissé (SEN)	07.06.1994	11	(4)	1
	Hamza Goudali	07.07.1997	3	(1)	
	Achraf Kouay	11.08.1998	1	(2)	
	Abderrahim Makran	20.08.1994	6	(10)	1
	Ayoub Mallouki	21.02.1995	11	(4)	5
	Jamaa Marzougi	05.09.1998	2	(4)	
	Saad Morsli	16.03.1998	6	(10)	
	Djakaridja Traoré (CIV)	02.08.1998	1	(2)	
Trainer:	Mounir Chebil (TUN)	02.01.1962	8		
[08.03.2021]	Reda Hakam	07.05.1981	22		

ITTIHAD RIADI TANGER

Year of Formation: 1983
Stadium: Stade "Ibn Batouta", Tanger (45,000)

THE SQUAD		DOB	M	(s)	G
Goalkeepers:	Tarik Aoutah	07.09.1992	9	(1)	
	Imad Askar	29.05.1998	2		
	Hicham El Mejhed	09.04.1990	19		
Defenders:	Hakim Aklidou	02.07.1997	2	(4)	
	Oussama Al Aiz	30.11.1999	6	(1)	
	Tarik Asstati	30.07.1991	23	(2)	2
	Ayoub El Jorfi	04.03.1996	12	(2)	1
	Hatim El Ouahabi	03.10.1999	13	(2)	
	Anouar Jayid	10.12.1990	13	(6)	
	Mehdi Khallati	18.11.1991	17	(1)	
	El Hadji Youssoupha Konaté (SEN)	06.05.1994	26		
	Mohamed Aymen Sadil	10.06.1994	13	(3)	
Midfielders:	Nouaman Aarab	26.08.1990	10	(8)	
	Anas Al Asbahi	15.10.1993	12	(5)	
	Yassine Asri		1		
	Mohammed Ali Bemammer	19.11.1989	23		
	Ahmed Chentouf	05.12.1996	14	(9)	
	Mohamed Chibi	21.01.1993	27		1
	Faouzi Abdoul Mutalib	19.07.1993	3	(9)	
	Marouane Nebbouche	09.11.1999	2	(2)	
	Khalid Serroukh	28.04.1990	6	(10)	
Forwards:	Abdellatif Akhrif	01.02.2000	2	(17)	2
	Youssef Anouar	04.07.1990	17	(9)	4
	Mukoko Batezadio (COD)	24.10.1992	8	(13)	1
	Ibrahim Bezghoudi	07.06.1983		(4)	
	Younes Ed-Dyb	1994		(3)	
	Taoufik Ijrouten	13.04.1990	24	(4)	6
	Axel Méyé Me Ndong (GAB)	06.06.1995	26	(2)	12
Trainer:	Driss El Mrabet	1967	30		

MAGHREB ASSOCIATION SPORTIVE DE FÈS

Year of Formation: 1946
Stadium: Fez Sports Complex, Fez (45,000)

THE SQUAD		DOB	M	(s)	G
Goalkeepers:	Mohamed Amine Bourkadi	22.02.1985	13		
	Hamza El Ichaoui		1		
	Khalid Kbiri Alaoui	28.06.1996	8		
	Aymane Majid	04.01.1995	8		
Defenders:	Youssef Aguerdoum	12.03.1990	24		
	Oussama Amine	27.03.1999	5	(1)	
	Anass Azim	04.05.1988	2	(2)	
	Ayoub Bouzidi	09.12.1994	2	(1)	
	Abdessamad Choukri	18.09.1996	2	(5)	
	Oumar Farouk Comara (CIV)	19.11.2000	3	(1)	
	Bilal El Ouadghiri	03.08.2001		(1)	
	Karim El Oualadi	23.09.1994	7	(6)	
	Mohamed Hamami	20.04.1992	16	(1)	
	Nabil Loualji	25.11.1987	9	(7)	
	Nabil Marmouk	19.03.1998	27		3
	Alioune N'Diaye (SEN)	19.09.1990	1		
	Souhail Yechou	27.10.1992	15	(2)	
Midfielders:	Haytem Aina	30.07.1987	15	(8)	
	Salaheddine Ouali Alami	13.02.1998	9	(7)	
	Ismael Benktib	04.07.1998	13	(4)	1
	Mohammad El Fakih	07.02.1990	28	(1)	7
	Hamza El Janati	1999	16	(4)	1
	Nelson Omba Munganga (COD)	27.07.1993	23		
	Yacine Wakili	18.10.1990	2	(7)	
Forwards:	Alaeddine Ajaraie	05.01.1993	23	(1)	8
	Khalid Baba	13.01.2000	6	(5)	
	Abdoulaye Diarra (MLI)	28.12.1994	21	(4)	2
	Lahcen Gourbi	10.04.1995	1	(4)	2
	Abdeladim Khadrouf	03.01.1985	2	(8)	
	Ayoub Lakhal	07.07.1996	7	(9)	
	Ayoub Lakhdar	08.08.1997	11	(4)	1
	Abderrahim Makran	20.08.1994		(2)	
	Youssef Ramili	20.11.1996		(6)	
	Alimi Sikiru (NGA)	23.03.1996	10	(10)	3
Trainer:	Abdellatif Jrindou	01.10.1974	7		
[24.02.2021]	Miguel Ángel Gamondi (ARG)	30.11.1966	6		
[27.04.2021]	Abdelaziz Souleimani	30.04.1958	4		
[17.05.2021]	Fathi Al Jabal (TUN)	25.02.1963	13		

MOGHREB ATHLETIC DE TÉTOUAN

Year of Formation: 1922
Stadium: Stade „Mohamed Abarhoun", Tétouan (15,000)

THE SQUAD		DOB	M	(s)	G
Goalkeepers:	Reda Bounaga	1989	1		
	Yahia El Filali	13.11.1989	29		
Defenders:	Mohamed Ali Ahcha	25.05.2000	14	(2)	
	Abdelouahed Chakhsi	01.10.1986	5	(1)	
	Soulayman Driouech	07.06.2000	9	(3)	
	Mohcine El Achir	03.03.1990	15	(1)	
	Hodifa El Mahssani	13.11.1999	1	(3)	
	Hamza El Moussaoui	07.04.1993	30		4
	Anass Lamrabat	13.07.1993	11	(9)	2
	Abdellatif Noussir	20.02.1990	21	(1)	1
	Roshdi Ouald Abdeouahab	1995	11	(5)	
	Youssef Tourabi	18.04.1989	7	(1)	
Midfielders:	Soufian Aznabet	24.02.1997	11	(6)	
	Kamal Belarbi	30.05.2001	2		
	Ayoub Bouadli	19.03.1999	1	(6)	
	Adil El Hassnaoui	01.03.1989	21		
	Noussair El Mimouni	20.02.1991	14	(2)	1
	Hilal Ferdaoussi	23.06.1999	3	(3)	
	Ayoub Ouardighi	16.06.1998	6	(11)	1
	Taoufik Safsafi	05.01.1992	15	(8)	2
Forwards:	Shaaban Idd Chilunda (TAN)	20.07.1998	5	(14)	2
	Tony Edjomariegwe Omayarue (NGA)	01.09.1992	5		4
	Youssef El Houari	08.03.1999	8	(11)	
	Mustapha El Yousfi	09.09.1991	10	(8)	1
	Ismail Gourad	2001		(3)	
	Mame Gueye (SEN)	27.07.1998	17	(5)	2
	Anas Jabroun	07.10.1997	16	(6)	3
	Mohamed Kamal	24.10.1995	21	(5)	5
	Hicham Khaloua	07.05.1995	19	(9)	7
	Ayoub Lakhal	07.07.1996	2	(1)	
Trainer:	Juan José Maqueda (ESP)	23.01.1969	4		
[23.12.2020]	Jamaleddine Drideb		1		
[11.01.2021]	Younes Ben Lahmar		2		
[24.02.2021]	Jamaleddine Drideb		20		
[15.07.2021]	António Cosano Cantos (ESP)	28.03.1977	3		

MOULOUDIA CLUB D'OUJDA

Year of Formation: 1946
Stadium: Stade d'Honneur, Oujda (35,000)

THE SQUAD		DOB	M	(s)	G
Goalkeepers:	Amine Amri	01.05.1997	5		
	Marouane Fakhr	11.02.1989	22		
	Mehdi Maftah	10.08.1993	3		
Defenders:	Abdoul Bâ (MTN)	08.02.1994	5		
	Adnane Brahni	01.06.1994	8	(1)	
	Youssef El Omari	03.04.1993	14	(8)	1
	Jamal Harkass	24.11.1995	19		
	Abdellah Khafifi	19.02.1993	27		2
	Yanis Merah	02.01.1999	2	(1)	
	Ricky Stephane Ngatchou (CMR)	05.01.2002	3	(1)	
	Ayoub Qasmi	19.09.1993	22	(1)	
	Faycal Rherras	07.04.1993	3	(1)	
	Hamza Semmoumy	05.11.1992	22	(1)	
Midfielders:	Nabil Aankour	09.08.1993	2	(10)	1
	Salaheddine Bahi	01.10.1994	18	(5)	3
	Alae-Eddine Bouchenna	18.05.1995	13	(2)	2
	Adam Boujamaa (FRA)	24.10.1998	1	(1)	
	El Habib Brija	29.03.2000		(3)	
	Saber El Ghanjaoui	07.09.1992	3	(6)	
	Karim El Hany	12.01.1988	7	(8)	
	Rachid Abdellah El Moudène (ALG)	11.02.1994	19		
	Adam Ennaffati	29.06.1994	23		5
	Amine Souane	17.09.2001		(2)	
	Yacouba Sylla (MLI)	29.11.1990	5		
Forwards:	Zakaria Bahrou	02.01.1997	10	(17)	2
	El Mehdi Bettache	03.05.1995	1	(9)	2
	Demba Camara (GUI)	07.11.1994	12	(8)	8
	Lamine Diakité (CIV)	15.06.1991	28		6
	Nabil Jaadi	01.07.1996	7	(9)	
	Ismail Khafi	19.09.1995	26	(1)	5
Trainer:	Abdeslam Ouaddou	01.11.1978	5		
[16.01.2021]	Bernard Casoni (FRA)	04.09.1961	25		

OLYMPIQUE CLUB DE SAFI

Year of Formation: 1921
Stadium: Stade El Massira, Safi (7,000)

THE SQUAD		DOB	M	(s)	G
Goalkeepers:	Yassir Bessak	12.01.2000	23		
	Achraf Hilali	04.05.1990	4		
	Moukhtar Majid	02.01.1988	3		
Defenders:	Moncef Amri	22.12.1993	26	(2)	1
	Mehdi Attouchi	27.02.1995	13	(2)	1
	Cláudio Rafael do Nascimento Santos (BRA)	15.04.1993	21	(2)	3
	Karim El Bounagate	12.10.2000	24	(1)	1
	Ibrahim Gnaoui	1992		(1)	
	Ayoub Mouddane	22.12.1997	13	(5)	
	Mohamed Mourad Naji	24.08.1990	20	(4)	
	Mohamed Amine Sebbar	13.04.1992	3	(4)	
Midfielders:	Abdessamad Bendaoud	28.05.1997		(1)	
	Salaheddine Errahouli		2		
	Saifeddine Kahlaoui	17.03.1999	6	(12)	
	Zakaria Lahlali	24.11.1990	5		
	Hamza Lazaar			(1)	
	Oussama Mahrous	07.06.1995	25	(2)	
	Youssef Michte	1999	7	(6)	
	Abderrahmane Qassaq	16.12.1998	1	(9)	1
	Charafeddine Rhourdmani	07.06.1997	11	(5)	
	Walid Sabbar	25.02.1996	22	(1)	4
	Amine Sabile			(1)	
	Oussama Toumi	17.02.1999	1	(1)	
	Mehdi Zaya	01.04.1996	11	(6)	1
Forwards:	Saleh Al Sellami	20.11.1996	2	(10)	
	Salaheddine Benyachou	30.11.1999	29		9
	Hicham El Aroui	11.01.1990	9	(5)	
	Youssef Essouti	16.09.2000	6	(7)	
	Ayoub Gaadaoui	06.11.1991	15	(7)	2
	Thierry Kassi (CIV)	01.03.2000	2	(8)	1
	Hamza Khabba	09.06.1996	22	(2)	6
	Jardson Almeida Monteiro „Polaco" (BRA)	21.08.1993	4	(1)	
	Amjad Sabile			(1)	
Trainer:	Abdelhadi Sektioui	25.02.1965	15		
[12.05.2021]	Chiba Said	28.09.1970	9		
[08.07.2021]	Faouzi Jamal (BEL)	08.05.1966	6		

RAJA CLUB ATHLETIC CASABLANCA

Year of Formation: 1949
Stadium: Stade „Mohammed V", Casablanca (67,000)

THE SQUAD		DOB	M	(s)	G
Goalkeepers:	Amir El Haddaoui	14.09.1999	1		
	Anas Zniti	28.10.1988	29		
Defenders:	Sanad Al Warfali (LBY)	17.05.1992	11	(1)	1
	Omar Boutayeb	19.04.1994	9	(3)	
	Ayoub Chaboud		1		
	Ilias Haddad (NED)	01.03.1989	15	(2)	
	Marouane Hadhoudi	13.02.1992	23		
	Abdeljalil Jbira	14.03.1990	14	(2)	
	Abdelilah Madkour	11.06.2000	20	(6)	
	Mohammed Naim	02.03.2000	1		
	Soumaila Ouattara (BFA)	04.07.1995	5	(3)	
	Mohamed Souboul	17.11.2001	5	(2)	
	Oussama Soukhane	11.01.1999	13	(1)	
Midfielders:	Abderrahim Achchakir	15.12.1986	5	(3)	
	Mohamed Al Makaazi	05.02.1995	8	(9)	
	Omar Arjoune	01.02.1996	17	(3)	
	Badr Boulahroud	21.04.1993	4	(6)	
	Zakaria El Wardi	17.08.1998	15	(4)	
	Abdelilah Hafidi	30.01.1992	17	(4)	5
	Riad Idbouiguiguine	12.03.2000	2	(2)	
	Fabrice Luamba Ngoma (COD)	22.01.1994	11	(8)	3
	Mohamed Zrida	01.02.1999	14	(11)	
Forwards:	Salaheddine Amila	10.07.2001	1		1
	Mahmoud Benhalib	23.03.1996	11	(9)	2
	Soufiane Benjdida			(1)	
	Abdellah Farah	01.06.2001	3	(2)	1
	Zakaria Habti	06.02.1998	3	(6)	
	Ben Malango Ngita (COD)	10.11.1993	25	(2)	16
	Mouad Mouhtachim			(1)	
	Mohsine Moutaouali	03.03.1986	11	(9)	2
	Ayoub Nanah	12.11.1992	2	(8)	
	Soufiane Rahimi	02.06.1996	25	(4)	14
	Noah Sadaoui	14.09.1993	9	(9)	2
Trainer:	Jamal Sellami	06.10.1970	10		
[06.04.2021]	Mohamed Bekkari	15.07.1969	1		
[13.04.2021]	Lassaad Chabbi (AUT)	23.08.1961	19		

RAPID CLUB OUEM ZEM

Year of Formation: 1926
Stadium: Stade Municipal, Oued Zem (5,000)

THE SQUAD		DOB	M	(s)	G
Goalkeepers:	Moustapha El Ayadi	27.02.1993	3		
	Mehdi Ouaya	24.03.1991	27		
Defenders:	Issam Benbouabdellah	11.03.1997	15	(1)	
	Khalil Benhomes	30.12.1989	24	(1)	
	Hamza Bouftini	10.08.1999	2	(1)	
	Khalid El Ghafouli	08.04.1994	2		
	Mohammed El Mejhed	23.04.1990	1	(4)	
	Hatim El Mouftahi	02.01.2000	2	(4)	
	Mourad Hibour	1988	29		
	Hamza Hajji	06.02.1986	22	(2)	
	Abderrahim Khadou	06.02.1990	22	(3)	1
	Saad Lagrou	12.06.1995	3	(10)	
	Marouane Louadni	1995	20	(4)	2
Midfielders:	Nilmar Mondésir Blé (CIV)	26.02.1992	12	(5)	
	Aliou Chitou Adjibadé (BFA)	24.12.1996	12	(6)	1
	Soufian Echcharaf (NED)	19.05.1994	13	(2)	
	Hicham Massaki	06.08.1998		(2)	
	Mehdi Moufaddal	27.03.1994	11	(3)	
	Hicham Nouali	15.12.1996	1	(1)	
	Mohamed Rouhi	1996	13	(4)	3
	Karim Safsaf (FRA)	27.03.1994	4	(5)	
	Khalid Tahiri	30.07.1992	4	(6)	
Forwards:	Issam Boudali	1988	22	(3)	4
	Brahim El Bahri	26.03.1986	11	(9)	3
	Bilal El Megri	18.06.1989	16	(6)	4
	Soufiane Hariss	12.09.1992	15	(10)	3
	Hicham Marchad	05.05.1992	3	(1)	1
	Jean-Baptiste Nangui Mockey (CIV)	1997	7	(12)	2
	Adnane Ouardy	28.02.1994	4	(1)	
	Imad Oumghar	01.06.1992	1	(8)	
	Ayoub Talib Rabbih	06.11.1995	4	(9)	2
	Maati Tamaiazou	10.07.1997	5	(12)	1
Trainer:	Youssef Fertout	07.07.1970	7		
[25.02.2021]	Azzeddine Belkebir		3		
[04.04.2021]	Fouad Sahabi		20		

RENAISSANCE CLUB ATHLETIC ZEMAMRA
Year of Formation: 1977
Stadium: Stade Municipal, Zemamra (1,000)

THE SQUAD		DOB	M	(s)	G
Goalkeepers:	Yassine El Houasli	24.11.1990	22		
	Younes Hardala	04.10.1986	3	(1)	
	Hamza Hmimid	02.09.2001	4		
	Amine Rzine	01.04.1992	1		
Defenders:	El Mahdi Bellaaroussi	25.12.1989	16	(2)	4
	Mohamed Douik	01.03.1999	11	(3)	2
	Abdarrahman El Barki	31.10.1992	17	(1)	
	Hamza El Madani	25.08.1991	18	(1)	
	Abdelkhalek Hamidouch	03.03.1991	13	(5)	1
	Younes Khafi	11.04.1994	5	(3)	
	Mehdi Khalis	06.01.1989	3		
	Marouane Lemzaouri	07.07.1993	24	(1)	1
	Sékou Samaké (CIV)		5	(2)	
	Omar Taheloucht	16.01.1990	3	(2)	
	Naoufal Zannane	28.05.1995	12	(1)	
Midfielders:	Ayoub Barka	06.06.1992	1	(3)	
	Abdessamad El Moubarki	01.07.1981	11	(6)	2
	Noureddine El Moutataouia	28.09.1997	5	(2)	
	Mohamed Hamdan	12.06.1988	5	(8)	
	Saad Lamti	16.03.1990	6	(5)	1
	Brahim Nakach	02.02.1982	25		
	Grace Obiang (GAB)	04.10.2000	1	(3)	
	Mohamed Radouani	12.12.1989	20	(7)	1
	Imad Riahi	27.07.2000		(3)	
Forwards:	Abdou Atchabao (GAB)	07.11.1990	13	(2)	7
	Youssef Bekkari	30.11.1999	7	(11)	1
	Driss Bennani	05.05.1992	2		
	Mouhcine Bouriga		2	(5)	
	Lahcen Dahdouh	25.02.2000	11	(11)	2
	Zouhair El Ouassli	11.08.1993	16	(7)	3
	Jawad Ghabra	09.11.1994	19	(5)	4
	Hicham Islah	03.03.1999		(8)	
	Hicham Kanis	16.08.1997	1	(1)	
	Yassine Labhiri	13.06.1994	22	(2)	1
	Ayoub Talib Rabbih	06.11.1995	1	(3)	
	Amin Tighazoui	20.04.1989	5	(5)	
Trainer:	Mohamed Alaoui Ismaili		5		
[07.01.2021]	Khalid Fouhami	25.12.1972	3		
[04.03.2021]	Mohamed Alaoui Ismaili		22		

RENAISSANCE SPORTIVE DE BERKANE

Year of Formation: 1938
Stadium: Stade Municipal, Berkane (10,000)

THE SQUAD		DOB	M	(s)	G
Goalkeepers:	Amine El Ouaad	08.12.1995	1		
	Hamza Hamiani Akbi	19.02.1994	15	(1)	
	Zouheir Laâroubi	30.07.1984	14		
Defenders:	Mohamed Aziz	02.12.1984	15	(5)	2
	Abdelkarim Baadi	14.04.1996	12	(5)	
	Mohamed Bentarcha	09.10.1998	6	(2)	2
	Kadai Chihab-Eddine	29.04.1999		(1)	
	Issoufou Dayo (BFA)	06.08.1991	22	(1)	2
	Ismail Mokadem	26.07.1995	22		
	Omar Nemssaoui	04.06.1990	25	(3)	
	Hamza Regragui	13.06.1997	19	(2)	1
Midfielders:	Oussama Bourouba	2003		(1)	
	Hamza El Baroudi		3	(2)	
	Bakr El Helali	10.07.1987	18	(4)	
	Amine El Kass	24.07.1988	13	(9)	1
	Ayoub Er-Ramdany	02.10.2000	2		
	Mohamed Farhane	05.05.1996	12	(6)	1
	Zaid Krouch	27.01.1991	14	(6)	1
	Mehdi Malih			(1)	
	Larbi Naji	14.12.1990	19	(2)	2
	Mohamed Ramdani		1		
	Alain Traoré (BFA)	31.12.1988	10	(6)	2
Forwards:	Brahim El Bahraoui	30.07.1992	18	(10)	6
	Zakaria Hadraf	18.06.1990	22	(4)	4
	Reda Hajji			(1)	
	Mouhssine Iajour	14.06.1985	15	(5)	5
	Hamdi Laachir	13.06.1987	21	(6)	4
	Younes Naiym	07.01.1998	1	(7)	
	Djibril Ouattara (BFA)	19.09.1999	4	(17)	2
	Youssef Zghoudi	01.12.1992	6	(12)	1
Trainer:	Tarik Sektioui	13.05.1977	8		
[18.03.2021]	Juan Pedro Benali (ESP)	25.03.1969	15		
[24.06.2021]	David Boulengi (FRA)	19.10.1974	1		
[05.07.2021]	Jean-Florent Ikwange Ibengé (COD)	04.12.1961	6		

WYDAD ATHLETIC CLUB CASABLANCA
Year of Formation: 1937
Stadium: Stade „Mohammed V", Casablanca (67,000)

THE SQUAD		DOB	M	(s)	G
Goalkeepers:	Yanis Hénin	24.06.1999		(1)	
	Aissa Sioudi	20.09.1997	5		
	Ahmed Reda Tagnaouti	05.04.1996	25		
Defenders:	Amine Aboulfath	29.10.1997	24	(1)	
	Hamza Ait Allal	2001	9	(4)	
	Yahia Attiyat Allah	02.03.1995	25		2
	Cheick Comara (CIV)	14.10.1993	4	(5)	
	Achraf Dari	06.05.1999	26		3
	Ayoub El Amloud	08.04.1994	16	(1)	5
	Amine Farhane	23.03.1998	2	(3)	
	Badr Gaddarine	20.10.1997	4	(5)	
	Soufiane Karkache	02.07.1999	2	(1)	
	Zakaria Kiani	22.01.1997		(1)	
	Mohamed Rahim	01.02.1995	11	(3)	
Midfielders:	Walid El Karti	23.07.1994	26	(2)	3
	Sofian El Moudane (FRA)	16.03.1994	2	(5)	
	Abdellah Haimoud	21.05.2001	2	(11)	
	Yahya Jabrane	18.06.1991	22	(3)	1
	Salaheddine Saidi	06.02.1987	13	(5)	1
	Anas Serrhat	01.11.1996	4	(4)	
	Ayoub Skouma	22.03.1987		(4)	
Forwards:	Badie Aouk	29.03.1995	8	(9)	
	Michel Babatunde (NGA)	24.12.1992		(2)	
	Mounsef Chrachem	12.04.1999	1	(1)	1
	Aymane El Hassouni	22.02.1995	17	(5)	1
	Ayoub El Kaabi	25.06.1993	29		18
	Zouhair El Moutaraji	01.04.1996	10	(7)	5
	Mohamed El Ouardi	28.07.2000		(3)	1
	Muaid Ellafi (LBY)	07.03.1996	16	(8)	7
	Simon Happygod Msuva (TAN)	02.10.1993	13	(14)	7
	Mohammad Ounnajem	04.01.1992	14	(7)	2
Trainer:	Faouzi Benzarti (TUN)	03.01.1950	30		

CLUB ATHLETIC YOUSSOUFIA BERRECHID
Year of Formation: 1927
Stadium: Stade Municipal, Berrechid (5,000)

THE SQUAD		DOB	M	(s)	G
Goalkeepers:	Mohamed Boujad	25.02.1988	27		
	Houssine Chadli	01.04.1991	3		
Defenders:	Youssef Chaina	12.10.1992	24		
	Mohamed Cheikhi	26.01.1994	20	(1)	2
	Atik Chihab	25.05.1982	19	(1)	2
	Assane Diabagate (CIV)	20.02.1991		(9)	
	Oussama El Ouattassi	25.09.1996	6	(3)	
	Mourad Kaaouach	08.12.1992	27		
	Mounir Mouknia	04.02.2000	11		
	Hamza Moussadak	09.04.1994	1	(3)	
	Youssef Oggadi	28.12.1988	4		
	Hicham Taik	12.11.1986	12	(4)	
Midfielders:	Oussama Chaibi	29.12.1993	6	(9)	2
	Achraf El Idrissi	07.07.1995	4	(15)	
	Said Grada	18.07.1987	22	(7)	1
	Achraf Hmaidou	15.02.2000	15	(5)	
	Hamza Hsaini	17.03.1992	18	(4)	
	Ayoub Jiouki		3		
	Abdessamad Niani	27.05.1995	20	(1)	2
	Abdelkhalek Ait Ourehbi	24.05.1994	13	(6)	1
Forwards:	Said Aoufir	26.02.1993	6	(4)	1
	Aziz Ennakhli	24.11.1989	17	(6)	4
	Karim Hachimi	05.02.1996	13	(8)	1
	Oussama Haffari	04.10.1999	19	(5)	2
	Abdelouahed Hasty	25.09.1991	8	(9)	
	Youness Hawassi	25.10.1984	1	(21)	2
	Patrick Kaddu (UGA)	09.10.1995	9	(6)	2
	Mouhcine Naciri	26.01.1991	2	(5)	
	Imad Rqioui	1987		(4)	
Trainer:	Abderrahim Nejjar		30		

NATIONAL TEAM
INTERNATIONAL MATCHES 2021

26.03.2021	Nouakchott	Mauritania - Morocco	0-0	(ACNQ)
30.03.2021	Rabat	Morocco - Burundi	1-0(1-0)	(ACNQ)
08.06.2021	Rabat	Morocco - Ghana	1-0(0-0)	(F)
12.06.2021	Rabat	Morocco - Burkina Faso	1-0(0-0)	(F)
02.09.2021	Rabat	Morocco - Sudan	2-0(1-0)	(WCQ)
06.10.2021	Rabat	Morocco - Guinea-Bissau	5-0(2-0)	(WCQ)
09.10.2021	Casablanca	Guinea-Bissau - Morocco	0-3(0-2)	(WCQ)
12.10.2021	Agadir	Guinea - Morocco	1-4(1-2)	(WCQ)
12.11.2021	Rabat	Sudan - Morocco	0-3(0-1)	(WCQ)
16.11.2021	Rabat	Morocco - Guinea	3-0(2-0)	(WCQ)
01.12.2021	Al Wakrah	Morocco - Palestine	4-0(1-0)	(ARC)
04.12.2021	Al Rayyan	Jordan - Morocco	0-4(0-3)	(ARC)
07.12.2021	Doha	Morocco - Saudi Arabia	1-0(1-0)	(ARC)
11.12.2021	Doha	Morocco - Algeria	2-2 aet; 3-5 pen	(ARC)

26.03.2021, 33rd African Cup of Nations, Qualifiers
Stade "Cheikha Ould Boïdiya", Nouakchott; Attendance: 0
Referee: Joshua Bondo (Botswana)
MAURITANIA - MOROCCO   **0-0**
MAR: Yassine Bounou, Achraf Hakimi Mouh, Romain Ghanem Paul Saïss, Zouhair Feddal Agharbi, Adam Masina, Aymen Barkok, Yahya Jabrane (46.Sofyan Amrabat), Selim Amallah (81.Youssef El Arabi), Hakim Ziyech (88.Soufiane Rahimi), Youssef En-Nesyri, Munir El Haddadi Mohamed. Trainer: Vahid Halilhodžić (Bosnia and Herzegovina).

30.03.2021, 33rd African Cup of Nations, Qualifiers
Stade "Prince Moulay Abdellah", Rabat; Attendance: 0
Referee: Blaise Yuven Ngwa (Cameroon)
MOROCCO - BURUNDI   **1-0(1-0)**
MAR: Munir Mohand Mohamedi El Kajoui, Achraf Hakimi Mouh, Nayef Aguerd, Soufiane Chakla Mrioued, Romain Ghanem Paul Saïss, Adam Masina (77.Sofyan Amrabat), Adel Taarabt, Aymen Barkok, Selim Amallah (88.Youssef El Arabi), Munir El Haddadi Mohamed (81.Hakim Ziyech), Youssef En-Nesyri. Trainer: Vahid Halilhodžić (Bosnia and Herzegovina).
Goal: Munir El Haddadi Mohamed (45).

08.06.2021, Friendly International
Stade "Prince Moulay Abdellah", Rabat; Attendance: 0
Referee: Adalbert Diouf (Senegal)
MOROCCO - GHANA   **1-0(0-0)**
MAR: Yassine Bounou, Nayef Aguerd, Romain Ghanem Paul Saïss, Jawad El Yamiq, Achraf Hakimi Mouh, Adel Taarabt (76.Ilias Emilian Chair), Selim Amallah (68.Hakim Ziyech), Sofyan Amrabat (83.Yahya Jabrane), Ayoub El Amloud (86.Ayoub El Kaabi), Munir El Haddadi Mohamed (68.Aymen Barkok), Youssef En-Nesyri. Trainer: Vahid Halilhodžić (Bosnia and Herzegovina).
Goal: Jawad El Yamiq (69).

12.06.2021, Friendly International
Stade "Prince Moulay Abdallah", Rabat; Attendance: 0
Referee: Mohamed Abdoulaziz Bouh (Mauritania)
MOROCCO - BURKINA FASO **1-0(0-0)**
MAR: Munir Mohand Mohamedi El Kajoui, Achraf Hakimi Mouh, Soufiane Chakla Mrioued, Romain Ghanem Paul Saïss, Achraf Lazaar (67.Samy Mmaee A Nwambeben), Yahya Jabrane (67.Selim Amallah), Adel Taarabt (81.Ilias Emilian Chair), Aymen Barkok, Hakim Ziyech (75.Munir El Haddadi Mohamed), Soufiane Rahimi (61.Zakaria Aboukhlal), Youssef En-Nesyri (83.Achraf Bencharki). Trainer: Vahid Halilhodžić (Bosnia and Herzegovina).
Goal: Achraf Hakimi Mouh (51).

02.09.2021, 22nd FIFA World Cup Qualifiers, Second Round
Stade "Prince Moulay Abdellah", Rabat; Attendance: 0
Referee: Maguette N'Diaye (Senegal)
MOROCCO - SUDAN **2-0(1-0)**
MAR: Yassine Bounou, Achraf Hakimi Mouh, Romain Ghanem Paul Saïss, Nayef Aguerd, Adam Masina, Aymen Barkok, Adel Taarabt (70.Sofyan Amrabat), Zakaria Aboukhlal (78.Munir El Haddadi Mohamed), Ilias Emilian Chair (78.Selim Amallah), Youssef En-Nesyri (88.Achraf Bencharki), Ryan Mmaee A Nwambeben (70.Soufiane Boufal). Trainer: Vahid Halilhodžić (Bosnia and Herzegovina).
Goals: Nayef Aguerd (10), Aboaagla Abdalla Mohamed Ahmed (53 own goal).

06.10.2021, 22nd FIFA World Cup Qualifiers, Second Round
Stade "Prince Moulay Abdellah", Rabat; Attendance: 0
Referee: Boubou Traoré (Mali)
MOROCCO - GUINEA-BISSAU **5-0(2-0)**
MAR: Yassine Bounou, Achraf Hakimi Mouh, Romain Ghanem Paul Saïss, Nayef Aguerd, Adam Masina, Aymen Barkok (78.Selim Amallah), Sofyan Amrabat, Imrân Louza (67.Fayçal Fajr), Ilias Emilian Chair (67.Munir El Haddadi Mohamed), Ayoub El Kaabi (78.Soufiane Boufal), Ryan Mmaee A Nwambeben (83.Achraf Bencharki). Trainer: Vahid Halilhodžić (Bosnia and Herzegovina).
Goals: Achraf Hakimi Mouh (31), Imrân Louza (45+1 penalty), Ilias Emilian Chair (49), Ayoub El Kaabi (62), Munir El Haddadi Mohamed (82).

09.10.2021, 22nd FIFA World Cup Qualifiers, Second Round
Stade "Mohamed V", Casablanca (Morocco); Attendance: 0
Referee: Jean Jacques Ndala Ngambo (D.R. Congo)
GUINEA-BISSAU - MOROCCO **0-3(0-2)**
MAR: Yassine Bounou, Achraf Hakimi Mouh, Romain Ghanem Paul Saïss, Nayef Aguerd, Adam Masina (82.Selim Amallah), Aymen Barkok (82.Souffian El Karouani), Sofyan Amrabat, Imrân Louza (75.Fayçal Fajr), Ilias Emilian Chair (60.Soufiane Boufal), Ayoub El Kaabi, Ryan Mmaee A Nwambeben (60.Munir El Haddadi Mohamed). Trainer: Vahid Halilhodžić (Bosnia and Herzegovina).
Goals: Ayoub El Kaabi (10), Aymen Barkok (20), Ayoub El Kaabi (70).

12.10.2021, 22nd FIFA World Cup Qualifiers, Second Round
Stade "Prince Moulay Abdellah", Rabat; Attendance: 0
Referee: Sidi Alioum (Cameroon)
GUINEA - MOROCCO **1-4(1-2)**
MAR: Yassine Bounou, Achraf Hakimi Mouh, Romain Ghanem Paul Saïss, Nayef Aguerd, Soufiane Chakla Mrioued, Souffian El Karouani, Sofyan Amrabat, Aymen Barkok (14.Selim Amallah), Imrân Louza (85.Fayçal Fajr), Ayoub El Kaabi (73.Soufiane Boufal), Ryan Mmaee A Nwambeben (86.Zakaria Aboukhlal). Trainer: Vahid Halilhodžić (Bosnia and Herzegovina).
Goals: Ayoub El Kaabi (21), Selim Amallah (43, 65), Soufiane Boufal (89).

12.11.2021, 22nd FIFA World Cup Qualifiers, Second Round
Stade "Prince Moulay Abdellah", Rabat (Morocco); Attendance: 0
Referee: Peter Waweru (Kenya)
SUDAN - MOROCCO **0-3(0-1)**
MAR: Yassine Bounou, Achraf Hakimi Mouh (82.Mohamed Chibi), Romain Ghanem Paul Saïss, Nayef Aguerd, Adam Masina, Sofyan Amrabat, Imrân Louza, Aymen Barkok (82.Sofiane Alakouch), Munir El Haddadi Mohamed (82.Achraf Bencharki), Ryan Mmaee A Nwambeben (71.Ayoub El Kaabi), Soufiane Boufal (85.Ilias Emilian Chair). Trainer: Vahid Halilhodžić (Bosnia and Herzegovina).
Goals: Ryan Mmaee A Nwambeben (3, 61), Imrân Louza (90+3).

16.11.2021, 22nd FIFA World Cup Qualifiers, Second Round
Stade "Mohamed V", Casablanca; Attendance: 0
Referee: Joshua Bondo (Botswana)
MOROCCO - GUINEA **3-0(2-0)**
MAR: Yassine Bounou, Sofiane Alakouch, Jawad El Yamiq, Nayef Aguerd, Souffian El Karouani (64.Adam Masina), Aymen Barkok, Sofyan Amrabat, Imrân Louza (64.Fayçal Fajr), Ilias Emilian Chair (80.Soufiane Boufal), Ayoub El Kaabi (85.Zakaria Aboukhlal), Ryan Mmaee A Nwambeben (80.Achraf Bencharki). Trainer: Vahid Halilhodžić (Bosnia and Herzegovina).
Goals: Ryan Mmaee A Nwambeben (20 penalty, 29), Ayoub El Kaabi (60).

01.12.2021, 10th FIFA Arab Cup, Final Tournament, Group Stage
Al Janoub Stadium, Al Wakrah (Qatar); Attendance: 3,843
Referee: Matthew Conger (New Zealand)
MOROCCO - PALESTINE **4-0(1-0)**
MAR: Anas Zniti, Mohamed Chibi, Marwane Saadane, Badr Benoun, Mohammed Nahiri, Walid El Karti (75.Mohammed Ali Bemammer), Yahya Jabrane (83.Driss Fettouhi), Ismail El Haddad (72.Soufiane Rahimi), Abdelilah Hafidi (72.Aymane El Hassouni), Achraf Bencharki, Karim El Berkaoui (46.Walid Azaro). Trainer: Houcine Ammouta.
Goals: Mohammed Nahiri (31), Abdelilah Hafidi (55, 64), Badr Benoun (87 penalty).

04.12.2021, 10th FIFA Arab Cup, Final Tournament, Group Stage
„Ahmed bin Ali" Stadium, Al Rayyan (Qatar); Attendance: 7,890
Referee: Facundo Raúl Tello Figueroa (Argentina)
JORDAN - MOROCCO **0-4(0-3)**
MAR: Anas Zniti, Mohamed Chibi, Soufiane Bouftini, Badr Benoun, Mohammed Nahiri (73.Hamza El Moussaoui), Yahya Jabrane, Walid El Karti (73.Driss Fettouhi), Abdelilah Hafidi (61.Mohammed Ali Bemammer), Ismail El Haddad (85.Mohammed Fouzair), Walid Azaro, Achraf Bencharki (61.Soufiane Rahimi). Trainer: Houcine Ammouta.
Goals: Yahya Jabrane (4), Badr Benoun (25), Mohamed Chibi (45+3), Soufiane Rahimi (88 penalty).

07.12.2021, 10th FIFA Arab Cup, Final Tournament, Group Stage
Al Thumama Stadium, Doha (Qatar); Attendance: 8,502
Referee: Andrés Matias Matonte Cabrera (Uruguay)
MOROCCO - SAUDI ARABIA **1-0(1-0)**
MAR: Abdelali Mhamdi, Mohammed Nahiri (75.Mohamed Chibi), Soufiane Bouftini, Achraf Dari, Hamza El Moussaoui, Driss Fettouhi, Mohammed Ali Bemammer, Aymane El Hassouni, Mohammed Fouzair (75.Ismail El Haddad), Karim El Berkaoui, Soufiane Rahimi. Trainer: Houcine Ammouta.
Goals: Karim El Berkaoui (45+4 penalty).

11.12.2021, 10th FIFA Arab Cup, Final Tournament, Quarter-Finals
Al Thumama Stadium, Doha (Qatar); Attendance: 24,823
Referee: Wilton Pareira Sampaio (Brazil)
MOROCCO - ALGERIA　　　　　　　　　　**2-2(0-0,1-1,2-2); 3-5 on penalties**
MAR: Anas Zniti, Mohamed Chibi, Badr Benoun, Marwane Saadane, Mohammed Nahiri, Yahya Jabrane, Ismail El Haddad (61.Soufiane Rahimi), Walid El Karti (100.Mohammed Ali Bemammer), Abdelilah Hafidi (105.Aymane El Hassouni), Walid Azaro (61.Karim El Berkaoui), Achraf Bencharki.
Trainer: Houcine Ammouta.
Goals: Mohammed Nahiri (64), Badr Benoun (111).
Penalties: Soufiane Rahimi, Badr Benoun, Yahya Jabrane, Karim El Berkaoui (saved).

NATIONAL TEAM PLAYERS 2021		
Name	**DOB**	**Club**
Goalkeepers		
Yassine BOUNOU	05.04.1991	*Sevilla FC (ESP)*
Abdelali MHAMDI	29.11.1991	*Abha FC (KSA)*
Munir Mohand MOHAMEDI El Kajoui	10.05.1989	*Hatayspor Antakya (TUR)*
Anas ZNITI	28.10.1988	*Raja Club Athletic Casablanca*
Defenders		
Nayef AGUERD	30.03.1996	*Stade Rennais FC (FRA)*
Sofiane ALAKOUCH	29.07.1998	*FC Metz (FRA)*
Badr BENOUN	30.09.1993	*Al-Ahly SC Cairo (EGY)*
Soufiane BOUFTINI	03.05.1994	*Al Ahli SC Doha (QAT)*
Soufiane CHAKLA Mrioued	02.09.1993	*Villarreal CF (ESP); 27.08.2021-> Oud-Heverle Leuven (BEL)*
Mohamed CHIBI	21.01.1993	*AS Forces Armées Royales Rabat*
Achraf DARI	06.05.1999	*Wydad Athletic Club Casablanca*
Ayoub EL AMLOUD	08.04.1994	*Wydad Athletic Club Casablanca*
Souffian EL KAROUANI	19.10.2000	*NEC Nijmegen (NED)*
Hamza EL MOUSSAOUI	07.04.1993	*Renaissance Sportive de Berkane*
Jawad EL YAMIQ	29.02.1992	*Real Valladolid CF (ESP)*
Zouhair FEDDAL Agharbi	23.12.1989	*Sporting Clube de Portugal Lisboa (POR)*
Achraf HAKIMI Mouh	04.11.1998	*FC Internazionale Milano (ITA); 06.07.2021-> Paris St. Germain FC (FRA)*
Achraf LAZAAR	22.01.1992	*Watford FC (POR)*
Adam MASINA	02.01.1994	*Watford FC (ENG)*
Samy MMAEE A Nwambeben	08.09.1996	*Ferencváros TC (HUN)*
Mohammed NAHIRI	22.10.1991	*Raja Club Athletic Casablanca*
Marwane SAADANE	17.01.1992	*Al Fateh SC Hofuf (KSA)*
Romain Ghanem Paul SAÏSS	26.03.1990	*Wolverhampton Wanderers FC (ENG)*

	Midfielders	
Selim AMALLAH	15.11.1996	*R Standard Liège (BEL)*
Sofyan AMRABAT	21.08.1996	*ACF Fiorentina (ITA)*
Aymen BARKOK	21.05.1998	*Eintracht Frankfurt (GER)*
Mohammed Ali BEMAMMER	19.11.1989	*Ittihad Riadi Tanger*
Ilias Emilian CHAIR	30.10.1997	*Queens Park Rangers FC London (ENG)*
Walid EL KARTI	23.07.1994	*Pyramids FC Cairo (EGY)*
Aymane EL HASSOUNI	22.02.1995	*Wydad Athletic Club Casablanca*
Fayçal FAJR	01.08.1988	*Sivasspor Kulübü (TUR)*
Driss FETTOUHI	30.09.1989	*Al-Sailiya Sport Club (QAT)*
Mohammed FOUZAIR	24.12.1991	*Al-Raed FC Buraidah (KSA)*
Abdelilah HAFIDI	30.01.1992	*Raja Club Athletic Casablanca*
Yahya JABRANE	18.06.1991	*Wydad Athletic Club Casablanca*
Imrân LOUZA	01.05.1999	*Watford FC (ENG)*
Adel TAARABT	24.05.1989	*Sport Lisboa e Benfica (POR)*
Hakim ZIYECH	19.03.1993	*Chelsea FC London (ENG)*

	Forwards	
Zakaria ABOUKHLAL	18.02.2000	*AZ Alkmaar (NED)*
Walid AZARO	11.06.1995	*Al-Ettifaq FC Dammam (KSA)*
Achraf BENCHARKI	24.09.1994	*Zamalek SC Cairo (EGY)*
Soufiane BOUFAL	17.09.1993	*Angers SCO (FRA)*
Youssef EL ARABI	03.02.1987	*SFP Olympiacos Peiraiás (GRE)*
Karim EL BERKAOUI	13.12.1995	*Al-Raed FC Buraidah (KSA)*
Ismail EL HADDAD	03.08.1990	*Al-Khor Sports Club (QAT)*
Munir EL HADDADI Mohamed	01.09.1955	*Sevilla FC (ESP)*
Ayoub EL KAABI	25.06.1993	*Wydad Athletic Club Casablanca; 20.08.2021-> Hatayspor Antakya (TUR)*
Youssef EN-NESYRI	01.06.1997	*Sevilla FC (ESP)*
Ryan MMAEE A Nwambeben	01.11.1997	*Ferencváros TC (HUN)*
Soufiane RAHIMI	23.03.1996	*Raja Club Athletic Casablanca; 24.08.21-> Al-Ain Sports and Cultural Club (UAE)*

	National coaches	
Vahid HALILHODŽIĆ (Bosnia and Herzegovina) [from 15.08.2019]		15.05.1952
Houcine AMMOUTA [only FIFA Arab Cup]		24.10.1969

MOZAMBIQUE

Federação Moçambicana de Futebol
Avenida Agostinho Neto Nº 957,
Caixa Postal 1467, Maputo
Year of Formation: 1976
Member of FIFA since: 1980
Member of CAF since: 1978
www.fmf.co.mz

First international match:
25.06.1975:
Mozambique - Zambia 2-1
Most international caps:
Manuel José Luís Bucuane
94 caps (1992-2010)
Most international goals:
Manuel José Luís Bucuane
30 goals / 94 caps (1992-2010)

AFRICAN CUP OF NATIONS	
1957	Did not enter
1959	Did not enter
1962	Did not enter
1963	Did not enter
1965	Did not enter
1968	Did not enter
1970	Did not enter
1972	Did not enter
1974	Did not enter
1976	Did not enter
1978	Did not enter
1980	Did not enter
1982	Qualifiers
1984	Qualifiers
1986	Final Tournament (Group Stage)
1988	Qualifiers
1990	Qualifiers
1992	Qualifiers
1994	Qualifiers
1996	Final Tournament (Group Stage)
1998	Final Tournament (Group Stage)
2000	Qualifiers
2002	Qualifiers
2004	Qualifiers
2006	Qualifiers
2008	Qualifiers
2010	Final Tournament (Group Stage)
2012	Qualifiers
2013	Qualifiers
2015	Qualifiers
2017	Qualifiers
2019	Qualifiers
2021	Qualifiers

FIFA WORLD CUP	
1930	Did not enter
1934	Did not enter
1938	Did not enter
1950	Did not enter
1954	Did not enter
1958	Did not enter
1962	Did not enter
1966	Did not enter
1970	Did not enter
1974	Did not enter
1978	Did not enter
1982	Qualifiers
1986	Did not enter
1990	Entry rejected by the FIFA
1994	Qualifiers
1998	Qualifiers
2002	Qualifiers
2006	Qualifiers
2010	Qualifiers
2014	Qualifiers
2018	Qualifiers

OLYMPIC FOOTBALL TOURNAMENTS 1908-2020						
1908	-	1952	-	1976	-	2000	Qualifiers
1912	-	1956	-	1980	-	2004	Qualifiers
1920	-	1960	-	1984	Qualifiers	2008	Qualifiers
1924	-	1964	-	1988	Qualifiers	2012	Qualifiers
1928	-	1968	-	1992	Qualifiers	2016	Did not enter
1936	-	1972	-	1996	Did not enter	2020	Qualifiers
1948	-						

F.I.F.A. CONFEDERATIONS CUP 1992-2017
None

AFRICAN GAMES 1965-2019
1999, 2003, 2007, 2011, 2015 (Qualifiers)

COSAFA (Confederation of Southern African Football Associations) CUP 1997-2021
1997 (3rd place), 1998 (5th Place), 1999 (First Round), 2000 (First Round), 2001 (First Round), 2002 (Quarter-Finals), 2003 (Quarter-Finals), 2004 (Semi-Finals), 2005 (Group Stage), 2006 (Group Stage), 2007 (Semi-Finals), 2008 (Runners-up), 2009 (3rd Place), 2015 (Runners-up), 2016 (Quarter-Finals), 2017 (Group Stage), 2018 (Group Stage), 2019 (Group Stage), 2021 (4th Place)

AFRICAN NATIONS CHAMPIONSHIP 2009-2020
2009 (Qualifiers), 2011 (Qualifiers), 2014 (Group Stage), 2016 (Qualifiers), 2018 (Qualifiers), 2020 (Qualifiers)

MOZAMBICAN CLUB HONOURS IN ASIAN CLUB COMPETITIONS:
CAF Champions League 1964-2021
None
CAF Confederation Cup 2004-2021
None
CAF Super Cup 1993-2021
None
African Cup Winners' Cup 1975-2003*
None
CAF Cup 1992-2003*
None

**defunct competitions*

NATIONAL COMPETITIONS
TABLE OF HONOURS

	CHAMPIONS	CUP WINNERS
1976	GDR Textáfrica do Chimoio	-
1977	Grupo Desportivo de Maputo	-
1978	Grupo Desportivo de Maputo	Clube de Desportos do Maxaquene Maputo
1979	CD da Costa do Sol Maputo	Palmeiras de Beira
1980	CD da Costa do Sol Maputo	CD da Costa do Sol Maputo
1981	GD da Companha Têxtil do Punguè	Grupo Desportivo de Maputo
1982	Clube Ferroviário de Maputo	Clube de Desportos do Maxaquene Maputo
1983	Grupo Desportivo de Maputo	CD da Costa do Sol Maputo
1984	Clube de Desportos do Maxaquene Maputo	Clube Ferroviário de Maputo
1985	Clube de Desportos do Maxaquene Maputo	*No competition*
1986	Clube de Desportos do Maxaquene Maputo	Clube de Desportos do Maxaquene Maputo
1987	CD Matchedje de Maputo	Clube de Desportos do Maxaquene Maputo
1988	Grupo Desportivo de Maputo	CD da Costa do Sol Maputo
1989	Grupo Desportivo de Maputo	Clube Ferroviário de Maputo
1990	CD Matchedje de Maputo	CD Matchedje de Maputo
1991	CD da Costa do Sol Maputo	Clube de Gaza Xai-Xai
1992	CD da Costa do Sol Maputo	CD da Costa do Sol Maputo
1993	CD da Costa do Sol Maputo	CD da Costa do Sol Maputo
1994	CD da Costa do Sol Maputo	Clube de Desportos do Maxaquene Maputo
1995	Grupo Desportivo de Maputo	CD da Costa do Sol Maputo
1995/1996	Clube Ferroviário de Maputo	Clube de Desportos do Maxaquene Maputo
1996/1997	Clube Ferroviário de Maputo	CD da Costa do Sol Maputo
1997/1998	-	Clube de Desportos do Maxaquene Maputo
1998/1999	Clube Ferroviário de Maputo	CD da Costa do Sol Maputo
1999/2000	CD da Costa do Sol Maputo	CD da Costa do Sol Maputo
2000/2001	CD da Costa do Sol Maputo	Clube de Desportos do Maxaquene Maputo
2002	Clube Ferroviário de Maputo	CD da Costa do Sol Maputo
2003	Clube de Desportos do Maxaquene Maputo	Clube Ferroviário de Nampula
2004	Clube Ferroviário de Maputo	Clube Ferroviário de Maputo
2005	Clube Ferroviário de Maputo	Clube Ferroviário da Beira
2006	Grupo Desportivo de Maputo	Grupo Desportivo de Maputo
2007	CD da Costa do Sol Maputo	CD da Costa do Sol Maputo
2008	Clube Ferroviário de Maputo	Atlético Muçulmano da Matola
2009	Clube Ferroviário de Maputo	Clube Ferroviário de Maputo
2010	Liga Muçulmana de Maputo	Clube de Desportos do Maxaquene Maputo
2011	Liga Muçulmana de Maputo	Clube Ferroviário de Maputo
2012	Clube de Desportos do Maxaquene Maputo	Liga Muçulmana de Maputo
2013	Liga Muçulmana de Maputo	Clube Ferroviário da Beira
2014	Liga Muçulmana de Maputo	Clube Ferroviário da Beira
2015	Clube Ferroviário de Maputo	Liga Desportiva de Maputo
2016	Clube Ferroviário da Beira	União Desportiva de Songo
2017	União Desportiva de Songo	CD da Costa do Sol Maputo
2018	União Desportiva de Songo	CD da Costa do Sol Maputo
2019	CD da Costa do Sol Maputo	CD da Costa do Sol Maputo
2020	*No competition*	*No competition*
2021	Associação Black Bulls Maputo	*No competition*

	NATIONAL CHAMPIONSHIP Moçambola 2021								
1.	**Associação Black Bulls Maputo**	26	17	7	2	46	-	16	58
2.	Clube Ferroviário da Beira	26	16	5	5	37	-	19	53
3.	Clube União Desportiva de Songo	26	12	10	4	34	-	24	46
4.	Clube Ferroviário de Lichinga	26	13	2	11	34	-	29	41
5.	Clube de Desportos da Costa do Sol Maputo	26	10	9	7	27	-	20	39
6.	Associação Desportiva Vilankulo	26	10	8	8	32	-	27	38
7.	Clube Ferroviário de Maputo	26	9	10	7	25	-	17	37
8.	Liga Desportiva de Maputo	26	8	10	8	22	-	19	34
9.	Clube Ferroviário de Nacala Velha	26	8	8	10	24	-	31	32
10.	Clube Ferroviário de Nampula	26	8	7	11	19	-	25	31
11.	Grupo Desportivo Incomáti de Xinavane	26	7	7	12	22	-	29	28
12.	Clube Desportivo Matchedje de Mocuba (*Relegation Play-offs*)	26	5	7	14	20	-	34	22
13.	Grupo Desportivo e Recreativo Textáfrica do Chimoio (*Relegation Play-offs*)	26	3	8	15	13	-	41	17
14.	Grupo Desportivo de Maputo (*Relegation Play-offs*)	26	3	8	15	15	-	39	17

Best goalscorer 2021:
Ejaita (Associação Black Bulls Maputo) – 17 goals

Promoted for the 2022 season:
No teams were promoted.
Clube Desportivo Matchedje de Mocuba (as winner of Relegation Play-offs, remains at first level)

THE CLUBS

ASSOCIAÇÃO BLACK BULLS MAPUTO
Year of Formation: 2008
Stadium: Estádio Black Bulls, Maputo (n/a)

ASSOCIAÇÃO DESPORTIVA VILANKULO
Year of Formation: 2014
Stadium: Estádio Municipal de Vilankulo, Vilankulo (5,000)

CLUBE UNIÃO DESPORTIVA DE SONGO
Year of Formation: 1982
Stadium: Estádio 27 de Novembro, Songo (2,000)

GRUPO DESPORTIVO E RECREATIVO TEXTÁFRICA DO CHIMOIO
Year of Formation: 1928
Stadium: Campo de Soalpo, Chimoio (2,000)

CLUBE DE DESPORTOS DA COSTA DO SOL MAPUTO
Year of Formation: 1955
Stadium: Estádio do Costa do Sol, Maputo (10,000)

CLUBE FERROVIÁRIO DA BEIRA
Year of Formation: 1924
Stadium: Estádio do Ferroviário, Beira (7,000)

CLUBE FERROVIÁRIO DE MAPUTO
Year of Formation: 1924
Stadium: Estádio da Machava, Maputo (45,000)

CLUBE FERROVIÁRIO DE NACALA VELHA
Year of Formation: 1920
Stadium: Estádio do Nacala Velha, Nacala Velha (15,000)

CLUBE FERROVIÁRIO DE NAMPULA
Year of Formation: 1924
Stadium: Estádio 25 de Junho, Nampula (4,000)

GRUPO DESPORTIVO INCOMÁTI DE XINAVANE
Year of Formation: 1957
Stadium: Estádio de Xinavane, Xinavane (5,000)

GRUPO DESPORTIVO DE MAPUTO
Year of Formation: 1921
Stadium: Estádio Nacional do Zimpeto, Maputo (42,000)

LIGA DESPORTIVA DE MAPUTO
Year of Formation: 1990
Stadium: Estádio Da Liga Muçulmana, Matola (5,000)

NATIONAL TEAM
INTERNATIONAL MATCHES 2021

24.03.2021	Kigali	Rwanda - Mozambique	1-0(0-0)	(ACNQ)
30.03.2021	Maputo	Mozambique - Cape Verde	0-1(0-0)	(ACNQ)
02.06.2021	Maputo	Mozambique - Lesotho	5-0(3-0)	(F)
08.06.2021	Maputo	Mozambique - Eswatini	1-1(0-0)	(F)
07.07.2021	Port Elizabeth	Mozambique - Zimbabwe	0-0	(COSAFA)
09.07.2021	Port Elizabeth	Senegal - Mozambique	1-0(0-0)	(COSAFA)
11.07.2021	Port Elizabeth	Mozambique - Malawi	2-0(0-0)	(COSAFA)
14.07.2021	Port Elizabeth	Mozambique - Namibia	1-0(0-0)	(COSAFA)
16.07.2021	Port Elizabeth	South Africa - Mozambique	3-0(1-0)	(COSAFA)
18.07.2021	Port Elizabeth	Eswatini - Mozambique	1-1; 4-2pen	(COSAFA)
03.09.2021	Maputo	Mozambique - Ivory Coast	0-0	(WCQ)
07.09.2021	Johannesburg	Malawi - Mozambique	1-0(1-0)	(WCQ)
08.10.2021	Douala	Cameroon - Mozambique	3-1(1-0)	(WCQ)
11.10.2021	Tanger	Mozambique - Cameroon	0-1(0-0)	(WCQ)
13.11.2021	Cotonou	Ivory Coast - Mozambique	3-0(1-0)	(WCQ)
16.11.2021	Cotonou	Mozambique - Malawi	1-0(0-0)	(WCQ)

24.03.2021, 33rd African Cup of Nations, Qualifiers
Stade Régional Nyamirambo, Kigali; Attendance: 0
Referee: Issa Sy (Senegal)
RWANDA - MOZAMBIQUE   **1-0(0-0)**
MOZ: Júlio Pedro Franque, Sidique Sataca Ismel Mussagi, João Pedro Mussica "Jeitoso", Francisco Lopes Albino Muchanga "Chico", Bruno Alberto Langa (89.Jorge Augusto Muholove), Manuel Nhanga Kambala, Saddan Abdul Rafael Guambe „Kito" (60.Feliciano João Jone "Nené"), Stélio Marcelino Ernesto "Telinho" (60.Gildo Lorenço Vilanculos), Luís José Miquissone, Clésio Palmirim David Baúque (73.Elias Gaspar Pelembe „Dominguês"), Faisal Abdul Amide Bangal (84.Dayo Domingos António). Trainer: Luís Filipe de Jesus Vieira Duarte Gonçalves (Portugal).

30.03.2021, 33rd African Cup of Nations, Qualifiers
Estádio Nacional do Zimpeto, Maputo; Attendance: 0
Referee: Messie Jessie Oved Nkounkou Mvoutou (Congo)
MOZAMBIQUE - CAPE VERDE   **0-1(0-0)**
MOZ: Júlio Pedro Franque, Sidique Sataca Ismel Mussagi, João Pedro Mussica "Jeitoso", Francisco Lopes Albino Muchanga "Chico" (62.Pachoio Lau Há King), Bruno Alberto Langa, Manuel Nhanga Kambala, Elias Gaspar Pelembe „Dominguês", Gildo Lorenço Vilanculos (46.Abel Joshua Nhantumbo), Luís José Miquissone (70.Clésio Palmirim David Baúque), Kamo-Kamo Kevin Cumbane (78.Stélio Marcelino Ernesto "Telinho"), Dayo Domingos António (46.Faisal Abdul Amide Bangal). Trainer: Luís Filipe de Jesus Vieira Duarte Gonçalves (Portugal).

02.06.2021, Friendly International
Estádio Nacional do Zimpeto, Maputo; Attendance: 0
Referee: n/a
MOZAMBIQUE - LESOTHO   **5-0(3-0)**
MOZ: Ernan Alberto Siluane, Bruno Alberto Langa, Fernando Macaime Junior, Ocozias Emilio Nhaca „Cigano" (46.Fidel Helder de Sousa), Norberto Marcolino Norberto "Betão", Nilton Ernesto (74.Salas Joaquim Malico), Martinho Alberto Thauzene, Cândido Osvaldo Mathe "Candinho" (46.Abel Joshua Nhantumbo), Shaquille Momad Nangy (81.Joaquim Daniel Mapangane), Melque Alexandre (65.Dilson Ricardo Fumo), Estevão Justino Novele. Trainer: Horácio José Paredes Mota Gonçalves (Portugal).
Goals: Melque Alexandre (1), Bruno Alberto Langa (19 penalty), Estevão Justino Novele (29), Salas Joaquim Malico (79), Estevão Justino Novele (85).

08.06.2021, Friendly International
Estádio Nacional do Zimpeto, Maputo; Attendance: 0
Referee: n/a
MOZAMBIQUE - ESWATINI **1-1(0-0)**
MOZ: Ernan Alberto Siluane, Ocozias Emilio Nhaca „Cigano", Norberto Marcolino Norberto "Betão", Bruno Alberto Langa (Danilo Muzé), Francisco Nélson Simbine "Bonera", Cândido Osvaldo Mathe "Candinho" (Abel Joshua Nhantumbo), Nilton Ernesto, Geny Cipriano Catamo (Adamo Cassimo Alifa „Maré"), Shaquille Momad Nangy, Melque Alexandre (Salas Joaquim Malico), Estevão Justino Novele (Víctor Jacinto Tesoura Júnior „Vitinho"). Trainer: Horácio José Paredes Mota Gonçalves (Portugal).
Goal: Estevão Justino Novele (52).

07.07.2021, 20th COSAFA Cup, Group Stage
Wolfson Stadium, Port Elizabeth (South Africa); Attendance: 0
Referee: Eldrick Adelaide (Seychelles)
MOZAMBIQUE - ZIMBABWE **0-0**
MOZ: Ernan Alberto Siluane, Ocozias Emilio Nhaca „Cigano", Danilo Muzé, Francisco Nélson Simbine "Bonera", Martinho Alberto Thauzene, Nilton Ernesto, Abel Joshua Nhantumbo (54.Salas Joaquim Malico), Cândido Osvaldo Mathe "Candinho" (75.Fernando Macaime Junior), Shaquille Momad Nangy, Melque Alexandre (87.Víctor Jacinto Tesoura Júnior „Vitinho"), Estevão Justino Novele. Trainer: Horácio José Paredes Mota Gonçalves (Portugal).

09.07.2021, 20th COSAFA Cup, Group Stage
Wolfson Stadium, Port Elizabeth (South Africa); Attendance: 0
Referee: Osiase Koto (Lesotho)
SENEGAL - MOZAMBIQUE **1-0(0-0)**
MOZ: Ernan Alberto Siluane, Ocozias Emilio Nhaca „Cigano", Danilo Muzé, Francisco Nélson Simbine "Bonera", Martinho Alberto Thauzene, Nilton Ernesto (68.Adamo Cassimo Alifa „Maré"), Abel Joshua Nhantumbo (14.Dilson Ricardo Fumo), Cândido Osvaldo Mathe "Candinho", Shaquille Momad Nangy, Melque Alexandre (68.Salas Joaquim Malico), Estevão Justino Novele (62.Víctor Jacinto Tesoura Júnior „Vitinho"). Trainer: Horácio José Paredes Mota Gonçalves (Portugal).

11.07.2021, 20th COSAFA Cup, Group Stage
"Nelson Mandela" Bay Stadium, Port Elizabeth (South Africa); Attendance: 0
Referee: Brighton Chimene (Zimbabwe)
MOZAMBIQUE - MALAWI **2-0(0-0)**
MOZ: Ernan Alberto Siluane, Ocozias Emilio Nhaca „Cigano", Danilo Muzé, Francisco Nélson Simbine "Bonera", Martinho Alberto Thauzene, Elias Gaspar Pelembe „Dominguês", Nilton Ernesto (90+4.Fernando Macaime Junior), Cândido Osvaldo Mathe "Candinho" (90+4.Joaquim Daniel Mapangane), Shaquille Momad Nangy, Víctor Jacinto Tesoura Júnior „Vitinho" (60.Adamo Cassimo Alifa „Maré"), Estevão Justino Novele (89.José António Lampião "Jesus"). Trainer: Horácio José Paredes Mota Gonçalves (Portugal).
Goals: Víctor Jacinto Tesoura Júnior „Vitinho" (55 penalty), Francisco Nélson Simbine "Bonera" (68).

14.07.2021, 20th COSAFA Cup, Group Stage
Wolfson Stadium, Port Elizabeth (South Africa); Attendance: 0
Referee: Osiase Koto (Lesotho)
MOZAMBIQUE - NAMIBIA **1-0(0-0)**
MOZ: Ernan Alberto Siluane, Ocozias Emilio Nhaca „Cigano", Danilo Muzé, Francisco Nélson Simbine "Bonera" (41.Joaquim Daniel Mapangane), Fernando Macaime Junior (37.Melque Alexandre), Martinho Alberto Thauzene, Elias Gaspar Pelembe „Dominguês", Nilton Ernesto (71.Salas Joaquim Malico), Cândido Osvaldo Mathe "Candinho", Víctor Jacinto Tesoura Júnior „Vitinho", Estevão Justino Novele. Trainer: Horácio José Paredes Mota Gonçalves (Portugal).
Goal: Melque Alexandre (80).

16.07.2021, 20th COSAFA Cup, Semi-Finals
"Nelson Mandela" Bay Stadium, Port Elizabeth (South Africa); Attendance: 0
Referee: Brighton Chimene (Zimbabwe)
SOUTH AFRICA - MOZAMBIQUE   **3-0(1-0)**
MOZ: Ernan Alberto Siluane, Ocozias Emilio Nhaca „Cigano", Danilo Muzé, Fernando Macaime Junior (55.Adamo Cassimo Alifa „Maré"), Martinho Alberto Thauzene, Elias Gaspar Pelembe „Dominguês", Joaquim Daniel Mapangane, Nilton Ernesto, Shaquille Momad Nangy, Melque Alexandre (30.Estevão Justino Novele), Víctor Jacinto Tesoura Júnior „Vitinho" (77.José António Lampião "Jesus"). Trainer: Horácio José Paredes Mota Gonçalves (Portugal).

18.07.2021, 20th COSAFA Cup, Third Place Play-off
"Nelson Mandela" Bay Stadium, Port Elizabeth (South Africa); Attendance: 0
Referee: Abongile Tom (South Africa)
ESWATINI - MOZAMBIQUE   **1-1(0-1,1-1,1-1); 4-2 on penalties**
MOZ: Víctor Guambe, Ocozias Emilio Nhaca „Cigano", Danilo Muzé (82.José António Lampião "Jesus"), Fernando Macaime Junior, Martinho Alberto Thauzene, Elias Gaspar Pelembe „Dominguês", Nilton Ernesto (35.Adamo Cassimo Alifa „Maré"), Cândido Osvaldo Mathe "Candinho" (82.Joaquim Daniel Mapangane), Shaquille Momad Nangy, Víctor Jacinto Tesoura Júnior „Vitinho", Estevão Justino Novele (90+2.Salas Joaquim Malico). Trainer: Horácio José Paredes Mota Gonçalves (Portugal).
Goal: Martinho Alberto Thauzene (39).
Penalties: Joaquim Daniel Mapangane, Shaquille Momad Nangy, Salas Joaquim Malico (missed), Adamo Cassimo Alifa „Maré" (saved).

03.09.2021, 22nd FIFA World Cup Qualifiers, Second Round
Estádio Nacional do Zimpeto, Maputo; Attendance: 0
Referee: Pacifique Ndabihawenimana (Burundi)
MOZAMBIQUE - IVORY COAST   **0-0**
MOZ: Ernan Alberto Siluane, Norberto Marcolino Norberto "Betão", Martinho Alberto Thauzene, Zainadine Abdula Mulungo Chavango Júnior, Reinildo Isnard Mandava, Bruno Alberto Langa (64.Estevão Justino Novele), Shaquille Momad Nangy, Cândido Osvaldo Mathe "Candinho" (46.Nilton Ernesto), Ocozias Emilio Nhaca „Cigano", Melque Alexandre (56.Amânsio João Pita Canhembe "Neymar Canhembe"), Luís José Miquissone (64.Geny Cipriano Catamo). Trainer: Horácio José Paredes Mota Gonçalves (Portugal).

07.09.2021, 22nd FIFA World Cup Qualifiers, Second Round
Orlando Stadium, Johannesburg (South Africa); Attendance: 0
Referee: Souleiman Ahmed Djama (Djibouti)
MALAWI - MOZAMBIQUE   **1-0(1-0)**
MOZ: Ernan Alberto Siluane (46.Víctor Guambe), Norberto Marcolino Norberto "Betão" (76.Víctor Jacinto Tesoura Júnior „Vitinho"), Zainadine Abdula Mulungo Chavango Júnior, Bruno Alberto Langa (46.Nilton Ernesto), Reinildo Isnard Mandava, Ocozias Emilio Nhaca „Cigano", Martinho Alberto Thauzene, Feliciano João Jone "Nené", Shaquille Momad Nangy (46.Melque Alexandre), Luís José Miquissone, Estevão Justino Novele (64.Geny Cipriano Catamo). Trainer: Horácio José Paredes Mota Gonçalves (Portugal).

08.10.2021, 22nd FIFA World Cup Qualifiers, Second Round
Stade Japoma, Douala; Attendance: 10,000
Referee: Mohamed Marouf (Egypt)
CAMEROON - MOZAMBIQUE **3-1(1-0)**
MOZ: Ernan Alberto Siluane, Ocozias Emilio Nhaca „Cigano" (84.Fidel Helder de Sousa), Martinho Alberto Thauzene, Norberto Marcolino Norberto "Betão", Reinildo Isnard Mandava, Manuel Nhanga Kambala, Shaquille Momad Nangy, Geny Cipriano Catamo, Luís José Miquissone (75.Melque Alexandre), Feliciano João Jone "Nené" (46.Danilo Muzé [*sent off 88*]), Dayo Domingos António (57.Pachoio Lau Há King). Trainer: Horácio José Paredes Mota Gonçalves (Portugal).
Goal: Geny Cipriano Catamo (80).

11.10.2021, 22nd FIFA World Cup Qualifiers, Second Round
Stade Ibn Batouta, Tangier (Morocco); Attendance: 0
Referee: Sabri Mohamed Fadul (Sudan)
MOZAMBIQUE - CAMEROON **0-1(0-0)**
MOZ: Ernan Alberto Siluane, Fidel Helder de Sousa, David Zeferino Malembana (74.Pachoio Lau Há King), Francisco Nélson Simbine "Bonera", Reinildo Isnard Mandava, Martinho Alberto Thauzene, Manuel Nhanga Kambala, Shaquille Momad Nangy (84.Estevão Justino Novele), Geny Cipriano Catamo, Luís José Miquissone (84.Melque Alexandre), Dayo Domingos António (74.Víctor Jacinto Tesoura Júnior „Vitinho"). Trainer: Horácio José Paredes Mota Gonçalves (Portugal).

13.11.2021, 22nd FIFA World Cup Qualifiers, Second Round
Stade de l'Amitié, Cotonou (Benin); Attendance: 0
Referee: Ahmed El Ghandour (Egypt)
IVORY COAST - MOZAMBIQUE **3-0(1-0)**
MOZ: Ernan Alberto Siluane, Fidel Helder de Sousa, Martinho Alberto Thauzene, Zainadine Abdula Mulungo Chavango Júnior, Reinildo Isnard Mandava, Manuel Nhanga Kambala, Geny Cipriano Catamo (72.Geraldo Amâncio Matsimbe), Elias Gaspar Pelembe „Domingués", Witiness Chimoio João Quembo "Witi", Luís José Miquissone (72.Clésio Palmirim David Baúque), Gildo Lorenço Vilanculos (60.Reginaldo Artur Faife). Trainer: Horácio José Paredes Mota Gonçalves (Portugal).

16.11.2021, 22nd FIFA World Cup Qualifiers, Second Round
Stade de l'Amitié, Cotonou (Benin); Attendance: 0
Referee: Hassan Mohamed Hagi (Somalia)
MOZAMBIQUE - MALAWI **1-0(0-0)**
MOZ: Ernan Alberto Siluane, Sidique Sataca Ismel Mussagi, Zainadine Abdula Mulungo Chavango Júnior, Edmilson Gabriel Dove, Reinildo Isnard Mandava, Manuel Nhanga Kambala (67.Geraldo Amâncio Matsimbe), Shaquille Momad Nangy (76.Geny Cipriano Catamo), Elias Gaspar Pelembe „Domingués", Witiness Chimoio João Quembo "Witi" (63.Stélio Marcelino Ernesto "Telinho"), Reginaldo Artur Faife (76.Dayo Domingos António), Clésio Palmirim David Baúque (63.Luís José Miquissone). Trainer: Horácio José Paredes Mota Gonçalves (Portugal).
Goal: Limbikani Oscar Mzava (51 own goal).

NATIONAL TEAM PLAYERS
2021

Name	DOB	Club
Goalkeepers		
ERNAN Alberto Siluane	07.09.1998	Clube Ferroviário de Maputo
Júlio Pedro FRANQUE	29.11.1996	Clube Ferroviário de Maputo
Víctor GUAMBE	08.10.1998	CD da Costa do Sol Maputo
Defenders		
Norberto Marcolino Norberto "BETÃO"	18.09.1995	Associação Desportiva Vilankulo
Francisco Nélson Simbine "BONERA"	07.04.1997	CS Marítimo Funchal "B" (POR)
BRUNO Alberto LANGA	31.10.1997	Amora FC (POR); 01.07.2021-> GD Chaves (POR)
Francisco Lopes Albino Muchanga "CHICO"	05.11.1991	TS Sporting FC Zvelisha (RSA)
Ocozias Emilio Nhaca "CIGANO"	10.02.1998	Liga Desportiva de Maputo
DANILO Muzé	19.04.1997	CD da Costa do Sol Maputo
Edmilson Gabriel DOVE	18.07.1994	Cape Town City FC (RSA)
FIDEL Helder de Sousa	05.09.1999	Associação Black Bulls Maputo
João Pedro Mussica "JEITOSO"	05.04.1991	Clube Ferroviário de Maputo
José António Lampião "JESUS"	28.02.1999	Associação Black Bulls Maputo
JORGE Augusto Muholove	10.02.1989	CD da Costa do Sol Maputo
Fernando MACAIME Junior	07.06.1998	Associação Desportiva Vilankulo
David Zeferino MALEMBANA	11.10.1995	Unattached
Reinildo Isnard MANDAVA	21.01.1994	Lille OSC (FRA)
SIDIQUE Sataca Ismel Mussagi	24.10.1993	Clube União Desportiva de Songo
ZAINADINE Abdula Mulungo Chavango JÚNIOR	24.06.1988	CS Marítimo Funchal (POR)
Midfielders		
ABEL JOSHUA Nhantumbo	12.07.2000	Vitória SC Guimarães "U23" (POR)
Cândido Osvaldo Mathe "CANDINHO"	06.10.1997	Clube União Desportiva de Songo
Geny Cipriano CATAMO	26.01.2001	Sporting Clube de Portugal Lisboa (POR)
GERALDO Amâncio Matsimbe	22.10.1992	AD Fafe (POR)
Saddan Abdul Rafael Guambe "KITO"	23.05.1984	Clube Ferroviário de Maputo
MANUEL Nhanga KAMBALA	21.08.1991	Baroka FC Polokwane (RSA)
Joaquim Daniel MAPANGANE	12.12.1998	Clube Ferroviário de Maputo
MARTINHO Alberto Thauzene	27.09.1999	Associação Black Bulls Maputo
Amânsio João Pita Canhembe "NEYMAR CANHEMBE"	16.11.1997	CS Marítimo Funchal "B" (POR)
Feliciano João Jone "NENÉ"	15.11.1996	CD da Costa do Sol Maputo
NILTON Ernesto	08.12.1996	CD da Costa do Sol Maputo
SHAQUILLE Momad Nangy	24.11.1997	Clube Ferroviário de Maputo
Stélio Marcelino Ernesto "TELINHO"	15.10.1988	CD da Costa do Sol Maputo

		Forwards	
CLÉSIO Palmirim David Baúque		11.10.1994	*Zirə FK Bakı (AZE);* *09.08.2021-> CS Marítimo Funchal (POR)*
DAYO Domingos ANTÓNIO		20.08.1988	*Clube Ferroviário da Beira*
DILSON Ricardo Fumo		06.08.1998	*Liga Desportiva de Maputo*
Elias Gaspar Pelembe „DOMINGUÊS"		13.11.1983	*Polokwane City FC (RSA);* *01.07.2021-> Royal AM FC Durban (RSA)*
ESTEVÃO Justino Novele		01.12.1995	*Liga Desportiva de Maputo*
FAISAL Abdul Amide BANGAL		05.01.1995	*USD Caravaggio (ITA)*
GILDO Lorenço VILANCULOS		31.01.1995	*Amora FC (POR)*
KAMO-KAMO Kevin Cumbane		19.07.1999	*Vitória Setúbal FC (POR)*
Pachoio LAU Há KING		04.09.1995	*Clube União Desportiva de Songo*
LUÍS José MIQUISSONE		25.05.1995	*Simba SC Dar es Salaam (TAN);* *26.08.2021-> Al-Ahly SC Cairo (EGY)*
Adamo Cassimo Alifa "MARÉ"		10.03.1999	*Clube Ferroviário da Beira*
MELQUE Alexandre		26.06.1997	*Associação Black Bulls Maputo*
REGINALDO Artur Faife		04.06.1990	*FC Akzhayik Oral (KAZ)*
SALAS Joaquim Malico		27.02.1998	*Clube Ferroviário de Nampula*
Víctor Jacinto Tesoura Júnior "VITINHO"		04.04.1999	*Associação Black Bulls Maputo*
Witiness Chimoio João Quembo "WITI"		26.08.1996	*CD Nacional Funchal (POR)*
		National coaches	
LUÍS Filipe de Jesus Vieira Duarte GONÇALVES (Portugal) [18.08.2019 – 31.03.2021]			27.02.1972
HORÁCIO José Paredes Mota GONÇALVES (Portugal) [from 16.04.2021]			25.12.1962

NAMIBIA

Namibia Football Association
Richard Kamumuka Str., Soccer House, Katutura P.O. Box 1345, 9000 Windhoek
Year of Formation: 1976
Member of FIFA since: 1992
Member of CAF since: 1992
www.nfa.org.na

First international match:
16.05.1989:
South-West Africa – Angola 0-1
Most international caps:
Denzil Haoseb
75 caps (since 2011)
Most international goals:
Rudolph Bester
13 goals / 46 caps (2004-2014)

AFRICAN CUP OF NATIONS	
1957	Did not enter
1959	Did not enter
1962	Did not enter
1963	Did not enter
1965	Did not enter
1968	Did not enter
1970	Did not enter
1972	Did not enter
1974	Did not enter
1976	Did not enter
1978	Did not enter
1980	Did not enter
1982	Did not enter
1984	Did not enter
1986	Did not enter
1988	Did not enter
1990	Did not enter
1992	Did not enter
1994	Did not enter
1996	Qualifiers
1998	Final Tournament (Group Stage)
2000	Qualifiers
2002	Qualifiers
2004	Qualifiers
2006	Qualifiers
2008	Final Tournament (Group Stage)
2010	Qualifiers
2012	Qualifiers
2013	Qualifiers
2015	Qualifiers
2017	Qualifiers
2019	Final Tournament (Group Stage)
2021	Qualifiers

FIFA WORLD CUP	
1930	Did not enter
1934	Did not enter
1938	Did not enter
1950	Did not enter
1954	Did not enter
1958	Did not enter
1962	Did not enter
1966	Did not enter
1970	Did not enter
1974	Did not enter
1978	Did not enter
1982	Did not enter
1986	Did not enter
1990	Did not enter
1994	Qualifiers
1998	Qualifiers
2002	Qualifiers
2006	Qualifiers
2010	Qualifiers
2014	Qualifiers
2018	Qualifiers

OLYMPIC FOOTBALL TOURNAMENTS 1908-2020

1908	-	1952	-	1976	-	2000	Qualifiers
1912	-	1956	-	1980	-	2004	Qualifiers
1920	-	1960	-	1984	-	2008	Qualifiers
1924	-	1964	-	1988	-	2012	Qualifiers
1928	-	1968	-	1992	-	2016	Did not enter
1936	-	1972	-	1996	Qualifiers	2020	Withdrew
1948	-						

F.I.F.A. CONFEDERATIONS CUP 1992-2017
None

AFRICAN GAMES 1965-2019
1999, 2003

COSAFA (Confederation of Southern African Football Associations) CUP 1997-2021
1997 (Runners-up), 1998 (4th Place), 1999 (Runners-up), 2000 (Quarter-Finals), 2001 (First Round), 2002 (First Round), 2003 (First Round), 2004 (First Round), 2005 (Group Stage), 2006 (Group Stage), 2007 (Group Stage), 2008 (Quarter-Finals), 2009 (Quarter-Finals), 2013 (Quarter-Finals), **2015 (Winners)**, 2016 (Quarter-Finals), 2017 (Quarter-Finals), 2018 (Quarter-Finals), 2019 (Group Stage), 2021 (Group Stage)

AFRICAN NATIONS CHAMPIONSHIP 2009-2020
2009 (Qualifiers), 2011 (Qualifiers), 2014 (Qualifiers), 2016 (Qualifiers), 2018 (Quarter-Finals), 2020 (Group Stage)

NAMIBIAN CLUB HONOURS IN ASIAN CLUB COMPETITIONS:

CAF Champions League 1964-2021
None

CAF Confederation Cup 2004-2021
None

CAF Super Cup 1993-2021
None

*African Cup Winners' Cup 1975-2003**
None

*CAF Cup 1992-2003**
None

*defunct competitions

NATIONAL COMPETITIONS
TABLE OF HONOURS

	CHAMPIONS	CUP WINNERS
1977	African Stars FC Windhoek	-
1978	*Not known*	-
1979	Orlando Pirates FC Windhoek	-
1980	African Stars FC Windhoek	-
1981	*Not known*	-
1982	*Not known*	-
1983	*Not known*	-
1984	*Not known*	-
1985	Tigers Windhoek	-

1986	*Not known*	-
1987	Benfica Tsumeb	-
1988	Blue Waters FC Walvis Bay	-
1989	Black Africa FC Windhoek	-
1990	Orlando Pirates FC Windhoek	Black Africa FC Windhoek
1991	Eleven Arrows FC Walvis Bay	Chief Santos Tsumeb
1992	Ramblers FC Windhoek	Liverpool FC Okahandja
1993	Chief Santos Tsumeb	Black Africa Football Club Windhoek
1994	Black Africa FC Windhoek	Blue Waters FC Walvis Bay
1995	Black Africa FC Windhoek	Tigers Windhoek
1996	Blue Waters FC Walvis Bay	Tigers Windhoek
1997	*No competition*	*No competition*
1998	Black Africa FC Windhoek	Chief Santos Tsumeb
1999	Black Africa FC Windhoek	Chief Santos Tsumeb
2000	Blue Waters FC Walvis Bay	Chief Santos Tsumeb
2001/2002	Liverpool FC Okahandja	Orlando Pirates FC Windhoek
2002/2003	Chief Santos Tsumeb	FC Civics Windhoek
2003/2004	Blue Waters FC Walvis Bay	Black Africa FC Windhoek
2004/2005	FC Civics Windhoek	Ramblers FC Windhoek
2005/2006	FC Civics Windhoek	Orlando Pirates FC Windhoek
2006/2007	FC Civics Windhoek	African Stars FC Windhoek
2007/2008	Orlando Pirates FC Windhoek	FC Civics Windhoek
2008/2009	African Stars FC Windhoek	Orlando Pirates FC Windhoek
2009/2010	African Stars FC Windhoek	African Stars FC Windhoek
2010/2011	Black Africa FC Windhoek	Eleven Arrows FC Walvis Bay
2011/2012	Black Africa FC Windhoek	*No competition*
2012/2013	Black Africa FC Windhoek	African Stars FC Windhoek
2013/2014	Black Africa FC Windhoek	African Stars FC Windhoek
2014/2015	African Stars FC Windhoek	United Africa Tigers FC Windhoek
2015/2016	United Africa Tigers FC Windhoek	*No competition*
2016/2017	*No competition*	Young African FC Gobabis
2017/2018	African Stars FC Windhoek	African Stars FC Windhoek
2018/2019	Black Africa FC Windhoek	*No competition*
2019/2020	*Championship cancelled*	*No competition*
2021	*No competition*	FC Civics Windhoek

NATIONAL CHAMPIONSHIP
Namibia Football Premier League 2021

The Namibian FA expelled the Premier League (the Namibian Premier League started proceeedings at the CAS against this decision!) and started in April 2021 a new competition with the same omenclature, with group and play-off stage, but the tournament was abandoned on 30.05.2021 due to COVID-19 pandemic.

NATIONAL CUP
NFA Cup Final 2021

23.10.2021, Vineta Stadium, Swakopmund
FC Civics Windhoek - Mighty Gunners FC Otjiwarongo   3-2(2-1)
Goals: Aubrey Amseb, Quinton Uruseb, Marcell Papama / Vernon Klaasen, Shivolo Mutumbulwa

NATIONAL TEAM
INTERNATIONAL MATCHES 2021

24.03.2021	-	Chad - Namibia	0-3	(ACNQ)
28.03.2021	Windhoek	Namibia - Guinea	2-1(1-1)	(ACNQ)
07.07.2021	Port Elizabeth	Senegal - Namibia	1-2(1-1)	(COSAFA)
11.07.2021	Port Elizabeth	Namibia - Zimbabwe	2-0(0-0)	(COSAFA)
13.07.2021	Port Elizabeth	Malawi - Namibia	1-1(0-0)	(COSAFA)
14.07.2021	Port Elizabeth	Mozambique - Namibia	1-0(0-0)	(COSAFA)
02.09.2021	Johannesburg	Namibia - Congo	1-1(1-0)	(WCQ)
05.09.2021	Lomé	Togo - Namibia	0-1(0-0)	(WCQ)
09.10.2021	Thiès	Senegal - Namibia	4-1(2-0)	(WCQ)
12.10.2021	Johannesburg	Namibia - Senegal	1-3(1-1)	(WCQ)
11.11.2021	Brazzaville	Congo - Namibia	1-1(0-1)	(WCQ)
15.11.2021	Johannesburg	Namibia - Togo	0-1(0-0)	(WCQ)

24.03.2021, 33rd African Cup of Nations, Qualifiers
CHAD - NAMIBIA   **0-3 (awarded)**
Please note: On 22.03.2021, CAF decided that the match scheduled for 24.03.2021 would be awarded as a 3–0 win for Namibia due to the disqualification of Chad.

28.03.2021, 33rd African Cup of Nations, Qualifiers
"Sam Nujoma" Stadium, Windhoek; Attendance: 0
Referee: Norman Matemera (Zimbabwe)
NAMIBIA - GUINEA   **2-1(1-1)**
NAM: Virgil Christo Vries, Ivan Kamberipa, Denzil Haoseb, Ananias Junior Gebhardt, Riaan Welwin Hanamub, Wesley Katjiteo, Dynamo Carlos Fredericks (76.Marcel Papama), Manfred Starke (60.Absalom Nanjana Kamutyasa Iimbondi), Willy Stephanus (90.Prins Menelik Tjiueza), Deon Daniel Hotto Kavendji (76.Joslin Mbatjiua Kamatuka), Peter Shalulile. Trainer: Richard Samaria.
Goals: Peter Shalulile (45+2, 77).

07.07.2021, 20th COSAFA Cup, Group Stage
Wolfson Bay Stadium, Port Elizabeth (South Africa); Attendance: 0
Referee: Antonio Caluassi Dungula (Angola)
SENEGAL - NAMIBIA   **1-2(1-1)**
NAM: Lloyd Junior Jaseuavi Kazapua, Denzil Haoseb, Ivan Kamberipa, Aprocius Megameno Petrus, Ananias Junior Gebhardt, Willy Stephanus (89.Charles Vetuuavi Hambira), Alfeus Handura (46.Dynamo Carlos Fredericks), Marcel Papama (79.Wendell Wella Rudath), Wesley Katjiteo, Absalom Nanjana Kamutyasa Iimbondi (79.Nandjebo Junias Theophilus), Wazza Elmo Kambindu. Trainer: Richard Samaria.
Goals: Marcel Papama (13), Wazza Elmo Kambindu (50).

11.07.2021, 20th COSAFA Cup, Group Stage
"Nelson Mandela" Bay Stadium, Port Elizabeth (South Africa); Attendance: 0
Referee: Audrick Nkole (Zambia)
NAMIBIA - ZIMBABWE   **2-0(0-0)**
NAM: Lloyd Junior Jaseuavi Kazapua, Dynamo Carlos Fredericks (46.Alfeus Handura), Charles Vetuuavi Hambira, Ivan Kamberipa, Aprocius Megameno Petrus, Ananias Junior Gebhardt, Willy Stephanus (87.Denzil Haoseb), Marcel Papama (46.Isaskar Gurirab), Wesley Katjiteo (67.Nandjebo Junias Theophilus), Absalom Nanjana Kamutyasa Iimbondi, Wazza Elmo Kambindu. Trainer: Richard Samaria.
Goals: Qadr Amini (70 own goal), Wazza Elmo Kambindu (76).

13.07.2021, 20th COSAFA Cup, Group Stage
Wolfson Bay Stadium, Port Elizabeth (South Africa); Attendance: 0
Referee: Akhona Makalima (South Africa)
MALAWI - NAMIBIA   **1-1(0-0)**
NAM: Lloyd Junior Jaseuavi Kazapua, Charles Vetuuavi Hambira, Ivan Kamberipa (46.Larry Horaeb), Aprocius Megameno Petrus, Ananias Junior Gebhardt, Willy Stephanus, Alfeus Handura (70.Immanuel Shidute Heita), Wesley Katjiteo (46.Ambrosius Amseb), Salomon Omseb (46.Nandjebo Junias Theophilus), Absalom Nanjana Kamutyasa Iimbondi, Wazza Elmo Kambindu. Trainer: Richard Samaria.
Goal: Wazza Elmo Kambindu (53).

14.07.2021, 20th COSAFA Cup, Group Stage
Wolfson Stadium, Port Elizabeth (South Africa); Attendance: 0
Referee: Osiase Koto (Lesotho)
MOZAMBIQUE - NAMIBIA   **1-0(0-0)**
NAM: Lloyd Junior Jaseuavi Kazapua, Denzil Haoseb, Dynamo Carlos Fredericks (61.Alfeus Handura), Charles Vetuuavi Hambira, Ivan Kamberipa, Aprocius Megameno Petrus, Ananias Junior Gebhardt, Willy Stephanus (63.Salomon Omseb), Marcel Papama (65.Prins Menelik Tjiueza), Absalom Nanjana Kamutyasa Iimbondi (65.Nandjebo Junias Theophilus), Wazza Elmo Kambindu. Trainer: Richard Samaria.

02.09.2021, 22nd FIFA World Cup Qualifiers, Second Round
Orlando Stadium, Johannesburg (South Africa); Attendance: 0
Referee: Andofetra Rakotojaona (Madagascar)
NAMIBIA - CONGO   **1-1(1-0)**
NAM: Lloyd Junior Jaseuavi Kazapua, Ivan Kamberipa, Ananias Junior Gebhardt, Charles Vetuuavi Hambira, Riaan Welwin Hanamub, Denzil Haoseb, Alfeus Handura (46.Wangu Baptista Gome), Joslin Mbatjiua Kamatuka (65.Wazza Elmo Kambindu), Willy Stephanus (46.Dynamo Carlos Fredericks), Deon Daniel Hotto Kavendji, Peter Shalulile. Trainer: Richard Samaria.
Goal: Charles Vetuuavi Hambira (24).

05.09.2021, 22nd FIFA World Cup Qualifiers, Second Round
Stade de Kégué, Lomé; Attendance: 0
Referee: Omar Abdulkadir Artan (Somalia)
TOGO - NAMIBIA   **0-1(0-0)**
NAM: Lloyd Junior Jaseuavi Kazapua, Ivan Kamberipa, Ananias Junior Gebhardt, Charles Vetuuavi Hambira, Riaan Welwin Hanamub, Wesley Katjiteo, Denzil Haoseb, Absalom Nanjana Kamutyasa Iimbondi (87.Tiberius Ivo Lombard), Deon Daniel Hotto Kavendji (90+3.Alfeus Handura), Wazza Elmo Kambindu (87.Benson Jambeinge Hanghome Shilongo), Peter Shalulile. Trainer: Richard Samaria.
Goal: Wazza Elmo Kambindu (53).

09.10.2021, 22nd FIFA World Cup Qualifiers, Second Round
Stade Lat-Dior, Thiès; Attendance: 0
Referee: Kalilou Traoré (Ivory Coast)
SENEGAL - NAMIBIA   **4-1(2-0)**
NAM: Virgil Christo Vries, Denzil Haoseb (83.Dynamo Carlos Fredericks), Riaan Welwin Hanamub, Charles Vetuuavi Hambira, Ivan Kamberipa (46.Larry Horaeb), Ananias Junior Gebhardt, Deon Daniel Hotto Kavendji, Wesley Katjiteo (83.Marcel Papama), Peter Shalulile, Absalom Nanjana Kamutyasa Iimbondi (46.Willy Stephanus), Wazza Elmo Kambindu (70.Joslin Mbatjiua Kamatuka). Trainer: Richard Samaria.
Goal: Joslin Mbatjiua Kamatuka (75).

12.10.2021, 22nd FIFA World Cup Qualifiers, Second Round
Orlando Stadium, Johannesburg (South Africa); Attendance: 0
Referee: Mohamed Youssouf Athoumani (Comoros)
NAMIBIA - SENEGAL   1-3(1-1)
NAM: Lloyd Junior Jaseuavi Kazapua, Larry Horaeb, Ananias Junior Gebhardt (44.Aprocius Megameno Petrus; 46.Alfeus Handura), Charles Vetuuavi Hambira, Riaan Welwin Hanamub, Denzil Haoseb, Wesley Katjiteo, Joslin Mbatjiua Kamatuka, Willy Stephanus (86.Wazza Elmo Kambindu), Deon Daniel Hotto Kavendji (86.Benson Jambeinge Hanghome Shilongo), Peter Shalulile. Trainer: Richard Samaria.
Goal: Peter Shalulile (27).

11.11.2021, 22nd FIFA World Cup Qualifiers, Second Round
Stade "Alphonse Massemba-Débat", Brazzaville; Attendance: 0
Referee: Samuel Uwikunda (Rwanda)
CONGO - NAMIBIA   1-1(0-1)
NAM: Lloyd Junior Jaseuavi Kazapua, Denzil Haoseb, Ryan Simasiku Nyambe, Lubeni Pombili Haukongo, Charles Vetuuavi Hambira, Aprocius Megameno Petrus, Willy Stephanus (59.Wendell Wella Rudath), Deon Daniel Hotto Kavendji, Joslin Mbatjiua Kamatuka (59.Wazza Elmo Kambindu), Wesley Katjiteo (59.Marcel Papama), Peter Shalulile. Trainer: Richard Samaria.
Goal: Peter Shalulile (42).

15.11.2021, 22nd FIFA World Cup Qualifiers, Second Round
Orlando Stadium, Johannesburg (South Africa); Attendance: 0
Referee: Pierre Atcho (Gabon)
NAMIBIA - TOGO   0-1(0-0)
NAM: Lloyd Junior Jaseuavi Kazapua, Denzil Haoseb, Ryan Simasiku Nyambe, Lubeni Pombili Haukongo, Charles Vetuuavi Hambira, Aprocius Megameno Petrus, Alfeus Handura (76.Willy Stephanus), Wendell Wella Rudath (68.Ambrosius Amseb), Prins Menelik Tjiueza (60.Wazza Elmo Kambindu), Absalom Nanjana Kamutyasa Iimbondi (60.Deon Daniel Hotto Kavendji), Peter Shalulile. Trainer: Richard Samaria.

NATIONAL TEAM PLAYERS 2021		
Name	DOB	Club
Goalkeepers		
Lloyd Junior Jaseuavi KAZAPUA	25.03.1989	*Cape Umoya United FC (RSA); 19.08.2021 -> Chippa United FC Nyanga (RSA)*
Virgil Christo VRIES	29.03.1991	*Moroka Swallows FC Johannesburg (RSA)*
Defenders		
Dynamo Carlos FREDERICKS	04.04.1992	*Black Africa FC Windhoek*
Ananias Junior GEBHARDT	08.09.1988	*Baroka FC Polokwane (RSA)*
Denzil HAOSEB	25.02.1991	*Polokwane City FC (RSA)*
Lubeni Pombili HAUKONGO	24.09.2000	*Chippa United FC Nyanga (RSA)*
Larry HORAEB	12.11.1991	*Tura Magic FC Windhoek*
Ivan KAMBERIPA	03.02.1994	*African Stars FC Windhoek*
Tiberius Ivo LOMBARD	24.05.1991	*Zanaco FC Lusaka (ZAM)*
Ryan Simasiku NYAMBE	04.12.1997	*Blackburn Rovers FC (ENG)*
Aprocius Megameno PETRUS	09.10.1999	*Eleven Arrows FC Walvis Bay*

	Midfielders	
Wangu Baptista GOME	13.02.1993	*FC Alashkert Yerevan (ARM)*
Charles Vetuuavi HAMBIRA	03.06.1990	*Unattached*
Riaan Welwin HANAMUB	28.02.1995	*Chippa United FC Nyanga (RSA)*
Alfeus HANDURA	01.08.1993	*African Stars FC Windhoek*
Immanuel Shidute HEITA	20.04.1992	*Black Africa FC Windhoek*
Deon Daniel HOTTO Kavendji	29.10.1991	*Orlando Pirates FC Johannesburg (RSA)*
Wesley KATJITEO	17.02.1990	*Unattached*
Marcel PAPAMA	28.04.1996	*African Stars FC Windhoek*
Manfred STARKE	21.02.1991	*FSV Zwickau (GER)*
Willy STEPHANUS	26.06.1991	*Lusaka Dynamos FC (ZAM)*
Nandjebo Junias THEOPHILUS	04.09.1991	*ASD Trastevere Calcio (ITA)*
Prins Menelik TJIUEZA	12.03.2002	*Unattached*

	Forwards	
Ambrosius AMSEB	26.05.1994	*African Stars FC Windhoek*
Isaskar GURIRAB	03.01.1998	*Life Fighters FC Otjiwarongo*
Absalom Nanjana Kamutyasa IIMBONDI	11.10.1991	*United Africa Tigers FC Windhoek*
Joslin Mbatjiua KAMATUKA	27.07.1991	*Baroka FC Polokwane (RSA)*
Wazza Elmo KAMBINDU	26.05.1993	*Mighty Gunners FC Otjiwarongo; 09.07.21 -> CD da Costa do Sol Maputo (MOZ)*
Salomon OMSEB	05.09.1992	*Tura Magic FC Windhoek*
Wendell Wella RUDATH	10.07.1995	*Black Africa FC Windhoek; 13.09.2021-> Jwaneng Galaxy FC (BOT)*
Peter SHALULILE	23.03.1993	*Mamelodi Sundowns FC (RSA)*
Benson Jambeinge Hanghome SHILONGO	18.05.1992	*Ismaily SC Ismaïlia (EGY)*

	National coaches	
Richard SAMARIA [from 07.2019]		21.02.1970

NIGER

Fédération Nigerienne de Football
Avenue „François Mitterrand",
BP 10299, Niamey
Year of Formation: 1961
Member of FIFA since: 1964
Member of CAF since: 1965
www.fenifoot.football

First international match:
25.02.1961, Abidjan (CIV):
Niger - Chad 2-2
Most international caps:
Kassaly Daouda
88 caps (since 2002)
Most international goals:
Zakari Victorien Adje Adebayor
15 goals / 41 caps (since 2015)

AFRICAN CUP OF NATIONS	
1957	Did not enter
1959	Did not enter
1962	Did not enter
1963	Did not enter
1965	Did not enter
1968	Did not enter
1970	Qualifiers
1972	Qualifiers
1974	Withdrew
1976	Qualifiers
1978	Withdrew
1980	Withdrew
1982	Did not enter
1984	Qualifiers
1986	Did not enter
1988	Did not enter
1990	Did not enter
1992	Qualifiers
1994	Qualifiers
1996	Qualifiers (Withdrew)
1998	Disqualified by the CAF
2000	Qualifiers
2002	Qualifiers
2004	Qualifiers
2006	Qualifiers
2008	Qualifiers
2010	Qualifiers
2012	Final Tournament (Group Stage)
2013	Final Tournament (Group Stage)
2015	Qualifiers
2017	Qualifiers
2019	Qualifiers
2021	Qualifiers

FIFA WORLD CUP	
1930	Did not enter
1934	Did not enter
1938	Did not enter
1950	Did not enter
1954	Did not enter
1958	Did not enter
1962	Did not enter
1966	Did not enter
1970	Did not enter
1974	Did not enter
1978	Qualifiers
1982	Qualifiers
1986	Withdrew
1990	Did not enter
1994	Qualifiers
1998	Withdrew
2002	Qualifiers
2006	Qualifiers
2010	Qualifiers
2014	Qualifiers
2018	Qualifiers

OLYMPIC FOOTBALL TOURNAMENTS 1908-2020								
1908	-	1952	-	1976	Did not enter	2000	Did not enter
1912	-	1956	-	1980	Did not enter	2004	Did not enter
1920	-	1960	-	1984	Withdrew	2008	Did not enter
1924	-	1964	-	1988	Did not enter	2012	Did not enter
1928	-	1968	Did not enter	1992	Did not enter	2016	Did not enter
1936	-	1972	Did not enter	1996	Did not enter	2020	Qualifiers
1948	-						

F.I.F.A. CONFEDERATIONS CUP 1992-2017
None

AFRICAN GAMES 1965-2019
1965, 1973

CEDEAO (Communauté Economique Des Etats de l'Afrique de l'Ouest) CUP 1977-1991
1983

AFRICAN NATIONS CHAMPIONSHIP 2009-2020
2009 (Qualifiers), 2011 (Quarter-Finals), 2014 (Qualifiers), 2016 (Group Stage), 2018 (Qualifiers), 2020 (Group Stage)

CSSA CUP 1982-1987/UEMOA TOURNAMENT 2007-2016
1982 (Group Stage), 1986 (3rd Place), 1987 (Group Stage), 2007 (Runners-up), 2008 (Group Stage), 2009 (Runners-up), **2010 (Winners)**, 2011 (Group Stage), 2013 (Group Stage), 2016 (Group Stage)

WEST AFRICAN NATIONS CUP 2010-2019
2011 (Group Stage), 2013 (Group Stage), 2017 (3rd Place), 2019

NIGERIEN CLUB HONOURS IN ASIAN CLUB COMPETITIONS:
CAF Champions League 1964-2021
None
CAF Confederation Cup 2004-2021
None
CAF Super Cup 1993-2021
None
African Cup Winners' Cup 1975-2003*
None
CAF Cup 1992-2003*
None

*defunct competitions

NATIONAL COMPETITIONS
TABLE OF HONOURS

	CHAMPIONS	CUP WINNERS
1966	Secteur 6 Niamey*	-
1967	Secteur 6 Niamey	-
1968	Secteur 6 Niamey	-
1969	Secteur 6 Niamey	-
1970	Secteur 6 Niamey	-
1971	Association Sportive des Forces Armées Nationale (ASFAN) Niamey	-
1972	*No competition*	-
1973	Secteur 7 Niamey**	-
1974	Sahel Sporting Club Niamey	Sahel Sporting Club Niamey
1975	ASFAN Niamey	Olympic Football Club de Niamey
1976	Olympic Football Club de Niamey	Liberté Football Club Niamey
1977	Olympic Football Club de Niamey	Olympic Football Club de Niamey
1978	Olympic Football Club de Niamey	Sahel Sporting Club Niamey
1979	*No competition*	Ader Club Tahoua
1980	AS Niamey	AS Niamey
1981	AS Niamey	AS Niamey
1982	AS Niamey	Zoundourma Niamey
1983	Jangorzo Football Club Maradi	Jangorzo Football Club Maradi
1984	Espoir Football Club Zinder	Espoir Football Club Zinder
1985	Zumunta AC Niamey	Espoir Football Club Zinder
1986	Sahel Sporting Club Niamey	Sahel Sporting Club Niamey
1987	Sahel Sporting Club Niamey	Sahel Sporting Club Niamey
1988	Zumunta AC Niamey	Liberté Football Club Niamey
1989	Olympic Football Club de Niamey	Liberté Football Club Niamey
1990	Sahel Sporting Club Niamey	Olympic Football Club de Niamey
1991	Sahel Sporting Club Niamey	Olympic Football Club de Niamey
1992	Sahel Sporting Club Niamey	Sahel Sporting Club Niamey
1993	Zumunta AC Niamey	Sahel Sporting Club Niamey
1994	Sahel Sporting Club Niamey	Zumunta AC Niamey
1995	*No competition*	ASFAN Niamey
1996	Sahel Sporting Club Niamey	Sahel Sporting Club Niamey
1997	-	Jeunesse Sportive du Ténéré Niamey
1997/1998	Olympic Football Club de Niamey	Jeunesse Sportive du Ténéré Niamey
1999	Olympic Football Club de Niamey	Jeunesse Sportive du Ténéré Niamey
2000	Jeunesse Sportive du Ténéré Niamey	Jeunesse Sportive du Ténéré Niamey
2001	Jeunesse Sportive du Ténéré Niamey	Akokana FC Agadèz
2002	*No competition*	*No competition*
2003	Sahel Sporting Club Niamey	Olympic Football Club de Niamey
2004	Sahel Sporting Club Niamey	Sahel Sporting Club Niamey
2004/2005	Association Sportive des Forces Nationales d'Intervention et Sécurité (AS-FNIS)	*Not known*
2005/2006	AS-FNIS Niamey***	Sahel Sporting Club Niamey
2006/2007	Sahel Sporting Club Niamey	AS-FNIS Niamey
2008	Association Sportive Police Niamey	Association Sportive Police Niamey
2009	Sahel Sporting Club Niamey	Association Sportive des Forces Armées Nationale Niamey

2010	Association Sportive des Forces Armées Nationale Niamey	Association Sportive des Forces Armées Nationale Niamey
2010/2011	AS de la Garde Nationale Nigérienne Niamey	Sahel Sporting Club Niamey
2011/2012	Olympic FC de Niamey	Sahel Sporting Club Niamey
2012/2013	Association Sportive des Douanes Niamey	Association Sportive NIGELEC Niamey
2013/2014	AS de la Garde Nationale Nigérienne Niamey	Sahel Sporting Club Niamey
2014/2015	Association Sportive des Douanes Niamey	AS SONIDEP Niamey
2015/2016	Association Sportive des Forces Armées Nationale Niamey	Association Sportive des Douanes Niamey
2016/2017	Association Sportive des Forces Armées Nationale Niamey	Sahel Sporting Club Niamey
2017/2018	AS SONIDEP Niamey	AS de la Garde Nationale Nigérienne Niamey
2018/2019	AS SONIDEP Niamey	AS SONIDEP Niamey
2019/2020	*Championship cancelled*	*Competition cancelled*
2020/2021	US Gendarmerie Nationale Niamey	US Gendarmerie Nationale Niamey

*Secteur 6 Niamey is called today Olympic Football Club de Niamey
**Secteur 7 Niamey is called today Sahel Sporting Club Niamey
*** AS-FNIS Niamey were renamed AS de la Garde Nationale Nigérienne Niamey (ASGNN) Niamey

NATIONAL CHAMPIONSHIP
Superligue 2020/2021

1.	**US Gendarmerie Nationale Niamey**	26	17	7	2	46 - 20	58
2.	Association Sportive NIGELEC Niamey	26	14	7	5	27 - 14	49
3.	Association Sportive des Douanes Niamey	26	12	7	7	33 - 23	43
4.	AS de la Garde Nationale Nigérienne (ASGNN) Niamey	26	12	6	8	36 - 19	42
5.	Association Sportive des Forces Armées Nationale Niamey (ASFAN)	26	10	6	10	33 - 20	36
6.	AS SONIDEP Niamey	26	9	8	9	32 - 31	35
7.	Sahel Sporting Club Niamey	26	10	4	12	25 - 26	34
8.	Espoir FC Zinder	26	9	7	10	28 - 37	34
9.	AS Racing FC de Boukoki Niamey	26	7	9	10	20 - 30	30
10.	AS Police Niamey	26	6	11	9	29 - 30	29
11.	Olympic FC de Niamey	26	7	8	11	25 - 28	29
12.	Urana FC d'Arlit	26	7	8	11	23 - 27	29
13.	Jangorzo FC Maradi (*Relegated*)	26	8	4	14	21 - 43	28
14.	JS Ader Tahoua (*Relegated*)	26	6	4	16	17 - 47	22

Promoted for the 2021/2022 season:
Akokana FC d'Arlit, JS Tahoua FC

NATIONAL CUP
Coupe Nationale Final 2020/2021

26.06.2021, Stade "Général Seyni Kountché", Niamey
US Gendarmerie Nationale Niamey - AS Police Niamey 1-1(1-0,1-1,1-1); 4-3 pen
Goals: 1-0 Issoufou Hinsa (11), 1-1 Suleiman Mohamed (66).

THE CLUBS

ASSOCIATION SPORTIVE DES DOUANES NIAMEY
Stadium: Stade "Général Seyni Kountché", Niamey (30,000)

ASSOCIATION SPORTIVE DES FORCES ARMÉES NIGÉRIENNES (ASFAN) NIAMEY
Stadium: Stade "Général Seyni Kountché", Niamey (30,000)

ASSOCIATION SPORTIVE DE LA GARDE NATIONALE NIGÉRIENNE (ASGNN) NIAMEY
Year of Formation: 1974
Stadium: Stade "Général Seyni Kountché", Niamey (30,000)

ASSOCIATION SPORTIVE NIGÉRIENNE D'ELECTRICITÉ (NIGELEC) NIAMEY
Year of Formation: 19
Stadium: Stade "Général Seyni Kountché", Niamey (30,000)

ASSOCIATION SPORTIVE POLICE NIAMEY
Year of Formation: 1993
Stadium: Stade "Général Seyni Kountché", Niamey (30,000)

ASSOCIATION SPORTIVE RACING FOOTBALL CLUB DE BOUKOKI NIAMEY
Stadium: Stade "Général Seyni Kountché", Niamey (30,000)

ASSOCIATION SPORTIVE DE LA SOCIÉTÉ NIGÉRIENNE DES PRODUITS PÉTROLIERS (SONIDEP) NIAMEY
Stadium: Stade "Général Seyni Kountché", Niamey (30,000)

ESPOIR FOOTBALL CLUB ZINDER
Stadium: Stade de Zinder, Zinder (10,000)

JANGORZO FOOTBALL CLUB MARADI
Stadium: Stade de Maradi, Maradi (10,000)

JEUNESSE SPORTIVE D'ADER TAHOUA
Stadium: Stade Régional de Tahoua, Tahoua (5,000)

OLYMPIC FOOTBALL CLUB DE NIAMEY
Year of Formation: 1974
Stadium: Stade "Général Seyni Kountché", Niamey (30,000)

SAHEL SPORTING CLUB NIAMEY
Year of Formation: 1974
Stadium: Stade "Général Seyni Kountché", Niamey (30,000)

URANA FOOTBALL CLUB D'ARLIT
Stadium: Stade d'Arlit, Akokan (7,000)

UNION SPORTIVE GENDARMERIE NATIONALE NIAMEY
Stadium: Stade "Général Seyni Kountché", Niamey (30,000)

NATIONAL TEAM
INTERNATIONAL MATCHES 2021

26.03.2021	Niamey	Niger - Ivory Coast	0-3(0-2)	(ACNQ)
30.03.2021	Toamasina	Madagascar - Niger	0-0	(ACNQ)
05.06.2021	Manavgat	Niger - Gambia	0-2(0-1)	(F)
09.06.2021	Manavgat	Niger - Congo	0-1(0-1)	(F)
11.06.2021	Manavgat	Guinea - Niger	2-1(0-1)	(F)
22.08.2021	Dubai	Sudan - Niger	1-2(0-1)	(F)
26.08.2021	Dubai	Sudan - Niger	3-0(1-0)	(F)
02.09.2021	Marrakech	Niger - Burkina Faso	0-2(0-0)	(WCQ)
06.09.2021	Rabat	Djibouti - Niger	2-4(1-0)	(WCQ)
08.10.2021	Blida	Algeria - Niger	6-1(1-0)	(WCQ)
12.10.2021	Niamey	Niger - Algeria	0-4(0-2)	(WCQ)
12.11.2021	Marrakech	Burkina Faso - Niger	1-1(0-1)	(WCQ)
15.11.2021	Niamey	Niger - Djibouti	7-2(2-1)	(WCQ)

26.03.2021, 33rd African Cup of Nations, Qualifiers
Stade "Général Seyni Kountché", Niamey; Attendance: 0
Referee: Beida Dahane (Mauritania)
NIGER - IVORY COAST   **0-3(0-2)**
NIG: Kassaly Daouda, Youssouf Alio Oumarou, Boureima Abdoulaye Katakoré Amadou, Ousmane Diabaté, Amadou Harouna (85.Soune Daniel Soungole), Yussif Daouda Moussa (69.Zakari Victorien Adjé Adebayor), Abdoul Magid Boubacar Moumouni (85.Abdoul Moumouni Amadou Darankoum), Ibrahim Abdoul Aziz, Amadou Djibo Mohamed Wonkoye, Ouwo Moussa Maâzou (63.Ibrahim Issa Djibrilla), Tidjani Amadou Moutari Kalala. Trainer: Jean-Michel Cavalli (France).

30.03.2021, 33rd African Cup of Nations, Qualifiers
Stade Municipal de Toamasina, Toamasina; Attendance: 0
Referee: Eric Arnaud Otogo-Castane (Gabon)
MADAGASCAR - NIGER   **0-0**
NIG: Kassaly Daouda, Mahamadou Souley Salamoun, Youssouf Alio Oumarou, Boureima Abdoulaye Katakoré Amadou, Ousmane Diabaté, Ali Mohamed Muhammad El Fazaz (87.Ibrahim Boubacar Marou), Abdoul Magid Boubacar Moumouni, Ibrahim Abdoul Aziz, Amadou Djibo Mohamed Wonkoye (87.Soune Daniel Soungole), Zakari Victorien Adjé Adebayor, Ibrahim Issa Djibrilla (46.Tidjani Amadou Moutari Kalala). Trainer: Jean-Michel Cavalli (France).

05.06.2021, Friendly International
„Arslan Zeki Demirci" Spor Kompleksi, Manavgat (Turkey); Attendance: 0
Referee: Abdulkadir Bitigen (Turkey)
NIGER - GAMBIA   **0-2(0-1)**
NIG: Kassaly Daouda, Mahamadou Souley Salamoun (67.Zakaryia Souleymane), Youssouf Alio Oumarou, Boureima Abdoulaye Katakoré Amadou, Hervé Lybohy, Yussif Daouda Moussa, Ousmane Diabaté, Ibrahim Abdoul Aziz, Zakari Victorien Adjé Adebayor (79.Mahamadou Amadou Sabo), Seybou Koita (83.Tidjani Amadou Moutari Kalala), Zakari Junior Lambo. Trainer: Jean-Michel Cavalli (France).

09.06.2021, Friendly International
„Arslan Zeki Demirci" Sports Complex, Manavgat (Turkey); Attendance: 0
Referee: n/a
NIGER - CONGO **0-1(0-1)**
NIG: Naïm-Nhour Van Attenhoven, Youssouf Alio Oumarou, Abdoul Magid Boubacar Moumouni, Hervé Lybohy, Abdoulkarim Mamoudou, Soune Daniel Soungole, Mahamadou Amadou Sabo, Tidjani Amadou Moutari Kalala, Ousmane Diabaté, Amadou Djibo Mohamed Wonkoye, Ibrahim Issa Djibrilla (*Substitutes not known*). Trainer: Jean-Michel Cavalli (France).

11.06.2021, Friendly International
Emirhan Sports Complex, Side (Turkey); Attendance: 0
Referee: n/a
GUINEA - NIGER **2-1(0-1)**
NIG: Kassaly Daouda, Mahamadou Souley Salamoun, Djibrilla Ibrahim Mossi, Hervé Lybohy (76.Abdoulkarim Mamoudou), Abdoul Rachid Soumana, Yussif Daouda Moussa, Ousmane Diabaté, Abdoul Moumouni Amadou Darankoum, Zakari Victorien Adjé Adebayor (76.Seybou Koita), Ibrahim Abdoul Aziz (76.Mahamadou Amadou Sabo), Zakari Junior Lambo (38.Tidjani Amadou Moutari Kalala). Trainer: Jean-Michel Cavalli (France).
Goal: Zakari Victorien Adjé Adebayor (29).

22.08.2021, Friendly International
"Maktoum bin Rashid Al Maktoum" Stadium, Dubai (United Arab Emirates); Attendance: 0
Referee: Yahya Mohammed Ali Hasan Al Mulla (United Arab Emirates)
SUDAN - NIGER **1-2(0-1)**
NIG: Kassaly Daouda, Mahamadou Souley Salamoun (76.Abdoul Razak Seyni), Abdoulkarim Mamoudou (46.Ibrahim Abdoul Aziz), Djibrilla Ibrahim Mossi, Abdoul Nasser Adamou Garba, Youssouf Alio Oumarou, Tidjani Amadou Moutari Kalala, Yussif Daouda Moussa (53.Amadou Djibo Mohamed Wonkoye), Abdoul Magid Boubacar Moumouni (81.Boureima Abdoulaye Katakoré Amadou), Zakari Victorien Adjé Adebayor, Zakari Junior Lambo (68.Boubacar Soumana Haïnikoye). Trainer: Jean-Michel Cavalli (France).
Goals: Zakari Junior Lambo (15), Tidjani Amadou Moutari Kalala (61).

26.08.2021, Friendly International
"Maktoum bin Rashid Al Maktoum" Stadium, Dubai (United Arab Emirates); Attendance: 0
Referee: Ahmed Eisa Mohamed (United Arab Emirates)
SUDAN - NIGER **3-0(1-0)**
NIG: Naïm-Nhour Van Attenhoven (46.Kassaly Daouda), Mahamadou Souley Salamoun, Abdoul Razak Seyni, Boureima Abdoulaye Katakoré Amadou, Djibrilla Ibrahim Mossi (46.Abdoulkarim Mamoudou), Amadou Djibo Mohamed Wonkoye, Youssouf Alio Oumarou, Ibrahim Abdoul Aziz (46.Abdoul Magid Boubacar Moumouni), Boubacar Soumana Haïnikoye (66.Abdoul Nasser Adamou Garba), Zakari Junior Lambo (46.Tidjani Amadou Moutari Kalala), Ibrahim Issa Djibrilla (46.Zakari Victorien Adjé Adebayor). Trainer: Jean-Michel Cavalli (France).

02.09.2021, 22nd FIFA World Cup Qualifiers, Second Round
Stade de Marrakech, Marrakech (Morocco); Attendance: 0
Referee: Samuel Uwikunda (Rwanda)
NIGER - BURKINA FASO **0-2(0-0)**
NIG: Kassaly Daouda, Abdoul Nasser Adamou Garba (83.Mahamadou Souley Salamoun), Youssouf Alio Oumarou, Hervé Lybohy, Abdoul Magid Boubacar Moumouni, Ousmane Diabaté (90.Ibrahim Abdoul Aziz), Amadou Djibo Mohamed Wonkoye, Ali Mohamed Muhammad El Fazaz, Tidjani Amadou Moutari Kalala (82.Boubacar Soumana Haïnikoye), Zakari Victorien Adjé Adebayor (90.Mahamadou Amadou Sabo), Zakari Junior Lambo (54.Ibrahim Issa Djibrilla). Trainer: Jean-Michel Cavalli (France).

06.09.2021, 22nd FIFA World Cup Qualifiers, Second Round
Stade "Prince Moulay Abdellah", Rabat (Morocco); Attendance: 0
Referee: Celso Alvação (Mozambique)
DJIBOUTI - NIGER   **2-4(1-0)**
NIG: Kassaly Daouda, Mahamadou Souley Salamoun, Youssouf Alio Oumarou, Djibrilla Ibrahim Mossi (44.Yussif Daouda Moussa), Hervé Lybohy, Ousmane Diabaté, Amadou Djibo Mohamed Wonkoye (88.Ibrahim Issa Djibrilla), Ali Mohamed Muhammad El Fazaz (80.Ibrahim Abdoul Aziz), Abdoul Magid Boubacar Moumouni, Zakari Victorien Adjé Adebayor (79.Tidjani Amadou Moutari Kalala), Boubacar Soumana Haïnikoye (44. Mahamadou Amadou Sabo). Trainer: Jean-Michel Cavalli (France).
Goals: Zakari Victorien Adjé Adebayor (49, 58), Amadou Djibo Mohamed Wonkoye (65 penalty), Mahamadou Amadou Sabo (68).
Please note: Hassane Adamou Amadou were sent off on the bench (80).

08.10.2021, 22nd FIFA World Cup Qualifiers, Second Round
Stade "Mustapha Chaker", Blida; Attendance: 0
Referee: Daniel Nii Ayi Laryea (Ghana)
ALGERIA - NIGER   **6-1(1-0)**
NIG: Kassaly Daouda, Mahamadou Souley Salamoun (44.Zakaryia Souleymane), Abdoul Nasser Adamou Garba, Hervé Lybohy, Youssouf Alio Oumarou, Ousmane Diabaté, Abdoul Magid Boubacar Moumouni, Amadou Djibo Mohamed Wonkoye (79.Mahamadou Amadou Sabo), Ali Mohamed Muhammad El Fazaz (79.Ibrahim Issa Djibrilla), Daniel Sosah (73.Ibrahim Abdoul Aziz), Zakari Victorien Adjé Adebayor. Trainer: Jean-Michel Cavalli (France).
Goal: Daniel Sosah (50).

12.10.2021, 22nd FIFA World Cup Qualifiers, Second Round
Stade „Général Seyni Kountché", Niamey; Attendance: 2,000
Referee: Issa Sy (Senegal)
NIGER - ALGERIA   **0-4(0-2)**
NIG: Kassaly Daouda, Abdoul Nasser Adamou Garba, Ousmane Diabaté, Hervé Lybohy, Youssouf Alio Oumarou, Ali Mohamed Muhammad El Fazaz (69.Abdoul Moumouni Amadou Darankoum), Abdoul Magid Boubacar Moumouni (80.Ibrahim Boubacar Marou), Amadou Djibo Mohamed Wonkoye, Yussif Daouda Moussa (53.Mahamadou Amadou Sabo), Zakari Victorien Adjé Adebayor, Daniel Sosah (79.Tidjani Amadou Moutari Kalala). Trainer: Jean-Michel Cavalli (France).

12.11.2021, 22nd FIFA World Cup Qualifiers, Second Round
Stade de Marrakech, Marrakech (Morocco); Attendance: 0
Referee: Samir Guezzaz (Morocco)
BURKINA FASO - NIGER   **1-1(0-1)**
NIG: Naïm-Nhour Van Attenhoven, Abdoul Nasser Adamou Garba, Ousmane Diabaté, Boureima Abdoulaye Katakoré Amadou, Abdoul Moumouni Amadou Darankoum, Abdoul Magid Boubacar Moumouni (87.Zakari Junior Lambo), Youssouf Alio Oumarou, Ibrahim Abdoul Aziz, Mahamadou Amadou Sabo (61.Zakari Victorien Adjé Adebayor), Daniel Sosah (82.Abdoul Salam Boulhassane), Tidjani Amadou Moutari Kalala (82.Amadou Djibo Mohamed Wonkoye). Trainer: Jean-Michel Cavalli (France).
Goal: Youssouf Alio Oumarou (34 penalty).

15.11.2021, 22nd FIFA World Cup Qualifiers, Second Round
Stade "Général Seyni Kountché", Niamey; Attendance: 3,000
Referee: Mohamed Youssouf Athoumani (Comoros)
NIGER - DJIBOUTI   **7-2(2-1)**
NIG: Naïm-Nhour Van Attenhoven, Abdoul Nasser Adamou Garba, Ousmane Diabaté, Boureima Abdoulaye Katakoré Amadou (26.Abdoul Razak Seyni), Abdoul Moumouni Amadou Darankoum, Youssouf Alio Oumarou (56.Amadou Djibo Mohamed Wonkoye), Ibrahim Abdoul Aziz, Mahamadou Amadou Sabo, Tidjani Amadou Moutari Kalala, Zakari Victorien Adjé Adebayor (82.Zakari Junior Lambo), Daniel Sosah (82.Ibrahim Issa Djibrilla). Trainer: Jean-Michel Cavalli (France).
Goals: Zakari Victorien Adjé Adebayor (14, 36), Amadou Djibo Mohamed Wonkoye (62), Daniel Sosah (64), Zakari Victorien Adjé Adebayor (75), Ibrahim Issa Djibrilla (85, 87).

NATIONAL TEAM PLAYERS 2021		
Name	DOB	Club
Goalkeepers		
Kassaly DAOUDA	19.08.1983	*Katsina United FC (NGA)*
Naïm-Nhour VAN ATTENHOVEN	31.01.2003	*RSC Anderlecht Bruxelles "U21" (BEL)*
Defenders		
Abdoul Nasser Adamou GARBA	23.12.1991	*ASFAN Niamey*
Amadou HAROUNA	25.03.1994	*AS NIGELEC Niamey*
Boureima Abdoulaye KATAKORÉ Amadou	26.03.1993	*AS des Douanes Niamey*
Hervé LYBOHY	23.07.1983	*US Orléans Loiret Football; 03.08.2021-> Thonon Evian Grand Genève FC (FRA)*
Abdoulkarim MAMOUDOU	1995	*ASGNN Niamey; 01.07.2021-> US Gendarmerie Nationale Niamey*
Djibrilla Ibrahim MOSSI	02.03.2002	*NSFC Iyane (SEN)*
Abdoul Razak SEYNI	1990	*US Gendarmerie Nationale Niamey*
Mahamadou SOULEY Salamoun	18.02.1995	*Katsina United FC (NGA)*
Zakaryia SOULEYMANE	29.12.1994	*FC Lorient-Bretagne Sud (FRA); 09.07.2021-> Lyon - La Duchère (FRA)*
Abdoul Rachid SOUMANA	2000	*AS Police Niamey*

Midfielders

Zakari Victorien Adjé ADEBAYOR	12.11.1996	*Legon Cities FC Accra (GHA); 01.08.2021-> HB Køge (DEN); 22.09.2021-> ENPPI Cairo (EGY)*
Abdoul Magid BOUBACAR Moumouni	10.05.1994	*Al Mina'a SC Basra (IRQ); 18.08.2021-> Al Shorta FC Baghdad (IRQ)*
Abdoul Moumouni Amadou DARANKOUM	07.08.2002	*US Gendarmerie Nationale Niamey; 22.08.2021-> FC Sheriff Tiraspol (MDA)*
Ousmane DIABATÉ	09.07.1994	*Naft Maysan FC Amarah (IRQ); 01.09.2021-> Muaither SC (QAT)*
Ali Mohamed Muhammad EL FAZAZ	07.10.1995	*Beitar Jerusalem FC (ISR); 01.07.2021-> Maccabi Haifa FC (ISR)*
Boubacar Soumana HAÏNIKOYE	07.10.1998	*Chabab Riadhi de Belouizdad Alger (ALG)*
Yussif Daouda MOUSSA	04.09.1988	*Bnei Yehuda FC Tel Aviv (ISR)*
Tidjani Amadou MOUTARI Kalala	19.01.1994	*Al-Ain Saudi FC Al Bahah (KSA); 15.09.21 -> Al-Fayha FC Al Majma'ah (KSA)*
Youssouf Alio OUMAROU	16.02.1993	*FC San Pédro (CIV); 14.09.2021-> US Monastirienne (TUN)*
Mahamadou Amadou SABO	30.05.2000	*Club Athlétique Bizertin (TUN); 28.08.2021-> Club Africain Tunis (TUN)*
Soune Daniel SOUNGOLE	26.02.1995	*Busaiteen Club (BHR)*
Amadou Djibo Mohamed WONKOYE	19.05.1994	*Horoya AC Conakry (GUI)*

Forwards

Ibrahim Abdoul AZIZ	15.03.1996	*ASGNN Niamey*
Ibrahim Issa DJIBRILLA	01.01.1996	*Sahel SC Niamey; 26.07.2021-> Ankara Keçiörengücü SK (TUR)*
Seybou KOITA	15.04.1994	*Red Star FC Paris (FRA)*
Zakari Junior LAMBO	19.01.1999	*Royal Knokke FC (BEL)*
Ouwo Moussa MAÂZOU	25.08.1988	*AS La Jeunesse d'Esch/Alzette (LUX)*
Ibrahim Boubacar MAROU	2000	*ASFAN Niamey*
Daniel SOSAH	21.09.1998	*FC Isloch Minsk Raion (BLR)*

National coaches

Jean-Michel CAVALLI (France) [from 01.09.2020]	13.07.1957

NIGERIA

Fédération Algérienne de Football
Plot 2033, Olusegun, Obasanjo Way, Zone 7,
P.O. Box 5101, Abuja
Year of Formation: 1933/1945
Member of FIFA since: 1960
Member of CAF since: 1959
www.thenff.com

First international match:
10.08.1949, Freetown:
Sierra Leone - Nigeria 0-2

Most international caps:
Ahmed Musa
103 caps (since 2010)

Most international goals:
Rashidi Yekini
37 goals / 70 caps (1986-1998)

AFRICAN CUP OF NATIONS	
1957	Did not enter
1959	Did not enter
1962	Did not enter
1963	Final Tournament (Group Stage)
1965	Did not enter
1968	Qualifiers
1970	Withdrew
1972	Qualifiers
1974	Qualifiers
1976	Final Tournament (3rd place)
1978	Final Tournament (3rd place)
1980	**Final Tournament (Winners)**
1982	Final Tournament (Group Stage)
1984	Final Tournament (Runners-up)
1986	Qualifiers
1988	Final Tournament (Runners-up)
1990	Final Tournament (Runners-up)
1992	Final Tournament (3rd place)
1994	**Final Tournament (Winners)**
1996	Withdrew
1998	Disqualified
2000	Final Tournament (Runners-up)
2002	Final Tournament (3rd place)
2004	Final Tournament (3rd place)
2006	Final Tournament (3rd place)
2008	Final Tournament (Quarter-Finals)
2010	Final Tournament (3rd place)
2012	Qualifiers
2013	**Final Tournament (Winners)**
2015	Qualifiers
2017	Qualifiers
2019	Final Tournament (3rd place)
2021	*Final Tournament (Qualified)*

FIFA WORLD CUP	
1930	Did not enter
1934	Did not enter
1938	Did not enter
1950	Did not enter
1954	Did not enter
1958	Did not enter
1962	Qualifiers
1966	Withdrew
1970	Qualifiers
1974	Qualifiers
1978	Qualifiers
1982	Qualifiers
1986	Qualifiers
1990	Qualifiers
1994	Final Tournament (2nd Round of 16)
1998	Final Tournament (2nd Round of 16)
2002	Final Tournament (Group Stage)
2006	Qualifiers
2010	Final Tournament (Group Stage)
2014	Final Tournament (2nd Round of 16)
2018	Final Tournament (Qualified)

OLYMPIC FOOTBALL TOURNAMENTS 1908-2020

Year		Year		Year		Year	
1908	-	1952	-	1976	FT/Withdrew	2000	Quarter-Finals
1912	-	1956	-	1980	Group Stage	2004	Qualifiers
1920	-	1960	Qualifiers	1984	Qualifiers	2008	Runners-up
1924	-	1964	Qualifiers	1988	Group Stage	2012	Qualifiers
1928	-	1968	Group Stage	1992	Did not enter	2016	3rd Place
1936	-	1972	Qualifiers	1996	**Winners**	2020	Qualifiers
1948	-						

F.I.F.A. CONFEDERATIONS CUP 1992-2017
None

AFRICAN GAMES 1965-2019
1965, **1973 (Winners)**, 1978 (Runners-up), 1987, 1991 & 1995 (3rd place), 1999, **2003 (Winners)**, 2007, 2015 (3rd Place), 2019 (Runners-up)

CEDEAO (Communauté Economique Des Etats de l'Afrique de l'Ouest) CUP 1977-1991
1977 (Winners), 1983, **1990 (Winners)**, 1991

AFRICAN NATIONS CHAMPIONSHIP 2009-2020
2009 (Qualifiers), 2011 (Qualifiers), 2014 (3rd Place), 2016 (Group Stage), 2018 (Runners-up), 2020 (Qualifiers)

CSSA CUP 1982-1987
1982 (Group Stage), 1987 (Group Stage)

WEST AFRICAN NATIONS CUP 2010-2019
2010 (Winners), 2011 (Runners-up), 2017 (Runners-up), 2019

NIGERIAN CLUB HONOURS IN ASIAN CLUB COMPETITIONS:

CAF Champions League 1964-2021
Enyimba International Football Club Aba (2003, 2004)

CAF Confederation Cup 2004-2021
None

CAF Super Cup 1993-2021
Enyimba International Football Club Aba (2003/2004, 2004/2005)

*African Cup Winners' Cup 1975-2003**
Shooting Stars Football Club Ibadan (1976)
Rangers International Enugu (1977)
Benue Cement Company (BCC) Lions Gboko (1990)

*CAF Cup 1992-2003**
Shooting Stars Football Club Ibadan (1992)
Bendel Insurance Football Club Benin City (1994)

*defunct competitions

NATIONAL COMPETITIONS
TABLE OF HONOURS

Cup Winners 1918-1971

1918: King's College; 1919: King's College; 1920: Lagos Merchants; *No Challenge Cup disputed between 1921-1930*; 1931: French Club; 1932: Africs FC; 1933: Africs FC; 1934: Africs FC; 1935: Harbour FC; 1936: Lagos Town Council; 1937: Lagos Town Council; 1938: Lagos Town Council; 1939: *Not known;* 1940: Lagos Marines; 1941: Lagos Marines; 1942: ZAC Bombers; 1943: Lagos Marines; 1944: Lagos Railways; 1945: Lagos Marines; 1946: Lagos Railways; 1947: Lagos Marines; 1948: Lagos Railways; 1949: Lagos Railways; 1950: Lagos UAC; 1951: Lagos Railways; 1952: Lagos PAN Bank; 1953: Kano Pillars Football Club; 1954: Calabar Rovers; 1955: Port Harcourt Football Club; 1956: Lagos Railways; 1957: Lagos Railways; 1958: Port Harcourt Football Club; 1959: Ibadan Lions; 1960: Lagos ECN; 1961: Ibadan Lions; 1962: Police Abuja; 1963: Port Harcourt Football Club; 1964: Lagos Railways; 1965: Lagos ECN; 1966: Ibadan Lions; 1967: Stationery Stores Football Club Lagos; 1968: Stationery Stores Football Club Lagos; 1969: Ibadan Lions; 1970: Lagos ECN; 1971: WNDC Ibadan.

	CHAMPIONS	CUP WINNERS*
1972	Mighty Jets Football Club Jos	Bendel Insurance Football Club Benin City
1973	Bendel Insurance Football Club Benin City	No competition
1974	Rangers International Enugu	Rangers International Enugu
1975	Rangers International Enugu	Rangers International Enugu
1976	Shooting Stars Football Club Ibadan	Rangers International Enugu
1977	Rangers International Enugu & Stationery Stores Football Club Lagos	Shooting Stars Football Club Ibadan
1978	Racca Rovers FC Kano	Bendel Insurance Football Club Benin City
1979	Bendel Insurance Football Club Benin City	Shooting Stars Football Club Ibadan
1980	Shooting Stars Football Club Ibadan	Bendel Insurance Football Club Benin City
1981	Rangers International Enugu	Rangers International Enugu
1982	Rangers International Enugu	Stationery Stores Football Club Lagos
1983	Shooting Stars Football Club Ibadan	Rangers International Enugu
1984	Rangers International Enugu	Leventis United FC Ibadan
1985	New Nigeria Bank FC Benin City	Abiola Babes FC Abeokuta
1986	Leventis United FC Ibadan	Leventis United FC Ibadan
1987	Iwuanyanwu Nationale FC Owerri	Abiola Babes FC Abeokuta
1988	Iwuanyanwu Nationale FC Owerri	Iwuanyanwu Nationale FC Owerri
1989	Iwuanyanwu Nationale FC Owerri	Benue Cement Company Lions Gboko
1990	Iwuanyanwu Nationale FC Owerri	Stationery Stores Football Club Lagos
1991	Julius Berger Football Club Lagos	El-Kanemi Warriors FC Maiduguri
1992	Stationery Stores Football Club Lagos	El-Kanemi Warriors FC Maiduguri
1993	Iwuanyanwu Nationale FC Owerri	Benue Cement Company Lions Gboko
1994	Benue Cement Company Lions Gboko	Benue Cement Company Lions Gboko
1995	Shooting Stars Football Club Ibadan	Shooting Stars Football Club Ibadan
1996	Udoji United Football Club Awka	Julius Berger Football Club Lagos
1997	Eagle Cement FC Port Harcourt	Benue Cement Company Lions Gboko
1998	Shooting Stars Football Club Ibadan	Wikki Tourists Football Club Bauchi
1999	Lobi Stars Football Club Makurdi	Plateau United Jos
2000	Julius Berger Football Club Lagos	Niger Tornadoes Football Club Minna
2001	Enyimba International Football Club Aba	Dolphins Football Club Port Harcourt
2002	Enyimba International Football Club Aba	Julius Berger Football Club Lagos
2003	Enyimba International Football Club Aba	Lobi Stars Football Club Makurdi
2004	Dolphins Football Club Port Harcourt	Dolphins Football Club Port Harcourt

2005	Enyimba International Football Club Aba	Enyimba International Football Club Aba
2006	Ocean Boys Football Club Brass	Dolphins Football Club Port Harcourt
2007	Enyimba International Football Club Aba	Dolphins Football Club Port Harcourt
2007/2008	Kano Pillars Football Club	Ocean Boys Football Club Brass
2008/2009	Bayelsa United Football Club Yenagoa	Enyimba International Football Club Aba
2009/2010	Enyimba International FC Aba	Kaduna United FC
2010/2011	Dolphins FC Port Harcourt	Heartland FC Owerri
2011/2012	Kano Pillars FC	Heartland FC Owerri
2012/2013	Kano Pillars FC	Enyimba International FC Aba
2014	Kano Pillars FC	Enyimba International FC Aba
2015	Enyimba International FC Aba	Akwa United FC Uyo
2016	Enugu Rangers International FC	Ifeanyi Ubah FC Nnewi
2017	Plateau United FC of Jos	Akwa United FC Uyo
2018	*Championship abandoned*	Enugu Rangers International FC
2019	Enyimba International FC Aba	Kano Pillars FC
2019/2020	*Championship cancelled*	*Competition cancelled*
2020/2021	Akwa United FC Uyo	Bayelsa United FC Yenagoa

*The National Cup was called War Memorial Challenge Cup (1918-1944), Governor's Cup (1945-1953), FA Cup (1954-1959), Nigeria Challenge Cup (1960-2008), Federation Cup (since 2009).

NATIONAL CHAMPIONSHIP
Nigeria Premier League 2020/2021

1.	**Akwa United FC Uyo**	38	19	14	5	53 - 24	71
2.	Rivers United FC Port Harcourt	38	19	9	10	50 - 34	66
3.	Enyimba International FC Aba	38	18	12	8	41 - 33	66
4.	Kwara United FC Ilorin	38	19	8	11	48 - 28	65
5.	Nasarawa United FC Lafia	38	20	5	13	55 - 38	65
6.	Kano Pillars FC	38	19	7	12	38 - 29	64
7.	Enugu Rangers International FC	38	18	8	12	43 - 31	62
8.	Lobi Stars FC Makurdi	38	17	7	14	43 - 39	58
9.	Plateau United FC of Jos	38	14	9	15	45 - 35	51
10.	Mountain of Fire and Miracles FC Lagos	38	13	12	13	34 - 35	51
11.	Dakkada FC Uyo	38	15	5	18	37 - 47	50
12.	Katsina United FC	38	14	7	17	35 - 42	49
13.	Heartland FC Owerri	38	13	9	16	43 - 50	48
14.	Abia Warriors FC Umuahia	38	12	11	15	48 - 42	47
15.	Wikki Tourists FC Bauchi	38	12	9	17	40 - 47	45
16.	Sunshine Stars FC Akure	38	11	12	15	28 - 39	45
17.	Warri Wolves FC (*Relegated*)	38	11	8	19	30 - 45	41
18.	Jigawa Golden Stars FC Dutse (*Relegated*)	38	10	10	18	27 - 48	40
19.	Ifeanyi Ubah FC Nnewi (*Relegated*)	38	9	12	17	33 - 50	39
20.	Adamawa United FC Yola (*Relegated*)	38	5	10	23	20 - 55	25

Best goalscorer 2020/2021:
Silas Nwankwo (Nasarawa United FC Lafia) & Charles Atshimene (Akwa United FC Uyo) – 19 goals each

Promoted for the 2021/2022 season:
Remo Stars FC Sagamu, Gombe United FC, Niger Tornadoes FC Minna, 3SC Shooting Stars FC Ibadan

NATIONAL CUP
AITEO Cup Final 2020/2021

08.08.2021
Nasarawa United FC Lafia - Bayelsa United FC Yenagoa   2-2 aet; 3-4 pen

THE CLUBS

ABIA WARRIORS FOOTBALL CLUB UMUAHIA
Year of Formation: 2003
Stadium: Okigwe Township Stadium, Okigwe (5,000)

ADAMAWA UNITED FOOTBALL CLUB YOLA
Year of Formation: 2000
Stadium: Ribadu Square Stadium, Yola (5,000)

AKWA UNITED FOOTBALL CLUB UYO
Year of Formation: 1996
Stadium: "Godswill Akpabio" Stadium, Uyo (30,000)

DAKKADA FOOTBALL CLUB UYO
Year of Formation: 2004
Stadium: "Godswill Akpabio" Stadium, Uyo (30,000)

ENUGU RANGERS INTERNATIONAL FOOTBALL CLUB
Year of Formation: 1970
Stadium: Nnamdi Azikiwe Stadium, Enugu (25,000)

ENYIMBA INTERNATIONAL FOOTBALL CLUB ABA
Year of Formation: 1976
Stadium: Enyimba International Stadium, Aba (25,000)

HEARTLAND FOOTBALL CLUB OWERRI
Year of Formation: 1976
Stadium: "Dan Anyiam" Stadium, Okigwe (10,000)

IFEANYI UBAH FOOTBALL CLUB NNEWI
Year of Formation: 2015
Stadium: Ifeanyi Ubah International Stadium, Nnewi (3,000)

JIGAWA GOLDEN STARS FOOTBALL CLUB DUTSE
Year of Formation: 1992
Stadium: "Ahmadu Bello" Stadium, Kaduna City (16,000)

KANO PILLARS FOOTBALL CLUB
Year of Formation: 1990
Stadium: "Sani Abacha" Stadium, Kano (16,000)

KATSINA UNITED FOOTBALL CLUB
Year of Formation: 1994
Stadium: "Muhammadu Dikko" Stadium, Katsina (35,000)

KWARA UNITED FOOTBALL CLUB ILORIN
Year of Formation: 1997
Stadium: Kwara State Stadium, Ilorin (18,000)

LOBI STARS FOOTBALL CLUB MAKURDI
Year of Formation: 1981
Stadium: Aper Aku Stadium, Makurdi (15,000)

MOUNTAIN OF FIRE AND MIRACLES FOOTBALL CLUB LAGOS
Year of Formation: 2007
Stadium: Agege Stadium, Lagos (4,000)

NASARAWA UNITED FOOTBALL CLUB LAFIA
Year of Formation: 2003
Stadium: Lafia Township Stadium, Lafia (5,000)

PLATEAU UNITED FOOTBALL CLUB OF JOS
Year of Formation: 1975
Stadium: Jos International Stadium, Jos (44,000)

RIVERS UNITED FOOTBALL CLUB PORT HARCOURT
Year of Formation: 2016
Stadium: „Yakubu Gowon" Stadium, Port Harcourt (16,000)

SUNSHINE STARS FOOTBALL CLUB AKURE
Year of Formation: 1995
Stadium: Akure Township Stadium, Akure (15,000)

WARRI WOLVES FOOTBALL CLUB
Year of Formation: 1998
Stadium: Warri Township Stadium, Warri (20,000)

WIKKI TOURISTS FOOTBALL CLUB BAUCHI
Year of Formation: 1991
Stadium: "Abubarkar Tafawa Balewa" Stadium, Bauchi (25,000)

NATIONAL TEAM
INTERNATIONAL MATCHES 2021

27.03.2021	Porto-Novo	Benin - Nigeria	0-1(0-0)	(ACNQ)
30.03.2021	Lagos	Nigeria - Lesotho	3-0(1-0)	(ACNQ)
04.06.2021	Wiener Neustadt	Nigeria - Cameroon	0-1(0-1)	(F)
08.06.2021	Wiener Neustadt	Cameroon - Nigeria	0-0	(F)
03.07.2021	Los Angeles	Mexico - Nigeria	4-0(2-0)	(F)
03.09.2021	Lagos	Nigeria - Liberia	2-0(2-0)	(WCQ)
07.09.2021	Mindelo	Cape Verde - Nigeria	1-2(1-1)	(WCQ)
07.10.2021	Lagos	Nigeria - Central African Republic	0-1(0-0)	(WCQ)
10.10.2021	Limbe	Central African Republic - Nigeria	0-2(0-2)	(WCQ)
13.11.2021	Tanger	Liberia - Nigeria	0-2(0-1)	(WCQ)
16.11.2021	Lagos	Nigeria - Cape Verde	1-1(1-1)	(WCQ)

27.03.2021, 33rd African Cup of Nations, Qualifiers
Stade "Charles de Gaulle", Porto-Novo; Attendance: 0
Referee: Rédouane Jiyed (Morocco)
BENIN - NIGERIA   **0-1(0-0)**
NGA: Maduke Emilio Okoye, Temitayo Olufisayo Olaoluwa Aina (84.Chidozie Collins Awaziem), William Paul Troost-Ekong, Leon Aderemi Balogun, Zaidu Sanusi, Joseph Oluwaseyi Temitope Ayodele-Aribo, Onyinye Wilfred Ndidi, Kelechi Promise Iheanacho (71.Paul Ebere Onuachu), Samuel Chimerenka Chukwueze, Victor James Osimhen, Henry Chukwuemeka Onyekuru (81.Anayo Emmanuel Iwuala). Trainer: Gernot Rohr (Germany).
Goal: Paul Ebere Onuachu (90).

30.03.2021, 33rd African Cup of Nations, Qualifiers
"Teslim Balogun" Stadium, Lagos; Attendance: 0
Referee: Fabricio Duarte (Cape Verde)
NIGERIA - LESOTHO   **3-0(1-0)**
NGA: Francis Odinaka Uzoho, Tyronne Ebuehi, William Paul Troost-Ekong (87.Jamilu Collins), Leon Aderemi Balogun, Zaidu Sanusi, Oghenekaro Peter Etebo, Onyinye Wilfred Ndidi, Kelechi Promise Iheanacho (87.Ahmed Musa), Samuel Chimerenka Chukwueze, Alexander Chuka Iwobi (75.Paul Ebere Onuachu), Victor James Osimhen (75.Henry Chukwuemeka Onyekuru). Trainer: Gernot Rohr (Germany).
Goals: Victor James Osimhen (26), Oghenekaro Peter Etebo (50), Paul Ebere Onuachu (83).

04.06.2021, Friendly International
Stadion Wiener Neustadt, Wiener Neustadt (Austria); Attendance: 0
Referee: Harald Lechner (Austria)
NIGERIA - CAMEROON   **0-1(0-1)**
NGA: Maduke Emilio Okoye, Abdullahi Shehu, William Paul Troost-Ekong (90.Valentine James Ozornwafor), Chidozie Collins Awaziem, Jamilu Collins, Oghenekaro Peter Etebo (81.Peter Oladeji Olayinka), Onyinye Wilfred Ndidi, Alexander Chuka Iwobi (87.Abraham Ayomide Marcus), Moses Daddy-Ajala Simon (81.Anayo Emmanuel Iwuala), Kelechi Promise Iheanacho (67.Ahmed Musa), Paul Ebere Onuachu (66.Teremas Igobor Moffi). Trainer: Gernot Rohr (Germany).

08.06.2021, Friendly International
Stadion Wiener Neustadt, Wiener Neustadt (Austria); Attendance: 0
Referee: Manuel Schüttengruber (Austria)
CAMEROON - NIGERIA **0-0**
NGA: Maduke Emilio Okoye, Abdullahi Shehu, Chidozie Collins Awaziem, Valentine James Ozornwafor, Jamilu Collins (67.Abraham Ayomide Marcus), Onyinye Wilfred Ndidi, Kelechi Promise Iheanacho, Alexander Chuka Iwobi, Ahmed Musa (76.Anayo Emmanuel Iwuala), Paul Ebere Onuachu (46.Teremas Igobor Moffi), Moses Daddy-Ajala Simon. Trainer: Gernot Rohr (Germany).

03.07.2021, Friendly International
Memoruial Coliseum, Los Angeles (United States); Attendance: 53,258
Referee: Oliver Amet Vergara Rodríguez (Panama)
MEXICO - NIGERIA **4-0(2-0)**
NGA: Stanley Bobo Nwabili, Emmanuel Temitope Olusesi, Adeleke Adekunle (66.Franklin Tebo Uchenna), Olisa Harold Ndah, Imo Obot, Uche Onwuansanya (67.Zulkifilu Muhammad Rabiu), Anthony Msonter Shimaga, Sunusi Ibrahim, Anayo Emmanuel Iwuala, Seth Mayi (57.Stephen Chibueze Jude), Charles Atshimene (58.Sunday Damilare Adetunji). Trainer: Gernot Rohr (Germany).

03.09.2021, 22nd FIFA World Cup Qualifiers, Second Round
„Teslim Balogun" Stadium, Lagos; Attendance: 5,000
Referee: Kouassi Attisso Attiogbe (Togo)
NIGERIA - LIBERIA **2-0(2-0)**
NGA: Maduke Emilio Okoye, Temitayo Olufisayo Olaoluwa Aina, William Paul Troost-Ekong, Leon Aderemi Balogun, Jamilu Collins, Onyinye Wilfred Ndidi, Joseph Oluwaseyi Temitope Ayodele-Aribo (90+2.Oghenekaro Peter Etebo), Kelechi Promise Iheanacho (85.Ahmed Musa), Alexander Chuka Iwobi (85.Abdullahi Shehu), Moses Daddy-Ajala Simon (78.Samuel Kalu Ojim), Victor James Osimhen (78.Paul Ebere Onuachu). Trainer: Gernot Rohr (Germany).
Goals: Kelechi Promise Iheanacho (22, 44).

07.09.2021, 22nd FIFA World Cup Qualifiers, Second Round
Estádio Municipal Adérito Sena, Mindelo; Attendance: 500
Referee: Samir Guezzaz (Morocco)
CAPE VERDE - NIGERIA **1-2(1-1)**
NGA: Maduke Emilio Okoye, Abdullahi Shehu, Kenneth Josiah Omeruo, Chidozie Collins Awaziem, Jamilu Collins, Bonke Innocent, Kingsley Dogo Michael, Moses Daddy-Ajala Simon (73.Henry Chukwuemeka Onyekuru), Ahmed Musa (73.Teremas Igobor Moffi), Chidera Ejuke (84.Zaidu Sanusi), Victor James Osimhen (84.Paul Ebere Onuachu). Trainer: Gernot Rohr (Germany).
Goals: Victor James Osimhen (30), Kenny Rocha Santos (76 own goal).

07.10.2021, 22nd FIFA World Cup Qualifiers, Second Round
„Teslim Balogun" Stadium, Lagos; Attendance: 5,000
Referee: Abdelaziz Bouh (Mauritania)
NIGERIA - CENTRAL AFRICAN REPUBLIC **0-1(0-0)**
NGA: Francis Odinaka Uzoho, Temitayo Olufisayo Olaoluwa Aina, William Paul Troost-Ekong, Leon Aderemi Balogun, Jamilu Collins, Joseph Oluwaseyi Temitope Ayodele-Aribo (79.Ahmed Musa), Ogochukwu Frank Onyeka, Chidera Ejuke, Moses Daddy-Ajala Simon (72.Samuel Kalu Ojim), Kelechi Promise Iheanacho (46.Taiwo Michael Awoniyi), Victor James Osimhen. Trainer: Gernot Rohr (Germany).

10.10.2021, 22nd FIFA World Cup Qualifiers, Second Round
Stade Japoma, Douala (Cameroon); Attendance: 450
Referee: Louis Hakizimana (Rwanda)
CENTRAL AFRICAN REPUBLIC - NIGERIA 0-2(0-2)
NGA: Maduke Emilio Okoye, Chidozie Collins Awaziem, William Paul Troost-Ekong, Leon Aderemi Balogun (74.Kenneth Josiah Omeruo), Jamilu Collins, Ogochukwu Frank Onyeka, Joseph Oluwaseyi Temitope Ayodele-Aribo, Ahmed Musa (67.Chidera Ejuke), Moses Daddy-Ajala Simon, Kelechi Promise Iheanacho (74.Bonke Innocent), Victor James Osimhen. Trainer: Gernot Rohr (Germany).
Goals: Leon Aderemi Balogun (29), Victor James Osimhen (45+1).

13.11.2021, 22nd FIFA World Cup Qualifiers, Second Round
Stade Ibn Batouta, Tangier (Morocco); Attendance: 0
Referee: Youssef Essrayri (Tunisia)
LIBERIA - NIGERIA 0-2(0-1)
NGA: Maduke Emilio Okoye, Chidozie Collins Awaziem, William Paul Troost-Ekong, Leon Aderemi Balogun, Jamilu Collins, Onyinye Wilfred Ndidi, Joseph Oluwaseyi Temitope Ayodele-Aribo, Alexander Chuka Iwobi (62.Chidera Ejuke), Moses Daddy-Ajala Simon, Kelechi Promise Iheanacho (87.Ahmed Musa), Victor James Osimhen. Trainer: Gernot Rohr (Germany).
Goals: Victor James Osimhen (15 penalty), Ahmed Musa (90+4 penalty).

16.11.2021, 22nd FIFA World Cup Qualifiers, Second Round
„Teslim Balogun" Stadium, Lagos; Attendance: 0
Referee: Mustapha Ghorbal (Algeria)
NIGERIA - CAPE VERDE 1-1(1-1)
NGA: Maduke Emilio Okoye, Chidozie Collins Awaziem, William Paul Troost-Ekong, Leon Aderemi Balogun, Jamilu Collins, Onyinye Wilfred Ndidi, Joseph Oluwaseyi Temitope Ayodele-Aribo (78.Ogochukwu Frank Onyeka), Alexander Chuka Iwobi, Moses Daddy-Ajala Simon (68.Abdullahi Shehu), Odion Jude Ighalo (78.Kelechi Promise Iheanacho), Victor James Osimhen (89.Paul Ebere Onuachu). Trainer: Gernot Rohr (Germany).
Goal: Victor James Osimhen (1).

NATIONAL TEAM PLAYERS 2021		
Name	DOB	Club
Goalkeepers		
Stanley Bobo NWABILI	10.06.1996	*Lobi Stars FC Makurdi*
Maduke Emilio OKOYE	28.08.1999	*Sparta Rotterdam (NED)*
Francis Odinaka UZOHO	28.10.1998	*APOEL FC Nicosia (CYP); 01.09.2021-> AC Omonia Nicosia (CYP)*
Defenders		
Adeleke ADEKUNLE	27.07.2002	*Abia Warriors FC Umuahia*
Temitayo Olufisayo Olaoluwa AINA	08.10.1996	*Fulham FC London (ENG); 30.06.2021-> Torino FC (ITA)*
Chidozie Collins AWAZIEM	01.01.1997	*Boavista FC Porto (POR); 08.09.2017-> Alanyaspor (TUR)*
Leon Aderemi BALOGUN	28.06.1988	*Rangers FC Glasgow (SCO)*
Jamilu COLLINS	05.08.1994	*SC Paderborn 07 (GER)*
Olisa Harold NDAH	21.01.1998	*Akwa United FC Uyo*
Imo OBOT	18.06.1995	*Enyimba International FC Aba*

Emmanuel Temitope OLUSESI	22.09.1996	Enugu Rangers International FC
Kenneth Josiah OMERUO	17.10.1993	CD Leganés (ESP)
Valentine James OZORNWAFOR	01.06.1999	Galatasaray SK İstanbul (TUR)
Zulkifilu Muhammad RABIU	01.01.2002	Plateau United FC of Jos
Zaidu SANUSI	13.06.1997	FC do Porto (POR)
Abdullahi SHEHU	12.03.1993	AC Omonia Nicosia (CYP)
Franklin TEBO Uchenna	15.01.2000	Nasarawa United FC Lafia
William Paul TROOST-EKONG	01.09.1993	Watford FC (ENG)

Midfielders

Joseph Oluwaseyi Temitope AYODELE-ARIBO	21.07.1996	Rangers FC Glasgow (SCO)
Samuel Chimerenka CHUKWUEZE	22.05.1999	Villarreal CF (ESP)
Oghenekaro Peter ETEBO	09.11.1995	Galatasaray SK İstanbul (TUR); 09.07.2021-> Watford FC (ENG)
Bonke INNOCENT	20.01.1996	Malmö FF (SWE)
Anayo Emmanuel IWUALA	20.03.1999	Enyimba International FC Aba
Abraham Ayomide MARCUS	02.01.2000	CD Feirense (POR)
Seth MAYI	18.12.1999	Akwa United FC Uyo
Kingsley Dogo MICHAEL	26.08.1999	Bologna FC 1909 (ITA)
Onyinye Wilfred NDIDI	16.12.1996	Leicester City FC (ENG)
Uche ONWUANSANYA	28.12.1997	Plateau United FC of Jos
Ogochukwu Frank ONYEKA	01.01.1998	Brentford FC (ENG)
Anthony Msonter SHIMAGA	24.08.1997	Enugu Rangers International FC

Forwards

Sunday Damilare ADETUNJI	10.12.1997	Rivers United FC Port Harcourt
Charles ATSHIMENE	17.08.1996	Akwa United FC Uyo
Taiwo Michael AWONIYI	12.08.1997	1.FC Union Berlin (GER)
Chidera EJUKE	02.01.1998	FK CSKA Moskva (RUS)
Sunusi IBRAHIM	01.10.2002	Montréal CF (CAN)
Odion Jude IGHALO	16.06.1989	Al-Shabab FC Riyadh (KSA)
Kelechi Promise IHEANACHO	03.10.1996	Leicester City FC (ENG)
Alexander Chuka IWOBI	03.05.1996	Everton FC Liverpool (ENG)
Stephen Chibueze JUDE	28.06.2000	Kwara United FC Ilorin
Samuel KALU Ojim	26.08.1997	Girondins de Bordeaux FC (FRA)
Teremas Igobor MOFFI	25.05.1999	FC Lorient-Bretagne Sud (FRA)
Ahmed MUSA	14.10.1992	Unattached; 14.04.2021-> Kano Pillars FC; 27.07.2021-> Fatih Karagümrük SK (TUR)
Peter Oladeji OLAYINKA	16.11.1995	SK Slavia Praha (CZE)
Paul Ebere ONUACHU	28.05.1994	KRC Genk (BEL)
Henry Chukwuemeka ONYEKURU	05.06.1997	Galatasaray SK İstanbul (TUR)
Victor James OSIMHEN	29.12.1998	SSC Napoli (ITA)
Moses Daddy-Ajala SIMON	12.07.1995	FC Nantes (FRA)

National coaches

Gernot ROHR (Germany) [09.08.2016 – 12.12.2021]		28.06.1953

RWANDA

Fédération Rwandaise de Football Association
Boîte Postale 2000, Kigali
Year of Formation: 1972
Member of FIFA since: 1978
Member of CAF since: 1976
www.ferwafa.rw

First international match:
29.06.1976, Libreville (GAB):
Burundi - Rwanda 6-2
Most international caps:
Haruna Fadhili Niyonzima
107 caps (since 2006)
Most international goals:
Fils Olivier Karekezi
24 goals / 55 caps (2000-2013)

AFRICAN CUP OF NATIONS	
1957	Did not enter
1959	Did not enter
1962	Did not enter
1963	Did not enter
1965	Did not enter
1968	Did not enter
1970	Did not enter
1972	Did not enter
1974	Did not enter
1976	Did not enter
1978	Did not enter
1980	Did not enter
1982	Qualifiers
1984	Qualifiers
1986	Did not enter
1988	Withdrew
1990	Did not enter
1992	Did not enter
1994	Did not enter
1996	Did not enter
1998	Did not enter
2000	Qualifiers
2002	Qualifiers
2004	Final Tournament (Group Stage)
2006	Qualifiers
2008	Qualifiers
2010	Qualifiers
2012	Qualifiers
2013	Qualifiers
2015	Qualifiers
2017	Qualifiers
2019	Qualifiers
2021	Qualifiers

FIFA WORLD CUP	
1930	Did not enter
1934	Did not enter
1938	Did not enter
1950	Did not enter
1954	Did not enter
1958	Did not enter
1962	Did not enter
1966	Did not enter
1970	Did not enter
1974	Did not enter
1978	Did not enter
1982	Did not enter
1986	Did not enter
1990	Withdrew
1994	Did not enter
1998	Qualifiers
2002	Qualifiers
2006	Qualifiers
2010	Qualifiers
2014	Qualifiers
2018	Qualifiers

OLYMPIC FOOTBALL TOURNAMENTS 1908-2020

1908	-	1952	-	1976	-	2000	Did not enter
1912	-	1956	-	1980	-	2004	Qualifiers
1920	-	1960	-	1984	-	2008	Qualifiers
1924	-	1964	-	1988	Qualifiers	2012	Qualifiers
1928	-	1968	-	1992	Did not enter	2016	Did not enter
1936	-	1972	-	1996	Did not enter	2020	Qualifiers
1948	-						

F.I.F.A. CONFEDERATIONS CUP 1992-2017
None

AFRICAN GAMES 1965-2019
1999, 2003

CENTRAL AFRICAN GAMES 1976-1987
1976

CECAFA CUP (East and Central African Championship) 1973-2021
1995 (Group Stage), 1996 (Group Stage), 1999 (3rd place – **B-Team Winner!**), 2000 (4th Place), 2001 (3rd place), 2002 (3rd place), 2003 (Runners-up), 2004 (Group Stage), 2005 (Runners-up), 2006 (3rd place), 2007 (Runners-up), 2008 (Group Stage), 2009 (Runners-up), 2010 (Quarter-Finals), 2011 (Runners-up), 2012 (Quarter-Finals), 2013 (Quarter-Finals), 2015 (Runners-up), 2017 (Group Stage)

AFRICAN NATIONS CHAMPIONSHIP 2009-2020
2009 (Qualifiers), 2011 (Group Stage), 2014 (Qualifiers), 2016 (Quarter-Finals), 2018 (Group Stage), 2020 (Quarter-Finals)

RWANDAN CLUB HONOURS IN ASIAN CLUB COMPETITIONS:
CAF Champions League 1964-2021
None
CAF Confederation Cup 2004-2021
None
CAF Super Cup 1993-2021
None
*African Cup Winners' Cup 1975-2003**
None
*CAF Cup 1992-2003**
None

defunct competitions

NATIONAL COMPETITIONS
TABLE OF HONOURS

	CHAMPIONS	CUP WINNERS
1975	Rayon Sports FC Nyanza	SC Kiyovu Sport Kigali
1976	*Not known*	Rayon Sports FC Nyanza
1977	*Not known*	*Not known*
1978	*Not known*	Mukura Victory Sports FC Butare
1979	*Not known*	Rayon Sports FC Nyanza
1980	Panthères Noires Kigali	Panthères Noires Kigali
1981	Rayon Sports Football Club Nyanza	Panthères Noires Kigali
1982	*No competition*	Rayon Sports FC Nyanza

Year		
1983	SC Kiyovu Sport Kigali	Panthères Noires Kigali
1984	Panthères Noires Kigali	Panthères Noires Kigali
1985	Panthères Noires Kigali	SC Kiyovu Sport Kigali
1986	Panthères Noires Kigali	Mukura Victory Sports FC Butare
1987	Panthères Noires Kigali	Panthères Noires Kigali
1988	Mukungwa Ruhengeri	Etincelles FC Gisenyi
1989	Mukungwa Ruhengeri	Rayon Sports FC Kigali
1990	*No competition*	Mukura Victory Sports FC Butare
1991	*No competition*	*No competition*
1992	SC Kiyovu Sport Kigali	Mukura Victory Sports FC Butare
1993	SC Kiyovu Sport Kigali	Rayon Sports FC Kigali
1994	*No competition*	*No competition*
1995	Armée Patriotique Rwandaise FC Kigali	Rayon Sports FC Kigali
1996	Armée Patriotique Rwandaise FC Kigali	*No competition*
1997	Rayon Sports FC Kigali	Rwanda FC Kigali
1998	Rayon Sports FC Kigali	Rayon Sports FC Kigali
1999	Armée Patriotique Rwandaise FC Kigali	*No competition*
2000	Armée Patriotique Rwandaise FC Kigali	*No competition*
2001	Armée Patriotique Rwandaise FC Kigali	Les Citadins FC Kigali
2002	Rayon Sports FC Kigali	Armée Patriotique Rwandaise FC Kigali
2003	Armée Patriotique Rwandaise FC Kigali	*No competition*
2004	Rayon Sports FC Kigali	*No competition*
2005	Armée Patriotique Rwandaise FC Kigali	Rayon Sports FC Kigali
2006	Armée Patriotique Rwandaise FC Kigali	Armée Patriotique Rwandaise FC Kigali
2006/2007	Armée Patriotique Rwandaise FC Kigali	Armée Patriotique Rwandaise FC Kigali
2007/2008	ATRACO Football Club Kigali	Armée Patriotique Rwandaise FC Kigali
2008/2009	Armée Patriotique Rwandaise FC Kigali	ATRACO Football Club Kigali
2009/2010	Armée Patriotique Rwandaise FC Kigali	Armée Patriotique Rwandaise FC Kigali
2010/2011	Armée Patriotique Rwandaise FC Kigali	Armée Patriotique Rwandaise FC Kigali
2011/2012	Armée Patriotique Rwandaise FC Kigali	Armée Patriotique Rwandaise FC Kigali
2012/2013	Rayon Sports FC Nyanza*	AS Kigali
2013/2014	Armée Patriotique Rwandaise FC Kigali	Armée Patriotique Rwandaise FC Kigali
2014/2015	Armée Patriotique Rwandaise FC Kigali	Police FC Kibungo
2015/2016	Armée Patriotique Rwandaise FC Kigali	Rayon Sports FC Nyanza
2016/2017	Rayon Sports FC Nyanza	Armée Patriotique Rwandaise FC Kigali
2017/2018	Armée Patriotique Rwandaise FC Kigali	Mukura Victory Sports FC Butare
2018/2019	Rayon Sports FC Nyanza	AS Kigali
2019/2020	Armée Patriotique Rwandaise FC Kigali	*No competition*
2020/2021	Armée Patriotique Rwandaise FC Kigali	*No competition*

*Rayon Sports FC was founded 1968 in Nyanza, but moved from 1986 to 2012 to Kigali.

NATIONAL CHAMPIONSHIP
Rwanda Premier League 2020/2021

Please note: the competition (started on 04.12.2020) was suspended after 3 Rounds on 12.12.2020 due to COVID-19 pandemic and later abandoned. The championship was resumed in May 2021 in group format.

Groupe Stage

Top-2 of each group were qualified for the Championship Play-offs, while teams ranked 3-4 were qualified for the Relegation Play-offs.

Group A
1.	Armée Patriotique Rwandaise FC Kigali	6	6	0	0	16 - 4	18
2.	Bugesera FC Nyamata	6	3	0	3	11 - 8	9
3.	Gorilla FC Kigali	6	3	0	3	8 - 11	9
4.	AS Muhanga	6	0	0	6	4 - 16	0

Group B
1.	Rayon Sports FC Nyanza	6	2	3	1	8 - 6	9
2.	Rutsiro FC	6	2	2	2	5 - 6	8
3.	Gasogi United FC	6	2	2	2	5 - 7	8
4.	Kiyovu SA Kigali	6	2	1	3	11 - 10	7

Group C
1.	AS Kigali	6	4	0	2	13 - 6	12
2.	Police FC Kibungo	6	3	1	2	9 - 7	10
3.	Musanze FC	6	3	0	3	11 - 10	9
4.	Etincelles FC Gisenyi	6	1	1	4	6 - 16	4

Group D
1.	Marines FC Gisenyi	6	4	1	1	6 - 3	13
2.	Espoir FC Rusizi	6	3	1	2	6 - 5	10
3.	Sunrise FC Rwamagana	6	2	2	2	9 - 7	8
4.	Mukura Victory Sports FC Butare	6	0	2	4	5 - 11	2

Play-off Stage

Relegation Play-offs
1.	Kiyovu SA Kigali	7	4	1	2	8 - 3	13
2.	Gasogi United FC	7	3	3	1	13 - 7	12
3.	Etincelles FC Gisenyi	7	4	0	3	13 - 8	12
4.	Musanze FC	7	4	0	3	11 - 14	12
5.	Mukura Victory Sports FC Butare	7	3	2	2	8 - 7	11
6.	Gorilla FC Kigali	7	3	1	3	10 - 9	10
7.	Sunrise FC Rwamagana (*Relegated*)	7	2	3	2	13 - 8	9
8.	AS Muhanga (*Relegated*)	7	0	0	7	3 - 23	0

Championship Play-offs								
1. **Armée Patriotique Rwandaise FC Kigali**	7	6	1	0	21	-	1	19
2. AS Kigali	7	6	1	0	14	-	2	19
3. Espoir FC Rusizi	7	3	1	3	9	-	11	10
4. Police FC Kibungo	7	2	2	3	7	-	11	8
5. Marines FC Gisenyi	7	2	1	4	5	-	12	7
6. Rutsiro FC	7	1	3	3	5	-	12	6
7. Rayon Sports FC Nyanza	7	1	2	4	7	-	12	5
8. Bugesera FC Nyamata	7	1	1	5	5	-	12	4

Promoted for the 2021/2022 season:
Gicumbi FC Byumba, Etoile de l'Est FC Kibungo

THE CLUBS

ARMÉE PATRIOTIQUE RWANDAISE (APR) FOOTBALL CLUB KIGALI
Year of Formation: 1993
Stadium: Stade Amahoro, Kigali (35,000)

ASOCIATION SPORTIVE DE KIGALI
Stadium: Stade Regional, Nyamirambo (10,000)

ASOCIATION SPORTIVE MUHANGA
Stadium: Stade Regional, Muhanga (5,000)

BUGESERA FOOTBALL CLUB NYAMATA
Stadium: ETO Nyamata Ground, Nyamata (1,000)

ESPOIR FOOTBALL CLUB RUSIZI
Year of Formation: 1972
Stadium: Stade Rusizi, Rusizi (4,000)

ETINCELLES FOOTBALL CLUB GISENYI
Stadium: Stade du Gisenyi (2,000)

KIYOVU SPORTS ASSOCIATION KIGALI
Year of Formation: 1964
Stadium: Stade Mumena, Kigali (5,000)

MARINES FOOTBALL CLUB GISENYI
Stadium: Stade Umuganda, Gisenyi (5,000)

MUKURA VICTORY SPORTS FOOTBALL CLUB BUTARE
Year of Formation: 1963
Stadium: Stade Huye, Butare (15,000)

MUSANZE FOOTBALL CLUB
Stadium: Stade Ubworoherane, Musanze (4,000)

POLICE FOOTBALL CLUB KIBUNGO
Stadium: Stade Kicukiro, Kibungo (1,000)

RAYON SPORTS FOOTBALL CLUB NYANZA
Year of Formation: 1968
Stadium: Stade Régional Nyamirambo, Kigali (22,000)

SUNRISE FOOTBALL CLUB RWAMAGANA
Stadium: Stade Rwamagana, Rwamagana (1,000)

NATIONAL TEAM INTERNATIONAL MATCHES 2021				
24.03.2021	Kigali	Rwanda - Mozambique	1-0(0-0)	(ACNQ)
30.03.2021	Douala	Cameroon - Rwanda	0-0	(ACNQ)
04.06.2021	Kigali	Rwanda - Central African Republic	2-0(1-0)	(F)
07.06.2021	Kigali	Rwanda - Central African Republic	5-0(2-0)	(F)
01.09.2021	Agadir	Mali - Rwanda	1-0(1-0)	(WCQ)
05.09.2021	Kigali	Rwanda - Kenya	1-1(1-1)	(WCQ)
07.10.2021	Kigali	Rwanda - Uganda	0-1(0-1)	(WCQ)
10.10.2021	Entebbe	Uganda - Rwanda	1-0(1-0)	(WCQ)
11.11.2021	Kigali	Rwanda - Mali	0-3(0-2)	(WCQ)
15.11.2021	Nairobi	Kenya - Rwanda	2-1(2-0)	(WCQ)

24.03.2021, 33rd African Cup of Nations, Qualifiers
Stade Régional Nyamirambo, Kigali; Attendance: 0
Referee: Issa Sy (Senegal)
RWANDA - MOZAMBIQUE   **1-0(0-0)**
RWA: Emery Mvuyekure, Salomon Nirisarike, Thierry Manzi (46.Olivier Sefu Niyonzima), Jimmy Ange Mutsinzi, Steve Rubanguka (46.Lague Byiringiro), Yannick Mukunzi, Fitina Omborenga, Emmanuel Imanishimwe, Haruna Niyonzima (90.Fabrice Twagizimana), Meddie Kagere, Ernest Sugira (73.Jean Bertrand Iradukunda). Trainer: Vincent Mashami.
Goal: Lague Byiringiro (70).

30.03.2021, 33rd African Cup of Nations, Qualifiers
Stade Japoma, Douala; Attendance: 0
Referee: Mohamed Ali Moussa (Niger)
CAMEROON - RWANDA   **0-0**
RWA: Olivier Kwizera [sent off 54], Fitina Omborenga, Salomon Nirisarike, Jimmy Ange Mutsinzi, Emmanuel Imanishimwe, Yannick Mukunzi, Olivier Sefu Niyonzima, Jean Bertrand Iradukunda (59.Emery Mvuyekure), Haruna Niyonzima, Lague Byiringiro (79.Ernest Sugira), Meddie Kagere. Trainer: Vincent Mashami.

04.06.2021, Friendly International
Stade Amahoro, Kigali; Attendance: 0
Referee: Anthony Ogwayo (Kenya)
RWANDA - CENTRAL AFRICAN REPUBLIC   **2-0(1-0)**
RWA: Clement Twizere Buhake, Eric Iradukunda (46.Salomon Nirisarike), Abdul Rwatubyaye (46.Denis Rukundo), Bryan-Clovis Ngwabije, Eric Rutanga, Alain Kwitonda (64.Jean Bertrand Iradukunda), Olivier Sefu Niyonzima, Djabel Manishimwe (84.Jean Bosco Ruboneka), Samuel Gueulette (46.Blaise Nishimwe), Jacques Tuyisenge (74.Yves Mugunga), Lague Byiringiro. Trainer: Vincent Mashami.
Goals: Abdul Rwatubyaye (40), Jacques Tuyisenge (68).

07.06.2021, Friendly International
Stade Amahoro, Kigali; Attendance: 0
Referee: Anthony Ogwayo (Kenya)
RWANDA - CENTRAL AFRICAN REPUBLIC **5-0(2-0)**
RWA: Emery Mvuyekure, Denis Rukundo, Salomon Nirisarike (46.Emery Bayisenge), Thierry Manzi (46.Jimmy Ange Mutsinzi), Christian Ishimwe (79.Bryan Ngwabije), Jean Bosco Ruboneka (46.Martin Fabrice Twizeyimana), Eric Nsabimana, Dominique Savio Nshuti, Muhadjiri Hakizimana (74.Blaise Nishimwe), Yves Mugunga (46.Meddie Kagere), Jean Bertrand Iradukunda. Trainer: Vincent Mashami.
Goals: Muhadjiri Hakizimana (2), Yves Mugunga (45), Martin Fabrice Twizeyimana (68), Dominique Savio Nshuti (81), Martin Fabrice Twizeyimana (86).

01.09.2021, 22nd FIFA World Cup Qualifiers, Second Round
Stade Adrar, Agadir (Morocco); Attendance: 0
Referee: Beida Dahane (Mauritania)
MALI - RWANDA **1-0(1-0)**
RWA: Emery Mvuyekure, Fitina Omborenga, Salomon Nirisarike, Abdul Rwatubyaye, Bryan-Clovis Ngwabije (30.Lague Byiringiro), Emmanuel Imanishimwe, Djihad Bizimana, Yannick Mukunzi (46.Olivier Sefu Niyonzima), Muhadjiri Hakizimana (46.Haruna Niyonzima), Jacques Tuyisenge, Meddie Kagere. Trainer: Vincent Mashami.

05.09.2021, 22nd FIFA World Cup Qualifiers, Second Round
Nyamirambo Regional Stadium, Kigali; Attendance: 0
Referee: Joseph Odey Ogabor (Nigeria)
RWANDA - KENYA **1-1(1-1)**
RWA: Emery Mvuyekure, Fitina Omborenga, Abdul Rwatubyaye, Salomon Nirisarike, Emmanuel Imanishimwe, Djihad Bizimana, Yannick Mukunzi, Haruna Niyonzima (84.Onesme Twizerimana), Kevin Muhire (60.Martin Fabrice Twizeyimana), Jacques Tuyisenge, Lague Byiringiro (28.Meddie Kagere). Trainer: Vincent Mashami.
Goal: Abdul Rwatubyaye (20).

07.10.2021, 22nd FIFA World Cup Qualifiers, Second Round
Nyamirambo Regional Stadium, Kigali; Attendance: 0
Referee: Joshua Bondo (Botswana)
RWANDA - UGANDA **0-1(0-1)**
RWA: Emery Mvuyekure, Abdul Rwatubyaye, Salomon Nirisarike, Emmanuel Imanishimwe, Fitina Omborenga (68.Denis Rukundo), Haruna Niyonzima (68.Muhadjiri Hakizimana), Kevin Muhire (85.Jamil Kalisa), Olivier Sefu Niyonzima, York Rafael (53.Djabel Manishimwe), Jacques Tuyisenge, Meddie Kagere (86.Jean Bertrand Iradukunda). Trainer: Vincent Mashami.

10.10.2021, 22nd FIFA World Cup Qualifiers, Second Round
St. Mary's Stadium-Kitende, Entebbe; Attendance: 0
Referee: Haythem Guirat (Tunisia)
UGANDA - RWANDA **1-0(1-0)**
RWA: Emery Mvuyekure, Denis Rukundo, Salomon Nirisarike, Jimmy Ange Mutsinzi, Emmanuel Imanishimwe, Yannick Mukunzi, Kevin Muhire (76.Jean Bertrand Iradukunda), Djabel Manishimwe (46.Blaise Nishimwe), York Rafael, Jacques Tuyisenge, Meddie Kagere. Trainer: Vincent Mashami.

11.11.2021, 22nd FIFA World Cup Qualifiers, Second Round
Nyamirambo Regional Stadium, Kigali; Attendance: 0
Referee: Hélder Martins de Carvalho (Angola)
RWANDA - MALI 0-3(0-2)
RWA: Emery Mvuyekure, Denis Rukundo, Salomon Nirisarike, Thierry Manzi, Emmanuel Imanishimwe (82.Eric Rutanga), Djihad Bizimana [*sent off 8*], Olivier Sefu Niyonzima, Dominique Savio Nshuti (67.Danny Usengimana), Kevin Muhire, York Rafael (66.Blaise Nishimwe), Ernest Sugira (67.Innocent Nshuti). Trainer: Vincent Mashami.

15.11.2021, 22nd FIFA World Cup Qualifiers, Second Round
Nyayo National Stadium, Nairobi; Attendance: 0
Referee: Celso Alvação (Mozambique)
KENYA - RWANDA 2-1(2-0)
RWA: Fiacre Ntwari, Denis Rukundo (62.Emmanuel Imanishimwe), Thierry Manzi, Salomon Nirisarike, Eric Rutanga, Olivier Sefu Niyonzima, Keddy Nsanzimfura (25.Ernest Sugira), Kevin Muhire, Danny Usengimana, Innocent Nshuti (46.Muhadjiri Hakizimana), Dominique Savio Nshuti. Trainer: Vincent Mashami.
Goal: Olivier Sefu Niyonzima (66).

NATIONAL TEAM PLAYERS 2021		
Name	DOB	Club
Goalkeepers		
Emery MVUYEKURE	13.05.1989	*Tusker FC Nairobi (KEN)*
Fiacre NTWARI	25.09.1999	*AS Kigali*
Clement TWIZERE Buhake	09.07.1996	*Strömmen IF (NOR)*
Defenders		
Emery BAYISENGE	28.03.1994	*AS Kigali*
Eric IRADUKUNDA	17.03.1990	*Rayon Sports FC Nyanza*
Christian ISHIMWE	01.02.1999	*AS Kigali*
Thierry MANZI	12.07.1996	*Armée Patriotique Rwandaise FC Kigali*
Jimmy Ange MUTSINZI	15.11.1997	*Armée Patriotique Rwandaise FC Kigali; 23.08.2021-> CD Trofense (POR)*
Salomon NIRISARIKE	23.11.1993	*FC Urartu Yerevan (ARM)*
Bryan-Clovis NGWABIJE	30.05.1998	*Sporting Club de Lyon (FRA)*
Fitina OMBORENGA	20.05.1999	*Armée Patriotique Rwandaise FC Kigali*
Denis RUKUNDO	12.12.1996	*Uganda Police FC Kampala (UGA); 01.07.2021-> AS Kigali*
Eric RUTANGA	03.11.1992	*Police FC Kibungo*
Abdul RWATUBYAYE	23.10.1996	*KF Shkupi Čair (MKD)*
Fabrice TWAGIZIMANA	1992	*Police FC Kibungo*

	Midfielders	
Djihad BIZIMANA	12.12.1996	*KMSK Deinze (BEL)*
Samuel GUEULETTE	19.05.2000	*Unattached*
Emmanuel IMANISHIMWE	02.02.1995	*Armée Patriotique Rwandaise FC Kigali; 05.08.2021-> AS FAR Rabat (MAR)*
Jamil KALISA	22.07.1992	*Vipers SC Buikwe (UGA)*
Alain KWITONDA	05.10.1997	*Bugesera FC Nyamata*
Djabel MANISHIMWE	10.05.1998	*Armée Patriotique Rwandaise FC Kigali*
Kevin MUHIRE	17.10.1998	*Rayon Sports FC Nyanza*
Yannick MUKUNZI	02.10.1995	*Sandvikens IF (SWE)*
Blaise NISHIMWE	08.01.1998	*Rayon Sports FC Nyanza*
Haruna NIYONZIMA	05.02.1990	*Young Africans FC Dar es Salaam (TAN); 30.07.2021-> AS Kigali*
Olivier Sefu NIYONZIMA	01.01.1993	*Armée Patriotique Rwandaise FC Kigali*
Eric NSABIMANA	11.10.1994	*AS Kigali*
Keddy NSANZIMFURA	01.08.2003	*Armée Patriotique Rwandaise FC Kigali*
Dominique Savio NSHUTI	01.01.1997	*Police FC Kibungo*
York RAFAEL	17.03.1999	*AFC Eskilstuna (SWE)*
Steve RUBANGUKA	14.10.1996	*AE Karaïskákis Artas (GRE)*
Jean Bosco RUBONEKA	1999	*Armée Patriotique Rwandaise FC Kigali*
Martin Fabrice TWIZEYIMANA	10.11.1996	*Police FC Kibungo*

	Forwards	
Lague BYIRINGIRO	25.10.2000	*Armée Patriotique Rwandaise FC Kigali*
Muhadjiri HAKIZIMANA	13.08.1994	*AS Kigali*
Jean Bertrand IRADUKUNDA	25.09.1996	*Mukura Victory Sports FC Butare*
Meddie KAGERE	10.10.1986	*Simba SC Dar es Salaam (TAN)*
Yves MUGUNGA	01.05.1997	*Armée Patriotique Rwandaise FC Kigali*
Innocent NSHUTI	31.01.1998	*Armée Patriotique Rwandaise FC Kigali*
Ernest SUGIRA	27.03.1991	*Armée Patriotique Rwandaise FC Kigali*
Jacques TUYISENGE	22.09.1991	*Armée Patriotique Rwandaise FC Kigali*
Onesme TWIZERIMANA	12.09.1995	*Police FC Kibungo*
Danny USENGIMANA	10.03.1996	*Armée Patriotique Rwandaise FC Kigali*

	National coaches	
Vincent MASHAMI [from 18.08.2018]		

SÃO TOMÉ E PRÍNCIPE

Federação Santomense de Futebol
Rua Ex-João de Deus No QXXIII –426/26, Case Postale 440, São Tomé e Príncipe
Year of Formation: 1975
Member of FIFA since: 1986
Member of CAF since: 1986
www.fsf.st

First international match:
29.06.1976, Gabon:
Chad - São Tomé e Príncipe 5-0
Most international caps:
Joazhifel Soares da Cruz Sousa Pontes 27 caps (since 2011)
Most international goals:
Luís Leal dos Anjos
6 goals / 12 caps (since 2012)

AFRICAN CUP OF NATIONS	
1957	Did not enter
1959	Did not enter
1962	Did not enter
1963	Did not enter
1965	Did not enter
1968	Did not enter
1970	Did not enter
1972	Did not enter
1974	Did not enter
1976	Did not enter
1978	Did not enter
1980	Did not enter
1982	Did not enter
1984	Did not enter
1986	Did not enter
1988	Did not enter
1990	Did not enter
1992	Did not enter
1994	Did not enter
1996	Did not enter
1998	Did not enter
2000	Qualifiers
2002	Qualifiers
2004	Withdrew
2006	Qualifiers
2008	Did not enter
2010	Withdrew
2012	Did not enter
2013	Qualifiers
2015	Qualifiers
2017	Qualifiers
2019	Qualifiers
2021	Qualifiers

FIFA WORLD CUP	
1930	Did not enter
1934	Did not enter
1938	Did not enter
1950	Did not enter
1954	Did not enter
1958	Did not enter
1962	Did not enter
1966	Did not enter
1970	Did not enter
1974	Did not enter
1978	Did not enter
1982	Did not enter
1986	Did not enter
1990	Did not enter
1994	Withdrew
1998	Did not enter
2002	Qualifiers
2006	Qualifiers
2010	Withdrew
2014	Qualifiers
2018	Qualifiers

OLYMPIC FOOTBALL TOURNAMENTS 1900-2020	
2020 (Qualifiers)	

F.I.F.A. CONFEDERATIONS CUP 1992-2017	
None	

AFRICAN GAMES 1965-2019	
None	

UNIFAC CUP	
1999	

AFRICAN NATIONS CHAMPIONSHIP 2009-2020	
2018 (withdrew), 2020 (Qualifiers)	

SÃO TOMÉ CLUB HONOURS IN ASIAN CLUB COMPETITIONS:	
CAF Champions League 1964-2021	
None	
CAF Confederation Cup 2004-2021	
None	
CAF Super Cup 1993-2021	
None	
African Cup Winners' Cup 1975-2003	
None	
CAF Cup 1992-2003	
None	

*defunct competitions

NATIONAL COMPETITIONS
TABLE OF HONOURS

	CHAMPIONS	CUP WINNERS
1977	Vitória FC do Riboque	-
1978	Vitória FC do Riboque	-
1979	Vitória FC do Riboque	-
1980	Desportivo de Guadalupe	-
1981	Desportivo de Guadalupe	Desportivo de Guadalupe
1982	Sporting Club da Praia Cruz	Sporting Club da Praia Cruz
1983	*No competition*	*No competition*
1984	Andorinha Sporting Club	Vitória FC do Riboque
1985	Sporting Club da Praia Cruz	Vitória FC do Riboque
1986	Vitória FC do Riboque	Vitória FC do Riboque
1987	*No competition*	*No competition*
1988	6 de Setembro São Tomé	6 de Setembro São Tomé
1989	Vitória FC do Riboque	Vitória FC do Riboque
1990	Grupo Desportivo Os Operários	Vitória FC do Riboque
1991	Santana Futebol Clube São Tomé	Santana Futebol Clube São Tomé
1992	*No competition*	Grupo Desportivo Os Operários
1993	Grupo Desportivo Os Operários	Sporting Club da Praia Cruz
1994	Sporting Club da Praia Cruz	Sporting Club da Praia Cruz
1995	Inter Bom-Bom São Tomé	Caixão Grande São Tomé

1996	Caixão Grande São Tomé	FC Aliança Nacional São Tomé
1997	*No competition*	*No competition*
1998	Grupo Desportivo Os Operários	Sporting Club da Praia Cruz
1999	Sporting Club da Praia Cruz	Vitória FC do Riboque
2000	Inter Bom-Bom São Tomé	Sporting Club da Praia Cruz
2001	Bairros Unidos Futebol Clube	Grupo Desportivo Sundy Príncipe
2002	*No competition*	*No competition*
2003	Inter Bom-Bom São Tomé	Grupo Desportivo Os Operários
2004	Grupo Desportivo Os Operários	*No competition*
2005	*No competition*	*No competition*
2006	*No competition*	*No competition*
2006/2007	Sporting Club da Praia Cruz	Vitória FC do Riboque
2008	*No competition*	*No competition*
2009	Vitória FC do Riboque	*No competition*
2010	Futebol Clube da Sundy	6 de Setembro São Tomé
2011	Sporting Clube do Príncipe Santo António	Vitória FC do Riboque
2012	Sporting Clube do Príncipe Santo António	Sporting Clube do Príncipe Santo António
2013	Sporting Club da Praia Cruz	UDRA São João dos Angolares
2014	UDRA São João dos Angolares	UDRA São João dos Angolares
2015	Sporting Club da Praia Cruz	Sporting Club da Praia Cruz
2016	Sporting Club da Praia Cruz	UDRA São João dos Angolares
2017	UDRA São João dos Angolares	UDRA São João dos Angolares
2018	UDRA São João dos Angolares	FC Porto Real
2019	Agrosport de Monte-Café	FC Porto Real
2020	*Championship cancelled*	*Competition cancelled*
2021	*Championship cancelled*	*Competition cancelled*

NATIONAL CHAMPIONSHIP
Campeonato Nacional 2021

The championship was not held in 2021, due to COVID-19 pandemic. The new edition started on 08.10.2021 and will be played in autumn-spring format (2021/2022).

NATIONAL TEAM
INTERNATIONAL MATCHES 2021

24.03.2021	*São Tomé*	*São Tomé e Príncipe - Sudan*	*0-2(0-1)*	*(ACNQ)*
28.03.2021	*Cape Coast*	*Ghana - São Tomé e Príncipe*	*3-1(2-0)*	*(ACNQ)*

24.03.2021, 33rd African Cup of Nations, Qualifiers
Estádio Nacional 12 de Julho, São Tomé; Attendance: 0
Referee: Samuel Pwadutakam (Nigeria)
SÃO TOMÉ E PRÍNCIPE - SUDAN **0-2(0-1)**
STP: Aldair Cravid D'Almeida "Primo", Dilson Neves Quaresma (62.Jokceleny Fernandes Carvalho "Tinho"), Edley dos Anjos Pereira Montoia "Vavá Pequeno", Trauré Vera Cruz Martins, Jardel Rodrigues Afonso Nazaré, Adérito Pires da Mata "Iniesta" (62.Adjeil Glória das Neves), Joazhifel Soares da Cruz Sousa Pontes "Joçy", Joel Pires Quintas das Neves (84.José da Silva Varela „Zé"), Eduardo Assunção Varela (62.Ebanilson Domingos da Lima Viegas "Eba Viegas"), Ricardo Gué Rosa Cardoso (85.Gualdino Mauro dos Santos Barreto), José Carlos Costa Semedo. Trainer: Adriano Eusébio "Tino".

28.03.2021, 33rd African Cup of Nations, Qualifiers
Cape Coast Sports Stadium, Cape Coast; Attendance: 0
Referee: Souleiman Ahmed Djama (Djibouti)
GHANA - SÃO TOMÉ E PRÍNCIPE   3-1(2-0)
STP: Aldair Cravid D'Almeida "Primo", Nilton Correia Pequeno, Edley dos Anjos Pereira Montoia "Vavá Pequeno" (80.Gualdino Mauro dos Santos Barreto), Ivonaldo Viegas Dias Mendes (46.Trauré Vera Cruz Martins), Jardel Rodrigues Afonso Nazaré, Joel Pires Quintas das Neves (80.Adjeil Glória das Neves), Joazhifel Soares da Cruz Sousa Pontes "Joçy", Ebanilson Domingos da Lima Viegas "Eba Viegas", Ricardo Gué Rosa Cardoso (27.Jokceleny Fernandes Carvalho "Tinho"), José Carlos Costa Semedo (66.Adérito Pires da Mata "Iniesta"), Luís Leal dos Anjos.Trainer: Adriano Eusébio "Tino".
Goal: Adérito Pires da Mata "Iniesta" (83).

NATIONAL TEAM PLAYERS 2021		
Name	DOB	Club
Goalkeepers		
Aldair Cravid D'Almeida "PRIMO"	09.09.1989	*Sporting Club da Praia Cruz*
Defenders		
ADJEIL Glória das NEVES	07.10.1996	*GD Fabril Barreiro (POR)*
DILSON Neves Quaresma	17.11.1994	*União Desportiva Rei Amador*
IVONALDO Viegas Dias Mendes	05.05.1993	*União Desportiva Rei Amador*
Jardel Rodrigues Afonso NAZARÉ	16.05.1995	*Unattached*
TRAURÉ Vera Cruz Martins	16.02.1995	*FC Aliança Nacional de Pantufo*
Edley dos Anjos Pereira Montoia "VAVÁ PEQUENO"	05.02.1994	*Sporting Club da Praia Cruz*
Midfielders		
GUALDINO MAURO dos Santos Barreto	13.07.2000	*CD Cova Piedade "U23" (POR)*
Adérito Pires da Mata "INIESTA"	08.09.1992	*Sporting Club da Praia Cruz*
Joazhifel Soares da Cruz Sousa Pontes "JOÇY"	19.01.1991	*União Desportiva Rei Amador*
JOEL Pires Quintas das NEVES	01.05.1996	*GS Loures (POR)*
NILTON Correia Pequeno	06.04.1998	*União Desportiva Rei Amador*
Jokceleny Fernandes Carvalho "TINHO"	21.10.1992	*União Desportiva Rei Amador*
Eduardo Assunção VARELA	16.07.2000	*FC Porto Real*
Forwards		
Ebanilson Domingos da Lima Viegas "EBA VIEGAS"	08.10.1999	*FC Alverca „B" (POR)*
Ricardo GUÉ Rosa Cardoso	23.09.2001	*Belenenses SAD Lisboa „U23" (POR)*
JOSÉ Carlos Costa SEMEDO	15.07.1992	*GS Loures (POR)*
LUÍS LEAL dos Anjos	29.05.1987	*Club Sol de América Asunción (PAR)*
José da Silva Varela „ZÉ"	22.11.1991	*Santana FC*
National coaches		
Adriano Eusébio "TINO"		1967

SENEGAL

Fédération Sénégalaise de Football
VDN-Ouest-Foire en face du CICES, Boîte postale 13021, Dakar
Year of Formation: 1960
Member of FIFA since: 1964
Member of CAF since: 1963
www.fsfoot.sn

First international match:
1959: Gambia - Senegal 1-2
Most international caps:
Henri Camara
99 caps (1999-2008)
Most international goals:
Henri Camara
29 goals / 99 caps (1999-2008)

AFRICAN CUP OF NATIONS	
1957	Did not enter
1959	Did not enter
1962	Did not enter
1963	Did not enter
1965	Final Tournament (4th place)
1968	Final Tournament (Group Stage)
1970	Qualifiers
1972	Qualifiers
1974	Qualifiers
1976	Qualifiers
1978	Qualifiers
1980	Did not enter
1982	Qualifiers
1984	Qualifiers
1986	Final Tournament (Group Stage)
1988	Qualifiers
1990	Final Tournament (4th place)
1992	Final Tournament (Quarter-Finals)
1994	Final Tournament (Quarter-Finals)
1996	Qualifiers
1998	Qualifiers
2000	Final Tournament (Quarter-Finals)
2002	Final Tournament (Runners-up)
2004	Final Tournament (Quarter-Finals)
2006	Final Tournament (4th place)
2008	Final Tournament (Group Stage)
2010	Qualifiers
2012	Final Tournament (Group Stage)
2013	Qualifiers
2015	Final Tournament (Group Stage)
2017	Final Tournament (Quarter-Finals)
2019	Final Tournament (Runners-up)
2021	*Final Tournament (Qualified)*

FIFA WORLD CUP	
1930	Did not enter
1934	Did not enter
1938	Did not enter
1950	Did not enter
1954	Did not enter
1958	Did not enter
1962	Did not enter
1966	Withdrew
1970	Qualifiers
1974	Qualifiers
1978	Qualifiers
1982	Qualifiers
1986	Qualifiers
1990	Did not enter
1994	Qualifiers
1998	Qualifiers
2002	Final Tournament (Quarter-Finals)
2006	Qualifiers
2010	Qualifiers
2014	Qualifiers
2018	Qualifiers

OLYMPIC FOOTBALL TOURNAMENTS 1908-2020

1908	-	1952	-	1976	Qualifiers	2000	Qualifiers
1912	-	1956	-	1980	Qualifiers	2004	Qualifiers
1920	-	1960	-	1984	Qualifiers	2008	Qualifiers
1924	-	1964	-	1988	Qualifiers	2012	Quarter-Finals
1928	-	1968	-	1992	Withdrew	2016	Did not enter
1936	-	1972	Qualifiers	1996	Qualifiers	2020	Qualifiers
1948	-						

F.I.F.A. CONFEDERATIONS CUP 1992-2017
None

AFRICAN GAMES 1965-2019
1965, 1973, 1987, 1991, 1995, 1999, 2003, 2007, 2011, **2015 (Winners)**, 2019 (3rd Place)

COPA „AMILCAR CABRAL" 1979-2007
1979 & 1980 (Winners), 1981 (3rd place), 1982 (Runners-up), **1983 & 1984 & 1985 & 1986 (Winners)**, 1987 & 1988 (3rd place), 1989, **1991 (Winners)**, 1993 (Runners-up), 1995, 1997 & 2000 (Runners-up), 2001 (Winner – with U23 Team), 2005 (Runners-up – with U23 Team), 2007 (3rd place – with U23 Team)

CEDEAO (Communauté Economique Des Etats de l'Afrique de l'Ouest) CUP 1977-1991
1983, **1985 (Winners)**, 1987(3rd place), 1990 & 1991 (Runners-up)

COSAFA (Confederation of Southern African Football Associations) CUP 1997-2021
2021 (invited as guests, runners-up)

AFRICAN NATIONS CHAMPIONSHIP 2009-2020
2009 (4th Place), 2011 (Group Stage), 2014 (Qualifiers), 2016 (Qualifiers), 2018 (Qualifiers), 2020 (Qualifiers)

UEMOA TOURNAMENT 2007-2016
2007 (Group Stage), 2008 (Group Stage), **2009 (Winners)**, 2010 (Group Stage), **2011 (Winners)**, 2013 (Group Stage), **2016 (Winners)**

WEST AFRICAN NATIONS CUP 2010-2019
2010 (Runners-up), 2013 (Runners-up), 2017 (Group Stage), **2019 (Winners)**

SENEGALESE CLUB HONOURS IN ASIAN CLUB COMPETITIONS:

CAF Champions League 1964-2021
None

CAF Confederation Cup 2004-2021
None

CAF Super Cup 1993-2021
None

*African Cup Winners' Cup 1975-2003**
None

*CAF Cup 1992-2003**
None

*defunct competitions

NATIONAL COMPETITIONS
TABLE OF HONOURS

	CHAMPIONS	CUP WINNERS
1960	ASC Jeanne d'Arc Dakar	-
1961	*Not known*	Espoir Saint-Louis
1962	*Not known*	ASC Jeanne d'Arc Dakar
1963	*Not known*	US Rail Thiès
1964	Olympique Thiès	Union Sportive Ouakam Dakar
1965	*Not known*	Union Sportive Gorée Dakar
1966	Olympique Thiès	AS Saint-Louisienne
1967	Espoir Saint-Louis	Foyer France Dakar
1968	Foyer France Dakar*	Foyer France Dakar
1969	ASC Jeanne d'Arc Dakar	ASC Jeanne d'Arc Dakar
1970	ASC Jaraaf de Dakar	ASC Jaraaf de Dakar
1971	ASFA Dakar	ASC Linguère Saint-Louis
1972	ASFA Dakar	Union Sportive Gorée Dakar
1973	ASC Jeanne d'Arc Dakar	ASC Jaraaf de Dakar
1974	ASFA Dakar	ASC Jeanne d'Arc Dakar
1975	ASC Jaraaf de Dakar	ASC Jaraaf de Dakar
1976	ASC Jaraaf de Dakar	AS Police Dakar
1977	ASC Jaraaf de Dakar	Saltigues Rufisque
1978	Union Sportive Gorée Dakar	AS Police Dakar
1979	ASF Police Dakar	Casa Sport Ziguinchor
1980	SEIB Diourbel**	ASC Jeanne d'Arc Dakar
1981	Union Sportive Gorée Dakar	AS Police Dakar
1982	ASC Jaraaf de Dakar	ASC Jaraaf de Dakar
1983	SEIB Diourbel	ASC Jaraaf de Dakar
1984	Union Sportive Gorée Dakar	ASC Jeanne d'Arc Dakar
1985	ASC Jeanne d'Arc Dakar	ASC Jaraaf de Dakar
1986	ASC Jeanne d'Arc Dakar	AS Douanes Dakar
1987	SEIB Diourbel	ASC Jeanne d'Arc Dakar
1988	ASC Jeanne d'Arc Dakar	ASC Linguère Saint-Louis
1989	ASC Jaraaf de Dakar	Union Sportive Ouakam Dakar
1990	UCST Port Autonome Dakar	ASC Linguère Saint-Louis
1991	UCST Port Autonome Dakar	ASC Jaraaf de Dakar
1992	ASEC Ndiambour Louga	Union Sportive Gorée Dakar
1993	AS Douanes Dakar	ASC Jaraaf de Dakar
1994	ASEC Ndiambour Louga	ASC Jaraaf de Dakar
1995	ASC Jaraaf de Dakar	ASC Jaraaf de Dakar
1996	SONACOS Diourbel**	Union Sportive Gorée Dakar
1997	AS Douanes Dakar	AS Douanes Dakar
1998	ASEC Ndiambour Louga	ASC Yeggo Dakar
1999	ASC Jeanne d'Arc Dakar	ASEC Ndiambour Louga
2000	ASC Jaraaf de Dakar	UCST Port Autonome Dakar
2001	ASC Jeanne d'Arc Dakar	SONACOS Diourbel
2002	ASC Jeanne d'Arc Dakar	AS Douanes Dakar
2003	ASC Jeanne d'Arc Dakar	AS Douanes Dakar
2004	ASC Jaraaf de Dakar	AS Douanes Dakar
2005	UCST Port Autonome Dakar	AS Douanes Dakar
2006	AS Douanes Dakar	Union Sportive Ouakam Dakar

2007	AS Douanes Dakar	ASC Linguère Saint-Louis
2008	AS Douanes Dakar	ASC Jaraaf de Dakar
2009	ASC Linguère Saint-Louis	ASC Jaraaf de Dakar
2010	ASC Jaraaf de Dakar	Touré Kounda Foot Pro Mbour***
2011	Union Sportive Ouakam Dakar	Casa Sport Ziguinchor
2012	Casa Sport Ziguinchor	ASC HLM Dakar
2013	ASC Diambars Saly	ASC Jaraaf de Dakar
2013/2014	AS Pikine	AS Pikine
2014/2015	AS Douanes Dakar	AS Génération Foot Dakar
2015/2016	US Gorée Dakar	ASC Niary Tally Grand-Dakar
2016/2017	AS Génération Foot Dakar	Mbour Petite Côte FC
2017/2018	ASC Jaraaf de Dakar	AS Génération Foot Dakar
2018/2019	AS Génération Foot Dakar	Teungueth FC Rufisque
2019/2020	*Championship cancelled*	*Competition cancelled*
2021	Teungueth FC Rufisque	Casa Sport de Ziguinchor

* called later ASC Diaraf Dakar;
** called later ASC SUNEOR Diourbel
***called later Mbour Petite Côte FC

OTHER SENEGALESE CUP COMPETITIONS WINNERS:

Coupe de l'Assemblée Nationale
(competition played between the top-4 clubs at the end of each season):
1976-1978: *Not known*; 1979: AS Police Dakar; 1980-1985: *Not known*; 1986: ASC Jeanne d'Arc Dakar; 1987: ASC Jaraaf de Dakar; 1988: *Not known*; 1989: ASC Jeanne d'Arc Dakar; 1990: *Not known*; 1991: ASC Jaraaf de Dakar; 1992-1997: *Not known*; 1998: ASEC Ndiambour Louga; 1999: *No competition*; 2000: UCST Port Autonome Dakar; 2001: ASC Jeanne d'Arc Dakar; 2002: ASEC Ndiambour Louga; 2003: ASC Jaraaf de Dakar; 2004: ASEC Ndiambour Louga; 2005: SONACOS Diourbel; 2006: ASC Jaraaf de Dakar; 2007: *No competition*; 2008: ASC Yakaar Rufisque;

NATIONAL CHAMPIONSHIP Senegal League 1 2021								
1. **Teungueth FC Rufisque**	26	15	7	4	36	-	11	52
2. Diambars FC de Saly	26	12	10	4	37	-	18	46
3. AS Génération Foot Dakar	26	12	10	4	29	-	12	46
4. ASC Jaraaf de Dakar	26	13	5	8	24	-	22	44
5. AS Pikine	26	11	8	7	31	-	27	41
6. Casa Sport de Ziguinchor	26	7	15	4	26	-	17	36
7. Mbour Petite Côte FC	26	9	4	13	21	-	30	31
8. AS Douanes Dakar	26	7	9	10	29	-	36	30
9. CNEPS Excellence Thiès	26	7	8	11	22	-	32	29
10. ASEC Ndiambour Louga	26	7	8	11	18	-	31	29
11. AS Dakar Sacré Cœur	26	6	10	10	19	-	29	28
12. US Gorée Dakar	26	7	6	13	21	-	31	27
13. Stade de Mbour (*Relegated*)	26	6	8	12	16	-	26	26
14. ASC Niary Tally Grand-Dakar (*Relegated*)	26	6	6	14	25	-	32	24

Best goalscorer 2021:
Jean Louis Barthélémy Diouf (AS Génération Foot Dakar) – 12 goals

Promoted for the 2022 season:
Guédiawaye FC Dakar, ASC La Linguère Saint-Louis

NATIONAL CUP
Coupe Nationale de Senegal Final 2021

02.10.2021, Stade "Léopold Sédar Senghor", Dakar
Casa Sport de Ziguinchor - Diambars FC de Saly   1-0(1-0)
Goal: Aliou Datta (12).

THE CLUBS

ASSOCIATION SPORTIVE DAKAR SACRÉ-COEUR
Year of Formation: 2005
Stadium: Stade „Demba Diop", Dakar (15,000)

ASSOCIATION SPORTIVE DES DOUANES DAKAR
Stadium: Stade „Alassane Djigo", Dakar (3,000)

ASSOCIATION SPORTIVE GÉNÉRATION FOOT DAKAR
Year of Formation: 2000
Stadium: Stade "Deni Biram Ndao", Dakar (1,000)

ASSOCIATION SPORTIVE DE PIKINE
Year of Formation: 1970
Stadium: Stade „Alassane Djigo", Dakar (3,000)

ASSOCIATION SPORTIVE ARTISTIQUE ET CULTURELLE NDIAMBOUR LOUGA
Year of Formation: 1969
Stadium: Stade "Alboury Ndiaye", Louga (15,000)

ASSOCIATION SPORTIVE ET CULTURELLE JAARAF DE DAKAR
Year of Formation: 1969
Stadium: Stade „Demba Diop", Dakar (15,000)

ASSOCIATION SPORTIVE ET CULTURELLE NIARRY-TALLY GRAND-DAKAR
Year of Formation: 1981
Stadium: Stade „Demba Diop", Dakar (15,000)

CASA SPORT DE ZIGUINCHOR
Year of Formation: 1969
Stadium: Stade „Aline Sitoë Diatta", Ziguinchor (10,000)

DIAMBARS FOOTBALL CLUB DE SALY
Year of Formation: 2003
Stadium: Stade "Fodé Wade", Saly (2,000)

MBOUR PETITE CÔTE FOOTBALL CLUB
Year of Formation: 1986
Stadium: Stade "Caroline Fayé", Mbour (5,000)

STADE DE MBOUR
Year of Formation: 1960
Stadium: Stade "Caroline Fayé", Mbour (5,000)

TEUNGUETH FOOTBALL CLUB RUFISQUE
Year of Formation: 2010
Stadium: Stade Lat-Fior, Thiès (10,000)

UNION SPORTIVE GORÉE DAKAR
Year of Formation: 1933
Stadium: Stade „Demba Diop", Dakar (15,000)

NATIONAL TEAM INTERNATIONAL MATCHES 2021

26.03.2021	*Brazzaville*	*Congo - Senegal*	*0-0*	*(ACNQ)*
30.03.2021	*Thiès*	*Senegal - Eswatini*	*1-1(0-1)*	*(ACNQ)*
05.06.2021	*Thiès*	*Senegal - Zambia*	*3-1(3-0)*	*(F)*
08.06.2021	*Thiès*	*Senegal - Cape Verde*	*2-0(0-0)*	*(F)*
07.07.2021	*Port Elizabeth*	*Senegal - Namibia*	*1-2(1-1)*	*(COSAFA)*
09.07.2021	*Port Elizabeth*	*Senegal - Mozambique*	*1-0(0-0)*	*(COSAFA)*
13.07.2021	*Port Elizabeth*	*Senegal - Zimbabwe*	*2-1(1-1)*	*(COSAFA)*
14.07.2021	*Port Elizabeth*	*Senegal - Malawi*	*2-1(1-1)*	*(COSAFA)*
16.07.2021	*Port Elizabeth*	*Senegal - Eswatini*	*2-2 aet; 3-0 pen*	*(COSAFA)*
18.07.2021	*Port Elizabeth*	*Senegal - South Africa*	*0-0 aet; 4-5 pen*	*(COSAFA)*
01.09.2021	*Thiès*	*Senegal - Togo*	*2-0(0-0)*	*(WCQ)*
07.09.2021	*Brazzaville*	*Congo - Senegal*	*1-3(1-1)*	*(WCQ)*
09.10.2021	*Thiès*	*Senegal - Namibia*	*4-1(2-0)*	*(WCQ)*
12.10.2021	*Johannesburg*	*Namibia - Senegal*	*1-3(1-1)*	*(WCQ)*
11.11.2021	*Lomé*	*Togo - Senegal*	*1-1(1-0)*	*(WCQ)*
14.11.2021	*Thiès*	*Senegal - Congo*	*2-0(2-0)*	*(WCQ)*

26.03.2021, 33rd African Cup of Nations, Qualifiers
Stade "Alphonse Massemba-Débat", Brazzaville; Attendance: 0
Referee: Mahmoud El Banna (Egypt)
CONGO - SENEGAL   **0-0**
SEN: Bingourou Kamara, Ousseynou Ba (66.Abdoulaye Seck), Abdou-Lakhad Diallo, Fodé Ballo-Touré, Cheikhou Kouyaté, Krépin Diatta, Idrissa Gana Guèye, Pape Matar Sarr (78.Abdallah Dipo Sima), Nampalys Mendy (78.Elimane Franck Kanouté), Keita Baldé Diao (66.Famara Diédhiou), Sadio Mané. Trainer: Aliou Cissé.

30.03.2021, 33rd African Cup of Nations, Qualifiers
Stade Lat-Dior, Thiès; Attendance: 0
Referee: Sekou Ahmed Touré (Guinea)
SENEGAL - ESWATINI   **1-1(0-1)**
SEN: Seny Timothy Dieng, Kalidou Koulibaly, Abdoulaye Seck (73.Idrissa Gana Guèye), Fodé Ballo-Touré (82.Mamadou Fall), Joseph Romeric Lopy, Nampalys Mendy, Cheikhou Kouyaté, Abdallah Dipo Sima (65.Keita Baldé Diao), Krépin Diatta, Mame Baba Thiam (65.Sadio Mané), Mbaye Diagne (73.Famara Diédhiou). Trainer: Aliou Cissé.
Goal: Cheikhou Kouyaté (90).

05.06.2021, Friendly International
Stade Lat-Dior, Thiès; Attendance: 0
Referee: Babacar Sarr (Mauritania)
SENEGAL - ZAMBIA   **3-1(3-0)**
SEN: Amigo Alfred Benjamin Gomis, Lamine Gassama (83.Moustapha Name), Kalidou Koulibaly (83.Cheikhou Kouyaté), Abdou-Lakhad Diallo, Saliou Ciss (79.Joseph Romeric Lopy), Idrissa Gana Guèye, Nampalys Mendy, Krépin Diatta (60.Keita Baldé Diao), Ismaïla Sarr (79.Fodé Ballo-Touré), Sadio Mané, Boulaye Dia (60.Famara Diédhiou). Trainer: Aliou Cissé.
Goals: Sadio Mané (21 penalty), Krépin Diatta (31), Ismaïla Sarr (44).

08.06.2021, Friendly International
Stade Lat-Dior, Thiès; Attendance: 0
Referee: Maudo Jallaow (Gambia)
SENEGAL - CAPE VERDE   **2-0(0-0)**
SEN: Édouard Osoque Mendy, Lamine Gassama (74.Moustapha Name), Kalidou Koulibaly (82.Cheikhou Kouyaté), Abdou-Lakhad Diallo, Saliou Ciss (82.Fodé Ballo-Touré), Idrissa Gana Guèye, Nampalys Mendy (71.Pape Matar Sarr), Ismaïla Sarr (86.Mame Baba Thiam), Krépin Diatta, Sadio Mané, Boulaye Dia (71.Keita Baldé Diao). Trainer: Aliou Cissé.
Goals: Idrissa Gana Guèye (55), Sadio Mané (86 penalty).

07.07.2021, 20th COSAFA Cup, Group Stage
Wolfson Bay Stadium, Port Elizabeth (South Africa); Attendance: 0
Referee: Antonio Caluassi Dungula (Angola)
SENEGAL - NAMIBIA   **1-2(1-1)**
SEN: Pape Seydou N'Diaye, Mouhamed N'Diaye, Falilou Fall, Souabou Gningue, Alfred Gomis (89.Woula Sané), El Hadji Madické Kané (70.Alassane Maodo Kanté), Dominique Mendy, Makhmouth Diallo, Abou Bakry Diop (70.Pape Massar Djitte), Albert Lamane Diène, Mouhamed Rasoul Bâ (77.Abdoul Ndoye). Trainer: Aliou Cissé.
Goal: Albert Lamane Diène (17).

09.07.2021, 20th COSAFA Cup, Group Stage
Wolfson Stadium, Port Elizabeth (South Africa); Attendance: 0
Referee: Osiase Koto (Lesotho)
SENEGAL - MOZAMBIQUE   **1-0(0-0)**
SEN: Pape Seydou N'Diaye, Woula Sané, Souabou Gningue, Falilou Fall, El Hadji Madické Kané, Dominique Mendy, Makhmouth Diallo (88.Serigne Guèye), Alassane Maodo Kanté (78.Abdou Seydi), Albert Lamane Diène, Pape Massar Djitte (72.Abou Bakry Diop), Abdoul Ndoye (72.Mouhamed Rasoul Bâ). Trainer: Aliou Cissé.
Goal: Pape Massar Djitte (63).

13.07.2021, 20th COSAFA Cup, Group Stage
"Nelson Mandela" Bay Stadium, Port Elizabeth (South Africa); Attendance: 0
Referee: Abongile Tom (South Africa)
SENEGAL - ZIMBABWE   **2-1(1-1)**
SEN: Pape Seydou N'Diaye, Woula Sané, Falilou Fall, Souabou Gningue, El Hadji Madické Kané, Dominique Mendy, Makhmouth Diallo (79.Abdou Seydi), Alassane Maodo Kanté, Albert Lamane Diène, Pape Massar Djitte (79.Abou Bakry Diop), Abdoul Ndoye (79.Mouhamed Rasoul Bâ). Trainer: Aliou Cissé.
Goals: Abdoul Ndoye (44), Mouhamed Rasoul Bâ (88).

14.07.2021, 20th COSAFA Cup, Group Stage
"Nelson Mandela" Bay Stadium, Port Elizabeth (South Africa); Attendance: 0
Referee: Keabetswe Dintwa (Bostswana)
SENEGAL - MALAWI **2-1(1-1)**
SEN: Pape Seydou N'Diaye, Mouhamed N'Diaye, Falilou Fall, Alfred Gomis (56.Pape Oumar Ngala Ndoye), El Hadji Madické Kané, Dominique Mendy, Abdou Seydi, Abou Bakry Diop, Albert Lamane Diène (81.Alioune Mbaye), Mouhamed Rasoul Bâ, Serigne Guèye (80.Alassane Maodo Kanté). Trainer: Aliou Cissé.
Goals: Abou Bakry Diop (11, 90+1).

16.07.2021, 20th COSAFA Cup, Semi-Finals
"Nelson Mandela" Bay Stadium, Port Elizabeth (South Africa); Attendance: 0
Referee: Osiase Koto (Lesotho)
SENEGAL - ESWATINI **2-2(0-2,2-2,2-2); 3-0 on penalties**
SEN: Pape Seydou N'Diaye, Woula Sané, Falilou Fall, Souabou Gningue, El Hadji Madické Kané, Dominique Mendy, Alassane Maodo Kanté (63.Mouhamed N'Diaye), Abou Bakry Diop (63.Alioune Mbaye), Albert Lamane Diène, Mouhamed Rasoul Bâ, Pape Massar Djitte. Trainer: Aliou Cissé.
Goals: Pape Massar Djitte (58), El Hadji Madické Kané (80).
Penalties: El Hadji Madické Kané, Albert Lamane Diène, Mouhamed Rasoul Bâ.

18.07.2021, 20th COSAFA Cup, Final
"Nelson Mandela" Bay Stadium, Port Elizabeth; Attendance: 0
Referee: Audrick Nkole (Zambia)
SENEGAL - SOUTH AFRICA **0-0; 4-5 on penalties**
SEN: Pape Seydou N'Diaye, Woula Sané, Falilou Fall, Souabou Gningue, El Hadji Madické Kané, Dominique Mendy, Alassane Maodo Kanté, Abou Bakry Diop (79.Alioune Mbaye), Albert Lamane Diène, Mouhamed Rasoul Bâ, Pape Massar Djitte. Trainer: Aliou Cissé.
Penalties: El Hadji Madické Kané, Albert Lamane Diène, Falilou Fall, Dominique Mendy (saved), Mouhamed Rasoul Bâ, Pape Seydou N'Diaye (missed).

01.09.2021, 22nd FIFA World Cup Qualifiers, Second Round
Stade Lat-Dior, Thiès; Attendance: 0
Referee: Sadok Selmi (Tunisia)
SENEGAL - TOGO **2-0(0-0)**
SEN: Édouard Osoque Mendy, Ibrahima Mbaye (73.El Hadji Moutarou Baldé), Kalidou Koulibaly, Abdou-Lakhad Diallo, Saliou Ciss, Cheikhou Kouyaté (72.Joseph Romeric Lopy), Idrissa Gana Guèye, Ismaïla Sarr (88.Fodé Ballo-Touré), Pape Matar Sarr (73.Habibou Mouhamadou Diallo), Boulaye Dia (82.Abdallah Dipo Sima), Sadio Mané. Trainer: Aliou Cissé.
Goals: Sadio Mané (56), Abdou-Lakhad Diallo (81).

07.09.2021, 22nd FIFA World Cup Qualifiers, Second Round
Stade "Alphonse Massemba-Débat", Brazzaville; Attendance: 0
Referee: Mohamed Ali Moussa (Niger)
CONGO - SENEGAL **1-3(1-1)**
SEN: Édouard Osoque Mendy, Ibrahima Mbaye (90+2.El Hadji Moutarou Baldé), Kalidou Koulibaly, Abdou-Lakhad Diallo, Fodé Ballo-Touré (61.Saliou Ciss), Idrissa Gana Guèye, Joseph Romeric Lopy (90+2.Moustapha Name), Abdallah Dipo Sima (61.Krépin Diatta), Ismaïla Sarr, Sadio Mané, Boulaye Dia (75.Famara Diédhiou). Trainer: Aliou Cissé.
Goals: Boulaye Dia (27), Ismaïla Sarr (82), Sadio Mané (87 penalty).

09.10.2021, 22nd FIFA World Cup Qualifiers, Second Round
Stade Lat-Dior, Thiès; Attendance: 0
Referee: Kalilou Traoré (Ivory Coast)
SENEGAL - NAMIBIA **4-1(2-0)**
SEN: Édouard Osoque Mendy, Bouna Sarr, Kalidou Koulibaly, Abdou-Lakhad Diallo, Saliou Ciss (89.Fodé Ballo-Touré), Idrissa Gana Guèye, Cheikhou Kouyaté (71.Nampalys Mendy), Krépin Diatta (50.Keita Baldé Diao), Famara Diédhiou (71.Habibou Mouhamadou Diallo), Sadio Mané, Ismaïla Sarr (89.Cheikh Ahmadou Bamba Mbacke Dieng). Trainer: Aliou Cissé.
Goals: Idrissa Gana Guèye (10), Famara Diédhiou (38), Sadio Mané (54), Keita Baldé Diao (83).

12.10.2021, 22nd FIFA World Cup Qualifiers, Second Round
Orlando Stadium, Johannesburg (South Africa); Attendance: 0
Referee: Mohamed Youssouf Athoumani (Comoros)
NAMIBIA - SENEGAL **1-3(1-1)**
SEN: Édouard Osoque Mendy, Bouna Sarr, Kalidou Koulibaly, Abdou-Lakhad Diallo, Saliou Ciss (69.Fodé Ballo-Touré), Idrissa Gana Guèye, Cheikhou Kouyaté, Famara Diédhiou (88.Nampalys Mendy), Ismaïla Sarr, Sadio Mané, Keita Baldé Diao (68.Cheikh Ahmadou Bamba Mbacke Dieng). Trainer: Aliou Cissé.
Goals: Famara Diédhiou (22, 51, 84).

11.11.2021, 22nd FIFA World Cup Qualifiers, Second Round
Stade de Kégué, Lomé; Attendance: 0
Referee: Jalal Jayed (Morocco)
TOGO - SENEGAL **1-1(1-0)**
SEN: Édouard Osoque Mendy, Bouna Sarr, Kalidou Koulibaly, Pape Abou Cissé (71.Nampalys Mendy), Saliou Ciss, Idrissa Gana Guèye, Cheikhou Kouyaté, Krépin Diatta (76.Habibou Mouhamadou Diallo), Sadio Mané (28.Boulaye Dia), Ismaïla Sarr, Famara Diédhiou (70.Cheikh Ahmadou Bamba Mbacke Dieng). Trainer: Aliou Cissé.
Goal: Habibou Mouhamadou Diallo (90+3).

14.11.2021, 22nd FIFA World Cup Qualifiers, Second Round
Stade Lat-Dior, Thiès; Attendance: 5,000
Referee: Fabricio Duarte (Cape Verde)
SENEGAL - CONGO **2-0(2-0)**
SEN: Amigo Alfred Benjamin Gomis, Bouna Sarr, Kalidou Koulibaly, Pape Abou Cissé (89.Abdoulaye Seck), Saliou Ciss, Idrissa Gana Guèye (59.Pape Alassane Guèye), Nampalys Mendy (88.Moustapha Name), Habibou Mouhamadou Diallo (78.Pape Matar Sarr), Ismaïla Sarr, Krépin Diatta, Boulaye Dia (59.Cheikh Ahmadou Bamba Mbacke Dieng). Trainer: Aliou Cissé.
Goals: Ismaïla Sarr (14, 24).

NATIONAL TEAM PLAYERS 2021

Name	DOB	Club
Goalkeepers		
Seny Timothy DIENG	23.11.1994	*Queens Park Rangers FC London (ENG)*
Amigo Alfred Benjamin GOMIS	05.09.1993	*Stade Rennais FC (FRA)*
Bingourou KAMARA	21.10.1996	*Racing Club de Strasbourg (FRA)*
Édouard Osoque MENDY	01.03.1992	*Chelsea FC London (ENG)*
Pape Seydou N'DIAYE	11.02.1993	*ASC Jaraaf de Dakar*
Defenders		
Ousseynou BA	11.11.1995	*SFP Olympiacos Peiraiás (GRE)*
El Hadji Moutarou BALDÉ	05.10.1993	*Teungueth FC Rufisque*
Fodé BALLO-TOURÉ	03.01.1997	*AS Monaco FC (FRA); 18.07.2021-> Milan AC (ITA)*
Saliou CISS	15.09.1989	*AS Nancy-Lorraine (FRA)*
Pape Abou CISSÉ	14.09.1995	*SFP Olympiacos Peiraiás (GRE)*
Abdou-Lakhad DIALLO	04.05.1996	*Paris Saint-Germain FC (FRA)*
Falilou FALL	07.12.2002	*ASC Niary Tally Grand-Dakar*
Lamine GASSAMA	20.10.1989	*Göztepe SK İzmir (TUR)*
Souabou GNINGUE	06.05.2002	*La Linguère Saint-Louis*
Alfred GOMIS	18.04.2001	*US Ouakam*
Kalidou KOULIBALY	20.06.1991	*SSC Napoli (ITA)*
Ibrahima MBAYE	19.11.1994	*Bologna FC 1909 (ITA)*
Mouhamed N'DIAYE	15.05.2001	*Oslo Football Academy Dakar*
Pape Oumar Ngala NDOYE	22.02.1998	*US Gorée Dakar*
Woula SANÉ	17.01.2002	*Stade de Mbour*
Bouna SARR	31.01.1992	*FC Bayern München (GER)*
Abdoulaye SECK	04.06.1992	*Royal Antwerp FC (BEL)*
Midfielders		
Makhmouth DIALLO	07.01.1996	*Guédiawaye FC*
Idrissa Gana GUÈYE	26.09.1989	*Paris Saint-Germain FC (FRA)*
Pape Alassane GUÈYE	24.01.1999	*Olympique de Marseille (FRA)*
El Hadji Madické KANÉ	19.12.1996	*ASC Jaraaf de Dakar*
Elimane Franck KANOUTÉ	13.12.1998	*Cercle Brugge KSV (BEL)*
Alassane Maodo KANTÉ	20.12.2000	*US Gorée Dakar*
Cheikhou KOUYATÉ	21.12.1989	*Crystal Palace FC London (ENG)*
Joseph Romeric LOPY	15.03.1992	*FC Sochaux-Montbéliard (FRA)*
Dominique MENDY	17.12.1999	*AS Génération Foot Dakar*
Nampalys MENDY	23.06.1992	*Leicester City FC (ENG)*
Moustapha NAME	05.05.1995	*Paris FC (FRA)*
Pape Matar SARR	14.09.2002	*FC Metz (FRA)*
Abdou SEYDI	31.12.2001	*Casa Sport de Ziguinchor*

	Forwards	
Mouhamed Rasoul BÂ	12.02.2001	La Linguère Saint-Louis
Keïta BALDÉ Diao	08.03.1995	Sampdoria UC Genova (ITA); 31.08.2021-> Cagliari Calcio (ITA)
Boulaye DIA	16.11.1996	Stade de Reims (FRA); 13.07.2021-> Villarreal CF (ESP)
Mbaye DIAGNE	28.10.1991	West Bromwich Albion FC (ENG)
Habibou Mouhamadou DIALLO	18.06.1995	Racing Club de Strasbourg (FRA)
Krépin DIATTA	25.02.1999	AS Monaco FC (FRA)
Famara DIÉDHIOU	15.12.1992	Bristol City FC (ENG); 19.07.2021-> Alanyaspor (TUR)
Albert Lamane DIÈNE	12.02.1998	ASC Jaraaf de Dakar
Cheikh Ahmadou Bamba Mbacke DIENG	23.03.2000	Olympique de Marseille (FRA)
Abou Bakry DIOP	05.05.2002	HLM Grand Yoff
Pape Massar DJITTE	08.02.2003	CNEPS Excellence Thiès
Mamadou FALL	31.12.1991	R Charleroi SC (BEL)
Serigne GUÈYE	10.01.1999	AS Douanes Dakar
Sadio MANÉ	10.04.1992	Liverpool FC (ENG)
Alioune MBAYE	03.04.2002	ASC Niary Tally Grand-Dakar
Abdoul NDOYE	28.01.2001	Guédiawaye FC
Ismaïla SARR	25.02.1998	Watford FC (ENG)
Abdallah Dipo SIMA	17.06.2001	SK Slavia Praha (CZE); 31.08.2021-> Brighton & Hove Albion FC (ENG)
Mame Baba THIAM	09.10.1992	Fenerbahçe SK İstanbul (TUR)

	National coaches	
Aliou CISSÉ [from 05.03.2015]		24.03.1976

SEYCHELLES

Seychelles Football Federation
Maison Football Roche Caiman,
P.O. Box 843, Mahé
Year of Formation: 1980
Member of FIFA since: 1986
Member of CAF since: 1986

First international match:
13.02.1974:
Réunion - Seychelles 2-0
Most international caps:
Benoit Marie
46 caps (since 2013)
Most international goals:
Philip Zialor
14 goals / 33 caps (1998-2009)

AFRICAN CUP OF NATIONS	
1957	Did not enter
1959	Did not enter
1962	Did not enter
1963	Did not enter
1965	Did not enter
1968	Did not enter
1970	Did not enter
1972	Did not enter
1974	Did not enter
1976	Did not enter
1978	Did not enter
1980	Did not enter
1982	Did not enter
1984	Did not enter
1986	Did not enter
1988	Did not enter
1990	Qualifiers
1992	Withdrew
1994	Did not enter
1996	Withdrew
1998	Qualifiers
2000	Did not enter
2002	Did not enter
2004	Qualifiers
2006	Qualifiers
2008	Qualifiers
2010	Qualifiers
2012	Did not enter
2013	Qualifiers
2015	Withdrew
2017	Qualifiers
2019	Qualifiers
2021	Qualifiers

FIFA WORLD CUP	
1930	Did not enter
1934	Did not enter
1938	Did not enter
1950	Did not enter
1954	Did not enter
1958	Did not enter
1962	Did not enter
1966	Did not enter
1970	Did not enter
1974	Did not enter
1978	Did not enter
1982	Did not enter
1986	Did not enter
1990	Did not enter
1994	Did not enter
1998	Did not enter
2002	Qualifiers
2006	Qualifiers
2010	Qualifiers
2014	Qualifiers
2018	Qualifiers

OLYMPIC FOOTBALL TOURNAMENTS 1900-2020
2000 (Qualifiers), 2004 (Qualifiers), 2020 (Qualifiers)

F.I.F.A. CONFEDERATIONS CUP 1992-2017
None

AFRICAN GAMES 1965-2019
1987

CECAFA CUP (East and Central African Championship) 1973-2021
1992, 1994

COSAFA (Confederation of Southern African Football Associations) CUP 1997-2021
2005, 2006, 2007, 2008, 2009, 2013, 2015, 2016, 2017, 2018 (Group Stage), 2019 (Group Stage), 2021 (did not enter)

INDIAN OCEAN GAMES 1947-2019
2003 (3rd place), 2007, **2011 (Winners)**, 2015, 2019 (4th Place)

AFRICAN NATIONS CHAMPIONSHIP 2009-2020
2011 (Qualifiers), 2014 (Qualifiers), 2016 (Qualifiers), 2018 (Qualifiers), 2020 (Qualifiers)

SEYCHELLES CLUB HONOURS IN ASIAN CLUB COMPETITIONS:
CAF Champions League 1964-2021
None
CAF Confederation Cup 2004-2021
None
CAF Super Cup 1993-2021
None
African Cup Winners' Cup 1975-2003*
None
CAF Cup 1992-2003*
None

**defunct competitions*

NATIONAL COMPETITIONS
TABLE OF HONOURS

	CHAMPIONS	CUP WINNERS
1976	-	Rangers (?? City not known)
1977	-	*Not known*
1978	-	*Not known*
1979	Saint Louis FC Victoria*	*Not known*
1980	Saint Louis FC Victoria	*Not known*
1981	Saint Louis FC Victoria	*Not known*
1982	Mont Fleuri FC	*Not known*
1983	Saint Louis FC Victoria	*Not known*
1984	Mont Fleuri FC	*Not known*
1985	Saint Louis FC Victoria	*Not known*
1986	Saint Louis FC Victoria	*Not known*
1987	Saint Louis FC Victoria	Beau Vallon
1988	Saint Louis FC Victoria	Saint Louis FC Victoria
1989	Saint Louis FC Victoria	Anse Boileau

1990	Saint Louis FC Victoria	Plaisance FC
1991	Saint Louis FC Victoria	Anse-aux-Pins FC
1992	Saint Louis FC Victoria	*Not known*
1993	*No competition*	Anse-aux-Pins FC
1994	Saint Louis FC Victoria	*Not known*
1995	Sunshine SC Victoria	Red Star FC Anse-aux-Pins
1996	Saint Michel United FC Anse-aux-Pins	Red Star FC Anse-aux-Pins
1997	Saint Michel United FC Anse-aux-Pins	Saint Michel United FC Anse-aux-Pins
1998	Red Star FC Anse-aux-Pins	Saint Michel United FC Anse-aux-Pins
1999	Saint Michel United FC Anse-aux-Pins	Red Star FC Anse-aux-Pins
2000	Saint Michel United FC Anse-aux-Pins	Sunshine SC Victoria
2001	Red Star FC Anse-aux-Pins	Saint Michel United FC Anse-aux-Pins
2002	La Passe Football Club Saint Michel United FC Anse-aux-Pins (2 winners)	Anse Réunion Football Club
2003	Saint Michel United FC Anse-aux-Pins	Saint Louis FC Victoria
2004	La Passe Football Club	Red Star FC Anse-aux-Pins
2005	La Passe Football Club	Seychelles Marketing Board Victoria
2006	Anse Réunion Football Club	Saint Michel United FC Anse-aux-Pins
2007	Saint Michel United FC Anse-aux-Pins	Saint Michel United FC Anse-aux-Pins
2008	Saint Michel United FC Anse-aux-Pins	Saint Michel United FC Anse-aux-Pins
2009	La Passe Football Club	Saint Michel United FC Anse-aux-Pins
2010	Saint Michel United FC Anse-aux-Pins	Saint Louis Suns United Victoria
2011	Saint Michel United FC Anse-aux-Pins	Saint Michel United FC Anse-aux-Pins
2012	Saint Michel United FC Anse-aux-Pins	Anse Réunion Football Club
2013	Côte d'Or Praslin	Saint Michel United FC Anse-aux-Pins
2014	Saint Michel United FC Anse-aux-Pins	Saint Michel United FC Anse-aux-Pins
2015	Saint Michel United FC Anse-aux-Pins	Light Stars Football Club Grande Anse
2016	Côte d'Or Praslin	Saint Michel United FC Anse-aux-Pins
2017	Saint Louis Suns United Victoria	Saint Louis Suns United Victoria
2018	Côte d'Or Praslin	*No competition*
2019	*No competition*	Saint Louis Suns United Victoria
2019/2020	Foresters Mont Fleuri	Foresters Mont Fleuri
2020/2021	*Championship cancelled*	*Competition cancelled*

*called today Saint Louis Suns United Victoria

NATIONAL CHAMPIONSHIP
Seypearl Premier League 2020/2021

The championship was suspended and eventually cancelled on 25.02.2021, due to COVID-19 pandemic.

01.09.2021	*Moroni*	*Comoros - Seychelles*	*7-1(3-0)*	*(F)*
04.09.2021	*Moroni*	*Burundi - Seychelles*	*8-1(4-0)*	*(F)*
10.11.2021	*Colombo*	*Bangladesh - Seychelles*	*1-1(1-0)*	*(F)*
13.11.2021	*Colombo*	*Sri Lanka - Seychelles*	*0-1(0-0)*	*(F)*
16.11.2021	*Colombo*	*Seychelles - Maldives*	*0-0*	*(F)*
19.11.2021	*Colombo*	*Seychelles - Sri Lanka*	*3-3 aet; 3-1 pen*	*(F)*

NATIONAL TEAM INTERNATIONAL MATCHES 2021

01.09.2021, Friendly International
Stade Omnisports de Malouzini, Moroni; Attendance: 0
Referee: Elly Sasii (Tanzania)
COMOROS - SEYCHELLES   **7-1(3-0)**
SEY: Ian Ah-Kong, Elie Sopha, Charmaine Häusl (13.Ryan Henriette; 79.Lorenzo Hoareau), Warren Eric Mellie (89.Matthew Rouillon), Sam Hallock, Affandi Aboudou (42.Brandon Labrosse), Imra Raheriniaina, Rohan Durup (76.Achille Esther), Dean Mothé, Assad Aboudou (46.Majid Freminot), Darrel Damoo (68.Frederick Renaud). Trainer: Ralph Jean-Louis.
Goal: Ryan Henriette (78).

04.09.2021, Friendly International
Stade Omnisports de Malouzini, Moroni (Comoros); Attendance: n/a
Referee: Soulaimane Ansudane (Comoros)
BURUNDI - SEYCHELLES   **8-1(4-0)**
SEY: Ian Ah-Kong, Frederick Renaud, Elie Sopha, Warren Eric Mellie (88.Matthew Rouillon), Sam Hallock, Imra Raheriniaina, Dean Mothé, Brandon Labrosse, Majid Freminot (34.Assad Aboudou), Rohan Durup (90.Affandi Aboudou), Darrel Damoo (55.Lorenzo Hoareau). Trainer: Ralph Jean-Louis.
Goal: Lorenzo Hoareau (81).

10.11.2021, Friendly International - 2021 "Mahinda Rajapaksa" Trophy, Group Stage
Racecourse Stadium, Colombo (Sri Lanka); Attendance: 1,425
Referee: Kasun Weerakkody (Sri Lanka)
BANGLADESH - SEYCHELLES   **1-1(1-0)**
SEY: Alvin Michel, Kenner Ricky Nourrice, Warren Eric Mellie, Juninho Mathiot (41.Dean Mothé), Benoît Stenio Steve Marie, Sam Hallock, Don Fanchette, Julio Brown (46.Josip Ravighia), Jean-Yves Perry Ernesta (66.Brandon Labrosse), Hubert Jean (46.Rundolf Elizabeth), Gervais Trevor Waye-Hive (66.Elijah Tamboo). Trainer: Ralph Jean-Louis.
Goal: Brandon Labrosse (88).

13.11.2021, Friendly International - 2021 "Mahinda Rajapaksa" Trophy, Group Stage
Racecourse Stadium, Colombo; Attendance: 2,775
Referee: Abdulhadi Al Asmar Al Ruaile (Qatar)
SRI LANKA - SEYCHELLES   **0-1(0-0)**
SEY: Alvin Michel, Kenner Ricky Nourrice, Helton Lionel Monnaie, Warren Eric Mellie, Juninho Mathiot (87.Danny Jean Madeleine), Benoît Stenio Steve Marie (56.Dean Norcy Anthony Balette), Don Fanchette, Jean-Yves Perry Ernesta, Dean Mothé (88.Gervais Trevor Waye-Hive), Brandon Labrosse (88.Rundolf Elizabeth), Elijah Tamboo (64.Josip Ravighia). Trainer: Ralph Jean-Louis.
Goal: Warren Eric Mellie (68).

16.11.2021, Friendly International - 2021 "Mahinda Rajapaksa" Trophy, Group Stage
Racecourse Stadium, Colombo (Sri Lanka); Attendance: 755
Referee: Nivon Gamini Robesh (Sri Lanka)
SEYCHELLES - MALDIVES **0-0**
SEY: Alvin Michel, Kenner Ricky Nourrice, Helton Lionel Monnaie, Warren Eric Mellie, Juninho Mathiot [*sent off 76*], Benoît Stenio Steve Marie, Don Fanchette, Josip Ravighia (67.Stan Esther), Dean Mothé (61.Hubert Jean), Brandon Labrosse (61.Rundolf Elizabeth), Jean-Yves Perry Ernesta (31.Elijah Tamboo). Trainer: Ralph Jean-Louis.

19.11.2021, Friendly International - 2021 "Mahinda Rajapaksa" Trophy, Final
Racecourse Stadium, Colombo (Sri Lanka); Attendance: 1,425
Referee: Mohammed Ahmed Al Shammari (Qatar)
SEYCHELLES - SRI LANKA **3-3(1-1,3-3,3-3); 3-1 on penalties**
SEY: Alvin Michel, Kenner Ricky Nourrice (69.Jean-Yves Perry Ernesta), Helton Lionel Monnaie, Warren Eric Mellie, Benoît Stenio Steve Marie, Don Fanchette, Julio Brown (78.Thiery Jean-Marc Brad Camille), Dean Mothé (68.Rundolf Elizabeth), Brandon Labrosse (46.Elijah Tamboo), Gervais Trevor Waye-Hive (58.Josip Ravighia), Hubert Jean. Trainer: Ralph Jean-Louis.
Goals: Hubert Jean (4), Charitha Rathnayake (85 own goal), Elijah Tamboo (90).
Penalties: Don Fanchette (missed), Elijah Tamboo, Hubert Jean, Jean-Yves Perry Ernesta.

NATIONAL TEAM PLAYERS 2021

Name	DOB	Club
Goalkeepers		
Ian AH-KONG	02.11.1995	*La Passe Football Club*
Alvin MICHEL	05.01.1990	*Saint Michel United FC Anse-aux-Pins*
Defenders		
Affandi ABOUDOU	03.01.2003	*La Passe Football Club*
Julio BROWN	30.08.1996	*Saint Michel United FC Anse-aux-Pins*
Stan ESTHER	12.02.2001	*Northern Dynamo FC Glacis*
Don FANCHETTE	03.12.1997	*Anse Réunion Football Club*
Sam HALLOCK	10.10.2001	*Saint Michel United FC Anse-aux-Pins*
Charmaine HÄUSL	27.01.1996	*Berliner AK (GER)*
Danny Jean MADELEINE	17.11.1996	*Saint Louis Suns United Victoria*
Benoît Stenio Steve MARIE	08.10.1987	*Côte d'Or Praslin*
Juninho MATHIOT	09.02.2000	*Saint Louis Suns United Victoria*
Warren Eric MELLIE	01.10.1994	*Foresters Mont Fleuri FC*
Helton Lionel MONNAIE	15.05.1997	*La Passe Football Club*
Kenner Ricky NOURRICE	10.06.1995	*Saint Michel United FC Anse-aux-Pins*
Frederick RENAUD	02.02.2004	
Elie SOPHA	03.11.2004	

	Midfielders	
Assad ABOUDOU	03.01.2003	*La Passe Football Club*
Dean Norcy Anthony BALETTE		*Saint John Bosco FC Pointe La Rue*
Rohan DURUP	21.05.2004	*Marine Maintenance FC*
Rundolf ELIZABETH	29.10.1995	*Saint John Bosco FC Pointe La Rue*
Jean-Yves Perry ERNESTA		*Foresters Mont Fleuri FC*
Achille ESTHER	24.05.2002	*La Passe Football Club*
Majid FREMINOT	01.09.2004	
Lorenzo HOAREAU	06.01.2007	
Dean MOTHÉ	01.08.2000	*Saint Louis Suns United Victoria*
Imra RAHERINIAINA	19.11.2004	
Josip RAVIGHIA	19.02.2001	*Real Maldives Anse Étoile*

	Forwards	
Thiery Jean-Marc Brad CAMILLE	11.12.2001	*Saint John Bosco FC Pointe La Rue*
Darrel DAMOO	22.09.1989	*The Lions FC Cascade*
Ryan HENRIETTE	23.01.2000	*Foresters Mont Fleuri FC*
Hubert JEAN	26.07.1996	*Saint Louis Suns United Victoria*
Brandon LABROSSE	11.03.1999	*Foresters Mont Fleuri FC*
Matthew ROUILLON	17.02.2005	
Elijah TAMBOO	22.10.1993	*Saint Louis Suns United Victoria*
Gervais Trevor WAYE-HIVE	11.06.1988	*Saint Michel United FC Anse-aux-Pins*

	National coaches	
Ralph JEAN-LOUIS [from 01.01.2020]		11.09.1968

SIERRA LEONE

Sierra Leone Football Association
21 Battery Street, Kingtom
P.O. Box 672, Freetown
Year of Formation: 1960
Member of FIFA since: 1960
Member of CAF since: 1967
www.slfa.sl

First international match:
10.08.1949, Freetown:
Sierra Leone - Nigeria 0-2
Most international caps:
Umaru Bangura
53 caps (since 2006)
Most international goals:
Mohamed Kallon
8 goals / 40 caps (1995-2012)

AFRICAN CUP OF NATIONS	
1957	Did not enter
1959	Did not enter
1962	Did not enter
1963	Did not enter
1965	Did not enter
1968	Did not enter
1970	Withdrew
1972	Did not enter
1974	Qualifiers
1976	Did not enter
1978	Qualifiers
1980	Did not enter
1982	Qualifiers
1984	Qualifiers
1986	Did not enter
1988	Disqualified
1990	Withdrew
1992	Did not enter
1994	Final Tournament (Group Stage)
1996	Final Tournament (Group Stage)
1998	Qualifiers (Withdrew)
2000	Disqualified
2002	Qualifiers
2004	Qualifiers
2006	Qualifiers
2008	Qualifiers
2010	Qualifiers
2012	Qualifiers
2013	Qualifiers
2015	Qualifiers
2017	Qualifiers
2019	Disqualified due to FIFA suspension
2021	*Final Tournament (Qualified)*

FIFA WORLD CUP	
1930	Did not enter
1934	Did not enter
1938	Did not enter
1950	Did not enter
1954	Did not enter
1958	Did not enter
1962	Did not enter
1966	Did not enter
1970	Did not enter
1974	Did not enter
1978	Did not enter
1982	Did not enter
1986	Qualifiers
1990	Did not enter
1994	Withdrew
1998	Qualifiers
2002	Qualifiers
2006	Qualifiers
2010	Qualifiers
2014	Qualifiers
2018	Qualifiers

OLYMPIC FOOTBALL TOURNAMENTS 1908-2020

1908	-	1952	-	1976	-	2000	Withdrew
1912	-	1956	-	1980	Qualifiers	2004	Did not enter
1920	-	1960	-	1984	Withdrew	2008	Qualifiers
1924	-	1964	-	1988	Qualifiers	2012	Qualifiers
1928	-	1968	-	1992	Qualifiers	2016	Qualifiers
1936	-	1972	-	1996	Did not enter	2020	Qualifiers
1948	-						

F.I.F.A. CONFEDERATIONS CUP 1992-2017
None

AFRICAN GAMES 1965-2019
1973

COPA „AMILCAR CABRAL" 1979-2007
1982, 1983, 1984 (Runners-up), 1985, 1986 (Runners-up), 1987, 1988, 1989, 1991, 1993 & 1995 (Winners), 1997, 2000, 2005, 2007

CEDEAO (Communauté Economique Des Etats de l'Afrique de l'Ouest) CUP 1977-1991
1977, 1983

AFRICAN NATIONS CHAMPIONSHIP 2009-2020
2011 (Qualifiers), 2014 (Qualifiers), 2016 (Qualifiers), 2018 (Qualifiers), 2020 (suspended by FIFA)

WEST AFRICAN NATIONS CUP 2010-2019
2013 (Group Stage), 2017 (1st Round), 2019 (Quarter-Finals)

SIERRA LEONEAN CLUB HONOURS IN ASIAN CLUB COMPETITIONS:

CAF Champions League 1964-2021
None

CAF Confederation Cup 2004-2021
None

CAF Super Cup 1993-2021
None

*African Cup Winners' Cup 1975-2003**
None

*CAF Cup 1992-2003**
None

*defunct competitions

NATIONAL COMPETITIONS
TABLE OF HONOURS

	CHAMPIONS	CUP WINNERS
1967	Mighty Blackpool FC Freetown	-
1968	*No competition*	-
1969	*No competition*	-
1970	*No competition*	-
1971	*No competition*	-
1972	*No competition*	-
1973	Ports Authority FC Freetown	East End Lions FC Freetown
1974	Mighty Blackpool FC Freetown	*No competition*

1975	*No competition*	*No competition*
1976	*No competition*	*No competition*
1977	East End Lions FC Freetown	*No competition*
1978	Mighty Blackpool FC Freetown	The Bai Bureh Warriors of Port Loko
1979	Mighty Blackpool FC Freetown	The Wusum Stars of Bombali Makeni
1980	East End Lions FC Freetown	East End Lions FC Freetown
1981	Real Republicans FC Freetown	The Kamboi Eagles of Kenema
1982	Sierra Fisheries Freetown*	The Bai Bureh Warriors of Port Loko
1983	Real Republicans FC Freetown	Mighty Blackpool FC Freetown
1984	Real Republicans FC Freetown	Old Edwardians FC Freetown
1985	East End Lions FC Freetown	The Kamboi Eagles of Kenema
1986	Sierra Fisheries Freetown	Real Republicans FC Freetown
1987	Sierra Fisheries Freetown	*No competition*
1988	Mighty Blackpool FC Freetown	Mighty Blackpool FC Freetown
1989	Freetown United	East End Lions FC Freetown
1990	Old Edwardians FC Freetown	Ports Authority FC Freetown
1991	Mighty Blackpool FC Freetown	Ports Authority FC Freetown
1992	East End Lions FC Freetown	The Diamond Stars of Kono Koidu Town
1993	East End Lions FC Freetown	*No competition*
1994	East End Lions FC Freetown	Mighty Blackpool FC Freetown
1995	Mighty Blackpool FC Freetown	*No competition*
1996	Mighty Blackpool FC Freetown	*No competition*
1997	East End Lions FC Freetown	*No competition*
1998	Mighty Blackpool FC Freetown	*No competition*
1999	East End Lions FC Freetown	*No competition*
1999/2000	Mighty Blackpool FC Freetown	Mighty Blackpool FC Freetown
2001	Mighty Blackpool FC Freetown	Old Edwardians FC Freetown
2002	*No competition*	*No competition*
2003	*No competition*	*No competition*
2004	*No competition*	*No competition*
2005	East End Lions FC Freetown	*Not known*
2005/2006	Kallon FC Freetown	*Not known*
2006/2007	*No competition*	Kallon FC Freetown
2007/2008	Ports Authority FC Freetown	*No competition*
2008/2009	East End Lions FC Freetown	*No competition*
2009/2010	East End Lions FC Freetown	*No competition*
2010/2011	Ports Authority FC Freetown	*No competition*
2011/2012	The Diamond Stars of Kono Koidu Town	*No competition*
2012/2013	The Diamond Stars of Kono Koidu Town	*No competition*
2014	*Championship suspended*	The Kamboi Eagles of Kenema
2015	*No competition*	*No competition*
2016	*No competition*	FC Johansen Freetown
2017	*No competition*	*No competition*
2018	*No competition*	*No competition*
2019	East End Lions FC Freetown	*No competition*
2019/2020	*Championship cancelled*	*Competition cancelled*
2021	*Championship not yet finished*	*No competition*

* called today Kallon FC Freetown

| **NATIONAL CHAMPIONSHIP** |
| **Premier League 2021** |

The 2021 championhip started on 23.04.2021 and was interrupted between 17.06. and 11.09.2021 due to COVID-19 pandemic. Until end of November 2021, only 17 Rounds were played.

| **NATIONAL CUP** |
| **National FA Cup Final 2021** |

No competition was organized in the 2021 season.

| **NATIONAL TEAM** |
| **INTERNATIONAL MATCHES 2021** |

27.03.2021	*Maseru*	*Lesotho - Sierra Leone*	*0-0*	*(ACNQ)*
15.06.2021	*Conakry*	*Sierra Leone - Benin*	*1-0(1-0)*	*(ACNQ)*
26.08.2021	*Bahir Dar*	*Ethiopia - Sierra Leone*	*0-0*	*(F)*
06.10.2021	*El Jadida*	*Sierra Leone - South Sudan*	*1-1(1-0)*	*(F)*
09.10.2021	*El Jadida*	*Gambia - Sierra Leone*	*1-2(1-2)*	*(F)*
13.11.2021	*Sapanca*	*Sierra Leone - Comoros*	*0-2(0-1)*	*(F)*

22.03.2021, 33rd African Cup of Nations, Qualifiers
Setsoto Stadium, Maseru; Attendance: 0
Referee: Andofetra Rakotojaona (Madagascar)
LESOTHO - SIERRA LEONE   **0-0**
SLE: Mohamed Kamara, Kemson Fofanah, Yeami Dunia, Abu Bakarr Samura, Abdul Razak Conteh, Mohamed „Medo" Kamara, Rodney Strasser (80.Prince Barrie), Kwame Quee, Alhassan Koroma, Christian Moses, Kei Ansu Kamara. Trainer: John Keister.

00.06.2021, 33rd African Cup of Nations, Qualifiers
Stade du 28 Septembre, Conakry (Guinea); Attendance: 0
Referee: Haythem Guirat (Tunisia)
SIERRA LEONE - BENIN   **1-0(1-0)**
SLE: Mohamed Kamara, Osman Jovan Kakay, Abu Bakarr Samura (63.Alusine Koroma), Umaru Bangura, Saidu Mansaray (87.Lamin Conteh), John Bankolé Kamara, Kwame Quee, Sulaiman Borbor Kaikai (54.Alhaji Kamara), Mustapha Bundu (64.Saidu Fofanah), Kei Ansu Kamara, Augustine Williams (55.Prince Barrie). Trainer: John Keister.
Goal: Kei Ansu Kamara (19 penalty).

26.08.2021, Friendly International
Bahir Dar Stadium, Bahir Dar; Attendance: 0
Referee: n/a
ETHIOPIA - SIERRA LEONE   **0-0**
SLE: Mohamed Kamara, Abdul Razak Conteh, Yeami Dunia, Abu Bakarr Samura, Daniel Francis, Mamoud Fofanah (81.Kassim Sima Turay), Khalifa Jabbie, Saidu Fofanah (46.Masalakie Bangura), Abu Dumbuya [*sent off 90+4*], Prince Barrie, Sheka Fofanah (46.Abu Bakarr Bangura). Trainer: John Keister.

06.10.2021, Friendly International
Stade El Abdi, El Jadida (Morocco); Attendance: 0
Referee: n/a
SIERRA LEONE - SOUTH SUDAN **1-1(1-0)**
SLE: Mohamed Kamara, Yeami Dunia, Saidu Mansaray, Osman Jovan Kakay, David Junior Deen Sesay, John Bankolé Kamara (61.Abu Dumbuya), Kwame Quee, Sulaiman Borbor Kaikai (90+1.Philip Conteh), Alhassan Koroma (20.Saidu Fofanah), Mustapha Bundu (61.Kei Ansu Kamara), Augustus Kargbo. Trainer: John Keister.
Goal: Sullay Kaikai (41).

09.10.2021, Friendly International
Stade El Abdi, El Jadida (Morocco); Attendance: 0
Referee: n/a
GAMBIA - SIERRA LEONE **1-2(1-2)**
SLE: Ibrahim Sesay, Abu Bakarr Samura, Saidu Mansaray, Osman Jovan Kakay, David Junior Deen Sesay, John Bankolé Kamara (63.Abu Dumbuya), Saidu Fofanah, Kwame Quee (87.Philip Conteh), Sulaiman Borbor Kaikai (87.Mamoud Fofanah), Kei Ansu Kamara, Augustine Williams (73.Augustus Kargbo). Trainer: John Keister.
Goals: Kei Ansu Kamara (24), Saidu Fofanah (42).

13.11.2021, Friendly International
Atatürk Stadyumu, Sapanca (Turkey); Attendance: 0
Referee: n/a
SIERRA LEONE - COMOROS **0-2(0-1)**
SLE: Mohamed Kamara, Osman Jovan Kakay, Yeami Dunia (3.Abu Bakarr Samura), Umaru Bangura, Saidu Mansaray (46.Daniel Francis), Rodney Strasser (73.Augustine Williams), Saidu Fofanah (46.Idris Kanu), Kwame Quee, Kei Ansu Kamara, Sulaiman Borbor Kaikai (73.John Bankolé Kamara), Christian Moses (46.George Kweku Davies). Trainer: John Keister.

NATIONAL TEAM PLAYERS 2021

Name	DOB	Club
Goalkeepers		
Mohamed KAMARA	29.04.1999	*East End Lions FC Freetown*
Ibrahim SESAY	14.03.1995	*East End Lions FC Freetown*
Defenders		
Umaru BANGURA	07.10.1987	*Neuchâtel Xamax FCS (SUI)*
Abdul Razak CONTEH	15.10.2003	*East End Lions FC Freetown*
Lamin CONTEH	15.12.1994	*FC Johansen Freetown*
Yeami DUNIA	16.12.1996	*East End Lions FC Freetown*
Kemson FOFANAH	23.05.1994	*East End Lions FC Freetown*
Daniel FRANCIS	10.07.2002	*Rot Weiss Ahlen (GER)*
Osman Jovan KAKAY	25.08.1997	*Queens Park Rangers FC London (ENG)*
Saidu MANSARAY	21.02.2001	*Wusum Stars FC Makeni*
Abu Bakarr SAMURA	10.08.2001	*Kallon FC Freetown*
David Junior Deen SESAY	18.09.1998	*Barnet FC (ENG)*

Midfielders

Masalakie BANGURA	17.07.2001	*Kallon FC Freetown*
Philip CONTEH		*Kallon FC Freetown*
George Kweku DAVIES	16.11.1996	*SKN St. Pölten (AUT)*
Abu DUMBUYA	29.01.1999	*East End Lions FC Freetown*
Mamoud FOFANAH	08.09.1998	*Kallon FC Freetown*
Saidu FOFANAH	14.09.1997	*Kallon FC Freetown*
Khalifa JABBIE	20.01.1993	*Al Mina'a SC Basra (IRQ)*
John Bankolé KAMARA	12.05.1988	*Keşlə FK Bakı (AZE)*
Mohamed „Medo" KAMARA	16.11.1987	*Unattached*
Alusine KOROMA	09.06.2000	*RB Linense La Línea de la Concepción (ESP)*
Kwame QUEE	07.09.1996	*Víkingur Reykjavík (ISL)*
Rodney STRASSER	30.03.1990	*Unattached; 13.11.2021-> Cattolica Calcio 1923 (ITA)*
Kassim Sima TURAY		*Central Parade FC Freetown*

Forwards

Prince BARRIE	18.08.1997	*Bo Rangers FC*
Mustapha BUNDU	28.02.1997	*FC København (DEN); 31.08.2021-> AGF Aarhus (DEN)*
Sheka FOFANAH	01.02.1995	*Al Sinaat Al Kahrabaiya SC Baghdad (IRQ)*
Sulaiman Borbor KAIKAI	26.08.1995	*Blackpool FC (ENG); 15.07.2021-> Wycombe Wanderers FC (ENG)*
Alhaji KAMARA	16.04.1994	*Randers FC (DEN)*
Kei Ansu KAMARA	01.09.1984	*Unattached; 30.07.2021-> IFK Helsingfors(FIN)*
Idris KANU	05.12.1999	*Peterborough United FC (ENG)*
Augustus KARGBO	24.08.1999	*FC Crotone (ITA)*
Alhassan KOROMA	09.06.2000	*RB Linense La Línea de la Concepción (ESP)*
Christian MOSES	10.08.1993	*Linköping City FC (SWE); 15.07.2021-> IFK Värnamo (SWE)*
Augustine WILLIAMS	03.08.1997	*Los Angeles Galaxy (USA); 20.08.2021-> San Diego Loyal (USA)*

National coaches

John KEISTER [from 08.2020]	11.11.1970

SOMALIA

Somali Football Federation
DHL Mogadishu,
Mogadishu BN 03040
Year of Formation: 1951
Member of FIFA since: 1962
Member of CAF since: 1968
www.somsoccer.com

First international match:
12.11.1963, Indonesia:
North Korea - Somalia 14-0
Most international caps:
Yasin Ali Egal
19 caps (2003-2011)
Most international goals:
Abdullahi Sheikh Mohamed
3 goals / 6 caps (2000-2005)

AFRICAN CUP OF NATIONS	
1957	Did not enter
1959	Did not enter
1962	Did not enter
1963	Did not enter
1965	Did not enter
1968	Did not enter
1970	Did not enter
1972	Did not enter
1974	Qualifiers
1976	Did not enter
1978	Qualifiers
1980	Withdrew
1982	Did not enter
1984	Qualifiers
1986	Qualifiers
1988	Qualifiers
1990	Did not enter
1992	Did not enter
1994	Did not enter
1996	Did not enter
1998	Did not enter
2000	Did not enter
2002	Did not enter
2004	Qualifiers
2006	Qualifiers
2008	Did not enter
2010	Qualifiers
2012	Did not enter
2013	Did not enter
2015	Did not enter
2017	Did not enter
2019	Did not enter
2021	Did not enter

FIFA WORLD CUP	
1930	Did not enter
1934	Did not enter
1938	Did not enter
1950	Did not enter
1954	Did not enter
1958	Did not enter
1962	Did not enter
1966	Did not enter
1970	Did not enter
1974	Did not enter
1978	Did not enter
1982	Qualifiers
1986	Did not enter
1990	Did not enter
1994	Did not enter
1998	Did not enter
2002	Qualifiers
2006	Qualifiers
2010	Qualifiers
2014	Qualifiers
2018	Qualifiers

OLYMPIC FOOTBALL TOURNAMENTS 1908-2020							
1908	-	1952	-	1976	-	2000	Did not enter
1912	-	1956	-	1980	-	2004	Qualifiers
1920	-	1960	-	1984	-	2008	Qualifiers
1924	-	1964	-	1988	-	2012	Qualifiers
1928	-	1968	-	1992	Qualifiers	2016	Qualifiers
1936	-	1972	-	1996	Did not enter	2020	Qualifiers
1948	-						

F.I.F.A. CONFEDERATIONS CUP 1992-2017
None

AFRICAN GAMES 1965-2019
None
CECAFA CUP (East and Central African Championship) 1973-2021
1973, 1974, 1976, 1977, 1978, 1980, 1983, 1984, 1994, 1995, 1999, 2000, 2001, 2002, 2004, 2005, 2006, 2007, 2008, 2009, 2010, 2011, 2012, 2013, 2015, 2019 (Group Stage)
AFRICAN NATIONS CHAMPIONSHIP 2009-2020
2011 (Qualifiers), 2018 (Qualifiers), 2020 (Qualifiers)
ARAB NATIONS CUP 1963-2021
2009 (Qualifiers), 2021 (Qualifiers)

SOMALIAN CLUB HONOURS IN ASIAN CLUB COMPETITIONS:
CAF Champions League 1964-2021
None
CAF Confederation Cup 2004-2021
None
CAF Super Cup 1993-2021
None
Arab Champions Cup / Arab Champions League 1982-2009 / UAFA Club Cup 2012-2013 / Arab Club Championship 2017 / Arab Club Champions Cup 2018-2020
None
African Cup Winners' Cup 1975-2003*
None
CAF Cup 1992-2003*
None

*defunct competitions

NATIONAL COMPETITIONS
TABLE OF HONOURS

	CHAMPIONS	CUP WINNERS
1967	Somali Police FC Mogadishu	-
1968	Hoga Mogadishu	-
1969	Lavori Publici Mogadishu	-
1970	Lavori Publici Mogadishu	-
1971	Lavori Publici Mogadishu	-
1972	Horsed Football Club	-

Year	Winner	Runner-up
1973	Horsed Football Club	-
1974	Horsed Football Club	-
1975	Mogadishu Municipality	-
1976	Horsed Football Club	-
1977	Horsed Football Club	Lavori Publici Mogadishu
1978	Horsed Football Club	*No competition*
1979	Horsed Football Club	Marine Club Mogadishu
1980	Horsed Football Club	Lavori Publici Mogadishu
1981	Lavori Publici Mogadishu	National Printing Agency Mogadishu
1982	Wagad Mogadishu	Horsed Football Club
1983	National Printing Agency Mogadishu	Horsed Football Club
1984	Marine Club Mogadishu	Waxcol Mogadishu
1985	Wagad Mogadishu	FC Petroleum
1986	Mogadishu Municipality	Marine Club Mogadishu
1987	Wagad Mogadishu	Horsed Football Club
1988	Wagad Mogadishu	*Not known*
1989	Mogadishu Municipality	*Not known*
1990	Jadidka	*Not known*
1991	*No competition*	*Not known*
1992	*No competition*	*Not known*
1993	*No competition*	*Not known*
1994	Morris Supplies Mogadishu	Elman Football Club Mogadishu
1995	Alba CF	*No competition*
1996/1997	*No competition*	*No competition*
1997	Dekedaha FC Mogadishu	*No competition*
1998	Elman Football Club Mogadishu	*No competition*
1999	Banaadir Telecom FC Mogadishu	*No competition*
2000	Elman Football Club Mogadishu	*No competition*
2001	Elman Football Club Mogadishu	*No competition*
2002	Elman Football Club Mogadishu	Dekedaha Football Club Mogadishu
2003	Elman Football Club Mogadishu	Banaadir Telecom FC Mogadishu
2004	Banaadir Telecom FC Mogadishu	Dekedaha Football Club Mogadishu
2005	Banaadir Telecom FC Mogadishu	Elman Football Club Mogadishu
2006	Banaadir Telecom FC Mogadishu	Bayra Football Club Mudug
2007	Elman Football Club Mogadishu	SITT Daallo Mogadishu
2008	Elman Football Club Mogadishu	*Not known*
2009	Banaadir Telecom FC Mogadishu	*Not known*
2010	Banaadir Telecom FC Mogadishu	Feynuus FC Mogadishu
2011	Elman Football Club Mogadishu	*No competition*
2012	Elman Football Club Mogadishu	Banaadir Telecom FC Mogadishu
2013	Elman Football Club Mogadishu	*No competition*
2014	Banaadir Sports Club Mogadishu	LLPP Jeenyo United Mogadishu
2015	Heegan FC Mogadishu	Horseed FC
2015/2016	Banaadir Sports Club Mogadishu	LLPP Jeenyo United Mogadishu
2016/2017	Dekedda FC Mogadishu	Elman FC Mogadishu
2018	Dekedda FC Mogadishu	Banaadir Sports Club Mogadishu
2019	Dekedda FC Mogadishu	Horseed FC
2019/2020	Mogadishu City Club	Horseed FC
2021	Horseed FC	*No competition*

NATIONAL CHAMPIONSHIP
Somalia Premier League 2021

1. Horseed FC	18	11	5	2	37	-	11	38
2. Mogadishu City Club	18	11	5	2	27	-	12	38
3. Heegan FC Mogadishu	18	9	6	3	35	-	19	33
4. Raadsan SC Mogadishu	18	9	6	3	19	-	10	33
5. Dekedda FC Mogadishu	18	6	5	7	26	-	17	23
6. Midnimo FC	18	7	2	9	18	-	22	23
7. Gaadiidka FC Mogadishu	18	6	3	9	34	-	31	21
8. Jeenyo United FC Mogadishu	18	5	5	8	19	-	28	20
9. Elman FC Mogadishu (*Relegated*)	18	5	2	11	21	-	25	17
10. Geeska Afrika FC (*Relegated*)	18	1	2	15	8	-	69	5

Championship Play-off [02.08.2021]

Horseed FC - Mogadishu City Club *Not played*

2021 Premier League Champions: **Horseed FC** (title awarded to Horseed FC, as Mogadishu City Club refused to play the final match due to the fact, that two players – suspended after receiving red cards in an earlier match - were refused permission to be fielded!)

THE CLUBS

DEKEDDA FOOTBALL CLUB MOGADISHU
Year of Formation: 1973
Stadium: Banadir Stadium, Mogadishu (15,000)

ELMAN FOOTBALL CLUB MOGADISHU
Year of Formation: 1993
Stadium: Mogadishu Stadium, Mogadishu (60,000)

GAADIIDKA FOOTBALL CLUB MOGADISHU
Stadium: Banadir Stadium, Mogadishu (15,000)

HEEGAN FOOTBALL CLUB MOGADISHU
Year of Formation: 1950
Stadium: Banadir Stadium, Mogadishu (15,000)

HORSEED FOOTBALL CLUB
Stadium: Horseed Stadium, Horseed (10,000)

JEENYO UNITED FOOTBALL CLUB MOGADISHU
Year of Formation: 1948
Stadium: Banadir Stadium, Mogadishu (15,000)

MOGADISHU CITY CLUB
Year of Formation: 1963
Stadium: Mogadishu Stadium, Mogadishu (60,000)

RAADSAN SPORTS CLUB MOGADISHU
Year of Formation: 1999

NATIONAL TEAM
INTERNATIONAL MATCHES 2021

15.06.2021 Djibouti City Djibouti - Somalia 1-0(1-0) (F)
20.06.2021 Doha Oman - Somalia 2-1(2-0) (ARCQ)

15.06.2021, Friendly International
Stade National "El Hadj Hassan Gouled Aptidon", Djibouti; Attendance: 0
Referee: n/a
DJIBOUTI - SOMALIA **1-0(1-0)**
SOM: Mustaf Khalib Hussein, Abel Gigli Mohamed, Ahmed Said Ahmed, Mohamud Ali Mohamed, Yonis Abdirisaq Farah (46.Saadiq Faisal Elmi), Ismail Liban Haji Mohamed (61.Mohammed Awad), Hussein Abdilkarim Mohamed (71.Zayd Muuse Farah), Abdulsamed Ahmed Abdullahi, Liban Abdiaziz Abdulahi (90+2.Isse Ahmed Ismail), Anwar Sidali Shakunda, Ali Abdulkadir Mohamed. Trainer: Salad Farah Hassan.

20.06.2021, 10th FIFA Arab Cup, Qualifiers
"Jassim bin Hamad" Stadium, Doha (Qatar); Attendance: 0
Referee: Benoît Bastien (France)
OMAN - SOMALIA **2-1(2-0)**
SOM: Mustaf Khalib Hussein, Abel Gigli Mohamed, Ahmed Said Ahmed, Mohamud Ali Mohamed, Saadiq Faisal Elmi, Mohammed Awad, Hussein Abdilkarim Mohamed (46.Zayd Muuse Farah), Abdulsamed Ahmed Abdullahi (90+2.Fahad Mohamed), Omar Hassan Jama, Liban Abdiaziz Abdulahi (65.Isse Ahmed Ismail), Ali Abdulkadir Mohamed (74.Anwar Sidali Shakunda). Trainer: Salad Farah Hassan.
Goal: Abel Gigli Mohamed (54).

NATIONAL TEAM PLAYERS 2021

Name	DOB	Club
Goalkeepers		
Mustaf KHALIB Hussein	1998	*Oskarshamns AIK (SWE)*
Defenders		
Ahmed Said AHMED	04.07.1998	*MyPa-47 Anjalankoski (FIN)*
Yonis Abdirisaq FARAH	04.09.1999	*Eskilstuna City FK (SWE)*
Abel GIGLI Mohamed	16.08.1990	*ASD Cjarlins Muzane Carlino (ITA)*
Mohamud Ali MOHAMED	08.07.1994	*Southport FC (ENG)*
Midfielders		
Liban Abdiaziz ABDULAHI	02.11.1995	*Þór Akureyri (ISL)*
Abdulsamed Ahmed ABDULLAHI	19.01.1997	*GS Ergotelis Heraklion (GRE)*
Zayd Muuse FARAH	12.01.2000	*Perth Glory FC Youth (AUS)*
Omar Hassan JAMA	21.05.1998	*IF Gnistan Helsinki (FIN)*
Ismail LIBAN Haji Mohamed	29.07.2001	*Cockburn City FC (AUS)*
Fahad MOHAMED	21.03.2000	*Atlantis FC Helsinki (FIN)*
Forwards		
Mohammed AWAD	07.05.1994	*Auckland City FC (NZL)*
Saadiq Faisal ELMI	11.11.2000	*Grorud IL (NOR)*
Isse Ahmed ISMAIL	08.03.1999	*IFK Värnamo (SWE)*
Ali Abdulkadir MOHAMED	08.01.1995	*Hilltop FC (ENG)*
Hussein Abdilkarim MOHAMED	20.03.1997	*FC Haka Valkeakoski (FIN)*
Anwar Sidali SHAKUNDA	12.04.1999	*Elman FC Mogadishu*
National coaches		
Said Abdi HAIBEH		1971

SOUTH AFRICA

South African Football Association
76 Nasrec Road Nasrec Extension 3PO, Box 910, Johannesburg
Year of Formation: 1932/1991
Member of FIFA since: 1992
Member of CAF since: 1992
www.safa.net

First international match:
09.07.1906:
Argentina - South Africa 0-1
Most international caps:
Teboho Aaron Mokoena
107 caps (1999-2012)
Most international goals:
Benedict Saul McCarthy
31 goals / 80 caps (1997-2012)

AFRICAN CUP OF NATIONS	
1957	Disqualified
1959	*Banned due to Apartheid*
1962	*Banned due to Apartheid*
1963	*Banned due to Apartheid*
1965	*Banned due to Apartheid*
1968	*Banned due to Apartheid*
1970	*Banned due to Apartheid*
1972	*Banned due to Apartheid*
1974	*Banned due to Apartheid*
1976	*Banned due to Apartheid*
1978	*Banned due to Apartheid*
1980	*Banned due to Apartheid*
1982	*Banned due to Apartheid*
1984	*Banned due to Apartheid*
1986	*Banned due to Apartheid*
1988	*Banned due to Apartheid*
1990	*Banned due to Apartheid*
1992	*Banned due to Apartheid*
1994	Qualifiers
1996	**Final Tournament (Winners)**
1998	Final Tournament (Runners-up)
2000	Final Tournament (3rd place)
2002	Final Tournament (Quarter-Finals)
2004	Final Tournament (Group Stage)
2006	Final Tournament (Group Stage)
2008	Final Tournament (Group Stage)
2010	Qualifiers
2012	Qualifiers
2013	Final Tournament (Quarter-Finals)
2015	Final Tournament (Group Stage)
2017	Qualifiers
2019	Final Tournament (Quarter-Finals)
2021	Qualifiers

FIFA WORLD CUP	
1930	Did not enter
1934	Did not enter
1938	Did not enter
1950	Did not enter
1954	Did not enter
1958	Did not enter
1962	Did not enter
1966	*Banned due to Apartheid*
1970	*Banned due to Apartheid*
1974	*Banned due to Apartheid*
1978	*Banned due to Apartheid*
1982	*Banned due to Apartheid*
1986	*Banned due to Apartheid*
1990	*Banned due to Apartheid*
1994	Qualifiers
1998	Final Tournament (Group Stage)
2002	Final Tournament (Group Stage)
2006	Qualifiers
2010	Final Tournament (Group Stage)
2014	Qualifiers
2018	Qualifiers

OLYMPIC FOOTBALL TOURNAMENTS 1908-2020

1908	-	1952	-	1976	-	2000	Group Stage
1912	-	1956	-	1980	-	2004	Qualifiers
1920	-	1960	-	1984	-	2008	Qualifiers
1924	-	1964	-	1988	-	2012	Qualifiers
1928	-	1968	-	1992	-	2016	Group Stage
1936	-	1972	-	1996	Qualifiers	2020	Group Stage
1948	-						

F.I.F.A. CONFEDERATIONS CUP 1992-2017
1997 (Group Stage), 2009 (4th Place)

AFRICAN GAMES 1965-2019
1995, 1999 (3rd place), 2003, 2007, 2011 (Runners-up), 2015 (Qualifiers), 2019 (Group Stage)

COSAFA (Confederation of Southern African Football Associations) CUP 1997-2021
1998 (Qualifiers), 1999 (Quarter-Finals), 2000 (Semi-Finals), 2001 (Quarter-Finals), **2002 (Winners)**, 2003 (Quarter-Finals), 2004 (First Round), 2005 (Semi-Finals), 2006 (Group Stage), **2007 & 2008-„B"-Team (Winners)**, 2009-Development XI (4th Place), 2013 (3rd Place), 2015 (Quarter-Finals), **2016 (Winners)**, 2017 (Quarter-Finals), 2018 (Quarter-Finals), 2019 (Quarter-Finals), **2021 (Winners)**

AFRICAN NATIONS CHAMPIONSHIP 2009-2020
2009 (Qualifiers), 2011 (Quarter-Finals), 2014 (Group Stage), 2016 (Qualifiers), 2018 (Qualifiers), 2020 (Qualifiers)

SOUTH AFRICAN CLUB HONOURS IN ASIAN CLUB COMPETITIONS:

CAF Champions League 1964-2021
Orlando Pirates Football Club Johannesburg (1995)
Mamelodi Sundowns FC (2016)

CAF Confederation Cup 2004-2021
None

CAF Super Cup 1993-2021
Orlando Pirates Football Club Johannesburg (1995/1996)
Mamelodi Sundowns FC (2017)

*African Cup Winners' Cup 1975-2003**
Kaizer Chiefs Football Club Johannesburg (2001)

*CAF Cup 1992-2003**
None

*defunct competitions

NATIONAL COMPETITIONS
TABLE OF HONOURS

CHAMPIONS

At the beginning of the League competition, there were separate leagues for whites and coloured players. The name of the Leagues has changed several times across the years.

	NFL (National Football League) - whites	SASL (South African Soccer League) - coloureds	
1959	Durban City	-	
1960	Highlands Park	-	
1961	Durban City	-	
1962	Transvaal United	Avalon Athletic	
1963	Addington	Avalon Athletic	
1964	Highlands Park	Black Swallows	
1965	Highlands Park	Moroka Swallows	
1966	Highlands Park	Maritzburg City	
1967	Port Elizabeth City	Verulam Suburbs	
1968	Highlands Park	-	
		FPL (Football Profesional League) - coloureds	
1969	Durban Spurs	Verulam Suburbs	
1970	Durban City	Cape Town Spurs	
	NFL (National Football League) - whites	NPSL (National Profesional Soccer League) - coloureds *NPSL Castle League*	FPL (Football Profesional League) - coloureds *Mainstay League*
1971	Hellenic	Orlando Pirates	Cape Town Spurs
1972	Durban City	AmaZulu	Glenville
1973	Cape Town City	Orlando Pirates	Cape Town Spurs
1974	Arcadia Shepherds	Kaizer Chiefs	Cape Town Spurs
1975	Highlands Park	Orlando Pirates	Berea
1976	Cape Town City	Orlando Pirates	Cape Town Spurs
1977	Highlands Park	Kaizer Chiefs	Swaraj United
	NFL (National Football League) - whites	NPSL (National Profesional Soccer League) - coloureds *NPSL Castle League*	FPL (Football Profesional League) - coloureds *FPL Castle League*
1978	-	Lusitano Club	Durban City
		NPSL Castle League	*Seven Seas League*
1979	-	Kaizer Chiefs	Cape Town Spurs
1980	-	Highlands Park	Glenville
1981	-	Kaizer Chiefs	Cape Town Spurs
1982	-	Durban City	Glendene
1983	-	Durban City	Lightbody's Santos
1984	-	Kaizer Chiefs	Lightbody's Santos
	NSL Castle League	NPSL (National Profesional Soccer League) League	Quindrink League	OK
1985	Bush Bucks	-	Swaraj United	QwaQwa Stars

553

	NSL Castle League	**NPSL (National Profesional Soccer League) League**	**La Mercy Beach League**	**OK**
1986	Rangers FC Johann.	Vaal Professionals	Lightbody's Santos	Leeds United
1987	Jomo Cosmos	Vaal Professionals	Lightbody's Santos	Cape Town Spurs
1988	Mamelodi United	Vaal Professionals	Lightbody's Santos	Mighty Blackpool
1989	Kaizer Chiefs	Real Sweepers	Battswood	Umtata Bucks
1990	Mamelodi United	De Beers	Lightbody's Santos	African Wanderers
1991	Kaizer Chiefs	Oriental Spurs	-	Cape Town Spurs
1992	Kaizer Chiefs	Arcadia Shepherds	-	Vaal Professionals
1993	Mamelodi United	-	-	Real Rovers
1994	Orlando Pirates	-	-	African Wanderers
1995	Cape Town Spurs	Witbank All Stars	-	-

PSL (Premier Soccer League)

1996/1997	Manning Rangers
1997/1998	Mamelodi Sundowns FC
1998/1999	Mamelodi Sundowns FC
1999/2000	Mamelodi Sundowns FC
2000/2001	Orlando Pirates FC Johannesburg
2001/2002	Santos Cape Town
2002/2003	Orlando Pirates FC Johannesburg
2003/2004	Kaizer Chiefs FC Johannesburg
2004/2005	Kaizer Chiefs FC Johannesburg
2005/2006	Mamelodi Sundowns FC
2006/2007	Mamelodi Sundowns FC
2007/2008	SuperSport United FC Pretoria
2008/2009	SuperSport United FC Pretoria
2009/2010	SuperSport United FC Pretoria
2010/2011	Orlando Pirates FC Johannesburg
2011/2012	Orlando Pirates FC Johannesburg
2012/2013	Kaizer Chiefs FC Johannesburg
2013/2014	Mamelodi Sundowns FC
2014/2015	Kaizer Chiefs FC Johannesburg
2015/2016	Mamelodi Sundowns FC
2016/2017	Bidvest Wits University FC Johannesburg
2017/2018	Mamelodi Sundowns FC
2018/2019	Mamelodi Sundowns FC
2019/2020	Mamelodi Sundowns FC
2020/2021	Mamelodi Sundowns FC

CUP WINNERS

NFL (National Football League) Castle Cup: 1959: Rangers; 1960: Durban City; 1961: Highlands Park; 1962: Durban City; 1963: Addington; 1964: Durban City; 1965: Highlands Park; 1966: Highlands Park; 1967: Highlands Park; 1968: Durban City; 1969: Maritzburg; 1970: Cape Town City; 1971: Cape Town City; 1972: Durban United; 1973: Highlands Park; 1974: Arcadia Shepherds; 1975: Highlands Park; 1976: Cape Town City; 1977: Lusitano. Mainstay Cup: 1978: Wits University;
Telkom Knockout Cup: 1992: AmaZulu FC Durban; 1993: Bush Bucks; 1994: Qwa Qwa Stars; 1995: Wits University; 1996: Bush Bucks; 1997: Kaizer Chiefs FC Johannesburg; 1998: Kaizer Chiefs FC Johannesburg; 1999: Mamelodi Sundowns FC; 2000: Ajax Cape Town FC; 2001: Kaizer Chiefs FC Johannesburg; 2002: Jomo Cosmos FC Johannesburg; 2003: Kaizer Chiefs FC Johannesburg; 2004: Kaizer Chiefs FC Johannesburg; 2005: Jomo Cosmos FC Johannesburg; 2006: Silver Stars; 2007: Kaizer Chiefs FC Johannesburg; 2008: Ajax Cape Town FCM; 2009: *No competition*; 2010: Kaizer Chiefs FC Johannesburg; 2011: Kaizer Chiefs FC Johannesburg; 2012: Bloemfontein Celtic FC;
Telkom Charity Cup: 1999: Orlando Pirates FC Johannesburg; 2000: Mamelodi Sundowns FC; 2001: Orlando Pirates FC Johannesburg; 2002: Kaizer Chiefs FC Johannesburg; 2003: Kaizer Chiefs FC Johannesburg; 2004: Mamelodi Sundowns FC; 2005: Mamelodi Sundowns FC; 2006: Mamelodi Sundowns FC; 2007: Bloemfontein Celtic FC; 2008: Orlando Pirates FC Johannesburg; 2009: Orlando Pirates FC Johannesburg; 2010: Kaizer Chiefs FC Johannesburg; 2011: Kaizer Chiefs FC Johannesburg.

NPSL – NSL/PSL Main Cup Competition:
Life Challenge Cup: 1971: Kaizer Chiefs FC Johannesburg; 1972: Kaizer Chiefs FC Johannesburg; 1973: Orlando Pirates FC Johannesburg; 1974: Orlando Pirates FC Johannesburg; 1975: Orlando Pirates FC Johannesburg;
Benson and Hedges Trophy: 1976: Kaizer Chiefs FC Johannesburg; 1977: Kaizer Chiefs FC Johannesburg;
Mainstay Cup: 1978: Wits University; 1979: Kaizer Chiefs FC Johannesburg; 1980: Orlando Pirates FC Johannesburg; 1981: Kaizer Chiefs FC Johannesburg; 1982: Kaizer Chiefs FC Johannesburg; 1983: Moroka Swallows FC Johannesburg; 1984: Kaizer Chiefs FC Johannesburg; 1985: Bloemfontein Celtic FC; 1986: Mamelodi Sundowns FC; 1987: Kaizer Chiefs FC Johannesburg;
Bob Save Superbowl: 1988: Orlando Pirates FC Johannesburg; 1989: Moroka Swallows FC Johannesburg; 1990: Jomo Cosmos FC Johannesburg; 1991: Moroka Swallows FC Johannesburg; 1992: Kaizer Chiefs FC Johannesburg; 1993: Witbank Black Aces; 1994: Vaal Professionals; 1995: Cape Town Spurs; 1996: Orlando Pirates FC Johannesburg; 1997: *No competition*; 1998: Mamelodi Sundowns FC; 1999: SuperSport United FC Pretoria; 2000: Kaizer Chiefs FC Johannesburg; 2001: Engen Santos FC Lansdowne; 2002: *No competition*;
ABSA Cup: 2003: Engen Santos FC Lansdowne; 2004: Moroka Swallows FC Johannesburg; 2005: SuperSport United FC Pretoria; 2006: Kaizer Chiefs FC Johannesburg; 2007: Ajax Cape Town FC;
Nedbank FA Cup: 2008: Mamelodi Sundowns FC; 2008/2009: Moroka Swallows FC Johannesburg, 2009/2010: Bidvest Wits University FC Johannesburg; 2010/2011: Orlando Pirates FC Johannesburg; 2011/2012: SuperSport United FC Pretoria; 2012/2013: Kaizer Chiefs FC Johannesburg; 2013/2014: Orlando Pirates FC Johannesburg; 2014/2015: Mamelodi Sundowns FC; 2015/2016: SuperSport United FC Pretoria; 2016/2017: SuperSport United FC Pretoria; 2017/2018: Free State Stars FC Bethlehem; 2018/2019: TS Galaxy FC Kameelrivier; 2019/2020: Mamelodi Sundowns FC; 2020/2021: Tshakhuma Tsha Madzivhandila FC Thohoyandou.

NATIONAL CHAMPIONSHIP
South African Premier Division - DSTV Premiership 2020/2021

1.	**Mamelodi Sundowns FC**	30	19	10	1	49	-	14	67
2.	AmaZulu FC Durban	30	15	9	6	38	-	23	54
3.	Orlando Pirates FC Johannesburg	30	13	11	6	33	-	22	50
4.	Lamontville Golden Arrows FC Durban	30	11	14	5	40	-	28	47
5.	SuperSport United FC Pretoria	30	11	12	7	37	-	31	45
6.	Moroka Swallows FC Johannesburg	30	8	20	2	31	-	23	44
7.	Cape Town City FC	30	10	11	9	42	-	40	41
8.	Kaizer Chiefs FC Johannesburg	30	8	12	10	34	-	37	36
9.	TS Galaxy FC Kameelrivier	30	9	9	12	26	-	31	36
10.	Baroka FC Polokwane	30	7	13	10	28	-	36	34
11.	Bloemfontein Celtic FC	30	6	14	10	30	-	35	32
12.	Tshakhuma Tsha Madzivhandila FC Thohoyandou	30	7	10	13	19	-	35	31
13.	Maritzburg United FC	30	7	9	14	27	-	36	30
14.	Stellenbosch FC	30	5	14	11	26	-	32	29
15.	Chippa United FC Nyanga (*Relegation Play-Off*)	30	5	12	13	24	-	37	27
16.	Black Leopards FC Thohoyandou (*Relegated*)	30	5	8	17	23	-	47	23

Promotion/Relegation Play-Off:

1.	Chippa United FC Nyanga	2	1	1	0	3	-	2	4
2.	Richards Bay FC	2	0	1	1	2	-	3	1
3.	Royal AM FC Durban (refused to enter)								

Chippa United FC Nyanga remains at first level for the next season.

Best goalscorer 2020/2021:
Bradley Allan Grobler (SuperSport United FC Pretoria) – 16 goals

Promoted for the 2021/2022 season:
Sekhukhune United FC Johannesburg

NATIONAL CUP
Nedbank FA Cup Final 2020/2021

08.05.2021, Toyota (Free State) Stadium, Bloemfontein; Attendance: 0
Referee: Eugene Mdluli
Tshakhuma Tsha Madzivhandila FC Thohoyandou - Chippa United FC Nyanga   1-0(1-0)
Tshakhuma Tsha Madzivhandila: Washington Arubi, Lehlohonolo Nonyane, Diamond Thopola (83.Nicholus Lukhubeni), Alfred Ndengane, Ndivhuwo Ravhuhali, Miguel Timm, Thabo Rakhale (81.Brandon Theron), Celimpilo Ngema (81.Edgar Diala Manaka), Ndabayithethwa Ndlondlo, Lerato Lamola (63.Tokelo Rantie), Thabo Mnyamane. Trainer: Dylan Kerr (England)
Chippa United FC: Ismail Watenga, Frédéric Nsabiyumva, Sizwe Mdlinzo, Sandile Mthethwa, Nyiko Mobbie, Riaan Welwin Hanamub, Kurt Lentjies (72.Ayabulela Konqobe), Thamsanqa Sangweni (72.Mduduzi Sibeko), Maloisane Mokhele (67.Bienvenu Eva Nga), Thabiso Lebitso (67.Gregory Damons), Augustine Chidi Kwem (77.Anthony Laffor). Trainer: Siyabulela Gwambi.
Goal: 1-0 Ndabayithethwa Ndlondlo (27).

THE CLUBS 2020/2021

AMAZULU FOOTBALL CLUB DURBAN

Year of Formation: 1932
Stadium: "King Goodwill Zwelithini" Stadium, Durban (10,000)

THE SQUAD		DOB	M	(s)	G
Goalkeepers:	Neil Boshoff	22.01.1996	1	(1)	
	Siyabonga Mbatha	04.02.1989	7		
	Veli Mothwa	12.02.1991	22		
Defenders:	Mario Booysen	15.08.1988	4	(1)	
	Mbongeni Gumede	11.09.1993	22	(2)	
	Sandile Khumalo	28.01.1998	5	(2)	1
	Sibusiso Mabiliso	14.04.1999	21	(3)	
	Ntuthuko Madela	23.06.1997		(1)	
	Tsepo Masilela	05.05.1985	7	(3)	
	Sazi Mgwazela	24.04.2000	4	(10)	
	Limbikani Mzava (MWI)	12.11.1993	12	(5)	
	Thembela Sikhakhane	24.01.1993	22	(1)	
	Tapelo Xoki	10.04.1995	22	(2)	5
Midfielders:	Zukile Kewuti	26.06.1995	6	(7)	
	Sbusiso Magaqa	02.11.1998		(2)	
	Makhehlene Makhaula	17.11.1989	24	(1)	
	Xola Mlambo	24.06.1991	16	(3)	
	Butholezwe Ncube (ZIM)	24.04.1992	8	(8)	
	Siyethemba Sithebe	06.01.1993	25	(2)	3
Forwards:	Talent Chawapiwa (ZIM)	03.06.1992	6	(13)	
	Andre de Jong (NZL)	02.11.1996	2		
	Sphesihle Maduna	26.12.1999	7	(5)	1
	Siphelele Magubane	06.03.1993	2	(12)	1
	Phakamani Mahlambi	12.09.1997		(2)	
	Lehlohonolo Majoro	19.08.1986	19	(7)	8
	Luvuyo Memela	18.09.1987	23	(3)	8
	Siphelele Mthembu	15.08.1987	11	(12)	2
	Augustine Mulenga (ZAM)	17.01.1990	23	(3)	5
	Bonginkosi Ntuli	28.03.1991	2	(5)	2
	Somila Ntsundwana	26.11.1996		(4)	
	Thabo Qalinge	28.08.1991	6	(3)	1
	Siphiwe Tshabalala	25.09.1984	1	(1)	
	Lindokuhle Zungu	03.07.2001		(1)	
Trainer:	Ayanda Dlamini	11.10.1984	6		
[14.12.2020]	Benedict Saul McCarthy	12.11.1977	24		

BAROKA FOOTBALL CLUB POLOKWANE

Year of Formation: 2007
Stadium: "Peter Mokaba" Stadium, Polokwane (45,000)

THE SQUAD		DOB	M	(s)	G
Goalkeepers:	Elvis Chipezeze (ZIM)	11.03.1990	9		
	Oscarine Masuluke	23.04.1993	21		
Defenders:	Denwin Farmer	19.09.1996	15		1
	Ananias Junior Gebhardt (NAM)	08.09.1988	26	(2)	3
	Cheslyn Jampies	23.01.1990	19	(1)	
	Matome Kgoetyane	07.08.1991	4	(8)	
	Bonginkosi Makume	07.11.1995	28	(1)	
	Basil Mphahlele	27.09.1999	18	(1)	
	Elliot Seema	02.02.1993	1	(6)	
	Phelelani Shozi	22.10.1989	14	(3)	
	Vusi Sibiya	14.06.1994	10		
Midfielders:	Manuel Kambala (MOZ)	21.08.1991	13	(5)	
	Augustine Mahlonoko	17.08.2001		(6)	
	Nhlanhla Mgaga	03.04.1996	18	(8)	1
	Kgodiso Monama	28.05.1997	16	(7)	1
	Goodman Mosele	18.11.1999	27	(1)	1
	Boitumelo Nkhona			(1)	
Forwards:	Leonardo Afonso		2	(3)	
	Naeem Amoojee	23.09.1996		(1)	
	Jemondre Dickens	22.04.1998	1	(4)	
	Joslin Kamatuka (NAM)	22.07.1991	9	(6)	1
	Evidence Makgopa	05.06.2000	28		7
	Wonderboy Makhubu	13.01.1997		(1)	
	Thamsanqa Masiya	17.09.1996	21	(3)	1
	Richard Mbulu (MWI)	25.01.1994	12	(7)	7
	Thuso Mogale		1	(8)	
	Tshediso Patjie	04.11.1990	5	(11)	
	Gerald Phiri Jr. (MWI)	08.06.1993	12	(3)	2
Trainer:	Dylan Kerr (ENG)	14.01.1967	3		
[13.11.2020]	Matsemela Thoka		27		

BLACK LEOPARDS FOOTBALL CLUB THOHOYANDOU
Year of Formation: 1983 (*as Sibasa Black Leopards*)
Stadium: Thohoyandou Stadium, Thohoyandou (40,000)

THE SQUAD		DOB	M	(s)	G
Goalkeepers:	Jonas Asvedo Mendes (GNB)	20.11.1989	13	(1)	
	Rotshidzwa Muleka	18.02.1992	2		
	King Ndlovu	20.03.1993	15		
Defenders:	Joseph Douhadji (TOG)	05.12.1994	6	(2)	
	Edwin Gyimah (GHA)	09.03.1991	27		
	Sibusiso Khumalo	08.09.1989	15	(7)	
	Tebogo Makobela	14.05.1992	15	(5)	
	Tsheamo Mashoene	06.08.1995	13	(2)	
	Khomotso Masia	12.08.1994	15	(1)	1
	Tsepo Matsimbi	28.08.1999	6	(2)	
	Andiswa Ndawonde	23.09.1995	1		
	Thivhavhudzi Ndou	03.06.1991	3		
	Kenneth Nthatheni	29.11.1995	8	(1)	1
	Ethen Sampson	28.12.1993	9	(4)	
	Pentjie Zulu	25.03.1990	3	(5)	
Midfielders:	Mumuni Abubakar (GHA)	17.05.1993	14	(7)	
	Andriamirado Aro Hasina Andrianarimanana (MAD)	21.04.1991	2	(3)	
	Donald Makgetlwa	07.11.1996	12	(5)	
	Wiseman Maluleke	13.01.1992	12	(6)	
	Lehlogonolo Masalesa	21.03.1992	3	(3)	
	Thabiso Mokoena	23.05.1992	1	(8)	
	Sibongiseni Mthethwa	20.09.1994	24	(1)	
	Tebogo Sodi	1992	1	(2)	
Forwards:	Mohammed Anas (GHA)	19.12.1994	9	(9)	2
	Lifa Hlongwane	22.09.1993	12	(2)	1
	Tumelo Khutlang (LES)	23.10.1995	6	(4)	
	Rodrick Kabwe (ZAM)	30.11.1992	17	(4)	5
	Ovidy Karuru (ZIM)	23.01.1989	21	(1)	5
	Sanele Mathenjwa	24.10.1995	6	(2)	1
	Themba Ndlovu	11.06.1993	1	(13)	1
	Roggert Nyundu	22.12.1987	2		
	Onyedikachi Ononogbu (NGA)	17.11.1997	7	(5)	1
	Rodney Ramagalela	10.01.1989	22		1
	Tiklas Thutlwa	09.05.1999	7	(8)	2
Trainer:	Patrick Aussems (BEL)	06.02.1965	3		
[17.11.2020]	Dylan Kerr (ENG)	14.01.1967	9		
[25.01.2021]	Lehlohonolo Seema (LES)	09.06.1980	14		
[11.05.2021]	Morgan Shivambu		4		

BLOEMFONTEIN CELTIC FOOTBALL CLUB

Year of Formation: 1969 (*as Mangaung United*)
Stadium: "Dr. Petrus Molemela" Stadium, Bloemfontein (22,000)

	THE SQUAD	DOB	M	(s)	G
Goalkeepers:	Sipho Chaine	14.12.1996	11	(1)	
	Jackson Mabokgwane	19.01.1988	17		
	Mondli Mpoto	24.07.1998	2		
Defenders:	Justice Chabalala	16.11.1991	14	(3)	
	Thato Lingwati	11.06.1992	17	(1)	
	Mzwanele Mahashe	21.04.1988	23	(2)	1
	Jorry Matjila	02.08.1993	10	(1)	1
	Mokone Mereko	05.12.1995	1	(2)	
	Jabulani Nkosingiphile Ncobeni	18.12.1992	20	(1)	
	Ronald Pfumbidzai (ZIM)	25.12.1994	10		
	Tshepo Rikhotso	26.02.1993	17		
Midfielders:	Lucky Baloyi	19.06.1991	26		
	Ryan De Jongh	26.11.1989	3	(6)	
	Shadrack Kobedi	20.11.1995	12	(2)	
	Siphelele Luthuli	01.02.1995	14	(2)	
	Neo Maema	01.12.1995	12	(5)	3
	Tumelo Mangweni	22.08.1994	2	(8)	2
	Given Mashikinya	13.04.1991	16	(6)	
	Kgotso Mofokeng	31.03.1995		(2)	
	Tumelo Njoti	23.08.1995	3	(7)	1
	Lantshenee Phalane	21.11.1989	12	(4)	
	Robert Smith	07.12.1999	2		
	Harris Brandt Tchilimbou Mavoungou (CGO)	11.11.1988	8	(9)	2
Forwards:	Andile Fikizolo	13.05.1994	7		
	Victor Letsoalo	01.04.1993	21	(6)	9
	Ndumiso Mabena	19.05.1987	17	(1)	3
	Menzi Masuku	15.04.1993	12	(5)	3
	Sera Motebang (LES)	01.05.1995	6	(14)	2
	Jabulani Ncobeni	18.12.1992		(7)	
	Menzi Ndwandwe	01.07.1997	2	(11)	1
	Tebogo Potsane	03.09.1993	10	(10)	
	Reagan Van der Ross	20.07.1999	3	(6)	2
Trainer:	John Maduka (MWI)	27.09.1970	30		

CAPE TOWN CITY FOOTBALL CLUB

Year of Formation: 1962
Stadium: Cape Town Stadium, Cape Town (55,000)

THE SQUAD		DOB	M	(s)	G
Goalkeepers:	Marc Anderson	12.04.1998	2		
	Peter Leeuwenburgh (NED)	23.03.1994	28		
Defenders:	Keanu Cupido	15.01.1998	9	(7)	
	Edmilson Gabriel Dove (MOZ)	18.07.1994	1		
	Taariq Fielies	21.06.1992	27		1
	Craig Martin	04.10.1993	18	(8)	2
	Terrence Mashego	28.06.1998	28		
	Thamsanqa Mkhize	18.08.1988	23	(2)	
	Abbubaker Mobara	18.02.1994	18	(5)	1
	Giannis Potouridis (GRE)	27.02.1992	9	(4)	
Midfielders:	Abdul Ajagun (NGA)	10.02.1993	6	(5)	4
	Sanele Gaxa	15.01.1999		(1)	
	Zukile Kewuti	26.06.1995		(1)	
	Mpho Makola	04.05.1986	10	(15)	1
	Mduduzi Mdatsane	13.12.1994	22	(6)	9
	Thato Mokeke	08.07.1990	29		
	Thabo Nodada	02.05.1995	25	(1)	3
	Shane Roberts	18.07.1998	3	(4)	
Forwards:	Jermaine George			(1)	
	Fagrie Lakay	31.05.1997	22	(2)	9
	Tashreeq Morris	13.05.1994	10	(13)	4
	Aubrey Ngoma	16.09.1989	6	(5)	1
	Prince Opoku Agyemang	06.06.1992	4	(3)	1
	Amethyst Bradley Ralani	04.10.1987	23	(5)	5
	Justin Shonga (ZAM)	05.11.1996	5	(7)	
	Charles Zulu (ZAM)	12.10.1992	2	(11)	
Trainer:	Jan Olde Riekerink (NED)	22.02.1963	26		
[02.05.2021]	Diogo Peral	09.09.1975	2		
[24.05.2021]	Eric Tinkler	30.07.1970	2		

CHIPPA UNITED FOOTBALL CLUB PORT ELIZABETH
Year of Formation: 2010
Stadium: "Nelson Mandela Bay" Stadium, Port Elizabeth (48,459)

THE SQUAD		DOB	M	(s)	G
Goalkeepers:	Mlungisi Mazibuko	01.07.1992	2		
	Veli Mothwa	12.02.1991	4		
	Ayanda Mtshali	29.01.1988	15		
	Ismail Watenga (UGA)	15.05.1995	9		
Defenders:	Gregory Damons	13.06.1995	9	(5)	
	Riaan Welwin Hanamub (NAM)	08.02.1995	29		
	Tsietsi Khooa	25.02.1991	3	(2)	
	Akhona Manqola	28.06.1996		(1)	
	Nyiko Mobbie	11.09.1994	20		
	Jerry Msane	05.08.1997	1	(2)	
	Sandile Mthethwa	14.04.1997	19	(2)	1
	Isaac Nhlapo	15.10.1990	21	(2)	1
	Frédéric Nsabiyumva (BDI)	26.04.1995	21		1
Midfielders:	Avela Cezu	15.11.1994	3	(5)	
	Ayabulela Konqobe	12.01.1996	7	(2)	
	Kurt Lentjies	17.02.1985	9	(7)	3
	Xolani Maholo	21.11.1996	3		
	Oupa Manyisa	30.07.1988		(1)	
	Sizwe Mdlinzo	11.03.1992	23	(1)	
	Luvuyo Phewa	08.11.1999	5	(2)	
	Tebogo Qinisile	15.05.1998		(1)	
	Ryan George Christopher Rae	21.08.1991	5	(1)	
	Thamsanqa Sangweni	26.05.1989	6	(2)	
	Mduduzi Sibeko	24.02.1995	11	(3)	1
Forwards:	Bongile Booi	16.12.1992	2	(3)	
	Augustine Chidi Kwem (NGA)	02.08.1997	20	(9)	4
	Vuyolwethu Dinge	22.01.2000	2	(3)	
	Bienvenu Eva Nga (CMR)	17.02.1993	11	(11)	5
	Kayden Francis	10.04.2003		(1)	
	Athini Jodwana	04.11.1993		(4)	
	Anthony Laffor (LBR)	17.02.1985	4	(8)	1
	Thabiso Lebitso	04.03.1992	13	(6)	
	Ramasimong Maloisane	10.05.1990	19	(5)	
	Silas Maziya	30.05.1996	1	(3)	
	Andile Mbenyane	15.03.1988	10	(2)	4
	Tumiso Mogakwe	17.09.1991	1	(6)	
	Maloisane Mokhele	08.09.1996	21	(7)	3
	Luyola Nomandela	03.11.1989		(2)	
	Thokozani Sekotlong	07.05.1991	1	(4)	
Trainer:	Lehlohonolo Seema (LES)	09.06.1980	8		
[27.12.2020]	Dan Malesela	27.06.1965	13		
[05.04.2021]	Siyabulela Gwambi		7		
[20.05.2021]	Lehlohonolo Seema (LES)	09.06.1980	2		

LAMONTVILLE GOLDEN ARROWS FOOTBALL CLUB DURBAN

Year of Formation: 1943
Stadium: "Princess Magogo" Stadium, KwaMashu, Durban (12,000)

THE SQUAD		DOB	M	(s)	G
Goalkeepers:	Sifiso Mlungwana	27.04.1997	30		
Defenders:	Mthokozisi Dube	10.09.1992	26		
	Siyabonga Dube	12.10.1995	4		
	Divine Lunga (ZIM)	28.05.1995	26		
	Matome Mathiane	21.10.1988	15	(3)	1
	Siyavuya Ndlovu	19.08.1996	1	(1)	
	Zolani Nkombela	11.06.1994	4	(3)	
	Nkosinathi Sibisi	22.09.1995	27		
	Thabani Zuke	11.09.1998	17	(1)	
Midfielders:	Lungelo Dube	11.09.1994	4		
	Ntsako Makhubela	14.03.1994	22	(1)	3
	Lindokuhle Mtshali	02.03.1998	6	(16)	2
	Seth Parusnath	30.08.1994	24	(4)	2
	Danny Phiri (ZIM)	22.04.1989	1	(9)	
	Gladwin Shitolo	10.08.1989	17	(5)	
Forwards:	Siboniso Conco	02.03.1996	6	(8)	2
	Michael Gumede	07.06.1993	22	(2)	7
	Pule Mmodi	23.02.1993	26	(2)	5
	Knox Mutizwa (ZIM)	12.10.1993	20	(6)	5
	Velemseni Ndwandwe	18.01.1996	22	(5)	7
	Siphamandla Sabelo	01.06.1998		(15)	
	Nduduzo Sibiya	02.06.1995	10	(10)	5
Trainer:	Mandla Ncikazi	16.02.1969	30		

KAIZER CHIEFS FOOTBALL CLUB JOHANNESBURG
Year of Formation: 1970
Stadium: FNB Stadium/Soccer City, Johannesburg (94,736)

THE SQUAD		DOB	M	(:)	G
Goalkeepers:	Daniel Akpeyi (NGA)	03.08.1986	14		
	Bruce Bvuma	15.05.1995	5	(1)	
	Itumeleng Khune	20.06.1987	11		
Defenders:	Daniel Cardoso	06.10.1988	28	(1)	1
	Reeve Frosler	11.01.1998	15	(5)	1
	Happy Mashiane	01.01.1998	12	(6)	3
	Eric Mathoho	01.03.1990	18		1
	Kgotso Moleko	27.08.1989	5	(3)	
	Ramahlwe Mphahlele	01.02.1990	12	(2)	
	Siyabonga Ngezana	15.07.1997	23	(3)	
	Siphosakhe Ntiya-Ntiya	06.10.1996		(3)	
	Yagan Sasman	10.07.1996	1	(2)	
	Philani Zulu	16.09.1992	22	(2)	
Midfielders:	Teddy Akumu (KEN)	20.10.1992	11	(4)	1
	Kearyn Baccus (AUS)	05.11.1991	7	(9)	1
	Njabulo Blom	11.12.1999	15	(12)	
	Willard Katsande (ZIM)	15.01.1986	10	(6)	
	Lebogang Manyama	13.09.1990	22	(3)	8
	Darrel Matsheke		6	(3)	
	Nkosingiphile Ngcobo	16.11.1999	23	(2)	4
	Siphelele Ntshangase	11.05.1993		(2)	
	Bernard Parker	16.03.1986	18	(7)	
	Sabelo Radebe	03.02.2000		(1)	
Forwards:	Khama Billiat (ZIM)	19.08.1990	12	(1)	1
	David Leonardo Castro Cortés (COL)	12.05.1989	16	(10)	6
	Lazarus Kambole (ZAM)	20.01.1994	4	(7)	
	Lebogang Lesako	03.07.1999		(3)	
	Samir Nurković (SRB)	13.06.1992	16	(5)	3
	Keletso Sifama	27.04.2003		(2)	
	Dumisani Zuma	22.05.1995	4	(10)	1
Trainer:	Gavin Hunt	11.07.1964	28		
[28.05.2021]	Arthur Zwane	20.09.1973	2		

MAMELODI SUNDOWNS FOOTBALL CLUB

Year of Formation: 1970
Stadium: Loftus Verfeld Stadium, Pretoria (51,762)

THE SQUAD		DOB	M	(s)	G
Goalkeepers:	Kennedy Mweene (ZAM)	11.12.1984	4		
	Denis Onyango (UGA)	15.05.1985	25		
	Reyaad Pieterse	17.02.1992	1		
Defenders:	Rushine De Reuck	01.01.1996	8		
	Lyle Lakay	17.08.1991	21	(3)	4
	Tebogo Langerman	06.05.1986	4	(2)	
	Mosa Lebusa	10.10.1992	19	(1)	1
	Motjeka Madisha (†**13.12.2020**)	12.01.1995	5		
	Harold Majadibodu	13.02.1995		(2)	
	Thapelo Morena	06.08.1993	24	(2)	
	Khuliso Mudau	26.04.1995	4	(7)	
	Brian Onyango (KEN)	24.07.1994	9	(4)	1
	Ricardo dos Santos do Nascimento (BRA)	07.02.1987	17	(1)	2
	Bangaly Soumahoro (CIV)	18.07.1991		(2)	
Midfielders:	Rivaldo Coetzee	16.10.1996	20	(1)	1
	Haashim Domingo	13.08.1995	2	(10)	
	Andile Jali	10.04.1990	17	(4)	
	Hlompho Kekana	23.05.1985	5	(4)	
	George Maluleka	07.01.1989	5	(6)	
	Grant Margeman	03.06.1998	1	(2)	
	Siphesihle Mkhize	05.02.1999	1		
	Aubrey Modiba	22.07.1995	10	(9)	1
	Mothobi Mvala	14.06.1994	10	(7)	1
	Sibusiso Vilakazi	18.09.1989		(7)	1
Forwards:	Mauricio Affonso Prieto (URU)	26.01.1992		(5)	
	Kermit Erasmus	08.07.1990	12	(5)	3
	Lesedi Kapinga	25.05.1995		(12)	
	Lebohang Maboe	17.09.1994	24	(3)	2
	Matlala Keletso Makgalwa	03.01.1997		(6)	1
	Sphelele Mkhulise	19.02.1996	14	(3)	1
	Promise Mkhuma	24.05.2000	2	(9)	
	Gift Motupa	23.09.1984	4	(4)	1
	Peter Shalulile (NAM)	23.03.1993	25		15
	Leandro Gastón Sirino Rodríguez (URU)	22.02.1991	12	(4)	4
	Themba Zwane	03.08.1989	25		10
Trainer:	Manqoba Brilliant Ferrimant Mngqithi & Rulani Mokwena	25.04.1971	30		

MARITZBURG UNITED FOOTBALL CLUB
Year of Formation: 1979
Stadium: „Harry Gwala" Stadium, Pietermaritzburg (12,000)

THE SQUAD		DOB	M	(s)	G
Goalkeepers:	Jethren Barr	13.09.1995	6	(1)	
	Marcel Engelhardt (GER)	05.04.1993	16		
	Bongani Mpandle	12.07.1992	3		
	Sebastian Mwange (ZAM)	18.12.1991	5		
Defenders:	Nazeer Allie	23.05.1985	20	(6)	
	Lungelo Bhengu	23.06.1998	1	(3)	
	Clayton Daniels	10.07.1984	19		
	Rushine De Reuck	01.01.1996	9	(1)	
	Farès Hachi (ALG)	05.11.1989	11	(7)	
	Riyaaz Ismail	05.01.1998	14	(5)	
	Kwanda Mngonyama	25.09.1993	6	(3)	1
	Malebogo Modise	06.02.1999	3	(7)	
	Daniel Morgan (NZL)	20.12.1990	16	(8)	
	Muzomuhle Ngwane			(1)	
	Pogiso Sanoka	04.06.1992	3	(6)	
	Dušan Stević (SRB)	25.07.1995	8	(3)	
Midfielders:	Keagan Wilbur Buchanan	03.04.1992	13	(1)	
	Travis Graham	08.05.1993	21	(2)	1
	Nathanael Bongo Mbourou (GAB)	24.08.1996	2	(1)	
	Phumlani Ntshangase	24.12.1994	7	(5)	
	Ryan George Christopher Rae	21.08.1991	15		
	Bandile Shandu	19.01.1995	13	(9)	
	Lindokuhle Zondi	03.10.1995		(2)	
	Phiwayinkosi Zuma	13.02.2001		(1)	
Forwards:	Daylon Claasen	28.01.1990	27	(2)	1
	Bongokuhle Hlongwane	20.06.2000	13	(7)	3
	Sibusiso Hlubi	02.10.1994	3	(13)	
	Thabiso Kutumela	03.07.1993	26	(2)	12
	José Ali Meza Draegertt (VEN)	17.04.1991	11	(8)	2
	Judas Mosemaedi	22.01.1994	15	(10)	4
	Tyroane Sandows	12.02.1995		(2)	
	Keletso Sifama	27.04.2003		(4)	
	Tebogo Tlolane	21.12.1994	24	(1)	2
Trainer:	Eric Tinkler	30.07.1970	4		
[24.11.2020]	Delron Sebastian Buckley	07.12.1977	-		
[26.11.2020]	Ernst Middendorp (GER)	28.10.1958	26		

MOROKA SWALLOWS FOOTBALL CLUB JOHANNESBURG

Year of Formation: 1947
Stadium: Dobsonville Stadium, Johannesburg (24,000)

	THE SQUAD	DOB	M	(s)	G
Goalkeepers:	Thela Ngobeni	04.02.1989	2		
	Sanele Tshabalala	12.05.1998	5		
	Virgil Vries (NAM)	29.03.1991	23		
Defenders:	Sfiso Sandile Hlanti	01.05.1990	13	(3)	1
	Givemore Khupe	20.12.1999	1	(2)	1
	Wandisile Letlabika	02.08.1989	22	(3)	
	Phetso Maphanga	14.12.1993		(1)	
	Thabo Matlaba	13.12.1987	19	(2)	
	Vuyo Mere	05.03.1984	26		1
	Njabulo Ngcobo	27.05.1994	28		1
	Keegan Ritchie	03.07.1990	3	(1)	
	Junaid Sait	24.05.1993	5	(7)	1
	Mthokozisi Shwabule	06.04.1996	1	(1)	
	Sipho Sibiya	24.05.1991	5	(2)	
Midfielders:	Kamohelo Mahlatsi	23.08.1998	16	(8)	1
	Lebohang Mokoena	29.09.1986	27	(1)	
	Tlakusani Mthethwa	16.05.1993	17	(2)	
	Bantu Mzwakali	09.11.1993		(5)	
	Musa Nyatama	15.08.1987	12	(11)	1
	Sammy Seabi	21.11.1994	2	(16)	
	Mokeri Senwamadi	26.07.1996		(3)	
	Given Thibedi	16.09.1997	17	(3)	
Forwards:	Fawaaz Basadien	23.12.1996	9	(6)	1
	Ruzaigh Gamildien	04.04.1989	23	(1)	11
	Daniel Gozar (GHA)	11.11.1994	2	(7)	1
	Moeketsi Makhanya	12.09.1999	1	(3)	
	Kagiso Malinga	21.01.1995	6	(12)	1
	Zaphaniah Mbokoma	14.03.1992	23	(2)	2
	Joseph Mhlongo	25.09.1990	1	(15)	3
	Thabo Mosadi	10.09.1990	1	(8)	
	Kgaogelo Sekgota	22.06.1997	20	(4)	3
Trainer:	Brandon Truter		30		

ORLANDO PIRATES FOOTBALL CLUB JOHANNESBURG

Year of Formation: 1937 (*as Orlando Boys Club*)
Stadium: Orlando Stadium, Soweto, Johannesburg (40,000)

	THE SQUAD	DOB	M	(s)	G
Goalkeepers:	Siyabonga Mpotshane	17.04.1986	3		
	Richard Ofori (GHA)	01.11.1993	15		
	Wayne Sandilands	23.08.1983	12		
Defenders:	Thulani Hlatshwayo	18.12.1989	21	(1)	
	Happy Jele	01.01.1987	13	(2)	
	Wayde Jooste	27.09.1991	14	(4)	
	Innocent Maela	14.08.1992	19	(1)	
	Paseka Mako	01.04.1994	17	(3)	
	Thabiso Monyane	30.04.2000	1	(5)	
	Ntsikelelo Nyauza	10.05.1990	22	(1)	1
	Bongani Sam	30.07.1997	5	(5)	1
	Thabiso Sesane	04.05.2001	1	(2)	
Midfielders:	Abel Mabaso	15.05.1991	6	(2)	
	Fortune Makaringe	13.05.1993	23	(5)	3
	Collins Makgaka	28.06.1996		(4)	
	Linda Mntambo	03.06.1989	5	(12)	
	Thabang Monare	16.09.1989	16	(1)	
	Ben Motshwari	21.03.1991	24	(3)	2
	Siphesihle Ndlovu	30.09.1996	14	(7)	2
	Azola Tshobeni	07.06.2002	3	(3)	
	Nkanyiso Zungu	23.01.1996	5	(6)	
Forwards:	Kabelo Dlamini	16.05.1996	6	(7)	
	Terrence Dzvukamanja (ZIM)	05.05.1994	6	(9)	1
	Deon Hotto (NAM)	29.10.1991	26	(4)	4
	Zakhele Lepasa	19.03.1997	5	(2)	1
	Thembinkosi Lorch	22.07.1993	16	(2)	1
	Tshegofatso Mabaso	01.10.1996	2	(9)	5
	Jean-Marc Makusu Mundele (COD)	27.03.1992		(3)	
	Patrick Hellings Gabadini Mhango (MWI)	27.09.1992	9	(13)	5
	Austin Muwowo (ZAM)	26.09.1996		(2)	
	Maliele Vincent Pule	10.03.1992	21	(5)	6
Trainer:	Josef Zinnbauer (GER)	01.05.1970	30		

STELLENBOSCH FOOTBALL CLUB

Year of Formation: 2016
Stadium: Coetzenburg Stadium, Stellenbosch (8,000)

THE SQUAD		DOB	M	(s)	G
Goalkeepers:	Lee Langeveldt	10.11.1986	17		
	Sage Stephens	08.04.1991	13		
Defenders:	Kris Bergman	31.01.1989	2	(2)	
	Azeemud-Deen Brenner	29.07.1998	1	(1)	
	Mogamad De Goede	11.05.1993	13	(1)	
	Robyn Johannes	24.06.1986	16		1
	Zitha Macheke Kwinika	04.01.1994	23	(5)	
	Sibusiso Mthethwa	26.03.1991	16	(2)	
	Alan Robertson	17.02.1994	20	(5)	
	Mark van Heerden	16.03.1988	28		3
Midfielders:	Jayden Adams	05.05.2001	17	(4)	
	Asavela Mbekile	01.11.1986	2	(10)	
	Ally Msengi (TAN)	20.12.2001	2	(12)	
	Phathutshedzo Nange	11.12.1991	13	(10)	4
	Granwald Scott	28.11.1987	8	(14)	
	Nathan Sinkala (ZAM)	22.11.1990	26	(2)	4
	Devin Titus			(1)	
	Dean David van Rooyen	24.11.1996	25	(1)	
Forwards:	Roy-Keane Avontuur	21.08.2003		(5)	
	Stanley Dimgba (NGA)	26.03.1993	19	(4)	7
	Ashley Du Preez	16.07.1997	23	(2)	2
	Waseem Isaacs	16.01.1991	1	(2)	
	Ibraheem Jabaar (NGA)	24.10.2002	13	(2)	
	Fuad Johnson	13.03.2003		(4)	
	Molahlehi Khunyedi	02.08.2000	4	(4)	
	Júnior Leandro Mendieta (ARG)	13.06.1993	15	(6)	3
	Ryan Moon	15.09.1996	1	(11)	1
	Leletu Skelem	12.05.1998	12	(14)	1
Trainer:	Steven Robert Barker	23.12.1967	30		

SUPERSPORT UNITED FOOTBALL CLUB PRETORIA

Year of Formation: 1994
Stadium: "Lucas Moripe" Stadium, Atteridgeville, Pretoria (28,900)

THE SQUAD		DOB	M	(s)	G
Goalkeepers:	George Chigova (ZIM)	04.03.1991	3		
	Boalefa Pule	07.04.1990	1		
	Ronwen Williams	21.01.1992	26		
Defenders:	Onismor Bhasera (ZIM)	07.12.1986	15	(2)	1
	Clayton Daniels	10.07.1984	3		
	Thatayaone Ditlhokwe (BOT)	21.09.1998	25		
	Luke Fleurs	03.03.2000	17	(2)	
	Grant Kekana	31.10.1992	19		
	Bongani Khumalo	06.01.1987	7	(9)	
	Siyabonga Nhlapo	23.12.1988	10	(4)	
	Keenan Phillips	07.02.2000	16	(3)	
Midfielders:	Oswin Appollis	25.08.2001		(2)	
	Jesse Donn	09.04.1999	9	(2)	
	Sipho Mbule	22.03.1998	24	(1)	4
	Lucky Mohomi	10.05.1991	8	(2)	2
	Teboho Mokoena	24.01.1997	20	(2)	4
	Gape Moralo	06.02.2000		(1)	
	Moses Waiswa (UGA)	20.04.1997	6	(7)	
	Jamie Webber	12.01.1998	16	(10)	
Forwards:	Thamsanqa Gabuza	27.07.1987	14	(6)	6
	Bradley Grobler	25.01.1988	25	(1)	16
	Gamphani Lungu (ZAM)	19.09.1998	21	(4)	1
	Kudakwashe Mahachi (ZIM)	29.09.1993	21	(6)	2
	Guily Cyprien Manziba (COD)	06.05.1996	6	(6)	
	Iqraam Rayners	19.12.1995	10	(6)	
	Evans Rusike (ZIM)	13.06.1991	8	(10)	
Trainer:	Kaitano Tembo (ZIM)	22.07.1970	30		

TIM SUKAZI GALAXY FOOTBALL CLUB KAMEELRIVIER
Year of Formation: 2015
Stadium: Kameelrivier Stadium, Kameelrivier (4,000)

THE SQUAD		DOB	M	(s)	G
Goalkeepers:	Marlon Heugh	25.07.1990	16		
	Wensten van der Linde	29.04.1990	14		
Defenders:	Tumelo Bodibe	03.04.1993	7	(2)	
	Bevan Fransman	31.10.1983	20	(1)	1
	McBeth Mahlangu	11.10.2001	22		
	Gaona Modisane	21.04.1993	10	(7)	
	Luckyboy Mokoena	12.12.1993	12	(2)	
	Spiwe Msimango	04.05.1997	21	(2)	
	Marks Munyai	27.05.1991	8	(5)	1
	Pogiso Sanoka	04.06.1992	7	(3)	
	Ebrahim Seedat	18.06.1993	14	(1)	1
Midfielders:	Bathusi Aubaas	14.05.1995	19	(4)	1
	Felix Gerson Badenhorst (SWZ)	12.06.1989	2	(6)	1
	Ethan Brooks	22.11.2001	10	(2)	
	Reneilwe Letsholonyane	09.06.1982		(11)	
	Xolani Maholo	21.11.1996	1		
	Mlungisi Mbunjana	26.08.1990	22	(4)	1
	Ntshuxeko Ndlovu	19.02.1994	6	(5)	
	Sihle Nduli	10.10.1995	8	(3)	
	Khayelihle Shozi	28.12.1994	5	(8)	
	Mbulelo Wambi	25.12.1986	5	(1)	
Forwards:	Sanele Barns	02.04.1997	1	(1)	
	Myer Bevan (NZL)	23.04.1997		(3)	1
	Justice Figuaredo (SWZ)	28.07.1998	2	(3)	
	Wayde Lekay	09.05.1997	17	(11)	3
	Mxolisi Macuphu	12.05.1989	21	(8)	5
	Sphiwe Mahlangu	09.04.1995	1	(6)	
	David Matlala		7	(2)	
	Lindokuhlke Mbatha	25.06.1985	23	(5)	5
	Shaune Mogaila	17.06.1995	7	(6)	2
	Chitiya Mususu (ZAM)	06.03.1995		(1)	
	Tshegofatso Nyama	20.08.1999	8	(3)	
	Masilake Phohlongo	05.05.1997	10	(3)	3
	Karabo Tshepe	27.01.1989	4		
	Ndumiso Xulu	25.05.1999		(1)	
Trainer:	Dan Malesela	27.06.1965	8		
[20.12.2020]	Zipho Dlangalala		2		
[11.01.2021]	Owen Joao Cornelius Da Gama	18.08.1961	20		

TSHAKHUMA TSHA MADZIVHANDILA FOOTBALL CLUB THOHOYANDOU
Year of Formation: 2015
Stadium: Thohoyandou Stadium, Thohoyandou (40,000)

THE SQUAD		DOB	M	(s)	G
Goalkeepers:	Washington Arubi (ZIM)	29.08.1985	28		
	Brighton Mhlongo	12.01.1991	2		
Defenders:	Nicholus Lukhubeni	27.03.1996	23	(1)	
	Lebogang Mabotja	11.11.1991	9	(5)	
	Alfred Ndengane	19.01.1987	23		3
	Ayanda Nkili	09.10.1990	11	(3)	
	Lehlohonolo Nonyane	07.12.1986	17	(1)	
	Ndivhuwo Ravhuhali	29.08.1992	18	(1)	
	Tebogo Thangwane	23.05.1998	8	(1)	
	Diamond Thopola	23.03.1990	6	(1)	
Midfielders:	Tšoarelo Bereng (LES)	30.10.1990		(2)	
	Farai Madhanaga (ZIM)	14.02.1995	12	(1)	
	Edgar Diala Manaka	10.05.1989	17	(5)	
	Meshack Maphangule	09.08.1991	10	(2)	1
	Brendon Mokgope		1		
	Ndabayithethwa Ndlondlo	28.05.1995	10	(6)	1
	Celimpilo Ngema	12.09.1997	18	(9)	
	Miguel Timm	31.01.1992	18	(2)	
Forwards:	Lerato Lamola	17.06.1986	14	(7)	
	Joseph Malongoane	17.03.1988	8	(8)	1
	Rhulani Manzini	06.03.1988	9	(2)	2
	Thabo Mnyamane	17.08.1992	13	(3)	2
	Monde Mphambaniso	02.10.1992	2	(7)	
	Aluwani Nedzamba	03.03.1992		(5)	
	Thembisani Nevhulamba	07.09.1985	11	(10)	3
	Mogakolodi Ngele (BOT)	06.10.1990	6	(3)	1
	Thabo Rakhale	20.03.1990	17	(6)	3
	Tokelo Rantie	08.09.1990	1	(5)	
	Justin Shonga (ZAM)	05.11.1996	4	(2)	1
	Brandon Theron	05.06.1993	14	(3)	1
Trainer:	Joel Masutha		14		
[08.02.2021]	David Lyborn Mathebula	24.06.1983	11		
[07.05.2021]	Dylan Kerr (ENG)	14.01.1967	5		

NATIONAL TEAM INTERNATIONAL MATCHES 2021

25.03.2021	Johannesburg	South Africa - Ghana	1-1(0-0)	(ACNQ)
28.03.2021	Omdurman	Sudan - South Africa	2-0(2-0)	(ACNQ)
10.06.2021	Johannesburg	South Africa - Uganda	3-2(0-1)	(F)
06.07.2021	Port Elizabeth	South Africa - Botswana	1-0(1-0)	(COSAFA)
08.07.2021	Port Elizabeth	South Africa - Eswatini	1-0(0-0)	(COSAFA)
13.07.2021	Port Elizabeth	South Africa - Lesotho	4-0(3-0)	(COSAFA)
14.07.2021	Port Elizabeth	South Africa - Zambia	0-0	(COSAFA)
16.07.2021	Port Elizabeth	South Africa - Mozambique	3-0(1-0)	(COSAFA)
18.07.2021	Port Elizabeth	Senegal - South Africa	0-0 aet; 4-5 pen	(COSAFA)
03.09.2021	Harare	Zimbabwe - South Africa	0-0	(WCQ)
06.09.2021	Johannesburg	South Africa - Ghana	1-0(0-0)	(WCQ)
09.10.2021	Bahir Dar	Ethiopia - South Africa	1-3(0-1)	(WCQ)
12.10.2021	Johannesburg	South Africa - Ethiopia	1-0(1-0)	(WCQ)
11.11.2021	Johannesburg	South Africa - Zimbabwe	1-0(1-0)	(WCQ)
14.11.2021	Cape Coast	Ghana - South Africa	1-0(1-0)	(WCQ)

25.03.2021, 33rd African Cup of Nations, Qualifiers
FNB Stadium, Johannesburg; Attendance: 0
Referee: Bamlak Tessema Weyesa (Ethiopia)
SOUTH AFRICA - GHANA   1-1(0-0)
RSA: Ronwen Hayden Williams, Innocent Maela, Thulani Tyson Hlatshwayo, Siyanda Xulu, Thapelo James Morena, Rivaldo Roberto Genino Coetzee, Andile Ernest Jali (25.Ben Motshwari), Sifiso Sandile Hlanti, Percy Muzi Tau, Ruzaigh Gamildien (64.Luther Singh), Themba Zwane (89.Lebohang Kgosana Maboe). Trainer: Molefi Ntseki.
Goal: Percy Muzi Tau (51).

28.03.2021, 33rd African Cup of Nations, Qualifiers
Al Hilal Stadium, Omdurman; Attendance: 0
Referee: Helder Martins de Carvalho (Angola)
SUDAN - SOUTH AFRICA   2-0(2-0)
RSA: Ronwen Hayden Williams, Innocent Maela, Thulani Tyson Hlatshwayo, Siyanda Xulu (77.Maliele Vincent Pule), Thapelo James Morena, Thabang Amod Monare, Ben Motshwari, Lebohang Kgosana Maboe (61.Ruzaigh Gamildien), Luther Singh (61.Lyle Brent Foster), Percy Muzi Tau (61.Sifiso Sandile Hlanti), Themba Zwane (77.Thabiso Simon Kutumela). Trainer: Molefi Ntseki.

10.06.2021, Friendly International
Orlando Stadium, Johannesburg; Attendance: 0
Referee: Audrick Nkole (Zambia)
SOUTH AFRICA - UGANDA   3-2(0-1)
RSA: Ronwen Hayden Williams, Innocent Maela, Rushine De Reuck, Nkosinathi Sibisi (46.Evidence Makgopa), Lebohang Kgosana Maboe, Denwin Aldrige Keith Farmer (46.Thabiso Simon Kutumela), Ethan Duncan Brooks, Sibusiso Gideon Mabiliso, Craig Ferrel Martin, Sphelele Mkhulise, Bongokuhle Hlongwane (82.Aubrey Maphosa Modiba). Trainer: Hugo Henri Broos (Belgium).
Goals: Evidence Makgopa (62), Bongokuhle Hlongwane (67), Evidence Makgopa (82).

06.07.2021, 20th COSAFA Cup, Group Stage
"Nelson Mandela Bay" Stadium, Port Elizabeth; Attendance: 0
Referee: Brighton Chimene (Zimbabwe)
SOUTH AFRICA - BOTSWANA **1-0(1-0)**
RSA: Veli Mothwa, Austin Thabani Dube, Rushine De Reuck, Mashweu Basil Mphahlele, Masilake Phohlongo (70.Moegamat Yusuf Maart), Nyiko Mobbie, Sphelele Mkhulise, Monnapule Kenneth Saleng, Ethan Duncan Brooks, Siyethemba Sithebe Mnguni, Thabang Innocent Sibanyoni (56.Kagiso Joseph Malinga). Trainer: Hugo Henri Broos (Belgium).
Goal: Kagiso Joseph Malinga (6).

08.07.2021, 20th COSAFA Cup, Group Stage
Wolfson Stadium, Port Elizabeth; Attendance: 0
Referee: Wilson Julio Muianga (Mozambique)
SOUTH AFRICA - ESWATINI **1-0(0-0)**
RSA: Veli Mothwa, Austin Thabani Dube, Rushine De Reuck, Mashweu Basil Mphahlele, Kagiso Joseph Malinga, Masilake Phohlongo (54.Thabang Innocent Sibanyoni), Nyiko Mobbie, Sphelele Mkhulise, Monnapule Kenneth Saleng (81.Moegamat Yusuf Maart), Ethan Duncan Brooks (71.Sifiso Ngobeni), Siyethemba Sithebe Mnguni. Trainer: Hugo Henri Broos (Belgium).
Goal: Thabang Innocent Sibanyoni (59).

13.07.2021, 20th COSAFA Cup, Group Stage
"Nelson Mandela" Bay Stadium, Port Elizabeth (South Africa); Attendance: 0
Referee: Audrick Nkole (Zambia)
SOUTH AFRICA - LESOTHO **4-0(3-0)**
RSA: Veli Mothwa, Austin Thabani Dube, Njabulo Ngcobo, Rushine De Reuck (71.Mashweu Basil Mphahlele), Nyiko Mobbie, Sphelele Mkhulise (46.Lebohang Kgosana Maboe), Moegamat Yusuf Maart, Monnapule Kenneth Saleng (46.Kagiso Joseph Malinga), Sifiso Ngobeni, Sepana Victor Letsoalo (72.Thabang Innocent Sibanyoni), Siyethemba Sithebe Mnguni (65.Ayabulela Konqobe). Trainer: Hugo Henri Broos (Belgium).
Goals: Sepana Victor Letsoalo (5), Sphelele Mkhulise (20), Sepana Victor Letsoalo (44, 57).

14.07.2021, 20th COSAFA Cup, Group Stage
"Nelson Mandela" Bay Stadium, Port Elizabeth (South Africa); Attendance: 0
Referee: Brighton Chimene (Zimbabwe)
SOUTH AFRICA - ZAMBIA **0-0**
RSA: Lincoln Liano Vyver, Ayabulela Konqobe (62.Siyethemba Sithebe Mnguni), Vusi Tshepo Sibiya (74.Austin Thabani Dube), Njabulo Ngcobo, Mashweu Basil Mphahlele, Kagiso Joseph Malinga (62.Sepana Victor Letsoalo), Masilake Phohlongo (47.Monnapule Kenneth Saleng), Moegamat Yusuf Maart, Sifiso Ngobeni, Lebohang Kgosana Maboe (74.Rushine De Reuck), Thabang Innocent Sibanyoni. Trainer: Hugo Henri Broos (Belgium).

16.07.2021, 20th COSAFA Cup, Semi-Finals
"Nelson Mandela" Bay Stadium, Port Elizabeth (South Africa); Attendance: 0
Referee: Brighton Chimene (Zimbabwe)
SOUTH AFRICA - MOZAMBIQUE **3-0(1-0)**
RSA: Veli Mothwa, Austin Thabani Dube, Njabulo Ngcobo, Rushine De Reuck, Nyiko Mobbie, Sphelele Mkhulise (85.Thabang Innocent Sibanyoni), Moegamat Yusuf Maart (85.Ethan Duncan Brooks), Monnapule Kenneth Saleng (75.Lebohang Kgosana Maboe), Sifiso Ngobeni, Sepana Victor Letsoalo (90+4.Ayabulela Konqobe), Siyethemba Sithebe Mnguni (90+4.Kagiso Joseph Malinga). Trainer: Hugo Henri Broos (Belgium).
Goals: Njabulo Ngcobo (24), Moegamat Yusuf Maart (59), Sepana Victor Letsoalo (73 penalty).

18.07.2021, 20th COSAFA Cup, Final
"Nelson Mandela" Bay Stadium, Port Elizabeth; Attendance: 0
Referee: Audrick Nkole (Zambia)
SENEGAL - SOUTH AFRICA   **0-0 aet; 4-5 on penalties**
RSA: Veli Mothwa, Austin Thabani Dube, Njabulo Ngcobo, Rushine De Reuck, Nyiko Mobbie, Sphelele Mkhulise (79.Lebohang Kgosana Maboe), Moegamat Yusuf Maart (79.Ethan Duncan Brooks), Monnapule Kenneth Saleng (100.Kagiso Joseph Malinga), Sifiso Ngobeni, Sepana Victor Letsoalo (73.Thabang Innocent Sibanyoni), Siyethemba Sithebe Mnguni. Trainer: Hugo Henri Broos (Belgium).
Penalties: Lebohang Kgosana Maboe, Siyethemba Sithebe Mnguni, Ethan Duncan Brooks (saved), Sifiso Ngobeni, Veli Mothwa, Nyiko Mobbie.

03.09.2021, 22nd FIFA World Cup Qualifiers, Second Round
National Sports Stadium, Harare; Attendance: 0
Referee: Mahmoud Zakaria Mohamed El Banna (Egypt)
ZIMBABWE - SOUTH AFRICA   **0-0**
RSA: Ronwen Hayden Williams, Thapelo James Morena, Siyanda Xulu, Rushine De Reuck, Nyiko Mobbie, Teboho Mokoena, Mothobi Mvala, Luther Singh (73.Sepana Victor Letsoalo), Percy Muzi Tau (78.Sipho Percevale Mbule), Gift Links (46.Bongokuhle Hlongwane), Evidence Makgopa. Trainer: Hugo Henri Broos (Belgium).

06.09.2021, 22nd FIFA World Cup Qualifiers, Second Round
FNB Stadium, Johannesburg; Attendance: 0
Referee: Derrick Kasokota Kafuli (Zambia)
SOUTH AFRICA - GHANA   **1-0(0-0)**
RSA: Ronwen Hayden Williams, Thapelo James Morena, Siyanda Xulu, Rushine De Reuck, Nyiko Mobbie, Mothobi Mvala (77.Njabulo Ngcobo), Teboho Mokoena, Percy Muzi Tau (77.Njabulo Blom), Ethan Duncan Brooks, Bongokuhle Hlongwane, Evidence Makgopa (81.Sepana Victor Letsoalo). Trainer: Hugo Henri Broos (Belgium).
Goal: Bongokuhle Hlongwane (83).

09.10.2021, 22nd FIFA World Cup Qualifiers, Second Round
Bahir Dar Stadium, Bahir Dar; Attendance: 0
Referee: Shuhoub Abdulbasit (Libya)
ETHIOPIA - SOUTH AFRICA   **1-3(0-1)**
RSA: Ronwen Hayden Williams, Siyanda Xulu, Rushine De Reuck, Nyiko Mobbie, Terrence Mashego, Mothobi Mvala, Ethan Duncan Brooks (79.Moegamat Yusuf Maart), Teboho Mokoena (90+4.Thabani Zuke), Bongokuhle Hlongwane, Thabiso Simon Kutumela (79.Evidence Makgopa), Tshegofatso John Mabasa (35.Sepana Victor Letsoalo). Trainer: Hugo Henri Broos (Belgium).
Goals: Teboho Mokoena (45+1), Mothobi Mvala (71), Evidence Makgopa (90+1).

12.10.2021, 22nd FIFA World Cup Qualifiers, Second Round
FNB Stadium, Johannesburg; Attendance: 0
Referee: Georges Gatogato (Burundi)
SOUTH AFRICA - ETHIOPIA   **1-0(1-0)**
RSA: Ronwen Hayden Williams, Nyiko Mobbie, Siyanda Xulu, Rushine De Reuck, Terrence Mashego, Njabulo Ngcobo, Teboho Mokoena (65.Thabani Zuke), Moegamat Yusuf Maart (74.Ethan Duncan Brooks), Bongokuhle Hlongwane, Evidence Makgopa, Sepana Victor Letsoalo (82.Thabiso Simon Kutumela). Trainer: Hugo Henri Broos (Belgium).
Goal: Getaneh Kebede (11 own goal).

11.11.2021, 22nd FIFA World Cup Qualifiers, Second Round
FNB Stadium, Johannesburg; Attendance: 0
Referee: Sadok Selmi (Tunisia)
SOUTH AFRICA - ZIMBABWE **1-0(1-0)**
RSA: Ronwen Hayden Williams, Nyiko Mobbie, Njabulo Ngcobo, Rushine De Reuck, Terrence Mashego, Thibang Sindile Theophilus Phete, Teboho Mokoena, Bongokuhle Hlongwane, Percy Muzi Tau (79.Ethan Duncan Brooks), Keagan Larenzo Dolly (90+2.Mduduzi Mdantsane), Evidence Makgopa (63.Fagrie Lakay). Trainer: Hugo Henri Broos (Belgium).
Goal: Teboho Mokoena (26).

14.11.2021, 22nd FIFA World Cup Qualifiers, Second Round
Cape Coast Sports Stadium, Cape Coast; Attendance: 0
Referee: Maguette N'Diaye (Senegal)
GHANA - SOUTH AFRICA **1-0(1-0)**
RSA: Ronwen Hayden Williams, Nyiko Mobbie, Siyanda Xulu, Rushine De Reuck, Terrence Mashego, Thibang Sindile Theophilus Phete (86.Fagrie Lakay), Ethan Duncan Brooks (70.Keagan Larenzo Dolly), Teboho Mokoena, Percy Muzi Tau, Bongokuhle Hlongwane, Sepana Victor Letsoalo. Trainer: Hugo Henri Broos (Belgium).

NATIONAL TEAM PLAYERS 2021		
Name	DOB	Club

Goalkeepers		
Veli MOTHWA	12.02.1991	*AmaZulu FC Durban*
Lincoln Liano VYVER	02.03.2001	*Cape Town Spurs FC*
Ronwen Hayden WILLIAMS	21.01.1992	*SuperSport United FC Pretoria*

Defenders		
Rivaldo Roberto Genino COETZEE	16.10.1996	*Mamelodi Sundowns FC*
Rushine DE REUCK	09.02.1996	*Mamelodi Sundowns FC*
Austin Thabani DUBE	16.11.1992	*Richards Bay FC*
Sifiso Sandile HLANTI	01.05.1990	*Moroka Swallows FC Johannesburg*
Thulani Tyson HLATSHWAYO	18.12.1989	*Orlando Pirates FC Johannesburg*
Sibusiso Gideon MABILISO	14.04.1999	*AmaZulu FC Durban*
Innocent MAELA	14.08.1992	*Orlando Pirates FC Johannesburg*
Craig Ferrel MARTIN	04.10.1993	*Cape Town City FC*
Terrence MASHEGO	28.06.1998	*Cape Town City FC*
Nyiko MOBBIE	11.09.1994	*Unattached; 08.09.2021-> Sekhukhune United FC*
Thapelo James MORENA	06.08.1993	*Mamelodi Sundowns FC*
Mashweu Basil MPHAHLELE	27.09.1999	*Baroka FC Polokwane*
Sifiso NGOBENI	08.02.1997	*Bloemfontein Celtic FC*
Njabulo NGCOBO	27.05.1994	*Moroka Swallows FC Johannesburg; 09.07.2021-> Kaizer Chiefs FC Johannesburg*
Nkosinathi SIBISI	22.09.1995	*Lamontville Golden Arrows FC Durban*
Vusi Tshepo SIBIYA	14.06.1994	*Baroka FC Polokwane*
Siyanda XULU	30.12.1991	*Hapoel Tel Aviv FC (ISR)*
Thabani ZUKE	11.09.1998	*Lamontville Golden Arrows FC Durban*

Midfielders		
Njabulo BLOM	11.12.1999	*Kaizer Chiefs FC Johannesburg*
Ethan Duncan BROOKS	22.11.2001	*TS Galaxy FC Kameelrivier*
Denwin Aldrige Keith FARMER	19.09.1996	*Baroka FC Polokwane*
Andile Ernest JALI	10.04.1990	*Mamelodi Sundowns FC*
Ayabulela KONQOBE	12.01.1996	*Chippa United FC Nyanga*
Moegamat Yusuf MAART	17.07.1995	*Sekhukhune United FC*
Sipho Percevale MBULE	22.03.1998	*SuperSport United FC Pretoria*
Mduduzi MDANTSANE	13.12.1994	*Cape Town City FC*
Sphelele MKHULISE	19.02.1996	*Mamelodi Sundowns FC*
Aubrey Maphosa MODIBA	22.07.1995	*Mamelodi Sundowns FC*
Teboho MOKOENA	24.01.1997	*SuperSport United FC Pretoria*
Thabang Amod MONARE	16.09.1989	*Orlando Pirates FC Johannesburg*
Ben MOTSHWARI	21.03.1991	*Orlando Pirates FC Johannesburg*
Mothobi MVALA	14.06.1994	*Mamelodi Sundowns FC*
Thibang Sindile Theophilus PHETE	04.04.1994	*Belenenses SAD Lisboa (POR)*
Masilake PHOHLONGO	05.05.1997	*TS Galaxy FC Kameelrivier*
Siyethemba SITHEBE Mnguni	06.01.1993	*AmaZulu FC Durban*
Themba ZWANE	03.08.1989	*Mamelodi Sundowns FC*

Forwards		
Keagan Larenzo DOLLY	22.01.1993	*Kaizer Chiefs FC Johannesburg*
Lyle Brent FOSTER	03.09.2000	*Vitória SC Guimarães "B" (POR)*
Ruzaigh GAMILDIEN	04.04.1989	*Moroka Swallows FC Johannesburg*
Bongokuhle HLONGWANE	20.06.2000	*Maritzburg United FC*
Thabiso Simon KUTUMELA	03.07.1993	*Maritzburg United FC;* *16.07.2021-> Mamelodi Sundowns FC*
Fagrie LAKAY	31.05.1997	*Cape Town City FC*
Sepana Victor LETSOALO	01.04.1993	*Bloemfontein Celtic FC;* *31.07.2021-> Royal AM FC Durban*
Gift LINKS	02.10.1998	*AGF Aarhus (DEN)*
Tshegofatso John MABASA	01.10.1996	*Orlando Pirates FC Johannesburg*
Lebohang Kgosana MABOE	17.09.1994	*Mamelodi Sundowns FC*
Evidence MAKGOPA	05.06.2000	*Baroka FC Polokwane*
Kagiso Joseph MALINGA	21.01.1995	*Moroka Swallows FC Johannesburg*
Maliele Vincent PULE	10.03.1992	*Orlando Pirates FC Johannesburg*
Monnapule Kenneth SALENG	13.03.1998	*Orlando Pirates FC Johannesburg*
Thabang Innocent SIBANYONI	08.01.1996	*Sekhukhune United FC*
Luther SINGH	05.08.1997	*FC Paços de Ferreira (POR);* *18.08.2021-> FC København (DEN)*
Percy Muzi TAU	13.05.1994	*Brighton & Hove Albion FC (ENG);* *26.08.2021-> Al-Ahly SC Cairo (EGY)*

National coaches		
Molefi NTSEKI [03.08.2019 – 31.03.3031]		18.08.1969
Hugo Henri BROOS (Belgium) [from 05.05.2021]		10.04.1952

SOUTH SUDAN

South Sudan Football Association
Nyakuron West, Plot No. 58B, Old Yei Road Near Hass Petroleum & Toyota House, Juba
Year of Formation: 2011
Member of FIFA since: 2012
Member of CAF since: 2012
www.ssfaonline.com

First international match:
10.07.2012, Juba:
South Sudan - Uganda 2-2
Most international caps:
Leon Uso Khamis
29 caps (2012-2019)
Most international goals:
James Joseph Saeed Moga
6 goals / 18 caps (2012-2017)

Please note: South Sudan became an independent state on 9 July 2011, following the South Sudanese independence referendum from 9 to 15 January 2011. The referendum was one of the consequences of the 2005 Naivasha Agreement between the Khartoum (Sudan) central government and the Sudan People's Liberation Army/Movement.

AFRICAN CUP OF NATIONS	
1957 - 2013	Did not enter, was part of Sudan
2015	Qualifiers
2017	Qualifiers
2019	Qualifiers
2021	Qualifiers

FIFA WORLD CUP	
1930 - 2014	Did not enter, was part of Sudan
2018	Qualifiers

OLYMPIC FOOTBALL TOURNAMENTS 1900-2020
2020 (Qualifiers)

F.I.F.A. CONFEDERATIONS CUP 1992-2017
None

AFRICAN GAMES 1965-2019
Did not enter until 2013, was part of Sudan

CECAFA CUP (East and Central African Championship) 1973-2021
2012 (Group Stage), 2013 (Group Stage), 2015 (Quarter-Finals), 2017 (Group Stage), 2021 (3rd Place)

AFRICAN NATIONS CHAMPIONSHIP 2009-2020
2018 (Qualifiers), 2020 (Qualifiers)

ARAB NATIONS CUP 1963-2021
2021 (Withdrew)

SOUTH SUDANESE CLUB HONOURS IN ASIAN CLUB COMPETITIONS:
CAF Champions League 1964-2021
None
CAF Confederation Cup 2004-2021
None
CAF Super Cup 1993-2021
None
African Cup Winners' Cup 1975-2003*
None
CAF Cup 1992-2003*
None

*defunct competitions

NATIONAL COMPETITIONS
TABLE OF HONOURS

	CHAMPIONS	CUP WINNERS
2011	Al-Salaam FC Wau	-
2012	Al-Salaam FC Wau	El Nasir FC Juba
2013	Atlabara FC Juba	Al-Malakia FC Juba
2014	Al-Malakia FC Juba	Al-Malakia FC Juba
2015	Atlabara FC Juba	Al-Malakia FC Juba
2016	*No competiton*	Al-Salaam FC Wau
2017	*Not known*	Al-Salaam FC Wau
2018	Al-Hilal FC Wau	Al-Merrikh FC Juba
2019	Atlabara FC Juba	Amarat United FC Juba
2020	*Championship cancelled*	Al-Rabita FC Juma
2021	*No competiton*	Atlabara FC Juba

NATIONAL CHAMPIONSHIP
South Sudan Football Championship 2021

No championship was held in 2021.

NATIONAL CUP
South Sudan Cup Final 2021

03.06.2021, Buluk Training Ground, Juba
Atlabara FC Juba - Salam FC Kuajok   2-0(2-0)
Goals: Mandela Malish (18, 45).

NATIONAL TEAM
INTERNATIONAL MATCHES 2021

13.03.2021	Nairobi	Kenya - South Sudan	1-0(0-0)	(F)
24.03.2021	Omdurman	South Sudan - Malawi	0-1(0-0)	(ACNQ)
29.03.2021	Ouagadougou	Burkina Faso - South Sudan	1-0(0-0)	(ACNQ)
21.06.2021	Doha	Jordan - South Sudan	3-0 (w/o)	(ARCQ)
06.10.2021	El Jadida	Sierra Leone - South Sudan	1-1(1-0)	(F)
12.10.2021	El Jadida	Gambia - South Sudan	2-1(2-0)	(F)

13.03.2021, Friendly International
Nyanyo National Stadium, Nairobi; Attendance: 0
Referee: Dickens Mimisa (Kenya)
KENYA - SOUTH SUDAN   **1-0(0-0)**
SSD: Majak Maling Mawith, Rahan Angier Malong, Abdulkarim Mutwakil Yom, Peter Maker Manyang Mabok, David Omot Sebit (60.Emmanuel Thomas Lumeri Bibo), Jackson Obede Morgan (31.Dominic Angelo Kornelio Komelid), Stephen Pawaar Lony, Johnson Gibson Adinho Wande (60.Godfrey Okello), Muyang Joseph Karlo Ilemu (60.Wani Ivan Adebo), Tito Odong Okello (82.David Majak Chan), Makueth Wol Akeen Nguet (82.Abdallah Asad Musa Mugabe). Trainer: Cyprian Besong Ashu (Germany).

24.03.2021, 33rd African Cup of Nations, Qualifiers
Al Hilal Stadium, Omdurman (Sudan); Attendance: 0
Referee: Anthony Ogwayo (Kenya)
SOUTH SUDAN - MALAWI   **0-1(0-0)**
SSD: Majak Maling Mawith, Rahan Angier Malong, Peter Maker Manyang Mabok, Abdulkarim Mutwakil Yom, David Omot Sebit, Manyumow Achol, Jackson Obede Morgan, Stephen Pawaar Lony, Makueth Wol Akeen Nguet, Tito Odong Okello, David Majak Chan (*Substitutes not known*). Trainer: Cyprian Besong Ashu (Germany).

29.03.2021, 33rd African Cup of Nations, Qualifiers
Stade du 4 Août, Ouagadougou; Attendance: 0
Referee: George Rogers (Liberia)
BURKINA FASO - SOUTH SUDAN   **1-0(0-0)**
SSD: Ramadan John Mayik Diing, Rahan Angier Malong, Peter Maker Manyang Mabok, Abdulkarim Mutwakil Yom, David Omot Sebit, Stephen Pawaar Lony (85.Jackson Obede Morgan), Mandela Malish Stephen Lujang (46.Dominic Angelo Kornelio Komelid), Manyumow Achol (60.Abdallah Asad Musa Mugabe), Aluck Akeuch Mabior Deng (60.David Majak Chan), Makueth Wol Akeen Nguet (46.Muyang Joseph Karlo Ilemu), Tito Odong Okello. Trainer: Cyprian Besong Ashu (Germany).

21.06.2021, 10th FIFA Arab Cup, Qualifiers
Khalifa International Stadium, Doha (Qatar)
JORDAN - SOUTH SUDAN   **3-0 (w/o)**
SSD: Trainer: Cyprian Besong Ashu (Germany).
Please note: the match was awarded as a 3-0 win to Jordan due to a forfeit from South Sudan as several players and staff members had positive COVID-19 test results upon their arrival in Qatar.

06.10.2021, Friendly International
Stade El Abdi, El Jadida (Morocco); Attendance: 0
Referee: n/a
SIERRA LEONE - SOUTH SUDAN **1-1(1-0)**
SSD: Ramadan John Mayik Diing, Dominic Angelo Kornelio Komelid (73.Abraham Sudier Tut Dhiyear), Dhata Joseph Stephen Lujang (18.Rashid Toha Freedon), Rahan Angier Malong, Peter Maker Manyang Mabok, Wani Ivan Adebo, Data Elly Christopher Lokosang (73.Dominic Abui Pretino Koni), Stephen Pawaar Lony (49.Aluck Akeuch Mabior Deng), William Gama Emmanuel Kundu, Dani Lual Gumnok Thon (49.Emmanuel Peter Loki), Tito Odong Okello (49.Abdallah Asad Musa Mugabe). Trainer: Stefano Cusin (Italy).
Goal: Emmanuel Peter Loki (90+4).

12.10.2021, Friendly International
Stade El Abdi, El Jadida (Morocco); Attendance: 0
Referee: n/a
GAMBIA - SOUTH SUDAN **2-1(2-0)**
SSD: Juma Jenaro Awad, Dominic Angelo Kornelio Komelid, Peter Maker Manyang Mabok (58.Abraham Sudier Tut Dhiyear), Rashid Toha Freedon, Rahan Angier Malong, Wani Ivan Adebo, David Omot Sebit (38.Dominic Abui Pretino Koni), Data Elly Christopher Lokosang, William Gama Emmanuel Kundu (58.Dani Lual Gumnok Thon), Emmanuel Peter Loki, Tito Odong Okello (58.Stephen Pawaar Lony). Trainer: Stefano Cusin (Italy).
Goal: Dani Lual Gumnok Thon (87).

NATIONAL TEAM PLAYERS 2021

Name	DOB	Club
Goalkeepers		
Juma Jenaro AWAD	28.02.1982	*Hay Al Wadi SC Nyala (SDN)*
Ramadan JOHN Mayik Diing	17.03.2000	*Al-Malakia FC Juba*
Majak Maling MAWITH	18.09.1999	*Port Melbourne Sharks (AUS)*
Defenders		
Rahan ANGIER Malong	2002	*Munuki FC*
Dhata Joseph Stephen LUJANG	05.09.2002	*Vipers SC Kampala (UGA)*
Peter Maker MANYANG Mabok	1994	*Munuki FC; 13.08.2021-> ZESCO United FC Ndola (ZAM)*
David Omot SEBIT	28.10.1998	*Al-Amal Atbara*
Abraham SUDIER Tut Dhiyear		*Kator FC Juba*
Rashid TOHA Freedon	09.10.1997	*Vipers SC Kampala (UGA)*
Abdulkarim Mutwakil YOM	04.08.1992	*Atlabara FC Juba*
Midfielders		
Wani Ivan ADEBO	01.02.1998	*Busoga United FC (UGA)*
Aluck AKEUCH Mabior Deng	08.02.1994	*Al-Amal Atbara*
William GAMA Emmanuel Kundu		*Al-Malakia FC Juba*
Johnson GIBSON Adinho Wande	05.07.1994	*Ondurapaka FC (UGA)*
Dominic Angelo KORNELIO Komelid	14.04.2000	*Munuki FC*
Data Elly Christopher LOKOSANG		*Kyetume FC Mukono (UGA)*
Emmanuel Thomas LUMERI Bibo	16.05.1993	*Amarat United FC Juba;*
Mandela MALISH Stephen Lujang	10.10.1999	*Atlabara FC Juba*
Jackson Obede MORGAN	18.08.1998	*Unattached*
Abdallah Asad MUSA Mugabe	06.08.1995	*AFC Leopards SC Nairobi (KEN)*
Stephen PAWAAR Lony	07.01.1993	*Munuki FC*
Forwards		
Dominic ABUI Pretino Koni	17.03.1990	*Al Khartoum SC (SDN)*
Manyumow ACHOL	10.12.1999	*Lower Hutt City AFC (NZL)*
Muyang Joseph Karlo ILEMU	07.01.2000	*Rabita FC Kosti*
Emmanuel Peter LOKI		*Bright Stars FC Kampala (UGA)*
Dani LUAL Gumnok Thon	29.11.2002	*MFK Vyškov (CZE)*
David MAJAK Chan	10.10.2000	*Tusker FC Nairobi (KEN)*
Tito Odong OKELLO	07.01.1996	*Gor Mahia FC Nairobi (KEN)*
Makueth WOL Akeen Nguet	10.02.2000	*Mbarara City FC (UGA)*
National coaches		
Cyprian BESONG Ashu (Germany) [01.07.2019 – 30.06.2021]		21.10.1969
Stefano Cusin (Italy) [from 28.09.2021]		28.10.1968

SUDAN

Sudan Football Association
Baladia Street, P.O. Box 437,
11111 Khartoum
Year of Formation: 1936
Member of FIFA since: 1948
Member of CAF since: 1957
www.sudanfa.com

First international match:
13.05.1956:
Sudan – Ethiopia 5-1
Most international caps:
Haitham Mostafa Karar
108 caps (2000-2012)
Most international goals:
Nasr Eddin Abbas
27 goals / 52 caps (1963-1972)

AFRICAN CUP OF NATIONS	
1957	Final Tournament (3rd place)
1959	Final Tournament (Runners-up)
1962	Qualifiers
1963	Final Tournament (Runners-up)
1965	Qualifiers
1968	Qualifiers
1970	**Final Tournament (Winners)**
1972	Final Tournament (Group Stage)
1974	Qualifiers
1976	Final Tournament (Group Stage)
1978	Withdrew
1980	Qualifiers
1982	Did not enter
1984	Qualifiers
1986	Withdrew
1988	Qualifiers
1990	Qualifiers
1992	Qualifiers
1994	Qualifiers
1996	Qualifiers
1998	Qualifiers (Withdrew)
2000	Withdrew
2002	Qualifiers
2004	Qualifiers
2006	Qualifiers
2008	Final Tournament (Group Stage)
2010	Qualifiers
2012	Final Tournament (Quarter-Finals)
2013	Qualifiers
2015	Qualifiers
2017	Qualifiers
2019	Qualifiers
2021	*Final Tournament (Qualified)*

FIFA WORLD CUP	
1930	Did not enter
1934	Did not enter
1938	Did not enter
1950	Did not enter
1954	Did not enter
1958	Qualifiers (Withdrew)
1962	Withdrew
1966	Withdrew
1970	Qualifiers
1974	Qualifiers
1978	Withdrew
1982	Qualifiers
1986	Qualifiers
1990	Qualifiers
1994	Withdrew
1998	Qualifiers
2002	Qualifiers
2006	Qualifiers
2010	Qualifiers
2014	Qualifiers
2018	Qualifiers

OLYMPIC FOOTBALL TOURNAMENTS 1908-2020

1908	-	1952	-	1976	Qualifiers	2000	Qualifiers
1912	-	1956	-	1980	Withdrew	2004	Qualifiers
1920	-	1960	Qualifiers	1984	Qualifiers	2008	Did not enter
1924	-	1964	Qualifiers	1988	Did not enter	2012	Qualifiers
1928	-	1968	Qualifiers	1992	Qualifiers	2016	Qualifiers
1936	-	1972	Group Stage	1996	Did not enter	2020	Qualifiers
1948	-						

F.I.F.A. CONFEDERATIONS CUP 1992-2017
None

AFRICAN GAMES 1965-2019
2015

CECAFA CUP (East and Central African Championship) 1973-2021
1979 (Group Stage), **1980 (Winners)**, 1981 (Group Stage), 1982 (Group Stage), 1983 (Group Stage), 1990 (Runners-up), 1991 (4th Place), 1996 (3rd place; B-Team Runners-up!), 1999 (Quarter-Finals), 2002 (Group Stage), 2003 (4th Place), 2004 (3rd place), 2005 (Group Stage), **2006 (Winners)**, **2007 (Winners)**, 2008 (Group Stage), 2010 (Group Stage), 2011 (3rd Place), 2012 (Group Stage), 2013 (Runners-up), 2015 (4th Place), 2017 (Did not enter), 2019 (Group Stage)

PAN ARAB GAMES 1953-2011
1965 (Runners-up), 2007 (with U-23 Team), 2011

AFRICAN NATIONS CHAMPIONSHIP 2009-2020
2009 (Qualifiers), 2011 (3rd Place), 2014 (Qualifiers), 2016 (Qualifiers), 2018 (3rd Place), 2020 (Qualifiers)

ARAB NATIONS CUP 1963-2021
1985 (Qualifiers), 1998 (Group Stage), 2002 (Group Stage), 2012 (Group Stage), 2021 (Group Stage)

SUDANESE CLUB HONOURS IN ASIAN CLUB COMPETITIONS:

CAF Champions League 1964-2021
None

CAF Confederation Cup 2004-2021
None

CAF Super Cup 1993-2021
None

Arab Champions Cup / Arab Champions League 1982-2009 / UAFA Club Cup 2012-2013 / Arab Club Championship 2017 / Arab Club Champions Cup 2018-2020
None

*African Cup Winners' Cup 1975-2003**
Al Merrikh SC Omdurman (1989)

*CAF Cup 1992-2003**
None

*defunct competitions

NATIONAL COMPETITIONS
TABLE OF HONOURS

	CHAMPIONS	CUP WINNERS
1962	Al Hilal EC Omdurman	Al Merrikh SC Omdurman
1963	*No competition*	*Not known*
1964	Al Hilal EC Omdurman	*Not known*
1965	Al Hilal EC Omdurman	*Not known*
1966	Al Hilal EC Omdurman	*Not known*
1967	Al Hilal EC Omdurman	*Not known*
1968	Al Mourada Omdurman	*Not known*
1969	Burri Khartoum	*Not known*
1970	Al Merrikh SC Omdurman	Al Merrikh SC Omdurman
1971	Al Merrikh SC Omdurman	Al Merrikh SC Omdurman
1972	Al Merrikh SC Omdurman	Al Merrikh SC Omdurman
1973	Al Merrikh SC Omdurman	*Not known*
1974	Al Hilal EC Omdurman (1st Half) Al Merrikh SC Omdurman (2nd Half)	Al Merrikh SC Omdurman
1975	Al Merrikh SC Omdurman	*Not known*
1976	*No competition*	*No competition*
1977	Al Merrikh SC Omdurman	Al Hilal EC Omdurman
1978	Al Merrikh SC Omdurman	Al Nil Khartoum
1979	*No competition*	*No competition*
1980	*No competition*	*No competition*
1981	Al Hilal EC Omdurman	Hay Al Arab Port Sudan
1982	Al Merrikh SC Omdurman	Al Ahli Wad Medani
1983	Al Hilal EC Omdurman	Al Merrikh SC Omdurman
1984	Al Hilal EC Omdurman	Al Merrikh SC Omdurman
1985	Al Merrikh SC Omdurman	Al Merrikh SC Omdurman
1986	Al Hilal EC Omdurman	Al Merrikh SC Omdurman
1987	Al Hilal EC Omdurman	Al Mourada Omdurman
1988	Al Hilal EC Omdurman	Al Merrikh SC Omdurman
1989	Al Hilal EC Omdurman	Al Mourada Omdurman
1990	Al Merrikh SC Omdurman	Al Ittihad Wad Medani
1991	Al Hilal EC Omdurman	Al Merrikh SC Omdurman
1992	Al Hilal EC Omdurman	Al Merrikh SC Omdurman
1993	Al Merrikh SC Omdurman	Al Hilal EC Omdurman
1994	Al Hilal EC Omdurman	Al Merrikh SC Omdurman
1995	Al Hilal EC Omdurman	Al Mourada Omdurman
1996	Al Hilal EC Omdurman	Al Merrikh SC Omdurman
1997	Al Merrikh SC Omdurman	Al Mourada Omdurman
1998	Al Hilal EC Omdurman	Al Mourada Omdurman
1999	Al Hilal EC Omdurman	Al Mourada Omdurman
2000	Al Merrikh SC Omdurman	Al Hilal EC Omdurman
2001	Al Merrikh SC Omdurman	Al Merrikh SC Omdurman
2002	Al Merrikh SC Omdurman	Al Hilal EC Omdurman
2003	Al Hilal EC Omdurman	*No competition*
2004	Al Hilal EC Omdurman	Al Hilal EC Omdurman
2005	Al Hilal EC Omdurman	Al Merrikh SC Omdurman
2006	Al Hilal EC Omdurman	Al Merrikh SC Omdurman
2007	Al Hilal EC Omdurman	Al Merrikh SC Omdurman

2008	Al Merrikh SC Omdurman	Al Merrikh SC Omdurman
2009	Al Hilal EC Omdurman	Al Hilal EC Omdurman
2010	Al Hilal EC Omdurman	Al Merrikh SC Omdurman
2011	Al Merrikh SC Omdurman	Al Hilal EC Omdurman
2012	Al Hilal EC Omdurman	Al Merrikh SC Omdurman
2013	Al Merrikh SC Omdurman	Al Merrikh SC Omdurman
2014	Al Hilal EC Omdurman	Al Merrikh SC Omdurman
2015	Al Merrikh SC Omdurman	Al Merrikh SC Omdurman
2016	Al Hilal EC Omdurman	Al Hilal EC Omdurman
2017	Al Hilal EC Omdurman	Al Ahly Shendi Club
2018	Al Hilal EC Omdurman	Al Merrikh SC Omdurman
2018/2019	Al Merrikh SC Omdurman	*No competition*
2019/2020	Al Merrikh SC Omdurman	*Competition cancelled*
2020/2021	Al Hilal Club Omdurman	*No competition*

NATIONAL CHAMPIONSHIP
Sudan Premier League 2020/2021

1.	**Al Hilal Club Omdurman**	30	25	4	1	75 - 10	79
2.	Al Merrikh SC Omdurman	30	20	8	2	50 - 16	68
3.	Hay Al Wadi SC Nyala	30	12	11	7	35 - 25	47
4.	Hay Al Arab SC Port Sudan	30	11	9	10	26 - 32	42
5.	Al Khartoum SC	30	11	8	11	34 - 34	41
6.	Al Hilal SC Al Ubayyid	30	10	11	9	25 - 32	41
7.	Al Amal SC Atbara	30	10	9	11	25 - 29	39
8.	Al-Ahli SC Merowe	30	9	11	10	24 - 28	38
9.	Al-Hilal ESC Al-Fasher	30	10	8	12	35 - 41	38
10.	Hilal Alsahil SC Port Sudan	30	10	5	15	27 - 33	35
11.	Al Shorta Al-Qadarif Kassala	30	8	11	11	26 - 36	35
12.	Al Ahly Shendi Club	30	9	7	14	21 - 27	34
13.	Tuti SC Khartoum	30	8	9	13	24 - 39	33
14.	Al Ahli SC Khartoum (*Relegation Play-offs*)	30	7	11	12	17 - 28	32
15.	Al Hilal SC Kadougli (*Relegated*)	30	5	10	15	22 - 39	25
16.	Al Merreikh SC Al Fasher (*Relegated*)	30	6	6	18	15 - 32	24

THE CLUBS

AL AHLI SPORTS CLUB KHARTOUM
Year of Formation: 1929
Stadium: Al Khartoum Stadium, Khartoum (23,500)

AL-AHLI SPORTS CLUB MEROWE
Stadium: Merowe Stadium, Merowe (1,000)

AL AHLY SHENDI CLUB
Year of Formation: 1943
Stadium: Shendi Stadium, Shendi (10,000)

AL AMAL SPORTS CLUB ATBARA
Year of Formation: 1946
Stadium: Atbara Stadium, Atbara (15,000)

AL HILAL SPORTS CLUB AL UBAYYID
Year of Formation: 1931
Stadium: Al Ubayyid Stadium, Al Ubayyid (15,000)

AL HILAL CLUB OMDURMAN
Year of Formation: 1930
Stadium: Al Hilal Stadium, Omdurman (40,000)

AL-HILAL EDUCATIONAL SPORT CLUB AL-FASHER
Stadium: Al Fasher Stadium, Al Fasher (10,000)

AL HILAL SPORTS CLUB KADOUGLI
Year of Formation: 1962
Stadium: Kadougli Stadium, Kadougli (1,000)

AL KHARTOUM SPORTS CLUB
Year of Formation: 1950
Stadium: Al Khartoum Stadium, Khartoum (23,500)

AL MERREIKH SPORTS CLUB AL FASHER
Year of Formation: 1946
Stadium: Al Fasher Stadium, Al Fasher (10,000)

AL MERRIKH SPORTING CLUB OMDURMAN
Year of Formation: 1927
Stadium: Al Merreikh Stadium, Omdurman (27,500)

AL SHORTA AL-QADARIF KASSALA
Stadium: Al-Qadarif Stadium, Al-Qadarif (15,000)

HAY AL ARAB SPORTS CLUB PORT SUDAN
Year of Formation: 1928
Stadium: Port Sudan Stadium, Port Sudan (13,000)

HILAL ALSAHIL SPORTS CLUB PORT SAID
Year of Formation: 1937
Stadium: Stade Port Sudan, Port Sudan (7,000)

24.03.2021	São Tomé	São Tomé and Príncipe - Sudan	0-2(0-1)	(ACNQ)
28.03.2021	Omdurman	Sudan - South Africa	2-0(2-0)	(ACNQ)
11.06.2021	Omdurman	Sudan - Zambia	3-2(3-1)	(F)
13.06.2021	Omdurman	Sudan - Zambia	0-1(0-0)	(F)
19.06.2021	Doha	Libya - Sudan	0-1(0-1)	(ARCQ)
22.08.2021	Dubai	Sudan - Niger	1-2(0-1)	(F)
26.08.2021	Dubai	Sudan - Niger	3-0(1-0)	(F)
02.09.2021	Rabat	Morocco - Sudan	2-0(1-0)	(WCQ)
07.09.2021	Omdurman	Sudan - Guinea-Bissau	2-4(0-3)	(WCQ)
06.10.2021	Marrakech	Sudan - Guinea	1-1(0-0)	(WCQ)
09.10.2021	Agadir	Guinea - Sudan	2-2(0-0)	(WCQ)
12.11.2021	Rabat	Sudan - Morocco	0-3(0-1)	(WCQ)
15.11.2021	Marrakech	Guinea-Bissau - Sudan	0-0	(WCQ)
01.12.2021	Al Rayyan	Algeria - Sudan	4-0(3-0)	(ARC)
04.12.2021	Doha	Egypt - Sudan	5-0(3-0)	(ARC)
07.12.2021	Al Rayyan	Sudan - Lebanon	0-1(0-0)	(ARC)
30.12.2021	Limbé	Sudan - Ethiopia	2-3(1-2)	(F)

24.03.2021, 33rd African Cup of Nations, Qualifiers
Estádio Nacional 12 de Julho, São Tomé; Attendance: 0
Referee: Samuel Pwadutakam (Nigeria)
SÃO TOMÉ AND PRÍNCIPE - SUDAN 0-2(0-1)
SDN: Ali Abdallah Abu Eshrein, Samawal Merghani Nour-Eldin Elyes Nour-Eldin Elyes, Mustafa Mohamed Abdelgader Karshoum, Amir Kamal Suliman Muhamed, Faris Abdallah Mamoun Sawedy, Walieldin Khidir Safour Daiyeen, Aboaagla Abdalla Muhamed Ahmed, Sherefeldin Shaiboub Ali Abdelrahman (85.Dhiya Eddin Mahjoub Musa Kano), Athar El Tahir Babiker Mohamed (90.Muhamed Mukhtar Fadl Osman), Seifeldin Malek Bakhit Makki (85.Ahmed Saeed Ahmed Abouk), Muhamed Abdelrahman Yousef Yagoub (77.Muaaz Abdelraheem Gesmallah Al Quoz). Trainer: Hubert Velud (France).
Goals: Muhamed Abdelrahman Yousef Yagoub (27), Seifeldin Malek Bakhit Makki (53).

28.03.2021, 33rd African Cup of Nations, Qualifiers
Al Hilal Stadium, Omdurman; Attendance: 0
Referee: Helder Martins de Carvalho (Angola)
SUDAN - SOUTH AFRICA 2-0(2-0)
SDN: Ali Abdallah Abu Eshrein, Samawal Merghani Nour-Eldin Elyes, Mohamed Saaed Ahmed, Amir Kamal Suliman Muhamed, Faris Abdallah Mamoun Sawedy (12.Omer Ali Suliman Abdelkarim), Walieldin Khidir Safour Daiyeen (80.Sherefeldin Shaiboub Ali Abdelrahman), Nasr Eldin Omer Ahmed Abdalla El Shigail, Dhiya Eddin Mahjoub Musa Kano, Athar El Tahir Babiker Mohamed (85.Mustafa Mohamed Abdelgader Karshoum), Seifeldin Malek Bakhit Makki, Muhamed Abdelrahman Yousef Yagoub. Trainer: Hubert Velud (France).
Goals: Seifeldin Malek Bakhit Makki (5), Muhamed Abdelrahman Yousef Yagoub (31).

11.06.2021, Friendly International
Al Hilal Stadium, Omdurman; Attendance: 0
Referee: n/a
SUDAN - ZAMBIA 3-2(3-1)
SDN: Ali Abdallah Abu Eshrein, Amir Kamal Suliman Muhamed, Faris Abdallah Mamoun Sawedy (79.Ahmed Abdelmunem Yousef Tabanja), Aboaagla Abdalla Muhamed Ahmed (65.Muaaz Abdelraheem Gesmallah Al Quoz), Nasr Eldin Omer Ahmed Abdalla El Shigail (79.Tajeldin Yagoub Elnour Badawi), Athar El Tahir Babiker Mohamed (65.Al-Jezoli Hussein Nouh), Walieldin Khidir Safour Daiyeen (46.Dhiya Eddin Mahjoub Musa Kano), Mohamed Saaed Ahmed (46.Hussein Ibrahim Ahmed Morsal Al Jerif), Muhamed Abdelrahman Yousef Yagoub (65.Waleed Bakhit Hamed Adam Al Shoala), Samawal Merghani Nour-Eldin Elyes (65.Rami Abdallah Gendil Kertikila), Sherefeldin Shaiboub Ali Abdelrahman (65.Yasin Khaled Abdelrahman Hamed). Trainer: Hubert Velud (France).
Goals: Muhamed Abdelrahman Yousef Yagoub (4), Athar El Tahir Babiker Mohamed (18), Muhamed Abdelrahman Yousef Yagoub (24).

13.06.2021, Friendly International
Al Hilal Stadium, Omdurman; Attendance: 0
Referee: Samoal Mohammed El Fatih (Sudan)
SUDAN - ZAMBIA 0-1(0-0)
SDN: Muhamed Mustafa Muhamed, Rami Abdallah Gendil Kertikila, Mohamed Saeed Ahmed, Hussein Ibrahim Ahmed Morsal Al Jerif, Ahmed Abdelmunem Yousef Tabanja (55.Omer Ali Suliman Abdelkarim), Aboaagla Abdalla Muhamed Ahmed (46.Tajeldin Yagoub Elnour Badawi), Dhiya Eddin Mahjoub Musa Kano, Walieldin Khidir Safour Daiyeen (47.Sherefeldin Shaiboub Ali Abdelrahman), Yasin Khaled Abdelrahman Hamed (78.Muaaz Abdelraheem Gesmallah Al Quoz), Seifeldin Malek Bakhit Makki (46.Waleed Bakhit Hamed Adam Al Shoala), Al-Jezoli Hussein Nouh. Trainer: Hubert Velud (France).

19.06.2021, 10th FIFA Arab Cup, Qualifiers
Khalifa International Stadium, Doha (Qatar); Attendance: 0
Referee: Saoud Al Athbah (Qatar)
LIBYA - SUDAN 0-1(0-1)
SDN: Ali Abdallah Abu Eshrein, Faris Abdallah Mamoun Sawedy, Samawal Merghani Nour-Eldin Elyes, Amir Kamal Suliman Muhamed, Nasr Eldin Omer Ahmed Abdalla El Shigail, Mohamed Saaed Ahmed, Sherefeldin Shaiboub Ali Abdelrahman (74.Dhiya Eddin Mahjoub Musa Kano), Athar El Tahir Babiker Mohamed, Aboaagla Abdalla Muhamed Ahmed, Seifeldin Malek Bakhit Makki (64.Yasin Khaled Abdelrahman Hamed), Muhamed Abdelrahman Yousef Yagoub (90.Muaaz Abdelraheem Gesmallah Al Quoz). Trainer: Hubert Velud (France).
Goal: Muhamed Abdelrahman Yousef Yagoub (15).

22.08.2021, Friendly International
"Maktoum bin Rashid Al Maktoum" Stadium, Dubai (United Arab Emirates); Attendance: 0
Referee: Yahya Mohammed Ali Hasan Al Mulla (United Arab Emirates)
SUDAN - NIGER 1-2(0-1)
SDN: Munjed Al Nil Abozeid Salman (46.Ishag Adam Abdallah Muhamed), Ahmed Ebrahim Ahmed Al Nour, Omer Ali Suliman Abdelkarim, Samawal Merghani Nour-Eldin Elyes (46.Al-Jezoli Hussein Nouh), Sherefeldin Shaiboub Ali Abdelrahman, Mohamed Al Rasheed Mahamoud (46.Yaser Muzmel Muhamed Al Tayeb), Dhiya Eddin Mahjoub Musa Kano (46.Nasr Eldin Omer Ahmed Abdalla El Shigail), Walid Hassan Abdallah Ibrahim Al Rekabi, Aboaagla Abdalla Muhamed Ahmed (68.Salaheldin Adel Ahmed Alhassan), Muaaz Abdelraheem Gesmallah Al Quoz (68.Ramadan Ajeb Sherif Ferein), Waleed Bakhit Hamed Adam Al Shoala (68.Hussein Ibrahim Ahmed Morsal Al Jerif). Trainer: Hubert Velud (France).
Goal: Muaaz Abdelraheem Gesmallah Al Quoz (63).

26.08.2021, Friendly International
"Maktoum bin Rashid Al Maktoum" Stadium, Dubai (United Arab Emirates); Attendance: 0
Referee: Ahmed Eisa Mohamed (United Arab Emirates)
SUDAN - NIGER 3-0(1-0)
SDN: Ali Abdallah Abu Eshrein, Ahmed Ebrahim Ahmed Al Nour (46.Hussein Ibrahim Ahmed Morsal Al Jerif), Amir Kamal Suliman Muhamed, Mohamed Saaed Ahmed (46.Samawal Merghani Nour-Eldin Elyes), Nasr Eldin Omer Ahmed Abdalla El Shigail (82.Waleed Bakhit Hamed Adam Al Shoala), Faris Abdallah Mamoun Sawedy (77.Omer Ali Suliman Abdelkarim), Sherefeldin Shaiboub Ali Abdelrahman (65.Muaaz Abdelraheem Gesmallah Al Quoz), Dhiya Eddin Mahjoub Musa Kano, Salaheldin Adel Ahmed Alhassan (46.Aboaagla Abdalla Muhamed Ahmed), Ramadan Ajeb Sherif Ferein (65.Al-Jezoli Hussein Nouh), Muhamed Abdelrahman Yousef Yagoub (65.Yaser Muzmel Muhamed Al Tayeb). Trainer: Hubert Velud (France).
Goals: Muhamed Abdelrahman Yousef Yagoub (36), Dhiya Eddin Mahjoub Musa Kano (56), Samawal Merghani Nour-Eldin Elyes (71).

02.09.2021, 22nd FIFA World Cup Qualifiers, Second Round
Stade "Prince Moulay Abdellah", Rabat; Attendance: 0
Referee: Maguette N'Diaye (Senegal)
MOROCCO - SUDAN 2-0(1-0)
SDN: Ali Abdallah Abu Eshrein, Samawal Merghani Nour-Eldin Elyes, Amir Kamal Suliman Muhamed, Ahmed Ebrahim Ahmed Al Nour (46.Mohamed Saeed Ahmed), Faris Abdallah Mamoun Sawedy, Nasr Eldin Omer Ahmed Abdalla El Shigail, Salaheldin Adel Ahmed Alhassan (66.Sherefeldin Shaiboub Ali Abdelrahman), Dhiya Eddin Mahjoub Musa Kano, Athar El Tahir Babiker Mohamed (80.Yaser Muzmel Muhamed Al Tayeb), Aboaagla Abdalla Muhamed Ahmed (65.Yasin Khaled Abdelrahman Hamed), Muhamed Abdelrahman Yousef Yagoub (65.Ramadan Ajeb Sherif Ferein). Trainer: Hubert Velud (France).

07.09.2021, 22nd FIFA World Cup Qualifiers, Second Round
Al Hilal Stadium, Omdurman; Attendance: 0
Referee: Victor Miguel de Freitas Gomes (South Africa)
SUDAN - GUINEA-BISSAU 2-4(0-3)
SDN: Ali Abdallah Abu Eshrein, Samawal Merghani Nour-Eldin Elyes (68.Yaser Muzmel Muhamed Al Tayeb), Mohamed Saeed Ahmed, Amir Kamal Suliman Muhamed, Faris Abdallah Mamoun Sawedy, Nasr Eldin Omer Ahmed Abdalla El Shigail, Dhiya Eddin Mahjoub Musa Kano (46.Aboaagla Abdalla Muhamed Ahmed), Sherefeldin Shaiboub Ali Abdelrahman (78.Muaaz Abdelraheem Gesmallah Al Quoz), Ramadan Ajeb Sherif Ferein (18.Athar El Tahir Babiker Mohamed), Yasin Khaled Abdelrahman Hamed (46.Al-Jezoli Hussein Nouh), Muhamed Abdelrahman Yousef Yagoub. Trainer: Hubert Velud (France).
Goals: Muhamed Abdelrahman Yousef Yagoub (55, 90+2).

06.10.2021, 22nd FIFA World Cup Qualifiers, Second Round
Stade de Marrakech, Marrakech (Morocco); Attendance: 0
Referee: Janny Sikazwe (Zambia)
SUDAN - GUINEA 1-1(0-0)
SDN: Ali Abdallah Abu Eshrein, Walid Hassan Abdallah Ibrahim Al Rekabi, Mohamed Saaed Ahmed, Salaheldin Mahmoud Nemer, Faris Abdallah Mamoun Sawedy, Nasr Eldin Omer Ahmed Abdalla El Shigail, Salaheldin Adel Ahmed Alhassan (61.Aboaagla Abdalla Muhamed Ahmed), Ramadan Ajeb Sherif Ferein (73.Walieldin Khidir Safour Daiyeen), Athar El Tahir Babiker Mohamed (73.Yaser Muzmel Muhamed Al Tayeb), Ahmed Hamed Mahmoud (61.Seifeldin Malek Bakhit Makki), Muhamed Abdelrahman Yousef Yagoub. Trainer: Hubert Velud (France).
Goal: Seifeldin Malek Bakhit Makki (72).

09.10.2021, 22nd FIFA World Cup Qualifiers, Second Round
Stade Adrar, Agadir (Morocco); Attendance: 0
Referee: Mustapha Ghorbal (Algeria)
GUINEA - SUDAN **2-2(0-0)**
SDN: Ali Abdallah Abu Eshrein, Salaheldin Mahmoud Nemer, Amir Kamal Suliman Muhamed, Mohamed Saaed Ahmed, Walieldin Khidir Safour Daiyeen (76.Dhiya Eddin Mahjoub Musa Kano), Aboaagla Abdalla Muhamed Ahmed, Ahmad Adam Mohammad, Ramadan Ajeb Sherif Ferein (46.Nasr Eldin Omer Ahmed Abdalla El Shigail), Athar El Tahir Babiker Mohamed (76.Yaser Muzmel Muhamed Al Tayeb), Muhamed Abdelrahman Yousef Yagoub (59.Ahmed Hamed Mahmoud), Seifeldin Malek Bakhit Makki (90+2.Samawal Merghani Nour-Eldin Elyes). Trainer: Hubert Velud (France).
Goals: Ahmed Hamed Mahmoud (64), Amir Kamal Suliman Muhamed (88).

12.11.2021, 22nd FIFA World Cup Qualifiers, Second Round
Stade "Prince Moulay Abdellah", Rabat (Morocco); Attendance: 0
Referee: Peter Waweru (Kenya)
SUDAN - MOROCCO **0-3(0-1)**
SDN: Mohamed Alnour Adam Saeed Abooja, Walid Hassan Abdallah Ibrahim Al Rekabi, Amir Kamal Suliman Muhamed, Faris Abdallah Mamoun Sawedy, Salaheldin Mahmoud Nemer, Nasr Eldin Omer Ahmed Abdalla El Shigail (74.Mohamed Hashem Mohamed Idris Al Teket), Walieldin Khidir Safour Daiyeen, Athar El Tahir Babiker Mohamed (46.Yaser Muzmel Muhamed Al Tayeb), Dhiya Eddin Mahjoub Musa Kano, Muhamed Abdelrahman Yousef Yagoub (84.Al-Jezoli Hussein Nouh), Seifeldin Malek Bakhit Makki (32.Ahmad Adam Mohammad). Trainer: Hubert Velud (France).

15.11.2021, 22nd FIFA World Cup Qualifiers, Second Round
Stade de Marrakech, Marrakech (Morocco); Attendance: 0
Referee: Jean Ouattara (Burkina Faso)
GUINEA-BISSAU - SUDAN **0-0**
SDN: Ali Abdallah Abu Eshrein, Walid Hassan Abdallah Ibrahim Al Rekabi, Amir Kamal Suliman Muhamed, Mohamed Saeed Ahmed, Faris Abdallah Mamoun Sawedy (69.Ahmad Adam Mohammad), Salaheldin Adel Ahmed Alhassan, Nasr Eldin Omer Ahmed Abdalla El Shigail, Walieldin Khidir Safour Daiyeen (46.Dhiya Eddin Mahjoub Musa Kano), Athar El Tahir Babiker Mohamed, Yaser Muzmel Muhamed Al Tayeb (69.Ramadan Ajeb Sherif Ferein), Muhamed Abdelrahman Yousef Yagoub (87.Mohamed Al Rashed Mahamoud Shambaly). Trainer: Hubert Velud (France).

01.12.2021, 10th FIFA Arab Cup, Final Tournament, Group Stage
„Ahmed bin Ali" Stadium, Al Rayyan (Qatar); Attendance: 2,203
Referee: Ryuji Sato (Japan)
ALGERIA - SUDAN **4-0(3-0)**
SDN: Ali Abdallah Abu Eshrein, Walid Hassan Abdallah Ibrahim Al Rekabi, Mohamed Saeed Ahmed, Amir Kamal Suliman Muhamed, Faris Abdallah Mamoun Sawedy, Nasr Eldin Omer Ahmed Abdalla El Shigail, Dhiya Eddin Mahjoub Musa Kano (46.Salaheldin Adel Ahmed Alhassan), Walieldin Khidir Safour Daiyeen (63.Aboaagla Abdalla Muhamed Ahmed), Ramadan Ajeb Sherif Ferein (46.Ahmad Adam Mohammad), Yaser Muzmel Muhamed Al Tayeb (63.Al-Jezoli Hussein Nouh), Muhamed Abdelrahman Yousef Yagoub (75.Muaaz Abdelraheem Gesmallah Al Quoz). Trainer: Hubert Velud (France).

04.12.2021, 10th FIFA Arab Cup, Final Tournament, Group Stage
Stadium 974, Doha (Qatar); Attendance: 14,464
Referee: Matthew Conger (New Zealand)
EGYPT - SUDAN **5-0(3-0)**
SDN: Ali Abdallah Abu Eshrein, Samawal Merghani Nour-Eldin Elyes (83.Dhiya Eddin Mahjoub Musa Kano), Amir Kamal Suliman Muhamed, Ahmed Ebrahim Ahmed Al Nour, Faris Abdallah Mamoun Sawedy [sent off 53], Aboaagla Abdalla Muhamed Ahmed, Nasr Eldin Omer Ahmed Abdalla El Shigail (64.Athar El Tahir Babiker Mohamed), Salaheldin Adel Ahmed Alhassan (83.Walieldin Khidir Safour Daiyeen), Yaser Muzmel Muhamed Al Tayeb [*sent off 45+1*], Al-Jezoli Hussein Nouh (46.Ahmad Adam Mohammad), Muhamed Abdelrahman Yousef Yagoub (58.Mohamed Saeed Ahmed). Trainer: Hubert Velud (France).

07.12.2021, 10th FIFA Arab Cup, Final Tournament, Group Stage
Education City Stadium, Al Rayyan (Qatar); Attendance: 5,991
Referee: Fernando Hernández Gómez (Mexico)
SUDAN - LEBANON **0-1(0-0)**
SDN: Ali Abdallah Abu Eshrein, Samawal Merghani Nour-Eldin Elyes, Ahmed Ebrahim Ahmed Al Nour [*sent off 76*], Mohamed Saeed Ahmed, Mohamed Al Rashed Mahamoud Shambaly, Salaheldin Adel Ahmed Alhassan (57.Nasr Eldin Omer Ahmed Abdalla El Shigail), Walieldin Khidir Safour Daiyeen (46.Aboaagla Abdalla Muhamed Ahmed; 61.Dhiya Eddin Mahjoub Musa Kano), Ahmad Adam Mohammad, Walid Hassan Abdallah Ibrahim Al Rekabi (57.Muaaz Abdelraheem Gesmallah Al Quoz), Ramadan Ajeb Sherif Ferein, Muhamed Abdelrahman Yousef Yagoub (81.Al-Jezoli Hussein Nouh). Trainer: Hubert Velud (France).

30.12.2021, Friendly International
Stade Omnisport de Limbé, Limbé (Cameroon); Attendance: n/a
Referee: n/a
SUDAN - ETHIOPIA **2-3(1-2)**
SDN: Ali Abdallah Abu Eshrein, Mustafa Ahmed Saeed Al Fadni, Mustafa Mohamed Abdelgader Karshoum (46.Hassan Musa Al Sadeg), Salaheldin Mahmoud Nemer, Muhamed Sharafeldin Amin (46.Mazin Muhamedin Al Nour Mohamed), Abdel Razeg Yagoub Omer Taha (65.Muhamed Abdallah Zurga), Walieldin Khidir Safour Daiyeen, Dhiya Eddin Mahjoub Musa Kano, Jumaa Abbas Omar (65.Suleiman Zakaria), Al-Jezoli Hussein Nouh (81.Sharif Omar Tofaha), Muhamed Abdelrahman Yousef Yagoub. Trainer: Burhan Tia.
Goals: Muhamed Abdelrahman Yousef Yagoub (10, 70).

NATIONAL TEAM PLAYERS 2021

Name	DOB	Club
Goalkeepers		
Mohamed Alnour Adam Saeed ABOOJA	2000	*Al Hilal Club Omdurman*
Ali Abdallah ABU ESHREIN	06.12.1989	*Al Hilal Club Omdurman*
Ishag ADAM Abdallah Muhamed	1999	*Al Hilal Club Omdurman*
Munjed AL NIL Abozeid Salman	1996	*Al Merrikh SC Omdurman*
Muhamed Mustafa MUHAMED	19.02.1996	*Al Merrikh SC Omdurman*
Defenders		
Mustafa Ahmed Saeed AL FADNI	24.10.1999	*Al Ahly Shendi Club*
Hussein Ibrahim Ahmed Morsal AL JERIF	23.09.1998	*Hilal Alsahil SC Port Sudan*
Ahmed Ebrahim Ahmed AL NOUR	12.02.2000	*Al Hilal Club Omdurman*
Mazin Muhamedin AL NOUR Mohamed	02.05.2000	*Tuti SC Khartoum*
Mohamed AL RASHED Mahamoud Shambaly	1994	*Al Merrikh SC Omdurman*
Walid Hassan Abdallah Ibrahim AL REKABI	19.11.1991	*Al Taawon Ajdabiya SC (LBY)*
Hassan Musa AL SADEG	04.09.1996	*Al Shorta Al-Qadarif Kassala*
Muhamed Sharafeldin AMIN	06.11.1998	*Motala AIF (SWE)*
Tajeldin Yagoub ELNOUR Badawi	04.09.1993	*Al Merrikh SC Omdurman*
Athar EL TAHIR Babiker Mohamed	24.10.1996	*Smouha SC Alexandria (EGY)*
Mustafa Mohamed Abdelgader KARSHOUM	06.12.1992	*Al Khartoum SC*
Faris Abdallah MAMOUN Sawedy	19.02.1994	*Al Hilal Club Omdurman*
Samawal MERGHANI Nour-Eldin Elyes	22.10.1991	*Al Hilal Club Omdurman*
Salaheldin Mahmoud NEMER	05.02.1992	*Al Merrikh SC Omdurman*
Mohamed SAAED Ahmed	20.10.1997	*Al Hilal Club Omdurman*
Amir Kamal SULIMAN Muhamed	24.07.1992	*Al Merrikh SC Omdurman*
Omer Ali SULIMAN Abdelkarim	28.12.1990	*Al Ahli SC Khartoum; 22.04.2021-> Al Hilal Club Omdurman*
Ahmed Abdelmunem Yousef TABANJA	02.09.2000	*Al Merrikh SC Omdurman*
Midfielders		
Jumaa ABBAS Omar	03.11.1994	*Al Hilal EC Omdurman*
Aboaagla ABDALLA Muhamed Ahmed	11.03.1993	*Al Hilal EC Omdurman*
Salaheldin ADEL Ahmed Alhassan	03.04.1995	*Al Hilal EC Omdurman*
Mohamed AL RASHEED Mahamoud	1994	*Al Merrikh SC Omdurman*
Yaser Muzmel Muhamed AL TAYEB	1992	*Al Hilal EC Omdurman*
Mohamed Hashem Mohamed Idris AL TEKET	16.08.1989	*Al Merrikh SC Omdurman*
Nasr Eldin Omer Ahmed Abdalla EL SHIGAIL	07.04.1985	*Al Hilal EC Omdurman*
Rami Abdallah Gendil KERTIKILA	1996	*Al-Ahli SC Merowe*
Walieldin KHIDIR Safour Daiyeen	15.09.1995	*Al Hilal EC Omdurman*
Dhiya Eddin MAHJOUB Musa Kano	30.05.1995	*Al Merrikh SC Omdurman*
Muhamed MUKHTAR Fadl Osman	08.03.1996	*Al Hilal EC Omdurman*
Abdel Razeg Yagoub OMER Taha	18.07.1993	*Al Hilal EC Omdurman*

Sherefeldin SHAIBOUB Ali Abdelrahman	07.06.1994	*CS Constantinois (ALG)*
Suleiman ZAKARIA	1995	*Hay Al Arab SC Port Sudan*

Forwards

Muhamed ABDELRAHMAN Yousef Yagoub	10.07.1993	*Al Hilal EC Omdurman*
Ahmed Saeed Ahmed ABOUK	1989	*Al-Ahli SC Merowe*
Ramadan AJEB Sherif Ferein	20.02.1986	*Al Merrikh SC Omdurman*
Muaaz Abdelraheem Gesmallah AL QUOZ	25.04.1989	*Al Khartoum SC*
Waleed Bakhit Hamed Adam AL SHOALA	11.11.1998	*Al Hilal EC Omdurman*
Yasin Khaled Abdelrahman HAMED	12.09.1999	*Nyíregyháza Spartacus FC (HUN)*
Seifeldin MALEK Bakhit Makki	1994	*Al Merrikh SC Omdurman; 20.09.2021-> Pharco FC Alexandria (EGY)*
Al-Jezoli Hussein NOUH	24.10.2002	*Al Merrikh SC Omdurman*
Sharif Omar TOFAHA	19.06.1992	*Al-Hilal ESC Al-Fasher*
Muhamed Abdallah ZURGA	18.09.1998	*Al Merrikh SC Omdurman*

National coaches

Hubert VELUD (France) [28.01.2020 – 12.12.2021]	08.06.1959
Burhan TIA [from 13.12.2021]	1965

TANZANIA

Tanzania Football Federation
Karume Memorial Stadium,
Uhuru/Shauri Moyo Street, Ilala
PO Box 1574, Dar es Salaam
Year of Formation: 1930
Member of FIFA since: 1964
Member of CAF since: 1965
www.tff.or.tz

First international match:
1945:
Uganda – Tanganyika 7-0
Most international caps:
Erasto Edward Nyoni
107 caps (since 2006)
Most international goals:
Mrisho Khalfani Fyade Ngassa
25 goals / 100 caps (2006-2015)

AFRICAN CUP OF NATIONS	
1957	Did not enter
1959	Did not enter
1962	Did not enter
1963	Did not enter
1965	Did not enter
1968	Qualifiers (Withdrew)
1970	Qualifiers
1972	Qualifiers
1974	Qualifiers
1976	Qualifiers
1978	Qualifiers
1980	Final Tournament (Group Stage)
1982	Withdrew
1984	Qualifiers
1986	Qualifiers (Withdrew)
1988	Qualifiers
1990	Qualifiers
1992	Qualifiers
1994	Qualifiers (Withdrew)
1996	Qualifiers
1998	Qualifiers
2000	Qualifiers
2002	Qualifiers
2004	Qualifiers (Withdrew)
2006	Qualifiers
2008	Qualifiers
2010	Qualifiers
2012	Qualifiers
2013	Qualifiers
2015	Qualifiers
2017	Qualifiers
2019	Final Tournament (Group Stage)
2021	Qualifiers

FIFA WORLD CUP	
1930	Did not enter
1934	Did not enter
1938	Did not enter
1950	Did not enter
1954	Did not enter
1958	Did not enter
1962	Did not enter
1966	Did not enter
1970	Did not enter
1974	Qualifiers
1978	Withdrew
1982	Qualifiers
1986	Qualifiers
1990	Did not enter
1994	Qualifiers (Withdrew)
1998	Qualifiers
2002	Qualifiers
2006	Qualifiers
2010	Qualifiers
2014	Qualifiers
2018	Qualifiers

OLYMPIC FOOTBALL TOURNAMENTS 1908-2020

1908	-	1952	-	1976	Qualifiers	2000	Qualifiers
1912	-	1956	-	1980	Withdrew	2004	Withdrew
1920	-	1960	-	1984	Withdrew	2008	Withdrew
1924	-	1964	-	1988	Did not enter	2012	Qualifiers
1928	-	1968	Did not enter	1992	Did not enter	2016	Did not enter
1936	-	1972	Did not enter	1996	Did not enter	2020	Qualifiers
1948	-						

F.I.F.A. CONFEDERATIONS CUP 1992-2017
None

AFRICAN GAMES 1965-2019
1965, 1973, 1987, 2007

CECAFA CUP (East and Central African Championship) 1973-2021
1973 (Runners-up), **1974 (Winners)**, 1975 (Semi-Finals), 1976 (Group Stage), 1977 (Group Stage), 1979 (3rd place), 1980 Runners-up), 1981 (Runners-up), 1982 (Group Stage), 1983 (Group Stage), 1984 (Group Stage), 1985 (Group Stage), 1987 (Group Stage), 1988 (Group Stage), 1989 (Group Stage), 1990 (3rd place), 1991 (Group Stage), 1992 (B-Team, Runners-up), **1994 (Winners)**, 1995 (Group Stage), 1996 (Group Stage), 1999 (Quarter-Finals), 2001 (Quarter-Finals), 2002 (Runners-up), 2004 (Group Stage), 2005 (Group Stage), 2006 (Quarter-Finals), 2007 (Quarter-Finals), 2008 (3rd Place), 2009 (4th Place), **2010 (Winners)**, 2011 (4th Place), 2012 (4th Place), 2013 (4th Place), 2015 (Quarter-Finals), 2017 (Group Stage), 2019 (4th Place), **2021 (Winners)**

COSAFA (Confederation of Southern African Football Associations) CUP 1997-2021
1997 (4th Place), 2015 (Group Stage), 2017 (3rd Place)

AFRICAN NATIONS CHAMPIONSHIP 2009-2020
2009 (Group Stage), 2011 (Qualifiers), 2014 (Qualifiers), 2016 (Qualifiers), 2018 (Qualifiers), 2020 (Group Stage)

TANZANIAN CLUB HONOURS IN ASIAN CLUB COMPETITIONS:

CAF Champions League 1964-2021
None

CAF Confederation Cup 2004-2021
None

CAF Super Cup 1993-2021
None

*African Cup Winners' Cup 1975-2003**
None

*CAF Cup 1992-2003**
None

*defunct competitions

NATIONAL COMPETITIONS
TABLE OF HONOURS

	CHAMPIONS	CUP WINNERS
1965	Sunderland FC Dar es Salaam*	
1966	Sunderland FC Dar es Salaam	
1967	Cosmopolitans Dar es Salaam	
1968	Young Africans FC Dar es Salaam	
1969	Young Africans FC Dar es Salaam	
1970	Young Africans FC Dar es Salaam	
1971	Young Africans FC Dar es Salaam	
1972	Simba SC Dar es Salaam	
1973	Simba SC Dar es Salaam	
1974	Young Africans FC Dar es Salaam	JKU FC Zanzibar
1975	Mseto Sports Dar es Salaam	Young Africans FC Dar es Salaam
1976	Simba SC Dar es Salaam	Rangers International Dar es Salaam
1977	Simba SC Dar es Salaam	KMKM Zanzibar
1978	Simba SC Dar es Salaam	Pan African FSC Dar es Salaam
1979	Simba SC Dar es Salaam	Pan African FSC Dar es Salaam
1980	Simba SC Dar es Salaam	Coastal Union Tanga
1981	Young Africans FC Dar es Salaam	Pan African FSC Dar es Salaam
1982	Pan African FSC Dar es Salaam	KMKM Zanzibar
1983	Young Africans FC Dar es Salaam	KMKM Zanzibar
1984	KMKM Zanzibar	Simba SC Dar es Salaam
1985	Maji Maji FC Songea	Miembeni SC Zanzibar
1986	Maji Maji FC Songea	Miembeni SC Zanzibar
1987	Young Africans FC Dar es Salaam	Miembeni SC Zanzibar
1988	Pan African FSC Dar es Salaam	Coastal Union Tanga
1989	Malindi SC Zanzibar	Pamba FC Mwanza
1990	Pamba Shinyanga	Small Simba SC Zanzibar
1991	Young Africans FC Dar es Salaam	Railways SC Morogoro
1992	Malindi SC Zanzibar	Pamba FC Mwanza
1993	Simba SC Dar es Salaam	Malindi SC Zanzibar
1994	Simba SC Dar es Salaam	Young Africans FC Dar es Salaam
1995	Simba SC Dar es Salaam	Simba SC Dar es Salaam
1996	Young Africans FC Dar es Salaam	Sigara Dar es Salaam
1997	Young Africans FC Dar es Salaam	Tanzania Stars Dar es Salaam
1998	Maji Maji FC Songea	Tanzania Stars Dar es Salaam
1999	Prisons FC Mbeya	Young Africans FC Dar es Salaam
2000	Young Africans FC Dar es Salaam	Simba SC Dar es Salaam
2001	Simba SC Dar es Salaam	Polisi Zanzibar
2002	Simba SC Dar es Salaam	JKT Ruvu Stars Coast Region
2003	Young Africans FC Dar es Salaam	-
2004	Simba SC Dar es Salaam	-
2005	Young Africans FC Dar es Salaam	-
2006	Young Africans FC Dar es Salaam	-
2007	Simba SC Dar es Salaam	-
2007/2008	Young Africans FC Dar es Salaam	-
2008/2009	Young Africans FC Dar es Salaam	-
2009/2010	Simba SC Dar es Salaam	-
2010/2011	Young Africans FC Dar es Salaam	-

2011/2012	Simba SC Dar es Salaam	-
2012/2013	Young Africans FC Dar es Salaam	-
2013/2014	Azam FC Dar es Salaam	-
2014/2015	Young Africans FC Dar es Salaam	-
2015/2016	Young Africans FC Dar es Salaam	Young Africans FC Dar es Salaam
2016/2017	Young Africans FC Dar es Salaam	Simba SC Dar es Salaam
2017/2018	Simba SC Dar es Salaam	Mtibwa Sugar FC Turiani
2018/2019	Simba SC Dar es Salaam	Azam FC Dar es Salaam
2019/2020	Simba SC Dar es Salaam	Simba SC Dar es Salaam
2020/2021	Simba SC Dar es Salaam	Simba SC Dar es Salaam

*changed 1971 its name to Simba SC Dar es Salaam

NATIONAL CHAMPIONSHIP
Premier League / Ligi Kuu Tanzania Bara Championnat 2020/2021

1.	**Simba SC Dar es Salaam**	34	26	5	3	78 - 14	83
2.	Young Africans FC Dar es Salaam	34	21	11	2	52 - 21	74
3.	Azam FC Dar es Salaam	34	19	11	4	50 - 22	68
4.	Biashara United FC Musoma	34	13	11	10	28 - 32	50
5.	KMC FC Dar es Salaam	34	13	9	12	39 - 27	48
6.	Polisi Tanzania FC Morogoro	34	10	15	9	29 - 27	45
7.	Tanzania Prisons FC Mbeya	34	10	14	10	25 - 25	44
8.	Dodoma Jiji FC	34	11	11	12	28 - 31	44
9.	Namungo FC Lindi	34	10	13	11	24 - 31	43
10.	Mbeya City Council FC	34	10	12	12	30 - 33	42
11.	Ruvu Shooting FC Dar es Salaam	34	11	8	15	34 - 38	41
12.	Kagera Sugar FC Bukoba	34	10	10	14	34 - 38	40
13.	Coastal Union FC Tanga (*Relegation Play-offs*)	34	10	10	14	29 - 46	40
14.	Mtibwa Sugar FC Turiani (*Relegation Play-offs*)	34	10	9	15	21 - 31	39
15.	JKT Tanzania FC Dar es Salaam (*Relegated*)	34	11	6	17	34 - 47	39
16.	Gwambina FC Misungwi (*Relegated*)	34	8	11	15	29 - 37	35
17.	Ihefu FC Mbeya (*Relegated*)	34	9	8	17	22 - 41	35
18.	Mwadui United FC Shinyanga (*Relegated*)	34	5	4	25	24 - 69	19

Relegation Play-offs [21-24.07.2021]

Pamba SC Mwanza - Coastal Union FC Tanga   2-2   1-3
Transit Camp FC Arusha - Mtibwa Sugar FC Turiani   1-4   1-0
Both Coastal Union FC Tanga and Mtibwa Sugar FC Turiani remains at first level for the next season.

Promoted for the 2021/2022 season:
Mbeya Kwanza FC, Geita Gold FC

NATIONAL CUP
Tanzania FA Cup Final 2020/2021

25.07.2021, Lake Tanganyika Stadium, Kigoma
Simba SC Dar es Salaam - Young Africans FC Dar es Salaam   1-0(0-0)
Goal: Taddeo Lwanga (80).

THE CLUBS

AZAM FOOTBALL CLUB DAR ES SALAAM
Year of Formation: 2007
Stadium: Chamazi Stadium, Dar es Salaam (5,000)

BIASHARA UNITED FOOTBALL CLUB MUSOMA
Year of Formation: 1990

COASTAL UNION FOOTBALL CLUB TANGA
Year of Formation: 1948
Stadium: Mkwakwani Stadium, Tanga (15,000)

DODOMA JIJI FOOTBALL CLUB
Year of Formation: 2017

GWAMBINA FOOTBALL CLUB MISUNGWI
Year of Formation: 2019
Stadium: Gwambina Stadium, Misungwi (2,500)

JKT TANZANIA FOOTBALL CLUB DAR ES SALAAM
Year of Formation: 19
Stadium: Isamuhyo Stadium, Dar es Salaam (1,000)

KAGERA SUGAR FOOTBALL CLUB BUKOBA
Stadium: Kaitaba Stadium, Bukoba (5,000)

KINONDONI MUNICIPAL COUNCIL FOOTBALL CLUB DAR ES SALAAM
Year of Formation: 2014
Stadium: Uhuru Stadium, Dar es Salaam (23,000)

MBEYA CITY COUNCIL FOOTBALL CLUB
Year of Formation: 2011
Stadium: Sokoine Stadium, Mbeya (20,000)

MTIBWA SUGAR FOOTBALL CLUB TURIANI
Year of Formation: 1988
Stadium: Manungu Stadium, Turiani (5,000)

MWADUI UNITED FOOTBALL CLUB SHINYANGA
Stadium: Kambarage Stadium, Shinyanga (30,000)

NAMUNGO FOOTBALL CLUB LINDI
Stadium: Majaliwa Stadium, Lindi (2,000)

RUVU SHOOTING FOOTBALL CLUB DAR ES SALAAM
Stadium: Uhuru Stadium, Dar es Salaam (23,000)

SIMBA SPORTS CLUB DAR ES SALAAM
Year of Formation: 1936
Stadium: „Benjamin Mkapa" National Stadium, Dar es Salaam (60,000)

TANZANIA PRISONS FOOTBALL CLUB MBEYA
Stadium: Sokoine Stadium, Mbeya (20,000)

YOUNG AFRICANS FOOTBALL CLUB DAR ES SALAAM
Year of Formation: 1935
Stadium: „Benjamin Mkapa" National Stadium, Dar es Salaam (60,000)

NATIONAL TEAM
INTERNATIONAL MATCHES 2021

15.03.2021	Nairobi	Kenya - Tanzania	2-1(1-1)	(F)
25.03.2021	Malabo	Equatorial Guinea - Tanzania	1-0(0-0)	(ACNQ)
28.03.2021	Dar es Salaam	Tanzania - Libya	1-0(1-0)	(ACNQ)
13.06.2021	Dar es Salaam	Tanzania - Malawi	2-0(0-0)	(F)
02.09.2021	Lubumbashi	D.R. Congo - Tanzania	1-1(1-1)	(WCQ)
07.09.2021	Dar es Salaam	Tanzania - Madagascar	3-2(2-2)	(WCQ)
07.10.2021	Dar es Salaam	Tanzania - Benin	0-1(0-0)	(WCQ)
10.10.2021	Cotonou	Benin - Tanzania	0-1(0-1)	(WCQ)
11.11.2021	Dar es Salaam	Tanzania - D.R. Congo	0-3(0-1)	(WCQ)
14.11.2021	Antananarivo	Madagascar - Tanzania	1-1(0-1)	(WCQ)
09.12.2021	Dar es Salaam	Tanzania - Uganda	0-2(0-0)	(F)

15.03.2021, Friendly International
Nyanyo National Stadium, Nairobi; Attendance: 0
Referee: Andrew Onyango (Kenya)
KENYA - TANZANIA   **2-1(1-1)**
TAN: Juma Kaseja Juma (46.Metacha Boniface Mnata), Israel Mwenda, Kelvin Patrick Yondani (46.Dickson Nickson Job), Bakari Nondo Mwamnyeto, Nickson Clement Kibabage (75.Yassin Mustapha Salumu), Salum Abubakar Salum, Himid Mao Mkami, Iddy Seleman Nado, Feisal Salum Abdalla (68.Deus David Kaseke), Faridi Malik Mussa Shaha (71.Abdul Hamisi Suleiman), Reuben Ayubu Lyanga (84.Kelvin Pius John). Trainer: Kim Poulsen (Denmark).
Goal: Reuben Ayubu Lyanga (39).

25.03.2021, 33rd African Cup of Nations, Qualifiers
Estadio de Malabo, Malabo; Attendance: 0
Referee: Bernard Camille (Seychelles)
EQUATORIAL GUINEA - TANZANIA   **1-0(0-0)**
TAN: Aishi Salum Manula, Shomari Salum Kapombe, Kennedy Wilson Juma, Erasto Edward Nyoni, Mohammed Husseini (90.Salum Abubakar Salum), Feisal Salum Abdalla, Jonas Gerald Mkude (90.Thomas Emanuel Ulimwengu), Saimon Happygod Msuva (90.Hassan Salehe Dilunga), Mzamiru Yassini Selemba, Iddy Seleman Nado (46.Faridi Malik Mussa Shaha), Mbwana Aly Samatta. Trainer: Kim Poulsen (Denmark).

28.03.2021, 33rd African Cup of Nations, Qualifiers
National Stadium, Dar es Salaam; Attendance: 0
Referee: Hassan Mohamed Hagi (Somalia)
TANZANIA - LIBYA   **1-0(1-0)**
TAN: Aishi Salum Manula, Shomari Salum Kapombe, Erasto Edward Nyoni, Kennedy Wilson Juma, Nickson Kibabage, Feisal Salum Abdalla (73.Himid Mao Mkami), Jonas Gerald Mkude (56.Bakari Nondo Mwamnyeto), Deus David Kaseke (56.Shaaban Idd Chilunga), Hassan Salehe Dilunga (73.Abdul Hamisi Suleiman), Mbwana Aly Samatta, Saimon Happygod Msuva (56. Reuben Ayubu Lyanga). Trainer: Kim Poulsen (Denmark).
Goal: Saimon Msuva (45).

13.06.2021, Friendly International
"Benjamin Mkapa" National Stadium, Dar es Salaam; Attendance: 0
Referee: Ramadhani Kayoko (Tanzania)
TANZANIA - MALAWI   **2-0(0-0)**
TAN: Aishi Salum Manula, Shomari Salum Kapombe (46.Reuben Ayubu Lyanga), Erasto Edward Nyoni (71.Kennedy Wilson Juma), Dickson Nickson Job, Mohammed Husseini, Mudathiri Yahya Abbas (46.Mzamiru Yassini Selemba), Feisal Salum Abdalla, Salum Abubakar Salum (60.Denisi Prosper Kibu), Yusufu Valentine Mhilu (46.Israel Mwenda), Nickson Clement Kibabage (46.Abdul Hamisi Suleiman), John Raphael Bocco. Trainer: Kim Poulsen (Denmark).
Goals: John Raphael Bocco (68), Israel Mwenda (75).

02.09.2021, 22nd FIFA World Cup Qualifiers, Second Round
Stade TP Mazembe, Lubumbashi; Attendance: 0
Referee: Kalilou Ibrahim Traore (Ivory Coast)
D.R. CONGO - TANZANIA   **1-1(1-1)**
TAN: Aishi Salum Manula, Shomari Salum Kapombe, Erasto Edward Nyoni, Dickson Nickson Job (57.Bakari Nondo Mwamnyeto), Mohammed Husseini, Novatus Dismas Miroshi (57.Mudathiri Yahya Abbas), Feisal Salum Abdalla, Mzamiru Yassini Selemba, Nickson Clement Kibabage (86.Meshack Abraham Mwamita), Reliants Lusajo Mwakasugule, Saimon Happygod Msuva (90+2.Israel Mwenda). Trainer: Kim Poulsen (Denmark).
Goal: Saimon Happygod Msuva (36).

07.09.2021, 22nd FIFA World Cup Qualifiers, Second Round
National Stadium, Dar es Salaam; Attendance: 0
Referee: Mashood Ssali (Uganda)
TANZANIA - MADAGASCAR   **3-2(2-2)**
TAN: Aishi Salum Manula, Shomari Salum Kapombe, Erasto Edward Nyoni, Bakari Nondo Mwamnyeto, Mohammed Husseini, Novatus Dismas Miroshi (69.Mudathiri Yahya Abbas), Feisal Salum Abdalla (78.Salum Abubakar Salum), Saimon Happygod Msuva, Mzamiru Yassini Selemba, Reliants Lusajo Mwakasugule (69.Nickson Clement Kibabage), Mbwana Aly Samatta. Trainer: Kim Poulsen (Denmark).
Goals: Erasto Edward Nyoni (3 penalty), Novatus Dismas Miroshi (26), Feisal Salum Abdalla (52).

07.10.2021, 22nd FIFA World Cup Qualifiers, Second Round
National Stadium, Dar es Salaam; Attendance: 500
Referee: Celso Alvação (Mozambique)
TANZANIA - BENIN   **0-1(0-0)**
TAN: Aishi Salum Manula, Israel Mwenda (60.Ally Kibwana Shomari), Bakari Nondo Mwamnyeto, Dickson Nickson Job, Mohammed Husseini, Novatus Dismas Miroshi (46.Denisi Prosper Kibu), Feisal Salum Abdalla (87.Abdul Hamisi Suleiman), Mzamiru Yassini Selemba, Saimon Happygod Msuva (87.Meshack Abraham Mwamita), John Raphael Bocco (60.Reliants Lusajo Mwakasugule), Mbwana Aly Samatta. Trainer: Kim Poulsen (Denmark).

10.10.2021, 22nd FIFA World Cup Qualifiers, Second Round
Stade de l'Amitié "Mathieu Kérékou", Cotonou; Attendance: 15,000
Referee: Omar Abdulkadir Artan (Somalia)
BENIN - TANZANIA   **0-1(0-1)**
TAN: Aishi Salum Manula, Israel Mwenda, Bakari Nondo Mwamnyeto, Dickson Nickson Job, Kennedy Wilson Juma, Novatus Dismas Miroshi, Feisal Salum Abdalla (71.Zawadi Peter Mauya), Mohammed Husseini, Denisi Prosper Kibu (61.Abdul Hamisi Suleiman; 85.Edward Charles Manyama), Mbwana Aly Samatta, Saimon Happygod Msuva (61.Reliants Lusajo Mwakasugule). Trainer: Kim Poulsen (Denmark).
Goal: Saimon Happygod Msuva (6).

11.11.2021, 22nd FIFA World Cup Qualifiers, Second Round
National Stadium, Dar es Salaam; Attendance: 10,000
Referee: Bernard Camille (Seychelles)
TANZANIA - D.R. CONGO **0-3(0-1)**
TAN: Aishi Salum Manula, Shomari Salum Kapombe (74.Ally Kibwana Shomari), Dickson Nickson Job, Kennedy Wilson Juma (58.Erasto Edward Nyoni), Bakari Nondo Mwamnyeto, Mohammed Husseini, Novatus Dismas Miroshi (46.Mzamiru Yassini Selemba), Feisal Salum Abdalla (74.Reliants Lusajo Mwakasugule), Saimon Happygod Msuva, Mbwana Aly Samatta, Denisi Prosper Kibu (59.John Raphael Bocco). Trainer: Kim Poulsen (Denmark).

14.11.2021, 22nd FIFA World Cup Qualifiers, Second Round
Stade Municipal de Mahamasina, Antananarivo; Attendance: 30,000
Referee: Messie Nkounkou (Congo)
MADAGASCAR - TANZANIA **1-1(0-1)**
TAN: Metacha Boniface Mnata, Ally Kibwana Shomari (90+3.Shomari Salum Kapombe), Erasto Edward Nyoni, Dickson Nickson Job, Mohammed Husseini (61.Nickson Clement Kibabage), Novatus Dismas Miroshi, Mzamiru Yassini Selemba, Feisal Salum Abdalla (72.Meshack Abraham Mwamita), Saimon Happygod Msuva, John Raphael Bocco, Denisi Prosper Kibu (72.Iddy Seleman Nado). Trainer: Kim Poulsen (Denmark).
Goal: Saimon Happygod Msuva (25).

09.12.2021, Friendly International
"Benjamin Mkapa" National Stadium, Dar es Salaam; Attendance: n/a
Referee: Ramadhani Kayoko (Tanzania)
TANZANIA - UGANDA **0-2(0-0)**
TAN: Metacha Boniface Mnata, Sospeter Israel Bajana, Oscar Godfrey Masai (46.Anuary Jabir Azizi), Abdulmajid Yahaya Mangalo, Abdulrazak Mohamed, Nickson Clement Kibabage, Kelvin Nashon Naftal (62.Rashid Juma Mtabwigwa), Meshack Abraham Mwamita (62.Tariq Simba), Abdul Hamisi Suleiman (46.Hance Masoud Msonga), Reliants Lusajo Mwakasugule (75.Denis Nkane), Vitalis Mayanga (46.Cleophace Antoni Mkandala). Trainer: Kim Poulsen (Denmark).

NATIONAL TEAM PLAYERS 2021

Name	DOB	Club
Goalkeepers		
Juma KASEJA Juma	13.04.1985	*KMC FC Dar es Salaam*
Aishi Salum MANULA	13.09.1995	*Simba SC Dar es Salaam*
Metacha Boniface MNATA	25.11.1998	*Young Africans FC Dar es Salaam; 09.08.2021-> Unattached*
Defenders		
Sospeter Israel BAJANA	14.10.1996	*Azam FC Dar es Salaam*
Mohammed HUSSEINI	01.11.1996	*Simba SC Dar es Salaam*
Dickson Nickson JOB	29.12.2000	*Young Africans FC Dar es Salaam*
Kennedy Wilson JUMA	27.09.1994	*Simba SC Dar es Salaam*
Shomari Salum KAPOMBE	28.01.1992	*Simba SC Dar es Salaam*
Nickson Clement KIBABAGE	12.10.2000	*Difaâ Hassani El Jadidi (MAR); 05.09.2021-> KMC FC Dar es Salaam*
Abdulmajid Yahaya MANGALO	1994	*Biashara United FC Musoma*
Edward Charles MANYAMA	02.04.1994	*Azam FC Dar es Salaam*
Oscar Godfrey MASAI	13.01.2000	*Geita Gold FC*
Hance MASOUD Msonga	1997	*Coastal Union FC Tanga*
Bakari Nondo MWAMNYETO	05.10.1995	*Young Africans FC Dar es Salaam*
Israel MWENDA	10.03.2000	*KMC FC Dar es Salaam; 16.08.2021-> Simba SC Dar es Salaam*
Erasto Edward NYONI	07.05.1988	*Simba SC Dar es Salaam*
Yassin Mustapha SALUMU	12.07.1995	*Young Africans FC Dar es Salaam*
Ally Kibwana SHOMARI	21.11.2000	*Young Africans FC Dar es Salaam*
Kelvin Patrick YONDANI	09.10.1984	*Polisi Tanzania FC Morogoro*
Midfielders		
Salum ABUBAKAR Salum	21.02.1989	*Azam FC Dar es Salaam*
Deus David KASEKE	27.08.1994	*Young Africans FC Dar es Salaam*
Zawadi Peter MAUYA	26.11.1994	*Young Africans FC Dar es Salaam*
Novatus Dismas MIROSHI	02.09.2002	*Beitar Tel Aviv Bat Yam FC (ISR)*
Himid Mao MKAMI	15.11.1992	*El-Entag El-Harby SC Cairo (EGY)*
Jonas Gerald MKUDE	03.12.1992	*Simba SC Dar es Salaam*
Cleophace Antoni MKANDALA	27.11.2000	*Dodoma Jiji FC*
Abdulrazak MOHAMED		
Rashid Juma MTABWIGWA	21.04.1998	*Ruvu Shooting FC Dar es Salaam*
Kelvin NASHON Naftal	02.08.2000	*Geita Gold FC*
Feisal SALUM Abdalla	11.01.1998	*Young Africans FC Dar es Salaam*
Tariq SIMBA	02.05.1996	*Polisi Tanzania FC Morogoro*
Mudathiri YAHYA Abbas	06.05.1995	*Azam FC Dar es Salaam*
Mzamiru YASSINI Selemba	01.03.1996	*Simba SC Dar es Salaam*

	Forwards	
John Raphael BOCCO	05.08.1989	*Simba SC Dar es Salaam*
Shaaban Idd CHILUNGA	20.07.1998	*Moghreb Athlétique de Tétouan (MAR)*
Hassan Salehe DILUNGA	20.10.1993	*Simba SC Dar es Salaam*
Anuary JABIR Azizi	15.01.2003	*Dodoma Jiji FC*
Kelvin Pius JOHN	10.06.2003	*Brooke House Football Academy (ENG)*
Denisi Prosper KIBU	04.12.1998	*Mbeya City Council FC;* *03.10.2021-> Simba SC Dar es Salaam*
Reliants LUSAJO Mwakasugule	07.03.1990	*Namungo FC Lindi*
Reuben Ayubu LYANGA	23.03.1998	*Azam FC Dar es Salaam*
Vitalis MAYANGA	1994	*Polisi Tanzania FC Morogoro*
Yusufu Valentine MHILU	1997	*Kagera Sugar FC Bukoba*
Saimon Happygod MSUVA	02.10.1993	*Wydad Athletic Club Casablanca (MAR)*
Faridi Malik MUSSA Shaha	21.06.1995	*Young Africans FC Dar es Salaam*
Meshack Abraham MWAMITA	05.06.1996	*Gwambina FC Misungwi*
Iddy Seleman NADO	03.11.1995	*Azam FC Dar es Salaam*
Denis NKANE	30.09.2003	*Biashara United FC Musoma*
Mbwana Aly SAMATTA	23.12.1992	*Fenerbahçe SK İstanbul (TUR);* *KRC Genk (BEL)*
Abdul Hamisi SULEIMAN	26.02.2001	*Coastal Union FC Tanga*
Thomas Emanuel ULIMWENGU	14.06.1993	*TP Mazembe Lubumbashi (COD)*

	National coaches	
Kim POULSEN (Denmark) [from 15.02.2021]		22.03.1959

TOGO

Fédération Togolaise de Football
Route de Kégué,
Boîte postale 05, Lomé 3121
Year of Formation: 1960
Member of FIFA since: 1964
Member of CAF since: 1963
www.ftftogo.com

First international match:
13.10.1956: French Togoland - Gold Coast 1-1
Most international caps:
Sheyi Emmanuel Adebayor
86 caps (since 2000)
Most international goals:
Sheyi Emmanuel Adebayor
32 goals / 86 caps (since 2000)

AFRICAN CUP OF NATIONS	
1957	Did not enter
1959	Did not enter
1962	Did not enter
1963	Did not enter
1965	Did not enter
1968	Qualifiers
1970	Qualifiers
1972	Final Tournament (Group Stage)
1974	Withdrew
1976	Qualifiers
1978	Qualifiers
1980	Qualifiers
1982	Qualifiers
1984	Final Tournament (Group Stage)
1986	Qualifiers
1988	Qualifiers
1990	Withdrew
1992	Qualifiers
1994	Qualifiers (Withdrew)
1996	Qualifiers
1998	Final Tournament (Group Stage)
2000	Final Tournament (Group Stage)
2002	Final Tournament (Group Stage)
2004	Qualifiers
2006	Final Tournament (Group Stage)
2008	Qualifiers
2010	Final Tournament (Withdrew)
2012	Qualifiers
2013	Final Tournament (Quarter-Finals)
2015	Qualifiers
2017	Final Tournament (Group Stage)
2019	Qualifiers
2021	Qualifiers

FIFA WORLD CUP	
1930	Did not enter
1934	Did not enter
1938	Did not enter
1950	Did not enter
1954	Did not enter
1958	Did not enter
1962	Did not enter
1966	Did not enter
1970	Did not enter
1974	Qualifiers
1978	Qualifiers
1982	Qualifiers
1986	Qualifiers
1990	Qualifiers
1994	Qualifiers
1998	Qualifiers
2002	Qualifiers
2006	Final Tournament (Group Stage)
2010	Qualifiers
2014	Qualifiers
2018	Qualifiers

OLYMPIC FOOTBALL TOURNAMENTS 1908-2020

1908	-	1952	-	1976	Qualifiers	2000	Qualifiers
1912	-	1956	-	1980	Did not enter	2004	Did not enter
1920	-	1960	-	1984	Qualifiers	2008	Did not enter
1924	-	1964	-	1988	Did not enter	2012	Did not enter
1928	-	1968	-	1992	Qualifiers	2016	Did not enter
1936	-	1972	Qualifiers	1996	Qualifiers	2020	Qualifiers
1948	-						

F.I.F.A. CONFEDERATIONS CUP 1992-2017
None

AFRICAN GAMES 1965-2019
1965, 1987, 1991

CEDEAO (Communauté Economique Des Etats de l'Afrique de l'Ouest) CUP 1977-1991
1983 (Runners-up), 1985, 1987

AFRICAN NATIONS CHAMPIONSHIP 2009-2020
2009 (Qualifiers), 2011 (Qualifiers), 2014 (Qualifiers), 2016 (Qualifiers), 2018 (Qualifiers), 2020 (Group Stage)

CSSA CUP 1982-1987/UEMOA TOURNAMENT 2007-2016
1982 (Runners-up), 1983 (Runners-up), 1984 (Runners-up), 1986 (Runners-up), 1987 (4th Place), 2007 (Group Stage), 2008 (Group Stage), 2009 (Group Stage), 2010 (Group Stage), 2011 (Group Stage), 2013 (Group Stage), 2016 (Group Stage)

WEST AFRICAN NATIONS CUP 2010-2019
2010 (Group Stage), **2011 (Winners)**, 2013 (3rd Place), 2017 (1st Round), 2019 (Group Stage)

TOGOLESE CLUB HONOURS IN ASIAN CLUB COMPETITIONS:

CAF Champions League 1964-2021
None

CAF Confederation Cup 2004-2021
None

CAF Super Cup 1993-2021
None

*African Cup Winners' Cup 1975-2003**
None

*CAF Cup 1992-2003**
None

*defunct competitions

NATIONAL COMPETITIONS
TABLE OF HONOURS

	CHAMPIONS	CUP WINNERS
1961	Étoile Filante de Lomé	Étoile Filante de Lomé
1962	Étoile Filante de Lomé	*Not known*
1963	*Not known*	*Not known*
1964	Étoile Filante de Lomé	*Not known*
1965	Étoile Filante de Lomé	*Not known*
1966	Modèle Lomé	*Not known*
1967	Étoile Filante de Lomé	*Not known*
1968	Étoile Filante de Lomé	*Not known*
1969	Modèle Lomé	*Not known*
1970	Dynamic Togolais FC Lomé	*Not known*
1971	Dynamic Togolais FC Lomé	*Not known*
1972	Modèle Lomé	*Not known*
1973	Modèle Lomé	*Not known*
1974	Lomé 1	Omnisports Atakpamé
1975	Lomé 1	ASKO de Kara
1976	Lomé 1	ASKO de Kara
1977	*No competition*	Edan Lomé
1978	AC Semassi FC Sokodé	*No competition*
1979	AC Semassi FC Sokodé	OC Agaza Lomé
1980	OC Agaza Lomé	AC Semassi FC Sokodé
1981	AC Semassi FC Sokodé	OC Agaza Lomé
1982	AC Semassi FC Sokodé	AC Semassi FC Sokodé
1983	AC Semassi FC Sokodé	*No competition*
1984	OC Agaza Lomé	OC Agaza Lomé
1985	ASFOSA Lomé	Foadam Dapaong
1986	ASFOSA Lomé	Entente 2 Lomé
1987	Doumbé FC Sansanné-Mango	ASKO de Kara
1988	ASKO de Kara	OC Agaza Lomé
1989	ASKO de Kara	Entente 2 Lomé
1990	Ifodjè Atakpamé	AC Semassi FC Sokodé
1991	*No competition*	*No competition*
1992	Étoile Filante de Lomé	*No competition*
1993	AC Semassi FC Sokodé	*No competition*
1994	AC Semassi FC Sokodé	Étoile Filante de Lomé
1995	AC Semassi FC Sokodé	ASKO de Kara
1996	ASKO de Kara	Doumbé FC Sansanné-Mango
1997	Dynamic Togolais FC Lomé	*No competition*
1998	*No competition*	*No competition*
1999	AC Semassi FC Sokodé	OC Agaza Lomé
2000	*Competition was not played to end*	*Not known*
2001	Dynamic Togolais FC Lomé	Dynamic Togolais FC Lomé
2002	Association Sportive des Douanes de Lomé	Dynamic Togolais FC Lomé
2003	-	Maranatha FC Fiokpo
2003/2004	Dynamic Togolais FC Lomé	Association Sportive des Douanes de Lomé
2004/2005	Association Sportive des Douanes de Lomé	Dynamic Togolais FC Lomé
2005/2006	Maranatha FC Fiokpo	Association Sportive Togo-Port Lomé
2006/2007	ASKO de Kara	*No competition*

2007/2008	No competition	No competition
2009	Maranatha Football Club de Fiokpo*	No competition
2010	No competition	No competition
2011	No competition	No competition
2011/2012	Dynamic Togolais FC Lomé	No competition
2013	Anges FC de Notsè	No competition
2014	AC Semassi FC Sokodé	No competition
2015	No competition	No competition
2016	No competition	US Koroki Tchamba
2016/2017	AS Togo-Port Lomé	AS Togo-Port Lomé
2017/2018	US Koroki Métété de Tchamba	Gomido FC de Kpalimé
2018/2019	ASC Kara	No competition
2019/2020	ASKO de Kara	No competition
2021	ASKO de Kara	No competition

*Marantha FC de Fiokpo had originally points removed for a complication regarding the registration of one of their players and were relegated by the Togolese FA. They protested against the decision at the Court of Arbitration for Sport and were declared later champions in expense of ASKO de Kara.

NATIONAL CHAMPIONSHIP
Championnat National de Première Division 2021

Groupe Stage

Poule A (Zone Sud)

1. AS Togo-Port Lomé	14	8	4	2	16 - 9	28
2. AS OTR Lomé	14	6	5	3	15 - 10	23
3. Dynamic Togolais FC Lomé	14	6	4	4	19 - 14	22
4. Entente II Lomé	14	6	4	4	12 - 7	22
5. Gomido FC de Kpalimé	14	5	5	4	15 - 13	20
6. AS Gbohloé-su des Lacs Aného	14	4	4	6	13 - 12	16
7. Anges FC de Notsè	14	2	5	7	10 - 21	11
8. Maranatha FC de Fiokpo Womé (*Relegated*)	14	2	3	9	9 - 23	9

Poule B (Zone Nord)

1. ASC Kara	14	10	3	1	42 - 12	33
2. ASKO de Kara	14	8	5	1	24 - 11	29
3. Unisport de Sokodé	14	5	4	5	20 - 21	19
4. AS Binah Pagouda	14	4	6	4	9 - 16	18
5. Ifodjè d'Atakpamé	14	5	1	8	17 - 26	16
6. AC Sèmassi FC Sokodé	14	4	3	7	18 - 22	15
7. Sara Sport FC Bafilo	14	4	2	8	16 - 23	14
8. US Koroki Métété de Tchamba (*Relegated*)	14	3	2	9	14 - 29	11

Both group winners and runners-up were qualified for the Play-off Stage.

Play-off Stage

Semi-Finals [20-23.06.2021]

AS OTR Lomé - ASC Kara	0-0	0-4
ASKO de Kara - AS Togo-Port Lomé	2-1	2-1

Third Place Play-off [27.06.2021]

AS OTR Lomé - AS Togo-Port Lomé   0-0; 5-4 pen

Final [27.06.2021]

ASC Kara - ASKO de Kara   1-1; 3-4 pen

2021 Première Division Champions: **ASKO de Kara**

THE CLUBS

AC SÈMASSI FOOTBALL CLUB SOKODÉ
Stadium: Stade Municipal, Sokodé (10,000)

ANGES FOOTBALL CLUB DE NOTSÈ
Stadium: Stade Anges, Notsè (1,000)

ASSOCIATION SPORTIVE DES CONDUCTEURS DE KARA
Stadium: Stade Municipal, Kara (5,000)

ASSOCIATION SPORTIVE GBOHLOÉ-SU DES LACS ANÉHO
Stadium: Stade de Boka, Aného (10,000)

ASSOCIATION SPORTIVE DE L'OFFICE TOGOLAISE DES RECETTES LOMÉ
Year of Formation: 1961
Stadium: Stade Agoé-Nyivé, Lomé (2,000)

ASSOCIATION SPORTIVE TOGO-PORT LOMÉ
Stadium: Stade Agoé-Nyivé, Lomé (2,000)

ASKO (ASSOCIATION SPORTIVE DE LA KOZAH) DE KARA
Year of Formation: 1974
Stadium: Stade Municipal, Kara (5,000)

DYNAMIC TOGOLAIS FOOTBALL CLUB LOMÉ
Year of Formation: 1961
Stadium: Stade Agoé-Nyivé, Lomé (2,000)

ENTENTE II LOMÉ
Year of Formation: 1978
Stadium: Stade "Oscar Anthony", Lomé (2,000)

GOMIDO FOOTBALL CLUB DE KPALIMÉ
Year of Formation: 1974
Stadium: Stade Municipal, Kpalimé (10,000)

IFODJÈ D'ATAKPAMÉ
Stadium: Guanha Usdao Pesihu, Atakpamé (4,000)

MARANATHA FOOTBALL CLUB DE FIOKPO WOMÉ
Year of Formation: 1997
Stadium: Stade „Général Améyi", Womé (5,000)

SARA SPORT FOOTBALL CLUB BAFILO
Stadium: Stade Municipal, Bafilo (1,000)

UNISPORT DE SOKODÉ
Stadium: Stade Municipal, Sokodé (10,000)

UNION SPORTIVE KOROKI MÉTÉTÉ TCHAMBA
Stadium: Stade "Maman N'Danida", Tchamba (5,000)

NATIONAL TEAM INTERNATIONAL MATCHES 2021				
25.03.2021	*Moroni*	*Comoros - Togo*	*0-0*	*(ACNQ)*
29.03.2021	*Lomé*	*Togo - Kenya*	*1-2(0-1)*	*(ACNQ)*
05.06.2021	*Manavgat*	*Togo - Guinea*	*2-0(1-0)*	*(F)*
08.06.2021	*Manavgat*	*Gambia - Togo*	*1-0(0-0)*	*(F)*
01.09.2021	*Thiès*	*Senegal - Togo*	*2-0(0-0)*	*(WCQ)*
05.09.2021	*Lomé*	*Togo - Namibia*	*0-1(0-0)*	*(WCQ)*
09.10.2021	*Lomé*	*Togo - Congo*	*1-1(0-1)*	*(WCQ)*
12.10.2021	*Brazzaville*	*Congo - Togo*	*1-2(0-1)*	*(WCQ)*
11.11.2021	*Lomé*	*Togo - Senegal*	*1-1(1-0)*	*(WCQ)*
15.11.2021	*Johannesburg*	*Namibia - Togo*	*0-1(0-0)*	*(WCQ)*

25.03.2021, 33rd African Cup of Nations, Qualifiers
Stade Omnisports de Malouzini, Moroni; Attendance: 0
Referee: Mashood Ssali (Uganda)
COMOROS - TOGO　　　　　　　　　　　　　　　　　**0-0**
TOG: Gilles Djehani N'Guissan Yao, Klousseh Agbozo, Kangnivi Ama Tchoutchoui, Djené Dakonam Ortega, Bilal Moussa, Marouf Tchakei (82.Akaté Gnama), Akoete Henritse Eninful, Abdou Sémio Tchatakora (82.Kossivi Moïse Adjahli), Yendoutié Richard Nane (82.Bilal Akoro), Ihlas Bebou, Josué Yayra Doké (57Ismaïl Ouro-Agoro). Trainer: Claude Marie François Le Roy (France).

29.03.2021, 33rd African Cup of Nations, Qualifiers
Stade de Kégué, Lomé; Attendance: 0
Referee: Raymond Coker (Sierra Leone)
TOGO - KENYA　　　　　　　　　　　　　　　　　**1-2(0-1)**
TOG: Gilles Djehani N'Guissan Yao, Klousseh Agbozo, Kangnivi Ama Tchoutchoui, Djené Dakonam Ortega, Bilal Moussa, Akaté Gnama, Akoete Henritse Eninful, Abdou Sémio Tchatakora (46.Asharaf Agoro), Marouf Tchakei (59.Josué Yayra Doké), Yendoutié Richard Nane (46.Youssifou Atté), Ihlas Bebou (72.Ismaïl Ouro-Agoro). Trainer: Claude Marie François Le Roy (France).
Goal: Akoete Henritse Eninful (90 penalty).

05.06.2021, Friendly International
„Arslan Zeki Demirci" Sports Complex, Manavgat (Turkey); Attendance: 0
Referee: Yaşar Kemal Uğurlu (Turkey)
TOGO - GUINEA **2-0(1-0)**
TOG: Malcolm Barcola, Youssifou Atte, Klousseh Agbozo, Djené Dakonam Ortega, Adewale James Olufade, Mani Ougadja (81.Farid Tchadenou), Sename Dové Womé Dobe (72.Yendoutié Richard Nane), Akoete Henritse Eninful, Euloge Mêmê Placca Fessou (72.Komla Serge Sitsofe Nyuiadzi), Kodjo Fo Doh Laba, Ihlas Bebou. Trainer: Paulo Jorge Rebelo Duarte (Portugal).
Goals: Kodjo Fo Doh Laba (9 penalty, 88).

08.06.2021, Friendly International
„Arslan Zeki Demirci" Spor Kompleksi, Manavgat (Turkey); Attendance: 0
Referee: n/a
GAMBIA - TOGO **1-0(0-0)**
TOG: Malcolm Barcola, Youssifou Atte, Klousseh Agbozo, Loïc Anthony Bessilé, Adewale James Olufade, Akoete Henritse Eninful, Farid Tchadenou (73.Marouf Tchakei), Sename Dové Womé Dobe (85Ismaïl Ouro-Agoro), Yendoutié Richard Nane (73.Abdou Sémio Tchatakora), Kodjo Fo Doh Laba, Euloge Mêmê Placca Fessou (73.Komla Serge Sitsofe Nyuiadzi). Trainer: Paulo Jorge Rebelo Duarte (Portugal).

01.09.2021, 22nd FIFA World Cup Qualifiers, Second Round
Stade Lat-Dior, Thiès; Attendance: 0
Referee: Sadok Selmi (Tunisia)
SENEGAL - TOGO **2-0(0-0)**
TOG: Malcolm Barcola, Jean-Marie Bertrand Nadjombe (64.Euloge Mêmê Placca Fessou), Djené Dakonam Ortega, Klousseh Agbozo, Adewale James Olufade, Kangnivi Ama Tchoutchoui, Akoete Henritse Eninful, Roger Ben Boris Aholou (57.Elom Kodjo Nya-Vedji), David Boris Philippe Henen (80.Ahoueke Steeve Kévin Denkey), Kodjo Fo Doh Laba, Gilles Christ Sunu (57.Marouf Tchakei). Trainer: Paulo Jorge Rebelo Duarte (Portugal).

05.09.2021, 22nd FIFA World Cup Qualifiers, Second Round
Stade de Kégué, Lomé; Attendance: 0
Referee: Omar Abdulkadir Artan (Somalia)
TOGO - NAMIBIA **0-1(0-0)**
TOG: Malcolm Barcola, Youssifou Atté, Djené Dakonam Ortega, Klousseh Agbozo, Adewale James Olufade (46.Bilal Moussa), Roger Ben Boris Aholou (80.Mani Ougadja), Komla Serge Sitsofe Nyuiadzi (71.Ahoueke Steeve Kévin Denkey), Marouf Tchakei, David Boris Philippe Henen (79.Gilles Christ Sunu), Euloge Mêmê Placca Fessou (46.Elom Kodjo Nya-Vedji), Kodjo Fo Doh Laba. Trainer: Paulo Jorge Rebelo Duarte (Portugal).

09.10.2021, 22nd FIFA World Cup Qualifiers, Second Round
Stade de Kégué, Lomé; Attendance: 0
Referee: Sekou Ahmed Touré (Guinea)
TOGO - CONGO **1-1(0-1)**
TOG: Malcolm Barcola, Youssifou Atté, Djené Dakonam Ortega (82.Gustave Akueson), Klousseh Agbozo, Bilal Moussa, Roger Ben Boris Aholou, Jacques Alaixys Cigánek „Alaixys Romao" (46.Elom Kodjo Nya-Vedji), David Boris Philippe Henen (46.Marouf Tchakei), Ihlas Bebou, Euloge Mêmê Placca Fessou (69.Yendoutié Richard Nane), Kodjo Fo Doh Laba (80.Thibault Klidjé). Trainer: Paulo Jorge Rebelo Duarte (Portugal).
Goal: Euloge Mêmê Placca Fessou (56).

12.10.2021, 22nd FIFA World Cup Qualifiers, Second Round
Stade "Alphonse Massemba-Débat", Brazzaville; Attendance: 0
Referee: Djindo Louis Houngnandande (Benin)
CONGO - TOGO **1-2(0-1)**
TOG: Malcolm Barcola, Youssifou Atté, Klousseh Agbozo, Kangnivi Ama Tchoutchoui, Djené Dakonam Ortega, Jacques Alaixys Cigánek „Alaixys Romao", Akaté Gnama, Marouf Tchakei (80.Ismaïl Ouro-Agoro), Komla Serge Sitsofe Nyuiadzi (66.Elom Kodjo Nya-Vedji; 90+4.Yendoutié Richard Nane), Thibault Klidjé (66.Ahoueke Steeve Kévin Denkey), Euloge Mêmê Placca Fessou (80.Gustave Akueson). Trainer: Paulo Jorge Rebelo Duarte (Portugal).
Goals: Euloge Mêmê Placca Fessou (43), Ahoueke Steeve Kévin Denkey (77).

11.11.2021, 22nd FIFA World Cup Qualifiers, Second Round
Stade de Kégué, Lomé; Attendance: 0
Referee: Jalal Jayed (Morocco)
TOGO - SENEGAL **1-1(1-0)**
TOG: Wassiou Ouro-Gneni, Youssifou Atté, Djené Dakonam Ortega, Klousseh Agbozo, Kangnivi Ama Tchoutchoui, Jacques Alaixys Cigánek „Alaixys Romao" (66.Koffi Franco Atchou), Akaté Gnama, Yendoutié Richard Nane (46.Marouf Tchakei), Ihlas Bebou (66.David Boris Philippe Henen), Euloge Mêmê Placca Fessou (86.Roger Ben Boris Aholou), Ahoueke Steeve Kévin Denkey (76.Thibault Klidjé). Trainer: Paulo Jorge Rebelo Duarte (Portugal).
Goal: Pape Abou Cissé (45+1 own goal).

15.11.2021, 22nd FIFA World Cup Qualifiers, Second Round
Orlando Stadium, Johannesburg (South Africa); Attendance: 0
Referee: Pierre Atcho (Gabon)
NAMIBIA - TOGO **0-1(0-0)**
TOG: Wassiou Ouro-Gneni, Youssifou Atté, Djené Dakonam Ortega, Klousseh Agbozo, Kangnivi Ama Tchoutchoui, Jacques Alaixys Cigánek „Alaixys Romao" (83.Koffi Franco Atchou), Akaté Gnama, David Boris Philippe Henen (66.Komla Serge Sitsofe Nyuiadzi), Ihlas Bebou (90+3.Ismaïl Ouro-Agoro), Euloge Mêmê Placca Fessou, Ahoueke Steeve Kévin Denkey (66.Marouf Tchakei). Trainer: Paulo Jorge Rebelo Duarte (Portugal).
Goal: Euloge Mêmê Placca Fessou (88).

NATIONAL TEAM PLAYERS 2021		
Name	DOB	Club
Goalkeepers		
Malcolm BARCOLA	14.05.1999	*Olympique Lyonnais (FRA)*
Gilles Djehani N'GUISSAN Yao	01.02.1990	*ACS Hayableh/CNSS (DJI)*
Wassiou OURO-GNENI	14.02.1997	*ASC Kara*
Defenders		
Klousseh AGBOZO	26.06.1994	*Olympique de Béja (TUN)*
Gustave AKUESON	20.12.1995	*FC Versailles (FRA)*
Youssifou ATTÉ	16.05.1996	*West Africa Football Academy SC Sogakope (GHA); 31.10.2021-> Unattached*
Loïc Anthony BESSILÉ	19.02.1999	*Girondins de Bordeaux FC (FRA)*
Djené DAKONAM Ortega	31.12.1991	*Getafe CF (ESP)*
Bilal MOUSSA	29.11.1996	*AS Togo-Port Lomé*

Jean-Marie Bertrand NADJOMBE	06.09.2001	*SC Fortuna Köln (GER)*
Adewale James OLUFADE	21.08.1994	*Manama Club (BHR)*
Kangnivi Ama TCHOUTCHOUI	28.05.1994	*FC Nouadhibou ASJN (MTN)*

Midfielders

Kossivi Moïse ADJAHLI	14.04.1996	*FC San Pédro (CIV)*
Roger Ben Boris AHOLOU	30.12.1993	*US Monastirienne (TUN)*
Bilal AKORO	14.12.1999	*AS OTR Lomé*
Jacques Alaixys Cigánek „ALAIXYS ROMAO"	18.01.1984	*PAE Ionikos Nikaia (GRE)*
Koffi Franco ATCHOU	1995	*Erbil SC (IRQ)*
Akoete Henritse ENINFUL	21.07.1992	*FC Lahti (FIN)*
Akaté GNAMA	25.11.1991	*ASKO de Kara*
Elom Kodjo NYA-VEDJI	24.11.1997	*Unattached*
Mani OUGADJA	31.01.1988	*ASC Kara*
Farid TCHADENOU	05.05.1994	*Hafia FC Conakry (GUI)*
Marouf TCHAKEI	15.12.1995	*ASKO de Kara;* 17.08.2021-> *AS Vita Club Kinshasa (COD)*
Sename Dové WOMÉ Dobe	08.06.1991	*Al Yarmouk SC Mishref (KUW)*

Forwards

Asharaf AGORO	31.12.1997	*ASC Kara*
Ihlas BEBOU	23.04.1994	*TSG Hoffenheim 1899 (GER)*
Ahoueke Steeve Kévin DENKEY	30.11.2000	*Cercle Brugge KSV (BEL)*
Josué Yayra DOKÉ	20.04.2004	*Planète Foot Lomé*
David Boris Philippe HENEN	19.04.1996	*Grenoble Foot 38 (FRA)*
Thibault KLIDJÉ	10.07.2001	*Girondins de Bordeaux FC "B" (FRA)*
Kodjo Fo Doh LABA	27.01.1992	*Al-Ain Sports and Cultural Club (UAE)*
Yendoutié Richard NANE	23.06.1994	*ASC Kara;* 01.07.2021-> *Hafia FC Conakry (GUI)*
Komla Serge Sitsofe NYUIADZI	17.09.1991	*FK Sūduva Marijampolė (LTU)*
Ismaïl OURO-AGORO	20.02.1996	*ASC Kara; 25.08.2021-> Saint-George SA Addis Ababa (ETH)*
Euloge Mêmê PLACCA Fessou	1994	*K Beerschot VA (BEL); 31.07.2021-> Al Tadamun SC Al Farwaniyah (KUW)*
Gilles Christ SUNU	30.03.1991	*La Berrichonne de Châteauroux (FRA)*
Abdou Sémio TCHATAKORA	05.12.1996	*ASC Kara*

National coaches

Claude Marie François LE ROY (France) [06.04.2016 – 13.04.2021]	06.02.1948
Jonas Kokou KOMLA [Caretaker]	07.06.1975
PAULO Jorge Rebelo DUARTE (Portugal) [from 01.05.2021]	06.04.1969

TUNISIA

Fédération Tunisienne de Football
Stade Annexe d'El Menzah,
Cité Olympique,
1003 El Menzah, Tunis
Year of Formation: 1957
Member of FIFA since: 1960
Member of CAF since: 1960
www.ftf.org.tn

First international match:
02.06.1957, Tunis:
Tunisia - Libya 4-2

Most international caps:
Radhi Jaïdi
105 caps (1996-2009)

Most international goals:
Issam Jemâa
36 goals / 84 caps (2005-2015)

AFRICAN CUP OF NATIONS	
1957	Did not enter
1959	Did not enter
1962	Final Tournament (3rd place)
1963	Final Tournament (Group Stage)
1965	Final Tournament (Runners-up)
1968	Qualifiers
1970	Did not enter
1972	Did not enter
1974	Did not enter
1976	Qualifiers
1978	Final Tournament (4th place)
1980	Withdrew
1982	Final Tournament (Group Stage)
1984	Qualifiers
1986	Qualifiers
1988	Qualifiers
1990	Qualifiers
1992	Qualifiers
1994	Final Tournament (Group Stage)
1996	Final Tournament (Runners-up)
1998	Final Tournament (Quarter-Finals)
2000	Final Tournament (4th place)
2002	Final Tournament (Group Stage)
2004	**Final Tournament (Winners)**
2006	Final Tournament (Quarter-Finals)
2008	Final Tournament (Quarter-Finals)
2010	Final Tournament (Group Stage)
2012	Final Tournament (Quarter-Finals)
2013	Final Tournament (Group Stage)
2015	Final Tournament (Quarter-Finals)
2017	Final Tournament (Qualified)
2019	Final Tournament (4th place)
2021	*Final Tournament (Qualified)*

FIFA WORLD CUP	
1930	Did not enter
1934	Did not enter
1938	Did not enter
1950	Did not enter
1954	Did not enter
1958	Did not enter
1962	Qualifiers
1966	Qualifiers
1970	Qualifiers
1974	Qualifiers
1978	Final Tournament (Group Stage)
1982	Qualifiers
1986	Qualifiers
1990	Qualifiers
1994	Qualifiers
1998	Final Tournament (Group Stage)
2002	Final Tournament (Group Stage)
2006	Final Tournament (Group Stage)
2010	Qualifiers
2014	Qualifiers
2018	Qualifiers

OLYMPIC FOOTBALL TOURNAMENTS 1908-2020

1908	-	1952	-	1976	Qualifiers	2000	Qualifiers
1912	-	1956	-	1980	Qualifiers	2004	Group Stage
1920	-	1960	Group Stage	1984	Qualifiers	2008	Qualifiers
1924	-	1964	Qualifiers	1988	Group Stage	2012	Qualifiers
1928	-	1968	Qualifiers	1992	Qualifiers	2016	Qualifiers
1936	-	1972	Qualifiers	1996	Group Stage	2020	Qualifiers
1948	-						

F.I.F.A. CONFEDERATIONS CUP 1992-2017
2005 (Group Stage)

AFRICAN GAMES 1965-2019
1965, 1978, 1987, 1991 (Runners-up), 1995, 2007 (3rd place)

PAN ARAB GAMES 1953-2011
1957 (Runners-up), 1985 (Group Stage)

ARAB NATIONS CUP 1963-2021
1963 (Winners), 1988 (Group Stage), 2021 (Runners-up)

AFRICAN NATIONS CHAMPIONSHIP 2009-2020
2009 (U-23 team, Qualifiers), 2011 (Winners), 2014 (Qualifiers), 2016 (Quarter-Finals), 2018 (Did not enter), 2020 (withdrew after qualifying)

TUNISIAN CLUB HONOURS IN ASIAN CLUB COMPETITIONS:

CAF Champions League 1964-2021
Club Africain Tunis (1991)
Espérance Sportive de Tunis (1994, 2011, 2018, 2018/2019)
Étoile Sportive du Sahel (2007)

CAF Confederation Cup 2004-2021
Étoile Sportive du Sahel (2006, 2015)
Club Sportif Sfaxien (2007, 2008, 2013)

CAF Super Cup 1993-2021
Espérance Sportive de Tunis (1994/1995)
Étoile Sportive du Sahel (1997/1998; 2007/2008)

*African Cup Winners' Cup 1975-2003**
Club Athlétique Bizertin (1988)
Étoile Sportive du Sahel (1997, 2003)
Espérance Sportive de Tunis (1998)

*CAF Cup 1992-2003**
Étoile Sportive du Sahel (1995, 1999)
Espérance Sportive de Tunis (1997)
Club Sportif Sfaxien (1998)

Arab Champions Cup / Arab Champions League 1982-2009 / UAFA Club Cup 2012-2013 / Arab Club Championship 2017 / Arab Club Champions Cup 2018-2020
Espérance Sportive de Tunis (1993, 2008/2009, 2017)
Club Africain Tunis (1997)
Club Sportif Sfaxien (2000; 2003/2004)
Étoile Sportive du Sahel Sousse (2018/2019)

*Arab Cup Winners Cup 1989-2002**
Stade Tunisien (1989/1990; 2001/2002)
Club Africain Tunis (1995/1996)

Arab Super Cup 1992-2002*
Espérance Sportive de Tunis (1996/1997)

Afro-Asian Club Championship 1986–1998*
Club Africain Tunis (1992)
Espérance Sportive de Tunis (1995)

*defunct competitions

NATIONAL COMPETITIONS
TABLE OF HONOURS

	CHAMPIONS	CUP WINNERS
1921/1922	Racing Club Tunis	-
1922/1923	Stade Gaulois Tunis	Avant Garde Tunis
1923/1924	Stade Gaulois Tunis	Racing Club Tunis
1924/1925	Racing Club Tunis	Stade Gaulois Tunis
1925/1926	Sporting Club Tunis	Sporting Club Tunis
1926/1927	Stade Gaulois Tunis	Stade Gaulois Tunis
1927/1928	Sporting Club Tunis	No competition
1928/1929	Avant Garde Tunis	No competition
1929/1930	US Tunisienne	US Tunisienne
1930/1931	US Tunisienne	US Tunisienne
1931/1932	Italia Tunis	Racing Club Tunis
1932/1933	US Tunisienne	US Tunisienne
1933/1934	Sfax Railways Sports	US Tunisienne
1934/1935	Italia Tunis	US Tunisienne
1935/1936	Italia Tunis	Italia Tunis
1936/1937	Italia Tunis	Stade Gaulois Tunis
1937/1938	Savoia de La Goulette Tunis	Sporting Club Tunis
1938/1939	CS Gabésien	Espérance Sportive de Tunis
1939/1940	No competition	No competition
1940/1941	No competition	No competition
1941/1942	Espérance Sportive de Tunis	US Ferryville
1942/1943	No competition	No competition
1943/1944	No competition	No competition
1944/1945	Club Athlétique Bizertin	Olympique Tunis
1945/1946	Club Athlétique Bizertin	Patrie FC Bizerte
1946/1947	Club Africain Tunis	Club Sportif de Hammam-Lif
1947/1948	Club Africain Tunis	Club Sportif de Hammam-Lif
1948/1949	Club Athlétique Bizertin	Club Sportif de Hammam-Lif
1949/1950	Étoile Sportive du Sahel Sousse	Club Sportif de Hammam-Lif
1950/1951	Club Sportif de Hammam-Lif	Club Sportif de Hammam-Lif
1951/1952	No competition	No competition
1952/1953	Sfax Railways Sports	No competition
1953/1954	Club Sportif de Hammam-Lif	Club Sportif de Hammam-Lif
1954/1955	Club Sportif de Hammam-Lif	Club Sportif de Hammam-Lif
1955/1956	Club Sportif de Hammam-Lif	Stade Tunisien
1956/1957	Stade Tunisien	Espérance Sportive de Tunis
1957/1958	Étoile Sportive du Sahel Sousse	Stade Tunisien
1958/1959	Espérance Sportive de Tunis	Étoile Sportive du Sahel Sousse
1959/1960	Espérance Sportive de Tunis	Stade Tunisien
1960/1961	Stade Tunisien	Avenir Sportif de la Marsa
1961/1962	Stade Tunisien	Stade Tunisien

Saison	Champion	Coupe
1962/1963	Étoile Sportive du Sahel Sousse	Étoile Sportive du Sahel Sousse
1963/1964	Club Africain Tunis	Espérance Sportive de Tunis
1964/1965	Stade Tunisien	Club Africain Tunis
1965/1966	Étoile Sportive du Sahel Sousse	Stade Tunisien
1966/1967	Club Africain Tunis	Club Africain Tunis
1967/1968	Sfax Railways Sports	Club Africain Tunis
1968/1969	Club Sportif Sfaxien	Club Africain Tunis
1969/1970	Espérance Sportive de Tunis	Club Africain Tunis
1970/1971	Club Sportif Sfaxien	Club Sportif Sfaxien
1971/1972	Étoile Sportive du Sahel Sousse	Club Africain Tunis
1972/1973	Club Africain Tunis	Club Africain Tunis
1973/1974	Club Africain Tunis	Étoile Sportive du Sahel Sousse
1974/1975	Espérance Sportive de Tunis	Étoile Sportive du Sahel Sousse
1975/1976	Espérance Sportive de Tunis	Club Africain Tunis
1976/1977	Jeunesse Sportive Kairouanaise	Avenir Sportif de la Marsa
1977/1978	Club Sportif Sfaxien	Not finished
1978/1979	Club Africain Tunis	Espérance Sportive de Tunis
1979/1980	Club Africain Tunis	Espérance Sportive de Tunis
1980/1981	Club Sportif Sfaxien	Étoile Sportive du Sahel Sousse
1981/1982	Espérance Sportive de Tunis	Club Athlétique Bizertin
1982/1983	Club Sportif Sfaxien	Étoile Sportive du Sahel Sousse
1983/1984	Club Athlétique Bizertin	Avenir Sportif de la Marsa
1984/1985	Espérance Sportive de Tunis	Club Sportif de Hammam-Lif
1985/1986	Étoile Sportive du Sahel Sousse	Espérance Sportive de Tunis
1986/1987	Étoile Sportive du Sahel Sousse	Club Athlétique Bizertin
1987/1988	Espérance Sportive de Tunis	Club Olympique des Transports Tunis
1988/1989	Espérance Sportive de Tunis	Espérance Sportive de Tunis
1989/1990	Club Africain Tunis	Avenir Sportif de la Marsa
1990/1991	Espérance Sportive de Tunis	Espérance Sportive de Tunis
1991/1992	Club Africain Tunis	Club Africain Tunis
1992/1993	Espérance Sportive de Tunis	Olympique de Béja
1993/1994	Espérance Sportive de Tunis	Avenir Sportif de la Marsa
1994/1995	Club Sportif Sfaxien	Club Sportif Sfaxien
1995/1996	Club Africain Tunis	Étoile Sportive du Sahel Sousse
1996/1997	Étoile Sportive du Sahel Sousse	Espérance Sportive de Tunis
1997/1998	Espérance Sportive de Tunis	Club Africain Tunis
1998/1999	Espérance Sportive de Tunis	Espérance Sportive de Tunis
1999/2000	Espérance Sportive de Tunis	Club Africain Tunis
2000/2001	Espérance Sportive de Tunis	Club Sportif de Hammam-Lif
2001/2002	Espérance Sportive de Tunis	Not finished
2002/2003	Espérance Sportive de Tunis	Stade Tunisien
2003/2004	Espérance Sportive de Tunis	Club Sportif Sfaxien
2004/2005	Club Sportif Sfaxien	Espérance Sportive de Zarzis
2005/2006	Espérance Sportive de Tunis	Espérance Sportive de Tunis
2006/2007	Étoile Sportive du Sahel Sousse	Espérance Sportive de Tunis
2007/2008	Club Africain Tunis	Espérance Sportive de Tunis
2008/2009	Espérance Sportive de Tunis	Club Sportif Sfaxien
2009/2010	Espérance Sportive de Tunis	Olympique de Béja
2010/2011	Espérance Sportive de Tunis	Espérance Sportive de Tunis
2011/2012	Espérance Sportive de Tunis	Étoile Sportive du Sahel Sousse
2012/2013	Club Sportif Sfaxien	Club Athlétique Bizertin
2013/2014	Espérance Sportive de Tunis	Étoile Sportive du Sahel Sousse

2014/2015	Club Africain Tunis	Étoile Sportive du Sahel Sousse
2015/2016	Étoile Sportive du Sahel Sousse	Espérance Sportive de Tunis
2016/2017	Espérance Sportive de Tunis	Club Africain Tunis
2017/2018	Espérance Sportive de Tunis	Club Africain Tunis
2018/2019	Espérance Sportive de Tunis	Club Sportif Sfaxien
2019/2020	Espérance Sportive de Tunis	Union Sportive Monastirienne
2020/2021	Espérance Sportive de Tunis	Club Sportif Sfaxien

NATIONAL CHAMPIONSHIP
Championnat de la Ligue Professionnelle 1 2020/2021

1.	Espérance Sportive de Tunis	26	19	3	4	37 - 16	60
2.	Étoile Sportive du Sahel Sousse	26	15	5	6	46 - 26	50
3.	Union Sportive de Ben Guerdane	26	10	11	5	25 - 16	41
4.	AS de Soliman	26	11	7	8	35 - 34	40
5.	Club Sportif Sfaxien	26	10	10	6	29 - 16	40
6.	AS de Rejiche	26	9	9	8	27 - 23	36
7.	Club Africain Tunis	26	7	12	7	26 - 30	33
8.	US Tataouine	26	8	9	9	24 - 30	33
9.	Étoile Sportive de Métlaoui	26	8	8	10	17 - 21	32
10.	Union Sportive Monastirienne	26	8	7	11	28 - 29	31
11.	Club Athlétique Bizertin	26	8	7	11	21 - 27	31
12.	Olympique de Béja	26	7	10	9	25 - 26	31
13.	Stade Tunisien (*Relegated*)	26	6	11	9	22 - 22	29
14.	Jeunesse Sportive Kairouanaise (*Relegated*)	26	0	3	23	14 - 60	3

Best goalscorer 2020/2021:
Aymen Sfaxi (Étoile Sportive du Sahel Sousse) – 9 goals

Promoted for the 2021/2022 season:
Club Sportif de Hammam-Lif, Espoir Sportif de Hammam-Sousse, Espérance de Zarzis, CS Chebba (First level extended to 16 clubs for 2021/2022).

NATIONAL CUP
Coupe Nationale de Tunisie Final 2020/2021

27.06.2021, Stade "Djerba Houmet Souk", Radès; Attendance: 0
Referee: Mehrez Melki
Club Africain Tunis - Club Sportif Sfaxien   **0-0; 4-5 on penalties**
Club Africain: Atef Dkhili (120.Seifeddine Charfi), Hamza Agrebi, Skander Labidi, Bilel Ifa, Ghazi Abderrazzak (87.Mohamed Amine Ben Zaghada), Yassine Chamakhi (87.Zouheir Dhaouadi), Wissem Ben Yahia (Cap), Khalil Kassab (99.Rodrigue Kossi Fiogbé), Ahmed Khalil, Saber Khalifa, Bassirou Compaoré. Trainer: Montasser Louhichi.
CS Sfaxien: Mohamed Hedi Gaaloul (Cap), Ghaith Maaroufi (69.Mohamed Ben Ali), Nour Zamen Zammouri (88.Ahmed Ammar), Houssem Dagdoug, Azmi Ghouma, Walid Karoui, Chris Kouakou, Mohamed Ali Moncer (79.Kingsley Sokari), Aymen Harzi, Kingsley Eduwo (69.Firas Chaouat), Houssem Ben Ali (88.Mohammed Soulah). Trainer: Hammadi Daou.
Penalties: Zouheir Dhaouadi 1-0; Aymen Harzi 1-1; Bilel Ifa 2-1; Ahmed Ammar 2-2; Hamza Agrebi 3-2; Walid Karoui 3-3; Skander Labidi (saved); Mohamed Ben Ali (missed); Wissem Ben Yahia (saved); Mohammed Soulah (saved); Saber Khalifa 4-3; Chris Kouakou 4-4; Mohamed Amine Ben Zaghada (saved); Houssem Dagdoug 4-5.

THE CLUBS 2020/2021

AVENIR SPORTIF DE REJICHE

Year of Formation: 1980
Stadium: Stade Municipal, Rejiche (3,000)

	THE SQUAD	DOB	M	(s)	G
Goalkeepers:	Ahmed Grayaa	08.04.1998		(1)	
	Mohamed Grayaa	08.08.1992	15	(1)	
	Zied Jebali	28.06.1990	10		
	Rostom Sioud	11.07.1988	1		
Defenders:	Wael Ben Othmane	11.08.1995	18	(3)	
	Achref Grayaa	09.10.1993	10	(2)	
	Koffi Kouamé (CIV)	28.09.1995	15	(2)	
	Omar Lamti	28.02.1988	21	(1)	
	Mohamed Marouene Saïdi	09.08.1993	24	(1)	1
	Aymen Sioud	02.10.1991	3	(13)	
	Hamdi Zaouali	04.08.1997	1	(3)	
	Moemen Zbidi	05.07.1995	17	(1)	
Midfielders:	Ahmed Aroui	22.09.2001		(1)	
	Malek Boulaabi	20.01.1993	19	(5)	2
	Hichem Chérif El-Ouazzani (ALG)	01.01.1996	1	(2)	
	Anis Khedher	19.09.1991	22	(2)	
	Hazem Lamti	18.10.1998	8	(7)	
	Mohamed Hassen Sioud	18.10.1998	16	(4)	
	Wassim Sioud	31.05.2001	2	(5)	1
	Houssem Eddine Souissi	20.10.1997	24		1
Forwards:	Nidhal Ben Salem	31.01.1996	20	(6)	8
	Youssef Ben Souda	12.10.1997	2	(4)	
	Aboubacar Diarra (MLI)	28.12.1994	17	(1)	8
	Ahmed Hadhri	22.02.1995	2	(9)	1
	Jassem Hamdouni	17.12.1996	9	(3)	3
	Adama Keita (CIV)	08.12.2000	1	(5)	1
	Nassim Sioud	19.06.1998	8	(11)	1
	Omar Smari	23.09.1996		(1)	
Trainer:	Saïd Saïbi	04.06.1975	26		

AVENIR SPORTIF DE SOLIMAN

Year of Formation: 1960
Stadium: Stade Municipal, Soliman (3,000)

THE SQUAD	DOB	M	(s)	G
Goalkeepers: Achref Abdellaoui		11	(1)	
Hamza Ghanmi	15.04.1998	7	(1)	
Yassine Rehimi	16.05.1998	8		
Defenders: Anes Barbati	04.09.1999	2	(4)	
Mohamed Aziz Boucetta	30.11.1997	12	(2)	
Hedi Khalfa	16.01.1994	6	(1)	
Hamza Letifi	17.05.1995	17	(5)	1
Alaeddine Louil	18.09.1993	18	(3)	
Aymen Mahmoud	24.04.1996	19	(1)	7
Fares Meskini	03.05.1996	11		
Yosri Zaalouti	01.02.1996	8		
Midfielders: Oussema Ben Ayed	28.09.1993	24		2
Alaeddine Ben Salah	11.01.1997	5	(2)	1
Elyes Brini	17.03.1994	15	(3)	3
Randy Yormein Chirino Serrano (CRC)	16.01.1996	2	(2)	
Saber Hammami	15.07.1997	5	(8)	2
Khemais Maâouani	21.10.1994		(3)	
Hazem Meftahi	20.09.1999		(2)	
Youssef Mosrati	06.12.1999	5	(4)	2
Mark Mkongho O'Ojong (CMR)	25.04.1997	9	(6)	
Mohamed Aziz Ouerfelli	23.03.2002		(3)	
Bassem Triki	13.04.1994	19	(6)	
Forwards: Rached Arfaoui	07.03.1996	21		5
Nacef Atoui	06.04.1999	1	(2)	
Elvis Baffour (GHA)	07.02.1999	18	(7)	3
Mohamed Ali Ben Hammouda	27.07.1998	11	(1)	2
Aziz Chtioui	05.12.1997	22	(3)	3
Hamza Essid	05.03.1997	3	(3)	1
Ghazi Hzami	01.12.1994	3	(14)	
Paschal Onyekachi Durugbor (NGA)	22.11.1999	4	(9)	3
Trainer: Sami Gafsi	18.03.1980	8		
[14.01.2021] Yamen Zelfani	04.09.1979	18		

CLUB AFRICAIN TUNIS

Year of Formation: 1920
Stadium: Stade Olympique "Hammadi Agrebi", Radès, Radès (60,000)

	THE SQUAD	DOB	M	(s)	G
Goalkeepers:	Seifeddine Charfi	28.03.1995	1		
	Atef Dkhili	04.04.1990	20		
	Oussama Hanzouli	28.01.2001	5	(1)	
Defenders:	Ghazi Abderrazzak	16.10.1986	17	(1)	
	Hamza Agrebi	21.03.1991	11	(1)	1
	Montassar Baaziz	05.06.2000	4	(4)	
	Mohamed Amine Ben Zaghada	07.07.2001	5	(3)	
	Mohamed Aziz Gasmi	26.06.2001	7		
	Sami Hammami	23.09.1993	11	(2)	
	Bilel Ifa	09.03.1990	10	(1)	2
	Skander Labidi	13.05.1999	17	(1)	
	Makram Marzouki	18.01.1999		(1)	
	Chiheb Salhi	24.06.1999	1	(1)	
	Ghaith Zaalouni	06.05.2002	2		
Midfielders:	Mohamed Amine Laajimi	07.03.2002	2	(1)	
	Moez Ben Haj Ali	09.08.1999	3	(7)	
	Ayoub Ben Mcharek	27.09.1997	2	(4)	
	Wissem Ben Yahia	09.09.1984	24	(1)	1
	Khalil Kassab	09.01.2000	21	(5)	2
	Ahmed Khalil	21.12.1994	17		1
	Rodrigue Kossi Fiogbé (BEN)	11.07.2000	18	(2)	
	Chiheb Labidi	01.06.2001	8	(5)	2
	Mehdi Ouedherfi	07.05.1995		(4)	
	Abdelkader Oueslati	07.10.1991	1	(3)	
Forwards:	Yassine Chamakhi	27.02.1995	23	(2)	6
	Bassirou Compaoré (BFA)	23.04.1998	15	(3)	3
	Zouheir Dhaouadi	01.01.1988	3	(9)	1
	Adem Garreb	22.05.2003	7	(9)	
	Saber Khalifa	14.10.1986	9	(4)	2
	Hamdi Labidi	09.06.2002	6	(8)	1
	Idriss Taboubi	05.11.1999		(9)	1
	Adem Taous	21.07.2000	16	(6)	2
Trainer:	Lassad Dridi	19.04.1977	6		
[05.01.2021]	Lotfi Rouissi	13.11.1965	5		
[01.02.2021]	Kais Yaakoubi	18.08.1966	2		
[12.02.2021]	Montasser Louhichi	04.02.1974	13		

CLUB ATHLÉTIQUE BIZERTIN

Year of Formation: 1928
Stadium: Stade du 15 Octobre, Bizerte (15,000)

THE SQUAD		DOB	M	(s)	G
Goalkeepers:	Naim Mathlouthi	14.01.1991	26		
Defenders:	Mohamed Aziz Ben Charnia	06.04.1998	1	(3)	
	Chiheb Ben Fredj	16.06.1993	25	(1)	2
	Achref Boudrama (ALG)	25.05.1996	9	(2)	
	Rayed Derbali	20.10.2000	5	(2)	
	Ali Brahima Doumbia (CIV)	23.02.2000	13	(1)	
	Ilyes Dridi	03.06.1999	5	(2)	
	Yassine Kchouk	29.11.2000	19	(2)	
	Yasser Merchergui	17.01.2000	5	(4)	
	Khalil Sassi	05.09.1994	25		1
Midfielders:	Maher Argui	04.09.1999	2		
	Mouhab Aouina	03.08.1999	5	(8)	1
	Chamseddine Ben Ameur	13.04.1997		(4)	
	Aleaeddine Dridi	23.01.1998	21	(3)	
	Yacine El Kassah	08.01.2000	6	(6)	
	Fehmi Kacem	13.04.1994	7	(4)	4
	Mahamadou Amadou Sabo (NIG)	30.05.2000	22		4
	Aymen Trabelsi	17.02.1992	22	(2)	1
	Wendel Alex dos Santos (BRA)	31.08.1991	4	(3)	
Forwards:	Khalil Balbouz	25.06.1998	5	(17)	2
	Alkhali Bangoura (GUI)	08.01.1996	18	(3)	
	Djamel Eddine Chettal (ALG)	23.05.1992	16	(7)	2
	Halim Darragi	07.10.1989	2	(6)	
	Boling Dembélé (MLI)	05.11.2000		(2)	
	Slim Jandoubi	25.05.1998	7	(6)	
	Nader Jerbi	03.05.1996	12	(5)	3
	Bechir Mkadem	05.03.1998	4	(3)	
Trainer:	Mokhtar Trabelsi		3		
[22.12.2020]	Larbi Zouaoui	04.10.1943	10		
[28.02.2021]	Kais Yaakoubi	18.08.1966	4		
[16.03.2021]	Sami Gafsi	18.03.1980	9		

CLUB SPORTIF SFAXIEN

Year of Formation: 1928
Stadium: Stade „Taïeb Mhiri", Sfax (22,000)

THE SQUAD		DOB	M	(s)	G
Goalkeepers:	Sabri Ben Hsan	13.06.1996	2		
	Aymen Dahmen	28.01.1997	17		
	Mohamed Hedi Gaaloul	30.04.1989	7		
Defenders:	Ahmed Ammar	01.11.1994	12	(3)	1
	Oussama Bahri	05.11.1999	1	(1)	
	Ghassen Bardia			(1)	
	Mohamed Ben Ali	16.02.1995	18		
	Mourad Ben Younes	16.11.1996	1		
	Sabri Cheraitia (ALG)	23.03.1996	7		
	Houssem Dagdoug	23.07.1998	9	(2)	
	Azmi Ghouma	27.02.1998	9	(9)	
	Alaa Ghram	24.07.2001	3		
	Mohamed Ali Jouini	08.10.1993	17	(3)	
	Ghaith Maaroufi	27.07.1994	4	(2)	
	Aziz Saihi	06.11.2000	1	(1)	
	Hamdi Sellami		1		
	Nour Zamen Zammouri	01.12.1997	22		
Midfielders:	Abdallah Amri	06.09.2001	5	(7)	
	Haroun Ben Ameur	27.04.2001		(1)	
	Naby Camara (GUI)	03.12.2001	4		1
	Chadi Hammami	14.06.1986	13	(6)	
	Walid Karoui	25.03.1996	13	(7)	2
	Chris Kouakou (CIV)	01.04.1999	8	(2)	
	Zakaria Mansouri (ALG)	01.11.1995	9	(5)	
	Mohamed Ali Moncer	28.04.1991	9	(10)	2
	Kingsley Sokari (NGA)	30.05.1995	15	(3)	1
	Wael Tlili	13.09.2001		(1)	
	Abderrahmane Touré (CIV)			(1)	
	Mohamed Ali Trabelsi	20.12.1997	4	(6)	
Forwards:	Houssem Ben Ali	10.06.1996	7	(3)	
	Ousmane Camara (GUI)	23.01.2001	4	(7)	3
	Firas Chaouat	08.05.1996	11	(10)	7
	Kingsley Eduwo (NGA)	19.06.1996	18	(3)	6
	Malick Evouna (GAB)	28.11.1992		(2)	
	Bechir Ghariani	28.02.2001	1	(1)	
	Achref Habbassi	08.12.2001	8	(2)	
	Jassem Hamdouni	17.12.1996		(1)	
	Bilel Hamrouni	23.02.2000		(1)	
	Aymen Harzi	01.03.1995	9	(6)	2
	Mohammed Soulah (LBY)	29.06.1993	17	(4)	3
Trainer:	Anis Boujelbene	06.02.1978	14		
[05.03.2021]	José „Pepe" Murcia González (ESP)	03.12.1964	10		
[08.05.2021]	Haykel Gmamdia	22.12.1981	1		
[11.05.2021]	Hammadi Daou	02.07.1968	1		

ÉTOILE SPORTIVE DE MÉTLAOUI

Year of Formation: 1950
Stadium: Stade Municipal, Métlaoui (5,000)

THE SQUAD	DOB	M	(s)	G
Goalkeepers: Marouane Braiek	14.08.1985	12		
Yassine Dinari	24.03.1999	1	(1)	
Saber Khalfaoui	10.10.1991	1		
Achraf Krir	27.12.1991	12		
Defenders: Samuel Atvati (NGA)	09.08.1999	11	(1)	
Mohamed Ali Ben Salem	06.01.1996	11		
Alaeddine Bouslimi	05.09.1990	26		2
Mohamed Amine Dinari	14.11.2002		(1)	
Afif Jebali	10.01.2000	14	(1)	
Mohamed Aziz Kortas	16.05.2000		(3)	
Richard Jean-Caliste Lete Tape (CIV)	29.08.1996	9	(2)	
Atef Mezni	27.09.1991	5		
Chemseddine Nerier (ALG)	22.07.1998	12		
Mohamed Alhadi Albasheer Saeid (LBY)	12.04.1999	18	(2)	
Foued Timoumi	17.04.1995	18	1	3
Midfielders: Anis Alleli (ALG)	19.04.2000	3	(2)	
Maher Argui	04.09.1999		(1)	
Alaeddine Ben Salah	11.01.1997		(3)	
Belgacem Boubaker	16.04.1998		(1)	
Moatez Chouchane	29.11.1999	2	(2)	
Issam Dkhili	27.01.1992	1	(1)	
Riadh Frioui	29.07.1997	4	(2)	
Alaeddine Gmach	16.12.1995	10	(5)	1
Mohamed Jemâa Khelij	09.05.1988	23		1
Mohamed Iheb Marzouki	12.03.1999	6	(12)	1
Ibrahim Mouchili (CMR)	05.01.1998	10		
Rayane Mzoughi	08.01.2000		(2)	
Houssem Eddine Tabboubi	16.10.1991	4	(1)	
Emmanuel Zouzouko (CIV)	10.09.2001	7	(5)	
Forwards: Frank Cédric Abogo (CMR)	06.04.1995	22	(1)	4
Zied Bakouch	23.06.1988	19	(2)	2
Borhene Hakimi	19.11.1994	21	(1)	2
Yassine Hamdi	04.05.1999	1	(5)	
Yassine Mejdi	18.04.1996	3	(14)	1
Trainer: Kais Yaakoubi	18.08.1966	11		
[01.02.2021] Afouene Gharbi	15.10.1980	2		
[18.02.2021] Mohamed Ali Maalej		13		

ÉTOILE SPORTIVE DU SAHEL SOUSSE

Year of Formation: 1925
Stadium: Stade Olympique, Sousse (25,000)

THE SQUAD		DOB	M	(s)	G
Goalkeepers:	Rami Gabsi	31.07.1999	7	(1)	
	Walid Kridene	04.05.1996	5		
	Aymen Mathlouthi	14.09.1984	14		
Defenders:	Saddam Ben Aziza	08.02.1991	13	(2)	
	Mortadha Ben Ouanes	02.07.1994	19		2
	Houcine Benayada (ALG)	08.08.1992	11		
	Abdelrazek Bouazra	08.07.1998		(1)	
	Salah Harrabi	25.01.1999	13	(1)	1
	Baligh Jemmali	01.12.2000	5	(3)	
	Mohamed Konaté (MLI)	20.10.1992	9	(2)	
	Ghofrane Naouali	15.06.1999	7	(1)	
	Bahaeddine Sellami	06.02.1997	5	(3)	
Midfielders:	Oussama Abid	10.08.2002	1	(1)	1
	Yassine Amri	18.08.1995	3	(3)	1
	Ayoub Ayed	04.01.2000	16	(2)	1
	Malek Baayou	29.04.1999	5	(3)	
	Mohamed Belhaj Mahmoud	24.04.2000	10	(7)	1
	Mohamed Amine Ben Amor	03.03.1992	6	(2)	
	Salim Boukhenchouche (ALG)	06.10.1991	5	(1)	1
	Yacine Chikhaoui	22.09.1986	6	(5)	1
	Abdallah Dagou (LBY)	21.09.2000	4	(5)	
	Azziz Fellah	09.05.2002		(1)	
	Fraj Kayramani	22.01.1999	14	(3)	
	Wajdi Kechrida	05.11.1995	20		1
	Hamza Lahmar	28.05.1990	10	(5)	4
	Jacques Amour Taghnou Mbé (CMR)	17.06.1999	10	(2)	
	Iheb Msakni	13.07.1988	7	(6)	2
Forwards:	Zinedine Boutmène (ALG)	21.10.2000	5	(4)	2
	Souleymane Coulibaly (CIV)	26.12.1994	17	(7)	8
	Darwin Jesús González Mendoza (VEN)	20.05.1994	3	(2)	1
	Tayeb Meziani (ALG)	27.02.1996	10	(2)	6
	Fradj Montassar	01.03.2001		(1)	
	Fakhreddine Ouji	07.07.1998	7	(7)	1
	Aymen Sfaxi	23.12.1995	13	(6)	9
	Aly Soumah (GUI)	10.01.2000	1	(4)	1
	Wadhah Zaidi	29.09.1998	1	(2)	
	Redouane Zerdoum (ALG)	01.01.1999	4	(6)	1
Trainer:	Jorvan Vieira (BRA)	29.09.1953	6		
[11.01.2021]	Mohamed Ali Nafkha		1		
[14.01.2021]	Lassad Dridi	19.04.1977	19		

ESPÉRANCE SPORTIVE DE TUNIS

Year of Formation: 1919
Stadium: Stade Olympique "Hammadi Agrebi", Radès, Radès (60,000)

THE SQUAD		DOB	M	(s)	G
Goalkeepers:	Moez Ben Chérifia	24.06.1991	14		
	Farouk Ben Mustapha	01.07.1989	11		
	Sedki Debchi	28.10.1999	1		
Defenders:	Abdelkader Bedrane (ALG)	02.04.1992	15	(1)	2
	Mohamed Amine Ben Hamida	15.12.1995	10	(3)	
	Khalil Chemmam	24.07.1987	13		
	Ilyes Chetti (ALG)	22.01.1995	12	(2)	
	Sameh Derbali	23.11.1986		(4)	
	Raed Fadaa	20.05.1997	6	(5)	1
	Hamdi Nagguez	28.10.1992	17	(5)	1
	Houcine Rabii	08.11.1991	4	(3)	
	Mohamed Amine Tougai (ALG)	22.01.2000	9	(1)	
	Mohamed Ali Yaakoubi	05.10.1990	14	(1)	
Midfielders:	Fedi Ben Choug	12.03.1995	8	(5)	1
	Mohamed Ali Ben Romdhane	06.09.1999	20	(3)	5
	Abdelraouf Benguit (ALG)	05.04.1996	14	(6)	2
	Ghaylène Chaalali	28.02.1994	8	(3)	1
	Fousseny Coulibaly (CIV)	12.12.1992	12	(7)	1
	Cedrik Gbo (CIV)	09.09.2002	9	(1)	
	Mohamed Amine Meskini	05.06.1997	6		
	Badreddine Mouelhi	25.01.1999	2		
	Montassar Triki	29.08.2001		(1)	
Forwards:	Anice Badri	18.09.1990	10	(6)	6
	Abdul Khalid Basit (GHA)	10.08.1996	6	(7)	2
	Mohamed Ali Ben Hammouda	27.07.1998	4	(1)	
	Nassim Ben Khalifa (SUI)	13.01.1992	8	(5)	1
	Maher Ben Seghaier	22.04.1996	2		
	Zied Berrima	04.09.2001		(3)	
	Hamdou Elhouni Al Masry (LBY)	12.02.1994	8	(4)	3
	Yassine Khenissi	06.01.1992	12	(9)	7
	Alaeddine Marzouki	03.01.1990	13	(8)	2
	Abderrahmane Meziane (ALG)	07.03.1994	9	(7)	
	Farouk Mimouni	13.06.2001	4	(2)	
	William Togui (CIV)	07.08.1996	5	(4)	3
Trainer:	Moïn Chaabani	18.06.1981	26		

JEUNESSE SPORTIVE KAIROUANAISE
Year of Formation: 1942
Stadium: Stade „Ali Zouaoui", Kairouan (15,000)

THE SQUAD		DOB	M	(s)	G
Goalkeepers:	Nadim Ben Thabet (LBY)	10.10.1984	6		
	Mohamed Amine Hazgui	30.07.2000	18		
	Youssef Saidi	08.01.1998	2		
Defenders:	Ramez Aouani	08.06.1999	5		
	Omar Bouraoui	03.06.1993	20	(2)	4
	Malek Charfi	01.02.1997	7		
	Noureddine Chortani	14.09.1995	23		1
	Ngoran Kouassi Crépin (CIV)	09.05.1992	9		
	Bassem Dali	20.06.1999	6	(1)	
	Mohamed Amine Douibi	2000	6	(5)	
	Slim Gasmi	11.04.1992	1		
	Najed Helali	23.07.1998	13	(1)	
	Mohamed Jalel			(1)	
	Iheb Maaloul	30.05.2000	1		
	Hamza Rebaii	15.05.1997	9		
	Oussema Romdhani	29.10.1996	18	(1)	
	Mohamed Houssem Slimène	21.10.1988	9	(1)	
	Houssem Souissi	08.01.1999	1	(1)	
	Haythem Tej	22.10.1998	2	(5)	
Midfielders:	Youssef Amri			(2)	
	Wadii Ben Haj Frej	17.07.1988	6	(1)	
	Skander Brini			(1)	
	Moussa Diakité (MLI)	17.12.1998	7	(4)	
	Mohamed Sadok Jemmali	21.03.2001	13	(8)	
	Amine Knaissi	29.06.2000	5	(4)	
	Mohamed Mtiri	26.07.1998	14	(1)	1
	Oussema Mtiri	17.05.2002	2	(6)	
	Skander Neffati	02.02.2002	9	(5)	
	Mohamed Ali Ragoubi	18.06.1993	10	(6)	1
	Marouane Romdhani	07.02.1999	1	(4)	
	Zied Ziadi	23.09.1990	11		
Forwards:	Mohamed Iheb Addemi	15.11.1997	3	(6)	1
	Ahmed Amri	15.10.1999	10	(8)	2
	Louay Hamdi Ben Dahnous	14.11.1998	2	(2)	
	Oussema Bouguerra	17.07.1997	14	(2)	1
	Mohamed Amine Ghabi	28.01.2002	2	(9)	
	Maher Haddad	15.10.1988	8	(2)	1
	Foued Khrayfi	28.04.1991	7	(1)	
	Mohamed Amine Mejbri	09.05.2001		(5)	
	Jaurès Maudsly Ngombe (CGO)	22.05.1998	1	(1)	
	Iheb Nourani		1	(3)	
	Rami Tahi	25.11.1993	4	(1)	
* Trainer:	Mourad Okbi	01.09.1965	5		
[09.01.2021]	Mahmoud Dridi	10.01.1985	3		
[14.01.2021]	Lassad Chriti		2		

[28.01.2021]	Mourad Okbi	01.09.1965	3
[15.02.2021]	Hafedh Hourabi		3
[05.03.2021]	Sofiène Hidoussi	23.07.1970	1
[08.03.2021]	Mokded Dhahri		5
[05.04.2021]	Mohamed Denden		4

OLYMPIQUE DE BÉJA

Year of Formation: 1929
Stadium: Stade „Boujemaa Kmiti", Béja (10,000)

THE SQUAD		DOB	M	(s)	G
Goalkeepers:	Kaïs Amdouni	06.09.1987	7		
	Wassim Ghozzi	30.01.1998	3		
	Lassad Hammami	20.09.1991	16		
Defenders:	Klousseh Agbozo (TOG)	26.04.1994	21		1
	Amine Ben Jaballah	10.03.1997	17	(2)	1
	Aziz Jabri	09.08.1999		(2)	1
	Seddik Mejri	31.05.1994	4	(1)	
	Mohamed Salah Mhadhebi	16.10.1993	26		
	Oussema Shili	30.11.1996	26		2
	Yahia Salem Soula (LBY)	19.06.1999	2	(1)	
	Mahamadou Traoré (MLI)	31.12.1994	8	(4)	
Midfielders:	Anis Alleli (ALG)	19.04.2000		(2)	
	Houssine Ben Yahia	04.01.1991	20	(3)	2
	Skander Chihi	26.04.1995		(8)	
	Issam Dkhili	27.01.1992	1		
	Ibrahim Farhi Benhalima (ALG)	16.04.1997	2	(4)	1
	Mourad Hedhli	17.02.1991	19	(1)	6
	Mohamed Amine Jerbi	16.04.1999	6	(1)	
	Sanad Khemissi	27.09.1999	21	(2)	
	Fahmi Maâouani	01.01.1997	4	(6)	
	Bilel Mhamdi	05.08.1998		(3)	
Forwards:	Mohamed Aziz Ben Frija	20.01.1999	4	(6)	1
	Oussema Ben Maamer	03.08.1994	1	(3)	
	Jacques Bessan (BEN)	15.09.1993	17	(5)	7
	Amine Haboubi	29.04.2002		(11)	
	Abderrahman Hanchi	19.05.1996	19	(3)	2
	Firas Iffia	19.05.1997	24	(1)	1
	Chiheb Jebali	26.05.1996	10	(6)	
	Moumen Rahmani	11.05.1999	8	(8)	
Trainer:	Chaker Meftah	29.09.1957	9		
[28.01.2021]	Khaled Ben Yahia	12.11.1959	9		
[15.03.2021]	Othman Chehaibi	23.12.1954	-		
[[18.03.2021]	Mohamed Mkacher	25.05.1975	8		

STADE TUNISIEN

Year of Formation: 1948
Stadium: Stade "Chedli Zouiten", Tunis (18,000)

THE SQUAD		DOB	M	(s)	G
Goalkeepers:	Sami Helal	19.10.1988	1		
	Ali Jemal	09.06.1990	25		
Defenders:	Ahmed Al Maghasi (LBY)	10.02.1993	24		
	Haithem Ayouni	16.05.1991	18	(1)	1
	Houssem Bnina	14.12.1994	1		
	Oualed El Hasni	09.08.1993	9	(1)	
	Fakhreddine Jaziri	25.01.1989	5	(1)	1
	Slimen Kchouk	07.05.1994	13	(5)	
	Rayanne Khemais	07.04.1998	11	(1)	
	Rafik Mednini	08.02.1996	17	(1)	
Midfielders:	Bilel Aït Malek	19.08.1996	15	(8)	7
	Sabri Ammeri	31.01.1993	19	(1)	
	Patrick Arthur (GHA)	26.01.1997	1	(1)	
	Issam Ben Khémis	10.01.1996	19	(3)	1
	Daysam Ben Nasr	31.03.1998	1	(3)	
	Abdelkrim Benarous (ALG)	02.06.1997		(5)	
	Haykeul Chikhaoui	04.09.1996	2	(4)	
	Babacar Diop (MTN)	11.03.1999	15		
	Hamza Hadda	18.04.1991	21	(2)	
	Hamza Hammami	21.06.1997	5	(6)	
	Maher Hannachi	31.08.1984	3	(11)	
	Hossine Messadi	01.02.1993	8	(12)	3
Forwards:	Victor Sam Abata (NGA)	09.12.2000	12	(7)	4
	Houssem Habbassi	01.01.1996	12	(7)	
	Bilel Mejri	06.02.1996	16	(9)	5
	Jacques Medina Thémopolé (CGO)	08.02.1998	5	(6)	
	Chiheb Zoughlami	19.12.1991	8	(6)	
Trainer:	Anis Boussaidi	10.04.1981	5		
[04.01.2021]	Nacif Beyaoui	10.11.1977	5		
[03.02.2021]	Ghazi Ghrairi	27.08.1965	16		

UNION SPORTIVE DE BEN GUERDANE

Year of Formation: 1936
Stadium: Stade du 7 Mars, Guerdane (10,000)

THE SQUAD		DOB	M	(s)	G
Goalkeepers:	Ali Ayari	23.02.1990	23		
	Saber Ben Salah	07.04.2001	1		
	Oussema Boufalgha	01.08.1998	2		
Defenders:	Seifeddine Akremi	02.04.1990	22		
	Chaouki Ben Khader	08.02.2001	5	(7)	
	Mohamed Amine Hamrouni	03.05.1998	23		2
	Firas Makni	15.01.1999	2	(5)	
	Amine Mhadhebi	07.11.1989	24	(1)	
	Haythem Mhamdi	06.03.1993	24	(2)	3
	Ayoub Tlili	29.11.1994	22	(2)	1
Midfielders:	Presnel Arnaud Banga (CIV)	07.11.2000	10	(10)	
	Mohamed Ben Tarcha	11.11.1994	18		6
	Alaya Brigui	01.01.1992	20	(2)	2
	Ayoub Chaabane	18.07.1999		(8)	
	Kais Fdhil	2001		(7)	
	Mondher Guesmi	01.01.1992	14	(1)	
	Bassem Sayari	20.02.1999	2	(5)	1
Forwards:	Louay Ben Hassine	02.04.2000	8	(13)	2
	Khaled Gharsallaoui	29.07.1990	6	(7)	
	Louay Hamdi	14.11.1998	2	(8)	
	Seifeddine Jerbi	15.06.1991	23	(1)	5
	Patrick Steve Loa Loa (CMR)	03.06.1999	9	(1)	
	Younes Rached	10.04.1999		(1)	
	Adem Rejaibi	05.04.1994	1	(7)	
	Omar Zekri	22.01.1995	25	(1)	2
Trainer:	Ramzi Jermoud		2		
[08.12.2020]	Hassan Gabsi	23.02.1974	19		
[22.03.2021]	Aymen Chaouat		1		
[04.04.2021]	Kamel Zaiem	25.05.1983	4		

UNION SPORTIVE MONASTIRIENNE

Year of Formation: 1923
Stadium: Stade "Mustapha Ben Jannet", Monastir (20,000)

THE SQUAD		DOB	M	(s)	G
Goalkeepers:	Bechir Ben Said	29.11.1994	25		
	Noureddine Farhati	14.09.2000	1		
	Hassen Hamzaoui	24.01.1993		(1)	
Defenders:	Fedi Arfaoui	07.03.1992	19	(1)	
	Mohamed Ameur Belghith	26.05.2000	3	(1)	
	Fahmi Ben Romdhane	12.12.1990	17	(2)	2
	Mohamed Aziz Hamdi	26.05.2000	4	(3)	
	Hedi Khalfa	16.01.1994	6		
	Iheb Khefacha	01.02.2001		(1)	
	Zied Machmoum	18.01.1993	16	(1)	1
	Ameur Omrani	11.09.1996	13	(3)	
	Motasem Bellah Masaud Sabbou (LBY)	20.08.1993	18		1
	Mohamed Saghraoui	02.01.1992	23		
Midfielders:	Roger Aholou (CIV)	30.12.1995	19	(4)	
	El Hedi Belameiri (ALG)	24.04.1991		(2)	
	Haykeul Chikhaoui	04.09.1996	3	(6)	
	Elyès Jelassi	07.02.1994	20	(2)	6
	Hamza Khadraoui	16.01.1999		(4)	
	Kouni Khalfa	06.02.1996	2	(1)	
	Adem Kouraichi	03.04.2002	2	(3)	
	Idriss M'hirsi	21.02.1994	17	(5)	6
	Hakim Teka	10.06.1999	7	(5)	2
	Houssem Tka	16.08.2000	24		1
	Toufik Zerara (ALG)	03.02.1986		(1)	
Forwards:	Youssef Abdelli	09.09.1998	2	(3)	
	Zied Aloui	30.05.1994	6	(14)	2
	Mohamed Ali Amri	19.05.1996	11		2
	Hichem Baccar	23.05.2001	1	(6)	
	Abubakar Idris Kani (NGA)	01.01.2001	1		
	Junior Mbele (COD)	10.12.1999	10	(12)	1
	Mumuni Shafiu (GHA)	11.05.1995	4	(1)	
	Dago Tshibamba Samu (COD)	03.09.1997	12	(4)	4
Trainer:	Lassaad Chabbi (AUT)	23.08.1971	21		
	Afouene Gharbi	15.10.1980	5		

UNION SPORTIVE DE TATAOUINE

Year of Formation: 1996
Stadium: Stade "Néjib Khattab", Tataouine (5,000)

THE SQUAD		DOB	M	(s)	G
Goalkeepers:	Zied Ghanmi	16.06.1991	7		
	Seifeddine Mahouachi	11.03.1988	19		
Defenders:	Mortadha Ben Saada			(1)	
	Houssem Bnina	14.12.1994	8	(1)	
	Yassine Boufalgha	04.12.1989	12	(1)	
	Mohamed Amine Lakhal	10.02.1999	15	(2)	
	Ahmed Raddaoui	17.06.1997	3	(1)	
	Hamza Rebaii	15.05.1997	5	(1)	
	Mohamed Aziz Rezgui	08.05.2000	10		
	Tameur Salhi	14.06.1992	18		1
	Fourat Soltani	13.09.1999	14	(3)	1
	Sadok Touj	16.09.1996	6		
Midfielders:	Mehdi Al Kout (LBY)	29.08.1999	9		
	Mohamed Houcine Mohamed El Journi (LBY)	07.05.2000	12	(10)	
	Ahmed Hammami	20.01.1997	11	(9)	2
	Kouni Khalfa	06.02.1996	9		4
	Ghassen Khalfa	09.08.2002	12	(6)	
	Karim Makni	30.06.1993	5		
	Mohamed Mbaye (SEN)	30.11.1999	15		
	Mahmoud Messai	16.03.1993	13		
	Moatez Ouertani			(1)	
	Wassim Zaghdoud	13.07.1993	9	(7)	1
	Gaith Zammel	29.01.1997	2	(2)	
Forwards:	Kais Aouichi	06.05.1999	1	(7)	
	Mohameed Attia (ALG)	16.01.1996	5	(7)	
	Naby Bangoura (GUI)	24.04.2001		(3)	
	Maher Bellili	01.02.1996	1	(5)	
	Mohamed Ali Ben Abdessalem	14.07.1991	21		4
	Achref Ben Dhiaf	21.03.1995	4	(6)	2
	Yassine Bouabid	08.05.1999	12	(5)	
	Ali El Harrak (MAR)	31.07.1997	3	(3)	1
	Mohamed Said Karchoud	10.10.1994	3	(2)	
	Moatassem Mahmoudi (LBY)	02.08.2002		(7)	
	Firas Mejri	26.10.1998	1	(3)	
	Alia Sylla (GUI)	09.11.1999	21	(1)	8
Trainer:	Hammadi Daou (Matchdays 1 & 3)	02.07.1968	2		
[01.10.2020]	Skander Kasri	29.08.1958	9		
[31.01.2021]	Chokri Khatoui		15		

NATIONAL TEAM
INTERNATIONAL MATCHES 2021

25.03.2021	Benghazi	Libya - Tunisia	2-5(1-1)	(ACNQ)
28.03.2021	Radès	Tunisia - Equatorial Guinea	2-1(1-0)	(ACNQ)
05.06.2021	Radès	Tunisia - D.R. Congo	1-0(1-0)	(F)
11.06.2021	Radès	Tunisia - Algeria	0-2(0-2)	(F)
15.06.2021	Radès	Tunisia - Mali	1-0(0-0)	(F)
03.09.2021	Radès	Tunisia - Equatorial Guinea	3-0(0-0)	(WCQ)
07.09.2021	Ndola	Zambia - Tunisia	0-2(0-1)	(WCQ)
07.10.2021	Tunis	Tunisia - Mauritania	3-0(2-0)	(WCQ)
10.10.2021	Nouakchott	Mauritania - Tunisia	0-0	(WCQ)
13.11.2021	Malabo	Equatorial Guinea - Tunisia	1-0(0-0)	(WCQ)
16.11.2021	Tunis	Tunisia - Zambia	3-1(3-0)	(WCQ)
30.11.2021	Al Rayyan	Tunisia - Mauritania	5-1(3-1)	(ARC)
03.12.2021	Al Khor	Syria - Tunisia	2-0(1-0)	(ARC)
06.12.2021	Doha	Tunisia - United Arab Emirates	1-0(1-0)	(ARC)
10.12.2021	Al Rayyan	Tunisia - Oman	2-1(1-0)	(ARC)
15.12.2021	Doha	Tunisia - Egypt	1-0(0-0)	(ARC)
18.12.2021	Al Khor	Tunisia - Algeria	0-2(0-0,0-0)	(ARC)

25.03.2021, 33rd African Cup of Nations, Qualifiers
Martyrs of February Stadium, Benghazi; Attendance: 0
Referee: Daouda Guèye (Senegal)
LIBYA - TUNISIA **2-5(1-1)**
TUN: Farouk Ben Mustapha, Mohamed Dräger, Yassine Meriah, Dylan Daniel Mahmoud Bronn, Oussema Haddadi (63.Ali Abdi), Ellyes Skhiri, Mohamed Ali Ben Romdhane, Aïssa Bilal Laïdouni (77.Youssef Msakni), Saîf-Eddine Khaoui (86.Saâd Bguir), Naïm Sliti (77.Anis Ben Slimane), Firas Chaouat (46.Seifeddine Jaziri). Trainer: Mondher Kebaier.
Goals: Ellyes Skhiri (39), Seifeddine Jaziri (48), Mohamed Dräger (51), Anis Ben Slimane (84), Seifeddine Jaziri (90).

28.03.2021, 33rd African Cup of Nations, Qualifiers
Stade Olympique "Hammadi Agrebi", Radès, Radès; Attendance: 0
Referee: Jean-Jacques Ndala (D.R. Congo)
TUNISIA - EQUATORIAL GUINEA **2-1(1-0)**
TUN: Aymen Dahmen (46.Mouez Hassen), Wajdi Kechrida, Montassar Talbi, Dylan Daniel Mahmoud Bronn, Ali Abdi, Ellyes Skhiri, Anis Ben Slimane (62.Aïssa Bilal Laïdouni), Ferjani Sassi, Hamza Rafia (62.Saîf-Eddine Khaoui), Youssef Msakni (82.Firas Chaouat), Seifeddine Jaziri (71.Saâd Bguir). Trainer: Mondher Kebaier.
Goals: Seifeddine Jaziri (4), Carlos Akapo Martínez (52 own goal).

05.06.2021, Friendly International
Stade Olympique "Hammadi Agrebi", Radès, Radès; Attendance: 0
Referee: Ibrahim Mutaz (Libya)
TUNISIA - D.R. CONGO **1-0(1-0)**
TUN: Mouez Hassen, Wajdi Kechrida, Montassar Talbi, Yassine Meriah, Ali Abdi (78.Ali Maâloul), Aïssa Bilal Laïdouni, Mohamed Ali Ben Romdhane (67.Anis Ben Slimane), Ferjani Sassi (81.Issam Jebali), Naïm Sliti (79.Hamza Rafia), Youssef Msakni (46.Hannibal Mejbri), Wahbi Khazri (85.Ali Youssef). Trainer: Mondher Kebaier.
Goal: Naïm Sliti (45).

11.06.2021, Friendly International
Stade Olympique "Hammadi Agrebi", Radès; Attendance: 0
Referee: Samir Gamal Saad (Egypt)
TUNISIA - ALGERIA 0-2(0-2)
TUN: Mouez Hassen, Mohamed Dräger, Yassine Meriah, Dylan Daniel Mahmoud Bronn (63.Montassar Talbi), Oussema Haddadi (46.Ali Maâloul), Ellyes Skhiri, Aïssa Bilal Laïdouni, Mohamed Ali Ben Romdhane (46.Hamza Rafia), Anis Ben Slimane (62.Saîf-Eddine Khaoui), Naïm Sliti (78.Hannibal Mejbri), Wahbi Khazri (74.Seifeddine Jaziri). Trainer: Mondher Kebaier.

15.06.2021, Friendly International
Stade "Hammadi Agarbi", Radès; Attendance: 0
Referee: Ibrahim Nour El Din (Egypt)
TUNISIA - MALI 1-0(0-0)
TUN: Mouez Hassen, Wajdi Kechrida (70.Mohamed Dräger), Montassar Talbi, Yassine Meriah, Ali Maâloul (81.Ali Abdi), Omar Rekik (60.Ali Youssef), Ellyes Skhiri, Aïssa Bilal Laïdouni (80.Anis Ben Slimane), Hannibal Mejbri (70.Issam Jebali), Naïm Sliti, Seifeddine Jaziri (61.Hamza Rafia). Trainer: Mondher Kebaier.
Goal: Anis Ben Slimane (90).

03.09.2021, 22nd FIFA World Cup Qualifiers, Second Round
Stade Olympique "Hammadi Agrebi", Radès; Attendance: 0
Referee: Daniel Laryea Nii Ayi (Ghana)
TUNISIA - EQUATORIAL GUINEA 3-0(0-0)
TUN: Farouk Ben Mustapha, Wajdi Kechrida (46.Hamza Mathlouthi), Yassine Meriah, Dylan Daniel Mahmoud Bronn, Ali Maâloul, Ellyes Skhiri, Aïssa Bilal Laïdouni (68.Anis Ben Slimane), Ferjani Sassi (84.Hamza Rafia), Saîf-Eddine Khaoui (46.Youssef Msakni), Fakhreddine Ben Youssef (68.Seifeddine Jaziri), Wahbi Khazri. Trainer: Mondher Kebaier.
Goals: Dylan Daniel Mahmoud Bronn (54), Ellyes Skhiri (78), Wahbi Khazri (82 penalty).

07.09.2021, 22nd FIFA World Cup Qualifiers, Second Round
"Levy Mwanawasa" Stadium, Ndola; Attendance: 5,000
Referee: Eric Arnaud Otogo-Castane (Gabon)
ZAMBIA - TUNISIA 0-2(0-1)
TUN: Farouk Ben Mustapha, Hamza Mathlouthi, Yassine Meriah, Dylan Daniel Mahmoud Bronn, Ali Maâloul, Ellyes Skhiri, Aïssa Bilal Laïdouni (89.Montassar Talbi), Ferjani Sassi (58.Anis Ben Slimane), Fakhreddine Ben Youssef (46.Youssef Msakni), Wahbi Khazri (74.Mohamed Ali Ben Romdhane), Seifeddine Jaziri (88.Hamza Rafia). Trainer: Mondher Kebaier.
Goals: Wahbi Khazri (8 penalty), Anis Ben Slimane (90+2).

07.10.2021, 22nd FIFA World Cup Qualifiers, Second Round
Stade Olympique "Hammadi Agrebi", Radès; Attendance: 0
Referee: Bamlak Tessema Weyesa (Ethiopia)
TUNISIA - MAURITANIA 3-0(2-0)
TUN: Farouk Ben Mustapha, Wajdi Kechrida, Yassine Meriah (76.Montassar Talbi), Dylan Daniel Mahmoud Bronn, Ali Maâloul, Ellyes Skhiri, Anis Ben Slimane (77.Mohamed Ali Ben Romdhane), Aïssa Bilal Laïdouni, Saâd Bguir (84.Sebastian Tounekti), Naïm Sliti (65.Fakhreddine Ben Youssef), Wahbi Khazri (66.Seifeddine Jaziri). Trainer: Mondher Kebaier.
Goals: Ellyes Skhiri (15), Wahbi Khazri (42), Seifeddine Jaziri (86).

10.10.2021, 22nd FIFA World Cup Qualifiers, Second Round
Stade Olympique de Nouakchott, Nouakchott; Attendance: 500
Referee: Mehdi Abid Charef (Algeria)
MAURITANIA - TUNISIA **0-0**
TUN: Farouk Ben Mustapha, Hamza Mathlouthi, Montassar Talbi, Dylan Daniel Mahmoud Bronn, Ali Maâloul, Ellyes Skhiri (72.Mohamed Ali Ben Romdhane), Aïssa Bilal Laïdouni, Ferjani Sassi, Hamza Rafia (72.Saâd Bguir), Naïm Sliti (85.Wahbi Khazri), Seifeddine Jaziri (88.Fakhreddine Ben Youssef). Trainer: Mondher Kebaier.

13.11.2021, 22nd FIFA World Cup Qualifiers, Second Round
Estadio de Malabo, Malabo; Attendance: 500
Referee: Boubou Traoré (Mali)
EQUATORIAL GUINEA - TUNISIA **1-0(0-0)**
TUN: Farouk Ben Mustapha, Wajdi Kechrida, Yassine Meriah, Dylan Daniel Mahmoud Bronn, Ali Maâloul, Aïssa Bilal Laïdouni (86.Saîf-Eddine Khaoui), Anis Ben Slimane (89.Ghailene Chaalali), Ferjani Sassi (74.Mohamed Ali Ben Romdhane), Seifeddine Jaziri, Naïm Sliti, Wahbi Khazri. Trainer: Mondher Kebaier.

16.11.2021, 22nd FIFA World Cup Qualifiers, Second Round
Stade Olympique "Hammadi Agrebi", Radès; Attendance: 0
Referee: Pacifique Ndabihawenimana (Burundi)
TUNISIA - ZAMBIA **3-1(3-0)**
TUN: Farouk Ben Mustapha, Mohamed Dräger (67.Hamza Mathlouthi), Dylan Daniel Mahmoud Bronn, Yassine Meriah, Montassar Talbi, Ali Maâloul, Aïssa Bilal Laïdouni, Ferjani Sassi (77.Mohamed Ali Ben Romdhane), Saîf-Eddine Khaoui (46.Anis Ben Slimane), Naïm Sliti (67.Hamza Rafia), Wahbi Khazri (88.Ghailene Chaalali). Trainer: Mondher Kebaier.
Goals: Aïssa Bilal Laïdouni (18), Mohamed Dräger (31), Ali Maâloul (43).

30.11.2021, 10th FIFA Arab Cup, Final Tournament, Group Stage
„Ahmed bin Ali" Stadium, Al Rayyan (Qatar); Attendance: 2,494
Referee: Alireza Faghani (Iran)
TUNISIA - MAURITANIA **5-1(3-1)**
TUN: Farouk Ben Mustapha, Hamza Mathlouthi, Yassine Meriah, Bilel Ifa, Mohamed Amine Ben Hamida, Mohamed Ali Ben Romdhane, Ferjani Sassi (70.Ghailene Chaalali), Firas Ben Larbi (70.Youssef Msakni), Seifeddine Jaziri (79.Yassine Chikhaoui), Hannibal Mejbri (64.Naïm Sliti), Fakhreddine Ben Youssef (64.Ali Maâloul). Trainer: Mondher Kebaier.
Goals: Seifeddine Jaziri (39), Firas Ben Larbi (42), Seifeddine Jaziri (45+2), Firas Ben Larbi (51), Youssef Msakni (90+1).

03.12.2021, 10th FIFA Arab Cup, Final Tournament, Group Stage
Al Bayt Stadium, Al Khor (Qatar); Attendance: 15,913
Referee: Fernando Hernández Gómez (Mexico)
SYRIA - TUNISIA **2-0(1-0)**
TUN: Farouk Ben Mustapha, Yassine Meriah, Bilel Ifa, Mohamed Amine Ben Hamida, Ghailene Chaalali, Mohamed Ali Ben Romdhane [*sent off 45+10*], Fakhreddine Ben Youssef (46.Naïm Sliti), Firas Ben Larbi (55.Youssef Msakni), Ferjani Sassi (86.M. Zaddem), Hannibal Mejbri, Seifeddine Jaziri (70.Saâd Bguir). Trainer: Mondher Kebaier.

06.12.2021, 10th FIFA Arab Cup, Final Tournament, Group Stage
Al Tumama Stadium, Doha (Qatar); Attendance: 0
Referee: Daniel Siebert (Germany)
TUNISIA - UNITED ARAB EMIRATES **1-0(1-0)**
TUN: Mouez Hassen, Mohamed Dräger, Yassine Meriah, Bilel Ifa, Mohamed Amine Ben Hamida, Ghailene Chaalali, Ferjani Sassi, Hannibal Mejbri (82.Firas Ben Larbi), Naïm Sliti, Youssef Msakni (90.Saâd Bguir), Seifeddine Jaziri (69.Fakhreddine Ben Youssef). Trainer: Mondher Kebaier.
Goal: Seifeddine Jaziri (10).

10.12.2021, 10th FIFA Arab Cup, Final Tournament, Quarter-Finals
Education City Stadium, Al Rayyan (Qatar); Attendance: 21,329
Referee: Daniel Siebert (Germany)
TUNISIA - OMAN **2-1(1-0)**
TUN: Mouez Hassen, Mohamed Dräger, Yassine Meriah, Bilel Ifa, Mohamed Amine Ben Hamida, Ghailene Chaalali, Ferjani Sassi, Hannibal Mejbri (89.Mootez Zaddem), Naïm Sliti (77.Saâd Bguir), Youssef Msakni (77.Firas Ben Larbi), Seifeddine Jaziri (83.Fakhreddine Ben Youssef). Trainer: Mondher Kebaier.
Goals: Seifeddine Jaziri (16), Youssef Msakni (69).

15.12.2021, 10th FIFA Arab Cup, Final Tournament, Semi-Finals
Stadium 974, Doha (Qatar); Attendance: 36,427
Referee: Alireza Faghani (Iran)
TUNISIA - EGYPT **1-0(0-0)**
TUN: Mouez Hassen, Mohamed Dräger, Yassine Meriah (40.Mohamed Ali Ben Romdhane), Bilel Ifa, Montassar Talbi, Ghailene Chaalali, Ferjani Sassi, Mohamed Amine Ben Hamida, Youssef Msakni, Hannibal Mejbri (81.Naïm Sliti), Seifeddine Jaziri. Trainer: Mondher Kebaier.
Goal: Amr Mohamed Eid El Soleya (90+5 own goal).

18.12.2021, 10th FIFA Arab Cup, Final Tournament, Final
Al Bayt Stadium, Al Khor (Qatar); Attendance: 60,456
Referee: Daniel Siebert (Germany)
TUNISIA - ALGERIA **0-2(0-0,0-0)**
TUN: Mouez Hassen, Mohamed Dräger, Montassar Talbi, Bilel Ifa, Mohamed Amine Ben Hamida (101.Ali Maâloul), Ghailene Chaalali, Ferjani Sassi (101.Saâd Bguir), Hannibal Mejbri (88.Mohamed Ali Ben Romdhane), Naïm Sliti (110.Firas Ben Larbi), Youssef Msakni, Seifeddine Jaziri. Trainer: Mondher Kebaier.

NATIONAL TEAM PLAYERS 2021		
Name	DOB	Club
Goalkeepers		
Farouk BEN MUSTAPHA	01.07.1989	*Espérance Sportive de Tunis*
Aymen DAHMEN	28.01.1997	*Club Sportif Sfaxien*
Mouez HASSEN	05.03.1995	*Stade Brestois 29 (FRA); 08.09.2021-> Club Africain Tunis*
Defenders		
Ali ABDI	20.12.1993	*Paris FC (FRA)*
Mohamed Amine BEN HAMIDA	15.12.1995	*Espérance Sportive de Tunis*

Dylan Daniel Mahmoud BRONN	19.06.1995	*FC Metz (FRA)*
Mohamed DRÄGER	25.06.1996	*SFP Olympiacos Peiraiás (GRE); 31.08.2021-> Nottingham Forest FC (ENG)*
Oussama HADDADI	28.01.1992	*Kasımpaşa Spor Kulübü İstanbul (TUR)*
Bilel IFA	09.03.1990	*Club Africain Tunis*
Ali MAÂLOUL	01.01.1990	*Al-Ahly Sporting Club Cairo (EGY)*
Hamza MATHLOUTHI	25.07.1992	*Zamalek SC Cairo (EGY)*
Yassine MERIAH	02.07.1993	*Çaykur Rizespor Kulübü (TUR); 28.07.2021-> Al-Ain SCC (UAE)*
Omar REKIK	20.12.2001	*Arsenal FC London "U23" (ENG)*
Montassar TALBI	26.05.1998	*Çaykur Rizespor Kulübü (TUR); 09.08.2021-> FK Rubin Kazan (RUS)*

Midfielders

Firas BEN LARBI	27.05.1996	*Ajman Club (UAE)*
Mohamed Ali BEN ROMDHANE	06.09.1999	*Espérance Sportive de Tunis*
Anis BEN SLIMANE	16.03.2001	*Brøndby IF (DEN)*
Saâd BGUIR	22.03.1994	*Abha FC (KSA)*
Ghailene CHAALALI	28.02.1994	*Espérance Sportive de Tunis*
Yassine CHIKHAOUI	22.09.1986	*Étoile Sportive du Sahel Sousse*
Wajdi KECHRIDA	05.11.1995	*Étoile Sportive du Sahel Sousse; 31.07.2021-> US Salernitana 1919 (ITA)*
Saîf-Eddine KHAOUI	27.04.1995	*Olympique de Marseille (FRA); 14.08.2021-> Clermont Foot 63 (FRA)*
Wahbi KHAZRI	08.02.1991	*AS Saint-Étienne (FRA)*
Aïssa Bilal LAÏDOUNI	13.12.1996	*Ferencvárosi TC (HUN)*
Hannibal MEJBRI	21.01.2003	*Manchester United FC "U23" (ENG)*
Hamza RAFIA	02.04.1999	*Juventus FC Torino "U23" (ITA); 18.08.2021-> R Standard Liège (BEL)*
Ferjani SASSI	18.03.1992	*Zamalek SC Cairo (EGY); 29.07.2021-> Al-Duhail SC Doha (QAT)*
Ellyes SKHIRI	10.05.1995	*1.FC Köln (GER)*
Sebastian TOUNEKTI	13.07.2002	*FC Groningen (NED)*
Mootez ZADDEM	05.01.2001	*Étoile Sportive du Sahel Sousse*

Forwards

Fakhreddine BEN YOUSSEF	21.06.1991	*Pyramids FC Cairo (EGY)*
Firas CHAOUAT	08.05.1996	*Club Sportif Sfaxien*
Seifeddine JAZIRI	12.02.1993	*Zamalek SC Cairo (EGY)*
Issam JEBALI	25.12.1991	*Odense BK (DEN)*
Youssef MSAKNI	28.10.1990	*Al-Arabi Sports Club Doha (QAT)*
Naïm SLITI	27.07.1992	*Al-Ettifaq FC Dammam (KSA)*
Ali YOUSSEF	05.08.2000	*BK Häcken Göteborg (SWE)*

National coaches

Mondher KEBAIER [from 27.08.2019]		02.04.1970

UGANDA

Federation of Uganda Football Associations
FUFA House, Plot No. 879
Kyadondo Block 8, Mengo
Wakaliga Road, P.O. Box 22518, Kampala
Year of Formation: 1924
Member of FIFA since: 1960
Member of CAF since: 1961
www.fufa.co.ug

First international match:
01.05.1926, Nairobi:
Kenya - Uganda 1-1

Most international caps:
Godfrey Walusimbi
105 caps (since 2009)

Most international goals:
Emmanuel Arnold Okwi
26 goals / 82 caps (since 2009)

AFRICAN CUP OF NATIONS	
1957	Did not enter
1959	Did not enter
1962	Final Tournament (4th place)
1963	Withdrew
1965	Qualifiers
1968	Final Tournament (Group Stage)
1970	Qualifiers
1972	Qualifiers
1974	Final Tournament (Group Stage)
1976	Final Tournament (Group Stage)
1978	Final Tournament (Runners-up)
1980	Withdrew
1982	Withdrew
1984	Qualifiers
1986	Qualifiers
1988	Qualifiers
1990	Withdrew
1992	Qualifiers
1994	Qualifiers
1996	Qualifiers
1998	Qualifiers
2000	Qualifiers
2002	Qualifiers
2004	Qualifiers
2006	Qualifiers
2008	Qualifiers
2010	Qualifiers
2012	Qualifiers
2013	Qualifiers
2015	Qualifiers
2017	Final Tournament (Group Stage)
2019	Final Tournament (2nd Round of 16)
2021	Qualifiers

FIFA WORLD CUP	
1930	Did not enter
1934	Did not enter
1938	Did not enter
1950	Did not enter
1954	Did not enter
1958	Did not enter
1962	Did not enter
1966	Did not enter
1970	Did not enter
1974	Did not enter
1978	Qualifiers
1982	Withdrew
1986	Qualifiers
1990	Qualifiers
1994	Withdrew
1998	Qualifiers
2002	Qualifiers
2006	Qualifiers
2010	Qualifiers
2014	Qualifiers
2018	Qualifiers

OLYMPIC FOOTBALL TOURNAMENTS 1908-2020							
1908	-	1952	-	1976	Did not enter	2000	Qualifiers
1912	-	1956	-	1980	Did not enter	2004	Qualifiers
1920	-	1960	Qualifiers	1984	Qualifiers	2008	Qualifiers
1924	-	1964	Qualifiers	1988	Qualifiers	2012	Qualifiers
1928	-	1968	Qualifiers	1992	Qualifiers	2016	Qualifiers
1936	-	1972	Qualifiers	1996	Did not enter	2020	Qualifiers
1948	-						

F.I.F.A. CONFEDERATIONS CUP 1992-2017
None

AFRICAN GAMES 1965-2019
1965, 1991, 1999, 2011, 2015 (Qualifiers)
CECAFA CUP (East and Central African Championship) 1973-2021
1973 (Winners), 1974 (Runners-up), **1975, 1976 & 1977 (Winners)**, 1978 (4th Place), 1979 (Group Stage), 1981 (4th Place), 1982 (Runners-up), 1983 (3rd Place), 1984 (3rd place), 1985 (4th Place), 1987 (3rd place), 1988 (Group Stage), **1989 & 1990 (Winners)**, 1991 (3rd place), **1992 (Winners)**, 1994 (Runners-up), 1995 (Runners-up with B-Team), **1996 (Winners)**, 1999 (Quarter-Finals), **2000 (Winners)**, 2001 (Quarter-Finals), 2002 (4th Place), **2003 (Winners)**, 2004 (Group Stage), 2005 (4th Place), 2006 (4th Place), 2007 (3rd place), **2008 & 2009 (Winners)**, 2010 (3rd Place), **2011 (Winners)**, **2012 (Winners)**, 2013 (Quarter-Finals), **2015 (Winners)**, 2017 (3rd Place), **2019 (Winners)**, 2021 (Group Stage)
AFRICAN NATIONS CHAMPIONSHIP 2009-2020
2009 (Qualifiers), 2011 (Group Stage), 2014 (Group Stage), 2016 (Group Stage), 2018 (Group Stage), 2020 (Group Stage)

UGANDAN CLUB HONOURS IN ASIAN CLUB COMPETITIONS:
CAF Champions League 1964-2021
None
CAF Confederation Cup 2004-2021
None
CAF Super Cup 1993-2021
None
African Cup Winners' Cup 1975-2003*
None
CAF Cup 1992-2003*
None

defunct competitions

NATIONAL COMPETITIONS
TABLE OF HONOURS

	CHAMPIONS	CUP WINNERS
1968	Prisons FC Kampala	-
1969	Prisons FC Kampala	-
1970	Coffee United SC Kakira	-
1971	Simba FC Lugazi	Coffee United SC Kakira
1972	*No competition*	*No competition*
1973	*No competition*	*No competition*
1974	Express FC Kampala	*No competition*
1975	Express FC Kampala	*No competition*
1976	Kampala City Council FC	Gangama United Mbale
1977	Kampala City Council FC	Simba FC Lugazi
1978	Simba FC Lugazi	Nsambya Kampala
1979	Uganda Commercial Bank Kampala	Kampala City Council FC
1980	Nile Breweries FC Jinja	Kampala City Council FC
1981	Kampala City Council FC	Coffee United SC Kakira
1982	Sports Club Villa Kampala	Kampala City Council FC
1983	Kampala City Council FC	Sports Club Villa Kampala
1984	Sports Club Villa Kampala	Kampala City Council FC
1985	Kampala City Council FC	Express FC Kampala
1986	Sports Club Villa Kampala	Sports Club Villa Kampala
1987	Sports Club Villa Kampala	Kampala City Council FC
1988	Sports Club Villa Kampala	Sports Club Villa Kampala
1989	Sports Club Villa Kampala	Sports Club Villa Kampala
1990	Sports Club Villa Kampala	Kampala City Council FC
1991	Kampala City Council FC	Express FC Kampala
1992	Sports Club Villa Kampala	Express FC Kampala
1993	Express FC Kampala	Kampala City Council FC
1994	Sports Club Villa Kampala	Express FC Kampala
1995	Express FC Kampala	Express FC Kampala
1996	Express FC Kampala	Uganda Electricity Board Kampala
1997	Kampala City Council FC	Express FC Kampala
1998	Sports Club Villa Kampala	Sports Club Villa Kampala
1999	Sports Club Villa Kampala	Dairy Heroes Mbale
2000	Sports Club Villa Kampala	Sports Club Villa Kampala
2001	Sports Club Villa Kampala	Express FC Kampala
2002	Sports Club Villa Kampala	Sports Club Villa Kampala
2002/2003	Sports Club Villa Kampala	Express FC Kampala
2003/2004	Sports Club Villa Kampala	Kampala City Council FC
2004/2005	Uganda Police FC Jinja	Uganda Revenue Authority SC Kampala
2005/2006	Uganda Revenue Authority SC Kampala	Express FC Kampala
2006/2007	Uganda Revenue Authority SC Kampala	Express FC Kampala
2007/2008	Kampala City Council FC	Victors FC Kampala
2008/2009	Uganda Revenue Authority SC Kampala	Sports Club Villa Kampala
2009/2010	Bunamwaya SC Wakiso Town	Victors FC Kampala
2010/2011	Uganda Revenue Authority SC Kampala	Simba FC Lugazi
2011/2012	Express Red Eagles SC Kampala	Uganda Revenue Authority SC Kampala
2012/2013	Kampala City Council FC	SC Victoria University Kampala
2013/2014	Kampala City Council FC	Uganda Revenue Authority SC Kampala

2014/2015	Vipers SC Kampala	Sports Club Villa Kampala
2015/2016	Kampala Capital City Autorithy FC	Vipers SC Kampala
2016/2017	Kampala Capital City Autorithy FC	Kampala Capital City Autorithy FC
2017/2018	Vipers SC Kampala	Kampala Capital City Autorithy FC
2018/2019	Kampala Capital City Autorithy FC	Proline FC Kampala
2019/2020	Vipers SC Kampala	*Competition cancelled*
2020/2021	Express FC Kampala	Vipers SC Kampala

NATIONAL CHAMPIONSHIP
StarTimes Uganda Premier League 2020/2021

Please note: the league was suspended on 19.06.2021 and eventually abandoned. The table at abandonment were considered final.

1.	**Express FC Kampala**	26	17	7	2	44 - 13	58
2.	Uganda Revenue Authority FC Kampala	26	17	6	3	41 - 18	57
3.	Vipers SC Kampala	26	17	5	4	56 - 21	56
4.	Kampala Capital City Autorithy FC	27	14	6	7	56 - 22	48
5.	Bright Stars FC Kampala	27	11	9	7	40 - 27	42
6.	Police FC Kampala	27	11	7	9	50 - 31	40
7.	Mbarara City FC	27	10	8	9	30 - 34	38
8.	UPDF FC Kampala	27	11	4	12	34 - 39	37
9.	Wakiso Giants FC	26	8	12	6	42 - 33	36
10.	Sports Club Villa Kampala	27	9	9	9	29 - 30	36
11.	BUL FC Jinja	27	9	6	12	39 - 41	33
12.	Onduparaka FC Arua	26	8	4	14	25 - 45	28
13.	Busoga United FC Jinja	26	6	8	12	21 - 44	26
14.	Kyetume FC Mukono (*Relegated*)	27	5	8	14	28 - 47	23
15.	MYDA FC Malaba (*Relegated*)	27	3	5	19	32 - 77	14
16.	Kitara FC Hoima (*Relegated*)	27	3	4	20	35 - 80	13

Promoted for the 2021/2022 season:
Arua Hill SC, Tooro United FC, Gaddafi FC

NATIONAL CUP
Masaza Uganda Cup Final 2020/2021

16.05.2021, Masindi Municipality Stadium, Kitara
Vipers SC Kampala - BUL FC Jinja 8-1

THE CLUBS

BRIGHT STARS FOOTBALL CLUB KAMPALA
Year of Formation: 1997
Stadium: Nakivubo Stadium, Kampala (15,000)

BIDCO UGANDA LIMITED FOOTBALL CLUB JINJA
Year of Formation: 2007
Stadium: Kakindu Municipal Stadium, Jinja (1,000)

BUSOGA UNITED FOOTBALL CLUB JINJA
Year of Formation: 2012
Stadium: Kakindu Municipal Stadium, Kakindu (1,000)

EXPRESS FOOTBALL CLUB KAMPALA
Year of Formation: 1957
Stadium: „Muteesa II" Stadium, Wankulukuku, Kampala (20,000)

KAMPALA CAPITAL CITY AUTORITHY FOOTBALL CLUB
Year of Formation: 1963
Stadium: Lugogo Stadium, Kampala (10,000)

KITARA FOOTBALL CLUB HAIMA
Year of Formation: 2010
Stadium: Boma Ground, Hoima (1,000)

KYETUME FOOTBALL CLUB MUKONO
Year of Formation: 19
Stadium: Nakisunga Saaza Ground, Mukono (1,000)

MALABA YOUTH DEVELOPMENT ASSOCIATION FOOTBALL CLUB
Year of Formation: 2009
Stadium: "King George IV" Memorial Stadium, Tororo (1,000)

MBARARA CITY FOOTBALL CLUB
Year of Formation: 2010
Stadium: Kakyeka Stadium, Mbarara (2,000)

ONDUPARAKA FOOTBALL CLUB ARUA
Year of Formation: 2011
Stadium: Green Light Stadium, Arua (1,000)

POLICE FOOTBALL CLUB KAMPALA
Stadium: StarTimes Stadium, Kampala (3,000)

UGANDA PEOPLE'S DEFENCE FORCE FOOTBALL CLUB KAMPALA
Year of Formation: 2017
Stadium: Bombo Stadium, Kampala (1,000)

UGANDA REVENUE AUTHORITY FOOTBALL CLUB KAMPALA
Year of Formation: 1997
Stadium: Mehta Stadium, Lugazi (1,000)

SPORTS CLUB VILLA KAMPALA
Year of Formation: 1975
Stadium: Nakivubo Stadium, Kampala (20,000)

VIPERS SPORTS CLUB KITENDE
Year of Formation: 1969 (*as Bunamwaya FC Wakiso Town*)
Stadium: St. Mary's Stadium, Kitende, Kampala (2,000)

WAKISO GIANTS FOOTBALL CLUB
Year of Formation: 2018
Stadium: Wakisha Stadium, Wakiso (2,000)

NATIONAL TEAM INTERNATIONAL MATCHES 2021

24.03.2021	Entebbe	Uganda - Burkina Faso	0-0	(ACNQ)
29.03.2021	Lilongwe	Malawi - Uganda	1-0(1-0)	(ACNQ)
10.06.2021	Johannesburg	South Africa - Uganda	3-2(0-1)	(F)
29.08.2021	Bahir Dar	Ethiopia - Uganda	2-1(1-0)	(F)
02.09.2021	Nairobi	Kenya - Uganda	0-0	(WCQ)
06.09.2021	Entebbe	Uganda - Mali	0-0	(WCQ)
07.10.2021	Kigali	Rwanda - Uganda	0-1(0-1)	(WCQ)
10.10.2021	Entebbe	Uganda - Rwanda	1-0(1-0)	(WCQ)
11.11.2021	Entebbe	Uganda - Kenya	1-1(0-0)	(WCQ)
14.11.2021	Agadir	Mali - Uganda	1-0(1-0)	(WCQ)
09.12.2021	Dar es Salaam	Tanzania - Uganda	0-2(0-0)	(F)

24.03.2021, 33rd African Cup of Nations, Qualifiers
"St. Mary's Stadium"-Kitende, Entebbe; Attendance: 0
Referee: Bakary Papa Gassama (Gambia)
UGANDA - BURKINA FASO   **0-0**
UGA: Denis Masinde Onyango, Nicholas Wadada Wakiro, Halid Lwaliwa, Murushid Juuko, Joseph Benson Ochaya, Micheal Azira (46.Ibrahim Orit), Taddeo Lwanga, Lumala Abdu (46.Moses Waiswa Ndhondhi), Emmanuel Arnold Okwi, Patrick Henry Kaddu (56.Fahad Aziz Bayo), Farouk Miya. Trainer: Johnathan McKinstry (Northern Ireland).

29.03.2021, 33rd African Cup of Nations, Qualifiers
Bingu National Stadium, Lilongwe; Attendance: 0
Referee: Celso Alvação (Mozambique)
MALAWI - UGANDA   **1-0(1-0)**
UGA: Denis Masinde Onyango, Nicholas Wadada Wakiro, Murushid Juuko, Ronald Mukiibi (46.Gavin Mugweri Kizito), Joseph Benson Ochaya, Moses Waiswa Ndhondhi, Micheal Azira (56.Taddeo Lwanga), Ibrahim Orit (61.Junior Yunus Sentamu), Farouk Miya (56.Allan Okello), Mustafa Kizza, Emmanuel Arnold Okwi. Trainer: Johnathan McKinstry (Northern Ireland).

10.06.2021, Friendly International
Orlando Stadium, Johannesburg; Attendance: 0
Referee: Audrick Nkole (Zambia)
SOUTH AFRICA - UGANDA   **3-2(0-1)**
UGA: Ismail Abdul Rashid Watenga, Paul Willa, Halid Lwaliwa, Murushid Juuko, Mustafa Kizza, Shafiq Kuchi Kagimu, Taddeo Lwanga (81.Bobosi Byaruhanga), Moses Waiswa Ndhondhi, Ibrahim Orit (89.Isma Mugulusi), Junior Yunus Sentamu (81.Lumala Abdu), Emmanuel Arnold Okwi (66.Stephen Dese Mukwala). Trainer: Abdallah Mubiru.
Goals: Ibrahim Orit (17), Lumala Abdu (90).

29.08.2021, Friendly International
Bahir Dar Stadium, Bahir Dar; Attendance: 0
Referee: n/a
ETHIOPIA - UGANDA   **2-1(1-0)**
UGA: Ismail Abdul Rashid Watenga (46.Charles Lukwago), Enock Walusimbi (46.Ibrahim Orit), Halid Lwaliwa, Murushid Juuko, Joseph Benson Ochaya, Khalid Aucho (63.Bobosi Byaruhanga), Denis Iguma, Moses Waiswa Ndhondhi (84.Shafiq Kuchi Kagimu), Lumala Abdu (46.Junior Yunus Sentamu), Milton Karisa, Emmanuel Arnold Okwi (69.Richard Basangwa). Trainer: Milutin Sredojević (Serbia).
Goal: Junior Yunus Sentamu (56).

02.09.2021, 22nd FIFA World Cup Qualifiers, Second Round
Nyayo National Stadium, Nairobi; Attendance: 560
Referee: Mahmood Ali Mahmood Ismail (Sudan)
KENYA - UGANDA   **0-0**
UGA: Charles Lukwago, Denis Iguma, Halid Lwaliwa (10.Enock Walusimbi), Murushid Juuko, Isaac Muleme, Khalid Aucho, Bobosi Byaruhanga, Moses Waiswa Ndhondhi (67.Ibrahim Orit), Joseph Benson Ochaya (67.Mustafa Kizza), Emmanuel Arnold Okwi (46.Derrick Nsibambi), Milton Karisa (83.Junior Yunus Sentamu). Trainer: Milutin Sredojević (Serbia).

06.09.2021, 22nd FIFA World Cup Qualifiers, Second Round
St. Mary's Stadium-Kitende, Entebbe; Attendance: 0
Referee: Ahmad Imtehaz Heeralall (Mauritius)
UGANDA - MALI   **0-0**
UGA: Ismail Abdul Rashid Watenga, Denis Iguma, Enock Walusimbi, Murushid Juuko [*sent off 65*], Isaac Muleme, Bobosi Byaruhanga (80.Moses Waiswa Ndhondhi), Khalid Aucho, Milton Karisa (90.Ibrahim Orit), Joseph Benson Ochaya (69.Mustafa Kizza), Derrick Nsibambi (80.Stephen Dese Mukwala), Emmanuel Arnold Okwi (69.Innocent Wafula Esimu). Trainer: Milutin Sredojević (Serbia).

07.10.2021, 22nd FIFA World Cup Qualifiers, Second Round
Nyamirambo Regional Stadium, Kigali; Attendance: 0
Referee: Joshua Bondo (Botswana)
RWANDA - UGANDA   **0-1(0-1)**
UGA: Charles Lukwago, Denis Iguma, Enock Walusimbi, Timothy Dennis Awany, Isaac Muleme (66.Aziz Abdu Kayondo), Khalid Aucho, Bobosi Byaruhanga (65.Julius Poloto), Moses Waiswa Ndhondhi (89.Junior Yunus Sentamu), Taddeo Lwanga, Stephen Dese Mukwala (89.Mustafa Kizza), Fahad Aziz Bayo (74.Cromwell Rwothomio). Trainer: Milutin Sredojević (Serbia).
Goal: Fahad Aziz Bayo (41).

10.10.2021, 22nd FIFA World Cup Qualifiers, Second Round
St. Mary's Stadium-Kitende, Entebbe; Attendance: 0
Referee: Haythem Guirat (Tunisia)
UGANDA - RWANDA   **1-0(1-0)**
UGA: Charles Lukwago, Denis Iguma, Enock Walusimbi, Timothy Dennis Awany (58.Livingstone Mulondo), Aziz Abdu Kayondo, Taddeo Lwanga, Bobosi Byaruhanga, Moses Waiswa Ndhondhi (69.Ibrahim Orit), Isaac Muleme (59.Mustafa Kizza), Stephen Dese Mukwala (68.Junior Yunus Sentamu), Fahad Aziz Bayo (79.Shafiq Kuchi Kagimu). Trainer: Milutin Sredojević (Serbia).
Goal: Fahad Aziz Bayo (22).

11.11.2021, 22nd FIFA World Cup Qualifiers, Second Round
St. Mary's Stadium-Kitende, Entebbe; Attendance: 500
Referee: Souleiman Ahmed Djama (Djibouti)
UGANDA - KENYA   **1-1(0-0)**
UGA: Charles Lukwago, Denis Iguma, Bevis Kristofer Kizito Mugabi, Timothy Dennis Awany (80.Mustafa Kizza), Aziz Abdu Kayondo (46.Ibrahim Orit), Khalid Aucho, Bobosi Byaruhanga (70.Junior Yunus Sentamu), Stephen Dese Mukwala (46.Milton Karisa), Moses Waiswa Ndhondhi (63.Junior Yunus Sentamu), Isaac Muleme, Fahad Aziz Bayo. Trainer: Milutin Sredojević (Serbia).
Goal: Fahad Aziz Bayo (89).

14.11.2021, 22nd FIFA World Cup Qualifiers, Second Round
Stade Adrar, Agadir (Morocco); Attendance: 0
Referee: Bamlak Tessema Weyesa (Ethiopia)
MALI - UGANDA **1-0(1-0)**
UGA: Ismail Abdul Rashid Watenga, Denis Iguma, Halid Lwaliwa, Bevis Kristofer Kizito Mugabi, Isaac Muleme, Khalid Aucho, Bobosi Byaruhanga (69.Moses Waiswa Ndhondhi), Ibrahim Orit, Mustafa Kizza (69.Stephen Dese Mukwala), Allan Okello (82.Milton Karisa), Fahad Aziz Bayo. Trainer: Milutin Sredojević (Serbia).

09.12.2021, Friendly International
"Benjamin Mkapa" National Stadium, Dar es Salaam; Attendance: n/a
Referee: Ramadhani Kayoko (Tanzania)
TANZANIA - UGANDA **0-2(0-0)**
UGA: Joel Mutakubwa (73.Jack Komakech), Farouk Katongole (46.Joseph Akandwanaho), Najib Fesali, Ibrahim Juma (60.Ivan Asaba), James Penz Begisa, Travis Mutyaba, Steven Munguchi (77.Joseph Bright Vuni), George Kasonko, John Byamukama, Frank Mulimi (46.Samuel Ssenyonjo), Patrick Henry Kaddu (77.Frank Ssenyondo). Trainer: Milutin Sredojević (Serbia).
Goals: Ivan Asaba (72), Joseph Bright Vuni (90+1).

NATIONAL TEAM PLAYERS 2021

Name	DOB	Club
Goalkeepers		
Jack KOMAKECH	31.07.2002	*Vipers SC Kampala*
Charles LUKWAGO	24.11.1994	*Kampala Capital City Autorithy FC; 16.09.2021 -> Saint-George SA Addis Ababa (ETH)*
Joel MUTAKUBWA	17.04.1994	*Kyetume FC Mukono*
Denis Masinde ONYANGO	15.05.1985	*Mamelodi Sundowns FC (RSA)*
Ismail Abdul Rashid WATENGA	15.05.1995	*Chippa United FC Nyanga (RSA)*
Defenders		
Timothy Dennis AWANY	06.08.1996	*FC Ashdod (ISR)*
James Penz BEGISA	27.09.2002	*UPDF FC Kampala*
Najib FESALI	07.07.1999	*Uganda Revenue Authority FC Kampala*
Denis IGUMA	02.10.1994	*Kampala Capital City Autorithy FC*
Ibrahim JUMA	06.05.2004	*Kampala Capital City Autorithy FC*
Murushid JUUKO	14.04.1994	*Express FC Kampala*
Farouk KATONGOLE	1992	*Uganda Revenue Authority FC Kampala*
Aziz Abdu KAYONDO	06.10.2002	*Vipers SC Kampala*
Gavin Mugweri KIZITO	14.01.2002	*Vipers SC Kampala*
Mustafa KIZZA	03.09.1999	*CF Montréal (CAN)*
Halid LWALIWA	22.08.1996	*Vipers SC Kampala*
Bevis Kristofer Kizito MUGABI	01.05.1995	*Motherwell FC (SCO)*
Isaac MULEME	10.10.1992	*FK Viktoria Žižkov (CZE)*
Livingstone MULONDO	15.10.1996	*Vipers SC Kampala*
Joseph Benson OCHAYA	14.12.1993	*TP Mazembe Lubumbashi (COD)*
Joseph Bright VUNI		*Arua Hill SC*

Nicholas WADADA Wakiro	27.07.1994	*Azam FC Dar es Salaam (TAN)*
Innocent WAFULA Esimu	01.04.1998	*Kampala Capital City Autorithy FC*
Enock WALUSIMBI	12.11.1998	*Express FC Kampala*
Paul WILLA	30.11.1999	*Vipers SC Kampala*

Midfielders

Joseph AKANDWANAHO		*Express FC Kampala*
Ivan ASABA	08.05.2003	*Vipers SC Kampala*
Khalid AUCHO	08.08.1993	*Young Africans SC Dar es Salaam (TAN)*
Micheal AZIRA	22.08.1987	*New Mexico United (USA)*
John BYAMUKAMA	17.05.1995	*Express FC Kampala*
Bobosi BYARUHANGA	03.12.2001	*Vipers SC Kampala*
Shafiq Kuchi KAGIMU	28.05.1998	*Uganda Revenue Authority FC Kampala*
George KASONKO	03.02.1996	*BUL FC Jinja*
Taddeo LWANGA	21.05.1994	*Simba SC Dar es Salaam (TAN)*
Farouk MIYA	26.11.1997	*Konyaspor Kulübü (TUR)*
Isma MUGULUSI	10.10.2003	*Sports Club Villa Kampala*
Steven MUNGUCHI		*Gaddafi FC*
Travis MUTYABA		*Sports Club Villa Kampala*
Julius POLOTO	09.09.1999	*Kampala Capital City Autorithy FC*
Frank SSENYONDO	03.01.1996	*Wakiso Giants FC*

Forwards

Lumala ABDU	21.07.1997	*Pyramids FC Cairo (EGY)*
Richard BASANGWA	17.12.2001	*Vipers SC Kampala*
Fahad Aziz BAYO	10.05.1998	*FC Ashdod (ISR)*
Patrick Henry KADDU	09.10.1995	*CA Youssoufia Berrechid (MAR)*
Milton KARISA	27.07.1995	*Vipers SC Kampala*
Stephen Dese MUKWALA	15.07.1999	*Uganda Revenue Authority FC Kampala*
Frank MULIMI		*Gaddafi FC*
Derrick NSIBAMBI	19.06.1994	*Smouha SC Alexandria (EGY)*
Allan OKELLO	04.07.2000	*Paradou AC Alger (ALG)*
Emmanuel Arnold OKWI	25.12.1992	*El-Ittihad El-Iskandary Alexandria (EGY)*
Ibrahim ORIT	28.07.1998	*Vipers SC Kampala*
Cromwell RWOTHOMIO	08.02.2000	*Uganda Revenue Authority FC Kampala*
Junior Yunus SENTAMU	13.08.1994	*Vipers SC Kampala*
Samuel SSENYONJO	03.09.2002	*Kampala Capital City Autorithy FC*
Moses WAISWA Ndhondhi	20.04.1997	*SuperSport United FC Pretoria (RSA)*

National coaches

Johnathan McKINSTRY (Northern Ireland) [30.09.2019 – 19.04.2021]	16.07.1985
Abdallah MUBIRU (Caretaker)	
Milutin SREDOJEVIĆ (Serbia) [from 27.07.2021]	01.09.1969

ZAMBIA

Football Association of Zambia
Football House, Alick Nkhata Road, Long Acres,
PO Box 34751, Lusaka
Year of Formation: 1929
Member of FIFA since: 1964
Member of CAF since: 1964
www.fazfootball.com

First international match:
1946: Southern Rhodesia – Northern Rhodesia 0-4

Most international caps:
Kennedy Mweene
122 caps (since 2004)

Most international goals:
Godfrey Chitalu
79 goals / 111 caps (1968-1980)

AFRICAN CUP OF NATIONS	
1957	Did not enter
1959	Did not enter
1962	Did not enter
1963	Did not enter
1965	Did not enter
1968	Did not enter
1970	Qualifiers
1972	Qualifiers
1974	Final Tournament (Runners-up)
1976	Qualifiers
1978	Final Tournament (Group Stage)
1980	Qualifiers
1982	Final Tournament (3rd place)
1984	Qualifiers
1986	Final Tournament (Group Stage)
1988	Withdrew
1990	Final Tournament (3rd place)
1992	Final Tournament (Quarter-Finals)
1994	Final Tournament (Runners-up)
1996	Final Tournament (3rd place)
1998	Final Tournament (Group Stage)
2000	Final Tournament (Group Stage)
2002	Final Tournament (Group Stage)
2004	Qualifiers
2006	Final Tournament (Group Stage)
2008	Final Tournament (Group Stage)
2010	Final Tournament (Quarter-Finals)
2012	**Final Tournament (Winners)**
2013	Final Tournament (Group Stage)
2015	Final Tournament (Group Stage)
2017	Qualifiers
2019	Qualifiers
2021	Qualifiers

FIFA WORLD CUP	
1930	Did not enter
1934	Did not enter
1938	Did not enter
1950	Did not enter
1954	Did not enter
1958	Did not enter
1962	Did not enter
1966	Did not enter
1970	Qualifiers
1974	Qualifiers
1978	Qualifiers
1982	Qualifiers
1986	Qualifiers
1990	Qualifiers
1994	Qualifiers
1998	Qualifiers
2002	Qualifiers
2006	Qualifiers
2010	Qualifiers
2014	Qualifiers
2018	Qualifiers

OLYMPIC FOOTBALL TOURNAMENTS 1908-2020					
1908	-	1952	-	1976	TF/Withdrew	2000	Qualifiers
1912	-	1956	-	1980	Group Stage	2004	Qualifiers
1920	-	1960	-	1984	Qualifiers	2008	Qualifiers
1924	-	1964	-	1988	Quarter-Finals	2012	Qualifiers
1928	-	1968	-	1992	Excluded	2016	Qualifiers
1936	-	1972	Qualifiers	1996	Qualifiers	2020	Qualifiers
1948	-

F.I.F.A. CONFEDERATIONS CUP 1992-2017
None

AFRICAN GAMES 1965-2019
1987, 1995, 1999 (Runners-up), 2003, 2007, 2015 (Qualifiers)

CECAFA CUP (East and Central African Championship) 1973-2021
1973 (B-Team, 3rd Place), 1974 (Group Stage), 1975 (Group Stage), 1976 & 1977 & 1978 (Runners-up), 1979 (Group Stage), 1980 (B-Team, 4th Place), 1981 (3rd place), **1984 (Winners)**, 1985 (Group Stage), 1987 (Group Stage), 1988 (Runners-up), 1989 (4th Place), **1991 (Winners)**, 1992 (3rd place), **2006 (Winners)**, 2008 (Group Stage), 2009 (Quarter-Finals), 2010 (Quarter-Finals), 2013 (3rd Place)

COSAFA (Confederation of Southern African Football Associations) CUP 1997-2021
1997 & 1998 (Winners), 1999 (Semi-Finals), 2000 (Quarter-Finals), 2001 (Semi-Finals), 2002 (Semi-Finals), 2003 (Semi-Finals), 2004 (Runners-up), 2005 (Runners-up), **2006 (Winners)**, 2007 (Runners-up), 2008 (3rd place), 2009 (Runners-up), **2013 (Winners)**, 2015 (Quarter-Finals), 2016 (Quarter-Finals), 2017 (Runners-up), 2018 (Runners-up), **2019 (Winners)**, 2021 (Group Stage)

AFRICAN NATIONS CHAMPIONSHIP 2009-2020
2009 (3rd Place), 2011 (Qualifiers), 2014 (Qualifiers), 2016 (Quarter-Finals), 2018 (Quarter-Finals), 2020 (Quarter-Finals)

ZAMBIAN CLUB HONOURS IN ASIAN CLUB COMPETITIONS:

CAF Champions League 1964-2021
None

CAF Confederation Cup 2004-2021
None

CAF Super Cup 1993-2021
None

African Cup Winners' Cup 1975-2003*
Power Dynamos FC Kitwe (1991)

CAF Cup 1992-2003*
None

defunct competitions

NATIONAL COMPETITIONS
TABLE OF HONOURS

	CHAMPIONS	CUP* WINNERS
1961	-	City of Lusaka FC
1962	Lusaka City Council	Roan United FC Luanshya
1963	Mufulira Wanderers FC	Mufulira Blackpool FC
1964	Roan United FC Luanshya	City of Lusaka FC
1965	Mufulira Wanderers FC	Mufulira Wanderers FC
1966	Mufulira Wanderers FC	Mufulira Wanderers FC
1967	Mufulira Wanderers FC	Kabwe Warriors FC
1968	Kabwe Warriors FC	Mufulira Wanderers FC
1969	Mufulira Wanderers FC	Kabwe Warriors FC
1970	Kabwe Warriors FC	Ndola United FC
1971	Kabwe Warriors FC	Mufulira Wanderers FC
1972	Kabwe Warriors FC	Kabwe Warriors FC
1973	Zambia Army FC**	Mufulira Wanderers FC
1974	Zambia Army FC	Mufulira Wanderers FC
1975	Green Buffaloes FC Lusaka	Mufulira Wanderers FC
1976	Mufulira Wanderers FC	Mufulira Wanderers FC
1977	Green Buffaloes FC Lusaka	Roan United FC Luanshya
1978	Mufulira Wanderers FC	Nchanga Rovers FC Chingola
1979	Green Buffaloes FC Lusaka	Power Dynamos FC Kitwe
1980	Nchanga Rangers FC Chingola	Power Dynamos FC Kitwe
1981	Green Buffaloes FC Lusaka	Vitafoam United FC Ndola
1982	Nkana FC Kitwe	Power Dynamos FC Kitwe
1983	Nkana FC Kitwe	Konkola Blades FC Chililabombwe
1984	Power Dynamos FC Kitwe	Kabwe Warriors FC
1985	Nkana FC Kitwe	Strike Rovers
1986	Nkana FC Kitwe	Nkana Red Devils FC Kitwe***
1987	Kabwe Warriors FC	Kabwe Warriors FC
1988	Nkana FC Kitwe	Mufulira Wanderers FC
1989	Nkana FC Kitwe	Nkana Red Devils FC Kitwe
1990	Nkana FC Kitwe	Power Dynamos FC Kitwe
1991	Power Dynamos FC Kitwe	Nkana Red Devils FC Kitwe
1992	Nkana FC Kitwe	Nkana FC Kitwe
1993	Nkana FC Kitwe	Nkana FC Kitwe
1994	Power Dynamos FC Kitwe	Roan United FC Luanshya
1995	Mufulira Wanderers FC	Mufulira Wanderers FC
1996	Mufulira Wanderers FC	Roan United FC Luanshya
1997	Power Dynamos FC Kitwe	Power Dynamos FC Kitwe
1998	Nchanga Rangers FC Chingola	Konkola Blades FC Chililabombwe
1999	Nkana FC Kitwe	Zamsure FC
2000	Power Dynamos FC Kitwe	Nkana FC Kitwe
2001	Nkana FC Kitwe	Power Dynamos FC Kitwe
2002	Zanaco FC Lusaka	Zanaco FC Lusaka
2003	Zanaco FC Lusaka	Power Dynamos FC Kitwe
2004	Red Arrows FC Lusaka	Lusaka Celtic FC
2005	Zanaco FC Lusaka	Green Buffaloes FC Lusaka
2006	Zanaco FC Lusaka	ZESCO United FC Ndola
2007	ZESCO United FC Ndola	Red Arrows FC Lusaka

2008	ZESCO United FC Ndola	No competition
2009	Zanaco FC Lusaka	No competition
2010	ZESCO United FC Ndola	No competition
2011	Power Dynamos FC Kitwe	No competition
2012	Zanaco FC Lusaka	No competition
2013	Nkana FC Kitwe	No competition
2014	ZESCO United FC Ndola	No competition
2015	ZESCO United FC Ndola	No competition
2016	Zanaco FC Lusaka	No competition
2017	ZESCO United FC Ndola	No competition
2018	ZESCO United FC Ndola	No competition
2019	ZESCO United FC Ndola	No competition
2019/2020	Nkana FC Kitwe	No competition
2020/2021	ZESCO United FC Ndola	No competition

*called earlier Northern Thodesia Castle Cup (1961-1974), Independence Cup (1975-1992), Mosi Cup (since 1993).
**called later Green Buffaloes FC Lusaka
***called later Nkana FC Kitwe

OTHER ZAMBIAN CUP COMPETITION WINNERS:

Zambian Challenge Cup (Top 8 of League KO-Tournament)
1962: City of Lusaka FC; 1963: City of Lusaka FC; 1964: Rhokana United FC Nkana; 1965: Nchanga Rangers FC Chingola; 1966: Rhokana United FC Nkana; 1967: Mufulira Wanderers FC; 1968: Mufulira Wanderers FC; 1969: Mufulira Wanderers FC; 1970: Kabwe Warriors FC; 1971: Kitwe United FC; 1972: Kabwe Warriors FC; 1973: Nchanga Rangers FC Chingola; 1974: Roan United FC Luanshya; 1975: Green Buffaloes FC Lusaka; 1976: Nchanga Rangers FC Chingola; 1977: Green Buffaloes FC Lusaka; 1978: Mufulira Wanderers FC; 1979: Green Buffaloes FC Lusaka; 1980: Ndola United FC; 1981: Green Buffaloes FC Lusaka; 1982: Red Arrows FC Lusaka; 1983: Roan United FC Luanshya; 1984: Mufulira Wanderers FC; 1985: Green Buffaloes FC Lusaka; 1986: Mufulira Wanderers FC; 1987: Zanaco FC Lusaka; 1988: Zanaco FC Lusaka; 1989: Kabwe Warriors FC; 1990: Power Dynamos FC Kitwe; 1991: Kabwe Warriors FC; 1992: Nkana FC Kitwe; 1993: Nkana FC Kitwe; 1994: Mufulira Wanderers FC; 1995: Roan United FC Luanshya; 1996: Mufulira Wanderers FC; 1997: Mufulira Wanderers FC; 1998: Nkana FC Kitwe; 1999: Nkana FC Kitwe; 2000: Nkana FC Kitwe; 2001: Power Dynamos FC Kitwe; 2002: Kabwe Warriors FC; 2003: Kabwe Warriors FC; 2004: Kitwe United FC; 2005: Kabwe Warriors FC; 2006: Zanaco FC Lusaka; 2007: Kabwe Warriors FC; 2008: Lusaka Dynamos FC.

NATIONAL CHAMPIONSHIP
MTN/FAZ Super League 2020/2021

1.	**ZESCO United FC Ndola**	34	22	5	7	54	-	26	71
2.	Zanaco FC Lusaka	34	15	10	9	50	-	36	55
3.	Red Arrows FC Lusaka	34	14	9	11	35	-	28	51
4.	Kabwe Warriors FC	34	14	9	11	15	-	34	51
5.	Green Eagles FC Choma	34	12	14	8	39	-	30	50
6.	Prison Leopards FC Kabwe	34	13	9	12	40	-	33	48
7.	Lusaka Dynamos FC	31	12	9	10	35	-	31	45
8.	Nkwazi FC Lusaka	34	12	12	10	30	-	28	48
9.	Green Buffaloes FC Lusaka	34	11	14	9	41	-	32	47
10.	Power Dynamos FC Kitwe	34	12	11	11	35	-	26	47
11.	Buildcon FC Ndola	34	13	7	14	42	-	44	46
12.	Forest Rangers FC Ndola	34	11	12	11	36	-	35	45
13.	Nkana FC Kitwe	34	13	6	15	42	-	46	45
14.	Indeni FC Ndola	34	9	14	11	39	-	43	41
15.	Young Green Eagles FC Kafue (*Relegated*)	34	9	13	12	23	-	38	40
16.	NAPSA Stars FC Lusaka (*Relegated*)	34	9	10	15	34	-	47	37
17.	Lumwana Radiants FC Solwezi (*Relegated*)	34	7	12	15	23	-	42	33
18.	Kitwe United FC (*Relegated*)	34	3	11	20	15	-	45	20

Best goalscorer 2020/2021:
Moses Phiri (Green Buffaloes FC Lusaka) – 17 goals

Promoted for the 2021/2022 season:
Konkola Blades FC Chililabombwe, Kafue Celtic FC, Kansanshi Dynamos FC, Chambishi FC

THE CLUBS

BUILDCON FOOTBALL CLUB NDOLA
Year of Formation: 2012
Stadium: "Levy Mwanawasa" Stadium, Ndola (49,800)

FOREST RANGERS FOOTBALL CLUB NDOLA
Year of Formation: 1975
Stadium: "Levy Mwanawasa" Stadium, Ndola (49,800)

GREEN BUFFALOES FOOTBALL CLUB LUSAKA
Year of Formation: 1965
Stadium: Independence Stadium, Lusaka (30,000)

GREEN EAGLES FOOTBALL CLUB CHOMA
Year of Formation: 2002
Stadium: Independence Stadium, Lusaka (30,000)

INDENI FOOTBALL CLUB NDOLA
Stadium: Zamsure Sports Complex, Ndola (1,000)

KABWE WARRIORS FOOTBALL CLUB
Stadium: "Godfrey Chitalu" Stadium, Kabwe (10,000)

KITWE UNITED FC FOOTBALL CLUB
Stadium: Garden Park, Kitwe (15,000)

LUMWANA RADIANTS FOOTBALL CLUB SOLWEZI
Year of Formation: 2010
Stadium: Lumwana Grounds, Solwezi (3,000)

LUSAKA DYNAMOS FOOTBALL CLUB
Year of Formation: 1979
Stadium: Sunset Stadium, Lusaka (20,000)

NATIONAL PENSIONS AUTHORITY (NAPSA) STARS FOOTBALL CLUB LUSAKA
Stadium: Nkoloma Stadium, Lusaka (5,000)

NKANA FOOTBALL CLUB KITWE
Year of Formation: 1935
Stadium: Nkana Stadium, Kitwe (10,000)

NKWAZI FOOTBALL CLUB LUSAKA
Year of Formation: 1978
Stadium: "Edwin Imboela" Stadium, Lusaka (6,000)

POWER DYNAMOS FOOTBALL CLUB KITWE
Year of Formation: 1971
Stadium: „Arthur Davies" Stadium, Kitwe (12,000)

RED ARROWS FOOTBALL CLUB LUSAKA
Stadium: Nkoloma Stadium, Lusaka (5,000)

YOUNG GREEN EAGLES FOOTBALL CLUB KAFUE
Stadium: Khosa Stadium, Kafue (2,000)

ZANACO FOOTBALL CLUB LUSAKA
Year of Formation: 1985
Stadium: Sunset Stadium, Lusaka (20,000)

ZESCO UNITED FOOTBALL CLUB NDOLA
Year of Formation: 1974
Stadium: "Levy Mwanawasa" Stadium, Ndola (49,800)

| NATIONAL TEAM INTERNATIONAL MATCHES 2021 |

25.03.2021	Lusaka	Zambia - Algeria	3-3(1-2)	(ACNQ)
29.03.2021	Harare	Zimbabwe - Zambia	0-2(0-1)	(ACNQ)
05.06.2021	Thiès	Senegal - Zambia	3-1(3-0)	(F)
08.06.2021	Cotonou	Benin - Zambia	2-2(1-2)	(F)
11.06.2021	Omdurman	Sudan - Zambia	3-2(3-1)	(F)
13.06.2021	Omdurman	Sudan - Zambia	0-1(0-0)	(F)
08.07.2021	Port Elizabeth	Zambia - Lesotho	1-2(1-0)	(COSAFA)
10.07.2021	Port Elizabeth	Zambia - Eswatini	0-1(0-0)	(COSAFA)
13.07.2021	Port Elizabeth	Botswana - Zambia	1-2(0-1)	(COSAFA)
14.07.2021	Port Elizabeth	South Africa - Zambia	0-0	(COSAFA)
03.09.2021	Nouakchott	Mauritania - Zambia	1-2(0-1)	(WCQ)
07.09.2021	Ndola	Zambia - Tunisia	0-2(0-1)	(WCQ)
07.10.2021	Malabo	Equatorial Guinea - Zambia	2-0(1-0)	(WCQ)
10.10.2021	Lusaka	Zambia - Equatorial Guinea	1-1(0-0)	(WCQ)
13.11.2021	Lusaka	Zambia - Mauritania	4-0(3-0)	(WCQ)
16.11.2021	Radès	Tunisia - Zambia	3-1(3-0)	(WCQ)

25.03.2021, 33rd African Cup of Nations, Qualifiers
National Heroes Stadium, Lusaka
Referee: Ali Mohamed Adelaid (Comoros)
ZAMBIA - ALGERIA　　　　　　　　　　　　　　　　　　　　　　　　　**3-3(1-2)**
ZAM: Cyrill Mwenya Chibwe, Luka Banda (31.Rodrick Kabwe), Adrian Chama, Kabaso Chongo, Gamphani Jones Lungu (62.Moses Phiri), Benson Sakala, Enock Mwepu, Nathan Sinkala (31.Lubambo Musonda), Augustine Kabaso Mulenga (71.Spencer Sautu), Clatous Chama Chota (71.Collins Sikombe), Patson Daka. Trainer: Milutin Sredojević (Serbia).
Goals: Patson Daka (34 penalty), Clatous Chama Chota (52), Patson Daka (80 penalty).

29.03.2021, 33rd African Cup of Nations, Qualifiers
National Sports Stadium, Harare; Attendance: 0
Referee: Molise Retselisitsoe (Lesotho)
ZIMBABWE - ZAMBIA　　　　　　　　　　　　　　　　　　　　　　　　**0-2(0-1)**
ZAM: Cyrill Mwenya Chibwe (46.Allan Chibwe), Tandi Mwape, Benedict Chepeshi, Adrian Chama, Rodrick Kabwe, Benson Sakala, Larry Bwalya (59.Gamphani Jones Lungu), Enock Mwepu (90.Amity Shamende), Lubambo Musonda (59.Paul Katema), Clatous Chama Chota (71.Spencer Sautu), Patson Daka. Trainer: Milutin Sredojević (Serbia).
Goals: Patson Daka (21, 90+2).

05.06.2021, Friendly International
Stade Lat-Dior, Thiès; Attendance: 0
Referee: Babacar Sarr (Mauritania)
SENEGAL - ZAMBIA　　　　　　　　　　　　　　　　　　　　　　　　　**3-1(3-0)**
ZAM: Lameck Siame, Benedict Chepeshi (88.Ntazana Mayembe), Tandi Mwape, Prosper Chiluya, Dominic Chanda, Collins Sikombe (46.Prince Mumba), Salulani Phiri, Paul Katema (60.Brian Mwila), Kings Kangwa (46.Spencer Sautu), Moses Phiri (72.Amity Shamende), Rodgers Kola. Trainer: Milutin Sredojević (Serbia).
Goal: Dominic Chanda (54).

08.06.2021, Friendly International
Stade de l'Amitié "Mathieu Kérékou", Cotonou; Attendance: 0
Referee: Haythem Guirat (Tunisia)
BENIN - ZAMBIA 2-2(1-2)
ZAM: Cyrill Mwenya Chibwe, Dominic Chanda, Benedict Chepeshi, Tandi Mwape, Prosper Chiluya, Salulani Phiri (85.Golden Mafwenta), Spencer Sautu (85.Kings Kangwa), Paul Katema, Prince Mumba (46.Collins Sikombe), Rodgers Kola (68.Brian Mwila), Moses Phiri (68.Benson Sakala). Trainer: Milutin Sredojević (Serbia).
Goals: Salulani Phiri (19), Tandi Mwape (45+1).

11.06.2021, Friendly International
Al Hilal Stadium, Omdurman; Attendance: 0
Referee: n/a
SUDAN - ZAMBIA 3-2(3-1)
ZAM: Cyrill Mwenya Chibwe (46.Gregory Sanjase), Dominic Chanda, Isaac Shamujompa, Makabaniso Magenge (46.Benedict Chepeshi; 90+1.Ntazana Mayembe), Prosper Chiluya, Collins Sikombe, Amity Shamende (46.Salulani Phiri), Benson Sakala, Golden Mafwenta (46.Paul Katema), Moses Phiri, Brian Mwila. Trainer: Milutin Sredojević (Serbia).
Goals: Brian Mwila (20, 86).

13.06.2021, Friendly International
Al Hilal Stadium, Omdurman; Attendance: 0
Referee: Samoal Mohammed El Fatih (Sudan)
SUDAN - ZAMBIA 0-1(0-0)
ZAM: Gregory Sanjase, Benedict Chepeshi, Isaac Shamujompa, Dominic Chanda, Prosper Chiluya, Salulani Phiri (85.Moses Phiri), Benson Sakala, Paul Katema, Spencer Sautu, Rodgers Kola (46.Collins Sikombe), Brian Mwila (85.Amity Shamende). Trainer: Milutin Sredojević (Serbia).
Goal: Amity Shamende (87).

08.07.2021, 20th COSAFA Cup, Group Stage
Wolfson Stadium, Port Elizabeth (South Africa); Attendance: 0
Referee: Akhona Makalima (South Africa)
ZAMBIA - LESOTHO 1-2(1-0)
ZAM: Kennedy Mweene, Kabaso Chongo, Adrian Chama, Benedict Chepeshi, Salulani Phiri (67.Spencer Sautu), Rodrick Kabwe, Benson Sakala, Kelvin Mubanga Kampamba (67.Moses Phiri), Augustine Kabaso Mulenga, Justin Shonga (67.Brian Mwila), Gamphani Jones Lungu (80.Zakaria Chilongoshi). Trainer: Milutin Sredojević (Serbia).
Goal: Justin Shonga (29).

10.07.2021, 20th COSAFA Cup, Group Stage
Wolfson Stadium, Port Elizabeth (South Africa); Attendance: 0
Referee: Abongile Tom (South Africa)
ZAMBIA - ESWATINI 0-1(0-0)
ZAM: Kennedy Mweene, Simon Silwimba, Kabaso Chongo (65.Kelvin Mubanga Kampamba), Zakaria Chilongoshi (62.Gamphani Jones Lungu), Dominic Chanda (87.Adrian Chama), Salulani Phiri, Rodrick Kabwe, Benson Sakala, Moses Phiri, Augustine Kabaso Mulenga, Brian Mwila (62.Justin Shonga). Trainer: Milutin Sredojević (Serbia).

13.07.2021, 20th COSAFA Cup, Group Stage
Wolfson Stadium, Port Elizabeth (South Africa); Attendance: 0
Referee: Thulani Sibandze (Eswatini)
BOTSWANA - ZAMBIA   **1-2(0-1)**
ZAM: Gregory Sanjase, Simon Silwimba, Adrian Chama, Isaac Shamujompa, Dominic Chanda, Rodrick Kabwe, Benson Sakala (46.Salulani Phiri), Kelvin Mubanga Kampamba (66.Moses Phiri), Augustine Kabaso Mulenga (89.Benedict Chepeshi), Justin Shonga (84.Brian Mwila), Gamphani Jones Lungu (84.Felix Bulaya). Trainer: Milutin Sredojević (Serbia).
Goals: Justin Shonga (21, 83 penalty).

14.07.2021, 20th COSAFA Cup, Group Stage
"Nelson Mandela" Bay Stadium, Port Elizabeth (South Africa); Attendance: 0
Referee: Brighton Chimene (Zimbabwe)
SOUTH AFRICA - ZAMBIA   **0-0**
ZAM: Kennedy Mweene (46.Gregory Sanjase), Kabaso Chongo, Adrian Chama, Benedict Chepeshi, Zakaria Chilongoshi, Dominic Chanda, Salulani Phiri, Rodrick Kabwe (61.Brian Mwila), Moses Phiri (61.Gamphani Jones Lungu), Augustine Kabaso Mulenga (80.Spencer Sautu), Justin Shonga (69.Kelvin Mubanga Kampamba). Trainer: Milutin Sredojević (Serbia).

03.09.2021, 22nd FIFA World Cup Qualifiers, Second Round
Stade Olympique de Nouakchott, Nouakchott; Attendance: 0
Referee: Ibrahim Nour El Din (Egypt)
MAURITANIA - ZAMBIA   **1-2(0-1)**
ZAM: Cyrill Mwenya Chibwe, Solomon Sakala, Benedict Chepeshi, Dominic Chanda, Rodrick Kabwe, Boyd Siame Musonda (89.Dickson Chapa), Prince Mumba (74.Benson Sakala), Lubambo Musonda, Enock Mwepu, Edward Chilufya (58.Spencer Sautu), Patson Daka. Trainer: Beston Chambeshi.
Goals: Enock Mwepu (10), Prince Mumba (57).

07.09.2021, 22nd FIFA World Cup Qualifiers, Second Round
"Levy Mwanawasa" Stadium, Ndola; Attendance: 5,000
Referee: Eric Arnaud Otogo-Castane (Gabon)
ZAMBIA - TUNISIA   **0-2(0-1)**
ZAM: Cyrill Mwenya Chibwe, Benedict Chepeshi, Solomon Sakala, Dominic Chanda, Rodrick Kabwe, Dickson Chapa, Lubambo Musonda (74.Spencer Sautu), Edward Chilufya (59.Kelvin Mubanga Kampamba), Prince Mumba (80.Jimmy Mukeya), Boyd Siame Musonda (59.Clatous Chama Chota), Brian Mwila. Trainer: Beston Chambeshi.

07.10.2021, 22nd FIFA World Cup Qualifiers, Second Round
Estadio de Malabo, Malabo; Attendance: 0
Referee: Noureddine El Jaafari (Morocco)
EQUATORIAL GUINEA - ZAMBIA   **2-0(1-0)**
ZAM: Cyrill Mwenya Chibwe, Benedict Chepeshi, Tandi Mwape, Dominic Chanda, Prosper Chiluya, Clatous Chama Chota (73.Larry Bwalya), Dickson Chapa, Lubambo Musonda (64.Kelvin Mubanga Kampamba), Prince Mumba [*sent off 25*], Patson Daka, Fashion Sakala Junior (82.Moses Phiri). Trainer: Beston Chambeshi.

10.10.2021, 22nd FIFA World Cup Qualifiers, Second Round
National Heroes Stadium, Lusaka; Attendance: 45,000
Referee: Bakary Papa Gassama (Gambia)
ZAMBIA - EQUATORIAL GUINEA **1-1(0-0)**
ZAM: Cyrill Mwenya Chibwe, Benedict Chepeshi, Tandi Mwape, Dominic Chanda, Prosper Chiluya, Emmanuel Justine Rabby Banda (80.Fackson Kapumbu), Larry Bwalya, Lubambo Musonda, Clatous Chama Chota (89.Moses Phiri), Kelvin Mubanga Kampamba (60.Edward Chilufya), Fashion Sakala Junior. Trainer: Beston Chambeshi.
Goal: Fashion Sakala Junior (65).

13.11.2021, 22nd FIFA World Cup Qualifiers, Second Round
National Heroes Stadium, Lusaka; Attendance: 5,000
Referee: Mahmood Ali Mahmood Ismail (Sudan)
ZAMBIA - MAURITANIA **4-0(3-0)**
ZAM: Toaster Nsabata, Simon Silwimba (76.Benedict Chepeshi), Tandi Mwape, Dominic Chanda, Prosper Chiluya, Emmanuel Justine Rabby Banda (82.Dickson Chapa), Larry Bwalya (53.Kings Kangwa), Lubambo Musonda (81.Spencer Sautu), Fashion Sakala Junior, Evans Kangwa (76.Kelvin Mubanga Kampamba), Patson Daka. Trainer: Beston Chambeshi.
Goals: Patson Daka (34), Fashion Sakala Junior (37, 45+1 penalty, 63).

16.11.2021, 22nd FIFA World Cup Qualifiers, Second Round
Stade Olympique "Hammadi Agrebi", Radès; Attendance: 0
Referee: Pacifique Ndabihawenimana (Burundi)
TUNISIA - ZAMBIA **3-1(3-0)**
ZAM: Toaster Nsabata, Simon Silwimba, Tandi Mwape, Dominic Chanda, Prosper Chiluya, Emmanuel Justine Rabby Banda, Dickson Chapa (46.Kings Kangwa), Lubambo Musonda, Evans Kangwa (88.Moses Phiri), Fashion Sakala Junior, Patson Daka. Trainer: Beston Chambeshi.
Goal: Fashion Sakala Junior (80).

NATIONAL TEAM PLAYERS 2021

Name	DOB	Club
Goalkeepers		
Allan CHIBWE	22.03.1991	*Green Eagles FC Choma*
Cyrill Mwenya CHIBWE	17.06.1993	*Polokwane City FC (RSA); 01.07.2021-> Baroka FC Polokwane (RSA)*
Kennedy MWEENE	11.12.1984	*Mamelodi Sundowns FC (RSA)*
Toaster NSABATA	24.11.1993	*Sekhukhune United FC Johannesburg (RSA)*
Gregory SANJASE	20.05.1997	*Green Eagles FC Choma*
Lameck SIAME	09.07.1997	*Kabwe Warriors FC*
Defenders		
Luka BANDA	06.04.1995	*NAPSA Stars FC Lusaka*
Adrian CHAMA	18.03.1989	*ZESCO United FC Ndola*
Dominic CHANDA	26.02.1996	*Kabwe Warriors FC*
Benedict CHEPESHI	10.06.1996	*Red Arrows FC Lusaka*
Zakaria CHILONGOSHI	27.10.1999	*Power Dynamos FC Kitwe*
Prosper CHILUYA	02.04.1998	*Kabwe Warriors FC*
Kabaso CHONGO	11.02.1992	*TP Mazembe Lubumbashi (COD)*
Fackson KAPUMBU	06.10.1990	*ZESCO United FC Ndola*
Makabaniso MAGENGE	1999	*Lusaka Dynamos FC*
Tandi MWAPE	20.07.1996	*TP Mazembe Lubumbashi (COD)*
Solomon SAKALA	28.04.1997	*ZESCO United FC Ndola*
Isaac SHAMUJOMPA	12.10.1994	*Buildcon FC Ndola*
Simon SILWIMBA	25.12.1991	*ZESCO United FC Ndola*
Midfielders		
Emmanuel Justine Rabby BANDA	29.09.1997	*Djurgårdens IF Stockholm (SWE)*
Larry BWALYA	29.05.1995	*Simba SC Dar es Salaam (TAN)*
Clatous CHAMA Chota	18.06.1991	*Simba SC Dar es Salaam (TAN); 16.08.21-> Renaissance Sportive de Berkane (MAR)*
Dickson CHAPA	24.10.1991	*ZESCO United FC Ndola*
Kelvin Mubanga KAMPAMBA	24.11.1996	*ZESCO United FC Ndola*
Kings KANGWA	04.06.1999	*FK Arsenal Tula (RUS)*
Paul KATEMA	19.09.1997	*Red Arrows FC Lusaka*
Golden MAFWENTA	15.01.2001	*Buildcon FC Ndola*
Jimmy MUKEYA	23.02.2002	*NAPSA Stars FC Lusaka*
Augustine Kabaso MULENGA	17.01.1990	*AmaZulu FC Durban (RSA)*
Prince MUMBA	24.03.2001	*Kabwe Warriors FC*
Boyd Siame MUSONDA	12.05.1997	*Zanaco FC Lusaka*
Lubambo MUSONDA	01.03.1995	*WKS Śląsk Wrocław (POL); 16.08.2021-> AC Horsens (DEN)*
Enock MWEPU	01.01.1998	*FC Red Bull Salzburg (AUT); 06.07.2021-> Brighton & Hove Albion FC (ENG)*
Salulani PHIRI	10.04.1994	*Polokwane City FC (RSA)*

Benson SAKALA	12.09.1996	*Power Dynamos FC Kitwe*
Spencer SAUTU	05.10.1994	*Green Eagles FC Choma*
Collins SIKOMBE	19.06.1997	*Lusaka Dynamos FC*
Nathan SINKALA	22.11.1990	*Stellenbosch FC (RSA)*

Forwards

Felix BULAYA	18.12.1996	*Red Arrows FC Lusaka*
Edward CHILUFYA	17.09.1999	*Djurgårdens IF Stockholm (SWE)*
Patson DAKA	09.10.1998	*FC Red Bull Salzburg (AUT); 01.07.2021-> Leicester City FC (ENG)*
Rodrick KABWE	30.11.1992	*Black Leopards FC Thohoyandou (RSA); 01.07.2021-> Unattached*
Evans KANGWA	09.10.1992	*FK Arsenal Tula (RUS)*
Rodgers KOLA	04.07.1989	*Zanaco FC Lusaka*
Gamphani Jones LUNGU	19.09.1998	*SuperSport United FC Pretoria (RSA)*
Ntazana MAYEMBE	05.04.2003	*Cardiff City FC (WAL)*
Brian MWILA	16.06.1994	*Buildcon FC Ndola*
Moses PHIRI	03.06.1993	*Zanaco FC Lusaka*
Fashion SAKALA Junior	14.03.1997	*Rangers FC Glasgow (SCO)*
Amity SHAMENDE	04.08.1993	*Green Eagles FC Choma*
Justin SHONGA	05.11.1996	*Cape Town City FC (RSA)*

National coaches

Milutin SREDOJEVIĆ (Serbia) [26.01.2020 – 17.07.2021]	01.09.1969
Beston CHAMBESHI [from 27.07.2021]	04.04.1960

ZIMBABWE

Zimbabwe Football Association
53 Livingstone Avenue
Causeway, PO Box CY 114,
Harare
Year of Formation: 1965
Member of FIFA since: 1965
Member of CAF since: 1980
www.zifa.org.zw

First international match:
26.06.1939, Salisbury: Southern
Rhodesia – England XI 0-4
Most international caps:
John Phiri
118 caps (1983-1997)
Most international goals:
Peter Ndlovu
37 goals / 81 caps (1991-2007)

AFRICAN CUP OF NATIONS	
1957	Did not enter
1959	Did not enter
1962	Did not enter
1963	Did not enter
1965	Did not enter
1968	Did not enter
1970	Did not enter
1972	Did not enter
1974	Did not enter
1976	Did not enter
1978	Did not enter
1980	Did not enter
1982	Qualifiers
1984	Qualifiers
1986	Qualifiers
1988	Qualifiers
1990	Qualifiers
1992	Qualifiers
1994	Qualifiers
1996	Qualifiers
1998	Qualifiers
2000	Qualifiers
2002	Qualifiers
2004	Final Tournament (Group Stage)
2006	Final Tournament (Group Stage)
2008	Qualifiers
2010	Qualifiers
2012	Qualifiers
2013	Qualifiers
2015	Qualifiers
2017	Final Tournament (Group Stage)
2019	Final Tournament (Group Stage)
2021	*Final Tournament (Qualified)*

FIFA WORLD CUP	
1930	Did not enter
1934	Did not enter
1938	Did not enter
1950	Did not enter
1954	Did not enter
1958	Did not enter
1962	Did not enter
1966	Did not enter
1970	Qualifiers
1974	Did not enter
1978	Did not enter
1982	Qualifiers
1986	Qualifiers
1990	Qualifiers
1994	Qualifiers
1998	Qualifiers
2002	Qualifiers
2006	Qualifiers
2010	Qualifiers
2014	Qualifiers
2018	Expelled from qualification

OLYMPIC FOOTBALL TOURNAMENTS 1908-2020

1908	-	1952	-	1976	-	2000	Qualifiers
1912	-	1956	-	1980	-	2004	Qualifiers
1920	-	1960	-	1984	Qualifiers	2008	Qualifiers
1924	-	1964	-	1988	Qualifiers	2012	Did not enter
1928	-	1968	-	1992	Qualifiers	2016	Qualifiers
1936	-	1972	-	1996	Qualifiers	2020	Qualifiers
1948	-						

F.I.F.A. CONFEDERATIONS CUP 1992-2017
None

AFRICAN GAMES 1965-2019
1987, 1991, 1995 (Runners-up), 1999, 2003, 2007, 2015

CECAFA CUP (East and Central African Championship) 1973-2021
1981, 1982 (3rd place), 1983 (Runners-up), 1984, **1985 (Winners)**, 1987 (Runners-up), 1988, 1989, 1990, 2009 (with U-23 Team), 2011, 2013

COSAFA (Confederation of Southern African Football Associations) CUP 1997-2021
1997, 1998 (Runners-up), 1999, 2000 (Winners), 2001 (Runners-up), 2002, 2003 (Winners), 2004, 2005 (Winners), 2006, 2007, 2008, **2009 (Winners)**, 2013 (Runners-up), 2015, 2016, **2017 (Winners)**, **2018 (Winners)**, 2019 (3rd Place), 2021 (Group Stage)

AFRICAN NATIONS CHAMPIONSHIP 2009-2020
2009 (Group Stage), 2011 (Quarter-Finals), 2014 (4th Place), 2016 (Group Stage), 2018 (Qualifiers), 2020 (Group Stage)

ZIMBABWEAN CLUB HONOURS IN ASIAN CLUB COMPETITIONS:

CAF Champions League 1964-2021
None

CAF Confederation Cup 2004-2021
None

CAF Super Cup 1993-2021
None

*African Cup Winners' Cup 1975-2003**
None

*CAF Cup 1992-2003**
None

*defunct competitions

NATIONAL COMPETITIONS TABLE OF HONOURS

	CHAMPIONS	CUP WINNERS*
1962	Bulawayo Rovers FC	Bulawayo Rovers FC
1963	St. Pauls FC Salisbury**	Salisbury Callies FC
1964	Bulawayo Rovers FC	*No competition*
1965	Saint Paul's FC Salisbury	Salisbury City Wanderers FC
1966	Saint Paul's FC Salisbury	Mangula FC
1967	State House Tornados FC Salisbury	Salisbury Callies FC
1968	Bulawayo Rovers FC	Arcadia United FC Salisbury
1969	Bulawayo Rovers FC	Arcadia United FC Salisbury
1970	Dynamos FC Salisbury	Wankie FC
1971	Arcadia United FC Salisbury	Chibuku FC Salisbury
1972	Salisbury Sables FC	Mangula FC
1973	Metal Box FC	Wankie FC
1974	Salisbury Sables FC	Chibuku FC Salisbury
1975	Chibuku FC Salisbury	Salisbury Callies FC
1976	Dynamos FC Salisbury	Dynamos FC Salisbury
1977	Zimbabwe Saints FC Bulawayo	Zimbabwe Saints FC Bulawayo
1978	Dynamos FC Salisbury	Zisco Steel FC Redcliffe
1979	CAPS United FC Salisbury	Zimbabwe Saints FC Bulawayo
1980	Dynamos FC Harare	CAPS United FC Harare
1981	Dynamos FC Harare	CAPS United FC Harare
1982	Dynamos FC Harare	CAPS United FC Harare
1983	Dynamos FC Harare	CAPS United FC Harare
1984	Black Rhinos FC Mutare	Black Rhinos FC Mutare
1985	Dynamos FC Harare	Dynamos FC Harare
1986	Dynamos FC Harare	Dynamos FC Harare
1987	Black Rhinos FC Bulawayo	Zimbabwe Saints FC Bulawayo
1988	Zimbabwe Saints FC Bulawayo	Dynamos FC Harare
1989	Dynamos FC Harare	Dynamos FC Harare
1990	Highlanders FC Bulawayo	Highlanders FC Bulawayo
1991	Dynamos FC Harare	Wankie FC
1992	Black Aces FC Harare	CAPS United FC Harare
1993	Highlanders FC Bulawayo	Tanganda FC Mutare
1994	Dynamos FC Harare	Blackpool FC Harare
1995	Dynamos FC Harare	Chapungu United FC Gweru
1996	CAPS United FC Harare	Dynamos FC Harare
1997	Dynamos FC Harare	CAPS United FC Harare
1998	*No competition*	CAPS United FC Harare
1999	Highlanders FC Bulawayo	*Not known*
2000	Highlanders FC Bulawayo	*No competition*
2001	Highlanders FC Bulawayo	Highlanders FC Bulawayo
2002	Highlanders FC Bulawayo	Masvingo United FC
2003	AmaZulu FC Bulawayo	Dynamos FC Harare
2004	CAPS United FC Harare	CAPS United FC Harare
2005	CAPS United FC Harare	Masvingo United FC
2006	Highlanders FC Bulawayo	Mwana Africa FC Bindura
2007	Dynamos FC Harare	Dynamos FC Harare
2008	Monomotapa United FC Harare	CAPS United FC Harare

2009	Gunners FC Harare	*No competition*
2010	Motor Action FC Harare	*No competition*
2011	Dynamos FC Harare	Dynamos FC Harare
2012	Dynamos FC Harare	Dynamos FC Harare
2013	Dynamos FC Harare	Highlanders FC Bulawayo
2014	Dynamos FC Harare	FC Platinum Zvishavane
2015	Chicken Inn FC Bulawayo	Harare City FC
2016	CAPS United FC Harare	Ngezi Platinum FC
2017	FC Platinum Zvishavane	Harare City FC
2018	FC Platinum Zvishavane	Triangle United FC Chiredzi
2019	FC Platinum Zvishavane	Highlanders FC Bulawayo
2020	*Championship cancelled*	*Competition cancelled*
2021	*No championship*	*No competition*

*National Cup called Castle Cup (1962-1999), ZIFA Unity Cup (2001-2005), CBZ Cup (2006), CBZ FA Cup (2007-2009), Mbada Diamonds Cup (2011-2013), Chibuku Cup (since 2014).
**changed later its name to Dynamos FC Harare / Salisbury is the old name of Harare (since 1980)

OTHER ZIMBABWEAN CUP COMPETITION WINNERS:

Zimbabwean Independence Trophy
1983: Dynamos FC Harare; 1984: Dynamos FC Harare; 1985: *No competition*; 1986: Highlanders FC Bulawayo; 1987: Black Rhinos FC Bulawayo; 1988: Highlanders FC Bulawayo; 1989: Zimbabwe Saints FC Bulawayo; 1990: Dynamos FC Harare; 1991: Highlanders FC Bulawayo; 1992 : CAPS United FC Harare; 1993: CAPS United FC Harare; 1994: Chapungu United FC; 1995: Dynamos FC Harare; 1996: CAPS United FC Harare; 1997: CAPS United FC Harare; 1998: Dynamos FC Harare; 1999: AmaZulu FC Bulawayo; 2000: *No competition*; 2001: Highlanders FC Bulawayo; 2002: Highlanders FC Bulawayo; 2003: Black Rhinos FC Mutare; 2004: Dynamos FC Harare; 2005: Motor Action FC Harare; 2006: Masvingo United FC; 2007: Masvingo United FC; 2008: Shooting Stars FC Harare; 2009: Njube Sundowns FC Bulawayo; 2010: Dynamos FC Harare; 2011: Highlanders FC Bulawayo; 2012: FC Platinum Zvishavane.

NATIONAL CHAMPIONSHIP
Premier Soccer League 2021

No championship was played in 2021. The new season will start on 06.11.2021, in autumn-spring format (2021/2022).

NATIONAL TEAM
INTERNATIONAL MATCHES 2021

25.03.2021	Francistown	Botswana - Zimbabwe	0-1(0-1)	(ACNQ)
29.03.2021	Harare	Zimbabwe - Zambia	0-2(0-1)	(ACNQ)
07.07.2021	Port Elizabeth	Mozambique - Zimbabwe	0-0	(COSAFA)
09.07.2021	Port Elizabeth	Malawi - Zimbabwe	2-2(1-0)	(COSAFA)
11.07.2021	Port Elizabeth	Namibia - Zimbabwe	2-0(0-0)	(COSAFA)
13.07.2021	Port Elizabeth	Senegal - Zimbabwe	2-1(1-1)	(COSAFA)
03.09.2021	Harare	Zimbabwe - South Africa	0-0	(WCQ)
07.09.2021	Bahir Dar	Ethiopia - Zimbabwe	1-0(0-0)	(WCQ)
09.10.2021	Cape Coast	Ghana - Zimbabwe	3-1(1-0)	(WCQ)
12.10.2021	Harare	Zimbabwe - Ghana	0-1(0-1)	(WCQ)
11.11.2021	Johannesburg	South Africa - Zimbabwe	1-0(1-0)	(WCQ)
14.11.2021	Harare	Zimbabwe - Ethiopia	1-1(1-0)	(WCQ)

25.03.2021, 33rd African Cup of Nations, Qualifiers
Francistown Stadium, Francistown; Attendance: 0
Referee: Georges Gatogato (Burundi)
BOTSWANA - ZIMBABWE   **0-1(0-1)**
ZIM: Talbert Tanunurwa Shumba, Gilroy Takudzwa Chimwemwe, Teenage Lingani Hadebe, Jimmy Dennis Dzingai, Onismor Bhasera, Ovidy Obvious Karuru, Thabani Michael Kamusoko, Perfect Tatenda Chikwende (88.Butholezwe Ncube), Kudakwashe Mahachi (88.Tanaka Chinyahara), Terrence Dzvukamanja (90.Alec Takunda Mudimu), Knowledge Musona (89.Evans Rusike). Trainer: Zdravko Logarušić (Croatia).
Goal: Perfect Tatenda Chikwende (14).

29.03.2021, 33rd African Cup of Nations, Qualifiers
National Sports Stadium, Harare; Attendance: 0
Referee: Molise Retselisitsoe (Lesotho)
ZIMBABWE - ZAMBIA   **0-2(0-1)**
ZIM: Martín Mapisa, Onismor Bhasera, Victor Kamhuka, Alec Takunda Mudimu, Gilroy Takudzwa Chimwemwe, Last Jesi, Butholezwe Ncube, Romario Matova (55.Tanaka Chinyahara), Ovidy Obvious Karuru, Evans Rusike (77.Kudakwashe Mahachi), Tafadzwa Paul Rusike. Trainer: Zdravko Logarušić (Croatia).

07.07.2021, 20th COSAFA Cup, Group Stage
Wolfson Stadium, Port Elizabeth (South Africa); Attendance: 0
Referee: Eldrick Adelaide (Seychelles)
MOZAMBIQUE - ZIMBABWE   **0-0**
ZIM: Washington Arubi, Qadr Amini, Jimmy Dennis Dzingai, Carlos Mavhurume, Lennox Mucheto, Ovidy Obvious Karuru, Brian Jasper Banda (58.Patrick Ben Musaka), Shadreck Nyahwa (80.MacClive Phiri), Tatenda Tavengwa (80.Richard Hachiro), Blessing Tinotenda Sarupinda (64.King Munyaradzi Nadolo), Farawo Matare (64.Delic Alfornce Murimba). Trainer: Zdravko Logarušić (Croatia).

09.07.2021, 20th COSAFA Cup, Group Stage
Wolfson Bay Stadium, Port Elizabeth (South Africa); Attendance: 0
Referee: Keabetswe Dintwa (Botswana)
MALAWI - ZIMBABWE   **2-2(1-0)**
ZIM: Washington Arubi, Qadr Amini (46.Andrew Kabila Mbeba), Jimmy Dennis Dzingai, MacClive Phiri (46.Shadreck Nyahwa), Carlos Mavhurume, Lennox Mucheto, Ovidy Obvious Karuru, Patrick Ben Musaka (86.Brian Jasper Banda), King Munyaradzi Nadolo (46.Farawo Matare), Richard Hachiro, Blessing Tinotenda Sarupinda (71.Delic Alfornce Murimba). Trainer: Zdravko Logarušić (Croatia).
Goals: Blessing Tinotenda Sarupinda (62), Patrick Ben Musaka (79).

11.07.2021, 20th COSAFA Cup, Group Stage
"Nelson Mandela" Bay Stadium, Port Elizabeth (South Africa); Attendance: 0
Referee: Audrick Nkole (Zambia)
NAMIBIA - ZIMBABWE   **2-0(0-0)**
ZIM: Washington Arubi, Qadr Amini (72.Delic Alfornce Murimba), Jimmy Dennis Dzingai, Carlos Mavhurume, Lennox Mucheto, Ovidy Obvious Karuru, Patrick Ben Musaka (77.Brian Jasper Banda), Richard Hachiro (82.Malvin Enos Mkolo), Shadreck Nyahwa, Blessing Tinotenda Sarupinda (82.Nyasha Michael Dube), Farawo Matare (46.Andrew Kabila Mbeba). Trainer: Zdravko Logarušić (Croatia).

13.07.2021, 20th COSAFA Cup, Group Stage
"Nelson Mandela" Bay Stadium, Port Elizabeth (South Africa); Attendance: 0
Referee: Abongile Tom (South Africa)
SENEGAL - ZIMBABWE   **2-1(1-1)**
ZIM: Martín Mapisa, Qadr Amini, Carlos Mavhurume, Lennox Mucheto, Malvin Enos Mkolo (63.Andrew Kabila Mbeba), Patrick Ben Musaka, Richard Hachiro, Brian Jasper Banda (63.Ovidy Obvious Karuru), Shadreck Nyahwa, Blessing Tinotenda Sarupinda, Delic Alfornce Murimba (72.King Munyaradzi Nadolo). Trainer: Zdravko Logarušić (Croatia).
Goal: Qadr Amini (3 penalty).

03.09.2021, 22nd FIFA World Cup Qualifiers, Second Round
National Sports Stadium, Harare; Attendance: 0
Referee: Mahmoud Zakaria Mohamed El Banna (Egypt)
ZIMBABWE - SOUTH AFRICA   **0-0**
ZIM: Talbert Tanunurwa Shumba, Gilroy Takudzwa Chimwemwe, Divine Lunga, Alec Takunda Mudimu, Onismor Bhasera, Thabani Michael Kamusoko, Marshall Nyasha Munetsi, Khama Billiat, Knowledge Musona, Kudakwashe Mahachi (59.Tafadzwa Paul Rusike), Philana Tinotenda Kadewere (58.Terrence Dzvukamanja). Trainer: Zdravko Logarušić (Croatia).

07.09.2021, 22nd FIFA World Cup Qualifiers, Second Round
Bahir Dar Stadium, Bahir Dar; Attendance: 0
Referee: Bernard Camille (Seychelles)
ETHIOPIA - ZIMBABWE   **1-0(0-0)**
ZIM: Talbert Tanunurwa Shumba, Gilroy Takudzwa Chimwemwe, Divine Lunga (87.Kudakwashe Mahachi), Alec Takunda Mudimu, Onismor Bhasera, Thabani Michael Kamusoko (68.Farai Edwin Madhanaga), Marshall Nyasha Munetsi, Perfect Tatenda Chikwende (65.Ishmael Wadi), Knowledge Musona, Khama Billiat, Terrence Dzvukamanja. Trainer: Zdravko Logarušić (Croatia).

09.10.2021, 22nd FIFA World Cup Qualifiers, Second Round
Cape Coast Sports Stadium, Cape Coast; Attendance: 0
Referee: Pierre Atcho (Gabon)
GHANA - ZIMBABWE   **3-1(1-0)**
ZIM: Washington Arubi, Tendayi David Darikwa, Kevin Wilbert Madzongwe, Marshall Nyasha Munetsi (84.Farai Edwin Madhanaga), Onismor Bhasera, Thabani Michael Kamusoko, Marvelous Nakamba (75.Teenage Lingani Hadebe), Knowledge Musona, Jordan Bhekithemba Zemura (74.Bruce Kangwa), Perfect Tatenda Chikwende (84.Kudakwashe Mahachi), Knox Mutizwa (86.Terrence Dzvukamanja). Trainer: Norman Takanyariwa Mapeza.
Goal: Knowledge Musona (49 penalty).

12.10.2021, 22nd FIFA World Cup Qualifiers, Second Round
National Sports Stadium, Harare; Attendance: 0
Referee: Amin Mohamed Omar (Egypt)
ZIMBABWE - GHANA 0-1(0-1)
ZIM: Talbert Tanunurwa Shumba, Brendan Joel Zibusiso Galloway, Teenage Lingani Hadebe, Alec Takunda Mudimu, Rahman Kutsanzira, Kevin Wilbert Madzongwe, Knowledge Musona, Marvelous Nakamba, Jordan Bhekithemba Zemura (70.Perfect Tatenda Chikwende), Khama Billiat (89.Kudakwashe Mahachi), Terrence Dzvukamanja (63.Knox Mutizwa). Trainer: Trainer: Norman Takanyariwa Mapeza.

11.11.2021, 22nd FIFA World Cup Qualifiers, Second Round
FNB Stadium, Johannesburg; Attendance: 0
Referee: Sadok Selmi (Tunisia)
SOUTH AFRICA - ZIMBABWE 1-0(1-0)
ZIM: Petros Mhari, Gilroy Takudzwa Chimwemwe, Brendan Joel Zibusiso Galloway, Kevin Wilbert Madzongwe, Bruce Kangwa, Marvelous Nakamba (84.Farai Edwin Madhanaga), John Gerald Tungamirai Takwara, Ishmael Wadi, Blessing Tinotenda Sarupinda (56.Kudakwashe Mahachi), Khama Billiat (85.Bill Leeroy Antonio), David Philani Moyo (60.Knox Mutizwa). Trainer: Trainer: Norman Takanyariwa Mapeza.

14.11.2021, 22nd FIFA World Cup Qualifiers, Second Round
National Sports Stadium, Harare; Attendance: 0
Referee: Mohamed Ali Moussa (Niger))
ZIMBABWE - ETHIOPIA 1-1(1-0)
ZIM: Taimon Mvula, Godknows Murwira, Kevin Wilbert Madzongwe, Alec Takunda Mudimu, Bruce Kangwa, Thabani Michael Kamusoko, John Gerald Tungamirai Takwara, Khama Billiat (55.Jonah Reinhard Fabisch), Kudakwashe Mahachi (65.Gilroy Takudzwa Chimwemwe), Ishmael Wadi, David Philani Moyo (81.Knox Mutizwa). Trainer: Trainer: Norman Takanyariwa Mapeza.
Goal: Kudakwashe Mahachi (39).

NATIONAL TEAM PLAYERS 2021		
Name	DOB	Club
Goalkeepers		
Washington ARUBI	29.08.1985	*Tshakhuma Tsha Madzivhandila FC Thohoyandou (RSA)*
Martín MAPISA	25.05.1998	*Zamora CF (ESP)*
Petros MHARI	15.04.1989	*FC Platinum Zvishavane*
Taimon MVULA	05.06.1993	*Dynamos FC Harare*
Talbert Tanunurwa SHUMBA	12.05.1990	*Nkana FC Kitwe (ZAM); 09.08.2021-> Free State Stars FC Bethlehem(RSA)*
Defenders		
Qadr AMINI	26.01.1990	*Ngezi Platinum Stars FC*
Onismor BHASERA	07.01.1986	*SuperSport United FC Pretoria (RSA)*
Gilroy Takudzwa CHIMWEMWE	26.10.1992	*Nkana FC Kitwe (ZAM)*
Tendayi David DARIKWA	13.12.1991	*Wigan Athletic FC (ENG)*
Jimmy Dennis DZINGAI	21.11.1990	*Nkana FC Kitwe (ZAM)*
Brendan Joel Zibusiso GALLOWAY	17.03.1996	*Plymouth Argyle FC (ENG)*

Teenage Lingani HADEBE	17.09.1995	Yeni Malatya Spor Kulübü (TUR)
Victor KAMHUKA	04.02.1990	Kelab Bola Sepak Polis Diraja Malaysia (MAS)
Bruce KANGWA	24.07.1988	Azam FC Dar es Salaam (TAN)
Divine LUNGA	25.05.1995	Mamelodi Sundowns FC (RSA)
Romario MATOVA	10.07.1999	NK Solin (CRO)
Carlos MAVHURUME	02.04.1996	CAPS United FC Harare
Andrew Kabila MBEBA	19.02.2000	Highlanders FC Bulawayo
Malvin Enos MKOLO	28.04.1996	Bulawayo City FC
Lennox MUCHETO	13.07.1995	Yadah Stars FC Harare
Alec Takunda MUDIMU	08.04.1995	Ankaraspor Kulübü; 16.07.2021-> FC Torpedo Kutaisi (GEO)
MacClive PHIRI	17.06.1993	Sekhukhune United FC (RSA)
Jordan Bhekithemba ZEMURA	14.11.1999	AFC Bournemouth (ENG)

	Midfielders	
Brian Jasper BANDA	09.09.1995	FC Platinum Zvishavane
Khama BILLIAT	19.08.1990	Kaizer Chiefs FC Johannesburg (RSA)
Perfect Tatenda CHIKWENDE	19.06.1993	Simba SC Dar es Salaam (TAN)
Tanaka CHINYAHARA	12.10.1995	Red Arrows FC Lusaka (ZAM)
Nyasha Michael DUBE	14.12.1997	Unattached
Terrence DZVUKAMANJA	05.05.1994	Orlando Pirates FC Johannesburg (RSA)
Jonah Reinhard FABISCH	13.08.2001	Hamburger SV II (GER)
Richard HACHIRO	27.01.1998	CAPS United FC Harare
Last JESI	04.02.1995	Al Hilal EC Omdurman (SDN)
Thabani Michael KAMUSOKO	02.03.1988	ZESCO United FC Ndola (ZAM)
Ovidy Obvious KARURU	23.01.1989	Black Leopards FC Thohoyandou (RSA)
Rahman KUTSANZIRA	25.05.1988	FC Platinum Zvishavane
Farai Edwin MADHANAGA	14.02.1995	Tshakhuma Tsha Madzivhandila FC Thohoyandou (RSA)
Kevin Wilbert MADZONGWE	01.05.1990	FC Platinum Zvishavane
Kudakwashe MAHACHI	29.09.1993	SuperSport United FC Pretoria (RSA)
Marshall Nyasha MUNETSI	22.06.1996	Stade de Reims (FRA)
Godknows MURWIRA	04.07.1993	FC Platinum Zvishavane
Patrick Ben MUSAKA	17.02.1997	Harare City FC
King Munyaradzi NADOLO	04.12.1995	TelOne FC Gweru
Butholezwe NCUBE	24.04.1992	AmaZulu FC Durban (RSA)
Marvelous NAKAMBA	19.01.1994	Aston Villa FC Birmingham (ENG)
Shadreck NYAHWA	05.01.1999	Dynamos FC Harare
Blessing Tinotenda SARUPINDA	04.05.1999	CAPS United FC Harare; 06.08.2021-> Sekhukhune United FC (RSA)
John Gerald Tungamirai TAKWARA	29.10.1994	Venda Football Academy (RSA)
Tatenda TAVENGWA	29.03.1979	Harare City FC

	Forwards	
Bill Leeroy ANTONIO	03.09.2002	*Dynamos FC Harare*
Philana Tinotenda KADEWERE	05.01.1996	*Olympique Lyonnais (FRA)*
Kudakwashe MAHACHI	29.09.1993	*SuperSport United FC Pretoria (RSA)*
Farawo MATARE	08.12.1995	*Bulawayo City FC*
David Philani MOYO	17.12.1994	*Hamilton Academical FC (SCO)*
Delic Alfornce MURIMBA	26.02.1999	*Triangle United FC Chiredzi*
Knowledge MUSONA	21.06.1990	*RSC Anderlecht Bruxelles (BEL); 01.07.2021-> Al-Tai FC Ha'il (KSA)*
Knox MUTIZWA	12.10.1993	*Lamontville Golden Arrows FC Durban (RSA)*
Evans RUSIKE	13.06.1990	*SuperSport United FC Pretoria (RSA)*
Tafadzwa Paul RUSIKE	07.05.1989	*ZESCO United FC Ndola (ZAM)*
Ishmael WADI	19.12.1992	*JDR Stars FC Pretoria (RSA)*

	National coaches	
Zdravko LOGARUŠIĆ (Croatia) [01.08.2020 – 12.09.2021]		15.02.1962
Norman Takanyariwa MAPEZA [from 15.09.2021]		12.04.1972